AF330163

CHRONIQUES

DE

L'OEIL-DE-BOEUF

DES PETITS APPARTEMENTS DE LA COUR ET DES SALONS DE PARIS,

Sous Louis XIV, la Régence, Louis XV et Louis XVI,

PAR

G. TOUCHARD-LAFOSSE.

NOUVELLE ÉDITION AUGMENTÉE DU RÈGNE DE LOUIS XIII

ILLUSTRÉE

PAR JANET-LANGE.

CINQUIÈME SÉRIE.

PRIX : **1** FRANC **10** CENTIMES.

PARIS,

PUBLIÉ PAR GUSTAVE BARBA, LIBRAIRE-EDITEUR,

RUE DE SEINE, 31.

44.

Toute traduction ou contrefaçon est interdite en France et à l'étranger. (Propriété de l'Éditeur.)

1860

CHRONIQUES

DE

L'OEIL-DE-BOEUF

DES PETITS APPARTEMENTS DE LA COUR ET DES SALONS DE PARIS,

Sous Louis XIV, la Régence, Louis XV et Louis XVI,

PAR

G. TOUCHARD-LAFOSSE.

NOUVELLE ÉDITION AUGMENTÉE DU RÈGNE DE LOUIS XIII

ILLUSTRÉE

PAR JANET-LANGE.

SIXIÈME SÉRIE.

PRIX : **1** FRANC **10** CENTIMES.

PARIS,

PUBLIÉ PAR GUSTAVE BARBA, LIBRAIRE-EDITEUR,

RUE DE SEINE, 31.

44.

1860

CHRONIQUES

DE

L'OEIL-DE-BOEUF

DES PETITS APPARTEMENTS DE LA COUR ET DES SALONS DE PARIS,

Sous Louis XIV, la Régence, Louis XV et Louis XVI,

PAR

G. TOUCHARD-LAFOSSE.

NOUVELLE ÉDITION AUGMENTÉE DU RÈGNE DE LOUIS XIII

ILLUSTRÉE

PAR JANET-LANGE.

SEPTIÈME SÉRIE.

PRIX : **1** FRANC **10** CENTIMES.

PARIS,

PUBLIÉ PAR GUSTAVE BARBA, LIBRAIRE-EDITEUR,

RUE DE SEINE, 31.

44.

Toute traduction ou contrefaçon est interdite en France et à l'étranger. (Propriété de l'Éditeur.)

1860

CHRONIQUES

DE

L'OEIL-DE-BOEUF

DES PETITS APPARTEMENTS DE LA COUR ET DES SALONS DE PARIS,

Sous Louis XIV, la Régence, Louis XV et Louis XVI,

PAR

G. TOUCHARD-LAFOSSE.

NOUVELLE ÉDITION AUGMENTÉE DU RÈGNE DE LOUIS XIII

ILLUSTRÉE

PAR JANET-LANGE.

HUITIÈME SÉRIE.

PRIX : **1** FRANC **10** CENTIMES.

PARIS,

PUBLIÉ PAR GUSTAVE BARBA, LIBRAIRE-EDITEUR,

RUE DE SEINE, 31.

44.

1860

CHRONIQUES DE L'OEIL-DE-BOEUF.

CHAPITRE XLIV.
(SUITE.)

Les princes légitimés appelés à la couronne. — Inductions tirées de cette disposition. — Pontchartrain refuse de sceller l'édit. — Les sceaux sont remis à Voisin. — Le comte de Toulouse ; son portrait. — Testament du roi. — Harangue de Sa Majesté. — Le testament du roi placé dans la muraille d'une tour du palais. — M. du Maine et la régence ; le chardonneret l'oiseau. — Conférences nocturnes d'Anne et de Jacques III. — Mort de la reine Anne. — Georges Ier lui succède. — Les promenades du cours à minuit. — La chasse aux belles. — Fières paroles et soumission effective. — Traité de Baden. — Siége de Barcelone ; tableau. — Fronsac et la blonde miroitière. — Madame Renaud. — La nuit coupée. — Scène matinale. — Coup de théâtre pittoresque. — La petite maison. — *Trio.* — Le livre et l'épingle. — Le point de vue du cabinet. — Tardif amour de Louis XIV pour ses sujets. — Le peuple *gros et gras.* — La bulle *Unigenitus.* — *Xerxès* de Crébillon. — Les morts et les blessés. — La vengeance ignorée du vengeur. — Mort de Marie-Louise, reine d'Espagne. — Le duc de Besuvilliers. — Réminiscence sur le maréchal ferrant de Salon.

Au moment où l'indignation contre le duc d'Orléans était européenne, parut un édit portant *que les princes légitimés étaient appelés* A LA COURONNE, *et même leurs enfants,* A DÉFAUT *des princes légitimes du sang.* Qu'ils se montrent aujourd'hui les hommes qui depuis deux ans versent à pleines mains le fiel de la calomnie sur un prince dont la conduite publique, les exploits guerriers, la physionomie ouverte et le regard assuré eussent dû garantir suffisamment la réputation ! Qu'ils osent nier que l'édit arraché à la vieillesse de Louis XIV, cet édit qui vient de porter l'étonnement dans toute l'étendue de la chrétienté, ne doive détourner soudain des soupçons trop longtemps égarés sur Philippe d'Orléans, et les reporter avec des probabilités plus démonstratives sur un prince dont le but paraît enfin à découvert !... Je m'arrête ; il n'est pas en Europe un être sensé qui ne puisse résumer clairement toutes les brigues que la coterie Maintenon a sourdement tissues à dater de la mort du Dauphin, et qui n'en déduise une conséquence aussi favorable au duc d'Orléans que sévère envers le duc du Maine. *La couronne aux princes légitimés, à défaut de princes légitimes...* Ces termes de l'édit sont une explication terrible des événements passés ; elle est infaillible, elle sera générale... Ajoutons que Louis XIV, en voyant frapper sa famille par des mains cachées, en déplorant sincèrement, quoique avec trop peu de sensibilité, la perte de ses enfants, laissa flatter deux de ses penchants favoris : la haine qu'il porte au duc d'Orléans, et le désir de légitimer complétement ses fils naturels. Tels sont les deux points auxquels s'est rattachée l'adresse de madame de Maintenon et l'ambition de son protégé, ambition recouverte des dehors d'une feinte indolence ; on voit aujourd'hui le résultat de tant de ruse, de tant de perfidie.

341.

Le duc d'Orléans régent.

Le parlement, par une condescendance digne de sa servilité habituelle, a enregistré le 2 août l'étrange édit de légitimation sans le moindre obstacle, sans la plus brève remontrance : « Ce corps s'en » rapporte entièrement, a-t-il dit, *à la sagesse du roi.* » Dix-neuf pairs ont donné leur voix à l'enregistrement, les princes du sang étaient du nombre ; à l'exception de M. le duc d'Orléans, qui n'a pas même assisté à la séance. Mais il manquait une formalité à l'édit : c'était l'apposition des sceaux ; le roi ne put l'obtenir de M. de Pontchartrain, chancelier de France. « Non, » sire, répondit ce digne » magistrat, je puis et je » dois sacrifier ma vie pour » le service de Votre Majesté, mais non pas mon » honneur. » Il déposa les sceaux et se retira. Il est presque superflu de dire que M. Voisin succédera au chancelier scrupuleux, c'est une créature de madame de Maintenon.

Une ordonnance qui a suivi de près l'enregistrement de l'édit porte que les princes légitimés peuvent dès ce moment prendre le titre de princes du sang, et que toute distinction entre les uns et les autres a cessé.

Comment la cour a-t-elle pris ces dispositions d'hérédité, si contraires aux idées généralement reçues, nonseulement pour les races royales, mais encore pour toutes les classes de la société ? La soumission des courtisans est générale ; mais point de félicitations : c'est la première fois que les complaisants de Versailles reculent devant une obligation servile... Le maréchal de Villeroi lui-même s'est tu. Il y a plus, le comte de Toulouse se montre presque affligé de la vaste perspective qui s'ouvre devant lui ; il en parlait l'autre jour avec une sorte de chagrin à M. de Valincourt. « Vous » avez raison, monseigneur, répondit ce gentilhomme, voilà la » couronne de roses ; mais ne sera-ce pas une couronne d'épines » quand les fleurs en seront tombées ? »

J'ai dit peu de chose encore de M. le comte de Toulouse, et la raison de mon silence est dans la vie à peu près obscure que mène ce prince d'une extrême simplicité. Le second fils du roi et de madame de Montespan est un homme d'honneur dans toute l'étendue du mot : droit, équitable, exempt de vices, il apporte dans toutes les relations une franchise et une générosité qui le font rechercher de tous les honnêtes gens : M. de Toulouse n'est donc pas apprécié par la multitude des courtisans. On pourrait le comparer au milieu d'eux à une pièce d'or pur en circulation avec des pièces de mauvais aloi. Ce bon prince vit loin de toute faction, étranger à tout parti ; il est en défiance de toute coterie, et travaille assidûment à rester en dehors des intrigues. C'est en quelque sorte le soin exclusif qui l'occupe ; et si l'on peut lui reprocher quelque chose, c'est une réserve, une timidité outrée, visant à l'apathie absolue. Du reste le comte de Toulouse a de la valeur, de la résolution à la tête des armées navales : c'est un marin distingué. On dirait qu'il y a dans ce seigneur deux individus distincts : l'homme du monde et l'homme de guerre. Le premier est doux, affable, poli ; sa figure est toujours empreinte d'un sourire bienveillant. Mais dès que l'amiral de France a mis le pied sur un vaisseau, ses traits, naturellement nobles, prennent une imposante gravité; son œil s'anime, son accent se renforce, ses expressions acquièrent de l'énergie, sa volonté se raffermit. Le comte de Toulouse paraît grandi dans toutes ses qualités : sur terre, c'était un homme aimable; sur les gouffres de l'Océan, c'est un général à la hauteur de son rude métier.

Le 27 août au matin M. de Mesmes, premier président, et M. d'Aguesseau, procureur général du parlement, mandés à Versailles par le roi, s'y rendirent à l'issue de la messe. Louis XIV les reçut dans son cabinet, où personne n'entra avec eux. « Messieurs, leur dit-il » d'un ton assez brusque en leur remettant un gros paquet cacheté » de sept sceaux, voici mon testament. Il n'y a qui que ce soit au » monde que moi qui sache ce qu'il renferme; je vous le remets pour » le déposer au parlement, à qui je ne puis donner un plus grand » témoignage de confiance. L'exemple des rois mes prédécesseurs, » celui de mon père particulièrement ne me laissent pas ignorer ce » que celui-ci pourra devenir. Mais on [1] l'a voulu, on ne m'a pas laissé » de repos quoi que j'aie pu dire... Eh bien donc, j'ai acheté ce re- » pos... Prenez-le, emportez-le, il deviendra ce qu'il pourra, du » moins je serai tranquille et je n'en entendrai plus parler... » À ces derniers mots, que le roi accompagna d'un coup de tête fort sec, il tourna le dos aux deux grands officiers du parlement, et, passant dans un arrière-cabinet, les laissa stupéfaits et du ton de sa harangue et surtout de sa terminaison.

Louis XIV, en disant que lui seul était informé du contenu de son testament, avait légèrement blessé la vérité; personne n'ignore que madame de Maintenon, le duc du Maine et le Tellier en connaissent d'autant mieux les dispositions, qu'ils les ont, sinon dictées, du moins inspirées. Et puis, je ne saurais trop le dire, les mystères de cour sont transparents.

M. le duc d'Orléans est initié déjà aux clauses testamentaires, qui lui ont été révélées, dit-on, par le marquis de Torcy et par M. Blouin l'un des premiers valets de chambre. Son Altesse Royale, loin d'avoir intérêt à cacher les volontés royales consignées dans le testament, s'attache à les divulguer, parce qu'elles lui semblent un déni de justice contre lequel on ne peut trop faire prononcer l'opinion publique. Je sais donc de bonne source que le testament ne fait de Philippe d'Orléans qu'un mannequin du conseil de régence, la véritable autorité est déférée au duc du Maine. Il aura la garde du jeune roi, la direction de ses études, celle de sa conduite; il veillera à sa *conservation* et exercera toute autorité sur les officiers de sa garde, ainsi que sur toute sa maison. M. le maréchal de Villeroi, nommé gouverneur du prince, rendra compte de ses fonctions à M. le duc du Maine, et recevra journellement ses ordres, que personne ne pourra changer. Le bâtard de Louis XIV prendra le titre de *surintendant* de l'éducation du roi. Or, quand il serait vrai, comme les défenseurs du testament le prétendent, que la charge de M. du Maine n'attenterait en rien aux prérogatives politiques du régent, le partage seul de l'autorité suffirait pour nuire aux intérêts de la couronne et de la France. Motivé par une précaution injurieuse au duc d'Orléans, ce partage est d'ailleurs intolérable ; ce prince a juré hautement qu'il n'accepterait point une régence mutilée, et qu'il travaillerait, quand il en serait temps, à faire rétablir ses droits conformément aux lois de la monarchie.

Nonobstant ces protestations verbales, le testament, d'après un édit de dépôt du 30 août, a été remis au parlement. Cet acte est placé dans un trou creusé dans l'épaisseur de la muraille d'une tour du palais. Une grille de fer et une porte garnie de trois serrures referment cette ouverture.

On prétend que tandis qu'on voit M. le duc d'Orléans agir activement pour se mettre au-dessus des clauses testamentaires du roi, M. le duc du Maine s'amuse à traduire l'*Anti-Lucrèce* ; ce qui aurait fait dire à la duchesse : « Monsieur, un beau matin vous trouverez » en vous éveillant que vous êtes de l'Académie, et que M. d'Or- » léans a la régence. » M. le duc du Maine sait mieux son métier d'ambitieux que sa femme ne se l'imagine; mais il l'exerce en jésuite. Jamais il ne s'est autant occupé en effet de ce qu'il néglige en apparence. Il me semble voir un chat guettant un oiseau : l'animal rusé détourne négligemment les yeux de sa proie, et c'est dans ce moment même qu'il se prépare à mettre la griffe dessus.

Le roi apprit hier à son lever l'arrivée en Angleterre et le couronnement de Georges-Louis de Brunswick, duc de Hanovre, qui succède à la reine Anne, morte le 12 août. Il s'est répandu des bruits singuliers sur les derniers instants de cette princesse. On assure qu'elle travaillait depuis quelque temps à rétablir Jacques III

[1] Il est aisé de comprendre ce que *on* signifie ici ; à coup sûr ce n'est point le conseil du roi ; ce n'est point non plus le parlement; ce ne sont pas davantage les ministres, ni aucun agent du système légal de gouvernement. Aux yeux de tous, il ne pouvait y avoir besoin de testament : à la mort de Louis XIV, le duc d'Orléans avait la régence et remettrait le pouvoir à Louis XV parvenu à sa majorité; *on* doit donc s'entendre, comme on le verra bientôt, des gens qui voulaient donner la régence de fait au duc du Maine.

sur le trône d'où la mort allait la précipiter. On va jusqu'à ajouter que cet illustre proscrit, dont la tête fut mise à prix par cette même souveraine, était le mois dernier à Londres dans le plus grand secret, et que la nuit il conférait avec elle au fond de son appartement de Saint-James tandis qu'on le croyait profondément endormi dans le palais silencieux de Saint-Germain.

Si le prétendant, dit la même version, eût consenti à abjurer le catholicisme, ce dont la reine sa sœur le suppliait en caressant cette tête qu'elle promit autrefois à l'échafaud, la couronne pouvait orner encore le front d'un Stuart; mais Jacques, grand au moins dans sa croyance, s'était refusé avec horreur à l'apostasie... Il revint en France mouillé des pleurs de tendresse de la reine Anne, et la maison de Hanovre règne sur les Anglais.

Je me suis souvent récriée contre l'envahissement des goûts italiens; celui que je vais citer n'est que bizarre : cela ne vaut pas la peine de se fâcher. Depuis le commencement de l'été, qui, cette année, est fort chaud, il est du meilleur ton d'aller se promener au cours à minuit. Une longue file de carrosses remplit les allées de cette promenade; les laquais montés derrière étant munis de flambeaux, cette ligne mobile de lumières produit un coup d'œil curieux. Dans les contre-allées une multitude de boutiques offrent des rafraîchissements de toute sorte, des friandises de toute espèce, dont le débit est considérable. Pendant que les promeneurs d'un âge mûr se bornent à suivre en voiture les allées, la jeunesse folâtre se perd sous les arbres des Champs-Elysées, où des félicités de plus d'une nature deviennent le partage de quelques êtres qui sont alors un peu plus que des ombres heureuses. Des orchestres établis dans les ronds-points invitent à la danse les jeunes gens plus amis de la gaieté que de la promenade sentimentale; souvent l'aurore aux rayons dorés a dissipé les ténèbres avant que le bal ait cessé, et les danseurs ne regagnent leurs maisons qu'au moment où le grand jour les avertit que, dans ce système d'habitudes renversées, il est temps d'aller dormir.

Tel est l'usage que Dancourt a mis en scène sous le titre de *Fêtes nocturnes du cours*, comédie avec prologue, musique et danse, qui ressemble assez aux petites saturnales à la mode. Mais on ne peut pas tout représenter au théâtre, et dans cette pièce la critique, finement gazée, supplée avec esprit au spectacle que l'auteur n'a pu montrer.

Tandis que beaucoup de nos jeunes seigneurs profitent des promenades du cours pour se livrer à une galanterie que protègent les ombres de la nuit, M. le duc d'Orléans, qui ne s'occupe pas exclusivement de ses droits à la régence, fait une guerre si active à toutes les beautés voisines du Palais-Royal, qu'aucune d'elles ne peut se flatter d'échapper à ses recherches. Tous les jours de nouveaux déménagements se remarquent dans la rue Saint-Honoré; des mères sauvent, en fuyant, l'honneur de leurs filles, qu'elles emmènent; des maris jaloux soustraient, en s'éloignant, les charmes de leurs femmes aux regards trop amateurs du prince; il ne reste aux environs que les jolies femmes de bonne volonté, et le quartier est loin d'être désert.

Un vieux axiome dit que pendant la paix il faut se préparer à la guerre. Louis XIV aurait bien voulu, pour son compte, se conformer à cet avis de l'expérience en faisant construire à Mardick quelque chose d'équivalent au port de Dunkerque, que les traités le forcent de combler. Mais les Anglais, qui sentent combien il est important pour eux que nos vaisseaux soient sans refuge dans la Manche, et surtout qu'ils n'aient pas un point de départ si rapproché des Royaumes-Unis, les Anglais ne se montrent pas disposés à souffrir cette petite escobarderie politique. Lord Stair, ambassadeur de Georges Ier, a demandé avec hauteur au roi l'explication des travaux de Mardick, lui déclarant que Sa Majesté Britannique regarderait comme une violation des traités l'établissement d'un port sur cette partie des côtes de France. Louis XIV, révolté du ton impérieux de l'Anglais, lui a répondu : « Monsieur l'ambassadeur, j'ai toujours été maître chez » moi, quelquefois chez les autres, ne m'en faites pas souvenir. » Malgré ces belles paroles, le conseil a ordonné la suspension des travaux de Mardick. Un prince dont l'âme est grande peut parler bien haut dans son cabinet; mais il faut en définitive qu'il se soumette quand sa fortune est humble.

Lorsque la France rentre dans l'esprit des conventions d'Utrecht à l'égard du roi d'Angleterre, qui, s'il eût régné à l'époque du congrès, eût été le dernier à conclure la paix, quelques princes de l'Empire qui n'avaient pas encore posé les armes viennent d'accéder enfin à la pacification générale. Le prince Eugène et les comtes de Goës et de Seilern se sont rendus, au nom de ces souverains, à Baden, où le maréchal de Villars, le comte du Luc et M. de Saint-Contest ont représenté le cabinet de Versailles. Dans ce traité, conclu le 7 septembre, comme dans celui de Rastadt, les droits de Charles VI à la couronne d'Espagne ont été éludés. Ce monarque y a d'ailleurs renoncé par le fait, en ordonnant au prince de Staremberg d'abandonner la Catalogne; et ces droits seraient une vaine illusion, aujourd'hui que les révoltés catalans, las d'attendre les secours promis par l'Autriche, ont ouvert les portes de Barcelone au aréchal de Berwick. J'ai dit précédemment quels étaient les projets du peuple catalan en prolongeant la guerre civile sous la trompeuse bannière qu'ils semblaient élever au nom de Charles VI : ce fut l'esprit républicain dont j'ai parlé qui leur donna le courage de soutenir un siége de onze mois et soixante jours de tranchée ouverte. Le sentiment de la liberté peut inspirer une telle résolution ; mais le fanatisme porta l'opiniâtreté des Barcelonais à son comble. Les prêtres, les moines, et jusqu'à des religieuses, bordèrent constamment les remparts de la ville assiégée ; cinq cents ecclésiastiques périrent pendant le siége le mousquet à l'épaule et le crucifix à la main... Le dixième mois du blocus, un drapeau noir, arboré sur la plus haute tour de Barcelone, annonça que ses habitants voulaient ouvrir sous ses ruines un tombeau commun ; et Berwick gémit d'être forcé de remplir sa tâche, même à ce prix. Enfin les troupes du roi d'Espagne, après un assaut général, pénétrèrent dans a place, dont la population, ayant son clergé en tête, défendit chaque rue, et, pour ainsi dire, chaque maison... Le maréchal, cessant de massacrer tant de braves gens, leur envoya une capitulation, qu'ils ne demandaient point ; ils obtinrent la vie et leurs biens, qu'ils n'acceptèrent qu'en se réservant l'exercice ultérieur de leurs priviléges.

Les beautés de la cour sont devenues pour le duc de Fronsac le pâté d'anguilles du bon la Fontaine. « Toujours des princesses, des duchesses, des marquises, se disait-il un jour en parcourant à pied la grande rue du faubourg Saint-Antoine ; toujours des diamants, de l'or, des robes de satin, c'est trop monotone, les soupirs patriciens m'ennuient. Tâchons de rencontrer dans ces quartiers éloignés quelque collerette de simple mousseline, quelque petit bonnet sous lequel se montrent un nez relevé, une brune prunelle ; essayons de suivre dans quelque allée obscure une jupe écourtée, laissant voir un petit pied bien serré dans son soulier... » Fronsac disait encore, quand il aperçut à la porte d'une boutique de miroitier la plus jolie blonde qu'il eût rencontrée de sa vie. Chevelure angélique, regard céleste, bouche de rose, taille d'Hébé et dix-huit ans environ : telle était madame Michelin, dont notre galant lut le nom au-dessus du magasin de glaces. « C'en est fait, s'écria l'inflammable gentilhomme, voilà celle que je cherchais ; j'en raffole, j'en suis fou : il faut qu'elle m'appartienne avant l'expiration de la semaine.

Le soir même un valet fidèle et intelligent, limier de Fronsac, était établi dans un cabaret vis-à-vis le miroitier. Il apprit là tout ce qu'il voulait savoir : Michelin avait trente-six ans ; la jolie blonde était devenue sa femme à peu près malgré elle, mais elle était sage et même dévote. Tous les jours régulièrement madame Michelin allait entendre au moins une messe à Saint-Paul. Jamais personne ne l'abordait ni en allant à l'église ni en revenant au logis, et, conclusion extrêmement rassurante, l'âge de son confesseur passait soixante et dix ans. Le duc fut très-satisfait de tous ces détails : mais il se voyait en présence d'une vertu armée de toutes pièces. Galant de cour, jamais il ne s'était trouvé en pareille situation ; pour lui, les routes du plaisir avaient toujours été des chemins battus. L'aventure n'en devait être toutefois que plus piquante, Fronsac en fit l'objet de ses soins exclusifs. Il se rendit tous les jours à Saint-Paul ; il ne manquait point d'y rencontrer la blonde miroitière, mais ses yeux étaient constamment attachés à son livre d'heures. L'assidu voisin s'évertuait vainement à tousser, à faire crier doucement sa chaise sur les dalles, ou bien encore à chanter faux quelques versets, rien ne pouvait distraire madame Michelin. Fronsac revit alors sa bibliothèque espagnole ; elle lui apprit l'art d'entrer en relation avec une belle dévote, soit en lui offrant de l'eau bénite, soit en lui cédant un siége qu'on s'est attaché à rendre nécessaire, soit en lui soumettant une demande respectueuse sur un point de sermon. Le duc était parvenu, par l'emploi successif de ces moyens, à se faire apercevoir de l'adorable marchande, et elle devait avoir reconnu qu'il ne pouvait guère y avoir à Paris un plus joli homme que lui. Rarement une telle remarque est sans danger : les yeux de notre dévote n'étaient plus aussi obstinément fixés sur son livre, quelques regards dérobés se portaient de temps en temps vers le voisin ; et celui-ci, caché derrière un pilier, avait plus d'une fois observé l'inquiétude de la miroitière lorsqu'il tardait à se placer près d'elle. Les principes de madame Michelin n'étaient nullement ébranlés, mais elle commençait à s'apercevoir que ses affections redescendaient vers la terre. « C'est peut-être, se disait-elle déjà, pour faire aimer l'homme que Dieu l'a fait à son image. » Les choses en étaient là, quand on apporta, un matin, sur les fonts baptismaux de Saint-Paul, un enfant dont la mère venait d'être blessée par un mari furieux... Cet accident établit quelques entretiens entre les fidèles. Fronsac profita de la circonstance pour lier conversation avec madame Michelin, qui, ce jour-là, le quitta enchantée de l'avoir vu donner dix louis pour la pauvre blessée.

Le duc ne doutait déjà plus qu'il ne fût aimé, et cette assurance lui fut tout à fait acquise lorsque s'étant rendu chez le miroitier, sous prétexte d'acheter des glaces, le visage de madame Michelin prit, en le voyant entrer, la couleur d'une rose âgée d'une aurore. Michelin était absent, ce fut sa femme qui montra au duc les articles qu'il demandait... La dévote n'ignorait pas qu'elle parlait à un grand seigneur ; elle ne pouvait pas ignorer davantage que ce grand seigneur soupirait pour elle : la beauté la moins expérimentée sait cela tout de suite... L'embarras, le respect, l'émotion portaient le trouble de l'intéressante blonde au dernier point.

« Ceci, monsieur le duc, disait-elle en touchant une glace, pourrait-il vous convenir ?

— Beaucoup, madame, beaucoup... Le prix ?
— Deux cents livres...
— Quoi ! si bon marché ?...
— Je me serais bien gardée de surfaire à monsieur le duc.
— Surfaire... impossible... tout ici est inestimable, répondit avec feu l'amoureux Fronsac en saisissant une main qui tremblait comme la feuille agitée par le vent du matin.
— Monsieur le duc est trop bon, reprit la jeune femme en dégageant ses jolis doigts... Puis, s'arrêtant devant d'autres glaces, elle ajouta : Voilà qui vous conviendrait peut-être mieux.
— Oui, je prends celle-ci, et puis celle-là, et ces deux autres.
— Il me semble que vous en vouliez moins...
— Maintenant, s'écria le duc avec une sorte de transport, je prendrais tout le magasin... il n'y a pas une glace où je ne vous aie vue. »

Je ne sais ce que madame Michelin aurait répondu, lorsque son mari rentra. C'était un homme franc, ouvert, loyal ; il changea un peu les choix du duc, que ni ce seigneur ni la marchande n'avaient fait bons tant cet objet commercial se trouvait loin de leur attention lorsqu'ils s'en étaient occupés. Fronsac dit au miroitier qu'il venait d'acheter une maison de campagne aux portes de Paris, et qu'il lui rendrait service en se chargeant de la meubler. On conçoit que Michelin accepta avec plaisir ; pour la jeune blonde elle rougit encore, sans doute par pressentiment.

Que dirai-je, enfin ? la pauvre petite dame aimait Fronsac avec toute la ferveur d'une âme dévote que la créature distrait de l'amour du Créateur... Mais, loin de croire qu'elle pût trouver d'ineffables délices dans un commerce de sens que Michelin lui faisait haïr, le sentiment qu'elle vouait au duc était un culte de pure contemplation qui inonderait son cœur de félicités... Presque tout le charme fut détruit aux premières tentatives de Fronsac contre sa vertu, elle aperçut le but auquel cet amant audacieux tendait ; et ce but, un époux le lui faisait abhorrer. La défense fut vigoureuse, sanglante même... des égratignures sillonnèrent le joli visage de Fronsac. Mais l'élève de Villars était formé aux assauts ; il ne tarda pas de gagner beaucoup de terrain, et s'aperçut bientôt qu'il avait des intelligences dans la place... En effet, madame Michelin venait de découvrir en combattant qu'il pouvait y avoir en amour quelque chose de plus heureux que la contemplation... C'en était fait ; l'occasion seule manquait, mais elle ne manqua pas longtemps.

Le duc, qui avait besoin d'éloigner Michelin, lui procura coup sur coup plusieurs ameublements à renouveler dans des châteaux où le miroitier était obligé de se rendre. Madame la maréchale de Villars, devenue l'amie de Fronsac, après avoir été un peu plus, s'empressa de donner sa pratique au bonhomme, pour faciliter charitablement le déshonneur de sa femme ; et puis elle se plaisait à se faire expliquer par son jeune ami tout ce qui se passait entre lui et la jolie blonde. La duchesse riait aux larmes quand Fronsac lui disait que sa dévote éprouvait autant de remords qu'il y avait de lacunes dans la série des péchés ; que ces fréquentes réminiscences du scrupule le mettaient quelquefois dans le cas de manquer d'arguments victorieux, et qu'il serait peut-être obligé d'abandonner madame Michelin à son repentir.

Jusqu'alors le duc avait reçu la miroitière à sa petite maison, meublée par le mari ; mais un jour que cet honnête marchand devait coucher au château de la duchesse de Villars, Fronsac déclara à madame Michelin qu'il viendrait le soir remplacer l'absent. Il ne fallait pour s'assurer une sécurité parfaite qu'endormir une grosse fille de boutique âgée d'environ vingt ans, et dont la chambre touchait à celle de la miroitière... On craignait que la demoiselle n'eût le sommeil léger pendant une entrevue nocturne où le calcul des précautions serait difficile ; la marchande reçut des mains de son amant un narcotique bien innocent, mais bien sûr, qui fut glissé au souper dans le verre de la grosse fille, et l'on fut tranquille.

Or je dois dire maintenant pourquoi Fronsac tenait tant à passer la nuit rue Saint-Antoine, car il ne se trouvait au domicile de Michelin aucun élément de bonheur que le duc n'eût déjà possédé à sa petite maison. Mais il avait remarqué chez madame Michelin une jeune et jolie brune nommée madame Renaud ; c'était une voisine, une amie, une amie sincère même, comme on le verra bientôt. Elle était veuve, avait la physionomie animée, l'œil étincelant ; la conquête semblait assurée. On glissa un soir une lettre, qui fut reçue et cachée avec empressement ; elle annonçait qu'on irait en recevoir la réponse chez la veuve, logée dans la même maison que le miroitier. Fronsac y alla en effet en paraissant se tromper d'étage ; et la réponse fut complète... Le veuvage mène quelquefois l'amour un train de poste. Mais notre roué craignait de ne pouvoir se tromper de porte une seconde fois, sans éveiller les soupçons de madame Michelin ; il demanda à celle-ci le commencement d'une nuit, pour avoir occasion d'en accorder la fin à madame Renaud.

Madame Michelin trouva bien courte la moitié de séance que son amant lui donnait; il y avait en elle cette nuit-là une source inépuisable de remords; mais Fronsac lui dit qu'au lever du soleil il devait être à Versailles pour la chasse du roi; il quitta la désolée miroitière, monta un étage, et se trouva près d'une femme sans remords, mais qui n'en aimait pas moins les consolations. On ne songe pas à tout; Fronsac fut réveillé en sursaut par la vieille servante de madame Renaud, qui, ayant une clef de l'appartement de sa maîtresse, venait comme de coutume allumer son feu. Le duc, la tête cachée sous les draps, exprima à voix basse son inquiétude à la jolie brune sur la présence d'un témoin qui allait rendre sa retraite difficile. Madame Renaud le rassura en lui disant qu'elle allait envoyer sa cuisinière au marché, et que, pendant son absence, il aurait pour se retirer tout le temps nécessaire... et au delà, ajouta-t-elle, par une réflexion matinale de brune. La servante étant partie, Fronsac s'habillait diligemment. Tout à coup la clef tourne de nouveau dans la serrure, la porte s'ouvre... c'est madame Michelin... Qui pourra peindre la stupéfaction du duc, encore en caleçon, et celle de madame Renaud, sans jupe, à cet aspect inattendu? Ayant rencontré la vieille servante sur l'escalier, l'intéressante dévote l'avait priée de lui ouvrir l'appartement de sa maîtresse; elle venait engager son *excellente amie* à déjeuner avec elle. Le coup de théâtre était d'un genre tout à fait pittoresque... Ici, Fronsac, les yeux fixes, la bouche béante, tenant sa culotte d'une main immobile; là, madame Renaud rentrant avec précipitation dans son lit et jetant les draps par-dessus sa tête pour dérober sa honte. Près de la porte, madame Michelin, le visage pâle, la respiration haute, le sein agité; à côté d'elle, l'honnête servante la clef à la main, l'étonnement dans les yeux, un demi-sourire sur les lèvres, et disant sans doute tout bas : « Peste! madame n'est pas si veuve... »

Je passe sur les reproches, les larmes, les tentatives de justification, les aveux plus francs et les pardons sollicités en faveur de la fragilité humaine. L'affaire n'était pas facile à arranger; mais, comme madame Michelin s'était trahie et qu'elle avait besoin du secret, le duc parvint à rétablir la bonne intelligence entre les rivales; il les fit même embrasser; et la réconciliation fut scellée par un déjeuner chez madame Renaud.

Mais cette pacification à laquelle Fronsac avait travaillé cessait d'être piquante du moment où elle était obtenue, le duc en se retirant songea à faire encore jaillir quelques étincelles de plaisir d'une double intrigue dont il allait être las. Il s'arrêta au projet de réunir un soir, à sa petite maison, ses deux maîtresses du faubourg Saint-Antoine, sans les prévenir qu'il s'agit d'un *trio*.

Au jour indiqué, madame Michelin arriva la première... Notre dévote commençait à se former; elle débuta par montrer une renaissante colère au perfide qui s'était fait, disait-elle, un cruel plaisir de la sacrifier, et sa fureur allait sans doute s'accroître en proportion du désir qu'elle avait d'être consolée, quand le son de la sonnette se fit entendre... Nouveau coup de théâtre, c'était madame Renaud!

« Ah! c'est trop fort, s'écria madame Michelin en quittant l'ottomane sur laquelle elle était assise... Monsieur le duc, vous êtes un monstre.

— Il y a des jours où je le désirerais, répondit l'effronté.

— Vous êtes un scélérat, monsieur! dit madame Renaud, dont l'œil noir lançait des traits de flamme sur le duc.

— L'épithète est dure, belle dame, répliqua Fronsac avec un sourire malin... il me semble cependant que je ne vous ai rien volé.

— Laissez-moi sortir, reprit la dévote, que j'aille mourir de honte.

— Du tout, dit Fronsac en l'arrêtant, ce genre de mort ne serait pas de circonstance.

— Finissons, monsieur le duc, poursuivit résolûment la veuve... choisissez entre nous, et qu'une seule ait à regretter de vous avoir connu.

— Oui, choisissez, répéta la miroitière avec un sourire amer... et donnez à madame le triomphe qu'elle attend du choix.

— Ah! voisine, ne nous fâchons pas, ajouta madame Renaud avec bonhomie.

— Choisir, mesdames, y pensez-vous bien, continua le duc en conduisant ses deux maîtresses devant une glace, regardez-vous, et jugez si l'option est possible!

— Que prétendez-vous donc faire? demanda madame Michelin avec surprise.

— Vous rendre un hommage égal, répondit le mauvais sujet.

— Un partage! murmura la brune en accompagnant ce mot d'un sourire dédaigneux.

— Pourquoi pas, si la partie répond à l'idée que vous vous faites du tout? repartit M. de Fronsac d'un ton hautain.

— Voisine, c'est une chose à vérifier, reprit la veuve avec sa vivacité ordinaire, l'amour-propre ne conduit à rien; mettons le nôtre de côté, et réunissons nos efforts pour reconnaître si celui de monsieur est aussi fondé qu'il le prétend.

— Excellente idée, madame Renaud! s'écria l'athlète provoqué; et pour que le stérile honneur du pas ne puisse vous diviser, que le sort décide de la priorité! »

A ces mots, le duc prend un livre sur son bureau, puis une épin-

gle, et semble attendre que ces dames devinent sa pensée. Madame Renaud est la première à la saisir.

« Allons, voisine, poursuivit-elle, le vin est tiré, il faut le boire; je vous donne l'exemple... A la plus basse lettre piquée appartiendra le pas... F, s'écria la veuve après avoir enfoncé l'épingle dans le livre.

— La lettre est significative, dit Fronsac en riant. A vous, madame Michelin! ajouta-t-il en guidant un peu de force sa main blanchette.

— C'est un E, s'écria à son tour la miroitière avec un sourire qui n'était pas dévot.

Le duc recommanda alors à madame Renaud de parcourir le livre très-curieux qu'elle tenait encore, tandis qu'il allait faire admirer à son amie d'un cabinet voisin un magnifique point de vue qu'il lui montrerait ensuite à elle-même.

La sémillante veuve, malgré l'intérêt du volume, trouva que le couple du cabinet admirait bien longtemps la perspective annoncée; pour l'heureuse miroitière, elle ne se lassait point de ce coup d'œil... Fronsac ouvrait déjà la porte, qu'elle soutenait encore n'avoir joui que d'une échappée de vue. « A votre tour de lire, voisine, » dit madame Renaud, en remettant le livre à sa vermeille devancière, et le cabinet se referma.

Au retour des deux admirateurs, on fit un souper délicat qui acheva de rendre à madame Michelin toute sa bonne humeur; à la fin du repas, ces dames firent entendre qu'elles seraient enchantées d'admirer de nouveau le point de vue.

« Pas ce soir, répondit le duc, il se fait tard et l'œil se fatigue, mais nous y reviendrons; on ne peut pas tout voir dans un jour. »

Il est survenu dans les derniers temps à Louis XIV une véritable passion pour son peuple, Sa Majesté veut qu'on le protége avant tout. « *Justice et clémence*, disait dernièrement ce prince, tardivement populaire, au chancelier Voisin, voilà tout ce que je vous demande. » Le roi gronda le même jour un secrétaire d'Etat qui avait déchiré le placet d'un exilé. « Quoi! monsieur, s'écria-t-il, vous refusez aux » malheureux la consolation de me faire lire leurs excuses!... Je » souhaiterais vivre encore quelques années, répète souvent ce mo- » narque, pour voir le peuple *gros et gras*. » Pourquoi faut-il que cette réminiscence de la *poule au pot* du bon Henri arrive si tard à son petit-fils! Il y a maintenant beaucoup à faire pour *engraisser* la nation, et sans doute il reste trop peu de jours à Louis XIV pour rendre à la France l'embonpoint qu'il lui a ôté. Ce vain effet des terreurs d'une autre vie eût été plus salutaire au temps où toutes les prospérités du royaume étaient sacrifiées à un amour de la vaporeuse renommée, que les rois n'acquièrent qu'au prix du bonheur des peuples et par le sacrifice du plus pur de leur sang. Cette sollicitude royale, que notre maître retrouve au bord de sa tombe, que ne l'inspira-t-elle en 1684, en 1685, lorsqu'une farouche intolérance décimait en son nom les habitants de nos provinces méridionales et substituait les persécutions à la protection que les princes régnants doivent à leurs sujets?

Encore aujourd'hui, Louis XIV, au milieu des craintes religieuses qui l'obsèdent, persécute les Français par l'instigation du sombre le Tellier : les prisons se remplissent de jansénistes; des évêques sont éloignés de leurs siéges pour n'avoir pas accédé à la bulle *Unigenitus*, obtenue de Clément XI; et le vertueux cardinal de Noailles est banni de la cour de France, condamné dans celle de Rome, abreuvé d'amertume, menacé de déposition, parce qu'il ne veut pas voir de crime là où il n'en existe point en effet; car la postérité rira de pitié en apprenant que cette bulle *Unigenitus*, qui divise tout le royaume, qui empoisonne les derniers jours du roi, fut motivée par quelques rêveries écrites trouvées dans les papiers du père *Quesnel*, et par un livre obscur, ouvrage de sa vieillesse. Mais Quesnel, mort depuis longtemps, fut l'ami du cardinal de Noailles, que le Tellier veut abattre parce que l'autorité de cet archevêque de Paris le gêne. La bulle *Unigenitus*[1] ou la *constitution* qui condamne l'ouvrage de Quesnel, avec cent et une propositions dites jansénistes, n'est guère que le prétexte d'une haine sanglante que le jésuite a vouée au prélat. Telle est, en résumé, la grande affaire de conscience pour laquelle des monceaux de lettres de cachet envoient dans les prisons ou exilent les *appelants*. Voilà comment on songe à fermer les plaies de la guerre, à réparer les maux de la patrie, à faire disparaître cette livrée de misères qui couvre toute la France.

Il est une case de nos imaginations françaises où n'entrent presque jamais ni les inquiétudes ni les soucis, et qui n'est remplie que des idées du plaisir. Obéissant aux inspirations qui sortent de ce compartiment moral, les bons Parisiens remplissent chaque soir le parterre des théâtres quand le spectacle les attire; et tant qu'il dure, toutes les cases cérébrales d'inquiétude et de chagrin sont hermétiquement fermées. Le public, mû par cette heureuse disposition d'esprit, s'était porté en foule à la première représentation de *Xerxès*, tragédie de Crébillon; mais la bonne humeur des specta-

[1] Cette fameuse bulle, devenue si célèbre, et dont les conséquences remplirent presque tout le règne suivant, fut donnée à Rome en septembre 1713.

teurs ne s'est pas soutenue. L'ouvrage, vicieux dans toutes ses parties, a provoqué les plus bruyantes expressions de mécontentement. Le rideau étant tombé, l'auteur est monté sur le théâtre, a redemandé froidement aux acteurs les rôles de *Xerxès* et les a jetés au feu devant tous les assistants. « Je me suis trompé, disait Crébillon » en consommant cet auto-da-fé littéraire, le public vient de m'éclai» rer, je complète la justice qu'il m'a faite. »

Quelque résigné que se montre un poëte tombé, il lui est bien permis d'éprouver un peu de déplaisir ; il n'y a donc pas de charité à le plaisanter en pareille occurrence, et la repartie du dépit est vive. Une actrice fort galante et qui passe pour avoir laissé des suites cuisantes de ses faveurs eut la malheureuse idée de se moquer de Crébillon, parce que tous les personnages de sa tragédie mouraient : « Quand nous donnerez-vous la liste des gens tués dans l'action ? lui » demanda-t-elle en riant. — Je vous la donnerai, mademoiselle, » répondit le poëte, aussitôt que vous m'aurez remis la liste des » guerriers blessés dans les combats que vous avez soutenus... » On devine de quel côté furent les rieurs.

M. de Fronsac est devenu duc de Richelieu par la mort récente de son père, qui lui laisse une fortune considérable mais embarrassée ; le défunt ayant été toute sa vie un dissipateur. Au milieu des nombreuses démarches que les affaires de Richelieu exigent il a dû ralentir un peu la marche de ses intrigues galantes, et celles qui avaient été conduites précédemment à leur conclusion ont été tout à fait oubliées. De ce nombre est l'amour en partie double de notre roué avec mesdames Renaud et Michelin ; ni l'une ni l'autre n'ont eu signe de vie, depuis un mois, de leur amant si commun. Avant-hier le duc de Richelieu roulait avec fracas sur le boulevard, dans son riche équipage, lorsqu'il aperçut M. Michelin, qui marchait lentement sur l'un des côtés de cette promenade... Le miroitier était en grand deuil... Cette vue causa au jeune seigneur un saisissement douloureux. Il tire le cordon, fait arrêter son carrosse, et envoie un laquais prier poliment M. Michelin de venir lui parler. L'honnête marchand, selon le privilége de son état de mari, ignorait l'intrigue de sa femme avec Richelieu, bien que celui-ci l'eût racontée à tout le monde ; il estimait, il chérissait même dans le séducteur un homme qu'il avait trouvé ardent à le protéger et à favoriser le débit de ses glaces..... Peut-être ignorera-t-il toujours ce qu'il lui doit d'ailleurs. Michelin s'empressa donc de se rendre à l'invitation de son protecteur, qui, l'ayant vu suivre la même direction que sa voiture, le fit placer à côté de lui.

« Que signifie ce deuil, monsieur Michelin ? demanda Richelieu.

— Hélas ! monsieur le duc, répondit le miroitier en portant son mouchoir sur ses yeux, c'est le deuil de ma pauvre femme.

— De votre femme ? s'écria le duc, dont le cœur venait de se serrer de manière à lui couper la respiration.

— Je la perdis il y aura demain huit jours... La chère créature ! le spectacle de son agonie est toujours là devant moi... Je vois partout son visage angélique...

— Ah ! monsieur, que vous me faites mal ! dit avec un bruyant soupir Richelieu, qu'agitait déjà un secret remords.

Non, jamais je n'oublierai ces beaux yeux bleus, à moitié éteints, et fixés sur moi avec une tendresse suppliante dont je ne puis soupçonner le motif !

— Grâce, grâce, monsieur Michelin... et de grosses larmes tombaient des yeux du débauché, que déchirait un poignant regret.

— Que monsieur le duc est bon de partager ma douleur... Ah ! j'ai toujours bien pensé que monsieur le duc était pour moi un respectable ami... Dieu vous bénira, excellent seigneur, il vous bénira.

— Assez, Michelin, assez, vous me faites mourir.

— Que de reconnaissance ! ajouta le mari déshonoré en baisant les mains du perfide séducteur. Puis il poursuivit : Oui, cette malheureuse enfant me regardait avec un air qui me perçait le cœur... Elle me serrait la main de ses petits doigts déjà glacés par la mort, et répétait à chaque instant, dans le transport qui l'agitait : « Vous me pardonnerez, n'est-ce pas, monsieur Michelin ?... Mon cœur était tout à Dieu... J'ignorais que le démon pût prendre une forme si réduisante... Ah ! c'est qu'il était si beau, si beau !... Mais son âme... elle n'était pas changée... » Et la pauvre femme ajoutait avec un rire sinistre : « J'ai vu son âme !... et je meurs... »

— Ah ! cessez, cessez, monsieur, cette terrible description, s'écria le duc, dont le visage était entièrement décomposé... voulez-vous donc me déchirer les entrailles ?

— Pardon, mon digne protecteur, pardon, je sens que j'ai été trop loin... Mais quel ange j'ai perdu !... Elle avait bien du respect pour vous, monsieur le duc ; car, au moment où son âme allait s'envoler au ciel, elle m'a dit : « Quand vous verrez M. de Fronsac, vous lui direz que je meurs pour... » Elle n'a pu achever ; mais un sourire céleste accompagnait son dernier soupir... La chère petite ! elle songeait sans doute à toutes les obligations que je vous ai.

— Monsieur Michelin, interrompit le duc d'un air sombre, vous m'avez dit que vous alliez rue du Temple, nous y voici... adieu.... »

Le miroitier salua M. de Richelieu, descendit et s'éloigna triste-

ment. Le pauvre homme était loin de penser qu'il venait d'exercer une terrible vengeance.

Marie Louise de Savoie, reine d'Espagne, mourut au commencement de l'année. Cette princesse ne fut pas fidèle à son mari ; mais elle le fut à sa fortune, qu'elle contribua à relever. M. de Beauvilliers termina aussi, en 1714, sa carrière honorable. Son père, mort en 1687, n'avait été que courtisan et membre de l'Académie par usurpation ; le Beauvilliers que nous regrettons aujourd'hui eut des titres plus solides à l'estime publique. Ce seigneur se montra digne de seconder Fénelon dans la réforme du naturel vicieux de feu le duc de Bourgogne : à ce vertueux gouverneur du petit-fils de France appartient moitié de la gloire acquise à ses deux instituteurs pour en avoir fait un prince honnête homme. Beauvilliers connut, dit-on, le secret du pèlerinage à Versailles d'un prêtre maréchal ferrant, de Salon, en Provence, à qui la feue reine avait apparu un soir au pied d'un arbre. Il est bien vrai qu'il y a longtemps une espèce de villageois vint à la cour raconter que Marie-Thérèse s'était montrée à lui couverte d'une robe blanche tout étincelante d'étoiles, et lui avait ordonné, du milieu des nuages sur lesquels elle était descendue du ciel, de venir trouver le roi pour lui faire, de sa part, une recommandation qui n'a point transpiré. Le paysan fut d'abord interrogé par M. de Pomponne ; ensuite par Louis XIV lui-même, qui, selon la chronique populaire, demeura stupéfait de la révélation que lui fit cet homme d'une certaine circonstance connue de Sa Majesté seule. Beauvilliers, que le roi rendit alors confident de son entretien avec le maréchal de Salon, levait les épaules quand on lui en parlait. Du reste, le bruit courut, dans le temps, que ce pèlerin n'était qu'un comédien payé par madame de Maintenon ; et le message de l'autre monde, que l'injonction supposée faite par Marie-Thérèse à Louis XIV de déclarer son mariage avec la dévote marquise.

Le duc de Saint-Aignan fit constamment entendre, dans le conseil, la voix de la raison, de l'honneur et d'une courageuse fermeté... De semblables voix retentissent rarement à l'oreille des rois, et les peuples doivent s'affliger quand elles se taisent.

CHAPITRE XLV.
1715.

Mort de Fénelon. — Encore un mot du *Télémaque*. — Madame des Ursins est près de régner en Espagne. — Le fanatisme fait changer de résolution à Philippe V. — L'abbé Alberoni. — Ambassade de ce prêtre à Parme. — Le courrier. — Calcul d'un ambitieux. — Élisabeth de Parme, reine d'Espagne. — Disgrâce de la princesse des Ursins. — La robe de cour et de la paille pour lit. — La princesse des Ursins et son écuyer. — L'ambassadeur de Perse. — Longues et singulières difficultés pour l'entrée à Paris de cet envoyé. — Diplomatie à coups de crosse. — Les dames courent chez Méhémet Rizabeg. — Examen qu'il fait de leurs charmes. — Elles dansent devant l'ambassadeur. — Repas persan. — Folies orgueilleuses à la cour. — Cérémonie de la réception. — Réciprocité galante de la duchesse de Richelieu. — Le donneur d'avis officieux. — Caprice de madame de Berry pour Richelieu. — Service d'un écuyer dans un boudoir. — Tendres adieux de Louis XIV et de l'électeur de Bavière. — Le régiment de la calotte. — Départ de l'ambassadeur de Perse. — Son ambassade était une mystification. — Le coin de nappe, les jambes enflées. — Variation dans les modes. — Les hauts talons, les mouches. — Philippe V reprend Majorque. — Fin des guerres de la succession. — L'almanach du diable. — Beau trait du chancelier Voisin. — Maladie de Louis XIV. — Sa mort. — Effet public de cet événement. — Résumé du règne de Louis le Grand.

Le précepteur de feu M. le duc de Bourgogne a suivi de près dans la tombe son gouverneur. Fénelon mourut le 5 janvier dans son diocèse, qu'il ne quittait plus depuis longtemps. Le courtisan Dangeau a reçu du roi la permission de mettre sur le journal qu'il tient à la cour : « On apprit hier la mort de M. l'archevêque de Cambrai, » homme d'un mérite *extraordinaire*, et qui est universellement re» gretté. » Mais Sa Majesté n'en a pas moins brûlé, de sa main, tous les manuscrits que le duc de Bourgogne avait conservés de son précepteur ; ce qui prouve que Louis XIV ne prend pas une part bien active au regret universel. Qui ne sait, d'ailleurs, que, depuis l'apparition du *Télémaque*, Fénelon vivait dans la défaveur ? Louis XIV vit dans cet ouvrage enchanteur des allusions critiques sur son règne, et tout porte à croire que l'historien, ou plutôt le poëte, se proposa d'y en mettre en effet. Quoi qu'il en soit, le grand roi crut être le modèle de ce Sésostris triomphant avec une fastueuse vanité, et de cet Idoménée plus empressé de favoriser le luxe au sein de la naissante colonie de Salente, que de répondre aux premiers besoins d'une nation. Telle fut la cause irrémissible de la disgrâce du vertueux prélat. La leçon était trop précise, trop directe. Les souverains permettent quelquefois qu'on les éclaire, ils ne pardonnent jamais à ceux qui les ont blâmés.

De cinquante-cinq ouvrages que laisse Fénelon, on ne lit guère que son *Télémaque* : M. de Cambrai composa ce chef-d'œuvre dans son diocèse, au milieu des persécutions que lui faisaient subir les cours de Rome et de Versailles ; il n'est donc point exact de dire que *Télémaque* ait été conçu et exécuté poup servir à l'éducation des enfants de France. Fénelon ne travailla que trois mois à la composition d'un roman philosophique où tous les genres de mérite se trouvent réunis, et l'on assure qu'il n'y a pas dix ligues de raturées sur le manuscrit original. Il faut encore reléguer parmi les fables la version où il est dit qu'un domestique de l'illustre prélat, lui ayant dérobé une copie du *Télémaque*, la fit imprimer à son insu, et que nous devons à cette infidélité l'un des plus beaux monuments littéraires de notre grand siècle. Il est bien constaté que Fénelon livra lui-même son livre à l'impression.

Il serait à désirer pour cet homme supérieur, qu'il n'eût jamais aspiré qu'à la gloire des lettres ; on regrette de savoir que M. de Cambrai n'ayant pas eu assez de vertu pour oublier que le cardinal de Noailles participa, sans fiel, à sa condamnation, se soit réuni au jésuites pour tourmenter, par ses écrits, ce digne archevêque de Paris... Il est donc bien peu de vertus sur lesquelles les passions n'aient pas quelque prise.

Philippe V, veuf depuis le 14 février 1714, convola à de secondes noces, le 24 décembre de la même année, en épousant Elisabeth, fille du duc de Parme. Un grand événement précéda l'arrivée de la nouvelle reine : Marie-Anne de la Trémouille, princesse des Ursins, dans un but que j'expliquerai bientôt, était allée avec le roi au devant de la princesse ; elle l'avait rejointe à quinze lieues de Madrid, et se disposait à la complimenter, lorsqu'elle en reçut l'ordre, très-durement exprimé, de sortir sur-le-champ des terres d'Espagne. Reprenons les détails de cette singulière aventure.

J'ai dit ailleurs que, dès son arrivée à la cour de Madrid, madame des Ursins avait détourné sur elle une partie des habitudes ardentes que Philippe V tient de son grand père, et qu'il satisfait, depuis quatorze ans, avec la première femme qui se rencontre sous sa main. A peine Marie Louise de Savoie avait-elle fermé les yeux, que la vieille favorite recevait un hommage impur dans l'appartement même de la reine, encore drapé de velours noir, semé de larmes d'argent ; et le surlendemain du jour où les restes de la feue reine furent descendus sous les voûtes de l'Escurial, le roi soupait en tête-à-tête avec la *camarera mayor*. Ce repas parut indécent, non-seulement à cause de la circonstance inopportune dans laquelle il avait lieu, mais encore parce qu'il montrait une sujette à la table du souverain, innovation contraire aux lois de la monarchie et qui révolta toute la cour. De l'intérieur du palais, les murmures s'étendirent dans la ville : le peuple castillan, habitué à regarder son prince comme un dieu, parce qu'il se croit lui-même au-dessus du commun des hommes, fut indigné que le roi méprisât ouvertement des préjugés héréditaires... Les habitants de Madrid avaient naguère supporté les plus lourds impôts, souffert les plus rudes privations, couru les plus grands dangers, sans laisser entendre une plainte ; et peu s'en fallut qu'ils ne se révoltassent pour un souper contre l'étiquette. Pendant que ces agitations éclataient dans la ville, le confesseur du roi, confident de l'amour de ce prince pour la princesse des Ursins, le soutenait théologiquement dans une dispute avec le confesseur de la feue reine ; lequel trouvait cette passion hétérodoxe. Or le premier de ces deux pères obtint si complétement raison, qu'il ne tarda pas à prouver au monarque lui-même que Sa Majesté, pour être agréable à Dieu, devait tendre une main conjugale à la favorite et l'élever jusqu'au trône d'Espagne. De son côté, madame de Braccino avait insinué à Philippe V qu'elle n'avait que soixante ans ; ce qui n'était que le double de l'âge du prince, mais il savait que sa maîtresse perdait vingt ans en certaines occasions. Une bien petite circonstance empêcha le mariage, au moment où tout était prêt pour le célébrer. La princesse des Ursins, je ne sais pas bien pourquoi, voulait que le roi logeât au palais le duc de Medina-Celi, Sa Majesté y consentait volontiers ; mais il fallait pour cela agrandir ce palais, qui n'est pas à beaucoup près un Versailles. On se décida à s'emparer d'un couvent de capucins attenant à l'édifice royal ; car, en Espagne, les institutions monacales adhèrent toujours par quelques points aux grandeurs. Ce n'était pas une petite affaire que de déposséder ces pères barbus ; les murmures qu'avait excités le souper scandaleux, se reproduisirent lorsqu'on vit les franciscains sortir processionnellement de leur maison ; ils redoublèrent quand on enleva le saint sacrement de l'Eglise ; et les clameurs devinrent extrêmes, à la vue des cadavres exhumés des caveaux où reposaient sept a huit générations de ces bons religieux.

Tout Madrid se rassembla tumultueusement sous les fenêtres du palais ; des cris séditieux parvinrent jusqu'aux oreilles de Philippe V, assis en ce moment sur un lit de repos, à côté de sa vieille favorite... Ce prince se leva précipitamment, et se passant la main sur le front il dit d'un ton soucieux : « Notre commerce, je le vois, scandalise » la nation ; princesse, veuillez me choisir une femme. » Madame de Braccino était loin de s'attendre à un si brusque changement de résolution ; elle dissimula pourtant son dépit, et se prépara à changer aussi la direction de ses batteries.

Il y avait à Madrid un prêtre italien, fils d'un jardinier de Parme, et qui se nommait Alberoni. Cet abbé, que M. de Vendôme avait introduit à la cour de Philippe, possédait toute la confiance de madame des Ursins ; ce fut lui qu'elle consulta sur le parti à prendre pour sortir de la fâcheuse position où elle se trouvait, le priant de la diriger dans le choix d'une femme qui fût d'étoffe à se contenter du titre de reine. « Je vous comprends, madame, répondit Alberoni, » et vous serez certaine de régner encore en disposant de la main du » roi en faveur d'Elisabeth, fille du duc de Parme. C'est une prin- » cesse douce, timide, facile à mener ; nous chercherions vainement » une reine qui pût mieux nous convenir. »

La princesse des Ursins s'empressa de parler d'Elisabeth à Philippe V, et lui proposa d'envoyer à Parme l'abbé Alberoni pour négocier le mariage. Sa Majesté dit à la favorite qu'il épouserait qui elle voudrait ; que le choix était indifférent, pourvu qu'on lui donnât une femme, et qu'autant valait la princesse de Parme qu'une autre. Mise parfaitement à son aise par cette vocation conjugale d'un cynisme parfait, madame de Braccino fit expédier des provisions d'ambassadeur à son agent, qui partit aussitôt pour la cour de Parme, bien décidé à se prévaloir auprès du duc, son souverain, de la haute alliance qu'il faisait former à sa maison.

Mais à peine Alberoni avait-il été présenté au prince italien et à sa fille, qu'il vint à la connaissance de la princesse des Ursins, qu'Elisabeth, loin d'être douce, timide, facile à manier, était, au contraire, hautaine, absolue et disposée à s'emparer de ce pouvoir auquel on la supposait portée à se soumettre. Bien fixée à cet égard, la favorite fit partir sur-le-champ un courrier portant à l'abbé Alberoni l'ordre de suspendre la conclusion. Ce messager arriva à temps ; mais le prêtre italien était un homme habile, il calcula rapidement les conséquences de ce contremandement. Le résultat immédiat était, dans tous les cas, la ruine infaillible de son crédit auprès de madame des Ursins, qu'il avait trompée afin de se faire bien venir de la cour de Parme ; et, le mariage une fois rompu, tout autre moyen de faveur serait perdu pour lui, puisque, par le fait de la rupture, il mécontentait aussi le prince parmesan. Il fallait donc que, dans l'intérêt bien entendu de son ambition, le négociateur passât outre à la défense de la favorite. L'avantage de cette conduite lui apparaissait clairement : son crédit à la cour de Parme était assuré, de plus l'influence qu'il acquérait à celle de Madrid, par un service éminent rendu à la jeune Elisabeth, qu'il faisait reine d'Espagne, compensait et au delà sa disgrâce auprès de la vieille duchesse de Braccino. Convenons que si Alberoni n'est pas jésuite, il serait bien digne de l'être. L'astucieux abbé, qui avait fait toutes ces réflexions en paraissant lire attentivement la dépêche, et avant que le courier fût sorti de son cabinet, relève tout à coup la tête avec résolution, avec audace, et dit à cet homme : « Ecoute, veux-tu vivre, prends cet or, » cache-toi, et arrive demain. » La bourse était lourde ; la conscience d'un postillon peut être faible : celui-ci accepta l'offre séduisante qui lui était faite. Il sortit secrètement de la ville, passa vingt-quatre heures dans une chaumière du voisinage, et rentra le lendemain à Parme en faisant claquer son fouet comme un messager de la victoire. Alberoni avait eu, en effet, le temps d'en remporter une éclatante sur les vues dominatrices de la princesse des Ursins : le mariage était conclu ; et les trophées de cette action lui étaient d'autant mieux assurés, que cet ambassadeur avait révélé très-précisément au duc de Parme les obligations que sa maison avait à la politique subtile qu'il venait de déployer. Alberoni partit, sans perte de temps, avec la nouvelle reine d'Espagne, après avoir écrit à madame des Ursins une lettre remplie de témoignages de regret, de lamentations même, sur l'arrivée trop tardive du courrier.

Cependant la princesse, dévorant son chagrin et son inquiétude, se mit en chemin avec Philippe V pour aller au-devant d'Elisabeth, que le roi devait recevoir à quinze lieues de Madrid : on peut se faire l'idée de l'entretien des routes dans le royaume catholique, en apprenant qu'il fallut trois jours à Sa Majesté pour franchir cet espace. Le carrosse de madame de Braccino suivait de si près celui du roi, que, pendant ce court trajet, personne ne lui parla sans qu'elle s'en aperçût ; le soir, au lieu où le prince couchait, elle s'enfermait avec lui, et ne laissait auprès de sa personne que des courtisans sur la fidélité de qui elle pût compter. Cette femme adroite espérait ainsi conserver, aux yeux de la reine elle-même, une autorité telle sur l'esprit du monarque, que cette jeune princesse n'osât pas concevoir le projet d'attaquer ce colosse de crédit. Le dernier jour, Philippe V devait pourtant s'avancer seul au-devant de la reine ; il sentit qu'il ne pouvait se montrer à elle accompagné d'une femme dont la renommée pouvait avoir porté la qualité de favorite jusqu'aux oreilles d'Elisabeth. Il partit seul. Madame des Ursins se présenta le lendemain devant la nouvelle Majesté ; elle se disposait à complimenter cette princesse, lorsque aux premiers mots de son discours elle fut interrompue par une brusque apostrophe.

« Vous n'êtes pas vêtue décemment ! dit Elisabeth à la favorite, dont le sein était en c'et découvert...

— Madame, répondit brièvement la princesse des Ursins, j'oserai représenter à Votre Majesté que cet usage, général à la cour de France, ne passe point pour une indécence.

— Il cessera, madame, d'en être ainsi à la cour d'Espagne.

— Votre Majesté, reprit l'habile favorite, est bien faite pour y donner le ton, et je le savais, madame, poursuivit la princesse en appuyant sur les mots, quand je désignais Votre Majesté au choix du roi.

— Vous êtes une impertinente, répliqua Elisabeth avec toute la vivacité italienne, sortez!

— Le mot est fort, madame, vous n'êtes pas encore tout à fait en possession du rang que je vous ai donné.

— Sortez! répéta avec un éclat de voix Elisabeth : non pas seulement de ma présence, mais des terres d'Espagne... Madame des Ursins ne bougeait pas...

— Misérable, s'écria la reine en la poussant hors de sa chambre..., sortirez-vous, enfin... Allez, votre règne est passé.

— Le vôtre n'est pas encore commencé, dit madame de Braccino dans un accès de colère qui bannit sa prudence... Les rois peuvent avoir des maîtres sur la terre...

— Monsieur, poursuivit la reine avec fureur en s'adressant au capitaine des gardes, arrêtez cette femme, faites-la jeter dans un carrosse et qu'elle soit conduite hors de la frontière.

— Madame, répondit respectueusement l'officier, je vais prendre les ordres du roi : je dois représenter à Votre Majesté que lui seul a le pouvoir d'enlever la liberté à une personne du rang de la princesse.

— N'avez-vous pas l'ordre du roi, répliqua fièrement la reine, de m'obéir sans réserve?

— Il est vrai, madame.

— Allez donc, obéissez sans plus de réflexions... il y va de votre propre sûreté. »

La princesse des Ursins voulut en vain pénétrer auprès de Philippe V, il refusa de la recevoir. Ce faible prince, dès sa première entrevue avec Elisabeth, avait senti qu'il allait subir son ascendant; il n'osa pas soutenir sa vieille favorite, et celle-ci vit bien qu'après cette seconde disgrâce comme après la première elle ne pourrait ressaisir le crédit qu'à l'aide d'un pouvoir étranger... Mais elle avait peut-être commis une faute irréparable en se prévalant de ce pouvoir.

Conformément aux ordres de la reine, on renferma madame des Ursins toute parée dans un carrosse à six chevaux où elle fut gardée par deux officiers. Elle roula ainsi vers la frontière pendant une nuit d'hiver, et dans des chemins faiblement éclairés par le reflet de la neige. La pauvre princesse, avec cette gorge découverte qui venait de scandaliser Elisabeth, tremblait de tous ses membres auprès des militaires qui l'accompagnaient. Un d'eux, ayant entendu le craquement de ses dents, lui offrit son manteau, qu'elle se hâta d'accepter.

Madame de Braccino, au bruit monotone des roues, se perdait en conjectures sur les causes d'une disgrâce aussi subite : elle était loin de soupçonner Alberoni de trahison et ne maudissait que la faiblesse de Philippe V, qu'elle appelait de l'ingratitude. L'exilée, toujours en réfléchissant, en se désolant, mais en espérant, continua sa route jusqu'à la frontière au milieu de toutes les privations que les voyageurs rencontrent en Espagne : point de lit dans les auberges, excepté pour les muletiers; nulles provisions, pas même de table pour manger... Celle qui avait été sur le point de régner couchait en habit de cour sur quelques poignées de paille; elle se nourrissait de deux œufs au plus, s'estimant heureuse quand elle n'y trouvait pas le poulet tout formé.

Pendant cette déplorable extrémité d'une femme qui régna quatorze ans sur son cœur, Philippe V, nonobstant les lettres déchirantes qu'il en recevait d'heure en heure, se couchait tranquillement chaque soir auprès de la reine italienne, qui répondait bien aux désirs impérieux de ce prince. Il n'était pas plus question à la cour de Madrid de la princesse disgraciée que si elle n'y eût jamais vécu; les grands, plus oublieux encore que les lièvres, n'ont pas besoin de courir pour perdre le souvenir de ceux dont la faveur a cessé. Le roi crut cependant devoir répondre une fois à son ancienne favorite : ce fut pour lui dire que ses pensions continueraient de lui être payées. Là s'arrêta la correspondance du Monarque Catholique; mais celle de madame des Ursins n'a point cessé depuis son arrivée à la cour de France. Ses lettres prolongent suivant elle la chaîne de relations qu'elle juge prudent de perpétuer, en attendant qu'elle puisse reprendre auprès du trône espagnol la place qu'elle y occupa jusqu'ici.

Disons, nous qui devons voir plus froidement les choses, que le retour de faveur, ou plutôt de pouvoir, qu'espère madame de Braccino ne paraît nullement probable : avec l'altière Elisabeth, la cour de Versailles doit entretenir à Madrid un agent plus jeune que cette beauté surannée; la finesse ne doit plus être le premier élément à employer dans l'intérieur de Philippe V, c'est la fermeté. D'ailleurs les déréglements de la princesse des Ursins ont eu tant d'éclat, qu'une cour dévote ne peut en conscience se servir désormais d'une femme si décriée. On avait passé à la galante veuve toutes ses intrigues illustres, y compris même les trois cardinaux dont, au dire d'un souverain pontife, elle faisait autrefois son déjeuner habituel; mais on n'a pu lui pardonner ses amours avec son écuyer *Boutrot d'Aubigné*, fils d'un obscur procureur. Le comité Maintenon fut surtout révolté du cynisme avec lequel madame des Ursins avoua, quelques années avant sa seconde disgrâce, cette inclination roturière, en interceptant un jour une lettre écrite à Louis XIV par l'ambassadeur de France à Madrid. Ce ministre, après avoir donné au roi des dé-

tails purement politiques, marquait « que madame de Braccino exer- » çait un empire despotique sur Leurs Majestés Espagnoles; mais » qu'elle était elle-même subjuguée par l'écuyer *Boutrot*, qui parta- » geait publiquement sa couche... » L'ambassadeur ajoutait qu'on les *croyait mariés.*

Cette dépêche était importante, la princesse ne crut pas devoir la retenir; elle voulait d'ailleurs prouver au roi que nul écrit ne partait de Madrid à son insu, et qu'elle y remplissait bien sa mission. Elle se borna donc à écrire de sa main en marge de la lettre : *Pour mariés, non;* et le paquet fut expédié à Louis XIV, qui s'écria en reconnaissant l'écriture de la note marginale : « Voilà une hardie com- » mère! »

Les réceptions à la cour de généraux des ordres religieux sont usées; Louis XIV, après avoir reçu solennellement tous ces princes tondus et barbus, manque depuis quelque temps de récréations, l'ennui revient sur l'eau. Pour l'éloigner au moins un moment, madame de Maintenon, à force de chercher dans le répertoire à peu près épuisé de ses expédients, a trouvé enfin qu'une audience donnée à l'ambassadeur d'un grand prince de l'Orient pourrait encore amuser le roi; et comme la Providence aide toujours ceux qui commencent par s'aider eux-mêmes, il se trouva que le mois dernier un envoyé du roi de Perse était débarqué à Marseille et s'acheminait vers Paris.

Le roi ayant été informé de l'arrivée de cet ambassadeur, qui, si je puis me servir de cette locution vulgaire, venait comme mars en carême, envoya M. le baron de Breteuil au-devant de lui jusqu'à Charenton. Ce gentilhomme trouva ce mahométan, appelé Méhémet Rizabeg, couché auprès du feu sur des tapis de Perse recouvrant une espèce de matelas; il avait les jambes croisées à la manière des Orientaux : M. de Breteuil a dit depuis qu'il lui avait fait l'effet d'un gros singe pelotonné près de la cheminée. En voyant l'officier du roi, Méhémet lui montra un siége et s'appuya sur le coude pour écouter le discours, imitant l'emphase orientale, que le baron lui débita. Après ce premier compliment, auquel le Persan fit répondre par son interprète, il déclara qu'il entendait que le *vizir* des affaires étrangères vînt le prendre lui-même pour se rendre à Paris dans un carrosse du roi; mais qu'il y monterait seul, ne voulant pas se renfermer dans une boîte avec des chrétiens; qu'au surplus il ferait son entrée à cheval, et ne la ferait qu'après la lune de février, pour éviter les jours malheureux.

La recherche du jour heureux ne fut pas l'affaire d'un instant : Méhémet dit qu'il en feuilletterait sa loi à tête reposée, et ferait connaître plus tard sa détermination. Pressé de fixer très-prochainement le jour qu'il aurait choisi, l'ambassadeur, qui avait longuement consulté ses lunes, finit par trouver que le 7 février pourrait bien être exempt d'influences funestes. M. de Breteuil se rendit donc auprès de lui à cette date, accompagné du maréchal de Matignon. Méhémet commença par signifier à ces messieurs, avec une franchise plus orientale que diplomatique, que, ne pouvant se lever de son matelas devant des chrétiens, il les invitait à passer dans la pièce voisine, afin qu'il se disposât à partir. Le maréchal grommelait entre ses dents qu'il se sentait une vive démangeaison d'appliquer le plat de son épée sur le visage de Son Eminence Persane; M. de Breteuil le calma en l'entraînant, après avoir dit toutefois à Méhémet que s'il ne devenait plus poli, il ne ferait point d'entrée à Paris, et serait renvoyé sans avoir eu d'audience du roi.

A peine les officiers de Sa Majesté étaient-ils hors de la chambre, que le Persan la quitta lui-même brusquement et courut dans la cour se saisir de la bride d'un cheval pour monter dessus et entrer seul dans la capitale. MM. de Matignon et de Breteuil, voyant qu'il allait falloir décidément emporter le cérémonial d'assaut, firent fermer la porte cochère. S'adressant ensuite au diplomate mutin, ils lui dirent qu'ils le forceraient bien de descendre de cheval. Furieux, il parla de son sabre, mit la main sur la poignée et talonna sa monture. Le maréchal fit entendre à Méhémet qu'il fallait bien qu'il se gardât de faire briller son damas, que les têtes étaient beaucoup plus chères en France qu'en Perse et que bien que lui ambassadeur fût l'envoyé d'un cousin germain du soleil, il ne laisserait pas d'être pendu s'il faisait une égratignure à un sujet de Sa Majesté Très-Chrétienne. Ce discours énergique, clairement traduit par un interprète français, calma un peu l'effervescence de notre Oriental : il descendit assez paisiblement de cheval; mais il alla se remettre sur son matelas, jurant qu'il ne le quitterait plus. Il fallait cependant en finir : Matignon appela six grenadiers... Méhémet ne bougea pas. L'étiquette, il faut en convenir, commençait à prendre une singulière direction. « Ma foi, dit Breteuil, le vin est tiré, soldats, faites lever de force » ce Persan intraitable... » Et les militaires avec la crosse de leurs fusils stimulèrent l'ambassadeur à peu près comme un chien couché à qui l'on veut faire quitter la place. Le moyen réussit : l'envoyé se leva, traversa rapidement l'appartement, où il renversa deux gentilshommes qui obstruaient son passage, et courut se placer dans le carrosse qui l'attendait. Matignon, Breteuil et un introducteur y montèrent : la marche commença. Méhémet se mit à bouder comme un enfant : il ne dit pas un mot pendant toute la route, et, s'appliquant le nez contre les parois de la voiture, il tourna le dos aux trois gentilshommes qui l'accompagnaient.

La vue des dames parisiennes dérida tout à coup le front du boudeur ; le sourire reparut sur ses lèvres ; il fut très-poli avec M. de Torcy, qu'on lui dit être le ministre des affaires étrangères ; enfin, par la médiation de celui-ci, l'ambassadeur tendit la main au maréchal de Matignon et au baron de Breteuil. Une nouvelle computation des lunes eut lieu pour le jour de la présentation au roi. Sa Majesté daigna accepter le jour que le Persan avait choisi.

En attendant l'audience de réception, Méhémet Rizabeg parcourait la ville à cheval avec son étendard déployé et suivi de quatre cavaliers équipés comme lui à la persane. C'était un spectacle nouveau : les Parisiens se foulaient, s'écrasaient pour en jouir. Les dames, même celles de la première qualité, se portaient avec une telle affluence chez l'ambassadeur, qu'il s'en trouvait souvent quarante dans sa chambre et autant dans la pièce voisine attendant leur tour d'admission. Mais pour être reçues auprès de ce Persan il fallait que

Il aperçut à la porte d'une boutique de miroitier la plus jolie blonde qu'il eût rencontrée de sa vie.

les femmes priassent les cavaliers qui les avaient accompagnées de les attendre à la porte, Son Excellence ne recevant pas les deux sexes ensemble. D'après un ordre que Méhémet avait établi, les hommes entraient chez lui le matin et les dames le soir. Il traitait tout le monde poliment, faisait servir du thé, du café, des sorbets, mais sans se lever, sans quitter sa pipe, à moins que ce ne fût pour examiner les femmes. Il en passait alors une sorte de revue en se tenant très-près d'elles : il lui arriva même de se rendre compte de certaines consistances par le toucher ; ce qui ne diminua nullement le nombre des jolies visitantes, tant on a le caractère bien fait à Paris. La complaisance des curieuses fut telle, que bon nombre d'entre elles se prêtèrent à danser devant l'ambassadeur : on va jusqu'à dire que la condescendance de plusieurs alla beaucoup plus loin encore et qu'elles ne s'en repentirent point... Tout cela se passait au son d'une musique placée dans la pièce voisine de celle où se faisaient les réceptions. Cette musique était entretenue aux dépens du roi... Mais il y a gros à parier que quelques honnêtes maris en payèrent aussi les violons.

Méhémet Rizabeg prenait ses repas sur une nappe de brocart d'or qu'on étendait sur le tapis de sa chambre. Son Excellence persane mangeait avec une grande malpropreté : elle saisissait avec les doigts le riz, qui était son principal aliment, le pétrissait dans sa main d'une manière fort dégoûtante et le portait à sa bouche à deux ou trois reprises. L'ambassadeur couchait ordinairement sur son matelas en s'enveloppant d'étoffes de Perse ; mais la bonté du lit qu'on lui avait donné dans son hôtel l'invita un soir à en faire l'essai, et il continua de s'en servir jusqu'à son départ.

Le 19 février, jour fixé pour la réception de Méhémet Rizabeg, le roi, enchanté d'avoir à déployer sa magnificence devant l'envoyé d'un monarque opulent et de lui prouver ainsi que sa cour ne le cédait point sous ce rapport à celles de l'Orient, se leva de très-bonne humeur. Il ordonna que sa garde fût doublée. La veille on avait dit à l'ordre que messieurs de la maison du roi seraient revêtus de leurs plus beaux habits, la même recommandation avait été faite aux princes et princesses du sang ainsi qu'à tous les officiers de la cour ; de plus des courtisans empressés s'étaient chargés pendant les trois ou quatre jours précédents de déterminer le plus grand nombre possible de dames à se rendre extrêmement parées dans la grande galerie le jour de la réception qu'on y devait faire. En un mot rien ne fut négligé pour que la pompe de cette cérémonie étonnât l'étranger qui en était l'objet... La royauté a ses jeux et la vieillesse son enfance.

Le roi parut au grand lever avec un habit d'une étoffe mêlée d'or et de moire, brodé de diamants. Il y en avait pour douze millions cinq cent mille livres ; ce qui rendait cet habit si pesant, que Sa Majesté fut obligée de le quitter immédiatement après la cérémonie. L'habit de M. le duc du Maine était orné aussi d'une broderie de brillants ; celui de M. le comte de Toulouse l'était d'une garniture de pierres de couleur. Mais aucun costume ne parut aussi galant que celui de M. le duc d'Orléans : il était de velours bleu avec broderie en mosaïque de perles et de diamants. Cet élégant habit fut admiré... beaucoup plus que le roi n'eût voulu.

A onze heures et demie l'ambassadeur de Perse, qui était descendu de carrosse au bout de l'avenue de Paris pour faire son entrée à cheval dans la cour du château, en fit le tour avec sa suite aussi à cheval, ainsi que le cortége français qui l'accompagnait. Louis XIV et les princes le virent arriver du balcon de la chambre de Sa Majesté ; et au moment où cet étranger mit pied à terre vis-à-vis de l'appartement de M. de Guiche le roi et sa cour passèrent dans la grande galerie, au bout de laquelle le trône était élevé. Quatre cents femmes magnifiquement parées étaient assises sur un gradin à quatre rangs qui régnait tout le long de cette vaste pièce du côté opposé aux croisées. Sa Majesté, après avoir salué les dames en passant très-près du gradin, monta sur son trône aux cris unanimes de *Vive le roi!* A la droite du monarque était le Dauphin, que madame de Ventadour tenait par la lisière. L'habit et le bonnet de Son Altesse Royale resplendissaient de diamants. M. le duc d'Orléans prit place à la gauche du roi, des deux côtés les autres princes du sang se groupèrent selon leur rang ; derrière eux se tenaient les quatre premiers gentilshommes de la chambre, le grand chambellan et le grand maître de la garderobe. On voyait dans le milieu de la galerie une foule de seigneurs français et étrangers habillés avec une recherche extrême : on distinguait parmi eux l'électeur de Bavière... Le roi seul était couvert. Au bas du trône, Coypel, le crayon à la main, jetait les premiers traits du tableau de cette superbe solennité ; M. de Rose, secrétaire de l'Académie des inscriptions, placé près du peintre, se disposait à décrire la cérémonie que cet artiste devait peindre.

Enfin cette foule brillante, qui réalisait les fictions prodiges de richesses qu'on admire dans les *Mille et une Nuits*, étant placée entièrement, l'ambassadeur de Perse parut au bout de la galerie et vit Louis XIV à l'autre extrémité. Du point où cet étranger aperçut le roi, ce prince semblait être le centre d'une auréole étincelante de pierreries. Méhémet s'arrêta frappé d'une magnificence devant laquelle eût pâli le luxe même de l'Orient. Jusqu'à ce moment les seigneurs français qui accompagnaient l'ambassadeur n'avaient pas été sans crainte de quelques nouvelles extravagances de sa part, mais ils se rassurèrent lorsqu'ils le virent commencer ses salutations, qui ne finirent qu'à son arrivée au pied du trône. Le roi s'était levé et avait ôté son chapeau : il resta debout et découvert tant que l'Oriental s'avança vers lui. Méhémet s'étant arrêté au bas de l'estrade, le duc de Noailles lui présenta la main pour monter à la plate-forme, de laquelle il tendit au roi sa lettre de créance et ses présents. Il prononça ensuite un discours en langue persane, que traduisit phrase par phrase un interprète de Sa Majesté.

Les présents du roi de Perse sont tels qu'un fermier général n'oserait pas les offrir à la femme d'un premier commis des finances : ils se composent de quatre cents perles fort médiocres, deux cents turquoises très-laides et deux petites boîtes d'or remplies d'un baume que les Orientaux disent merveilleux pour la guérison subite des blessures. Ce remède, ajoutent-ils, sort goutte à goutte d'un rocher renfermé dans un autre : il est d'un très-grand prix, je veux bien le croire. Quoi qu'il en soit, quand Louis XIV eût remis ces objets entre les mains de M. de Torcy, ce ministre put les garder jusqu'à la fin de l'audience sans en être chargé ni embarrassé.

L'ambassadeur persan n'amuse plus guère les Parisiens ; mais le scandale les amuse toujours : il les enchante surtout lorsqu'il sert plaisamment une vengeance et constitue la revanche d'une trahison galante. C'est précisément ce qui a lieu aujourd'hui. Il n'y avait pas à Paris un ami de l'équité qui ne désirât que la jeune duchesse de Richelieu ne conçût enfin le projet de se venger d'un époux indigne de son amour. Cent courtisans se tenaient prêts à se faire les avocats d'une requête en réciprocité. Madame de Richelieu se passa de leur secours : elle se fit justice à petit bruit.

Le duc a parmi ses domestiques un jeune écuyer fort bien tourné, et dont la prévenance attentive auprès de la duchesse alla, dès la première année d'un trop stérile mariage, jusqu'aux soins les plus minutieux. Les peines que l'on a confiées deviennent de moitié plus légères; madame de Richelieu se sentit un grand besoin d'épanchement, et personne ne lui sembla plus propre à recevoir ses confidences que l'être complaisant qu'elle voyait si attentif à la servir. L'écuyer reçut donc le dépôt des chagrins conjugaux de la duchesse; il la plaignit, soupira avec elle, et sa compassion alla même jusqu'à pleurer. L'épouse sans époux se sentit profondément touchée de l'intérêt du bel officier... Un confident qui pleure sur les maux qu'on lui confie, cela ne se voit pas tous les jours! Celui-ci ne tarda pas de s'imaginer que, si la duchesse lui savait gré de mêler ses larmes aux siennes, elle ne pourrait trouver mauvais qu'il cherchât à en

Les militaires avec la crosse de leurs fusils stimulèrent l'ambassadeur...

tarir la source, attendu que les consolations valent mieux encore que le partage de la douleur. Un soir que l'écuyer avait suivi madame de Richelieu dans la pièce la plus reculée de son appartement, il osa hasarder le commencement d'un aveu, fut encouragé, écouté avec émotion... Il rentra ensuite dans sa chambre, mais le lendemain matin.

L'écuyer était aussi discret qu'heureux, mais cacher les feux de l'amour n'est pas chose facile; ce sera toujours l'incendie le plus difficile à comprimer. Malgré toute la prudence des amants, leur commerce fut bientôt connu de tout le monde à l'hôtel de Richelieu, excepté du duc, auprès de qui personne dans la maison ne se souciait de prendre l'initiative d'une révélation. Le mari suppléé mit lui-même sur la voie celui de ses domestiques auquel il permettait le plus de liberté:

« Je donnerais cent louis, lui dit-il un jour, pour que ma femme me fît cocu.

— C'est inutile, monseigneur, répondit le valet, ce plaisir vous l'avez gratis.

— Bah! mais es-tu bien sûr de ce que tu dis?

— Très-sûr, monsieur le duc; et le valet officieux détailla à son maître ce qu'il avait remarqué de concluant.

— Quant au fait par lui-même, reprit M. de Richelieu, je n'ai rien à dire, et je suis bien aise que ma femme cesse enfin d'être une dame honoraire; mais le choix...

— Pas si mauvais, monseigneur, un amant qui doit toujours être prêt à aimer par obéissance, peste! ce n'est point à dédaigner; n'a pas qui veut le plaisir à ses ordres.

— Tu as parbleu raison, et à ce compte je dois payer double mon écuyer.

— Double! c'est beaucoup.

— Non pas, puisqu'il fait à l'hôtel son service et le mien. »

Le duc s'amusa beaucoup dans le monde de l'intrigue de sa femme, qu'il divulgua le premier à la cour. Il en égaya quelques-uns des entretiens secrets qu'il eut pendant huit ou dix jours avec la duchesse de Berry; car Son Altesse Royale avait voulu que Richelieu, l'homme le plus à la mode de l'époque, figurât sur sa longue liste: ce fut pour l'un comme pour l'autre une unité de plus dans des centaines de bonnes fortunes. « Voilà qui est très-bien fait, dit la galante » veuve quand le duc lui révéla en riant l'amour de madame de » Richelieu pour l'écuyer; votre femme est une personne pleine de » sens, elle a deviné le véritable usage que les dames doivent faire » de leurs écuyers. »

Il manquait encore à M. de Richelieu le témoignage de ses yeux pour être bien convaincu des galanteries de la duchesse; mais ce complément de conviction ne se fit pas attendre longtemps. Une après-dînée, le duc ayant à causer avec sa femme d'un procès qu'ils devaient soutenir se disposa à l'aller trouver chez elle pour en conférer. Il traversa tout l'appartement sans rencontrer un seul domestique, et arriva jusqu'au cabinet de la duchesse. Elle y était en ce moment avec l'écuyer, occupée d'un soin bien opposé au procès dont le duc venait l'entretenir; l'occupation était même telle que M. de Richelieu, en ouvrant la porte, ne provoqua l'attention ni de l'un ni de l'autre des acteurs du cabinet. Après avoir considéré un moment la scène qui s'offrait à lui, il referma doucement la porte et fit du bruit dans la pièce voisine en s'écriant: « Il n'y a donc personne » ici pour annoncer! » L'indulgent mari rentra ensuite dans le boudoir. La duchesse était alors assise sur une chaise longue, avec une rougeur de teint beaucoup plus vive que celle résultant d'une digestion, même laborieuse: l'écuyer debout devant la croisée parut très-embarrassé d'être surpris au fond de l'appartement de madame, quand celle-ci avait le teint si vermeil. « Mon Dieu! madame, dit » Richelieu, il faut chasser tous vos gens... Quoi! pas un seul de ces

Méhémet Rizabeg parcourait la ville à cheval...

» coquins n'est dans votre antichambre! on est obligé d'entrer chez » vous sans se faire annoncer! Ne peut-on pas vous gêner, prendre » un moment qui ne soit point le vôtre? Je vous conseille en ami de » punir une telle négligence. » L'écuyer voulut se glisser hors du cabinet: « Restez donc, mon cher, reprit le duc, vous êtes de la » maison; pour mon compte, je ne veux avoir aucun secret avec » vous... Et madame non plus, je le parie... N'est-ce pas, duchesse, » que monsieur n'est pas de trop ici? » Et sur-le-champ notre sardonique époux se mit à parler du procès à sa femme, dont l'esprit était loin des affaires du palais. « Je vous recommande, mon ami, dit le » duc en sortant, de prendre avec exactitude les ordres de madame. » Elle aime la solitude, et vous m'obligerez, tant que cela ne la » gênera pas, de venir la partager avec elle. » A ces mots, M. de Richelieu salua la duchesse et s'éloigna en fredonnant un refrain de l'opéra nouveau.

L'électeur de Bavière prit congé du roi le 22 mars pour retourner dans ses Etats, qui lui sont rendus par suite des traités d'Utrecht. Sa Majesté s'était attachée à Son Altesse Electorale, qui fut pendant la guerre notre alliée constante, et dont Villars paraît avoir à tort soupçonné la fidélité. Les adieux de Louis XIV et du prince bavarois ont été, dit-on, fort tendres; les deux têtes illustres se sont rapprochées plusieurs fois dans des embrassements mêlés de larmes... Les assistants se sont efforcés de pleurer par courtoisie; plusieurs y ont réussi.

Le roi entendait parler depuis longtemps d'une institution burlesque appelée le *régiment de la calotte* [1], et dont un sieur d'Aymon, porte-manteau à la cour, est le fondateur. Ce gentilhomme se trouvant la semaine dernière de service dans la chambre du roi, Sa Majesté l'invita à lui expliquer enfin ce que c'était que ce fameux corps. « Sire, répondit M. d'Aymon, sont admis de plein droit au nombre des *calottins* les individus de tout rang qui encourent le blâme, mais surtout ceux dont les actions prêtent au ridicule. Les gens qu'on voit s'évertuer en beaux discours vides de pensées, les écrivains sans cesse occupés à composer des livres qui ne prouvent rien, la vanité sans mérite, la fierté sans illustration, la réserve affectée sans modestie réelle, la prétention à l'esprit sans bon sens, et toutes les gasconnades de la sagesse, me fournissent journellement des recrues. Chacun se laisse incorporer gaiement dans mes milices: princes, généraux, seigneurs, prélats, robins, savants, littérateurs acceptent volontiers le titre de *calottin*; il n'y a que l'Académie qui s'en formalise, ses membres prétendant sans doute que, si on leur ôte la réputation, il ne leur restera rien. — Mais, monsieur le général des calottins, demanda Louis XIV en riant, ne ferez-vous jamais défiler votre régiment devant moi? — Sire, répondit M. d'Aymon, il ne se trouverait personne pour le voir passer. » Cette conversation a égayé un moment le roi; c'est encore une petite conquête sur l'ennui qui ronge sa vieillesse.

Méhémet Rizabeg, ambassadeur de Perse, est parti la semaine passée, après avoir pris congé solennellement de Sa Majesté. Il emporte un traité d'alliance entre le roi de France et le cousin du soleil: traité que Louis XIV regrette d'avoir signé, à cause de certains bruits, assez fortement appuyés [2], qui se répandent depuis le départ du Persan. On dit à peu près généralement que cet envoyé de l'Orient n'est autre qu'un jésuite portugais, qui, après avoir parcouru la Perse, a été emprisonné à Constantinople, et que sa compagnie a fait remettre en liberté par le crédit de l'ambassadeur français en Turquie pour venir donner la comédie à Louis XIV. On ajoute que les présents de cet imposteur ont été achetés à Marseille en beaux écus de France, que madame de Maintenon avait envoyés. S'il en est ainsi, rien de plus sensé que l'économie apportée dans un hommage offert à Sa Majesté au moyen de l'argent sorti de son propre trésor. Il est malheureux que la même réserve n'ait pas présidé aux dépenses faites à Paris pour la réception du jésuite comédien, si ce n'est en effet que cela; il y a du reste dans les comptes auxquels son séjour a donné lieu des articles passablement scandaleux. Par exemple, ce sont d'étranges frais d'ambassade que les émoluments des femmes ayant servi aux plaisirs de Son Excellence réelle ou prétendue. L'ambassadeur en a cependant exigé le paiement, Sa Majesté s'étant engagée, disait-il, à le défrayer complètement. En vertu de la même promesse, il a fallu payer aussi dix mille livres pour une salle de bains construite à l'usage de Méhémet, mille livres par jour de dépense courante, cinq cents livres encore par jour pour frais de représentation, enfin vingt-quatre mille livres empruntées à des juifs de Marseille: emprunt qui prouve que le grand roi de Perse s'était montré bien parcimonieux envers son ministre. Toutes ces sommes, additionnées au terme de la station de l'envoyé oriental, ont formé un total d'environ cent mille écus, non compris les prodigalités qui ont précédé l'audience royale... Si, comme tout porte à le croire, l'ambassade persane n'est qu'une comédie de la façon du comité Maintenon, il faut convenir que cette farce coûte un peu cher.

Quoi qu'il en soit, Méhémet Rizabeg s'embarqua dimanche à Chaillot pour se rendre à Rouen et au Havre, cachant madame d'Epinay sa maîtresse dans un grand coffre qu'il disait être une caisse de porcelaine... On avait même écrit dessus: *Fragile.* Voilà qui sent le jésuite d'une demi-lieue.

Parvenu à sa soixante et dix-septième année, Louis XIV conserve une taille droite; son attitude est ferme, sa marche libre, quoiqu'un peu ralentie. L'œil de ce prince n'a rien perdu de sa vivacité; ses traits ne sont pas trop altérés par la vieillesse; il paraît peu de rides sur son front. Mais la belle jambe que le roi montrait jadis avec quelque affectation, elle s'engorge, elle enfle depuis deux ou trois mois. Cette incommodité, à laquelle Sa Majesté paraît fort sensible, fait que le monarque ne se montre plus en public, si ce n'est pendant

le couvert. Pour cacher autant que possible l'état des jambes du roi, les officiers de service ont soin de n'introduire les courtisans que lorsqu'il est à table; et Sa Majesté ne quitte la salle du couvert qu'après la sortie des assistants. Mais quel rempart peut arrêter la curiosité! Lord Stair, ambassadeur d'Angleterre, qui, dit-on, a parié que Louis XIV ne passerait pas le mois de septembre, et qui plus probablement doit tenir sa cour au courant de la situation du roi de France, lord Stair, au couvert de lundi, a osé soulever un coin de la nappe, et mettre ainsi les jambes du roi à découvert Ce mouvement curieux a été fait avec adresse, mais il n'a point échappé à Sa Majesté, qui s'en est montrée si profondément piquée, que sur-le-champ elle a donné tout haut l'ordre de faire sortir tout le monde. Depuis ce jour personne n'a été admis à voir dîner le roi, et ce prince a défendu d'introduire à l'avenir qui que ce soit à son couvert.

Pendant que l'amour propre du roi, plus impérieux encore que son amour pour la représentation, opère une révolution dans ses habitudes, la coquetterie en prépare une autre dans les ajustements de nos dames. Un grand conseil féminin, composé de ce qu'il y a de mieux à la cour, s'est réuni le 25 juillet chez madame la duchesse de Berry; tous les points importants de la toilette y ont été discutés en présence des tailleurs les plus renommés, des couturières fameuses, des coiffeurs en vogue; et Bertin, dessinateur de l'Opéra, tenait le crayon pour jeter, séance tenante, sur le papier un trait rapide des modes et des atours adoptés. Trois formes nouvelles d'habits furent arrêtées dans ce grave comité après une longue et lumineuse discussion sur les avantages comme sur les inconvénients de ces innovations, à l'égard desquelles on décida, pour le surplus, que le roi serait consulté. En conséquence, madame de Berry, la duchesse d'Orléans et la jeune princesse de Conti firent exécuter en toute hâte les parures modèles, et se présentèrent le lendemain, après souper, dans le cabinet de Sa Majesté. Mais Louis XIV ne tient plus à exercer la souveraineté sur les gazes, les dentelles et les chiffons: il répondit à la députation du comité que les dames de sa cour pouvaient s'habiller comme il leur plairait; qu'elles étaient les maîtresses de prendre les habits qui leur conviendraient le mieux; que pour lui, cela lui était fort indifférent; Sa Majesté ajouta toutefois, qu'elle n'avait jamais aimé ni les écharpes ni les tabliers.

On ne sait encore ce que deviendra cette grande révolution; les nouvelles robes dominent lentement, les anciennes se soutiennent avec honneur. Quant à la coiffure, les hautes frisures reprennent généralement à la cour: il y a toujours unanimité quand il s'agit de paraître plus qu'on n'est. Passe pour s'élever par la tête; mais, en vérité, ce serait une disposition urgente que de descendre les femmes des talons de quatre pouces d'élévation sur lesquels on les voit juchées, que de grâce cela leur rendrait! que d'entorses leur seraient épargnées! Quoi de plus déterminant? Il y aurait agrément et sûreté à ce que la beauté marchât tête à terre, et, certes! elle a, dans le monde, assez d'occasions de trébucher. Abordons un point de réforme plus essentiel encore. J'ai souvent demandé aux jolies dames qui affluent tous les mois nos salons si elles changeraient volontiers les traits délicats, la peau veloutée, le coloris de rose qui furent leur partage dans les dons de nature; elles n'ont jamais manqué de me répondre en se pinçant les lèvres qu'elles auraient fort mauvaise grâce de désirer une autre figure que celle qu'on voulait bien leur trouver *passable.* « Pourquoi donc alors, ai-je repris, vous efforcez-vous de la cacher? » A quoi cette multitude de mouches en taffetas noir gommé » de formes bizarres dont vous vous tigrez le teint? Croyez-vous que » Dieu ne se connaisse pas mieux que vous en beauté? S'il eût dû » ajouter à vos séductions des étoiles, des croissants, des losanges, » des ronds appliqués aux tempes, près des yeux, sur les joues, à côté » de la bouche, pensez-vous que ce divin dispensateur les eût oubliés? Quand vous tenez tant à paraître belles, renoncez donc à » vous enlaidir. »

Rien n'est beau que le vrai, le vrai seul est aimable.

Malgré mes fréquentes remontrances, les mouches subsistent: une femme du beau monde perdrait la tête si elle sortait sans une boîte remplie de ces prétendus ornements; le couvercle de ce petit coffret est garni intérieurement d'un petit miroir destiné à remplacer, en cas d'accident, les mouches qui se seraient détachées.

Philippe V est rentré le 2 juillet en possession de la dernière portion du Royaume Catholique qui ne fût pas soumise à son pouvoir: le chevalier d'Asfeld, débarqué avec quelques troupes dans l'île de Majorque, a fait capituler Palma, qui en est la capitale, et clos ainsi les dernières hostilités de la trop fameuse guerre dite *de la succession.* Le petit-fils de France règne maintenant en paix sur les Espagnols, satisfaits de son gouvernement plus doux que régulier; mais l'activité que Dieu refuse à ce souverain n'est point réclamée par son peuple, le plus indolent, le plus paresseux de la terre quand son orgueil vient d'être excité.

On ne se montre pas aussi satisfait en France des derniers rayons de la grandeur de Louis XIV: le crédit exclusif des jésuites, les fureurs encouragées du père le Tellier, qui frappe à toutes mains ce qu'il soupçonne de jansénisme; l'amertume toujours croissante dont

---

[1] Elle a duré environ cinquante ans, et est tombée en désuétude sous le ministère du cardinal de Fleury.

[2] Dipi, interprète des langues orientales, étant mort subitement avant l'audience de présentation, on le fit remplacer, dans cette circonstance, par un curé de campagne qui ayant voyagé en Perse, parlait très-bien la langue du pays; cet ecclésiastique, d'après les conversations qu'il eut avec l'ambassadeur, déclara qu'il ne le croyait pas Persan.

on abreuve le cardinal de Noailles, idole des Parisiens; l'extrême lenteur avec laquelle on ferme les plaies de la guerre; la perpétuité des charges accablantes de la nation toute mécontente, tout provoque des murmures, des épigrammes et quelquefois des écrits d'une critique sanglante. Parmi ces derniers il faut citer un petit livre intitulé *Almanach du diable*, dont l'immense débit exprime bien l'esprit de mécontentement de l'époque. Cette satire se vend fort cher et les colporteurs mystérieux n'y peuvent suffire. L'aigle de la police, M. d'Argenson, entrave tant qu'il peut la vente d'un tel ferment de troubles civils : il faut user des plus grandes précautions pour se le procurer. Or un filou spécula dernièrement sur cette vogue clandestine : il alla le même soir au parterre des trois théâtres, et, se glissant dans la foule, offrit tout bas pour six livres l'*Almanach du diable*, qui se vend jusqu'à vingt. L'offre était acceptée avec empressement. Le colporteur passait le petit volume de sa manche dans celle de l'acheteur, lui recommandant bien, pour la sûreté de tous deux, de ne lire l'ouvrage que quand il serait rentré chez lui. Le chaland n'avait garde de manquer a cette précaution; mais une fois en lieu sûr il s'empressait d'ouvrir son piquant *Almanach du diable...* c'était un calendrier de la cour. Il est inutile d'ajouter que la spéculation ne dura qu'une soirée, mais elle valut, dit-on, plus de mille écus au filou.

Les satires contre le gouvernement seraient moins recherchées si les hommes d'Etat, moins courtisans et plus pénétrés de leurs devoirs, imitaient la noble contenance du chancelier de Pontchartrain dans l'affaire des princes légitimés ou la sublime fermeté déployée par M. Voisin, son successeur, dans le trait que je vais rapporter.

Le chancelier ayant appris il y a quelques jours qu'un scélérat condamné à la peine capitale avait eu assez de protections pour obtenir des lettres de grâce, courut chez le roi dans le dessein de faire à cet égard des représentations à Sa Majesté.

« Sire, dit Voisin, la religion de Votre Majesté a été surprise; rien au monde ne recommande le coupable que vous songez à sauver, et le souverain ne peut accorder de lettres de grâce pour un cas pareil.

— J'ai donné ma parole! répondit le roi, qui n'aime pas à être contredit.

— Votre Majesté peut, elle doit même la retirer quand elle a été trompée.

— Je ne le ferai point, allez me chercher les sceaux.

— Mais, sire...

— Faites ce que je veux, monsieur.

— Vous êtes obéi, sire! dit froidement le chancelier après avoir été querir les sceaux.

— Cela suffit! continua le roi, qui avait scellé lui-même les lettres de grâce et rendait les sceaux à Voisin.

— Ils sont pollués, reprit le loyal ministre en les repoussant, je ne les reprends plus.

— Quel homme! s'écria Louis XIV.... Et il jeta au feu les lettres de grâce.

— Sire, dit vivement le chancelier, je reprends les sceaux, le feu purifie tout. »

Les rois seraient presque toujours justes si les ministres voulaient avec plus de constance, de bonne foi ou de fermeté éclairer leur justice et éloigner d'eux les intrigants qui l'égarent.

Jusqu'au 12 août Louis XIV, quoique l'enflure de ses extrémités inférieures fît des progrès, travailla assidûment avec ses ministres. Ce jour-là le roi sentit augmenter beaucoup la douleur qu'il éprouvait à la jambe et à la cuisse, douleur que les médecins nommaient sciatique. Sa Majesté ne sortit pas de son appartement : elle fit contremander la revue de sa gendarmerie, qu'elle devait passer dans l'avant-cour du château. Jusqu'au 15 l'indisposition n'offrit aucun caractère grave, seulement il était survenu une grande altération. Ce même jour le roi dîna sur son lit à une heure : il mangea d'assez bon appétit, se leva trois heures après et se fit porter chez madame de Maintenon. Du 16 au 24 le monarque eut des alternatives de mieux et de pire qui laissèrent apercevoir peu d'accroissement dans sa maladie : il travailla à peu près régulièrement avec les ministres, présida plusieurs fois le conseil et dîna tous les jours dans la salle du couvert. Cependant les médecins commençaient à s'inquiéter : la douleur devenait très-forte; on craignait la gangrène, qui commençait à se manifester par des taches noires sur la jambe. La nuit du 24 au 25 fut mauvaise. Les hommes de l'art déclarèrent que le danger augmentait avec rapidité. Madame de Maintenon proposa au roi de recevoir les sacrements. « C'est encore de bonne heure, répondit-il, je me sens assez bien. » Cependant Sa Majesté se confessa et dit ensuite : « Maintenant je suis en paix. » Louis XIV défendit le 25 qu'on changeât rien à ce qui se passait chaque matin au château lorsqu'il était en santé : il parut même écouter avec plaisir les tambours et les hautbois sous ses fenêtres et demanda que ses vingt-quatre violons jouassent pendant son dîner. Dans l'après-dînée Sa Majesté travailla avec ses ministres : elle resta ensuite chez madame de Maintenon jusqu'à sept heures au milieu de beaucoup de dames que le roi avait fait appeler. En ce moment les souffrances devinrent très-fortes : quelques mouvements convulsifs agitèrent les membres du

roi. Il rentra dans son appartement, où il reçut le viatique et l'extrême-onction des mains de M. le cardinal de Rohan.

Le 26 au matin Sa Majesté manda M. le duc d'Orléans auprès de son lit. « Mon neveu, lui dit-elle, vos droits à la régence sont reconnus par mon testament. (Le prince savait à quoi s'en tenir.) Je vous » recommande le royaume et la personne du roi futur... S'il vient à » manquer, vous serez le maître, et la couronne vous appartient. » Le duc ne répondit à ce discours que par des expressions de regret et de douleur; le reste eût été aussi déplacé que superflu : c'était d'ailleurs que Son Altesse Royale attendait le maintien de ses droits.

Quelques instants après le départ du duc d'Orléans Louis XIV fit appeler le duc du Maine. « Ayez soin, lui dit-il, de faire exécuter » mon testament dans toute sa force ; songez-y dès aujourd'hui. » Encouragé par cette recommandation le fils de madame de Montespan ne s'occupa plus que de faire préparer le lit de justice que devait tenir l'enfant roi dès que le vieux monarque aurait cessé de vivre. M. du Maine ne donna pas un soupir à l'agonie de son père ; ses traits annonçaient le calme de son âme ; le sourire était plus près de ses lèvres que les pleurs ne l'étaient de ses yeux. Ce même jour, 26 août, le roi se fit amener le prince, âgé de cinq ans, qui allait régner sous le nom de Louis XV : on plaça par son ordre cet enfant sur son lit. « Mon fils, lui dit-il, vous allez être bientôt roi d'un » grand royaume. Ce que je vous recommande le plus est de n'oublier » jamais les obligations que vous avez à Dieu, souvenez-vous que » vous lui devez tout ce que vous êtes. Tâchez de conserver la paix » avec vos voisins. J'ai trop aimé la guerre, ne m'imitez pas en cela » non plus que dans les trop grandes dépenses que j'ai faites et dans » l'amour excessif des plaisirs que j'eus... et que je n'ai peut-être pas » assez expié. Prenez conseil en toute chose et cherchez à connaître » le meilleur pour le suivre toujours. Soulagez vos peuples le plus tôt » que vous le pourrez, et faites ce que j'ai eu le malheur de ne pou- » voir faire moi-même [1]. »

Le Dauphin accueillit par des larmes ce sage discours, dont son extrême jeunesse ne lui permettait pas de profiter ; Sa Majesté embrassa ce prince à plusieurs reprises, et le remit à ses courtisans.

Louis XIV ayant rassemblé le 27 tous les dignitaires, tous les officiers de sa maison, leur dit d'une voix ferme, en présence de madame de Maintenon et du père le Tellier : « Messieurs, je meurs » dans la foi et la soumission de l'Eglise ; je ne suis pas instruit des » matières qui la divisent ; j'ai suivi les conseils qu'on m'a donnés, » j'ai fait uniquement ce qu'on a voulu ; si j'ai malfait, mes guides » seuls en répondront devant Dieu, que j'en prends à témoin. »

Le roi manda sur les deux heures le chancelier, à qui Sa Majesté fit remettre une cassette remplie de papiers. Elle lui ordonna d'en brûler une partie, et lui donna des instructions pour la destination du surplus. Dans la soirée, le malade appela M. de Pontchartrain, qui compte toujours parmi les secrétaires d'Etat, et lui parla en ces termes : « Dès que je serai mort, vous expédierez un ordre pour faire » porter mon cœur à la maison professe des jésuites, et l'y faire placer » de la même manière que celui du feu roi mon père. » Ces paroles furent prononcées avec une tranquillité parfaite, les traits de Sa Majesté n'offraient pas, a dit le marquis de Dangeau, le plus léger signe d'émotion. Le roi reprit d'un ton aussi serein : « Aussitôt que j'au- » rai rendu le dernier soupir et qu'on aura annoncé ma mort sur le » balcon de ma chambre, selon la forme accoutumée, le *roi* sera con- » duit à Vincennes. Mais, j'y pense, Cavois n'a jamais distribué les » logements dans ce château, où la cour n'a pas séjourné depuis cin- » quante ans. Dans cette cassette, ajouta le malade en le désignant » du doigt, on trouvera le plan des appartements de Vincennes ; qu'on » le prenne et qu'on le porte au grand maréchal des logis, il lui ser- » vira à sa répartition. » La nuit du 27 au 28 fut très-agitée, Louis XIV ne reposa point... Il récita tout haut ses prières et répéta plusieurs fois le *Confiteor* en frappant sa poitrine, dont la cavité retentissait sourdement.

Le 28 au matin les médecins proposèrent au roi de faire l'amputation de la jambe où la gangrène s'était déclarée. « Ce moyen prolon- » gera-t-il ma vie ? demanda froidement ce prince. — Oui, sire, ré- » pondit Maréchal, quelques jours, peut-être quelques semaines. — » Cela ne vaudrait pas la souffrance que cela me coûterait, répliqua » Sa Majesté ; que la volonté de Dieu soit faite. » Louis XIV aperçut en ce moment deux domestiques qui pleuraient au pied de son lit : « Pourquoi ces larmes, reprit-il, mon âge n'a-t-il pas dû vous pré- » parer à ma mort, m'avez-vous cru immortel ! »

Dans le courant de cette journée, le père le Tellier revenait, pour la vingtième fois, à la charge auprès du roi dans le but de lui faire signer un papier tendant à forcer le conseil de régence et le parlement à soutenir la bulle *Unigenitus*. Les garçons bleus repoussèrent ce forcené de la chambre du moribond, déclarant avec aigreur qu'ils ne souffriraient pas qu'on parlât davantage à Sa Majesté de cette constitution *qui la tuait*. Le jésuite s'éloigna furieux, et ne songea plus qu'à intriguer contre le régent. Il courut d'hôtel en hôtel, exaltant le duc du Maine, décriant le duc d'Orléans. Le roi fit demander plusieurs fois ce confesseur, qui ne se rendit point à cet appel.

[1] Louis XV avait fait écrire sur vélin ces paroles de son bisaïeul, on dit qu'elles furent toute sa vie attachées au chevet de son lit.

Il paraît constant que le soir du 28 un empirique fit consentir Louis XIV à prendre une drogue qu'il lui présenta, et qu'elle le ranima de telle manière qu'on le crut sauvé. La cour offrit alors un spectacle qui augmenterait le mépris que les gens sensés professent pour les courtisans, s'il était possible qu'il augmentât. Depuis que le roi était gravement malade, les appartements du duc d'Orléans étaient continuellement remplis de seigneurs ; le 29 au matin, les salons de Son Altesse Royale furent en un instant déserts... Le bruit venait de se répandre que Louis XIV allait guérir.

L'espoir qu'on avait s'évanouit dans la matinée du 30 ; le roi se sentit plus faible que jamais. « C'en est fait, dit-il en se tournant » vers le maréchal de Villeroi, qui se trouvait au chevet de son lit, » adieu, mon ami, il faut nous quitter ! » Louis XIV ordonna, dans le courant du jour, qu'on fît entrer tout les seigneurs, « Messieurs, » leur dit-il, je vous fais mes adieux. Veuillez me pardonner les mau- » vais exemples que je vous ai donnés. Priez pour moi. » Tout cela fut prononcé avec courage, avec l'accent de la fermeté ; mais il faut bien le dire, sans la moindre émotion. Ce fut également d'un œil sec que le roi prit un éternel congé du Dauphin, de ses enfants naturels, des princes et princesses du sang. Il les exhorta cependant à vivre ensemble en bonne intelligence, à se montrer dévoués au jeune roi, à se conduire chrétiennement. Toute la famille royale s'étant un peu éloignée, Louis XIV, enfin attendri, dit à madame de Maintenon : « Je ne regrette que vous. Je ne vous ai pas rendue heureuse, mais » tous les sentiments d'estime et d'amitié que vous méritez je les ai » toujours eus pour vous. Ce qui me console en vous quittant, ajouta » Sa Majesté avec une vive émotion, c'est l'espérance que nous nous » rejoindrons bientôt dans l'éternité. » La marquise se retira après ces paroles du roi, et l'on croit lui avoir entendu dire en sortant : « Voyez le rendez-vous qu'il me donne... Cet homme n'a jamais » aimé que lui [1]. »

En s'éloignant de la chambre du roi, dans la journée du 30, la marquise de Maintenon monta, en carrosse et se rendit à Saint-Cyr ; le père le Tellier abandonna aussi le prince dans ses derniers moments ; en vain les fit-il redemander l'un et l'autre ; ils ne reparurent plus. Les enfants du roi, les princes, les seigneurs ne firent que de rares apparitions au lit du mourant. Le 31, avant le soir, il resta seul avec le cardinal de Rohan et le curé de Versailles, qui récitèrent les prières des agonisants : Sa Majesté y répondit d'une voix forte...

Mais l'agonie du monarque fut empoisonnée par le spectacle des nombreux ingrats qu'il avait faits : il reconnut au lit de mort la méprisable versatilité des courtisans, l'indifférence de ses fils, de ses filles, de ses parents, l'ingratitude de sa favorite, la fausseté du prêtre qui prétendait l'avoir guidé sur la voie du ciel. Quelques larmes mouillaient sa couche funéraire et de simples domestiques les versaient... le grand roi ne trouvait d'êtres sensibles autour de lui que sous la livrée.

Le dimanche 1er septembre, à huit heures et quelques minutes, le roi, qui avait passé la nuit en prières presque toutes récitées à haute voix, dit tout à coup : « Allons, voici le moment... je sens que la vie » m'échappe ; j'avais cru qu'il était plus difficile de mourir.... » On entendit un soupir prolongé... Louis XIV avait vécu.

A neuf heures les salons de M. le duc d'Orléans ne purent pas contenir la foule qui s'y porta.

Tandis qu'on ensevelissait le feu roi la nouvelle de sa mort se répandait dans la capitale, où elle excitait une satisfaction telle qu'on eût dit que la France venait d'être délivrée d'un fléau. Le peuple se réjouit, dansa, chanta, une joie atroce éclata de toutes parts. M. d'Argenson, qui avait fait de vains efforts pour arrêter ce torrent d'impiétés, finit par déclarer qu'il ne répondait pas de pouvoir prévenir les plus grands désordres si le convoi passait à Paris.

Le 9 septembre, dans la soirée, le cortége funèbre partit silencieusement de Versailles, traversa le bois de Boulogne, et gagna la plaine de Saint-Denis par des chemins détournés. Les obsèques de Louis XIV furent d'une extrême simplicité, ce qui, je crois, doit être considéré comme une disposition prudente ; mais comment qualifier le sentiment qui porta les courtisans à se dispenser de rendre les derniers devoirs à un prince qu'ils ont tant adulé pendant sa vie ?... Il ne se trouva pas au convoi six personnes qui n'y fussent point appelées par leurs fonctions ; M. le duc seul, parmi les princes du sang, accompagnait le corps. Malgré les précautions qu'on avait prises pour éviter que la dépouille mortelle du roi fût insultée, une populace effrénée qui remplissait la plaine faisait retentir les airs de ses indécentes chansons et des éclats d'une joie scandaleuse. Des tentes dressées sur le chemin étaient remplies de curieux qui le verre à la main chargeaient d'épigrammes sanglantes, de sarcasmes obscènes la mémoire de Louis XIV. D'autres spectateurs, animés par le souvenir amer des persécutions dont la bulle fut l'objet, criaient que des flambeaux du convoi il fallait incendier les maisons des jésuites. Enfin, du milieu de la foule, on récitait à haute voix ce quatrain, faisant allusion au dépôt du cœur de Sa Majesté à l'église de ces religieux :

> C'est donc vous, troupe sacrée,

[1] M. Bolduc, premier apothicaire du roi, assura, après la mort de Louis XIV, avoir entendu ces paroles de madame de Maintenon.

> Qui demandez le cœur des rois...
> Ainsi d'un vieux cerf aux abois
> On donne aux chiens la curée.

Le bruit court aujourd'hui que, non content d'avoir favorisé constamment la compagnie de Jésus, Louis XIV, à la fin de sa vie, s'y était fait agréger par son confesseur, et qu'à défaut de l'habit ce prince portait sous sa chemise une espèce de scapulaire en signe de cette initiation. Le médecin Maréchal, qui a mis à nu le corps du roi pour en faire l'ouverture, atteste cependant qu'il n'a trouvé sur lui que les petites reliques dont, à la connaissance de tout le monde, il avait la poitrine couverte.

On doit s'affliger sincèrement des scandaleuses réjouissances dont les Parisiens ont fait retentir la tombe ouverte du feu roi ; sans doute ils eurent à se plaindre de son règne, mais l'injure grossière ne venge point ceux qui l'exercent, et elle les déshonore. Tant de mépris déversé sur une vie illustre à plus d'un titre n'en ternira que passagèrement l'éclat ; la postérité, moins injuste envers Louis XIV que ses contemporains parce qu'elle sera plus désintéressée, ne flétrira point sa mémoire d'un blâme sans restriction ; disons plus, les grandes actions de ce monarque domineront dans les souvenirs ses fautes, ses erreurs et ses défauts.

Louis XIV n'eut qu'un seul penchant impérieux : ce fut l'amour de la gloire et des grandeurs ; car son goût pour les femmes ne ressembla jamais aux impressions de l'âme, la religion ne fut en lui qu'une pratique, et l'affabilité ne lui sembla qu'un moyen. Or, l'unique sentiment qu'on ait reconnu dans ce prince peut être alternativement une vertu et un vice, selon l'application qu'il reçoit : dirigé vers les entreprises utiles, c'est une vertu ; excité par les vanités de la terre, ce n'est plus qu'un vice. De cette double source découlèrent les actions honorables ou blâmables du feu roi, et, disons-le, elle alimenta l'orgueil de ce prince plus souvent que ses vues légitimes.

Louis XIV n'était ni pacifique ni belliqueux, mais la paix lui déplaisait parce qu'elle relève peu l'éclat d'un règne, et la guerre le séduisait parce qu'elle enfante la renommée. Ce potentat ne s'abusait point en jugeant l'effet que produit sur les peuples la carrière des souverains qui gouvernent avec une grandeur exempte de faste, avec une sagesse ennemie du bruit : ils meurent tout entiers, et, pour racheter l'oubli de son nom, Louis eût épuisé la France de biens et de sang.

J'ai dit que l'amour des choses éclatantes eut seul, dans Louis XIV, le caractère d'une passion ; cette souveraine de son âme ne reconnut qu'un seul ministre, sa volonté. Par un rare assemblage de circonstances, cette volonté fit toute la destinée de ce monarque : elle lui attira la haine de ses sujets, le fit succomber sous les efforts de l'Europe, le releva de sa chute, et, malgré toutes les taches de sa vie, imprimera à sa mémoire un respect universel [1].

Examinons en peu de mots ce qu'exigea l'inflexible volonté de Louis XIV ; l'opinion découlera des faits, et le jugement du grand roi naîtra simple, précis, sincère de ce rapide examen. Le petit-fils de Henri IV *voulut* un siècle littéraire ; il l'eut sans peine : la nature lui avait accordé tout à la fois Corneille, Molière, Racine, Boileau, Pascal, Quinault, Bossuet, Fénelon, la Fontaine, la Bruyère, Regnard, Fléchier, Bourdaloue, Massillon, la Rochefoucauld, Bayle, Malebranche, Crébillon et tant d'autres. Mais pour jouir avec justice du reflet de ces illustrations, il n'eût pas fallu *vouloir* faire traîner le char du génie par la servitude ; il eût été digne de Louis le Grand d'enrichir l'indépendance de Corneille, de la Fontaine, de la Bruyère, de Bayle, comme la courtoisie de Racine, de Despréaux et de Pélisson. La direction de nos études nous avait refusé un Cassini, un Huyghens, un Roemer, il y eut de la grandeur à *vouloir* qu'une générosité bien entendue appelât ces savants du fond de l'Italie, de la Hollande, du Danemark, et les effets de cette volonté du roi demeurèrent sans altération, parce que des astronomes, des mathématiciens devaient être dispensés de se faire courtisans. Mais les beaux-arts payèrent en flatterie leur tribut à Louis XIV ; s'il les *voulut* prospères, leur fécondité dut s'épuiser à reproduire ses exploits, à seconder ses prodigalités, à favoriser ses faiblesses. Le Brun, qui peignit vingt fois Louis en dieu des batailles ; Mansard, dont la vie s'écoula à construire des résidences royales ; Mignard, toujours prêt à multiplier les traits des odalisques du sultan de Versailles ; Lulli, que ses viles complaisances servirent mieux que sa lyre, virent leur célébrité gorgée d'or ; mais le monarque protecteur des beaux-arts ne voulut rien faire pour les Poussin, Puget et Claude Gelée, parce qu'ils ne surent rendre ni la toile ni le marbre adulateurs. Colbert, génie moins brillant que sage et profond, sentit que le commerce pouvait être en France une source abondante de prospérités, il détermina Louis XIV à le favoriser : ce prince le *voulut* lui-même. Pourquoi *voulut-il* en même temps éblouir par le faste de sa cour, prodiguer les richesses

[1] Les étrangers accordèrent à Louis XIV mort les marques de vénération qu'ils lui avaient refusées pendant sa vie ; nulle cour n'hésita à honorer sa mémoire. L'empereur en prit le deuil comme d'un père ; et quoiqu'il dût s'écouler quatre ou cinq mois depuis la mort du roi jusqu'au carnaval, toute espèce de divertissement fut défendue à Vienne. Cette défense fut observée exactement.

à d'avides courtisans, consommer des millions en fêtes inutiles! Au milieu de ces superfluités, les ressorts de l'industrie nationale se rouillèrent sans avoir pu se développer entièrement.

Mais ce que ne cessa de *vouloir* Louis XIV, c'est la guerre, soit pour l'agrandissement de ses possessions territoriales, qui devait lui soumettre plus de volontés, soit pour ajouter à sa gloire, à sa grandeur, idoles brillantes aux pieds desquelles ce monarque sacrifia sans scrupule le repos, la fortune, la vie de ses sujets. Tout en *voulant* dominer en Europe par la victoire, Louis XIV ne fit jamais d'une main équitable la part d'honneur de ses généraux; il y a plus, la défaveur devint souvent le prix de leurs services éclatants : Condé fut longtemps en disgrâce, Turenne vécut sans crédit, Luxembourg, sur un soupçon ridicule, parut devant la chambre ardente, on flétrit du titre de calomniateur le loyal Catinat, Vendôme humilia ses lauriers sous les ordres d'un enfant, enfin Villars vit reconnaître par l'ingratitude de la cour et la froideur du prince le salut du trône, qu'il avait conquis à Denain.

Heureux si la volonté de Louis XIV se fût bornée à perpétuer la guerre avec le étrangers ; mais l'intolérance religieuse qu'il professa, même avant d'être dévot, et lorsqu'il se dispensait encore d'être moral, porta le fer et le feu chez ses propres sujets. Qui se rappellera sans la plus profonde affliction les tortures, les proscriptions, les emprisonnements qu'eurent à subir jansénistes, quiétistes ou protestants sous un souverain qui ne souffrit jamais rien de contraire à ce qu'il *voulait!* Dans une cause plus générale citerai-je l'établissement despotique de l'impôt direct, l'émission de quinze cents millions de rente, la multiplication des édits bursaux, le recours aux altérations des monnaies, les réductions forcées de l'intérêt de la rente, les engagements toujours pris et jamais tenus dans les emprunts, la création d'une myriade d'offices dont la finance s'élève à deux milliards et qui constituent une dette de quatre... Je m'arrête; voilà déjà trop d'alliage jeté dans le creuset où doit être fondue, pour la postérité, cette imposante figure historique, que les écrivains pensionnés songent à couler en or pur. Ce qu'on ne pouvait refuser à Louis XIV, c'était une grandeur innée empreinte sur sa physionomie, une noblesse que son attitude, ses manières, sa conversation proclamaient; un ascendant irrésistible sur tout ce qui l'approchait. Des relations plus particulières avec ce prince, augmentaient encore la vénération qu'il commandait; car ce n'était point une âme ordinaire, que celle où toutes les choses de la terre prenaient une forme colossale. Disons donc, en résumé, que, si Louis XIV dût beaucoup à la fortune, qui plaça son règne dans l'une des révolutions les plus brillantes de l'esprit humain, la gloire de cette période fut vivifiée par l'essor que ce noble caractère lui donna, et que le grand siècle et Louis le Grand se formèrent l'un par l'autre.

RÈGNE DE LOUIS XV.

RÉGENCE.

CHAPITRE PREMIER.

FIN DE **1715.**

Mesures secrètes prises par le duc d'Orléans pour s'assurer le parlement et les pairs. — Le lit de justice de Louis XV. — Le testament de Louis XIV est cassé. — Forme du gouvernement de la régence. — Droit de remontrances préalables rendu aux parlements. — Portrait du régent. — Philippe d'Orléans considéré comme homme d'État. — Premiers travaux de la régence. — Le père le Tellier à l'audience du régent. — Victimes de ce jésuite réintégrées dans le droit des gens. — Audace des jésuites. — Punition d'un père la Motte. — Les bons pères reprennent leurs masques. — Exil de le Tellier. — Dubois conseiller d'État. — Le testament inscrit sur le dos d'un maréchal de France. — L'ivrogne par courtoisie. — Rouillé. — Repartie d'un Lorrain. — La maison assiégée. — Orgueil impoli d'un évêque. — Changement dans les physionomies de cour. — Les saturnales du Palais-Royal. — Madame de Parabère; les dames admises aux soupers du régent; les roués. — Les soupers du Luxembourg. — Le comte de Riom. — La reconnaissance infinie. — Tyrannie du comte de Riom. — Le sorcier. — *Le Médisant* de Destouches. — Mort de Girardon, de Galland et de Malebranche. — La comtesse de B*** contemporaine de Louis XIV et dont les tablettes ont servi à la rédaction de ces Chroniques pose la plume à la fin de 1715.

Le duc d'Orléans, ainsi que je l'ai dit ailleurs, connaissait bien les dispositions du testament de Louis XIV, il savait que le feu roi ne l'avait déclaré, par cet acte, que *chef de la régence;* qu'un conseil devait délibérer avec lui sur les affaires de l'Etat, et que les décisions seraient prises à la pluralité des voix : ce qui détruisait toutes les prérogatives attachées à la dignité de régent. Les membres du conseil devaient être les princes du sang majeurs, les ministres d'État, les maréchaux de Villeroi, de Villars, d'Harcourt, d'Uxelles et de Tal-

lart. Le duc n'attendit point le lit de justice pour faire valoir ses droits à une régence telle que l'avaient réglée les lois de la monarchie, il agit et fit agir ses amis auprès du parlement. Il ne négligea point, dans cette circonstance, la promesse de rendre à ce corps une prérogative qu'il avait dès longtemps perdue sous le règne précédent: celle de faire des remontrances au roi avant l'enregistrement des édits, au lieu de se restreindre à la faculté dérisoire de lui en adresser après. Le parlement flatté de l'espoir de reconquérir le plus précieux de ses droits, parut très-favorable aux vues d'un prince si disposé à le lui rendre; il se montra d'autant plus empressé de le servir, que Son Altesse Royale ne demandait, après tout, que l'exécution des lois du royaume, à l'exclusion des volontés personnelles du feu roi, qui les avait violées par son testament. D'un autre côté, Philippe d'Orléans s'assura, par le duc de Noailles, d'une bonne partie des troupes et de la maison du roi. Le duc de Saint-Simon et le même duc de Noailles chargés par Son Altesse Royale de dire aux pairs qu'elle les soutiendrait dans certaines disputes d'étiquette qu'ils avaient engagées au parlement, rapportèrent de la part du plus grand nombre de ces seigneurs, des paroles de soumission au régent, et la promesse de se conformer à ses vues. C'est ainsi que dans tous les temps on subjuguera les hommes en favorisant leur fortune, ou bien en servant leur vanité.

Toutes ces mesures secrètes avaient été prises, lorsque, le 12 septembre, à une heure après midi, Louis XV partit du château de Vincennes, qu'il habite, pour aller tenir son lit de justice au parlement. Sa Majesté avait dans son carrosse M. le duc d'Orléans, madame de Ventadour sa gouvernante, *M. le duc*, M. le duc du Maine, M. le comte de Toulouse, et M. le maréchal de Villeroi. Les grands officiers, montés dans un carrosse qui précédait celui du jeune souverain, jetaient de l'argent au peuple, dont on montrait l'avidité sanglante à l'enfant couronné comme un sujet de récréation A l'entrée du faubourg Saint-Antoine, et lorsque le prévôt des marchands, accompagné des échevins, fut présenté à Sa Majesté par M. le duc de Tresmes, gouverneur de Paris, on dut éloigner avec la baïonnette la foule qui se pressait autour des carrosses du roi. Demain matin, les gazettes passeront sous silence ce petit incident de la joie publique : il n'y a guère eu que trente ou quarante personnes d'étouffées ou de foulées sous les pieds des chevaux, et cela pour que M. le prévôt des marchands pût librement faire entendre au roi un très-soporifique discours pendant lequel Sa Majesté jouait avec la croix de diamants pendue au cou de sa gouvernante.

Arrivé au grand perron du palais, le roi en monta à pied les degrés; mais, parvenu au sommet, il fut porté par le prince Charles de Lorraine jusqu'à l'entrée de la grand' chambre. Là, Sa Majesté passa dans les bras de M. le duc de Tresmes, gentilhomme de la chambre en année, remplissant les fonctions de grand chambellan; lequel porta ce prince jusqu'à son lit de justice. Le duc se plaça ensuite aux pieds du roi; le maréchal de Villeroi prit place à droite de M. de Tresmes, madame de Ventadour se tint à sa gauche.

Tous les assistants ayant pris leur rang, le roi se leva et dit d'une voix que peu de personnes entendirent : « Messieurs, je suis venu ici » pour vous assurer de mon affection; mon chancelier vous dira ma » volonté. » Sa Majesté se baissa aussitôt vers madame de Ventadour, qui sans doute récompensa en bonbons le petit orateur du récit intelligent de sa première leçon de royauté. Pendant ce temps, M. Voisin vint se mettre aux genoux du roi comme pour prendre ses ordres; puis il retourna à sa place, et parla le bonnet en tête. Le discours du chancelier était conçu avec une grande adresse : ce magistrat, qui connaissait et les prétentions du prince appelé à la régence et les dispositions conformes du parlement, ne mentionna que d'une manière vague le testament de Louis XIV, dont il était facile de prévoir le sort. Le duc d'Orléans ayant pris la parole après le chancelier, jeta d'abord quelques fleurs sur la tombe du feu roi; il montra ensuite un avenir prospère promis à la France par le règne de Louis XV; enfin, en se rabattant sur l'époque actuelle, Son Altesse parla avec chaleur de la réparation des malheurs de la France. « C'est » parce que je suis jaloux d'y travailler, dit Philippe, que je ré- » clame aujourd'hui le droit de le faire sans gêne, sans entraves. » Je ne m'expliquerai point ici sur les motifs que le feu roi peut » avoir eus pour mutiler les prérogatives de la régence; il me se- » rait bien facile de prouver qu'elles se réduisirent à des influences, » à des obsessions, que personne n'oserait soutenir, ajouta le prince » en élevant la voix. D'ailleurs, continua-t-il, Louis XIV a senti lui- » même qu'il avait pu se tromper dans son testament. Voici les pro- » pres paroles qu'il m'a dites dans le dernier entretien que j'eus avec » lui : *J'ai fait les dispositions que j'ai cru les plus sages; mais, comme* » *on ne saurait tout prévoir, s'il y a quelque chose qui ne soit pas* » *bien, on le changera.* Maintenant il appartient au parlement de ju- » ger si la régence est telle que doit la recevoir le premier prince du sang, et si quelqu'un en France a le droit de » s'emparer de la réalité du pouvoir pour ne m'en laisser que l'om- » bre. Du reste, je ne veux point que le conseil de régence soit un » flambeau qui m'éclaire sans profit pour les intérêts de l'Etat; j'en- » tends que les affaires y soient décidées à la pluralité des suffrages, » excepté en ce qui concerne les charges, emplois, bénéfices et grâces

» dont je dois seul avoir la disposition. Ce n'est que par le libre choix » des hommes que je puis répondre de la marche régulière des » choses. »

Le parlement, après une courte délibération, *déclara* le même jour, 12 septembre, M. le duc d'Orléans régent de France pour administrer les affaires du royaume pendant la minorité du roi; *ordonna* que M. le duc de Bourbon, déclaré dès à présent chef du conseil de régence sous l'autorité de M. le duc d'Orléans, présiderait en son absence, et que tous les autres princes du sang y seraient admis à l'âge de vingt-trois ans. Le parlement *ordonna* en outre que le prince régent pourrait composer d'ailleurs le conseil de régence ou tous autres conseils des personnes qu'il jugerait les plus dignes d'y figurer. Enfin le parlement *conserva* à M. le duc du Maine la charge de surintendant de l'éducation du roi mais sans autorité sur les troupes composant la maison de Sa Majesté, ni même sur celles employées à la garde de sa personne: le commandement de ces troupes demeurant à M. le duc d'Orléans. Le roi mineur en son lit de justice confirma toutes ces ces dispositions, et le testament de Louis XIV eut, comme on l'avait prévu, le sort de celui de Louis XIII.

Ce n'est point une bague au doigt que le gouvernement d'un royaume épuisé de finances, chargé de dettes, et qui réclame toutes les espèces de secours après avoir épuisé toutes les calamités. Le duc d'Orléans s'est empressé d'établir, indépendamment du conseil de régence, un conseil des affaires étrangères, présidé par le maréchal d'Uxelles; un conseil de la guerre, présidé par le maréchal de Villars; un conseil des finances, présidé par le duc de Noailles; un conseil de la marine, présidé par le maréchal d'Estrées; un conseil d'Etat, présidé par le duc d'Antin; un conseil de conscience, présidé par le cardinal de Noailles. Chacun de ces comités, qui remplacent les ministres, a reçu l'ordre de rechercher dans l'étendue de son ressort, les malheurs à réparer, les abus à corriger, les vices à détruire, et de proposer des moyens réparateurs ou de répression. Le régent, accomplissant en même temps la promesse faite aux parlements de leur rendre le droit de remontrance préalable[1], a donné à cette restitution d'autant plus d'éclat, que la déclaration du conseil de régence porte que « le roi entend s'éclairer des lumières de ses » parlements dans tout ce qui se rattache au bien-être de ses sujets. »

Mais pour imprimer le mouvement à un tel système et en prévenir les écarts, il faut une puissance d'action, une étendue de capacités, une persévérance de zèle que rien ne puisse altérer et que rien ne détourne. M. le duc d'Orléans réunit-il en lui ces précieuses conditions? Je ne le crois pas. Peignons ce prince au physique comme au moral; ce portrait confirmera ou démentira mon jugement, qu'on pourrait trouver téméraire ou du moins précipité. Philippe d'Orléans est d'une taille moyenne, bien fait, élégant dans sa démarche, noble dans son attitude. Les yeux de ce prince étaient beaux, mais on craint qu'il n'en perde un, et comme il voit peu de celui-là, l'autre éprouve une fatigue habituelle qui en diminue l'expression. Le régent a les cheveux noirs, le teint coloré, la bouche vermeille et bien garnie; l'ensemble de sa physionomie est spirituel, plein de finesse et très-gracieux. En un mot, les traits du duc annoncent un caractère affable, ouvert, franc, et ne sont point trompeurs. Philippe se montre aimable, bon, d'humeur égale; sa gaieté est presque inaltérable, sa mauvaise humeur est difficilement excitée. Ce prince, exempt de hauteur, aime qu'on lui parle avec franchise et qu'on s'exprime devant lui librement. Son Altesse saisit autant qu'elle le peut l'occasion de dire des choses flatteuses à ceux qui l'approchent; ses saillies sont ordinairement agréables, jamais piquantes jusqu'à humilier. Du reste, ami des grandes actions, de la gloire, du métier des armes, Philippe est doué de toutes les passions héroïques, il admire tous les hommes qu'elles ont illustrés. Le régent adore la mémoire de Henri IV; on ne saurait le flatter plus délicieusement que par une comparaison adroite de son caractère et de son visage avec ceux de ce grand roi : comparaison qui n'est pas sans quelque exactitude. Mais, si philippe possède plusieurs des qualités de son bisaïeul, il en a aussi les défauts. Dominé comme lui par une complexion amoureuse, il a moins d'ingénuité et surtout moins de constance dans les inclinations où elle l'entraîne. L'abbé Dubois, qui dirigea le premier essor de ce tempérament de feu, sentit que pour perpétuer son vil ministère auprès de son élève, il devait lui inspirer le goût du changement. Une telle disposition est facile à développer chez nos jeunes seigneurs; mais M. le duc d'Orléans les a tous surpassés en légèreté : pour lui l'inconstance n'eut jamais assez d'ailes, l'amour assez de prêtresses. Ses liaisons ne sont que des fantaisies; aussi recule-t-il devant une conquête difficile, prétendant que le salaire serait trop au-dessous du travail. Aux yeux du régent, ce sont des fadaises que ces préliminaires de tendresse qui plaisent tant aux âmes réellement passionnées; il n'admet le *je vous aime* que comme mot d'ordre des voluptés, n'escarmouche point sur les terres du plaisir, et veut que la beauté s'offre d'abord en bataille rangée. Ce que le duc appelle une *affaire de cœur*, bien que cet organe du sentiment n'y joue qu'un rôle fort accessoire, doit se conclure dans l'espace d'un souper; en-

[1] Ce droit avait été supprimé par les ordonnances de 1667 et 1673.

core le prince consacre-t-il la moitié de ce repas aux joyeux propos, aux saillies des hommes d'esprit admis à sa table. Le premier soupir amoureux de Son Altesse Royale fait explosion avec la première bouteille de vin de Champagne, et quelquefois la tendresse de Philippe est épuisée avant le nectar pétillant du flacon.

L'inconstance naturelle des goûts du régent s'est promenée sur tout ce qui peut attirer un esprit ardent, actif, favorisé d'une grande aptitude, et porté à rechercher partout le beau. Il est devenu en peu de temps musicien, peintre, graveur; ses connaissances en sculpture, en architecture, en médailles se sont développées avec une rapidité qui a surpris tous les artistes; et les savants ont été plus étonnés encore en voyant Son Altesse Royale pénétrer comme en se jouant les secrets de la physique, de la chimie, de la mécanique. Dans le besoin de savoir qui tourmente Philippe d'Orléans, il s'élance avec ardeur vers les objets nouveaux; les entreprises hasardeuses le flattent, les systèmes inconnus le séduisent, et toutes les innovations obtiennent sa protection.

La vie du régent fut, aux distractions galantes et bachiques près, une suite d'investigations de cette nature; aussi passe-t-il à juste titre pour un des hommes les plus universels du temps, il serait difficile de lui parler d'une chose qu'il ignorât. La science du gouvernement ne lui est pas moins familière que les autres; mais il faut pour l'exercer plus que du talent : l'homme d'Etat a besoin d'une présence d'esprit, d'une liberté de facultés, qui manque souvent au duc. Il est rare que les repas nocturnes qu'il affectionne ne dégénèrent pas en orgies, et presque toujours Son Altesse Royale devient le Silène de ces fêtes de Bacchus. Or si l'on considère que chaque jour est le lendemain d'une semblable débauche, on jugera combien ce prince doit avoir de peine à reprendre les affaires au point où il les a laissées la veille, lorsque imposant un violent effort à son corps fatigué, il quitte le lit pour donner audience ou s'asseoir au tapis du conseil.

Cependant la régence a déjà réformé plusieurs parties de l'administration; d'urgentes améliorations ont été proposées par les divers conseils, adoptées et conduites à fin; de grandes infortunes sont adoucies, quelques maux sont réparés. Mais le bien ne peut s'opérer que lentement, au milieu des désordres de toute sorte que laisse après lui le *grand règne*. Le régent a frémi en voyant qu'il fallait faire marcher le gouvernement avec un système de finances chargé d'une dette publique de deux milliards soixante-deux millions, et qui, pour les dépenses courantes seulement, offrait un déficit où se trouvaient engloutis les revenus de la France jusqu'à la fin de l'année 1717. Effrayés d'une telle extrémité, plusieurs membres du conseil de régence ont proposé, comme unique moyen de rétablir l'équilibre, de ne point reconnaître les dettes du feu roi; mais ce moyen a été rejeté par une majorité consciencieuse, quoiqu'on ne vît encore aucun moyen d'éviter une si horrible banqueroute. Malgré cette déplorable situation, on devait inévitablement songer à diminuer les charges de la nation, et cela tout en payant les troupes, dont la solde était arrêtée; en acquittant les arrérages dus aux rentiers de l'Etat, et en remplissant une foule d'engagements dès longtemps exigibles, afin de rétablir un peu le crédit du gouvernement. Pour se procurer les premières ressources on tira des receveurs généraux et des fermes générales une somme considérable, avec la promesse de la rendre du produit d'une opération sur les monnaies. Cette opération la voici : à dater du 1er janvier prochain, les louis d'or anciens vaudront vingt livres au lieu de quatorze, et les écus cinq livres au lieu de trois et demi, ce qui procurera un bénéfice d'environ soixante et douze millions. C'est une manière comme une autre de battre monnaie. Mais quoiqu'on se fût donné une vaste carrière dans cette augmentation de valeur des espèces, elle ne put répondre aux nécessités les plus pressantes; on dut recourir à d'autres expédients. Les rentes constituées au denier 12 sur les tailles furent réduites au denier 25; des offices onéreux et inutiles, quoique privilégiés, furent supprimés : on en liquida la finance à quatre pour cent. Enfin une révision annoncée des comptes de certains entrepreneurs et traitants leur ayant fait redouter de voir leurs malversations punies, plusieurs s'exécutèrent par avance et regorgèrent d'énormes capitaux. La plupart de ces mesures ne pouvaient se justifier que par l'impossibilité de faire autrement; mais, tout irrégulières qu'elles étaient, elles valaient encore mieux qu'une banqueroute : les résultats déguisent au surplus ce qu'elles ont d'arbitraire ou de vicieux. Le dixième et la capitation de l'année 1716 seront réduits de quatre millions; la paye des armées est au courant, et une foule d'engagements sont remplis.

Une réduction du personnel le plus coûteux de l'armée va procurer une forte économie dans les dépenses de la guerre, si longtemps ruineuses pour la France. Les deux compagnies des mousquetaires, fortes ensemble de cinq cents hommes, sont réduites à trois cents; cinq cents gardes du corps ont été licenciés; les compagnies des gardes suisses sont diminuées de quarante hommes chacune; celles des gardes françaises, jusqu'ici portées à cent trente hommes, ne seront plus que de cent dix. Dix hommes par brigade sont retranchés de la gendarmerie; la cavalerie sera réduite de dix officiers par régiment; les dragons feront tous le service à pied. Au total la réforme des troupes se monte à près de vingt-cinq mille hommes.

Les dépenses du jeune roi lui-même ont été fixées par le régent :

Sa Majesté a dix mille livres par mois pour ses menus plaisirs, et mille écus pour ses habits.

Dès les premières audiences que le régent a données au Palais-Royal, le père le Tellier s'est présenté à ce prince avec son audace accoutumée.

« Mes fonctions à Versailles ont pris fin, lui dit-il, je viens, monseigneur, vous demander à quoi Votre Altesse Royale me destine.

— Ah! mon père, il est vrai, répondit le duc, vous voilà sans emploi; eh bien, je vais vous en donner un.

— Parlez, monseigneur! dit le jésuite en regardant Son Altesse Royale d'un œil scrutateur.

— Partez donc pour le château de Pierre-Encise...

— Pour le château de Pierre-Encise, moi! interrompit le Tellier avec effroi...

— Remettez-vous, mon père, je vois que vous ne me comprenez mal; c'est un plaisir que je vous ménage, et non pas une punition.

— Je ne comprends point Votre Altesse Royale.

— Partez pour ce château, dis-je, et tirez-en l'abbé Forgon et le père Guillaume Quesnel [1], que vous y avez fait enfermer.

— Monseigneur, cette ironie...

— Aimez-vous mieux chercher en Europe, pour les ramener charitablement à Paris, les pères Jérôme et Turquois, exilés à votre demande?

— Je ne conçois pas à quelle fin tendent ces sarcasmes de Votre Altesse Royale.

— Vous êtes loin de l'Evangile, père le Tellier, poursuivit le régent d'une voix élevée, si vous traitez de sarcasmes le moyen que je vous offre de réparer vos fureurs... Mais je n'avais point attendu ce soin de votre âme endurcie; je voulais seulement vous rappeler vos proscriptions, afin de vous faire sentir que vous ne devez rien espérer de moi... Allez trouver vos supérieurs, ils ne tarderont pas à recevoir mes ordres. »

L'ex-confesseur du roi sortit sans répliquer.

Le duc régent annula successivement toutes les lettres de cachet lancées à l'occasion du jansénisme ou de la bulle *Unigenitus* : le vieux marquis d'Aremberg, mis à la Bastille pour avoir fait évader Quesnel de l'archevêché de Malines, où il était détenu, recouvra sa liberté après dix ans de prison. Tous les supérieurs des monastères furent autorisés à rappeler les moines *opposants* qui s'étaient expatriés; l'archevêque de Tours et l'évêque de Montpellier, relégués pour la même cause dans leurs diocèses, dont ils ne pouvaient s'éloigner, eurent la permission de reparaître à Paris, où le duc d'Orléans les reçut avec des marques d'estime et de bonté; en un mot toutes les victimes de la constitution rentrèrent dans le droit des gens, dont elles étaient véritablement exclues.

Il est facile de concevoir que cette protection ouverte accordée aux adversaires des jésuites, dut paraître fort dure à cette compagnie, habituée par le feu roi à proscrire tout ce qu'elle redoutait, ou simplement tout ce qui lui déplaisait. Elle se crut assez forte pour soutenir ses prétentions ouvertement, en couvrant ses projets séditieux du masque d'une religion qu'elle disait martyrisée. Des prédicateurs jésuites, nouveaux Jérémies, prêchèrent la désolation des désolations, non pas avec des larmes, mais avec des injures. « Hélas! » mes frères, disait à Rouen un père la Motte, Louis XIV, ce pieux » monarque, est mort dans un temps où nous avions plus besoin de » lui que jamais pour la destruction de l'hérésie. Quinze jours après » sa mort, on a vu avec surprise des gens que la *sagesse du roi* avait » fait mettre dans les fers, dans les cachots, pour porter la peine de » leurs crimes, en sortir avec éclat et être élevés aux dignités. N'est-il » pas surprenant que ceux qui sont à la tête des affaires renversent » ainsi tout ce que la sagesse de Sa Majesté avait établi? N'est-il pas » étonnant de voir un petit homme bouffi d'orgueil, sans science et » sans mérite, gouverner l'Etat? »

Le régent, qui ne voulait pas, à l'exemple du feu roi, porter la *sagesse* jusqu'à mettre les jésuites *dans les fers* et dans les cachots, ne pouvait cependant laisser tant d'audace impunie. Des poursuites criminelles furent dirigées contre le père la Motte : il avait déjà disparu; mais une saisie du temporel de la maison des jésuites de Rouen le fit retrouver. On instruisit sérieusement contre lui... Les prédications séditieuses n'en continuèrent pas moins à Dijon, à Nantes, à Besançon, à Poitiers, où les frères en saint Ignace se croyaient soutenus. Mais le peuple, qui avait tant souffert sous le *bon règne* que les jésuites regrettaient en chaire; le peuple, dont les maux commençaient à s'adoucir, quoique la bulle *Unigenitus* fût moins respectée, murmura partout contre des jérémiades tout à fait contraires à ses opinions. Se voyant abandonnés du public, sur lequel ils avaient compté, les bons pères reprirent leurs masques. Le supérieur de la maison professe de Paris vint, le miel sur les lèvres, les yeux baissés, la démarche timide, offrir ses très-humbles mais très-tardifs respects au régent, et lui demander sa protection. Le père supérieur dut s'apercevoir, au ton avec lequel Philippe d'Orléans le reçut, qu'il était mécontent de sa compagnie : « Je vous accorderai, répon-

---

[1] Frère de feu le docteur du même nom dont les ouvrages causèrent tant de troubles, et déterminèrent en partie l'envoi de la bulle *Unigenitus*.

» dit-il, la protection que vous me demandez, mais à condition que » vous ferez quitter Paris à ceux de vos religieux qui ont travaillé à » exciter des troubles dans le royaume... » Le jésuite assura, d'un accent flûté, à Son Altesse Royale, qu'il ne connaissait aucun des hommes dont le prince lui parlait. « Je vous les ferai donc connaître, » reprit Philippe, et il articula sept ou huit noms parmi lesquels celui de le Tellier ne fut pas oublié. Le père supérieur se retira en promettant qu'il allait répartir les jésuites dénommés dans diverses maisons de la province.

« Allez, mon père, ajouta le régent, et que le Tellier soit envoyé à Amiens.

— Ce choix de Votre Altesse Royale est donc un exil? demanda le jésuite surpris.

— Qui vous dit le contraire... L'ex-confesseur doit encore me remercier de la forme... En pareil cas il n'eût pas épargné la lettre de cachet à l'exilé. »

L'abbé Dubois n'est pas seulement un débauché et un habile pourvoyeur des passions inconstantes du régent son ancien élève, c'est aussi un homme adroit, subtil et propre aux affaires, dont il sait merveilleusement découvrir les ressorts cachés. Dubois, avide de richesses, de faveurs, d'honneurs même, se garda bien de laisser dormir son ambition quand il vit Philippe d'Orléans à la régence. Agrandissant la sphère de ses services, il s'initia aux intérêts de l'Etat pour en épargner les détails à son maître, dont il fit ainsi compatir la mollesse avec les devoirs du gouvernement. Le régent sut un gré infini à son ancien précepteur d'une attention qui allégeait pour lui le fardeau de l'administration sans toutefois détourner le ministre de ses plaisirs des soins qu'ils lui imposaient.

« Vraiment, l'abbé, disait dernièrement ce prince à Dubois, je vois que tu es bon à tout.

— C'est beaucoup dire, répondit-il, mais j'en saurais toujours assez pour faire un ministre.

— Allons, tu es fou, répliqua le régent, contente-toi de gravir l'escalier des petites filles de la rue Saint-Honoré et laisse monter à de vicieux que toi les degrés du pouvoir.

— Votre Altesse Royale sait bien que l'un n'empêche pas l'autre.

— Apporte-moi ma canne que je te rompe les os.

— Prenez plutôt cette plume pour signer ce rapport au conseil de régence : c'est celui que Votre Altesse Royale m'a chargé de faire pour un de ses roués qu'elle a nommé conseiller d'Etat.

— Ah! oui, ce pauvre diable qui ne sait pas mieux écrire que boire.

— D'où je conclus, monseigneur, que moi qui n'écris pas mal et qui bois à merveille, je ferais un excellent conseiller d'Etat.

— Apporte-moi ma canne, te dis-je!

— Comment Votre Altesse Royale trouve-t-elle ce portrait?

— Ah! Dubois, la jolie brune! les beaux yeux, la belle gorge!

— Elle est là, dans votre cabinet.

— Qui?

— Eh! cette charmante créature. Votre Altesse Royale sait bien que je n'ai pas l'habitude de lui présenter des peintures idéales comme dans *les Mille et une Nuits*.

— Je cours la voir! s'écria le régent en se levant pour aller au cabinet.

— Un instant, monseigneur, cette belle fille a un placet à vous présenter... Je lui ai promis au nom de Votre Altesse Royale la grâce qu'elle demande... Elle est à vous à ce prix.

— Eh! va donc la chercher!

— La voici, dit l'abbé en ressortant du cabinet avec le modèle du portrait.

— Voyons, ma belle enfant! reprit le prince en s'emparant du papier que tenait la jeune fille.

— Il ne s'agit que d'une simple signature, dit l'abbé.. et il montrait sur le papier la place où elle devait être apposée.

— Que vois-je! des provisions de conseiller d'Etat!

— Pour moi, monseigneur... Voyez comme elle est jolie...

— Sauve-toi, maraud, s'écria Philippe, qui jetait à Dubois les provisions signées, sauve-toi ou je t'assomme!

— Bonne chance, monseigneur! » dit l'abbé en fermant la porte.

M. de Tallart était primitivement du conseil de régence du choix de Louis XIV, qui avait déterminé par son testament la composition de ce conseil; mais des avis tranchants et quelquefois peu respectueux émis par le maréchal portèrent le régent à l'exclure. « Il ne me » reste plus pour mon honneur, dit-il en se retirant, qu'à faire inscrire le testament sur mon dos. » Le duc de Noailles réussit mieux auprès du duc d'Orléans : c'est un homme sans caractère mais spirituel et souple. Renvoyé d'Espagne par Philippe V pour avoir proposé une maîtresse à ce prince dans un moment inopportun, il revint à Versailles et disputa d'assiduité à l'église avec madame de Maintenon elle-même. Depuis la régence, Noailles, le plus sobre des hommes, apprend tout doucement à s'enivrer. L'autre jour par un effet de son assiduité à l'étude s'étant trouvé complétement ivre, le duc se hâta d'aller trouver le régent dans sa loge à l'Opéra. « Bravo! mon ami, » lui dit Son Altesse Royale en le voyant dans cet état, vous faites » des progrès. »

Mais, comme M. de Noailles ne perd la raison que pour faire sa cour, il n'en est pas moins propre à diriger le conseil des finances, dans lequel il a rendu de grands services. On dit toutefois que ces soins ne sont pas précisément désintéressés et que certains traitants dont il a fallu par malheur accepter le secours ruineux lui ont accordé quelques parts motivées dans leurs bénéfices. C'est sans doute à ce partage que M. Rouillé de Coudray faisait allusion à l'une des dernières séances du conseil. Rouillé boit immodérément non pour faire sa cour, mais par goût; or comme il s'emportait dans la discussion d'un projet de finance, M. de Noailles lui dit : « Il y a ici de la bou- » teille. — Cela se peut, répondit-il, mais il n'y a pas de *pot-de-vin*. » Le duc ne répliqua point. Il est bien vrai que pour soutenir l'affaire dont il s'agissait une compagnie avait offert une forte somme à M. de Rouillé. « Non, messieurs, dit-il aux traitants, je ne pourrais aider » à vous faire pendre en cas que vous soyez des fripons. »

Mort de Louis XIV.

Le régent, dans sa carrière administrative, conserve presque toujours les formes affables qui le distinguent; mais, si par suite d'une contrariété sa franchise devient brusque, il souffre volontiers la réplique du dépit, il en rit même quand elle est spirituelle. La semaine dernière le duc ayant rencontré dans un lieu public le ministre plénipotentiaire du prince de Lorraine, dont il croit avoir à se plaindre, Son Altesse Royale s'emporta jusqu'à dire : « Monsieur de Stainville, » je crois que votre maître se .... de moi. — Monseigneur, répondit » le diplomate, il ne m'a pas chargé d'en informer Votre Altesse » Royale. — Oh! oh! dit le prince à madame de Parabère, qui l'ac- » compagnait, ce Lorrain a la repartie heureuse. »

Le surlendemain de cette aventure, les gens du roi pressaient le régent de s'expliquer sur une matière qui le contrariait. « Allez vous » faire ......, » leur répondit-il. L'un d'eux repartit : « Votre Altesse » veut-elle qu'on fasse registre de sa réponse? » Le prince se mit à rire, puis il discuta froidement le point en question.

J'ai dit que le fond du caractère de M. le duc d'Orléans est une gaieté que les événements les plus graves altèrent difficilement. Heureux qui peut dans la demande d'une grâce flatter l'hilarité de Son Altesse Royale : les faveurs sollicitées gaiement ne tiennent point à ses mains. C'est ainsi que l'un de ces matins ce prince fit droit à un placet fort plaisant. M. de Villars étant, comme on sait, à la tête du conseil de la guerre, occupe un assez grand nombre de commis. Son hôtel en est plein et cette bureaucratie gêne un peu ses habitudes domestiques. A la maison du maréchal touche celle d'un M. Thierry, avocat au conseil : l'homme de guerre jugea que ses bureaux seraient commodément placés dans ce local. Il envoya quelqu'un pour le visiter afin de faire déguerpir ensuite l'homme du barreau si les lieux convenaient. Mais M. Thierry refusa sa porte aux visiteurs, et les ordres les plus précis du maréchal ne purent changer la détermination de notre avocat. M. de Villars ordonna alors qu'on procédât d'au-

torité à l'ouverture de la maison. Outré, mais non pas attristé, par ce moyen militaire, M. Thierry fit parvenir au régent le placet suivant :

« Antoine-Joseph Thierry, avocat, expose très-humblement à Votre » Altesse Royale que M. le maréchal de Villars, n'ayant plus d'enne- » mis à combattre ni de traités à faire, vient de mettre le siège de- » vant le cabinet d'un pauvre avocat. Le grand général s'est persuadé » que la place se rendrait à la première sommation; mais l'exposant, » qui y commande, est résolu d'attendre le gros canon, c'est-à-dire » les ordres de Votre Altesse Royale. Néanmoins il espère qu'ils ne » viendront pas, et fera des prières pour Votre Altesse Royale. »

Après avoir ri aux larmes en lisant ce placet, le régent écrivit en marge : « Tenez bon, j'irai à votre secours. » Et, le soir même, M. de Villars reçut l'ordre de lever le siége du cabinet de l'ingénieur avocat.

Il arriva l'autre jour à la cour de Vincennes un petit événement qui n'a point fait rire le régent, tout disposé qu'il est à s'égayer. M. de Coislin, évêque de Metz, avait désiré d'être présenté au jeune roi; madame la duchesse de Ventadour satisfit à ce désir, elle conduisit le prélat devant Sa Majesté. Sa Grandeur n'a pas une figure revenante, et l'enfant couronné est franc. « Ah! mon Dieu! qu'il est » laid! » s'écria-t-il en recevant M. de Coislin. « Voilà un petit » garçon bien malappris, » osa répondre en se retournant le gentilhomme mitré. M. le duc d'Orléans le fit venir au Palais-Royal, et lui adressa de vifs reproches. « A l'âge du roi, dit Son Altesse » Royale en terminant cette semonce, on peut être sincère à l'excès; » mais un évêque n'est jamais excusable de pousser jusqu'à l'im- » politesse l'oubli d'une modestie qui devrait être sa première » vertu. »

Personne n'avait pris le change sur l'air de componction que les courtisans affectaient pendant les dernières années du règne de Louis XIV; Molière nous a dès longtemps appris à reconnaître les

Le cardinal Dubois.

gens à travers le masque d'hypocrisie dont ils se couvrent. Nos débauchés déguisés en dévots, ne se flattaient pas d'en imposer à leurs contemporains; mais enfin ils se gênaient, et la contrainte, quoiqu'on en dise, ne rend pas toujours le plaisir plus piquant. Quel changement depuis la régence, non pas dans les principes, mais dans la physionomie morale du temps! Les mêmes hommes qui il y a six mois laissaient voir toujours le coin d'un livre d'heures sortant de leur poche, s'empressent aujourd'hui de se montrer aux croisées de leurs petites maisons avec des *roués* ou des danseuses d'Opéra. Les mêmes femmes qu'on rencontrait journellement dans l'oratoire de madame de Maintenon, parlant *bulle Unigenitus*, reliques et sermons, sollicitent avec ardeur une place aux soupers du régent. Les vœux de bons nombre de ces dévotes revenues au culte des amours sont exaucés, et l'inconstance du prince est telle, que toutes peuvent espérer d'être admises aux saturnales qui excitent leur ambition voluptueuse. Mais la marquise de Parabère, maîtresse en titre du régent, tient toujours la première place à ces banquets de la débauche; c'est elle qui se charge d'y jeter le mouchoir du sultan, quand elle a quelque chose de mieux à faire que de le recevoir elle-même. Jeune, belle, douée d'un tempérament insatiable, cette dame plaît encore plus à Son Altesse Royale que sa devancière mademoiselle de Sery, comtesse d'Argenson. Séparée de son mari, madame de Parabère eut dernièrement une inquiétude grave, que l'habile Dubois parvint toutefois à calmer. Toutes les causes amènent des effets : c'est la loi de nature. Or le régent, qui dans l'émission de certaines causes ne s'inquiète guère d'éluder les effets, apprit un beau matin du mois dernier que madame de Parabère allait bientôt se trouver dans une position critique, dont sa séparation d'avec son mari proclamerait l'inopportunité. « Il faut enivrer M. de Parabère, dit le régent, et » faire trouver sa femme » auprès de lui. — Je m'en » charge, » répondit l'abbé Dubois. Mais la mort du marquis, survenue peu de jours après cet entretien, dispensa d'employer le prétexte de paternité auquel on voulait recourir. Parmi les beautés complaisantes que madame de Parabère introduit le plus souvent aux soupers du Palais-Royal, on cite la duchesse douairière de Gèvres, maîtresse de Fargi, l'un des roués favoris du prince. Cette dame, comme toutes celles admises dans ces parties, a fait ce que le régent appelle les *preuves*. Je ne sais comment expliquer avec réserve le sens de cette expression, si ce n'est en disant que pour avoir fait ses preuves une femme doit être aux convives de Son Altesse Royale ce que dans le calcul de la dizaine est aux unités... Rien au monde ne plaît tant au duc d'Orléans que les transmutations de la beauté; mais qu'il est honteux pour mon sexe de savoir qu'une duchesse, déjà sortie de la première jeunesse, passe de main en main, roule de genou en genou, et livre ainsi son délire, moitié bachique, moitié amoureux, à la brutalité de six, huit, ou dix débauchés !

Au premier rang des roués figure la Fare, dont l'imagination libertine semble être le crépuscule prolongé de sa jeunesse dès longtemps

Quand le régent va souper chez la duchesse avec ses roués, elle a soin d'avoir à sa table une ou deux de ces beautés faciles que ce prince aime à trouver partout. Alors toute possession devient commune; la fantaisie seule détermine des choix d'un moment, auxquels succèdent d'autres choix non moins passagers... De sorte qu'à la fin du repas toutes les inclinations ont changé plusieurs fois d'objet, et que les plus ambitieuses se sont promenées sur tous les objets.

Ces fréquentes distractions ne suffisent point à la duchesse de Berry, même avec le service régulier que ses gardes font la nuit dans son appartement; le comte de Riom, leur capitaine, exerce encore des droits journaliers sur la princesse. Ce gentilhomme est un gros garçon court, joufflu, bourgeonné, qui, sous son habit d'ordonnance, ne ressemble pas mal à un abbé déguisé en officier. Le comte, simple lieutenant de dragons relégué dans une garnison de province, sentait fermenter en lui l'ambition; mais ses talents militaires avaient peu d'éclat; il ne paraissait pas facile de les faire percer à la cour; et madame de Pons, dame d'atour de madame de Berry, et qui est parente de M. de Riom, avait plusieurs fois échoué dans les démarches qu'elle avait faites pour lui. Enfin, on vint à parler de la fameuse compagnie des gardes de la duchesse; madame de Pons savait à quel genre d'activité ce corps était destiné, et elle pensa que son parent, dont elle connaissait la portée sous certains rapports, pourrait jouer un rôle distingué dans cette compagnie. Un matin qu'elle habillait Son Altesse Royale, la dame d'atour lui demanda pour le comte de Riom la lieutenance des gardes.

« M. de Riom, répondit la princesse, je ne le connais point, quel homme est-ce ?

— Un très-honnête gentilhomme, madame, et sa noblesse...

— Ce n'est pas ce que je vous demande... Sa taille?

— Cinq pieds trois pouces environ.

— Bon. Sa poitrine ?

— Large, effacée entre deux épaules musculeuses.

— Sa jambe ?

— Forte et carrée du haut; du bas, un tendon détaché, une cheville du pied bien arquée.

— Le visage ?

— Deux yeux noirs, un nez un peu long, des dents admirables.

— Faites venir le comte à Paris , je verrai. »

Louis XV enfant.

passée. On compte aussi dans cette société Simiane, ivrogne plein d'esprit, de qui l'ivresse s'exhale en jolis vers et en bons mots piquants. On y voit encore Broglie, amant émérite de la duchesse de Berry, qu'elle a promptement abandonné, parce qu'il ne s'est montré riche auprès d'elle que de saillies heureuses et de fines reparties qui lui ont quelquefois paru manquer d'à-propos. Enfin, Nocé se trouve toujours aux orgies du régent; c'est avec madame de Parabère le metteur en œuvre des plaisirs nocturnes de Son Altesse Royale.

Mais Philippe d'Orléans ne sacrifie pas au plaisir dans un seul temple : les soupers du Luxembourg font diversion à ceux du Palais-Royal, et dans cet autre sanctuaire la duchesse de Berry est grande prêtresse. Le régent, qui aime beaucoup cette dame, comme fille et comme maîtresse, s'est plu à flatter le goût qu'elle montre pour la représentation et le faste : il lui a donné le palais du Luxembourg, une maison, cinquante gardes à cheval. Tous ces gardes, qui sont des jeunes gens bien faits, ont, dit-on, un service très-agréable depuis que la jeune veuve est devenue peureuse au point de se faire garder la nuit dans ses appartements, et d'exiger même que les factionnaires y soient doublés. Le duc d'Orléans connaît ces particularités militaires de l'intérieur du Luxembourg; mais il ne s'en met point en peine : « Les scrupules, dit-il à cet égard à sa fille, ne sont » faits que pour le vulgaire. »

M. de Riom étant arrivé, madame de Pons ne lui cacha point le genre d'informations dont il avait été l'objet, et les réponses qu'elle avait faites. « Je vous remercie, ma cousine, répondit-il, de tout ce » que vous avez bien voulu dire de favorable sur mon compte, et ma » reconnaissance est infinie. » Le lendemain la sensible dame d'atour, sans convenir précisément que son cousin fût reconnaissant à l'infini, était persuadée néanmoins plus que jamais que la lieutenance des gardes de madame de Berry serait très-bien remplie par lui; elle le présenta sur-le-champ à la princesse, qui fut très-contente de sa tournure et de son air..... Il obtint la charge. Après un mois d'exercice , la duchesse trouva que le comte était un lieutenant si distingué qu'elle crut devoir lui accorder de l'avancement; elle pria son père de nommer cet excellent officier capitaine. Bientôt M. de Riom n'eut pas seulement le premier emploi de la compagnie des gardes, madame de Berry lui accorda la première place dans son cœur : il devint le favori en titre de Son Altesse Royale. Au moment où j'écris, la passion de la princesse pour cet homme, qui n'est ni beau ni spirituel, va jusqu'à la frénésie. Le comte est absolument le maître au Luxembourg; pour les officiers, les dames et même les gens du palais, ce gentilhomme est doux, affable, poli; il se fait aimer de tout le monde ; mais son humeur prend une tout autre teinte auprès de sa maîtresse. Cet amant, qu'elle chérit , qu'elle couvre des plus beaux habits, des plus riches dentelles ; cette idole de son cœur, aux pieds de qui elle sème à pleines mains l'or, les joyaux, les pierreries, reconnaît tant de bontés par une véritable tyrannie. Riom, petit-neveu du vieux duc de Lauzun, semble avoir hérité du despotisme de son grand-oncle sur la partie féminine de la maison d'Orléans. Madame de Berry est traitée par lui comme le fut jadis *Mademoiselle* par le favori de Louis XIV, qui rit sous cape de se voir renaître dans ce dominateur d'une princesse petite-nièce de celle qu'il a si longtemps dominée. Le comte, dont le privilége sur les désirs de la veuve est inexprimable, se plaît à la faire languir, à lui donner de la jalousie, à ne vouloir pas se livrer à celle qu'elle essaye de lui inspirer... L'empire qu'il exerce sur ses volontés s'étend jusqu'au choix des habits, jusqu'à celui des moindres chiffons servant à la parure ; et, par un raffinement de maligne bizarrerie, Riom se prononce toujours pour les atours qu'il sait déplaire à la duchesse, et lui défend de choisir ceux de son goût. Cet amant impérieux se divertit à faire changer de coiffure et d'habits à Son Altesse Royale quand il s'aperçoit que sa mise lui sied ou qu'elle en est satisfaite. Souvent il la fait déshabiller au moment de partir pour l'Opéra, surtout si, par quelques paroles indiscrètes, elle laisse voir de l'empressement à s'y rendre. Depuis quelque temps la princesse, pour éviter de faire une toilette qu'il voudrait refaire, s'est mise sur le pied de prendre chaque soir les ordres de M. de Riom pour les atours qu'elle mettra le lendemain. Si quelque chose n'a pas été prévu dans cette demande d'instructions, des messagers alertes circulent du cabinet de toilette de Son Altesse Royale à l'appartement de l'ordonnateur pour déterminer l'adoption d'un point de dentelle ou d'une couleur de ruban. Imposant à l'illustre veuve des démarches, des affections et même des inimitiés, le comte la fait rester au palais quand elle veut sortir, ou la force de se promener lorsqu'elle voudrait prendre du repos ; il l'oblige à se montrer fière, impertinente, avec des gens qu'elle affectionne, prévenante avec des personnes qu'elle ne saurait souffrir. Enfin la tyrannie du petit-neveu de Lauzun est portée au delà de toutes les bornes de l'audace ; la fille chérie du prince qui gouverne la France ne fait pas un pas sans la permission d'un homme qui n'était rien il y a six mois ; ou si elle se permet une démarche, même de la moindre importance, sans y être autorisée, un traitement comparable à celui qu'un maître brutal fait subir à une servante arrache des larmes à cette princesse du sang. Il faut vraiment que le comte de Riom ait soumis sa maîtresse ou plutôt son esclave à un talisman qui énerve en elle toute dignité.

Ajoutons cependant que le capitaine des gardes de madame de Berry, dominateur de toutes ses volontés, en a laissé une parfaitement libre, le comte a senti qu'elle devait être respectée et que tout son pouvoir succomberait s'il l'attaquait. Cette volonté, c'est celle qu'a la princesse de se donner au premier homme qui lui plaît. Le tyran du Luxembourg n'entend gêner en aucune manière Son Altesse Royale sur ce point ; mais il se donne de son côté toute latitude. Riom courtise publiquement madame de Mouchy, dame d'honneur de madame de Berry ; on va jusqu'à dire qu'il l'a caressée plus d'une fois en présence de cette princesse, et qu'elle se déclare hautement sa rivale sans que Son Altesse Royale ose l'éloigner du Luxembourg..... « Cet homme vous a donc ensorcelée, dit » souvent le régent à sa fille. — J'en conviens, mon père, répond- » elle, mais aussi je n'ai jamais rencontré un pareil sorcier. »

On a joué dernièrement sur le Théâtre-Français une nouvelle comédie de M. Néricault Destouches : c'est *le Médisant*... Des vers, beaucoup de vers ; des pensées très-peu, de l'intrigue moins encore, et du succès point du tout. Voilà en peu de mots l'analyse et l'histoire de cette pièce... Il faudrait, pour en dire davantage, être plus médisant que le principal personnage de l'ouvrage, et il n'est pas charitable de médire des morts.

Le grand siècle ne sera bientôt plus que dans les souvenirs et les monuments, un peu plus tard les monuments seuls le rappelleront. Chaque jour enlève un acteur de cette période brillante : en 1715 les arts ont perdu Girardon, qui, pour créer les bains d'Apollon, semblait avoir retrouvé le ciseau de Phidias. Les lettres ont eu à regretter Galland, ce traducteur ingénieux des *Mille et une Nuits*, dont la plume assidue sut nous faire aimer les emphatiques métaphores de l'Orient en y mêlant la grâce, qui trompe quelquefois sur l'absence de la raison. La philosophie pleure Malebranche, cet autre Socrate que de nombreux disciples allaient écouter à l'Oratoire avec plus de fruit peut-être que les Athéniens n'en recueillirent des discours du fils de Sophronisque. Malebranche, dans sa *Recherche de la vérité*, a écrit avec une profondeur de raisonnement qui n'exclut point la lucidité : il définit admirablement les sens et l'imagination ; mais en recherchant la nature de l'âme il imite ces navigateurs hasardés sans boussole sur une mer inconnue.

Aujourd'hui 24 décembre 1715 je pose pour jamais la plume. Ce soir, quand la cloche sonnera le premier coup de la messe de minuit, j'aurai atteint le complément de ma soixante-seizième année... C'est avoir quitté trop tard une cour où la vieillesse joue un rôle triste ; à peine, d'ailleurs, me reste-t-il assez de temps pour me

préparer à quitter la vie... Je pourrais bien être prise à l'improviste, Bon Dieu ! sur quel monceau de manuscrits je pose ce dernier cahier de mes tablettes ! Cinquante-six années de notes écrites sous la dictée du siècle le plus fécond en grandes choses, en passions désordonnées, en magnificence, en scandales, en folies, cela ne pouvait manquer d'employer beaucoup de papier ; et quand je vois, d'après ma table des matières, combien la sagesse tient peu de place dans cette collection, je suis presque fâchée d'avoir été si vraie. C'est un acquit de conscience que je veux du moins dérober à trois ou quatre générations. Je cachèterai ces volumineuses liasses ; la comtesse ma bru en connaît bien et le contenu et l'esprit ; elle les continuera, dit-elle ; à la bonne heure : tôt ou tard la vérité doit servir aux hommes ; mais il faut, pour qu'elle ne les irrite pas en les instruisant, laisser s'éteindre sous la main du temps les traits toujours vifs de son pinceau... Dans une centaine d'années nos arrière-neveux consulteront avec fruit mes tablettes ; j'en ai le pressentiment ; on regardera alors sans sourciller les gloires que j'ai descendues au niveau de l'humanité ; toute la génération comprendra les jugements empreints de franchise que j'ai substitués, sous l'inspiration de Molière, de la Fontaine, de la Bruyère, au culte aveugle du vulgaire ébloui par l'oripeau des grandeurs.

CHAPITRE II.
1710.

Notice historique sur la comtesse de B***, contemporaine de Louis XIV. — Sa bru continue ses tablettes. — Envoi de l'année 1716 à l'année 1816. — Louis XV s'établit aux Tuileries. — L'abbé de Fleury nommé confesseur du roi. — La chèvre, le chou et le jardinier. — Commencement des bals masqués de l'Opéra. — Coup d'œil sur ces bals. — Les grands donnent la comédie au peuple. — Mentor et Télémaque pour rire. — Le duc et la duchesse de Lorraine à Paris. — La jeune princesse de Conti. — Clermont, Richelieu, la Fare, Soubise, etc., amants de cette princesse. — Le petit chien ga dien de l'honneur de Son Altesse. — Mademoiselle de Charolais. — Ses intrigues avec Richelieu. — Rendez-vous roulant. — Une princesse du sang chez le commissaire. — Mademoiselle de Valois, troisième fille du régent — Son amour pour Richelieu. — La surveillante Desroches ; expédients pour la tromper. — Angélique ; substitution. — Le style prolixe. — Angélique dénonce au régent l'intrigue des amants. — Colere du prince ; scène faite à sa fille. — Charles XII ; expédition proposée à ce roi paladin — Intrigues d'Alberoni. — Délire de la vanité. — Première représentation d'*Athalie* devant le public. — Exil de Voltaire. — Les épines cachées de l'indigne rosier. — Horrible excès commis sur une femme de qualité ivre. — Le duel. — Richelieu pour la seconde fois à la Bastille. — Mademoiselle de Charolais va consoler le prisonnier. — Complaisance d'une bonne sœur. — Établissement d'une chambre de justice pour juger les traitants. — A fripon fripon et demi. — Samuel Bernard ; son portrait. — Un juif généreux et honnête homme. — Querelle entre les pairs et le parlement. — Détails scandaleux qui en ressortent. — La beauté prise d'assaut. — Les soldats jésuites. — Systeme de Law ; fondation de sa banque ; forme des billets. — Requête des princes du sang contre les princes légitimés. — Mademoiselle d'Orléans ; intrigue incestueuse. — Cette princesse se fait religieuse. — L'amour passe partout. — La lanterne magique. — Le régent veut qu'on lui coupe le poing. — Mort du chansonnier Coulanges.

La comtesse douairière de B..., ma belle-mère et ma tante, qui cesse d'écrire des Mémoires historiques, qu'elle appelait ses *Tablettes*, resta veuve en 1660 avec un fils âgé de quinze mois ; elle n'avait alors elle-même que vingt et un ans. Le comte de B..., dont elle n'a pas parlé, parce qu'on n'aime point à dire du mal de ses enfants, fut un franc mauvais sujet ; ce qui ne m'a pas empêchée de le prendre pour mari en 1695, attendu que ce gentilhomme était encore ce qu'il y avait de plus sage à la cour. D'ailleurs l'usage dès longtemps établi dans notre famille est de marier ensemble les cousins pour maintenir plus sûrement un nom illustre, à ce que disaient nos pères. Ma tante a tu aussi cette coutume de ses ascendants, parce qu'elle sent un peu la féodalité, et l'honnête dame, en sa qualité d'esprit fort, ne voulait pas montrer dans les siens des préjugés qu'elle condamnait. Ma belle-mère est amie des lettres : elle a étudié les auteurs de l'antiquité, s'est pénétrée des philosophes grecs, et, dès sa tendre jeunesse, elle méprisait la grandeur qui ne résultait pas de la beauté des actions ou de la noblesse des sentiments. Riche, libre par sa position, encline à la critique, la comtesse fut recherchée par les beaux esprits du temps ; elle s'attacha beaucoup à Racine, ce qu'elle a fort ingénument avoué, pensant peut-être que, si l'on peut avoir un amant sans un peu de honte, il y a plus que compensation dans l'amour d'un grand homme. Mais la philosophie de ma tante était plus solide que celle de l'auteur d'*Andromaque* ; elle la quitta quand il devint courtisan, et continua de fronder ce qu'elle appelait les *grandeurs pour rire*.

Il y a tantôt vingt ans que la comtesse me lit chaque jour quelque passage des *Tablettes*. L'esprit de ces annales plaît ; c'est un tableau véridique et animé de l'époque, je suis décidée à le continuer. Bien m'en a pris d'écouter attentivement les lectures journalières de ma tante, mieux encore ai-je fait de lire à la dérobée les passages qu'elle me cachait dans les premières années de mon mariage. Je suis à même, au moins quant au plan, de me faire la continuatrice des *Tablettes*, et je tâcherai d'en soutenir le ton. Pour les opinions, ce sont, à quelques nuances près, les miennes; je ne suis pas arrivée à ma trente-sixième année sans avoir appris à voir les hommes et les choses sous leur véritable jour, et la cour a justifié à mes yeux dans ces derniers temps tout ce que ma tante en pensait.

Les vieillards sont quelquefois plus fantasques que les jeunes gens: la comtesse douairière, qui m'avait promis de laisser ses cahiers à ma disposition pour me guider, a changé tout à coup d'avis. « Non, » ma fille, m'a-t-elle dit, écrivez sous l'inspiration des événements; » le temps est le meilleur conseiller que vous puissiez écouter. Les » couleurs varient, les physionomies changent, les caractères reçoi- » vent de nouvelles influences; peignez d'après nature, cela vaudra » mieux que d'imiter ce que j'ai fait... Au surplus, ajouta ma tante » en me montrant la liasse de ses *Tablettes*, ficelée et scellée de son » cachet, voilà mon bagage empaqueté; si mes intentions sont res- » pectées, et je les exprimerai dans mon testament, ce paquet arri- » vera tel qu'il est à son adresse. » Et je lus sur la liasse : *Envoi de l'année 1716 a l'année 1816* [1]. J'écrirai donc ce que je verrai ou ce qu'on me dira, d'après l'impression que j'éprouverai. Je me mets dès aujourd'hui sur la trace des événements.

Le roi, qui, depuis la mort de Louis XIV, avait habité Vincennes, vint, le 6 janvier, s'établir aux Tuileries. L'appartement de Sa Majesté est celui qu'occupait la comtesse de Soissons, lorsqu'elle était surintendante de la feue reine Marie-Thérèse. Si les murs de cet appartement pouvaient parler, leur rapport serait une chronique bien scandaleuse; il faudrait, pour la conservation des mœurs du jeune monarque, lui faire changer de logement.

Le lendemain de son arrivée, Louis XV reçut, pour la première fois, l'abbé de Fleury, nommé confesseur de Sa Majesté. « Monsieur » l'abbé, dit le régent à cet ecclésiastique en lui annonçant le choix » qu'il avait fait de lui, je vous préfère à tout autre, parce que vous » n'êtes ni janséniste, ni moliniste, ni ultramontain. » Fleury se montra jaloux de soutenir sa réputation de véritable gallican; il porta même fort loin, comme on va le voir, l'art de ménager tous les partis. Lorsque les jésuites envoyèrent un des leurs, le père Craye, pour complimenter le nouveau confesseur, qui venait d'enlever à leur ordre une charge dont il était en possession depuis la fin du seizième siècle, l'abbé répondit au complimenteur : « Mon père, je crois n'être point » désagréable aux membres de votre compagnie, car je ne suis point janséniste. » Quand vinrent ensuite les félicitations des jacobins, Fleury leur dit : « J'espère ne pas vous déplaire, mes révérends; » vous savez que je ne fus jamais moliniste. » Enfin parut l'abbé d'Or- sanne, grand vicaire de l'archevêque : « Monsieur, lui dit le direc- » teur de la conscience royale, assurez mes très-humbles respects à » monseigneur le cardinal de Noailles; Son Eminence croira à leur » sincérité, elle sait que je n'épouse nullement les exclusions de la » cour romaine. » Cela s'appelle, comme on dit, *ménager sagement la chèvre et le chou* et même le jardinier... Il n'y a qu'un petit inconvénient à craindre avec un homme si conciliant, c'est que son naturel flexible ne se plie aux passions du jeune roi plutôt que de les faire fléchir. Nous verrons.

Mon mari jouit de l'insigne honneur de compter parmi les *roués* du régent, ce qui est aujourd'hui la première dignité de la cour du Palais-Royal. Le comte de B***, dont le caractère est fort bien fait, aurait voulu, pour augmenter ses chances de crédit, m'initier tout doucement aux *mystères des soupers* ; mais, outre que je fus, comme on s'en convaincra facilement, trop généreuse pour me venger des innombrables infidélités que me fit cet époux trop résigné, je ne croirais jamais expier par assez de honte le *roulement* de mes charmes de trente-six ans sur les genoux de dix satyres envinés. Fi! l'horreur! la chair de poule me vient en songeant à cette prostitution de la beauté, devant laquelle n'a pas reculé madame de Gèvres. J'ai répondu au comte que, peu désireuse de me faire actrice dans les scènes nocturnes du palais d'Orléans, je voulais me borner à être l'historiographe de ces prouesses galantes, et que je le priais de restreindre sa complaisance à me fournir des renseignements sur les travaux érotiques auxquels il est agrégé. M. de B*** m'a promis de me tenir au courant, ce bulletin secret de la régence me sera d'un grand secours.

M. le duc d'Orléans, dès le mois de novembre dernier, accorda au duc d'Antin la permission de donner, cet hiver, des bals masqués dans la salle de l'Opéra ; le nombre en fut réglé à trois par semaine. Cette fondation d'un amusement nouveau a d'autant plus de succès, que le père Sébastien, religieux carme, qui, tout moine qu'il est, ne veut pas rester étranger aux plaisirs mondains, a trouvé le moyen d'élever facilement le plancher du parterre au niveau du théâtre. La scène, ainsi réunie à la salle, forme un vaste local qu'éclairent une multitude de lustres, et dans lequel les masques montrent leurs costumes bigarrés et leurs intrigues en spectacle aux personnes qui remplissent les loges. Cette comédie en vaut au moins une autre : le plus grand nombre de dames, sous prétexte de la chaleur, se décou-

vrent le visage et y laissent voir, dans des scènes fort animées, des impressions que leur masque immobile n'aurait pas offertes aux assistants. Ce n'est pas trop, en vérité, des cinq livres que les spectateurs payent à la porte pour jouir d'un si joli coup d'œil, surtout quand le régent lui-même, en paraissant au bal de l'Opéra, vient ajouter au plaisir visuel que les Parisiens se procurent à cinq livres par tête. Ils ne sont pas tentés, à coup sûr, de regretter leur argent, lorsqu'ils voient Son Altesse Royale parcourir cette arène de la folie en tenant par la main l'une de ses maîtresses échauffée, comme lui et comme les roués qui l'entourent, par les fumées du vin. Le jour du dernier bal, l'ivresse du prince était si prononcée après son dîner, que M. de Canillac, l'un de ses favoris, craignit que, s'il descendait en cet état dans la salle de l'Opéra, le spectacle ne devînt trop burlesque pour les loges. Il supplia Son Altesse de se coucher, lui insinuant avec douceur que la musique et les lumières lui feraient mal à la tête. Le duc eut l'air d'acquiescer à la prière de Canillac, et, pour le déterminer à sortir plus promptement de sa chambre, il se mit à simuler un ronflement nasal essentiellement caractéristique du plus profond sommeil. Le favori, rassuré par ce témoignage bruyant, se retira sur la pointe du pied. Mais à peine avait-il quitté le régent, qu'il se leva, se fit habiller, et descendit dans la salle du bal, qu'il traversa plusieurs fois en décrivant des figures de géométrie bien éloignées de la ligne droite. Le lendemain, M. d'Orléans, sachant que Canillac était informé de son escapade, dit, en le voyant entrer : « Voilà mon Mentor qui va bien me gronder de ce que je fis hier » malgré lui. — Ne le craignez pas, monseigneur, répondit le gen- » tilhomme, car jamais vous ne serez mon Télémaque. »

Les fêtes, les divertissements redoublent au Palais-Royal, depuis l'arrivée à Paris du duc de Lorraine et de la duchesse sa femme, sœur du régent Leurs Altesses, qui sont venues rendre hommage au roi à cause du duché de Bar, profitent largement de l'occasion pour goûter dans la capitale de France des plaisirs qui ne se trouvent point à Nancy. Il en est néanmoins que le duc a compris dans ses bagages : sa maîtresse l'a suivi. Le régent l'a reçue avec lui au Palais-Royal; et la duchesse, qui ne se formalise nullement de l'amour de son mari pour la jolie Lorraine, dont elle a fait son amie, laisse à cette dame l'appartement qu'on lui avait destiné à elle-même. L'indulgente princesse a prié son frère de la loger près de chez lui, on prétend même qu'elle loge tout à fait chez lui; ce qui, du reste, serait conforme au sentiment d'amitié plus que fraternelle dont ces deux enfants de feu *Monsieur* furent jadis soupçonnés.

La première fois que madame de Lorraine alla à l'Opéra le régent la conduisit dans la loge où il a fait placer un lit, et dont l'ameublement est de tout point ordonné par la plus voluptueuse recherche. « Voilà qui est on ne peut mieux, » dit la princesse parvenue à je ne sais quel degré d'expérience de la commodité de ce charmant réduit. « Madame de Berry s'est fait construire une semblable loge, » répondit le duc d'Orléans, elle est placée vis-à-vis la mienne. Les » autres princesses n'ont pas tardé d'imiter cet exemple. chacune a » son petit boudoir à l'Opéra; et quand elles s'y trouvent avec leurs » favoris, tous les acteurs ne sont pas sur la scène. T-nez, continua » le régent en désignant à sa sœur une des loges, voici la jeune prin- » cesse de Conti chez elle avec Clermont, que, par renaissance » d'intrigue, a fait succéder depuis quelque temps à mon capi- » taine des gardes la Fare, parce que toute l'éloquence amoureuse » de celui-ci est passée dans ses discours. »

Puisque la circonstance m'a conduite au chapitre de la princesse de Conti, racontons en peu de mots ce que j'en sais. Louise-Elisabeth de Condé n'eut jamais la moindre inclination pour son mari; elle vécut cependant en bonne intelligence avec lui pendant une année entière. Mais la bonne intelligence est si fade, si assommante, quand elle n'est pas aiguisée par l'amour ! Dans le courant du treizième mois de mariage, le marquis de Clermont, premier gentilhomme du prince, offrit à madame de Conti quelque chose de plus piquant que cette léthargie conjugale : il est bien difficile de refuser le plaisir quand on s'ennuie; la princesse n'en eut pas le courage. Les amants sont indiscrets, l'aventure fit du bruit dans le monde : M. de Conti, très-jaloux quoique fort débauché, chassa son premier gentilhomme et le remplaça par le marquis de Richelieu. Ce changement arriva précisément dans le temps où la princesse commençait à s'apercevoir qu'un amant peut à la longue devenir aussi ennuyeux qu'un mari. Richelieu succéda à Clermont dans toute l'étendue de ses fonctions. Vint ensuite la Fare, le prince de Soubise, puis bien d'autres, puis une renaissante tendresse pour Clermont. On ne sait pas où cela pourra s'arrêter, car madame de Conti est la personne du monde la plus susceptible de s'ennuyer.

Cependant le prince ne veut pas absolument prendre son parti, il continue d'être jaloux comme un tigre, et sa femme continue de s'en moquer. Une de ces nuits que la princesse ne dormait pas, il lui prit fantaisie de s'amuser de monseigneur son époux. La dame a un petit chien qui couche souvent avec elle et qu'elle se plaît à déchaîner contre ceux qui s'approchent de son lit, quand il s'y trouve, s'entend. Or, la nuit en question, Son Altesse fit un grand bruit pour donner à croire au prince, dont l'appartement est au-dessus de celui de sa femme, que quelqu'un s'était introduit dans ce dernier. M. de Conti,

---

[1] L'indifférence des descendants de la comtesse de B*** du dix-septième siècle a dépassé ses intentions, puisque sa liasse n'a été ouverte qu'en 1829.

s'étant imaginé en effet qu'un galant se trouvait avec madame, se lève furieux, saisit son épée, quoiqu'en costume flottant très-peu ressemblant à un habit de combat, et descend à la chambre de la princesse... Elle , qui fait semblant de s'éveiller en sursaut, lui demande ce qu'il veut. Au lieu de répondre, notre jaloux se met à chercher partout, et au moment où, pour terminer son investigation, il se fourre sous le lit, la princesse lâche son petit chien, qui mord le prince jusqu'au sang... où ? je n'ose le dire... mais la morsure dut être très-douloureuse... M. de Conti, relevé comme par enchantement, voulait plonger son épée dans le corps du hargneux quadrupède. « Ingrat ! s'écria madame de Conti en arrêtant le bras de » l'Altesse en chemise, ne voyez-vous pas que cet animal est votre » plus fidèle serviteur ! qui oserait la nuit s'approcher de moi avec un » tel gardien ! Reconnaissez donc enfin combien vos soupçons jaloux » sont injustes : c'est moi qui ai dressé mon chien à ce service dé- » fensif , et ce témoignage seul vous prouve ma sagesse et ma » fidélité. »

M. de Conti, persuadé par une preuve si convaincante, demanda pardon à sa *chaste* moitié ; il voulut même, pour l'obtenir, se glisser auprès d'elle... « Non, non, monsieur, reprit Son Altesse, ce n'est » pas là le traitement qu'il vous faut ; allez, croyez-moi, faire panser » votre blessure. »

Mademoiselle de Charolais, sœur de madame de Conti, n'est pas moins qu'elle portée aux tendres faiblesses de l'amour, et elle n'a pas même attendu pour s'y livrer les licences que la beauté reçoit trop souvent de l'hymen. Depuis assez longtemps déjà cette très-jeune personne entretient une intrigue avec le duc de Richelieu, dont la vogue continue d'être telle, que toute femme comme il faut se croirait méprisée si elle n'avait pas été déshonorée par lui. Mademoiselle de Charolais a tout ce qu'il fallait pour acquérir ce précieux déshonneur : sa taille est divine, sa beauté enchanteresse , et ses yeux brillent d'un si vif éclat, qu'au bal ils ne manquent jamais de la faire reconnaître sous le masque.

L'appartement que mademoiselle de Charolais occupe, situé au rez-de-chaussée de l'hôtel de Condé, donne sur le jardin, dont Richelieu a la clef. Le duc entre donc chez sa maîtresse avec la plus grande facilité, et c'est avec la même aisance qu'il en sort le matin, lorsqu'il commence à voir une lueur dorée éclairer la cime des grands marronniers. Quelquefois les amants se donnent rendez-vous dans le jardin, quand une lune indiscrète ne peut les trahir. Mais si cet astre, ennemi des galants et des filous, trompe l'espoir du couple charmant, mademoiselle de Charolais, d'un pied alerte et léger, sort du palais avec une fille de garde-robe, chargée seule de répondre au suisse, soit en sortant, soit en rentrant, et se rend auprès de l'église des Cordeliers, où Richelieu l'attend. Alors la confidente s'éloigne jusqu'à une certaine heure marquée pour son retour. Le duc a eu soin d'amener un carrosse de place : il y monte avec sa maîtresse ; le cocher fait rouler doucement sa voiture et va... où bon lui semble , jusqu'au moment désigné où il doit ramener ses *bourgeois*, comme il les appelle, au point du départ. Dans ces sortes d'entrevues, la jeune princesse , vêtue très-simplement , s'enveloppe la tête dans une coiffe qui la fait ressembler à une femme de la plus modeste condition.

Toutes ces dispositions avaient été faites, il y a quinze ou vingt jours, lorsque la princesse, en roulant dans une voiture plus dure que de coutume, fut atteinte d'un mal de tête violent, et proposa à son amant de revenir à pied au lieu où elle devait retrouver sa fille de garde-robe.

La fille des Condé et Richelieu quittèrent leur carrosse de louage près de Saint-Eustache, ils suivirent la rue des Prouvaires, puis celle du Roule, et le petit pied de mademoiselle de Charolais, peu habitué à presser le pavé inégal des rues, venait de toucher le trottoir du pont Neuf, lorsqu'un homme assez mal mis s'approcha de la princesse et parut la considérer assez longtemps... Tout à coup cet individu s'écrie : « C'est elle, je la retrouve ! » Effrayée par cette exclamation, mademoiselle de Charolais presse le bras de Richelieu et double le pas. Les amants étaient arrivés au commencement de la rue Dauphine; mais ils avaient toujours sur leurs traces l'importun qui les avait escortés sur le pont. Devenu plus hardi, il eut l'insolence de vouloir soulever la coiffe de mademoiselle de Bourbon. Un violent coup de poing, plus prompt que l'exécution de son projet, envoya l'audacieux tomber sur une borne; le duc avait frappé comme un portefaix. Le battu crie au meurtre, au voleur; Richelieu recommande à la princesse de ne point parler, et lui promet de faire tête à l'orage. Cependant des marchands sortis de leurs boutiques aux cris de l'inconnu entourent le couple illustre, qu'il leur désigne avec les épithètes les plus injurieuses, en disant que c'est sa femme qu'on lui enlève. Il n'y avait pas à résister : le duc sentit qu'il allait y avoir du commissaire dans cette aventure; il s'efforça de rassurer la princesse, dont le bras tremblait sous le sien. Pendant ce temps, arrivait le guet, dont le commandant, revêtu du grade éminent de caporal, enjoignit à nos amants de marcher au milieu de sa troupe. Rien à répliquer à cela ; Richelieu et mademoiselle de Condé cheminèrent entre huit soldats, suivis d'une populace qui insultait, chemin faisant, les prétendus délinquants.

On arriva chez le magistrat du quartier : la princesse, en montant l'escalier, était au supplice; elle craignait d'être reconnue, circonstance qui pouvait avoir pour elle les plus graves conséquences. Le plaignant était un parfumeur de la rue de Buci, dont la femme avait disparu depuis deux ans, et cet homme croyait l'avoir retrouvée dans mademoiselle de Charolais. Le duc se fit connaître au commissaire, qui, d'abord disposé en faveur du parfumeur, se déclara contre lui dès qu'il sut que la plainte atteignait un grand seigneur. Celui-ci prit alors la parole avec le ton hautain qu'autorise un beau nom : « Je » veux bien vous déclarer, dit-il au plaignant, que cette dame est » ma maîtresse et qu'elle appartient à l'Opéra. Ce n'est donc point » votre femme; en conséquence, si vous persistez dans votre sotte » réclamation, je vous fais mettre à Bicêtre. » L'entêté parfumeur ayant voulu malgré cette menace saisir le bras de la princesse, un second coup au travers du visage lui fit lâcher prise; et le commissaire, après avoir dit que c'était fort bien fait, envoya coucher le pauvre diable au Châtelet, en complimentant, faute de mieux, M. le duc sur la manière dont il administrait un coup de poing.

Mademoiselle de Bourbon, que sa fille de garde-robe avait en vain attendue près des Cordeliers, ne put pas rentrer à l'hôtel de Condé par la porte; Richelieu l'aida à franchir une des croisées du côté des jardins, et le duc n'eut pas trop du reste de la nuit pour la consoler de l'aventure de la rue Dauphine. Le lendemain, M. d'Argenson fit transférer le parfumeur à Bicêtre; il y restera , dit-on, six mois pour lui apprendre à ne pas donner la peine aux grands seigneurs de le battre et de le faire emprisonner.

L'intrigue de M. de Richelieu et de mademoiselle de Bourbon avait déjà duré quelque temps, lorsque le duc et la duchesse de Lorraine arrivèrent à Paris. Les fêtes se multiplièrent au Palais-Royal à l'occasion du voyage de Leurs Altesses ; les dames de la cour , rentrées dans tous les droits de leur coquetterie depuis la mort du vieux monarque, s'ingénièrent à l'envi pour briller aux cercles du régent. Mais elles furent toutes éclipsées par mademoiselle de Valois, troisième fille de M. le duc d'Orléans, qui fit son début dans le monde au premier bal donné en l'honneur de sa tante. Tout le monde fut véritablement ébloui de la beauté de cette princesse à peine sortie de l'enfance , et Richelieu, le plus inflammable des hommes, en tomba subitement amoureux. Or, on sait que l'amour du jeune duc ne se borne point à la contemplation : dans son système, aimer c'est aspirer à la possession ; il jura donc d'obtenir mademoiselle de Valois. Il fallait être dominé par une grande présomption pour se flatter de réussir dans un tel projet : cette princesse était la fille du maître actuel de la France, elle habitait le palais de ce prince, et des centaines d'yeux étaient ouverts sur sa conduite de tous les instants. Mais Richelieu ne connaissait pas de rang que son mérite n'égalât, pas d'obstacles que son adresse ne pût vaincre. Sa vanité ne l'abusait point : peu de jours après la première entrevue, qu'avait suivie de près une déclaration, il put être convaincu que la princesse partageait la bonne opinion qu'il avait de lui-même. Un tendre aveu ne tarda pas d'échapper à ce cœur sans expérience , conséquemment sans détour, séduit par la bonne mine du duc, non moins que par ses compliments et ses douces protestations. Mais les difficultés, comment les vaincre? Mademoiselle de Valois avait une vieille gouvernante nommée madame Desroches, véritable argus, dont la surveillance ne se démentait pas un instant. Ne pouvant mettre en défaut la surveillance de cette vénérable duègne, Richelieu usa successivement de plusieurs expédients pour la tromper : quelquefois il se présentait au palais sous les habits d'un marchand, d'un garçon de boutique, d'un homme de peine, d'un commissionnaire ; d'autres fois il se couvrait du burlesque accoutrement d'un bohémien ou des haillons d'un mendiant. Tout cela ne conduisit notre amoureux qu'à obtenir de loin quelques baisers envoyés à la dérobée, quelques serments répétés à voix basse, quelques soupirs significatifs mais stériles, faveurs insignifiantes qui demeuraient en deçà même des tendres chuchotements que les amants pouvaient se permettre dans les salons au bruit de la musique des fêtes. Mademoiselle de Valois, dont la petite imagination ne travaillait pas avec moins d'ardeur que celle de son amant, lui indiqua un moyen plus heureux. La princesse avait une fille de garde-robe nommée Angélique; sa taille ne différait guère de celle du duc, on l'avait fait habiller en homme pour s'en assurer. Mademoiselle de Valois pouvait, disait-elle, compter sur la discrétion d'Angélique, et elle invita Richelieu à s'entendre avec elle. Le duc comprenait à demi-mot, et sa maîtresse venait de dire le mot à peu près entier. Dès le lendemain il était d'accord avec Angélique, qui fit porter chez lui plusieurs de ses habits pendant qu'elle se disposait à passer agréablement, avec un valet de chambre du prince, les heures durant lesquelles Richelieu remplirait ses fonctions.

Angélique portait tous les soirs dans un cabinet où mademoiselle de Valois se déshabillait les effets qui lui étaient nécessaires pour se mettre au lit, et c'était cette fille qui aidait la princesse à se déshabiller. On ne peut donc s'empêcher de remarquer ici que l'aimable enfant avait calculé d'avance toutes les chances de la substitution, et que sa pensée s'était résignée à tout. La prétendue Angélique parut, passa dans le cabinet sans que la vieille Desroches eût le moindre soupçon, et l'amante de Richelieu ne tarda pas de le rejoindre.

Il est aisé de concevoir que la fille du régent dut se déshabiller ce soir-là beaucoup plus lentement que de coutume; mademoiselle de Valois, prévoyant elle-même cette lenteur, qui pourrait trouver sa gouvernante moins indulgente qu'elle, lui avait dit qu'elle allait avant de se coucher écrire quelques lettres dans son cabinet. Au bout d'une heure madame Desroches, trouvant que son élève avait un style singulièrement prolixe, lui cria au travers de la porte : « Allons, princesse, venez donc vous coucher, vous achèverez demain votre correspondance! — Cela ne peut se remettre à demain, répondit mademoiselle de Valois; encore quelques instants, ma bonne, et je crois que j'aurai fini. »

Ce moyen fut employé quelques jours; mais madame Desroches, qui vit que mademoiselle de Valois se mettait sur le pied d'écrire tous les soirs et d'écrire très-longuement, prit le parti d'entrer dans le cabinet, afin d'empêcher que Son Altesse ne finît par s'échauffer à cette correspondance obstinée. Il fallut songer à d'autres expédients.

Ce changement forcé des batteries de nos amants ne convint nullement à la brune Angélique, qui faisait payer fort cher au duc la location de ses habits, et dont les émoluments cessèrent avec les effets de sa complaisance. Elle fut mécontente, cria à l'ingratitude, et résolut de se faire une ressource nouvelle en divulguant le secret qu'on ne lui payait plus. Il n'est pas inutile de dire que le régent abaissa l'année dernière quelques regards de convoitise sur cette fille; la vertu d'antichambre ne fut jamais sévère. Son Altesse ordonna à Angélique de lui vendre ses bonnes grâces; elle consentit au marché, et en remplit les conditions avec une générosité qui fit époque dans les souvenirs du prince. Angélique le savait; il lui arrivait quelquefois d'entrer assez librement dans le cabinet de Son Altesse, où elle n'était jamais mal reçue. Elle y entra donc un matin avec des projets de délation, et révéla au régent toute l'intrigue du cabinet de la prétendue correspondance, « qui, lui dit-elle, n'est autre chose qu'une correspondance de soupirs. »

Le duc à ce rapport se mit en fureur, non parce que mademoiselle de Valois avait un amant heureux, mais parce qu'elle s'était permis de disposer d'un trésor qu'il réservait pour lui-même, et que sa troisième fille lui refusait obstinément depuis dix-huit mois. Il courut dans l'appartement de la princesse... « Je sais tout, mademoiselle, lui dit-il en l'abordant, votre conduite est pleine d'ingratitude... Moi qui vous chéris plus que vos sœurs, vous me préférez un jeune libertin, un enfant qui au premier jour vous abandonnera; je ne vous le pardonnerai jamais, et je saurai bien punir l'audacieux duc. » Mademoiselle se jeta tout en pleurs aux pieds de son père, s'efforçant de l'apaiser par mille protestations de tendresse, et lui assurant qu'il ne s'était rien passé que d'*honnête* entre elle et Richelieu... Les larmes de la princesse, le soulèvement précipité de son sein, le tremblement de ses petites mains passées autour du cou de M. le duc d'Orléans portèrent au plus haut point d'exaltation sa fureur mêlée de colère et de luxure... Il proféra les plus terribles menaces contre celui qu'il nommait hautement son rival, jusqu'au point de dire qu'il le ferait périr au secret. Les caresses de mademoiselle de Valois parvinrent cependant à calmer ce transport; elle finit même, tant l'amour croit aisément ce qui le console, par rétablir le doute dans l'esprit enflammé de son père sur la défaite qu'il lui avait reprochée.

Ma tante a parlé de cet esprit ardent, de ce génie aventureux qui règne sur la Suède; ses débuts dans les camps furent, comme on l'a vu, des traits d'héroïsme : à dix-huit ans il expulsa de son royaume d'injustes agresseurs. Sa fortune grandit pendant neuf années; pendant neuf années il se fit redouter dans le nord de l'Europe, dont il était devenu le dominateur par la puissance de l'épée. Mais il lassa la fortune, après avoir fatigué la victoire : une destinée contraire l'attendait en 1709 à Pultawa. Déjà vainqueur du czar Pierre Ier, Charles marchait vers la capitale de ce prince; son ambition et son courage furent trompés dans une bataille qui renversa ce colosse hyperboréen. L'exaltation fait les héros, mais elle fait aussi les fous : Charles XII, voulant résister dans une maison de Bender à une armée turque à la tête de ses laquais et de ses palefreniers, n'est plus qu'un rodomont qui le transport au cerveau. Que dire aussi de ce monarque qui sort de son traîneau pour croiser le fer avec un commis de barrière!... Avouons-le, les grands hommes sont quelquefois de grands insensés.

Ce n'était qu'à un paladin, à un chevalier errant de cette trempe, qu'on pouvait offrir la direction d'un projet dont il est beaucoup question en ce moment : j'en dirai quelques mots. Le chef de la régence n'ignore point les sourdes menées que l'Angleterre met en usage pour séparer les Bourbons de France de ceux d'Espagne : ces liens de famille, unissant deux nations puissantes et maritimes, inquiètent la politique de Georges Ier, de ce prince ennemi constant de la cour de Versailles, qui, s'il fût parvenu au trône avant les traités d'Utrecht, n'eût posé les armes qu'après la ruine complète de Louis XIV. Le duc d'Orléans, causant un jour avec le baron de Besenval de cette inimitié du monarque anglais, demandait à ce gentilhomme s'il n'y aurait pas quelque moyen d'occuper ce prince inquiet et rancunier. « Rien de plus simple, monseigneur, répondit Besenval : jetez-lui

» Charles XII aux jambes; c'est un dogue qui ne demande qu'à mordre, et je parie qu'il entreprend la conquête de l'Angleterre sans la moindre réflexion. »

Si la voix publique ne ment pas, M. le duc d'Orléans a trouvé ce projet praticable, et l'a fait suggérer à Charles XII, qui, dit-on, est enthousiasmé de cette idée jusqu'au point d'en préparer l'exécution. Quoi qu'il en soit, le régent est trop sensé pour compter sur la réussite d'une telle expédition de la part d'un prince presque dépourvu de marine, et dont les forces de terre sont peu imposantes depuis que les vieilles phalanges de la Suède ont été défaites à Pultawa.

Il y a malheureusement plus de probabilités de succès dans les brigues qu'un intrigant habile, Alberoni, suscite à la cour de Madrid contre celle du Palais-Royal. Ce prêtre, qui a fait Elisabeth de Parme reine d'Espagne, a désigné lui-même ses récompenses. Devenu favori du roi et dominateur des volontés de la reine, dominatrice elle-même de celles du monarque, cet homme est le maître de la monarchie. Or son premier soin fut d'envenimer la jalousie de Philippe V contre le duc d'Orléans, et de lui insinuer que la régence du royaume de France appartenait à lui, petit-fils de Louis XIV, plutôt qu'au neveu de ce monarque.

Il est difficile de prévoir, avec une tête aussi faiblement organisée que celle du Roi Catholique, à quel degré de prétention s'arrêtera l'ambition excitée de ce prince. Le régent, informé de ce qui se passe à cet égard à Madrid, y envoya vers la fin du mois dernier le marquis de Louville, muni de pouvoirs spéciaux; mais il paraît que ce diplomate n'est pas de force à lutter avec Alberoni, et qu'il laisse déborder sa politique par celle de cet Italien.

La duchesse de Berry, qui n'avait pas paru à la comédie, au moins ouvertement, depuis la mort de Louis XIV, s'y montra le 2 mars avec un étrange appareil. Un dais avait été dressé dans sa loge; les comédiens allèrent la haranguer avant le spectacle, et la salle était éclairée à l'extraordinaire en bougies. Quatre des gardes de la princesse étaient en sentinelle sur le théâtre au bas de la loge de Son Altesse Royale; quatre autres se trouvaient aux entrées du parterre. Il y a dans ces témoignages d'ambition et d'orgueil de véritables symptômes de folie. Mais voici quelque chose de plus caractéristique : un ambassadeur, par acquit de politesse envers une fille du régent, demanda la permission de saluer madame de Berry au Luxembourg, demande à laquelle elle répondit par l'indication d'un jour et d'une heure de présentation. Cette disposition toute royale surprit un peu l'étranger; il s'y conforma pourtant. Mais que devint-il, lorsqu'à l'audience accordée il trouva la princesse assise dans un fauteuil en forme de trône placé sur une estrade, à laquelle on parvenait par trois marches... L'ambassadeur ne sait s'il veille; il s'arrête, regarde Son Altesse avec étonnement, et semble hésiter sur ce qu'il va faire. Enfin, la dignité de ses fonctions dominant son incertitude et son embarras, il salue, tourne le dos à la souveraine pour rire, sort du salon... et madame de Berry ne recueille que l'humiliation d'une tentative inouïe de sa vanité.

Le chef-d'œuvre de Racine aurait peut-être dormi longtemps encore dans nos bibliothèques sans obtenir les honneurs de la représentation, si la situation de Joas n'offrait pas une certaine allusion au règne de notre jeune monarque. Les courtisans ont fait jouer cette tragédie pour se faire un mérite des rapprochements qu'ils se sont empressés d'établir entre l'enfant-roi de la Judée et celui de la France. La pièce a été représentée avec beaucoup d'ensemble par les comédiens, et le public en a saisi toutes les beautés.

Des vers extrêmement satiriques sur les mœurs du régent, de ses filles, de ses favoris, ont rappelé, par le style, surtout par la malignité des pensées, une satire sanglante contre le règne du feu roi, et qui parut peu de temps après la mort de ce prince. Un jeune poëte très-malin, nommé Arouet, le même à qui Ninon légua deux mille livres pour acheter des livres, fut soupçonné d'être l'auteur de cette diatribe rimée; et c'est encore à lui qu'on attribue les épigrammes nouvelles. Ce petit satirique, dont la critique blesse profondément, parce qu'elle n'est pas moins vraie que mordante, vient d'être exilé à Tulle; il quitta Paris hier au soir.

Dans le premier temps des amours de mademoiselle de Valois et de M. de Richelieu, il n'avait pas été facile à ce seigneur de concilier cette flamme nouvelle avec celle qu'il devait entretenir à l'hôtel de Condé. Mademoiselle de Charolais s'apercevait que cette dernière manquait quelquefois d'aliment; elle s'en plaignit avec douceur à son amant, qui, sentant bien qu'il allait mériter des reproches de plus en plus graves, s'avisa d'un expédient qui lui donna du répit. La scène se passe dans l'appartement de mademoiselle de Bourbon; il est minuit. Richelieu vient d'entrer par une fenêtre; sa maîtresse, animée d'un doux espoir, est négligée dans sa parure, comme la beauté pressée de hâter sa défaite. Mais le duc est pâle, triste; on dirait même qu'il est honteux. Sa maîtresse s'informe avec le plus tendre intérêt de ce qui le fait souffrir, le console, le rassure, et se croit certaine de pouvoir le guérir.

« Non, chère princesse, non, répond le duc... il faut y renoncer.
— Qu'entends-je! Et pour quel motif?...
— Je suis un misérable, un malheureux...

— Calmez-vous, mon cher duc, tous les malheurs peuvent se réparer.

— Sans doute, princesse, mais il faut du temps.

— Quelques minutes sont bientôt écoulées... quoiqu'elles puissent sembler longues.

— Ne parlons pas de minutes, c'est d'un mois au moins qu'il s'agit.

— Un mois! n'êtes-vous plus Richelieu?

— Je ne le suis que trop, princesse... Un fatal penchant... un caprice... une folie... que sais-je? me jeta l'autre soir sur les traces d'une danseuse...

— D'une danseuse! ah! monsieur, c'est donc cela! et, je vous prie de me le dire, où était la nécessité d'une telle perfidie...

— Sans doute, princesse, je suis inexcusable quand vos bontés généreuses... Aussi le ciel m'a puni, et les épines cachées d'un indigne rosier...

— Je vous entends, monsieur... C'est bien fait.

— Il y a un peu de cruauté dans ce que vous dites là, mademoiselle... mais enfin la vengeance vous est permise.

— Vous mériteriez bien qu'on l'exerçât autrement.

— Je ne la craindrai pas tant que vous m'en menacerez, les femmes ne se vengent des infidélités que lorsqu'elles cessent de s'en plaindre. »

La conversation se soutint quelque temps encore sur ce ton piquant, puis Richelieu demanda un baiser à mademoiselle de Charolais, qui le lui donna rancune tenante, et le duc quitta cette nuit-là l'hôtel de Condé après la plus innocente visite... A quinze jours de là, mademoiselle de Charolais reçut une lettre de son amant; elle était datée de la Bastille. Remontons aux causes de son emprisonnement.

Il n'y a pas qu'au Palais-Royal et au Luxembourg des soupers licencieux : l'exemple qui vient de haut manque rarement de fructifier. Vers le commencement de février, une orgie du même genre eut lieu dans la petite maison du prince de Soubise. Ce seigneur y avait invité entre autres personnes Richelieu, le marquis et la marquise de Nesle, madame de Nassau, et la comtesse de Gacé, l'une des plus jolies dames de la cour. La comtesse aime beaucoup le vin de Champagne, mais elle le supporte mal; les convives trouvèrent plaisant de l'enivrer. L'ivresse de cette belle, aussi passionnée qu'amie du nectar mousseux, fut un tendre délire, dont tous les hommes présents profitèrent. Jusque-là, les choses ne dépassaient pas de beaucoup la coutume des petits soupers-modèles du régent; mais on alla plus loin, et, après avoir mis madame de Gacé dans la parure que Coypel impose à ses modèles quand il peint Vénus sortant des eaux, on livra la charmante Erigone aux amateurs de l'antichambre. Il faut, pour sauver l'honneur des acteurs d'une telle scène, se persuader qu'ils n'étaient pas moins ivres que leur victime; on aurait trop à s'affliger sur de semblables horreurs, si l'on pensait qu'un seul grain de raison y préside.

L'aventure de la petite maison de Soubise fit un grand éclat; Gacé sentit qu'il ne pouvait se dispenser de tirer vengeance de la hideuse souillure de sa femme. Il s'en prit à Richelieu, le moins coupable peut-être des convives de l'orgie, mais celui que le comte haïssait le plus. Gacé rencontra le duc au bal de l'Opéra, et, comme il voulait l'amener à une querelle, il dit à une dame masquée que ce même duc courtisait de « ne pas écouter un homme aussi perfide. » Richelieu provoqua à l'instant le comte; ils sortirent, et un combat fort animé s'engagea sous un réverbère rue Saint-Thomas du-Louvre. Le duc blessa le comte trois fois, mais légèrement. Gacé, supérieur en force à son adversaire, lui passa son épée au travers du corps, sans toutefois atteindre aucune partie noble. Le duc d'Orléans, déjà informé, fit transporter les deux blessés à la Bastille. S'il est probable que Son Altesse Royale trouva avec plaisir l'occasion de faire renfermer l'amant de sa fille, le prince fut contrarié d'être obligé d'emprisonner en même temps Gacé qu'il aimait beaucoup. Mais il ne pouvait, sans injustice, l'épargner, puisque le duel était le sujet apparent de la punition et que le comte avait provoqué.

Richelieu mandait à mademoiselle de Charolais, dans la lettre dont j'ai parlé, qu'il serait le plus heureux des hommes si elle daignait le visiter en prison. Le duc ajoutait que les *épines cachées de l'indigne rosier* étaient une fable qu'il justifierait auprès d'elle, s'il était assez fortuné pour la recevoir. Mademoiselle de Charolais parla de ce rendez-vous à la princesse de Conti, sa confidente ordinaire, qui lui proposa d'aller à la Bastille déguisées en femmes du commun. Cet expédient réussit plusieurs jours de suite; madame de Conti, sœur tendre et serviable, laissait les amants ensemble, et s'en allait dans un corridor exhumer de ses souvenirs quelque chose de semblable aux doux entretiens qu'elle favorisait. Mais les visites des deux prétendues femmes du peuple devinrent si fréquentes, que la cour en fut informée. Le gouverneur reçut l'ordre de faire examiner attentivement ces deux commères, et cet officier reconnut, en rougissant un peu plus que nos beautés déguisées, les deux filles de M. le duc de Bourbon... Il ne fut plus permis à ces consolatrices empressées de visiter le jeune prisonnier.

Le régent a menacé, dès l'année dernière, les traitants de leur faire les honneurs d'une chambre de justice, chargée d'examiner leur conduite financière à la fin du règne de Louis XIV. Son Altesse Royale se flattait d'établir une sorte de torture sur leur imagination, qui les porterait à rendre gorge par crainte et à venir d'autant au secours de l'Etat. Mais les oreilles des traitants sont dures; la majorité n'a rien voulu entendre : M. le duc va voir si l'exécution réussira mieux. En conséquence, une chambre de justice chargée de les juger fut instituée, par un édit, au milieu du mois de mars. On assure que cette mesure peut produire trois cents millions, et que les gens de finance n'auront pas encore restitué tout ce qu'ils ont pris au delà de ce qu'ils doivent voler par état. Ce n'est pas impossible; mais, pour obtenir ce résultat d'espèces sonnantes, il ne faudrait pas en cherchant des fripons, le devenir autant qu'eux. La première taxe frappée par la chambre s'élève à cent soixante millions; essayons d'évaluer, par la marche des choses, ce qu'on versera de cette somme dans les coffres du roi. Des traitants s'empressent, comme on le pense bien, de réclamer contre la fixation de leur quote-part de restitution, et la commence l'abus. Les femmes des juges, qui, à l'exemple de madame Dandin, voudraient

> . . . du buvetier emporter les serviettes,
> Plutôt que de rentrer au logis les mains nettes,

vendent des réductions aux gens imposés, les maîtresses s'en mêlent aussi, et les magistrats *imposeurs* eux-mêmes ne sont pas étrangers à ce petit commerce, que messieurs les courtisans trouvent également à leur gré. Un partisan fut condamné, la semaine passée, à verser au trésor un million deux cent mille livres, certain grand seigneur lui offrit de le faire décharger moyennant trois cent mille livres. « Vous » venez trop tard, monsieur le comte, répondit-il, j'ai fait marché » avec madame votre épouse pour moitié. » Il paraît que dans ce noble ménage la femme spécule pour son compte particulier.

La chambre de révision a fait comparaître devant elle le fameux juif Samuel Bernard, accusé d'avoir fait sortir de France plusieurs voitures d'or et d'argent. Ce banquier israélite est un homme au-dessous de la plus petite taille; son corps est presque contrefait et ses jambes sont tournées de telle sorte, qu'on pourrait croire que les mollets se trouvent placés à la partie antérieure. Les cheveux de Samuel sont d'un blond ardent; sa bouche en s'ouvrant ne montre que des ruines de dents comparables à une implantation de clous de girofle, et ses yeux un peu louches ne rachètent point les autres traits disgracieux de son visage. Au moral c'est autre chose : Samuel, à part un peu de vanité, défaut assez peu judaïque, possède de belles qualités, et son intérêt n'est nullement sordide. Ce banquier se montre calculateur par état, mais hors de son bureau vous le trouverez généreux, quelquefois prodigue par caractère, ce qui le fait aimer assez généralement, excepté de ses coreligionnaires, pour lesquels donner et perdre sont synonymes.

Bernard produisit devant la chambre les ordres de Louis XIV, en vertu desquels il avait fait sortir du royaume plusieurs tonnes d'argent destinées à exercer diverses séductions. Il présenta en même temps ses comptes. Le régent les examina lui-même, les trouva purs et renvoya le juif comblé de témoignages de satisfaction. Son Altesse Royale espère peut-être en recueillir bientôt le prix dans les besoins pressants de l'Etat.

Les désordres résultant des opérations de la chambre de révision sont affligeants. La querelle qui se renouvela récemment entre les ducs et les membres du parlement n'est que plaisante. Ces robins ont la prétention d'être les égaux des seigneurs qui viennent siéger parmi eux; prétention repoussée par ces derniers, lesquels déclarent essentiellement leurs inférieurs des hommes sortis pour la plupart du peuple et parvenus au siége par l'ignoble canal de la basoche. Nonobstant ce superbe dédain, la cour suprême assimile hautement son premier président à l'ancien connétable et les présidents à mortier aux ducs. Les pairs, pour rétorquer l'argument, soutiennent qu'aucun descendant de l'antique chevalerie ne consentit jamais à jeter une robe de palais sur son noble baudrier, preuve évidente de la dérogation qu'il eût subie en le faisant. Outré de cette insultante assertion, les gens de robe, après de longues et savantes recherches, ont présenté au régent un mémoire duquel il résulte que les ducs et pairs, leurs fiers adversaires, descendent, dans la proportion des trois quarts au moins, d'avocats, de greffiers, de procureurs, d'huissiers, d'apothicaires, de barbiers, de joueurs de luth, de marchands de marée et de valets... La pairie crie au libelle calomnieux; mais le mémoire rapporte les dates. Le public rit aux dépens de la haute noblesse; M. le duc d'Orléans imite la multitude, et l'imite d'autant plus volontiers que beaucoup des maisons ducales convaincues d'origine roturière se disent plus nobles que la famille royale. Les archives viennent d'être bouleversées par les pairs rabaissés : ils font voler la poudre de mille liasses de parchemins centenaires, mais ils ne peuvent réussir à en jeter aux yeux de leurs adversaires. De son côté le peuple persiste à désigner les plus grands personnages du royaume par le nom de leurs ascendants roturiers avec addition des professions de charron, de maréchal ou de barbier que ces derniers ont exercées; et le conseil de régence refuse décidément de prononcer sur une question environnée de tant de ridicule.

Au milieu même des habitudes d'une société débauchée, il est des traits d'immoralité qui révoltent : tel est celui dont la cour s'entretient tout bas, mais que le public condamne tout haut. En voici les circonstances un peu mitigées de réserve. M. de la Rochefoucauld, ancien capitaine des gardes du duc de Berry, gentilhomme que la duchesse honora, dit-on, de ses bontés passagères, épousa l'an passé la fille du financier *Prondre*. Le régent, en faveur d'une dot d'un million donnée à M. de la Rochefoucauld, fit grâce au partisan de la part de restitution à laquelle il était imposé ; peut-être alors Son Altesse Royale eut-elle en vue une action purement généreuse. Mais ayant vu la jeune dame au Luxembourg, le prince la trouva si jolie, qu'il se persuada qu'elle devait avoir au nom de son père un acquit de gratitude à exercer envers le chef de la régence. Madame de Berry, devenue confidente des désirs du duc, promit de l'aider à les satisfaire, et prit jour à cet effet. Un déjeuner amical fut le prétexte que la duchesse employa pour attirer madame de la Rochefoucauld dans sa chambre à coucher, où celle-ci trouva avec surprise le père de cette princesse. Ce repas du matin fut gai. La duchesse versait souvent à la jeune dame, qui ne buvait pas toujours, mais qui but assez pour se trouver fort étourdie quand on se leva de table. Assis sur une ottomane auprès de la charmante convive, le duc devint pressant. La dame du Luxembourg encouragea l'attaque, elle avança en riant la défaite. Madame de la Rochefoucauld, excitée, lutinée par madame de Berry et pressée par M. d'Orléans, n'avait déjà plus de charmes secrets pour lui. Bientôt elle se sent renversée sur les genoux de la princesse, qui lui retient les bras en se faisant aider par une femme de chambre sortie tout à coup d'un cabinet. Vainement la dame violentée oppose-t-elle ses larmes aux entreprises les plus audacieuses : elle ne tarde pas d'en subir la conséquence.

Ce combat ne fut pas sans danger pour l'assaillant : madame de la Rochefoucauld en se débattant atteignit le duc à son œil malade, qui du coup faillit être détaché de l'orbite. Il est probable que Son Altesse le perdra.

Que peut dire le pauvre mari de la conquête d'un rival auquel toute la France est soumise?... Il se tait et se contente de se réjouir secrètement du sacrifice douloureux que la vertu de sa femme a coûté au vainqueur. C'est une consolation que peu de maris obtiennent aujourd'hui : les vertus prises d'assaut sont si rares !

Tandis que l'on s'emparait de vive force d'une chasteté conjugale qu'il eût fallu conserver comme un bijou précieux, les pères jésuites exerçaient dans l'ombre un autre genre de séduction d'autant plus adroite qu'elle eût pu leur soumettre la force ; seule base réelle de tout pouvoir. Ces bons pères faisaient parcourir à leurs agents toutes les villes de garnison : là, sous prétexte de fortifier la piété dans le cœur des soldats, ils y insinuaient les principes de leur compagnie et créaient au sein des armées des associations jésuitiques. Les colonels, à qui le plaisir ne laisse jamais le temps de s'occuper de leurs régiments, ne s'aperçurent point de ces intrigues : elles avaient déjà subjugué une notable portion de l'infanterie, lorsqu'elles furent révélées au régent par un placet signé de quarante soldats du régiment de Bretagne. Ce placet, adressé au colonel, le suppliait de prendre sous sa protection l'*association pieuse* que formaient les signataires et de daigner lui-même s'y agréger. « Ouais, dit cet officier, me prend-on » pour un général des capucins? Je ne connais rien à tout cela, l'or- » donnance de 1676 n'en fait pas mention. » Le colonel parla au régent de cette circonstance, qu'il ne s'expliquait qu'imparfaitement. Son Altesse Royale, qui s'en rendit un compte plus net, fit venir devant lui les soldats jésuites. Tout fut découvert. Un édit supprima les confréries formées dans les régiments et prescrivit aux troupes de Sa Majesté de s'en tenir en matière de religion à la direction de leurs aumôniers.

Le malheureux qui se noie s'attache au moindre roseau, il se croit sauvé si ce frêle soutien résiste quelques instants. Un Écossais nommé Jean *Law*, obligé, dit-on, de s'expatrier pour un meurtre, vint, dans une audience qu'il obtint du régent au mois d'avril, proposer l'établissement en France d'une banque générale, où chacun serait libre de porter son argent et de recevoir en échange des billets payables à vue. Le novateur concevait la possibilité de donner pour hypothèque aux dépositaires le commerce des compagnies françaises du Nouveau Monde, que le système lui-même ferait fructifier. Ce projet parut si séduisant au prince, qu'il en demanda l'explication détaillée pour la soumettre au conseil de régence. Le mécanisme de Jean Law a des ressorts compliqués qui ne peuvent être aperçus que par des yeux exercés. On ne s'attacha point à les découvrir, on vit uniquement les bénéfices énormes promis par cette espèce de jeu où les joueurs parient les uns contre les autres. Quant au gouvernement il pensa qu'il ne pouvait adopter trop tôt le plan d'une association qui payerait en papier les dettes de l'État et ne se rembourserait que par les profits résultant de son industrie. La banque de Law est du reste une imitation de celle de l'Angleterre, dont les intérêts se confondent avec ceux de la compagnie des Indes ; fusion que le fondateur proposait d'adopter en France.

Personne dans le conseil de régence n'ayant opposé au projet un raisonnement fondé sur des probabilités équivalentes à l'évidence de ses avantages, deux édits, l'un du 2, l'autre du 20 mai, autorisèrent le sieur Law à fonder à Paris la banque dont il avait proposé l'établissement. Elle fut placée rue Vivienne dans une partie de l'ancien palais Mazarin. Indépendamment du directeur de l'entreprise, M. Trudaine et deux autres négociants furent désignés pour signer les billets, dont voici la forme :

Nº .... Ecus d'espèces.
La Banque promet payer au porteur, à vue. . . . .
. . . .
écus d'espèces des poids et titre de ce jour, valeur reçue.
A Paris, le .... de .... 171..

Il fut émis sur-le-champ pour deux cent cinquante millions de ces billets, qui remplacèrent les anciens papiers royaux et eurent cours dans toute l'étendue du royaume. L'édit de création portait privilége en faveur du sieur Law et de sa compagnie de « tenir et exercer en » France une banque générale pendant l'espace de vingt années, à » dater de l'enregistrement de l'édit ; » lequel fixait le fonds de cette association à douze cents actions de mille écus chacune, formant un capital de six millions d'argent comptant [1].

Cependant tous ceux qui possédaient de l'argent, alléchés par les produits considérables que la banque offrait en perspective, coururent le porter dans ses bureaux en échange des actions qu'elle venait de créer. Ce fut une fureur, un délire, un enivrement général. Il fallut se hâter d'augmenter le nombre des actions ; nonobstant la fixation déterminée par l'édit, il en fut émis pour quarante millions au lieu de six. Les billets prirent en même temps une faveur inimaginable : en ce moment même une foule de particuliers les préfèrent aux espèces ; on court s'étouffer dans la rue *Quincampoix*, où s'est établie une espèce de bourse pour les négociations du papier de la banque. Je reviendrai plus d'une fois sans doute sur la manie spéculatrice qui s'empare de toutes les têtes.

A peine, au milieu de cette folie financière, le public s'est-il aperçu d'une circonstance qui dans tout autre temps eût excité l'attention générale ; mais je ne dois pas la passer sous silence. Les princes du sang ont présenté au roi le 22 août une requête tendant à la révocation de l'édit de 1714, qui donne aux *légitimés* le droit de succéder à la couronne à défaut des princes du sang. La même requête demande aussi l'abrogation de la déclaration qui permet aux mêmes légitimés de prendre la qualité de princes du sang. Nous verrons ce que cela deviendra.

Le régent, dégoûté de la duchesse de Berry, avait jeté, comme on sait, des regards de convoitise sur mademoiselle de Valois ; mais l'amour exclusif qu'elle voue au duc de Richelieu a lassé la patience du prince : il a tourné ses vues vers mademoiselle d'Orléans, sa seconde fille. Cette princesse, non moins jolie que sa jeune sœur et plus spirituelle que l'aînée, n'opposa qu'une courte résistance aux désirs de son père, ne lui sacrifiant qu'un goût fort vif mais aussi volage pour toutes les jolies femmes de chambre qu'elle avait auprès d'elle. La passion fut mutuelle, mais elle dura peu. Mademoiselle d'Orléans, ne pouvant supporter l'idée de se voir préférer à toute heure soit madame de Parabère, soit une danseuse d'Opéra, soit une fille des cuisines du Palais-Royal, s'avisa soudain de scrupules bien tardifs et révéla tout à madame la duchesse d'Orléans. La confidente était, il faut en convenir, singulièrement choisie : les détails de la confidence ne furent pas moins étranges. « Il est trop difficile, dit la jeune prin- » cesse à sa mère, de vivre avec mon père, non comme une fille ni » comme une amante, mais à la manière de ses conquêtes de cou- » lisses ou de magasins. » Après cet aveu mademoiselle d'Orléans déclara qu'elle se sentait une vocation décidée pour la vie du cloître. La fille de Louis XIV avait bien assez de couleuvres à avaler dans sa vie domestique : elle ne s'opposa point aux projets de retraite de sa fille ; mais elle lui conseilla de les taire au régent, qui sans doute n'y donnerait point son adhésion. Mademoiselle d'Orléans se conforma à ce conseil, mais elle prit secrètement des informations afin de ne s'enfermer que dans un couvent dont elle pourrait devenir abbesse, non par ambition, mais dans le but de se livrer avec sécurité à la passion effrénée qu'elle avait pour son sexe. Déterminée en faveur de Chelles, la princesse, qui se trouvait à Saint-Cloud avec *Madame*, lui demanda le 14 septembre la permission d'aller faire ses dévotions à ce monastère. Elle s'y rendit en effet, accompagnée de madame Desbordes sa sous-gouvernante ; mais le soir, au lieu de revenir à Saint-Cloud, comme elle l'avait promis à sa grand'mère, mademoiselle d'Orléans écrivit à cette douairière et à la duchesse, femme du régent, qu'elle réalisait le projet dès longtemps formé de s'enfermer à Chelles, où elle se proposait de se faire religieuse. Vainement le duc d'Orléans employa-t-il les moyens pour déterminer sa fille à changer de résolution, elle fut inébranlable dans ses projets.

Tandis que mademoiselle d'Orléans renonçait au monde, à quelques restrictions près, sa jeune sœur ressentait tous les tourments que l'absence fait éprouver aux amants bien épris. Richelieu était sorti de la Bastille ; mais depuis les révélations faites au régent par

[1] Il faut se rappeler qu'en 1715 la valeur de l'écu a été portée de trois francs dix sous à cinq livres.

l'infidèle Angélique les entrevues de mademoiselle de Valois et de son amant avaient été difficiles et conséquemment fort rares, ce dont mademoiselle de Charolais avait profité de son mieux. Personne n'est plus ingénieux qu'une femme qui désire : la princesse découvrit un jour dans le mur d'une de ses garde-robes une petite ouverture près de terre par laquelle il lui sembla qu'un homme pourrait passer en s'aidant de toute la bonne volonté que prête l'amour. Le duc, averti par sa maîtresse, ne tarda pas à profiter de l'avis. Richelieu avait la taille très-fine, mais le trou était bien petit; et l'homme le plus amoureux diffère au moins du chat, en ce qu'il ne peut comme lui se tirer en quelque sorte à la filière et passer partout. Notre amoureux ne voulait pourtant pas renoncer à cette aventure sans avoir essayé de tous les moyens praticables. Il quitta son habit et les épaules passèrent, mais les hanches s'arrêtèrent à l'entrée de l'ouverture. Le duc se débarrassa du vêtement qui les couvrait; cela suffit : Richelieu déboucha à plat ventre dans la garde-robe, où mademoiselle de Valois le vit

La culotte à la main demandant son salaire.

Un homme assez mal mis s'approcha de la princesse et parut la considérer assez longtemps.

Il l'obtint ce jour-là, et d'autres fois encore; mais si les amants sont féconds en ruses, la surveillance des jaloux est difficile à tromper, surtout quand ils sont régents d'un grand royaume, et qu'ils peuvent à leur gré multiplier les argus. M. le duc d'Orléans fut bientôt informé que Richelieu s'introduisait chez la princesse par une espèce de chatière; on la montra à Son Altesse Royale, qui refusa d'abord de croire qu'un homme pût y passer. Il voulut s'assurer du fait par ses yeux, s'aposta le soir même à proximité, et vit le duc se glisser dans la musse dont il s'agit. Le lendemain elle fut bouchée avec de grosses pierres bien maçonnées, bien cimentées, au grand désespoir de mademoiselle de Valois, et au grand profit de mademoiselle de Bourbon.

Le marquis de la Fare, l'un des roués les plus dévoués au régent, est depuis quelques jours en défaveur auprès de Son Altesse Royale; je demandais hier à mon mari la cause de cette disgrâce, et voilà ce qu'il m'a raconté. Il y eut la semaine passée un petit souper au Luxembourg. Les convives hommes étaient le régent, la Fare, Riom, Fargis, et Richelieu, que le duc d'Orléans, malgré sa jalousie, voit avec quelque plaisir dans ses orgies nocturnes. La partie féminine de la société se composait de mesdames de Berry, de Parabère, de Gêvres, d'Averne et du Deffant. Jamais deux armées n'offrirent un nombre plus égal de combattants.

En se mettant à table le régent dit qu'il fallait griser les dames afin de connaître leur caractère dans le vin. Son Altesse Royale devait déjà savoir à quoi s'en tenir sur ce point; mais les jolies convives avaient l'esprit trop bien fait pour lui refuser une nouvelle ex-

périence : elles se laissèrent griser. Le duc alla plus loin qu'elles; sa tête, à la fin du souper, était tellement échauffée, qu'il se mit à chanter des chansons entièrement *dégazées*, qu'il accompagna d'une pantomime plus expressive que les vers... Quand ce prince eut fini, la Fare déclara qu'il avait inventé une lanterne magique bien autrement démonstrative; et que si Leurs Altesses Royales voulaient bien le lui permettre, il allait montrer cette pièce curieuse à la compagnie. Chacun des hommes répondit qu'on serait enchanté d'un tel spectacle; les dames ne dirent pas qu'il les effrayerait. On prépara l'appartement, les spectateurs se placèrent, les lumières furent éteintes : on vit ce que la Fare avait à montrer... ou bien on ne le vit pas, car rien ne se prête aux distractions comme une lanterne magique. Je dois dire pour les personnes qui n'étaient pas là que les ombres coloriées produites sur la blanche toile par le facétieux capitaine des gardes du régent étaient les figures de l'Arétin avec explication en vers de la composition de la Fare... Ce n'était pas édifiant. Il y avait longtemps que le spectacle était terminé, et les lumières ne se rallumaient point; elles reparurent enfin. Les convives songèrent à se retirer.

Le régent roulait vers le Palais-Royal ayant la Fare et Fargis dans son carrosse. Le prince ne disait rien : les deux gentilshommes crurent qu'il dormait; ils le crurent d'autant mieux qu'en quittant le Luxembourg, il était dans un état voisin d'une complète ivresse. Tout à coup Son Altesse Royale, prenant la parole assez haut pour couvrir le bruit des roues, dit à la Fare :

« Mon ami, je te prie de me faire un plaisir.

— Monseigneur, je suis prêt! répondit le marquis.

— Oh! mais c'est qu'il ne faut pas songer à me refuser.

— Votre Altesse Royale sait bien qu'elle peut compter sur mon respectueux dévouement.

— Dispose-toi donc à me couper à l'instant la main droite.

— Il y a quelque fine plaisanterie cachée sous ce que Votre Altesse Royale me fait l'honneur de me dire.

— Du tout; je t'ordonne, très-sérieusement, très-positivement, de me couper le poing... c'est un parti pris.

— Certainement, monseigneur, je n'y consentirai pas.

— Comptez donc sur les amis! s'écria le régent avec douleur... les ingrats! vous les voyez reculer quand il faut vous rendre le plus léger service!

— Mais Votre Altesse, reprit la Fare, ne songe donc pas à ce qu'elle exige de moi?

— Si fait, mon ami, j'y songe à merveille; je veux me purifier... Cette lanterne magique, cette obscurité... ce qui s'en est suivi... ces femmes... ces caresses... Coupe-moi la main, te dis-je...

— Mais, monseigneur...

— Quoi! tu refuses encore... Eh bien! marquis, ajouta le prince en mettant sa main sous le nez de la Fare, tiens, sens l'odeur pestilentielle, et coupe... »

A ce point de la discussion le carrosse entra dans les cours du Palais-Royal, on ouvrit la portière, le prince monta chez lui, se coucha; sa paupière, surchargée par l'ivresse, se ferma bientôt, et sa ridicule prétention s'évanouit dans le sein du sommeil.

La Fare, ami intime de M. de Turgi, eut l'imprudence de lui raconter cette bizarre anecdote, qui revint aux oreilles de madame de Parabère. Elle se plaignit au régent de l'indiscrétion du capitaine des gardes, et Son Altesse Royale, mécontente elle-même de la Fare, lui défendit sa présence jusqu'à nouvel ordre. Mais le marquis est trop libertin pour que le régent puisse se passer longtemps de lui.

Tandis que les mœurs s'affranchissent de toutes les bienséances, et que la galanterie est poussée jusqu'au dernier degré du libertinage, un poëte qui chanta longtemps les plaisirs, sinon plus innocents, du moins mieux voilés, du règne précédent, vient de quitter la vie. M. de Coulanges, connu par des chansons agréables, mourut cette année à l'âge de quatre-vingt-deux ans. Il compta autant d'années qu'Anacréon, mais il ne vivra pas autant que lui dans les souvenirs. Les couplets de nos jours sont trop légers pour résister aux atteintes des siècles.

CHAPITRE III.
1717.

celui de 1714 sur les princes légitimés. — Faveur de la banque. — Création de la compagnie du Mississipi. — Il est défendu de parler ou d'écrire pour ou contre la bulle *Unigenitus*. — Suppression de la chambre de justice. — D'Argenson sous la gouttière. — Troubles en Bretagne. — Le *bel air* et le *bon ton*.

Pour que je n'aie pas eu à parler de Dubois dans toutes les aventures scandaleuses que j'ai rapportées, il fallait qu'il fût absent, et il l'était. Cet abbé s'était rendu à la Haye, où la France, l'Angleterre et la Hollande discutaient les conditions d'une triple alliance conclue le 4 janvier de la présente année. Il fut stipulé par ce traité que le prétendant Jacques III sortirait immédiatement de France; qu'il ne pourrait être creusé de port à Mardick pour suppléer à celui de Dunkerque, détruit en exécution des conventions d'Utrecht, et qu'aucune des puissances contractantes ne pourrait à l'avenir donner asile

Richelieu et mademoiselle de Condé cheminèrent entre huit soldats.

aux personnes proscrites par les autres. On se garantit réciproquement, par les conventions du 4 janvier, les bases fondamentales de la dernière paix : entre autres, l'inviolabilité de la succession du trône d'Angleterre dans la maison de Brunswick; l'interdiction de la couronne d'Espagne aux Bourbons de France, et de celle de France aux Bourbons d'Espagne; enfin, des secours mutuels entre les parties contractantes, pour les cas de troubles intérieurs ou extérieurs, particulièrement s'ils tendaient à la violation des clauses ci-dessus.

Pendant qu'on traitait à la Haye, Philippe V, qui ne voulait rien avoir de commun avec le duc d'Orléans, même en politique, bien que ce fût son allié le plus naturel, Philippe V avait armé une escadre dans le but apparent de secourir les Vénitiens contre les Turcs. Mais le projet réel d'Alberoni, qui gouverne l'Espagne, était de s'emparer de l'île de Sardaigne, acquise à l'empereur par le traité d'Utrecht. En effet, huit mille Espagnols, sous la conduite du marquis de Leide, ne tardèrent pas à débarquer dans cette île, dont ils viennent d'achever de faire la conquête. Or cette conquête elle-même n'est encore qu'un moyen du subtil Italien; le résultat auquel il aspire, c'est de brouiller le régent avec ses nouveaux alliés en leur faisant entendre que les hostilités de l'Espagne en Italie sont concertées avec le cabinet du Palais-Royal. Ce bruit est effectivement semé dans toutes les cours de l'Europe par les agents d'Alberoni, ce qui a obligé M. le duc d'Orléans à faire notifier aux puissances le démenti formel de ces propos. L'ambassadeur de France à Madrid a été chargé en même temps de déclarer que la régence ne consentirait jamais à voir troubler la tranquillité de l'Europe, et qu'elle désapprouvait formellement l'occupation de la Sardaigne par les troupes de Sa Majesté Catholique.

Le concierge du Palais-Royal, nommé d'Ibagnet, est un homme vertueux dont les mœurs forment un contraste singulier avec tout ce qui l'environne : on dirait saint Antoine au milieu des démons. En vain est-il entouré de séductions, elles n'ont aucune prise sur lui; les passions glissent sur ce caractère stoïque comme les traits de l'Amour sur le bouclier de Minerve. Ibagnet, ancien serviteur de la maison d'Orléans, a vu naître Philippe; il l'aime tendrement, le sert avec zèle et se permet quelquefois de blâmer sa conduite. Le régent ne l'écoute guère, mais il a l'air de l'écouter; tant la vertu a d'ascendant sur le vice, même quand il est tout-puissant. Une seule fois le duc d'Orléans osa donner à d'Ibagnet un ordre qui avait rapport à ses plaisirs : « Votre Altesse Royale se trompe, répondit le concierge, elle croit s'adresser à quelque grand seigneur de la cour... » Je suis un homme trop obscur pour être vicieux; je vais quérir » M. le marquis de la Fare, ou M. le comte de Nocé. » Souvent l'honnête vieillard, un bougeoir à la main, conduit son maître jusqu'à la porte de la chambre où se célèbrent les saturnales du Palais-Royal : « Entrez-donc, Ibagnet! lui dit un jour le régent. — Monseigneur, répondit-il, mon service finit ici, je ne vais point en si » mauvaise compagnie. »

Le 13 février, surveille du jour où Louis XV eut sept ans accomplis, on ôta les lisières à Sa Majesté, et M. le maréchal de Villeroi commença à la servir au couvert. Le 15 madame la duchesse de Ventadour, en présence du régent, remit le roi, qui sortait des mains des femmes, entre celles des grands officiers de sa maison. La gouvernante, en prenant congé de son illustre élève, lui baisa la main, qu'elle mouilla de larmes. Louis XV sauta alors à son cou, et, l'embrassant tendrement, la supplia de ne pas le quitter. « Mais, sire, lui » répondit-elle, il faut écouter la raison. — Ah! maman, répliqua » Sa Majesté, je ne connais plus de raison quand il faut me séparer » de vous. » M. le duc d'Orléans, témoin de cette scène pathétique, dit à madame de Ventadour que la tendresse du roi était un tribut aussi mérité qu'il était honorable ; et, après l'avoir remerciée des

Pierre le Grand.

soins qu'elle a donnés au jeune monarque, Son Altesse Royale a confié ce prince à M. le maréchal de Villeroi, son gouverneur. Arrivée à son appartement, madame de Ventadour y a trouvé un présent de pierreries estimé trois cent mille livres.

Pendant que cette cérémonie touchante se passait aux Tuileries M. de Ventadour, mari de l'ex-gouvernante, était acteur dans une scène grotesque qui doit trouver place ici. Les personnes au-dessus du commun peuvent se procurer à l'hôpital des Incurables des appartements commodes et d'un prix peu élevé. Le duc, dont la santé n'est pas meilleure que la fortune, par l'abus qu'il a fait de l'une et de l'autre, s'était retiré dans cette maison, tandis que sa femme résidait à la cour. Or, le jour où la duchesse remettait le roi entre les mains des hommes, et voyait en conséquence finir ses fonctions, M. de Ventadour, en sortant de l'église, fut accosté par un pauvre, qui lui demanda l'aumône. « Parbleu, mon ami, répondit le duc, tu prends

» bien ton temps! ma femme est sortie aujourd'hui de condition , et » tu me vois à l'hôpital... Adresse-toi mieux, je te prie. »

Voilà déjà le pauvre petit roi victime de l'étiquette; il ne règne pas encore, et ce tyran règne sur lui. Avant-hier Louis XV voulait aller à la foire Saint-Germain, Sa Majesté se promettait un plaisir bien vif du spectacle de Polichinelle se moquant du commissaire et donnant des coups de bâton au diable. Mais M. le duc du Maine, surintendant de l'éducation du roi, et M. le maréchal de Villeroi, son gouverneur, voulaient tous deux s'asseoir à la droite de Sa Majesté : le légitimé prétendant qu'en sa qualité de prince du sang cette place lui était due, le gouverneur soutenant qu'il ne devait la céder qu'au régent. La question ne pouvait être décidée sur-le-champ; on rentra au château, et l'enfant couronné dut renoncer ce jour-là au plaisir qu'il s'était promis... Le lendemain cette affaire ayant été portée au conseil de régence fut réglée en faveur de M. le duc du Maine. On monta en carrosse; mais Polichinelle était absent de son théâtre quand on y arriva : il parcourait les rues de Paris; d'où il résulta que les marionnettes du château avaient privé décidément le roi de voir celles de la foire Saint-Germain.

Le roi montre infiniment moins de goût pour l'étude que pour les gambades de Polichinelle, qu'on est enfin parvenu à lui faire admirer. Il repousse les livres obstinément, et les met en pièces si l'on persiste à les lui présenter. C'est avec une peine extrême qu'on est parvenu à lui montrer à lire, et à loger dans sa tête quelques éléments de grammaire. Madame de Ventadour avait inventé un genre de punition vraiment ingénieux pour le prince inappliqué : je ne dois pas le taire; il fait trop d'honneur à l'imaginative des courtisans. Un petit garçon, né d'une pauvre famille, et de l'âge de Louis XV, avait été placé près de lui; il devint l'émule de ce prince, qui le prit en amitié. Dans l'éducation commune aux deux enfants, quand le roi manquait à ses devoirs son condisciple recevait des férules; s'il plaisait à Sa Majesté d'être complétement rebelle aux leçons, le pauvre compagnon d'étude avait le fouet. Ce moyen demeura sans le moindre succès : la paresse fut plus forte chez Louis XV que l'amitié; et comme les coups de martinet administrés sur le derrière du pauvre diable ne retentissaient point sur les fesses royales, il fallut se résigner à attendre que l'envie d'apprendre vînt à Sa Majesté.

Le lundi 22 février, les pairs ont remis un placet au régent à l'appui de la requête présentée l'année dernière au roi par les princes du sang contre les fils légitimés de Louis XIV. La députation chargée de remettre ce placet était composée de l'évêque de Laon, de celui de Châlons, des ducs de la Force, de Noailles et de Chaulnes. Ces seigneurs ont dit à Son Altesse Royale que si elle refusait de prononcer, les pairs étaient déterminés à porter l'affaire devant la justice réglée pour faire déclarer les princes légitimés fils de M. le marquis de Montespan.

Cette protestation produit un grand éclat dans le monde; mais, quoique les princes du sang aient raison en principe, ils ont raison trop tard pour que l'estime publique accueille leur démarche comme une action empreinte de dignité. Si les réclamants eussent élevé la voix au moment où le feu roi oubliait tout ce qu'il devait à sa famille, à la noblesse, à toute la nation, en plaçant les fruits d'un double adultère au niveau des rejetons de la race royale, il y aurait eu alors de la grandeur dans l'opposition; il y a même eu de la bassesse dans le silence. Mais aujourd'hui ce n'est plus qu'une misérable vanité qui réclame, et les princes légitimés peuvent, avec une certaine justice, lui opposer à leur tour l'autorité de la chose jugée. C'est ce qu'ils font : le duc du Maine et le comte de Toulouse ont rédigé un Mémoire dans lequel ils contestent à leurs adversaires le droit de revenir sur ce qu'a fait Louis XIV. Ils s'appuient principalement sur l'enregistrement de l'édit de 1714 sans la moindre contradiction ni de la part des parlements, ni de celle des princes et autres pairs qui protestent aujourd'hui. Les légitimés ajoutent que le parlement de Paris a lui-même exécuté l'édit en diverses occasions, notamment dans un lit de justice; assemblée dont la solennité est l'acte le plus imposant d'une monarchie, après la réunion des états généraux. Le duc du Maine et le comte de Toulouse concluent en disant : « Nos adversaires demandent au parlement, qui enregistre- » rait l'édit de révocation, un arrêt contre la loi : *non bis judicatur* » *idem*; ils exigent même plus : car leur requête tend non-seulement » à faire juger deux fois, mais encore à ce que la cour juge, dans la » même cause, contre ce qu'elle a jugé. » Sans doute tout cela n'est pas tellement fondé en saine jurisprudence, qu'on ne puisse y répondre très-légalement; mais, je le répète, les princes du sang et les pairs recueilleront plus de honte personnelle de leur requête tardive qu'ils ne feront restituer d'honneur à la monarchie.

On attribue en grande partie la rédaction du Mémoire des légitimés à une demoiselle qui remplissait naguère auprès de madame la duchesse du Maine les doubles fonctions de femme de chambre et de secrétaire. La princesse, dans cette grande affaire, s'entoura d'une montagne d'in-folio; ce fut mademoiselle Delaunay qui la compulsa, pour chercher dans l'histoire et dans les vieux digestes des exemples en faveur des légitimations. La suivante écrivit sur cette matière,

comme l'eussent pu faire Domat ou d'Aguesseau; mais il est bien entendu que madame la duchesse du Maine eut tous les honneurs de cette composition. Si plus tard elle produit quelques fruits amers, mademoiselle Delaunay sera là pour les recueillir.

Les princes légitimés n'ont pas donné beaucoup de larmes au chancelier Voisin, mort au mois de février. Ce magistrat austère ne se f t pas montré favorable à leur cause; ils espèrent davantage de M. d'Aguesseau, qui le remplace : parce que, nonobstant sa profonde sagesse, il se rangea du côté des ducs, lorsque le parlement, dont il était procureur général, enregistra l'édit de 1714.

Le régent est ami des lettres, non à la manière de Louis XIV, qui les favorisait pour qu'on l'en proclamât le protecteur, mais par un amour réel de leurs beautés. Malheureusement les rangs des littérateurs illustres, si pressés dans le cours du règne précédent, sont bien clairs aujourd'hui; la tâche du duc d'Orléans n'est pas de récompenser, mais d'encourager. Néricault-Destouches est celui de nos poëtes auquel Son Altesse Royale accorde le plus particulièrement sa protection. Tour à tour commis libraire, soldat, comédien, directeur d'une troupe de comédie, il montra, dans ces divers états, de l'esprit, de l'intelligence, et plusieurs des pièces que nous avons de lui annoncent de l'imagination. Il est affligeant, toutefois, d'avouer qu'au moment où j'écris, Destouches est le premier auteur comique de la nation qui produisit Molière et Regnard. Etant directeur de spectacle, cet écrivain eut occasion de prononcer une harangue, à la tête de sa compagnie, devant le marquis de Puysieux, ambassadeur en Suisse. Ce ministre, frappé de l'éloquente facilité de Destouches, pensa qu'il pourrait porter dans la diplomatie cette élégance, cet esprit insinuant qui en sont l'âme; il se l'attacha. Lorsque Néricault-Destouches publia ses premières pièces, il était donc comédien; il était secrétaire d'ambassade quand les dernières parurent : s'il en fait jouer à l'avenir, elles seront d'un ambassadeur. En effet, M. de Puysieux ayant donné cette année Destouches au régent comme un homme habile, Son Altesse Royale l'envoya presque aussitôt à Londres avec l'abbé Dubois, qui ne tarda pas de le laisser seul en Angleterre, chargé des affaires de la France.

Jean-Baptiste Rousseau, que ses odes ont élevé presque au niveau des poëtes lyriques de l'antiquité, vit, depuis 1708, éloigné de la France, sous le poids d'une condamnation au bannissement perpétuel, pour des couplets satiriques que ce poëte a constamment désavoués. Dès que le duc d'Orléans a été parvenu à la régence, il s'est rappelé ces vers faits par Rousseau en sa faveur après ses brillants succès en Espagne :

> En moins d'un mois prendre ville rebelle,
> Faire sauter mines et citadelle,
> Tours, bastions, remparts, et cætera,
> Pour maint guerrier c'était un opéra;
> Pour mon héros c'est une bagatelle.

Cet hommage ne se ressentait guère des inspirations de Pindare et d'Horace; mais un poëte flatteur para t toujours éloquent à celui qu'il a loué. Philippe fit expédier l'an dernier des lettres de rappel pour Rousseau; mais, fort apparemment de son innocence, il demanda la révision du jugement qui l'a condamné. « Des grâces et des » accommodements, écrivait-il au régent, ne conviennent qu'à des » fripons, et non pas à un honnête homme. J'aime bien la France, » mais j'aime encore mieux mon honneur et la vérité. Je préférerai » toujours la condition d'être malheureux avec courage à celle d'être » heureux avec infamie. » La demande de Rousseau fut rejetée; et, persistant dans sa noble détermination, comme dans la dénégation de la faute qu'on lui impute, celui que l'opinion publique a revêtu du beau titre de *prince des poëtes lyriques français* reste éloigné de sa patrie. Rousseau est retiré à Bruxelles, où il mène une vie obscure et presque nécessiteuse.

Fontenelle, que le régent comble de grâces, de bontés, et qu'il loge dans son palais, est peut-être l'homme le plus spirituel de l'époque; mais une ambition de célébrité qui ne veut point s'imposer de limites, et le désir insensé d'obtenir la réputation d'un talent universel, firent arriver cet écrivain à sa soixantième année sans avoir pu acquérir en rien la réputation d'un homme de génie. Dans tous ses ouvrages, on reconnaît l'empreinte d'un esprit fin, délicat, profond de temps en temps; mais aucun n'offre le cachet d'une imagination féconde, ni même celui d'un caractère élevé. Aussi voit-on Fontenelle affecter la philosophie sous la régence, après avoir loué la révocation de l'édit de Nantes sous Louis XIV. Ajoutons que cet écrivain manque de reconnaissance : « Philippe d'Orléans, disait-il » un jour avec une vanité ridicule, voudrait se familiariser avec moi, » mais je le repousse par le respect. » Sans doute on peut refuser son estime au régent; mais ce ne peut être que dans le secret de l'âme, quand on accepta ses bienfaits.

Le comique Dufresny, mari de la blanchisseuse Jeannette, est aussi fort aimé de M. le duc d'Orléans. Ce poëte, dans les pièces duquel on ne trouve que des fragments heureux, comme dans une mosaïque où l'on n'admirerait que quelques pierres, vit toujours au sein d'une alternative de richesse et de pauvreté, situation ordinaire d'un joueur. Il y a quelques mois, le vent du lansquenet ayant été plusieurs semaines à la perte pour le petit-fils de la belle jardinière d'Anet, il jugea convenable d'aviser le régent de sa détresse, et tira à cet effet un moyen de son répertoire d'expédients comiques. « Monseigneur, écrivit-il au prince, il importe à la gloire de Votre Altesse Royale qu'il reste en France un homme assez pauvre pour retracer à la nation la misère dont vous l'avez tirée ; je vous supplie donc de me laisser dans mon état. »

Le duc d'Orléans écrivit *néant* au bas du placet, et envoya deux cent mille livres à Dufresny. La somme était un peu forte pour un poëte ; mais c'était un poëte de la famille et qui n'avait jamais demandé d'être légitimé. Cela méritait des égards particuliers.

Philippe d'Orléans fit toujours du bien à l'abbé de Saint-Pierre, qui fut autrefois aumônier de la duchesse d'Orléans ; emploi qu'il abandonna en 1695, moins parce qu'il venait d'être admis à l'Académie française que pour s'éloigner du Palais-Royal. Le jeune duc de Chartres commençait dès lors à mener une vie essentiellement opposée aux rêveries vertueuses que Saint-Pierre méditait ; il alla dans la solitude élaborer une foule de systèmes politiques qui seraient délicieux pour gouverner une nation d'anges, et ne tarda pas d'imaginer un *projet de paix perpétuelle* que, d'après une lecture faite devant moi sur manuscrit, je considère comme la chimère la plus heureuse qu'on ait conçue depuis la république de Platon.

Louise-Adélaïde d'Orléans, retirée depuis la fin de l'année dernière à Chelles, y prit l'habit au mois de mars ; mais elle ne fera profession qu'à vingt ans, et cette princesse n'en a pas encore dix-neuf. Mademoiselle d'Orléans, pour une novice, mène une vie tant soit peu dissipée dans la communauté : passe pour s'y livrer à l'étude de la chimie, de l'histoire naturelle et de l'anatomie, bien que cette dernière science oblige à des observations passablement mondaines ; mais Son Altesse, après de graves recherches, se procure des délassement fort légers. Par exemple, elle donne chez elle des concerts auxquels sont appelés les chanteurs de l'Opéra ; gens excommuniés par état, dont madame de Villars, abbesse de Chelles, trouve l'introduction dans un couvent singulièrement profane. Louise-Adélaïde mande entre autres à ces fêtes musicales un acteur nommé Cauchereau ; il fut le maître de chant de la princesse, et sa méthode lui plaisait tant qu'un jour, étant à l'Opéra avec sa mère, elle s'écria en entendant chanter à cet acteur une romance passionnée : « Ah ! mon cher Cauchereau, que c'est bien ! » L'exclamation admirative parut un peu forte à madame la duchesse d'Orléans, et ce fut, dit-on, ce qui la détermina à laisser entrer sa fille au couvent. Quelquefois l'illustre novice se permet des promenades dans les environs avec ses équipages, dont le luxe ne rappelle guère les austérités du cloître ; elle emmène alors avec elle de jeunes religieuses, particulièrement madame de Fretteville, qu'elle caresse comme un amant caresse sa maîtresse, et qui n'est pas sans de nombreuses rivales.

Le vendredi 7 mai Pierre Ier, czar de Russie, dont le voyage en France était annoncé depuis quelque temps, arriva au Louvre à neuf heures du soir. On le conduisit dans l'appartement qu'occupa jadis la reine Anne d'Autriche, et qu'on avait magnifiquement meublé et éclairé. Deux tables de vingt-cinq couverts chacune étaient splendidement servies pour Sa Majesté Moscovite. Mais elle déclara qu'elle trouvait tout cela trop riche, trop fastueux, et ne voulut ni souper ni coucher au Louvre. On mena alors Pierre le Grand à l'hôtel de Lesdiguières, où il s'établit, quoiqu'il trouvât ce logement encore trop beau. Ce prince, n'ayant pu se décider à prendre possession d'un lit de damas avec franges d'or et panaches, fit dresser son pliant de voyage dans une garde-robe, assurant qu'il ne coucherait pas ailleurs pendant toute la durée de son séjour à Paris.

Quand le général des franciscains fit son entrée à Fontainebleau, il exigea que l'introducteur des ambassadeurs vînt le prendre dans les carrosses du roi ; l'empereur russe, plus modeste que ce capucin, refusa les voitures de la cour et monta dans celle du maréchal de Tessé, qui avait été au-devant de lui.

Le 8, dans la matinée, M. le duc d'Orléans alla voir le czar ; il y avait deux fauteuils dans le salon où ce monarque reçut son Altesse Royale, ils s'assirent, et le prince de Kourakin, qui leur servit d'interprète, resta debout entre eux. Pierre Ier et le régent furent enfermés ensemble environ une heure ; à son retour au Palais-Royal, Philippe dit que le souverain du Nord avait beaucoup d'esprit. Le 10, sur les quatre heures, Louis XV fut conduit à l'hôtel de Lesdiguières par le maréchal de Villeroi. Le czar vint recevoir Sa Majesté à la descente de carrosse. Il l'enleva lui-même de sa voiture pour le poser à terre. Laissant ensuite la droite à l'enfant roi, Pierre le Grand le conduisit par la main à son appartement, et le fit asseoir à sa droite après l'avoir embrassé à plusieurs reprises. Le roi répéta alors un petit compliment qu'on lui avait fait apprendre, et qu'il débita avec beaucoup de gentillesse. Après la visite, qui ne dura qu'un quart d'heure, le maréchal de Villeroi, remettant la main de Louis XV dans celle du czar, qui le reconduisait, dit avec le ton de courtisan qu'on lui connaît : « Sire, nous le laissons sous votre conduite ; il ne saurait avoir un meilleur guide. » Ce fut de l'éloquence de cour en

pure perte, personne ne s'étant chargé de traduire en russe ce fade compliment. Ce même jour on fit avec beaucoup de peine accepter à Pierre Ier un détachement de cinquante gardes françaises ou suisses pour garder sa porte, et un détachement de huit gardes du corps, commandés par un exempt, pour l'accompagner quand il sortait. Le 11, Sa Majesté Moscovite alla voir le roi entre quatre et cinq heures ; il lui fut rendu aux Tuileries tous les honneurs que Louis XV avait reçus à l'hôtel de Lesdiguières. En y rentrant, le czar admit eu sa présence le prévôt des marchands et les échevins de la ville de Paris, conduits par le marquis de Dreux, grand maître des cérémonies. Ces officiers civils offrirent à Sa Majesté les présents d'usage.

Mais essayons d'esquisser le portrait de l'illustre voyageur. Il est grand, très-bien fait, et porte la tête haute. Il a le teint brun et animé, les yeux noirs, grands, vifs ; son regard, ordinairement scrutateur, perçant, devient quelquefois dur et même farouche. L'ensemble de la physionomie du czar a de l'expression, de temps en temps de la grâce ; mais elle est fréquemment altérée par un tic convulsif, suite d'un poison qui fut donné à ce prince dans sa première jeunesse. La majesté de Pierre Ier a quelque chose de brusque, de sauvage, de sarmate enfin. Ses gestes précipités décèlent l'humeur impétueuse qui le distingue, la violence de ses passions, l'activité de son âme. Tout son air annonce une grandeur audacieuse, un despotisme habitué à voir tout fléchir devant lui. Les volontés, les désirs, les caprices de ce prince du Nord se succèdent avec rapidité, et il ne peut supporter ni difficulté ni retard à l'accomplissement de ce qu'il veut. Plus d'une fois déjà, depuis l'arrivée du czar, il congédia d'un geste les courtisans qui remplissaient ses appartements, ou les quitta brusquement pour se rendre à l'endroit où il se proposait d'aller avant l'arrivée de cette cour inopportune. Quand il a résolu de sortir, si ses équipages tardent une minute, il monte dans la première voiture qui se présente, fût-elle même de place. Avant-hier, Pierre le Grand se jeta dans le carrosse de madame de Matignon, qu'il avait laissée sans façon chez lui ; cette dame dut se faire reconduire à son hôtel par le maréchal de Tessé.

Le czar porte un habit de bouracan ou de drap sans la moindre broderie, sans aucun ornement. Un large ceinturon lui ceint la taille, pour soutenir un sabre large de trois doigts. L'extrémité inférieure de ses manches laisse apercevoir une chemise à laquelle il n'y a point de manchettes. Sa Majesté est coiffée d'une perruque ronde qui ne passe pas le cou. L'un de ces jours, le perruquier en apporta une neuve que Pierre avait demandée ; l'artisan français avait cru devoir l'établir à la mode, c'est-à-dire longue et fournie. Le czar s'empare d'une paire de ciseaux, la fait agir de sa main souveraine, et en moins de rien la perruque se trouve réduite à la dimension qui lui convenait.

Pierre le Grand dîne à onze heures, soupe à huit, et mange excessivement à chaque repas. Il boit deux bouteilles de vin pendant les services principaux ; au dessert il est rare qu'il ne vide pas sa bouteille de liqueur. Mais tout ce qui, dans un couvert, tient au luxe ou à la recherche, déplaît à Sa Majesté ; aussi ordonne-t-elle chaque jour des retranchements à sa table : la dépense s'en élève cependant à dix-huit cents livres par jour. Le czar a coutume de faire manger avec lui, surtout le soir, ceux de ses officiers qui boivent le mieux. Son aumônier est très-fort dans cet exercice ; aussi l'aime-t-il et l'estime-t-il beaucoup. Quelquefois Sa Majesté se livre avec ses convives du souper à des excès dont les suites ont besoin, dit-on, d'être ensevelies dans l'obscurité.

Du reste, on cite du prince des Russes quelques traits qui prouvent que la grandeur et même le génie ne sont pas incompatibles avec des mœurs empreintes de barbarie. Par exemple, il a dans l'antichambre de ses palais un ours dressé à se jeter sur les importuns ; ce qui lui paraît plus simple que d'entretenir un chambellan pour les éconduire avec un sourire menteur. Si c'est là de la franchise, il faut convenir qu'elle sent un peu la Scythie. Mais voici quelque chose de plus caractéristique : la czarine a pour fille d'honneur une belle-sœur de Menzikoff, dont la laideur est repoussante. Tous les gentilshommes du czar la fuient comme un objet hideux. Un jour qu'une troupe d'officiers allaient s'élancer hors d'une chambre où ils la voyaient entrer, Pierre, qui survint, les arrête, s'empare de la fille d'honneur et lui rend, en leur présence, l'hommage le plus tendre qu'un homme puisse rendre à la beauté. « Messieurs, dit-il ensuite, j'espère que j'aurai des imitateurs, et ceux d'entre vous qui deviendront les adorateurs de mademoiselle n'auront pas à s'en repentir. »

Il y a plus d'un mois que le czar Pierre est à Paris : il a visité successivement tous les établissements publics, les édifices, les institutions particulières d'une certaine importance, les curiosités, les hommes célèbres dans les sciences, les lettres, les arts et même les métiers. Il a voulu assister à une audience du parlement, à une séance de l'Académie. Ayant parcouru les ateliers de la Monnaie, ce prince a vu frapper en sa présence avec autant de surprise que de plaisir une médaille où il est représenté fort ressemblant. On lit autour de son effigie : *Petrus Alexiovitz czar mag. Russ. Imp.* ; et à l'exergue : *Vires acquirit eundo.* Sa Majesté a examiné à diverses reprises dans la grande galerie du Louvre les plans des places fortes, elle a surtout étudié avec une attention extrême ceux des ports. Ce prince a vu plusieurs fois l'Opéra dans la loge du régent. Un soir, Son Altesse Royale, dont l'œil unique en vaut dix pour les remarques galantes, s'aperçut qu'une danseuse avait fait une profonde impression sur les sens hyperboréens de Pierre Ier... En rentrant à l'hôtel de Lesdiguières, Sa Majesté y trouva la jolie disciple de Terpsichore, ce qui l'obligea à se servir, au moins pour cette fois, du lit de damas à panaches et à franges d'or.

Le jour de la Pentecôte, Pierre visita l'hôtel royal des Invalides, où M. le maréchal de Villars s'était rendu d'avance pour recevoir Sa Majesté. L'illustre voyageur voulut tout voir, tout examiner : il mangea du pain des vieux soldats, goûta leur soupe, but de leur vin à leur santé en leur frappant sur l'épaule et en les appelant camarades. Ce monarque observateur alla ensuite à l'église, qu'il trouva fort belle ; à la lingerie, à l'apothicairerie, enfin à l'infirmerie. Là, Pierre Ier tâta le pouls d'un soldat agonisant et déclara qu'il n'en mourrait pas, prédiction qui se réalisa.

Pendant le séjour du czar à Paris, le roi, le régent, les princes, la cour, les particuliers, se sont empressés de lui rendre ce séjour agréable et aussi fructueux qu'il a pu le désirer. Dans ses courses, il ne parut jamais frappé de quelque chose qu'il ne le trouvât chez lui à son retour.

Pierre le Grand ne voulut pas quitter la France sans avoir vu cette fameuse favorite dont le nom retentit quarante ans d'un bout à l'autre de l'Europe. Le czar se rendit à Saint-Cyr, après avoir défendu de prévenir madame de Maintenon ; il entra dans sa chambre sans s'être fait annoncer, et la surprit au lit. Le prince russe tire les rideaux de la veuve de Scarron et de Louis XIV, la considère avec la plus attentive curiosité, puis lui fait adresser un compliment par son interprète. A cette inspection si cavalière, si tartare, on vit une vive rougeur animer le visage de quatre-vingt-deux ans de la vieille dévote ; des dames de Saint-Louis, qui se trouvaient alors dans la chambre, ont assuré depuis qu'un instant, l'espace d'un éclair peut-être, elle avait paru belle encore. Ce fut apparemment au moment de cette lueur de beauté que le czar prononça quelques mots russes, qu'il accompagna d'une action fort vive.

Après avoir salué la marquise, Pierre parcourut la maison de Saint-Cyr, traversa les classes, assista à divers exercices, et parut prendre plaisir à voir la récréation des pensionnaires. Ce prince dit à la directrice avec une franchise un peu sarmate qu'il était surpris de trouver si peu de beautés parmi tant de jeunes personnes. Avant de quitter Saint-Cyr, le czar en fit lever le plan.

Enfin, le 20 juin, Pierre le Grand, ayant pris congé de la cour des Tuileries et de celle du Palais-Royal, partit pour les eaux de Spa, où la czarine devait l'attendre. Il donna son portrait enrichi de diamants au duc d'Antin, aux maréchaux de Tessé et d'Estrées, au marquis de Livri et à M. de Verton. Sa Majesté avait témoigné une affection particulière à ce dernier gentilhomme, qu'elle avait toujours fait manger à sa table ; elle obtint même pour lui une pension de six mille livres sur les bénéfices. Le czar distribua en outre à diverses personnes de grandes médailles d'or et d'argent représentant les principales actions de sa vie ; il laissa quinze cents ducats pour les officiers de sa bouche, et en fit remettre autant à ceux des maisons royales. Ce prince fit encore d'autres présents dont le détail ne m'est point parvenu ; mais je sais que le montant de ses dons s'élève à cent mille livres environ. Le roi a fait accepter au monarque russe deux magnifiques tentures des Gobelins ; on lui avait offert aussi de la part de Sa Majesté une épée à poignée de diamants, mais il n'a pas voulu la recevoir. Pierre le Grand a refusé également l'escorte d'honneur que le régent voulait lui donner jusqu'à la frontière ; il ne veut être accompagné de personne.

On a répandu le bruit que le voyage de ce prince russe à Paris avait eu pour sujet des pourparlers politiques ; il y a probabilité qu'il n'en est rien. Pierre a voulu voir la France, et particulièrement notre capitale, comme il a vu une grande partie de l'Europe, pour observer les mœurs, étudier la marche des gouvernements, s'initier aux secrets de la diplomatie, s'éclairer des lumières de la science, et reporter ensuite dans ses Etats tout ce qui pourra y favoriser l'élan d'une naissante civilisation. Cependant le roi d'Angleterre, profitant du séjour de Sa Majesté à Paris, la fit prier par le régent de retirer les troupes qu'elle entretient dans le Mecklembourg et en Pologne, le séjour de ces corps armés aux portes de l'Allemagne donnant une juste inquiétude aux souverains de cette partie de l'Europe. Mais chaque fois que le duc d'Orléans est revenu sur cette question le prince du Nord l'a toujours éludée, et Son Altesse Royale a fini par engager l'ambassadeur d'Angleterre à parler lui-même. « Je m'en » garderai bien, s'est écrié ce ministre ; je me rappelle trop bien le » tour que ce Tartare joua à un envoyé anglais qui lui fut envoyé à » Amsterdam pendant qu'il faisait en Hollande le métier de charpen-» tier. Imaginez-vous, monseigneur, que mon compatriote ayant fait » demander une audience au czar Pierre, il la lui accorda à bord » d'un vaisseau sur lequel il se rendait. L'ambassadeur alla trouver » le prince au lieu indiqué ; mais à peine le malicieux monarque, qui » n'est pas moins habile qu'un mousse de douze ans, vit-il venir le » diplomate, qu'il monta sur la première hune du grand mât, et cria » à l'Anglais de venir recevoir son audience. Le ministre de Sa

» Majesté Britannique, déjà vieux, était peu ingambe, je laisse à » juger à Votre Altesse Royale la peine qu'il eut à se hisser jusqu'à » l'étrange cabinet où le czar devait l'entretenir ; il y parvint toute-» fois avec l'aide de plusieurs matelots, qui charitablement le pous-» sèrent le derrière. Arrivé sur la hune, mon pauvre collègue fut » très-mal reçu de l'empereur, toujours irrité contre le roi Georges, » parce qu'il s'est opposé à la continuation d'un canal que Pierre » faisait ouvrir, et qui devait traverser une petite partie du territoire » allemand. Cependant ce n'était pas tout d'être parvenu à la salle » d'audience vacillante, il fallait en descendre, et Votre Altesse » Royale saura que c'est le plus difficile. Le ministre anglais essaya » vainement ; il fallut recourir à un palan, que, du reste, le czar aida » fort obligeamment à faire mouvoir. »

Je n'ai pas dû interrompre ma narration sur le czar Pierre pour une anecdote beaucoup moins importante à laquelle je reviens. Le jeune poëte Arouet, dont le talent, déjà très-distingué, justifie la prédiction de mademoiselle de Lenclos, ne se montre malheureusement pas moins malin que spirituel. C'est un esprit turbulent, frondeur, jaloux, toujours prêt à frapper du fouet de Juvénal les ridicules, hélas ! trop nombreux de notre époque ; et par un principe peu compatible avec cette critique active, Arouet souffre impatiemment les justes éloges qu'on accorde à ce qui est bien ou beau... Il y a de l'envie dans ce caractère. On avait déjà attribué à ce poëte une satire sur les dernières années du règne de Louis XIV, et une épigramme contre le régent, qui l'avait fait exiler. M. le duc d'Orléans, sachant qu'Arouet se proposait de présenter aux comédiens une tragédie d'Œdipe, dont on disait beaucoup de bien, ferma les yeux sur le retour de l'auteur à Paris. Mais il recommença bientôt à rimer des malices : une ode contre la chambre chargée de juger les traitants parut, on y reconnut la verve du petit satirique. Quelque temps après, le régent, par mesure d'économie, ayant diminué de moitié le nombre des chevaux du roi, on prétendit que le petit Arouet avait dit « qu'il eût été plus convenable de supprimer la moitié des ânes » dont Sa Majesté était entourée. » Cette méchanceté était plaisante, Philippe voulait la pardonner au malin rimeur ; Dubois représenta qu'impuni, il ne tarderait pas de recommencer et d'aller beaucoup plus loin. Arouet fut envoyé à la Bastille le 19 mars ; il est à craindre que ce moyen ne soit comparable à l'essai de prendre des mouches avec du vinaigre.

Un de ces charlatans connus sous le nom de bohémiens, qui exploitent la crédulité publique pour gagner de l'argent, dit, il y a quelques mois, à la duchesse de Berry qu'elle ne passerait pas vingt-cinq ans ; l'avis n'était pas flatteur, mais le devin était payé d'avance, et la princesse avait exigé qu'il fût sincère. Depuis cette prédiction, madame de Berry eut des avis de conscience, des accès de repentir qui lui firent songer à la pénitence. Mais n'ayant pu obtenir de son caractère, encore moins de son tempérament, une continence absolue, elle partagea le plus également qu'elle put son temps entre la dévotion et le plaisir, et choisit au couvent des filles du Calvaire un appartement où elle se retire périodiquement, surtout aux approches des grandes fêtes. Là, tirant sur sa vie mondaine un épais rideau, elle vit comme une simple religieuse, couche sur un dur matelas, porte une chemise de crin, et fait jouer la discipline sur sa blanche peau. La période pénitente est-elle terminée, Son Altesse Royale retourne au Luxembourg, rouvre les bras aux voluptés, et double le service intérieur de ses gardes. Si l'âme peut être sauvée ainsi, la route du salut n'est pas trop difficile.

Depuis environ un an, on parle beaucoup en Europe du diamant le plus gros qu'on ait encore vu : il pèse plus de six cents grains et n'offre pas de défauts. Voici l'histoire de cette pierre extraordinaire. Un ouvrier libre des mines du Mogol ayant trouvé cet énorme diamant, se l'insinua dans le fondement avec une rare habileté, puis il se fit à la cuisse une large incision d'où le sang jaillit par torrent. La gravité apparente de cette blessure fit qu'on sortit l'ouvrier de la mine sans avoir pris les précautions ordinaires, qui sont de purger les travailleurs, et de leur donner un lavement, afin de leur faire rendre les diamants qu'ils pourraient avoir avalés. Le mineur, étant resté seul après le pansement de sa cuisse, retira le diamant du lieu où il l'avait caché, et le plaça dans une cachette plus sûre. Bientôt cet homme, feignant de ne pouvoir plus travailler, se fit payer ce qui lui était dû, pour ne pas déceler sa richesse, et passa en Europe.

Arrivé en Angleterre, le possesseur du diamant le vendit à M. Pitt[1], beau-frère du secrétaire d'Etat Stanhope. Un agent chargé de revendre en France ce diamant en demandait quatre millions ; le régent en fit offrir deux il y a deux mois. Le courtier ayant pris les ordres de M. Pitt, et nul autre acheteur ne se présentant, M. le duc d'Orléans a pu terminer la semaine dernière ce marché, que tous les joailliers trouvent avantageux. La vente a été faite à terme ; on payera l'intérêt des deux millions au denier vingt, et l'on donnera en nantissement au vendeur des pierreries de la couronne pour une valeur

[1] C'était l'oncle du célèbre chancelier de l'échiquier qui dirigea longtemps la politique de l'Angleterre.

équivalente à celle de l'acquisition. Il est stipulé dans le traité que Louis XV, à sa majorité, pourra rompre le marché s'il le peut, ce qui paraît peu probable. Le diamant acheté de M. Pitt, et qui portait son nom, a reçu celui du *régent*.

L'affaire des princes légitimés est enfin terminée. M. le duc du Maine et M. le comte de Toulouse avaient préparé, au mois de juin, une nouvelle protestation contre les requêtes qui les concernent ; mais *M. le duc* et M. le prince de Conti, s'étant rendus au parlement le 21, obtinrent de cette compagnie que la protestation ne serait point reçue. Enfin le conseil de régence, après plusieurs séances consacrées exclusivement à la question dont il s'agit, rendit dans les premiers jours de juillet un édit portant révocation de celui de 1714, qui accordait aux princes légitimés les mêmes droits qu'aux princes du sang. Le parlement a enregistré sans discussion le nouvel édit. MM. du Maine et de Toulouse ont montré beaucoup de grandeur d'âme quand il leur a été notifié ; mais la duchesse du Maine a, dit-on, éprouvé de longues vapeurs, dont le cardinal de Polignac a eu beaucoup de peine à la guérir. Quant à la pauvre demoiselle Delaunay, avocat en jupes qui avait si bien et si longuement fait plaider sa plume en faveur des légitimés, on est venu l'enlever un de ces matins à Sceaux pour la conduire à la Bastille, sans que sa maîtresse, déjà guérie de ses vapeurs, ait daigné dire un mot en sa faveur. Mademoiselle Delaunay, que l'on dit être la plus obligeante personne du monde, a déjà rendu des services mieux reconnus au chevalier de Mesnil, prisonnier fort aimable qu'elle a rencontré au château Saint-Antoine ; tout le monde n'est pas ingrat.

La banque de Law, ses actions et ses billets font toujours fureur ; cet établissement a pris cette année une grande extension. Un arrêt du conseil, en date du 10 avril, porte que les billets de banque seront reçus dans toutes les caisses royales. Ce n'est pas tout : des lettres patentes, motivées sur l'accroissement d'activité que le nouveau système a donné aux compagnies déjà formées pour l'exploitation de nos colonies, créent une nouvelle association sous le titre de compagnie d'Occident ou du Mississipi, à laquelle le roi abandonne toutes les terres de la Louisiane. Le fonds social est fixé à cent millions, répartis en deux cent mille actions, dont la valeur peut être fournie en billets. A chacune de ces actions est attribué un dividende de quatre pour cent, indépendamment des répartitions qui pourront résulter des bénéfices du commerce. M. Law est nommé principal directeur de cette nouvelle compagnie.

Tandis que notre commerce reprenait quelque faveur par le crédit, le prince régent a senti qu'il ne fallait laisser entraver ses relations, ni par les disputes religieuses, qui rompent la bonne intelligence parmi les hommes, ni par des appréhensions inspirées aux spéculateurs sur leur propre sûreté. En conséquence, une déclaration du roi, en date du 7 octobre, défend d'écrire ou de parler en public pour ou contre la bulle *Unigenitus* ; et une amnistie générale accordée à tous fournisseurs, receveurs des finances ou traitants, a paru dans le même temps. L'édit qui consacre l'amnistie porte suppression de la chambre de justice. Cette mesure a reçu la plus bruyante sanction de la part des habitants de Paris, parce que les riches financiers, toujours en crainte de se voir enlever leurs richesses, les resserraient et faisaient peu de dépense. En général, le peuple n'aime point les dispositions répressives, et c'est pour cela qu'il ne manque guère l'occasion de faire un mauvais parti à M. d'Argenson, le plus attentif des hommes à réprimer tous les vices, excepté les siens et ceux de ses amis.

Il y a quelques jours, les *dames* de la place Maubert, ayant vu ce magistrat descendre de voiture près de l'église Saint-Nicolas-du-Chardonnet, mirent ses laquais en fuite par une mitraille soutenue de poires, de marrons, de pommes crues et cuites ; puis, s'emparant du lieutenant de police, elles le portèrent sous une gouttière qui versait les restes d'une pluie d'orage. Là, M. d'Argenson, maintenu sous la cascade par cinquante mains vigoureuses, reçut, pendant huit ou dix minutes, une douche complète sur sa tête aussi dépourvue de cheveux que le genou d'un enfant. Pendant ce temps, la perruque noire du magistrat voltigeait au-dessus de la foule, renvoyée d'une fruitière à une marchande de poisson, et de celle-ci à sa voisine l'écaillère. Enfin après avoir été gratifié de l'assortiment le plus riche d'épithètes injurieuses le lieutenant de police obtint grâce de l'étranglement, pour lequel deux ou trois furies à éventaire avaient opiné. Il entra dans l'église tout grelottant, tout dégouttant, mais le sourire sur les lèvres, et pria le suisse de Saint-Nicolas d'aller lui chercher des habits pour réparer l'effet de ce qu'il appelait une plaisanterie de ces dames. Si M. d'Argenson est sévère, il faut convenir qu'il a d'ailleurs le caractère bien fait.

Un incident financier très-grave marque la fin de cette année : les États de Bretagne ont refusé le *don gratuit*, en alléguant qu'ils ne pouvaient l'accorder sans connaître l'état de leurs finances... On dit tout bas qu'Alberoni, toujours occupé à susciter au régent des embarras et des entraves, a soudoyé des agents dans l'une des provinces les plus remuantes du royaume. S'il en est ainsi, cet Italien a réussi

peut-être au delà de ses espérances : les états de Bretagne ont été cassés, et cet acte d'autorité produit dans la province une grande fermentation. On craint une révolte, que le parlement de Rennes lui-même fait redouter.

Au milieu des vices propres à notre époque, il en est deux qui s'offrent sous un aspect nouveau, et dont je dois enregistrer la vogue : ce sont le *bel air* et le *bon ton*. Le bel air consiste à montrer la plus apathique indifférence pour ses affaires, à se moquer de ses dettes, à se mésallier en épousant la fille d'un riche financier pour faire croire qu'on les payera, et à s'acquitter finalement en faisant distribuer des volées de coups de bâton à ses créanciers. Le bon ton est de nier la vertu des femmes, même celle de sa mère ; attendu qu'il n'y a pas absolue nécessité d'être le fils de son père, puisque, grâce à nos lois, on est toujours sûr d'hériter des titres et des biens. On voit que le dix-huitième siècle commence à marcher sur un bon pied.

CHAPITRE IV.
1718.

Richelieu et mademoiselle de Valois à Saint-Cloud. — La duchesse douairière d'Orléans aime le *système* de Law. — Mesdemoiselles de Valois et de Charolais à l'Opéra. — Duel de mesdames de Nesle et de Polignac pour Richelieu. — Reconnaissance du duc. — La cour des Cuisines. — Le chevalier de Die. — Substitution forcée. — Cela finit comme cela avait commencé. — Rétablissement des secrétaires d'État. — La chandelle flottante. — Nouvelle refonte des monnaies. — Mort de Marie de Modène, veuve de Jacques II. — Le Brutus du Nord. — Déchéance absolue des princes légitimés. — Honneurs personnels accordés au comte de Toulouse. — Belle conduite de ce seigneur. — Quadruple alliance. — *OEdipe*, tragédie de Voltaire. — Particularités sur ce poète. — Prise d'habit d'Adélaïde d'Orléans. — Délices mondaines dans le couvent de Chelles. — Les *Philippiques*. — Nouvelle bulle de Clément XI sur la constitution. — Troubles nouveaux qu'elle cause. — Mort de Charles XII. — Coup d'œil sur la Suède. — La banque de Law est déclarée banque royale. — Richesses colossales de Law. — Ce financier est décrété de prise de corps par le parlement. — Exil du chancelier d'Aguesseau. — D'Argenson obtient les sceaux. — Réjouissances des filles publiques à cette occasion. — Amours de M. d'Argenson. — Le pacha des couvents. — Vue intérieure du monastère de la Madeleine du Traînel. — La Fillon ; histoire de cette fille. — Les dames de la cour se prostituent chez la Fillon. — Singulier quiproquo. — Conspiration de Cellamare. — Son objet. — Arrestation du prince de Cellamare. — Arrestations. — Compliment du cardinal de Noailles. — L'ambassadeur de France quitte Madrid. — Le duc et la duchesse du Maine sont arrêtés. — Les lavements redoublés. — Mort des maréchaux d'Harcourt et de Montrevel.

Depuis que le duc d'Orléans a fait boucher la chatière par laquelle Richelieu s'est introduit quelque temps chez mademoiselle de Valois, les entrevues des amants sont devenues fort difficiles à Paris ; mais il arrive souvent que la jeune princesse suit sa grand'mère à Saint-Cloud, où elle va une ou deux fois par semaine, même l'hiver. Alors le duc monte dans sa chaise de poste à onze heures, arrive à minuit dans le jardin du château, et entre sans obstacle chez sa maîtresse, dont les croisées se trouvent de plain-pied avec un parterre. Ces expéditions amoureuses sont le plus ordinairement sans danger, parce que, de deux choses l'une, ou l'honorable douairière d'Orléans laisse évanouir dans un sommeil profond les vapeurs du vin d'Aï, ou bien elle prodigue au financier Law, qu'elle aime encore plus que le régent ne l'estime, l'assurance que son *système* lui plaît beaucoup. Dans l'un ou l'autre cas, Son Altesse laisse sommeiller en paix sa surveillance, et mademoiselle de Valois veille pour son amant. Mais quoique, de son côté, le duc ne dorme guère, la petite princesse ne laisse pas de lui reprocher la continuation de son intrigue avec mademoiselle de Charolais. Le lendemain, à l'hôtel de Condé, c'est la contrepartie que Richelieu entend. Il répond de son mieux à cette double série de reproches ; mais, comme les protestations évidemment menteuses qu'il fait de part et d'autre ne sont pas rassurantes, les deux tendres Altesses se haïssent cordialement. Il faut voir les princesses placées vis-à-vis l'une de l'autre à l'Opéra, quel mépris mutuel elles affectent, quels regards de fureur réciproque partent de leurs beaux yeux, surtout lorsque l'amant commun excite par sa présence ces transports jaloux. C'est un spectacle plus curieux pour le public, que la pièce qu'on joue sur le théâtre. Heureux temps où les princes du sang royal donnent la comédie à la nation !

Mais voici deux dames qui s'envoient, pour le duc de Richelieu, des munitions bien autrement sérieuses que des sourires amers et des œillades courroucées ; il n'est question, de la porte Saint-Antoine à la porte Saint-Honoré, et de la barrière Saint-Denis à celle d'Enfer, que du duel de madame de Polignac et de madame de Nesle. Les vieux livres de chevalerie, comme les romans modernes, sont pleins de combats singuliers soutenus pour les belles, mais il appartient à notre époque d'offrir le premier exemple connu de deux femmes disputant le pistolet au poing la possession d'un amant.

Il était dix heures du matin ; mesdames de Nesle et de Polignac, sans rouge, vêtues en amazones, accompagnées chacune de deux témoins, et se faisant suivre de leurs laquais portant des pistolets, arrivèrent au bois de Boulogne. On avait entendu dire, la veille, à

madame de Nesle, « qu'il s'agissait de faire décider par le sort des
» armes à laquelle des deux appartiendrait le *mortel chéri ;* que, pour
» elle, rien ne lui serait plus doux que de tuer sa rivale, et qu'elle
» comptait pour peu de chose de rester sur le carreau. » Madame de
Polignac avait raisonné à peu près de la même manière. C'était dans
ces dispositions que ces dames arrivaient sur le terrain. S'étant enfoncées dans le bois, où elles choisirent le lieu propice au combat
avec un sang-froid qui eût fait honneur à deux mousquetaires, les
rivales s'arrêtèrent, et, après une révérence préalable, tirèrent chacune un coup de pistolet. Madame de Nesle chancelle, tombe, et au
même instant l'albâtre de son sein est ensanglanté. « Va, dit madame
» de Polignac fière de sa victoire, je t'apprendrai à vivre, et à vou-
» loir aller sur les brisées d'une femme comme moi... Si je tenais la
» perfide, je lui mangerais le cœur après lui avoir brûlé la cervelle! »
Un des témoins, en reconduisant le trop irascible vainqueur à son
carrosse, lui fit observer qu'il n'était pas généreux d'insulter son ennemie après l'avoir blessée. « Taisez-vous, jeune étourdi, répondit
» madame de Polignac, il ne vous convient point de me faire des
» leçons. » Cette réponse prouva aux assistants que le *jeune étourdi*
ne s'était pas toujours borné, près de la dame, au rôle de témoin, et
que si elle voulait aimer Richelieu sans rivales elle ne se faisait pas
de scrupule de lui donner des rivaux.

Cependant les témoins de madame de Nesle s'empressèrent auprès
d'elle ; on ouvrit sa robe un peu plus que la pudeur ne le permettait,
mais juste autant que la nécessité l'exigeait, et l'on reconnut par une
douce percussion que la gorge n'était point atteinte. Le sang venait
d'une simple égratignure à l'épaule, sur laquelle le plomb fatal avait
heureusement glissé. « Ah ! tant pis, s'écria madame de Nesle, j'aurais
» voulu qu'une blessure au sein fût l'enseigne de celle que l'amour
» me fit plus profondément pour lui. — Mais *lui,* dit un étranger qui
» avait aidé les témoins à panser la blessée, *lui,* mérite-t-il un si
» beau sacrifice? — S'il le mérite! reprit avec feu madame de Nesle.
» Ah ! que n'ai-je un sang plus beau à verser pour Richelieu ! je le
» répandrais jusqu'à la dernière goutte ! Toutes les femmes de la cour
» lui tendent des piéges, mais j'espère que la preuve que je viens de
» lui donner de mon amour me l'acquerra sans partage. »

L'étranger sourit avec un air d'incrédulité, et l'on va voir s'il avait
tort. Le soir même, Richelieu apprit le duel dont il avait été la cause,
et serait sans doute le prix, ajouta celui qui l'informait. « La cause,
» bon, s'écria l'insigne libertin, mais pour le prix... diable m'emporte
» s'il y en a rien. Au reste, ces dames ont été bien bonnes de se bat-
» tre pour moi ; je ne sacrifierais pas un de mes cheveux ni à l'un ni
» à l'autre. C'est de l'histoire ancienne que mes intrigues avec elles...;
» et puis je ne m'en souciais guère...; ce sont elles qui ont absolu-
» ment voulu de moi...; elles m'ont eu, qu'elles me laissent en repos
» et cherchent fortune ailleurs. »

Si le duc s'exprime de la sorte sur des femmes qui se battent pour
lui, que sera-ce de celles qui l'imitent dans ses infidélités? On en va
juger. Madame de Gœbriant avait eu son tour ; mais ce tour était
passé et M. de Broglie consolait cette dame de la fuite du volage Richelieu. Celui-ci avait trouvé tout naturel que cette beauté délaissée
eût cherché des consolations; mais il trouva impertinent le retour
qu'elle voulut faire vers lui après l'avoir remplacé. Un jour que, par
post-scriptum à des reproches, madame de Gœbriant marquait au
duc qu'elle l'attendait le soir au Palais-Royal dans la cour des Cuisines, il écrivit au bas de son billet, qu'il lui renvoya : « Le rendez-
» vous est bien choisi ; vous pouvez rester dans la cour des Cuisines,
» car vous n'êtes faite que pour charmer des marmitons. Adieu, mon
» petit ange. »

A peu près dans le temps où le duel de mesdames de Nesle et de
Polignac était le sujet de tous les entretiens il se passait au Luxembourg une aventure galante d'un genre neuf, bien que la carrière soit
battue dans presque toutes ses directions.

Le comte de Riom, amant en titre de la duchesse de Berry, avait
en province un cousin nommé le chevalier de Die, auquel il prit fantaisie de venir à Paris pour tâcher de mettre en œuvre une taille
élégante, une jambe heureusement tournée et la figure la plus agréable. Die alla d'abord trouver son parent, qui lui procura l'honneur
de faire sa cour à madame de Berry. Le beau provincial plut tout de
suite à la princesse ; elle ne tarda pas de lui donner un logement
dans son palais. Une quinzaine de jours après l'installation du chevalier, Son Altesse Royale étant seule avec madame de Mouchi, sa
dame d'honneur, lui parla de M. de Die.

« Vous le connaissez? lui dit-elle.

— Je crois que oui, madame ; il me semble que je l'ai rencontré
dans les corridors.

— Il vous semble... dans les corridors... vous rougissez, madame.

— Votre Altesse Royale se trompe, il n'y a aucune raison pour...

— Pardonnez-moi, il y a des raisons pour... M. de Die est votre
amant.

— Je vous assure, madame...

— Epargnez-vous la peine de chercher à me donner le change ;
quand je ne saurais pas de longue main que tous les nouveaux venus
au Luxembourg sont favorisés de vos bonnes grâces, j'ai fait épier le
chevalier... et, cette nuit, à une heure et demie du matin...

— Pardon, princesse, pardon... .

— Je ne vous fais pas un crime de votre sensibilité, ma chère ;
mais avec moi il faut avoir de la sincérité.

— Votre Altesse est si bonne...

— Ecoutez, madame de Mouchi, vous donnerez rendez-vous pour
ce soir, à minuit, au chevalier.

— Si madame la duchesse me l'ordonne...

— Cela m'obligera... Vous n'aurez point de lumière.

— Il est vrai qu'il n'est pas indispensable d'en avoir...

— A cette même heure vous serez ici, dans mon appartement.

— Et M. de Die?...

— Je me charge de le recevoir chez vous.

— Votre Altesse Royale me fait l'honneur de me dire...

— Je vous dis que vous passerez la nuit dans mon lit et que je la
passerai dans le vôtre... Trouvez-vous cela clair?

— Très-clair, madame... J'obéirai. »

Les choses s'étant passées comme la princesse en avait ordonné,
M. de Die trouva que sa maîtresse, dont la taille était, la veille,
fine et élancée, avait pris beaucoup d'embonpoint dans un seul jour ;
mais bientôt d'autres détails lui révélèrent la substitution, et madame
de Berry, qui était satisfaite de l'épreuve, se déclina.

Cette intrigue ne dura que six semaines ; au bout de cet espace de
temps le chevalier, que la duchesse avait cru digne de figurer parmi
les demi-dieux, redevint à ses yeux un homme à peine ordinaire. Il
s'était rendu comme de coutume chez la princesse, lorsqu'au lieu
des formes un peu fortes qui lui étaient offertes depuis un mois et
demi il retrouva sa taille fine et élancée... Une nouvelle substitution
terminait l'aventure comme elle avait commencé et M. de Die se tint
pour averti.

Les conseils établis par le régent, au lieu des secrétaires d'État,
pouvaient avoir quelques avantages sur eux quant à la sagesse des
actes de l'administration, parce que plusieurs avis assurent un meilleur choix de moyens qu'un seul. Mais l'exécution devait être lente,
comme toute action à laquelle concourent divers agents mus par des
volontés différentes. D'ailleurs, en multipliant les membres du pouvoir on peut multiplier aussi les séductions, et peut-être est-ce là le
vrai motif qui a déterminé le conseil de régence à rétablir cette année les secrétaires d'État.

Une de ces pratiques superstitieuses qu'il serait du devoir des gouvernants de combattre dans le public au lieu de laisser un avide
clergé en faire son profit, causa dernièrement un grand désastre à
Paris. Une bonne femme dont le fils s'était noyé dans la Seine et qui
voulait retrouver son corps pour lui donner la sépulture, reçut l'assurance des commères, ses voisines, qu'en plantant le soir une chandelle allumée sur un pain qu'elle laisserait aller au fil de la rivière
elle verrait la lumière s'arrêter, par le pouvoir de saint Antoine de
Pade, à l'endroit où le noyé était gisant. La chandelle s'arrêta en
effet, mais ce fut près d'un bateau de foin qu'elle enflamma et d'où
le feu communiqua à un autre attaché auprès. La flamme ayant bientôt consumé les câbles qui retenaient ces bateaux, ils descendirent
le cours du fleuve, s'arrêtèrent sous le *Petit-Pont* et incendièrent les
maisons bâties dessus. Les malheureux habitants, surpris par l'élément destructeur qu'une sorte de prodige faisait élever de l'élément
qui lui est le plus opposé, se troublèrent, perdirent la tête. Un grand
nombre d'entre eux furent brûlés ; d'autres n'échappèrent aux flammes
qu'en se précipitant dans la Seine, où ils trouvèrent la mort.

Les maisons du Petit-Pont ont été presque entièrement détruites,
espérons qu'elles ne seront point rebâties et qu'il sera permis enfin
de respirer un peu d'air pur dans ce quartier insalubre[1].

Un édit du 31 mai ordonne une refonte générale des monnaies et
une nouvelle augmentation dans la valeur numéraire des espèces d'or
et d'argent. On assure que cette mesure a pour but de donner plus
de faveur aux actions et aux billets de la banque, en tenant le public
dans une continuelle incertitude sur les matières métalliques. Si le
moyen n'est pas d'une rigoureuse loyauté il est du moins d'une
adroite politique ; mais il fait murmurer, parce que, nonobstant le
mépris que M. Law fait de l'or, la multitude ne paraît pas encore disposée à lui préférer le papier.

Marie de Modène, veuve de Jacques II, est morte à Saint-Germain
au sein de la piété la plus exemplaire, qui, à quelques lacunes près,
dit-on, l'anima toute sa vie. Lorsque cette princesse se réfugia en
France à la fin de 1788, le comte de Lauzun fut, comme on sait,
son conducteur, son appui, son défenseur, et l'on assure que, touchée de ses soins assidus, elle ne put se défendre d'un sentiment de
reconnaissance que les séductions du favori de Louis XIV entraînèrent
fort loin. Ce prince lui-même avait tant fait pour la reine d'Angleterre, qu'il y eût eu de l'ingratitude, toujours selon les on dit,
à lui refuser les marques de gratitude que Lauzun avait obtenues à
meilleur marché. Marie Stuart, qui mourut il y a quelques années,
prouva, suivant une opinion presque universellement admise, par un

---

[1] Les maisons du Petit-Pont n'ont point été rebâties, un double trottoir les a
remplacées, mais ce n'est que beaucoup plus tard qu'elles ont disparu des autres
ponts.

témoignage vivant, que sa mère n'avait point été ingrate envers le grand roi.

Lorsque le czar Pierre vint à Paris, il était brouillé avec son fils, qui avait quitté ses Etats. Le monarque russe dit alors qu'il voyageait tranquillement et ne craignait point une révolution. Il paraît cependant qu'elle était à craindre; Sa Majesté avait même ordonné qu'on fortifiât Saint-Pétersbourg. Il est devenu évident depuis que le czarowitz, ou héritier présomptif de la couronne de Russie, songeait à se faire un parti pour s'en emparer du vivant de son père. Arrêté par ordre de Pierre, ce prince a été traduit devant un tribunal composé de huit archevêques, huit archimandrites, beaucoup d'autres ecclésiastiques et cent vingt boyards, qui, après l'avoir convaincu de haute trahison, l'ont à l'unanimité condamné à mort le 4 juillet. « Le » jugement rendu contre mon fils, écrivait le même jour Pierre à son » envoyé à Paris, me jette dans un grand embarras : j'ai peine à le » faire mourir, parce ce que la nature s'y oppose; j'ai peine aussi à » lui faire grâce, parce que j'ai tout lieu d'en craindre de nouvelles » conspirations. » —

« Dieu m'a délivré de l'inquiétude où j'étais, écrivait le czar trois » jours plus tard; mon fils mourut ce matin des suites d'une attaque » d'apoplexie, qui lui prit en entendant lire son arrêt... Je ferai » ouvrir son corps demain pour éloigner tout soupçon d'empoison- » nement. »

Ce soupçon subsiste. On n'appelle plus Pierre Ier que le *Brutus du Nord*. Le czarowitz laisse deux enfants, un fils et une fille, qu'il eut de la princesse de Volfembutel.

Les événements que nous voyons en France sont d'une gravité moins tragique; mais en voici un qui ne manque pas d'importance. Le 26 août, à huit heures du matin, un conseil extraordinaire de régence se réunit au Tuileries. Le parlement avait reçu la veille l'ordre de s'y rendre en robes rouges; les pairs, les maréchaux de France, les gouverneurs des provinces, les chevaliers de l'Ordre et le conseil d'Etat étaient également convoqués. On vit dès sept heures et demie plus de cent soixante membres du parlement en costume longer sur le quai les bâtiments du Louvre pour se rendre au château, après s'être réunis au palais. Pendant ce temps, le régiment des gardes se divisait en deux détachements : dix compagnies se rendirent au bout de la rue de Richelieu sur le boulevard; dix autres occupèrent le préau de la foire Saint-Germain. Les gendarmes, les chevau-légers et les mousquetaires, consignés dans leurs quartiers, se tenaient prêts à monter à cheval; les chevaux étaient sellés, bridés, et il était enjoint aux officiers d'envoyer d'heure en heure prendre des ordres aux Tuileries.

M. le duc du Maine et M. le comte de Toulouse étaient arrivés des premiers au conseil de régence; on remarqua qu'ils se plaçaient au dernier banc des pairs, et cette modestie avait trouvé des admirateurs dans l'assemblée, lorsqu'un conseiller d'Etat s'étant approché de M. le comte de Toulouse, lui parla quelque temps à l'oreille. Un instant après, l'amiral de France dit tout haut à M. le duc du Maine : « Mon frère, sortons; je sais qu'il va se passer des choses que nous » ne devons ni voir ni entendre. » A ces mots les fils naturels de Louis XIV se levèrent et quittèrent la salle.

A peine les princes légitimés étaient-ils sortis, que Louis XV entra en habit de lit de justice, et se plaça sur son trône, avec toute la dignité qu'on peut attendre d'un monarque de huit ans. Le duc d'Albret, grand chambellan, resta debout aux pieds de Sa Majesté, tandis que le garde des sceaux venait s'asseoir, au bas de la dernière marche de l'estrade, devant une petite table préparée pour lui. Le régent était assis en tête du premier banc des pairs.

La séance s'ouvrit par la lecture que fit le garde des sceaux d'un arrêté du conseil de régence rendu le 21 de ce mois et qui casse un arrêt du parlement dans lequel le corps avait agrandi ses prérogatives et sa juridiction. L'arrêté du conseil de régence, tout en rendant hommage à l'autorité du parlement, l'a fait rentrer dans les limites d'où elle voulait sortir. M. le garde des sceaux requit l'enregistrement immédiat. M. le premier président voulut demander, au nom de sa compagnie, le temps d'examiner cet acte du conseil de Sa Majesté; mais le chancelier, après avoir appuyé l genou sur la dernière marche du trône, comme pour prendre les ordres de Louis XV, dit en se retournant vers l'assemblée : « Le roi veut être obéi sur-le-champ. » M. le duc d'Albret m'a rapporté depuis que l'enfant couronné s'était écrié en ce moment : « Tiens, mais je n'ai pas dit cela, moi... » Néanmoins personne ne répliqua plus.

M. le garde des sceaux lut ensuite un édit qui ôte à M. le duc du Maine et à M. le comte de Toulouse le rang de primatie sur les pairs que ne leur avait point enlevé l'édit du mois de juillet de l'année dernière, lequel ne faisait perdre aux légitimés que le titre de princes du sang et le droit de succéder à la couronne; de sorte que, d'après le nouvel acte, les fils naturels de Louis XIV doivent prendre rang parmi les pairs dans l'ordre d'ancienneté à la pairie. Mais un second édit, lu immédiatement par M. d'Aguesseau, rend à M. le comte de Toulouse personnellement les honneurs que le premier lui ravit; et ce, en considération de son mérite éminent et des grands services qu'il a rendus à l'Etat.

Cette disposition si glorieuse pour l'amiral de France est en même temps le plus sanglant outrage qu'on pût faire à M. le duc du Maine. Peut-être le régent, si calomnié, si desservi auprès de Louis XIV par le bâtard de ce monarque, doit-il être excusé jusqu'à un certain point dans l'exercice de ses vengeances; mais il eût été plus digne d'un descendant du vertueux Louis XII de dire à son exemple : « Le » régent de France ne venge point les injures faites au duc d'Or- » léans. » Cependant l'humiliation de M. le duc du Maine allait encore devenir plus amère : quand les édits eurent été enregistrés sans qu'une seule voix se fût élevée pour s'y opposer M. le duc de Bourbon demanda la surintendance de l'éducation du roi, que sa naissance lui déférait de droit. M. le duc d'Orléans ajouta que par son rang à la pairie M. le duc du Maine marchant après M. le maréchal de Villeroi il ne pouvait pas conserver l'autorité sur lui. La requête de *M. le duc*, ainsi motivée, lui fut accordée sans la moindre contestation. Si M. le colonel général des Suisses n'a pas plus de partisans à Paris que parmi les pairs, je ne vois pas pourquoi le régiment des gardes a planté le piquet six heures durant sur le boulevard et à la foire Saint-Germain; car d'ailleurs je ne crois pas que les Parisiens aient jamais été tentés depuis la Fronde de se faire tuer pour la plus ou moins grande autorité des perruques du parlement.

Dès que l'assemblée fut finie, on se mit, selon les ordres exprès du régent, à démeubler l'appartement de M. et madame du Maine aux Tuileries; le lendemain avant la fin de la journée *M. le duc* y était établi.

M. le duc du Maine ressent vivement l'humiliation qu'on lui fait subir; il a déjà demandé plusieurs fois audience à M. le duc d'Orléans, afin de lui prouver, dit-il, qu'il n'a rien fait qui ait pu lui mériter un sort si rigoureux. Le régent se refuse constamment à l'entrevue, déclarant « que ce n'est pas sans des raisons essentielles qu'il » agit, et ajoutant que M le duc du Maine doit lui savoir gré du soin » qu'il prend de les taire. »

M. le comte de Toulouse, justifiant la haute idée que l'on s'est faite de son caractère, a refusé tout honneur qui ne lui serait pas commun avec son frère; la signification formelle de son refus a été faite au parlement et aux pairs, « auxquels on ne reconnaît, a-t-il dit, ni le » droit de lui enlever des prérogatives ni le pouvoir de lui en confé- » rer. Mon frère et moi, ajoute ce seigneur dans son mémoire, sau- » rons nous soumettre à la nécessité; mais je me garderai bien, moi, » de me prévaloir des grâces illégales qu'on a prétendu m'accorder. »

L'affliction est grande dans toute la progéniture légitimée de Louis XIV : madame de Conti s'est rendue à Sceaux pour essayer de consoler la duchesse du Maine; madame d'Orléans et même madame de Bourbon ont fait une semblable démarche auprès de la princesse éplorée, et ces dernières lui ont juré qu'elles étaient loin d'approuver ce qu'ont fait M. le régent et *M. le duc*. Ce serment devait être sincère, puisque *madame la duchesse* et madame d'Orléans sont sœurs de M. le duc du Maine.

Pendant que ces événements se passaient à Paris, une nouvelle alliance était conclue à Londres entre la France, l'empereur et la Grande-Bretagne; les Etats Généraux de Hollande n'y ont point encore accédé. Ce traité, conclu en août, porte renonciation absolue de Charles VI à tous ses droits sur la couronne d'Espagne, à condition néanmoins que, par un traité à intervenir, Philippe V renoncera de son côté à toutes les possessions en Italie ou dans les Pays-Bas qui ont appartenu autrefois à la monarchie espagnole; sauf les successions éventuelles des duchés de Parme et de Toscane, dont l'empereur s'oblige à donner, quand il y aura lieu, l'investiture à la reine d'Espagne. Il est stipulé par l'alliance de Londres que le duc de Savoie se dessaisira de la Sicile en faveur de l'empereur, et qu'en échange on lui fera céder par Philippe V l'île de Sardaigne qu'occupe indûment ce dernier souverain.

Sa Majesté Catholique est, comme on le pense bien, fort éloignée d'accéder à de telles stipulations, dans lesquelles, pour la renonciation dérisoire de Charles VI à une illusion, on impose au monarque castillan des renonciations sérieuses et effectives. Mais Alberoni, dont l'audace et la subtilité diplomatique sont extrêmes, ne montre pas autant de ressources d'esprit et d'assurance pour soutenir la guerre. Avant même que les ambassadeurs qui traitaient à Londres fussent séparés, l'amiral anglais Bing attaqua l'escadre espagnole qui protégeait les troupes débarquées en Sardaigne, s'empara de plusieurs vaisseaux, dispersa le reste et obligea les conquérants à quitter précipitamment l'île qu'ils avaient occupée quelques mois.

Les comédiens français ont joué, vendredi 18 septembre, l'*Œdipe* de M. Arouet, qui, depuis quelque temps, a pris le nom de *Voltaire*, à cause de la prévention presque générale attachée au sien par suite des satires de ce jeune poète. L'auteur de la nouvelle tragédie étant encore à la Bastille le jour de la première représentation, n'a pas joui du succès de cet ouvrage, succès que l'on peut qualifier de triomphe. Mais, trois jours après, M. Voltaire a pu moissonner lui-même les lauriers que le public lui décernait; M. le duc d'Orléans, pardonnant aux égarements de l'esprit en faveur des élans du génie, avait rendu la liberté à l'auteur d'*Œdipe*. Pendant huit jours Voltaire a été, dans l'opinion des spectateurs, placé au-dessus de Corneille et de Racine; mais le neuvième jour l'enthousiasme était un peu calmé, et la critique est venue. La grande supériorité du nouveau tragique ressort d'une versification noble, pompeuse, étincelante, qui séduit et entraîne. Mais, j'oserai le dire, cette versification brille presque exclusivement par le choix des expressions, par l'arrangement coquet des mots. Les vers de Voltaire me semblent d'autant plus sonores que la pensée y tient moins de place. Sans doute les admirateurs du brillant écrivain me jetteront la pierre; les fanatiques sont absolus : il faut qu'on adore l'objet de leur culte ou qu'on succombe sous leurs coups. Mais la saine partie du public, celle qui ne loue ou ne blâme qu'avec connaissance de cause, confirmera tôt ou tard mon jugement. Quant au choix du sujet, il n'y a que des éloges à donner à Voltaire, qui d'ailleurs fut guidé par Sophocle. Il n'est pas hors de propos de dire que le grand Corneille fit jouer un *OEdipe* en 1659,

Visite de Pierre le Grand aux Invalides.

et que le sujet lui avait été indiqué par le surintendant Fouquet. Ce ne fut pourtant pas ce financier qui exhuma le fils de Laïus de la poudre des bibliothèques de l'antiquité; Jean Prévot, dès l'année 1605, donna une tragédie d'*OEdipe*, et Nicolas Sainte-Marthe, en 1614, en fit jouer une seconde. Aucune de ces trois compositions ne méritait de rester au théâtre, celle de Voltaire y restera. L'auteur avait d'abord composé son poëme sans le ridicule épisode de l'amour de Philoctète, mais les comédiens ont voulu à toute force une flamme amoureuse; ce sont eux, et non le poëte, qui doivent supporter le blâme de ce grand défaut.

Aussitôt que Voltaire fut sorti de la Bastille, il alla au Palais-Royal remercier le régent. « Soyez sage, lui dit le prince, et j'aurai » soin de vous. — Je vous suis infiniment obligé, répondit le tra- » gique; mais je supplie Votre Altesse Royale de ne plus se charger » de mon logement et de ma nourriture. — Je vous le promets, ré- » pliqua le duc, si vous me promettez à votre tour de renoncer à » établir la réputation de vos contemporains. » Philippe proposa ensuite en riant à Voltaire de porter la queue du grand prêtre dans sa tragédie d'*OEdipe*; le poëte prit la chose au sérieux, et suivit l'hiérophante de Thèbes en habit français. Le public, qui crut qu'on se moquait de lui, murmura d'abord, il applaudit quand il eut reconnu l'auteur; et celui-ci obtint ce qu'il avait recherché, une espèce d'ovation à brûle-pourpoint.

Cependant les ennemis de Voltaire ne tardèrent pas d'insinuer à M. le duc d'Orléans que l'inceste d'*OEdipe* était une allusion à la conduite de ce prince : « Vous verrez, répondit-il, que c'est pour me » jouer pièce que Sophocle a imaginé ce sujet; » et Son Altesse Royale donna deux mille écus au jeune écrivain. Fontenelle, jaloux de cet acte de munificence, fit dire à Voltaire qu'il trouvait trop de feu dans sa tragédie. « Pour me corriger je lirai ses pastorales, » répondit l'émule de Corneille. Le régent promet au poëte à la mode de le mettre bientôt à même d'échapper aux persécutions de son

père, qui, dans une obstination très-peu poétique, le presse de prendre un état. Voltaire vient de temps en temps faire sa cour au Palais-Royal : un jour qu'il attendait Philippe au sortir du conseil, il le vit tout à coup paraître suivi de quatre secrétaires d'Etat. « Arouet, » lui dit Son Altesse Royale, je ne t'ai pas oublié, je te destine le » département des niaiseries. — Merci, monseigneur, répondit le » malin rimeur à demi-voix, j'aurais trop de rivaux : en voilà quatre » derrière vous. » Le régent pensa étouffer de rire.

Au bruit qu'a fait, pendant au moins quinze jours, la tragédie d'*OEdipe*, a succédé celui de la magnifique prise d'habit d'Adélaïde d'Orléans. Rien d'aussi brillant que cette cérémonie ne s'était encore vu dans un couvent; toutes les plus riches tentures du garde-meuble royal garnissaient l'église de Chelles; une partie des diamants de la couronne avaient été montés au soleil du saint sacrement; plus de cinquante évêques, dans tout l'éclat de leur costume pontifical, remplissaient le chœur, enfin tout ce que la cour offre de plus distingué se pressait dans la nef, tandis qu'une musique enchanteresse et cachée portait l'âme au recueillement, auquel pourtant peu de personnes se livraient... Ce spectacle enivra à tel point une jeune provinciale, qu'elle s'écria : « N'est-ce pas ici le paradis? — Eh! non, madame, » répondit quelqu'un, il n'y aurait pas tant d'évêques. »

La novice, belle comme Vénus, parée comme pour un bal, découverte comme si elle se fût proposé d'exciter les désirs, parut au milieu des religieuses dont elle allait devenir pour jamais la compagne, et qu'elle devait imiter dans leurs austérités... Le sourire, un sourire du monde, était sur les lèvres de mademoiselle d'Orléans, elle vit tomber sans regret à ses pieds l'opulente parure qui la couvrait. « Ces » atours, semblait-elle dire du regard, ne sont que l'appât des vo- » luptés, elles me souriront ici belles de tous les charmes du mys- » tère; » et l'illustre novice jetait les yeux sur trente jeunes sœurs qui l'environnaient.

Duel de mesdames de Nesle et de Polignac.

La vie mêlée de pénitence et de plaisirs mondains que mademoiselle d'Orléans menait à Chelles pendant son noviciat, faisait le désespoir de madame de Villars abbesse de cette communauté. Lors de la prise d'habit de la princesse, cette dame, dont la piété est solide et fervente, était déjà résolue à se retirer d'un couvent d'où les austérités du cloître disparaissaient tous les jours de plus en plus pour faire place à des pratiques qui ne sont tolérées nulle part. Peu de temps après la prononciation des vœux de la fille du régent, l'honnête supérieure se démit en faveur de la nouvelle religieuse, et se retira chez les bénédictines de la rue du Cherche-Midi, avec une pension de douze mille livres dont M. le duc d'Orléans paya la cession de sa dignité.

Dès que madame de Villars eut quitté Chelles, la nouvelle abbesse bannit toute contrainte; son salon devint le rendez-vous ordinaire des religieuses jeunes, jolies, et peu soucieuse de la règle. On faisait de la musique, non de cette musique grave qu'on entend sous la voûte noircie de nos temples, mais de celle dont on s'enivre sous la riante coupole de l'Opéra. Quelquefois il prenait à la princesse des velléités de peinture, de dessin; son appartement se changeait en atelier, où toutes les religieuses qui savaient manier le crayon ou le pinceau venaient s'asseoir devant un chevalet. Heureux pour la règle quand les couleurs ou les pastels ne servaient qu'à reproduire des paysages, des fruits ou des fleurs; mais souvent, et par préférence, Adélaïde d'Orléans voulait que ses émules peignissent des académies... Je ne sais, en vérité, ce que pouvaient dire les vénérables confesseurs, quand toutes les nonnes artistes s'accusaient d'avoir peint en pied Hercule, Apollon ou Antinoüs. Tandis qu'on chantait des scènes d'Armide ou que l'on copiait de belles formes musculaires chez l'abbesse, trente maçons abattaient toutes les clôtures que madame de Chelles voulait faire reconstruire. Mais on avait démoli en un clin d'œil et l'on rééditait avec une extrême lenteur. Pendant ces travaux, la communauté resta ouverte comme une halle; tout le monde put y entrer à loisir. Les concerts, les soupers se succédèrent plus fréquemment que jamais. L'abbesse et quelques religieuses admises dans son intimité ne paraissaient, il est vrai, à ces repas qu'au dessert; mais il arriva souvent que les convives du sexe masculin s'égarèrent le soir dans les corridors, et l'erreur les dirigeait toujours vers les cellules des plus jolies nonnes. Enfin, quand l'architecte de la maison parcourait ces mêmes cellules pour ordonner des réparations, il se trouvait que tous les barreaux des croisées étaient descellés.

Quant à madame d'Orléans, elle reçoit, dit-on, sans déplacement de grille, et le nommé Augeard, son intendant, et le duc son père, et même Richelieu, dont l'illustre abbesse paraît avoir voulu connaître aussi les talents renommés. Les désordres de Chelles ont pris dans ces derniers temps un caractère si scandaleux, que beaucoup de familles ont fait sortir de ce couvent un grand nombre de novices qui avaient perdu cette qualité par des vœux un peu différents de ceux qu'elles devaient prononcer un peu plus tard. Ajoutons que le public a tant crié contre les récréations mondaines de cette maison, que Philippe d'Orléans lui-même s'est

Saisissant une paire de pistolets... elle (Adélaïde d'Orléans) tiraille dans les cloîtres, et fait mourir de peur les vieilles mères.

cru obligé de faire défendre à sa fille les concerts, les séances de peinture et les repas du soir. Madame de Chelles se borne maintenant à souper avec ses religieuses.

Ce qu'il y a de plus extraordinaire dans Adélaïde d'Orléans, c'est qu'elle fait marcher de front, si ce n'est l'austérité de la règle, du moins les offices, les pratiques, les devoirs religieux, avec les lectures galantes, les délices de la société et les plaisirs de l'amour demandés à deux sexes à la fois. Quand l'abbesse de Chelles écrit à son père, elle ne manque jamais de mettre au-dessous de sa signature : *Epouse de Jésus-Christ...* ce qui fit dire un jour au prince : « Je ne sais, mais » je ne me crois pas au mieux avec mon gendre. »

Ma tante a parlé quelquefois dans ses Tablettes d'un poëte nommé la Grange-Chancel, auteur de quelques tragédies médiocres, et qui, comme tous les poëtes, croit son talent bien supérieur à ce qu'il est. La Grange n'ayant pas trouvé au Palais-Royal les faveurs accordées à Destouches, à Fontenelle, à la Motte-Houdart, à Voltaire, à Dufresny, accusa le duc d'Orléans d'ingratitude; bientôt il le chargea de tous les vices, de tous les crimes, parce que personne n'est plus coupable aux yeux des ambitieux que les princes qui ne les favorisent pas. Or, il suffit de se plaindre de la cour du régent pour avoir des droits aux faveurs de celle de Sceaux : les ennemis de Philippe y

sont toujours bien reçus. La Grange-Chancel s'y fit introduire, et bientôt il mérita la protection de la duchesse du Maine par la composition d'un ouvrage qui, peut-être, a blessé le duc d'Orléans plus profondément que toutes les calomnies dont il fut accablé à la fin du règne de Louis XIV. Cet ouvrage est une satire intitulée les *Philippiques*; composition où le régent est traité de la manière la plus injurieuse, la plus effrénée. Ce libelle n'a point été imprimé parce que personne n'eût voulu se charger de l'impression; mais en moins de quinze jours plus de dix mille exemplaires manuscrits ont inondé la capitale et les provinces. La duchesse du Maine a trouvé dans les greniers deux cents plumes mercenaires pour multiplier cet écrit, où la peinture hideuse des vices du régent n'offre qu'un coloris couleur de rose auprès des horribles suppositions de meurtre et d'empoisonnement que renferment ces mêmes vers. Les *Philippiques* couraient depuis longtemps les salons et les rues que le régent n'en avait point encore entendu parler; enfin, dans un souper au Palais-Royal, une dame indiscrète hasarda quelques mots sur la fameuse satire; Philippe déclara qu'il voulait la voir, et le lendemain M. de Saint-Simon eut ordre de la lui apporter. « Lisez, » dit le régent au duc, qui lui présentait en hésitant le papier. Saint-Simon s'excusa en balbutiant. « Donnez donc, » reprit Son Altesse Royale; et s'approchant d'une croisée elle lut les *Philippiques*. M. le duc d'Orléans était homme à rire du libelle s'il n'eût attaqué que ses vices; il commença même par là, et dit plusieurs fois : « Voilà de bons vers. » Mais quand le prince fut arrivé à la strophe où la Grange le représente comme l'empoisonneur de la famille royale, ses yeux se remplirent de larmes, il frémit, pensa s'évanouir, et laissant échapper le papier en même temps qu'il tombait lui-même sur un fauteuil, il dit d'une voix étouffée : « Ah! c'en est trop, » cette horreur est plus forte » que moi... j'y succombe. »

L'auteur des *Philippiques* fut bientôt connu du régent. La voix, disons plus, l'indignation publique le désigna à la vindicte de Son Altesse Royale. Le duc se fit amener la Grange dans son cabinet : « Crois - tu » réellement, lui dit-il, tout » le mal que tu as écrit de » moi? — Oui, monseigneur! » répondit le poëte sans hé- » siter. — Tu as bien fait de » répondre ainsi, reprit le » régent, car si tu m'eusses dit que tu avais écrit contre ta conscience » je t'aurais fait pendre. Je connais le misérable sentiment qui t'a » mis la plume à la main, j'en ai pitié... Tu iras seulement mûrir ta » raison aux îles Sainte-Marguerite. »

La Grange-Chancel partit la semaine dernière pour sa prison. La duchesse du Maine, qui lui avait soufflé la rage dans le cœur, le vit s'éloigner d'un œil sec; elle accompagna cet exilé de la même indifférence qu'elle montra au départ de la comtesse de Murat, exilée aussi pour un libelle que madame de Sceaux lui avait commandé : les deux satiriques n'excitèrent pas plus de regrets dans le cœur de cette femme que la pauvre demoiselle Delaunay, cet avocat en jupes qui expie encore à la Bastille le Mémoire défensif des princes légitimés. En général, c'est un sentiment assez rare que la reconnaissance;... mais la reconnaissance des princes c'est le phénix.

La renommée scandaleuse des *Philippiques* commence à se taire, surtout depuis que Voltaire y a répondu par des vers en faveur du régent beaucoup plus beaux que ceux du libelliste la Grange. Une discussion d'un intérêt plus général occupe aujourd'hui les esprits. Des lettres apostoliques du pape, en date du 8 septembre, enjoignent à tous les fidèles, de quelque rang qu'ils soient, de se soumettre à la constitution *Unigenitus*, sous peine d'être séparés de la communion de l'Eglise romaine. Dès que ces lettres parvinrent en France, les parlements de Paris, Rouen, Metz, Aix, Rennes, Bordeaux, Dijon, Grenoble et le conseil souverain de Roussillon, s'élevèrent avec force contre cette tyrannie du saint-siége; des arrêts fulminants furent rendus contre la prétendue infaillibilité des papes, après de lumineuses discussions où ces pontifes n'ont point été épargnés. « En » vain, s'écriait le procureur général du parlement de Metz, en vain » la primitive Eglise, se trouvant déchirée par des hérésies qui lui » furent plus funestes que les persécutions elles-mêmes, eut-elle re- » cours à ces conciles fameux où elle rassembla avec tant de peine » presque tous les évêques du monde chrétien, pour savoir si elle » pouvait trouver des règles de foi immuables dans le successeur de » saint Pierre... Mais ce prince des apôtres lui-même, sans se préva- » loir de sa primauté, se rendit aux raisons de saint Paul, qui, plus » nouveau que lui dans l'apostolat, lui résista longtemps. Si la con- » stitution *Unigenitus* n'est pas une loi infaillible et une décision » irréfragable dans l'Eglise, comment donc a-t-on pu séparer de sa » communion ceux qui ne refusent de s'y soumettre que parce qu'on » ne veut pas lever leurs doutes par les explications qu'ils deman- » dent? — Quand vous croyez pouvoir séparer tout le monde de votre » religion, disait en même temps M. de Gauffredy, avocat général » au parlement d'Aix, en apostrophant Sa Sainteté, c'est vous qui » vous séparez de la communion de tout le monde. » Ces harangues et les arrêts qu'elles préparèrent irritent au dernier point Clément XI; il songe, dit-on, à procéder par les voies extrêmes. Le régent travaillé a concilier les exigences du saint-siége avec la tranquillité dont nous avons si grand besoin; puisse-t-il y réussir! car il est bien affligeant de voir sans cesse des guerres excitées par les ministres de la paix, de la miséricorde, de l'Evangile en un mot.

Au milieu des discussions religieuses que, par malheur, on entend retentir encore d'un bout à l'autre du royaume, on apprit dernièrement la mort du fameux Charles XII, ce paladin couronné qui depuis dix-huit ans remplit l'Europe de son nom. Charles se hâtait de terminer une guerre en Norvége pour revenir à son projet favori, celui de porter ses armes en Angleterre. Depuis l'alliance de la France avec Georges Ier, cette expédition, imaginée par le baron de Bezenval, et proposée au roi de Suède par Philippe d'Orléans, était devenue le rêve d'Alberoni; il promettait au monarque aventurier de l'appuyer des forces navales de l'Espagne, et de fournir aux dépenses d'une telle entreprise à l'aide des trésors du Mexique. Mais la mort vint arrêter l'essor de l'ardente imagination de Charles : un coup de fauconneau mit fin, le 30 novembre, sous les murs de Fredericks-Hall, aux destinées non moins illustres que bizarres de ce prince, qui atteignait à peine sa trente-sixième année. Charles XII avait reçu de la nature toutes les qualités nécessaires pour faire un grand souverain, mais elles furent étouffées par une frénésie guerrière qu'il ne put jamais dominer. Il brisa à coups d'épée tous les ressorts d'une politique équitable et d'une sage administration. Abattus sous le despotisme obscur de Charles XI, qui accabla de charges la nation, abaissa les nobles, anéantit les lois, les Suédois se relevèrent un peu au début du règne de Charles XII; l'éclat de sa gloire les éblouit; mais bientôt il leur demanda plus que leur dignité, plus que leurs richesses; il leur fallut tout leur sang. Au moment où j'écris, la Suède est un désert; on chemine des journées entières dans ses tristes plaines sans y rencontrer un seul homme... La charrue est dirigée par la faible main des femmes de timides vierges ont dû s'habituer à enfourcher les chevaux de poste pour faire le service pénible des courriers; un sexe privé de force porte de lourds fardeaux dans les villes; il n'y a pas jusqu'aux bains publics, où, contre les lois de la décence, les hommes sont servis par des jeunes filles. Vous ne rencontrez, en traversant les villages, que des femmes, des vieillards et des enfants, couverts des lambeaux de la misère, que leurs époux, leurs fils ou leurs pères leur ont laissés pour tout partage en allant livrer leur vie aux caprices belliqueux du souverain.

Ulrique-Eléonore, sœur cadette de Charles XII, lui succède, au préjudice du prince de Holstein, fils de la sœur aînée du feu roi, les Suédois ayant profité des circonstances pour rentrer dans le droit antique qu'ils avaient d'élire leur roi. Le prince de Hesse, mari de la reine, a été associé à son pouvoir; mais ils règnent avec une telle délimitation d'autorité, que ni par eux ni par leurs descendants, le despotisme ne peut se reproduire de longtemps dans la monarchie. Occupons-nous d'événements qui nous touchent de plus près.

Par un édit en date du 4 décembre, la banque est déclarée *banque royale*. Cet acte porte que le roi ayant remboursé en argent les actionnaires qui n'avaient payé leurs actions qu'en billets, Sa Majesté devient seule propriétaire de toutes ces actions. Law est nommé directeur de la banque royale, qui aura des bureaux dans les principales villes du royaume. En conséquence, il est défendu de faire des payements en espèces au-dessus de six cents livres.

Voilà deux coups d'Etat d'une haute importance, et, disons-le, d'une criante tyrannie. Quoi ! des spéculateurs ont risqué leurs capitaux pour acheter les actions d'une association dont les bénéfices n'étaient rien moins qu'assurés originairement, et parce que le gouvernement les croit certains aujourd'hui, on dessaisit les actionnaires des chances de prospérité qu'ils avaient acquises en courant les ha-

sards d'une sorte de loterie... Ceci ne continue pas trop mal le règne de Louis XIV. Ensuite, lorsque la régence s'est emparée de tous les ressorts de la banque, quand elle peut les changer, les altérer peut-être à son gré, on oblige les citoyens à reconnaître les billets comme monnaie à peu près unique .. Cette mesure arbitraire l'emporte encore sur l'autre. Le public crie, et les écrivains satiriques broient du noir.

Mais ce qui surtout excite les murmures et même l'indignation, c'est la fortune colossale du sieur Law, que le public ne saurait expliquer par des gains licites. En moins d'un mois, ce financier a acheté huit cent mille livres du comte d'Evreux le comté de Tancarville, en Normandie, et une terre de cinq cent mille livres de la marquise de Beuvron. Law offrait en même temps quatorze cent mille livres de l'hôtel de Soissons, appartenant au prince de Carignan, et il était en marché avec le duc de Sully pour la terre de Rosny, estimée à peu près la même somme.

Ces richesses énormes, amassées si promptement, dépensées avec une telle facilité, donnent l'idée à la nation de beaucoup d'autres qu'elle ne voit pas; on se persuade, non sans de puissantes raisons, que le directeur de la banque ne peut avoir gagné tant de biens sans qu'un grand nombre de personnes aient fait des pertes, ou soient menacées d'en faire par la suite. De si grandes clameurs se sont élevées depuis quinze jours sur ce fait, que le parlement, sollicité de toutes parts, en a délibéré et a donné un ajournement personnel contre M. Law. Mais, soutenu par le régent, l'Ecossais ne comparut point, et se moqua de ses juges en établissant à Paris une manufacture de montres anglaises, pour laquelle il a fait venir d'Angleterre une centaine d'ouvriers. Irrité au dernier point, le parlement a changé le décret d'ajournement en un décret de prise de corps, vaine tentative ! cette compagnie vient d'être réprimandée, et Philippe a mis Law sous la protection d'un arrêt du conseil d'Etat.

Le régent ne s'en est pas tenu là : informé que le chancelier d'Aguesseau abondait dans le sens du parlement, il lui a ôté les sceaux et l'a exilé à sa terre de Fresne. La charge de garde des sceaux est donnée à M. d'Argenson, lieutenant de police et conseiller d'Etat, qui en même temps remplira les fonctions de chef du conseil des finances, dont M. le duc de Nouilles s'est démis, par suite de son opposition aux dernières mesures relatives à la banque. M. de Machault, maître des requêtes, a été nommé lieutenant de police.

L'élévation de Voyer d'Argenson a donné lieu à un singulier genre de réjouissances : les filles de joie renfermées à la Salpêtrière ayant été mises en liberté par l'ordre de ce magistrat, on vit cette honnête jeunesse parcourir les rues en chantant les louanges de son protecteur, qui lui avait fait distribuer de l'argent pour célébrer son avénement a la première magistrature du royaume.

Pendant que M. d'Argenson dirigeait la police, son plus grand plaisir était de se faire amener le soir ce qu'il y avait de plus jolies femmes parmi les courtisanes du domaine public. Il les admettait à son souper, se faisait le sultan de ces étranges houris, et jetait le mouchoir sans aucune précaution préalable à celle dont les yeux libertins flattaient le plus sa confiante lubricité. Il advint de là que les présents considérables que d'Argenson faisait a ces favorites d'un jour eurent bientôt la plus douloureuse réciprocité. M. le lieutenant de police recourut alors à des passe-temps moins dangereux. Il était déjà vieux; mais son esprit avait de la finesse, sa gaieté de l'enjouement : à table, c'était l'épicurien le plus aimable du monde. Un peu par ces motifs, un peu par intérêt, madame de Tencin, religieuse relevée récemment de ses vœux, grâce à l'argent de l'abbé de Louvois, s'attacha à d'Argenson; cette dame, pour obtenir plus sûrement sa sécularisation, s'était d'abord fait enlever de sa communauté, et elle occupait un petit appartement hors du couvent de la Conception, où le lieutenant de police l'allait voir. Mais l'envie lui ayant pris de soupirer dans l'intérieur des communautés, il se dégoûta promptement d'une femme qui résidait à l'extérieur. D'Argenson s'éprit d'un beau feu pour certaine petite hospitalière du faubourg Saint-Marceau, qu'il engagea à s'évader de son couvent; ce à quoi la jeune sœur consentit volontiers, parce que l'hôtel d'un conseiller d'Etat lui sembla préférable à une maison de charité. Mais la supérieure, avertie des projets d'évasion, trouva sans peine le moyen d'y mettre obstacle. Bien mal elle s'en trouva : M. le lieutenant de police avait fait commencer un bâtiment longtemps sollicité par les hospitalières; les travaux cessèrent tout à coup. La supérieure, au désespoir, fit dire à M. d'Argenson qu'elle était prête a donner une *hospitalité* sans réserve à son amour, pourvu que le bâtiment fût achevé.

D'Argenson se trouvait à merveille de ses galanteries de couvent, et sa place lui donnant la libre entrée dans toutes les communautés, il exploita partout les bonnes volontés cloîtrées. Mais il ne trouva rien qui lui convînt mieux que le monastère de la *Madel-ine de Trainel*, où il avait fait recevoir une de ses maîtresses, nommée mademoiselle Husson. La supérieure, grosse femme aux yeux noirs, à la peau blanche, au sein rebondi et qui, malgré ses quarante ans, pouvait être une conquête encore désirable, fixa bientôt l'attention du lieutenant de police; elle, de son côté, pensa que ce serait une fort bonne connaissance pour le couvent : dans l'intérêt de sa maison, elle fit un accueil fort gracieux au vieux galant et ne tarda pas de supplanter mademoiselle Husson. Possesseur des bonnes grâces de cette dame, l'administrateur des réverbères, qui faisait cas des charmes en raison de leur volume, trouva que son amour avait gagné deux cents pour cent sous ce rapport : il y avait dans une seule cuisse de la supérieure l'étoffe de deux demoiselles Husson.

Mais les fortes pièces sont celles dont un convive, même glouton, se lasse le plus vite. M. d'Argenson, devenu garde des sceaux, dit il y a quelques jours à sa volumineuse supérieure qu'il était disposé à faire beaucoup de bien au couvent de la *Madel-ine de Trainel*, mais qu'il voulait y avoir tous les droits qu'un mahométan exerce dans un harem. Madame de Trainel commença par se plaindre doucement d'être restreinte dans les affections de monseigneur du tout au dividende; mais comme elle connaissait le moyen de faire d'ailleurs un entier avec des fractions, elle se hâta d'ajouter qu'il n'était rien qu'elle ne fît pour être agréable à Sa Grandeur. Toutes les jeunes sœurs destinées à devenir les odalisques du sultan en perruque et en simarre furent consultées sur cette addition au devoir de la règle, aucune d'elles ne se plaignit de ce surcroît d'austérité.

Bien sûr de n'être pas contrarié dans ses amours par le régent, M. d'Argenson a fait construire dans la communauté un appartement qui communique à celui de sa principale favorite, laquelle, au premier mot de monseigneur, introduit par cette issue les beautés embéguinées qu'il admet auprès de lui. Tous les soirs il se rend à la Madeleine de Trainel, il ne couche plus ailleurs. A peine le garde des sceaux est-il arrivé, qu'il se met au lit : alors la supérieure et ses religieuses s'empressent à qui mieux mieux autour du grave magistrat. Ces dames frottent avec une flanelle entretenue chaude la tête de monseigneur, qui doit trouver cela beaucoup plus doux que la douche intempestive des dames de la place Maubert. Le frottement passe ensuite de la tête aux pieds, avec addition d'un peu d'eau-de-vie pour ranimer les chairs engourdies de Sa Grandeur. En cas d'engourdissement obstiné, des doigts délicats et légers, en se promenant sur la plante des pieds de monseigneur, y produisent un doux chatouillement, souverain pour le raffermissement de la fibre. Ces petites précautions d'hygiène étant prises, les sœurs qui entourent le lit de M. le garde des sceaux visitent par son ordre ses poches remplies ordinairement de papiers, et lisent haut les placets qu'on a pu lui remettre. Heureux les solliciteurs qui ont des amies à Notre-Dame de Trainel, leur demande passe comme une lettre à la poste; chaque nonnette est une excellente protectrice, et l'on assure que madame la supérieure, qui ne laisse pas d'exploiter son crédit, vend les grâces au plus juste prix.

Quand toutes les affaires sont expédiées par le ministre et ses commis en guimpe, on se met à souper gaiement auprès du lit de monseigneur. Si, pendant le repas, les propos galants ou les vins choisis excitent quelque hilarité de sens dans Sa Grandeur, elle fait un signe, et l'on court au-devant de son désir. Enfin, lorsque toutes les nonnes, la supérieure en tête, ont défilé devant M. d'Argenson pour l'embrasser en sortant, une sœur, à dessein retardataire, reste un peu plus, un peu moins longtemps dans sa chambre, pour clore la série des bonsoirs et les rideaux de Sa Grandeur.

Tous les mauvais sujets de Paris connaissent la Fillon, fameuse directrice d'une maison de débauche, et qui, sous ce rapport, ne mériterait pas moins le titre d'abbesse que la supérieure de la Madeleine de Trainel. La Fillon est une femme de cinq pieds dix pouces; ses formes sont admirables, sa figure est ravissante; enfin les peintres assurent qu'elle réunit en elle seule tout ce qui constitue le beau idéal des anciens. Dès l'âge de quinze ans, cette beauté modèle pensa que la nature ne l'avait pas pourvue de tant de trésors pour les enfouir; elle les mit en circulation, et, comme beaucoup de riches, en fut prodigue. Après avoir usé de la prostitution par goût, par entraînement, mademoiselle Fillon reconnut aux offres brillantes qui lui étaient faites qu'elle pourrait en faire une grande ressource. A tous seigneurs tous honneurs : le duc d'Orléans, longtemps avant la régence, rechercha la belle courtisane, il en raffola pendant une année entière. Son Altesse Royale avait fait construire dans une partie retirée des jardins de Saint-Cloud une espèce de grotte, éclairée mystérieusement par quelques rayons de lumière dirigés sur un lit de nattes. Le duc y faisait placer sa maitresse sans autre voile que ses cheveux blonds, qui lui descendaient jusqu'aux genoux. C'est là que le prince faisait pénitence avec Madeleine Fillon, et admirait, comme artiste, comme amant, toutes les perfections de cette pécheresse, qui ne songeait guère à devenir repentante.

La Fillon eut des aventures où elle déploya du caractère, de l'audace, de l'ambition et de la finesse; M. d'Argenson ne tarda pas à la distinguer parmi ses semblables; il la donna d'abord à son humeur libertine; puis il songea à l'attacher à son administration, ayant remarqué en elle des ruses originales, une résolution froide, et le grand art de captiver la confiance par les séductions. Le lieutenant de police monta pour la Fillon une maison de débauche distinguée. La ville et la cour y affluèrent. Il entrait dans le plan de M. d'Argenson que cette prostituée à titre d'office eût quelque chose de semblable à un mari; elle y consentit, mais elle voulut que cet époux de parade, comme elle l'appelait, fût le plus bel homme de France. On lui donna le suisse de l'hôtel Mazarin, qui n'avait pas moins de six pieds et demi de haut, et qui passait pour l'homme le plus beau, le

mieux fait, le plus fort du royaume. Avec de telles qualités, un mari croit être propre à quelque chose de plus que la représentation; celui-ci voulut exiger tout ce que l'hymen comporte d'effectif; on le repoussa. Il battit sa femme, fut battu par ses amants, et mourut de chagrin. Un second époureur se montra plus sage : il ne voulut que de l'argent; on lui donna en peu de mois plus de cent mille écus; tout lui sembla pour le mieux. La Fillon reprit le cours de ses intrigues, divisées en deux branches : la galanterie et l'observation. Dans cette seconde partie de ses attributions, l'agent femelle de M. d'Argenson entretenait une correspondance comme un ministre d'État : non-seulement elle écrivait au lieutenant de police, mais elle avait à donner des instructions journalières aux filles dont elle était la supérieure, et qui lui faisaient parvenir chaque matin leur rapport. C'était par cette voie surtout que, pendant les deux dernières années du règne de Louis XIV, on découvrait les intrigues secrètes, les épigrammes, les pamphlets, la cause des murmures du jour. Le libertinage est expansif, indiscret; les prostituées de la Fillon apprenaient tout, le plus souvent sans rien demander, quelquefois par des provocations qu'elles savaient exercer habilement. La Fillon s'est ménagé ce jour des rapports directs avec le régent, soit pour l'intérêt des plaisirs de Son Altesse Royale, soit pour des communications qu'il veut tenir de la première main En conséquence, cette courtisane conserve la clef d'une petite porte qui la conduit de la rue dans l'intérieur du Palais-Royal, et jusqu'au cabinet du prince, sans passer par les grands escaliers, sans traverser les antichambres. Elle a également ses entrées à toute heure de jour et de nuit chez Dubois.

Les prix des plaisirs dont la Fillon est la dispensatrice dans sa maison furent d'abord très-élevés. Tout à coup ils baissèrent considérablement : il n'est pas inutile à l'histoire des mœurs de dire pourquoi.

L'austérité que la cour devait afficher à la fin du dernier règne, l'exacte surveillance exercée par ordre de madame de Maintenon jusqu'au sein des familles, gênaient à tel point les intrigues galantes, qu'une foule de dames nobles virent éloigner leurs amants, qui craignirent de perdre un crédit qu'ils préféraient au plaisir même. La beauté calcule moins que l'ambition : les belles délaissées cherchèrent, en descendant quelques degrés de l'échelle sociale, à se procurer un bonheur que l'ambitieuse noblesse leur refusait. Elles allèrent demander à la Fillon des conquêtes passagères, des cabinets mystérieux, et le secret, qu'elles ovrirent de payer largement. Il y a plus; craignant que les voluptés mises à un trop haut prix ne leur manquassent, elles obtinrent de la courtisane dirigeante qu'elle baisserait en apparence son tarif; les nobles dames promirent de lui tenir compte et au delà de la réduction. Le marché fut conclu, et la Fillon eut plus de beautés externes qu'elle n'en voulait. C'est par suite de cet arrangement qu'il arriva, du vivant de Louis XIV, chez cette prostituée, une aventure que ma tante n'a pas trouvé l'occasion de rapporter. La voici :

Un magistrat d'Alençon, nommé le président Fillon, vint, en 1710, à Paris, avec sa femme, jeune Normande, jolie, aimable et vertueuse. Madame la présidente Baillet ayant appris l'arrivée de la *présidente Fillon* crut de son devoir d'aller lui rendre visite. Elle fit demander par ses gens l'adresse de cette provinciale; et, soit malice soit erreur, un laquais indiqua à madame Baillet le domicile de la courtisane Fillon. Voilà donc la présidente parisienne, qui avait de la jeunesse, de la beauté, arrivée chez cette fameuse directrice. Tout pouvait servir à lui faire prendre le change : elle parlait à une femme superbe, elle se trouvait dans une belle maison, l'ameublement était magnifique, les domestiques étaient richement vêtus, jamais présidente ne s'annonça mieux.

« Madame, dit la visitante, dès que j'ai su votre adresse, je me suis empressée de venir vous offrir mes hommages et mes services.

— A qui ai-je l'honneur de parler? demanda avec aisance la Fillon, qui savait prendre tous les tons.

— Je suis la présidente Baillet, répondit la dame abusée, et je vois qu'on ne m'avait pas trompée en me disant que j'aurais l'honneur de voir dans madame Fillon la plus belle femme du monde.

— C'est moins de ma beauté qu'il s'agit en ce moment que de la vôtre, madame, et je reconnais à mon tour que la renommée est à cet égard au-dessous de la réalité.

— Madame est en vérité trop bonne.

— Du tout, et je vous assure qu'il y a longtemps que je vous attendais.

— Ah! ce que vous daignez me dire est trop gracieux... et si je puis vous être agréable en quelque chose, hatez-vous, je vous prie, d'ordonner.

— N'en doutez pas, madame, je profiterai de vos bontés pour la satisfaction commune.

— La vôtre doit passer avant tout, répondit la présidente Baillet un peu surprise de ces paroles.

— Il faut que nous y ayons toutes les deux notre compte, reprit la courtisane en riant; je me ferais un scrupule d'user de votre bienveillance si vous ne trouviez pas à cela votre plaisir.

3.

— Je ne puis manquer d'être heureuse en faisant quelque chose pour votre agrément...

— Oh ! mais j'espère vous faire partager les plus jolies aventures.

— Elles seront toujours telles avec vous.

— Est-ce que vous préféreriez les dames aux hommes ?...

— Mais la société des deux sexes me charme quand elle est ce qu'elle doit être.

— Précisément, je reçois demain un prince polonais, je veux vous faire trouver avec lui...

— Il parait que madame a déjà beaucoup de connaissances, dit la présidente d'un air à faire juger que l'opinion qu'elle s'était faite de la vertu de notre provinciale commençait à baisser.

— Des connaissances, j'en ai par centaines ; et, pour bien vous amuser, vous ne pouviez, madame, choisir une maison plus commode que la mienne.

— M'amuser... une maison commode... que voulez-vous dire ?... Où suis-je ?...

— Eh ! ne le savez-vous pas ? vous êtes chez madame Fillon...

— Chez la présidente Fillon, répéta madame Baillet.

— Présidente si vous voulez... car je préside aux plaisirs publics.

— Dieu ! qu'entends-je ?... En effet, ce nom... je me rappelle... Ah ! fuyons, fuyons cet horrible lieu.

— Doucement, doucement, madame ; quelques tons plus bas, je vous prie... Vous vous êtes trompée, je veux bien le croire ; mais il vient chez moi des présidentes qui vous valent bien pour le rang, et dont la réputation de vertu n'est pas au-dessous de la vôtre... Vous n'êtes pas encore ici volontiers, à la bonne heure, mais cela viendra quelque jour... Adieu, madame Baillet, au revoir. »

La présidente, cramoisie de honte, descendit l'escalier en se cachant le visage, s'élança dans son carrosse, et courut chez elle s'évanouir. Elle n'avait pas demandé le secret, la Fillon ne le lui garda point ; toute la cour sut au bout de trois jours cette singulière anecdote. Madame Baillet passa près de deux ans dans ses terres sans oser reparaître à Paris, et quand elle y revint, personne ne croyait encore que son apparition chez la Fillon eût été une erreur.

Le plus drôle de l'aventure, c'est que le pauvre président Fillon, qui n'en pouvait mais, eut le crève-cœur d'apprendre que la fameuse courtisane, son homonyme, n'était pas appelée autrement que la *présidente Fillon*... Vainement les cours souveraines firent-elles des remontrances sur cette qualification ; le lieutenant de police empêcha toujours le conseil de satisfaire à ces réclamations. « Pourquoi, » disait-il, ces messieurs veulent-ils troubler cette présidente dans » ses fonctions ? elle ne trouble jamais les leurs. » En désespoir de cause, le président Fillon demanda à changer de nom, et la cour fit droit à sa requête en l'autorisant à prendre celui de Villemur... Mais parlons d'un événement d'une tout autre importance.

Le 2 décembre de la présente année le secrétaire du prince de Cellamare, ambassadeur d'Espagne, avait un rendez-vous avec une des filles de la Fillon, qui l'attendit longtemps ; arrivé à près de minuit auprès de sa belle, il allégua pour motif de son retard l'expédition d'une multitude de dépêches de haute importance qu'avait dû emporter l'abbé Porto-Carrero, parti pour Madrid. La Fillon était présente quand le secrétaire parlait ; au mot de Madrid, qui est toujours suspect à la cour du Palais-Royal, à la nouvelle du départ nocturne de cet abbé qui emportait tant de dépêches importantes, notre fine courtisane conçut quelques soupçons ; elle laissa les amants ensemble et courut chez le régent. Il était alors hors d'état d'entendre un rapport ; la Fillon alla trouver Dubois, et lui rendit compte de ce qu'elle avait appris. A l'instant même il expédia un courrier sur la route d'Espagne, avec les ordres nécessaires pour obtenir main-forte. Le courrier joignit l'abbé Porto-Carrero à Poitiers ; il le fit arrêter ; on s'empara de tous les papiers dont cet ecclésiastique était porteur, et le 8 décembre au soir ces dépêches furent apportées au Palais-Royal. Philippe venait d'entrer à l'Opéra ; ce fut encore Dubois qui le premier ouvrit les paquets interceptés.

Après le spectacle l'abbé essaya de rendre compte au duc d'Orléans de ce qu'il venait de découvrir en lui annonçant qu'il s'agissait d'une conspiration. Mais il y avait ce soir-là *petit souper* au Palais-Royal ; rien ne passait avant cela. « A demain les affaires, » répondit le prince, et il alla rejoindre ses roués. Mais Dubois, qui n'était roué que lorsqu'il n'avait rien de mieux à faire, passa la nuit à préparer la direction qu'il voulait donner à cette affaire pour qu'elle tournât le plus possible à son avantage. « J'aspire à tout, se disait à lui-même » cet habile intrigant ; mais je ne suis encore rien, ou à peu près rien. » Qui sait quels changements pourraient arriver dans l'État, si Phi- » lippe venait à mourir ? Sachons donc nous ménager des protecteurs » pour les circonstances imprévues. Me voici maitre d'une grande » conjuration où bien des gens sont compromis, tâchons de ne sacri- » fier que ceux dont la perte sera sans conséquence, et sauvons ceux » auprès de qui je pourrai au besoin me faire un mérite de leur » salut. » Bref, les choses furent combinées de telle sorte que le régent ne vit rien que par les yeux de Dubois dans la fameuse conspiration de Cellamare, qu'il est temps d'expliquer.

Louis XV est d'une santé délicate ; il est d'ailleurs, disent les ennemis du régent, environné de dangers sans cesse renaissants. La cour de Sceaux, particulièrement, fait courir les bruits les plus étranges sur ces prétendus dangers : un jour, ce sont des biscuits empoisonnés qu'on a trouvés dans les poches du jeune monarque ; le lendemain, c'est une prise de tabac qui eût tué le roi comme un coup de foudre, et dont le maréchal de Villeroi l'a garanti ; une autre fois, madame de Ventadour est arrivée à temps pour empêcher Sa Majesté de toucher à une collation entièrement saupoudrée de poison. Le public, ami de l'extraordinaire, écoute ces nouvelles, les répète, elles s'accréditent ; les menées séditieuses des ennemis du régent sont motivées aux yeux d'une partie de la nation, et ces conspirateurs croient leur parti assez fort pour renverser le duc d'Orléans. Telle fut la pensée qui présida à la conspiration du prince de Cellamare ; il faut noter avant tout que cet ambassadeur n'était que l'agent d'Alberoni, devenu cardinal et placé à la tête du ministère espagnol. Or j'ai déjà dit quelques mots des insinuations de cet intrigant, dont les projets ne tendent à rien moins qu'à gouverner l'Espagne et la France en qualité de premier ministre des deux États. « Sire, a-t-il dit à l'inexpérimenté Philippe, qu'il est on ne peut plus » facile de tromper en flattant ses penchants, le duc d'Orléans est » éloigné du trône ; il ne descend que de Louis XIII, tandis que » Votre Majesté descend directement de Louis XIV : c'est donc à » vous qu'appartient dès ce moment la régence du royaume de » France, c'est à vous qu'appartiendrait la couronne si le débile » Louis XV venait à manquer. Votre Majesté ne saurait se croire liée » par des traités qu'imposa le malheur des temps, les lois fondamen- » tales de la monarchie française sur la succession du trône appuient » vos droits de toute leur autorité. D'ailleurs le duc d'Orléans a » prouvé qu'il craignait l'exercice de ces mêmes droits dans les al- » liances qu'il a faites avec l'empereur, l'Angleterre et la Hollande ; » alliances qu'il a dû acheter, dans ses pressantes appréhensions, par » le sacrifice de la politique de Louis XIV et des infortunés Stuarts, » alliés naturels des puissances catholiques. »

Alberoni ajouta : « Votre Majesté a en France un parti considé- » rable ; si elle daigne mettre à ma disposition les ressources néces- » saires, je promets de conduire les choses de telle manière que la » régence arrivera d'elle-même à Votre Majesté. » Philippe V et surtout l'ambitieuse Élisabeth dirent : *Faites...* La conspiration de Cellamare eut lieu.

L'objet principal des conjurés était de se rendre maîtres en même temps de la personne du jeune roi et de celle du régent sous le prétexte insidieux que les jours de Sa Majesté n'étaient point en sûreté, tant qu'ils dépendaient d'un prince intéressé à en abréger le cours et capable de cet attentat. On devait convoquer ensuite les états généraux, afin d'annuler tout ce qui avait été fait depuis la mort de Louis XIV, particulièrement la cassation du testament et des deux traités de 1717 et 1718. Mais Alberoni avait senti que pour arriver à ce grand résultat il fallait se former en France un parti imposant et capable à l'époque de l'événement de donner une empreinte nationale à la révolution. Le prince de Cellamare réussit en effet à exercer de puissantes séductions : des pairs, des évêques, des cardinaux, des grands du royaume, des ordres entiers de religieux, accédèrent à la conspiration. Tout était prêt ; l'ambassadeur n'attendait plus, comme il le disait dans sa correspondance, que l'ordre de *mettre le feu aux mines*, quand une velléité amoureuse d'un simple scribe déjoua des complots si habilement et si fructueusement ourdis.

Les dépêches saisies sur l'abbé Porto-Carrero renfermaient les noms de soixante personnes de haute distinction inscrites parmi les conjurés. Le paquet contenait aussi des projets de lettres de Philippe V à Louis XV pour l'informer des prétendus dangers qu'il courait, et de la fallacieuse nécessité de ravir la régence au duc d'Orléans. On trouva encore sous les cachets du prince de Cellamare un manifeste qui devait être adressé aux états provinciaux de la France dans le but de les soulever. Enfin l'ambassadeur envoyait à la cour de Madrid une requête qu'on devait supposer présentée par ces mêmes états à Sa Majesté Catholique pour lui demander appui et protection.

Toutes ces pièces étaient signées ou contre-signées de la main du prince de Cellamare ; la conspiration était flagrante, et vainement se fût-il retranché derrière des droits et prérogatives attachés à son caractère d'ambassadeur. On mit donc en sa présence les scellés sur ses papiers, dont l'abbé Dubois et un M. Leblanc firent préalablement la visite. Le Castillan affectait pendant cette disposition de traiter M. Leblanc avec une grande politesse, et l'abbé avec un froid mépris. Cette affectation fut portée si loin qu'au moment où le premier allait ouvrir une petite cassette d'ébène Cellamare lui dit : « Mon- » sieur Leblanc, cela n'est pas de votre ressort, ce sont des lettres de » femmes, laissez cela à l'abbé, qui toute sa vie a été maq...... — » Monsieur l'ambassadeur est jovial, répondit le favori du régent ; » mais j'entends la plaisanterie et je désire que la Tournelle l'en- » tende aussi bien que moi .. ce serait trop dommage qu'un sei- » gneur aussi gai que monsieur l'ambassadeur fût décapité en place » de Grève. »

Cette repartie était bonne, mais le régent n'avait pas intention de porter les choses si loin. L'inventaire des papiers étant terminé, on renferma les papiers dans trois caisses, que M. de Cellamare lui-même scella des cachets de sa légation, et qu'on tint à la disposition de la personne que Sa Majesté Catholique désignerait pour les réclamer. Pendant ce temps le conseil de régence notifiait aux ministres étrangers résidents à la cour de France les justes motifs que le roi avait de sévir contre l'ambassadeur d'Espagne; des copies de toutes les pièces interceptées étaient jointes à chaque note. M. le duc d'Orléans laissa le prince de Cellamare dans son hôtel depuis le 8 jusqu'au 13 décembre, c'est-à-dire cinq jours après la découverte de la conspiration, afin de donner le temps aux ambassadeurs des autres puissances de le voir, si bon leur semblait. Aucun d'eux ne se présenta chez lui. Je dois ajouter que la garde de mousquetaires qu'on avait donnée dans le premier moment au diplomate espagnol eut ordre de se retirer après la visite des papiers, et qu'elle ne reparut que le 13 à quatre heures et demie du soir. Ce jour-là M. de Hibois, gentilhomme de la manche, déclara à M. de Cellamare qu'il venait le prendre pour le conduire au château de Blois. L'escorte ne se composa que de deux capitaines de cavalerie montés dans un carrosse qui suivait celui dans lequel voyageait l'ambassadeur.

Ainsi échoua cette conspiration, dont le but principal était de transporter la régence à Philippe V, et de soumettre ainsi les destinées de la France aux vues du cabinet espagnol, ou plutôt aux vues particulières du cardinal Alberoni. On verra que la sentence rendue contre les princes légitimés contribua à fomenter cette conjuration. Indépendamment des soixante personnes dont j'ai parlé, et qui ont pris la fuite, les cardinaux de Polignac, de Bissi, de Rohan, sont soupçonnés; le duc et la duchesse du Maine le sont davantage, et leur conduite est examinée de près. On sait déjà que la dame de Sceaux a fait travailler M. Malezieu, de l'Académie française, au projet de la lettre que Philippe V devait écrire à son neveu pour le décider à ôter la régence au duc d'Orléans. La duchesse reçoit ses amis déguisés; mais ces beaux masques sont tous connus de la police et des agents de Dubois.

A tout instant on apprend des détails nouveaux sur la conspiration; le lendemain du jour où elle fut découverte, Cellamare avait donné son meilleur cheval à l'abbé Brigaut, qui s'était élancé bride abattue sur la route d'Espagne, pour essayer de porter à Madrid l'avis que les mines étaient éventées. Cet intrigant allait continuer son chemin avec des chevaux de poste, lorsqu'il fut arrêté à vingt lieues de Paris, ramené et jeté à la Bastille.

Madame du Maine tremble, dit-on, pour sa liberté; l'abbé Brigaut est un de ses agents secrets.

On a remarqué qu'aucun des opposants à la constitution n'a pris part à la conspiration d'Alberoni; aussi le cardinal de Noailles s'en est-il prévalu dans le compliment qu'il a fait à cette occasion au régent. « Monseigneur, lui a-t-il dit, je viens vous offrir deux épées : mon » clergé et ma famille; je suis assuré qu'il n'y a point d'ennemis ni » dans l'un ni dans l'autre. »

Cependant un courrier a été envoyé dès le 8 décembre à M. le duc de Saint-Aignan, ambassadeur de France à Madrid, pour l'informer de l'arrestation du prince de Cellamare, et lui prescrire de quitter sur l'heure la cour d'Espagne, de peur qu'on ne l'arrêtât lui-même. Mais le 14, jour de l'arrivée du courrier, Alberoni n'était pas encore instruit de ce qui s'était passé à Paris, et pourtant il envoyait ce même jour à M. de Saint-Aignan l'ordre de partir dans le délai de vingt-quatre heures; voici pourquoi : Philippe V étant atteint d'une hydropisie dont les progrès assez rapides semblaient menacer ses jours, fit, au mois de novembre, un testament par lequel il donnait la régence à Élisabeth et au cardinal Alberoni. « Il pourrait bien en » arriver de ces dispositions testamentaires, dit Saint-Aignan à quel- » qu'un, comme de celles de Louis XIV. » Ce mot déplut au premier ministre, qui fit signifier au duc et à la duchesse de *vider Madrid* dans vingt-quatre heures. La signification fut remise le soir, et l'on pense bien que l'ambassadeur, ayant eu des nouvelles de Paris, se disposait à se mettre en route promptement. Mais le lendemain de grand matin, un exempt vint faire lever le duc et la duchesse pour les faire monter en voiture à l'instant... Que devint le cardinal lorsque, quarante-huit heures plus tard, il apprit que M. de Cellamare était prisonnier à Blois, et qu'il ne pouvait plus exercer la réciprocité sur le ministre français !

Quand la nouvelle de l'échec de Cellamare parvint au premier ministre, il venait précisément d'écrire à cet ambassadeur de ne point sortir de Paris, à moins qu'on ne voulût l'y contraindre, et, dans ce cas, de *mettre auparavant le feu aux mines*.

Tout porte à croire que nous aurons la guerre avec l'Espagne; déjà même le régent a fait publier et parvenir dans les cours étrangères un manifeste où le roi de France expose ses justes griefs contre le cabinet de Madrid.

Depuis trois jours les mousquetaires avaient ordre de ne point s'éloigner de l'hôtel, et de se tenir prêts à monter à cheval; ce qui fortifiait le bruit qu'on faisait courir de la prochaine arrestation de gens fort considérables. Ce bruit était fondé, M. le duc et madame la duchesse du Maine ont été arrêtés ce matin : le premier par Labillardière, lieutenant des gardes du corps, qui le conduit à la citadelle de Dourlens; la princesse, par un autre lieutenant des mêmes gardes, qui la mène au château de Dijon. On s'est saisi en même temps de

mademoiselle de Montauban, fille d'honneur de la duchesse, de plusieurs domestiques considérables de sa maison et même de quelques laquais. L'académicien Malezieu et son fils viennent d'être envoyés à la Bastille, où plus de trente autres personnes ont été renfermées par suite de l'affaire Cellamare.

Les enfants de M. le duc du Maine ne sont point restés à Sceaux : le prince de Dombes est parti pour Moulins, le comte d'Eu est conduit à Gien, et mademoiselle du Maine se rend à Maubuisson.

Le duc d'Orléans a recommandé que toutes les personnes emprisonnées dans l'affaire Cellamare soient traitées avec douceur; on ne les a point mises au secret, comme cela se pratique en pareil cas, et chacune d'elles peut recevoir des visites quand bon lui semble. Le comte de Laval, détenu à la Bastille, pour avoir plus souvent des nouvelles de la ville prétend qu'il a besoin de trois lavements par jour, ce qui lui donne l'occasion d'être en rapport avec son apothicaire le même nombre de fois autrement que par le rapprochement de deux faces d'espèces différentes. Dubois signalait l'un de ces matins au régent ces clystères redoublés comme autant d'abus. « Eh! » l'abbé, répondit Son Altesse Royale, puisqu'ils n'ont que ce délas- » sement, ne le leur ôtons pas. »

Le roi a perdu cette année deux braves officiers : le maréchal d'Harcourt, connu surtout par son adroite conduite à la cour de Madrid, relativement à la succession de Charles II; et le maréchal de Montrevel, dont la fin prouve qu'une grande valeur n'est pas incompatible avec la plus déplorable faiblesse de caractère. Montrevel, dînant chez le maréchal de Biron, laissa tomber une salière sur la nappe et s'écria : « Je suis mort! » Après cette exclamation, le superstitieux général tombe en faiblesse; on l'emporte; la fièvre le prend; et le surlendemain il n'était plus.

<h2 style="text-align:center">CHAPITRE V.</h2>
<h3 style="text-align:center">1719.</h3>

La guerre est déclarée à l'Espagne, d'après une résolution prise dans une séance du conseil de régence en date du 2 janvier. La politique du cabinet des Tuileries n'est point toutefois de pousser vivement les hostilités contre Sa Majesté Catholique, oncle de Louis XV. On a plutôt en vue de contraindre ce prince à recevoir les conditions d'une paix solide, conditions déjà arrêtées entre la France et la Grande-Bretagne.

D'après ces vues mitoyennes, la guerre qu'on prépare ne fait qu'une légère diversion aux débauches de la cour, et comme les plaisirs sans frein conduisent bientôt à la satiété, il n'est pas de moyens que la dépravation n'emploie pour exciter les sens émoussés... On ne trouve plus, au sein du libertinage, de distinctions de rang, d'âge ni même de sexe. Les nobles recherchent des bourgeoises, des paysannes; les jeunes gens se plaisent à réveiller la vieille galanterie de beautés surannées, et, j'ose à peine le dire, le femmes se livrent aux stériles caresses des femmes. De cet horrible excès d'immoralité, il résulte que l'exemple réitéré des hautes sociétés a fructifié dans les classes inférieures... La corruption est maintenant au sein de la multitude, et s'y montre d'autant plus hideuse, que le défaut d'éducation y laisse exister plus de brutalité. Les roués de la cour, dégoûtés du cynisme des duchesses, avaient cherché, chez l'avocat, le procureur, le marchaud, des charmes abandonnés avec moins d'effronterie; mais les bourgeoises se sont formées, et leur amour est presque aussi grossier aujourd'hui que celui des princesses.

Il y a peu de jours, dix-sept gentilshommes furent aperçus, au clair de la lune, sous les fenêtres du jeune roi, aux Tuileries, s'abandonnant aux excès les plus révoltants d'une luxure contraire aux lois de la création. M. le duc d'Orléans, informé de cette scène, dont on lui nomma les auteurs, ne fit d'abord qu'en rire. Il dit pourtant qu'il faudrait faire une réprimande à ces messieurs. « Car, en vérité,

» ajouta Son Altesse Royale, ils n'ont pas le meilleur goût du
» monde. » Dubois voulait qu'on laissât ces indignes tranquilles;
Villars opina pour qu'on les punît légèrement. Le régent après avoir
pesé tous les avis se décida à mander sans éclat les coupables dans son
cabinet, afin de leur faire à chacun une semonce; après quoi on les
enverrait à leurs régiments. Philippe se sentait en un mot très-porté
à l'indulgence; mais plusieurs de ces gentilshommes ayant prétendu
lui prouver à lui-même qu'il avait tort de condamner leur penchant
sans avoir d'abord cherché à s'en rendre compte, le régent, enfin
irrité, les envoya à la Bastille pour les punir au moins d'avoir voulu
le corrompre lui-même.

Il était environ sept heures du matin, Richelieu venait de se coucher après une nuit laborieuse, il dormait très-profondément, lorsqu'un exempt suivi de trois mousquetaires et qui n'avait pas voulu
s'en rapporter à un valet de chambre pour réveiller son maître le
tira brusquement du sommeil réparateur dans lequel il était plongé.
Le duc parut peu surpris de cette visite matinale et se borna à dire
en s. urant du lit que ces messieurs auraient dû venir un peu plus tard.
« Monsieur le duc connaît donc le motif qui nous amène? demanda
» l'exempt avec respect. — Je m'en doute, répondit Richelieu; M. le
» régent, dans tout ce qui vient de se passer, aurait eu bien du mal-
» heur s'il n'avait pas trouvé l'occasion de me punir de l'amour que
» sa fille a pour moi. Je vois qu'il s'agit de vous suivre à la Bastille;
» partons. »

Le motif de l'arrestation de Richelieu n'était peut-être pas sans
une sorte de conformité avec ce qu'il venait de dire ; cependant on
prétend que le duc ayant écouté les propositions des Espagnols avait
promis de leur livrer Bayonne, gardé en ce moment par son régiment et celui de M. de Saillans, son ami, qu'il espérait, dit-on, entraîner aisément dans cette trahison. Pour prix de sa condescendance
aux vues de nos ennemis le duc avait, ajoute-t-on, reçu la promesse
d'avoir le régiment des gardes françaises dès que Philippe V serait
déclaré ré. ent de France. Voilà maintenant une autre version :
M. le duc d'Orléans toujours amoureux de sa fille, mademoiselle de
Valois, pensait avec raison que jamais elle ne consentirait à lui céder tant qu'elle pourrait voir un amant qu'elle idolâtrait, et elle le
voyait malgré tous les soins jaloux du régent. Un emprisonnement
pouvait seul éloigner sûrement ce rival. Philippe V eut la coupable
faiblesse. non-seulement de le décider, mais encore de le provoquer
avec perfidie. Le régent envoya donc un matin chez Richelieu un
Napolitain nommé *Murin*, qui parlait espagnol, et qui dans un ba-
ragouin moitié français, moitié castillan, fit à ce jeune seigneur, au
nom de Sa Majesté Catholique, la proposition et la promesse dont
j'ai parlé plus haut. Cette version n. dit pas si le duc a accédé aux
offres trompeuses qui lui étaient faites; mais à cet égard le régent
lui-même a donné des éc aircissements. « J'ai dans ma poche, disait
» Son Altesse Royale le jour de son arrestation, de quoi faire couper
» quatre têtes au duc de Richelieu s'il les avait. Ce sont quatre lettres
» signées de lui écrites au cardinal Alberoni et dans lesquelles il lui
» promet de livrer Bayonne aux troupes de Sa Majesté Catholique. »

Ainsi, en admettant qu'il y ait eu séduction de la part de M. le
duc d'Orléans, il faut convenir qu'il n'y en a pas moins félonie du
côté de Richelieu, et que si le premier est coupable d'avoir provoqué, le second l'est bien davant ge d'avoir trahi, car il ne peut venir
à l'idée de personne que le régent ait supposé, surtout publiquement,
l'existence des lettres qu'il a citées.

Quel que soit le crime du beau prisonnier, mademoiselle Charolais
éprouve la plus vive douleur d'être séparée de son amant : elle est
dangereusement malade depuis le jour de son arrestation. La mère
de cette princesse ne l'aime point, la sensibilité ne fut d'ailleurs jamais son f.ible ; elle paraît cependant touchée du chagrin de sa fille.
La douairière de Bourbon n'ignore point que cette jeune personne a
donné au duc ces preuves d'amour qui font perdre aux demoiselles
le droit de porter une couronne blanche à leur noce ; mais comme
cette fille de Louis XIV n'est pas scrupuleuse sur ce point, elle
cherche de son mieux à consoler la belle affligée. « Eh ! mon enfant,
» lui répète-t-elle souvent, c'est à mademoiselle de Valois à s'affliger
» et non à vous. — Hélas ! répond l'intéressante malade, que made-
» moiselle de Valois le sauve et je consentirai à ne plus le rece-
» voir... » Cela ressemble bien a un serment d'ivrogne.

Pendant que mademoiselle de Bourbon, dévorée de fièvre, pousse
des soupirs d'amour et de regret, Richelieu se résigne avec légèreté
à une prison qui lui donne l'importance d'un héros conspirateur. Il
est vrai que grâce aux sollicitations de mademoiselle de Valois le régent a donné au gouverneur de la Bastille l'ordre d'accorder au duc
tout ce qu'il demanderait. On lui a permis d'avoir son valet de
chambre, deux laquais, des jeux, des instruments; rien ne lui manque, si ce n'est la liberté. Le charmant captif a du moins celle de
prendre l'air pendant une heure sur les tours du château fort, ce qui
donne lieu à des scènes journalières dont je dois toucher quelques
mots. Les femmes qui furent, qui sont ou qui aspirent à être maîtresses du duc de Richelieu, informées de l'heure à laquelle il paraît
au sommet du gothique édifice, vont se promener tous les jours de
ce côté, et leurs carrosses forment sans exagération une file longue
de cinq cents pas dans laquelle le moraliste doué de la meilleure vo-

lonté ne pourrait voir un témoignage de la pudeur de ces dames. Les
tendres observations font circuler leurs voitures depuis le bas des
tours jusqu'à la porte Saint-Antoine ; puis elles retournent sur leurs
pas, heureuses d'avoir à parcourir le même espace pour revoir le
même objet. Il faut voir les gestes expressifs, les œillades enflam-
mées, les baisers voyageurs que ces beautés dirigent de bas en haut!
Le duc répond à tout cela avec une pantomime éloquente, qui, faute
de mieux, satisfait les amours-propres en circulation devant la Bastille. On dit même depuis quelques jours que certain langage suivi
s'établit par signes entre les promeneuses et le prisonnier. Par exemple le chapeau agité au-dessus de la tête veut dire : « Je vous aime;»
la réponse de la dame est de lever la main, et l'on assure que toutes
les mains sont en l'air.

On ne m'a pas dit si mademoiselle de Valois va lever la main sous
les murs de la Bastille ; mais je sais qu'elle travaille de tout son pouvoir à dissiper l'orage formé sur la tête de Richelieu. Elle doit se
féliciter dans cette circonstance de n'avoir encore rien accordé à son
père pour lui promettre tout s'il rend la liberté au mortel qu'elle
chérit. Mais, décidée à faire ce grand sacrifice, la jeune princesse
est contrariée par sa sœur, madame de Berry, qui, furieuse de n'a-
voir eu Richelieu qu'un instant, ne saurait pardonner à mademoiselle de Valois de le garder des années. Or, exerçant sur le duc d'Orléans la double influence d'une fille et d'une amante, la dame du
Luxembourg éloigne de l'esprit du prince tout projet de clémence.
Les choses en sont là : on ne pleure pas moins au Palais-Royal qu'à
l'hôtel de Condé. Épuisons cependant la chronique du jour sur la
maison d'Orléans.

Les nouvelles qui arrivent journellement de Chelles forment la
gazette la plus curieuse du monde. Les goûts de madame l'abbesse
produisent une suite d'anecdotes de plus en plus singulières, bizarres
ou plaisantes. Il y a quelque temps un accès de dévotion étant survenu
à Marie-Adélaïde d'Orléans, elle prit tout à coup en horreur la musique, déchira ses partitions, brisa harpe, clavecin, guitare et jeta le
tout au feu en faisant chanter le *Veni creator* à toute la communauté.
Le lendemain madame la supérieure bâilla ; le surlendemain elle déclara hautement qu'elle s'ennuyait ; le troisième jour on vit arriver
de Paris un chariot chargé d'instruments et de cahiers de musique
avec une calèche de laquelle descendit un chanteur de l'Opéra, qui
venait remettre l'abbesse sur le ton de l'harmonie...

Quand l'acteur fut reparti, une nouvelle atteinte de mélancolie
obscurcit le front de madame de Chelles : un soir après souper elle
annonça qu'elle voulait visiter le tombeau qu'elle avait fait creuser
pour elle. Une longue file de religieuses ayant chacune un flambeau
à la main se dirige à onze heures du soir vers l'église du couvent.
Les jardiniers, munis de pinces, soulèvent la dalle qui recouvre l'entrée du caveau funéraire. On y descend avec une échelle. Les nonnes
se rangent en cercle autour du sépulcre ouvert. La princesse s'y
couche, se place, s'arrange, se croise les bras comme si elle était
morte, déclare qu'elle est satisfaite de son lit éternel, et va se coucher dans un lit plus doux.

Toutes les fantaisies d'Adélaïde d'Orléans ne sont pas aussi extraordinaires : il est des saisons durant lesquelles la communauté se
remplit d'ateliers où des ouvrières venues de Paris s'occupent de
toutes sortes d'ouvrages de broderie, de lingerie, de modes, de cou-
ture. On pense bien que les jeunes personnes appelées de la capitale
pour enseigner aux sœurs ces divers travaux leur apprennent bien
autre chose; mais c'est à peu près sans inconvénient pour des nonnes
habituées à peindre en pied des Hercule et des Ajax. La supérieure
s'exerce tour à tour dans tous les métiers : elle travaille à la forge,
à l'étau, à l'établi, fait des fusées volantes, des feux d'artifice et paraît quelquefois noire comme une charbonnière devant ses religieuses... Dans d'autres moments vous voyez la princesse tresser des
cheveux d'un doigt agile ; elle s'est réservé le droit exclusif de fabriquer les perruques de son confesseur.

De temps en temps les armes occupent madame de Chelles. N'ayant
pu habituer aucune des novices à manier le fleuret, elle passe des
heures entières à faire plier sa lame sur un mur en frappant du pied,
ou bien, saisissant une paire de pistolets que son père lui a donnés,
elle tiraille dans les cloîtres et fait mourir de peur les vieilles mères
agenouillées auprès de leur prie-Dieu.

Viennent ensuite a Chelles des savants, des théologiens. Adélaïde
d'Orléans parle avec les uns astronomie, physique, chimie, médecine, mathématiques; avec les autres elle discute sur les conciles, les
schismes, les bulles ; en un mot cette princesse est universelle
comme son père, et cependant ainsi que lui elle a perdu bien du
temps en douces niaiseries... Récapitulons ce qui se passe dans la
maison d'Orléans.

Tandis que le régent gouverne mollement la France et fort mal ses
mœurs, sa fille aînée se livre aux rêves de la vanité et aux réalités
trop scandaleuses du plaisir; sa fille cadette mène la vie étrangement
religieuse dont je viens de rapporter quelques détails ; mademoiselle
de Valois soupire sur l'absence du péché; et madame d'Orléans, l'Héraclite de la famille, pleure les égarements de ses filles et de son
époux. La princesse se retire souvent à l'abbaye de Montmartre, où
elle a un appartement, et là des larmes qu'essuie madame de Sforce,

sa confidente et sa meilleure amie, coulent des yeux de cette Madeleine par procuration. Si la duchesse a le malheur de ne pouvoir pleurer, de noires vapeurs l'accablent; alors son attentive compagne lui raconte quelque chose de bien triste, les pleurs surviennent, elle est guérie... Semblable aux plantes aquatiques, Son Altesse Royale ne végète à l'aise que dans l'eau.

Les grands acteurs du monde comme ceux du théâtre cessent d'occuper la renommée dès qu'ils ont quitté la scène. Madame de Maintenon vivait depuis quatre ans à Saint-Cyr oubliée de cette cour qu'elle dirigea si longtemps, de ce public dont elle excita tant de fois les murmures. Peu de personnes la visitaient : ses nièces, le duc de Noailles et quelques autres personnes étaient seuls admis auprès d'elle. Mais si la vieille marquise avait peu de rapports avec le monde, les dames de Saint-Cyr trouvaient qu'elle en avait beaucoup trop avec elles. L'autorité que Françoise d'Aubigné a toujours exercée dans cette maison, dont elle fut la fondatrice, était devenue en dernier lieu une véritable tyrannie, non pas seulement absolue, mais exigeante, tracassière, minutieuse. Les religieuses ainsi que les élèves avaient à supporter la censure remplie d'aigreur de cette suzeraine. Elle faisait venir chaque matin chez elle les dames pour leur donner des instructions et le plus souvent pour leur donner des reproches. Les pensionnaires étaient également assujetties à cette sorte d'inspection, où leur démarche, leurs vêtements, l'expression de leurs physionomies étaient examinés avec un soin scrupuleux et presque toujours critiqués. Les jeunes personnes un peu jolies devaient particulièrement s'attendre à des réprimandes qu'un rien provoquait ou plutôt prétextait. On eût dit que madame de Maintenon voulait les punir d'oser être pourvues d'une beauté dès longtemps évanouie en elle et qu'elle se proposait d'enlaidir ces pauvres petites à force de tourments.

La veuve de Louis XIV ne tenait compte à personne des égards, du respect, je pourrais presque dire du culte dont elle était l'objet à Saint-Cyr. Tout ce qu'on faisait pour elle lui paraissait au-dessous de ce qu'on devait faire ; et si par hasard un service dont elle ne pouvait se dispenser de paraître reconnaissante lui était rendu, elle s'attachait au moins à en diminuer l'à-propos. Au commencement de l'hiver dernier les dames firent faire quelques réparations dans la chambre de cette douairière d'un poëte et d'un grand roi afin de lui épargner l'atteinte du froid. « C'est bien la peine, dit-elle, pour » deux instants que j'ai encore à vivre. »

Françoise d'Aubigné, marquise de Maintenon, mourut le 15 avril à cinq heures du soir, elle entrait dans sa quatre-vingt-quatrième année. Si les pratiques sévères de la religion, les démonstrations d'une piété affectée, les jeûnes fréquents, les coups redoublés sur la poitrine suffisent pour ouvrir la route du ciel ; si une jeunesse prostituée, des perfidies atroces et quarante-trois ans d'intrigues souvent funestes à toute une nation ne ferment point aux âmes le séjour d'une béatitude éternelle, la favorite de Louis XIV en doit jouir. Peut-être elle-même avait-elle des doutes à cet égard quand elle disait à M. de Noailles le matin du jour de sa mort : « Adieu, mon cher duc; » dans quelques heures je vais apprendre bien des choses. »

Toutes les habitantes de Saint-Cyr ont exprimé beaucoup de regrets, ont versé prodigieusement de larmes en confiant aux souterrains de leur église le corps de la marquise... Mais c'était une nouvelle tragédie jouée dans cette maison.

Tandis qu'on enterrait madame de Maintenon à Saint-Cyr, les hostilités commençaient en Espagne. Le marquis de Silly, détaché sur le port du Passage par le maréchal de Berwick, général en chef de l'armée, s'est emparé de cette place vers le milieu d'avril. On y a trouvé six vaisseaux de guerre sur les chantiers, des matériaux pour la construction de vingt autres et cinquante pièces de canon. Une partie de cette capture a été livrée aux flammes; on transporte le reste à Bayonne. Ce début de campagne coûte environ quinze millions à Philippe V.

À l'occasion de la guerre un édit du roi crée des officiers de l'ordre royal et militaire de Saint-Louis, à l'instar de ceux qui existent dans l'ordre du Saint-Esprit. On se félicitait d'une fondation qui procurerait au régent l'occasion d'honorer encore quelques généraux de haute distinction... Quelle a été la surprise lorsqu'il a appris que le garde des sceaux devenait chancelier de l'ordre de Saint-Louis, M. le Blanc, prévôt, maître des cérémonies, et M. Fleurieu d'Armenonville greffier ! On chansonne ces hommes de robe portant sur leur noire simarre une étoile d'or avec ces mots : *Præmium bellicæ virtutis*... et chacun se demande si les campagnes de M. d'Argenson à la Madeleine de Trainel comptent comme des exploits guerriers.

Les frais de la guerre paraissent inquiéter fort peu le régent, la Banque y pourvoira; et MM. les Espagnols, s'ils se laissent battre, voudront bien se tenir pour dit que nos billets d'État valent mieux que leurs lingots de Potosi ou du Pérou. La mine de nos richesses est aussi beaucoup plus féconde que les filons d'or du Nouveau-Monde, puisqu'd'un trait de plume le conseil de régence peut mettre en émission d'inépuisables trésors. C'est ainsi qu'un arrêt de ce conseil, en date du 22 avril, ordonne la fabrication de cent millions de billets : « Ce papier, dit expressément l'arrêt, ne sera sujet à aucune

» diminution comme les espèces, attendu que la circulation des bil» lets est plus utile aux sujets du roi que les matières d'or et d'ar» gent, et qu'ils méritent une protection plus particulière que les » monnaies faites de métaux apportés des pays étrangers. » Dieu veuille que nos neveux, qui sans doute n'auront pas les mêmes raisons que nous de croire à l'excellence du papier, ne pensent pas que le conseil de régence de 1719 était composé uniquement d'échappés des Petites-Maisons.

Mais le succès des diverses compagnies prouve que si l'engouement pour le système Law est, en certains points, porté jusqu'au délire, il offre réellement des avantages qui ne s'évanouiront peut-être que parce qu'ils sont exploités avec trop peu de sagesse. La compagnie des Indes occidentales, déjà en possession des droits et actions de celle du Sénégal, est devenue, par un édit récent, propriétaire du privilége de la compagnie des Indes orientales et de la Chine, fondée en 1717, et, à l'occasion de cette cession, on a permis à cette société d'Occident d'émettre pour vingt-cinq mil lions de nouvelles actions de la valeur de cinq mille cinq cents livres chacune. Elles sont payables en argent, « parce qu'il s'agit d'un commerce lointain où la » valeur des billets de banque ne peut pas atteindre. » Voilà un considérant d'une grande modestie; mais messieurs de la compagnie ne désespèrent pas de faire l'éducation financière des Indous, des Chinois, et l'on tâchera d'en amener à cet effet quelques-uns rue Quincampoix.

Si l'hymen ne fut pas fécond dans le ménage de la duchesse de Berry, il ne dut pas au moins y accepter les présents de l'amour. Mais le bruit se répandit, en 1717, que la princesse venait d'avoir un enfant, et on se dit alors à l'oreille que cette innocente créature offrait tout à la fois deux degrés de la descendance directe du régent. Voici le couplet qui courut :

> Enfin votre esprit est guéri
> Des craintes du vulgaire;
> Belle duchesse de Berry,
> Achevez le mystère.
> Un nouveau Loth vous sert, mère des Moabites;
> Donnez-nous promptement un peuple d'Ammonites [1].

M. le duc d'Orléans, qui voulait, dit-on, cacher la fécondité de sa fille, fut très-irrité de ces vers; il en rechercha l'auteur, et la voix publique lui désigna le jeune Arouet. Mais ce poëte nia l'épigramme d'une manière si originale qu'il désarma le prince. Je ne puis me défendre de copier ce désaveu singulier, que Voltaire envoya à Son Altesse Royale par M. de Brancas.

> Non, monseigneur, en vérité
> Ma muse n'a jamais chanté
> Ammonites ni Moabites,
> Brancas vous répondra de moi :
> Un homme instruit chez les jésuites
> Des peuples de l'ancienne loi
> Ne connaît que les Sodomites.

« Allons, dit le régent à M. de Brancas, j'ai ri, je ne punirai point » Arouet; cependant recommandez-lui de modérer sa malice, car ses » satires ne me trouveraient pas toujours disposé à rire. Du reste, le » couplet qu'il désavoue est une critique en l'air; madame de Berry » n'a pas eu d'enfant... On tient à cet égard des propos que je veux » laisser tomber... Mais, je vous le répète, dites au petit Arouet qu'il » soit prudent... » Il est probable que le malin rimeur n'écouta pas cet avis, puisque, dans le courant de la même année, il fut renfermé à la Bastille.

Philippe a nié l'accouchement de la duchesse de Berry en 1717, on peut donc au moins douter de ce fait; c'est pour cela que je l'ai tu : dans le doute, je me suis abstenue. Il ne serait pourtant pas impossible que les amours de la princesse eussent offert, il y a deux ans, le même résultat qu'ils ont eu cette année, et celui-là est indubitable. Tout Paris connaissait, cet hiver, la grossesse de madame de Berry, malgré les précautions qu'elle prenait pour la déguiser. Cette situation ne l'empêcha pas de se retirer, pendant la semaine sainte, au couvent des Ursulines, où elle se livra aux pratiques les plus ferventes de la dévotion.

Le lendemain de Pâques, Son Altesse Royale, déguisée, se rendit chez une de ces femmes qui prétendent lire dans l'avenir les décrets encore invisibles du destin. Tout l'art de ces soi-disant pythonisses consiste à savoir tirer de leur dupes la clef des prophéties qu'on va leur demander : soit que la duchesse se fût trahie, soit que la devineresse l'eut reconnue, elle lui dit, après avoir étudié sa main : « Vous êtes la veuve de votre cousin et l'épouse de votre père, dont » vous êtes amoureuse et grosse. Votre accouchement sera périlleux, » mais si vous en réchappez vous vivrez longtemps. » Son Altesse Royale, frappée de cette prédiction, jeta quelques louis sur la table de cette femme, et sortit. Une terreur secrète ne l'a pas quittée de-

[1] L'Histoire sainte a pris soin de nous apprendre l'inceste de Loth avec ses deux filles, l'une appelée *Moab*, l'autre *Ammon*, noms desquels sont venus ceux de *Moabites* et d'*Ammonites*.

puis... Dans les derniers jours du mois de mai, madame de Berry fit une chute qui sans doute causa la mort de son enfant. Le lendemain une forte fièvre se déclara, le délire la suivit de près, et, au milieu de plusieurs accidents, Son Altesse accoucha, le troisième jour, d'une fille privée de vie et déjà putréfiée. Le tempérament de la princesse, usé par tous les genres d'excès, exigeait un traitement spécial; les médecins reconnaissaient la nécessité des saignées; le régent, qui se pique d'avoir des connaissances en médecine, conseillait l'émétique. Le docteur Chirac fut alors obligé de rappeler au prince qu'il s'agissait d'une suite d'accouchement; Philippe parut surpris... En effet, sa fille lui avait laissé ignorer sa grossesse, de peur d'exciter le mécontentement qu'il avait exprimé au seul bruit des couches de 1717. Par suite de cette même réserve, la princesse quitta trop promptement sa chambre; elle se fit voiturer, tantôt à Meudon, tantôt à la Meute, une révolution laiteuse survint. En peu de jours, des douleurs de tête insupportables, accompagnées d'une fièvre chaude et du transport, mirent Son Altesse au bord de la tombe. A cette extrémité, la

Mort de Charles XII.

dévotion prit sur madame de Berry un empire très-démonstratif; elle se livra à tous les devoirs des chrétiens avec une rare ferveur. Son agonie fut, du reste, un mélange singulier de soins pieux et de regrets mondains; de sa bouche sortaient alternativement des prières et des vœux pour le bonheur de M. de Riom, qui est à l'armée. Elle recommanda son âme à Dieu, et le comte au régent de France. Si le Seigneur exauce cette pécheresse sur le premier point, il est à craindre que Philippe ne remplisse pas ses intentions sur le second. L'amant de la duchesse osa, l'an dernier, manquer de respect à M. le duc d'Orléans, pendant un souper du Luxembourg; depuis lors, Son Altesse Royale, malgré les supplications de sa fille, n'a plus voulu voir cet audacieux, et, dès que la guerre avec l'Espagne fut commencée, Riom reçut l'ordre d'aller prendre le commandement d'un régiment de cavalerie, qu'il venait d'obtenir sans l'avoir demandé. C'est ainsi que, pour le comte, la faveur jaillit de la disgrâce; circonstance plus commune qu'on ne pense dans les cours.

Enfin la duchesse de Berry rendit le dernier soupir au château de la Meute, le mercredi 21 juin, à l'âge de vingt-quatre ans et quelques mois. Un devin lui avait prédit qu'elle n'atteindrait pas sa vingt-cinquième année; le hasard s'était plu à favoriser la prétendue prescience de ce charlatan. Tous les vices de cette princesse découlèrent d'une mauvaise éducation, des exemples pervers dont sa jeunesse fut environnée, et d'un tempérament impérieux excité par trop de séductions. Il ne s'offrit qu'une seule occasion de la soupçonner de méchanceté, ce fut à la mort inexpliquée de son mari. Mais si l'on compare l'horrible action qui lui fut alors imputée avec la conduite de toute sa vie, il est presque impossible de la croire coupable. Madame de Berry n'eut pas l'idée d'une noirceur, d'une perfidie, d'une simple

malice... elle ne fit jamais de mal à personne, et ne sera damnée, elle l'est, que pour avoir fait le bien outre mesure. Le ressentiment du coup de pied ne suffirait pas même pour expliquer un projet d'empoisonnement de la part d'une femme très-accessible à la vanité, mais qui ne l'était nullement à la honte.

La dame du Luxembourg est vivement regrettée de son père, très-peu de ses sœurs, qui étaient jalouses de l'empire qu'elle avait sur l'esprit du régent. Quant à madame d'Orléans, elle a considérablement pleuré le jour de la mort de sa fille; mais, comme elle pleure sans cesse, il est au moins douteux qu'on doive attribuer à la tendresse maternelle les larmes qu'elle a versées en date du 21 juin dernier.

Les faiseurs de nouvelles ont prétendu que madame de Berry avait épousé secrètement le comte de Riom au commencement de l'année dernière; cette princesse a déclaré avant de mourir qu'il n'en était rien, quoiqu'elle ait eu souvent le désir de contracter cette union. Mais Son Altesse Royale, voyant sa fin approcher, avait chargé madame de Mouchi de faire parvenir au comte un paquet renfermant des pierreries d'un grand prix. Cette libéralité, tenue sans doute trop peu secrète, fut dénoncée au régent, qui réclama, comme héritier de sa fille, le dépôt confié à sa dame d'honneur, et M. de Riom en fut privé.

Nous venons de voir paraître un arrêt du conseil un peu plus dans l'intérêt du public que dans celui de la Banque, ce qui est rare, attendu la prévention du régent en faveur de cette institution. Cet arrêt ordonne que les dividendes des actions seront payés à raison de douze pour cent, les bénéfices de la Banque devant la mettre à même de faire les plus grands avantages aux actionnaires. Mais, comme si le gouvernement eût voulu s'empresser d'offrir une compensation à la compagnie privilégiée, un autre arrêt du conseil résilie le bail des fermes générales actuelles, et les donne à l'association Law moyennant cinquante-deux millions par an. Un troisième arrêt cède pour neuf années à la compagnie des Indes le bénéfice sur les monnaies pour le prix de cinquante millions de papier, payables en quinze mois. Il ne manque plus au financier écossais que d'avoir part au gouvernement, et l'on dit qu'il n'en désespère pas.

Pendant que ces dispositions se font à Paris, le roi d'Espagne, par un manifeste répandu à profusion dans notre armée, invite les soldats à passer sous ses drapeaux. La régence, au dire de Sa Majesté Catholique, lui appartient incontestablement; aussi s'est-elle armée pour reconquérir le droit dont elle se voit injustement dessaisie. Philippe V termine en se donnant pour le *libérateur* de la France opprimée par le duc d'Orléans.

Malheureusement le Dieu des armées ne répond pas aux vœux de notre protecteur; le maréchal de Berwick, qui fut autrefois pour la Castille un *libérateur* beaucoup plus réel, occupe Fontarabie, Saint-Sébastien, une partie de la Catalogne, et s'est rendu maître de la ville et du château d'Urgel. Il serait temps que les armes du monarque espagnol commençassent à *protéger* ses propres États.

Si la guerre et l'amour peuvent marcher de front, c'est sous un gouvernement comme celui du régent : aussi expédie-t-on tout à la fois au Palais-Royal des dépêches pour le maréchal de Berwick, des billets doux pour les favorites de Philippe, et des invitations aux roués pour les petits soupers bachiques... C'est avec des plumes tirées des ailes de l'Amour que tout est écrit dans le cabinet du dispensateur galant de nos destinées.

N'oublions pas que nous avons laissé M. de Richelieu à la Bastille, jouant de divers instruments, charmant l'ennui de mille autres façons et faisant, du haut de la Bastille, l'amour en pantomime avec les dames qui circulaient au bas, tandis que mesdemoiselles de Valois et de Charolais se désolaient, chacune de son côté, à l'intention de ce mortel léger. Mais le duc fut bientôt troublé dans ses récréations par les interrogatoires très-durs de M. d'Argenson, qu'il appelait *Minos en perruque noire.* Six mois s'écoulèrent ainsi en intermèdes mêlés de galanterie par signes, de musique et de procédures; au bout de cet espace de temps le cardinal et le duc de Noailles obtinrent la liberté de Richelieu, contre lequel il n'existait que des préventions : ses lettres, principales pièces du procès, n'étant pas suffisamment claires pour baser une accusation formelle. Le régent consentit à ouvrir les portes de la Bastille au duc, mais sous la condition que madame de Richelieu, sa belle-mère, le garderait à Conflans. Le beau prisonnier sortit donc, le 30 août, du château Saint-Antoine, pour se rendre au lieu de son exil, où il recevait le jour ses amis, et d'où il sortait la nuit par escalade pour venir à Paris visiter ses maîtresses.

Cependant mademoiselle de Valois, toujours folle de Richelieu, se consumait en sollicitations, en prières, pour obtenir de son père que l'exil du duc, qui était celui du bonheur de cette princesse, fût enfin révoqué. Elle avait déjà obtenu que l'exilé habitât Saint-Germain en Laye et la terre de M. de Noailles, d'où il pouvait s'échapper plus commodément la nuit, n'y étant gardé que par un vieux lieutenant-colonel de cavalerie plus empressé de dormir que de surveiller son prisonnier. Mais le régent, qui voulait tirer parti de cette circonstance pour satisfaire enfin ses désirs incestueux, se montrait inflexible.

Un jour pourtant, dominé par une ardeur dont l'expression étincelait dans ses yeux, Philippe dit avec emportement à la belle suppliante : « Eh bien, satisfaites mes transports, et je rends la » liberté pleine et entière à votre amant. Bien plus, je vous donne » ma parole qu'à ce prix je vous procurerai tous les moyens de voir » Richelieu tant que vous le voudrez... Faites vos réflexions... Je » vous accorde vingt-quatre heures. Demain vous serez à moi, ou » le duc quittera la France. »

La princesse était à peu près décidée, mais elle ne voulait rien faire sans l'aveu de son cher Richelieu. Elle se proposa de le consulter dans une entrevue nocturne qu'elle parvint à grand'peine à faire réussir. On ne s'occupa pas d'abord de la convention proposée ; on finit toutefois par en parler. Le duc, tout aussi coulant en matière de scrupules que le père de la princesse, conseilla à celle-ci d'accepter le marché, dans lequel il trouvait, outre l'avantage de voir librement sa maîtresse, le bénéfice non moins réel d'une liberté absolue.

La supérieure du monastère de la Madeleine de Trainel.

Mais il ajouta qu'elle devait bien se garder de rien accorder avant d'avoir la lettre de grâce et la promesse écrite de l'accession du régent à leur doux commerce. « Donnant donnant, ajouta-t-il ; il faut » que M. le duc d'Orléans dépose avant tout les titres de la convention » sur l'autel où le sacrifice devra se consommer... » Le lendemain, mademoiselle de Valois avait perdu le droit de reprocher à ses sœurs leurs expansives complaisances pour le régent.

Philippe remplit fidèlement sa promesse, ainsi qu'on va le voir. Il y a, dans la cour des cuisines du Palais-Royal, une chambre dont le mur est mitoyen avec une garde-robe de mademoiselle de Valois ; cette pièce était occupée par un cuisinier. Le prince ayant délogé ce domestique, fit percer une porte dans le mur mitoyen, laquelle porte fut recouverte, du côté de la chambre du cuisinier, par une armoire qui la masquait ; tandis que, dans le cabinet de la princesse, l'ouverture en était cachée par un placard dont l'amante de Richelieu eut seule la clef. Ainsi le duc pouvait à toute heure de nuit arriver chez mademoiselle de Valois, qui, au gré de son impatience, n'ouvrait jamais trop tôt le bienheureux placard. De sorte que le régent devint précisément à l'égard de Richelieu et dans une intrigue de sa fille, ce qu'est pour lui-même l'abbé Dubois. Il est vrai que Son Altesse Royale avait son tour ; mais le jeune amant ne s'était point engagé à une réciprocité de complaisance.

M. le duc d'Orléans, on ne peut plus satisfait du traité, excéda plus d'une fois les conditions qu'il s'était imposées ; par exemple, il poussa la bonté paternelle jusqu'à faire servir à souper aux amants dans le temple de leurs plaisirs. Ils étaient servis, à ces repas, par cette Angélique qui les avait trahis autrefois, mais qui ne pouvait rien désormais contre leur félicité. Richelieu quittait sa maîtresse environ une heure avant le jour ; Philippe le remplaçait. Son plus grand plaisir

était alors de se faire raconter ce qui s'était passé dans la scène précédente, et ce récit animait celle qui commençait... Un soir le prince et le duc se trouvèrent ensemble chez la princesse ; ce fut son Altesse Royale qui sortit en disant : « Je m'en vais ; c'est trop juste, ce » n'est pas mon heure ; l'équité avant tout. »

Rien de funeste à l'amour comme le bonheur sans mélange ni obstacles ; cette vérité, vieille comme le monde, se confirme mille fois par jour dans la seule ville de Paris. Un mois à peine s'est écoulé depuis la convention que j'ai rapportée, et le placard ne s'ouvre plus que rarement ; mademoiselle de Valois est délaissée par le volage Richelieu ; mademoiselle de Charolais, environnée de plus de difficultés, offre au duc des nuits plus piquantes ; les larmes de l'amour coulent au Palais-Royal, elles sont taries à l'hôtel de Condé.

A l'époque où les battants de l'armoire mystérieuse étaient dans leur plus grande activité, le régent avait écouté avec faveur la demande faite de la main de mademoiselle de Valois par le roi de Sardaigne. Philippe savait bien que sa fille préférait Richelieu à tous les potentats de la terre ; mais il n'en aspirait pas moins à faire du monarque sarde une tête doublement couronnée en lui donnant pour femme une princesse de la maison d'Orléans. La vanité a ses heures dans la pensée du prince le plus libertin. Le mariage manqua par l'indiscrétion de la duchesse douairière ; cette princesse, qui passe sa vie à écrire dans tous les Etats de la chrétienté, eut la maladresse de mander à Turin, avec la meilleure intention du monde que le bruit qui courait à Paris sur les intrigues de la chambre du cuisinier était calomnieux. Victor-Amédée entendit parler de cette aventure, qu'il ignorait ; et comme il voulait dans une femme plus de sagesse que d'expérience, il ne donna pas suite aux démarches qu'il avait commencées à la cour du Palais-Royal.

Le duc de Richelieu à la Bastille.

M. le duc de Modène, plus philosophe que son voisin, demanda le mois dernier la main de mademoiselle de Valois. Cette princesse eût accepté à peu près volontiers de partager le trône de Sardaigne, parce qu'en fait de galanterie une reine a pour l'ordinaire ses coudées franches, et que des chevaux de poste conduisent vite un amant de Paris à Turin. Mais elle résista à son père relativement au mariage avec un simple duc de Modène, qui, dans son étroite capitale, ne perdrait pas un instant sa femme de vue. L'amante de Philippe avait beau jeu pour colorer ses refus : sa tendresse filiale, à double face comme la tête de Janus, rendait cette résistance digne d'intérêt ; elle la prolongea longtemps avec succès ; mais, soit inconstance d'un amour déjà dégoûté, soit ambition ou tout autre motif, le régent déclara qu'il voulait être obéi, et la princesse fut épousée, il y a dix jours, par procuration. Dans ces sortes de solennités, les prérogatives de l'ambassadeur sont limitées ; le soir de la cérémonie l'envoyé souhaita le bonsoir à la nouvelle duchesse de Modène... et ce fut le duc de Richelieu qui sans mission du prince italien devint son procureur.

Jusqu'ici les habitants de Paris seuls avaient porté avec empressement leur or à la Banque pour en rapporter des actions et des billets : ce n'était encore que dans notre enthousiaste capitale qu'on élevait des temples au *dieu Papier*. Mais depuis quelque temps le délire a passé de la métropole aux provinces, et de celles-ci à l'étranger. On afflue de toutes les parties de l'Europe dans les bureaux de la rue Vivienne, et la rue Quincampoix est une seconde Babel. Une circonstance toute récente a mis le comble à la frénésie des spéculateurs : des nouvelles de la Louisiane, qui peut-être sont nées de la féconde imaginative de M. Law, annoncent, dit-on, que la compagnie qui exploite cette partie de l'Amérique vient d'y découvrir deux mines d'or abondantes et d'une facile exploitation. Le jour où cette nouvelle fut débitée, huit ou neuf personnes furent écrasées dans les portes de la Banque, et les chirurgiens eurent à remettre trente jambes ou bras cassés dans le quartier Saint-Denis. Saisissant la balle au bond, ou bien jouant le beau jeu qu'il s'était fait, Law obtint, le 23 septembre, un arrêt du conseil qui diminue la valeur des espèces d'or d'un douzième, et celle des espèces d'argent d'un trentième. On annonce même des diminutions successives, et c'est d'une grande sagesse. Les mines de la Louisiane devant nécessairement faire affluer l'or en France, sa valeur intrinsèque doit diminuer à mesure que la quantité augmentera. Il y a bien quelques esprits étroits qui prétendent qu'il serait conséquent d'attendre pour avilir les espèces existantes que les galions de la Louisiane entrassent à pleines voiles dans nos ports ; mais on se moque de ces gens méticuleux, et en attendant le prix des actions est doublé. La Banque, depuis les caves jusqu'aux greniers, est remplie d'argent, et je crois en vérité que les portes resteraient ouvertes chaque nuit, qu'il ne se trouverait pas à Paris un seul voleur pour enlever ce métal décrié... Mais on entend crier de toutes parts : « Du papier, messieurs, de grâce, du papier ! » Les juifs ne durent pas jadis demander d'une voix plus fervente la manne nutritive du désert. « Vous voyez bien, s'écria Law au conseil de régence en entendant ces clameurs, vous voyez qu'ils ont faim d'actions, laisse-» rez-vous jeûner ces braves gens ? » Il dit, et le 2 octobre huit mille nouvelles actions de cinq mille livres chacune furent créées en vertu d'un arrêt. Mais il y en eut à peine pour les privilégiés, et deux jours plus tard il fallut en émettre encore vingt-quatre mille. Ces actions montèrent en peu de jours à dix mille livres ; il est douteux que nos neveux ajoutent foi à ces prodiges... de folie. En voici de nouveaux témoignages : les Parisiens qui ont le bonheur de posséder des maisons ou d'avoir de simples locations rue Quincampoix tirent une pistole par journée et par jour des spéculateurs qui veulent mettre leur fureur paperassière à l'abri des injures du temps. D'autres familiers de cette bienheureuse rue y spéculent en plein air ; c'est avec ces derniers sans doute qu'un bossu industrieux a gagné cinquante mille livres rien qu'à prêter sa bosse, disposée par la nature en forme de pupitre, pour signer les innombrables transactions contractées sur les lieux.

Veut-on avoir une idée de la gravité avec laquelle le régent traite les affaires de haute politique ? Voici une anecdote bien caractéristique, qui a surpris les roués eux-mêmes. L'aventure arriva lundi dernier. Dubois avait reçu fort tard dans la soirée de dimanche des dépêches importantes venant d'Angleterre : Philippe donnait à souper dans sa loge-boudoir à l'Opéra ; il n'y avait pas moyen de lui parler d'affaires, il fallut remettre la communication au lendemain. Lundi donc l'abbé entra chez Son Altesse Royale à sept heures du matin, et trouva le prince couché avec *Emilie*, jeune et jolie courtisane pour laquelle il a une estime particulière, bien qu'elle appartienne au magasin public de la Fillon. Dubois allait se retirer, lorsque M. le duc d'Orléans lui ordonna de dire ce qui l'amenait si matin.

« Mais, monseigneur, il est question d'une affaire d'État, répondit le confident.

— Qu'est-ce que cela fait ? Emilie est discrète, tu peux parler.

— Que Votre Altesse daigne donc considérer qu'il y va de l'intérêt du peuple.

— Raison de plus pour que cette petite soit présente ; elle fait partie du peuple, et conséquemment elle a sa part de l'intérêt dont il s'agit.

— Si Votre Altesse m'ordonne de m'expliquer...

— Sans doute, je te l'ordonne... Emilie a un excellent esprit, peut-être nous donnera-t-elle un bon avis. »

L'abbé expliqua au régent l'objet des dépêches.

« Qu'en penses-tu, mon enfant ? » reprit le prince en se retournant vers sa compagne de lit.

Emilie, qui avait en effet du jugement et de l'esprit, fit une réponse pleine de sens.

— Vois-tu, Dubois, s'écria Son Altesse, ne l'avais-je pas dit qu'elle nous donnerait une bonne solution ! Exécute donc ce qu'Emilie a prononcé... Il y a plus de raison sous ce petit bonnet de dentelle que sous les lourdes perruques de mon conseil.

— En ce cas, monseigneur, dit l'abbé avec assez de mauvaise humeur, il faut envoyer ces messieurs faire leur apprentissage diplomatique chez la Fillon.

— Cela ne vous a pas déjà trop mal réussi ! » cria Emilie à l'abbé, qui sortait.

Il est difficile, quand on voit le temps actuel courir, de ne pas revenir à chaque instant sur le bagage de papier qu'il traîne à sa suite. Un arrêt du conseil du 21 décembre défend de faire des payements en argent au-dessus de dix livres, et en or au-dessus de trois cents livres. Les moyens prohibitifs réussissent rarement au pouvoir, parce qu'ils trahissent un défaut de confiance dans les choses qu'on veut substituer à celles qu'on défend ; ce qui est favorable au public n'a pas besoin de lui être ordonné, comme il est inutile de lui interdire ce qui lui nuirait : la multitude ne se trompe jamais. L'arrêt du 21 décembre a porté atteinte au système Law ; c'est peut-être un premier pas vers la décadence.

Mais l'inquiétude n'est ressentie que par les gens habitués à réfléchir ; l'enivrement de la tourbe spéculante n'a pas diminué. Vainement l'a-t-on avertie que la valeur chimérique des billets des actions équivaut à trois fois la totalité de l'argent en circulation dans le royaume, cette même tourbe ne s'est pas même arrêtée à la mesure suspecte du remboursement précipité des rentiers de l'État en papier de la Banque.

Le bruit court depuis quelques jours que M. Law doit être revêtu de la charge de contrôleur général, rétablie pour lui. Ce qui fait croire généralement à l'exactitude de cette nouvelle, c'est que le financier écossais vient de se faire catholique. Il abjura la semaine passée à Melun entre les mains de l'abbé Tencin, qui sans doute ne manquera pas de profiter d'une si brillante conversion. Law a fait sa première communion apostolique et romaine dans l'église Saint-Roch, dont le clergé a reçu de lui à cette occasion une somme de cent mille livres pour achever son bâtiment. Le nouveau converti assure à l'hôpital général une aumône annuelle de cinquante mille livres, dont il a payé d'avance une année. Tandis que la maison du Seigneur et l'asile de la charité publique recevaient les bienfaits du généreux financier, le temple du plaisir et de la folie avait part aussi à ses prodigalités. Law, peu satisfait de voir des chandelles à l'Opéra, a donné de l'argent pour que la salle ne fût éclairée qu'en bougies.

Cependant le directeur de la Banque royale, peu de jours après son abjuration, se rendit à la chambre des comptes pour y faire enregistrer les nouvelles lettres de naturalisation qui venaient de lui être accordées [1], et le lendemain il prêta foi et hommage au roi en qualité de propriétaire de quatorze terres magnifiques dont il est devenu possesseur. M. Law a trop d'opulence pour n'être pas un homme du plus grand mérite ; aussi l'Académie des sciences s'est-elle empressée de l'admettre parmi ses membres honoraires, et, comme il faut qu'un savant ait une bibliothèque, le fastueux Écossais a acheté celle de l'abbé Bignon pour la somme de cent quatre-vingt mille livres.

La vanité est le complément presque inévitable d'une grande fortune ; il est si difficile en toutes choses d'user sans abuser ! M. Law ayant appris que le maréchal de Villeroi avait imaginé de faire danser Louis XV dans un ballet, à l'exemple de Louis XIV, demanda que son fils fût admis parmi les danseurs privilégiés qui devaient figurer avec Sa Majesté. Le régent trouva cette demande toute simple ; mais Villeroi en fut scandalisé. Ce grand distillateur de l'étiquette prétendit sans doute que l'enfant d'un financier était trop obscur pour gambader sur un théâtre ; le gouverneur eût mieux fait de penser que le jeune prince était trop illustre pour faire le saltimbanque devant ses sujets. Les petits seigneurs, auxquels on avait fait le mot, accueillirent fort mal l'innocent danseur ; ils lui firent mille niches, et pendant la représentation du ballet l'un d'eux lui donna un croc-en-jambe qui le fit tomber à plat ventre au milieu d'une chaconne. Law fut outré de l'insolence des jeunes orgueilleux ; mais il fallut dévorer cette humiliation : elle lui prouva du moins qu'il est imprudent de vouloir usurper les niaiseries ambitieuses des grands, qui seules les distinguent de la multitude.

Passe pour les apanages de l'opulence : c'est à la disposition de tout le monde ; et l'on voit, par le temps qui court, d'étranges suites des caprices de la fortune. Voici, dans ce genre, une anecdote comique. Un laquais s'est enrichi à tel point par l'agiotage du papier, qu'il a pu se donner un carrosse. On pense bien que, pour cela, notre parvenu n'a pas renoncé à ses négociations de la rue Quincampoix ; il y aurait eu de l'ingratitude de sa part. Il se fait donc voiturer chaque jour aux lieux où la destinée lui prodigua ses faveurs ; sa voiture, tandis qu'il spécule, stationne rue Bourg-l'Abbé, et ses gens l'attendent au cabaret où lui-même attendait naguère son maître. Hier, surpris par la pluie vers la fin de la bourse, l'ancien laquais quitte la rue Quincampoix, accourt à son équipage ; mais, emporté par la force de l'habitude, il saute derrière le carrosse au lieu de monter dedans. « Eh ! monsieur, que faites-vous ? lui crie le » cocher. — Tais-toi, répond le parvenu en descendant, je voulais » voir par moi-même combien de laquais peuvent tenir là, car j'en » veux prendre encore au moins deux. »

D'après le traité dit de la *quadruple alliance*, auquel les états gé-

---

[1] On croit que cette chambre refusa l'enregistrement.

néraux ont accédé cette année, Jacques III devait s'éloigner de la France; il a trouvé asile en Espagne, où ce prince arriva dans le courant de mai. A cette époque, le cardinal Alberoni rêvait le renversement de Georges Ier du trône de la Grande-Bretagne; les droits du prétendant, le parti qu'il avait en Écosse, et la présence de ce prince au milieu de ses partisans, semblèrent au premier ministre espagnol des éléments précieux pour l'exécution de ses vues. Il proposa à Jacques de se mettre à la tête d'une expédition. Le descendant des Stuarts a du courage, de la résolution; il brûle de ressaisir le sceptre de ses pères, cette proposition le combla de joie. Les préparatifs furent prompts : le prince anglais s'embarqua à Cadix sur une escadre composée de dix vaisseaux de guerre et d'un grand nombre de bâtiments de transport. Six mille hommes, presque tous Irlandais, accompagnaient le prétendant; de plus, il emportait des armes pour quinze mille soldats. Mais la fortune n'était pas lasse de tourmenter les Stuarts : éloignée d'abord de sa route par les vents contraires, la flotte expéditionnaire ne tarda pas d'essuyer une tempête qui la dispersa. Deux frégates seulement purent aborder à Kintal, en Ecosse, où elles débarquèrent environ trois cents Espagnols, quelques seigneurs irlandais et des armes pour sept à huit mille hommes... Mais l'âme de l'expédition, Jacques, n'avait pu prendre terre, et, jouet des tempêtes, il voguait loin de la côte écossaise. Cependant le petit nombre d'aventuriers débarqués à Kintal forma le noyau d'un corps de sept à huit mille mécontents, qui s'emparèrent de quelques postes. Mais un corps de troupes organisées ayant marché contre eux, ils furent bientôt réduits à chercher un refuge sur les frégates. Elles n'avaient apporté en Ecosse que trois ou quatre cents combattants, elles remportèrent trois ou quatre mille fugitifs.

Le Tellier, ce jésuite farouche, dont la vie ressembla à un long accès de fureur, mourut, cette année, à la Flèche. Il était parvenu à sa soixante-seizième année... L'enfer fut lent à s'emparer de sa proie.

CHAPITRE VI.
1720.

Law est contrôleur général; un arrêt du conseil, en date du 5 janvier, l'a revêtu de cette charge : ce qui ne l'empêche pas de conserver l'emploi de directeur de la compagnie des Indes. Ainsi cet Ecossais obtient un privilège dont personne encore n'a joui en France : celui d'être tout à la fois administrateur et administré; si, dans cette duplicité d'attributions, la Banque a besoin du secrétaire d'État des finances, il est probable qu'elle le trouvera bien disposé à faire tout ce qui pourra lui convenir. Au reste, on a du plaisir à voir M. Law donnant ses audiences ministérielles; nul ministre ne représente mieux : grand, bien fait, doué d'une figure agréable et noble, il est, de sa personne, séduisant comme son système financier. De plus, notre contrôleur général a de l'esprit, de la politesse, de la noblesse sans fierté. En un mot, l'Angleterre nous a cédé un fonctionnaire charmant... si son air, son affabilité, ses actions et ses billets ne sont pas des menteurs.

Jamais peut-être aucun homme d'Etat n'eut autant de courtisans parmi les plus grands personnages du royaume : les princesses lui baisent la main; les princes le saluent jusqu'à terre et s'honorent d'avoir à échanger avec lui le titre de monseigneur. Mais cette courtoisie où l'orgueil s'humilie par calcul est bien payée : le faste des hauts et puissants seigneurs est le gouffre sans fond dans lequel s'engloutit une forte partie des richesses numéraires de la France,

en traversant ce tonneau des Danaïdes qu'on appelle Banque royale. Demandez à M. le duc, au prince de Conti, aux favoris du régent, à tant d'autres, combien ils se sont procuré de rames de billets dont ils envoient journellement recevoir en espèces le montant au bureau de la rue Vivienne! Ils seraient bien en peine de dire en quelle monnaie ils ont acheté ce papier... On le leur a donné; c'est le prix de leurs complaisances pour l'Ecossais Law, c'est le salaire des opinions favorables au système émises dans le conseil de régence : car le régent, tout seul peut-être, y est animé par une conviction désintéressée, fruit de son amour pour les innovations. Parmi ces sangsues avides, il en est d'insatiables : le prince de Conti nommément. A la fin de l'année dernière, cette Altesse cupide s'était fait prodiguer à tel point les actions et les billets, dont elle exigeait presque aussitôt le payement à la Banque, qu'un jour son intendant en ramena trois fourgons chargés d'argent. Law, effrayé, prévint le régent, et lui dit que si l'exemple de M. de Conti était suivi, il en résulterait la ruine prochaine du système. Philippe ordonna au prince de se modérer.

Revenons au contrôleur général. Ce personnage est devenu si important, on a tellement exalté son mérite, qu'il a fini par se croire d'une nature supérieure. Il se permet avec ses clients, de quelque rang qu'ils soient, des hardiesses étranges : en voici une que l'on croira difficilement, et qui cependant m'a été affirmée la main sur la conscience. Pressé, à l'une de ses dernières audiences, par un grand concours de solliciteurs, Law laissait apercevoir l'intention de se retirer un instant pour satisfaire à une nécessité impérieuse. Les dames, craignant sans doute que l'absence du contrôleur général ne se prolongeât, lui dirent : « Eh! monseigneur, si vous n'avez pas » d'autre besoin que celui de pisser, ne vous en allez pas; pissez » ici, et écoutez-nous. » Le ministre, usant de la permission, fit apporter ce qu'il fallait pour se satisfaire, et, se détournant un peu, se soulagea en pleine assemblée.

L'éloquence de Law est si insinuante, si persuasive, qu'il est parvenu à convaincre la masse des spéculateurs que l'or et l'argent sont inutiles, embarrassants; que nous touchons au jour où la force des choses va déprécier entièrement ces métaux, et qu'ils se vendront au poids du cuivre et du fer. Je suis quelquefois tentée de croire que le financier écossais a la conviction intime de ce qu'il avance : le fait suivant tendrait à le prouver. Déjà possesseur de quinze ou vingt belles terres, Law voulut dernièrement acheter un superbe domaine que vendait le président de Novion. Le prix de cette propriété était de cinq cent mille livres, que le vendeur exigeait en espèces. « Mon » Dieu! qu'à cela ne tienne, répondit l'acheteur, vous allez me dé- » livrer d'un métal qui ne me cause que de l'embarras. » Deux heures plus tard, les cinq cent mille livres étaient chez M. de Novion. Ce n'est pas tout; à peine l'acquisition venait-elle d'être consommée, que le fils du président fit assigner Law en nullité de la vente : le père n'ayant pas eu le droit de l'effectuer. On offrit de rembourser en papier; soit confiance, soit politique, l'Ecossais accepta de bonne grâce, et l'homme à la protestation, qui avait, lui, peu de confiance dans les billets, se frotta les mains. Peut-être y avait-il accord entre le père et le fils; s'il en fut ainsi, la ruse de ces robins était digne de deux procureurs.

Les caprices du régent furent tournés à la musique pendant les derniers mois de 1719; il en résulta un opéra de *Panthée*, que Son Altesse Royale composa sur des paroles du marquis de la Fare. La pièce fut représentée il y a trois jours dans les appartements du Palais-Royal; le prince n'y admit que des courtisans, et cet ouvrage eut, comme on le pense bien, un succès prodigieux. « Comment trouvez- » vous cela? demanda Philippe au compositeur Campra. — La mu- » sique est excellente, répondit l'artiste informé qu'il s'adressait à » un amour-propre d'auteur tout-puissant; mais le poëme n'est pas » aussi bon. » Le duc appela alors la Fare, et lui dit : « Campra » trouve tes vers mauvais et ma musique bonne. Parle-lui en parti- » culier, ce sera le revers de la médaille : il trouvera la poésie dé- » licieuse et la musique détestable. — Non pas, monseigneur, répli- » qua la Fare, à moins que Votre Altesse Royale ne me cède sa » dignité de régent. »

L'abbé Grécourt n'est pas régent, ce n'est qu'un chanoine fort irrégulier du chapitre de Saint-Martin à Tours, et pourtant on aime beaucoup ses vers, qui sont tout à fait à la hauteur des mœurs du jour. Grécourt a pris pour devise : *Courte messe et long repas*; on pense bien, d'après cela, que son bréviaire l'occupe infiniment moins que sa cave. Cet ecclésiastique, beaucoup plus disposé à se séculariser que les canons ne le comportent, passe sa vie au joli château de Veret-sur-Cher dans une vie dissipée au moins. C'est de là qu'il a lancé dans le monde littéraire des *contes en vers* que la Fontaine n'eût pas désavoués et que Boccace n'eût pas composés plus égrillards. Law, qui s'y connaît bien, voulant tenir compte à Grécourt de ce petit chef-d'œuvre érotique, lui a fait offrir un emploi; mais notre chanoine, non moins paresseux que libertin, a refusé poétiquement par l'envoi au contrôleur général d'une fable philosophique intitulée *le Solitaire et la Fortune*. Grécourt m'a tout l'air d'être bien vivant; on trouve pourtant son épitaphe dans le recueil qu'il vient de publier.

Il est de mode aujourd'hui de s'enterrer par métaphore. Cette épitaphe, où le poëte dit qu'il s'est fait un caractère d'après Verville et Rabelais, ne fera croire à personne que la pierre sur laquelle on la gravera recouvre un candidat à la sainteté.

Après une assez longue détention de M. le duc et de madame la duchesse du Maine, le conseil de régence, au vu des interrogatoires qu'ils ont subis, vient de les déclarer non coupables au sujet de la conspiration de Cellamare. La princesse est retournée à Sceaux et son mari s'est rendu à Clagny pour y demeurer jusqu'à nouvel ordre. Le prince de Dombes, le comte d'Eu et mademoiselle du Maine sont de retour chez leur mère.

Je profite de l'occasion pour jeter un coup d'œil sur cette société papillonnante, sur cette distillerie d'esprit qu'on appelle la cour de Sceaux. Anne-Louise-Bénédicte de Bourbon, petite-fille du grand Condé, ne possède ni beauté ni grâces extérieures; sa physionomie n'est que fine, spirituelle, un peu fausse, et madame du Maine a le malheur de porter une bosse qu'elle n'esquive qu'imparfaitement. Mais cette princesse possède une heureuse compensation intellectuelle de tant de défauts corporels. Son esprit est orné, délicat, subtil; Anne-Louise-Bénédicte serait une femme d'un grand mérite, si l'ordre qui manque à ses idées les rendait aussi claires qu'elles sont vives et saillantes. On regrette, en entendant parler cette dame, qu'elle n'ait pas une opinion arrêtée; ses paroles ont toujours l'air de courir après la pensée; nul plan ne se laisse remarquer dans ses discours, et le moindre examen fait reconnaître que son caractère est incapable d'asseoir un projet solide. Cette irrésolution de facultés morales sert ordinairement mal les pensées de madame du Maine, qui sont la vanité, l'intrigue, l'ambition. Tel que je viens de le peindre, le caractère de la princesse est bien supérieur a celui de son mari, auquel madame de Maintenon ne parvint a donner que l'adresse de l'hypocrisie, parce que la nature n'avait pas mis en lui les ressources puissantes de l'esprit. L'habitude des subtilités eût pu tenir lieu à ce seigneur de finesse et d'imagination; mais le courage lui manqua toujours pour soutenir ses entreprises: la peur le domina au milieu des intrigues comme sur le champ de bataille. Tant que la favorite de Louis XIV agit pour lui, le grand maître de l'artillerie s'enivra du règne de la souveraine puissance; il se laissa aller au désir d'être un grand prince; mais aujourd'hui qu'il est abandonné à ses propres forces, il n'aspire plus qu'à n'être rien; et peu s'en faut qu'il ne soit disposé à s'abandonner réellement à l'humilité qu'il affiche.

Cependant à peine mademoiselle de Bourbon eut-elle épousé le duc du Maine, que, fatiguée du bigotisme et de l'assommante représentation de la cour du vieux roi, elle se retira à Sceaux, où bientôt elle sut se former une société plus conforme à ses goûts, à son humeur, au besoin qu'elle avait sans cesse de faire du bel esprit. On vit se presser dans les salons de Sceaux : Chaulieu, poëte sourd, aveugle et vieux, mais dont la grâce, toujours jeune, savait se passer de vue et d'ouïe pour charmer; le marquis de Lassay, répertoire vivant, plus riche d'anecdotes que les volumineux in-folio; la Grange-Chancel, qui, pour quelques applaudissements que les *Philippiques* reçurent chez madame du Maine, épuise aujourd'hui la coupe amère de l'exil; le cardinal de Polignac, que son esprit aimable rendit, plus intimement que personne, le courtisan de la duchesse; l'abbé Genest, ecclésiastique du monde, dont l'imagination est un foyer pétillant de saillies toujours gracieuses et décentes; le duc de Brancas, roué du Palais-Royal et familier de Sceaux, qui, de l'un et de l'autre côté, adressait plus de compliments aux pages qu'aux dames réunies dans les salons; enfin les poëtes Voltaire, Fontenelle, la Motte, Saint-Aulaire, et quelques autres. Parmi les femmes, on distingua la présidente Dreuillet, mademoiselle Delaunay, madame Lambert et la marquise de Simiane; toutes spirituelles, toutes nourries des riens mousseux de l'hôtel de Rambouillet.

Au retour de madame du Maine, cette volée de beaux esprits, dispersée par la disgrâce de la princesse, revint à tire-d'aile à ses pieds, et les niaiseries charmantes recommencèrent à la cour de Sceaux. Les bals, les jeux, la comédie, s'y succèdent sans discontinuité; et pour que l'originalité, que la duchesse recherche en toutes choses, préside à ses fêtes, elles ont toutes lieu du soir au matin, ce qui leur a fait donner le nom de *nuits blanches*. Un nouveau genre d'amusement excite au plus haut point l'émulation des courtisans de madame du Maine : on s'est imaginé de faire une loterie des vingt-quatre lettres de l'alphabet, dont chacune doit servir d'initiale au nom d'une pénitence que la dame du lieu indique. Par exemple, celui qui tire un C donne une comédie; le B commande pour l'ordinaire un ballet; l'O annonce un opéra. On a remarqué que lorsqu'à ce jeu le cardinal de Polignac prenait un A la pénitence lui était demandée à l'oreille, quoique, depuis bien longtemps déjà, il n'y ait plus rien de mystérieux dans les obligations de ce prince de l'Église à l'égard de la duchesse.

M. de Saint-Aulaire, que la dame de Sceaux appelle alternativement son *berger* et son *Apollon*, lui représentait dernièrement que sa compagnie devenait bien nombreuse et par trop mélangée de gens obscurs. « Que prétendez-vous faire, demanda-t-il à la duchesse, de tant de gens qui vous conviennent si peu? — Que veux-tu, mon » berger, répondit-elle, j'ai le malheur de ne pouvoir me passer des » choses dont je n'ai que faire. »

Ce même Saint-Aulaire, poëte à l'eau de rose, sentit un beau matin sa muse éclore avec sa soixantième année. Il devint académicien, parce que l'Académie tient à se recruter de marquis, attendu qu'il n'est pas toujours possible de trouver parmi les ducs de beaux esprits qui sachent lire. Je vais citer les quatre plus jolis vers de Saint-Aulaire. La duchesse du Maine, au jeu du *secret*, ayant demandé à son *Apollon* de lui dire le sien, il répondit à l'instant :

La divinité qui s'amuse
A me demander mon secret,
Si j'étais Apollon ne serait pas ma muse,
Elle serait Thétis et le jour finirait.

Mais l'auteur de ce joli quatrain est trop vieux pour être le *blond Phébus* de madame du Maine, et c'est d'un autre flambeau que le sien qu'elle se plaît à faire jaillir des étincelles.

Jamais la fortune ne fut plus rapide qu'aujourd'hui, soit pour arriver, soit pour fuir. Eh bien! il est des gens qui la trouvent encore trop lente, témoin un jeune gentilhomme, qui, le 22 mars, voulut s'enrichir tout d'un coup par un assassinat. Il n'est bruit à Paris que du meurtre commis par le comte de Horn, capitaine réformé, appartenant à l'une des premières familles du Piémont. Cet officier, âgé d'environ vingt-deux ans, voulant, disait-il, acheter pour cent mille écus d'actions, donne rendez-vous, rue Quincampoix, à un riche agioteur, qui arrive muni de son portefeuille, renfermant plus que la somme demandée. Horn, qui s'est fait accompagner de M. Laurent de Mille, autre Piémontais, et du nommé Duterne, entraîne le négociateur dans un cabaret de la rue de Venise, où les quatre personnes se renferment dans un cabinet au premier étage. A peine la porte est-elle fermée, que les scélérats frappent le porteur des actions de plusieurs coups de poignard, s'emparent de son portefeuille et cherchent à prendre la fuite. Mais en se débattant l'infortuné a fait du bruit, un garçon trouvant à la porte la clef, que les assassins ont oublié de retirer, se dispose à entrer dans le cabinet; mais apercevant un homme noyé dans son sang, ce garçon referme aussitôt la porte à double tour et crie au meurtre. On accourt avec main-forte, on entre précipitamment, on s'empare de Horn et de Mille, tandis que leur complice se mêlant aux curieux qui remplissent la maison fend la foule en disant qu'il va chercher le commissaire et disparait.

Le comte de Horn, avant ce dernier crime, avait la réputation d'un escroc; sa conduite était d'ailleurs celle d'un libertin, d'un mauvais sujet. Sa mère est fille du prince de Ligne, duc d'Aremberg, grand d'Espagne et chevalier de la Toison d'or; son frère aîné est Maximilien-Emmanuel, prince de Horn. Ce dernier, instruit des déportements de son cadet, avait envoyé à Paris un gentilhomme chargé de payer ses dettes et de le remmener en Piémont, après avoir obtenu du régent la permission d'enlever le comte de vive force. Par malheur pour la famille, l'exprès n'arriva que le lendemain de l'assassinat.

Tandis que Horn et Laurent Mille reçoivent la question, qui déjà leur a fait avouer d'autres crimes et déclarer des complices, la famille du premier s'agite fort auprès du régent pour obtenir la grâce de cet assassin, allié d'une foule de gens illustres; mais le prince se montre inflexible.

« Monseigneur, disait à Son Altesse Royale une proche parente du criminel, qu'on le traite comme fou et qu'on l'enferme aux Petites-Maisons.

— Non, madame, répondit le duc, ce n'est pas assez d'enfermer les fous qui tuent leurs semblables, on ne saurait trop tôt s'en défaire.

— Que Votre Altesse Royale daigne donc considérer quelle infamie ce serait pour une famille illustre et qui appartient à tant de souverains de l'Europe de voir un de ses membres périr sur l'échafaud.

— Détrompez-vous, l'infamie est dans le crime et non dans le supplice.

— Enfin, monseigneur, s'écria la dame, faut-il vous le rappeler, le coupable a l'air de vous appartenir à vous-même!

— Eh bien! madame, je partagerai la honte avec vous. »

Avant-hier 26 mars, sur les quatre heures du soir, le comte de Horn et son complice furent roués vifs en place de Grève, aux acclamations unanimes de la multitude, qui loua beaucoup M. le duc d'Orléans de sa juste sévérité. Il est probable que le noble piémontais était le premier auteur du complot : car pendant l'exécution, et tandis que ses bras et ses jambes brisés pendaient sur la roue, il demanda pardon à son complice, qui respirait encore. On rapporte que le matin du supplice Horn s'étant entretenu avec M. Guéret, curé de Saint-Paul [1], venu pour le confesser, lui dit : « Je mérite la roue; » mais j'espérais qu'en considération de mon rang on m'accorderait » la faveur d'être décapité. Au surplus, je me résigne à tout pour » obtenir de Dieu le pardon de mon crime..... » Puis il ajouta : « Souffre-t-on beaucoup quand on est roué?..... » On ne m'a pas dit

---

[1] Ce fut ce même ecclésiastique qui depuis confessa le régicide Damiens.

quel genre de locution employa le confesseur pour répondre qu'il n'en savait rien.

L'impression de cette catastrophe n'était pas encore effacée, quand les Parisiens se portèrent en foule sur les bords de la Seine pour voir arriver un petit canot de forme bizarre qui la remonta jusqu'au Pont-Royal. Ce batelet, fait de l'écorce d'un tronc d'arbre, pesait environ cinquante livres, et j'appris qu'il avait été apporté jusqu'à Chaillot sur l'impériale d'une voiture publique. Mais, à la hauteur des Bons-Hommes, deux Canadiens et un petit sauvage de la Californie montèrent ce frêle esquif pour avoir l'air d'arriver par mer devant le château de Sa Majesté, qui d'un balcon jouit du coup d'œil de cette arrivée. M. de Breslay, prêtre missionnaire conducteur de ces sauvages, qu'on appelait des *Algonquins*, les alla prendre sur la plage et les présenta au roi. Ce missionnaire, pour rendre le jeu plus amusant, prononça au nom des Américains la harangue suivante en style approprié à la circonstance : « Notre père, la cour de Népissin-
» gues et des Algonquins, tes enfants aînés de ceux qui sont au delà
» du grand lac, s'est beaucoup réjouie d'abord que ses yeux ont vu
» ton portrait, que tu as eu la bonté de lui envoyer (1717) en l'assu-
» rant, comme notre grand-père ton bisaïeul, de ta puissante protec-
» tion. Les Algonquins ne sauraient se rassasier de te regarder, de
» t'admirer, et leur joie devient d'autant plus grande qu'ils entre-
» voient que tu seras homme vaillant et généreux. Nous avons chargé
» notre père de la robe noire d'un collier de porcelaine pour t'en re-
» mercier et pour te supplier, maintenant que tu crois en esprit
» plus qu'en âge, le bruit s'en étant répandu jusqu'à nous, de te sou-
» venir de ta parole et de ne point oublier tes enfants, qui veulent
» toujours être attachés aux Français tes sujets et nos alliés. »

Après ce discours, pendant lequel les Algonquins avaient émis un assortiment de grimaces fort variées dont Louis XV s'était singuliè-rement amusé, ils se mirent à danser devant Sa Majesté une danse assez grotesque pour des ambassadeurs, mais qui ne l'était pas beaucoup plus que la harangue de M. de Breslay, et ce fut encore une matinée royale de passée gaiement.

Tandis que les sauvages s'éloignaient à travers la foule qui remplissait le jardin des Tuileries, M. de Villeroi s'écriait avec emphase en montrant au roi cette affluence de spectateurs : « Voyez, mon
» maître, voyez ce peuple ! eh bien, tout cela est à vous, tout vous
» appartient, vous en êtes le maître. » En vérité, le gouverneur de Louis XV est plus Algonquin que personne au monde.

Le marquis de Dangeau, ce prototype de tous les courtisans, ce modèle de tous les joueurs, vient de mourir dans un âge avancé. Il laisse pour bagage académique un volumineux fatras de Mémoires qui lui ont acquis le titre ou ne peut plus juste d'*historiographe de la garde-robe*. Ouvrez ces in-folio de niaiseries, vous y verrez que Louis XIV chassa le lundi en casaque bleue ; que ce prince donna à manger à ses chiens le mardi, une demi-heure plus tôt que la veille ; qu'il fit trente pas pour traverser son cabinet le mercredi, et n'en fit que vingt-cinq le jeudi ; que Sa Majesté éternua quatre fois dans la matinée du vendredi ; enfin qu'elle prit une médecine samedi, à huit heures dix minutes du matin, laquelle détermina trois déjections de plus que la précédente. Voilà, ou du moins à peu près, ce qui, dans les Mémoires du marquis de Dangeau, s'appelle une semaine d'ob-servations à la cour. Que nos neveux seront heureux de trouver sous leurs mains ces documents *historiques*! et qu'ils auront bien raison de vanter l'*authenticité* d'un tel ouvrage !

On m'avait donné huit jours pour deviner quel était le candidat porté à l'Académie en remplacement de Dangeau; eh bien ! je l'ai nommé tout de suite... C'est Richelieu ; Richelieu, qui n'a pas en-core vingt-quatre ans, et dont les titres académiques se composent d'environ deux mille billets doux épars dans les ruelles de Paris et remplis de fautes d'orthographe. Du reste, on ne peut pas dire que les ouvrages de cet immortel manquent de sentiment... L'auteur de ces œuvres amoureuses a été élu à l'unanimité, et soudain trois de ses nouveaux collègues, Fontenelle, Destouches et Campistron, lui ont proposé de composer son discours de réception. Richelieu s'est empressé d'accepter des trois côtés; mais il a fait des fragments em-pruntés de chaque harangue un tout auquel il a mis aussi du sien. J'ai pu me procurer quelques phrases du discours de Richelieu, je les transcris ici avec le français du nouvel académicien. « Il était bien
» juste, dit-il en parlant de Louis XIV, qu'un prince sous le *reï,me*
» duquel les arts et les belles-lettres ont eu tant d'éclat, fût le chef
» d'un corps qui *doit* et mérite *d'en être juge*. Louis le Grand voulait
» l'*être* partout, et faire triompher l'esprit et le *goust* dans le *seint*
» de son royaume. *Sa court*, ajoute plus loin l'éloquent orateur, a été
» l'asile des malheureux. *Pront* à répandre ses bienfaits, il savait les
» accompagner des grâces qui en doublent le *pris.* . . . . . .
» . . . .
» Il est mort avec un courage héroïque et *crétien*, regretté de tout
» son royaume, et admiré de l'Europe *antière*. »

Je ne sais pas ce qu'il y a de Fontenelle, de Destouches et de Cam-pistron dans ces fragments; mais ceux qui les ont lus auraient pu dire à Richelieu, avec une légère variante, ce qu'il disait un jour à ma-dame de Gœbrillant : « Restez dans la cour des Cuisines, vous n'êtes
» bonne qu'à écrire pour les marmitons. »

L'espace était devenu trop étroit rue Quincampoix pour l'affluence d'agioteurs de tous les rangs qui s'y portait : on ne vit jamais ailleurs aussi confusément mêlées toutes les classes de la société; jamais l'œil observateur ne saisit un tel mélange d'uniformes, de manteaux d'ab-bés, de tabliers d'artisans, de cordons bleus et de livrées : les plus vils coquins et les plus grands seigneurs, devenus égaux par l'avidité, se confondaient dans un ruisseau fangeux ; c'était une vallée de Jo-saphat financière. Aussi compte-t-on à Paris les personnes que n'a pas atteintes l'enivrement général ; à la cour, M. de Villeroi, le ma-réchal de Villars, le duc de Saint-Simon et le duc de la Rochefou-cauld seuls se sont tenus éloignés de la foule agiotante. Pour éviter du moins que les spéculateurs ne s'écrasassent entre eux, le régent a permis que la bourse s'établît à la place Vendôme ; et c'est là qu'eut lieu, dès le lendemain de ce transport, l'aventure que je vais rap-porter. Le maréchal de Villars, pur, comme je l'ai dit, de la manie du jour, mais toujours assez maladroit pour diminuer son mérite en se livrant à la fanfaronnade, traversait le nouveau théâtre de l'agio, lorsque son carrosse fut arrêté par la foule. Le vainqueur de Denain crut l'occasion favorable à sa vanité ; il mit la tête à la portière et déclama contre le système, « opprobre, disait-il, de tous ceux qui s'y
» livrent, et qui fera succéder leur ruine à la honte dont il les cou-
» vre. Pour moi, ajouta-t-il, je suis, Dieu merci, bien intact sur l'ar-
» gent. » A peine l'orateur avait-il lâché ce dernier mot, qu'il partit de la multitude une huée générale... « Et les sauvegardes, et les
» sauvegardes ! » criait-on de toutes parts, pour rappeler au maré-chal qu'il en avait tiré grand parti quand il commandait les armées... Bientôt les cris, se répétant par échos d'un bout à l'autre de la place, firent entendre à M. de Villars un tonnerre de *sauveyardes* accusa-trices, qui l'obligèrent à se renfermer dans son carrosse. Il passa comme il put, et promit bien de ne plus faire de harangues sur les places publiques.

Cependant le chancelier, fatigué de voir sous ses croisées onduler des milliers de têtes et d'entendre un murmure continuel semblable au bruit lointain d'une tempête, représenta au régent que la présence des agioteurs devant la chancellerie en troublait les travaux impor-tants, et que ses commis se plaignaient de ne pouvoir travailler. « Mais où voulez-vous que je mette ces gens-là? demanda Philippe. » —Monseigneur, répondit le prince de Carignan, qui se trouvait au
» palais, je leur offre l'hôtel de Soissons. — L'emplacement est très-
» convenable, reprit M. le duc d'Orléans ; je ferai donner l'ordre
» d'effectuer ce nouveau transport. » Le prince, dont la proposition était basée sur une spéculation, fit construire en peu de jours dans le jardin de l'hôtel proposé une grande quantité de petites baraques, la location en fut fixée à cinq cents livres par mois ; ce qui assura tout d'un coup à Son Altesse un revenu d'un demi-million. Les agio-teurs, après un séjour d'un mois au plus sur la place Vendôme, pri-rent possession du local disposé pour eux, où ils crièrent tant qu'ils voulurent sans que personne s'en plaignît.

Mais la spéculation ne fut pas aussi bonne que M. de Carignan s'en était flatté ; on verra bientôt pourquoi.

Dès le 27 février dernier, un arrêt du conseil, rendu sur la sup-position que douze cents millions d'espèces d'or et d'argent étaient en stagnation par le resserrement des bourses, défendit à toutes per-sonnes, de quelque qualité qu'elles fussent, de garder dans leurs maisons plus de cinq cents livres en monnaie métallique à peine de dix mille livres d'amende et de la confiscation des espèces, dont moitié serait au profit des dénonciateurs. Cette mesure fut exécutée à la rigueur : les officiers de justice eurent l'injonction de faire des visites dans tous les endroits qui leur seraient désignés par les di-recteurs de la compagnie. Cet acte d'une tyrannie encore sans exemple répandit l'alarme dans toute la France; mais elle ne fut ressentie que par une partie de ses habitants, parce que les partisans du sys-tème étaient au moins aussi nombreux que ses détracteurs. Le coup était néanmoins suffisant pour ébranler le crédit du papier, et cet ébranlement eut lieu. Beaucoup de capitalistes, craignant d'être dé-noncés par des domestiques ou des proches, portèrent leur or à la Banque; mais un plus grand nombre l'enfouit... Partout la terre re-çut le dépôt des trésors qu'on craignait de perdre, et qui seront perdus également pour la famille de ceux que la mort enlèvera avec leur secret.

L'arrêt du 27 février fit naître des incidents variés qui occupèrent l'attention du public, et l'étourdirent sur le danger même qui le me-naçait. M. de Pontchartrain, soit par obéissance, soit par crainte, envoya à la Banque en un seul jour cinquante-sept mille louis d'or. Le président Lambert de Vermont, déterminé par un autre motif, se présenta un matin au Palais-Royal;

« Monseigneur, dit-il au régent, je viens, en conformité de l'arrêt du conseil, vous dénoncer un homme qui possède cinq cent mille livres en or.

— Ah! monsieur le président, s'écria Philippe, quel f.... métier vous faites là !

— Comment donc! j'obéis à la loi, et c'est elle que Votre Altesse Royale accuse en ce moment!

— En réclamez-vous aussi le bénéfice?

— Pourquoi pas, monseigneur? deux cent cinquante mille livres sont bonnes à gagner.

— Ah! monsieur le président, monsieur le président!

— Que la conscience de Votre Altesse Royale se rassure, le détenteur des cinq cent mille livres, c'est moi-même, et je viens me dénoncer dans l'espoir de conserver au moins partie de cette somme. Je supplie Votre Altesse Royale de me pardonner d'en faire plus de cas que de tout le papier créé par la Banque.

— Vous êtes, monsieur le président, un fin renard; mais la loi est là, vos deux cent cinquante mille livres vous resteront.

— Je souhaite, monseigneur, que le surplus fasse grand bien à la compagnie, et je vais le lui faire porter.

Le premier président de la chambre des comptes ne se montra pas d'aussi bonne composition: « Je vous déclare, dit-il aux inquisiteurs, » que j'ai là dans mon cabinet cinq cent mille livres en or; vous » pouvez le dire à ceux qui vous envoient. Ajoutez que je réserve » cette somme pour le service du roi, mais que je ne crois avoir de » compte à rendre qu'à Sa Majesté quand elle sera majeure. »

Un agioteur désenchanté, nommé Vernesabre, agissant moins ouvertement que le président, réalisa trente millions d'espèces, et, craignant de se les voir enlever, quitta la France avec cet énorme capital.

Le discrédit du papier croissant toujours dans une partie de la nation, quoique l'engouement du surplus continuât, les gens de mauvaise foi payèrent leurs dettes avec des billets, ce qui, vu leur défaveur toujours croissante, n'était qu'une banqueroute légale, dont le gouvernement avait donné l'exemple par le remboursement des rentiers de l'État. Ceux qui ne devaient rien ne pouvant, sans être inquiétés, convertir leur papier en argent, achetèrent des bijoux, des pierreries, de la vaisselle plate à tout prix; d'autres entassèrent chez eux des meubles, du linge, des habits dont ils n'avaient nul besoin; d'autres payèrent des biens fonciers trois ou quatre fois leur valeur. En un mot, tous les Français qui ne s'étaient point laissé entraîner sur le char de Law échangèrent les valeurs conventionnelles dont il a inondé la France contre des objets qui pourront conserver une valeur réelle après la chute possible du système... Tout devint d'une cherté extrême; il fallut des liasses de billets pour se procurer un habit ou un chapeau. Le gouvernement poussa alors la tyrannie prohibitive jusqu'à défendre les pierreries, les bijoux, et même les couverts d'argent. Toute la population de Paris et des principales villes du royaume se divisa en deux partis: les espions, amis du système, et les gens espionnés, qui s'en étaient déclarés les adversaires. « On ne » saurait douter de la catholicité de Law, disait à cet égard lord » Stair, ambassadeur d'Angleterre, il établit l'*inquisition* après avoir » réalisé la *transsubstantiation* par le changement des espèces en pa» pier. »

Malgré tout ce que je viens de dire, on croyait, même parmi les détracteurs du papier, que le gouvernement, après les actes tyranniques auxquels il s'était livré pour faire triompher le système Law, serait à même de le soutenir, et qu'il en trouverait les moyens dans le résultat des mesures prohibitives qu'il avait employées. Quelle fut la stupeur universelle, lorsqu'un édit en date du 1 mai ordonna la réduction graduelle, de mois en mois, des billets et des actions jusqu'au taux de la moitié de leur valeur, laquelle réduction devait être opérée au 1er janvier 1721! Ce coup terrible jeta la consternation et le désespoir dans toutes les familles; toutes, de force ou de gré, avaient été bourrées du fatal papier. Mais l'édit était publié par l'ordre personnel du régent, sans avoir été communiqué au conseil. Le duc de Bourbon, le prince de Conti, le maréchal de Villeroi et quelques autres seigneurs coururent au Palais-Royal; ils peignirent avec de vives couleurs le désespoir du peuple, qui, lui dirent-ils, remplissait les cours du palais. En effet un mélange confus de cris d'alarme, de murmures, de vociférations, de menaces, s'élevait de ces cours; les gardes contenaient avec peine ces bandes désolées ou furieuses. Bientôt le parlement envoya les gens du roi joindre les remontrances de cette compagnie à celles des membres du conseil de régence; le premier président lui-même, traversant la foule séditieuse, se rendit auprès du régent. Celui-ci fit un prompt retour sur lui-même: Philippe est léger, mais il possède une certaine puissance de jugement capable de le bien conseiller lorsqu'il la consulte. Ce prince sentit qu'au lieu de gouverner la machine compliquée du système, il avait été entraîné dans son mouvement rapide et s'était laissé gouverner par elle. « Monsieur le premier président, dit Son Altesse Royale à » M. de Mesmes, je suis bien aise que cette occasion serve à me rap» procher du parlement; je vais suivre aujourd'hui son avis, et dés» ormais je le suivrai en tout. »

Le soir même (27 mai), l'édit du 21 fut rapporté. Law alla en personne dans ses bureaux annoncer que les billets de la Banque étaient rétablis dans leur valeur; en conséquence, il ordonna à ses commis de les payer intégralement. Mais le coup porté à la Banque par l'édit du 21 était mortel; tout le monde courait au remboursement des billets; personne n'en voulait plus recevoir; il ne se trou-

vait que des vendeurs à l'hôtel de Soissons... Tous les yeux étaient ouverts; on comprenait enfin généralement que ces richesses de papier, toujours fondées sur des paroles d'espérance, jamais sur des résultats obtenus, n'étaient qu'une belle chimère, qui, en s'évanouissant, laissait voir la ruine de cinq cent mille dupes et la fortune colossale de quelques centaines d'intrigants. On reconnut que, quand même le système eût été bon en soi, l'abus devait finir par en détruire le principe, et la confiance ne put se rétablir un seul instant.

On doit regarder comme une sorte de prodige que du sein d'une association aussi générale une révolution menaçante ne se soit pas élancée contre le chef du gouvernement; que le peuple a pris en aversion. Mais, énervée par le malheur, la nation se livre à un désespoir sombre, à une consternation stupide qui gronde en murmures sourds; on dirait que les cœurs sont trop avilis pour exercer une vengeance. Cependant le 29 mai M. Law fut sur le point d'être déchiré par la populace, il ne dut la vie qu'à l'adresse de son cocher et à la vitesse de ses chevaux. Effrayé, hors de lui, cet Écossais court au Palais-Royal remettre entre les mains du régent la charge de contrôleur général. « Nous verrons, lui répondit Son Altesse Royale; » je vais d'abord faire gérer les finances par Pelletier des Forts, on » prendra plus tard conseil des événements. » M. le duc d'Orléans donna ensuite à Law un major des gardes suisses chargé de le suivre partout et de le protéger. Cette précaution, sur laquelle le peuple se méprit, sauva ce financier, on crut qu'on ne le faisait accompagner qu'afin d'empêcher qu'il ne s'enfuît; la foule s'ouvrit pour le laisser passer, persuadée que cette victime était ménagée à sa fureur: comme ces infortunés que les sauvages engraissent avec soin avant de les dévorer. Ajoutons que, nonobstant ces événements, Law conserve la direction générale de la compagnie.

Donnez des spectacles aux Parisiens et vous leur ferez oublier leurs calamités, au moins tant que cette distraction durera. Les spectacles comiques sont ceux qu'ils préfèrent; bien différents en cela des Anglais, qui ne s'amusent jamais mieux que lorsqu'ils pleurent. Or il était difficile qu'il pût se rencontrer une farce plus plaisante que l'élévation de Dubois à la dignité d'archevêque, il y avait de quoi faire rire Héraclite lui-même. Racontons.

Le cardinal de la Trémouille étant mort à Rome à la fin de mai, l'archevêché de Cambrai restait vacant. Dubois informé de cette mort par la correspondance diplomatique, entra chez le régent.

« Monseigneur, lui dit-il, j'ai rêvé que j'étais archevêque de Cambrai.

— Tu fais des rêves bien impertinents, répondit Son Altesse Royale avec un sourire de mépris.

— Pas si impertinents! pourquoi Votre Altesse Royale ne me donnerait-elle pas cet archevêché?

— A toi, le siège de Fénelon!... C'est maintenant que tu rêves.

— Je vous tiendrais la matinée entière si je nommais tous les mauvais, plats ou ignorants sujets qui ont été mitrés par Votre Altesse Royale.

— Soit; mais songe donc qu'il n'y en a pas un seul dans le nombre qui ne vaille mieux que toi... Dubois mitré!.. bon Dieu!... passe pour crossé, et j'ai bonne envie de t'accorder cet honneur très-effectivement...

— Ce n'est pas le plus pressé.

— Tu réunis en toi les vices de tous ces indignes prélats ensemble.

— C'est possible, monseigneur; mais peut-être n'ont-ils pas à eux tous une seule de mes qualités.

— Eh! qui diable voudrait être assez osé pour te sacrer?

— Ah! s'il ne tient qu'à cela, mon affaire est bonne; j'ai mon consécrateur tout prêt.

— Je serais bien curieux de le connaître.

— Votre Altesse Royale le connaît à merveille, c'est son aumônier, M. de Tressan, évêque de Nantes.

— Tu mens, je le parie.

— Parbleu, ce prélat est dans votre antichambre, je vais vous l'amener, il sera charmé de la préférence que Votre Altesse Royale lui donne... Car elle m'a promis l'archevêché... c'est convenu... Aussi ma reconnaissance, mon respect, ma vénération...

— Moi, je n'ai rien promis...

— L'attachement, le dévouement sans bornes...

— Tout le monde me jetterait la pierre.

— Et l'empressement de servir Votre Altesse Royale, seront jusqu'à la mort mes lois suprêmes...

— Tu perds réellement l'esprit, et je ne veux pas t'imiter...

— La politique, la science du gouvernement sont arides, et mes soins empressés...

— N'es-tu pas comblé de mes bienfaits, maraud?

— Les femmes jolies et encore innocentes deviennent d'une extrême rareté, et mon zèle... Ah! monseigneur, ce n'est pas trop d'un archevêché... Je fais entrer M. de Tressan.

Dubois dit hardiment à cet évêque qu'il vient d'obtenir l'archevêché de Cambrai, et que le régent veut que lui, Tressan, soit chargé du sacre. Le prélat, qui sait que l'abbé est tout-puissant, n'a garde de refuser; il se laisse conduire par la main devant le prince, le el, rendu muet par la surprise que lui cause l'audace de son favori, ne répond rien au compliment du consécrateur. Dubois prend dans son acception la plus forcée le fameux *Qui ne dit mot consent;* il sort, et répand dans tout Paris la nouvelle de sa nomination. Les ués trouvent la chose délicieuse, les libertins applaudissent. Le régent, revenu à lui, soutient pourtant qu'il n'a pas promis; mais le r une dépêche de Londres se trouve sur son bureau quand il rentre de l'Opéra... « Ah! par ma foi, s'écrie Son Altesse Royale après l'avoir lue, Dubois sera archevêque de Cambrai. » Expliquons t incident. Aussitôt qu'il sut la mort de M. de la Trémouille, l'ambitieux abbé écrivit à son ami Destouches, resté à la cour de Saint-mes comme chargé d'affaires de la France, et l'on va voir quel ait l'objet de sa lettre. A la première audience que le diplomate eut Georges Ier il le pria d'écrire au régent pour l'engager à donner à ubois le siége de Cambrai. « Eh! comment voulez-vous, répondit ce monarque, qu'un prince protestant se mêle de faire un archevêque de France? le régent en rira, et sûrement n'en fera rien. — — Pardonnez-moi, sire, reprit Destouches, il rira, mais il fera ce que vous voudrez. » Et sur-le-champ il présenta une lettre rête à signer. « Je le veux donc bien, » dit Georges en signant. On nnaît le résultat.

L'inimitié trouve partout son aliment; le cardinal de Rohan, ennemi juré du cardinal de Noailles, par suite des querelles du jansénisme, voulut être le consécrateur du nouvel archevêque, se persuadant que M. de Paris serait humilié de voir un abbé à qui il avait refusé les ordres sacré par un cardinal prince de l'Empire. Le régent, dont ce procédé excusait un peu le choix, exprima sa satisfaction à . de Rohan, et Dubois lui témoigna vivement sa reconnaissance. Il emeura donc convenu que l'évêque de Nantes serait le premier de-consécrateur; Philippe choisit pour le second Massillon, qu'il vait fait évêque de Clermont. L'orateur sacré ne fut pas très-satisit de cette mission, qui excédait de beaucoup la latitude philosohique qu'il donnait à ses devoirs religieux; mais Massillon devait au égent un siége auquel il ne serait jamais parvenu avec le secours 'un grand mérite, qui n'est point une condition épiscopale. De plus, omme l'évêque de Clermont ne possédait pour toute fortune que on talent, il avait fallu que M. le duc d'Orléans payât ses bulles lui avançât de quoi meubler son palais et acheter un carrosse. ans ce secours, Massillon risquait fort de ressembler un peu trop ux évêques de l'Eglise primitive : humilité qui l'eût couvert de riicule. Par tous ces motifs, il accepta d'être le second assistant du onsécrateur de Dubois. Les rigoristes le blâmèrent; mais il fut exusé par les gens raisonnables, qui se rendirent compte de sa poition.

Avant de faire un prélat de l'abbé Dubois, il fallait d'abord en ire un prêtre; ce fut M. de Tressan qui se chargea de ce soin quelues jours avant la grande cérémonie. On improvisa pour lui, comme adis on le fit pour l'abbé de Choisy, tous les degrés des ordres : on ui donna le même jour la tonsure, les quatre mineurs, le sous-diaonat, le diaconat et la prêtrise... On dit que le célébrant, impaenté, s'écria : « Ne vous faudra-t-il pas aussi le baptême ? »

Le sacre de Dubois fut fixé au dimanche 9 juin; et toute la cour tait invitée à se rendre au Val-de-Grâce, où il devait avoir lieu. Le uc de Saint-Simon, qui ne manque jamais l'occasion de se vanter, t qui trouve en cela peu d'échos, prétend qu'il eut seul parmi les courtisans l'honneur d'être excepté dans les invitations du favori; qu'il offrit pourtant au régent d'aller à la cérémonie si Son Altesse Royale voulait s'abstenir d'y paraître, et qu'elle y consentit. Il y a dans cette assertion beaucoup trop d'invraisemblance pour qu'on puisse y croire : d'abord on ne voit pas pourquoi Dubois, *par respect* pour M. de Saint-Simon, comme celui-ci l'a avancé, se serait dispensé de l'inviter, à moins que l'abbé ne partageât avec ce seigneur l'opinion qu'il est l'homme le plus respectable de la cour. Ensuite par quelle considération le régent se serait-il cru remplacé à la cérémonie par M. de Saint-Simon, qui offrait de s'y rendre pourvu que Son Altesse Royale n'y allât pas? Le duc se regarde-t-il donc comme le lieutenant général du régent de France? En vérité de telles prétentions sont aussi trop ridicules, trop empreintes d'un amour-propre qui veut se produire à tout prix. Il faut, en général, écouter avec une certaine réserve tout ce que prétend M. de Saint-Simon, et je dois dans la circonstance dont il s'agit dire que M. le duc d'Orléans avait résolu de ne point se montrer au sacre de Dubois. Ce fut madame de Parabère qui le matin même, au lit, l'obligea à changer d'avis. « Je sais, lui dit-elle, que c'est un scan- » dale, mais Dubois saura que nous avons passé la nuit ensemble, » il m'accusera de vous avoir détourné, et, avec l'ascendant qu'il a » pris sur vous, il finira par nous brouiller. » Le régent essaya de la rassurer, et lui dit qu'elle était folle d'avoir l'idée qu'il pût se détacher d'elle. « Folle tant que vous voudrez, répondit la favo- » rite; mais vous irez au Val-de-Grâce, ou je romps avec vous : » ne fût-ce que pour ôter à l'abbé l'honneur de nous désunir lui- » même. » Le régent, subjugué, passa du lit de sa maîtresse au sacre de l'abbé Dubois, afin que toute la journée se soutînt sur le même ton.

La cérémonie fut d'une éclatante magnificence, toute la cour avait été invitée, et personne n'y manqua. Princes et princesses du sang, seigneurs, ministres, ambassadeurs, remplissaient des tribunes richement ornées. Les grands officiers du régent faisaient les honneurs, ses gardes occupaient les avenues du temple, le parlement avait envoyé une députation au Val-de-Grâce. En un mot, rien ne fut omis pour faire du plus grand scandale qu'on eût vu de mémoire d'homme le spectacle le plus brillant.

Dubois, pour devenir archevêque et même prêtre, avait eu à vaincre une petite difficulté qu'il s'était bien gardé de divulguer : il s'était marié jeune, dans un village du Limousin, avec une paysanne fort jolie. La misère avait bientôt forcé les époux de se séparer pour chercher fortune chacun de son côté. Madame Dubois vit, dit-on, encore; mais son indiscrétion a dès longtemps reçu un frein doré. L'abbé redoutait davantage les traces de la célébration matrimoniale, qui eussent convaincu monseigneur d'une incohérence de sacrements excédant les *libertés de l'Eglise gallicane.* S'il était passablement scandaleux d'être devenu prince de l'Eglise après avoir été pourvoyeur des plaisirs du régent, il l'eût été bien plus encore de laisser constater l'existence de madame l'archevêque de Cambrai. Dubois fit la confidence de son embarras à M. de Breteuil, intendant de Limoges. Cet administrateur se mit à la recherche des titres redoutables, les trouva, et parvint à les faire disparaître des registres sur lesquels ils étaient inscrits. L'archevêque a promis à M. de Breteuil le prix de cette complaisance, il ne tardera pas sans doute de trouver l'occasion de le lui donner.

Déjà, dit-on, le nouveau prélat songe au chapeau de cardinal; il ne cache point cette prétention, qui est venue aux oreilles du régent. « Si le coquin, disait l'autre soir ce prince à ses roués, était assez » osé pour penser au cardinalat, je le ferais jeter par les fenêtres. » Le favori ne fit que rire de ce propos quand on le lui répéta : « Lais- » sez donc, dit-il, Son Altesse Royale me sollicitera de me faire faire » cardinal. »

Il s'est passé dernièrement au Palais-Royal une scène des plus grotesques, mon mari riait encore ce matin en me la racontant. La Fillon a toujours ses entrées à toute heure chez le régent; elle arriva, le jour dont il s'agit, dans le cabinet de ce prince au moment où il travaillait avec Dubois.

« Monseigneur, dit-elle avec un air de componction qui ne lui est nullement familier, je viens demander à Votre Altesse Royale une grâce qui ferait le bonheur de ma vie.

— Parle, répondit Philippe, tu sais que je te veux du bien, et si ce que tu désires est à ma disposition je promets de te l'accorder.

— Oui, monseigneur, reprit la prostituée, ce que je désire dépend de vous.

— Et tu veux avoir?

— L'abbaye de Montmartre, dit la Fillon du ton le plus sérieux.

— L'abbaye de Montmartre! répétèrent ensemble le régent et Dubois en partant d'un éclat de rire.

— Pourquoi ris-tu de ma demande? poursuivit la courtisane en s'adressant au prélat.

— Ne veux-tu pas que je la prenne sérieusement? répliqua Sa Grandeur...

— Rien ne s'oppose à ce que je sois abbesse, toute p..... que je suis, puisque te voilà bien archevêque, toi qui n'es qu'un maq......

— Écoute donc, Dubois, dit Philippe, je suis obligé de convenir qu'elle a raison. »

Ce n'est pas le seul brocard que le nouveau prince de l'Eglise se soit attiré; on ne l'appelle que *M. l'archevêque comme cela,* parce que c'est le terme dont il se sert pour indiquer, à l'aide d'un signe, les ornements de la prélature dont il ignore le nom. Il y a bientôt un mois que Dubois est sacré, et il ne s'est encore pourvu ni de la crosse, ni de la mitre, ni de l'anneau, ni d'une chapelle; du reste Sa Grandeur apprend d'un pauvre chapelain à dire la messe, mais elle est encore fort peu avancée dans cette étude... Tout cela me paraît bien plaisant.

Pendant que la ruine publique marche à grands pas grâce au papier, dont la décadence est aussi rapide que le fut sa prodigieuse faveur, la peste désole plusieurs villes du Midi, et particulièrement Marseille. Une affreuse mortalité frappe de son glaive invisible les habitants de cette malheureuse cité. Le citoyen se lève fort en apparence contre la contagion; à midi sa paupière s'appesantit, sa vue devient terne, son visage pâlit, d'affreux vertiges lui prennent; une heure après ses lèvres tremblent, ses muscles se contractent, il chancelle, il tournoie sur lui-même, il tombe... il est mort. Les médecins ont employé avec succès un vomitif; mais le fléau est devenu promptement supérieur à ce remède, et les pestiférés privés de vie s'amoncellent dans les maisons, dans les rues, sur les places publiques... D'autres, emportés par le délire précurseur de la mort, courent au-devant d'elle en se précipitant au milieu des flots qui leur apportèrent l'horrible épidémie [1].

Cependant, au milieu de ces mortels livides, plus semblables à

[1] On pense généralement que la peste fut apportée par un navire du Levant, et qu'une balle de coton en renfermait le principe.

des ombres qu'à des êtres appartenant encore au monde, un homme dont le fléau semble respecter la vie porte en même temps les secours de la terre et les consolations du ciel; quelquefois il parvient à sauver une victime; plus souvent, hélas! sa noble mission se borne à purifier une âme fugitive. J'ai désigné Belsunce. Ce vertueux prélat, interprétant la piété comme les apôtres, dont il est le digne successeur, confond dans sa pensée, ainsi que dans ses actions, la bienfaisance effective avec les devoirs spirituels; il se montre ainsi le digne ministre d'une religion miséricordieuse et charitable, qu'un trop grand nombre d'insensés croient servir par des rigueurs.

Parlons d'un autre fléau, la guerre, dont les ravages viennent de cesser en Espagne. Le maréchal de Berwick, maître de plusieurs places et d'une partie de la Catalogne, avait mis le siège devant Roses, lorsque des négociations furent ouvertes entre les cours des

Mais, emporté par la force de l'habitude, il saute derrière le carrosse au lieu de monter dedans.

Tuileries et de Madrid. Philippe V n'était pas éloigné d'accéder à la quadruple alliance; mais le régent exigeait qu'il renvoyât son premier ministre, le cardinal Alberoni. Cette condition devait souffrir peu de difficultés : Alberoni avait échoué dans ses grands projets; c'était un intrigant abandonné de la fortune, et de telles gens sont promptement sacrifiés dans les cours, où l'on fait moins de cas qu'ailleurs des vases brisés. De plus, le duc d'Orléans, qui, en ramenant Sa Majesté Catholique au pacte de famille, cimenté jadis par tant de sang, voulait le consolider encore, faisait une seconde condition du mariage de don Louis, prince royal d'Espagne, avec *mademoiselle de Montpensier*, sa quatrième fille, et de l'infante, fille de Philippe V, avec Louis XV. Le monarque castillan paraissait peu disposé à la première de ces deux unions, son éloignement pour la maison d'Orléans dominant les nécessités de sa politique; mais Sa Majesté était gouvernée par son confesseur le jésuite *Daubenton*. Dubois, chargé de gagner ce moine, réussit du moins à négocier avec lui : il promit de déterminer le roi d'Espagne au double mariage, si le régent s'engageait à protéger les jésuites et à faire enregistrer la *constitution*. Philippe d'Orléans y consentit; la paix fut conclue sur la parole de ce prince, Alberoni eut ordre de sortir des terres d'Espagne. Le roi vit partir d'un œil sec un ministre qui avait toute sa confiance, et dont le génie, tout en s'égarant sur plusieurs points, avait cependant relevé la dignité espagnole. Dubois, sous prétexte de veiller à la sûreté du ministre disgracié, envoya un officier à Antibes, où il devait s'embarquer; mais le cardinal, aussi fin que son rival, reconnut aisément un espion dans ce prétendu protecteur. Il ne s'en gêna pas plus dans ses propos sur la cour de Madrid. « La reine, dit-il à » dessein devant l'envoyé de l'archevêque de Cambrai, la reine a le » diable au corps; si elle trouve un général, on la verra troubler » l'Europe. Il lui sera si facile de gouverner son mari ! Dès qu'il a

» dit bien bas : *Je veux être le maître chez moi*, on peut faire tout » ce qu'on veut pour qu'il ne le soit pas... Il ne lui faut qu'un prie» Dieu le matin et une femme le soir. »

Malgré le discrédit toujours croissant des billets, croirait-on qu'il en fut encore fabriqué le 26 juin pour cent millions? Mais le talisman était détruit; l'idole du *dieu Papier* était brisée; personne ne voulait plus de cette monnaie décriée : on donnait cent livres en billets pour un louis d'or. Law ne dirigeait plus ouvertement les finances; mais il conservait toujours la direction de la Banque, et c'était surtout à ce titre que le peuple lui en voulait. Poursuivi le 15 juillet par une foule irritée, cet Écossais entra dans la cour du régent au moment où les mutins allaient le saisir et le déchirer. Au défaut de sa personne, la populace, au pied même du palais d'Orléans, se jeta sur son carrosse et le mit en pièces. Après cette expédition, mille cris s'élevèrent pour demander avec menaces le supplice de l'imposteur qui, disait-on, avait ruiné la France. Plusieurs personnes furent étouffées dans la foule; quand elle fut écoulée, huit ou dix cadavres, longtemps foulés aux pieds, furent tirés des cours du Palais-Royal.

C'est à l'occasion de cette catastrophe que le premier président du parlement, le sourire sur les lèvres, improvisa fort mal à propos ces deux vers détestables :

> Messieurs, messieurs, bonne nouvelle,
> Le carrosse de Law est réduit en cannelle!

Mais on ne se bornait pas dans le parlement à improviser des refrains de vaudeville sur la situation la plus grave et la plus triste, cette compagnie se proposait d'instruire secrètement contre l'aventurier qui dirigeait encore les affaires. Des commissaires nommés

Dubois mitré!... passe pour crossé, et j'ai bonne envie de t'accorder cet honneur très-effectivement.

d'office avaient déjà entendu des témoins; on ne songeait à rien moins qu'à s'emparer du coupable, pour terminer son procès en deux heures. On devait le faire pendre ensuite dans la cour du palais, dont les portes auraient été fermées pendant l'exécution; après quoi elles eussent été ouvertes pour livrer au public le cadavre de Law. Mais cet étranger fut mieux servi que le parlement; il échappa à ses projets, qui, parvenus aux oreilles du régent, l'irritèrent contre cette compagnie. Mais Philippe la ménageait; il sentait que l'accomplissement des promesses faites à l'Espagne nécessitait l'intervention de la cour suprême; Son Altesse Royale comprima son mécontentement; elle voulut même se ménager des intelligences dans un corps dont elle avait si grand besoin. Le chancelier d'Aguesseau exerçait sur la robe une influence très-puissante, il fut rappelé de son exil; et il fit plier sa gloire à des menées peu dignes de lui, qui tendaient à circonvenir le parlement.

Les espèces d'or et d'argent avaient été remises en circulation par la force des circonstances, plus impérieuses que les lois. Le 30 juillet, le marc d'argent fut porté à cent vingt livres, le marc d'or à dix-huit cents livres : étrange augmentation, contre-partie bizarre de la dépréciation idéale qu'on avait imprimée précédemment à ces deux matières. En ce moment, les billets perdaient plus de soixante et dix pour cent. Enfin, et pour dénoûment du drame, tantôt grave, tantôt risible, mais toujours ridicule, dont le système de Law fut le sujet, deux arrêts du conseil mettent hors de circulation les gros billets à dater du 1er octobre prochain, et les petits à partir du 1er novembre.

Sans doute le parlement, toujours opposé au système de Law, dut faire de vives remontrances au régent, lorsqu'une triste extrémité vint réaliser aux yeux de toute la France ruinée les prudentes prévisions de cette compagnie ; mais ces remontrances étaient trop justes pour que le chef du conseil pût les condamner ouvertement. Le parlement donna à Philippe un autre sujet de mécontentement, et celui-là fut puni. La bulle *Unigenitus*, dont l'adoption légale était l'une des conditions de la paix avec l'Espagne, n'avait été enregistrée encore que par le grand conseil, en présence des princes et des pairs ; l'enregistrement au parlement devait être l'indispensable complément des promesses faites à cet égard à la cour de Madrid : cet enregistrement fut refusé, et le parlement exilé à Pontoise.

Après cet acte d'autorité, qui eût pu soulever la population de Paris, si elle n'eût pas été absorbée par le sentiment de ses pertes, le régent démentit la fermeté qu'il venait de déployer. Dès le soir, il fit porter chez le procureur général cent mille livres en argent, et la même somme en billets, pour aider les membres du parlement qui en auraient besoin. Il fut en même temps accordé une allocation considérable au premier président, pour subvenir aux frais de sa maison. Ce magistrat tint table ouverte à Pontoise ; non-seulement la chère y était exquise, mais tout le monde y était bien venu : ce qui mit M. de Mesme dans la prétendue nécessité de tirer plus de cinq cent mille livres du régent au delà de la somme allouée. Après dîner, des tables de jeu étaient disposées dans les appartements de la première présidence : tandis que des calèches attelées attendaient dans la cour les convives qui préféraient la promenade au jeu. Quand le premier président montait en voiture, il désignait, parmi la compagnie rangée sur son passage, les personnes qui devaient l'accompagner. A neuf heures, un souper somptueux et délicat était servi aux joueurs et aux promeneurs ; presque toujours des dames et des hommes du *bel air*, attirés de Paris par les délices de la cour en robe, contribuaient à rendre ces repas du soir charmants. Les fêtes, les spectacles, les concerts se succédaient à Pontoise avec une merveilleuse rapidité ; la route de cette ville à Paris était aussi suivie, aussi bruyante, aussi lumineuse que le fut celle de Versailles aux beaux jours du règne de Louis XIV. Un jour, le duc d'Orléans délibéra avec lui-même s'il n'irait pas contribuer à divertir le parlement qu'il avait exilé. Tandis que ces robins en goguettes semblaient se moquer du régent, les affaires portées au parlement demeuraient en souffrance ; *messieurs* buvaient, chantaient, dansaient, se promenaient, courtisaient les dames, mais ils jugeaient très-peu, et les plaideurs seuls étaient punis. Pour achever de narguer le chef du gouvernement, la chambre des comptes et la cour des aides envoyèrent des députés à Pontoise complimenter la cour exilée ; enfin ces deux corps à la procession du vœu de Louis XIII affectèrent de laisser vide la place du parlement.

Ce dernier trait ouvrit les yeux de Philippe : « Ah ! dit-il à Du-

Sacre de Louis XV.

» bois, tous ces robins orgueilleux, prétendent me braver ; parbleu ! » nous verrons. » De ce jour, les frais extraordinaires alloués au premier président cessèrent ; Son Altesse Royale déclara qu'elle aurait à l'avenir pour désagréable le pèlerinage des courtisans à Pontoise ; et le parlement fut menacé d'un exil à Blois, s'il ne s'occupait pas davantage de ses devoirs. Dans le même temps, l'archevêque de Cambrai revint à la charge auprès de cette compagnie pour l'enregistrement de la bulle : déclarant que si *messieurs* persistaient dans leur obstination, la régence prendrait le parti de ne faire enregistrer les édits qu'au grand conseil ; mesure qui proclamerait bientôt l'inutilité du parlement, et ne manquerait pas de ruiner son crédit. Dubois ajoutait que l'exil à Blois était prochain, en cas que la constitution ne fût pas sanctionnée : elle le fut, et le parlement revint à Paris. Bien plus, ce que n'avaient pu obtenir ni les menaces de le Tellier, ni les prières de madame de Maintenon, ni la volonté de Louis XIV, un prélat la honte de l'Eglise et de l'épiscopat l'obtint : M. le cardinal de Noailles révoqua son appel de la bulle *Unigenitus*, il s'y rallia, au moins par soumission. Rome et Madrid furent satisfaites, et le double mariage stipulé dans le traité de paix avec l'Espagne fut décidé.

Cependant il n'était plus possible que le régent laissât le maniement des affaires à l'Ecossais Law ; la sûreté de Son Altesse Royale elle-même exigeait qu'un homme contre lequel s'élevaient des clameurs de plus en plus fortes, de plus en plus séditieuses, disparût enfin du théâtre qu'il avait couvert des ruines de tant de fortunes. Cet étranger lui-même sentit qu'il ne pouvait continuer de faire tête à l'orage ; il se démit volontairement de ses charges le 10 décembre, et Philippe lui permit de se retirer dans son marquisat d'Effiat en Auvergne. Le jugement porté sur la carrière financière de Law était unanimement défavorable ; mais la même unanimité n'accueillit point la nouvelle de sa retraite : si les uns se félicitèrent d'être délivrés de la cupidité industrieuse de cet aventurier, les autres regrettèrent que la France fût privé de l'adresse d'un homme qui seul pouvait démêler le fil des affaires qu'il avait brouillées.

Le 11 décembre, M. Pelletier de la Houssaie, conseiller d'Etat, fut nommé contrôleur général des finances ; M. Pelletier des Forts lui remit tout ce qui concernait l'emploi de commissaire général, qu'il avait paru exercer depuis le mois de juin.

Le parlement étant rappelé, Law, qui n'avait point oublié les vues judiciaires de cette compagnie, pensa qu'il ne serait nullement en sûreté dans sa terre d'Effiat ; il se décida à quitter secrètement la France. Il partit donc le 12 du présent mois de décembre dans une chaise aux armes de *M. le duc*, et suivi de domestiques portant la livrée de ce prince. Son Altesse ne devait pas moins à un homme qui rétablit ses affaires à tel point que ce seigneur naguère encore le plus pauvre des membres de la famille royale, en est aujourd'hui le plus riche. L'évasion de Law causa une grande rumeur à Paris, le peuple demandait la tête de cet étranger, auquel on prêtait tous les crimes qu'un homme peut commettre, ainsi que cela ne manque point d'arriver à l'égard de ceux que poursuit la vindicte publique.

Une vive discussion s'éleva hier dans le conseil de régence relativement au système de Law ; tous les membres, même ceux que ce financier gorgeait de richesses, dirent qu'ils avaient eu constamment la main forcée par M. le régent lors de la signature des arrêts favorables à la Banque, et que c'était bien contre leur gré qu'il s'était trouvé en circulation pour deux milliards sept cents millions de billets. Philippe, poussé à bout, fut contraint d'avouer que Law en avait émis pour douze cents millions au delà des fixations déterminées, et que, la chose une fois faite, il était devenu indispensable, dans l'intérêt même de l'État, de couvrir cette irrégularité par des arrêts souvent antidatés. *M. le duc* demanda alors comment étant instruite d'un tel attentat Son Altesse Royale avait laissé sortir Law du royaume. « Vous savez, répondit Philippe, que je voulais le faire arrêter, c'est » vous qui m'en avez empêché et lui avez envoyé des passe-ports pour » la Flandre. — Il est vrai, reprit *M. le duc*, que je n'ai pas cru qu'il » fût de votre gloire de laisser pendre un homme dont vous vous » étiez servi; mais, outre que je n'étais pas instruit de la fabrication » frauduleuse que vous venez de révéler, je n'ai demandé ni son » évasion ni ses passe-ports, c'est vous qui me les avez envoyés pour » lui... Je déclare ici devant le conseil que j'aurais été d'avis de le » retenir. — Et moi, répliqua le régent, je proteste que si je n'ai pas » fait mettre Law en prison, c'est que vous m'en avez dissuadé, et » que je l'ai ensuite laissé partir parce que je craignais que sa pré- » sence ne nuisît au crédit public. »

Ainsi finit le système qui séduisit presque toute la France, mais non pas une partie de l'Europe, comme l'ont prétendu quelques écrivains; on verra bientôt de quelle manière les étrangers y accédèrent. Disons d'abord que ce système, dans la situation affligeante où nos finances se trouvaient, pouvait avoir une fin heureuse si la Banque n'eût émis que pour douze cents millions de billets et n'eût créé que pour une somme égale d'actions, sans les faire monter, par le charlatanisme, au double de leur valeur nominale. Dans cet état de choses, le papier-monnaie n'eût pas excédé les espèces en circulation, et les bénéfices réels des compagnies eussent pu profiter aux porteurs. Mais de quelle importance pouvaient être ces produits, quand même ils ne se fussent pas évanouis au sein des malversations, lorsqu'ils devaient être répartis sur huit ou neuf milliards de valeurs nominales ou conventionnelles? Expliquons un vice plus grand, le vice capital du système, celui que les hommes d'État n'eussent pas manqué d'apercevoir s'ils n'avaient pas été, ainsi que la multitude, sous le charme de l'enchanteur Law. Une affluence prodigieuse d'étrangers, particulièrement d'Anglais et de Hollandais, vinrent à Paris échanger avantageusement de l'or, des diamants et d'autres matières précieuses contre des billets aussitôt qu'ils virent le crédit de ceux-ci baisser; et dès qu'ils étaient en possession de ce papier payable à vue, ils couraient à la Banque se faire compter le montant en espèces. Ainsi ces étrangers emportèrent dans leurs pays plusieurs centaines de millions d'or dont le royaume fut pour jamais appauvri [1]. Car si dans leurs relations avec nous ces voisins cupides devaient faire des payements dans nos comptoirs, ils avaient bien soin de ne les effectuer qu'en papier. Telle est la principale cause de la disparition de tous nos trésors réels, que nous avions follement échangés contre du papier qui seul nous reste avec la profonde misère qu'il a fait naître.

Maintenant faut-il, à l'exemple de la multitude, demander des potences et des roues pour l'auteur du système? le parlement eût-il agi sagement en le jugeant et en le faisant exécuter entre deux guichets? Je ne le pense pas. Je le répète, il est reconnu, par des calculateurs réfléchis, que les opérations de la Banque eussent été salutaires renfermées dans de justes limites, ce n'est donc que l'abus qu'il faut condamner. Or, cet abus, démontré par les plus tristes conséquences, ne laisse apercevoir que le charlatanisme de Law; on ne peut en rien le convaincre de mauvaise foi ni de spoliation. Il enfla les avantages futurs de l'institution qu'il avait fondée; il berça la nation d'espérances chimériques, et, sur la foi de ses rêves brillants, sollicita de Philippe, séduit lui-même, toutes les mesures législatives qui pouvaient servir ses vues. Mais il ne fit en cela qu'imiter tous les novateurs, dont l'imagination est toujours montée au delà du positif lorsqu'il s'agit de leurs projets. Le grand crime de Law aux yeux du public est d'avoir fait une fortune colossale : oui, cet aventurier posséda vingt terres, plusieurs hôtels, les meubles d'un souverain. Mais il eût été bien plus surprenant que lorsqu'un laquais gagnait, rue Quincampoix, des millions, un hôtel, un équipage, le créateur du système eût oublié de profiter pour lui-même des bénéfices qu'il jetait à la tête des spéculateurs. Et d'ailleurs ces domaines, ces châteaux, ces palais, a-t-on vu Law en réaliser la valeur en espèces lorsque le crédit des billets et des actions commençait à fléchir? a-t-il placé d'énormes capitaux sur les banques étrangères? emporte-t-il des trésors avec lui? Trois fois non! Le financier écossais, visité à la frontière par l'ordre de M. d'Argenson l'aîné, intendant de Maubeuge, a été trouvé nanti de mille louis seulement.

Tout se réunit donc pour démontrer que l'Écossais Law fut la première dupe de ses calculs exaltés; que d'abord sage directeur de son système, il devint ensuite charlatan, parce qu'il ne lui était plus possible de remonter le cours du torrent qui l'entraînait, qu'enfin il

[1] Il n'est aucun de nos lecteurs qui n'ait été frappé de la ressemblance du système de Law avec celui des *assignats* créés dans la révolution : sous plusieurs rapports, ces deux fondations soutiennent la comparaison; mais si l'adjonction des compagnies à la Banque donnait l'avantage aux billets sur les assignats, ceux-ci en présentaient un beaucoup plus grand en ce que, n'étant pas payables à vue, les étrangers ne pouvaient s'en servir pour enlever les espèces de la France. Nos voisins trouvèrent pourtant le moyen de faire tourner à leur profit le système des assignats; ils en fabriquèrent de faux, particulièrement les Anglais, en inondèrent le commerce français, et ce papier tomba dans le mépris.

fut lui-même écrasé sous l'édifice qu'il avait élevé, et se trouve suffisamment puni d'une tentative qui fut une folie, une déplorable folie, mais non pas un crime que le supplice doive racheter.

CHAPITRE VII.

1721.

Mode des *paniers*; leur description. — Les bacchantes. — Liquidation des billets de la Banque. — Poursuites exercées contre diverses personnes à l'occasion du système. — Exécution mystérieuse. — Mademoiselle Delaunay devenue baronne de Staël. — L'ambassadeur turc. — Mort de d'Argenson. — Madame du Trainel lui avait donné un tombeau pour sa fête. — Madame d'Averne. — Dubois cardinal. — Sarcasmes et propos singuliers sur la pourpre de Dubois. — La messe de ce cardinal. — Le régent émule des habitués de Vaugirard. — Maladie de Louis XV. — Nouvelles calomnies contre le duc d'Orléans. — Réjouissances universelles pour le rétablissement du roi. — Article secret du traité de Rastadt. — Fin de la peste de Marseille. — Engloutissement de la ville de Tauris. — Premiers essais de l'*inoculation* en Angleterre. — *Esther* est jouée par les comédiens. — *Les Machabées*, tragédie de la Motte. — Préliminaires du mariage de Louis XV avec l'infante d'Espagne, et de mademoiselle de Montpensier avec don Louis. — Le roi mauvais coucheur.

Pendant la funeste idolâtrie des Parisiens pour le *dieu Papier*, leur idole ordinaire, la mode, a vu ses autels déserts; jamais la parure ne fut plus négligée; les hommes ne songeaient qu'à spéculer, et les femmes spéculaient sur les spéculations de leurs amants ou de leurs maris; maintenant qu'il ne reste du système de Law que des regrets amers et des monceaux de papier à mettre au poivre, nous revenons à nos goûts coutumiers. La frivolité reprend ses droits : plût à Dieu qu'elle ne les eût jamais perdus! Nous avons calculé à perte de vue, et les folies graves sont les pires. Ce n'est pas au nombre de ces dernières que l'on comptera la vogue des *paniers* que les gens du bel air, hommes et femmes, portent depuis quelques mois. Ces paniers consistent dans une carcasse de baleine, quelquefois d'osier, recouverte d'une toile, et que les femmes introduisent sous leurs jupes et les hommes dans les basques de leurs habits, pour les tenir roides et étendues. Cette machine se développe considérablement de chaque côté de la personne, mais très-peu de la partie antérieure à la partie postérieure; de sorte qu'une dame, avec sa taille mince et ses énormes paniers, ressemble à un battoir de blanchisseuse. Rien d'amusant comme les manœuvres que cet étrange usage nécessite : il n'est pas de porte assez grande dans nos salons pour qu'une femme puisse entrer de face, ce n'est que la hanche en avant qu'elle peut se présenter en société; et s'il y a seulement quatre ou cinq élégantes dans une chambre, elle se trouve complétement remplie quelque grande qu'elle soit. En carrosse ou en chaise à porteurs, il faut de toute nécessité tenir les portières ouvertes pour laisser voyager en dehors les paniers de madame. A table, une dame ne saurait se trouver commodément assise qu'en s'aidant de toute la bonne volonté de ses voisins : c'est-à-dire qu'elle doit obtenir des deux cavaliers dont elle est ordinairement flanquée la permission d'étendre sur leurs genoux les parties latérales de sa parure tandis qu'eux-mêmes relèvent derrière leurs sièges les basques de leurs habits, qui, par bonheur, peuvent se replier. C'est ainsi que, dans un repas, on n'aperçoit guère que la tête des hommes, enfouis pour ainsi dire sous les atours de leurs voisines... Du reste cela forme pour ces messieurs une espèce de chez-soi dont nos roués tirent, dit-on, quelquefois un grand parti, dans l'habitude où ils sont d'abuser de tout.

Ajoutons que les paniers ont envahi toutes les classes, tous les états : une lingère a les siens comme une princesse; et la première, grâce à cet ample ajustement, ne tient pas moins de place dans le monde que la seconde. Une femme, de quelque rang qu'elle soit, qui sort de chez elle sans paniers, est considérée comme malade. Quant aux hommes, les basques de leurs habits, qui ne représentent pas mal deux vastes ailes de papillon, s'agitent à tel point pendant la marche, que chacun de leurs angles décrit un demi-cercle, et, frappant l'air environnant avec force, ils produisent sur les passants l'effet d'un éventail, que l'on se prête ainsi mutuellement dans les rues. Mais, s'il fait du vent, il est imprudent de donner un rendez-vous à heure précise, à moins qu'on ne soit favorisé d'un vent en poupe.

Il y a longtemps que l'usage du rouge existe à la cour, mais les femmes en mettaient avec assez de mesure pour que ce pût être réellement une addition à l'éclat naturel de leur teint ou bien une habile substitution au coloris qui leur manquait. Depuis quelques années elles se couvrent le visage d'une couche épaisse de ce fard, qui les fait ressembler à des bacchantes ivres de vin ou de luxure. Ce n'est pas tout : non contentes de simuler à l'aide du rouge une fraîcheur qu'elles n'ont pas ou qu'elles n'ont plus, elles emploient encore le blanc et le bleu pour blanchir leur peau et dessiner sur cette couche de céruse des filets veineux que la nature a cachés sous un tissu trop épais. Jadis une femme qui se fût montrée ainsi peinte dans un autre temps que le carnaval, aurait passé pour folle; aujourd'hui c'est commettre une *indécence* que de sortir sans être plâtrée de couleurs : et bientôt on ne trouvera plus les figures de femmes que dans les tableaux, qui sont beaucoup plus naturels en ce genre que la nature.

Un traité d'alliance vient d'être conclu à Madrid entre la France, l'Espagne et l'Angleterre. Les puissances contractantes s'engagent à restituer tout ce qui a été pris durant la guerre. Les autres prétentions respectives seront discutées dans un congrès ouvert immédiatement.

Tandis que les intérêts généraux de la France et ses alliances politiques sont agités à Cambrai, on s'occupe à Paris de sauver quelques débris des fortunes particulières après le grand naufrage financier dont nous avons été témoins et victimes. Il faut convenir que les funestes résultats du système Law ont été outrés; la valeur des billets ne se réduira pas précisément à rien, ils seront seulement liquidés dans une proportion combinée de leur valeur particulière et de la masse générale des actions. Pour parvenir à cette liquidation une opération telle que l'histoire de tous les peuples n'en fournit point d'exemple a été proposée au gouvernement, qui l'a acceptée. On fait un recensement de tout ce qu'il y a de la fortune des citoyens d'engagé dans le système, c'est-à-dire de tous les billets émis. Un arrêt du 16 janvier ordonne en conséquence qu'ils seront assujettis à un *visa*, et que les porteurs devront déclarer authentiquement à quelle époque ils ont reçu ce papier, et le prix qu'ils l'ont payé. Cette étonnante révision, dont l'idée est due aux quatre frères Pâris, financiers habiles, s'opère devant des bureaux composés de maîtres des requêtes et de conseillers au grand conseil. Jamais peut-être mesure ne fut plus rapidement exécutée; déjà cinq cent mille particuliers ont produit ce qu'ils possédaient de billets; le chaos est presque débrouillé; encore un mois et la dette sera liquidée. On peut annoncer dès aujourd'hui que les billets de liquidation qu'on remet en échange de ceux de la Banque s'élèveront à dix-sept cents millions au plus, ce qui équivaut à peu près au quart de la valeur nominale des effets retirés; les nouveaux seront acquittés en valeurs numéraires au trésor royal; on les recevra comme capitaux pour le payement de certains offices, lettres de maîtrises, surenchères des domaines royaux; enfin ils serviront à l'achat des rentes perpétuelles ou viagères, tant sur les tailles que sur l'hôtel de ville de Paris. Les actions restent au compte de la compagnie des Indes; elles sont au nombre de cinquante-cinq mille quatre cent quatre-vingt-une, formant à peu près trois cents millions. Ce n'est point un acte injuste que de charger cette association de ces valeurs : outre qu'elle seule peut encore en tirer parti, les pertes qu'elles pourront causer seront supportées avec plus d'équité par l'établissement qui mit ce papier en émission que par les porteurs dont la confiance fut trompée. D'ailleurs, si l'on examine la situation de la compagnie indépendamment du système, on verra que son commerce conserve des sources de prospérité qui pourront la dédommager de ses pertes. Au moment où j'écris, notre compagnie des Indes, fondée jadis par le grand Colbert, ruinée depuis par la perpétuité des guerres, relevée enfin par le système de Law, est encore rivale de celles de Londres et d'Amsterdam.

Au moment où l'on s'occupait de la liquidation des billets, l'administration des revenus publics fut enlevée à la compagnie; le bénéfice des monnaies rentra dans les mains du roi. Les receveurs généraux des finances sont rétablis, mais les fermes générales étant trop délabrées pour être confiées à des traitants seront, au moins quelque temps, régies au compte de l'État.

L'examen des archives de la Banque ayant fait soupçonner des malversations de la part de plusieurs de ses gérants, la conduite des directeurs, caissiers et commis fut examinée par des membres du grand conseil assistés d'un procureur général. On constata que M. Jean Law, fondateur, devait dix-huit millions. Guillaume Law, frère du directeur général, et qui était également détenteur de sommes considérables, avait été renfermé à la Bastille; on l'a transféré à la Conciergerie, où il restera, dit-on, jusqu'à ce qu'il se soit acquitté. Un des directeurs de la Banque, M. Right, aussi détenu au fort Saint-Antoine, a détourné sept millions, qu'on l'accuse d'avoir envoyés à l'étranger. En un mot, tous les jours on fait le procès de personnes ayant participé à la gestion de cette fameuse Banque.

Il y a trois jours, quelques habitants de la place de Grève, qui ne dormaient pas, entendirent à deux heures du matin le bruit inaccoutumé d'une voiture et le piétinement d'un assez grand nombre de chevaux. Au même instant, une grande lueur passa devant leurs croisées; ils se levèrent, et virent un carrosse escorté par trente ou quarante cavaliers portant des flambeaux. La place était silencieuse et déserte; mais un échafaud, dressé dans la nuit même, se trouvait au milieu. Un homme, tiré du carrosse qui venait de s'arrêter devant cet échafaud mystérieux, y monte d'un pas assuré. Cet individu est d'une taille élevée, ses traits sont nobles; il abaisse un regard de mépris sur ceux qui préparent son supplice. Un bourreau le saisit par sa noire chevelure; il tombe, et l'écho nocturne répète au loin le coup fatal de la hache... Personne ne sait ni le nom ni le crime de ce personnage, sans doute distingué... Est-ce une victime? est-ce un criminel? Je ne sais, mais la justice ne doit point frapper dans l'ombre.

J'ai laissé sortir mademoiselle Delaunay de la Bastille sans enregistrer sa mise en liberté, qui eut lieu peu de temps après le retour de la duchesse du Maine à Sceaux. Cette pauvre fille supporta plus de deux ans de captivité, parce qu'elle avait fait de l'éloquence pour le compte des princes légitimés. Selon l'usage du grand monde, ils ne s'occupèrent nullement d'elle quand elle fut en prison; et le public, auquel le nom de mademoiselle Delaunay était parvenu lors de l'apparition du Mémoire, ne tarda pas de l'oublier aussi. Mais depuis que notre jolie plaideuse est rentrée dans le monde elle a donnée de l'ouvrage à la renommée. Madame la duchesse du Maine se disposait à reprendre avec sa femme de chambre ses anciennes habitudes, c'est-à-dire qu'elle se proposait de la faire lire ou écrire toute la nuit; mais cette demoiselle, qui tenait à réparer le temps perdu sous les verrous, déclara à Son Altesse qu'elle voulait d'abord se marier. La dame de Sceaux essaya de s'y opposer, prétendant qu'elle lui était nécessaire. Mademoiselle Delaunay répondit « qu'elle venait de faire » une station de deux années à la Bastille, pendant laquelle Son Al- » tesse n'avait pu trouver un seul moment à donner au souvenir de » sa très-humble servante; qu'elle était sortie de prison parce qu'on » était las de l'y garder, et que, bien que Son Altesse lui eût dit » avec une grande bonté en la revoyant : *Ah! vous voilà, j'en suis » bien aise*, elle avait eu de la peine à couvrir, depuis, sa nudité » presque absolue. » La femme de chambre ajouta tout de suite « que » remplie de dévouement pour le service de Son Altesse, et ne vou- » lant y mettre aucune restriction, il lui paraissait au moins prudent » de s'assurer d'un protecteur pour le cas où ce même dévouement » la conduirait de nouveau à la Bastille, et que, dans cette nécessité, » un mari lui semblait être ce qu'il y aurait de plus convenable. »

La duchesse, passant sur le reproche assez clair que lui adressait mademoiselle Delaunay, promit de lui trouver un époux, puisqu'il entrait dans ses vues d'en prendre un. Les recherches furent assez longtemps infructueuses vu le défaut de naissance et de fortune de la demoiselle à marier, défaut que ne compensait point, aux yeux des épouseurs, un luxe de réputation peu recherché des maris. Enfin un vieux colonel suisse retiré, auquel on promit le brevet de maréchal de camp, consentit à admettre la compensation. Le baron de Staël épousa mademoiselle Delaunay; mais elle ne tarda pas de s'apercevoir que son union avec l'honnête Helvétien n'était absolument qu'un manteau conjugal, qui, par bonheur, lui sembla de nature à s'étendre complaisamment, et dont elle usa dans toute son ampleur. Je n'essayerai pas d'énumérer tous les amants que la baronne inscrivit en moins d'une année sur la liste de ses faiblesses, la mémoire la plus fidèle se brouillerait dans un tel calcul. L'abbé Vertot fut un des premiers adorateurs de madame de Staël, et, quoiqu'il eût beaucoup plus de la soixantaine, son amour alla jusqu'au délire. Elle refusa ses hommages en lui disant : « Mon cher historien, il faut renoncer à » cette passion-là; à votre âge, cela ressemble trop à un roman. » Chaulieu, plus vieux encore que son rival, mais aussi plus aimable, parvint à se faire écouter de cette dame, s'il faut s'en rapporter aux épithètes de coquette, de friponne, de libertine qu'il lui donne, non pas seulement dans ses vers, ce qui ne serait qu'une licence poétique, mais dans ses lettres, que l'on doit croire plus sérieuses. La baronne a brûlé pour le marquis de Silly d'une flamme qu'elle n'a pu faire partager. « Cela, disait-elle à quelqu'un dans le temps qu'elle pous- » sait des soupirs malheureux, cela me garantira de toute autre » séduction, et je m'en tiendrai à la pitié que quelques hommes ai- » mables pourront m'inspirer. » Madame de Staël est excellente mathématicienne, et voici qui le prouve. Elle se plaignait un jour à une de ses amies du refroidissement d'un jeune robin dont elle avait eu pitié : « Dans le commencement, disait-elle avec tristesse, il prenait, » en me reconduisant chez moi, son chemin par les côtés d'une place; » plus tard il la traversa par le milieu, d'où je jugeai que son amour » était diminué de la différence de la diagonale aux deux côtés du » carré. » Laissons madame de Staël suivre le cours des rêveries de madame la duchesse du Maine, laissons-la démontrer, par des figures géométriques, l'ingratitude de ses amants, et dire que, lorsqu'elle écrira ses Mémoires, elle ne *s'y peindra qu'en bu te;* j'ai à tracer d'autres détails.

Un ambassadeur de la Porte, nommé Méhémet Effendi, et qui, cette fois, n'était pas un diplomate pour rire comme le Persan Méhé-met Rizabeg, a obtenu, le 20 mars, une audience du roi. Le but apparent de son ambassade paraissait être de déclarer à Louis XV que le sultan son maître prend sous sa protection les moines qui desservent le saint sépulcre à Jérusalem; mais le motif réel était la demande d'un traité de commerce. L'archevêque de Cambrai, avec lequel ce mahométan eut à s'entendre, parla de l'objet sacré avec toute la componction d'un Pierre l'Ermite et traita de l'affaire commerciale en homme qui avait étudié la matière, indépendamment des relations qu'il eut de tout temps avec les lingères, les mercières et les marchandes de draps, pour d'autres articles encore que ceux renfermés dans leurs boutiques. L'envoyé turc est reparti satisfait.

Il y a dans la vie comme dans la mort d'étranges coïncidences; le même mois et presque le même jour virent périr, à Rome, Clément XI, connu par sa trop fameuse bulle *Unigenitus*, et, à Paris,

M. d'Argenson, que les roués ont surnommé le pacha de la Madeleine de Trainel. Et voyez la bizarrerie des destinées humaines! le saint pontife qui descend dans la tombe a jeté, d'un bout à l'autre de la chrétienté, des brandons de discorde, tandis que l'homme le plus immoral, le plus dissolu du monde civilisé, est parvenu à établir une fort bonne police à Paris; et dans le peu de temps qu'il conserva les sceaux et la chancellerie, la justice fut religieusement observée tant qu'il put en être le libre dispensateur.

L'abbesse de la Madeleine de Trainel avait fait présent à M. d'Argenson, pour sa fête, d'un joli tombeau élevé d'avance dans une chapelle de l'église de ce couvent : c'était un bouquet d'un singulier genre; mais l'intention était excellente, et le garde des sceaux sut gré à la supérieure de sa prévoyante attention. Mais le cœur seul de Sa Grandeur est resté parmi les bonnes sœurs : vivant, il avait battu pour elles; mort, c'est une relique un peu profane déposée dans leur maison. Le corps de M. d'Argenson est enterré à Saint-Nicolas-du-Chardonnet. Les hommes qui l'y ont porté assurent qu'il ne pesait pas dix onces. D'Argenson a dû mourir bien dévot, si, durant son séjour au milieu des nonnes, le spirituel s'est enrichi de tout ce que l'état corporel perdait.

L'amour est, comme on sait, un tyran, et de plus un tyran capricieux, ce qui n'empêche pas tous les humains de vouloir vivre sous ses lois; le bonheur qu'il procure est si séduisant, qu'on oublie à quel prix il faut l'acheter. Néanmoins quelque chose de plus sans doute retenait madame de Parabère dans les lacs amoureux du régent; car, si cela put être jadis un bonheur pour la favorite, il était depuis longtemps si partagé, qu'il devait se réduire à un *infiniment petit* de félicité. Disons donc que, selon toutes les probabilités, le quelque chose dont il s'agit se composait de bienfaits, souvent renouvelés, qui doraient et surdoraient la chaîne de madame de Parabère; que, cette chaîne étant bien dorée, la dame n'a pas été fâchée de la voir rompre pour en emporter les débris; et que lorsque, le 30 mai, un ordre de M. le duc d'Orléans a exilé sa maîtresse à sa terre du *Blanc* en Touraine, elle a fait un *Ouf!* très-significatif; on va jusqu'à dire que c'est madame de Parabère elle-même qui a fait connaître au régent madame d'Averne, que Son Altesse Royale lui préfère aujourd'hui. Le 26 mai, Philippe vit à l'Opéra cette beauté remarquable qu'il n'avait encore rencontrée qu'au souper du Luxembourg le jour de la lanterne magique; rencontre où la vue ne fut pas celle de leurs facultés que les convives exercèrent le plus. Au sortir du spectacle, le prince, en cachant son cordon bleu, présenta la main à madame d'Averne; et comme Son Altesse Royale n'aime pas les intrigues qui languissent, elle lui fit offrir le lendemain matin cent mille livres en espèces, une capitainerie des gardes pour son mari, et pour elle le titre de favorite. Malgré ces brillants avantages, cette dame refusa d'abord; un second message, plus pressant encore que le premier, lui fut envoyé avec une offre additionnelle de cinquante mille livres. Madame d'Averne répondit cette fois qu'il n'y aurait rien *à frire* tant que madame de Parabère et Nocé seraient en faveur à la cour du Palais-Royal. Deux jours après l'ancienne favorite était exilée, Nocé se rendait à son régiment, et la nouvelle maîtresse *était frite*, pour me servir de son expression. Cependant il est à présumer que les choses n'ont pas tourné tout à fait au goût de madame d'Averne, car elle s'est montrée peu satisfaite de sa première entrevue avec le régent; elle assurait hier à une de ses amies qu'elle avait fait un marché de dupe. Mais M. d'Averne, qui partage les avantages du traité, s'est rendu garant de son exécution auprès de Philippe. « Votre Altesse Royale, lui disait-il l'un de ces jours, m'a » donné le commandement d'une compagnie des gardes; je l'emploie-» rai, s'il le faut, à garder ma femme, afin que Votre Altesse Royale » seule puisse en approcher... Il faut, dans tout engagement, de l'hon-» neur, beaucoup d'honneur. »

Malgré toute sa condescendance pour les volontés de madame d'Averne, le régent lui a fait signifier de rester étrangère aux affaires publiques. Il lui refuse en cela le privilége accordé à la petite Émilie; il est vrai qu'elle n'a pas été formée à l'école de la Fillon, qui est une autorité dans l'État.

Dubois n'en a pas eu le démenti, il est cardinal, et M. le duc d'Orléans ne l'a point fait jeter par les fenêtres. On devise diversement sur les causes de cette étrange faveur romaine, mais il y a grande probabilité que le principal motif est le don fait par l'aspirant à la cour du Vatican, ou plutôt au pape Innocent XIII, d'une somme de deux millions. Le souverain pontife a pourtant écrit à Louis XV » qu'il avait revêtu l'archevêque de Cambrai de la pourpre à cause » des grands services qu'il a rendus à l'Église. » Quoi qu'en dise Sa Sainteté, l'enregistrement de la bulle *Unigenitus*, à laquelle cette phrase fait allusion, est, je crois, pour fort peu de chose dans l'envoi du chapeau à Dubois; la reconnaissance n'a jamais été une vertu très-papale; et dans les *accommodements* qu'Innocent XIII conclut au nom du ciel, on assure qu'il est fort sensible aux arguments qui se résument en rouleaux métalliques. Du reste, je ne sais si le régent a poussé la faiblesse pour son favori jusqu'à *le solliciter* de se faire nommer cardinal, comme Dubois l'avait annoncé, mais je tiens de bonne source que Son Altesse Royale le voit avec plaisir revêtu de cette nouvelle dignité. Philippe est maintenant accablé par le moindre travail; la plus légère contention d'esprit le fatigue et l'ennuie. Or Son Altesse Royale n'a rien tant à cœur que d'introduire Dubois dans le conseil de régence, non-seulement pour s'épargner le soin de lui rendre compte de ce qui s'y est passé afin d'aider au travail du cabinet, mais encore afin de s'affranchir de la discussion même des affaires de l'État. Voilà ce que le rusé favori a prévu dès longtemps, il ne risquait pas de se tromper en disant que le régent, malgré les épithètes de *coquin*, de *maqu.....*, de *garnement*, prodiguées à monseigneur l'archevêque, et d'ailleurs très-méritées, serait toujours le premier à favoriser son élévation.

Mais voici bien une autre prétention, d'après laquelle ce ne serait ni la bulle *Unigenitus*, ni la volonté du pape, ni les deux millions, ni le *motu proprio* du régent, qui auraient fait Dubois cardinal, mais bien les soins de la Fillon... La directrice d'une maison de prostitution faire un membre du sacré collége ! c'est neuf, mais ce n'est pas impossible au temps où nous vivons. Toujours est-il que la belle courtisane répète à tout venant : « Personne ne saura jamais ce que » j'ai fait pour qu'il soit cardinal : tout ce que je puis dire, c'est » que dans le fond tout a été affaire de p....., car ce qu'il a négocié » à Rome, à Vienne, à Madrid, n'a été que pour la forme.....; la » grande difficulté était au Palais-Royal. »

Quoi qu'il en soit, le jour où Dubois reçut le chapeau des mains du roi, il détacha sa croix épiscopale, et la présentant à Fleury, il lui dit : « Prenez-la, elle porte bonheur. » Le confesseur du roi, en courtisan consommé, se décora de l'insigne, mais non pas sans rougir. A peine la nouvelle Éminence fut-elle sortie du château, que les courtisans donnèrent carrière à leur malignité. « On connaissait » bien le rouge, disaient-ils en pirouettant sur le talon, mais on » n'avait pas encore vu de maquereaux rouges. » Les lazzis passèrent bientôt de la cour à la ville et des salons aux halles. Les *dames* n'appellent plus les maquereaux qu'elles vendent que des *cambrais*. Il n'y a pas jusqu'aux laquais qui égayent leurs soirées d'antichambre aux dépens du nouveau cardinal. Les domestiques de Dubois, habitués à l'entendre jurer comme un courtisan, disputaient plaisamment l'un de ces soirs avec ceux de l'archevêque de Reims et du cardinal de Rohan sur la prééminence entre ces trois dignitaires de l'Église. « Mon maître, dit un valet de M. de Rohan, sacre les évêques et ar-» chevêques. — Le mien, répondit un des gens de M. de Reims, » sacre les rois... — Belle affaire que cela ! ajouta un laquais de » Dubois, mon maître sacre Dieu cent fois par jour. » Il faut convenir que sous ce rapport jamais conversation ecclésiastique ne fut plus que celle du cardinal archevêque de Cambrai ornée de fleurs empruntée de la rhétorique des soldats aux gardes. Avant-hier, Dubois, ennuyé des obsessions de la princesse d'Auvergne, oublia la dignité de sa pourpre et le rang de sa cliente jusqu'à envoyer cette dame faire..... Elle courut se plaindre au régent de cet excès d'irrévérence, mais le prince lui répondit : « Eh! madame, ce cardinal est quelque-» fois de bon conseil. »

Le cardinal, devant officier pontificalement le jour de l'Assomption, avait recommandé la veille à son valet de chambre de l'éveiller de bonne heure, ce que ce domestique oublia. Dubois débuta, dès qu'il fut levé, par un déluge de jurons ronflants adressés au pauvre valet qui l'avait laissé dormir si tard un jour où il allait dire la messe. On s'empressa de l'habiller, toujours jurant et frappant du pied. Quand il fut revêtu de ses habits pontificaux, il se rappela une dépêche dont l'expédition pressait; un secrétaire fut appelé, et non-seulement Dubois ne songea plus à dire la messe, mais il oublia même d'aller l'entendre.

Le cardinal sait bien ce qu'il fait en se montrant par-dessus toute chose assidu dans les affaires de l'État : personne n'ignore plus qu'il s'achemine à grands pas vers le ministère; et pour accoutumer le public à l'idée de lui voir enfin diriger le timon de la monarchie, Philippe donna dernièrement à ce favori la surintendance des postes, enlevée à M. de Torcy, qui néanmoins conserve sur cette charge une pension de quarante-cinq mille livres.

Il arriva la semaine dernière au régent une aventure qui prouve que si l'opinion peut se révolter contre le choix de l'homme auquel il veut remettre la direction des affaires, ce prince a grandement raison d'en vouloir déposer le fardeau. Ses passions effrénées dominent tout à fait sa dignité; le sentiment de la gloire est désormais sans force chez lui. Son Altesse Royale revenait de Saint-Cloud après une orgie qui s'était prolongée jusqu'au milieu de la nuit; tiré de sa voiture au milieu du chemin pour obéir aux suites convulsives de son ivresse, il tomba par terre au pied de ses gardes et de ses valets. Étendu sur la poussière, le duc ordonna à un écuyer de retourner à Saint-Cloud et d'amener en croupe, disait-il, madame d'Averne pour le soigner. L'officier, qui était parti en murmurant, revint au bout d'une demi-heure dire que la favorite, déjà couchée, avait refusé de se lever... Enfin, las de se vautrer sur un grand chemin comme un savetier ivre revenant des guinguettes de Vaugirard, le régent de France consentit à ce qu'on le remît dans son carrosse, et rentra au Palais-Royal souillé des résultats de sa débauche.

Le lendemain, l'évêque de Troyes, révolté d'un tel scandale, réprimanda fortement madame du Deffant sa nièce de ce qu'elle fréquentait une mauvaise compagnie comme madame d'Averne et le régent. Informé de ce propos du prélat, Philippe pria d'abord la duchesse douairière de lui exprimer son mécontentement; ce qu'elle fit en présence de la maréchale de Rochefort. Mais soit que M. le duc d'Orléans pensât que sa mère n'avait pas assez morigéné M. de Troyes, soit qu'il voulût, comme il le disait, laver lui-même cette tête épiscopale, il se disposa à l'aborder au conseil de régence. Tous les membres présents furent alors témoins d'une partie fort récréative entre l'évêque et le prince du sang : le premier tournant autour de la table du conseil pour éviter Son Altesse Royale, et celle-ci circulant autour de la même table afin de joindre le prélat... Enfin Philippe saisit à bout de bras l'homme d'église, et force lui fut d'entendre une semonce qu'il promit de ne plus mériter. « De quoi vous mêlez-» vous? lui avait dit le régent, ma conduite n'est nullement assujettie » à vos censures, je ne suis pas de votre diocèse. »

Il est dans la destinée des nations des circonstances qui révèlent sans réserve leurs affections ou leurs haines, et quelquefois les unes et les autres tout à la fois. Telle fut la maladie de Louis XV, qui se déclara le 13 juillet et jeta toute la France dans des alarmes fondées, disons-le, sur l'aversion que la nation a vouée au régent plus que sur l'amour qu'elle éprouve pour le jeune roi. Une fièvre violente se déclara dès le premier jour de la maladie; le lendemain, des symptômes sinistres survinrent, la tête s'embarrassa, et les médecins effrayés perdirent eux-mêmes le jugement. Le plus jeune d'entre eux, Helvétius seul, conservant toute sa présence d'esprit, raisonna froidement sur la nature du mal et proposa la saignée du pied comme unique moyen de salut... « Entendez-vous bien, messieurs, répéta le » docteur en élevant la voix, l'unique moyen de salut. » Ce ton d'assurance n'en imposa point aux consultants, tous se montrèrent opposés à l'avis d'Helvétius. « S'il n'y avait qu'une lancette en France, » ajouta Maréchal, il faudrait la briser pour ne pas faire cette » saignée. » La consultation avait lieu en présence du régent, de *M. le duc,* du maréchal de Villeroi, de la duchesse de Ventadour, de la duchesse de la Ferté, marraine du roi, et d'une foule d'officiers, qui tous étaient consternés de voir si peu d'unanimité dans une conférence de laquelle pouvait dépendre la vie du jeune monarque. Des médecins de la ville furent appelés à l'instant pour ajouter à ce foyer de lumières trop divergentes. On vit aux Tuileries Dumoulin, Silva, Camille, Falconnet. « Messieurs, dit Helvétius aux survenants, si » l'on ne saigne pas le roi, il est mort : c'est le seul remède décisif » et même urgent. Je sais qu'en pareille matière je ne puis démon-» trer la certitude du succès, je sais à quoi je m'expose s'il ne répond » pas à mon avis; mais je ne dois ici, d'après mes lumières, consulter » que ma conscience et la conservation du roi. » Les quatre médecins de la ville se rangèrent à l'avis d'Helvétius; Louis XV fut saigné, et moins d'une heure après les symptômes effrayants avaient disparu. Le second jour tout danger était passé, le roi n'avait presque plus de fièvre; le cinquième, Sa Majesté entrait en convalescence. Helvétius eut tous les honneurs de cette guérison, mais on ne le nomma pas premier médecin : à la cour, rendre un grand service et obtenir une grâce sont rarement deux choses qui se suivent... On aime mieux y accorder des faveurs gratuites, cela exprime mieux le bon plaisir du maître[1].

Des transports de joie éclatèrent dans toute la France quand on y apprit la convalescence du roi; ils furent unanimes comme l'avait été la consternation. Je l'ai dit, cette double explosion de douleur et d'allégresse signala surtout la crainte d'avoir le régent pour maître, et ensuite le plaisir de ne l'avoir pas. Aux prières douloureuses qu'on avait entendu psalmodier tristement dans toutes les églises succédèrent d'imposants *Te Deum.* Des fêtes publiques furent plutôt réglées qu'ordonnées : la joie universelle était un besoin et non un témoignage d'obéissance; on ne se réjouit point par ordonnance de police, mais par un épanchement spontané. On dansait sur toutes les places, on chantait le long de toutes les rues. Le soir, favorisés par une belle saison, les bourgeois faisaient servir leur souper devant leur porte; ils invitaient les passants à venir y prendre part : on eût dit que Paris donnait chaque jour un repas de famille... Il y a déjà trois semaines que ces réjouissances durent; elles dureront deux, trois mois, peut-être, si le beau temps se prolonge.

Ces transports seraient louables s'ils n'étaient en même temps les élans du plaisir et de la haine; et cette haine, pendant la maladie du roi, fut poussée jusqu'à la plus révoltante injustice. A peine Sa Majesté a-t-elle été alitée, que des soupçons d'empoisonnement, soupçons accrédités par la cour, ont de nouveau plané sur le duc d'Orléans : cette fois le peuple a fait entendre un concert unanime de vociférations malveillantes, et cela parce que le régent a compromis beaucoup de fortunes par l'adoption aveugle du système de Law. Ce gouvernant s'est trompé dans ses calculs financiers : cela suffit pour que la vindicte publique le charge de tous les crimes... Voilà le peuple. La duchesse de la Ferté, ennemie du régent, sans autre motif

[1] Helvétius ne fut même jamais premier médecin du roi, ce fut la reine Marie Leczinska qui essaya plus tard de le récompenser en le nommant son premier médecin.

peut-être que les vains efforts qu'elle a faits pour fixer l'attention de ce prince sur les vestiges de ses charmes, la duchesse de la Ferté répétait à toute heure pendant la maladie de Louis XV : « Hélas! » tout ce qu'on fait est bien inutile, le pauvre enfant est empoisonné. » Croirait-on que telle était la prévention de la cour et de la ville à cet égard, que ni les symptômes du mal, ni les moyens curatifs, ni même la guérison de Sa Majesté n'ont pu détruire les injustes soupçons qui planaient sur Philippe ? Les ennemis du duc avaient eu soin de les fortifier encore en faisant remarquer qu'il venait de faire revivre pour le duc d'Orléans son fils la charge de colonel général de l'infanterie, dont les prérogatives pourraient, disait-on, devenir fort dangereuses sous la main d'un premier prince du sang. Il est vrai que M. le duc d'Orléans, dont le plus grand défaut peut-être est la confiance, s'est trop facilement conformé au conseil que le maréchal de Villeroi lui donnait de rétablir ce grand office; comment Son Altesse Royale n'a-t-elle pas vu qu'on lui tendait un piége pour la rendre de plus en plus suspecte d'aspirer à la couronne ? Toutefois ce piége était tout aussi maladroit qu'il était perfide; car Villeroi devait bien penser qu'une fois maître de l'infanterie par l'autorité de son fils, Philippe saurait, en cas d'entreprise ambitieuse, se servir mieux que personne d'un secours si puissant.

Mais ces vues sont bien loin de la pensée de Philippe, prince aussi las du gouvernement et du pouvoir qu'on le croit désireux de les retenir dans ses mains. Le régent se montra plus affligé que personne pendant la maladie du roi, et Son Altesse Royale témoigna plus franchement que qui que ce fût la joie qu'inspirait le rétablissement de Sa Majesté.

Les souverains étrangers firent exprimer par leurs ambassadeurs la satisfaction que leur causa cet heureux événement. « Louis XV, dit » l'empereur à ses courtisans, Louis XV est l'enfant de l'Europe, » elle pouvait être plongée dans une nouvelle guerre si la France eût » eu le malheur de la perdre. » A l'occasion de ces paroles de Charles VI, dont on cherchait l'interprétation au cabinet du Palais-Royal, on a découvert que par un article verbal des conventions de Rastadt l'empereur s'est engagé sur l'honneur à n'entrer ni directement ni indirectement dans aucune guerre contre la France pendant la minorité du jeune roi. M. de Villars avait tu au régent cette circonstance importante, que le hasard seul lui a fait apprendre d'une bouche autrichienne. « Monsieur, dit Son Altesse Royale au maré-» chal quand ce secret lui fut révélé, je ne puis m'expliquer le motif » de votre silence envers moi sur un point de politique aussi capital. » Dans l'affreuse extrémité où j'ai trouvé la France j'ai dû former » une alliance avec l'Angleterre, qui ne peut jamais être notre alliée » naturelle; mais je n'aurais point couru au-devant de ce traité si » j'eusse su que je n'avais rien à craindre de l'empereur, sur lequel » je devais, à cause de ses prétentions subsistantes à la couronne » d'Espagne, tenir encore ouvert un œil de défiance. Alors, au lieu » de me livrer en quelque sorte aux Anglais comme je l'ai fait pour » éviter une nouvelle guerre maritime qui eût achevé de ruiner notre » commerce, je me serais fait acheter moi-même par cette puissance, » qu'agitaient encore des troubles intérieurs; l'alliance eût été faite » également, mais avec des conditions plus avantageuses pour nous, » fondées sur notre sécurité du côté de l'Allemagne. J'ignore, mon-» sieur le maréchal, ce qui vous a décidé à me taire la convention » secrète de Rastadt; mais, comme il y allait de la gloire du trône, je » vous le dis tout net, les raisons de cet étrange mystère ne peuvent » que diminuer mon estime pour vous. » Et sans attendre la réponse de M. de Villars Philippe s'éloigna brusquement de lui.

Il y a plus d'un an que la peste moissonne en Provence; des populations presque entières ont été enlevées par ce fléau; les villes sont désertes; dans les campagnes de rares laboureurs se traînent, livides et chancelants, derrière la charrue, qui les soutient plutôt qu'ils ne la dirigent. Partout dans les maisons règne le silence de la mort. Marseille est veuve des deux tiers de sa population... Quatre-vingt mille Marseillais ont passé de la surface de la terre dans son sein. Avignon, où l'on comptait cent mille âmes, en renferme aujourd'hui moins de trente mille; Toulon, de vingt cinq mille habitants, n'en conserve que cinq mille; et Arles, la spacieuse Arles, offre à l'œil attristé du voyageur l'herbe croissant de toutes parts entre les pavés, que ne presse plus une foule ambulante; l'ortie envahit le seuil des magasins, des hôtels, des temples même, où la voix suppliante des victimes ne put désarmer le courroux céleste... Enfin l'horrible épidémie a cessé; mais l'éternelle Providence a voulu nous prouver en y mettant un terme qu'on doit toujours la remercier, si ce n'est du mal qu'elle nous fait dans la répartition mystérieuse des destinées de l'univers, du moins de celui qu'elle nous épargne en adoucissant ses coups... Tandis que nous pleurions deux cent mille Français enlevés par la peste dans le cours de quelques mois, un navire nous apportait la nouvelle qu'un tremblement de terre engloutit en un seul jour, au commencement de l'année, deux cent cinquante mille Persans sous les ruines de Tauris.

Ah! que les recherches de la science pour la conservation de l'espèce humaine semblent marcher lentement après de tels désastres! Consignons cependant une découverte faite récemment en Angleterre. L'esprit observateur des Anglais avait dès longtemps remarqué que la petite vérole est rarement dans son état de simplicité une maladie mortelle, mais qu'elle le devient en se combinant avec d'autres principes morbifiques qu'elle rencontre chez le sujet attaqué. Dans cet état de complication, l'épidémie fait naître dans un corps sain des accidents funestes que son virus seul n'y eût point déterminés, et de là l'affreuse mortalité qu'elle entraîne. Cette circonstance étant constatée, l'idée naissait naturellement de prévenir l'invasion pour en tempérer la rigueur en insinuant sous la peau du virus pris sur un sujet sain... Mais la petite vérole n'atteint pas tout le monde : un dixième a peu près des populations meurt sans l'avoir eue. Les spéculations médicales furent donc longtemps arrêtées, d'abord par la crainte de communiquer à l'individu une maladie qu'il n'aurait jamais eue, ensuite par une appréhension plus sérieuse encore, celle d'*inoculer* une vérole compliquée d'un principe délétère caché et de donner ainsi la mort en voulant prévenir un danger incertain. Cependant les présomptions favorables ont dominé : on a fait depuis l'année dernière une foule d'expériences de l'*inoculation* (c'est le mot consacré) sur des criminels condamnés, et les plus habiles medecins de la Grande-Bretagne viennent de constater (août) que tous ces hommes ont échappé aux graves accidents de la petite vérole.

Les comédiens français ont donné cette année la belle ode dialoguée d'*Esther*; mais le public l'a accueillie froidement. Il n'y a plus à la cour d'altière *Vasthi* dont les courtisans aiment à voir humilier la fierté; plus d'*Aman* dont on oublie les grands services pour ne se rappeler que ses dédains; plus d'Assuérus dont les vices soient des vertus et les attentats contre la nation des traits de grandeur; enfin plus de courtisane assise au rang des reines, aux genoux de laquelle les grands de l'Etat veuillent acheter des faveurs au prix de toute leur dignité. Le public n'a vu dans *Esther* qu'une fable sublime désormais sans allégorie.

Mais, comme on admirera toujours la versification de cette tragédie, l'honnête la Motte a été bien mal inspiré de donner presque en même temps ses *Machabées*, et plus mal inspiré encore de laisser croire que cette insipide production était une œuvre post ume du grand Racine. « Ceci, a dit un habitué du parterre en entendant les » premiers vers, ressemble à la poésie de l'auteur d'*Andromaque* » comme un brin de laine ressemble à un fil de laiton. » Deux vers ont failli renverser l'édifice poétique de la Motte. Antiochus, en ordonnant d'arrêter Antigone et Misaël, qui s'aiment, dit :

> Gardes, conduisez-les dans cet appartement,
> Et qu'ils y soient gardés tous deux séparément.

La précaution décente a paru si drôle, que la plus grande hilarité a éclaté dans toute la salle, et c'est un triste avantage pour un tragique que de faire rire les spectateurs. Baron reparaissant à l'âge de soixante et dix ans dans le rôle du jeune Machabée, a contribué aussi à entretenir la bonne humeur du public. On a beau dire, à la scène le talent ne peut pas être jeune quand le corps ne l'est plus.

Les mariages de Louis XV avec l'infante d'Espagne et de mademoiselle de Montpensier avec don Louis ayant été arrêtés par le traité de paix conclu en 1720, le marquis de Maulevrier avait été chargé de suivre à Madrid les détails préalables de cette double union. Philippe V étant d'accord avec cet ambassadeur sur tous les points, il ne resta plus qu'à faire consentir le jeune roi à l'hymen projeté. Ce prince fut amené à cet effet au conseil de régence le 24 septembre dernier. On y lut une lettre de Sa Majesté Catholique, par laquelle ce monarque accordait sa fille au roi son neveu. Philippe V, dans le même écrit, demandait la main de mademoiselle de Montpensier pour le prince des Asturies, son fils ainé. Après cette lecture le régent debout et découvert devant Louis XV, le pria d'exprimer son vœu quant à l'alliance qui le concernait. Sa Majesté répondit « qu'elle » était très-satisfaite de l'honneur que lui faisait le roi son oncle et » qu'elle acceptait avec joie la main de l'infante sa cousine. »

Après ces dispositions le conseil désigna M. le duc de Saint-Simon pour aller à la cour d'Espagne faire la demande solennelle de la princesse. Le marquis de la Fare reçut aussi la mission de se rendre à Madrid pour complimenter le roi et la reine au nom du régent. Le duc d'Ossone porteur de la dépêche de Philippe V, avait déja complimenté de sa part Louis XV et le duc d'Orléans.

Il y eut le soir de cette séance un incident inattendu au coucher du roi. Sa Majesté s'étant mise a pleurer après avoir fait sa prière, M. de Villeroi, son gouverneur, lui demanda avec empressement la cause de ses larmes.

« Mon Dieu! mon bon ami, répondit ce prince, il faudra donc que je me couche dans le même lit que ma cousine quand elle sera ma femme?... L'abbé de Fleury m'a dit que c'était indispensable.

— Il a raison, sire, il ne peut en être autrement.

— Eh bien! c'est pour cela que je pleure, car je suis sûr que la princesse ne m'aimera plus dès que j'aurai couché avec elle.

— Qui peut avoir donné une semblable idée à Votre Majesté?

— Personne, bon ami, elle m'est venue d'elle-même... J'ai le malheur de remuer beaucoup au lit... je donnerai des coups de pied à ma cousine et elle ne m'aimera plus... c'est bien sûr, elle ne m'aimera plus... » Et le roi de pleurer encore.

« De grâce, calmez-vous, sire ! la princesse, au moment où elle aura l'honneur de partager la couche de Votre Majesté, aura l'esprit trop bien fait pour se fâcher de quelques petits coups de pied donnés en dormant.

— Vous croyez, maréchal... Eh ! mais, dites-moi, ma cousine serait plus à son aise si elle couchait seule, et moi je serais plus tranquille... Tenez, j'en suis certain, je serai mauvais coucheur...

— Sire, répondit en riant le vieux gouverneur, il n'en peut être ainsi... la reine doit donner à la France de nouveaux rejetons de l'illustre race de Votre Majesté.

— Cela n'en empêchera pas ; je lui dirai que je veux qu'elle me donne des princes, des princesses... Je serai toujours le maître, ainsi...

— Nous reparlerons de cela dans quelques années, sire ; ce n'est pas de longtemps que Votre Majesté doit reposer auprès de la reine. Alors vos idées seront différentes, et je vous assure, moi, que vous ne vous croirez plus un mauvais coucheur.

— Ah ! voilà qui me console ; mais je suis bien aise d'avoir du temps devant moi pour me déshabituer de ces vilains coups de pied. »

Le contrat de mariage de mademoiselle de Montpensier avec don Louis a été signé le 16 novembre au Palais-Royal par le roi, la maison d'Orléans et le duc d'Ossone représentant la cour de Madrid. Le lendemain la fiancée est partie sous la conduite de la princesse de Soubise et de la duchesse de Ventadour ; le voyage durera quarante-huit jours, et Son Altesse aura juste douze ans quand elle entrera dans le palais de Philippe V. Les deux conductrices de mademoiselle de Montpensier doivent ramener l'infante, future reine de France. Cette princesse est âgée de quatre ans ; elle doit habiter un pavillon du Louvre du côté de la rivière ; sa maison sera partie française, partie espagnole ; on lui donnera pour compagne d'étude et de jeu la fille de madame de Soubise, qui est du même âge qu'elle. Il faut convenir que si l'on ne veut pas croire cette fois aux efforts que fait le régent pour maintenir le pacte de famille, ce sera bien mauvaise volonté toute pure. Aller prendre en Espagne une reine de quatre ans et l'élever en France à la brochette... voilà de la prévoyance, ou je ne m'y connais pas.

CHAPITRE VIII.

1722.

La princesse de Soubise et madame de Ventadour, qui conduisaient à Madrid la fiancée de don Louis, se sont arrêtées aux frontières, où l'échange de l'infante et de mademoiselle de Montpensier devait avoir lieu dans l'île des Faisans, lieu célèbre par tous les traités dont il fut le théâtre. L'infante fut remise à la France par le marquis de Sainte-Croix et mademoiselle d'Orléans à l'Espagne par le prince de Rohan ; mais de part et d'autre les dames conductrices continuèrent d'accompagner les princesses jusqu'à leur destination. Mesdames de Soubise et de Ventadour assistèrent même au mariage de don Louis, qui fut célébré à Lerma le 21 janvier, tandis que Marie-Anne-Victoire d'Espagne ne prenait possession à Paris que d'une grande quantité de beaux joujoux, auxquels Son Altesse Royale fit un accueil beaucoup plus empressé qu'au roi son futur époux.

Il faut tout dire, Louis XV, qui avait été au-devant de l'infante jusqu'à Bourg-la-Reine, l'embrassa sans lui dire un mot. Sa Majesté conduisit sa fiancée au Louvre, où il l'installa toujours en silence. Ce qui fit dire à cette princesse « que le roi était beau, mais qu'il ne » parlait pas plus qu'une poupée. » Marie-Anne-Victoire d'Espagne est jolie et elle promet d'avoir beaucoup d'esprit. Le lendemain quelqu'un complimentant le roi sur son prochain mariage, Sa Majesté répondit : « Oui, je serai plus heureux qu'un autre, j'aurai tout à la » fois une femme et un enfant. »

A peu près dans le même temps on avait aussi expédié en Espagne mademoiselle de Beaujolais, cinquième fille du régent, fiancée le 26 novembre avec l'infant don Carlos ; ce furent la duchesse de Duras et le chevalier d'Orléans, fils naturel de Philippe, qui accompagnèrent cette princesse jusqu'à Madrid.

Pendant que l'on concluait ces mariages politiques, les cardinaux de Rohan et Dubois, admis au conseil de régence, y prenaient place immédiatement après les princes du sang au-dessus du chancelier et des pairs. La haute naissance du cardinal de Rohan le rendait digne du rang où il venait s'asseoir, mais un cri d'indignation s'éleva de toutes les parties de l'assemblée lorsqu'on vit Dubois, le roturier, l'indigne Dubois, occuper une telle place ; le maréchal de Villeroi et le duc de Noailles, qui venaient d'accompagner le roi jusqu'à son fauteuil, sortirent furieux ; le chancelier s'éloigna de même ; bientôt les ducs, les maréchaux de France, tout ce qui devait s'asseoir au-dessous des cardinaux quitta également la salle du conseil. Le régent, indigné de l'injure qu'on faisait au roi et à lui, déclara « qu'il main-» tiendrait les deux cardinaux au rang que leur assignait la pourpre » romaine, nonobstant l'orgueilleuse opposition des pairs ; et que » pour M. le chancelier il n'aurait plus à disputer sur ses droits de » préséance au conseil. » En effet les sceaux furent de nouveau enlevés à M. d'Aguesseau, et remis à M. Fleurien d'Armenonville.

Ce même jour le cardinal Dubois rencontra M. de Noailles au Louvre. « Cette journée, lui dit le duc, sera fameuse dans l'histoire, » monsieur ; on n'oubliera pas d'y marquer que votre entrée dans le » conseil en a fait déserter tous les grands du royaume. — La chose » est vraie, monsieur, répondit le favori du régent, mais personne » ne pensera que les affaires en aient été moins bien ; car tout le » monde sait que les grands n'y interviennent guère que pour en » profiter. » Cette réponse, dont le sens était une allusion claire et vraie à la conduite du duc, lui fit continuer son chemin sans répliquer un mot.

Cependant le chancelier d'Aguesseau, qui s'est retiré de lui-même à sa terre de Fresne, est vivement regretté de toute la magistrature et du public. Un des roués du régent, ami de ce magistrat disgracié, se permit, à un souper du Palais-Royal, de plaisanter un peu sur les fréquentes transmissions des sceaux. « En vérité, disait-il, il n'y a » que la place du *huguenot* qui soit à l'abri de ces vicissitudes, cet » honnête homme sait toujours les sceaux. Le même huguenot a été » au service de MM. de Pontchartrain, Voisin, d'Aguesseau, d'Ar-» genson et d'Armenonville... C'est un fonctionnaire inamovible. — » Du tout, répondit le régent, car il me prend envie de vous nom-» mer huguenot, vous qui trouvez le poste avantageux... » Tous les convives partirent d'un grand éclat de rire, et le plaisant convint que Son Altesse Royale lui avait damé le pion.

On a vu, par la réplique de Dubois au duc de Noailles, que l'impétuosité de son caractère domine quelquefois son adresse, même avec les personnes dont il redoute le crédit. Ainsi, quoique Son Éminence craigne un peu M. de Saint-Simon sous ce rapport, il reçut fort mal un capitaine d'infanterie que ce seigneur avait expédié de Madrid pour apporter en France le contrat de mariage du roi. Le duc avait assuré à cet officier qu'à sa sollicitation Philippe lui accorderait de l'avancement et la croix de Saint-Louis ; mais Philippe, pour l'expédition des affaires, c'est Dubois, et celui-ci fit venir un mois entier à son audience le protégé de M. de Saint-Simon sans même le regarder. Las de ces démarches vaines, le capitaine s'adressa au secrétaire d'État de la guerre. Ce ministre consentit à parler au cardinal ; mais il en fut très-mal reçu, et ne voulut plus s'occuper de cette affaire. L'officier se remit bravement à meubler de son corps la salle d'audience du Palais-Royal. « A force de le harceler, dit-il, » il me satisfera peut-être, ne fût-ce que pour ne plus me voir. » Un jour que notre pauvre militaire était à son poste de solliciteur avec des ambassadeurs et beaucoup de personnages distingués, quelqu'un ayant impatienté l'irascible Dubois, il se mit à jurer de manière à faire reculer le soldat aux gardes le plus versé dans le dialecte des jurons. Le nonce du pape, présent, fit un bond d'un pied sur son fauteuil, tandis que mon capitaine, frappé du contraste de l'habit et de l'éloquence du cardinal, laissa échapper un éclat de rire vainqueur de toute sa prudence. Dubois se retourne brusquement, voit le rieur, et lui frappant sur l'épaule à le faire rentrer en terre : « Tu » n'es pas trop sot, lui dit-il, je dirai à Leblanc d'expédier ton » affaire. » Le lendemain mon homme avait en poche sa commission de lieutenant-colonel et son brevet de chevalier de Saint-Louis.

Madame de Tencin, cette religieuse sécularisée dont j'ai déjà parlé, a pris beaucoup d'empire sur le cardinal Dubois ; elle est le canal de ses grâces, s'en attribue souvent le prix, et fait les honneurs de sa maison. Son plus grand soin toutefois est d'imaginer des divertissements nouveaux pour le régent, qui à quarante-huit ans n'est guère plus *amusable* que Louis XIV ne l'était à soixante et dix ; tant les sensations sont usées dans ce prince. M. le duc d'Orléans, comme feu la duchesse de Longueville, « n'aime pas les plaisirs in-» nocents, » et dès longtemps il a épuisé ceux qui ne le sont pas. Mais madame de Tencin a de l'érudition ; on l'a vue feuilleter les livres grecs et latins pour demander des inspirations libertines à

Laïs, Alcibiade, Cléopâtre, Messaline, Néron. Les annales, les médailles, les pierres gravées ont offert en ce genre des exemples précieux à la savante antiquaire. Elle emprunta des anciens, pour en orner les fêtes nocturnes de Saint-Cloud, des danses où dépouillant toutes les pompes du monde les danseurs figuraient dans ce costume primitif dont la nature fait tous les frais. Ces ballets, que le régent faisait exécuter par quelques jeunes gens des deux sexes tirés de l'Opéra, cessèrent bientôt d'amuser le pacha du Palais-Royal ; il prescrivit au cardinal Dubois de lui chercher des récréations plus piquantes, et madame de Tencin se remit à compulser les fastes des vieux siècles. Elle n'avait consulté jusqu'alors que l'antiquité païenne ; cette fois ce fut à l'histoire ecclésiastique qu'elle s'adressa, sans être pour cela forcée à une trop brusque transition. Les fêtes des *flagellants* frappèrent notre érudite ; les roués et les beautés complaisantes de la société secrète du régent étaient capables de se prêter au renouvellement de ces étranges divertissements, et les sens émoussés de Son Altesse Royale ne pourraient manquer d'être excités par un plaisir si *vif*. La découverte, d'abord communiquée au cardinal, lui parut plaisante ; il courut au Palais-Royal. Philippe, très-occupé quand Dubois demanda à l'entretenir, lui envoya dire de remettre l'affaire à un autre moment ; mais le favori insista, en faisant répliquer à Son Altesse Royale que l'objet dont il voulait lui parler était trop important pour être retardé. Le cardinal fut introduit. Le régent était seul ; mais Dubois vit en entrant disparaître un coin de robe bleue dans une porte dérobée qui se refermait.

« C'est donc une grande nouvelle que tu as à me communiquer ? dit le duc.

— Très-grande, très-curieuse surtout.

— Venant de Londres, de Madrid peut-être ?

— Vous aurais-je dérangé, s'il ne s'était agi que de cela ?

— Diable ! tu piques ma curiosité ; parle vite, que viens-tu m'annoncer ?

— Un plaisir nouveau.

— Ah ! tu as raison, c'est bien plus important qu'une affaire... Et ce plaisir, c'est...

— La fête des flagellants, renouvelée avec des variantes de ma façon.

— Bon ! ces fanatiques qui se fouettaient jusqu'au sang en manière de récréation...

— Et qui n'étaient jamais plus puissants que lorsqu'ils s'étaient mis de la sorte aux abois.

— L'idée n'est pas mauvaise.

— Tenez, monseigneur, dit le cardinal en tirant un martinet de dessous sa simarre, voici le modèle de l'instrument.

— Ah ! morbleu ! que ne m'apportais-tu cela un moment plus tôt !

— Oui, mais Votre Altesse aurait moins goûté la fête que Broglie, madame de Tencin et moi préparons pour ce soir.

— Ah ! madame de Tencin, je parie que c'est elle qui a renouvelé l'idée des flagellations ?

— Précisément. Cette femme est pleine d'imagination.

— Et de science. Je veux la faire recevoir à l'Académie des belles-lettres.

— Votre Altesse Royale plaisante, mais elle en serait bien digne. Personne n'a porté plus loin qu'elle la connaissance des mœurs...

— Qui ne sont pas morales... C'est dommage que ce bel esprit soit une femme, on n'a pas encore vu d'académiciennes.

— Ma foi, monseigneur, si je suis bien informé des habitudes de madame de Tencin, on pourrait en faire un académicien.

— *Gaudeant bene nati*, mon cher Dubois. Revenons à la fête des flagellants.

— Votre Altesse Royale y viendra ?

— J'y consens à condition que tu seras de la partie, et que nous t'écorcherons.

— Pourquoi ne m'amuserais-je pas comme un autre ?

— Et les acteurs seront ?

— Tous vos roués.

— Et parmi les femmes ?

— Mesdames de Gèvres, d'Averne, de Sabran, quelques autres dames de la cour, et quatre ou cinq jeunes personnes de bonne volonté que la Fillon doit envoyer, les yeux bandés, à Saint-Cloud.

— J'aime assez cette confusion des rangs... c'est dans le vice que se retrouve l'égalité. Et tu crois que mesdames de Gèvres, d'Averne, de Sabran...

— Elles ont reçu ce matin, comme tous nos convives des petits soupers, les martinets que j'ai envoyés à chacun pour s'exercer à l'avance, et ces dames n'ont pas réclamé contre l'envoi.

— A ce soir donc. »

Avant onze heures tous les invités, hommes et femmes, étaient rendus à Saint-Cloud. Personne ne manquait... Je tire le rideau sur une scène dont les détails ne peuvent découler d'une plume réservée... Le régent, retiré dans un coin avec une de ses favorites qu'il avait appelée d'un geste du milieu des flagellants, riait, applaudissait et caressait tour à tour... Le lendemain Philippe dit à Dubois : « Vraiment nous avons passé une nuit délicieuse, il faudra me don-» ner une seconde représentation de cet heureux divertissement. —

» Je le veux bien, monseigneur, répondit le cardinal, nous recom-
» mencerons aussitôt que la peau de mes reins sera revenue. »

Quelques jours après le ballet des flagellants la Fillon vint au Palais-Royal. Le régent lui demanda comment ses pensionnaires s'étaient trouvées de la fête, et si, malgré la précaution qu'on avait prise de bander les yeux à ces prostituées, elle n'avaient pas reconnu le lieu de la scène. « Non, monseigneur, répondit la courtisane, elles n'ont » pu deviner où elles se trouvaient, mais toutes ont pensé qu'il n'y » avait que Votre Altesse Royale et le cardinal Dubois capables d'i- » maginer de pareils divertissements. »

Malgré cette vie si licencieuse, si dissolue, Philippe s'est pourtant corrigé d'un défaut qui au commencement de la régence a singulière- ment nui aux intérêts de la couronne; je veux dire cet abandon, cette légèreté qui confondaient sans cesse dans l'esprit de ce prince les devoirs de l'homme d'État et les plaisirs de l'homme du monde. Le régent a tiré depuis quelque temps une ligne de séparation bien mar- quée entre les personnes qui sont en rapport avec lui pour les af- faires et celles qu'il admet dans son intimité. Aussi le duc de Brancas

Jean Law.

disait-il l'autre jour « qu'il jouissait d'une grande faveur, mais que » son crédit était nul. » Dans l'ivresse même où, par malheur, nous voyons souvent le prince se plonger, sa réserve et sa discrétion avec les roués ou les favorites ne se dément point. A l'une des dernières orgies du Palais-Royal la comtesse de Sabran ayant voulu interroger Philippe sur les secrets de l'État, Son Altesse Royale conduisit en chancelant cette dame près d'une glace : « Regarde-toi, lui dit-il, et » vois si c'est à un aussi joli visage qu'on doit parler d'affaires. »

Mais le duc d'Orléans lui-même n'est plus guère capable de s'en occuper, quoiqu'il soit encore dans la force de l'âge. La con- tinuité des excès a détruit avant le temps cette constitution robuste qui eût pu résister aux fatigues, mais qu'ont usée les jouissances sans frein, plus préjudiciables à l'homme que la peine et le travail. Il reste chaque matin à Philippe un engourdissement, une sorte de tor- peur, suite de l'orgie de la nuit. Peu à peu l'âme de ce prince perd de son énergie; son esprit est moins vif, sa conception devient plus lente, et la moindre application l'énerve et le dégoûte. En un mot, les ressorts de la vie morale, comme ceux de l'existence physique, sont brisés dans le régent par les secousses violentes que les passions ont imprimées à l'une et à l'autre. Son Altesse Royale avoue que les vins exquis sont pour lui sans saveur, et que des femmes charmantes ont souvent à déplorer dans ses bras l'injure la plus grave qu'on puisse faire à leurs attraits. Les hommes raisonnables qui approchent le régent ont essayé plus d'une fois de profiter de sa vieillesse anti- cipée pour le ramener au sentiment exclusif des devoirs de son état et à la dignité de son rang. « Vous me la donnez bonne, messieurs, » a toujours répondu Son Altesse Royale, comment voulez-vous que » la raison m'amuse quand les plaisirs les plus vifs m'ennuient?.....

» C'est absolument comme si vous me conseilliez de prendre de l'o- » pium pour m'éveiller. »

En parlant d'un narcotique le régent aurait pu citer le *Romulus* de M. de la Motte, que les comédiens jouèrent cette année pour la pre- mière fois. Ce poëte a beau faire, il n'a pas plus que l'honnête Pra- don, d'antitragique mémoire, la jambe taillée pour le cothurne de Melpomène. Des pointes, des pensées fleuries, de petites finesses d'esprit constituent la poésie de M. de la Motte. Des personnages froids et guindés, qui parlent toujours de leurs passions que per- sonne n'aperçoit, tels sont les caractères tracés par cet auteur. Des événements vulgaires, sans nœud, sans couleur; un dénoûment tombant des nues, quoiqu'au lever du rideau on puisse deviner cette catastrophe : voilà pour la marche de l'ouvrage. L'effet du tout, c'est un orage qui depuis la première scène jusqu'à la dernière va toujours se grossissant au parterre de murmures, de lazzis, de rires moqueurs et de ces sons aigus qui font le désespoir des poëtes. Cependant à la représentation de *Romulus* on a tant bâillé qu'il a été impossible de siffler, et M. de la Motte a pris cela pour un brillant succès.

Avec toutes les qualités négatives que je viens d'énumérer dans la tragédie de M. de la Motte, cet écrivain méritait bien qu'on lui décer- nât un honneur particulier. En effet c'est de la présente année que datera l'usage adopté par les comédiens de donner une seconde pièce après un ouvrage nouveau, ce qui n'avait eu lieu jusqu'à présent qu'à la dixième ou onzième représentation... Grâce à cette innovation, le public, si bien, si dûment endormi l'an passé par les *Machabées*, est venu néanmoins à *Romulus* en disant : « Il y aura quelque chose » après. »

MM. Lesage et Fuzelier ont fait une parodie intitulée *Pierrot-Ro- mulus*, elle a été jouée sur le théâtre des Marionnettes. « Ah! dit à ce » sujet un plaisant du parterre, quel dommage que cette pièce soit » représentée ici! Pierrot parle réellement en roi de Rome, tandis » que le *Romulus* du Théâtre-Français s'exprime comme un Pierrot. » Il faut envoyer la parodie aux comédiens, et faire venir M. de la » Motte aux Marionnettes. »

Tandis que M. Dodun, intendant des finances, prenait possession du contrôle général, charge dont M. Pelletier de la Houssaie n'a pu supporter le poids, le roi quittait Paris (le 15 juin) pour aller s'éta- blir dans le château de Versailles. L'infante d'Espagne, fiancée de Sa Majesté, habitera aussi le vaste palais élevé par Louis XIV; elle oc- cupera l'appartement de la duchesse de Bourgogne. « Ah! l'abbé, que » c'est grand! dit le jeune monarque à son précepteur en entrant » dans la chambre du feu roi; et ce château, c'est un monde! — Le » roi votre bisaïeul remplissait tout cela, répondit Fleury; et ce » vaste édifice était loin de pouvoir contenir toute sa renommée. Si » Votre Majesté veut lui ressembler, il est temps qu'elle consente à » se laisser instruire mieux qu'elle n'a fait jusqu'à présent. Que di- » rait Votre Majesté si elle avait un jour un Dauphin qui n'en sût pas » plus qu'elle? Elle pourrait fort bien le renvoyer avec une pension, » ce qu'on fit jadis à Childéric, quoiqu'il régnât déjà. — Quoi! répli- » qua Louis XV assez peu touché de la remontrance, on peut ren- » voyer ainsi les rois!... Eh! dites-moi, l'abbé, la pension est-elle » forte?... » Fleury ne trouva pas de réponse à cette demande, mais il dit tout bas : « Attendons. »

Cependant les grands, toujours outrés de l'admission du cardinal Dubois au conseil de régence et du rang qu'il y tient en tête des pairs, continuent de se déchaîner contre cette prodigieuse élévation du fils d'un apothicaire. Les plus obstinés s'abstiennent de prendre leur place dans ce conseil; les plus raisonnables, ou les plus serviles, ou les plus ambitieux, se sont soumis à la nécessité. Mais le vieux maréchal de Villeroi n'est pas au nombre des seigneurs résignés. Dubois, qui, dit-on, sera premier ministre avant la fin du mois, fait des efforts inouïs pour apaiser les mécontents, et particulièrement Villeroi. Le cardinal lui a souvent envoyé des messagers de paix chargés de l'as- surer que, malgré ses propos, ses injures et cet orage de mécontente- ment qu'il faisait gronder en tous lieux, lui, Dubois, était toujours le serviteur du maréchal; «attribuant sa mauvaise humeur, ajoutait-il, » au désir qu'il avait de voir gouverner l'État d'une manière encore » plus parfaite. » Villeroi agréait ces soumissions du rusé cardinal : « C'était toujours, disait-il, autant de pris sur l'ennemi. » Le vieux gouverneur ne manquait jamais de rendre à Dubois les visites qu'il lui faisait, on l'a même vu lui serrer la main. Mais le feu couvait sous cette cendre en apparence refroidie : on va voir comment il éclata. Il est bon de remarquer que le favori donne depuis longtemps des audiences comme s'il était ministre, et même premier ministre, puisque les autres secrétaires d'État viennent recevoir ses ordres... Seulement le nom du régent jeté de temps en temps au travers des discours du cardinal rappelle que ce dernier représente Son Altesse Royale. Or Villeroi s'était rendu à l'audience de Dubois dans le bâ- timent de l'intendance à Versailles. L'assemblée était nombreuse, il- lustre; on y remarquait entre autres clients deux cardinaux. Le ma- réchal cause avec un grand nombre de personnes, se montre à tout le monde, expose enfin de son mieux la comédie qu'il se proposait de jouer. Abordant ensuite le cardinal d'un ton presque respectueux, notre vieux comédien commence par lui adresser les compliments d'usage. Passant ensuite aux affaires, Villeroi en parle avec un calme parfait; quelques minutes après une petite pointe de critique se mêle aux félicitations sur les soins que Son Eminence donne au gouvernement. Bientôt la censure prend le ton du reproche amer... Enfin, montant par degrés de l'insolence à l'invective, de celle-ci aux sarcasmes sanglants et de ces derniers à l'outrage le plus emporté, le gouverneur de Louis XV, par un *crescendo* d'intonations approprié à ses vues, en vint à laisser échapper un torrent d'injures contre celui qui l'écoutait... « Vous êtes, lui dit-il, cardinal et mari en dépit » de tous les conciles: vainement vous flattez-vous que Breteuil, in- » tendant de Limoges, a enlevé les preuves de votre mariage; la vé- » rité finit par se faire jour, ce qui n'empêchera pas que ce vil com- » plaisant ne soit ministre de votre façon... Et voilà cependant ce

L'irascible maréchal ajouta : « Tu es un scélérat, l'horreur de la France et de ceux-là même qui te font la cour. »

» qu'on souffre dans la première cour du monde! poursuivit l'auda- » cieux orateur en s'adressant à l'assemblée. Il faut que nous n'ayons » plus de sang sous les ongles, pour plier ainsi le dos devant un in- » trigant obscur élevé par charité chez un vieux prêtre limousin dont » il était le domestique. Ses titres sont d'avoir perverti l'enfance du » duc d'Orléans, dont les qualités naturelles auraient fait un prince » accompli et religieux. » Puis, revenant à Dubois, qui, muet et immobile de surprise, ressemblait à une statue du dieu Terme, Villeroi continua : « Vous avez sacrifié toute la cour du feu roi, exilé » les grands de l'Etat, bouleversé les fortunes du royaume et le dé- » partement des finances, tandis que le faste de votre maison était » le produit de vols scandaleux faits impunément grâce au sys- » tème... » Terminant sa harangue par l'affranchissement de toute bienséance, l'irascible maréchal ajouta : « Tu es un scélérat, l'horreur » de la France et de ceux-là même qui te font la cour; mais dans peu » le crime, qui circule avec ton sang, vengera le royaume des maux » que tu lui fais. En attendant sévis, si tu le peux, contre cette tête » forte qui te parle, et fais-moi exiler ou renfermer... » A ces mots Villeroi sortit laissant les courtisans pétrifiés d'une audace assurément sans exemple. Personne ne savait après un tel style comment ramener l'entretien au ton qui convient pour demander des faveurs et des grâces. Les assistants n'osaient ni se parler entre eux, ni s'adresser à Dubois, ni le regarder. Le cardinal, si emporté, si brutal de son naturel, et dont l'extrême irritabilité fait trembler tous ceux qui l'approchent, était lui-même atterré par l'étonnante sortie de Villeroi. On assure que Son Eminence avait écouté son histoire avec une sorte d'attention, les yeux baissés et sans oser l'interrompre par un seul mot; seulement Dubois dit à l'assemblée quand le maréchal fut sorti : « Il y a longtemps que ce vieillard extravagant mérite de finir » ses jours aux Petites-Maisons; mais je veux dans cette circonstance

» prouver par ma modération que je sais au moins pardonner les » offenses. »

Au premier moment, cette protestation de longanimité ne trouva que des incrédules; il eût fallu plus qu'une grande vertu pour oublier l'injure que Dubois venait de recevoir, et ce favori n'avait que des vices. Cependant, plusieurs semaines s'étant passées sans qu'aucune mesure sévère fût prise contre Villeroi, on commençait à croire que l'offensé pardonnait politiquement à son ennemi. Pendant ce temps, le maréchal, dont l'orgueil égale l'insolence et la nullité, disait hautement « que la vengeance du cardinal avait reculé devant » un homme aussi puissant que lui, et qu'un seigneur de sa nais- » sance pouvait toujours humilier sans danger un malotru comme » Dubois. »

Cependant Philippe a depuis quelque temps déclaré dans le conseil que, le roi approchant de sa majorité, il allait, lui régent, commencer à travailler avec Sa Majesté, pour l'instruire dans les maximes de gouvernement, l'initier progressivement au secret des affaires, et lui faire connaître les hommes dont elle devra s'environner. En conséquence, le régent se présenta, le lundi 10 août, au lever de Louis XV, pour commencer l'exécution de ce projet. Le duc de Bourbon, le comte de Clermont, le maréchal de Villeroi et l'abbé de Fleury se trouvaient alors dans l'appartement du roi. « Sire, dit » Philippe, je prie Votre Majesté de passer dans son cabinet, j'ai à lui » communiquer des choses qui exigent que je sois seul avec elle. » A ces mots, *M. le duc* et les autres seigneurs se retirèrent; mais Villeroi se disposa à suivre Louis XV dans son cabinet. « J'ai dit, » répéta le régent, que je désirais être seul avec Sa Majesté. — Mon- » seigneur, répondit le maréchal, en qualité de gouverneur du roi » je ne dois pas le perdre un seul instant de vue. Le testament de » Louis XIV, reconnu par un arrêt du parlement et par la loi natio- » nale, m'a confié la garde de ce prince; je réponds de sa vie, et je

Mode des paniers.

» veux assister en personne aux travaux et aux conférences secrètes » de Votre Altesse Royale avec Sa Majesté. — Si vous aviez tout » votre bon sens, monsieur, répondit Philippe, je vous dirais que la » personne du roi est tout autant en sûreté avec moi qu'avec vous; » que vous oubliez en ce moment que vos impertinentes difficultés » s'adressent au régent du royaume, au premier prince du sang, qui » pourrait sur l'heure vous en punir... Mais je veux bien considérer » que votre conduite est un effet de folie, et vous recommander seu- » lement de pourvoir à votre guérison. » Puis, se tournant vers Louis XV, M. d'Orléans ajouta : « Sire, j'aurai l'honneur d'entretenir » Votre Majesté plus tard; et il prit congé, laissant Villeroi se livrer à ses réflexions, si l'orgueil lui permettait d'en faire.

Sur-le-champ Philippe tint un conseil extraordinaire, dans lequel, après avoir démontré combien les prétentions de Villeroi étaient devenues nuisibles aux intérêts de l'Etat et à la dignité du ministère, il établit la nécessité de bannir de la cour ce vieillard orgueilleux. Le maréchal a peu d'amis; il ne trouva pas dans le conseil un seul défenseur; son exil fut unanimement décidé; et ce qui prouve le peu d'intérêt que les courtisans lui portaient, c'est que personne ne daigna le prévenir du coup dont il allait être atteint. Le lendemain 11 août, au moment où Villeroi traversait la salle de l'*OEil-de-bœuf* pour se rendre auprès du roi, une troupe de jeunes seigneurs l'environna : c'étaient les roués du régent, en habit de cour, et guidés par la Fare. Ils enlevèrent le vieux général par forme de partie de plaisir, sans qu'il sût lui-même si c'était un jeu ou une action sérieuse. Il ne lui resta plus de doute à cet égard lorsqu'il se vit jeté dans une chaise de poste, et quand le capitaine des gardes, en le confiant à une forte escorte, lui déclara qu'on allait le conduire à sa terre de Villeroi, où Son Altesse Royale le priait de vouloir bien se tenir jusqu'à nouvel ordre. Villeroi se mit alors à crier, à jurer, à se répandre en vociférations ; mais le bruit des roues couvrit bientôt celui de ces vaines paroles. C'est ainsi que le gouverneur du roi fut enlevé, ou plutôt escamoté de la cour, sans que ni Sa Majesté, ni les princes, ni les ministres, ni les courtisans, ni même les gens de Villeroi, eussent eu le temps de voir comment cela s'était fait.

Mais le lendemain de cette expédition un événement tout à fait imprévu jeta le régent et Dubois dans un grand embarras. Fleury, ancien évêque de Fréjus et précepteur du roi, avait disparu de la cour, sans qu'on pût avoir aucune idée de ce qu'il pouvait être devenu, ni du motif d'une aussi étrange disparition. Louis XV, déjà fort affligé de l'enlèvement de son gouverneur, qu'il aimait parce que ce seigneur ne lui parlait jamais d'études, le fut bien davantage quand il apprit qu'il était encore privé de Fleury, que Sa Majesté affectionnait, quoiqu'il lui parlât souvent de la nécessité de s'instruire. Le jeune monarque, qui commençait déjà à sentir qu'il était le maître, montra du dépit au régent de l'exil de Villeroi, et lui demanda sèchement si son précepteur était aussi exilé. « Non, sire, répondit » Philippe avec dignité, on ne l'aurait point caché à Votre Majesté. » Le régent de France est investi par les lois de l'État d'une auto- » rité entière jusqu'à votre majorité, et en l'exerçant il ne doit re- » douter la censure de personne... Il ne pouvait donc y avoir aucune » raison pour que je fisse enlever mystérieusement l'abbé de Fleury. » Le roi, ne pouvant rien répliquer à cela, se mit à bouder, il refusa de prendre toute nourriture; il passa la nuit à sangloter, à pousser des cris aigus et des gémissements. Tous les grands officiers de la cour se désolaient, et le duc de Charost, qui remplaçait M. de Villeroi comme gouverneur du prince, ne savait à quel saint se vouer. Le duc d'Orléans et Dubois, consternés, commençaient à se repentir d'avoir banni le maréchal ; ils s'avouaient franchement qu'ils n'avaient pas assez calculé les suites de cet événement. Trente courriers partirent pour chercher Fleury dans tous les coins de la France; mais les bruits calomnieux n'en allaient pas moins leur train : ici l'on disait que le gouverneur et l'évêque de Fréjus avaient été jetés dans un cul de basse-fosse pour laisser le roi abandonné à ses ennemis; plus loin on poussait la noirceur jusqu'à dire que déjà le poison coulait dans les veines de Louis XV. Heureusement pour Sa Majesté, qui avait la fièvre; pour le régent, qu'on accusait, et pour Dubois, qu'on vouait à tous les feux de l'enfer, on découvrit Fleury chez M. de Lamoignon, à Baville..... Moitié de force, moitié de gré, le bonhomme fut ramené à Versailles, où M. le duc d'Orléans se trouvait : « Monsieur, lui dit brusquement ce prince, quand je vous ai » placé près de Sa Majesté, je ne croyais pas avoir donné à cet » enfant un autre enfant capable de s'enfuir et de se faire cher- » cher comme un écolier... Qu'une pareille chose n'arrive plus... » Allez. »

Cependant l'évasion de l'ancien évêque de Fréjus n'était pas précisément un enfantillage; on a su depuis qu'il existait un compromis entre cet ecclésiastique et Villeroi, portant que si l'abbé était disgracié le maréchal se retirerait dans ses terres, et qu'en cas de disgrâce du dernier, Fleury, qui n'avait pas de terres, s'enfermerait dans un couvent. Telle était la convention que le bonhomme commençait à exécuter quand on le découvrit à Baville. Mais, avant même qu'on l'eût trouvé, il regrettait d'avoir été si fidèle à ce traité, où l'on n'avait pas prévu la vive douleur qu'éprouverait le roi en se voyant privé à la fois de son gouverneur et de son confesseur. C'était d'après cette considération majeure que M. de Fleury avait consenti, à peu près volontiers, à revenir auprès de son illustre élève.

Malgré ces excellentes raisons, Villeroi, qu'on venait de conduire sous bonne escorte dans son gouvernement du Lyonnais, jetait feu et flamme contre Fleury, prétendant qu'il avait manqué à sa parole écrite ; ce qui, pour un prêtre surtout, était un cas essentiellement damnable. Le maréchal écrivit au précepteur une lettre remplie de reproches amers. L'ancien évêque de Fréjus la lui renvoya après avoir écrit ces mots au bas : « Je n'ai pu la lire. De grâce, que ce » secret reste entre nous... de peur que le public ne sache que le roi » a dans vous un gouverneur qui ne sait pas écrire et dans moi un » précepteur qui ne sait pas lire. »

Un événement bien autrement curieux que la disgrâce de Villeroi est depuis quelques jours le sujet de tous les entretiens. Jusqu'ici le cardinal Dubois n'avait dirigé les affaires que pour en épargner le fardeau au régent; mais à dater du 22 août, à neuf heures du soir, il gouverne avec la qualité *de premier ministre*, que personne n'avait obtenue depuis la mort du cardinal Mazarin, comme si l'on eût attendu pour la rétablir qu'il parût un homme plus immoral encore que cet Italien. Les compliments des plus grands seigneurs ne manquèrent pas au fils de l'apothicaire de Brive-la-Gaillarde; tout le monde lui brûla de l'encens sous le nez. Un seul homme osa joindre un avis à ses félicitations, et ce fut le neveu de Son Éminence. « La » nouvelle dignité dont vous êtes revêtu, lui écrivait l'abbé Dubois, » chanoine de Saint-Honoré, vous oblige à redoubler vos prières à » Dieu pour qu'il vous fasse la grâce de ne faire servir le pouvoir que » le roi vient de vous confier qu'au bien de l'État et à celui de la » religion. — Mon pauvre neveu ! dit le cardinal après avoir lu, il y » a longtemps que j'ai prévu que ce ne serait jamais qu'un cerveau » étroit. »

Un des roués de Philippe parla sur un autre ton à ce prince de l'avénement de Dubois au premier ministère. « Votre Altesse Royale, » lui dit Nocé, peut en faire tout ce qu'elle voudra, mais elle n'en » fera jamais un honnête homme. — C'est possible, répondit le ré- » gent piqué d'une critique aussi libre de son choix; mais, pour es- » sayer de faire un homme prudent de vous, dont je n'ai pu faire un » homme utile, je vous exile à vingt lieues de Versailles et de Paris. » Nocé s'inclina et sortit, en reconnaissant trop tard le grave inconvénient des incontinences de langue.

A peine Dubois eut-il la main au timon des affaires, qu'il songea à remplir la promesse qu'il avait faite à M. de Breteuil, intendant de Limoges, pour le service essentiel qu'il lui avait rendu lorsqu'il s'était agi de faire disparaître les traces du mariage de monseigneur l'archevêque de Cambrai. Le cardinal fit d'abord attacher son protégé au conseil d'État, en attendant qu'il pût trouver un prétexte pour renvoyer un secrétaire d'État et lui donner sa place.

Le jésuite Daubenton, confesseur de Philippe V, n'avait pas laissé échapper l'occasion du traité de paix avec la France sans en tirer tout le parti que les enfants de Saint-Ignace savent tirer de toutes les circonstances. Un des articles secrets de ce traité, dans la rédaction duquel Dubois avait semé des complaisances pour recueillir les dignités, portait que les jansénistes seraient tout doucement éloignés des emplois en France; que les molinistes y seraient rappelés, et que surtout il serait nommé, aussitôt que cela serait possible, un jésuite à la place de confesseur du roi. L'escapade du vieux Fleury parut à Dubois une occasion favorable pour effectuer cette clause secrète; sous prétexte que les fonctions de précepteur allaient devenir trop importantes pour que Fleury pût en être distrait, on donna la direction de la conscience du jeune monarque au père de Lignières, jésuite par esprit comme par état, et sa compagnie rentra ainsi dans une charge qu'elle ne se consolait pas d'avoir perdue. Mais la cour et la ville murmurèrent de ce choix; on n'a point encore oublié les fureurs du père le Tellier. Le nouveau confesseur fut accueilli partout avec froideur, quelquefois avec impolitesse. Le cardinal de Noailles lui déclara même en face qu'il lui défendait de confesser Sa Majesté. « Vous voulez des pouvoirs, lui dit » brusquement Son Éminence, eh bien ! vous n'en aurez pas, et je ne » vous dirai point les motifs de mon refus... Laissez-moi tranquille; » j'ai la fièvre, je suis enrhumé. » Comme la mauvaise humeur et le rhume de M. de Paris pouvaient durer longtemps le jésuite eut recours à l'évêque de Chartres pour être autorisé à entendre la confession du roi, qui fut obligé d'aller la lui dire à Saint-Cyr, et cela très-peu volontiers, parce que le père de Lignières ne lui convenait pas plus qu'au cardinal de Noailles. La semaine dernière, madame de Chelles lui fit ce singulier compliment en réponse au sien : « Mon » père, puisqu'il fallait qu'un jésuite fût confesseur du roi, j'aime » autant que ce soit vous qu'un autre; mais je ne puis vous dissi- » muler que je suis fâchée de voir un religieux de votre robe dans » cette place, car vous devez savoir que je n'aime pas la compagnie » de Jésus... En récompense, je la crains... Vous voyez que je suis » bonne Française. »

Tout principe a sa conséquence, et celle des excès manque rarement d'être funeste. Dubois est attaqué d'une maladie grave qui l'obligea dernièrement à recourir à la chirurgie. Il manda Boudou, chirurgien en chef de l'Hôtel-Dieu.

« J'espère au moins, dit-il en le voyant entrer, que vous ne me traiterez pas comme vos gueux de l'Hôtel-Dieu ?

— Pourquoi donc, monseigneur ?

— Belle demande! Je vous payerai, je crois, un peu mieux.

— Ah! monsieur le cardinal! le payement ne fait rien à l'affaire, et tous ces gens-là sont des Éminences pour moi. De quoi s'agit-il ?

— De conserver une partie de moi-même, qui, vous en conviendrez, ne sert qu'à augmenter la misère de vos malades de l'hôpital.

— Je suis pourtant convaincu, monseigneur, qu'ils y tiennent tout autant que vous.

— Le mot est drôle... Mais parlons de ma maladie. »

J'arrive de Reims, où j'ai été témoin de la solennité la plus imposante de la carrière des rois; le sacre de Louis XV a eu lieu le 25 octobre.

Le roi fit son entrée à Reims le 16 accompagné des princes du sang, de M. le duc de Charost, son gouverneur, et des principaux seigneurs de la cour. Sa Majesté descendit de carrosse sur le parvis de l'église métropolitaine; l'archevêque l'y attendait à la tête de son chapitre et entouré de dix évêques. Louis XV fut reçu sous le dais, fut conduit au chœur, où il fit sa prière, après laquelle Sa Majesté se rendit à l'hôtel qu'on avait préparé pour la recevoir. Le 25, dès la pointe du jour, toutes les cloches de la ville annoncèrent l'auguste cérémonie qui se préparait; on vit accourir de toutes parts les habitants des campagnes, revêtus de leurs plus beaux habits; tous voulaient voir leur jeune roi; mais les rues et les maisons étaient envahies par la foule des courtisans, des soldats et des valets. A peine les habitants avaient-ils obtenu la permission de rester chez eux, et beaucoup de Rémois vendirent chèrement à des étrangers le droit d'habiter leur toit et de se coucher dans leur lit.

Il est au sacre des rois quelques usages qu'on voudrait n'y plus voir dans un siècle éclairé, parce qu'ils ne se justifient ni par la raison, ni par la dignité, ni par l'allégorie. Je ne comprends pas bien, par exemple, quel sens on attache à la course de l'archevêque consécrateur de l'église au palais du roi; si ce prince doit recevoir la couronne et le sceptre dans le temple du Seigneur par les mains de son ministre, c'est un sacrifice trop grand fait à la puissance terrestre que la démarche de ce même ministre vers le monarque à sacrer... Celui-ci, au contraire, semblerait devoir se jeter spontanément dans le sein de Dieu pour lui demander le pouvoir. Si l'on examine ensuite le vide grandeur qu'offrent ce clergé frappant à la porte de l'appartement royal, ce rand chambellan qui demande *Qui est là?* ce roi qui est censé dormir encore, on ne voit dans tout cela que des détails indignes d'une solennité où tout devrait être noble et grand. Il est rare aussi que ces oiseaux auxquels on donne, à certain passage du rituel, la volée dans l'église, et qu'on voit se jucher sur la tête des dames, s'accrocher à la perruque des magistrats, n'excitent pas quelques bruits d'hilarité aussi peu compatibles avec la circonstance qu'avec la sainteté du lieu. Je cherche vainement l'allégorie qu'on peut se proposer en cela : le sacre du roi le plus vertueux, le plus disposé à faire le bonheur de ses sujets, ne saurait être cependant considéré comme un signal d'affranchissement; et le début du règne le plus paternel d'un prince que les peuples appellent leur maître serait mieux exprimé, quoi qu'on dise, par la mise en cage des oiseaux. Revenons au sacre spécial de Louis XV, en éloignant de mon récit les rites qui ne feraient que l'encombrer, comme ils encombrent le cérémonial.

L'église était tendue dans toute sa hauteur de velours cramoisi semé de fleurs de lis d'or. Cette riche tenture, cette harmonie, qui, de la tribune où j'étais placée, me semblait lointaine et mystérieuse; ces mille lumières semées comme autant d'étoiles scintillantes dans l'espace assombri par les vitraux coloriés, tout portait l'esprit à la religieuse méditation. Peu à peu mes sens s'assoupirent dans une douce rêverie; son voile léger, en couvrant mes yeux, déguisa les objets qui m'environnaient, je me crus tour à tour au sacre de plusieurs rois... Je revis, à travers ce prisme fantastique, Jeanne d'Arc, le casque en tête, la bannière à la main, le sein armé de fer, conduisant au pied de l'autel Charles VII, dont elle avait reconquis les États. Il m'apparut ensuite ce François Ier qui fut assez grand pour sentir qu'un prince couronné peut recevoir un complément d'illustration des mains d'un simple chevalier, quand ce chevalier est l'homme le plus brave de la terre... Je croyais le voir auprès de son maître, ce preux Bayard, dont l'épée était si forte et l'âme si pieuse... il me semblait que là, sous un arceau gothique, son regard étincelait, à moitié caché par la visière dorée. Enfin je retrouvai, dans ma rêverie historique, le roi qui fut de ses sujets le vainqueur et le père... L'illusion me rendait son mâle visage, où voltigeait toujours le sourire; je voyais sa courte chevelure, sa fraise, sa blanche écharpe, ou vaste haut-de-chausse... Près de lui étaient Sully, qui servit son maître et ne le flatta point; d'Épernon, dont l'âme parut soumise, et qui médita la trahison, peut-être l'assassinat; Mayenne, qui ne se consola jamais d'avoir fait la guerre au grand Henri; Bassompierre, qui combattit, but et aima sans mesure; la Noue, dont le cœur ne cessa point d'être protestant, mais dont le bras, dit de fer, en servant le catholique Louis XIII, prouva que la soumission peut être aussi une grande vertu... J'en étais là quand la voix d'une de mes voisines me fit faire un brusque retour vers le règne de Louis XV.

En ce moment l'archevêque de Reims, assis sur sa chaise épiscopale, avait devant lui le roi de France à genoux. Dans cette position, Sa Majesté reçut les sept onctions sur le sommet de la tête, sur la poitrine, entre les deux épaules, sur l'épaule droite, sur la gauche, à la jointure du bras droit et à celle du bras gauche. Après cette partie de la cérémonie, l'archevêque consécrateur, assisté des évêques de Laon et de Beauvais, referma les ouvertures pratiquées à la camisole et à la chemise du roi pour lui donner les onctions. Sa Majesté, s'étant ensuite levée, reçut de M. le prince de Turenne, grand chambellan, la tunique, la dalmatique et le manteau royal de velours violet brodé de fleurs de lis d'or, avec fourrure et bordure d'hermine. Dès que le roi fut habillé, l'archevêque lui donna les huitième et neuvième onctions sur les paumes des mains; puis ce prélat remit à Sa Majesté les

gants bénits, après lui avoir passé l'anneau royal au quatrième doigt de la main gauche.

Ici Louis XV s'avança jusqu'au pied de l'autel où l'attendait l'archevêque officiant, qui lui remit le sceptre dans la main droite et la main de justice dans la gauche... Il est donc consacré par les lois divines qu'un prêtre doit remettre aux rois les marques du pouvoir. Sans doute le prélat n'est dans cette noble mission qu'un ministre du ciel; mais c'est en puissance de la terre qu'il s'en prévaut.

L'instant du couronnement étant venu, le chancelier de France appela les pairs selon leur rang : alors s'avancèrent les ducs d'Orléans, de Chartres, de Bourbon, les comtes de Charolais, de Clermont et le prince de Conti, qui, selon l'usage, représentaient les grands feudataires de l'ancienne monarchie, les ducs de Bourgogne, de Normandie, d'Aquitaine, et les comtes de Toulouse, de Flandre et de Champagne. On vit aussi s'avancer le maréchal de Villars, tenant lieu du connétable de France, et le prince de Rohan, qui remplaçait le grand maître. Tous ces pairs laïques s'étant groupés autour du monarque, l'archevêque prit sur l'autel la grande couronne de Charlemagne, qu'il posa sur la tête de Louis XV, tandis que les pairs laïques et ecclésiastiques y portaient la main, comme pour soutenir cet insigne de la royauté. Un évêque récitait à haute voix les oraisons du couronnement. Lorsqu'il fut terminé, l'archevêque-duc de Reims conduisit le roi sur son trône, récita les prières de l'intronisation, et, après avoir quitté sa mitre, fit un profond salut à Sa Majesté en disant : *Vivat rex in æternum!*

Le sacre de Louis XV offrit un épisode qui n'était prévu ni par le rituel ni par le programme des cérémonies du jour. On sait que la sainte ampoule est conservée à l'abbaye de Saint-Remi de Reims, et qu'au moment où elle est transportée processionnellement à la cathédrale pour servir aux onctions dont j'ai parlé, quatre gentilshommes, désignés sous le nom d'*otages*, restent à Saint-Remi jusqu'à ce que la précieuse fiole y ait été rapportée. Ajoutons cependant que les moines sont trop polis pour donner des gardes aux otages; ils sont là sur parole, comme de loyaux chevaliers. Or les quatre courtisans envoyés cette fois au couvent en qualité d'otages de la sainte ampoule ont sans façon rompu leur ban, et sont venus se mêler aux curieux dans l'église métropolitaine; ce qui pourtant n'a pas empêché que la bouteille sacrée n'ait été rendue à ses légitimes conservateurs. Le clergé métropolitain de Reims est incapable d'abuser d'un tel dépôt, et, disons-le, la précaution de messieurs de Saint-Remi est tant soit peu injurieuse.

Anne de la Trémouille, princesse des Ursins, cette autre Maintenon, qui gouverna longtemps l'Espagne pour prix de quelques complaisances galantes, mourut à Rome le 5 du présent mois de décembre. Elle était née en 1637. Ainsi cette courtisane de haut parage était déjà parvenue à sa soixante-quatrième année lorsqu'en 1701 elle échangeait ses bonnes grâces contre la puissance à peu près souveraine que lui abandonnait Philippe V, qui n'avait alors que dix-sept ans. On croira sans doute difficilement qu'en 1705, époque à laquelle je vis à Versailles madame des Ursins septuagénaire, l'observateur le plus exercé ne lui aurait pas donné plus de trente-six ans, tant sa taille était droite, fine, souple, élancée, tant sa gorge paraissait blanche et ferme, son teint était encore animé et son œil étincelant. Si du reste on admet qu'en amour l'expérience puisse compter pour une qualité, on concevra que Sa Majesté Catholique ait demandé des faveurs à cette femme étonnante au lieu de compter ses années [1].

Après avoir mentionné ici la mort d'une femme essentiellement galante je puis sans transition parler de celle du marquis de la Fare, qui termina cette année une longue carrière aussi licencieuse que spirituelle. Mais ce capitaine des gardes du régent n'avait pas, comme la princesse des Ursins, conservé cette longévité de tempérament qui rarement est le partage des hommes. Quand on annonça sa fin à madame de Parabère dans son exil du *Blanc*, elle dit : « La Fare a » bien pu se faire enterrer récemment, mais il y a vingt ans qu'il est » mort. »

CHAPITRE IX.

1723.

JUSQU'AU 22 FÉVRIER.

Coupe-gorge entretenu par privilège de grandeur. — Aigle à deux têtes vivant. — Majorité de Louis XV. — Premier entretien de ce prince devenu maître absolu. — Lit de justice. — Dubois confirmé premier ministre. — Le régent fait rendre compte de son administration. — Coup d'œil sur l'éducation de Louis XV.

Le commencement de cette année fut marqué par une discussion entre M. le duc de Tresmes, gouverneur de Paris, et M. de Machault,

<hr>

[1] On peut citer, en parlant de madame des Ursins, deux singularités : le nom primitif de sa famille était *Rossini*, et le prénom de plusieurs membres de cette famille *Napoléon*.

lieutenant de police, dans laquelle on a vu la morale aux prises avec la faveur; il est presque superflu d'ajouter que la dernière a triomphé. Les jeux publics de hasard ont été dès longtemps défendus; mais il entre dans les prérogatives du gouverneur d'autoriser un de ces coupe-gorge, moyennant une forte redevance : il faut bien que les priviléges de la grandeur soient respectés. M. de Machault, à qui l'on rendait compte chaque jour de nouvelles catastrophes arrivées dans ce repaire, déclara au régent, vers la fin de l'année dernière, qu'il était impossible de maintenir ouverte une maison où des fripons galonnés, brodés et même décorés de différents ordres attiraient pour jeunes bourgeois pour les dépouiller de l'argent volé à leurs parents ou à leurs patrons. Le lieutenant de police ajouta qu'il se passait peu de soirées où le tapis vert protégé par M. de Tresmes ne fût pas teint du sang de quelque victime de la friponnerie, de la passion ou du désespoir. « En un mot, dit le magistrat en terminant sa remontrance, » ce lieu est un véritable séminaire de la Grève, et certes il doit ré- » pugner à un pair du royaume d'en tirer un lucre; car si, comme le » disait Vespasien, l'or n'a pas d'odeur, il me semble qu'on doit » voir sur celui-ci l'empreinte de sa vile origine. » Malgré cette éloquente péroraison, Philippe n'ordonna point la fermeture immédiate du tripot; il demanda quelque temps pour y réfléchir, racheta de M. de Tresmes par une pension de deux mille livres le droit attaché au gouvernement de Paris, et, la maison de jeu ayant été close, on cessa de se ruiner et de s'égorger sous la protection d'un haut fonctionnaire commis à la conservation de l'ordre public.

Les honnêtes gens applaudissaient à cette mesure; mais tout n'était pas fini. M. le gouverneur de Paris ayant appris que la dévote princesse de Carignan tenait un tripot dans son hôtel même, rouvrit immédiatement le sien. M. de Machault, soutenu cette fois par le régent, fit signifier à M. de Tresmes qu'il eût à fermer de nouveau ce jeu, déclarant que le privilége invoqué par le duc n'était consacré par aucune ordonnance, et que Sa Seigneurie serait condamnée si la question était portée au parlement. L'affaire fut en effet évoquée devant cette compagnie; mais M. le lieutenant de police, n'étant ni pair, ni premier gentilhomme de la chambre, ni cordon bleu, eut tort, parce que M. le duc est tout cela. Le gouverneur de Paris conserve boutique ouverte de vice et de brigandage, ce qui ne l'empêche pas de garder la pension de deux mille livres... Oh! c'est une belle chose que le crédit !

On a vu dernièrement à Paris un animal que l'on croyait fabuleux : c'est cet aigle à deux têtes que les Romains avaient adopté pour signe martial, et que les empereurs d'Allemagne admirent depuis dans leurs armoiries. Cet oiseau est de la grosseur d'un coq d'Inde, et de la couleur d'un aigle ordinaire. De sa poitrine s'élancent deux cous assez minces de la longueur de sept à huit pouces, lesquels se terminent par des têtes offrant cette singularité que le bec de la tête droite est plus fort, plus aigu que celui de la tête gauche. Quand on donne à manger à l'animal, l'une des têtes semble faire le guet pour la conservation de la proie qu'il dévore de l'autre. Ces deux fonctions sont exercées alternativement par les deux chefs; on a même remarqué que l'alternative est d'une régularité qui ne se dément jamais, et l'on n'a pas vu une seule fois dans l'espace d'un mois que la même tête ait mangé ou surveillé deux fois de suite. « L'allégorie de » l'aigle impériale s'interprète plus largement, disait à cet égard un » homme d'esprit; la puissance dont elle est l'emblème dévore à la » fois de tous côtés. »

Le 16 février Louis XV était à peine éveillé, que M. le duc d'Orléans entra dans sa chambre, tira ses rideaux, mit un genou en terre, et lui fit son respectueux compliment en lui déclarant « qu'il n'était » plus qu'un sujet soumis aux ordres de Sa Majesté. » Le roi entrait dans sa quatorzième année; l'horloge du château venait de sonner l'heure de sa majorité. Le jeune souverain répondit avec affabilité à son parent. « Je vous remercie, mon cousin, lui dit-il, des soins que vous avez donnés à mon royaume pendant plus de sept années, et je suis bien aise de prévenir à cet égard ce que vous dira mon chancelier dans le lit de justice que je tiendrai.

— Sire, répliqua le prince, je sais tout ce qui a manqué à mon administration pour que j'aie mérité ce compliment... Mais la perfection n'est pas habitante de la terre, et, dans les affaires, agir pour le mieux c'est faire le moins mal possible. Quels ordres Votre Majesté a-t-elle à me donner ?

— Mais, mon cousin, je ne sais...

— Par exemple, relativement aux personnes exilées...

— Mon cousin, je n'ai exilé personne.

— Je le sais, sire, et je désire que Votre Majesté ne croie jamais à la nécessité de le faire.

— Ah! puisque me voilà tout à fait le maître, je veux que l'on ôte de ma chambre le lit de mon gouverneur.

— Votre Majesté sera obéie.

— Cependant, ajouta Louis XV, je trouve bon que le duc de Charost ou mon sous-gouverneur couche encore près de moi pendant trois ans, mais sous un pavillon que l'on enlèvera le matin. Vous concevez, monsieur le duc, qu'il est important que je ne passe plus aux yeux de ma cour pour un enfant qui a peur la nuit.

— Votre Majesté, dit en riant le duc d'Orléans, ne m'a pas encore parlé ce matin de l'*homme au masque de fer*, dont elle me demandait le nom hier à son coucher. Alors encore j'aurais manqué à mon devoir en révélant ce secret, puisque Votre Majesté n'en devait être instruite qu'à sa majorité... Me voilà prêt maintenant à répondre aux questions qu'elle daignera me faire sur ce captif mystérieux

— Parlez donc, mon cousin, racontez-moi les aventures du *masque de fer*... Je vous écoute.

— Je vais obéir... Et Philippe raconta.

— Eh bien! dit Louis XV après avoir entendu ce récit jusqu'au bout, s'il vivait encore, je vous prierais à l'instant de courir lui rendre la liberté... Je suis fâché que le roi mon bisaïeul ne l'ait pas fait. »

Le 20 février le roi se rendit aux Tuileries, où le surlendemain il tint le lit de justice dans lequel sa majorité fut proclamée en présence des pairs, du parlement, des chevaliers de l'ordre et du conseil d'Etat. La séance fut ouverte par un discours du chancelier annonçant que, selon les lois de la monarchie, le roi prenait à dater de ce jour le gouvernement direct de ses Etats. Sa Grandeur remercia ensuite, au nom de Sa Majesté, M. le duc d'Orléans des services qu'il lui avait rendus pendant sa minorité, pria ce prince de les lui continuer, et de l'aider de ses conseils dans l'administration du royaume. Louis XV confirma ensuite le choix fait par le régent de M. le cardinal Dubois pour la charge de premier ministre. Philippe fit rendre compte dans la même séance de son administration durant les sept années et demie de la régence. M. d'Armenonville, chargé de cette tâche délicate, s'en tira en homme habile. Avouant avec une sorte de franchise les erreurs financières qui ont découlé du système de Law et les malheurs qu'ils ont amenés, il prouva néanmoins que les finances étaient dans un état beaucoup plus florissant qu'à la mort de Louis XIV. Le contrôleur général fit voir d'ailleurs la France sur un pied glorieux dans ses relations et ses alliances avec l'Europe. Enfin ce ministre montra l'Eglise française pacifiée et les ressentiments religieux à peu près éteints. Sans doute, en examinant de bien près ces divers points, on aurait pu trouver beaucoup de choses à contredire dans le rapport de M. d'Armenonville; mais les affaires de l'Etat sont aux yeux des masses gouvernées comme ces tableaux qui pour offrir un point de vue satisfaisant doivent être regardés d'un peu loin.

Terminons ici nos observations sur la régence par un rapide examen des soins donnés à l'éducation de Louis XV. Rien de ce qui peut contribuer à former un grand roi ne fit partie de l'instruction de ce prince, que la nature avait doué cependant d'une facilité de conception qu'il ne fallait qu'exciter en la dirigeant bien; mais la première de ces conditions ne fut remplie qu'en faveur d'une foule d'éléments ou secondaires, ou complétement inutiles. On éleva Louis XV de manière à en faire le roi de sa cour et de ses ministres plus que celui de la France. Villeroi ne savait rien que se faire valoir, que relever l'éclat de ce qui brille, et vanter cette chimère d'avantage qu'on appelle une grande naissance. Ce seigneur si fier et si nul n'était bon qu'à mettre dans la tête du prince des idées de vanité. Fleury, trop peu instruit pour apprendre à Louis XV ces grandes choses que Fénelon apprit au duc de Bourgogne, les lui faisait entrevoir par des professeurs à gages, qui, occupés uniquement de se faire une position, rendaient leur régime d'autant plus *bénin* qu'ils espéraient en tirer un plus grand parti en flattant la paresse de leur royal disciple. C'est ainsi qu'ils lui montrèrent, au moyen de ce système à l'eau de rose, un peu d'histoire faite exprès pour lui; quelques notions de géographie, tendant surtout à lui prouver qu'il était le monarque le plus puissant de la terre; de faciles éléments de physique générale, afin qu'il eût une faible teinture du rôle que jouent dans l'univers la portion de globe qu'il gouverne et les vingt-cinq millions d'âmes qui lui obéissent.

Pendant que ces professeurs complaisants se ménageaient, à l'aide d'une tâche si facile, des places d'académiciens et des pensions, l'ancien évêque de Fréjus éloignait soigneusement de Louis XV ces grandes catastrophes historiques qu'il serait si important de mettre, comme leçons, sous les yeux des princes destinés au trône; il ne lui avait pas même laissé entrevoir les auteurs qui ont traité des hauts intérêts de la politique, de la diplomatie, du commerce, des finances, des arts. En récompense, au jour de sa majorité, le roi est déjà fort avancé dans la connaissance de sa généalogie; il connaît mieux que certains évêques la coutume de Paris sur les offices divins, et ce prince en remonterait à son grand chambellan sur la science de l'étiquette. Enfin Villeroi, Fleury et les instituteurs parasites se sont parfaitement entendus pour faire de notre maître un monarque vain, faible, complaisant, accessible aux grands, réservé et défiant avec le peuple, petit dans les exercices de la religion, et, par-dessus tout, un monarque chasseur, parce que avec le secours de cette passion les ministres ne laisseront à Sa Majesté de son pouvoir que ce qu'ils voudront qu'il en ait.

MAJORITÉ.

CHAPITRE X.

SUITE DE 1723.

Le roi réintègre les princes légitimés dans leurs honneurs. — Le salut du bonnet. — Subtilités de Breteuil pour enlever les preuves du mariage de Dubois. — Breteuil est fait ministre pour cela. — Mort du cardinal Dubois. — Détails curieux sur la fin de ce cardinal. — Enumération de ses richesses. — Le frère et le neveu de Dubois. — Nouvel échantillon de la reconnaissance des grands. — Le duc d'Orléans est premier ministre. — Il ne signe pas les ordonnances relatives aux finances. — Nouvelle organisation de la compagnie des Indes. — Le curé Meslier et ses *Confessions*. — Les fermes sont données à bail. — Mort de *Madame* duchesse douairière d'Orléans. — Philippe d'Orléans est frappé d'apoplexie. — Détails sur ses derniers instants. — Poncet de la Rivière. — Oraison funèbre du régent. — Comment *M. le duc* est nommé premier ministre. — *Inès de Castro* de la Motte.

Le roi a déjà fait acte de souveraineté à la manière de Louis XIV en faveur des princes légitimés; il leur a rendu, sauf le droit de succéder à la couronne, tous les honneurs et prérogatives dont ils jouissaient sous le règne précédent. Louis XV, tout jeune qu'il est, se pénètre déjà de cet esprit de souveraine puissance qui prétend que personne dans l'Etat ne puisse donner tort à celui qui gouverne ou a gouverné. C'est là l'essence de la royauté. Cette affaire est une des premières qu'on ait discutées dans le conseil de Sa Majesté aussitôt que sa forme stable a été arrêtée; la déclaration est du 26 avril. Elle porte que les légitimés prendront place au parlement immédiatement au-dessous des princes légitimes; qu'ils y auront, comme eux, voix délibérative avant les ducs et pairs; mais qu'ils ne pourront traverser le parquet ni faire marcher devant eux plusieurs huissiers; ce qui ne les empêchera pas cependant de recevoir le *salut du bonnet*. Expliquons ce que c'est que ce privilège. Lorsque dans une délibération le premier président adresse la parole aux princes légitimes, il ôte son bonnet et leur dit : « Monsieur, votre avis. » La même chose aura lieu pour les princes légitimés, avec cette distinction que le premier président dira : « Monsieur le duc du Maine, ou Monsieur » le comte de Toulouse, votre avis. » Sentez-vous la différence? Ce nom mis après Monsieur, comme cela vous fait descendre un homme dans l'opinion des assistants!

Du reste, dans les festins ou dans les cérémonies publiques, les légitimés ne devront pas tenir tout à fait le même rang que les légitimes : il est probable qu'un règlement supplémentaire établira cette partie du cérémonial par pieds, pouces et lignes; c'est d'une importance trop majeure pour qu'on néglige d'être précis à cet égard. En attendant, il est décidé que le prince de Dombes et le comte d'Eu jouiront pendant leur vie des honneurs autrefois accordés à MM. de Vendôme; mais qu'ils s'éteindront avec eux.

Cette déclaration, où tant de restrictions sont mêlées aux honneurs rendus à MM. du Maine et de Toulouse, ne les a point satisfaits; dès que l'affaire a été décidée, le premier est parti pour Sceaux, le second est allé s'enfermer à Rambouillet.

Enfin le cardinal Dubois s'est acquitté envers le marquis de Breteuil; il a pu trouver l'occasion de pousser doucement M. Leblanc hors du ministère de la guerre, et l'ancien intendant de Limoges a été mis en possession de ce département. Le public est outré du renvoi d'un homme actif, exercé aux affaires, aimé des troupes et rempli de talent et d'honneur, surtout quand il est reconnu que M. de Breteuil n'a jamais vu d'autres troupes qu'un régiment qui passait sous ses fenêtres quand il habitait la capitale du Limousin.

Voici les détails que le nouveau secrétaire d'Etat a révélés lui-même sur la cause qui lui a mérité la reconnaissance du premier ministre. Dès que Breteuil fut informé de l'importance que Dubois attachait à l'enlèvement des papiers constatant son mariage, cet ami serviable se mit en tournée dans le ressort de son intendance, suivi seulement de deux valets. Un soir, bien tard, notre voyageur arrive à la porte du curé qui a marié jadis monseigneur l'archevêque de Cambrai; il frappe au presbytère et demande l'hospitalité. Au nom de M. l'intendant, pasteur, nièce, servante, jardinier, tout s'empresse. Les canettes ne sont pas assez vastes pour épancher le meilleur vin des messes; il n'y a pas assez de couteaux à la cuisine pour égorger les gras chapons que mademoiselle la nièce, ou soi-disant telle, sait fort bien distinguer des poulardes, indépendamment même de leur embonpoint. Le souper fut excellent, Breteuil y fit honneur; mais ce qui surtout charmait M. le curé, c'était la familiarité tout affable avec laquelle M. l'intendant daignait le traiter, et la grâce empressée qu'il mettait à lui verser son propre vin. Avant que l'honnête ecclésiastique fût tout à fait gris, Breteuil lui dit que l'objet spécial de sa tournée était de vérifier par lui-même comment les registres des paroisses étaient tenus dans la province, et qu'il ne doutait pas que lui, curé rempli d'intelligence autant que de piété, ne les tînt mieux que tous ses confrères. Le prêtre campagnard répondit que M. l'intendant était bien bon d'avoir une idée aussi avantageuse de lui, mais qu'en ce point au moins elle était fondée; et pour preuve, tirant les registres d'une armoire, il les mit sur la table devant le marquis. Celui-ci eut l'air de les parcourir négligemment, chercha l'année intéressante, la trouva, reconnut l'acte dangereux, fit une petite corne au bas de la page, et, posant avec indifférence le livre sur une chaise, s'écria : « C'est à merveille, curé... Buvons. » La nièce était allée disposer le lit de M. l'intendant, les valets s'étaient retirés discrètement au dessert; on but souvent, et le curé but sans mesure. Il jasa beaucoup, rit plus que les canons ne le permettent, jura même deux ou trois fois; puis, nonobstant le respect dû à M. l'intendant, il s'endormit. Breteuil s'empare alors vivement du registre, retrouve l'endroit marqué et enlève le feuillet accusateur. « Curé, dit-il ensuite en frappant sur l'épaule de son hôte, il se fait » tard, il faut que je reparte de bonne heure; allons nous coucher. »

Le lendemain Breteuil glissa quelques louis dans la main de la servante du presbytère, baisa au front mademoiselle la nièce, qui trouva peut-être que pour un homme de cour M. l'intendant était bien modeste, et bientôt il perdit de vue la maison curiale et le coq-girouette du clocher de l'église. Il est probable que, malgré sa grande exactitude, le curé ne se sera pas aperçu de la soustraction du feuillet.

Mais ce n'était pas tout; on n'avait négligé aucune formalité légale lors du mariage de Dubois; il existait certain contrat chez un notaire de campagne; or on n'escamote pas la minute d'un acte comme un feuillet de registre, l'intendant ne pouvait d'ailleurs faire recherche motivée dans l'étude du garde-note. Il fallait agir par séduction; la chose, heureusement, paraissait praticable : les consciences limousines ne sont pas invulnérables comme le corps d'Achille. Le tabellion qui avait passé le contrat était mort depuis longtemps; Breteuil fit venir son successeur et, s'étant expliqué sur ce qu'il attendait de sa condescendance, il lui laissa l'option entre une bourse très-ronde et un cachot très-noir. L'homme aux contrats répondit qu'il n'aimait pas moins l'argent que le grand jour; il livra la minute, reçut les espèces, fit rebâtir sa maison et ne se repentit nullement du marché. Breteuil y trouva bien mieux son compte encore : le notaire n'avait gagné qu'une maison; le marquis eut un ministère, avec lequel il gagnera des châteaux.

Les hommes les plus habiles, les plus heureux dans les efforts qu'ils font pour se procurer des biens et des honneurs, sont impuissants contre le destin qui peut les leur enlever en un instant avec la vie. Dubois, archevêque, cardinal, premier ministre; Dubois, jouissant d'un revenu de deux millions, n'a pu reculer d'une seconde le terme de ses prospérités. Il est mort à Versailles des suites d'une maladie honteuse.

Le cardinal avait fait transporter la cour de Versailles à Meudon, sous prétexte de procurer au roi le plaisir d'un nouveau séjour; mais réellement dans le but de se trouver plus à portée des secours que sa situation exigeait quand il était forcé de rester auprès de Sa Majesté, ou d'abréger de moitié les souffrances aiguës que la voiture lui causait lorsqu'il allait travailler avec le roi. Son Eminence, qui jamais, en dépit de la mitre et de la pourpre, n'avait déguisé ses débauches effrénées, se faisait traiter fort secrètement de la maladie qu'elles avaient causée, non qu'il eût honte du principe ou de la conséquence, mais parce qu'un homme environné d'une haute faveur ne doit point s'avouer malade. D'après ce système Dubois voulut, à la fin de juillet, assister à une revue que Louis XV passait de sa maison, afin de recevoir les honneurs qu'on rend au premier ministre, honneurs peu différents de ceux rendus au roi lui-même. Le cardinal monta donc à cheval un quart d'heure avant l'arrivée de Sa Majesté, et passa devant la troupe. Les drapeaux s'inclinèrent à son approche, les officiers le saluèrent de l'épée, les tambours battirent, les trompettes sonnèrent... Son Eminence paya cher cette satisfaction, cet éclair rapide d'une gloire enivrante. Le mouvement du cheval fit crever un abcès que Dubois avait à la vessie; il dut passer du théâtre de son triomphe dans un lit de douleur. Les médecins déclarèrent le surlendemain que la gangrène était survenue; trois jours après elle avait fait des progrès rapides, qui se manifestèrent au dehors... Une opération majeure, une amputation que je ne puis désigner avec précision devint indispensable. Lapeyronie, opérateur célèbre, se chargea d'annoncer au cardinal que, s'il ne se soumettait à son scalpel c'en était fait de lui. A cette nouvelle Son Eminence entra dans une fureur horrible, qui s'exhala en un déluge de vociférations contre les médecins; ceux présents au lit du malade furent salués de la plus riche salve de jurements que jamais membres de la Faculté aient entendue, avec accompagnement de grimaces et de grincements de dents dignes d'inspirer un peintre chargé de peindre les damnés.

Cependant on décida Dubois à se faire transporter de Meudon à Versailles; dès qu'il y fut arrivé, les médecins revinrent sur la nécessité de procéder immédiatement à la *soustraction totale...*

« Totale! coquins que vous êtes... vous ne sentez donc pas la force de ce mot? s'écria-t-il.

— Pardon, monseigneur, répondit Lapeyronie, mais ne vaut-il pas mieux sacrifier la partie que de perdre le tout ?

— Sans doute, bouchers infâmes! et si vous ne me demandiez qu'un bras ou même une jambe, je me résignerais; mais... ce qu'il faut vous livrer...

— Est devenu tout à fait superflu à Votre Eminence.

— Ah! sac... bourreau, dit le cardinal d'une voix qui fit vibrer les vitres.. tu viens me débiter des quolibets du théâtre de la foire; sors d'ici, double traître, pendard, scélérat, gibier de Montfaucon! Et le prince de l'Eglise, faute de mieux, jeta son bonnet à la tête de Lapeyronie.

— Tout cela, monseigneur, ne fait qu'empirer votre situation, répondit le docteur en jetant doucement sur le lit le projectile peu offensif que l'irascible malade venait de lui envoyer.

— Allons, Dubois, il faut être raisonnable! dit Philippe, qui se trouvait là... Que diable ! puisqu'il y a nécessité absolue, et que d'ailleurs l'inutilité ultérieure est constatée...

— Votre Altesse Royale en parle à son aise, répliqua l'archevêque de Cambrai en se faisan un violent effort pour ne pas blasphémer... Mais si l'on vous proposait de faire un eunuque noir du premier prince du sang, vous tiendriez un autre langage.

— Ce n'est pas moi qui suis affl gé d'un ulcère à la vessie.

— Je le sais; Votre Altesse Royale a toujours été plus heureuse que moi aux jeux de hasard, quoiqu'elle ait rarement choisi les joueurs... Il y a une providence particulière pour les princes...

— Qui m'a déjà fait perdre un œil... Mais revenons, il faut que tu te décides... Je le veux...

— C'est cela, Votre Altesse m'ordonne de me réduire au néant, comme elle m'ordonnait naguère de faire un rapport au conseil... Mais je dois jusqu'à la fin lui obéir... je me sacrifie.

— Après tout, Dubois, je ne prétends pas que tu te fasses opérer par obéissance... et si tu tiens aux superfluités...

— Non, non, me voilà décidé... Prépare-toi, bourreau que l'enfer confonde! dit le cardinal en lançant un regard foudroyant sur l'opérateur.

— Je suis prêt, répondit Lapeyronie; mais je dois inviter Votre Eminence à se faire administrer les sacrements avant l'opération.

— Ah! voilà ce que j'avais prévu, cannibale affublé d'une robe, membre de la Faculté que le diable préside! il te tarde de boire mon sang, de déchiqueter mon cadavre...

— Je me retire, dit l'opérateur impatienté...

— Non, demeure, reprit Dubois d'un ton plus calme, je vais te livrer ta proie... » Et il fit appeler un récollet de Versailles pour se confesser.

Le cardinal ne resta pas avec ce religieux plus d'un demi-quart d'heure, et ce bref entretien fut le seul acte de pénitence qu'il fit. D'après ce que les médecins lui avaient dit de l'extrême danger de l'opération, le confesseur conseilla à son pénitent de recevoir sur le champ le viatique.

« Le viatique ! s'écria le malade, c'est promptement dit; mais il y a un grand cérémonial pour les cardinaux, que vous ne connaissez pas vous autres gueusaille ecclésiastique de Versailles... Qu'on aille à Paris le savoir de Bissy.

— Le danger est pressant, dirent les médecins d'une voix unanime... il faut opérer à l'instant.

— Opérez donc, tigres carnassiers ! » vociféra le ministre en se découvrant lui-même jusqu'aux pieds.

Lapeyronie, malgré le roulement d'invectives et de blasphèmes que Dubois fit entendre pendant l'opération, la consomma avec autant d'adresse que de célérité. Mais, outre que d'avance le malade était condamné, les transports de fureur auxquels il se livrait rendaient son salut impossible. Il acheva de consumer ce qui lui restait de forces en imprécations contre le ciel, contre toute la nature, contre lui-même, et bientôt les premières convulsions de la mort se joignirent à celles de sa colère et de son désespoir. Ce fut seulement alors, c'est-à-dire quand les facultés presque éteintes de ce prince de l'Eglise ne lui permirent plus de blasphémer, qu'on lui donna l'extrême-onction, qui lui tint lieu de viatique.

Le prêtre, dans la précipitation avec laquelle il fallut administrer ce dernier sacrement, déposa les saintes huiles auprès du hideux produit de l'opération, qui était encore sur la table, et dont l'honnête ecclésiastique n'avait pu reconnaître ni la nature ni la forme. Pendant les dernières lueurs de sa connaissance, Dubois voulut voir ce que l'art venait de soustraire de son corps. Je passe sous silence la harangue étrangement pathétique que Son Eminence adressa à cette cause première de tous ses maux, et je n'essayerai point de dépeindre les contorsions, la décomposition de physionomie qui servirent de pantomime à ce discours.

Enfin, le 10 août, mourut, à l'âge de soixante-six ans, le cardinal Dubois, archevêque de Cambrai, titulaire des abbayes de Nogent-sous-Couci, Saint-Just, Hérivaux, Bourgueil, B-rg Saint-Vinox, Saint-Bertin et Cercamp, premier ministre du royaume de France, surintendant des postes, et de plus membre de l'Académie française, ce que j'avais négligé de dire, parce que Dubois étant un des hommes les plus riches et les plus puissants de la France, il était entendu qu'il devait être académicien.

Le corps de ce phénomène de fortune fut transporté de Versailles dans l'église du chapitre de Saint-Honoré à Paris, où l'abbé Dubois, neveu du défunt, était chanoine. On l'enterra dans la première chapelle à droite en entrant; on doit lui élever un beau mausolée. L'assemblée du clergé, ouverte au mois de janvier, et dont le cardinal était président, fit célébrer pour lui un service solennel Il y en eut un autre dans l'église métropolitaine, auquel les cours supérieures assistèrent. Mais tous les casuistes déclarèrent unanimement l'oraison funèbre impossible.

Les richesses que laisse Dubois sont immenses ; essayons d'en découvrir les sources. La place de premier ministre lui valait cent cinquante mille livres, la surintendance des postes cent mille livres; l'archevêché de Cambrai donnait à peu près autant, et les sept abbayes dont il était pourvu rapportaient davantage. Indépendamment de ces divers revenus, le cardinal recevait de l'Angleterre quarante mille livres sterling par an, somme équivalant à un million de notre monnaie. Cette énorme allocation, que Dubois ne cachait point, prouvait avec une évidence irrécusable que ce ministre avait fait plier la politique du cabinet de Versailles à celle de la cour de Saint-James. La vaisselle d'argent ou de vermeil qu'on trouva chez le premier ministre, ses meubles d'une recherche extrême, ses bijoux, ses pierreries, ses équipages somptueux, ne valaient pas moins de trois millions, et son coffre-fort renfermait onze cent mille livres. Le portefeuille du cardinal apprit qu'il avait une créance de cinq cent mille livres sur le marquis de Breteuil, ministre de la guerre; on découvrit en outre parmi ses papiers un brevet de retenue sur les postes de trois cent mille livres, le titre de trente mille livres de rente sur la ville de Paris, et celui d'une charge de secrétaire du cabinet, dont le remboursement était exigible.

Sans doute les énormes émoluments de Dubois s'éteignent avec lui; mais en récapitulant la valeur des terres dont je n'ai pas parlé, les trésors qu'on a trouvés chez lui, son mobilier et les rentrées à effectuer, on reconnaîtra que ce cardinal laisse plus de douze cent mille livres de rente à ses héritiers, c'est-à-dire à son frère unique, ancien chirurgien de Brive-la-Gaillarde, qu'il avait fait secrétaire du cabinet, et à l'abbé Dubois, fils du précédent, chanoine de Saint-Honoré. Ce dernier, ecclésiastique digne des temps primitifs de la chrétienté, vécut toujours dans la retraite, sans avoir jamais voulu accepter ni dignités, ni pensions, ni bénéfices. Son père n'est pas moins simple, pas moins modeste que lui, et ces deux riches héritiers ont déclaré que l'immense héritage que Dieu leur envoyait était le patrimoine des pauvres.

Les Français ont ri de la mort de Dubois, comme ils avaient ri de son élévation au siége de Cambrai, au cardinalat et au premier ministère, sans lui tenir compte ni de son esprit ni de l'adresse qu'il apporta dans les affaires, adresse qui souvent diminua les calamités de la France. Le régent, oubliant que cet homme immoral fut pour lui un serviteur indispensable pendant son administration, ne lui donna pas un soupir de regret. La veille de la mort du cardinal Son Altesse Royale écrivait à Nocé, que Son Eminence avait fait exiler : « L'orage qui menace va faire partir mon drôle, et demain, sans » doute, tu auras de mes nouvelles. » En effet, le lendemain Philippe écrivit à l'exilé : « Morte la bête, mort le venin; je t'attends » ce soir au Palais-Royal. » Nocé ne manqua pas au rendez-vous, les funérailles de Dubois furent célébrées le verre à la main, et M. le duc d'Orléans rit beaucoup de ce distique, qu'un des convives proposa de faire graver sur le monument du favori :

> Rome rougit d'avoir rougi
> Le maq...... qui gît ici.

Voilà un nouvel échantillon de la reconnaissance des grands. Mais Dubois s'en était rendu compte d'avance : il savait que ce bien-là finit toujours par se réduire à rien ; et c'était pour cela que, le réalisant en valeurs plus solides, il en avait tiré à peu près quarante millions.

Il était naturel de penser, après la mort de Dubois, que le duc d'Orléans demanderait la place de premier ministre, et tout portait à croire que Louis XV ne la refuserait pas à celui qui avait gouverné la France. En effet, l'évêque de Fréjus, dont l'empire sur l'esprit du roi équivaut à une autorité absolue, n'a pas songé un instant à conseiller un refus à Sa Majesté; mais cet ecclésiastique lui a donné l'idée d'une restriction. Fleury a fait entendre au jeune monarque que Son Altesse Royale, avec la di-position qu'elle eut toujours à se laisser dominer par ses favoris, ne pouvait sans danger pour l'E être revêtue du pouvoir de signer les ordonnances des finances. Cet objet était en même temps agité dans le conseil particulier du duc; quelques-uns de ses amis essayaient de lui persuader qu'après avoir été le maître du royaume, il ne pouvait accepter des attributions ministérielles mutilées ; d'autres, mieux inspirés peut-être, représentaient à ce prince que, sans cesse poursuivi par les calomnies de ses ennemis, il devrait éviter une responsabilité qui le rendrait garant des déprédations et des fautes de ses subordonnés, qu'il lui serait trop difficile de surveiller. M. d'Orléans se rangea à l'avis de ces derniers conseillers : il fit lui-même, en acceptant le premier ministère, une exception des ordonnances des finances, que le roi signe lui-même sous la direction de son conseil.

D'après un nouveau règlement, la compagnie des Indes sera régie par douze directeurs propriétaires de cinquante actions au moins chacun ; ils seront assistés de huit syndics, aussi porteurs de cinquante actions, et contrôlés par quatre commissaires du conseil. Ces officiers tiendront séance deux fois par mois, et la compagnie se réunira chaque année en assemblée générale le 15 mars. Le 17 septembre présent mois, une réunion générale a eu lieu en présence de M. le duc d'Orléans, premier ministre, pour le choix des directeurs et syndics. Dans la même séance Son Altesse Royale, au nom du roi, a confirmé à la compagnie le privilége exclusif de la vente du café et du tabac.

Le nommé Jean Meslier, curé d'Etrépigny en Champagne, connu par des opinions religieuses mêlées d'une philosophie peu orthodoxe, mourut dans sa cure le 30 septembre, âgé de cinquante-cinq ans. En même temps qu'on apprenait à Paris la mort de cet ecclésiastique, les presses de la Hollande terminaient l'impression d'un manuscrit intitulé *Confessions du curé Jean Meslier* et que les curieux se procurent à grands frais[1]. J'ai lu ce livre, qui exprime avec une entière indépendance les pensées de l'auteur sur la religion. On lisait au verso d'un papier servant d'enveloppe aux cahiers originaux sur lesquels on a imprimé : « J'ai vu et connu les abus, les erreurs, les vanités, les » folies, les méchancetés des hommes, je les ai haïs. Je n'ai osé le » dire pendant ma vie ; je le dirai au moins en mourant et après ma » mort. C'est afin qu'on le sache que j'ai écrit le présent mémoire, » pour qu'il puisse servir de témoignage à la vérité. »

Peu de jours avant sa mort, Meslier écrivit à deux curés de son voisinage pour leur déclarer qu'il consignait une copie de son écrit au greffe de Sainte-Menehould, mais qu'il craignait qu'on ne le supprimât, suivant l'usage établi d'empêcher que les peuples ne soient instruits. Meslier aimait la justice avec ardeur, il la pratiquait avec courage. Un jour le seigneur de sa paroisse ayant maltraité des paysans, ce curé refusa de prier pour lui au prône. Le gentilhomme en porta plainte à l'archevêque de Reims, qui, selon l'usage encore, donna raison au noble sur l'obscur ministre des autels et l'obligea à réintégrer le premier dans ses droits spirituels. Meslier contraint par les ordres de son chef, y satisfit de la sorte : « Nous prierons le Sei- » gneur, dit-il à ses paroissiens, de convertir ces riches au cœur dur, » et de leur donner l'humanité dont ils ont besoin. »

Les fermes générales, mises en régie après la chute du système parce qu'il avait été impossible de trouver une compagnie assez hardie pour s'en charger, viennent d'être confiées à une société de traitants moyennant cinquante-cinq millions par année ; ce sera fort avantageux si l'on paye.

Continuant ma chronique funéraire, comme disait ma tante, chronique interrompue par la brève mention financière que je viens de faire, j'ai à consigner ici la mort de *Madame*, duchesse douairière d'Orléans, arrivée dans les premiers jours de novembre. Cette princesse avait beaucoup de connaissances assidues, mais peu d'amis, et encore moins d'ennemis. Son existence depuis la mort de *Monsieur*, frère de Louis XIV, fut toute négative quant à l'influence dans les affaires publiques ; elle affectionnait trop le repos d'esprit pour entrer dans les intrigues de l'Etat. *Madame* aimait son fils avec faiblesse ; tous les défauts de ce prince étaient à ses yeux de brillantes qualités. Quand on lui parlait de son libertinage effréné, elle répondait : « Vraiment, il est bien heureux de pouvoir y suffire ; » et si l'on déplorait en sa présence les orgies habituelles du régent, elle disait sans s'émouvoir : « Il faudra que je lui conseille de choisir les vins. » Ces mots naïfs prouvent que la duchesse douairière ne se piquait ni de sévérité pudique ni de sobriété. En effet, elle eut toujours ou des amants ou des complaisants ; elle aima Louis XIV assez ouvertement pour qu'on ait pu dire sans trop d'invraisemblance que le régent et la duchesse de Lorraine étaient un peu plus que le neveu et la nièce du grand roi. Aussi la princesse palatine eut-elle toujours la plus grande aversion pour madame de Maintenon, qu'elle ne désignait que par les épithètes de *bigote*, de *sorcière*, de *vieille truie*. L'abbé Dubois dut à la bienveillance de *Madame* sa place de sous-gouverneur de M. le duc de Chartres ; l'air libre et la réputation de ce petit collet ayant, dit-on, plu à cette Altesse allemande, qui, en fait de politesse, aimait beaucoup qu'on s'exprimât et qu'on agît franchement. Vieille, la duchesse douairière parvint à détourner quelques émanations de la reconnaissance que Law devait à M. le duc d'Orléans. Les entrevues de cet Ecossais avec *Madame* avaient lieu le soir à Saint-Cloud. Il ne s'y rendait pas, à coup sûr, sur les ailes de l'Amour, mais les soupers qui l'attendaient étaient délicats, les vins exquis coulaient à flots pressés... et puis la reconnaissance ne savait plus ce qu'elle faisait.

[1] Voltaire a donné depuis un extrait de cet ouvrage ; mais ce grand écrivain a refait les opinions de Meslier, et lui a prêté des assertions athées qu'il n'a point émises.

Madame eut toujours des inclinations masculines. Elle portait des perruques d'homme, endossait la fameuse casaque bleue imaginée pour les chasseurs privilégiés de Louis XIV ; quelquefois on la vit, du vivant de son mari, revêtue littéralement du haut-de-chausse. Son Altesse Palatine enfourchait le coursier de chasse, lui serrait les flancs de son robuste genou, et le faisait obéir à sa main plus que féminine. Personne ne devançait *Madame* au courre du cerf ; elle maniait le fusil, le couteau de chasse, la dague comme une autre femme manie l'éventail. Rentrée dans son palais, cette nouvelle amazone passait des heures entières à écrire dans toute l'Europe sans nécessité, et seulement par manière de récréation. C'est ainsi que, de son aveu, elle a fait pleuvoir chez les princes ou princesses de la chrétienté quinze ou vingt mille lettres anecdotiques, critiques, satiriques, et généralement peu canoniques, sur les événements, aventures, intrigues, scandales recueillis à la cour de France ; elle disait quelquefois, dans les dernières années de sa vie, que sa correspondance formerait au moins vingt volumes in-folio. *Madame* était franche jusqu'au cynisme, sans esprit, sans détour, sans pruderie. Louis XIV disait d'elle que « si ce qu'on appelle dans une femme le tempérament » pouvait prendre une figure, il ressemblerait à sa belle-sœur. »

A la mort de cette princesse, les spectacles ont été fermés pendant huit jours parce qu'elle était veuve d'un fils de France. Le roi drape, et le deuil sera de quatre mois. Les méchants ont proposé de graver sur la tombe de *Madame : Ci-gît l'oisiveté.* Cette épitaphe ne conviendrait pas à tous égards ; car si Son Altesse Royale fut oisive dans les affaires, le mot de Louis XIV que je viens de citer laisse entrevoir qu'elle ne l'était pas dans les plaisirs.

A peine les tombeaux de la maison d'Orléans sont-ils refermés sur la duchesse douairière qu'il faut les rouvrir pour y descendre son fils... Philippe est mort à Versailles le 2 décembre, présent mois, à l'âge de quarante-neuf ans et demi.

Le duc d'Orléans n'avait voulu le premier ministère que pour satisfaire aux obsessions sans doute intéressées de ses favoris, qui lui persuadèrent qu'il ne pouvait se dispenser d'en être pourvu. A peine l'eut-il obtenu qu'il en fut accablé. Il s'excita dans les premiers temps au travail ; mais la paresse et la dissipation reprirent bientôt leurs droits sur le prince voluptueux. Il abandonna les affaires aux secrétaires d'Etat, se jeta de nouveau dans les déréglements. Mais sa constitution usée ne pouvait plus les supporter, sa santé s'altéra visiblement ; il était engourdi pendant toute la matinée ; ses yeux étaient rempli de sang extravasé ; les muscles de son visage s'agitaient par suite d'une irritation nerveuse née des excès ; en un mot, tout le physique de Philippe faisait prévoir aux médecins une prochaine attaque d'apoplexie. Ils l'engageaient avec instance à se livrer sans retard au régime et surtout à rentrer dans les bornes d'une vie raisonnable, lui donnant à entendre assez clairement que la continuation de ses habitudes actuelles ne pouvait manquer de lui être funeste. « Je vous » dirai, messieurs, répondait le duc, que, blasé sur tout, je me livre » au plaisir par laisser aller plutôt que par goût ; mais ce laisser aller » a pour moi quelque charme, et certes une vaine crainte ne m'y » ferait pas renoncer. D'ailleurs loin de craindre une mort subite, » que vous me faites pressentir, c'est celle que je choisirais s'il était » permis à l'homme de choisir la route qui doit le conduire au tom- » beau. Cependant, pour l'honneur de la Faculté, je me mettrai très- » incessamment à suivre ses avis. » Quelques jours après la promesse de M. le duc d'Orléans, Chirac la lui rappela, et lui dit d'un accent très-animé qu'il y avait urgence. « Pas trop, répondit Philippe en » riant, car madame d'Averne me disait hier au soir que je ne lui » avais pas encore paru si bien portant. Aujourd'hui, d'ailleurs, je » n'ai pas le temps de faire le malade, j'ai des affaires urgentes qui » ne peuvent être retardées. Mais lundi, sans remise, je suis tout à » vous, docteur, et au dieu d'Epidaure, patron des saignées, des pur- » gations et des clystères, que je hais autant que la duchesse ma » femme les affectionne. »

Au jour dit, le prince, loin d'être fidèle à sa parole, mangea, par extraordinaire, beaucoup à son dîner ; l'habitude de Son Altesse Royale étant de se ménager pour le souper, qui était son repas de prédilection.

Dans l'après-dîner, M. le duc d'Orléans, enfermé dans son appartement avec la duchesse de Phalaris, l'une de ses maîtresses, était assis à côté d'elle, auprès de la cheminée, en attendant l'heure du travail avec le roi. Tout à coup le prince se laisse tomber sur le bras de cette favorite, qui, le voyant privé de connaissance, le renverse doucement sur son fauteuil, se lève effrayée, éperdue, et court dans la pièce voisine chercher du secours. Mais, par une malheureuse fatalité, il ne se trouvait personne ni dans cette chambre, ni dans aucune partie de l'appartement. Les gens de M. d'Orléans, sachant qu'il montait toujours chez le roi par un escalier dérobé, et qu'à cette heure il n'avait jamais besoin d'eux, s'étaient tous écartés. Madame de Phalaris fut obligée de courir jusque dans la cour de marbre pour trouver quelqu'un. Bientôt le cabinet où le duc était toujours évanoui fut rempli d'une foule empressée, mais inexpérimentée, et plus d'une demi-heure se passa avant qu'on trouvât un chirurgien. Enfin quelqu'un amena le valet de chambre de M. le duc de Rohan, qui se hâta de saigner Son Altesse Royale après l'avoir fait porter sur son lit. Mais il n'était plus temps, Philippe d'Orléans avait cessé de vivre, et la duchesse, qu'on avait avertie, ne trouva plus que le cadavre de son mari... En ce moment, l'horloge du château sonnait six heures.

On voit, d'après ce récit véridique, le cas qu'on doit faire des propos de ces méchants qui, faisant survivre leur haine au prince qu'ils ont calomnié pendant sa vie, vont publiant partout qu'ayant préparé un poison pour Louis XV, il avait par erreur, d'autres disent par l'adresse d'un valet prévenu du complot, avalé lui-même le fatal breuvage. Les mêmes calomniateurs disent que les caves du Palais-Royal sont remplies d'or, tandis qu'il est à la connaissance de tous ceux qui ont voulu s'en convaincre que la succession de Philippe est grevée de neuf millions de dettes, que son fils, le duc d'Orléans actuel, a promis d'acquitter par des retranchements considérables sur les dépenses de sa maison.

On vit aussi s'avancer le maréchal de Villars...

Il est mort avec son confesseur ordinaire, dirent les légers Parisiens en apprenant que le duc d'Orléans avait une femme près de lui à son heure suprême. Sans doute la vie licencieuse de ce prince environnera sa mémoire du blâme de la postérité, comme elle lui mérita celui de ses contemporains; mais nos neveux, plus équitables que nous, écartant l'enveloppe de vices qui déparait ce beau caractère, tiendront compte au petit-fils de France d'une générosité pleine de noblesse et de désintéressement. Ils admireront en lui ce courage héroïque qui, à Steinkerque, à Nerwinde, à Turin, à Saragosse, montra le digne descendant de Henri IV, sous les traits les plus ressemblants à ceux de ce grand roi. On louera dans Philippe d'Orléans une bonté, une humanité, une clémence qui lui firent oublier jusqu'aux injures les plus outrées, les plus injustes. On recherchera longtemps dans un rang aussi élevé le savoir universel, l'esprit étendu, la haute capacité qu'on trouvait réunis chez ce neveu de Louis XIV, et l'amabilité qui présidait à tous ses entretiens. Comme régent, Philippe offrira à ses juges impartiaux quelques actes dignes d'éloges, surtout s'ils reportent un œil observateur sur l'abîme où le feu roi avait plongé la France. L'essai du système de Law, dans la situation déplorable léguée à la régence, pouvait se faire avec sagesse, l'abus seul devait être prévenu; l'unique reproche que Philippe ait mérité en cela, c'est celui de s'être laissé entraîner par l'amorce enchanteresse. Du reste, M. d'Orléans, soit par ses alliances, soit par la clémence dont il a usé dans la conspiration du prince de Cellamare, renvoyé en Espagne après quelques jours de détention, M. d'Orléans, dis-je, a prouvé qu'il voulait à tout prix la tranquillité dont le royaume avait si grand besoin. La courte guerre contre Philippe V fut plutôt un moyen de pacification qu'une suite de vues hostiles; l'agression a cessé dès le premier instant des négociations : la paix n'était pas encore dans les traités, et déjà le régent l'avait rendue

aux vaincus. Qui pourra nier la grandeur avec laquelle M. le duc d'Orléans opposa l'indifférence aux calomnies dirigées contre lui, et le pardon généreux qu'il accorda, quand il avait à la main le glaive des lois pour les punir ?... Quel autre prince, quel maître de la France eût laissé la vie à la Grange-Chancel ?

Ajoutons qu'on voit s'évanouir, après le plus bref examen, toutes les accusations qui ont été portées contre Philippe relativement à la succession de la couronne. Nul doute que ce prince n'ait eu la pensée de s'assurer ce riche héritage, si la destinée, si funeste aux enfants de Louis XIV, enlevait encore l'arrière-petit-fils de ce monarque. Mais en cela le duc n'exerça-t-il pas un droit qui lui était acquis par sa naissance ? Ne se conforma-t-il pas, d'ailleurs, et à la raison d'État, et à la politique européenne, qui s'opposaient à la fois à ce que Philippe V régnât sur la France et sur l'Espagne? Or, dans quelle circonstance M. le duc d'Orléans songeait-il à se ménager un accès au trône ? Quand le cacochyme Louis XV paraissait près d'en tomber; quand cet enfant couronné traînait sous la pourpre royale une peau jaune, luisante, collée sur les os. Les mesures que le régent prit alors pour la succession éventuelle étaient donc justes, raisonnables; elles étaient même dans l'intérêt de la nation, qui ne devait pas rester indécise sur un sujet qui se rattachait de si près à son sort. Quant à l'intention criminelle que l'on a supposée à l'homme le moins capable de la concevoir, on peut se borner à dire, après le régent lui-même : « Une grande preuve que je n'ai pas voulu perdre mon roi, c'est que » je ne l'ai pas fait. Je ne souffrirai jamais, disait souvent le duc, » même au prix de ma vie, que personne attente à celle de cet en- » fant; mais aussi, et quoi qu'en puissent dire mes ennemis, je ne » souffrirai pas davantage que l'Espagnol règne en France. »

On a choisi pour faire l'oraison funèbre de Philippe d'Orléans un évêque nommé Poncet de la Rivière, prélat un peu accessible aux

Breteuil s'empare alors du registre, retrouve l'endroit marqué et enlève le feuillet accusateur.

grâces de la terre, et qui écrivait un jour à une de ses cousines, qui lui envoyait des fleurs par un aveugle :

> Recevant le don le plus doux,
> Que mon bonheur serait extrême
> Si cet aveugle était le même
> Qui me fait tant penser à vous !

Il y a dans ces vers la preuve d'un grand fonds d'indulgence pour les faiblesses humaines; aussi cet Anacréon mitré commença-t-il l'éloge du prince par ces mots : « Je crains, mais j'espère... Pour- » quoi, ô mon Dieu! après avoir fait un prodige de talent, ne feriez- » vous pas un prodige de miséricorde?... » Certainement l'orateur sacré ne pouvait pas déployer une éloquence plus conciliatrice; eh bien! M. le duc de Bourbon, devenu premier ministre, trouva fort impertinent ce doute du salut d'un prince, et fit exiler le pauvre

Poncet de la Rivière : tant il est difficile de concilier les intérêts du ciel et les intérêts de la terre.

Je viens de dire que *M. le duc* était déjà premier ministre au service funèbre de feu le duc d'Orléans; il convient d'expliquer comment ce prince fut revêtu de cette dignité après le régent, qui, par un jeu bizarre de la destinée, en avait hérité du fils d'un apothicaire de Brive-la-Gaillarde.

Le duc d'Orléans étant mort, M. de la Vrillère conseilla au duc de Bourbon d'aller demander sur-le-champ au roi le premier ministère, que Sa Majesté ne pouvait lui refuser. Le prince, malgré le peu de goût qu'il se sentait pour les affaires, écouta ce conseil, parce qu'il espéra devenir aisément le maître de la monarchie avec un monarque de quatorze ans, et parce que Son Altesse n'aimait pas moins qu'un autre le pouvoir et les richesses qu'il procure. *M. le duc* se rendit donc immédiatement dans le cabinet de Louis XV; l'ancien évêque de Fréjus était auprès du roi quand Son Altesse entra. « Sire, dit » M. de Bourbon, vous » connaissez mon respec- » tueux dévouement à la » personne et au service de » Votre Majesté; je la sup- » plie de me mettre à même » de lui en offrir de nou- » veaux témoignages, en » m'accordant la place qui » devient vacante par la » mort de M. le duc d'Or- » léans. » Le roi ne répon- dit rien; et regardant l'abbé de Fleury, il attendit qu'il lui indiquât la réponse à faire au duc : ce que le pré- cepteur fit par un signe ap- probatif... Cependant le si- lence continuait, et le cousin de Louis XV ne savait pas encore à quoi s'en tenir. Le prélat prit enfin la parole : « Vous voyez, monsieur, » dit-il, que Sa Majesté » agrée la demande que vous » lui faites, et qu'elle vous » nomme son premier mi- » nistre. » M. le duc de Bourbon avait vu seulement que la première charge de l'Etat venait de lui être donnée par un précepteur; mais Son Altesse savait que c'était là une des sages con- séquences de la majorité des souverains à treize ans. Le nouveau dignitaire prêta sur l'heure le serment de fidélité.

Après avoir enregistré les actes mortuaires des divers essais tragiques que M. de la Motte a produits depuis quel- ques années, il y aurait de l'injustice à ne pas mention- ner le premier succès qu'il ait

Louis XV ordonna au premier ministre d'écrire de sa main à l'évêque de Fréjus.

obtenu. Je me hâte donc de dire ici qu'*Inès de Castro* a complète- ment réussi, et que cette tragédie attire la foule au Théâtre-Fran- çais. Il s'en faut cependant de beaucoup que cet ouvrage soit irré- prochable, et jamais peut-être aucune composition théâtrale n'attira sur son auteur autant de critiques. Prenant un juste milieu entre tout ce qui a été dit d'outré sur *Inès*, on ne peut se dispenser d'y reconnaître la réunion des passions les plus dramatiques; mais, malheur, c'est une marqueterie où l'auteur ne s'est appliqué qu'à rassembler et mettre en évidence de belles couleurs, sans s'occuper de l'effet général qu'elles produiraient. On assure même que la Motte a disposé son action sans avoir choisi aucun sujet, et que ce n'est qu'après avoir élevé cet échafaudage sans base qu'il a prié ses amis de lui chercher une donnée historique qui pût s'y adapter après coup. Or, il est résulté de l'investigation des complaisants érudits que les annales du Portugal présentaient un événement qui pouvait s'ajuster dans le cadre tragique de la Motte, et la pièce s'est appelée *Inès de Castro* [1]. Du reste, et malgré le choix de beaux sentiments que ren- ferme la tragédie nouvelle, l'auteur n'a réussi à faire que des vers d'une grande médiocrité. La Motte a, dit-on, un goût décidé pour

[1] Ce sujet a été traité deux fois de nos jours, par MM. Arnault fils et Firmin Didot, mais avec peu de succès. La tragédie du dernier a été imprimée magni- fiquement dans ses ateliers : c'est un chef-d'œuvre typographique.

la prose; peut-être est-ce par ce motif que sa poésie est essentielle- ment prosaïque. « Oui, monsieur, disait-il dernièrement à Voltaire, » en se chauffant au café Procope, la prose est bonne à tout : votre » *OEdipe*, par exemple, voilà le plus beau sujet du monde... Quel » dommage que cela soit assujetti à cette rime monotone qui gâte » tout !... Tenez, je veux mettre *OEdipe* en prose. — Faites cela, ré- » pondit Voltaire, et je mettrai votre *Inès* en vers. »

CHAPITRE XI.
1724-1725.

Il y avait longtemps que madame Berthelot de Prie, maîtresse en titre de *M. le duc*, rêvait pour lui le mi- nistère, et pour elle le pou- voir absolu qu'elle exercerait en son nom, s'il arrivait à la tête des affaires. Les débauches de M. le duc d'Orléans, dont la continuité ne pouvait manquer d'être funeste à ce prince, dans l'état de désor- ganisation physique où il était entraîné, rendaient le songe de cette favorite d'une réalisation probable; elle avait d'avance préparé ses batteries, de concert avec les frères Paris, dont l'adresse égalait l'habileté financière et le crédit. La Vrillère, ami de madame de Prie, et pourvu de la charge nouvelle de ministre de la maison du roi, n'avait aucun talent, mais il ne manquait pas d'audace, et c'était un homme à jeter en avant aussitôt que l'occasion s'en présenterait. On a déjà vu que, vedette de l'ambition de madame de Prie, c'est lui qui a donné le signal à celle de *M. le duc*. Cette femme adroite s'é- tait également assurée des autres secrétaires d'Etat. D'Armenonville, garde des sceaux, courtisan sans principes, versatile, capable de pré- variquer à la vue de l'or, s'était plié aux séductions des favoris sous le ministère de Dubois; sa conscience serait la très-humble servante du crédit qui le maintiendrait en place et l'enrichirait. Morville, fils du garde des sceaux et ministre des affaires étrangères, ne paraissait pas moins disposé à se prêter aux vues de madame de Prie; vendu à l'Angleterre, il avait promis de faire acheter M. de Bourbon par cette puissance, et d'obtenir à Son Altesse la pension que le cabinet de Saint-James faisait à Dubois. Dodun, contrôleur général, ne se prêta pas aussi aisément que les autres secrétaires d'Etat aux vues de la favorite : c'était cependant celui qu'il lui importait le plus de dominer...; il tenait les clefs des coffres royaux... N'ayant pu séduire d'abord ce ministre, elle prit le parti de l'intimider, en protégeant Paris Duverney, qu'elle pouvait d'un moment à l'autre pousser au contrôle général. Dodun capitula : au moment où j'écris, il est devenu le plus humble des serviteurs de madame de Prie; c'est son plus assidu complaisant, son valet de chambre, au besoin même son courrier. Quant à Breteuil, l'ambitieuse dame le soumet à d'autres titres : il y a entre eux un accord plus intime que celui de l'intérêt, dont il ne sera jamais fait mention en présence de M. le duc. Telle est la disposition des rouages du ministère au moment où M. de Bourbon devient le moteur de cette machine compliquée, que madame de Prie dirigera plus que lui... Nous verrons les résultats.

Le congrès de Cambrai vient de finir après quinze mois de conférences. On croit peut-être que tous les grands intérêts de la chrétienté ont été réglés dans une assemblée si longue, où les puissances de l'Europe avaient envoyé les plus fins politiques de leurs cabinets; eh bien! tant et sans doute de si beaux discours se sont bornés à investir le roi d'Espagne, ou plutôt don Carlos, son deuxième fils, des Etats de Toscane, de Parme et de Plaisance, ensuite à régler le cérémonial des têtes couronnées selon le plan arrêté au congrès d'Utrecht :

La montagne en travail enfante une souris.

Je ne sais si c'est à l'occasion de cette importante conclusion diplomatique qu'il y eut, le 2 février, une promotion de chevaliers de l'ordre; mais jamais, au temps où la noblesse méritait le plus de récompenses, on ne vit à la fois autant d'élus : il y en eut cinquante-sept. Il est bien dommage que Dubois soit mort; le cordon bleu lui revenait de droit dans cette nomination : la moitié au moins de ceux qui s'y trouvent compris sont de la force de cette défunte Eminence pour les mœurs et la probité. Vivent les souverains majeurs à treize ans !

L'abbé de Fleury élève Louis XV au sein d'une grande continence; à peine s'il peut regarder du coin de l'œil les jolies dames qui déjà essayent de diriger vers lui les feux croisés de leurs prunelles noires ou bleues, et toutes les gorges qui approchent de la cour sont rigoureusement consignées dans leurs corsets.

Cependant, à quatorze ans accomplis, l'adolescence commence à recevoir quelques avis d'une nature nouvelle; il se développe à cet âge dans l'individu, homme ou femme, un besoin d'épanchement, de communication, d'intimité, que les rois subissent comme le reste des humains. Cet avertissement, cette velléité, cet appétit, n'importe le nom, ne sympathise point avec des cheveux blancs, et Louis XV, qui l'éprouvait, n'avait nulle envie d'en faire confidence à son vieux précepteur. Il lui eût semblé plus naturel de s'en ouvrir à l'une de ces charmantes créatures qu'il apercevait à la chapelle, ou qu'on faisait passer devant lui comme des ombres; mais il n'y avait pas moyen, et, à défaut de ces êtres fugitifs, le roi s'attacha aux jeunes gens que leurs charges retenaient auprès de sa personne. MM. de la Trémouille, d'Epernon et quelques autres écoutèrent d'abord les petites confidences du jeune monarque; ils lui apprirent ensuite les causes des effets qu'il commençait à soupçonner, et l'on ajoute que ces professeurs, bercés des principes infâmes que le régent avait presque tolérés, infestèrent l'imagination du roi d'une horrible hérésie dans un culte qu'il ne connaissait point encore, et qu'ils lui ôtèrent l'envie de connaître pur. Des rendez-vous dans une garde-robe de Sa Majesté, que protégeait un valet de chambre, furent longtemps ignorés de Fleury; mais enfin il les découvrit, et parvint à y mettre ordre.

Cependant, au début du ministère de M. de Bourbon, le duc d'Orléans, colonel général de l'infanterie, qu'on avait introduit depuis quelques mois dans les affaires, exprima assez ouvertement son mécontentement d'être dominé par un prince qu'il regardait comme son inférieur, et sous le rapport du rang et sous celui des capacités. A ce dernier égard, le régent avait pourtant dit plusieurs fois à son fils qu'il ne serait point un personnage supérieur; on avait même entendu le prince défunt dire en pleine assemblée à l'héritier de son nom : « Sachez, mon fils, que vous ne serez jamais qu'un honnête » homme. » Malgré cette prédiction paternelle, le prince s'aide de tout son crédit pour supplanter M. le duc au premier ministère; mais si M. de Bourbon ne peut opposer aux prétentions de M. d'Orléans que bien peu d'adresse et d'esprit, madame de Prie est là pour suppléer à l'insuffisance de son amant. Faisons connaître plus particulièrement cette intrigante, qui, par malheur, joue déjà un trop grand rôle dans les affaires de l'Etat. M. le duc venait de perdre sa femme, morte en 1720 des suites de la petite vérole, après avoir exercé une faible réciprocité des infidélités de son mari avec le marquis du Cheyla, qu'elle avait, dit-on, converti au culte de la beauté. Le prince, devenu plus libre, remplit son hôtel de maîtresses et de favoris qui tour à tour excitèrent son humeur licencieuse. Le marquis de Nesle, l'un des roués de M. le duc, lui avait fait autrefois l'hommage de sa propre femme, ce fut la première conquête du sexe qu'il voulut bien faire; vint ensuite madame d'Aussy, puis la marquise de

Prie, dont Son Altesse fit la connaissance au bal de l'Opéra, véritable bazar de beautés, où chaque jour les appas se vendent au plus offrant. La marquise, dont toute la personne est un composé des plus rares attraits, des grâces les plus charmantes, eut bientôt un empire despotique sur le prince, et cela sans avoir paru le prendre. Il y a dans cette femme un air de candeur et de naïveté qui séduit, qui enlace, dans le temps où l'on croit sa volonté non-seulement innocente, mais incapable du moindre larcin. Elle est d'une fausseté d'autant plus dangereuse, qu'elle simule mieux la franchise, l'abandon et la douceur. Sous ces voiles si habilement étendus sur son naturel, madame de Prie cache une femme cupide, violente, libertine jusqu'au cynisme; jamais enveloppe plus séduisante n'a recouvert plus de vices, plus de perfidie. Mais, je le répète, cette favorite exerce avec un tel bonheur le grand art de fasciner, que tout récemment elle fit croire à M. le duc qu'elle avait à lui reprocher un funeste présent, lorsqu'elle était la coupable, et lui la victime.

Le premier ministre ne pousse cependant pas la bonne foi jusqu'à croire que la marquise lui soit rigoureusement fidèle; mais, par le temps qui court, on proclame à son de trompe la vertu d'une femme quand le nombre de ses amants n'excède pas la demi-douzaine. Il faut un peu aider à la lettre pour que cette pauvre vertu ne soit pas tout à fait un être idéal : les moralistes imitent en cela les peintres, qui prennent dans un modèle ce qu'il a de beau, et créent le surplus de la perfection. Or, M. le duc, en accordant à la sagesse de sa maîtresse une latitude de trois ou quatre intrigues, s'en dédommage, dit-on, par un commerce fort tendre avec un M. de Livry, son gentilhomme, qui, en faveur d'un si noble service, vient d'obtenir le cordon bleu.

Avec un adversaire tel que madame de Prie, les prétentions de M. le duc d'Orléans ne pouvaient fournir une longue carrière; aussi furent-elles promptement paralysées, et depuis quelque temps elles s'exhalent en vaines déclamations qui ne sont pas même écoutées.

L'auteur des *Philippiques*, la Grange-Chancel, est de retour à Paris, où il aurait pu revenir depuis longtemps, s'il ne se fût pas amusé à faire la victime dans les cours étrangères. On sait combien le régent était porté à l'indulgence, et le poëte, pour se donner de l'importance, a fait grand bruit d'une disgrâce à laquelle personne ne songeait plus.

Après avoir passé quelques mois dans sa prison des îles Sainte-Marguerite, la Grange commença à la trouver un peu sombre; il fit amende honorable à la cour du Palais-Royal, et obtint de l'air en échange de son repentir. On lui avait permis de se promener deux heures dans la journée : un soir, l'auteur des *Philippiques* excéda la permission, il disparut. Philippe, averti de cette évasion, dit qu'elle était de bonne guerre, Son Altesse Royale en rit, quoique Dubois voulût faire punir le gouverneur des îles Sainte-Marguerite. « Bah! » songe donc, l'abbé, répondit le régent, qu'il s'agit d'un homme » qui n'a conspiré qu'en vers. » L'ancien page de madame de Conti se réfugia en Sardaigne, où Victor-Amédée l'accueillit, par un effet de cette propension qu'ont les princes à favoriser les rebelles d'un autre pays que le leur, ce qui prouverait presque que la mauvaise intelligence est plus naturelle entre les nations que la bonne. Mais la Grange ne tarda pas de recevoir de la duchesse du Maine une mission qui l'envoyait à Madrid conspirer contre la régence. Le dévot Philippe V reçut parfaitement notre libelliste; il le paya bien pour écrire en vers et en prose, tant que la cour d'Espagne fut mal avec celle de France; mais si le traité de 1720 était-il signé, que Sa Majesté Catholique fit enjoindre au poëte de quitter ses Etats. Cette injonction ne surprit point la Grange, il connaissait les allures de la reconnaissance de cour. L'auteur des *Philippiques*, réfugié en Hollande, se fit naturaliser Hollandais. Malheureusement la pensée avait alors à la Haye un cours moins favorable que le fromage et les harengs fumés. Le poëte transfuge courait le risque de mourir de faim, lorsque Auguste, roi de Pologne, l'appela dans ses Etats; il allait s'y rendre et se faire au besoin Polonais; mais ayant lu un matin dans une gazette que le régent était mort, il se décida à revenir en France, où la poésie l'emporte encore sur le fromage, bien qu'elle ne fasse le repas ordinairement manger que cela.

Pour tâcher de parvenir à un meilleur régime, la Grange-Chancel fit offrir à M. le duc de lui livrer tous les renseignements qu'il avait recueillis de *son commerce* avec les ministres étrangers, commerce qui dès ce moment méritait de prendre un autre nom. La proposition parut malsonnante, même à madame de Prie; le premier ministre fit répondre au poëte « qu'il l'engageait à faire des tragédies, » afin de mettre le roi à même d'encourager un poëte, au lieu de » récompenser des communications d'une nature peu honorable. »

Mécontent de cette réponse, la Grange, qui s'était cru presque un homme d'État, vit qu'on le prenait pour un espion, et la semaine dernière il partit pour le Périgord, où peut-être il va méditer quelque nouvelle *Philippique* contre M. le duc.

M. le duc d'Orléans, n'ayant pu devenir premier ministre, a consenti à devenir époux, ce qui offrait moins de difficulté. La duchesse sa mère, qui désirait lui voir former sa maison, pour être débarrassée d'une représentation qu'elle détestait, fit demander au prince de Bade la princesse d'Armstadt, sa fille : elle fut accordée, et M. d'Argenson, chancelier de feu le régent, épousa cette jeune Allemande par procuration. La duchesse de Villars-Brancas alla recevoir la fiancée à Strasbourg, M. le duc d'Orléans l'attendait à Châlons, où le mariage fut conclu le 19 juillet. La duchesse a de la beauté, de la grâce, de l'innocence... hélas !!!

Au milieu des réjouissances qui eurent lieu à Versailles et à Paris à l'occasion de ce mariage, on apprit hier que Philippe V, roi d'Espagne, après vingt-quatre années de règne, s'est démis en faveur du prince des Asturies, son fils; ce prince a pris le nom de Louis Ier. Le petit-fils de Louis XIV, atteint d'une mélancolie sombre et quinteuse, qui lui rendait le travail insupportable, s'est décidé tout à coup à abdiquer, et s'est retiré au château de Balsain avec sa femme, son confesseur et son ministre de confiance, qui, du fond de cette retraite, continue de gouverner l'Etat. Don Louis n'est donc qu'un roi d'apparat; la représentation souveraine reste à Madrid, le pouvoir émane du château de Balsain. Ce n'est qu'à ce prix qu'il a été possible de faire consentir l'impérieuse Elisabeth à descendre en apparence du trône, et à dérober aux yeux de la nation la déplorable situation de Philippe V.

La fille de feu le régent, aujourd'hui reine d'Espagne, a reçu au Palais-Royal la même éducation que les princesses ses sœurs, c'est-à-dire qu'on lui apprit à parler sans mesure, à agir sans réserve et à mépriser non-seulement l'étiquette, qui n'est qu'une petitesse juchée sur des échasses, mais les bienséances, qui sont des nécessités dans une société civilisée. Tant que la princesse des Asturies s'était trouvée en présence du roi et de la reine, elle avait contenu ses penchants trop libres, elle s'était efforcée de comprimer ses caprices; mais dès que Philippe V eut abdiqué, et qu'elle se vit reine, elle donna l'essor à ses penchants impétueux. Douée de passions plus précoces encore que celles de ses sœurs, la jeune souveraine, à peine âgée de seize ans, attaqua toutes celles de ses caméristes qu'elle jugea passionnées, et leur demanda ces témoignages de complaisance que tant de jeunes religieuses accordent à l'abbesse de Chelles. Sa Majesté fut presque généralement écoutée; des scènes scandaleuses troublèrent le silence des nuits dans le palais des rois castillans. La vieille comtesse d'Altamira, première camériste, dont les sens refroidis ne concevaient plus de tels déréglements, osa parler à la reine des heures du coucher, que le cérémonial espagnol ne permettait pas de retarder. Sa Majesté rit au nez de sa *camarera mayor*, qui, comme de raison, trouva l'étiquette bien autrement violée par cette liberté. Moitié devoir, moitié vengeance, madame d'Altamira fit son rapport au roi. Il fit expliquer deux fois le genre de scandale auquel la reine se livrait, et qu'il ne comprit pas encore après une répétition à laquelle l'honnête duègne s'était prêtée en baissant les yeux.

« Mais, comtesse, dit-il enfin, il y a donc parmi ces dames des hommes déguisés?

— Eh ! mon Dieu, non, sire, elles s'en passent.

— Je ne comprends absolument rien à cela, madame.

— Ni moi non plus, sire.

— Il faut convenir que ces princesses de la maison d'Orléans ont le diable au corps.

— Je ne dis pas le contraire à Votre Majesté. »

Don Louis aimait sa femme, mais il crut devoir à l'honneur du trône de lui faire subir une pénitence; il la renferma huit jours dans un château, et profita de son éloignement du palais pour renvoyer toutes les beautés lesbiennes qui s'étaient prêtées au goût de la reine, plus étrange encore en Espagne qu'en France. Douze caméristes furent congédiées, le roi ne laissa à la cour que des dames trop âgées pour attirer le soupçon ou reconnues patentées femmes vertueuses. Une reine de seize ans exerce une puissante séduction sur un roi de dix-sept; après avoir subi son châtiment, celle-ci excita par ses caresses ce genre d'indulgence qu'un jeune homme est rarement le maître de refuser à une jolie femme, quand elle n'est pas depuis longtemps la sienne. Tout fut oublié; mais on sait combien le naturel chassé revient vite. Peu de jours après le pardon conjugal, la princesse se permit de nouveau, mais mystérieusement, quelques petits divertissements enfantins avec d'autres dames de son âge.

Ces aventures ont suivi de si près l'abdication de Philippe V, que des lettres particulières les ont apprises à Paris en même temps que l'ambassadeur de France y notifiait l'avénement de don Louis au trône d'Espagne. La reine n'a pas perdu de temps pour se livrer à ces petites récréations souveraines.

Les jésuites sont parvenus à donner au roi un confesseur de leur robe, nous ne devions pas tarder de voir les fruits de cette mesure, et les voici. Louis XV, par un édit très-sévère, a interdit, sous de grandes peines, aux protestants, l'exercice de leur religion; les biens des relaps seront confisqués, et la mémoire de ceux qui mourront hors de l'Eglise sera flétrie. Il ne manque plus à ces nouvelles dispositions que l'appareil des dragonnades; les âmes dévotes ne désespèrent pas d'obtenir ce moyen *religieux* de la *bonté* du monarque. Sur les plus vives représentations de l'Alsace, les habitants de cette province sont néanmoins exemptés des rigueurs de l'édit, attendu que la conservation de leur culte est garantie par les traités qui ont

réuni l'Alsace à la France... C'est fâcheux : on ne pourra ni emprisonner, ni déshériter, ni lapider les Alsaciens à la plus grande gloire de Rome. Il y aurait de l'injustice à faire tous les honneurs des *saintes* proscriptions qui se renouvellent au jésuite de Lignières; l'ancien évêque de Fréjus y a plus de part que ce confesseur. Ce même abbé de Fleury, qui, sous la régence, se flattait d'être ennemi des partis et gallican avec sincérité, se montre aujourd'hui disposé à continuer les manœuvres de le Tellier contre les calvinistes et les jansénistes. Fleury, si simple, si modeste en apparence, cache une ambition qui n'a besoin que d'être adroite pour devenir heureuse. Ce précepteur aspire depuis longtemps au premier ministère, mais il a senti qu'il ne pourrait encore lutter à forces égales avec M. le duc pour le lui disputer. Il s'est donc borné à laisser voir au prince qu'il tenait cette charge de sa main, se réservant peut-être de lui enlever un jour ce qu'il paraît lui donner aujourd'hui. Cependant Fleury n'a point laissé ignorer à M. de Bourbon que, dans l'intérêt de notre sainte religion, il désirait conserver la direction des affaires de l'Eglise; que ce soin était le seul prix qu'il réclamât de ses bons offices. M. le duc, trop peu subtil pour voir que la réserve en apparence, toute pieuse, toute spirituelle du cauteleux prélat, pouvait entraîner tout le pouvoir, accorda bien volontiers à Fleury les attributions qu'il demandait, attributions auxquelles Son Altesse ne tenait guère. M. de Fréjus s'empressa de profiter de cette concession pour se lier avec les jésuites, dont les intrigues pouvaient le servir. D'un autre côté, le pacifique Innocent XIII était mort au mois de mars, Benoît XIII lui succédait. Ce pontife, disposé à faire sentir pesamment la main du ciel, et qui montre une piété âcre, impérieuse, correspond avec le précepteur du roi; il lui a demandé la soumission des protestants, lui faisant entrevoir en perspective le chapeau de cardinal pour prix du succès.

On a vu comment Fleury s'est mis à l'œuvre, et déjà plusieurs milliers de calvinistes ont quitté la France pour se rendre en Suède, où les appelle un édit hospitalier. C'est ainsi que nous allons encore voir notre industrie, notre commerce s'appauvrir de ressources et d'intelligences, tandis qu'à la voix d'un fanatisme renaissant, la France sera de nouveau livrée à la discorde religieuse, plus terrible que toutes les guerres politiques.

Voici venir une secte qui du moins ne veut la mort de personne : il se forma dernièrement en Normandie une association dont les apôtres avaient pris le nom d'*adamites;* ils se montraient nus en public, prétendant que la première des conditions véritablement *religieuses* était de se dépouiller de toutes les vanités de la terre. Il faut dire que ce point de doctrine était prêché par ces sectaires au mois d'août, ce qui donnait à leurs arguments un certain degré de conviction. On doit présumer qu'au mois de janvier la morale des *adamites* composera avec la vanité des vêtements. Quoi qu'il en soit, une foule de ces croyants se rendit en costume négatif dans un village du pays de Caux, où, pendant que les paysans travaillaient à la moisson, nos *adamites* voulurent faire des *évites* d'un bon nombre de jolies Normandes. Ils travaillaient de tout leur pouvoir à cette initiation quand les maris revinrent des champs. Les rites du nouveau culte furent, comme on le pense bien, troublés par les survenants, auxquels il fut impossible de faire comprendre la moindre partie du dogme *adamite*. Les incrédules villageois, sans respect pour l'office et les officiants, les saisirent, et les ayant attachés derrière des charrettes attelées, ils leur firent traverser le village en les reconduisant à grands coups de fouet, dont l'application immédiate était un terrible argument contre la prétendue superfluité des habits. Les flagellés eurent beau crier qu'ils étaient des gentilshommes du voisinage, cette déclaration ne fit qu'augmenter l'ardeur des flagellants. Les paysans conducteurs, joignant l'ironie aux coups, dirent aux pauvres *adamites* qu'en déposant les pompes de la terre ils avaient dû renoncer aux distinctions, que la nature ne connaissait point de marquis, et que leurs titres étaient restés chez eux avec leurs dentelles et leurs pourpoints galonnés... Si le régent vivait encore, il rirait beaucoup de cette représentation en grand des saturnales de Saint-Cloud, dont quelque acteur aura sans doute voulu, pour son malheur, essayer la célébration en Normandie.

Tandis que l'abbé Fleury persécute de nouveau les protestants pour conquérir la pourpre et le premier ministère, une grande mesure politique, prise par l'empereur Charles VI, remplit l'Allemagne de clameurs, et va ranimer peut-être les brandons à peine éteints des guerres européennes. Ce prince a fait publier, le 6 décembre présent mois, la *pragmatique sanction*, par laquelle l'indivisibilité des Etats de l'empire est proclamée. D'après cette loi, les royaumes et principautés sur lesquels Charles règne maintenant passeront en entier, après sa mort, à l'aîné de ses enfants mâles, ou, au défaut de celui-là, à ses frères, dans l'ordre de primogéniture; au défaut de mâles ces mêmes Etats reviendront aux filles de Sa Majesté, que la *pragmatique sanction* admet à l'héritage de la couronne impériale. Au défaut des enfants mâles et femelles de la branche régnante, la succession, toujours indivisible, passera aux filles de feu l'empereur Joseph. Enfin, au défaut de ces deux lignées, la couronne appartiendra, sans partage, à l'aînée des sœurs de l'empereur. La plupart des princes de l'Europe, qui prétendent avoir des droits à l'immense succession autrichienne, se disposent à protester contre la *pragmatique sanction*, prétendant que Charles VI n'a pas le droit de disposer à son gré de ses Etats.

Cette grande affaire, qui occupe beaucoup de puissances au delà du Rhin, ne nous inquiète guère en France au commencement de l'année 1725, quoique nous ne puissions pas être indifférents à ce que l'Empire demeure à jamais une monarchie colossale ; mais une calamité actuelle nous distrait des appréhensions dont l'objet est encore à venir : l'impéritie du gouvernement de *M. le duc* a laissé frapper les Parisiens d'une affreuse famine, qu'on eût prévenue avec plus d'adresse, surtout avec plus de fermeté. Sans doute l'intempérie des saisons en est la première cause ; mais en France, où la terre produit dans une année la nourriture de la population pendant trois ans, ce n'est jamais que par l'œuvre de la malveillance que les habitants peuvent être privés de pain. Il en est ainsi cette année ; le peuple ne jeûnerait pas si le ministre, plus prévoyant et plus sévère, eût su arrêter les accaparements des hommes avides qui spéculent sur la misère publique. Après les avoir laissés resserrer impunément les grains, qu'ils vendent à tel prix aujourd'hui que le pain vaut dix sous la livre, l'autorité sévit contre les infortunés qui se révoltent parce qu'ils souffrent... Ils demandent la subsistance, on leur donne la mort : déplorable effet de l'imprévoyance des gouvernants ! il ne leur reste que la ressource d'être cruels pour mettre un terme à l'extrémité qu'ils ont amenée pour avoir été inhabiles... On a déjà pendu trois hommes... Vaine sévérité ! le cri de la faim dominera toujours la menace des lois, et l'homme qui manque du nécessaire redoute peu leur glaive.

Les Russes viennent d'être frappés d'un malheur presque aussi grand que la famine : ils ont perdu le 8 février leur czar, Pierre Iᵉʳ, et les bons souverains sont si rares que la mort de ceux qui furent tels peut être le signal d'une longue calamité. Catherine Alexina, que ce prince avait fait couronner czarine, règne aujourd'hui sur les Russes. Pierre le Grand mourut d'un abcès à la vessie, qui, comme la maladie du cardinal Dubois, était le fruit de la débauche. Ce monarque, ainsi que je l'ai dit ailleurs, avait de grandes qualités, sans posséder peut-être une seule vertu. Supérieur à sa nation par ses connaissances, il en avait conservé toute la barbarie dans ses mœurs. Pierre était féroce jusqu'au sein du plaisir, et la grandeur n'était en lui qu'un orgueil impérieux. Mais les vues de cet homme si peu civilisé étaient vastes, généreuses : la Russie lui doit l'honneur de compter parmi les puissances européennes, et de faire asseoir ses ambassadeurs aux tapis de nos congrès. Avant le czar Pierre, les Etats qu'il gouverna ne faisaient point partie du système politique de l'Europe ; le nom de la Russie parut pour la première fois en 1716 sur les almanachs des cours. Il est donc impossible de refuser une place parmi les plus grands souverains à celui qui se sentit pourvu d'assez de force, d'assez de résolution, d'assez de persévérance pour se créer lui-même, afin de créer ensuite sa nation.

Voici une anecdote qui prouve que la raison d'Etat exerçait une telle puissance sur le czar Pierre qu'elle pouvait dominer même sa violence, qui cependant était extrême. A la fin du règne de Louis XIV, un gentilhomme breton, nommé Villebois, peu favorisé de la fortune et doué d'un grand courage, exerçait ce dernier pour tâcher de vaincre les rigueurs de la première : il faisait la contrebande sur un petit bâtiment qu'il commandait lui-même. Cet intrépide marin naviguait par les plus gros temps avec une grande habileté ; jamais les gens de la ferme ne pouvaient le prendre en défaut : c'était, pour me servir d'une expression marine, un véritable loup de mer. Un jour cependant il fut arrêté ; mais il se sauva à la nage du navire sur lequel on le tenait captif, et se réfugia en Hollande. Dans ce pays, Villebois luttait tantôt heureusement, tantôt malheureusement contre la destinée lorsque le hasard le fit rencontrer un petit bâtiment avec le czar Pierre, qui étudiait alors en Hollande l'art de construire les vaisseaux. Tout à coup une tempête se déclare ; le danger devient bientôt imminent. Le pilote, tout Hollandais qu'il était, perd la tête, et, se jetant à genoux, implore la miséricorde divine. « Ote-toi de » là, capucin, s'écria alors Villebois en s'emparant de la barre, je » vais t'apprendre ton métier. » En effet, notre Breton dirigea et commanda si bien la manœuvre que le bâtiment et les passagers furent sauvés. Pierre le Grand, debout sur le tillac, et incapable de frayeur, avait observé froidement Villebois pendant la bourrasque. Il s'approcha de lui quand le danger fut passé.

« Vous êtes, lui dit-il, un homme intrépide et de résolution.

— Il n'y a pas grand mérite à cela quand il y va de la vie.

— N'importe, votre conduite m'a charmé et votre humeur me plaît.

— C'est fort heureux ! répondit ironiquement le gentilhomme à son interlocuteur, dont les simples habits n'annonçaient point un souverain.

— Plus heureux que vous ne pensez peut-être, reprit Pierre le Grand avec un sourire. Quel est votre état, monsieur ?

— Je n'en ai point.

— Mais votre vocation ?

— Celle que m'indiquent les circonstances et la nécessité.

— Le hasard peut vous avoir favorisé aujourd'hui : voulez-vous servir la Russie ?

— Pourquoi pas ? l'on dit que le czar Pierre est un bon b.....

— La flatterie est naïve. Bref, je ne suis pas mal à sa cour, et je me fais fort de vous y faire parvenir.

— A la cour ? non, je n'aime pas ce pays, quoique j'aie l'honneur d'être gentilhomme. Mais si le czar veut m'employer à bord de ses flottes, je suis à lui.

— Je te prends au mot, tu es capitaine de mes vaisseaux.

— Quoi ! sire, c'est à l'illustre Pierre lui-même que j'ai l'honneur de parler...

— Ne change pas de ton, je n'aime pas plus que toi les fadeurs de la cour... Je hais le musc, et la fumée de tabac me paraît exquise.

— On m'avait bien dit que Votre Majesté était un luron.

— Charles XII en est convenu. Viens me trouver dans trois jours à Sardam, je te donnerai des lettres pour mes ministres ; tu iras m'attendre à Saint-Pétersbourg, et je t'y rejoindrai dans trois mois. Bonjour. »

Villebois ne manqua pas au rendez-vous ; Pierre le Grand le reçut avec bonté, lui remit ses dépêches, y joignit de l'or, et quinze jours plus tard notre Breton débarquait à Kronstadt.

De retour dans ses Etats, Pierre le Grand employa Villebois avec avantage ; bientôt il lui donna le commandement d'une escadre de galères, et le trouva toujours au-dessus des devoirs qu'il lui imposa. Souvent même il arrivait au czar de confier à ce Français des missions étrangères à la marine ; il s'en tirait avec autant d'intelligence que de fidélité. Peu de temps après son second mariage avec la pauvre Livonienne qu'il éleva au trône, dont il vient de lui laisser l'héritage, Pierre chargea un matin Villebois d'une commission secrète pour cette princesse, qui était alors au château de Strelemoitz. Le marin aimait l'eau-de-vie ; il en but d'autant plus immodérément en route qu'il eut à se prémunir contre un froid excessif. En un mot, le commandant des galères était ivre quand il arriva à la maison de plaisance. Tandis qu'on l'annonçait à la czarine, Villebois attendit dans une salle excessivement chauffée : le passage subit du froid au chaud acheva de l'étourdir ; son ivresse était complète lorsqu'il fut introduit près de la souveraine, qui était au lit, et dans une parure plus que négligée. Catherine ayant fait retirer ses femmes, ordonna à Villebois de lui dire ce dont il s'agissait. Il commençait à obéir ; mais la vue d'une femme jeune, belle et peu vêtue, compliqua soudain l'ivresse du marin d'une autre ivresse dont il ne put se rendre maître... Ses idées se brouillent, sa tête perd ; le malheureux oublie le sujet du message, le lieu où il se trouve, le rang de la femme devant laquelle il est, et, se précipitant sur elle, il se rend coupable du plus audacieux attentat. Catherine appelle, crie, se débat... On vient ; mais tout ce qu'on eût voulu prévenir était consommé. Les gardes se saisissent du gentilhomme français ; on le jette dans un cachot, où il ne tarde pas de s'endormir aussi tranquillement que s'il n'avait rien à se reprocher.

Cependant Pierre le Grand, qui n'était qu'à quelques milles de la czarine, fut promptement informé de la conduite inouïe de Villebois ; il accourut pour consoler la princesse, et sans doute pour la venger. Elle était dans un état si déplorable qu'il fallut recourir à la main des chirurgiens pour la guérir des suites d'une tentative sans exemple sur sa souveraine. Pierre fit ensuite amener devant lui le commandant des galères, encore à moitié ivre.

« Je t'avais chargé ce matin d'une commission, lui dit le czar avec calme.

— Oui, sire, répondit le marin en cherchant à rallier ses idées, et sans doute j'aurai exécuté les ordres de Votre Majesté, mais diable m'emporte si je me rappelle comment.

— Tu les as étrangement dépassés, mes ordres ! dit Pierre en regardant Villebois d'un œil étincelant.

— C'est possible, sire ; cette eau-de-vie, ce froid, et puis cette chaleur de poêle...

— Misérable ! as-tu donc oublié l'attentat que tu as osé commettre sur la personne de la czarine...

— Eh ! mais oui... je me souviens... Mille sabords, quel coup !... Mais Votre Majesté a un excellent damas turc, ainsi...

— Tu viens de prononcer toi-même ton arrêt.

— Sans doute... décapité, et cela sans autre forme de procès... Mais j'étais ivre quand j'ai commis le crime... Je prie Votre Majesté de ne pas me manquer.

— Me prends-tu pour un bourreau ?

— Du tout, sire ; mais, en pareil cas, je ne voudrais confier à personne le soin de répandre, d'épuiser le sang du coupable.

— Tu es plus barbare dans ta résignation que je ne le suis dans ma vengeance... Ton crime fut un transport de l'ivresse ; tu m'as été utile, je ne t'enverrai point à la mort... Va ramer sur les galères que tu commandais.

— Galérien, moi !... Ma vie appartient à Votre Majesté, je ne lui dois pas mon honneur.

— Villebois, as-tu respecté le mien ? s'écria Pierre avec un terrible éclat de voix.

— Sire, c'est juste... Je vais ramer. »

A six mois de cet entretien, le marin français, après avoir séjourné mais non pas ramé sur les galères, fut rétabli dans son commandement, et Pierre lui rendit tous ses honneurs. Sans doute la czarine lui pardonna aussi, car elle le maria plus tard avec la fille de Gluk, archiprêtre de Riga, et l'on disait ce matin à l'OEil-de-bœuf, où l'aventure de Villebois a été racontée, que, depuis la mort du czar, Catherine a nommé ce Breton général de la marine... Il peut se mêler quelque douceur aux souvenirs les plus amers.

Le règne du roi castillan Louis Ier n'a duré que quelques mois; il est mort à l'âge de dix-sept ans des suites d'une petite vérole maligne. Philippe V, avec une extrême répugnance, a ressaisi ou plutôt a repris d'une main énervée les rênes de l'Etat Catholique. La veuve du jeune roi put espérer un instant d'épouser le frère puîné de ce prince, mais l'éclat que venait de produire l'aventure des camáristes lui avait fait perdre l'estime des Espagnols; son renvoi fut décidé.

Pendant que ces choses avaient lieu en Espagne, des événements plus propres encore à désunir les cours de Versailles et de Madrid se passaient en France. J'ai dit que la société de petits garçons qui folâtraient peu décemment avec le roi, dans la garde-robe de Sa Majesté, avait été divisée par les soins de Fleury : quelques-uns de ces jeunes débauchés furent exilés dans les terres de leurs pères, d'autres reçurent des commissions de cadets ou de cornettes de cavalerie. Mais le roi était initié à certaines pratiques dont il ne manquerait pas de chercher l'équivalent; la santé de Sa Majesté pouvait être de nouveau compromise... On décida, dans un conseil auquel Louis XV n'assistait pas, qu'il convenait de marier le roi. *M. le duc*, qui avait ses vues, et stylé d'ailleurs par madame de Prie, ajouta sur-le-champ que, dans cette pressante nécessité, il était impossible de songer à l'infante d'Espagne, dont l'âge trop tendre ne pouvait offrir aucune garantie contre les dérèglements du roi, que l'on voulait prévenir. Dans l'intervalle de ce premier conseil à un autre, Pâris Duverney et madame de Prie firent insinuer aux secrétaires d'Etat, à l'ancien évêque de Fréjus, au roi lui-même, qu'une sœur de *M. le duc*, nommée mademoiselle de Vermandois, et qui se trouvait alors à l'abbaye de Fontevrault, conviendrait parfaitement à Sa Majesté... Personne n'admit ni ne rejeta cette ouverture; mais on pensait généralement qu'il fallait renvoyer l'infante en Espagne, et marier Louis XV à une femme toute formée. Or, jamais mesure désobligeante ne fut prise avec moins de réserve que ce renvoi : non-seulement on ne pressentit nullement le Roi et la Reine Catholiques, mais le cabinet de Versailles n'adoucit par aucune excuse ce que cette rupture violente d'un traité solennel avait de brusque et de déloyal. Seulement on chargea l'abbé de Livry, nommé ministre en Portugal, de passer à la cour de Philippe V pour l'informer qu'on lui renvoyait sa fille, qui était déjà en route. Sa Majesté Catholique et surtout la fière Elisabeth écoutèrent impatiemment l'ambassadeur, qui s'efforçait de leur expliquer comme quoi Louis XV, devenu fort et vigoureux, mettait le conseil dans l'obligation de lui donner une épouse de son âge. Ces raisons ne parurent point convaincantes au couple royal, qui parla d'alliance avec les puissances de l'Europe, de guerre contre la France, et finit par pousser Livry hors de l'appartement.

A peine ce diplomate était-il sorti du palais, que la reine, suffoquant de colère, fit mettre dans une voiture la veuve de don Louis; on y mit aussi mademoiselle de Beaujolais, sa sœur, fiancée en 1722 avec don Carlos, et dont le mariage fut ainsi rompu. Mais, avant de partir pour revenir en France, la jeune douairière, qui avait toute la liberté des princesses de la maison d'Orléans, dit au roi son beau-père « qu'il payerait sans doute cher l'injure qu'il faisait à une prin- » cesse française, et qu'il était surprenant qu'ayant si peu de puis- » sance il manquât à ce point de politique. » La quatrième fille de Philippe d'Orléans partit sans prendre congé, revint à Paris en poste et s'enferma dans un couvent.

Après le départ de l'infante d'Espagne, qui s'éloignait du roi avec autant d'indifférence que Sa Majesté lui en avait montré le jour de son départ, madame de Prie se rendit à Fontevrault, afin de juger si mademoiselle de Vermandois lui conviendrait, et si l'on pourrait, avec une telle reine, continuer de gouverner le roi.

« Je viens, princesse, dit la marquise, vous faire part des grands projets que le prince votre frère a conçus pour votre établissement.

— Qui êtes-vous, madame? répondit mademoiselle de Bourbon avec fierté.

— Je suis la marquise de Prie, et Son Altesse Royale le premier ministre a bien voulu me charger de venir vous entretenir de votre mariage probable avec le roi de France.

— Je vous avoue, madame, reprit la princesse d'un ton dédaigneux, que je suis surprise de vous voir chargée d'une telle mission.

— Pourquoi donc, mademoiselle ?

— Mais il me semble qu'en établissant par intermédiaire des rapports avec moi, *M. le duc* aurait pu choisir autrement...

— Je vous comprends, mademoiselle, répliqua madame de Prie en se levant, et je vois que la couronne, offerte par mes mains, vous humilierait... Nous tâcherons de la poser sur un front moins superbe. »

A ces mots la marquise de Prie fit une profonde révérence, demanda des chevaux de poste et revint à Versailles.

A son retour la favorite prouva facilement à M. le duc que la main de sa sœur ne pouvait convenir au roi, parce que cette femme habile prouvait à Son Altesse tout ce qu'elle voulait. On a depuis envoyé des gentilshommes dans toutes les cours où se trouvent des princesses à marier, afin de les voir et de juger par aperçu si elles réunissent les qualités exigées par madame de Prie.

Pendant qu'on s'occupait de ces intrigues matrimoniales, et que l'infante était reconduite à la cour de l'irrité Philippe V, un ambassadeur de ce souverain concluait à Vienne une alliance avec l'empereur et l'Empire, hâtée peut-être par l'oubli d'égards du cabinet de Versailles envers celui de Madrid. Sa Majesté Catholique, en traitant avec la maison autrichienne, cherche l'équivalent de l'appui qu'elle ne peut plus trouver dans la France; et, déterminé par les procédés injurieux de cette dernière puissance, le monarque castillan s'affranchit de ce pacte de famille qui semble ne devoir plus être pour lui qu'un joug. Quatre traités ont été signés à Vienne le 30 avril par le baron de Riperda, ministre espagnol; le premier, en confirmant celui de la quadruple alliance, porte une nouvelle renonciation du roi d'Espagne à la couronne de France, et de l'empereur à celle d'Espagne. Le second traité assure aux héritiers de Philippe V la succession éventuelle des Etats de Toscane, Parme et Plaisance. En retour, Sa Majesté Catholique cède à la maison d'Autriche les autres parties de territoire qu'elle a possédées en Italie, ainsi que les anciennes provinces espagnoles des Pays-Bas. Le troisième traité garantit, d'une part, l'ordre de succession au trône d'Espagne établi par les conventions d'Utrecht, et d'autre part la reconnaissance de la *pragmatique sanction*. Le même acte renferme une clause d'un effet bien douteux : l'empereur s'engage à faire tous ses efforts auprès de l'Angleterre pour décider cette puissance à restituer à Sa Majesté Catholique l'île de Minorque et Gibraltar. Enfin le quatrième traité, dans lequel le corps germanique est intervenu, contient une alliance offensive et défensive, et les princes de l'Empire y accèdent aux droits héréditaires de l'infant don Carlos sur les duchés de Toscane, Parme et Plaisance.

Après cet accord politique entre l'Espagne et l'Empire, suite de nos inconsidérés pour la première de ces puissances, une guerre redoutable peut nous tomber sur les bras au moment où l'embarras extrême des finances rendrait les levées et les armements très-difficiles. Cependant cet embarras n'est pas tel qu'il y ait eu nécessité pressante d'imposer un nouveau sacrifice à la nation, et voilà cependant ce qu'on vient de faire. Les frères Pâris, qui, depuis le ministère de Desmarets, furent tant de fois les moteurs de notre système financier sans avoir paru le diriger, sont parvenus à faire croire au duc de Bourbon, à Fleury, au conseil, qu'à la mort du régent il se trouvait pour dix-neuf cents millions de dettes, et que l'Etat devait aux rentiers cinquante-sept millions d'arrérages. Vainement la veuve et le fils de Philippe d'Orléans ont-ils repoussé cette assertion comme mensongère; Dodun, contrôleur général, que madame de Prie enchaîne servilement au char de sa fortune, a soutenu la déclaration de MM. Pâris. Le conseil, inhabile à juger les déprédations des gouvernants et les besoins de l'Etat, en a cru la parole d'un ministre, et un impôt fixé au cinquantième du revenu a été déclaré indispensable. Cependant mille protestations s'élevèrent dès lors contre une résolution qui allait achever de consommer la ruine de la France; madame de Prie eut à supporter les remontrances du clergé, des parlements, de tous les corps de la nation. « Tout cela, disait-elle à » M. le duc, ne prouve rien, si ce n'est la nécessité de mettre à la » main du roi le fouet dont Louis XIV se servit jadis pour dresser le » parlement de Paris... Qu'est-ce, je vous prie, que toutes ces remon- » trances, cela seut la province d'une lieue; c'est pitoyablement » écrit. » Un matin, le premier ministre apporta à la marquise un mémoire plein de force et de raison. « Qu'avez-vous à répondre à » cela? lui dit-il quand elle l'eut parcouru. Cette pièce a touché le » conseil. — Elle me touchera aussi, » répondit madame de prie avec un geste très-significatif. Et elle envoya le mémoire à sa garde-robe.

Enfin, malgré l'opposition la plus vive, la plus universellement exprimée, l'imposition d'un *cinquantième* du revenu de tous les biens du royaume, payable pendant douze ans, fut consacrée par la déclaration du roi. Cet impôt fut enregistré dans un lit de justice tenu le 8 juin au milieu de quatre mille soldats dont les officiers disaient hautement qu'ils étaient là pour enlever le parlement, dans le cas où cette compagnie refuserait l'enregistrement.

Au sein des intrigues financières qui occupèrent madame de Prie pendant toute la durée du mois de mai, de juin, et une partie de juillet, elle ne perdit pas de vue le mariage du roi. On avait songé un moment à la fille du duc de Lorraine; mais elle tenait de trop près à la maison d'Orléans, qu'on était loin de vouloir favoriser. Il y avait une princesse de Portugal, mais elle sortait d'un sang redoutable aux maris; et une reine galante a trop de moyens de domination. L'attention de la favorite s'arrêta quelque temps sur une Allemande; mais, examen fait de ses domaines, on les trouva trop médiocres pour relever une naissance bien inférieure à celle du roi de France. Enfin madame de Prie tourna les yeux vers les contrées russes; mais la fille de Catherine n'offrait qu'une naissance équivoque, une conduite suspecte et les habitudes d'une nation encore barbare. Dans cette indécision, Pâris Duverney, sur des renseignements qu'il avait reçus d'une dame Texier, proposa une princesse polonaise, de laquelle, jusque-là, personne n'avait entendu parler : c'était la fille de *Stanislas Leczin-ki*, fait roi de Pologne par Charles XII, et détrôné par Pierre le Grand. Stanislas et sa fille vivaient à Veissembourg d'une pension modique, payée très-irrégulièrement par le ministère de France. Certes ce monarque précipité du trône était loin de s'attendre à l'illustre alliance qu'on songeait à lui proposer, et même le cœur de Marie Leczinska avait répondu aux soupirs d'un simple gentilhomme, le comte d'Estrées, capitaine dans un des régiments qu'on entretenait à Veissembourg pour faire honneur à Stanislas. Le comte était jeune, beau, bien fait, aimable; le roi s'aperçut que sa fille, toute sage, toute modeste qu'elle était, avait pris un goût très-vif pour le brillant officier; il le tira un jour à part et l'entretint à ce sujet : « J'ai peu d'espoir de remonter sur le trône, lui dit-il, mais » je ne doute point que je ne puisse recueillir un jour les biens qui » me reviennent en Pologne, et que je ne suis à même de donner une » riche dot à ma fille. Rien alors ne s'opposera à ce qu'elle épouse » un petit souverain; mais je veux avant tout son bonheur. Marie » répond à l'amour que vous avez pour elle; je me suis aperçu de » vos sentiments mutuels, et je ne suis point éloigné de faire votre » bonheur en vous unissant. Tâchez donc, comte, de joindre à votre » naissance illustre quelque haute dignité qui assure à votre postérité » un grand état; obtenez, par exemple, un duché-pairie, et ma fille » est à vous. » D'Estrées avoua à Sa Majesté qu'une passion tendre et respectueuse l'enflammait en effet pour la princesse, mais qu'il n'aurait jamais osé porter ses vues jusqu'à elle. Le comte ajouta que l'ouverture de Sa Majesté le comblait d'honneur, et qu'il allait tâcher de s'en rendre digne. Ceci se passait vers le milieu de la régence : d'Estrées courut à la cour du Palais-Royal solliciter la dignité exigée. « Comte, je ne puis faire cela, répondit le duc d'Orléans, vos aïeux » ont sans doute noblement servi l'État, mais vous, personnelle- » ment, qu'avez-vous fait pour mériter la pairie ? Vos amours ne sont » pas un titre suffisant. Et puis vous feriez là, mon cher d'Estrées, » un triste mariage, un souverain électif sans couronne est bien peu » de chose parmi les puissances... sa fille vous convient moins que » celle d'un fermier général... » Les projets de mariage du jeune officier en restèrent là, et Marie Leczinska, que le régent n'avait pas trouvée un parti sortable pour un capitaine de cavalerie, est aujourd'hui reine de France.

Sur les communications de Pâris Duverney et de madame Texier, qui avaient exalté les vertus de Marie Leczinska, madame de Prie se rendit à Veissembourg et trouva que l'éloge avait été modéré. Le mariage fut promptement décidé dans le conseil : Fleury déclara qu'il ne se mêlait point de ces sortes de conclusions; *M. le duc* affirma que l'union convenait parfaitement à Sa Majesté; Louis XV répondit que c'était possible; et après une demi-heure de délibération un courrier porta à Stanislas la nouvelle du choix de sa fille. Le bon prince s'évanouit en lisant la dépêche : « Si j'ai quelquefois désiré remonter » sur le trône, dit ensuite ce monarque, c'était afin d'établir ma fille » d'une manière digne d'elle. Je ne songe plus à la couronne, cet » établissement passe tous mes vœux. »

Le contrat de mariage du roi avec la princesse de Pologne fut signé le 19 juillet à Paris : le garde des sceaux d'Armenonville, le maréchal de Villars, les comtes de Morville, de Maurepas, et le contrôleur général Dodun stipulèrent au nom de Louis XV; le comte de Tarlo représentait Stanislas. Cet acte étant dressé, le duc d'Antin et le marquis de Beauvau se rendirent à Strasbourg pour faire au roi et à la reine de Pologne la demande solennelle de la princesse Marie, tandis que le roi de France faisait lire dans son cabinet les articles du contrat de mariage, en présence des princes et princesses du sang, et de l'ambassadeur extraordinaire de Sa Majesté Polonaise, à laquelle le jeune souverain venait d'envoyer le cordon bleu. Pendant le cours de ces préliminaires, madame de Prie, qui avait vu de près la situation extrêmement gênée de la cour de Veissembourg, dit à *M. le duc* qu'il était indispensable de venir au secours de Stanislas, afin de le mettre à même de paraître décemment aux cérémonies du mariage. En conséquence, on commanda tout ce qu'il fallait au roi, à la reine, à la princesse de Pologne, pour remonter leur garde-robe, et l'on s'y prit avec une telle délicatesse, qu'on envoya à Veissembourg jusqu'à des chemises, sans que l'illustre famille se doutât qu'on avait reconnu qu'elle en manquait.

Le 15 août, M. d'Orléans, chargé de la procuration du roi, épousa Marie Leczinska dans l'église cathédrale de Strasbourg, où le cardinal de Rohan fit la première célébration de ce mariage. Tandis qu'on épousait ainsi pour la forme, le vieux abbé de Fleury, qui savait que le roi son maître n'avait pas la plus légère idée de l'expérience qu'un homme doit avoir pour épouser en effet, se creusait la tête afin d'imaginer un moyen d'initier Sa Majesté à une certaine connaissance préalable des devoirs conjugaux. La société de petits débauchés éloignée naguère de Louis XV, loin de lui parler du rapport que les sexes ont entre eux, ne lui avait montré la félicité que dans

une infâme hérésie. Il arrivait souvent à Sa Majesté de se récrier sur la beauté des jeunes garçons qu'elle rencontrait; mais les plus charmantes dames ne lui inspiraient pas la moindre velléité. Fleury lui-même se reprochait d'avoir élevé ce prince dans la crainte des femmes, crainte qui peut-être fut la première cause du penchant qu'il avait été facile de faire naître en lui pour les mystères d'une idole monstrueuse. Le précepteur était obligé de prendre littéralement le contre-pied de sa morale, et de dire à son élève que, dans le mariage, une femme était un être privilégié de Dieu. L'honnête prélat dut aller plus loin : reconnaissant que le roi n'avait décidément aucune idée de la mission d'un mari, il s'érigea en professeur de galanterie, et copia de sa main épiscopale ces vers de Chaulieu :

> Cette insensible Iris, cette Iris si farouche,
> Dans mille ardents baisers vient de plonger mes feux.
> Pour goûter à longs traits ce nectar amoureux,
> Mon âme tout entière a volé sur ma bouche.
>   J'ai savouré la fraîcheur
>   De ses lèvres demi-closes;
>   Sa bouche avait la couleur
>   Et le doux parfum des roses, etc.

Louis XV trouva cette description érotique, avec ce que j'en retranche, affichée dans sa chambre; d'un autre côté, il lut des devises telles que celles-ci : *L'amour naissant, la recherche, le bouton de rose, la rose ravie.* « Tout cela, disait madame de Prie à ses complaisantes, » qui lui racontaient en riant aux éclats le manége du vieux abbé, » tout cela n'est point assez démonstratif; je l'ai dit à *M. le duc*. J'a- » vais offert de déniaiser Sa Majesté...; on n'a pas voulu... La belle » figure que ce pauvre enfant va faire avec une femme de vingt- » deux ans ! »

Cependant la marquise retourna auprès de Marie Leczinska, non dans le dessein de l'initier aux mystères de l'hymen, parce qu'elle savait très-bien qu'après quinze ans il est pour les filles une prescience de ce qu'elles doivent faire en ménage, mais afin de mettre la princesse en garde contre les ennemis qu'elle allait, lui dit-elle, trouver à la cour; ennemis qui n'étaient autres, comme on le pense bien, que ceux de la favorite.

Enfin la reine fit son entrée à Paris et à Versailles le 3 septembre, et le 4 M. le cardinal de Rohan, qui avait béni l'union préparatoire à Strasbourg, donna aux époux la bénédiction nuptiale dans la chapelle du château. Louis XV pleura toute la journée dans le sein de son précepteur en songeant que le soir il lui faudrait coucher avec une femme si formée, à laquelle il ne craignait plus sans doute de donner des coups de pied, mais auprès de qui le pauvre prince sentait qu'il aurait à rougir de son inexpérience. Cependant le roi, dûment exhorté par l'ancien évêque de Fréjus, et prévenu sur quelques points par un valet de chambre qui avait parlé clair, se mit en tremblant à côté de Marie Leczinska, et le lendemain Sa Majesté ne pleurait plus.

Avec beaucoup moins de charmes que n'en possède la reine, une femme pourrait être très-jolie, et Sa Majesté n'est que belle. Marie a de beaux yeux, un nez bien fait, une bouche fraîche, un teint superbe et des cheveux d'une nuance heureuse, tenant le milieu entre le brun et le blond. Mais le regard de cette princesse, obéissant à la modestie pieuse qui forme le fond de son caractère, est habituellement dérobé par de longs cils, qui seraient eux-mêmes un attrait s'ils n'en cachaient un plus précieux. En général, la physionomie de la reine manque d'expression, et fait trop ressembler ses traits à ceux de ces charmantes figures, filles du ciseau, que l'on regrette de voir immobiles. La taille de Marie Leczinska est fine; sa gorge, qu'à peine quelques-unes de ses femmes ont entrevue, a, dit-on, les proportions idéales de celle de Vénus. La jambe de Sa Majesté est bien prise; son pied est petit... Mais point de grâce, nulle aisance dans les manières, une démarche embarrassée et comme incertaine. En un mot, l'épouse de Louis XV n'est point séduisante, parce qu'elle ne veut pas l'être, afin que la modestie de ses dehors ne démente en rien la réputation de vertu que cette princesse veut se faire, et qu'elle se fera sans doute.

Malgré tout ce que je viens de dire, le roi est amoureux fou de sa femme. « La reine, dit-il avec transport à tous ceux qui se trouvent » auprès de lui, la reine est une créature enchanteresse. » Je le crois; et tout le monde le croira en se faisant l'idée de la nature des enchantements que Marie a découverts à son mari.

Les transports amoureux du jeune monarque n'empêchent pas la politique de marcher. La France, pour contre-balancer l'alliance conclue à Vienne entre l'empereur, l'Empire et l'Espagne, signa, le 3 septembre, un traité d'union offensive et défensive avec l'Angleterre et la Prusse. À peu près dans le même temps, le duc de Richelieu fut nommé à l'ambassade de Vienne, objet de tous ses vœux. Madame de Prie lui accorda ce poste au prix d'une petite place sur la liste des bonnes fortunes du célèbre duc; car c'est pour une femme de la cour une sorte de honte que de n'avoir pas eu ce coryphée des galants en crédit.

Puisque me voici sur le chapitre des amours profanes, je dois par-

r du désespoir de mademoiselle de Clermont, sœur de mademoiselle de Charolais, qui vient de perdre M. le duc de Melun, avec
quel cette princesse vivait depuis l'année 1716. La première rencontre des amants eut lieu dans un bal au Palais-Royal. Mademoiselle de Clermont n'avait pas alors plus de quinze ans, et elle était
naïve, quoiqu'elle ne fût pas innocente, qu'elle fit à la déclaration
du duc cette singulière réponse : « Ecoutez, monsieur de Melun, je
veux bien vous aimer, parce que je vous trouve très-aimable ; mais
je vous avertis que je ne veux pas faire comme mademoiselle de
Charolais, qui a fait un enfant avec M. de Richelieu. » Je ne sais
pas ce que le duc répondit à cela ; mais les amants, alors déguisés,
sortirent du bal après cet entretien, et n'y rentrèrent qu'au bout
d'une heure. Quels qu'aient été le motif et le résultat de cette disparition, M. de Melun plaça auprès de la princesse un domestique
qui lui était dévoué ; et souvent cet homme prêtait sa livrée au duc
pour se glisser chez mademoiselle de Clermont. Cette intrigue fut
à peu près mystérieuse jusqu'en 1723 ; mais, devenue alors maîtresse
de ses volontés, cette digne sœur de mademoiselle de Charolais bannit toute réserve. M. de Melun ayant été tué à la chasse du roi, au
mois d'octobre dernier, par un cerf aux abois, sa maîtresse mit aussi
peu de retenue dans sa douleur qu'elle en avait gardé dans ses
amours. On lui a vu porter publiquement le deuil de son amant ; et
ce trait, bien caractéristique des mœurs de l'époque, ne doit pas être
négligé par l'historien.

Tandis qu'on affiche ouvertement l'immoralité à l'hôtel de Condé,
la duchesse du Maine fait toujours distiller de l'esprit à la cour de
Sceaux : je veux copier ici un petit bulletin qui me parvint hier de
cette manufacture de fadaises prétentieuses. Les courtisans de la
princesse demandaient un soir à Fontenelle quelle différence il y
avait entre elle et une pendule. « L'une, répondit le philosophe musqué, marque les heures, l'autre les fait oublier... » Et le cœur de
la dame de Sceaux s'épanouit. Une autre fois on imposa à ce même
bel esprit des vers se terminant par ces bouts-rimés : *fontanges, collier, oranges, soulier*. Fontenelle fit sur-le-champ le quatrain suivant
à l'intention d'une des jolies femmes de l'assemblée :

> Que vous montrez d'appas depuis vos deux *fontanges*
> Jusqu'à votre *collier!*
> Mais que vous en cachez depuis vos deux *oranges*
> Jusqu'à votre *soulier !*

Les oranges allaient fort bien quant à la forme, mais la couleur ne
dut pas offrir une comparaison bien galante à la dame qui recevait
le compliment.

Dans la même soirée Voltaire fut condamné à faire une énigme
pour racheter un gage, et cet autre philosophe, dont l'esprit était
monté ou plutôt descendu au ton du madrigal, improvisa ce quatrain sur le mot *oiseau* :

> Cinq voyelles, une consonne
> En français composent mon nom
> Et je porte sur ma personne
> De quoi l'écrire sans crayon.

Le mot *papier* proposé à la Motte, qui n'avait pas besoin de descendre
pour se trouver au niveau des bagatelles du bel esprit, produisit cet
autre quatrain :

> A la candeur qui brille en moi
> Se joint le plus noir caractère ;
> Il n'est rien que je ne tolère,
> Mais je suis méchant quand je bois.

Je doute qu'en occupant ainsi leur philosophie messieurs les rimeurs
de la cour de madame du Maine nous rendent de longtemps Socrate
et Platon. Voltaire ne se rapprochera guère plus de Plaute, de Té-
rence ni de Molière par sa comédie de *l'Indiscret,* qu'il fit jouer cette
année au Théâtre-Français. Cette petite pièce est une épître en un
acte agréablement versifiée, mais vide de comique et d'action. L'auteur me semble plus en crédit à la cour de Melpomène qu'à celle de
Thalie. *L'Indiscret* a été froidement accueilli du public et n'a fait
croire qu'à une excursion indiscrète de Voltaire dans la carrière des
poètes comiques.

C'est avec un succès aussi équivoque qu'on a joué à peu près dans
le même temps à l'Opéra le ballet des *Eléments*, qui avait été représenté aux Tuileries en 1721 pour faire danser Louis XV, à l'exemple
du grand roi son bisaïeul. Dans une parodie donnée à l'Opéra-Comique sur ce ballet, *l'enchanteur Mirliton* chante ce couplet :

> Tout Paris croit que l'Opéra
> De santé crèvera
> En dépit des dérangements
> De tous les éléments !

Ce refrain assez niais prouve que l'Opéra-Comique est atteint de cette
espèce de jalousie qu'éprouve l'homme affamé en voyant son voisin
dîner abondamment.

Mais voici des vers moins mauvais de la même parodie faits sur un
pas de vestale dansé dans le ballet des *Eléments* :

> De quoi va-t-on s'aviser, ma féale,
> De vous placer incongrûment?
> A l'Opéra montrer une vestale !
> Ce n'est pas là son *élément*.

On parlait ce matin à l'OEil-de-bœuf d'une aventure toute récente
qui enrichira l'histoire des jésuites sans l'embellir toutefois. En 1723
le père Fouquet de la compagnie de Jésus revint de la Chine par
suite d'une dispute de religion avec ses confrères et parce qu'il avait
enseigné à quelques Chinois des dogmes différents de ceux professés
par sa compagnie. Ce religieux apporta en Europe des mémoires
sur les points discutés, mémoires qui devaient être soumis au jugement du pape. Deux *lettrés* du Grand Empire s'étaient embarqués avec
le père Fouquet ; mais, l'un d'eux étant mort pendant la traversée,
on ne vit à Paris qu'un Chinois, qui suffit bien pour captiver l'attention publique pendant huit jours au moins.

Le missionnaire et son lettré logeaient à la maison professe de
l'ordre, rue Saint-Antoine, quoique le premier fût loin de vouloir
mettre les jésuites de Paris dans la confidence des différends qu'il
avait eus avec ceux de la Chine. Mais les pères, aussi pénétrants que
leur confrère était dissimulé, ne tardèrent pas de découvrir une
partie de ses vues. A jésuite jésuite et demi : Fouquet pénétra de
son côté les projets que ses frères en saint Ignace méditaient contre
sa sûreté. Il partit par une belle nuit avec son lettré pour la capitale
du monde chrétien. Les enfants de Loyola n'abandonnent pas aisément leur proie : ils firent courir après nos fugitifs ; mais le missionnaire leur échappa, le seul Chinois tomba en leur pouvoir. Malheureusement pour ce pauvre habitant de l'Asie il ne savait, tout lettré
qu'il était, que sa langue naturelle : il ne put se défendre et dut
subir le sort qu'il plut aux jésuites de lui imposer. L'infortuné, sur
une lettre de cachet obtenue aisément du cardinal Dubois, fut conduit à Charenton en qualité d'aliéné. L'exempt chargé de venir prendre
ce prétendu fou crut aisément à sa maladie en lui voyant faire des
révérences étranges et en l'entendant solfier, pour ainsi dire, des
paroles qui, au jugement d'un officier du guet, durent passer pour
des sornettes. Arrivé à Charenton notre pauvre *lettré* fut fouetté
deux fois par jour avec une régularité ponctuelle. Il ne laissait pas de
trouver les mœurs françaises fort singulières ; et l'hospitalité des
Chinois, quoique moins touchante, lui semblait infiniment plus polie. Deux ans et demi s'écoulèrent pendant lesquels le malheureux
étranger ne connut pas d'autre régime que celui du pain, de l'eau et
des coups, régime qui ne lui présentait même de bien régulier que
le retour doublement quotidien des frères fouetteurs. Enfin le nouveau lieutenant de police ayant fait une visite la semaine dernière
dans la maison des fous demanda après les avoir vus tous, sauf le
lettré, s'il ne lui restait plus personne à voir. M. le directeur répondit qu'il y avait encore dans un cabanon un aliéné que M. le lieutenant de police n'avait pas visité, mais que cet homme parlait un
langage que personne n'entendait. Le magistrat ordonna néanmoins
qu'on lui amenât cet individu ; tandis qu'on l'amenait un jésuite qui
accompagnait M. Héraut essaya de lui insinuer que la folie de cet
insensé était de ne vouloir jamais parler français, qu'on n'en tirerait
rien et qu'il conseillait à M. le lieutenant de police de ne pas se
donner la peine de s'en occuper. Le successeur de Machault n'eut
point égard à ce conseil, et l'étranger fut conduit devant lui. Commençant par se jeter à genoux, il fit entendre un déluge de paroles
qui ne furent pour le magistrat qu'un vain cliquetis de sons parmi
lesquels il distinguait cependant le mot *Kanton* souvent répété. On
parla au pauvre diable espagnol, italien, grec, latin, allemand, anglais ; point de réponse, mais toujours des génuflexions, une pantomime fort animée et des *Kanton* redoublés. Le jésuite assura que ce
fou était probablement déjà possédé et que ce qu'on pouvait faire de
mieux était de l'asperger d'eau bénite, ce qui, à tout prendre, eût
mieux valu que de le fouetter. Mais en ce moment M. le lieutenant
de police s'avisant enfin de ses connaissances géographiques se rappela qu'il y avait à la Chine une province appelée *Kanton* et pensa
que l'aliéné pourrait bien être Chinois. Curieux d'éclaircir son doute
et de se faire honneur de sa pénétration, ce magistrat envoya querir
sans désemparer un interprète aux missions étrangères... Tout fut
reconnu. « Vous mériteriez, mon père, dit le lieutenant de po-
» lice au disciple de saint Ignace, que je vous fisse renfermer dans
» le cabanon où votre compagnie avait plongé ce malheureux
étranger. »

M. le duc, à qui cette aventure fut rapportée, fit donner des habits et de l'argent au Chinois et le renvoya dans son pays. Je ne crois
pas qu'il inspire aux lettrés ses confrères le désir de faire le voyage
de Paris.

Il y eut cette année une grande mortalité parmi les maréchaux de
France : MM. de Medavi, de Grammont, de Tessé, de Montesquiou
et de la Feuillade ont payé leur tribut à la nature. Voilà, comme
disait ma tante, bien des bâtons flottants sur le fleuve de l'ambition.

CHAPITRE XII.
1726-1727-1728.

La reine; sa tendresse conjugale, ses manières, ses habitudes intérieures. — La duchesse de Boufflers. — Singulière condition faite à un amant. — Petite maison de la rue Cadet. — Le comte de Charolais; son cynisme, ses cruautés. — Ce prince est dissolu et cruel comme Néron. — Disgrâce de *M. le duc* et de madame de Prie. — Fleury gouverne la France. — Portrait de ce ministre. — Économie de bouts de chandelles à la cour. — Suppression du *cinquantième*. — Les *mirmidons*; ce que c'est. — Nouveau bail des fermes. — Création des milices et de six compagnies de cadets. — Fleury est fait cardinal. — Maurice, comte de Saxe, élu duc de Courlande. — Aperçu historique sur ce jeune seigneur. — Adrienne Lecouvreur. — Aurore boréale; terreur qu'elle produit. — *Pyrrhus*, tragédie de Crébillon. — Lettre posthume de Louis XIV. — C'était le fruit d'une intrigue. — Fin contre fin. — Commencement de réconciliation entre Louis XV et Philippe V. — La bacchante de la rue Cadet.

Marie Leczinska.

Newton; ses œuvres, sa mort, honneurs qui lui furent rendus. — Mort de Catherine Ire, czarine de Russie. — Le diacre *Pâris*; sa vie, sa mort, son tombeau. — Les convulsionnaires, l'*œuvre*, les *sauteuses*, les *aboyeuses*, les *miaulantes*. — Concile d'Embrun. — Guerre entre l'Angleterre et l'Espagne. — Médiation de Fleury. — Mort de Georges Ier, roi de la Grande-Bretagne. — Robert Walpole. — Réconciliation de Louis XV et de Philippe V. — Mort du prince de Conti. — *Le Philosophe marié*, comédie de Destouches. — Le comte de Saxe et Adrienne Lecouvreur. — Richelieu à Vienne. — Superstition de ce seigneur. — L'alchimiste Damis; la pierre philosophale. — Congrès de Soissons. — Les nouvelles ecclésiastiques. — Le barbet contrebandier. — Bombardement de Tripoli. — Une puissance comme la France doit laisser la république de Saint-Marin se prévaloir d'une victoire sur Tripoli ou Alger. — Le canal de Picardie. — Louis XV a la petite vérole. — Coup d'épée dans l'eau. — La jeune duchesse d'Orléans. — Défection du cardinal de Noailles. — Mort horrible de la marquise de Prie.

La reine est toujours chérie du roi; ce n'est pas de l'amour qu'il éprouve pour elle, mais une sorte de culte fervent. Marie Leczinska reçoit cet hommage avec un air qui ressemble plus à de la complaisance qu'à un tendre retour : cette princesse est avec son mari, en public du moins, d'une réserve poussée jusqu'à la froideur. Quand Louis XV l'embrasse, on dirait une maman un peu sévère recevant les caresses de son fils. La reine, dont l'humeur est d'ailleurs charmante et l'affabilité infinie, laisse remarquer en elle un petit ridicule : on dirait qu'elle a complété son éducation avec les femmes savantes de Molière; tranchons le mot, Marie a dans l'esprit, non dans le caractère, une légère nuance de pédantisme. Je crains réellement que Stanislas n'ai fait apprendre à sa fille un peu trop de latin, d'histoire, de théologie et qu'il ne lui ait pas laissé enseigner assez de poésie, de musique et de danse pour une reine de France. Cependant Sa Majesté, qui, durant le premier mois de son séjour à Versailles, se renfermait toutes les après-dînées dans son cabinet, où elle se livrait le reste de la soirée aux exercices pieux, a modifié cette habitude : elle passe maintenant ce temps avec ses dames, qui travaillent à des ouvrages d'aiguille tandis que l'une d'elles fait la lecture de quelque sujet de piété... Il me semble voir d'ici madame de Nesle lisant les *Actes des apôtres* avec une rotondité de taille dont la cause fut il y a quelques mois le sujet de tous les entretiens. Racontons.

Il y a par le monde une duchesse de Boufflers qui semble avoir pris à tâche d'effacer toutes les réputations galantes que les dames se sont acquises à la cour de France depuis les beaux jours de la comtesse de Soissons. Les bonnes grâces de cette beauté sont une monnaie tellement courante, que le comte de Riom assurait un jour au duc de Luxembourg qu'il était honteux pour un homme du bel air comme lui de ne les avoir pas eues. Riom ajouta qu'il y avait presque autant de honte à rester enchaîné au char de madame de Nesle plus de huit jours, et que tout ce qu'il y avait de gens comme il faut jetait la pierre au duc d'être encore fidèle à la marquise après deux mois d'assiduités. « Le moment est favorable, dit enfin le comte; » madame de Boufflers est sans amant depuis environ quarante-huit heures, remplissez cette lacune : c'est une occasion qui » ne se retrouvera plus. » M. de Luxembourg profita du conseil; madame de Boufflers parut disposée à ne pas le laisser languir; mais elle mit une condition à sa défaite : ce fut qu'avant de quitter madame de Nesle le duc lui ferait un enfant « Je ne puis souffrir cette » femme, poursuivit la duchesse; on ne peut se tourner d'aucun côté » sans la rencontrer étalant sa belle taille... Eh bien ! puisqu'elle est » si fière de cette perfection-là, je ne suis pas fâchée de trouver l'oc- » casion de la *déperfectionner* au moins pour quelque temps. Ainsi, » voilà qui est entendu, monsieur le duc, je vous attends aux pre- » miers maux de cœur de la marquise de Nesle. » Le nouveau soupirant de madame de Boufflers ne tarda pas à remplir la condition exigée; il faut croire même qu'il était alors en grande veine, car on sut en même temps à Versailles la grossesse de madame de Nesle et celle plus légitime de la duchesse de Luxembourg.

Du reste, cette pauvre dame de Boufflers est réellement digne de pitié : la nature l'a formée de telle manière que de son propre aveu il lui est impossible de résister un instant à l'occasion de faillir. Elle racontait dernièrement à madame de Rochechouart, qui me l'a redit, qu'étant chez la reine on lui annonça l'arrivée imprévue de M. de Luxembourg, qui l'attendait dans son appartement. Incapable de commander à son impatience, la duchesse sortit aussitôt pour rejoindre son amant; mais elle fut obligée de s'arrêter deux fois en chemin... J'avoue que je ne puis me faire l'idée du motif de ces pauses-là.

M. de Luxembourg, malgré six à sept mois de possession, est toujours amoureux de madame de Boufflers; vainement le comte de Riom, son professeur en galanterie, lui a-t-il représenté plusieurs fois qu'une telle constance pour une telle maîtresse était d'un ridicule scandaleux; le duc est soumis à un talisman dont il ne peut vaincre le charme. Il faut tout dire, ce seigneur n'est pas seulement d'une constance à toute épreuve, il a le malheur d'être aussi d'une simplicité approchant de la bêtise. La duchesse, enchantée d'avoir un amant tout à la fois sot et opulent, deux conditions précieuses pour une femme qui ne veut pas se gêner, la duchesse a fait tout au monde pour fixer un homme de si bonne composition, et y a réussi. Elle s'est formé une société de tout ce que Paris offre de gens du bel air, qu'elle reçoit sans façon, sans scrupule, dans la petite maison de M. de Luxembourg, rue Cadet. Madame de Boufflers est intimement liée avec madame de Luxembourg, femme de son amant, qui vient prendre part gaiement aux soupers ou plutôt aux orgies de la rue Cadet. Quand les fumées du vin commencent à échauffer les têtes, et particulièrement celle de la duchesse de Boufflers, qui ne sort jamais de table le soir sans être grise, on se met à *parler anglais*, c'est-à-dire qu'on se livre aux propos les plus libres, dans le cours desquels on ne déguise nullement les désignations. Des libertés verbales on passe aux licences effectives, et rarement ce sont des chapitres sans conclusion. Dans ces parties madame de Boufflers l'emporte sur toutes ses compagnes; mais le duc, malgré le témoignage de sa vue, il est vrai un peu obscurcie, ne croit des déréglements de sa maîtresse que ce qu'elle veut bien lui laisser croire, et se montre tout à fait impassible à ceux dont sa propre femme le rend témoin... Il est affligeant d'avoir à signaler de telles horreurs; mais, pour éloigner de la société les vices qui la dégradent, il faut quelquefois les lui laisser entrevoir dans toute leur dégoûtante nudité.

Ces mœurs sont d'autant plus horribles, que, placées plus haut dans l'échelle sociale, on les aperçoit inévitablement. Il est impossible, par exemple, que personne n'ignore la conduite infâme d'un prince de la maison de Condé, le comte de Charolais, qui joint le cynisme le plus révoltant à une férocité dont on se fait à peine l'idée. L'hôtel de ce prince, situé rue des Francs-Bourgeois, au Marais, avait il y a quelques mois une vue sur le couvent des sœurs hospitalières de Saint-Athanase. Alors Son Altesse ne trouvait rien de plus récréatif que de se mettre à ses fenêtres dans un état com-

Les courtisa[ns]
différence il y[...]

plet de nudité, e[...] gieuses. Scandal[...] pouvant rien cor[...] moins fait élever[...] très-haut qui re[...] gards entre l'un[...] Charolais n'est p[...] dire qu'à l'imitat[...] lecte dans le m[...] orgies avec ses n[...] vreurs sur les t[...] grâce au roi pou[...] l'effet d'un mall[...] nier, M. de Chai[...]

postillon père [...] vite, Fleury fu[...] comme de cou[...] évêque de Fr[...] cette circonsta[...] » jeune monar[...] » temps que c[...] probable que [...] de Charolais.

Cependant [...] reux, telleme[...] régent et mêm[...] de toutes part[...] tires sanglante[...] sur Pâris Duv[...] au nom de cet[...] à s'aigrir; le [...] courtisans, q[...] vescence des [...] lever, à M. le[...]

de se livrer à mille indécences devant ces reli-
sées au dernier point d'un tel spectacle, mais ne
tre un homme de ce rang, les bonnes sœurs ont du
entre l'hôtel de Charolais et leur maison un mur
d désormais impossible la communication des re-
et l'autre lieu. Dissolu comme Néron, le comte de
as moins cruel que ce monstre couronné; on peut
ion de l'empereur romain le prince français se dé-
eurtre. Rien ne lui paraît plus agréable dans ses
aîtresses que d'abattre à coups de fusil ou des cou-
bits ou des passants; et lorsqu'il va demander sa
ces assassinats de sang-froid, ils ont toujours été
eureux hasard ou de la nécessité. Le mois der-
olais ayant tué d'un coup de pistolet un malheureux

ns de la princesse demandaient un soir à Fontenelle quelle
y avait entre elle et une pendule...

de famille, sous prétexte qu'il ne le menait pas assez
t informé de ce meurtre avant que Son Altesse vînt,
ume, s'en faire absoudre par Sa Majesté, et l'ancien
éjus dicta la réponse que le roi devait faire dans
nce à son féroce parent : « Mon cousin, lui dit le
que, voici votre grâce, mais je vous déclare en même
elle de celui qui vous tuera est toute prête. » Il est
cette déclaration tempérera un peu l'ardeur meurtrière

ministère de *M. le duc* était devenu tellement oné-
t vexatoire, qu'on regrettait hautement le régime du
celui du cardinal Dubois. Les murmures éclataient
s; les épigrammes, les couplets malins et même les sa-
s pleuvaient sur le premier ministre, sur la favorite et
erney, qui gouvernait ou plutôt rançonnait la France
te femme. A la cour même, les esprits commençaient
joug de madame de Prie devenait intolérable pour les
ui pourtant savent se plier à tout. Dans cette effer-
esprits, l'ancien évêque de Fréjus déclara un matin, au
duc, que le seul moyen de rétablir l'ordre était de ren-
quise; mais celle-ci avait un emploi auprès de la reine.
se, croyant lui devoir sa fortune, paraissait disposée à
disposition dont l'intrigante maîtresse du duc songea à
chasser de la cour le vieux prélat, occupé de l'en ban-
ne. C'était dans les règles de la guerre. Jusqu'alors
on avait toujours eu à subir une déconvenue qui lui te-
: lorsqu'il travaillait avec le roi aux affaires de l'État,
eury assistait toujours à l'audience; tandis que, quand
s'entretenait avec Sa Majesté des affaires ecclésiasti-
'était réservées, le prince ministre n'avait point accès

dans le cabinet. Un jour il en fut différemment : à l'instigation de
madame de Prie, *M. le duc* fit consentir la reine à ce que le roi vînt
travailler chez elle; et lorsque l'ancien évêque de Fréjus se présenta
à la porte de l'appartement, l'entrée lui en fut interdite.

Le bonhomme, incertain si son royal élève était du complot, résolut, dans tous les cas, de bouder; il monta incontinent en voiture et
se retira au village d'Issy. Louis XV, qui n'avait attaché aucune importance au travail du matin chez la reine, et qui s'était laissé entraîner dans le piége sans l'apercevoir, fut très-surpris de l'absence
de son vieux directeur. Pendant qu'il s'en alarmait, madame de Prie,
le premier ministre, Marie elle-même, qu'on travaillait à prévenir
contre le prélat boudeur, cherchèrent à insinuer au roi que son éloignement était un manque d'égards. Louis XV montra un moment de
l'humeur; le parti de la favorite crut son triomphe assuré. Mais
bientôt l'attachement du roi pour Fleury prit le dessus sur son mécontentement; Sa Majesté, toute jeune qu'elle était, commença à
soupçonner quelque perfidie. Peu à peu la tête de ce prince se
monta; il reprocha à *M. le duc* d'avoir causé la retraite de son *bon
ami*; la reine eut aussi sa part de reproches... Elle pleura, et le roi
ne parut pas sensible à ses larmes. Enfin, prenant une intonation
souveraine que personne ne croyait encore dans sa voix de seize ans,
Louis XV ordonna au premier ministre d'écrire *de sa main* à l'évêque de Fréjus et de *le prier*, au nom du roi, de revenir à Versailles.

Fleury revint en effet le lendemain : il était dévot et même un
peu jésuite dans le fond; ce bon prêtre reparut à la cour le sourire
sur les lèvres; pas la moindre plainte, pas le plus léger témoignage
de mécontentement... Mais ce calme était trompeur. Tout à coup, et
au moment où le parti de madame de Prie croyait le calme rétabli,
le roi déclara, dans le conseil du 11 juin, qu'il voulait désormais
gouverner par lui-même. Louis XV n'ajouta rien à cette déclaration
qui pût faire soupçonner la disgrâce de *M. le duc*; Sa Majesté eut re-

M. le duc de Bourbon, premier ministre, est arrêté par ordre du roi.

cours, pour la consommer, à une ruse qui ferait honneur à un disciple de saint Ignace. Elle invita *M. le duc* à venir coucher au château
de Rambouillet, où elle allait l'attendre. A peine le monarque était-il
parti, que le duc de Charost, capitaine des gardes en service, entra
dans l'appartement du prince premier ministre, et, l'ayant arrêté par
ordre du roi, le remit entre les mains d'un exempt chargé de le conduire à Chantilly, où Son Altesse était exilée. Pour madame de Prie,
elle fut envoyée au fond de la Normandie, avec injonction expresse
de s'y tenir.

Ainsi finit le ministère de M. le duc de Bourbon, durant lequel,
indépendamment d'une foule de déprédations, on a vu un prince de
la maison régnante à la solde de l'Angleterre; car *M. le duc* se faisait
continuer la pension de quarante mille livres sterling que l'immoral
Dubois avait reçue avant lui. Le roi a supprimé le premier ministre,

et, se chargeant de l'administration de son royaume, Sa Majesté a ordonné au cardinal de Noailles, archevêque de Paris, d'adresser à Dieu des prières afin d'obtenir les grâces dont elle a besoin pour gouverner dignement ses Etats.

Cependant l'ancien évêque de Fréjus, avec le simple titre de ministre d'Etat que Louis XV venait de lui conférer, succéda par le fait à *M. le duc;* les fonctions de premier ministre subsistèrent, et la suppression du titre ne fut que le prétexte du renvoi de Son Altesse. Fleury, qui est âgé de soixante et treize ans, pourrait paraître bien vieux pour se charger d'un tel fardeau; mais c'est un vieillard robuste et bien conservé. Ce ministre a la figure encore belle; il a le teint frais, les yeux vifs, la physionomie mobile; son front est élevé, son nez bien fait, sa bouche vermeille. Ce prélat tire tout le parti possible d'une taille médiocre, pour montrer une démarche noble et assurée; il laisse voir avec quelque coquetterie une jambe fort heureusement tournée. Fleury a l'esprit délié; sous une modestie habilement simulée il cache beaucoup d'ambition; et cette ambition sera heureuse, car le précepteur du roi possède mieux que le plus fin des courtisans cette subtilité, cet art de se plier aux circonstances pour en profiter, cette habileté insinuante qui sait s'emparer de la confiance afin d'en tirer parti; enfin le nouveau ministre sait jeter mieux que personne cet hameçon des grâces et des faveurs qui manque rarement son effet.

L'ancien évêque de Fréjus passe pour avoir sacrifié avec la puissance d'Hercule sur les autels de la beauté; aujourd'hui encore, un observateur exercé peut reconnaître que cet ecclésiastique est voluptueux par goût; mais, plus maître de lui-même que la plupart des débauchés, il est sobre et réglé par raison. Fleury a de l'instruction, mais point de génie; son âme manque de ressort, son imagination a peu d'élan. D'ailleurs, lent et indécis, facile à embarrasser, quoique difficile à tromper, cet homme est privé des qualités propres à faire un ministre habile, sans être doué de celles qui font un ministre estimable. En effet, Fleury ne sait ni récompenser les services qu'on lui a rendus, ni oublier les injures qu'il a reçues: c'est un ennemi d'autant plus dangereux qu'il est plus dissimulé, et un ami d'autant plus ingrat que son ingratitude est toujours assaisonnée de protestations amicales. Achevons ce portrait en disant que Fleury l'emporte en avarice sur le juif le plus cupide; voici un trait qui manqua à Molière pour peindre son Harpagon. Le précepteur, entrant un soir chez le roi, fut emporté à tel point par son naturel, qu'il éteignit deux ou trois bougies dont la consommation lui parut inutile.

Le premier acte de l'administration dite directe de Louis XV a été de supprimer le *cinquantième,* qui devait être perçu pendant douze ans. Cette mesure, prise le 15 juin, valut au roi autant de bénédictions que l'établissement de l'impôt avait attiré de malédictions à *M. le duc.* La chute de cet édifice audacieusement élevé par M. Pâris Duverney fut le signal de sa disgrâce; on le mit à la Bastille, et ses trois frères furent exilés. Ces proscriptions ont ameuté contre Fleury un parti de jeunes seigneurs qui se montrent fort mécontents du ministère actuel parce qu'il les a privés des faveurs dont ils jouissaient sous le régime précédent. Ces dissidents, qu'on appelle les *mirmidons,* n'empêchent point le prélat-ministre d'aller son train; et comme leurs armes ne consistent que dans des chansons, le vieux gouvernant se moque d'une artillerie si légère.

Pendant que les *mirmidons* crient, quelques dispositions favorables sortent du cabinet de Versailles, dirigé par Fleury; et l'on doit citer le nouveau bail des fermes générales, passé avec une compagnie, moyennant quatre-vingts millions au lieu de cinquante-cinq que le gouvernement recevait annuellement, d'après le bail de 1723. Voilà de quoi remplacer une partie du cinquantième.

Une ordonnance du roi fonde en France des corps dits de milices, qui ne seront appelés sous les drapeaux que dans certaines circonstances graves, comme l'était jadis l'arrière-ban. Sa Majesté a créé en même temps six compagnies de cadets gentilshommes, dont chacune sera composée de cent maîtres, indépendamment des officiers; elles tiendront garnison dans les villes de Caen, Metz, Cambrai, Strasbourg, Perpignan et Bayonne.

La cour de Rome ne se méprend pas sur la prétendue administration directe d'un roi de seize ans; et sentant qu'il est de son intérêt de vivre en bonne intelligence avec un précepteur qui a toutes les allures d'un premier ministre, elle vient d'envoyer le chapeau de cardinal à M. de Fleury. Le bret d'investiture est du 11 septembre.

Une autre élection a eu lieu dans le même temps: c'est celle du comte de Saxe, choisi par les états de Courlande pour succéder à leur souverain Ferdinand. Maurice, comte de Saxe, que la France doit regretter de voir s'éloigner, parce que, jeune encore, il lui promettait un homme distingué, est fils naturel de Frédéric-Auguste II, électeur de Saxe et roi de Pologne, et de la comtesse de Konismark. Dès l'âge le plus tendre Maurice eut des inclinations guerrières; comme Achille, il n'aimait à jouer qu'avec des armes. Ennemi de l'étude, le jeune comte de Saxe ne consentait à s'y livrer quelques instants qu'en faveur de la permission qu'on lui donnait de monter à cheval et de faire des armes. Il apprit néanmoins la langue française avec facilité. « C'est celle de du Guesclin, Bayard et Turenne, di-

sait-il, je veux la savoir. » Malgré son goût prononcé pour la France, ce brave Saxon fit pourtant ses premières armes contre cette puissance, dans l'armée du grand Marlborough. Après avoir combattu Charles XII à côté de Frédéric-Auguste, au siége de Stralsund et à la sanglante bataille de Quedelsburch, Maurice de Saxe, déjà célèbre par sa valeur, servit sous les bannières d'Eugène, en 1717, dans la guerre de l'empereur contre les Ottomans. Il vint ensuite en France, où le régent, à l'oreille de qui la renommée de ce jeune guerrier était parvenue, lui donna un brevet de maréchal de camp.

Pendant la paix qui régnait alors en Europe et qui depuis n'a été troublée qu'un moment, le comte de Saxe se livra à un genre d'hostilités auxquelles il ne paraissait pas moins propre qu'à celles du champ d'honneur: les combats de l'amour occupèrent une grande partie de ses loisirs, et pour continuer la figure, je dois dire que les adversaires ne pouvaient manquer à un homme qui au courage d'Alcide unit sa force et ses formes athlétiques. La fameuse tragédienne Lecouvreur, dont l'âme est aussi belle que son talent, fut une des premières à proclamer que le fils d'Auguste II était un héros dans toutes les acceptions du mot; et, soit qu'Adrienne ait également paru une héroïne à l'Hercule saxon, soit que les belles qualités de cette actrice l'aient captivé, elle n'a pas cessé de l'emporter dans son cœur sur les nombreuses rivales qu'il lui a données. Mais le comte de Saxe va régner en Courlande, et les amours le pleurent à Paris.

Un phénomène assez rare dans nos contrées presque méridionales nous est apparu le 19 octobre, à sept heures du soir: c'était une *aurore boréale,* qui a duré jusqu'à une heure du matin. Au moment de l'apparition la nuit était extrêmement sombre; tout à coup le jour a semblé renaître après une obscurité de deux heures, et la lumière était telle qu'on pouvait lire l'impression et même l'écriture les plus fines. L'instruction du grand siècle n'a pas encore pénétré dans toutes les classes: une foule éplorée parcourait les rues en psalmodiant des *Ave* et des *Confiteor* qu'interrompaient mille cris de désespoir. « C'est » la fin du monde, disaient ces bonnes gens; D eu a permis que le » jour revînt pour éclairer les morts; on veut sortir de leurs tom- » beaux; nous touchons au jugement dernier... » Quelques vieillards superstitieux croyaient même entendre déjà la fatale trompette; et les *meâ culpâ* de retentir de toutes parts. Vainement M. le lieutenant de police faisait-il parcourir la ville par des savants qui s'efforçaient d'expliquer le phénomène; ces messieurs perdaient leur physique, et la crainte subsistait. Enfin, à une heure et quelques minutes, la lumière s'étant évanouie, les esprits se sont calmés, et chacun a gagné son lit avec l'espoir de se lever encore le lendemain. Les gazettes ont appris depuis que cette aurore boréale a été vue en Espagne et en Italie; mais il paraît qu'elle s'est montrée plus brillante en France que dans ces deux autres parties de l'Europe.

Ce n'est point un phénomène lumineux que la tragédie de *Pyrrhus,* jouée cette année à la Comédie-Française; cependant Crébillon a mis cinq ans à la composer, ce qui prouve que le temps ne fait décidément rien à l'affaire. L'auteur de *Rhadamiste* et d'*Atrée,* touché du reproche qu'on lui faisait depuis longtemps de tuer tous ses personnages, a voulu prouver qu'il pouvait réussir sans avoir recours à ces meurtres poétiques. Personne ne meurt dans la tragédie de *Pyrrhus;* mais, voyez la bizarrerie du public, il a tué sans pitié la pièce où contre son habitude Crébillon s'était montré clément. Nouveau témoignage en faveur de cet excellent conseil du plus naturel, du plus sensé de nos poètes:

> Ne forcez point votre talent,
> Vous ne feriez rien avec grâce.

Dans les premiers jours de la présente année 1727, Louis XV trouva sur la cheminée de sa chambre une lettre qui, d'après son contenu, semblerait avoir été confiée par Louis XIV mourant au duc du Maine, pour être remise à Sa Majesté au moment où elle prendrait les rênes de l'Etat. Je copie cet écrit, tout apocryphe qu'il est, car il a produit une grande sensation à la cour.

« Mon fils, si la divine Providence à laquelle je me confie daigne » conserver vos jours jusqu'au temps où la raison puisse vous faire » agir par vous-même, recevez avec respect cette lettre des mains » de M. le duc du Maine, ce fidèle sujet à qui j'ai fait jurer de vous » la rendre en main propre. Vous y trouverez les dernières volontés » de votre père, de votre roi, qui, au moment de quitter la vie, sent » redoubler sa tendresse pour vous, en qui il voit tous ses enfants » réunis, et dans un âge si tendre, qu'il prévoit sous votre minorité » des maux qui lui donnent plus d'inquiétude que les horreurs du » trépas qu'il va subir ne lui causent d'effroi.

» Si quelque chose peut adoucir ma peine dans cet état, c'est, mon » cher fils, la promesse de tant de bons sujets qui ont fait serment » dans mon sein de veiller sur vos jours, et de verser leur sang pour » votre conservation. Récompensez leur zèle lorsque vous en aurez » l'âge, et n'oubliez jamais les soins que mon fils le duc du Maine, » que j'ai jugé capable de mettre auprès de votre personne, en pren- » dra après ma mort. Cette distinction, que j'ai crue nécessaire pour » l'amour de vous, lui suscitera sans doute pour ennemis tous ceux » qui se verront par cette prévoyance trompés dans le désir qu'ils

» ont de régner; et si, par les troubles qui pourront survenir dans
» votre royaume, il arrivait quelque malheur à ce prince, ou quel-
» que changement à ce que j'ai établi, je désire, mon fils, si Dieu
» vous conserve, que vous rétablissiez les choses dans l'état où elles
» se trouvaient à ma mort, tant pour la religion et l'État que pour
» ce qui touche le duc du Maine. Ayez confiance en lui, suivez ses
» avis et ses conseils; il est très-capable de vous bien conduire. Si
» la mort vous privait d'un si fidèle sujet, rendez à ses enfants, en
» leur conservant leur rang, toute l'amitié que vous devez à leur
» père, qui m'a promis et juré de ne vous abandonner qu'à la mort.

» Que le sang et l'amitié vous unissent avec le roi d'Espagne, sans
» aucune raison d'intérêt ni de politique mal entendue; ne vous en
» séparez jamais, c'est le seul moyen de conserver la paix, l'union et
» la balance de l'Europe.

» Ayez toujours un attachement inviolable pour le père des fidèles,
» et ne vous séparez jamais, pour quelque motif que ce soit, du sein
» et du centre de l'Église. Mettez en Dieu toute votre confiance;
» vivez en chrétien plus qu'en roi... Gardez-vous d'attirer sur vous
» la colère de Dieu qui protége si visiblement ce royaume.

» Donnez à vos sujets le même exemple qu'un père chrétien donne
» à sa famille; regardez-les comme ses enfants; rendez-les heureux
» si vous voulez l'être. Soulagez-les le plus tôt qu'il vous sera possible
» de tout l'impôt violent dont la nécessité d'une longue guerre les a
» surchargés, et que leur fidélité leur a fait supporter avec zèle.

» Faites-les jouir d'une longue paix, qui seule peut rétablir les
» affaires de votre royaume; préférez-la toujours aux événements
» douteux, et souvenez-vous, mon fils, que la plus éclatante victoire
» coûte toujours trop cher quand il faut la payer du sang de ses su-
» jets. Ne le versez jamais, s'il est possible, que pour la gloire de
» Dieu; cette conduite vous attirera la bénédiction du ciel pendant
» le cours de votre règne. Recevez la mienne, mon fils, avec mes
» derniers embrassements.

» Louis. »

Il faudrait avoir bien peu de pénétration pour ne pas reconnaître
que cette lettre sort des ateliers de bel esprit de madame la duchesse
du Maine, où sans doute on la fabriqua entre une énigme et une
pièce de bouts-rimés, afin de se conformer au précepte de Boileau :

Passez du grave au doux, du plaisant au sévère.

C'est une petite tentative de l'ambitieuse princesse, au moment où
le roi commence à se diriger quelquefois d'après des idées qui lui
appartiennent. Mais, outre que l'amorce est jetée maladroitement par
le dépôt clandestin du papier sur la cheminée du roi, les éloges im-
modérés donnés au duc du Maine trahissent trop clairement l'origine
de la prétendue homélie royale, pour que les gens sensés aient pu s'y
méprendre. Mais comme les choses extraordinaires ne manquent jamais d'apologistes, celle-ci en a trouvé beaucoup, et bon nombre de
courtisans ont déclaré, tout bas néanmoins, que le roi ne ferait pas
mal de se conduire conformément aux conseils qu'on lui donnait.
Quant au public, qui, dans ses interprétations, excède toujours les
lois de la raison, il se persuade que la lettre de Louis XIV arrive de
l'autre monde; qu'elle a été déposée sur la cheminée du roi par un
ange, et que Dieu a permis ce message pour mettre le jeune roi dans
la bonne voie.

Le cardinal de Fleury a pris la chose comme il la devait prendre,
en accueillant avec un sourire moqueur toutes les observations sérieuses qu'on lui adressait journellement sur le message posthume
du feu roi. Cependant les niais puissants de la cour étant revenus
auprès de lui sur cette affaire jusqu'à la plus assommante ténacité,
ce ministre voulut mettre fin à ces fades et oiseux discours.

Il y avait cercle chez la reine; la compagnie était nombreuse; le
roi s'y trouvait, et madame la duchesse du Maine aussi. Le cardinal,
jugeant la circonstance favorable à l'exécution de son projet, s'approche de la dame de Sceaux.

« Recevez, madame la duchesse, lui dit-il, mon bien sincère compliment.

— De quoi, monsieur?

— De la lettre écrite à Sa Majesté par le feu roi.

— Si M. le duc du Maine eût remis cet écrit au roi avec la décence convenable, peut-être y aurait-il eu à cela quelque mérite; mais
le déposer clandestinement...

— La façon dont a été remise la lettre ne fait rien à l'affaire, madame... Et puis, continua Son Eminence en souriant, la modestie,
l'humilité pieuse de M. le duc ne lui permettaient pas d'entendre lire
un écrit renfermant son éloge... Mais c'est pour la lettre elle-même
que je félicite Votre Altesse.

— Je ne comprends pas Votre Eminence, répondit madame du
Maine en rougissant.

— Les sentiments généreux exprimés dans cette lettre, les nobles
pensées qu'elles renferme, et les beautés académiques qui assaison-
nent le tout...

— Eh bien, monsieur le cardinal...

— Font le plus grand honneur à la cour de Sceaux.

— J'ignore absolument ce que vous voulez dire.

— Je m'attendais à cette réponse; le vrai talent est modeste. Mais
Votre Altesse s'en défend vainement; c'est à elle que le roi doit ce
superbe morceau d'éloquence modèle, composée sans doute pour
donner à Sa Majesté une idée des beaux mouvements épistolaires, et
qui ne peut manquer de produire cet effet.

— Monsieur le cardinal oublie que ses plaisanteries s'adressent à
une princesse du sang!

— Je ne plaisante nullement; ce sont de sérieuses félicitations que
je fais à madame la duchesse.

— Finissons, monsieur! dit la princesse avec une colère difficilement comprimée.

— Voici mon dernier mot, reprit le cardinal : on ne gouverne point
un État avec des phrases. Le panégyrique des gens illustres et les
fleurs de rhétorique sont bons pour charmer l'amour-propre et l'o-
reille; mais, dans l'administration publique, il faut de l'aptitude, du
travail et la connaissance des hommes; il faut enfin marcher avec le
temps actuel, et non avec des souvenirs. »

A ces mots le ministre fit une profonde révérence à madame la
duchesse du Maine, et se mêla à la foule qui s'était réunie autour des
interlocuteurs.

Depuis ce jour la prétendue lettre de Louis XIV a perdu tout son
crédit; on n'en parle plus qu'avec ironie.

Le renvoi peu civil de l'infante d'Espagne et l'alliance conclue par
Philippe V avec l'empereur avait rompu la bonne intelligence entre
les cours de Versailles et de Madrid; la guerre eût même éclaté, si
l'une et l'autre puissance eussent été plus en état de la soutenir. Mais
le premier soin de Fleury après son avénement au ministère fut de
réconcilier deux souverains que le sang et la politique semblent devoir tenir sans cesse unis. Louis XV écrivit le premier à son oncle,
au commencement de cette année, à l'occasion de la grossesse de la
reine Elisabeth; Philippe V se hâta de répondre par une lettre polie,
mais dans laquelle perçait encore un peu de froideur. La correspondance n'a pas continué.

Décidément madame de Boufflers l'emporte sur toutes les femmes
qui, depuis cent ans, ont inscrit leur nom dans les fastes de la galanterie. Il est impossible de suivre le cours de ses bonnes fortunes;
l'attention la plus soutenue n'y pourrait suffire. Si le roi voulait un
beau matin passer la revue des amants de cette dame, la cour du
château de Versailles ne serait pas assez vaste pour les contenir.
Voici un petit épisode des prodigieuses aventures de la duchesse, qui
égaye singulièrement la ville et la cour : M. de Durfort eut dernie-
rement la fantaisie de soupirer quelques instants pour madame de
Boufflers : « Quel jour? » répondit-elle à la première déclaration de
ce nouvel amant. On convint d'un rendez-vous rue Cadet, pendant
l'absence déjà connue que M. de Luxembourg devait faire. Durfort,
pour rendre le souper plus agréable, y conduisit Chassé, acteur de
l'Opéra, très-aimé du public, et dont quelques dames de la cour font
le plus grand cas sous un autre rideau que celui de l'Opéra. Lorsque
le vin eut excité madame de Boufflers, elle se mit à comparer les
traits, les formes, la tournure de M. de Durfort, sa conquête du jour,
avec ceux du chanteur amené pour égayer la soirée, et la duchesse
jugea qu'il y avait une source de gaieté plus féconde dans le dernier
que dans le premier. La duchesse se mit à faire des agaceries très-ex-
pressives au comédien; celui-ci pensa qu'il était de son honneur d'y répondre, quoi qu'il pût arriver. Mais M. de Durfort, qui n'avait pas
arrangé la partie pour les plaisirs d'un comédien, fit sortir Chassé de
table, et le renvoya. A cette vue madame de Boufflers entrant dans
la plus violente colère, se précipite sur les traces du chanteur; on
essaye de la retenir, mais elle s'arrache des bras de ceux qui l'avaient
saisie. Echevelée, l'œil ardent, et dans le plus grand désordre, elle
court après Chassé jusqu'au bout de la rue, en criant de toute sa
force : « Je le veux! je le veux! » M. de Durfort, après avoir, avec
beaucoup de peine, ramené cette bacchante à la petite maison, parvint à calmer un peu ce transport.... « A la bonne heure, dit-elle;
mais je vous assure que je l'aurai. » En effet, le lendemain au soir,
on vit le beau chanteur entrer chez madame de Boufflers, et prendre
rang dans la onzième ou douzième centaine de ses amants.

La mort frappa le 30 mars le grand Newton, l'un des rares génies
à qui l'Eternel ait permis de reconnaître et d'expliquer quelques-uns
des ressorts mystérieux de la nature. Dans ses *Principes mathématiques
de la philosophie naturelle,* en démontrant l'affinité des corps, ou, si
l'on veut, l'attraction, cet illustre Anglais fit comprendre par quelles
causes secondaires, à la voix du Tout-Puissant, le chaos se débrouilla;
comment le feu jaillit de la matière, attiré par le feu; comment l'eau
se réunit à l'eau pour couler en torrents, et comment les métaux,
obéissant aux lois qui attiraient leurs molécules les unes vers les
autres, percèrent les entrailles de la terre pour former des masses
homogènes. Quel champ ouvert à la raison que cette explication des
sympathies physiques, dont on a sans doute outré le pouvoir, en les
supposant le principe des affections ou des antipathies humaines!
L'*Optique* de Newton est une autre création presque divine à laquelle
nous devons en grande partie la révélation des mystères de cette lumière qui nous étonnait par tant de phénomènes inexpliqués. Grâce

au philosophe de Wolstrop, nous connaissons enfin l'origine des couleurs, que son intelligence sublime a décomposées. Ajoutons que les immortels ouvrages de Newton ont prouvé, mieux que tous les livres de théologie, la puissance infinie du Créateur : le grand homme l'a démontrée par les œuvres mêmes de la création ; il marque du doigt, dans le système de l'univers, le point où finit la cause physique, et où commence la cause indispensable d'une volonté supérieure aux lois de la nature. Si j'avais un enfant athée, je lui ferais lire Newton. Ce mortel d'un ordre supérieur mourut à Kinsington à l'âge de quatre-vingt-cinq ans. Les plus grands honneurs lui ont été rendus, non comme président de la Société royale de Londres, ni comme directeur général des monnaies du royaume, mais parce qu'il a marqué en Angleterre la plus haute région où le savoir de l'homme soit parvenu. Six pairs portaient les coins du poêle au convoi funèbre. Dans la Grande-Bretagne, on ne songe pas à donner des lettres de noblesse au génie ; c'est au contraire par lui que la nation cherche à s'ennoblir. Les six gentilshommes dont je viens de parler compteront parmi leurs plus beaux titres d'illustration le choix qu'on avait fait d'eux pour accompagner les restes de Newton. Il repose à Westminster, sous quelques pieds de marbre ; mais sa grande âme remplit l'univers, et son nom retentira dans tous les siècles.

Combien il faut baisser de ton pour parler d'un mortel qui n'est que souverain, quand on s'est élevé jusqu'à Newton ! mais la tâche que je me suis imposée exige de fréquentes transitions : la variété doit naître sous ma plume comme elle naît autour de moi. La czarine Catherine Alexina, qui, d'un cabaret de la Livonie, monta au trône des Russes, et qui les gouverna quinze mois après la mort de Pierre le Grand, vient, en le rejoignant dans la tombe, de laisser le sceptre au czarowitz son fils, proclamé sous le nom de Pierre II. Catherine suivit les plans de gouvernement de son illustre époux ; elle acheva plusieurs des fondations qu'il avait commencées, créa même des établissements, et se fit aimer de ses sujets. La conduite de cette souveraine ne fut pas exempte de blâme : elle eut pour amant le comte de Lewenvolden, et ensuite le comte de Sapieha ; ce qui fait concevoir l'indulgence avec laquelle Catherine oublia l'attentat du Breton Villebois sur sa personne.

L'esprit de secte s'appuie de tout, s'accroche à tout, et rarement ses principes ne vont pas jusqu'à l'exaltation. Le jansénisme, que des hommes tels que Nicole, Arnauld et Sacy ne purent empêcher de dégénérer en fanatisme, devait s'affranchir tout à fait des lois de la raison, lorsqu'il était abandonné à des sectaires vulgaires, et les persécutions ne pouvaient manquer de le convertir en délire. C'est ce qui se voit maintenant.

Il y avait par le monde un janséniste nommé *Pâris*, fils d'un conseiller au parlement, et qui, ayant pris les ordres mineurs, abandonna à son frère ce qu'il avait à prétendre dans la succession paternelle. Mais, par une humilité sincère, Pâris se borna au diaconat, et, renonçant au monde, se retira, faubourg Saint-Marcel, dans une espèce d'ermitage au fond d'un jardin, qu'il cultiva de ses mains pour aider à la subsistance du pauvre. Vincent de Paul en miniature, l'honnête diacre fournissait des carottes, des choux, des oignons aux familles nécessiteuses du quartier ; il instruisait leurs enfants, et le soir, après tous ses exercices de pénitence et de charité, se procurait une innocente récréation en tricotant des bas pour ses protégés. Pâris vécut ainsi plusieurs années sans que sa réputation s'étendît au delà du faubourg dont il secourait les habitants ; car il faisait le bien sans ostentation, ce qui devait nécessairement le laisser dans l'obscurité. Ce diacre mourut il y a quelques mois ; son convoi ne fut escorté que par les infortunés dont il avait été le bienfaiteur, et sa dépouille mortelle fut déposée sous une simple pierre dans le cimetière de l'église Saint-Médard. La reconnaissance réunit d'abord sur la tombe de Pâris un certain nombre de pauvres du quartier, qu'on entendait prier à haute voix pour lui ; bientôt quelques jansénistes, qui avaient honoré ses vertus modestes, grossirent ce cortége pieux ; enfin on fit du tombeau le rendez-vous des disciples de Jansénius, et l'on vint s'y fortifier, s'y roidir contre les renaissantes persécutions des jésuites..... Peu à peu les têtes s'échauffèrent près des restes de Pâris ; on se crut inspiré par le sépulcre de cet homme vertueux ; les prières redoublèrent, le fanatisme s'accrut, les cervelles se détraquèrent. Le délire fut surtout porté à son comble chez une multitude de jeunes filles, qui, parvenues à cet âge où une nature impérieuse exalte les passions du sexe, éprouvèrent sur la tombe de Pâris des convulsions moitié ferventes, moitié hystériques. Rien de communicatif comme l'exaltation ; de ce que ces jeunes filles avaient été saisies d'une irritation nerveuse, toutes les femmes jansénistes habituées du cimetière de Saint-Médard crurent en sentir le principe, et ce qu'on croit fermement a sur l'âme toute la puissance de la vérité. Ces dévotes ne tardèrent pas de se tordre les bras, de faire craquer leurs jarrets, de décomposer leurs traits par d'horribles grimaces ; puis, s'étendant sur la tombe pour ressentir plus immédiatement ce qu'elles appelaient l'*œuvre*, on les vit s'agiter convulsivement de manière que, par un véritable saut de carpe, elles se retournaient avec une inconcevable souplesse de reins, sans s'occuper du désordre, quelquefois complet, que ces brusques mouvements causaient dans leurs vête-

ments. A l'origine de ces actes d'un étrange fanatisme, peut-être la conviction seule y présida-t-elle ; mais il me paraît démontré aujourd'hui que les jansénistes, spéculant sur les convulsions, songent à s'en faire une ressource pour rendre, s'il se peut, leur parti redoutable à ses adversaires, sous l'invocation du diacre Pâris, qui n'en peut mais.

Toujours est-il qu'il existe depuis quelque temps une société organisée de convulsionnaires : elle a ses chefs, ses règlements, ses employés. Déjà le charlatanisme s'ingénie ; les miracles ne peuvent tarder, et les martyrs suivront de près. En attendant, les convulsionnaires ont leurs spectateurs : tout ce qu'il y a de curieux à Paris, et surtout de curieux libertins, vient, des fenêtres du voisinage, qu'on loue à cet effet, assister aux tours de force, aux sauts périlleux des jansénistes femmes du cimetière de Saint-Médard. Les fanatiques qui se livrent à cette gymnastique dévote ont reçu dans le monde le nom de *sauteuses ;* d'autres, qui poussent des cris semblables à l'aboiement d'un chien, sont appelées *aboyeuses ;* enfin une troisième subdivision de convulsionnaires femelles, dont la manie est de miauler comme les chats, a reçu la qualification de *miaulantes*... On voit que la variété ne manque pas à ce spectacle, qu'il faudrait déplorer plutôt que d'y courir comme à un amusement.

Les convulsionnaires, ou, si l'on veut, les jansénistes, ne se bornent pas aux sauts de carpe, aux aboiements et aux miaulements du cimetière de Saint-Médard ; c'est la parade dont on amuse les badauds arrêtés à la porte. Ces sectaires, qui savent très-bien que le cardinal de Noailles, en accédant à la bulle *Unigenitus*, n'en est pas moins resté attaché au parti des anticonstitutionnaires, cherchent à s'appuyer de la secrète adhésion de ce prélat à leurs mystères, et ces jansénistes ne désespèrent pas de réussir. Mais les jésuites ont prévu le cas ; n'ayant pu vaincre l'opposition du cardinal par la persuasion, ils se sont déterminés à l'effrayer par un exemple de sévérité. Alléguant auprès de Fleury la prétendue nécessité de discuter des matières intéressant le dogme et la discipline de l'Eglise, ces pères ont prié ce ministre d'obtenir l'agrément du roi pour la réunion d'un concile à Embrun. Son Eminence, peut-être séduite, peut-être trompée, a sollicité et obtenu de Sa Majesté une déclaration qui autorisait cette assemblée ecclésiastique. En conséquence, l'archevêque d'Embrun a convoqué dans sa métropole les évêques de Senez, de Gap, de Bellai, de Fréjus, de Vence, de Sisteron, de Glandèves, d'Autun, de Viviers, d'Apt, de Valence, de Grenoble, de Grasse et de Marseille. Presque tous ces prélats s'étaient rendus à Embrun avec la persuasion qu'il s'agissait de traiter quelque point important de doctrine religieuse ; leur surprise fut grande quand le promoteur du concile dénonça l'un des évêques présents, M. de Senez, pour une instruction pastorale contenant des termes injurieux à la bulle *Unigenitus*, et recommandant la lecture des *Réflexions morales* du père Quesnel. L'évêque ayant reconnu l'ouvrage inculpé comme sien, et s'étant refusé à le rétracter, fut déclaré suspendu de ses fonctions épiscopales, et relégué, par ordre du roi, à l'abbaye de la Chaise-Dieu. Cet ecclésiastique est âgé de quatre-vingts ans.

Cet exemple ne produisit point l'effet que les jésuites en attendaient : M. de Noailles, qui avait reconnu leur intention, déclara qu'il n'avait rien à se reprocher et ne craignait personne.

Pendant le cours de ces discussions religieuses, des événements politiques plus sérieux encore se passaient en Europe. L'empereur Charles VI fonda en 1722, dans les Pays-Bas, une compagnie des Indes sous le nom de *compagnie d'Ostende*. Cet établissement ne paraissait pas appelé à de hautes destinées chez une puissance aussi peu maritime que l'Autriche ; cependant il excita la jalousie des nations commerçantes, et particulièrement de l'Angleterre, qui motiva du moins sur cette cause des hostilités contre Philippe V, protecteur de la compagnie d'Ostende. A peine la guerre eut-elle éclaté que le comte de Torres, général espagnol, fit ouvrir follement la tranchée devant le rocher de Gibraltar. Déjà pourvue de tout ce qui pouvait la mettre à même de soutenir un long siége, cette place, en présence même des assiégeants, reçut un renfort de trois régiments que le vice-amiral Wayer y débarqua sans que les Espagnols pussent s'y opposer ; et dès ce moment le siége fut changé en simple blocus.

Cependant le cardinal de Fleury, qui s'était entremis entre les puissances belligérantes, parvint à arrêter cette guerre ; des préliminaires de paix furent signés à Paris le 31 mai. L'empereur consentit à ce que la compagnie d'Ostende demeurât suspendue pendant sept années, à condition que les puissances maritimes laisseraient entrer paisiblement les vaisseaux de cette compagnie ; ce qui fut accordé.

Peu de temps après ce traité Georges Ier, roi d'Angleterre, mourut, et Georges-Auguste II lui succéda le 16 juin. Le prince défunt, qu'on vit commander avec distinction dans les guerres de la succession d'Espagne, n'étant alors que duc de Brunswick, a régné sur l'Angleterre avec habileté, sagesse et fermeté ; mais il faut, pour être juste, attribuer en grande partie la prospérité dont la Grande-Bretagne a joui sous son règne au célèbre Robert Walpole, son premier ministre, homme d'Etat dont le nom mérite d'être associé à celui de Colbert.

L'entremise du cabinet de Versailles entre l'Angleterre et l'Espagne a consommé la réconciliation de Philippe V et de Louis XV. Celui-ci, à l'occasion de l'accouchement de la reine Élisabeth, a écrit une nouvelle lettre de félicitation à Sa Majesté Catholique; le comte de Rosembourg, qui était chargé de la porter, avait en même temps la mission de remettre au roi castillan le cordon bleu pour l'infant nouveau-né, don Louis-Antoine-Jacques. Après avoir lu le message Philippe déclara, le 11 août, en présence de toute sa cour, « qu'il était entièrement et sincèrement réconcilié avec le roi de » France, son bien-aimé neveu. »

Un membre de la famille royale, le prince de Conti, succomba cette année, dans un âge peu avancé, aux suites de ses débauches effrénées, qui, l'ayant conduit à un épuisement absolu, ne lui laissaient plus que l'ennui d'exister. A ses derniers moments, il voulait s'enivrer pour passer, disait-il, de la vie à la mort sans y penser. Son confesseur s'opposa à ce qu'il fît cette fin épicurienne. « Vous avez » beau faire, répondit-il, je n'ai plus le temps de me repentir. » En effet il expira presque aussitôt. Si ce prince ne recherche que la réputation d'être l'homme le plus immoral de la France après le régent, il l'a obtenue; mais il n'a pas, comme Philippe d'Orléans, racheté ses vices par de belles qualités : M. de Conti n'eut que des défauts.

On a donné cette année, à la Comédie-Française, une bonne comédie de Destouches, intitulée *le Philosophe marié*, ou *le Mari honteux de l'être*. « Je ne sais pas, disait un spectateur en prenant son » billet, comment l'auteur l'entend, mais un homme qui se marie se » montre, par cela même, très-philosophe, c'est-à-dire qu'il s'est » d'avance résigné à tout ce qui peut lui arriver; son caractère se » dément donc si, devenu mari, il est honteux *de l'être...* C'est le cas, » ou jamais, d'avoir de la philosophie. » Quoi qu'il en soit de l'exactitude de ce bon mot, la pièce de Destouches a été vivement applaudie. Une action bien conduite, des caractères vrais et un dialogue spirituel couvrent avec bonheur ce que le fond du sujet offre d'invraisemblable. Un philosophe, autrement dit un sage, ne pourrait rougir de s'être marié que si le mariage blessait les lois de la sagesse; et c'est précisément le contraire, puisque cette alliance est le moyen légitime d'accomplir un des grands desseins de la nature, auxquels la philosophie veut que nous soyons fidèles avant tout. La honte du héros de Destouches n'est donc qu'un témoignage d'orgueil de la part d'un homme qui croit avoir perdu de sa dignité en se soumettant à l'empire d'une femme, et l'on va voir que la douée du poète repose en effet sur un tel sentiment. Destouches, ministre de France en Angleterre, ne put, à travers les grands intérêts dont il était chargé, se défendre d'une vive passion pour Dorothée Johnston, demoiselle d'une naissance distinguée, dont la main ne pouvait qu'honorer un ambassadeur jadis comédien. Le mariage se fit; mais Destouches crut devoir se faire donner la bénédiction nuptiale très-secrètement, et tenir quelque temps son hymen caché. Le motif de ce mystère, qui a fourni le sujet de la comédie nouvelle, n'était-il pas évidemment celui que j'ai attribué au principal personnage mis en scène ? Or il n'y a pas la moindre philosophie dans tout ceci; je n'y vois que la petitesse d'un diplomate gourmé, qui craint de paraître distrait des hauts intérêts de la politique par le vulgaire plaisir de coucher avec sa femme. Il faut pourtant pardonner à Destouches, en faveur d'un bon ouvrage, de nous avoir offert une faiblesse pour le scrupule d'un sage, et un courtisan pour un philosophe; ce qui ne laisse pas de faire deux contre-sens incontestables.

Le brave comte de Saxe n'a pu se maintenir en Courlande; accablé par les armes de la Russie, il s'est vu forcé d'abandonner à cette puissance un État trop voisin d'un si grand empire, et qui lui agréait trop pour que Maurice réussît à le lui disputer longtemps. Mais ce n'est pas sans avoir défendu ses possessions que le fils d'Auguste les a laissées échapper : il a combattu comme jadis Léonidas combattit avec sa poignée de Spartiates contre les innombrables légions de Xerxès. Je dois, à cet égard, citer un trait qui prouve que le comte de Saxe avait trouvé dans notre célèbre tragédienne mademoiselle Lecouvreur une âme digne de la sienne. Vers le milieu de l'année dernière, ce prince écrivit en France pour obtenir des secours d'hommes et d'argent. Ses lettres furent à peine lues au ministère; mais on lui répondit de la façon la plus affectueuse qu'on ne pouvait lui envoyer ni écus ni soldats. Adrienne Lecouvreur avait bien quelques amants; mais, en supposant qu'ils eussent voulu faire le voyage de Courlande, cela n'aurait offert au comte Maurice qu'un faible corps auxiliaire : c'eût été autre chose, si la duchesse de Boufflers se fût décidée à enrégimenter ses favoris. L'excellente actrice ne possédait pas non plus de gros trésors, mais elle voulait à toute force secourir celui qu'elle appelait son *dieu Mars*. Elle mit donc en gage sa vaisselle, ses bijoux, et, joignant leur produit au peu d'argent qu'elle possédait, elle fit passer au souverain de la Courlande une somme de quarante mille livres qui lui servit du moins à revenir commodément en France après avoir défendu pied à pied son État envahi. Maurice arriva à Paris dans les premiers jours de ce mois (janvier 1728); je n'ai pas besoin de dire que sa reconnaissance envers mademoiselle Lecouvreur s'est montrée fort expansive... « Adrienne, je » vous rendrai votre argent, lui dit-il souvent dans les intervalles de » ses témoignages de gratitude... — Bon, bon, se hâte toujours de

» répondre la célèbre actrice, cela ne presse pas !... Je suis contente » de la manière dont vous servez l'intérêt. »

Les grandes réputations produisent sur nous l'effet de ces corps lumineux qui nous éblouissent d'abord, et dont l'éclat décroît à nos yeux par l'habitude de les voir. On ne parle plus à la cour de France des prouesses amoureuses de Richelieu; peut-être s'en occupe-t-on davantage à celle de Vienne, auprès de laquelle il est depuis trois ans ambassadeur. Cependant on dit que ce seigneur est devenu difficile en fait de galanterie, à la manière de ces gourmands qui, las de bonne chère, ne veulent plus que des mets exquis. S'il en est ainsi, je doute qu'il se plaise aux banquets galants de l'Allemagne, car il lui faudra revenir à la grosse nourriture. Dans ce pays, où l'amour est une rêverie qui plane au-dessus des nuages, ou c'est le simple mot d'ordre d'un plaisir épais. Une Allemande écoute un amant juste le temps nécessaire pour savoir comment elle le possédera; la chose étant convenue, les fleurettes, les compliments, les billets doux, les madrigaux seraient en pure perte, il ne s'agit plus de débiter de l'esprit.

On voit donc que le duc de Richelieu ne peut se complaire au sein de ces tendresses tout effectives, qui, par leur nature, doivent offrir trop peu de variété pour séduire son âme inconstante et légère; aussi se livre-t-il presque exclusivement, m'écrivait-on dernièrement de Vienne, à certaines pratiques superstitieuses auxquelles il fut enclin dès sa tendre jeunesse. On aura peine à croire qu'un gentilhomme spirituel, un membre de l'Académie française, croie, au temps où nous vivons, à l'astrologie judiciaire, et cherche de bonne foi la pierre philosophale. Rien n'est cependant plus vrai : Richelieu a la plus robuste confiance aux prédictions; il accueille avec bonté tous les charlatans qui font métier de lire dans l'avenir, et surpasse en crédulité ces bonnes vieilles qu'on voit toujours occupées à tirer les cartes. Cette ridicule manie, que les ennemis de Richelieu brodent à loisir loin de lui, a failli l'empêcher d'obtenir le cordon bleu. On dit que le duc a fait un pacte avec le diable; que souvent il se rend, accompagné de bohémiens possédés comme lui, dans les vieux châteaux de la Bohême pour s'y livrer, au sein des nuits, à des mystères infernaux. Alors, ajoutent les traditions populaires, on aperçoit à travers les vitres de ces gothiques édifices, qui jamais, de mémoire d'homme, ne furent habités, on aperçoit des flammes bleuâtres éclairant des figures étranges, tandis que des légions de démons aux ailes de chauve-souris volent au-dessus des tours noircies dans lesquelles se passent ces terribles choses. On va même jusqu'à dire qu'un soir, dans une forêt voisine de Vienne, l'ambassadeur de France, assisté de quelques seigneurs allemands, renouvela les mystères d'Hécate, et sacrifia un homme à la lune. Ces bruits sont aussi trop puérils; on n'y a point cru à la cour de France, et, le 24 février, les insignes de l'ordre du roi ont été envoyés à ce ministre.

Les plus grandes absurdités sont quelquefois fondées sur une vérité, l'on n'eût pas fait Richelieu sorcier s'il ne se fût pas montré superstitieux à l'excès. Entre autres charlatans que le duc rechercha et admit à sa table, je citerai un nommé Damis, qui se disait tout à la fois astrologue, mathématicien, alchimiste et médecin. L'ambassadeur le consulta un jour sur sa santé, dont il avait sujet d'être inquiet parce qu'il crachait le sang depuis cinq à six mois. « Soyez sans » crainte sur les suites de cette indisposition, s'écria Damis avec un » ton d'inspiré; votre vie, monseigneur, sera aussi longue que glo- » rieuse... Vous plierez sous le poids des lauriers, des honneurs et » des ans. Rien ne vous manquera, si ce n'est quelquefois l'argent; » mais je veux corriger cette partie de l'arrêt du destin... Monsei- » gneur, je vous donnerai de l'or.

— De l'or, dites-vous, Damis, et comment? vous n'en avez pas pour vous-même.

— Votre Seigneurie a raison; mais cela ne m'empêchera pas de lui en donner, et beaucoup.

— J'avoue que je ne comprends pas où vous prendrez ce précieux métal.

— Eh! parbleu! je le ferai.

— Vous le ferez!... Vous raillez : la pierre philosophale est une chimère.

— Dites que sa dénomination est une sottise, car rien n'est moins philosophique que l'or qui sert à corrompre tous les philosophes; mais c'est de la chose qu'il s'agit, et j'ai l'honneur de vous répéter que je vous donnerai à foison cette matière tant recherchée... Quelques instants me suffisent pour la créer.

— Quoi! lorsque la nature ne la produit, dit-on, qu'après des centaines de siècles...

— La nature! monseigneur, elle obéit... et moi je commande.

— Oh çà, Damis, pourquoi donc n'êtes-vous pas aussi opulent que vous me semblez pauvre ?...

— Ma réponse sera simple, monsieur le duc : il faut semer pour recueillir... et je ne puis créer les causes premières... cela dépasse mon pouvoir.

— Je vous entends. Eh bien! nous sèmerons ensemble.

— Et vous moissonnerez seul?

— Non, certes! nous partagerons,

— Sachez donc, monseigneur, le reste de mon secret... Je puis enrichir les autres, mais il m'est ordonné de rester pauvre... Damis ne peut, à l'exemple de Saturne, dévorer ses propres enfants.

— Vous êtes un homme bien singulier...

— Attendez, pour en juger, que mes œuvres aient justifié mes paroles. »

Richelieu aime l'argent, non par avarice, mais parce que sa magnificence, ses dépenses inconsidérées et le gros jeu qu'il affectionne nécessitent de grandes ressources. Le duc ne prit pas de repos qu'il n'eût mis son alchimiste à même de lui faire de l'or. Damis commença l'opération : on brûla du charbon, beaucoup de charbon ; le duc, garçon de fourneau du grand opérateur, souffla avec une patience merveilleuse, tandis que *son maître* observait le creuset d'un air sombre et méditatif. Enfin l'opération étant achevée, Damis produisit à l'ambassadeur un lingot d'or d'un excellent titre, qui fut estimé sept cent vingt-deux livres dix sous, et dans la composition duquel il n'était entré qu'un double louis. Richelieu sautait dans son laboratoire comme un enfant : il embrassait Damis, le nommait son meilleur ami, son dieu tutélaire... Rien de respectable comme les gens qui nous enrichissent. Un assez grand nombre d'expériences furent faites en présence de l'enchanté seigneur, et toutes eurent le même succès... Richelieu croyait avoir trouvé enfin une mine de richesses telle qu'il la lui fallait, c'est-à-dire inépuisable, lorsqu'un beau matin Damis disparut. Le duc espéra quelque temps que son *cher ami*, comme il l'appelait, ne ferait qu'une courte absence ; il se flattait de le voir reparaître d'un moment à l'autre... Vain espoir ! Richelieu fit chercher l'alchimiste de tous côtés, il pria tous ses collègues les ambassadeurs de tâcher de le découvrir, personne ne put ressaisir la trace de cet homme extraordinaire... Le duc vit donc évanouir sans retour la belle chimère qu'il s'était créée... Il dut se consoler de la perte d'une fortune infinie comme le pouvoir de celui qui devait en être l'artisan.

Ce qui devait le plus surprendre dans cette aventure, c'est que Damis n'avait jamais demandé d'argent à Richelieu ; il ne s'était montré exigeant en aucune manière, et avait toujours remis au duc le produit des opérations faites dans son laboratoire et devant lui. Qu'était-ce donc que ce Damis ? C'est ce qu'on n'a jamais su.

Les souverains qui n'ont rien à faire s'amusent à jouer au congrès, comme des enfants jouent aux osselets entre deux classes. Voici de nouvelles conférences ouvertes à Soissons le 14 juin. Le cardinal de Fleury, le marquis de Fénelon et le comte de Brancas, plénipotentiaires de la France, ont reçu à la porte de l'hôtel de ville les envoyés des autres puissances ; puis, sans autre cérémonial, chacun est allé s'asseoir près d'une table ronde, dont la forme a sauvé l'embarras de toute discussion de préséance. La première séance du congrès a été consacrée à entendre un discours de M. de Fleury, et la réponse du comte de Sintzendorf, ministre de l'empereur... Il y avait longtemps qu'on n'avait vu une journée diplomatique aussi bien remplie.

Les jansénistes, dans un pamphlet hebdomadaire qu'ils font paraître depuis quelque mois, sous le titre de *Nouvelles ecclésiastiques*, ont pris la liberté grande de ridiculiser un peu le congrès de Soissons, dont l'utilité ne leur paraît pas bien démontrée. Ce petit recueil, qu'on lit avec plaisir chez les gens du bel air, est écrit avec autant d'esprit et de délicatesse que d'amertume et d'ironie ; ce qui fait que M. Héraut, lieutenant de police, se consume en recherches pour en découvrir les auteurs. Peine perdue ! on ne sait ni qui compose, ni qui imprime, ni qui distribue cette gazette ; elle tombe des nues chaque semaine, et en tombe avec une régularité ponctuelle. Les dispositions sont si bien prises à cet égard, qu'un jour certain personnage en crédit paria avec M. le lieutenant de police que tel autre jour, à telle heure, un grand nombre d'exemplaires des *Nouvelles ecclésiastiques* entreraient par une barrière indiquée et échapperait à la vigilance des commis. En effet, au jour et à l'heure convenus, plusieurs personnes se présentent à la barrière choisie ; on les fouille jusque sous la chemise, mais inutilement : ces braves gens étaient étrangers à l'introduction du pamphlet. En ce moment le parieur montra à M. Héraut un barbet qui se glissait le long des maisons : c'était le fraudeur... On s'en saisit, et l'on trouva que sa peau de barbet était cousue par-dessus le poil ras de l'animal, et qu'entre-deux était recélée une centaine des feuilles clandestines. Le magistrat se déclara vaincu ; et comme il serait extrêmement difficile de visiter tous les contrebandiers quadrupèdes qui peuvent colporter l'écrit dont il s'agit, il continue de circuler à Paris.

Tandis que la critique s'attache aux œuvres du gouvernement, et fronde avec raison le retour du régime des jésuites, une escadre, composée de onze vaisseaux ou frégates et de quelques galères, sous les ordres du chef d'escadre de Grandpré, châtie, par un bombardement de Tripoli, la régence barbaresque de ce nom, pour le refus qu'elle a fait de donner satisfaction au roi sur certains griefs. Cette expédition, qui n'est, pour une puissance comme la France, qu'une petite distraction guerrière, vaudra à M. de Grandpré le grade de général de la marine ; du reste le succès déjà presque réalisé ne méritera pas d'occuper une place dans nos annales... Il faut laisser à la république de Saint-Marin, dont l'étendue est de deux lieues carrées, le plaisir de célébrer une victoire sur les pirates de Tripoli ou d'Alger.

Si l'on se récrée dans la Méditerranée en jetant quelques millions de bombes sur une ville infidèle, le régiment de Picardie trouve que c'est pour lui une récréation un peu dure que de travailler au canal de Saint-Quentin. M. le marquis de Maulevrier, colonel de ce régiment, a bravement donné le premier coup de pioche ; mais il n'en a pas donné deux. Pendant que les soldats fournissent à l'ardeur du soleil le zèle que cet officier a promis, il passe son temps à courtiser les jolies Picardes ; ce qui fait dire aux travailleurs que c'est entrer pour trop peu dans l'accomplissement de sa promesse.

Le 16 octobre Louis XV fut attaqué de la petite vérole, qui, cette fois, se montra bénigne. Le roi se rétablit en peu de jours, sans que la maladie laissât sur le visage de Sa Majesté la moindre de ces petites traces qui signalent souvent son passage. Cet événement a contribué encore à augmenter l'attachement du roi pour la reine sa vertueuse épouse ; elle n'a pas voulu s'éloigner un instant de lui jusqu'à son entière convalescence : jamais on ne vit un nœud conjugal plus étroit... Mais, hélas ! ce sont les liens les plus serrés qui sont les plus sujets à rompre.

Dans le même temps où Louis XV n'était plus atteint que d'un appétit démesuré, que ses médecins l'empêchaient de satisfaire, il se passait à cause de lui, en Espagne, des événements étranges. On ne pense pas à tout : au moment de l'invasion variolique, les ministres avaient laissé partir un courrier sans écrire à la cour d'Espagne, Philippe V en conclut, sans autre examen, que le roi son neveu était mort. Tout aussitôt Sa Majesté Catholique convoque une junte extraordinaire ; il lui déclare qu'il va se rendre à Versailles avec le second de ses fils pour recueillir l'héritage de la couronne de France, et qu'il laisse celle d'Espagne au prince des Asturies. Celui-ci prononça, et signa le jour même, dans la chapelle du palais, une renonciation formelle au trône de France en faveur de l'infant son frère.

Immédiatement après ces dispositions, on se mit à préparer les équipages de Sa Majesté ; on fit partir des relais pour les carrosses de la cour. Les rôtisseurs, les pâtissiers, les chefs d'office passèrent la nuit à préparer des provisions de route. Le lendemain, de bonne heure, Leurs Majestés entendirent la messe tandis qu'on mettait les chevaux aux voitures, et pendant que les officiers et les valets faisaient retentir les corridors de leurs baisers d'adieu. Enfin, la reine était déjà dans le carrosse de voyage, le roi avait la jambe levée pour y monter, on apporte le courrier de France... : il annonçait que Louis XV jouissait de la meilleure santé.

La nouvelle du coup d'épée dans l'eau que je viens de citer égaya les courtisans de Versailles, le roi lui-même en rit beaucoup ; moins cependant que le duc d'Orléans, qui pourtant n'est pas ricur de sa nature. Il fallut même, pour que ce prince eût ce mouvement d'hilarité, que l'équipée de Philippe V excitât dans Son Altesse ce petit sentiment de malice que l'on a toujours en réserve pour les gens qu'on n'aime pas. Indépendamment de son humeur mélancolique le fils du régent regrette encore vivement sa femme morte en couche le 8 août 1726. Cette princesse, dix mois après son mariage, avait donné le jour heureusement à un fils ; mais la naissance de sa fille lui a coûté la vie : ajoutons cependant que la duchesse douairière d'Orléans doit, selon tous les rapports, se reprocher la mort de sa bru. Cette fille naturelle de Louis XIV, qui, de son propre aveu, ne s'occupa jamais ni de l'éducation ni de la conduite de ses enfants, s'est occupée minutieusement de tout ce qui se rapportait à sa belle-fille, et cela pour la tyranniser parce qu'elle en était jalouse. Or, à l'époque de sa seconde couche, la jeune duchesse fut atteinte à Versailles des premières douleurs de l'enfantement ; mais sa belle-mère ne voulut pas qu'elle accouchât dans cette ville, et malgré ses souffrances elle la fit monter en carrosse pour venir à Paris. A Sèvres les douleurs de la princesse augmentèrent : elle voulait se faire transporter à Saint-Cloud et y rester ; mais les officiers de la suite déclarèrent qu'ils avaient ordre de conduire Son Altesse au Palais-Royal dans tous les cas... Le malaise de la duchesse fut extrême pendant le reste du chemin ; elle arriva fort malade, accoucha le même jour et mourut quarante-huit heures après. Cette princesse, remplie de douceur et d'affabilité, fut regrettée de tout le monde excepté sa belle-mère, qui ne lui donna pas une larme... Madame la douairière d'Orléans est cependant très-dévote.

— J'aime de tout mon cœur le cardinal de Noailles, et cependant je déclare, dans toute la sincérité de mon âme, que, pour sa gloire, il a trop vécu. Douze évêques, sous la direction de ce prélat, avaient protesté dans les mains du roi contre l'arrêt du concile d'Embrun et la déposition du respectable évêque de Senez. Un grand nombre d'avocats au parlement de Paris avaient en même temps dressé une consultation contre ce jugement ecclésiastique : la pièce est convaincante, sans réplique ; aussi les jésuites ne s'avisèrent-ils pas d'y répondre, ils aimèrent mieux la faire supprimer comme renfermant des propositions injurieuses à l'autorité de l'Église... Ce sont toujours des injures que les raisons auxquelles on ne saurait rien répliquer. La vieillesse est souvent timide jusqu'à la lâcheté : moins il nous reste de jours, plus nous faisons de sacrifices pour en jouir, et l'honnête est peu de chose aux yeux de celui qui ne songe plus qu'à vivre. Le cardinal de Noailles, après avoir fait admirer pendant vingt ans sa noble fermeté, a vu dans un seul instant crouler l'édifice entier de sa réputation. Par un mandement du 11 octobre, ce prince de l'Église accepte purement et simplement la constitution *Unigenitus*, condamne les *Réflexions morales* de son ami Quesnel, ainsi que les cent et une propositions qui en furent extraites jadis, révoque ses instructions pastorales contraires à la bulle, et déclare hérétique tout ce qu'il a publié en faveur du *quesnelisme*. L'homme qui ne songe plus qu'à vivre peut faire par crainte une telle profession contre sa conscience ; mais c'est un acte bien coupable de la part d'un ministre des autels, qui, pendant toute sa vie terrestre, doit songer à la vie immortelle.

Depuis l'exil de *M. le duc*, la marquise de Prie vivait ou plutôt languissait dans sa terre de Cour-l'Épine, près de Bernay, en Normandie. On l'avait surveillée pendant la première année du ministère de Fleury ; mais, après ce temps, le cardinal ne craignant plus cette intrigante, lui fit permettre d'aller aux eaux de Forges : ce qu'elle avait demandé. La marquise trouva à ces bains un grand nombre de courtisans avec lesquels elle essaya de négocier le rappel de M. de Bourbon ; mais le talisman de cette enchanteresse était détruit : enlaidie par le chagrin et la colère, elle ne savait plus persuader, parce qu'elle ne pouvait plus séduire... Tous les efforts de madame de Prie furent vains ; cette femme autrefois si puissante ne recueillit à Forges, auprès de ceux qui l'ont encensée durant sa faveur, que dédains et mépris : tel est le sort des puissances tombées d'un rang usurpé. De retour dans ses terres, la marquise se laissa aimer d'un conseiller nommé M. de Brévedent, qu'elle ne paya point de retour ; elle avait épuisé la coupe des voluptés, et ne fut sensible qu'au cruel plaisir de faire souffrir cet amant... Un soir pourtant, excitée apparemment par les transports de désespoir du conseiller, les sens refroidis de cette courtisane titrée se réveillèrent un moment ; elle lui abandonna ses charmes, jadis pollués par des myriades d'hommages impurs... Il fut heureux. Mais la marquise s'était trompée en croyant pouvoir être encore heureuse... « Que fais-je de la vie ? » s'écria-t-elle quand Brévedent l'eut quittée ; j'ai perdu même le » vulgaire plaisir que l'amour procure à la dernière de mes filles de » basse-cour... Il faut mourir ! » Mon ami, dit madame de » Prie au conseiller, qui la trouva au lit deux jours après celui où elle » avait comblé ses vœux, j'ai passé une bien mauvaise nuit ; donnez- » moi cette fiole. » Le tendre Normand, qui crut offrir à sa maîtresse un breuvage salutaire, se hâta d'obéir ; mais quelle fut la douleur du pauvre robin lorsque la marquise, après avoir bu, ajouta : « Je vais » être affranchie des chagrins de ce monde ! » Trop éclairé par ces mots, Brévedent se jette aux genoux de celle qu'il chérit ; il la supplie d'arrêter les progrès du poison. « Impossible, répond-elle avec » un sourire affreux ; gardez-moi le secret, et faites venir le curé... » *Je dois* me confesser et recevoir les sacrements... » » La marquise remplit les devoirs des chrétiens, mais sa conscience y fut étrangère : elle était athée... Le ciel la punit en même temps et de son suicide et de sa piété menteuse : cette femme coupable souffrit trois jours entiers les plus horribles douleurs. Ses cris, ou plutôt ses hurlements, s'entendaient, dit-on, à trois cents toises de son château... Enfin Dieu en eut pitié, elle rendit le dernier soupir au milieu d'une convulsion. L'effet du venin avait été tel, que tous les membres de cette pécheresse expirée étaient recourbés sur eux-mêmes : il fut impossible de les étendre ; on dut la mettre par morceaux dans sa bière.

CHAPITRE XIII.
1729-1730-1731-1732.

Les pavillons à l'orientale. — Tentatives galantes sur le cœur du roi. — Madame de Gontaut ; son portrait, ses vues. — Jalousie de la reine. — M. de Gesvres est une vieille coquette. — Le lieutenant général fardé. — La chasteté de Louis XV est sauvée. — Le roi préfère sa santé aux amours. — Second mariage du duc de Bourbon. — Naissance du Dauphin père de Louis XVI, etc. — Le page du duc de Gesvres. — Eau claire du congrès de Soissons. — Traité de Séville. — Mort du cardinal de Noailles. — M. de Vintimille le remplace. — Frédéric-Guillaume, roi de Prusse, et Charles-Frédéric, depuis Frédéric le Grand. — Horrible catastrophe de Catt. — Abdication de Victor-Amédée roi de Savoie. — *Callisthène*, tragédie de Piron, et *Brutus*, tragédie de Voltaire. — Le parterre et la calotte. — Mort de la comtesse de B***, auteur des *Tablettes*. — Révolte des Corses contre les Génois. — Les convulsionnaires ; le nouveau prophète Élie. — Le parlement et les *Nouvelles ecclésiastiques*. — Édit sur les donations. — Victor-Amédée emprisonné par son fils. — Conduite de la cour de Versailles dans cette circonstance. — Grossesse simulée de la duchesse de Parme. — Louis XV fait le monopole du commerce des grains. — Le cimetière de Saint-Médard est fermé. — Troubles à ce sujet. — *Pragmatique sanction* ; ce que c'est. — Richelieu et l'écuyer complimenteur. — Le confesseur courtisan. — Guerre entre la cour et le parlement. — Mort de Victor-Amédée. — *Zaïre*, tragédie de Voltaire. — Le pâté tragique. — *Le Glorieux*, comédie de Destouches.

Sous le ministère de Fleury, la cour est pauvre de particularités parce que le scandale n'ose pas s'y montrer. Du temps de *M. le duc*, la galanterie avait encore ses petites entrées à Versailles, grâce à madame de Prie, et malgré la dévotion de la reine. Aujourd'hui c'est bien différent : le roi et son principal ministre sont sans maîtresses ; c'en est assez pour éloigner les amours. Ils ont pris leur volée vers Paris ; ils s'abattent chaque soir sur les petites maisons, sur les pavillons à l'orientale qu'il est du bel air d'avoir au fond du jardin de son hôtel. Rien de commode comme ces jolis édifices asiatiques ; depuis que quelques voyageurs nous en ont donné l'idée, toutes nos nobles dames sont devenues rêveuses, amies de la méditation ou de la lecture. Là se consolide le succès du poëme de *la Ligue*, que M. Voltaire publia, il y a quelques années, en Angleterre[1], et dont je parlerai quand il aura cessé de le corriger. Sous prétexte donc de réfléchir, de méditer ou de lire, nos belles passent les après-dînées dans leur boudoir solitaire du jardin ; il est rare qu'elles oublient de s'y laisser *surprendre* par la nuit ; on devine le reste ; et les pauvres maris de s'écrier, par crédulité ou par ironie : Suis-je heureux d'avoir une femme si réfléchie, si studieuse !

Cependant plus d'une dame titrée songe à ramener au sein de la cour les beaux jours de la galanterie ; plus d'une a déjà calculé que quatre ans se sont écoulés depuis le mariage du roi ; qu'une telle période d'amour conjugal offre un exemple extrêmement rare de fidélité, et que si, par la force des choses, cette étrange longévité de tendresse n'était pas près de finir, il faudrait y mettre ordre. Parmi les femmes qui aspirent à plaire au jeune monarque, on comptait, le mois dernier, madame de Gontaut, fille du maréchal de Grammont. Cette dame est certainement la plus jolie femme de la cour, et quoique ni sa taille, ni sa gorge, ni son pied ni sa main ne répondent à la perfection de son visage, il est difficile de se défendre, en la voyant, d'une vive admiration. Elle sait d'ailleurs déguiser habilement ses défauts ; enfin, on est trop ébloui par ce bel astre pour songer à chercher les taches qui le déparent. Madame de Gontaut n'a pas seulement de la beauté ; son esprit est subtil, astucieux ; son audace ne connaît point les obstacles, et les préjugés n'arrêtèrent jamais ni son ambition ni ses désirs. Voulant conquérir le cœur du roi à tout prix, madame de Gontaut avait su, peut-être aussi à tout prix, s'entourer d'une cabale de jeunes seigneurs, qui parlaient d'elle à Sa Majesté toutes les fois que l'occasion s'en présentait, et ne manquaient jamais de lui faire remarquer ses charmes éclatants. Il y a quinze jours, l'intrigue paraissait toucher de si près à sa conclusion, que le maréchal de Biron, beau-père de l'ambitieuse beauté, songeait à se retirer dans ses terres, ne voulant point, disait-il, être témoin du déshonneur de sa belle-fille, et rougir à Versailles de la honte qui en rejaillirait sur sa famille.

La reine avait aisément reconnu les vues de madame de Gontaut, qui était attachée à elle en qualité de dame du palais. La jalousie de Sa Majesté fut extrême : tout occupée qu'elle est des biens du ciel, Marie Leczinska tient encore un peu aux joies de la terre, et le partage des félicités de l'hymen lui paraissait dur. Mais n'osant pas maltraiter ouvertement celle qui la menaçait d'une rivalité de peur d'être soupçonnée d'un attachement profane aux plaisirs qu'on songeait à lui disputer, cette princesse montrait sa mauvaise humeur à propos de toute autre chose que le sujet litigieux. Elle faisait à madame de Gontaut des querelles en l'air : un jour c'était la couleur de sa robe, un autre c'était la peinture de son éventail, le lendemain c'était la forme de ses bijoux qui semblaient de mauvais goût à Sa Majesté, et chaque matin la fille de Stanislas, sous prétexte de rajuster la coiffure mal disposée de la dame du palais, la dérangeait le plus complètement possible. Madame de Gontaut, quoique fort méchante, supportait toutes ces tracasseries, dont elle espérait se venger bientôt. Mais cette même méchanceté, qu'elle comprimait auprès de la reine, éclata, pour le malheur de cette belle ambitieuse, à l'égard d'un homme puissant, qui dans une seule minute renversa tous ses projets.

Le maréchal de Biron mariant une de ses filles, le roi, qui aimait ce seigneur, chargea le duc de Gesvres, son premier gentilhomme, de lui faire porter dans cette circonstance du gibier provenant de la chasse de Sa Majesté. Le grand officier voulut s'acquitter lui-même de la commission, et le maréchal, touché de l'attention du duc, crut la reconnaître en l'invitant à la noce. Or il est nécessaire de dépeindre ici M. de Gesvres. C'est une chose malheureusement constatée par un grand scandale qui occupa longtemps la renommée, que ce gentilhomme, tout lieutenant général et gouverneur de Paris qu'il est, n'a pu justifier suffisamment de sa qualité d'homme ; en récompense il a toutes les façons d'une femme. Ce chef des armées de Sa Majesté met du rouge et des mouches, se peint les sourcils, dessine des veines sur son front et sent le musc de cent pas. Vous le trouvez chez lui jouant de l'éventail, brodant au tambour ou faisant de la tapisserie. Le moral de M. de Gesvres est conforme à ces goûts féminins : il babille, chuchote, médit, se mêle de tout ; son caractère est en un mot celui d'une véritable caillette. Mais au fond le duc passe pour une bonne créature ; ses défauts ne nuisent qu'à lui-même

[1] Voltaire, par suite d'un démêlé avec le chevalier de Rohan, avait été mis pour la seconde fois à la Bastille : on l'en fit bientôt sortir, mais à condition qu'il quitterait le royaume. Ce poëte alla en Angleterre, où Georges Ier l'accueillit.

et ses ridicules ne le rendent pas ridicule dans le monde, parce qu'on le trouve toujours serviable et bienveillant.

Madame de Gontaut n'aime point M. de Gesvres : les manières affectées de ce seigneur révoltent cette femme naturellement méchante ; d'ailleurs si elle pouvait avoir de l'indulgence pour quelqu'un elle ne la réserverait pas à un homme qui ne l'est que de nom. Au milieu du souper de la noce la prétendante aux bonnes grâces du roi eut l'idée d'humilier le premier gentilhomme de Sa Majesté. « Charles, dit-elle à son fils encore enfant, je vous trouve bien des » couleurs aujourd'hui, par hasard auriez-vous mis du rouge ? — Non, » maman, répondit le jeune Gontaut, cela ne m'arrive jamais. — Eh » bien ! si vous dites vrai, reprit la mère, frottez-vous avec votre » serviette pour faire voir à tout le monde que vous n'en avez pas, » car rien n'est plus affreux pour un homme et ne le couvre d'un

Le cardinal Fleury.

» plus grand ridicule. » Pendant cette remarque faite à très-haute voix madame de Gontaut n'avait pas cessé de regarder fixement M. de Gesvres. Celui-ci n'eut point l'air d'y prendre garde, mais déjà son projet de vengeance était arrêté, et l'exécution ne tarda pas.

Le lendemain Louis XV, fortement préoccupé des charmes de madame de Gontaut, parla d'elle à son lever avec de grands éloges. « Oui, sire, répondit le premier gentilhomme, la figure de la com- » tesse est charmante, c'est bien dommage que des dehors si sédui- » sants couvrent un sang gâté par le libertinage le plus effréné. » Dès ce moment Louis XV ne songea plus à la dame du palais de la reine ; il ne voulut même plus en entendre parler, quelques efforts qu'elle ait tentés ou fait tenter depuis pour achever la conquête du cœur de Sa Majesté.

Ainsi échoua le premier projet formé pour rendre infidèle l'époux de la pieuse Marie Leczinska, qui pieusement a déjà donné deux princesses à la France et qui se prépare à un troisième acte de maternité. Le roi n'ose plus regarder en face les dames de la cour, il croit toujours voir circuler sous leur teint de lis et de roses ce sang vicié qu'on lui a fait redouter. Ce prince préfère sa santé à toutes les délices de l'amour : il en est tellement occupé, que le moindre mal de tête, la plus légère accélération de pouls que tout autre mépriserait plonge Sa Majesté dans une sombre mélancolie. Au milieu de cette crainte des épines du rosier des amours, la jeune duchesse de Rochechouart, qui, encore tout enveloppée du deuil de son mari, s'était mise sur les rangs pour devenir maîtresse du roi, n'a pu, malgré ses grâces et sa beauté, captiver un instant l'attention de ce monarque. Elle en maigrit de chagrin, tant un déshonneur d'origine royale est recherché par le temps qui court !

M. le duc de Bourbon, depuis deux ou trois ans, bâtit des palais, creuse des bassins, plante des bois à Chantilly, pour mettre à profit les fruits du système de Law, les réserves du premier ministre, et

les dons de la générosité intéressée des Anglais. Mais tout cela finit par ennuyer, et, pour faire diversion, le prince vient d'épouser une princesse de Hesse-Rinfelds, sœur de la reine de Sardaigne et petite-nièce de feu *Madame*. Si la nouvelle duchesse de Bourbon a quelque peu des inclinations de sa grand'tante, elle doit se trouver fort mal d'être entrée dans l'illustre maison de Condé ; *M. le duc*, par l'effet d'une inexplicable singularité, n'a point encore, après plusieurs mois de ménage, consommé son mariage, et se montre extrêmement jaloux de sa femme. Il passe quelquefois de singulières bizarreries dans la tête des hommes !

La France possède un Dauphin : Marie Leczinska accoucha, le 4 septembre, d'un prince qui a reçu le nom de *Louis*[1]. M. d'Orceval, page du duc de Gesvres, apporta le premier cette heureuse nouvelle à l'hôtel de ville de Paris ; il était venu de Versailles en trente-trois minutes. L'arrivée de ce gentilhomme, qui criait partout sur son passage : *Nous avons un Dauphin !* fut accueillie par des acclamations unanimes : une foule nombreuse le suivait en jetant en l'air et chapeaux et bonnets. A peine M. d'Orceval était-il arrêté devant le perron de l'hôtel de ville, que la populace l'enleva et le porta jusque dans la salle où le prévôt des marchands et les échevins étaient réunis. Ces magistrats gratifièrent à l'instant ce jeune homme d'une pension de quinze cents livres, et à son retour M. de Gesvres le nomma exempt de ses gardes. Voilà une course de postillon bien payée. Un *Te Deum* a été chanté dans la cathédrale de Paris ; je doute qu'il soit répété dans celle de Madrid.

Tandis qu'on se réjouissait à Paris à l'occasion de la naissance du Dauphin, le congrès de Soissons, après avoir perdu beaucoup de temps, de belles paroles et de beau papier de Hollande, se séparait sans bruit et sans avoir rien décidé, l'empereur n'ayant pu se déterminer ni à supprimer la compagnie d'Ostende, objet des jalousies

Le précepteur, entrant un soir chez le roi, fut emporté à tel point par son naturel, qu'il éteignit deux ou trois bougies...

de l'Angleterre et de la Hollande, ni à reconnaître d'une manière irrévocable les droits de la couronne d'Espagne sur la succession éventuelle des duchés de Toscane, de Parme et de Plaisance. Les ambassadeurs se sont quittés en se prodiguant des témoignages mutuels de condescendance, et aucun d'eux n'avait abandonné la moindre de ses prétentions.

Dans cette ténacité politique dont Philippe V avait surtout à se plaindre en qualité d'allié fidèle de l'empereur, l'ambassadeur de France en Espagne fit aisément comprendre à Sa Majesté Catholique combien un moment d'humeur contre le roi son neveu l'avait entraînée loin de ses véritables intérêts, lorsqu'elle s'était alliée avec

[1] Ce prince fut le père de Leurs Majestés Louis XVI, Louis XVIII et Charles X, qu'il eut de Marie-Josèphe de Saxe.

Paris. — Typographie de J. Best, rue Poupée, 7.

la cour de Vienne, sa rivale naturelle. Le ministre français prouva que la rivalité de Charles VI renaissait tout entière, puisqu'il refusait de reconnaître les droits de la cour de Madrid sur les Etats italiens dont la succession lui était acquise. Le monarque castillan, frappé de la justesse de ces observations, parut dès ce moment disposé à rentrer dans les vues de la France, de l'Angleterre et de la Hollande, et le 9 novembre fut conclu à Séville un traité entre ces trois puissances et Philippe V.

Au moment où le cardinal de Noailles, mort cette année à l'âge de soixante et dix-huit ans, apprend dans le sein de Dieu si la constitution *Unigenitus* est juste ou injuste, la Faculté de théologie en impose l'acceptation pure et simple au nouveaux docteurs et bacheliers; en conséquence, défense est faite au syndic d'admettre aucun sujet à la thèse ou à la licence sans que cette adhésion ait été préalablement signée. Nous revenons tout doucement au régime du père le Tellier, et l'on peut imprimer des lettres de cachet. L'archevêché de Paris a été donné par le roi à M. de Vintimille, archevêque d'Aix; il est inutile d'ajouter que ce prélat est constitutionnaire.

Frédéric-Guillaume Ier, second roi de Prusse, est un prince guerrier qu'on vit combattre avec gloire dans les rangs d'Eugène, à la fameuse bataille de Malplaquet. Depuis il eut des succès contre Charles XII, que ce Prussien n'égalera cependant jamais. Guillaume est un homme d'un caractère dur et rigide; il rend la justice par acquit du devoir, nullement par affection. Son dire favori est « qu'il con-
» vient, quand on règne,
» de rendre les peuples heu-
» reux, non qu'il y ait né-
» cessité de leur donner des
» preuves d'un amour dont
» ils n'ont pas besoin, ni de
» se faire aimer d'eux, ce
» qui est sans utilité, mais
» parce qu'il faut qu'une
» nation soit régulièrement
» gouvernée, comme un ré-
» giment exactement aligné
» à la parade. » Tout ce qui ne paraît pas rigoureusement utile déplaît à ce souverain; les beaux-arts et les lettres, qu'il appelle les enjolivures de la société, n'ont aucun crédit sur lui. « Je fais plus
» de cas, répète-t-il jusqu'à
» satiété, d'un grenadier de
» mes gardes que de vingt
» académiciens. »
Le prince Frédéric-Charles, fils de ce roi spartiate, ne lui ressemble en rien:

ami des arts et des lettres, il les cultive, à l'âge de dix-huit ans, avec aptitude et succès. En général, Frédéric-Charles, que la nature, plus encore que l'éducation, semble appeler aux grandes choses, brûle d'apprendre et de former son expérience en rapprochant par la pensée et en comparant les œuvres des hommes, leurs actions, leurs sentiments observés en divers pays. Or, dans le but de s'instruire, le prince royal de Prusse demanda à son père, vers la fin de janvier (1730), la permission de voyager en Europe.

« Voyager! répondit brusquement Guillaume, pourquoi faire?

— Afin d'étudier les mœurs, les usages, les institutions, à l'exemple de Pierre le Grand.

— Pierre le Grand! qu'a-t-il rapporté de ses courses? Des rêveries, le talent de grimper dans la mâture d'un navire, l'habitude de s'enivrer avec du vin de Champagne, au lieu de s'enivrer avec de l'eau-de-vie, et le projet de faire décapiter son fils, qui l'avait trahi pendant la promenade européenne.

— Mais, sire, le czar avait appris l'art difficile de construire des vaisseaux.

— Belle nécessité! quand il n'avait pas un ducat pour établir des chantiers chez lui.

— Ce prince s'est éclairé dans l'art de gouverner.

— Ne gouvernait-on pas en Russie avant qu'il courût le monde?

— Sans doute, sire, mais à la manière des barbares.

— Ah! voilà votre grand mot; messieurs les freluquets..., des barbares!... Où sont les biens conquis par votre civilisation?

— Sire, les sciences.

— Bel avantage!... rêver méthodiquement.

— L'histoire.

— Nous avons assez des folies nouvelles, sans nous bourrer la mémoire de celles des temps passés.

— Mais l'histoire instruit les rois...

— Et fait raisonner les peuples.

— Il me semble, sire, que ce n'est pas un malheur.

— Pardonnez-moi, monsieur, et un grand même : les peuples qui commencent par raisonner finissent par désobéir.

— Jamais, mon père, quand les rois sont sages, justes et bons.

— Taisez-vous, faquin... Je veux bien me rappeler que vous êtes le prince royal de Prusse; sans cela ma canne se serait déjà promenée sur vos reins, qu'il serait sans doute plus aisé de rompre que votre caractère.

— Sire, je supplie Votre Majesté de croire à mon profond respect.

— C'est fort heureux... Sachez donc que vous ne voyagerez pas... J'aime mieux réserver mes trésors pour une guerre imprévue que de les faire semer par vous sur les grands chemins ou sur la toilette d'une catin de Paris. »

Guillaume était absolu, mais Frédéric n'était nullement persuadé; il ne renonça point à ses projets de voyage, et, après s'être procuré quelque argent chez des juifs, il se disposa à partir secrètement avec un jeune gentilhomme nommé Catt et quelques domestiques, parmi lesquels il se trouva un délateur. Le roi, prévenu par ce traître, fit arrêter et conduire à la forteresse de Spandau Frédéric et son confident. Guillaume s'y rendit le lendemain pour interroger les coupables, dont il voulait, disait-il, instruire lui-même le procès. Il avait résolu, dans le premier moment, de faire trancher la tête à son fils; mais s'étant ouvert de cet horrible projet à un officier qui avait toute sa confiance, ce militaire représenta à ce père dénaturé que le prince royal appartenait à la Prusse; que c'était l'espoir d'une autre génération, et qu'il y aurait le plus grand danger à sacrifier une telle victime. Le roi partit pour Spandau sans avoir fait connaître sa détermination, et, décidé à ne pas voir Frédéric, il se fit seulement amener Catt.

« Parle, misérable, lui dit-il d'une voix tonnante, savais-tu que j'avais défendu au prince royal de quitter le royaume?

— Oui, sire, je le savais.

— Ah! tu es franc au moins.

— Jamais un mensonge ne souilla ma bouche.

— J'aurai égard à ta sincérité... Et comment, puisque tu connaissais ma défense, as-tu consenti à suivre Frédéric?

— Sire, j'obéissais au prince, qui me l'avait ordonné.

— Et tu me désobéissais à moi, malheureux!

— Non, sire; je n'avais rien promis à Votre Majesté, elle ne m'avait rien défendu.

— Mais tu viens de dire que ma volonté t'était connue.

— Elle n'engageait que le devoir du prince; le mien était tout entier dans mon dévouement.

— N'importe! en partageant la faute tu as épousé la responsabilité...

— Ma liberté est à Votre Majesté.

— Oh! je veux un peu plus, répondit Guillaume avec un sourire affreux.

— Vous êtes maître de ma vie, sire.

— Tu n'as pas cherché à me tromper, je veux te tenir compte de ta déclaration sincère... J'avais résolu de te faire pendre, tu ne seras que décapité.

— Ah ! sire, s'écria l'infortuné Catt en se jetant aux genoux du roi, que tout mon sang vous suffise, et daignez épargner le prince...

— L'épargner, lui ! non... Il verra rouler ta tête, et vivra... »

Une heure après l'échafaud était dressé devant la prison du prince royal ; des gardes furent chargés de le tenir à la croisée. Il vit son ami paraître près du fatal billot ; l'infortuné sourit à Frédéric, lui envoya un baiser, et prononça d'une voix ferme un adieu que les échos de la place d'armes firent murmurer trois fois à l'oreille de l'illustre prisonnier... Une minute après, un autre bruit, un bruit lugubre, lui parvint : c'était celui qu'avait produit la tête de Catt en tombant sur le plancher... On l'y laissa pour que Frédéric fût témoin des progrès de cette pâleur qu'y étendait la main de la mort, pour qu'il vît s'éteindre ces yeux qu'animait tout à l'heure le dernier regard de l'amitié... L'amitié ! Guillaume venait de payer son dévouement. Toute l'Europe a été indignée de cet acte de barbarie.

Louis XV est toujours un mari fidèle ; il désespère ses courtisans, qui voudraient bien fonder leur crédit sur une de ces bonnes passions que les rois prétendent qu'on serve au prix des gouvernements et des capitaineries dans les gardes. Mais on a beau tendre des piéges au jeune monarque et lui montrer les beautés les plus séduisantes ; saint Antoine de vingt ans, il résiste de toutes les forces d'une sagesse stoïque : il aime trop le devoir ou craint trop les maladies pour céder. Un grand seigneur cherchait dernièrement à lui inspirer du goût pour une très-jolie femme qu'il lui montrait au spectacle de la cour : « La trouveriez-vous plus jolie que la reine ? répondit ingénument ce prince. — On ne fera jamais rien de ce garçon-là, » grommela le courtisan.

Il faut aussi faire honneur à la religion de la continence de Louis XV, et sous ce rapport on doit se féliciter ; mais, en rendant hommage à la retenue qu'elle lui inspire, le public déplore l'accession de plus en plus marquée de Sa Majesté aux rigueurs exercées contre les calvinistes et à celles que les anticonstitutionnaires ne tarderont pas de subir. Les Parisiens ont beaucoup murmuré du lit de justice tenu le 8 avril dans l'unique but de faire enregistrer une déclaration du 24 mars pour l'exécution rigoureuse de la bulle *Unigenitus*. A cette occasion, les *Nouvelles ecclésiastiques* ont offert des articles remplis de fiel et d'esprit, où le parlement et le roi lui-même n'étaient point ménagés ; le cardinal de Fleury surtout y était traité avec une rigueur d'autant plus accablante que la critique paraissait fondée sur le raisonnement et appuyée de preuves convaincantes. M. Hérault remit en campagne tous les limiers de la police pour tâcher de découvrir, sinon l'auteur, du moins les distributeurs du pamphlet. A force de recherches, un des imprimeurs fut reconnu, arrêté et condamné au carcan avec trois de ses ouvriers. Non content de cet arrêt, le parlement condamna, et cela sans rire, cinq exemplaires des *Nouvelles ecclésiastiques* à être lacérés et brûlés par la main du bourreau... Il faut que les grands enfants s'amusent comme les petits.

Tandis qu'on se réjouissait encore de la naissance d'un second fils de Louis XV, le duc d'Anjou, on apprit à Paris la brusque abdication du roi de Sardaigne, Victor-Amédée, ce prince que nous vîmes tantôt notre allié, tantôt notre ennemi, et qui fut un moment les deux à la fois, puisqu'il traitait avec l'empereur dans le temps que ses troupes et lui-même étaient encore sous nos drapeaux en Italie. Victor, dont la vie fut en toutes choses une longue indécision, las sans doute de la monotonie du pouvoir, abandonne le trône à l'âge de soixante-quatre ans ; c'est montrer trop d'impatience : encore quelques années, et la mort l'en eût fait descendre plus honorablement. La tâche du roi est de régner, comme celle du laboureur de conduire sa charrue ; l'un et l'autre ne peuvent sans faiblesse abandonner la carrière ouverte devant eux qu'ils n'en aient atteint le terme, et le souverain ne doit échanger la pourpre que contre le suaire. Charles-Emmanuel est le nom du second roi de Sardaigne.

Deux tragédies ont été jouées cette année ; l'une d'elles, intitulée *Callisthène*, est de M. Piron, auteur d'une foule de comédies spirituelles, jouées sur les théâtres de la foire, et d'une *ode* trop fameuse, pour laquelle le régent prétendait qu'il fallait faire le poëte académicien. Il est vrai que cette pièce de poésie est pleine de ces inspirations que Philippe trouvait essentiellement académiques, surtout dans les soupers du Palais-Royal. La seconde tragédie est *Brutus*, par M. Voltaire, revenu récemment de Londres, où il a vécu quelques années des bienfaits du roi Georges Ier.

Le sujet romain traité par l'auteur d'*OEdipe* a fait dresser l'oreille à nos courtisans ; les pensées républicaines dont la pièce est remplie sont des plantes étrangères sur notre sol essentiellement monarchique ; je doute qu'elles y prennent. Cela serait sublime dans la Grande-Bretagne, où le pouvoir suprême n'est qu'une concession du peuple ; mais, chez nous, la nation est possédée par ses rois, comme une

ferme et tout son bétail sont possédés par un propriétaire : or, les gens de cour, valets-nés de la métairie royale, ont trouvé fort inopportunes les maximes populaires du sénat de Rome ; on les a vus surtout frémir d'indignation à ces deux vers de Titus :

> Je suis fils de Brutus, et je porte en mon cœur
> La liberté gravée et les rois en horreur.

Si la tragédie de M. Voltaire n'eût pas été compromise par mademoiselle Dangeville, excellente soubrette de comédie, qui a fort mal joué le rôle inutile de Tullie, l'ouvrage serait tombé par la puissance des opinions, peut-être doit-on dire des préjugés qu'il fronde. D'ailleurs l'action repose sur une base beaucoup trop légère ; le poëte l'eût faite plus solide, s'il eût mieux consulté l'histoire. Titus n'est condamné à mort, dans la tragédie, que pour une simple pensée de trahison à peine conçue, et qui ne reçoit aucune exécution, si ce n'est dans des soupirs assez niais pour la fille de Tarquin. La versification mérite seule des éloges ; elle abonde, comme toutes les poésies de Voltaire, en figures pompeuses, en périodes sonores, en mots philosophiques. *Brutus* est une magnifique thèse républicaine, et voilà tout. Un petit incident comique, survenu dans la salle pendant la représentation, a provoqué ce rire moqueur qui, presque toujours, est mortel aux compositions tragiques. Un abbé s'était placé sur le devant d'une loge, quoiqu'il y eût des dames derrière lui. Cette irrévérence mécontenta le parterre ; il se mit à crier : « Place aux » dames, et à bas la calotte ! » L'abbé, las de ces cris, impatienté surtout d'être le point de mire de tous les spectateurs, prend sa calotte, et la jetant aux criards, leur dit : « Tiens, parterre, la voilà, » ma calotte, tu la mérites bien. » Cette allusion aux ridicules qui font admettre dans le régiment des *calottins* ramena les rieurs du côté du petit collet : il fut applaudi et laissé à sa place, en dépit de la galanterie. Mais, pendant que les comédiens débitaient les beaux vers de Voltaire, la calotte, restée au parterre, voltigeait au-dessus des têtes, jetée par un bachelier ès lettres à un clerc de la basoche, et renvoyée par celui-ci à un élève en chirurgie. Enfin, vers le dénoûment, la malencontreuse calotte, lancée d'un bras trop vigoureux, tomba au milieu du théâtre, et tournoyant sur elle-même entre le consul Valérius et l'ambassadeur de Porsenna, provoqua une explosion de rires qui acheva de tuer la pièce.

La tragédie de *Callisthène*, production de tout point fort médiocre, n'est pas sortie plus heureusement de l'épreuve, et le coup fatal porté à l'un des héros a été celui de l'ouvrage lui-même. Callisthène, résolu à se donner la mort, recevait un poignard des mains de Lysimaque. Malheureusement les pièces composant cette arme n'étaient pas mieux jointes ensemble que les scènes de la tragédie : pour parler net, le poignard était tout disloqué. Callisthène, ne pouvant décidément se tuer avec cet amas de débris, les jeta loin de lui, et se poignarda d'un coup de poing... Un rire inextinguible fut l'acte mortuaire de l'œuvre de Piron.

La comtesse de B***, ma belle-mère et ma tante, est morte le 24 décembre, le jour même où elle venait d'atteindre sa quatre-vingt-onzième année ; il y avait quinze ans juste qu'elle avait clos ses Tablettes. « J'ai cru, disait-elle gaiement une heure avant de mourir, » que Dieu voulait me charger de porter mon bagage critique à » l'année 1816, je vois maintenant qu'il n'en est rien ; laissons faire » ce voyage séculaire à Marion Delorme, cette doyenne de toutes les » courtisanes de la terre, dont la cent vingt-quatrième année sonna » cet automne. Je crois vraiment que la mort m'a oubliée. Pour moi, » je sens qu'un voile épais s'abaisse sur ma vue ; il y a longtemps, » mes enfants, que j'assiste au drame, tantôt grave, tantôt plaisant, » et presque toujours ridicule, qu'on appelle la vie... Je ne regrette » pas de voir tomber le rideau... D'ailleurs je m'en vais en bonne » compagnie : les maréchaux d'Uxelles et de Villeroi, le roi de Da- » nemark Frédéric IV, le czar Pierre II et le pape Benoît XIII, morts » cette année, voilà des gens d'excellente société : pour peu qu'il y » ait eu presse au bateau de Caron, je trouverai encore tous ces » illustres à la sombre rive, et j'arriverai chez Pluton bien escortée. » La comtesse de B*** mourut quelques instants après avoir achevé cette plaisanterie ; son dernier soupir s'exhala dans un sourire.

Le premier mois de cette année 1731 fut marqué par un commencement de révolte des habitants de la Corse contre les Génois, leurs dominateurs depuis le douzième siècle. Les Corses, hommes robustes, braves, portés à l'indépendance, ne furent jamais soumis aux peuples qui se firent leurs maîtres ; facilement conquis comme nation, ils sont difficiles à contenir comme individus. Leur âme fortement trempée ne sait aimer et haïr qu'avec excès ; amis chauds, généreux, prodigues de dévouement, rien ne leur coûte pour servir ceux qu'ils affectionnent ; mais, ennemis sombres, perfides, vindicatifs, implacables, ils satisfont leur haine à tout prix : c'est un ulcère incurable qui dévore l'objet auquel il s'est attaché. Le premier besoin de ces montagnards à l'humeur âcre est de haïr quelqu'un : au défaut d'étrangers, on les vit jadis se déchirer entre eux ; ils furent subjugués faute d'union. Aujourd'hui même, partagés en factions mortellement ennemies, les Corses ne savent pas se réunir contre leurs tyrans.

La maison d'Ornano, l'une des plus illustres de l'île, voulut tenter dernièrement d'exciter le courage des Corses pour secouer le joug de ces républicains orgueilleux qui les asservissent : les insulaires s'armèrent un instant à ce mot de liberté qui retentit délicieusement à l'oreille de tous les hommes ; mais il fallait marcher unis à l'ennemi commun : les promoteurs de la révolte ne purent obtenir cet effort, et les entraves des Corses furent encore serrées.

Cependant les convulsionnaires, autrement dit les jansénistes fanatisés, deviennent de plus en plus nombreux, et le tombeau du diacre Pâris produit des miracles bien autrement démonstratifs que ceux opérés par le tombeau de Mahomet. Le parti a maintenant des chefs aussi hardis que fanatiques : il faut citer, entre autres, le nommé Pierre Vaillant, prêtre du diocèse de Troyes, qu'on enferma à la Bastille en 1725 comme agent de l'évêque de Senez, et qui fut relâché en 1728. Cet ecclésiastique devait être banni du royaume ; mais, étant parvenu à se cacher, il s'unit secrètement aux convulsionnaires, parmi lesquels il prit bientôt une grande influence, fondée sur les persécutions qu'il avait subies. Cet homme avait de l'esprit, de l'imagination, une certaine éloquence ; les sectateurs de Pâris reconnurent Vaillant pour leur chef, et s'appelèrent dès lors *vaillantistes*. Ce janséniste, dans les espèces de sermons qu'il débite au cimetière de Saint-Médard, dit « que le prophète Elie est ressuscité, » qu'il reparaît sur la terre pour convertir les juifs et la cour de » Rome. » Qui peut assigner des limites à l'esprit de secte ? D'autres prêtres, notamment Augustin *Housset*, prêchent que Vaillant est le prophète lui-même ; les convulsionnaires croient ou paraissent croire à cette résurrection, et se sont donné le surnom d'*éliséens*. Un autre prêtre, l'abbé Becheran, a mérité le titre de directeur de l'œuvre par la force avec laquelle il éprouve les convulsions : couché sur la pierre funéraire du diacre, cet inspiré fait le saut de carpe avec une légèreté, une dextérité, un aplomb tels, qu'il pourrait défier les sauteurs les plus alertes qui nous viennent de l'Espagne. On mit dernièrement l'abbé Becheran à Saint-Lazare, afin de prouver qu'il n'y aurait ni inspirations ni convulsions ; et comme il n'en eut point en effet, les convulsionnaires dirent que « Dieu l'avait ainsi permis » pour cacher la vérité à ceux qui la combattaient. »

Pendant que l'abbé Becheran donne de nouveau l'exemple des sauts périlleux dans le cimetière de Saint-Médard, l'abbé Blondel préside une assemblée secrète qui se tient la nuit au château de Vernouillet, près Poissy, et où l'on prépare des écrits contre la bulle *Unigenitus*. L'abbé Vaillant assiste quelquefois à ces conciliabules ; et comme c'est un article de foi parmi les jansénistes fanatisés que ce chef des convulsionnaires est Elie, ils ne manquent jamais de voir une belle lueur blanche étendue sur le château de Vernouillet quand le prophète ressuscité s'y trouve.

L'esprit de parti doit, par essence, s'affranchir des lois de la raison ; les *Nouvelles ecclésiastiques,* ouvrage rempli de force et de raisonnement quand il se borne à combattre les molinistes dans leurs absurdités, deviennent plus absurdes qu'eux lorsqu'elles proclament l'excellence des doctrines du cimetière de Saint-Médard, et la pieuse gravité des sauts de carpe pendant lesquels les dames sectaires produisent au grand jour leurs charmes secrets. Nonobstant ce ridicule, auquel on pourrait s'en rapporter pour tuer doucement le pamphlet clandestin, l'archevêque de Paris, qui n'a pas la patience d'attendre ce genre de mort, attaque à coups de mandements les *Nouvelles ecclésiastiques ;* il ne se passe pas de semaine que cette artillerie pastorale ne joue contre l'écrit janséniste. Le parlement, de son côté, se chauffa assez longtemps avec des numéros de ce journal, saisis çà et là par M. Hérault ; mais, depuis deux ou trois mois, cette compagnie, ayant trouvé que cinquante ou soixante magistrats en robe suffiraient bien pour faire justice de quelques feuilles de papier, s'est formalisée de ce que M. de Vintimille marchait toujours, à ce sujet, sur ses brisées. Non-seulement *messieurs* ont cessé de brûler l'écrit janséniste, mais ils se sont pris à faire des remontrances au roi sur l'excès de puissance accordé l'an dernier à la constitution. Il était facile de raisonner sur cette matière d'une façon convaincante ; le conseil fut persuadé, et Sa Majesté, par une déclaration adressée aux évêques, prescrivit « de ne point donner à la bulle l'importance d'une règle » de foi, mais seulement celle qu'on doit attacher à un jugement de » l'Eglise, et de ne point imposer d'obligations aux laïques à cet » égard. » Cette déclaration donna un grand dessous aux molinistes ; mais la compagnie de Jésus se mit sur-le-champ à travailler en sous-œuvre pour reprendre l'édifice de sa puissance, qu'elle voyait près de crouler. Le roi rendit, dans le même temps, un édit qui répandit la consternation parmi les bons religieux noirs, bruns ou blancs, habitués au doux régime des donations faites à leurs couvents par les dévots, sauvés à ce prix de la damnation. Cet édit, déterminé aussi par les remontrances du parlement, est conçu de manière à réprimer les abus, à prévenir les surprises dans les donations, en assurant l'exécution des legs authentiques et légitimes. Il faudra maintenant que les bons confesseurs enfroqués accordent *gratis* l'absolution finale à leurs pénitents, et l'on doit craindre qu'il ne meure à l'avenir peu de chrétiens consolés par eux.

Il est moins facile qu'on ne pense de perdre l'habitude du pouvoir : Victor-Amédée, qui abdiqua l'année dernière, eût pu s'en repentir un peu plus tard ; cette versatilité de la part d'un prince qui fut toute sa vie mobile et inconstant eût été d'ailleurs une émanation toute naturelle de son caractère. Mais il n'en est pas moins faux que Victor ait voulu ressaisir le sceptre qu'il remit librement à son fils. Les probabilités ont, dans cette circonstance, porté la multitude à croire au bruit de cette renaissante ambition. La vérité, plus démonstrative encore, doit rétablir l'exactitude des faits ; les voici dans toute leur sincérité.

Victor-Amédée avait un fils qu'il chérissait ; ce jeune prince, appelé à succéder à son père, était rempli de qualités aimables dont le roi s'efforçait de faire des qualités brillantes, lorsque l'objet de tant d'affections et de soins mourut. Charles-Emmanuel, second fils du monarque, lui inspira alors la même sollicitude, mais non pas le même attachement. Sa Majesté sarde n'avait jamais aimé ce prince, dont l'extérieur disgracieux l'humiliait. Cependant, la raison d'Etat dominant cette répugnance, le roi s'occupa assidûment de l'instruction de Charles, et n'épargna rien pour le rendre digne de la haute succession qu'il était appelé à recueillir. Cette tâche était remplie, et Victor avait marié son fils, lorsque, las des affaires, usé par cinquante ans de fatigues, et désirant jouir paisiblement du soir de sa vie, le vieux monarque prit la résolution d'abdiquer. Il s'était attaché à la marquise de Saint-Sébastien, dame d'honneur de la princesse sa belle-fille, non par un besoin impérieux de possession dès longtemps éteint en lui, mais par suite d'une douce habitude de communications confiantes qui s'était formée entre eux. Victor ressentait le plus violent désir de voir continuer sa race ; il redoutait, plus que toutes les calamités du monde, que sa bru ne fût stérile. Dans cette crainte, Sa Majesté avait chargé madame de Saint-Sébastien d'étudier les plus secrets détails du ménage de Charles, et de l'appeler, lui, Victor, à vérifier, dans certains moments, les remarques qu'elle aurait faites. Le roi était, comme je l'ai dit, revenu des brûlantes illusions de l'amour ; la marquise avait de la vertu ; mais des rapports de la nature de ceux que ce couple observateur avait ensemble excitent les sens même froids ou refroidis ; la dame d'honneur devint maîtresse du roi, qui l'épousa ensuite le 12 août 1730, vingt jours avant son abdication.

Ayant posé la couronne de Sardaigne sur le front de son fils, Victor lui recommanda ses ministres comme des sujets fidèles, et, entre autres, le marquis d'*Ormea :* on verra bientôt comment ce gentilhomme reconnut les bontés de son ancien souverain. Le grand-père maternel de Louis XV ne s'était point trompé dans ses prévisions : il trouvait le bonheur au fond de sa retraite paisible, dans le sein de la religion, et grâce au commerce d'une épouse attentive. Mais les infirmités, souvent éloignées par les agitations d'une vie laborieuse, se déclarent souvent aussi dans les jours de repos : c'est ce qui arriva au roi descendu du trône de Sardaigne. Il fut frappé, l'hiver dernier, d'une violente attaque d'apoplexie dont il demeura défiguré. Lui-même, dans cette circonstance, défendit à son fils de venir le voir ; mais le jeune prince écrivit à son père pour l'engager à se rapprocher de Turin, désirant, disait-il, être à même de lui donner à toute heure des témoignages de son respectueux attachement. Des bulletins étaient envoyés au roi régnant pendant la maladie de Victor ; *Ormea*, pour premier témoignage d'ingratitude, cessa de faire prendre ces bulletins. Le vieux prince s'offensa de cette marque d'indifférence, à laquelle *Charles* était étranger ; et ce dernier ayant été voir son père, en passant, pour se rendre aux eaux, à Chambéry, où il résidait, il en fut très-mal reçu. Le roi Victor le traita, dans cette occasion, avec la même humeur, la même dureté qu'il lui avait prodiguées pendant son enfance, ce qui n'empêcha pas Charles de revoir à son retour ce prince si injustement sévère. Sa Majesté avait résolu de passer quinze jours à Chambéry, mais elle en fut détournée par le perfide *Ormea.* Ce ministre sentit qu'une explication ne pouvant manquer d'avoir lieu entre le père et le fils, sa perte en serait peut-être la suite au moment où il se flattait d'avoir bientôt un empire absolu sur l'esprit de Charles. Le marquis chercha donc à faire concevoir des inquiétudes au jeune roi sur sa liberté dans le château de Victor ; il parvint même à lui persuader que sa vie n'était point en sûreté. Sous un prétexte frivole que Charles allégua par écrit, il partit à cheval au milieu d'une nuit sombre, malgré les difficultés d'une route mal entretenue, et ce départ précipité augmenta le mécontentement du vieux roi, qui ne se méprit point au motif léger dont on avait voulu amuser sa crédulité.

Peu de jours après, Victor et sa femme partirent eux-mêmes pour le Piémont avec le projet de s'y établir. Le roi s'arrêta à Moncalier, d'où il écrivit à son fils que, d'après le conseil qu'il lui en avait donné, il venait s'établir près de sa cour, et qu'il l'invitait à lui indiquer une nouvelle retraite. La première entrevue des deux princes fut orageuse : l'ancien monarque reprocha au nouveau l'empire qu'il laissait prendre à ses ministres, qui le rendaient ingrat et dénaturé. Charles revint de cette entrevue sombre et soucieux ; d'*Ormea* prévit que la proximité de Victor ne tarderait pas de lui être funeste ; il pensa qu'il était perdu s'il ne perdait pas le père de son maître. « Il » faut que je succombe, se dit-il à lui-même, ou que Victor soit jeté » dans une prison. » Mais comment amener un fils, jusqu'alors soumis et respectueux, à s'élancer hors des bornes du devoir jusqu'à priver son père de la liberté? Comment porter Charles à soulever contre lui toute l'Europe par cet acte impie ? En recourant au mensonge, en chargeant le vieux roi de crimes imaginaires ; et la fable atroce du marquis fut promptement conçue. Il rapporta, avec un mystère feint, que Victor avait formé le projet de remonter sur le trône ; que ce prince avait consulté secrètement des médecins, des apothicaires de la cour; qu'il entretenait chaque nuit des courtisans dont le dévouement au roi pouvait être suspect; qu'on avait vu des officiers de l'ancien monarque examiner les endroits faibles de la citadelle; qu'enfin Fosquieri, gouverneur de Turin, n'attendait que l'occasion de livrer cette ville à l'ambitieux Victor. « Voilà, sire, où » nous en sommes, ajouta d'*Ormea* avec fermeté; c'est à Votre Ma- » jesté de voir si elle veut prévenir les événements funestes qui se » préparent, en descendant d'elle-même du trône, action qui vous » couvrira d'opprobre aux yeux des puissances, ou montrer une ré- » solution, malheureuse sans doute, mais indispensable, en faisant » conduire Victor dans une prison d'Etat. » Suffoqué par la terreur que lui inspiraient les prétendus projets de son père ; pénétré d'indignation par les conseils de son ministre; flottant indécis entre la honte et la cruauté, Charles ne savait que répondre, que décider, lorsque tous les autres ministres, dont le traître d'*Ormea* s'était assuré, vinrent joindre leurs obsessions aux siennes, et montrer au roi la proximité d'un danger imaginaire... Charles prit un parti... ce fut celui d'ôter la liberté à l'auteur de ses jours.

La nuit suivante, et tandis que Victor dormait paisiblement aux portes de Turin, des grenadiers, armés de baïonnettes et munis de flambeaux, pénètrent dans la maison de ce prince, brisent à coups de hache la porte de sa chambre, qui soudain est remplie de soldats. Le roi était couché avec sa femme; un officier lui présente l'ordre de son fils; il le repousse avec horreur. « Je ne répondrai point, s'écrie » Victor indigné, à des gentilshommes descendus trop bas par la tra- » hison pour que je leur adresse la parole; mais vous, grenadiers, » avez-vous oublié le sang que j'ai versé à votre tête pour le service » de l'Etat?... S'il en est ainsi, osez porter la main sur votre vieux » souverain; je n'obéirai point à un fils dénaturé. » On arrache le malheureux prince des bras de sa femme, qu'il tenait embrassée; elle-même est traînée sur le parquet vers une autre chambre... Sa chemise, déchirée, mise en lambeaux, laisse bientôt son corps entièrement nu, exposé aux yeux des soldats. Enfin Victor consent à se laisser habiller. On le jette ensuite dans une voiture ; mais quand un colonel des satellites, officier de fortune, veut y monter à ses côtés, Sa Majesté le repousse rudement : « Apprenez, lui dit-elle, homme » tiré par moi de la tourbe populaire, que, dans quelque état que soit » votre roi, vous n'êtes pas fait pour vous asseoir près de lui. » Victor fut conduit à Révole, dans une maison dont toutes les fenêtres étaient grillées ; c'est là que vit ce malheureux prince, entouré de gardes et d'espions, tandis que sa femme languit dans la forteresse de Ceva, parmi les prostituées.

Cependant d'Ormea, pour soutenir l'imposture jusqu'au bout, a fait arrêter les marquis de Fosquieri et de Rivarol, ainsi que plusieurs autres seigneurs, qui ne savaient à quoi attribuer cette rigueur étrange. On envoya aussi en prison des médecins, des apothicaires, dont la surprise ne fut pas moins grande. Mais comme il ne fut trouvé dans les cassettes de Victor aucun papier qui chargeât qui que ce fût, on relâcha bientôt tous ces prisonniers, de peur que la vérité ne répandît un trop grand jour sur les auteurs de cet affreux coup d'Etat.

Il est affligeant d'avoir à ajouter que Louis XV demeure paisible spectateur d'un attentat qui plonge son grand-père dans les fers, quoique Sa Majesté ne puisse pas même motiver son inimaginable indifférence sur l'erreur, car l'ambassadeur de France à la cour de Turin a clairement déclaré dans ses rapports que Victor-Amédée était victime d'une intrigue ministérielle. Notre cour se tait quand il ne faudrait, pour rompre les chaînes du royal captif, que détromper un fils abusé. Il est à craindre, dit-on dans le conseil, de voir Charles-Emmanuel s'unir avec l'empereur, qui, tout bien examiné, n'a aucune raison de prendre ce parti. Et c'est à une considération sans réalité que Louis XV rend hommage, au mépris de la nature, du devoir, de l'honneur, sacrifiés dans sa propre famille! Sous l'empire d'un tel scrupule, ce prince pousse la faiblesse jusqu'à ne pas demander qu'on adoucisse la captivité de son grand-père! jusqu'à laisser l'épouse d'un roi confondue avec des filles de mauvaise vie !

Tandis que les événements que je viens de rapporter se passaient à Turin, d'autres intrigues moins graves, mais presque aussi honteuses, avaient lieu dans un Etat voisin. Le duc de Parme, Antoine Farnèse, est mort sans postérité le 10 janvier, et, par son testament, il appelle à lui succéder don Carlos, son petit-fils. Par une dizaine de traités, l'empereur s'est engagé à laisser prendre cette direction à l'héritage du prince défunt; mais les rois ont le privilége de violer impunément les engagements dont la violation déshonorerait les autres hommes. Charles VI ne pouvait se décider à laisser remettre le pied en Italie à cette maison d'Espagne qui, une fois dans cette presqu'île, songeait à faire valoir ses droits sur les autres Etats jadis

espagnols, et que possède maintenant la cour de Vienne. La duchesse douairière de Parme, pour favoriser l'empereur, avait déclaré qu'elle était enceinte ; en conséquence, les troupes autrichiennes étaient entrées dans la capitale du duché, déclarant, au nom de leur maître, qu'elles remettraient cet Etat au prince ou à la princesse à naître, ou, à son défaut, à l'infant don Carlos.

Philippe V prit donc patience; mais le terme ordinaire de la grossesse d'une femme étant passé, et Sa Majesté Catholique ne pouvant se persuader qu'il y eût à cet égard quelque chose de particulier pour la duchesse de Parme, ce prince somma la France, l'Angleterre et les Etats Généraux de se joindre à lui pour donner à don Carlos l'investiture des duchés de Toscane, de Parme et de Plaisance. La Grande-Bretagne seule agit si efficacement auprès de Charles VI qu'elle le détermina à remplir enfin la promesse tant de fois signée. Voyant qu'il n'y avait plus moyen d'éluder, la duchesse de Parme déclara que les symptômes de sa grossesse s'étaient évanouis ; et don Carlos, à la tête de six mille Espagnols débarqués à Livourne, prit possession de l'héritage qui lui était acquis. Et voilà un nouvel échantillon de la bonne foi de ceux qui, sur la terre, sont l'image de la Divinité.

Passons à un autre témoignage de cette justice des maîtres du monde. La pénurie des finances inspira de tout temps des expédients plus ou moins heureux, dans lesquels l'équité n'entra jamais qu'en qualité de considération bien secondaire; mais on n'avait pas encore porté aussi loin qu'on vient de le faire le mépris des intérêts publics. Le contrôleur général savait que le commerce des blés était une source féconde de richesse. Pourquoi, dit-il un jour, ne ferions-nous pas Sa Majesté marchande de blé? Une bonne idée en amène une autre : après avoir imaginé la spéculation royale, on pensa qu'elle serait bien plus fructueuse encore si elle était exclusive. De là cet accaparement, ce monopole organisé qu'on nomma le *pacte de famine*, et dont les statuts criminels remontent à l'année dernière. Ces menées furent quelque temps mystérieuses : des agents achetaient secrètement des grains dans les provinces, qu'ils affamaient, et les revendaient ailleurs pour le compte de Sa Majesté. Aujourd'hui l'on n'y met plus de mystère; vous entendez parler hautement dans les marchés des « blés du roi : M. le contrôleur général est à la tête de notre » opération, disent les agents du monopole à qui veut les entendre;» et partout il se trouve des archers et de la corde prêts à faire raison aux plaignants.

Les convulsionnaires sont devenus nombreux et presque puissants. Ces rêveurs inquiètent plus le cardinal de Fleury que la révolution du royaume de Sardaigne ; et le cabinet de Versailles, qui vient de voir froidement emprisonner le grand-père de Louis XV comme un voleur de grands chemins, s'alarme sérieusement des sauts de carpe du cimetière de Saint-Médard. Dans un tel danger, le roi a rendu le 27 janvier une ordonnance portant que ce cimetière sera clos immédiatement, et qu'il sera fait défense de l'ouvrir autrement que pour cause d'inhumation. La même ordonnance défend, sous peine de prison, de s'assembler dans les rues ou maisons adjacentes. M. Héraut, lieutenant de police, en robe, s'est rendu le 28 au lieu de réunion des convulsionnaires et l'a fait fermer en sa présence. Le lendemain on lisait au-dessus de la porte :

De par le roi, défense à Dieu
De faire miracle en ce lieu.

Ce distique, que les *Nouvelles ecclésiastiques* commentèrent avec esprit, échauffa la bile de M. l'archevêque de Paris, qui, le 27 mars, fulmina un mandement contre cette feuille; mais cet écrit pastoral, conçu *ab irato*, n'eut pas l'assentiment général, même parmi les constitutionnaires. Vingt-deux curés de Paris, après avoir fait à monseigneur des remontrances sur l'esprit ultramontain de son mandement, refusèrent de le publier. Le prélat se mit dans une grande colère contre les ecclésiastiques récalcitrants, qui se bornèrent à lui répondre :

Quoi, vous êtes dévot et vous vous emportez !

Cependant l'œuvre épiscopale de M. de Vintimille fut dénoncée au parlement comme renfermant des principes contraires à ceux de l'Eglise gallicane; cette compagnie se disposait à réunir toutes ses chambres pour juger l'affaire, lorsque le roi fit à *messieurs* la défense de connaître d'aucune cause concernant la discipline ecclésiastique sans sa permission expresse. Le parlement, qui vit clairement d'où partait le coup, se promit de se venger à la première occasion sur la pourpre romaine de Fleury de ce qu'il faisait en ce moment pour ternir la pourpre magistrale. M. de Vintimille eut de ce côté gain de cause de par le roi, quoique, dans la chaleur du combat, il eût oublié de faire chanter un *Te Deum* en actions de grâces de la naissance d'une princesse : Marie-Adélaïde de France. Mais les curés tinrent bon, ils ne publièrent point le mandement.

Pendant que des dissidences religieuses occupaient la cour de France, l'empereur Charles VI recevait de la diète de Ratisbonne la *pragmatique sanction* confirmée, à quelques exceptions près, par tous les princes de l'Empire. Cette assemblée avait fait registre de la renonciation des archiduchesses, femmes de l'électeur de Bavière et du prince électoral de Saxe, mais non de la protestation de l'électeur de Bavière lui-même et des électeurs de Saxe et du Palatinat, qui de leur chef, prétendaient avoir des droits à la succession autrichienne. Nonobstant ces diverses oppositions, la diète donna un rescrit portant acceptation et garantie de la loi impériale. Voilà une nouvelle source de guerres.

Hier j'ai trouvé tous les habitués de l'*OEil-de-bœuf* d'une humeur charmante; on riait à se tenir les côtés, et je me suis doutée tout de suite, à l'universalité de ce transport, qu'on devait rire aux dépens de quelqu'un. Je ne me trompais pas : M. le duc de Richelieu, veuf depuis quelques années de sa première femme, est revenu en poste de Vienne pour épouser mademoiselle de Guise, dont il est amoureux. Cet amour a dispensé les parents de la fiancée de faire stipuler dans le contrat que le mariage serait *complet;* cela, vu les soupirs préalables, va sans dire. Or, point de flamme amoureuse sans jalousie : le duc recevait à Versailles les compliments des seigneurs sur son prochain hymen, lorsqu'il vit s'avancer vers lui certain écuyer de feu madame de Richelieu, écuyer dont on n'a point oublié l'intimité avec elle. Ce gentilhomme se faisait un devoir de joindre ses félicitations à celles de tout le monde; mais le duc le reçut fort mal. « Quoi! monsieur, lui dit-il, vous savez déjà que je me marie! » êtes bien alerte! Je reçois votre compliment, mais de loin, je vous » prie, de très-loin. » Et Richelieu tourna le dos au complimenteur, laissant aux familiers de l'*OEil-de-bœuf* une ample provision de matière malicieuse et de bon sang.

J'ai rapporté aux rieurs une petite anecdote digne de succéder à celle que je viens de raconter. Mademoiselle de Clermont, aussi constante dans sa douleur qu'elle le fut dans son amour, ne peut se consoler de la perte de M. le duc de Melun. Une mélancolie qui ne vit que de souvenirs s'est emparée de cette jeune princesse; on la voit errer seule des journées entières dans les bosquets lointains du parc de Versailles. On dirait la nymphe Echo pleurant au fond des bois la mort du beau Narcisse. Une femme sensible est plus près qu'on ne pense de la dévotion : chez elle, l'amour profane n'est souvent séparé de l'amour pieux que par un repli du cœur; c'est cette mince barrière qui disparaît de quarante-cinq à cinquante ans. Mademoiselle de Clermont se confesse souvent au père Bertin, récollet de Versailles, le prototype de tous les courtisans enfroqués. La jolie pénitente, malgré sa douleur, n'a pu s'empêcher de raconter qu'à sa dernière confession le père lui disait après la révélation de chaque péché : « Bon! » princesse, ne vous fatiguez pas. » Et que, lorsqu'elle eut fini, ce moine ajouta : « Que Votre Altesse ait la bonté de prendre la situa- » tion la plus commode, afin que j'aie l'honneur de lui donner l'ab- » solution. »

La guerre est décidément déclarée entre la cour et le parlement; voici le manifeste qui a déterminé les hostilités. Le parlement arrête « qu'attendu que la défense du roi relative à la discipline ecclésiasti- » que attaque les principes constituant la cour des pairs, il ne peut » continuer ses fonctions aussi longtemps que cette défense subsis- » tera. » Les conseillers Pucelle et Titon, qui, dans la délibération préalable, avaient opiné avec le plus de force contre l'interdiction royale, furent enlevés au sortir du palais et conduits, le premier, qui était en même temps conseiller et abbé, dans son abbaye; le second au château de Vincennes. A cette nouvelle, le parlement met en permanence ses chambres assemblées. Le roi lui ordonne de continuer son service ordinaire. Feignant de prendre cet ordre pour une restitution de la plénitude de ses droits, ce corps remet le mandement de M. de Vintimille entre les mains des gens du roi; ceux-ci prennent des conclusions, et le mandement est condamné comme abusif. Le lendemain un arrêt du conseil casse celui du parlement; une députation de ce corps est mandée à Compiègne, où se trouvait la cour, à l'effet d'entendre la signification des ordres du roi. De retour à Paris, la députation ayant fait son rapport aux chambres assemblées, le parlement, dans un accord unanime, déclare, le 20 juin, que tous ses membres se démettent de leur charge et déposent la simarre. Fleury, dont la politique est trop faible et les vues trop peu élevées pour faire tête à un pareil orage, met alors beaucoup d'eau dans son vin; il fait négocier secrètement auprès de *messieurs,* qui reprennent de nouveau leurs fonctions, et s'immiscent de nouveau dans les affaires de discipline ecclésiastique. Un arrêt du parlement supprime des imprimés qui circulent dans Paris sous le nom du nonce de la cour de Rome, en ce que ces écrits semblent établir en France une juridiction attachée au caractère d'un envoyé du pape. Cet arrêt ranime la guerre, que l'on croyait apaisée. Le roi, par sa déclaration du 18 août, détermine la manière dont Sa Majesté entend qu'à l'avenir les affaires publiques soient traitées au parlement, et défend que les appels comme d'abus soient portés aux chambres assemblées, mais seulement à la grand'chambre. *Messieurs* refusent d'enregistrer cette déclaration, la regardant comme contraire aux véritables intérêts de la couronne... Le roi est supplié de la retirer.

La fermentation était au comble : les Parisiens voyaient déjà suspendus sur leurs têtes les malheurs de la Fronde; leur imagination effrayée renouvelait les barricades, la cavalerie des portes cochères, la guerre des pots de chambre, et tout ce cortége de calamités qui marquèrent le déplorable ministère de Mazarin. Les premiers ministres cardinaux ne rassuraient point le peuple : Richelieu, Mancini et Dubois, chacun dans son genre, laissaient des souvenirs amers, et la robe rouge de Fleury effrayait les paisibles *Français* autant que jadis les effraya l'oriflamme de Charles Martel.

Le 3 septembre un lit de justice fut tenu à Versailles, où le parlement avait été mandé. La déclaration du 18 août y fut enregistrée; mais, le lendemain, nouvelle protestation du parlement et contre le lieu où le lit de justice a été tenu, et contre l'enregistrement qu'on y a fait. *Messieurs* ajoutent qu'ils ne cesseront de représenter au roi l'impossibilité de mettre à exécution un acte qui détruit les attributions de la compagnie, et déclarent qu'ils suspendent de nouveau leurs fonctions. Là-dessus tous les présidents, tous les conseillers des enquêtes et des requêtes sont exilés, et le même jour, 7 septembre, la grand'chambre est commise pour former la chambre des vacations.

Victor-Amédée, roi de Savoie, a vu finir son esclavage, mais avec sa vie; ce malheureux prince n'a pu trouver de clémence dans le cœur de son fils... Est-il donc pour le trône une nature spéciale! Le vieux monarque avait été transporté de sa prison de Révole dans la forteresse de Pontarlier. La première était en vue de Turin; Charles-Emmanuel l'apercevait des fenêtres de son palais, et tous les jours ce prince prenait le plaisir de la chasse sous les murs de la maison où l'auteur de ses jours languissait captif. Un étranger, franc et loyal, fit sentir à d'Ormea de cette proximité d'un fils régnant et d'un père esclave. Victor fut éloigné et sa femme lui fut rendue. L'indigne ministre fit défendre à cette infortunée, sous peine de la vie, de révéler qu'elle eût été détenue parmi les prostituées de Ceva.

Se sentant atteint, dans les premiers jours de novembre, d'une maladie qu'il jugea mortelle, Victor demanda à voir son fils, promettant de ne lui adresser aucun reproche. Mais d'Ormea prévint cette entrevue, qui sans doute eût découvert le secret de sa perfidie au moment où la tombe allait en engloutir les traces avec la victime. Le premier roi de Sardaigne mourut sans avoir pu voir son fils, même pour lui dire qu'il lui pardonnait.

Louis XV avait appris depuis peu de jours cette lugubre nouvelle, lorsqu'il rappela les membres du parlement exilés en septembre. Ces magistrats exercèrent une terrible vengeance contre Sa Majesté, en la *complimentant* sur la mort de son aïeul, dont la vie s'était terminée, à quelques pas de nos frontières, dans une obscure prison.

Rentré le 1er décembre, le parlement envoya une députation au roi pour le supplier de retirer sa déclaration du 18 août; Fleury s'attendait à cette démarche, et, las de guerroyer avec des gens si obstinés, il avait d'avance annoncé à Sa Majesté qu'il serait juste de satisfaire *messieurs* sur ce point. Le règlement demeura donc comme non avenu.

Deux nouveautés dramatiques fort distinguées ont paru cette année sur la scène française : l'une tragique, la *Zaïre* de M. Voltaire; l'autre comique, le *Glorieux* de M. Destouches. Ces deux ouvrages iront à la postérité, quoique ni l'un ni l'autre ne soient exempts de défauts. Parlons d'abord de la tragédie.

Il ne fallait rien moins que le brillant succès de *Zaïre* pour consoler M. Voltaire de l'échec de sa pauvre *Ériphile* [1], qui n'a fait que paraître au théâtre. L'abbé Desfontaines avait été consulté par l'auteur sur cet ouvrage, que ce critique trouva mauvais, et dont il annonça la chute. L'impétueux tragique, blessé vivement de cet arrêt, traita Desfontaines d'âne, de cuistre, de pédant, d'homme sans goût. « Nous verrons, monsieur, répondit l'abbé, auquel de nous deux le » jugement du public méritera tous ces titres-là. Mais sachez, en at- » tendant, qu'il ne suffira jamais, pour faire une bonne tragédie, » d'accumuler des vers pompeux, des sentences ronflantes, des traits » brillants, des beautés de détail en un mot; il faut encore savoir » concevoir une action et la concevoir raisonnablement. » Le parterre fut de l'avis de Desfontaines : c'est un grief de plus pour Voltaire; jamais il ne pardonnera à son Aristarque d'avoir eu raison.

La destinée de *Zaïre* fut bien différente; le public accueillit cet ouvrage avec des transports d'admiration inexprimables. Etourdis, enivrés, les spectateurs laissèrent passer les deux ou trois premières représentations sans mêler la moindre critique aux éloges prodigués à l'auteur; mais, quand ils commencèrent à s'habituer à la vue de l'astre étincelant, les *mais* restrictifs arrivèrent. Le parterre éclairé trouva qu'en examinant de sang-froid la marche de cette pièce on en voyait à chaque instant dépendre la continuation d'un mot retenu, et qui souvent devrait être dit; que toute la fable roulait sur un quiproquo de comédie qui ne durerait pas un instant, si Orosmane, au lieu de faire le matamore et de se monter la tête à propos de rien,

[1] Cette tragédie, refaite et très-améliorée, a reparu en 1748 sous le titre de *Sémiramis.*

apportait dans sa conduite un grain de cette raison que l'amour peut troubler, mais qu'il ne saurait détruire entièrement, surtout chez un prince qui gouverne avec sagesse, et que l'auteur fait parler quelquefois comme un Solon. *Zaïre* produit donc aux yeux de l'homme impartial l'effet de ces édifices tout à la fois élégants et majestueux que l'on craint de voir crouler sur la base trop légère qui les supporte; il ne faudrait pour renverser cette belle construction qu'un *pourquoi* sensé, et l'on est surpris pendant toute la représentation qu'il ne soit pas articulé.

Ce défaut capital était choquant à la première apparition de l'ouvrage; mais Voltaire a fait d'importantes corrections : il en fait encore tous les jours qu'il a beaucoup de peine à faire accepter aux comédiens, dont ces changements fatiguent la mémoire. Je dois à cet égard rapporter une anecdote plaisante, qui a fait admirer la présence d'esprit d'Arouet. Dufrène est chargé du personnage brillant d'Orosmane, qu'il joue avec une perfection que cet acteur peut puiser tout entière dans la chaleur de son jeu. L'auteur de *Zaïre* a singulièrement modifié le rôle de l'impétueux sultan, depuis qu'il est logé dans la tête du comédien; mais, après un bon nombre d'actes de complaisance, ce dernier ne se prêtait plus qu'avec une extrême répugnance aux corrections que M. Voltaire ne cessait de demander. Aux heures où l'infatigable correcteur venait ordinairement chez Dufrène, celui-ci usait du moyen vulgaire, mais sûr, de faire dire qu'il était sorti. Vaine précaution! on ne se débarrasse pas ainsi d'un poëte que guide l'amour-propre; Voltaire, au défaut d'une communication directe, glissait ses variantes dans la serrure de son Orosmane. Désolé de voir que Dufrène n'y avait plus égard, l'auteur s'avisa dernièrement d'un stratagème qui lui réussit mieux. Sachant que le comédien devait donner un grand dîner, il lui envoya un pâté de perdrix avec recommandation expresse au messager de ne point dire d'où venait le présent. Un pâté, quelle qu'en soit l'origine, est toujours bien reçu par un homme qui traite ses amis, surtout quand il ne coûte rien. Remettant à un autre temps le soin de découvrir son bienfaiteur, Dufrène fit servir la pièce de pâtisserie aux acclamations unanimes des convives; on procéda avec pompe à l'ouverture. Soudain un fumet exquis parfuma la salle à manger; mais l'eau vint à la bouche et la larme à l'œil de tout le monde lorsqu'on découvrit douze têtes de perdrix s'élevant avec orgueil au-dessus d'un massif succulent de viandes assorties. « Le pourvoyeur mystérieux a » voulu que la galanterie fût complète, dit l'amphitryon enchanté; » chacun de ces jolis oiseaux a dans le bec un petit papier qui, sans » doute, est une devise ingénieuse... Charmante allégorie, messieurs, » que celle qui se présente sous la forme d'un pâté... Voyons. Ah! » je devine maintenant le mystère, reprit Dufrène en riant; l'auteur » de l'envoi est celui de *Zaïre*, et tous ces petits papiers sont autant » de lettres de change tirées sur ma mémoire : ce sont des correc- » tions. » Un grand éclat de rire accueillit cette révélation; chacun loua la façon heureuse dont Voltaire faisait agréer ses changements... « Vous avez raison, mes amis! reprit Dufrène; je ne sais pas si notre » poëte se nourrit des mêmes principes, mais nous lui prouverons » que nous les avons goûtés. » On fit d'abord honneur au pâté; et le lendemain, au théâtre, le brillant écrivain reconnut qu'Orosmane avait fait accueil aux corrections. J'ai cru devoir rapporter cette anecdote, parce qu'il n'est pas sans intérêt pour l'histoire dramatique qu'on sache que *Zaïre*, l'une de nos plus belles tragédies, tient une partie de son mérite d'un pâté de perdrix.

Ajoutons que l'auteur doit une notable portion de ses lauriers à mademoiselle Gaussin, jeune actrice douée d'une sensibilité entraînante, d'un accent enchanteur, qui, dans le rôle de Zaïre, produit l'effet le plus touchant. On admire surtout la grâce avec laquelle cette charmante actrice meurt frappée par son terrible amant; pour peu qu'elle y mette de bonne volonté, ce coup de poignard fera sa fortune.

Dufrène n'est pas moins applaudi dans le *Glorieux* de Destouches que dans l'Orosmane de Voltaire. On dit, au surplus, que cet acteur joue M. de Tufière avec d'autant plus de naturel, que lui-même servit de modèle à l'auteur pour dessiner cette figure. Voici, en effet, dans la vie privée de Dufrène, un trait qui seul caractérise le personnage. Un soir, ne se sentant pas disposé à jouer, il appela son valet : « Champagne, lui dit-il, allez au théâtre dire à ces gens que » je ne jouerai pas aujourd'hui. » Le valet malicieux rendit le message tel que son maître le lui avait donné... et les comédiens de rire aux larmes.

Quoi qu'il en soit de l'origine du *Glorieux*, cette comédie est un des bons ouvrages du Théâtre-Français : l'heureuse opposition du caractère de Lysimon à celui de Tufière est du meilleur comique; rien de plus ingénieux encore que la scène du contrat, où le financier ne fait écrire, à côté de la kyrielle de son gendre futur, que le prénom d'Antoine, avec cette solide qualité :

> Et seigneur suzerain d'un million d'écus.

Toujours échauffé par l'action et par le choix des situations, Destouches a versifié cette pièce avec un talent qu'on ne retrouve dans aucun autre de ses ouvrages. Ce talent apparaît cependant dans le *Philosophe marié*, mais ce sont des éclairs.

CHAPITRE XIV.
1733-1734-1735-1736.

Mesure prise d'un degré du méridien au pôle, et d'un autre à l'équateur. — *La Henriade* de Voltaire. — Stanislas Leczinski est réélu roi de Pologne. — Siége de Dantzick. — Le monarque aventurier. — Guerre en Allemagne et en Italie. — *Gustave Vasa* de Piron. — Le Dauphin et le vent. — Les convulsionnaires; étrange fanatisme. — Proscriptions. — Hostilités en Allemagne et en Italie. — Mort des maréchaux de Berwick et de Villars. — Révolution en Corse; le roi Théodore Ier, — *Adélaïde du Guesclin* de Voltaire. — Continuation de la guerre. — Préliminaires de paix signés à Vienne. — Rixe à Paris entre des gardes françaises et des gardes suisses. — M. Turgot. — *Vert-Vert* de Gresset, anecdote. — Mort du grand Eugène. — La rose apostolique. — *Alzire* de Voltaire. — *L'Enfant prodigue* du même auteur. — Marivaux; son genre; *le Legs, les Fausses Confidences.*

M. le comte de Maurepas, qui depuis l'année 1715 n'a pas cessé de diriger la marine, a dès longtemps fait apprécier l'importance qu'il y aurait pour la navigation à bien connaître la figure du globe terrestre, c'est-à-dire à déterminer géométriquement sa forme, en mesurant un degré du méridien sous le pôle et un autre sous l'équateur. Cette entreprise serait, en effet, un monument glorieux pour la France, et le cardinal de Fleury a facilement convaincu le conseil à ce sujet. Le projet de M. de Maurepas ayant été adopté, l'Académie des sciences, sur l'invitation du roi, a désigné MM. de la Condamine, Bouguet, Godin et de Jussieu, astronomes, pour l'opération sous l'équateur, et ces savants vont partir pour la mer du Sud; tandis que MM. de Maupertuis, Clairault, Camus et Lemonnier, choisis par le même corps, se rendront, mais plus tard, dans le Nord[1].

Le poëme épique de M. Voltaire avait été d'abord intitulé *la Ligue*; mais les flatteurs du poëte lui ont assuré que le titre de son ouvrage devait avoir la même consonnance que celui du chef-d'œuvre d'Homère, vu les autres traits de ressemblance incontestables qui existent, lui ont-ils dit, entre ces deux compositions. Nous avons donc une *Henriade*, parce qu'il y avait une *Iliade*; M. Voltaire est de bonne composition, son amour-propre se laisse aller au parallèle. On remarque cependant, insinue le poëte moderne, une grande différence dans l'examen des deux ouvrages : le poëme grec n'est point aussi régulier que le poëme français; et c'est une belle chose que la régularité selon le nouveau rival d'Homère. Lisez ses préfaces, vous y verrez clairement établi que le chantre de la guerre d'Ilion descend quelquefois excessivement bas, assertion qui ne manque pas de justesse, et qu'il s'élève ensuite trop haut, ce que je prends la liberté de désavouer. L'auteur de *la Henriade* paraît s'être proposé de prendre un terme moyen : tant pis; selon l'empire des Muses, le juste milieu, c'est la médiocrité. M. Voltaire, plus ami de l'harmonie que de l'invention, parce qu'il se sent plus propre à la première qu'à la seconde, s'est inspiré de l'épopée de Virgile plutôt que de celle d'Homère; il a recherché et trouvé cette élégance, cette douceur de style, cette justesse cadencée d'expression qui charment dans l'Énéide, mais qui rarement échauffent et transportent. Chez le poëte français, comme chez celui de Mantoue, la magnificence étudiée des pensées ou des images nuit toujours à leur force; l'un et l'autre arrangent avec trop d'esprit pour créer avec assez de génie. Mais Virgile, favorisé par une langue harmonieuse, Virgile aidé de toutes les ressources d'une brillante théogonie, a semé tant de fleurs sur la carrière qu'il parcourut, qu'à peine reconnaît-on les points où elle est demeurée stérile sous sa main. Arouet, au contraire, assujetti à notre langage plus impérieux que complaisant, a dû sacrifier à la parure du vers l'essor de l'imagination. A Rome, la poésie commandait; en France, elle obéit. Disons, cependant, que l'auteur de *la Henriade* s'est fait son esclave de manière à prouver qu'il n'était pas digne d'être son maître : en voyant l'éclatante épopée de cet écrivain, je crois voir un affranchi opulent traîner sa toge brodée à la cour d'un César. Le Tasse, l'Arioste, le Dante chez les Italiens, Camoëns en Portugal, Milton parmi les Anglais, avaient cependant prouvé que, sans le secours de la mythologie païenne, et privé des riches dialectes de la Grèce et de Rome, on pouvait produire des chefs-d'œuvre, même avant la renaissance des beaux-arts. Ces grands hommes ont su allier toutes les séductions du style avec la puissance de la pensée, avec la richesse et l'originalité des créations, avec la pompe des descriptions, avec la variété des caractères, enfin avec cet ensemble de vérité, de mouvement, de vie, qui constitue la chaleur épique et la poésie. Presque tout cela manque dans *la Henriade* : ce poëme, dont l'invention est faible et l'action souvent défec-

---

[1] Ils ne partirent qu'en 1735. Les premiers savants furent dix ans en voyage. Au terme de leur opération, ils firent construire sur les hauteurs de Quito deux pyramides pour fournir dans tous les siècles un moyen facile et sûr de vérifier leur travail. Les savants qui s'étaient dirigés vers le pôle ne mirent que deux années à mesurer le degré du méridien; ils élevèrent aussi un monument à Tornéo en Suède, pour faciliter la vérification de leurs calculs. Cette construction existe encore, mais on assure que celle de Quito a été renversée par un tremblement de terre.

tueuse, pèche surtout par le merveilleux, base essentielle de toute épopée. Les passions que M. Voltaire anime sont d'un choix malheureux; les portraits des héros sont fidèles et tracés d'une main habile, mais leurs discours laissent désirer plus de vraisemblance, surtout plus de pathétique. Enfin le goût favori du poëte pour les antithèses, pour les vers à effet, refroidit à chaque instant son style; on découvre le rhéteur là où l'on ne voudrait trouver que le poëte.

Il y a longtemps que M. Voltaire corrige sa *Henriade;* peut-être la corrigera-t-il encore pendant plusieurs années. Malheureusement c'est toujours aux mots qu'il fait la guerre et point au fond de l'ouvrage. Cet écrivain parviendra ainsi à multiplier les morceaux remplis d'élégance et de charme que renferme son livre. Je crois même qu'on n'y trouvera que des vers bien faits ; mais *la Henriade* ne sera jamais qu'une ode sublime divisée en dix chants.

Frédéric-Auguste, roi de Pologne, et père du comte de Saxe, est mort à Varsovie le 1er février. Louis XV fut informé le mois suivant par son ambassadeur que le vœu presque unanime des Polonais rappelait Stanislas Leczinski au trône qu'il a occupé déjà, et dès lors Sa Majesté déclara qu'elle ne souffrirait pas qu'aucune puissance s'opposât à l'élection du nouveau roi de Pologne. La diète, formée en confédération générale, s'assembla le 7 mai, époque à laquelle ce corps décida que pour prétendre à la couronne il fallait être né de père et de mère catholiques. L'élection fut fixée dans cette première réunion au 7 août suivant, mais elle fut ensuite remise au 12 afin de donner à Stanislas le temps d'arriver. Ce prince partit en poste pour se rendre en Pologne; mais comme il y avait un faible parti opposé à sa nomination et au pouvoir duquel il pouvait tomber, on donna le change à ces Polonais en faisant publier par les gazettes qu'une escadre partie de Brest portait le prétendant et devait lui fournir au besoin des défenseurs. Cette nouvelle, véritable gasconnade politique, produisit le triste effet de faire porter à trente mille hommes les troupes déjà rendues en Pologne pour soutenir l'élection du duc de Saxe, fils du roi défunt.

Pendant qu'on s'attendait à voir arriver le beau-père du roi de France à la tête d'une formidable armée, ce qui n'eût été qu'une réciprocité des dispositions faites par la Russie, Sa Majesté se glissait incognito dans le royaume accompagnée d'un seul homme de confiance. Arrivé à Varsovie au moment où les Russes guettaient son débarquement sur les côtes de la Baltique, Stanislas fut élu une seconde fois roi de Pologne à la presque universalité des suffrages, et les membres de la diète qui ne lui avaient pas donné leurs voix se retirèrent sur-le-champ à quelque distance du camp d'élection. On conseilla alors au monarque de marcher à eux sans perdre de temps et de les forcer les armes à la main à reconnaître le souverain que la diète venait de leur donner légalement. « Non, répondit le » prince trop indulgent, je ne veux point teindre du sang de mes » fidèles sujets la couronne qui m'est rendue. » Ces sentiments héroïques obtiennent l'admiration des hommes, mais ils font rarement la conquête du pouvoir. Peu de jours après l'élection, les dissidents, soutenus par un fort détachement russe, pénètrent dans Varsovie; la diète se dissipe devant eux. Stanislas, forcé de fuir précipitamment, quitte son palais au milieu de la nuit et court s'enfermer à Dantzick avec une poignée de ses partisans.

Cependant le général des troupes moscovites, d'accord avec l'empereur Charles VI, convoque une nouvelle assemblée à Prague, où l'électeur de Saxe est élu roi de Pologne sous le nom d'Auguste III. Pendant que cette élection illégale recevait sa confirmation par le couronnement solennel d'Auguste à Cracovie, une armée de Russes et d'Allemands formait le siège de Dantzick, où ce monarque, entouré d'une faible garnison, ne pouvait se défendre longtemps.

Il fut bien question dans le cabinet de Versailles d'envoyer les plus *puissants secours* au prince assiégé; mais avec un ministre aussi faible, aussi craintif que Fleury, le chapitre des considérations est toujours ample et les décisions sont lentes. Il fallait ménager l'Angleterre, consulter l'Espagne, avoir l'avis de la Savoie, ne pas trop brusquer la rupture avec l'empereur. Néanmoins on fit des préparatifs : une escadre fut équipée, et après de longs pourparlers sur les moyens les plus prompts de l'envoyer à Dantzick on vit partir un beau matin de nos ports les *secours puissants;* ils se composaient de quinze cents hommes sous le commandement d'un simple brigadier. Cet officier fut tenté de regarder comme une dérision la commission qui lui était confiée : il ne put du moins la considérer comme sérieuse, et se trouvant en vue des côtes du Danemark il prit le parti de relâcher dans ce royaume, ne pouvant se décider à mener ses soldats à une mort certaine. Le comte de *Plelo*, ambassadeur de France, auquel le brigadier rendit compte des motifs qui l'avaient déterminé à ne point aller à Dantzick, reçut ce discours avec indignation.

« Vous déshonorez, monsieur, les armes du roi votre maître et le mien, » s'écria Plelo.

— Non, monsieur, répondit le militaire, j'épargne le sang de quinze cents sujets de Sa Majesté qui eût été versé en pure perte.

— Il ne vous appartient pas d'en juger, le devoir d'un soldat est d'obéir.

— Non pas sans utilité.

— Dites, monsieur, que vous avez cru avant tout à l'utilité de vivre.

— Monsieur le comte... vous me ferez raison de cette insulte !

— Oui, monsieur, sous les murs de Dantzick, où je cours avec ces braves que votre prudence humilie.

— Je ne vous en remets point le commandement.

— Je m'en empare d'autorité, en Danemark je suis pour vous le roi de France.

— Je vous suivrai donc.

— Bon, je serai charmé de vous rendre mon estime au moment où nous mourrons tous deux. »

Les quinze cents Français s'embarquèrent de nouveau, et tandis que l'escadre se préparait à lever l'ancre *Plelo* écrivait en France à un secrétaire d'État : « Je pars pour Dantzick, lui disait-il, je suis » sûr que je n'en reviendrai pas, je vous recommande ma femme et » mes enfants. »

En effet l'ambassadeur, le brigadier et le faible détachement qu'ils conduisaient ayant pris terre dans la rade de la place assiégée attaquèrent l'armée assiégeante. Après quelques instants d'un combat trop inégal Plelo tomba percé de coups.

« Attendez, comte, lui cria l'officier, qui le vit tomber tandis qu'il combattait lui-même comme un lion, attendez, je vous rejoins, » et bientôt il fut étendu mort à côté de son brave compatriote.

Les quinze cents Français, privés de leurs chefs, firent une capitulation honorable, et le lendemain Dantzick ouvrit ses portes. L'ambassadeur de France auprès de Stanislas fut retenu prisonnier de guerre au mépris de son caractère. Quant au roi lui-même, déguisé en paysan il s'éloigna de la place deux jours avant la reddition. Pendant une nuit sombre et pluvieuse ce prince erra aux environs de Dantzick, tantôt dans des chemins battus, tantôt au milieu de marais où le monarque s'enfonçait jusqu'à la ceinture, pour éviter les soldats russes qui le cherchaient. Ajoutons que le général avait mis à prix la tête du beau-père de Louis XV. Après quarante-huit heures de dangers, de souffrances, de faim, Stanislas, ne sachant quelle direction donner à ses pas, se décida à se confier à un guide, qui ne tarda pas de le reconnaître. Le soir il l'entendit comparer la récompense qu'il avait promise avec celle offerte à celui qui livrerait sa tête... Peut-être la crainte seule d'être trompé par le général russe retint-elle cet homme, à la disposition duquel étaient les jours du roi. Enfin le quatrième jour ce prince fugitif arriva à Marienwerder, où il put se croire en sûreté au delà de la Vistule. Il était sur les États du roi de Prusse.

Stanislas fut reçu à la cour de Frédéric-Guillaume avec tous les égards qu'on eût accordés à un roi victorieux : les mœurs allemandes n'admettent point encore comme principe le mépris du malheur. Après avoir passé quelque temps à Berlin ce prince revint en France montrer le second souverain polonais élu à la sollicitation du cabinet de Versailles et qu'il ne voulut pas soutenir lorsqu'il s'agit de prendre possession du trône.

Charles VI, plus dévoué à l'électeur de Saxe, mari de sa mère, que Louis XV ne l'avait été à son beau-père, venait, par l'appui armé donné au nouveau roi de Pologne, de rompre toute bonne intelligence avec la cour de France. La czarine Anne, qui règne aujourd'hui sur les Russes, s'est mise en hostilité plus ouverte encore avec nous, puisque son général, le comte de Munich, a emmené prisonniers de guerre les quinze cents Français qui avaient capitulé sous les murs de Dantzick. Mais, outre que ces hommes furent traités avec une grande générosité aux portes de Pétersbourg, et que l'impératrice fit donner aux soldats comme aux officiers tout ce qu'ils auraient pu obtenir dans leur patrie, cette souveraine, au fond de ses plaines glacées, craint peu le ressentiment de Louis XV. C'est donc contre la cour de Vienne seule que ce prince se décide à diriger sa vengeance. Les rois d'Espagne et de Sardaigne s'unissent à nous dans la guerre qui se prépare, mais il faut bien se garder de croire que ce soit par dévouement : ces deux princes profitent de l'occasion pour se livrer, avec notre secours, à leurs projets ambitieux sur l'Italie. Charles-Emmanuel, en méditant la conquête du Milanais, rêve le rétablissement du royaume des Lombards et brûle de changer la nouvelle couronne de Sardaigne contre l'antique couronne de fer. Philippe V, qui fut maître d'une forte partie de la presqu'île italienne, n'envisage qu'avec mépris les faibles établissements que l'Espagne vient d'y recouvrer, seulement encore à cause de son alliance avec la maison de Parme. Les appréhensions de Charles VI se réalisent; le monarque espagnol, ayant de nouveau le pied au delà des Alpes, songe à ressaisir tout ce qu'il y a perdu. On voit, d'après cet exposé des vues de Charles-Emmanuel et de Philippe V, que leur intérêt est la première cause de l'alliance offensive qu'ils forment avec Louis XV; tout au plus accèdent-ils au projet que ce prince a conçu d'abaisser ses ennemis et de tirer vengeance des insultes de Dantzick. Le roi, en s'armant pour ces prouesses de paladin, a fait présenter à l'Angleterre et aux États hollandais un mémoire des griefs dont il va tenter la répression : le cabinet de Versailles relève avec chaleur dans cet écrit les violences exercées par les cours de Vienne et de Pétersbourg contre une nation libre, et cela dans le plus précieux de ses droits, celui de choisir son souverain. Les principes de popularité inhérents à la monarchie anglaise, et les sentiments républicains qui règnent en Hollande, portent l'une et l'autre puissance à trouver légitimes les motifs de guerre allégués par la cour de France; elles ont signé un traité de neutralité, auquel la république de Venise accède.

Pendant ces négociations, un corps de troupes françaises, commandé par le comte de Belle-Isle, occupait la Lorraine, du consentement de la duchesse régnante, trop faible pour empêcher l'empereur d'envahir cette province voisine de la France. Ajoutons que le roi se charge seul de soutenir la guerre en Allemagne; le maréchal de Berwick commandera de ce côté. En Italie, le maréchal de Villars, déclaré généralissime des armées française, espagnole et piémontaise, doit aider le roi de Sardaigne à s'emparer du Milanais, et le roi d'Espagne à faire la conquête des Deux-Siciles.

Les comédiens français ont joué cette année une tragédie de *Gustave Vasa*, par M. Piron. Le succès de l'ouvrage fut mêlé de critiques

M. de Geavres.

amères; on en trouvera les motifs, comme ceux des applaudissements, dans cette analyse en vers, tirée d'une parodie donnée aux Italiens :

> Lorsque du fond du Nord un héros sortira,
> Il effacera tout par sa clarté suprême;
>   Le grand Gustave étonnera
> Par ses beautés et par ses défauts même:
> Jusques à son habit, tout en lui charmera.
> Grands dieux ! quelle riche abondance
> De situations contre la vraisemblance !
> Et que de lieux communs habilement cousus
> A des événements qu'on n'aura jamais vus !
>   Un songe, une reconnaissance,
>   Des monologues tant et plus,
>   Une longue oraison funèbre
>   D'un prince vivant qu'on célèbre ;
> Des travestissements, des conspirations,
> Des empoisonnements et des proscriptions;
>   Une sédition subite
> Qui change tout à coup les décorations;
>   Un enlèvement, une fuite;
> Un combat sur la glace, où, faisant le plongeon,
> Par un prodige heureux la fille de Stenon
>   Disparaîtra sous l'eau tout habillée,
>   Puis reviendra sur l'horizon
> Pour nous en informer sans paraître mouillée;
> Et, par un dernier trait digne d'être vanté,
> Après tant de périls, de fracas, de furie,
> Qui tiendront en suspens le public agité,
> La pièce finira dans la tranquillité.
> Hors un bon confident qui seul perdra la vie,

> Les acteurs de la tragédie
> Se retireront tous en fort bonne santé [1].

Le rôle de Vasa est joué par l'acteur Sarrasin, qui, ayant été abbé, jeta dans sa jeunesse le petit manteau aux orties pour monter sur le théâtre. Or Piron, peu satisfait de la manière dont ce comédien représentait son principal personnage, lui cria du milieu de l'amphithéâtre : « Va, si tu n'as pas mérité d'être sacré à vingt ans, tu ne » mérites pas mieux d'être excommunié à soixante. » Ce mot spirituel manquait de justesse, Sarrasin est un fort bon acteur.

Il est digne de remarque que le premier soin des instituteurs des princes destinés au trône est de les pénétrer de leur pouvoir futur, au lieu d'enseigner à ces apprentis maîtres du monde l'art de réprimer leurs passions, qu'ils sauraient mieux soumettre dans leurs inférieurs, s'ils s'étaient d'abord appliqués à les vaincre en eux-mêmes. C'est d'après un si déplorable système d'éducation que le Dauphin est élevé : aussi cet enfant illustre, à peine parvenu à sa cinquième année, se montre-t-il fier et absolu : l'ignorance du premier âge se mêlant à ce fruit précoce d'une instruction vicieuse, le jeune Louis s'irrite de la résistance des éléments eux-mêmes aux intimations de sa petite volonté. Avant-hier, en traversant un corridor du château, ce prince entendait le vent siffler à son oreille d'une manière désagréable; il se retourna vers les officiers qui le suivaient, et leur dit avec vivacité : « Faites donc taire ce vent-là ! »

Il est bien rare que l'on mette fin aux effets du fanatisme par la persécution; au contraire, elle exalte les imaginations ardentes : de la proscription naît le martyre; et les adeptes se l'infligent quelquefois eux-mêmes, afin de prouver à leurs persécuteurs qu'ils ne craignent pas les tourments. Si l'on eût laissé les convulsionnaires abandonnés au ridicule qui ne pouvait manquer de les atteindre, depuis longtemps déjà leurs déplorables pratiques seraient livrées au mépris, et nulle passion ne résiste à ses coups. Voici des vers que Voltaire a composés sur les mystères du cimetière de Saint-Médard : une dizaine de satires semblables eussent été d'une répression plus sûre que tous les arrêtés du lieutenant de police Héraut.

> Un grand tombeau, sans ornement, sans art,
> Est élevé non loin de Saint-Médard.
> L'esprit divin, pour éclairer la France,
> Dans cette tombe enferme sa puissance;
> L'aveugle y court, et d'un pas chancelant
> Aux Quinze-Vingts retourne en tâtonnant.
> Le boiteux vient, clopinant sur la tombe,
> Crie *Hosanna*, saute, gigotte et tombe.
> Le sourd approche, écoute et n'entend rien.
> Tout aussitôt les pauvres gens de bien,
> D'aise pâmés, vrais témoins de miracle,
> Du bon Pâris baisent le tabernacle.

Dans une soirée de la cour de Sceaux, madame du Maine ajouta à cette jolie esquisse le quatrain suivant :

> Un décrotteur à la royale,
> Du talon gauche estropié,
> Obtint, par grâce spéciale,
> D'être boiteux de l'autre pié.

A propos de boiteux, il est bon de dire qu'un homme atteint de ce genre d'infirmité allait tous les jours, pour en guérir, s'étendre sur la tombe de Pâris. Or, d'après les progrès curatifs que ce pauvre diable croyait remarquer à sa jambe, des calculateurs lui démontrèrent, la plume à la main, qu'il lui fallait pour rétablir son corps en parfait équilibre sauter, gambader et gigotter sur la pierre miraculeuse pendant cinquante-quatre ans : cela peut s'appeler un régime suivi, ou je ne m'y connais pas.

Mieux informée maintenant sur les causes qui ont fait fermer le cimetière de Saint-Médard, j'y reviens avec quelque détail. Suivons la progression du fanatisme des convulsionnaires. D'abord on ne voit sur la tombe du diacre que des jeunes filles priant avec ferveur; un peu plus tard elles recueillent précieusement la terre environnante, et en portent sur elles de petits sachets. Vient ensuite la manie de s'étendre sur la pierre pour entrer en communication immédiate avec les restes du saint homme. De là les convulsions, les sauts, les gambades, les culbutes, les tours de souplesse, comparables à ce qu'on admire de plus fort en ce genre sur nos tréteaux. C'est à ce point que les femmes mariées, puis les hommes entrent en *communication*. Avant de sauter, les convulsionnaires mâles se livrent à plusieurs pratiques plus ridicules les unes que les autres, pour figurer les actions du bienheureux pendant sa vie : on les voit puiser dans l'espace de l'air avec une cuiller, le mettre dans une assiette et le porter à la bouche, en commémoration sans doute de ce que Pâris se nourrissait à peu près de l'air du temps. D'autres fanatiques, en se passant un manche de couteau sur la figure, simulent l'action de se faire la

[1] On voit par cette macédoine d'événements que l'école littéraire de 1831 n'a pas eu la première idée d'agrandir le cadre dramatique, et qu'en cela comme en toute chose *faire marcher le siècle* c'est souvent faire rétrograder l'esprit humain vers ses vieux travaux.

barbe devant un miroir, ainsi que le diacre en avait l'habitude. D'autres enfin catéchisent l'assistance d'une voix nasillarde, pour imiter l'honorable janséniste lorsqu'il instruisait les pauvres enfants de son quartier. Mais voici venir les grandes inspirations, c'est-à-dire les hautes folies. Le chevalier de Folard, savant fort recommandable, à qui l'on doit un excellent commentaire de Polybe, mais vieillard affaibli par l'âge et les fatigues de la guerre, éprouve des convulsions dans sa propre maison... Dès qu'il se sent atteint de ce qu'il appelle l'inspiration, ce convulsionnaire entonne le *Magnificat*, chante, rit, pleure, psalmodie; puis il s'accroche les pieds au bras d'un fauteuil, se laisse tomber la tête à terre, et imprimant à cette partie de son corps une action comparable aux frappements précipités d'un marteau, il se cogne ainsi l'occiput sur le carreau pendant douze ou

Tantôt au milieu de marais où le monarque s'enfonçait jusqu'à la ceinture, pour éviter les soldats russes qui le cherchaient.

quinze minutes. L'accès étant passé, Folard paraît s'éveiller en sursaut et s'écrie ordinairement : « Il me semble que je chante. » Le pauvre janséniste pourrait dire aussi : Il me semble que je m'assomme, car le derrière de sa tête est alors couvert de bosses et de meurtrissures.

Mais tout ce que je viens de rapporter n'était qu'un faible prélude de ce que l'on vit depuis. Vers la fin de 1731 les convulsions prirent le caractère de la plus atroce cruauté, et ce fut ce qui détermina le roi à ordonner la clôture du cimetière Saint-Médard. « Dieu a changé » ses vues, disait un des sectateurs extravagants; il veut, pour opérer » la guérison de l'âme et du corps, faire passer les malades par des » douleurs très-vives... Les convulsions les plus violentes seront les » plus salutaires. » Alors commencèrent les *grands secours*, les *secours meurtriers*; le cimetière de Saint-Médard devint une succursale de la Grève, où le fanatisme fit subir d'étranges supplices à des innocents, à des fous. Les *secouristes*, c'est-à-dire les personnes qui dirigeaient, sauf réciprocité, les convulsionnaires dans leurs accès, devinrent de véritables bourreaux. Les jeunes filles, toujours plus exaltées que le reste des sectaires, se mirent à demander, tantôt avec rage, tantôt avec componction et les mains jointes, des coups, des tortures, des supplices, comme les gens raisonnables solliciteraient des bienfaits. Etendues sur la pierre, elles s'écriaient en pleurant ou en écumant : « Qu'on me batte, qu'on me meurtrisse, qu'on me mar- » tyrise, pour que je connaisse la béatitude céleste ! » Et sur ce les *secouristes*, qui étaient des jeunes gens vigoureux, frappaient ces insensées à grands coups de poing sur le dos, sur la poitrine, selon l'indication des patientes. « Bon, bon, reprenaient les convulsion- » naires, encore, ne vous lassez pas... augmentez plutôt le secours... » il opère... j'entrevois le bonheur... le ciel s'ouvre ! » Obéissant à cette recommandation, les secouristes montaient sur le corps des jeunes filles et foulaient aux pieds leur ventre, leurs cuisses, leur sein. Croirait-on que ce traitement ne tarda pas de paraître insuffi-

sant à ces infortunées! elles exigèrent qu'on se servit de bûches pour les frapper. L'une recevait cent coups de bûche sur la tête, sur le ventre, sur les reins; une autre préférait qu'on lui meurtrît les cuisses, les jambes, la plante des pieds : quelquefois elles se couchaient sur le dos, on plaçait sur elles une planche, et huit, dix, jusqu'à douze hommes montaient dessus. On a vu des convulsionnaires, après avoir fait lier leurs jupes, se pendre par les pieds à une corde tendue et rester la tête en bas des heures entières. Il est de la plus exacte vérité que plusieurs de ces créatures jouissaient, disaient-elles, de la plus ineffable volupté pendant qu'on leur tordait le bout du sein avec des tenailles jusqu'au point de forcer les branches de cet instrument. Jeanne *Moules*, convulsionnaire âgée de vingt-deux ans, se fit donner cent coups d'un lourd chenet qui à chaque coup s'enfonçait dans les chairs de la plus belle gorge et en faisait jaillir des torrents de sang. Tandis que cette fanatique était si rudement frappée, l'expression de la joie brillait sur son visage. « Ah ! que cela est bon ! s'écriait-elle, ah ! que cela me fait de » bien!... Mon frère, redoublez encore si vous le pouvez. » Et un moment après elle ajouta : « Grâce à Dieu, voilà que je me sens pas- » ser dans le sein de la félicité éternelle... Approchez-vous, mon » frère, que je vous embrasse, que je vous remercie de vos bien- » faits. » Le jeune garçon qui dans cette terrible scène avait rempli le rôle de *secouriste* s'approche, Jeanne *Moules* colle sa bouche sur celle de ce bourreau et expire en le tenant embrassé. Le lendemain de ce martyre le cimetière de Saint-Médard fut fermé.

Mais la clôture du principal théâtre des convulsions n'en arrêta pas le cours : les endroits retirés, les bois, les maisons isolées servirent de refuge à ces fanatiques; ils s'y livrèrent dans l'ombre à leurs cruels mystères, qui furent de plus en plus meurtriers. La contagion s'étendit de la capitale à ses environs, et de proche en proche gagna bientôt les provinces les plus éloignées. Le nombre des convulsionnaires devint très-considérable, leurs exercices acquirent un nouveau

Berwick, soutenu par ses deux fils, s'avança vers la tranchée.

degré de cruauté mêlé de désordre et même de libertinage. Vainement une ordonnance rendue l'année dernière défend-elle aux convulsionnaires de se donner en spectacle et de s'assembler dans des maisons particulières, cette défense est éludée. Quelle menace pourrait effrayer des gens pour qui d'horribles souffrances sont des voluptés? Plus le lieutenant de police Hérault recherche les convulsionnaires, plus il s'applique à les environner d'appareils répressifs, plus il les excite et propage leurs excès. Comment la cour ne sent-elle pas que rien ne peut arrêter l'esprit de secte? Ne l'a-t-elle pas vu devenir plus furieux à l'aspect des terreurs qu'on lui opposait! et ces terreurs elles-mêmes étaient un hideux attentat. Trois mois durant, les espions, les archers, pénétrèrent violemment dans l'asile des citoyens. La nuit on escaladait les murailles de leur domicile, on enfonçait les portes, on fouillait la couche des jeunes vierges soupçonnées de convulsions, et des agents audacieux les portaient nues et palpitantes dans de noirs cachots après avoir assouvi sur elles leur brutalité. La Bastille se remplit de convulsionnaires à la fin de 1733 ; ni la maladie, ni le sexe, ni l'âge ne furent respectés. J'ai vu de ces infortunés, j'ai vu des femmes, coupables seulement d'une déplorable démence, exposés au carcan. Enfin l'autorité, au nom de l'ordre, par respect pour les bonnes mœurs, devint plus criminelle cent fois que les insensés qu'elle punissait.

Tandis que l'on persécutait les convulsionnaires dans le royaume, le maréchal de Berwick a pénétré en Allemagne, et le maréchal de Villars, encore vigoureux et plein de résolution à l'âge de quatre-vingt-deux ans, s'est emparé du Milanais.

Pendant ce temps don Carlos, parti de Parme avec un corps espagnol, pénétrait sans peine jusqu'à l'État de Naples à travers une population mécontente du joug autrichien et charmée de rentrer sous la dépendance de Philippe V. L'infant fit son entrée le 29 mars dans la capitale du royaume des Deux-Siciles, où il reçut le même jour au nom du roi son père les hommages et le serment des magistrats napolitains. Mais, par une dépêche qui arriva au prince peu de jours après cette prise de possession, Sa Majesté Catholique annonça à son fils qu'elle lui cédait ses droits à la souveraineté des Deux-Siciles. Carlos fit une seconde entrée à Naples en souverain aux acclamations de tous les habitants de cette grande cité.

Les Impériaux, n'ayant pu tenir la campagne contre les forces supérieures de l'Espagne, s'étaient retranchés à Bitonto, dans la Pouille ; mais ils virent bientôt leurs retranchements forcés et se mirent en retraite sur le pays de Trente. Maître des États napolitains, le nouveau roi songea à s'emparer de la Sicile, conquête plus difficile ; mais que favorisèrent les habitants, qui, comme leurs voisins, préféraient la domination espagnole à celle des Allemands. Ainsi Charles VI a déjà perdu deux royaumes pour avoir voulu en procurer un à l'électeur de Saxe, son neveu. Voyons ce qui se passait en même temps en Allemagne.

L'empereur, dont la principale armée se trouvait sur le Rhin, n'avait pu fermer sur tous les points l'entrée de l'Empire à l'armée française. De ce côté, comme en Italie, nos troupes obéissaient à un vieillard octogénaire sur lequel s'éteignait un des derniers rayons du règne éclatant de Louis XIV. Berwick avait sous lui le comte de Saxe, qui pour la première fois marchait sous nos drapeaux. Possédant une âme jeune encore dans un corps chargé d'années, le fils naturel de Jacques II, trompant la vigilance d'Eugène par des marches savantes, mit le siège devant Philisbourg dans les derniers jours de mai. La défense fut longue et glorieuse, et le brave maréchal n'en devait pas voir le terme. Par une suite d'opérations habilement combinées, cet excellent officier s'était rendu maître des ouvrages avancés ; tout était disposé pour livrer un assaut général au corps de la place.

Le 12 juin, un peu avant le lever du soleil, Berwick, soutenu par ses deux fils, s'avança vers la tranchée, et, placé sur le revers, il examinait avec une lunette d'approche l'effet d'une batterie qu'il avait fait placer pendant la nuit... Là devait finir sa glorieuse carrière : une lueur brille au rempart de Philisbourg, une détonation se fait entendre... la tête de Berwick est emportée par un boulet !... ses fils sont inondés du sang de leur père... Ce ne fut que le 17 du mois suivant que la garnison de Philisbourg évacua la place avec tous les honneurs de la guerre, et ce dernier laurier de Berwick fut déposé sur sa tombe.

« Cet homme a toujours été heureux ! » s'écria Villars en apprenant la fin martiale de son digne collègue. Il est vrai que le vainqueur de Denain et de ce même Philisbourg que notre armée venait d'enlever aux Impériaux n'avait pu trouver le genre de mort qu'il enviait ; mais, victorieux dans la courte campagne du Milanais, ce que n'avaient pu faire sur lui les armes ennemies l'âge le fit. La chaleur du climat, les fatigues du corps, la contention de l'esprit, tout s'était réuni pour accélérer dans le vieux maréchal un reste de vie qui eût pu se prolonger au sein du repos, mais que consuma promptement l'activité guerrière. Dès le 27 mai, Villars fut contraint de remettre son commandement à M. de Coigny, qui se trouvait être le plus ancien lieutenant général de l'armée. Le maréchal se retira à Turin, où bientôt il fut saisi par une défaillance qui ne lui permit plus de quitter le lit. Enfin le 17 juin, ce grand homme, sur la mémoire de qui planera la gloire impérissable d'avoir sauvé la France, mourut dans la chambre même où, quatre-vingt-trois ans auparavant, il avait reçu le jour, lorsque son père était ambassadeur de France à la cour de Savoie... Arrêt mystérieux de la destinée ! ainsi commença et ainsi finit au même lieu l'une des plus belles carrières de nos jours.

La mort de Villars n'arrêta pas le succès de nos armes en Italie : le marquis de Coigny et le comte de Broglie, créés maréchaux de France, se partagèrent le commandement ; ils terminèrent glorieusement la campagne par la victoire de Parme, remportée le 29 juin sur le comte de Merci, qui fut trouvé sur le champ de bataille parmi huit mille morts, et par celle de Guastalla, gagnée le 29 septembre. Après cette dernière bataille, les Impériaux, taillés en pièces malgré des prodiges de valeur, furent forcés de se jeter au delà du Pô avec

précipitation, laissant aux vainqueurs leurs blessés, leurs morts, leurs bagages, et le champ sur lequel ils avaient combattu.

Tandis que ces événements se passaient en Italie, une île de la Méditerranée était le théâtre d'une révolution tentée en vain quelques années plus tôt. Les Génois ayant sollicité de l'empereur, à certaines conditions, un secours de troupes contre les Corses, qu'ils contenaient difficilement, ce prince avait envoyé à Bastia un corps de trois mille hommes commandé par le général Vactendorch. Mais Charles VI, ayant besoin pour lui-même de toutes ses forces, retira ce secours aux Génois vers le commencement de la présente année. Alors l'esprit de révolte, qui n'était jamais qu'assoupi dans l'âme des insulaires, se réveilla d'autant plus menaçant, que le séjour des Impériaux avait été le sujet de nouvelles exactions. Les Corses se réunissent en assemblée générale dans une gorge, dont les issues sont gardées par une centaine de leurs plus intrépides chasseurs. Là l'île de Corse est déclarée république indépendante, et les députés ne se séparent qu'après avoir nommé pour leurs généraux Hyacinthe Paoli et Gafforio, qui passent pour les deux hommes les plus distingués de la nation. Mais c'était là la tête d'un corps qu'il n'était pas facile de former ; cet esprit de division dont j'ai parlé ailleurs opposait un perpétuel obstacle à la réunion d'un grand nombre de soldats devant se plier à la même volonté ; et d'ailleurs les Corses manquaient d'armes et de munitions. Les rassemblements tumultueux se divisèrent donc dès que les Génois eurent fait débarquer dans l'île environ deux mille cinq cents hommes de troupes réglées. Mais un secours inattendu vint relever les espérances des révoltés. Un jour le baron de Neuhoff, homme de tête, ambitieux et entreprenant, aborda au fort d'Aleria sur un petit bâtiment armé de dix canons, avec quatre mille fusils, quelques barils d'argent, des munitions et des provisions. Neuhoff se présentait en libérateur et n'était qu'un perfide : cet aventurier avait promis au bey d'Alger de lui soumettre la Corse s'il voulait le mettre à même de soutenir la révolte de ses habitants. Enchanté d'une telle proposition, le Turc confia au baron des armes, de la poudre, un peu d'or. Mais l'accueil que firent les insulaires à notre aventurier changea promptement sa résolution : proclamé par eux roi de la Corse sous le nom de Théodore Ier, il ne songea plus qu'à se maintenir à ce rang, tandis que le bey, confiant dans la promesse de l'Européen, fumait et s'enivrait d'opium et de voluptés dans les bras de ses esclaves géorgiennes. A peine assis sur le trône qu'il venait de fonder, Théodore accorda à ses sujets par un édit liberté tout entière de faire du sel, de chasser, de pêcher, de travailler à tout métier qui leur conviendrait, et prononça l'abolition des impôts dont Gênes les avait surchargés. Par un second édit, les Génois qui habitaient l'île furent déclarés ennemis publics ; on les obligea à fuir pour éviter le supplice, et leurs biens furent confisqués.

Ce n'était plus assez pour les Corses d'avoir fait Théodore leur roi, ils eussent voulu lui donner les honneurs divins. Profitant de leur enthousiasme, ce prince de fraîche date leur distribue ses armes, ses munitions, ses vivres avec intelligence, avec discernement, se met à leur tête, bat les Génois, et forme le siège de Sanfiorenso, où les ennemis s'étaient retirés. Mais un souverain barbare de la côte d'Afrique ne confie pas à un chien de chrétien des trésors bien importants ; les premières dispositions hostiles de Neuhoff avaient épuisé le peu d'argent qu'il avait apporté. Il songea alors à former en Hollande une compagnie intéressée à soutenir le royaume naissant de la Corse ; ce projet, soumis par Théodore à une assemblée générale, reçut son approbation. Cette assemblée donna aussi son assentiment au projet formé par le roi de passer lui-même à Amsterdam, afin d'y organiser l'association projetée. En conséquence, après avoir donné ses ordres pour le gouvernement de l'État, confié à un conseil d'hommes sages, Théodore partit incognito pour Livourne, d'où il passa sur-le-champ en Hollande.

Rien de capricieux comme la fortune des guerriers et des poëtes : souvent leur honte est imprimée au revers des feuilles de laurier qu'ils ont moissonnées. L'auteur d'*OEdipe* et de *Zaïre* échoua cette année dans *Adélaïde du Guesclin* [1]. Par malheur pour cette tragédie médiocre, il s'y trouve cet hémistiche interrogatif :

Es-tu content, Couci?

Le public, assez mécontent, s'est chargé de répondre *Couci-couci*, et la pièce n'a plus fait que se traîner. Tout le monde connaît cette épigramme de Rousseau sur *Adélaïde du Guesclin* :

Par le démon de la dramaturgie,
Ce fanatique au théâtre agrégé,
Que l'ignorance avec tant d'énergie
Avait sans honte en Corneille érigé,
De désespoir s'est noyé dans l'histoire.
Sa tragédie a pourtant eu la gloire
De voir deux yeux de larmes l'honorer :
Car s'il n'a fait pleurer son auditoire,
Son auditoire au moins l'a fait pleurer.

[1] Cette pièce fut remise au théâtre en 1752, sous le titre de *Duc de Foix* ; plus tard les comédiens, avec la permission de Voltaire et de nouveaux changements, lui rendirent son premier titre.

Le 17 janvier, Sa Majesté a déclaré maréchaux de France MM. le duc de Biron, le marquis de Puységur et le prince de Tingri, nommés le 14 juin dernier en même temps que MM. de Broglie et de Coigny, mais dont la nomination n'avait pas été rendue publique. Le roi a fait aussi le 17 janvier une grande promotion d'officiers généraux, la campagne devant s'ouvrir de bonne heure cette année. Le maréchal de Coigny prend le commandement de l'armée d'Allemagne; M. de Noailles, qui est maréchal de France depuis l'année 1733, va commander en Italie comme généralissime. Vers la fin de l'année dernière, les Anglais et les Hollandais communiquèrent à Londres et à la Haye aux ministres des puissances belligérantes un projet de pacification générale; mais ce projet, où nulle indemnité n'était stipulée pour le roi Stanislas, n'a pu être accepté par les ambassadeurs de Louis XV.

Toute l'attention a été absorbée par la guerre pendant l'année 1735 : point de fêtes, point de pièces nouvelles, peu d'aventures galantes. Les salons étaient déserts, les petites maisons étaient hermétiquement fermées... Jamais on ne vit à Paris moins de scandale. Tous nos gentilshommes étaient sous les drapeaux, toutes nos dames se sont trouvées sages. Racontons donc les événements militaires, puisque le temps ne nous offre que cela de remarquable.

Dès le mois de mars, le roi de Sardaigne et le maréchal de Noailles prirent position à Guastalla, tandis que les Impériaux, sous les ordres du comte de Cognised, se retranchaient au camp de San-Benedetto. Mais Charles-Emmanuel ne leur donna pas le temps de terminer leurs dispositions défensives; la position fut attaquée avec vigueur par les Français, et, avant même que leurs alliés les Piémontais fussent en ligne de combat, l'ennemi avait abandonné son camp retranché. Les troupes allemandes opérèrent en bon ordre leur retraite jusqu'à Revere dans le Seraglio; mais elles y furent jointes par une partie du corps espagnol qui, l'année dernière, fit la conquête des Deux-Siciles, et qui était devenu inutile pour soumettre les villes de Syracuse et de Messine, les seules qui restaient à l'empereur en Sicile. Cette armée ayant placé M. de Cognised entre deux feux, rendit sa position très-difficile : il ne lui resta plus que la ressource de se jeter vers le Trentin. Les Allemands y furent refoulés en peu de jours, après avoir été chassés successivement de Revere, d'Astiglia, de Borgoforte et de tout le Mantouan, dont ils ne purent conserver que la capitale. Maîtres de tout le pays compris entre l'Adda et l'Adige, le roi de Sardaigne et le maréchal de Noailles mirent leurs troupes en quartier de rafraîchissement avant la fin de l'été,

Et le combat finit faute de combattants.

En Allemagne, le maréchal de Coigny avait en tête Eugène, mais Eugène faisant la guerre contre son opinion, Eugène affaibli par l'âge et les infirmités, et dont la brillante fortune semblait s'être évanouie avec sa jeunesse. Il y avait entre les beaux jours de ce héros et l'époque actuelle vingt-deux ans de repos et le souvenir de Denain; Berwick et Villars étaient morts avec toute leur gloire; le prince de Savoie croyait survivre à la sienne. Ce grand homme, spectateur paisible de plusieurs manœuvres savantes que M. de Coigny fit en sa présence, ne tenta rien pour s'y opposer. Mais le général français jugea néanmoins qu'Eugène ne lui laisserait pas entreprendre un coup hardi; devant un tel maître, Coigny ne porta pas la résolution jusqu'à l'audace. On se borna de part et d'autre à une guerre défensive.

Mais les armes des alliés étaient victorieuses en Italie; l'empereur subissait la triste conséquence de sa conduite inconsidérée en Pologne; il avait trop perdu pour vouloir hasarder encore; ce prince accepta les préliminaires de paix que la France lui faisait offrir. Il y a plus : redoutant la lenteur ordinaire des congrès et la perfidie trop commune des médiateurs, Charles VI fit proposer de traiter directement et immédiatement. Le roi ayant accédé à cette proposition, M. du Theil, premier commis des affaires étrangères, fut envoyé à Vienne avec des pouvoirs. La seule difficulté qui se présentât consistait dans l'indemnité à donner au roi Stanislas; l'empereur consentait volontiers à lui en accorder une; mais il fallait la trouver, et c'était là le point délicat. Fleury tenait d'autant plus à ce qu'il fût fait un apanage au beau-père de Louis XV, que celui-ci devait un jour en hériter et que cet héritage montrait, au moins en perspective, le dédommagement des frais de la guerre actuelle. D'après cette dernière considération, non-seulement notre intérêt exigeait que les possessions accordées à Stanislas eussent une certaine importance, mais encore qu'elles fussent dans une situation géographique qui nous convînt. Fleury songeait à la Lorraine; le duc régnant était notre ami; ce fut pourtant à la cession de ses Etats que le cabinet de Versailles s'arrêta. L'infant don Carlos avait été appelé, comme on sait, à recueillir la succession du duché de Toscane; mais, devenu roi des Deux-Siciles, il ne devait plus prétendre à cette succession. M. du Theil proposa de la reporter sur le duc de Lorraine, qui, moyennant cette cession et une pension servie par la France jusqu'à la mort du grand-duc actuel de Toscane, abandonnerait à Stanislas les duchés de Lorraine et de Bar.

Cette base ayant été admise dans les conférences de Vienne, et

François, duc de Lorraine, l'ayant acceptée, les préliminaires de la paix générale furent signés à Vienne le 3 octobre; voici les principales dispositions du traité : 1° Le roi Stanislas abdiquera la couronne de Pologne; il conservera néanmoins les titres et honneurs attachés à la royauté. Ce prince sera mis dès à présent en possession du duché de Bar; mais il n'aura l'investiture de celui de Lorraine qu'au moment où le duc régnant sera appelé à régner sur la Toscane. Après la mort du roi Stanislas, les duchés de Lorraine et de Bar seront réunis à la couronne de France. A ces conditions, l'électeur de Saxe reste possesseur du trône de Pologne, et les alliés le reconnaissent en qualité de roi; 2° le grand-duché de Toscane appartiendra à François, duc de Lorraine, et à ses héritiers après la mort du grand-duc actuel, Jean Gaston de Médicis : toutes les puissances garantiront cette succession éventuelle; et, en attendant qu'elle soit réalisée, la France s'oblige à faire au duc François une pension de quatre millions cinq cent mille livres; 3° les royaumes de Naples et de Sicile appartiendront à don Carlos; il en sera reconnu roi par toutes les parties contractantes; 4° le roi de Sardaigne aura, à son choix, le Navarrois et le Tortonnois, ou le Vigevanasque et le Tortonnois; 5° tous les autres États que l'empereur possédait en Italie avant la guerre, de même que les conquêtes faites en Allemagne par l'armée française, seront restitués à Sa Majesté Impériale, et les duchés de Parme et de Plaisance seront réunis au domaine de l'Empire; 6° le roi de France garantira à Charles VI la pragmatique sanction concernant l'indivisibilité de ses Etats après sa mort; 7° enfin, il sera nommé des commissaires de part et d'autre pour régler les limites de l'Alsace et des Pays-Bas.

En conséquence de ces préliminaires les hostilités ont cessé en Allemagne le 5 novembre et en Italie le 15.

Le traité de Vienne favorise peu la France, qui, ayant supporté à peu près toutes les charges de la guerre, ne recueille qu'une réversibilité éventuelle de possessions qu'elle devra d'abord acheter par une pension au duc actuel de Lorraine. Le point d'honneur seul reçoit une satisfaction immédiate. Il est à désirer que le roi n'ait pas souvent raison au prix de tant d'or et de sang; de tels sacrifices payent trop cher le plus vain des plaisirs, celui qui n'est goûté que par l'orgueil.

Une déplorable continuation d'hostilités a eu lieu à Paris dans les premiers jours de l'année entre des soldats au service du roi. Rarement les gardes françaises et les gardes suisses vivent en bonne intelligence; un sentiment de rivalité les divise, sentiment fondé sur la jalousie légitime de militaires nationaux, mécontents de partager avec des étrangers l'honneur de garder la personne du roi. Des rixes sanglantes sont chaque jour la suite de cette animosité, et celle que j'ai à rapporter eut pendant quelques heures toute la gravité d'une bataille rangée. Les gardes suisses s'étaient proposés pour décharger un bateau sur le port Saint-Nicolas; les gardes françaises, prétendant que c'était à leur préjudice, vinrent attaquer les travailleurs. M. Turgot, prévôt des marchands, accourt sur le lieu du combat et rétablit le calme. On croyait ce tumulte fini, lorsque le soir entre quatre et cinq heures les Suisses, s'étant rangés en bataille dans le Carrousel, marchèrent le sabre à la main vers le port, dont les Français étaient restés en possession. Au moment où ils y arrivaient, quatre compagnies de gardes françaises, revenant de Versailles, défilaient sur le pont Neuf. A l'aspect du danger de leurs camarades, ces soldats mettent la baïonnette au bout du fusil et s'avancent en ordre contre les Helvétiens. Ils les joignent; un combat furieux s'engage, le sang coule sur le port... Tout à coup M. Turgot reparaît, ce courageux magistrat se jette au milieu de la mêlée en s'écriant : « Arrêtez, malheureux!... » A peine a-t-il parlé que toutes les armes tombent à ses pieds. Le prévôt des marchands fait ranger les combattants sur deux lignes, les harangue, les fait rougir de leur violence et les renvoie honteux et apaisés. De la part d'un général, cette conduite serait digne d'éloges; sous la robe d'un officier civil, elle mérite l'admiration.

Depuis environ un an, on s'entretient beaucoup dans le monde littéraire de *Vert-Vert*, petit poëme badin, mais non pas licencieux, dû à la muse débutante d'un jeune jésuite nommé Gresset. Ce poëme, dont un perroquet est le héros, est un chef-d'œuvre de fine plaisanterie, de délicatesse et de goût. On n'écrivit rien encore en français d'aussi généralement gracieux. Voici une aventure qui se rattache à ce bijou poétique, et qui arriva quelques mois avant sa publication. L'auteur était lié avec une femme spirituelle, madame de Dampierre, qui s'était faite religieuse visitandine. Quoique renfermée dans un cloître, elle n'en persista pas moins à vouloir entendre la lecture de *Vert-Vert*, qu'elle sollicitait depuis longtemps de Gresset. Celui-ci s'en défendit plus que jamais, en motivant son refus sur le respect dû à la sainte maison que madame de Dampierre habitait. Le poëte cède enfin; on prend jour et l'on promet d'être seule au parloir. Le chantre de *Vert-Vert* arrive; la religieuse se place près de la grille et la lecture commence. Tout à coup certain passage plaisant excite un éclat de rire; Gresset le trouve bien robuste pour partir d'une voix unique; il lève les yeux et reconnaît avec surprise que toutes les visitandines, leur supérieure en tête, l'écoutaient rangées en cercle derrière un rideau qu'on venait de tirer. Par malheur, une abbesse de visitandines, moins curieuse, moins indulgente que celle dont je viens de parler, trouva la lecture de *Vert-Vert*, dans un couvent de son ordre, d'une choquante incongruité; plus malheureusement, cette nonne sévère avait un frère ministre. Les jésuites de Paris reçurent l'ordre de transférer Gresset à la Flèche, et cette espèce d'exil fut cause qu'il quitta la société. Le monde gagne à cela de deux côtés : il a un poëte spirituel de plus et un jésuite de moins.

Le prince Eugène de Savoie, sur qui, pendant plus de trente ans, reposa toute la gloire des armées de l'Empire, ce vainqueur de la fortune de Louis XIV, vécut quelques années de trop; la guerre de 1733 ternit un peu le lustre de sa réputation. Le vicaire général de l'Empire n'avait cependant que soixante et treize ans, et l'âme des héros vieillit tard. Au moment où l'on apprenait à Versailles la mort de ce grand homme, Stanislas était reçu à la cour de Louis XV avec de grands honneurs : le roi son gendre et la reine sa fille étaient allés au-devant de lui jusqu'à Neuilly. On profita de cette occasion pour offrir à Marie Leczinska une rose d'or bénie par le pape et apportée en son nom par l'abbé Lercorti, commissaire de Sa Sainteté. Ce fut le cardinal de Fleury lui-même qui voulut, dans une cérémonie plus imposante par l'appareil que par le motif, offrir cette fleur apostolique à Sa Majesté.

L'année 1736 a été féconde en nouveautés dramatiques : *Alzire*, tragédie de M. Voltaire, est la plus remarquable. L'auteur indique lui-même le jugement que l'on peut porter sur cet ouvrage. « J'ai » essayé, dit-il dans une lettre à un de ses amis, j'ai essayé de faire » un tableau des mœurs européennes opposées aux mœurs améri- » caines : le contraste règne dans toute la pièce, et je l'ai travaillée » avec beaucoup de soin. Mais j'ai peur d'y avoir mis plus de travail » que de génie. » En effet, la double peinture de mœurs que s'est » proposé d'offrir l'auteur d'*Alzire* est tracée avec autant de vigueur que de vérité; mais effectivement aussi la pièce manque d'invention et de plan. En voici, d'ailleurs, la critique sur l'air du menuet d'Exaudet :

Pour Montez
Alvarez
Est en peine,
Car son fils, fier et brutal,
Traite horriblement mal
La race américaine.
Vers pompeux,
Deux à deux,
Il débite;
D'ailleurs tout manque au sujet,
Clarté, vraisemblance et
Conduite.

Tendre Alzire, tu déplore
Ton triste hymen, quand Zamore
Sort d'un trou;
Mais par où,
On l'ignore.
Mis au cachot, il arma
Dans les bois mille ma- [1]
tamore.
En amour
C'est un tour
Trop précoce,
Qu'aller loin de son épeux
Courir le guilledoux
La nuit même des noce.
Mal en prend
A Gusman,
Qui, pour preuve
De foi chrétienne, en sa fin
Lègue à son assassin
Sa veuve.

L'Enfant prodigue, comédie du même auteur qu'*Alzire*, a obtenu moins de succès que cette tragédie. Ce sujet, tiré de l'histoire sainte, est théâtral, mais il rappelle trop les *mystères*. Vainement M. Voltaire a-t-il jeté sur son canevas l'éclatant appareil d'une poésie en vers de dix syllabes remplie d'images naïves ou pathétiques, l'ensemble de l'ouvrage est froid. Dans la comédie, ce ne sont point la pompe et le coloris brillant qu'il faut rechercher, mais ce naturel, ce mordant que les anciens avaient si heureusement appelé *vis comica*; voilà précisément ce qui manque aux compositions comiques de M. Voltaire, malgré la facilité enjouée et spirituelle de sa muse. La nature a dénié à ce poëte l'inspiration de Thalie.

Elle manque aussi à un écrivain séduisant nommé Marivaux, qui voulut dans ce dernier temps se frayer un chemin nouveau dans la carrière parcourue par Molière, Regnard, Destouches, Dancourt et

[1] On voit par ce couplet qu'au commencement du dix-huitième siècle on se donnait les coudées franches pour la coupure des vers : *ma-tamore* finissant un vers et en faisant un autre entier égale toutes les licences de l'école nouvelle.

Dufresny. Je parle de ce comique à propos du premier de ses ouvrages digne d'être cité, *le Legs*, qu'on joua cette année au Théâtre-Français, tandis qu'on représentait aux Italiens *les Fausses Confidences*, du même auteur. Marivaux paraît vouloir se livrer à la composition des pièces d'intrigue, mais non pas à la manière de Destouches. Je l'ai dit, l'auteur du *Legs* vise à l'originalité. Or, c'est dans la métaphysique qu'il cherche des éléments de succès encore vierges. Il analyse avec subtilité le sentiment, le fait disséquer en quelque sorte par une critique sublimée, sautillante, qui résonne à l'oreille et brille aux yeux comme un léger pétillement d'étincelles. De là quelques situations ingénieuses, nées de la découverte des replis cachés du cœur; de là des pensées presque toujours jolies, mais rarement sensées; de là enfin ce cliquetis de saillies fines, de reparties heureuses qui font admirer les pièces de Marivaux, pourvu qu'on les comprenne. Ce système, ou plutôt cette manière est qualifiée par les uns de perfection, par les autres de défaut; mais on doit s'accorder à reconnaître comme une qualité précieuse le but moral, philosophique même, que ne manque point de se proposer le nouveau comique. Cette pensée générale est constamment développée par lui avec art, avec finesse, et l'auteur sait avec une grande adresse l'accommoder aux convenances de la scène. Cependant le succès de Marivaux ne sera jamais franc, parce qu'il ne captive que l'esprit. Ce poëte, tout en faisant disserter à perte d'haleine ses personnages sur le sentiment, ne le montre point dans ses comédies; elles sont toutes dépourvues de ce qui attache et intéresse. Ce distillateur de pensées s'évertue à parler du cœur sans parvenir à parler au cœur. Le genre du novateur, tout agréable qu'il est, ne me paraît donc pas digne d'être encouragé; il faudra le tolérer dans celui qui le créa avec talent, disons plus, avec quelques paillettes de génie; mais on devra le condamner, le proscrire, lorsqu'il sera exploité par le troupeau servile des imitateurs.

CHAPITRE XV.
1737-1738-1739-1740.

M. d'Aguesseau et le pantin. — Stanislas Leczinski prend possession de la Lorraine. — Mort de Jean-Gaston de Médicis. — Le duc de Lorraine prend possession de la Toscane. — Canonisation de Vincent de Paul. — Incendie à l'Hôtel-Dieu. — Mort des ducs du Maine et de Toulouse. — Mort du maréchal d'Estrées. — Apparition de Rameau : *Hippolyte et Aricie*, paroles de l'abbé Pellegrin. — *Castor et Pollux*, paroles de Gentil-Bernard, musique de Rameau. — Les *ramistes* et les *antiramistes*. — Suppression des charges de présidents du grand conseil. — Incendie du palais. — Créances liquidées par le feu. — Paix définitive. — Traité avec la Suède. — Nouvelle révolution en Corse. — Combats de processions. — Le roi en prison. — Anecdotes. — *La Métromanie* de Piron; anecdote à ce sujet. — Le roi tourneur. — Mariage de la fille aînée de Louis XV avec l'infant don Philippe. — Suite de la révolution en Corse. — Mort de Samuel Bernard. — Particularités sur ce fameux juif. — Stanislas en Lorraine. — Apparition du moraliste Duclos. — L'abbé de Saint-Cosme *Grand Soleil* des Natchez. — Commencement des troubles en Europe pour la succession autrichienne. — Ouverture d'un congrès à Francfort. — Marie-Thérèse la Grande. — Elle s'empare de la couronne d'Autriche. — Apparition de Frédéric le Grand. — Son début militaire. — L'aigle romaine en Prusse. — Embarras de Marie-Thérèse. — Encore les Corses. — Philippe V, roi d'Espagne; singularités étranges de ce prince, ses manies. — Mort du pape Clément XII. — Première exposition au Louvre. — *Edouard III* de Gresset.

Les discussions entre la cour et le parlement pour la bulle *Unigenitus*, le jansénisme et les convulsionnaires, ne sont point finies; les jésuites dominent toujours à Versailles, et le palais continue d'être opposé à ces pères. M. Chauvelin, qui réunissait les sceaux et les affaires étrangères, ayant été soupçonné d'un certain éloignement pour la constitution et de quelque adhésion aux idées parlementaires, vient d'être exilé à Bourges; Fleury veut gagner en conscience sa pourpre romaine. Les sceaux ont été rendus encore une fois à M. d'Aguesseau, et M. Amelot, intendant des finances, est nommé secrétaire d'Etat aux affaires étrangères. Telle est la plus importante chose qui ait occupé l'attention publique pendant les premiers mois de l'année 1737. Une circonstance digne d'être citée, c'est qu'au moment où M. d'Aguesseau, dont les opinions sont mobiles et un peu serviles, reprenait les sceaux, il a reçu d'une main ennemie un de ces pantins en carton colorié qui ont la vogue aujourd'hui. Le chancelier n'a pas ri de cet envoi, parce qu'il en a facilement saisi la maligne intention. Il est en effet cruel pour le premier magistrat de France d'avoir mérité d'être comparé à l'une de ces petites figures risibles qu'un fil fait mouvoir.

Puisque me voilà sur le chapitre des pantins, achevons d'expliquer le misérable goût que les gens du *bel air* montrent pour ces hochets. Cette frivolité ne se borne pas aux Parisiens, elle a gagné presque tous les Français. Vous rencontrez dans les rues non-seulement des jeunes gens, mais des hommes avancés en âge, qui portent dans leur poche des pantins dont il est même du bon ton de laisser voir une jambe ou un bras, afin de prouver aux passants qu'on a le *bonheur* d'être pourvu du joujou à la mode. Dans les salons on est tenté de se croire aux Petites-Maisons en voyant des généraux, des ambassadeurs, de graves magistrats, tenir d'une main des figures grotesques de Scaramouche, d'Arlequin et de Polichinelle, et tirer délicatement de l'autre main le fil qui met en jeu les membres de ces petites effigies, tout en raisonnant batailles, finances et arrêts du parlement... Je copie une épigramme qu'improvisa l'autre jour un de mes amis sur ce ridicule amusement :

> D'un peuple frivole et volage
> Pantin fut la divinité,
> Faut-il être surpris s'il chérissait l'image
> Dont il est la réalité !

Il est douteux que ce soit le goût des pantins que Stanislas ait porté en Lorraine, où ce prince a fixé sa résidence au commencement de l'année. Il se fera chérir de ses nouveaux sujets par les excellentes qualités et par l'élévation de caractère qui le distinguent; déjà, sur la réputation de ses vertus, les Lorrains l'ont reçu avec un véritable enthousiasme. Dès le mois de février, le marquis de la Galezière, chargé des pleins pouvoirs du roi et de son beau-père, avait pris possession, au nom de Leurs Majestés, du duché de Bar, du marquisat de Pont-à-Mousson, et, le 21 mars, ce plénipotentiaire avait reçu la soumission de toute la Lorraine. Stanislas arriva le 3 avril à Lunéville, où bientôt il créa un conseil d'Etat et un conseil des finances pour régir son nouvel Etat. Leczinski forma ensuite une compagnie de cadets gentilshommes, moitié Lorrains, moitié Polonais.

Pendant ce temps, et en exécution d'un article des préliminaires de Vienne, une commission impériale remettait à des envoyés de Philippe V et de son fils l'acte de cession du royaume des Deux-Siciles à don Carlos. Ces mêmes commissaires recevaient en même temps du nouveau monarque sicilien sa renonciation aux duchés de Toscane, de Plaisance et de Parme. En conséquence, le duc de Montmart, général espagnol, fit embarquer les troupes de sa nation qui se trouvaient encore dans les deux derniers Etats, et elles retournèrent en Espagne.

A peine ces dispositions diplomatiques étaient-elles terminées, que Jean-Gaston de Médicis, comme pour en compléter l'effet, mourut à Florence le 9 juillet, à l'âge de soixante-six ans. Dès que ce duc de Toscane eut fermé les yeux, le duc François de Lorraine, appelé à recueillir l'héritage de ses Etats, envoya le prince de Craon pour en prendre possession. Ce seigneur se rendit au sénat, dont les membres prêtèrent entre ses mains le serment de fidélité à leur nouveau souverain. Par cette investiture, Louis XV est déchargé de la pension de quatre millions cinq cent mille livres qu'il payait au prince lorrain.

Les pères de Saint-Lazare ont célébré en juillet, dans leur église à Paris, la canonisation de saint Vincent de Paul, leur fondateur, d'après la bulle apostolique rendue à ce sujet le 15 juin dernier. La sainteté est bien acquise à celui qui après d'innombrables témoignages de courage, de patience et de vertu, fonda l'hôpital des enfants trouvés, Bicêtre, la Salpêtrière, l'ordre utile des lazaristes et l'institution pieuse des sœurs de la Charité. Lisez la vie de ce bienfaiteur de l'humanité, vous y trouverez la condamnation, écrite par l'exemple, de toute espèce d'intolérance. Vincent de Paul secourut tous les humains sans interroger leur croyance religieuse; il ne connut, en tendant une main empressée à tout ce qui l'environnait, qu'une seule religion, la charité... On ne l'entendit jamais ni discuter sur les schismes, ni crier à l'hérésie, ni faire désespérer qui que ce fût de la miséricorde divine... Pourquoi faut-il donc que la canonisation de ce ministre du ciel, si digne de s'asseoir aux pieds de Dieu, ait inspiré au pontife une bulle remplie de maximes ultramontaines, c'est-à-dire intolérantes ?... Bornons-nous, pour le moment, à dire que cette bulle trouve en France beaucoup de contradicteurs, que la moitié du clergé se propose de la repousser, et que plusieurs parlements se préparent à en ordonner la suppression.

Tandis qu'on discutait sur ce point de doctrine ecclésiastique, un incendie terrible éclatait à l'Hôtel-Dieu de Paris; un grand nombre de malades furent brûlés. Le cœur était, dit-on, déchiré par les cris des infortunés auxquels la maladie enlevait le pouvoir de fuir un horrible trépas. D'autres, plus forts ou plus courageux, s'élançaient à travers les flammes pour s'éloigner du brasier qu'alimentaient déjà les corps brûlés de leurs compagnons... On les voyait sauter, de solive en solive, sur des charbons ardents; leurs chemises, leurs bonnets, leurs cheveux étaient enflammés, et quelquefois ces malheureux, en se précipitant du haut de l'édifice dans la Seine, ne trouvaient la fin de leurs cuisantes douleurs qu'au sein d'un fleuve homicide, qui, par une trop brusque transition, éteignait leur vie avec leurs souffrances... Le feu a duré quatre jours.

Une sixième ou septième princesse, Marie-Louise de France, naquit le 15 juillet. Marie Leczinska obéit en conscience au précepte du Seigneur. Mais les deux fils de Louis XIV, les ducs du Maine et de Toulouse, ont cessé de vivre en 1735 et 1737. La France perd dans le dernier un noble citoyen, un bon serviteur... Bornons-nous à dire que le grand maître de l'artillerie n'inspire de regrets qu'aux jésuites, et qu'en cela la duchesse du Maine s'est montrée plus que janséniste. La mort frappa aussi cette année M. d'Estrées, second

maréchal du nom, et qui, comme son père, fut l'honneur de la marine française. Cette race de savants généraux de mer s'éteint avec lui.

Un musicien nommé Rameau, qui n'était encore connu que pour avoir composé des morceaux de clavecin, s'avisa, à l'âge de cinquante ans, d'un autre genre de composition après avoir vu l'opéra de *Jephté*, dont la musique, assez belle, était de Monteclair. Rameau, résolu de travailler pour le théâtre, alla demander à l'abbé Pellegrin un poëme lyrique. Ce poëte, peu rassuré par les précédents d'un homme qui n'avait modulé que des accords de salon, consentit à livrer l'ouvrage, mais il exigea que le demandeur lui garantît le prix de sa pièce par un billet de cinquante pistoles. Rameau souscrivit à cette condition et obtint la tragédie-opéra d'*Hippolyte et Aricie*. Le premier acte de la partition fut exécuté d'abord chez un riche financier; Pellegrin, enchanté de la musique brillante qu'il entendait, s'approcha du compositeur et déchira en sa présence son billet de cinq cents livres. « Ce n'est pas avec un musicien tel que vous, lui » dit-il, qu'il faut prendre des sûretés. » Cependant l'opéra nouveau fut joué sans succès : les fanatiques de la musique dite *grave*, choqués d'une harmonie audacieuse nourrie des principes de l'école italienne de Pergolèse et de Corelli, prétendirent que cette richesse d'accords étourdissait l'oreille et obstruait le chemin du cœur. Rameau eut néanmoins ses partisans parmi les connaisseurs; ils soutinrent que ce novateur heureux prêtait à la musique une force et des ressources nouvelles, qu'il éclatait un génie supérieur dans ses symphonies, que ses chœurs étaient remplis de mélodie, que ses morceaux de chant abondaient en motifs neufs, qu'enfin ses airs de danse seraient enviés par l'Italie elle-même. La querelle musicale s'échauffa à tel point, que tout le monde prit parti pour ou contre *Hippolyte et Aricie*. Au moment de la plus grande effervescence, le prince de Conti, qui vivait encore, demanda à Campra ce qu'il pensait de cet opéra : « Monseigneur, répondit-il, il y a assez d'étoffe » pour en faire dix... Cet homme nous éclipsera tous. » Malgré ce jugement favorable d'un rival, les ennemis de Rameau l'emportèrent, on abandonna les représentations de son opéra. « J'avais cru, » dit-il avec calme, que mon goût pourrait réussir, je me suis » trompé; je n'en ai point d'autre... je ne ferai plus d'opéras. » Tel fut, en 1733, le résultat du premier essai de Rameau.

Les musiciens ou les poëtes qui promettent de renoncer à leur art ressemblent aux amoureux et aux ivrognes qui jurent de ne plus aimer ou boire : Rameau reprit sa lyre pour composer la musique de *Castor et Pollux*, opéra d'un jeune et brillant écrivain nommé Bernard, qui a fait cette année son début poétique par cette composition. Aucun musicien, depuis Quinault, ne fut aussi heureusement servi par le poëte que Rameau le fut par M. Bernard : le plan de sa pièce est habilement conçu; l'intérêt en est vif, attachant ; les scènes, bien conduites, bien remplies, offrent des morceaux de chant amenés avec adresse, et, chose rare à l'Opéra, les airs sont toujours naturellement adaptés aux situations. La poésie de *Castor et Pollux* est pure, ingénieuse et tendre ; elle s'allie aisément avec la musique et lui fournit les moyens de développer toutes ses richesses. Aussi parurent-elles avec un tel éclat, que les détracteurs de Rameau demeurèrent d'abord étourdis ; son triomphe et celui de Bernard ne furent troublés par aucun nuage. Mais la critique des *antiramistes* reprit bientôt son cours : elle dit que le naturel, la sensibilité étaient sacrifiés, dans la musique de ce compositeur, à la science, aux difficultés, à la recherche; une épigramme fut distribuée à profusion au parterre de l'Opéra, la voici :

> Contre la moderne musique,
> Voilà ma dernière réplique :
>   Si le difficile est beau,
>   C'est un grand homme que Rameau;
>   Mais si le beau, par aventure,
>   N'était que la simple nature,
>   Dont l'art doit être le tableau,
>   C'est un pauvre homme que Rameau.

Ce jugement manque de justesse; outre que la *simple nature* serait fort ennuyeuse aujourd'hui à l'Opéra, l'abondance et la variété que l'on remarque dans la partition de Rameau ne sont dues ni au travail ni à la recherche : c'est le résultat de sa prodigieuse facilité. Il faut, au reste, s'habituer à l'accroissement successif des ressources de la science et de l'art; les siècles, en marchant, augmentent toujours leur bagage : il y a témérité à rejeter en masse toutes les innovations; le goût vient tôt ou tard choisir le beau et proscrire le mauvais; attendons-le pour prononcer, et gardons-nous de croire que la prévention soit un juge compétent.

La bulle de canonisation du bienheureux Vincent de Paul continue de troubler l'Eglise et d'occuper la magistrature : vingt curés de Paris ont signé un acte d'opposition contre cette bulle, et le 4 janvier (1738) le parlement de Paris en a ordonné la suppression par un arrêt. Mais, trois jours après, un arrêt du conseil, interprétant celui du parlement, l'a déclaré comme non avenu et a permis l'impression de la bulle. Ce coup d'autorité n'a point empêché d'autres parlements de condamner l'acte apostolique, plusieurs de ces compagnies ont déclaré l'arrêt du conseil illégal et abusif.

C'est sans doute par suite de cette discussion entre la cour et la magistrature, que le roi, par édit du 25 janvier, a supprimé toutes les charges de présidents au grand conseil, qui étaient confiées à des membres du parlement : il faut toujours que le pot de terre soit brisé dans son choc avec le pot de fer. Les présidents supprimés reçoivent, pour fiche de consolation, les titre, rang et fonctions de maîtres des requêtes *honoraires*. A l'avenir, la charge de premier président du grand conseil sera exercée par un conseiller d'État, et celles de présidents par des maîtres des requêtes *ordinaires*. Le jeune Louis XV, grâce aux conseils du pieux Fleury, ne marche pas trop mal dans la route du despotisme.

Un incendie considérable éclata, au mois d'avril, dans les bâtiments du palais de justice ; la partie de l'édifice où la chambre des comptes tenait ses séances fut consumée, avec la presque totalité des chartres, registres et archives qu'elle contenait. Jamais on ne vit autant de comptabilités liquidées dans un seul jour... Que de financiers se frottèrent les mains après cet événement ! Depuis lors, les arrêts et les lettres de la cour des comptes se sont multipliés pour avoir les *duplicata* des comptes véreux ; il a été impossible d'en obtenir : les comptables n'avaient point gardé de copies ; ils s'en étaient rapportés à l'équité de la cour. Mais tous les fournisseurs ou autres qui avaient à réclamer des deniers royaux retrouvèrent des doubles de leurs pièces : il ne leur manqua pas un carré de papier pour soutenir leurs prétentions. Il en fut de même des particuliers jouissant de grâces, dons, fiefs, droits, dignités ou concessions quelconques de la cour ; une déclaration du 26 avril leur ordonna de représenter leurs titres à la chambre des comptes, et, dans le délai d'un mois, tout le monde s'était conformé à cette injonction.

Tandis que ces dispositions se faisaient en France pour réparer, autant que possible, la suite de l'incendie du palais, don Carlos, roi des Deux-Siciles, faisait notifier au cabinet de Versailles son mariage avec la princesse Amélie de Saxe, fille de ce roi de Pologne contre lequel le prince espagnol combattait naguère, dans une guerre qui n'est encore arrêtée que par des préliminaires de paix. C'est quelquefois une singulière chose que l'alliance conjugale d'un souverain... Durant les cérémonies de son hymen, don Carlos institua l'ordre de *Saint-Janvier*, dont il reçut solennellement le grand cordon des mains de l'archevêque de Naples.

Dans le même temps, Louis XV, par un édit, déclarait que les sujets lorrains du roi Stanislas étaient réputés naturels français.

Depuis l'an 1735, les puissances qui ont combattu pendant les deux années précédentes vivaient en bonne intelligence, sur la foi de simples préliminaires de pacification ; mais ils viennent enfin d'être changés en traité définitif. La convention de Vienne, après avoir été approuvée par la cour de Pétersbourg, fut portée à la diète générale de l'Empire, laquelle donna pouvoir à l'empereur, le 28 mai 1736, de conclure conformément à ces bases, au nom du corps germanique. Le 15 avril 1737, la cour de Madrid accéda aux articles, et celle de Sardaigne le 6 août suivant. Enfin, le 19 novembre présent mois, le traité fut signé à Vienne par le marquis de Mirepoix, plénipotentiaire de Louis XV, et par les ministres de l'empereur.

Je dois tenir note de quelques changements apportés aux dispositions stipulées par les préliminaires : non-seulement Stanislas conserve les titres et honneurs attachés à la royauté, mais les biens que lui et la reine, sa femme, possèdent en Pologne, leur sont restitués ; la czarine Anne et le roi Auguste III se portent contractants dans cette stipulation. Il est également dérogé aux préliminaires en ce que le roi Stanislas, qui ne devait prendre possession du duché de Lorraine que lorsque François, duc régnant, jouirait de celui de Toscane, en a, d'après le traité, reçu l'investiture immédiate. C'est en vertu de cette disposition que le roi de Pologne avait été pourvu de son nouvel État avant la mort de Jean-Gaston de Médicis. L'article 4 des préliminaires, concernant l'indemnité de la Sardaigne, est expliqué définitivement par la cession du Tortonnois, du Navarrois et du fief de Langhes. Enfin le roi de France et l'empereur garantissent respectivement toutes les clauses du traité à l'égard des autres puissances qui ne sont contractantes que dans quelques chefs spéciaux, et qui ne se sont rendues garantes que de ces seuls articles.

Pendant que cette grande conclusion se terminait à Vienne, M. le comte de Saint-Severin, au nom du roi, en signait une moins importante à Stockholm. Au moyen de cette convention, il y aura entre la France et la Suède alliance et amitié, moyennant un subside annuel de quatre-vingt-dix mille livres. A ce prix, Sa Majesté Suédoise s'engage à ne conclure, pendant l'espace de dix années, aucun traité avec quelque puissance que ce soit, sans le consentement de la cour de Versailles. Il faut convenir que la politique de la Suède n'est pas chère, quoique cette monarchie donne son amitié par-dessus le marché. Je doute que Gustave Vasa, Gustave-Adolphe, Charles XII, et même Christine, se fussent montrés d'aussi bonne composition. Hélas ! s'il y a peu de dignité pour les hommes sans fortune, il y en a moins encore pour les nations dépourvues de richesses : la soumission, chez les peuples comme chez les individus, est une triste conséquence de la pauvreté. Voici une nouvelle preuve de cette vérité affligeante.

Après le départ de leur roi Théodore, les Corses ne tardèrent pas à rallumer le flambeau de la discorde. Les haines particulières, les dissensions domestiques, un moment oubliées pour la conquête du salut commun, furent promptes à se réveiller dès que le danger fut éloigné. N'ayant plus de Génois à combattre, ces insulaires à l'âme irascible tournèrent leurs armes contre eux-mêmes. Les assassinats de sang-froid recommencèrent dans toutes les parties de l'île. Le Corse, enveloppé de son manteau, sous lequel il cachait sa dague, attendit son compatriote, son parent, au détour d'une rue, au coin d'un bois, au fond d'une gorge, pour lui percer le cœur. On vit plus d'une fois cet homme farouche guetter sa victime dans le temple du Seigneur, et la frapper derrière un pilier auquel l'image du Sauveur était attachée. Le prêtre lui-même, après avoir déposé la sainte étole, courut arquebuser son concitoyen, son frère en Dieu.... Que dis-je ! des voyageurs dignes de foi rapportent que souvent ils ont vu une procession se dirigeant, à travers la campagne, vers une madone, objet de la vénération du pays, et se changeant tout à coup en légion combattante à l'aspect d'une autre procession. Alors les deux réunions, naguère animées par des pensées pieuses, s'avançaient l'une vers l'autre la rage dans le cœur. Un combat terrible s'engageait ; les bannières, les supports des châsses, les bâtons du dais, la croix même devenaient des instruments meurtriers. On a vu des curés se faire une arme du saint sacrement, en porter des coups sur la tête de leurs adversaires, et faire voler au loin les parcelles de l'hostie consacrée... Le respect dû à la Divinité comprima rarement, dans le cœur de l'homme vindicatif, le sentiment de la vengeance.

Au milieu de cette anarchie, où la population de la Corse se noyait dans son propre sang, les insulaires, qui ne recevaient aucune nouvelle de Théodore, par un motif que j'expliquerai, déférèrent le commandement à Gafforio, dont ils estimaient la valeur et les vertus. Ce chef établit un gouvernement régulier ; il parvint à former des tribunaux qui réprimèrent les meurtres et les brigandages ; il réussit à réunir, à discipliner quelques troupes, ce à quoi personne n'avait pu parvenir avant lui. Tout, en un mot, annonçait que la civilisation, si lente à jeter ses racines parmi les Corses, allait enfin leur faire apprécier ses bienfaits, lorsque les Génois, leurs dominateurs, demandèrent des soldats à la France pour les aider à reforger les entraves de ce peuple infortuné !

Fleury voulut d'abord tenter de faire rentrer doucement les Corses sous le joug qu'ils détestaient : un plan de pacification fut signé à Versailles par le cardinal et par le comte de Liechtenstein, ambassadeur de la cour de Vienne. Ce projet fut porté à Bastia par le comte de Boissieux, neveu de Villars, auquel on donna quelques troupes pour faire respecter sa mission. Avant l'arrivée de cet envoyé, les Corses avaient déjà adressé une requête au roi ; elle se terminait par ces mots dignes des vieux républicains compagnons du premier Brutus : « Si vos ordres absolus, sire, nous obligent de nous » soumettre à Gênes, buvons à la santé du Roi Très-Chrétien ce calice » amer, et mourons. » Mais ces insulaires s'adressaient à celui des monarques de l'Europe que ses instituteurs ont rendu le plus étranger aux droits des peuples : en fait de prérogatives, Louis XV ne connaît que celles de la couronne ; à ses yeux, tout ce qui ne règne pas n'a que des devoirs.

Boissieux débarqua en Corse le 5 février de la présente année, avec les régiments d'Auvergne, de la Sarre, de Bassigni, d'Ourai et de Nivernais. Gafforio lui envoya sur-le-champ des députés, qui l'assurèrent du respect de la nation pour le roi de France. Ils ajoutèrent » qu'ils étaient prêts à se soumettre à tout ce qu'il lui plairait d'or» donner, persuadés qu'il n'exigerait rien d'eux que de compatible » avec *leurs droits*. » A ce mot, le comte fronça le sourcil, et renvoya les députés sans prendre, au nom de Sa Majesté, aucun engagement.

Le silence du roi Théodore, ou plutôt du baron de Neuhoff, était malheureusement justifié par un motif trop impérieux. Cet aventurier, monarque d'un moment, avait été joint à Amsterdam par ses créanciers, qui, le sachant en possession d'une couronne, mirent provisoirement Sa Majesté Corse en prison pour l'obliger à payer ses dettes.

Malgré un contre-temps si peu propre à inspirer de la confiance aux prêteurs d'argent, Théodore parvint à déterminer quelques juifs établis en Hollande, non-seulement à racheter sa liberté, mais à lui fournir quelque fonds, des armes, des vivres, des munitions, et cela sur la promesse d'accorder à la compagnie que ces juifs se proposaient de former le monopole du commerce de la Corse.

Mais cette négociation, faite par Neuhoff du fond de son cachot, avait été longue, difficultueuse, plusieurs fois rompue et renouée ; ce ne fut que vers le milieu de la présente année que le roi de la Corse put s'embarquer avec les secours qu'il avait obtenus de ses juifs. Il parut à la vue de l'île ; mais les Français étaient maîtres de la terre et les Génois de la mer, Théodore ne put débarquer... Ses sujets, après avoir tenté vainement de favoriser sa descente sur quelque point de la côte, le virent avec chagrin s'éloigner et se perdre dans le lointain brumeux des mers [1].

---

[1] Théodore débarqua à Livourne, d'où il se rendit à Londres. Il y vécut long-

Privés de cet appui, les Corses se découragèrent ; ils promirent de porter leurs armes au comte de Boissieux. Peut-être eussent-ils accompli cette promesse si la destinée ne leur eût pas envoyé l'occasion d'exercer leur perfidie. Quelques vaisseaux, partis de Toulon dans les premiers jours du présent mois de décembre, portaient en Corse deux bataillons. Tout à coup ils sont battus par une tempête et jetés sur la côte de l'île, où ils se brisent. Quatre cents soldats et leurs officiers, échappés au naufrage, furent assaillis, maltraités et dépouillés par les habitants. Boissieux voulut aller à leur rencontre ; mais, repoussé par des forces supérieures, le comte se vit forcé de se retirer dans Bastia. Cet événement fit éprouver un tel chagrin à ce général qu'il tomba malade, et mourut peu de jours après.

Quelque temps avant cette catastrophe, c'est-à-dire au moment où Théodore partait des côtes de la Hollande pour retourner en Corse, on avait montré à Louis XV, dans les rangs des gardes françaises, un jeune officier qui se disait neveu du monarque aventurier. Ce militaire avait la plus belle figure du monde ; sa taille était superbe ; sa magnifique chevelure blonde lui attirait surtout l'attention de tous ceux qui assistaient à la parade de son corps. Le roi, frappé de la belle prestance de cet officier, s'arrêta un jour devant lui en passant la revue des gardes ; après avoir admiré ses beaux cheveux, Sa Majesté lui fit plusieurs questions, et entre autres celles-ci : « Vous proposez-vous d'aller voir bientôt le roi votre oncle ? — Oui, sire, répondit » le jeune homme interrogé, à l'instant même où Votre Majesté lui » aura envoyé des ambassadeurs, » Cette réponse, faite avec dignité, blessait un peu la majesté royale ; mais il faut convenir que Louis XV, en faisant l'interrogation, s'était mis au-dessus de ce tact des convenances qu'on se plaît à lui accorder.

Il a paru cette année une comédie qui prendra rang à côté du *Tartufe* et du *Misanthrope* ; M. Piron, dans sa *Métromanie*, s'est élevé au niveau de ces deux chefs-d'œuvre de Molière, c'est-à-dire au-dessus de tous les autres ouvrages de ce grand homme. Force de comique, exactitude du plan, vérité des caractères, tout est là... Ajoutons que nul ouvrage du genre, pas même le *Misanthrope*, n'est écrit en vers comparables à ceux de la *Métromanie* ; cette composition délicieuse rend le nom de Piron immortel.

Il est superflu de dire que le succès de cette comédie est prodigieux ; on la joue tous les soirs sur tous les théâtres de la France. Voilà à cet égard un épisode digne d'être ajouté à ce chef-d'œuvre. Le directeur de Toulouse se hâta de donner la *Métromanie* aussitôt qu'il put se la procurer ; mais M. le premier capitoul fut très-scandalisé de la liberté grande que Piron a prise de ridiculiser un peu les magistrats du Capitole gascon. Le lendemain de la première représentation, il fit venir l'entrepreneur du spectacle.

« Je vous trouve bien osé, lui dit-il, d'avoir fait jouer sur mon théâtre une comédie si impertinente !

— Monseigneur, les Parisiens en sont fous.

— Je le crois bien ; ces gens-là sont fous de tout, parce qu'ils ne peuvent pas faire autrement... Faites-moi venir demain l'auteur de votre *Métromanie*.

— Il est à Paris, monseigneur.

— Bien lui en prend ; mais s'il vous arrive encore de donner sa pièce, je vous fais pourrir en prison.

— Alors monsieur le capitoul n'aura plus de spectacle.

— Vous croyez cela ? Allez, allez, monsieur le drôle, je ne manquerai pas de directeurs qui feront de meilleurs choix que les vôtres. Encore dernièrement vous nous avez donné un *Avare*, comédie de mauvais exemple dans laquelle un fils vole son père.

— Ah ! monseigneur, c'est un des chefs-d'œuvre de Molière.

— Et est-il ici, ce Molière ?

— Monseigneur, il y a tantôt soixante-cinq ans qu'il est mort.

— En ce cas, il est damné, fort heureusement. Mais vous, mon petit monsieur, tâchez de mieux choisir vos pièces ; plus de Molière ni de Piron, s'il vous plaît.

— Plus de Molière !... Y songez-vous, monsieur le capitoul ? Tout le monde ici me jetterait la pierre.

— Du tout ; on n'aime pas à Toulouse les poëtes obscurs. Ne pouvez-vous nous donner les ouvrages de quelques gentilshommes de bon lieu, que tout le monde connaisse ?

— Cela ne se peut, monseigneur, l'esprit des gens à parchemins n'a pas cours à la scène... ce n'est pas assez comique.

— Eh bien, mon petit directeur, nous verrons, nous verrons.

— Moi, monseigneur, je vais voir dès aujourd'hui si une requête au parlement signée de tous les habitants de Toulouse, qui me demandent la *Métromanie*, ne pourra pas lever l'interdiction que vous me faites à vous tout seul. »

En effet, la requête ayant été présentée, le parlement de Toulouse, qui voulait rire le soir, ordonna que la charmante comédie serait

temps en prison, et mourut dans la misère. — Nul doute que cet aventurier courageux et subtil n'eût réussi à affranchir les Corses si le roi de France ne se fût pas déclaré contre eux.

joué, nonobstant et malgré l'opposition de MM. les capitouls. Il fallait entendre les battements de mains et de pieds à ce passage :

Monsieur le capitoul, vous avez des vertiges,

.   .   .   .

.   .   .   .   .   Apprenez qu'une pièce d'éclat
Anoblit bien autant que le capitoulat.

M. le premier capitoul, ne pouvant faire mieux, resta chez lui quand on joua les comédies des *poëtes obscurs* comme Piron et Molière ; mais on assure que l'arrêt du parlement, qui voulait rire le soir, fit maigrir ce magistrat d'environ deux livres et demie.

Le roi de France ne montre encore que deux passions, indépendamment de son attachement pour la reine, qui n'est qu'une affection conjugale résumée par la naissance de huit enfants. Les deux passions dont je veux parler sont l'amour de la chasse et celui du *tour*. Quelquefois Sa Majesté passe quatre ou cinq heures à enlever des copeaux d'un morceau de bois qu'elle arrondit ; et ce monarque est devenu si habile à cet art qu'il pourrait gagner au moins trois livres par jour chez un tourneur de Paris. C'est une chose fort digne de remarque : car on parcourrait peut-être toute l'Europe sans trouver un prince régnant qui pût exercer proprement un autre métier que celui de souverain.

Dernièrement le roi donna pour étrennes (1739) à plusieurs de ses courtisans des tabatières tournées par lui-même ; la mode, comme on le pense bien, en est devenue tout de suite générale. Or, imaginez-vous un morceau de rondin qui paraît encore couvert de son écorce ; et vous aurez l'idée de ces tabatières, dont la vogue est digne d'être associée à celle des pantins. Rien de grotesque comme de voir un seigneur dont l'habit est couvert d'or tirer de sa poche et ouvrir d'une main garnie de diamants un petit morceau de bûche valant deux à trois sous..... Cela marquera dans l'histoire de nos ridicules.

La princesse Marie-Louise-Elisabeth de France, fille aînée du roi, a été accordée à l'infant don Philippe, et le roi a déclaré la conclusion de ce mariage le 22 février. En conséquence, les articles préparatoires furent signés le surlendemain par le chancelier d'Aguesseau, le contrôleur général, les quatre secrétaires d'État, et le marquis de Las Minas, ambassadeur d'Espagne. Mais la signature définitive du contrat n'eut lieu que le 25 août dans le cabinet du roi, et la célébration se fit le même jour dans la chapelle du château de Versailles. M. le duc d'Orléans, premier prince du sang, épousa la princesse au nom de don Philippe ; le cardinal de Rohan donna la bénédiction. La carrière de ce membre du sacré collège est tissue d'ondoiements, de bénédictions et d'absolutions octroyés à des princes naissants, se mariant ou quittant la vie ; aucun ecclésiastique n'a demandé plus de grâces au ciel en faveur de ceux qui dispensent les grâces de la terre : c'est acheter pour revendre à profit. Après avoir assisté à plusieurs fêtes données à l'occasion de son mariage par le marquis de Las Minas et par la ville de Paris, la nouvelle infante partit le 30 août pour se rendre à Madrid ; et ce ne fut que le 12 octobre que le duc de Tallart la remit, à Saint-Jean-Pied-de-Port, entre les mains des officiers de Sa Majesté Catholique. Il est à remarquer que les grands ne vont pas vite au bonheur conjugal ; ils ne peuvent être heureux que sauf le bon plaisir de l'étiquette..... Pauvres gens illustres !

Dans les temps où les cérémonies du mariage de la princesse Marie-Louise étaient célébrées à Versailles, le roi concluait avec les états généraux de la Hollande un traité de commerce, d'après lequel les commerçants des deux nations jouissent réciproquement, dans les ports de chacune, des mêmes droits, libertés et exemptions accordés aux nationaux. Cette sage disposition lie étroitement les relations commerciales de la France avec la Hollande, qui, au moment où j'écris, possède le plus riche négoce du monde entier.

Cependant la France n'a pas renoncé à soumettre les Corses par la voie des armes. Louis XV, qui d'abord ne fit que se prêter aux vues des Génois, croit maintenant son honneur intéressé à cette soumission. Le marquis de Maillebois, successeur de M. de Boissieux, à la tête des troupes françaises envoyées contre ces insulaires, les attaqua, le 3 juin, sur les hauteurs de Jacomo et de Bigomo ; le lendemain ils avaient mis bas les armes. D'autres détachements français ayant occupé en peu de jours les provinces de Balagna, Serra, Alessandri et Campoloro, tout le pays se trouva soumis, et M. de Maillebois fit publier une amnistie générale. Les chefs corses vinrent trouver ce général, auquel ils remirent leurs épées. Le marquis les leur rendit ; mais il exigea qu'ils sortissent de l'île, ce qu'ils firent.

La tranquillité paraissait donc rétablie en Corse ; Louis XV, qui apparemment n'a pas lu l'histoire de ce pays, était si convaincu de sa pacification, qu'il créa, au mois d'août, un régiment d'infanterie sous le nom de *Royal-Corse*, dans lequel les habitants de l'île furent admis. Mais, dès le mois de septembre, la province de Balagna avait relevé l'étendard de la révolte, pour faciliter le débarquement d'une cargaison d'armes, de vivres et de munitions que les révoltés attendaient. La demande faite de ce secours, dont les chefs sortis de l'île avaient hâté l'expédition, prouvait bien que ces Italiens n'étaient nullement soumis. Le vaisseau si impatiemment attendu, fut pris, à la hauteur de Porto-Vecchio, par la frégate du roi *la Légère*. Cet événement découragea les bandes armées; elles se rendirent de nouveau à M. de Villemur, qui commandait alors en Corse. On renvoya encore ces perfides insulaires dans leurs foyers; mais, cette fois, l'œil du général resta ouvert sur eux.

Le juif Samuel Bernard, dont les coffres s'ouvrirent si souvent pour secourir la France, mourut au mois de janvier de la présente année, âgé de quatre-vingt-huit ans. Il laisse un avoir évalué à trente-trois millions.

Ce fameux banquier, fils d'un pauvre peintre, avait commencé sa carrière par un mince trafic. Il dut une partie de ses richesses à sa rare habileté, qui toutefois ne descendit jamais à ces subtilités aussi viles que cupides, qui font mépriser la plupart des israélites. Mais

La mode des pantins en 1737.

l'incapacité du ministre Chamillard, si favorable aux financiers de son temps, acheva de porter la fortune de Samuel Bernard au point d'opulence où il la laisse. Ce banquier, ainsi que ma tante l'a dit quelque part, avait beaucoup plus d'orgueil que de cupidité; depuis la petite comédie d'intrigue jouée à Marly par le feu roi et le contrôleur général Desmarets, pour obtenir de lui un prêt d'argent, il n'en accorda plus que d'après la demande directe de Louis XIV, du régent ou de Louis XV. Samuel fut anobli[1]; et, certes, il le méritait, si les sentiments généreux sont quelquefois les motifs de cette distinction. L'inventaire des papiers de ce financier prouva qu'il avait prêté par pure bienfaisance la somme énorme de dix millions, qu'il ne s'était point inquiété de se faire rendre, et qui sera perdue pour ses héritiers. Bernard donna à la cour un exemple dont elle se garda bien de profiter : il resta l'ami des ministres après leur digrâce, particulièrement du garde des sceaux Chauvelin. Ce juif aimait le luxe, et affichait le faste en certaines occasions; mais il était modeste dans ses habitudes domestiques. Sa maison, située place des Victoires, ne révèle nullement l'opulence; il n'y a même pas de cour.

Samuel Bernard, comme tous les hommes, et surtout les hommes riches, avait des manies singulières : j'en citerai quelques-unes. Il fallait que, depuis le lever du soleil jusqu'à minuit, un de ses cochers eût toujours des chevaux attelés à une voiture, et attendît sur

[1] Une des filles de Samuel Bernard épousa le président Molé, et la fille de cette dame fut unie à M. de Cossé-Brissac. Il eut un petit-fils prévôt de Paris, qui se faisait appeler le marquis de Boulainvilliers. Une autre fille de Samuel, morte au château de Chenonceau en Touraine vers 1797 ou 1798, avait épousé un fermier général nommé Dupin. Cette dame, à laquelle l'éditeur de ces Chroniques donna quelquefois le bras pour se promener dans son parc, avait été la protectrice et l'amie de J.-J. Rousseau. Un jour madame Dupin, en passant devant la porte de la chambre que ce grand homme occupa à Chenonceau, dit à l'auteur de la présente note : *Tenez, voici la tanière de l'ours de Genève.* M. de Villeneuve, receveur actuel de la ville de Paris, est petit-fils de madame Dupin.

son siége et le fouet à la main qu'il plût au maître de sortir. Quand il était en ville, son portier, à peine d'être chassé, devait l'attendre, le guetter en quelque sorte à toute heure, afin d'ouvrir les portes avant qu'il descendît de carrosse, et sans qu'il fût besoin de frapper. A l'heure du dîner, Samuel Bernard exigeait que la soupe fût mise sur sa table à la minute; si le service tardait un instant, il ressortait, allait dîner ailleurs, et les convives qu'il avait invités s'arrangeaient comme ils voulaient. Ce banquier aimait le gros jeu; il faisait toujours *va-tout* au brelan, se plaisant à voir reculer les joueurs moins riches que lui. Une nuit qu'un Hollandais lui avait gagné cinquante mille écus d'un coup de carte, Samuel fut extrêmement piqué, non d'avoir perdu une si forte somme, mais de ce que son adversaire avait osé la tenir. Son dépit alla si loin, qu'il fit jeter à sa porte le gagnant avec une montagne de sacs renfermant la somme perdue, et le laissa seul au milieu de la rue, livré au premier brigand qui voudrait l'égorger pour s'emparer de son argent. Le Hollandais, aussi flegmatique que le juif s'était montré colère, et sans doute opulent lui-même, s'éloigna froidement, sans s'occuper du trésor déposé à ses pieds. Le hasard ayant voulu que personne ne passât de ce côté pendant le reste de la nuit, les domestiques de la maison retrouvèrent tous les sacs à la porte, qu'ils ouvrirent heureusement aux premiers rayons du jour. Samuel trouva l'originalité du Hollandais plus heureuse que la sienne; il fit mettre la somme dans une voiture, la porta lui-même au joueur, et lui fit agréer ses excuses.

Samuel Bernard était superstitieux : il nourrissait dans son hôtel une poule noire à laquelle il croyait son destin attaché; on prenait, par son ordre, le plus grand soin de cet animal. Parvenue à une vieillesse peu ordinaire à ce genre de volatile, la poule mourut dans les premiers jours de janvier; Samuel ne lui survécut en effet que de trois jours... Il expira victime d'un pressentiment qui ne se réalisa que par l'ébranlement moral qu'il apporta dans la constitution du vieux financier.

Stanislas Ier, roi de Pologne, duc de Lorraine et de Bar.

L'hiver où nous entrons est comparable à celui de 1709 : même froid, même misère, même disette, sans que pourtant la récolte ait manqué. N'est-il donc personne qui ose représenter à Louis XV que les accaparements de grains au nom du roi font sentir aujourd'hui leur funeste conséquence à la nation? Est-ce gouverner sagement que de faire jeûner les peuples pour enrichir le trésor royal?

Ce n'est pas ainsi que règne le bon Stanislas, que ses hautes vertus ont déjà fait surnommer en Lorraine le *philosophe bienfaisant*. Heureux le souverain qui peut mériter un tel surnom! A peine deux ans se sont-ils écoulés depuis que le monarque polonais est en possession de ses Etats, et déjà ce pays a changé de face. Des institutions utiles se forment de tous côtés; des maisons consacrées au soulagement de l'humanité, d'autres où l'on favorise l'intelligence et le travail, sont ouvertes de toutes parts. Les sciences, les arts, les lettres, encouragés par un prince éclairé, commencent à répandre quelque gloire sur la Lorraine, en même temps qu'on voit s'y développer tous les germes de la prospérité. Tandis que le goût et même une certaine magnificence règnent dans les villes, les campagnes offrent partout l'aisance, qui naît si facilement de l'industrie fécondée par la sollicitude du prince. Les étrangers ne peuvent concevoir que Stanislas, dont les revenus sont si bornés, après les longues souffrances de la Lorraine, puisse, sans emprunts et sans faire de dettes, opérer de telles merveilles. Je le conçois bien, moi : un État est toujours riche pour faire le bien, quand ses trésors ne sont employés qu'à cela. Fermez dans toutes les cours le canal des superfluités, des dépenses sans fruit, des faveurs gratuites, et nulle puissance ne sera pauvre. Tel est le moyen que le beau-père de Louis XV a pris : les bienfaits répandus sur les Lorrains, voilà ses plaisirs; la bienfaisance, voilà son luxe; les hommes actifs, intelligents, amis de leur pays, voilà ses favoris.

On commence à parler beaucoup dans le monde d'un littérateur nommé *Duclos*, qui vise un peu à l'héritage de la Bruyère, mais qui voit trop exclusivement la société sous le point de vue critique, pour devenir jamais un moraliste impartial. Duclos a de l'esprit, de la vivacité, et possède l'art précieux dans les cercles de conter d'une manière amusante. Souvent il émet et soutient des propositions étranges; mais il les soutient avec une telle adresse, qu'on se laisse, sinon convaincre, du moins abuser volontiers. Duclos disait devant moi, l'autre jour, chez madame de Mirepoix, qu'il n'y avait plus en France que les courtisanes qui se montrassent réservées en propos, et que les femmes les moins honnêtes étaient les plus timorées. Là-dessus notre conteur se mit à enfiler une historiette fort gaie, puis une autre très-leste, enfin une troisième tout à fait graveleuse. « Halte là! mon » cher monsieur, s'écria » alors la maîtresse de la » maison, je vois que vous » nous croyez aussi par trop » honnêtes femmes. Passez » à un autre chapitre. » Je le veux bien, répondit Duclos, et il se mit à raconter la fin tragique de l'abbé de Saint-Cosme.

Louis XV.

les rois ne peuvent traiter, la mort, frappa Charles le 20 octobre dans la cinquante-cinquième année de son règne [1]. Ce prince croyait avoir assuré sa succession à Marie-Thérèse, sa fille unique, par cette pragmatique sanction que toutes les puissances avaient reconnue; mais à peine eut-il fermé les yeux, que toutes aussi songèrent à violer leur promesse. La France, l'Espagne, la Bavière, la Saxe, envoyèrent des ambassadeurs à Francfort pour décider du sort de la monarchie autrichienne. L'électeur de Bavière prétendait à la totalité de ce vaste héritage; l'électeur de Saxe en réclamait une partie; Philippe V ne se croyait pas moins fondé en droits, comme l'héritier et le représentant de la maison d'Autriche espagnole. Sa Majesté Catholique revendiquait spécialement la grande maîtrise de l'ordre de la Toison d'or, appartenant aux rois d'Espagne, héritiers des ducs de Bourgogne, fondateurs de cet ordre. Louis XV eût pu sans doute élever aussi des prétentions sur la succession de Charles VI, puisqu'il descend en droite ligne de la branche aînée par les princesses femmes de Louis XIII et de Louis XIV. Mais Sa Majesté préfère, dans cette circonstance, le beau rôle d'arbitre à celui de concurrent : c'est bien, si l'arbitrage, qui ne doit rien produire pour la France, ne lui coûte pas plus d'or et de sang que la concurrence n'en coûtera aux autres souverains. La générosité est digne d'éloges, mais elle peut faire rire de celui qui l'exerce à son détriment.

Tandis qu'on négociait à Francfort pour faire un empereur, l'Angleterre, plus jalouse de la puissance maritime et du commerce de l'Espagne que de ses droits à l'Empire, attaquait ses vaisseaux sur toutes les mers et ses établissements dans les colonies. Dès le mois de décembre 1739, l'amiral Vernon avait enlevé aux Espagnols la ville de Porto-Bello, entrepôt de tous les trésors du Nouveau-Monde, et s'était empressé de faire raser ce comptoir important. Des corsaires anglais attaquaient, capturaient, brûlaient tous les vaisseaux marchands sortis des ports de Sa Majesté Catholique, et déjà le commerce espagnol souffrait beaucoup de ces hostilités.

La France n'était point en mesure de secourir son alliée : Fleury n'a rien fait pour notre marine. Nous manquons de matelots expé-

Cet ecclésiastique, aventurier par caractère, fut envoyé successivement, comme missionnaire, à la Louisiane, au Canada et chez les Natchez. L'histoire ne dit pas au juste le nombre des conversions qu'il fit pendant les deux premières missions; on sait seulement qu'à la troisième ce fut lui qui se laissa, non pas convertir, mais pervertir par une belle reine de sauvages que la vigueur de cet abbé séduisit. Cette princesse, veuve d'un souverain appelé le *Grand Soleil*, offrit sa main à M. de Saint-Cosme, qui l'épousa et devint lui-même Grand Soleil. L'ancien missionnaire gouverna ses peuples avec beaucoup de sagesse, dit-on; mais, chez les Natchez comme ailleurs, la grandeur a ses vicissitudes : soit que la reine ne se trouvât pas suffisamment échauffée par les rayons d'un Grand Soleil européen, soit que les sauvages se fussent lassés de la domination de leur prince, soit plutôt que ses joues fleuries excitassent leur appétit, ils le massacrèrent un matin et firent un déjeuner de Sa Majesté.

Il y a trop de passions parmi les hommes pour que la paix puisse habiter longtemps un coin quelconque de la terre, et l'ambition des souverains suffirait pour l'en bannir. L'Europe commençait à respirer; Charles VI, dont la force militaire s'était ensevelie dans la tombe d'Eugène, venait de terminer une guerre malheureuse contre les Turcs; il leur abandonnait, par le traité de 1739, Belgrade, la Servie et tout ce qu'il possédait en Valachie. Mais un despote avec lequel

rimentés; les anciens officiers se rouillent faute d'activité; il ne s'en forme point de nouveaux; et peu de nos vaisseaux sont en état de tenir la mer. Nous ne pouvions donc pas sans imprudence déclarer la guerre à l'Angleterre, mais dès qu'on apprit dans le cabinet de Versailles les désastres de Porto-Bello, il fut décidé qu'on donnerait à Philippe V tout ce qui pourrait lui être offert sans amener une rupture avec Georges II. Le vice-amiral marquis d'Antui partit de Brest au commencement du printemps avec vingt-deux vaisseaux de ligne et se joignit en Amérique aux forces espagnoles, ce qui contribua à protéger les côtes et les navires marchands appartenant à l'Espagne. L'Angleterre vit avec dépit ce secours donné à ses ennemis, mais elle fut forcée de respecter le pavillon français, ayant toujours un ambassadeur à Paris.

Cependant, nonobstant le congrès de Francfort, l'archiduchesse Marie-Thérèse, en vertu de la pragmatique sanction, s'empara de tous les domaines que lui laissait l'empereur son père; François de Lorraine, grand-duc de Toscane, époux de cette princesse, l'aida à prendre possession de ses vastes États. Marie-Thérèse se fit reconnaître à Vienne; bientôt les provinces d'Italie et la Bohème lui envoyèrent leur soumission par des députés, et elle se rendit ensuite à

[1] Charles VI mourut des suites d'une forte colique, qu'on attribua mais témérairement, au poison.

Presbourg pour recevoir celle des Hongrois. Cette princesse, aussi adroite avec ces peuples que ses prédécesseurs avaient été maladroits, prêta hautement au milieu d'eux le fameux serment du roi André II, serment repoussé si longtemps par les empereurs, et dont le refus entraîna deux cents ans de guerres civiles. Cette formule mérite d'être citée ; la voici : « Si moi ou quelques-uns de mes successeurs, en » quelque endroit que ce soit, voulons enfreindre vos priviléges, » qu'il vous soit permis, en vertu de cette promesse, à vous et à vos » descendants, de vous défendre sans pouvoir être traités de re-» belles. » Les Hongrois ont usé deux siècles de ce droit, mais la prudente conduite de Marie-Thérèse lui concilia sur-le-champ l'amour de la nation hongroise, qu'elle mérita d'ailleurs par une affabilité populaire à laquelle ses ancêtres n'avaient point habitué leurs sujets. En général, elle bannit de sa cour cette morgue hautaine, triste apanage de la grandeur allemande, et qui la rend odieuse sans ajouter à sa dignité. Celle qui prit dès lors le titre de reine de Hongrie, abjurant l'usage de l'étiquette, admit à sa table les dames, les magistrats, les officiers que leurs fonctions mettaient en rapport habituel avec elle. Avant son règne, la personne du souverain était une sorte de divinité que les gardes défendaient de regarder en face ; on ne pouvait approcher du prince et lui parler qu'après avoir fait preuve d'une noblesse aussi ancienne qu'irréprochable. Marie-Thérèse dédaigna ces sottes formalités ; nobles ou non, tous ses sujets purent l'entretenir ; son palais fut ouvert à toute heure pour eux ; elle enjoignit à ses officiers de ne jamais refuser d'audience.

Cette souveraine fit publier dès le premier moment de son règne que le grand-duc François de Lorraine était appelé à partager les soins de son gouvernement sous le titre de *corégent* : Sa Majesté espérait par cette disposition aplanir la route du trône à ce prince et parvenir à le faire déclarer empereur. Mais la reine de Hongrie manquait de ressources pour soutenir ses propres droits : son trésor était vide ; les troupes, qui avaient beaucoup souffert dans la dernière guerre contre les Turcs, suffisaient à peine pour occuper les places qui défendaient l'approche de ses Etats. Ce fut dans cette circonstance qu'un prince allemand, Frédéric II, roi de Prusse, qui venait de monter, comme elle, sur le trône de son père, lui fit offrir l'appui de ses armes et cinq millions de notre monnaie. Frédéric, plus heureux que Marie-Thérèse, avait trouvé son royaume dans une situation prospère : une armée de soixante-dix mille hommes et des coffres regorgeant d'or lui étaient légués par ce Frédéric-Guillaume qui voulut jadis le faire décapiter. La dureté excessive du roi défunt avait eu du moins l'avantage de porter au plus haut point la discipline des troupes prussiennes ; et l'économie un peu judaïque du même prince met aujourd'hui la Prusse à même de soutenir une longue guerre. Frédéric II, monarque instruit, brave, versé dans la science militaire, et fort ambitieux, est l'homme le plus propre à tirer parti de ces importantes ressources, et ce n'était pas sans intérêt qu'il faisait offrir son argent et son épée à Marie-Thérèse. Il lui demandait pour prix de son alliance la province de Silésie, lui assurant qu'il se faisait fort de lui garantir tout le reste, et d'assurer la couronne impériale au grand-duc de Toscane, son époux.

La reine de Hongrie a l'âme grande : elle refusa de recevoir la loi de Frédéric II, malgré les conseils de ses ministres, qui lui firent prévoir de grands malheurs. A peine la réponse de cette princesse fut-elle parvenue à Berlin, que le roi se mit à la tête de ses troupes et marcha vers la Silésie, qu'il envahit sans coup férir, au milieu de ce mois.

Cette invasion n'est point concertée avec la France, comme le prétendent quelques politiques mal informés. D'abord Fleury se croit encore un peu lié par la pragmatique sanction, et c'est contre son gré qu'on négocie à Francfort ; ensuite, le roi ne peut éviter longtemps une guerre avec l'Angleterre, en soutenant à peu près ouvertement les intérêts de l'Espagne ; enfin l'envoi d'une armée française contre Marie-Thérèse ne semble pas compatible avec les hostilités maritimes auxquelles nous devons nous disposer. Mais, au moment de partir pour la Silésie, Frédéric dit au marquis de Beauvau, ministre de France à Berlin : « Je vais, je crois, jouer votre jeu ; si » les as me viennent, nous partagerons. » Ce peu de mots prouve que, sans être assuré de l'alliance de Louis XV, le roi de Prusse prévoit bien que l'embrasement prochain de l'Europe ne permettra pas à la France de garder la neutralité.

Frédéric, au moment de se mettre pour la première fois à la tête de son armée, vit qu'on avait écrit sur ses drapeaux : *Pro Deo, pro patriâ.* « Effaçons *Pro Deo*, dit-il, à quoi bon mêler ainsi le nom de » Dieu, dont la sagesse est infinie, dans les querelles des hommes, » qui certes sont loin d'être toujours sages ? D'ailleurs il s'agit d'une » province et non de Dieu. » Le roi donna pour enseigne à son régiment des gardes l'aigle romaine en bronze doré placée au haut d'un bâton. « Ceci, messieurs, dit-il à ce corps d'élite, vous impose l'o-» bligation d'être invincibles comme les Romains. »

Cependant les embarras de Marie-Thérèse se multipliaient : les rois de Sardaigne et de Pologne se mettaient sur les rangs des concurrents à la couronne impériale. D'un autre côté les princes de l'Empire refusaient de reconnaître le suffrage universel de la Bohême entre les mains d'une femme, ils lui contestaient jusqu'au droit de le transmettre au grand-duc son mari, prétendant que ce suffrage ne pouvait être exercé que par le possesseur direct du titre souverain auquel il est attaché. En un mot, presque toutes les puissances qui avaient reconnu, garanti même la pragmatique sanction l'enfreignaient et en attaquaient ouvertement les dispositions. Le prince Eugène avait prévu ce démenti donné à la foi des traités ; sa prédiction se réalise. Ce grand homme connaissait bien la loyauté des cours. Je doute cependant qu'il ait prédit qu'Auguste III, élevé sur le trône de Pologne par Charles VI, se réunirait aux ennemis de Marie-Thérèse pour dépouiller cette fille de son bienfaiteur.

Dans la situation actuelle des choses, le roi, ne pouvant maintenir des troupes en Corse, prévint la république de Gênes qu'il allait retirer celles qu'il avait envoyées dans cette île. Les Génois s'affligèrent de cet avis, mais ils ne purent faire aucune disposition pour conserver la Corse : ils voyaient leur métropole environnée d'Autrichiens ; ils craignaient pour leur propre liberté, et c'était à peine assez de tous leurs efforts pour veiller à la conservation d'un bien si cher à ces républicains. Le marquis de Villemur ayant quitté l'île, les insulaires ressaisiront cette même liberté, qui leur serait rendue depuis longtemps s'ils eussent su marcher unis à sa conquête. Mais l'affranchissement de ce peuple malheureux ne profitera pas encore à sa prospérité : il n'y a d'unanime chez les Corses que leur haine pour les Génois, et les divisions intestines qui déchirent leur patrie les rendent incapables d'entreprendre rien de grand.

La coalition formée contre Marie-Thérèse doit peu compter sur le concours de Philippe V, quoique ce prince soit inscrit au nombre des concurrents à l'Empire. Déjà froissée par la guerre maritime qu'elle soutient difficilement contre l'Angleterre malgré le secours de la France, l'Espagne ne possède qu'une armée faible, mal disciplinée et dont les officiers sont plus habiles à réciter leur bréviaire qu'à diriger les manœuvres. Quant aux généraux, on n'en trouve dans les Etats de Sa Majesté Catholique qu'à la tête des ordres religieux. Chez les Espagnols il y a beaucoup d'énergie parmi les citoyens : il en existe peu dans l'armée. Tel est l'effet d'un ministère sans vigueur et d'un règne durant lequel le sceptre est littéralement tombé en quenouille. Voici l'occasion de tracer le portrait du petit-fils de Louis XV, que la destinée appela sur le trône de Charles-Quint. C'est une figure historique que ma tante a dessinée jadis d'un crayon léger ; je vais la peindre.

Philippe V n'étant encore que duc d'Anjou avait été élevé dans un respect craintif pour le roi son grand-père et dans une soumission presque servile pour le duc de Bourgogne, son frère aîné. Les impressions de la jeunesse s'effacent difficilement, elles ne disparaissent jamais si la moindre cause les entretient. Devenu roi d'Espagne Philippe laissa voir plus de dispositions à l'obéissance qu'au commandement. Ce fut la faiblesse sur laquelle madame des Ursins éleva l'édifice de sa fortune, et la reine Elisabeth pour dominer son mari n'eut qu'à suivre un plan tracé par la favorite qu'elle avait chassée. Rien cependant dans la jeunesse de ce prince n'annonçait en lui des habitudes timides : il portait la tête haute, son regard avait de la fierté, son visage était noble et régulier ; il tirait tout le parti possible de sa taille, et sa démarche ne manquait ni d'assurance ni de vivacité. Il existait dans le caractère de ce monarque quelques traits de grandeur ; il aimait la guerre, qu'il faisait avec valeur, avec détermination ; il portait même cette dernière qualité jusqu'à l'imprudence, car on le vit souvent entrer en campagne sans avoir formé aucun plan ; Philippe s'en rapportait aux inspirations soudaines de ses généraux, d'autant plus justes, disait-il, qu'elles seraient plus appropriées à la circonstance et aux mouvements de l'ennemi. Cette doctrine militaire peut avoir son bon côté, mais Sa Majesté Catholique ne contribuait en rien à la mettre en pratique. Dans un jour de bataille ce prince ne payait que de sa présence : s'il se trouvait placé d'abord loin du danger il ne croyait pas sa gloire intéressée à s'en rapprocher ; si les chances de la journée le portaient au milieu du feu le plus vif il s'y tenait avec le même calme, la même sérénité que s'il se fût agi d'une revue de ses troupes aux portes de son palais.

Dans les affaires du gouvernement Philippe montra assez longtemps un sens droit, un esprit exact, une mémoire heureuse, une réserve, un penchant au silence qui le servirent quelquefois ; mais il ne pouvait vaincre une défiance de lui-même, louable dans un simple particulier, dont elle signale la modestie ; blâmable dans un roi, dont elle trahit la faiblesse et laisse péricliter le pouvoir. Le roi d'Espagne, avant d'être absorbé par la sombre mélancolie qui s'est emparée de lui depuis quelques années, était doué d'une qualité qui seule pouvait le faire régner avec sagesse s'il l'eût mise à profit : il savait connaître les hommes. Mais trop faible pour se servir de cet art dans le choix des ministres, des magistrats, des généraux, Philippe n'usait de son tact observateur que pour étudier les ridicules de ceux qui l'entouraient et s'en amuser ensuite dans son intimité.

Le roi d'Espagne poussa le goût des femmes jusqu'au plus hideux cynisme : un tremblement convulsif le saisissait dès qu'il en apercevait une à sa cour qui excitât ses sens grossiers... souvent on le vit prêt à se précipiter vers elle malgré la présence des assistants ; et certainement ce monarque n'eût point été maître de cette fureur s'il se fût trouvé seul avec l'objet convoité. Philippe faisait parfaitement compatir cette passion avec les pratiques les plus minutieuses de la dévotion ; d'ailleurs les excès de Sa Majesté étaient tempérés par le soin extrême qu'elle prenait de sa santé. Cette sollicitude pour lui-même est devenue depuis dix ans chez ce prince une véritable manie ; c'est elle qui a détruit ce qu'il y avait de raisonnable et presque ce qu'il y avait d'humain en lui. Ce souverain n'est plus qu'un objet de compassion : montrons-le dans cette déplorable dégradation de l'humanité.

L'état habituel du roi d'Espagne est une mélancolie profonde, taciturne qui souvent dégénère en vapeurs allant jusqu'à la folie, et nulle incommodité apparente ne paraît déterminer cette situation. Alors Philippe ne veut plus quitter le lit : il y reste quelquefois six mois entiers sans se faire raser, sans couper ses ongles, sans changer de linge. Quand sa chemise tombe en pourriture il n'en met une autre que lorsque la reine l'a portée, de peur d'être empoisonné par le contact de cette toile. Quoique toujours couché le roi mange abondamment et digère à merveille ; mais ses repas ne sont point réglés, il les prend à toute heure sans que sa digestion en soit plus mauvaise. La conscience de Philippe est aussi complaisante que son estomac : tantôt il veut entendre la messe, qu'on dit dans sa chambre, à cinq heures du matin, tantôt à midi, tantôt à huit heures du soir ; et si le pauvre chapelain chargé de célébrer ce sacrifice reste jusqu'à cette dernière heure à jeun il faut convenir que son estomac est plus docile encore que celui de Sa Majesté.

Dans ses excès maniaques le roi ordonne qu'on ouvre au milieu de l'hiver les fenêtres de sa chambre à coucher et les fait tenir hermétiquement fermées au mois d'août, de sorte que ses ministres, ses médecins, ses officiers gèlent ou étouffent auprès de lui, ce dont il ne s'inquiète nullement. Par suite de la même singularité Philippe supporte trois couvertures de flanelle dans la canicule, et, rejetant jusqu'à son drap à Noël, il se montre complétement nu, quoiqu'il puisse y avoir des femmes dans sa chambre : on l'a vu plus d'une fois écouter la messe dans cet état de nature et la suivre dévotement sur son bréviaire.

Le Roi Catholique marmotte des prières pendant une partie de la journée. Son lit est toujours couvert de livres de piété ; souvent il oblige la reine à lire des psaumes ou antiennes, qu'il interrompt à chaque instant par les remarques les plus étrangères au sujet qu'il écoute... Un jour, au milieu d'un chapitre du Nouveau Testament, il s'aperçut que sa chienne paraissait tourmentée par une de ces passions impérieuses que la Providence ne prescrit pas aux animaux de cacher pour qu'il y ait au moins entre eux et l'humanité une différence que les écarts de celle-ci font quelquefois disparaître. Soudain Philippe, tout en ordonnant à la reine de continuer sa lecture, envoie chercher un chien et fait accomplir l'œuvre de nature devant cinquante personnes en mêlant à la parole sainte récitée par Elisabeth les plus sales remarques sur le mystère de la reproduction.

Si dans le cours de la période qu'il passe au lit le roi se lève pour satisfaire quelque besoin, il faut le soutenir pour qu'il puisse faire quelques pas ; la longueur excessive des ongles de ses pieds rendant sa marche aussi difficile que douloureuse. Lorsque ce prince est couché, il se déchire lui-même en dormant avec ses ongles longs et tranchants, et prétend ensuite qu'on a profité de son sommeil pour le piquer. Dans des accès de mélancolie plus noire, le roi soutient que la douleur résultant des blessures qu'il se fait provient de la piqûre des vers ; qu'il est mort, et qu'il ne conçoit pas pourquoi l'on néglige de l'enterrer. Quand la manie du malheureux monarque est poussée jusqu'à ce point, sa tristesse se change en fureur : il pince, il égratigne, frappe la reine, ses enfants, son médecin, son confesseur ; il se mord les bras avec des cris effroyables, et si on lui demande ce qu'il a il répond : *Rien du tout*, puis il se met à chanter.

Après avoir gardé le lit des mois entiers dans la plus dégoûtante malpropreté, Philippe V passe un même espace de temps sans vouloir se coucher, dormant sur son fauteuil, le menton appuyé sur sa poitrine et les jambes pendantes. Durant ces périodes, que les médecins appellent le temps d'exercice du roi, Sa Majesté ne sort cependant jamais de sa chambre, qu'elle se contente de parcourir en tous sens, et ce mouvement suffit pour lui donner un robuste appétit. Le monarque, dans ces jours de grande activité, se nourrit des aliments les plus substantiels, des viandes les plus succulentes ; voici son régime : à dix heures du matin, il prend un consommé ; à midi, il se fait servir à dîner, mange pendant deux heures et dort ensuite cinq ou six sans quitter la table ; à son réveil Philippe se fait apporter une demi-douzaine de biscuits, qu'il trempe dans du vin de malaga ; cela le conduit jusqu'à onze heures ; il prend alors un fort consommé, et c'est son dernier repas.

A travers tout cela le Roi Catholique prend des drogues de toute sorte et s'en administre des doses qui tueraient tout autre homme. On l'a vu avaler une boîte de thériaque à la fois pendant plusieurs jours, disant que ses médecins étaient des coquins de soutenir qu'il n'était plus malade tandis qu'il se sentait près de sa mort. Et Sa Majesté répète cela depuis environ quinze ans. On ne conçoit pas comment le petit-fils de Louis XIV peut résister à une telle manière de vivre : il faut qu'il ait un tempérament des plus forts pour supporter

le mélange de moyens médicaux, d'intempérance, d'insomnie, de malpropreté et d'autres excès auxquels il se livre. Il y a plus : malgré ses égarements journaliers, Philippe conserve pour les affaires un sens droit et sa mémoire n'est nullement altérée. On lui proposait dernièrement une mesure de gouvernement : « Non, répondit-il, je l'ai déjà » rejetée il y a deux ans. » La nature offre quelquefois d'étranges particularités.

La passion de Philippe V pour les femmes est bien calmée : c'est une grande ressource dont la reine est privée pour dominer son mari. Elle a cherché plus d'une fois, dit-on, à réveiller en lui par des excitants ces désirs sur lesquels se fondait la puissance de cette princesse ; mais on ajoute qu'elle a rarement réussi. Elisabeth a surtout échoué dans une circonstance où elle voulait obtenir pour prix de sa complaisance que Philippe travaillât avec Patino, ministre que ce prince a pris en aversion, et que la reine honore d'un sentiment opposé. Loin de se montrer tendre, le roi à cette occasion battit rudement la princesse de Parme ; la traitant de malheureuse « qui, non » contente d'avoir ruiné le royaume, voulait attaquer son hon-» neur et sa gloire. » Pour mieux se convaincre, sans doute, qu'il avait raison, le Roi Catholique, après avoir battu sa femme comme *Sganarelle* du *Médecin malgré lui*, l'obligea à lui demander pardon : il faut être dévot pour avoir de ces idées-là. « Je veux, répète sou-» vent ce prince correcteur, je veux qu'elle se défasse de ses *quatre* » *évangélistes* : » c'est ainsi que Sa Majesté appelle Patino, le marquis Scoti, l'archevêque d'Amida, confesseur de la reine, et la camériste Bellegrine ; mais, malgré les fréquentes scènes dont ils sont le sujet, les *quatre évangélistes* restent à la cour, parce qu'Elisabeth trouve leur éloquence infiniment plus persuasive que celle du maniaque Philippe V.

Cependant la reine a ses moments de faveur dans l'esprit du roi, quand les remèdes excitants peuvent agir : c'est alors qu'elle profite de son crédit pour obtenir que Sa Majesté fasse couper sa barbe et ses ongles tous les quinze jours.

Tel est l'allié de la France dans la guerre qui se prépare, tel est le prétendant à la couronne de Charles-Quint, telle est la déplorable contre-partie des bienfaits de la monarchie.

La mort précipita Clément XII de la chaire de Saint-Pierre le 6 février de la présente année 1740 ; le cardinal Prosper Lambertini reçut la tiare le 17 août suivant : c'est le talent, le génie qui succèdent au fanatisme ignorant, à la nullité.

Deux choses occupèrent encore l'attention dans l'année qui se termine, savoir : la tragédie d'*Edouard III*, par Gresset, auteur de *Vert-Vert*, et l'exposition faite au Louvre, pour la première fois, des ouvrages de peinture, de sculpture et de gravure. Cette dernière nouveauté mérite beaucoup d'éloges : c'est de la critique que jaillit la perfection dans toutes les conceptions de l'esprit humain. La première idée de cette exposition est due à M. Orry, ministre des finances, directeur général des bâtiments ; elle se renouvellera chaque année. Mais je ne crois pas que la critique fasse jamais de M. Gresset un tragique distingué : sa pièce manque de vigueur et même de caractère ; on ne fait pas une tragédie avec de la grâce, de la malice et du goût, et l'auteur d'*Edouard III* ne possède que cela. Voilà ce que les parodistes de la foire font dire au héros de Gresset dans un petit opéra-comique intitulé *la Barrière du Parnasse :*

De plus on blâme en moi des scènes applaudies
Qui firent le succès de tant de tragédies ;
Feuilletez avec soin tous nos auteurs fameux,
Mes traits les plus frappants sont formés d'après eux.
Le public bravement, dans son erreur extrême,
Pense que tous mes vers sont faits pour mon poème ;
Mais, soit dit entre nous, c'est juger de travers,
Mon poème n'est fait que pour coudre mes vers.

CHAPITRE XVI.
1741-1742.

Mort de Marion Delorme âgée de cent trente-cinq ans. — Détails sur cette courtisane. — Alliance du roi de Sardaigne avec la reine de Hongrie. — Victoire de Molwitz, premier exploit de Frédéric le Grand. — Guerre contre la reine de Hongrie ; le maréchal de Belle-Isle. — Conquêtes en Allemagne. — Alarme à Vienne. — Georges II menacé dans le Hanovre. — Il signe un traité de neutralité. — Serment des Hongrois à Marie-Thérèse. — Les dames anglaises offrent cent mille livres sterling à la reine de Hongrie. — Elle les refuse. — Examen de la pragmatique sanction. — Le duc d'Orléans, fils du régent, se démet de ses charges. — Dévotion et galanterie. — *Mon chancelier vous dira le reste.* — Le marquis de Souvré ; son caractère ; repartie hardie. — Prague ; le comte de Saxe ; assaut ; le brave Chevert. — Couronnement de Charles VII à Prague. — Coup d'œil militaire. — Singulière neutralité du grand-duc de Toscane. — Avantages remportés par nos vaisseaux sur ceux de l'Angleterre. — *La Chercheuse d'esprit*, opéra de Favart. — Le poète flagellé par des dames. — L'ambassadeur turc Zaïd-Effendi. — Son entrée à Paris ; sa réception à la cour. — Hospitalité expansive des belles Parisiennes. — Couronnement de l'empereur Charles VII à Francfort. — Indifférence de Louis XV sur le sort de ses armes. — Désastres de l'armée franco-bavaroise en Autriche et en Bavière. — Le partisan Montzel; sac de Munich. — Nos chances favorables baissent en Bohême. — La princesse de Carignan maîtresse du cardinal de Fleury. — Intrigues pour rendre Louis XV infidèle à la reine. — Marie Leczinska et son confesseur. — La chasteté absolue. — La tendresse bachique. — Rupture des intimités conjugales du roi et de la reine. — Richelieu adopte le rôle de feu l'abbé Dubois. — La comtesse de Mailly; son portrait. — Échec des charmes de cette dame. — Elle revient à la charge et triomphe. — Jalousie du comte de Mailly; on le calme. — Scrupules paternels du marquis de Nesle; on le paye. — Jésuitisme de Fleury. — Défection du roi de Prusse. — Politique puérile de Fleury. — Retraite des maréchaux de Belle-Isle et de Broglie. — Le maréchal de Maillebois reçoit l'ordre de marcher en Bohême. — L'armée française est assiégée dans Prague. — Le siége est levé. — La guerre en Italie. — L'évêque de Beauvais; l'escroc mitré. — La philosophie et la botte d'asperges. — Voilà ce que c'est que d'avoir des sœurs. — Avarice de Louis XV. — Madame de Mailly se fait dévote. — Madame de Vintimille seconde maîtresse du roi. — Réponse maligne de Lapeyronie à mademoiselle de Charolais. — Les Anglais échouent aux Indes devant Carthagène. — Vives remontrances dans le parlement anglais. — Retraite de Maillebois sur le Danube. — Le maréchal de Belle-Isle évacue la Bohême au milieu de l'hiver. — Conduite héroïque de Chevert resté dans Prague. — *Mahomet*, tragédie de Voltaire.

La mort de Marion Delorme, arrivée le 5 janvier, deux mois avant l'expiration de sa cent trente-cinquième année, a presque surpris les Parisiens; ils s'étaient habitués à considérer comme impérissable ce vieux monument de la création, et citaient indifféremment les tours de Notre-Dame ou Marion Delorme, s'ils voulaient parler d'un objet à l'épreuve des temps. Cette femme, qui sans doute était la plus âgée de l'Europe, vit le jour sous le règne du bon roi Henri; quoiqu'elle eût moins de cinq ans lorsque ce grand monarque fut assassiné, elle se rappelait fort bien son habit et même ses traits. Marion avait surtout présent à la mémoire le chatouillement un peu dur produit sur son petit visage par la longue barbe du héros; car un jour qu'elle traversait le Louvre avec une de ses tantes qui l'avait amenée à Paris, Sa Majesté, frappée de la beauté de cet enfant, le demanda pour l'embrasser. La vieille amante de Buckingham, du cardinal de Richelieu, de Cinq-Mars et de tant d'autres, se plaisait à décrire la physionomie, la taille, le costume des personnages célèbres qui ont passé devant elle pendant sa longue vie. Elle dépeignait la forme du bonnet qui coiffait Marie de Médicis lorsqu'elle posa la première pierre du Luxembourg, et n'avait pas oublié la soutane un peu sèche que portait Richelieu n'étant que simple abbé. Elle s'en était égayée avec lui quand, vingt-deux ans plus tard, il était plus que roi de France. La courtisane centenaire se souvenait d'avoir promené un matin par la lisière celui qui devait être un jour le grand Condé; cette femme, aussi naïve sur ses faiblesses qu'elle en fut jadis prodigue, vous disait en souriant: « Je vois encore la chambre où, guidant un des débuts de ce héros, je mêlai quelques myrtes à son premier laurier. » Les traits de Marion s'animaient quand elle retraçait l'amour de Buckingham pour Anne d'Autriche, les regards veloutés qu'elle arrêtait sur ce bel Anglais, les œillades flamboyantes que la reine lançait sur elle, Delorme, en signe de rivalité..... « Je me suis bien » souvent reportée à ces preuves d'effervescence amoureuse, ajoutait » la narratrice, lorsque trente ans après j'ai vu cette princesse, la » vue baissée, la tête enveloppée d'une coiffe épaisse, à genoux sur » les dalles de nos églises... » Les yeux de Marion Delorme se remplissaient de larmes dès qu'on essayait de l'entretenir du malheureux Cinq-Mars. « Ah! de grâce, s'écriait-elle, épargnez-moi... Cent » ans[1] n'ont point en passant sur ma vie effacé de mon cœur le sou- » venir de cet infortuné; son adieu murmure toujours à mon oreille » comme un son plaintif, son dernier baiser me brûle encore la » bouche. »

La mémoire de Marion Delorme était une vaste galerie où les peintres vinrent jusqu'à sa mort copier les portraits des notabilités de cinq générations; Sully, Bassompierre, la Noue, Mazarin, Turenne, Colbert, Louvois, Luxembourg, étaient rangés, j'oserai presque dire, étiquetés, dans les souvenirs de Marion; un autre compartiment de sa mémoire renfermait Malherbe, Racan, ménage, Corneille, Molière, la Fontaine, Pascal, Racine, Boileau, la Bruyère, Bossuet, Fénelon; dans une troisième division cérébrale que la vénérable amante de Cinq-Mars appelait sa galerie galante, se pressaient madame de Comballet, Ninon, la duchesse de Longueville, madame de Chevreuse, la comtesse de Soissons, la maréchale de la Ferté, la tendre la Vallière, la fière Montespan, l'astucieuse veuve de Scarron, l'infortunée Fontanges et tant d'autres, avec les amants qui firent tout à la fois leur réputation, leur déshonneur et leur félicité. Quand un peintre venait consulter Marion sur un de ces personnages, elle disait en se frottant le front : « Attendez que j'enlève la poussière du tableau; » puis elle se mettait à faire le portrait le plus ressemblant, le plus frais, le plus animé : « Je copie la nature, » s'écriait Coypel en laissant courir son pinceau d'après les descrip-

tions de la vieille courtisane. Elle avait vu commencer plusieurs hôtels de Paris qu'on nomme aujourd'hui de vieux édifices; son pied avait foulé en dansant l'herbe du Pré aux clercs, sur lequel s'élève maintenant un quartier populeux de la capitale: je lui ai entendu décrire les fossés, les remparts, les ponts-levis de l'abbaye de Saint-Germain des Prés, qui ne présente plus que la clôture ordinaire d'un couvent.

Marion souriait de pitié lorsqu'elle lisait dans l'histoire du règne de Louis XIII et de la minorité de Louis XIV les intrigues de Richelieu et les subtilités italiennes de Mazarin. « Pauvre postérité, di- » sait-elle en haussant les épaules, comme ces esclaves à plume t'a- » buseront... Richelieu! la grandeur de ses vues! ce n'est pas moi » qu'on y fera croire. J'ai vu ce cardinal dans l'intimité de l'alcôve, » je connais le déshabillé de son caractère; il est grandi par la re- » nommée de tout ce qui dépasse l'homme ingénieux et adroit. Ma- » zarin! c'était un saltimbanque, un sauteur politique, remarquable » seulement pour la souplesse de son esprit et de ses reins; se faire » assez petit pour se fourrer partout, toujours sauter de manière à » se retrouver sur les pieds, voilà tout le mérite de Mancini. »

En 1705 Marion Delorme, veuve en quatrièmes noces de François Lebrun, procureur fiscal, fut volée et abandonnée par ses domestiques, qui lui enlevèrent à peu près tout ce qu'elle possédait. Cette dame, parvenue déjà à sa quatre-vingt-dix-neuvième année, ne s'aperçut pas que ces misérables avaient emporté successivement de sa maison linge, habits, dentelles, vaisselle, argenterie, diamants, enfin ils disparurent un matin avec un portefeuille renfermant toute sa fortune en billets payables au porteur, et ne laissèrent que les gros meubles qu'ils n'avaient pu enlever. Marion Delorme, de riche qu'elle était, se trouva réduite à la misère; elle put cependant suffire encore à ses besoins pendant dix-huit ans au moyen de quelques recouvrements qu'elle avait négligés et qu'un ami serviable l'aida à faire. Mais en 1723, privée de toute ressource, elle écrivit à Louis XV à peu près en ces termes : « Sire, Votre Majesté paye des historiens » qui mentent sur les temps passés; mais il est dans sa capitale une » chronique vivante dont le premier chapitre remonte à 1606; elle » vous offrira le langage de la vérité, si Votre Majesté daigne venir » la consulter; car cette chronique est un vieux livre vermoulu qui » ne peut plus quitter l'ais sur lequel il repose. Marion Delorme a » vu, sire, le grand Henri, premier prince de votre illustre mai- » son qui ait régné sur la France; elle a vu Louis XIII, votre tris- » aïeul; Louis XIV, votre bisaïeul; le Grand Dauphin, votre aïeul; » le duc de Bourgogne, votre père; et fut assez alerte encore pour « aller une des premières remercier le Seigneur, qui vous donna à » la France. Quelque lumière sur les règnes écoulés jaillit de ma » longue existence; mais, sire, c'est une lampe qui demain peut s'é- » teindre, faute d'aliment, si Votre Majesté ne daigne y pourvoir. »

Cette lettre ayant été remise à Louis XV par une main sûre, le jeune monarque voulut voir Marion Delorme; il resta longtemps chez elle avec Fleury, y retourna plusieurs fois, et fit à cette veuve une pension qui lui fut payée exactement jusqu'à sa mort. Marion Delorme demeurait en 1723 quai des Théatins, mais elle est décédée rue de la Mortellerie, dans la maison dite le Paon blanc. Elle fut inhumée dans le cimetière de Saint-Paul sous le nom de Marie-Anne-Oudette Grapin, veuve Lebrun.

Tandis que toute l'Europe se disposait à la guerre, Charles-Emmanuel, roi de Sardaigne, digne héritier de la politique versatile de son père, renonçait à l'alliance qu'il avait contractée récemment avec l'Espagne et la France. Ce prince, qui avait des vues sur le Milanais, s'était d'abord réuni aux ennemis de Marie-Thérèse; mais dès qu'il vit les troupes de Philippe V dans ce pays, il craignit avec quelque raison que la cour de Madrid ne profitât de sa conquête pour ressaisir définitivement cette ancienne possession espagnole. Charles, changeant tout à coup de parti, conclut donc avec la reine de Hongrie un traité par lequel, sans renoncer à la Lombardie, il promit de faire marcher son armée contre la France et l'Espagne. La fille de Charles VI, appréciant à sa juste valeur la détermination du monarque piémontais, sentit bien qu'en acceptant son secours, elle ne faisait que se servir d'un ennemi contre un autre, et que tôt ou tard cet allié perfide, dont les projets étaient évidents, lui retomberait sur les bras. Mais elle conjurait le danger le plus pressant; c'était agir avec sagesse. A peine cet accord fut-il signé que, joignant ses troupes à celles de la princesse autrichienne, Charles-Emmanuel s'empara du duché de Modène, qui ne fut que faiblement défendu.

Dans le même temps Frédéric II, roi de Prusse, achevait de s'emparer de la Silésie, où il était entré dès le mois de décembre. Il occupait déjà les fortes places de Brieg et de Breslau, lorsque le général autrichien Neuperg accourut avec vingt-quatre mille hommes pour s'opposer à la marche du conquérant. Les deux armées se rencontrèrent près de Molwitz, au bord de la petite rivière de Hesse. C'était le début militaire du monarque prussien âgé de vingt-neuf ans, et la fortune de ses armes faillit périr dans ce premier élan. La cavalerie autrichienne, supérieure en nombre à celle du roi, et pourvue de chevaux plus robustes que ceux des cavaliers prussiens, rompit entièrement les escadrons de ces derniers; ils se replièrent en désor-

<hr>

[1] Cinq-Mars fut décapité à Lyon en 1642, on sait qu'il était entré dans une conspiration contre Richelieu. Ce jeune homme était grand écuyer de Louis XIII, et périt à vingt-deux ans. On ne peut affirmer qu'il eût épousé secrètement Marion Delorme.

dre derrière l'infanterie. La première ligne de celle-ci, prise en flanc, ne put résister; ses rangs forcés se pelotonnèrent en fuyant vers la seconde ligne, qui demeura ferme sur le terrain. Là s'arrêta la victoire des Autrichiens; un feu terrible, auquel chaque Prussien contribua par cinq coups de fusil par minute, joncha bientôt la terre des soldats de Marie-Thérèse; naguère vainqueurs, maintenant vaincus, ils devinrent poursuivis, de poursuivants qu'ils étaient. Le roi, qu'on avait entraîné loin du champ de bataille, y revint au galop, et se mettant à la tête de sa cavalerie, honteuse de son échec, il lui fit reconquérir les trophées d'une action qu'elle avait d'abord compromise. Neuperg fut contraint d'abandonner en toute hâte la Silésie, dont Frédéric II conquit la dernière province.

Dans l'invasion de la Silésie le roi de Prusse avait agi de son propre mouvement, et sans avoir consulté aucune puissance; mais on a vu qu'il jugeait ces hostilités conformes aux projets de la coalition déjà formée par Marie-Thérèse. En effet, la France, l'Espagne et plusieurs princes de l'Allemagne ne s'étaient jusqu'alors occupés à Francfort que d'élever au trône impérial *Charles-Albert,* électeur de Bavière, fils de celui qui partagea si longtemps les malheurs de Louis XIV, et fut dessaisi de ses Etats pour l'amour de ce grand roi. Louis XV avait envoyé au congrès le comte de Belle-Isle, petit-fils de Fouquet, homme adroit, entreprenant, d'une amabilité persuasive, et qui jouait la franchise avec habileté. Non-seulement Belle-Isle parvint à faire proclamer Charles-Albert empereur, mais il réussit à vaincre ou plutôt à dominer la résistance du cardinal de Fleury, qui, dirigeant les affaires à l'âge de quatre-vingt-cinq ans, éloignait de tout son pouvoir une guerre sous le poids de laquelle il craignait de succomber. Comme cette guerre devait être la conséquence infaillible de l'élection, le vieux ministre s'était opposé à cette dernière dans le conseil; mais il ne pouvait alléguer que le respect dû à la reconnaissance authentique de la pragmatique sanction; et c'est si peu de chose, dans les cours, que la foi jurée! L'élection et la guerre furent décidées, et vers la fin de juillet une armée de quarante mille Français franchit le Rhin au fort Louis sous les ordres de M. de Belle-Isle, qui des fonctions d'ambassadeur passait à celles de général avec le bâton de maréchal de France. Les forces de l'électeur de Bavière, revêtu sur le papier de la couronne impériale, n'étaient pas plus imposantes que son influence politique : il avait fallu que Louis XV lui procurât tout à la fois de l'argent, des suffrages, des alliés; Sa Majesté devait maintenant lui donner des soldats : c'était payer un peu cher les services rendus à Louis XIV par le père de Charles-Albert. Ce prince, pour comble de faveur, reçut par lettres patentes le titre de lieutenant général du roi de France. L'armée française, grossie de ce que l'électeur avait pu y joindre de Bavarois, pénétra facilement en Autriche; elle s'empara de Passau, de Lintz, et poussa dès le 15 août des partis jusqu'aux portes de Vienne. L'alarme fut grande dans cette capitale; on en ferma les portes, on se prépara à soutenir un siége. De grosses pièces d'artillerie roulèrent avec bruit sur le pavé pour armer les remparts; un faubourg presque entier fut détruit pour favoriser la défense; plusieurs palais à moitié démolis se changèrent en plates-formes sur lesquelles on plaça des batteries. Les habitants de Vienne fuyant leurs foyers couvraient les routes environnantes, et se dirigeaient avec leurs effets précieux vers les montagnes de la Bohême et du Tyrol; d'autres, confiant leur fortune aux flots du Danube, descendaient ce fleuve sur des bateaux chargés de meubles dorés, de riches tentures, d'étoffes diverses, entassés, confondus, et qui par le mélange de leurs formes, de leurs couleurs, peignaient bien le désordre d'idées qui présidait à ce déplacement précipité.

Cependant une seconde armée française, conduite par le comte de Maillebois devenu maréchal de France, s'avançait à grands pas vers le pays de Hanovre après avoir passé la Meuse, le Rhin, et s'être emparée du pays d'Osnabruck. Ce mouvement avait été déterminé par la présence de Georges II, allié de la reine de Hongrie, dans l'électorat de Hanovre à la tête d'une armée d'Hanovriens, de Hessois et de Danois. Resserré entre les troupes françaises et un corps prussien qu'amenait du côté de l'Allemagne le prince d'Anhalt, le roi d'Angleterre sentit qu'il ne pouvait résister à ces forces supérieures, et que son Etat de terre ferme allait être conquis. Il signa un traité de neutralité, que M. de Maillebois fut chargé de conclure au nom du roi. Sa Majesté Britannique s'engageait à ne fournir aucun secours à Marie-Thérèse, et à ne point s'opposer à l'élection de Charles-Albert. Louis XV promettait de son côté de tenir ses armées à trois lieues au moins de l'électorat de Hanovre, de ne rien exiger de ses habitants, et d'employer ses bons offices pour obtenir les mêmes garanties de Frédéric II.

La nouvelle de cette défection n'abattit nullement le courage de Marie-Thérèse; elle s'était jetée au milieu des Hongrois, ces sujets rebelles de son père, dont un mot de condescendance avait fait les plus dévoués partisans de cette princesse. Les quatre ordres de l'Etat étaient réunis à Presbourg; elle s'élança un jour dans l'assemblée tenant dans ses bras son fils aîné encore au berceau : « Hongrois, » s'écria-t-elle, abandonnée de mes amis, persécutée par mes ennemis, attaquée par ma propre famille, qui devait me défendre, je

» n'ai de ressource que dans votre fidélité, dans votre courage et » dans ma constance... Hongrois, je mets entre vos mains la fille et » le fils de vos rois, qui attendent de vous leur salut. » Ce discours attendrit les palatins; il excita leur courage et leur dévouement... Un serment glorieux pour la reine fut prononcé par ces Hongrois la main étendue sur leurs damas étincelants : *Moriamur pro rege nostro Maria Theresia!* s'écrièrent-ils... Mourons pour *notre roi* Marie-Thérèse!...

Ces maîtres du monde, qui du sommet de leurs grandeurs prospères semblent protéger les peuples et s'occuper de leurs intérêts, non par devoir, mais par une sollicitude toute bienfaisante, les voilà dans l'adversité : le droit légal reprend alors, même à leurs yeux, toute sa puissance; ils sentent qu'ils ne peuvent tenir le pouvoir et la force que de ces mêmes nations qu'ils prétendent en des temps meilleurs posséder par concession divine; ils leur demandent secours, protection, consentent à reconnaître qu'ils leur doivent ce qu'ils sont, et que sans elles il ne serait pour eux aucun salut dans le malheur. C'est ainsi que les vérités éternelles apparaissent quelquefois parmi les préjugés de la terre.

En excitant de la sorte le zèle des Hongrois, Marie-Thérèse ne négligeait pas les autres moyens de salut : ses envoyés pressaient l'Angleterre et la Hollande de se réunir enfin à elle; ils rappelaient à ces nations les victoires qu'une semblable coalition avait remportées jadis sur les mêmes ennemis, et flattaient leur souvenir de la gloire qu'elles avaient eue d'alléger l'Europe de la puissance colossale de Louis XIV. Mais les temps étaient changés : Louis XV n'inspirait pas à ses voisins les mêmes appréhensions que son prédécesseur; ils savaient, au contraire, qu'ils pouvaient attendre beaucoup de sa condescendance, et de cette générosité d'apparat qu'il avait déjà affichée. L'Angleterre et la Hollande prêtaient de l'argent à la reine de Hongrie, mais ils ne lui envoyaient point de soldats. Sous le rapport financier, ce ne furent pas seulement les gouvernements qui se proposèrent de secourir Marie-Thérèse; des particuliers voulurent aussi s'imposer des sacrifices en sa faveur. La duchesse de Marlborough, veuve du grand homme de ce nom, mort en 1722, obtint des principales dames de la cour de Saint-James soixante mille livres sterling, et joignit à cette somme quarante mille livres sterling tirées de son propre trésor. La reine de Hongrie refusa ce secours, équivalant à plus de deux millions et demi de notre monnaie; elle fit à l'offre des dames anglaises une réponse remplie de politesse, mais dont le sens se réduisait à ceci : « Les souverains s'aident entre eux » de leurs trésors, comme du sang de leurs sujets; mais ce qu'ils re- » cevraient des particuliers ressemblerait trop aux dons de la com- » passion. »

Dans cette situation, Marie-Thérèse, avec un seul allié, avait à combattre une redoutable coalition formée de la France, de l'Espagne, de la Prusse, de la Pologne, de la Saxe, de la Bavière, et de tous les autres Etats électoraux de l'Allemagne; l'Angleterre et la Hollande restaient neutres; la reine de Hongrie ne pouvait rien attendre de la Russie, à laquelle les Suédois venaient de déclarer la guerre; la cause de cette princesse paraissait donc désespérée. Ce n'était pas sans quelque légitimité que tant de puissances se coalisaient contre l'héritière de Charles VI; cette pragmatique sanction, sur laquelle s'appuyait tout son droit, s'écroulait au moindre examen : « Les ancêtres de la » reine, disait l'électeur de Bavière dans un manifeste, n'étaient que » des usufruitiers qui n'avaient joui de l'Empire qu'à charge de ré- » version sur la branche qui le leur avait donné : Charles VI n'avait » donc pu légalement disposer en faveur de sa fille d'un bien qui » n'appartenait à ce prince que viagèrement. » L'électeur ajoutait « qu'en vertu de cette réversibilité sur la descendance directe de Fer- » dinand Ier, l'Empire, à défaut d'enfants mâles de Charles VI, était » dévolu à lui, prince de Bavière; qu'enfin les garanties données par » les puissances à la pragmatique sanction, fondées sur un système » erroné, devaient cesser du moment que le droit légal était re- » connu. »

Tels étaient en effet les motifs déterminants qui armaient la coalition en faveur de Charles-Albert; coalition à laquelle Frédéric II, après avoir attaqué seul Marie-Thérèse, s'était réuni par un traité du 5 juin, qui lui garantissait la possession de la Silésie. Si l'armée que l'électeur de Bavière et le maréchal de Belle-Isle avaient conduite si rapidement sous les murs de Vienne en eût fait le siége, il est probable que cette capitale, dont la garnison était faible, n'aurait pu se défendre longtemps; mais les généraux de la coalition manquaient de grosse artillerie et de munitions. Il est à présumer que les convois avaient été ralentis par les ordres du cardinal de Fleury : ce ministre, entraîné malgré lui dans le parti de la guerre, voulait du moins éviter que toute la succession autrichienne tombât au pouvoir de Charles-Albert; en gagnant du temps, il espérait pouvoir la diviser. Vienne ne fut point assiégée.

La guerre n'excite nullement l'ambition de M. le duc d'Orléans, qui, sous ce rapport, ne ressemble point à son père. Loin d'aspirer à l'honneur de commander les armées, ce prince vient de remettre au roi sa charge de colonel général de l'infanterie. Il a déclaré aussi à Sa Majesté qu'il abandonnait le conseil; qu'ayant le bonheur d'être inspiré d'une pieuse vocation, il allait se retirer à Sainte-Geneviève, et qu'il s'y livrerait sans distraction à la prière. Sans distraction ! c'était beaucoup dire ; car, malgré sa retraite, M. d'Orléans continue de donner des soins à cette madame de Gontaut qui forma vainement, il y a quelques années, des projets ambitieux sur le cœur du roi. Son Altesse passe presque toutes ses soirées chez cette dame, en tiers avec le comte d'Argenson, son chancelier. Mais, la vie claustrale à laquelle le prince s'est assujetti exigeant qu'il se retire de bonne heure, il laisse ordinairement M. d'Argenson chez madame de Gontaut, et quelquefois il dit en sortant à celle-ci : *Mon chancelier vous dira le reste.* Après quelques jours de ce manége moitié dévot, moitié profane, l'officier de Son Altesse s'est cru en effet obligé de continuer très-intimement la conversation de son maître ; la favorite n'a pas tardé à s'apercevoir qu'*en disant le reste* il s'exprimait beaucoup mieux que le duc d'Orléans lui-même, et elle a bientôt autorisé M. le chancelier à se charger des communications en entier, au lieu de se borner à les finir.

Tout le monde ne se livre pas à l'abnégation de grandeur militaire que M. le duc d'Orléans affiche, lorsque l'Europe est en feu. Le marquis de Souvré voulait obtenir un commandement supérieur, mais ce gentilhomme ne se trouve pas sur la voie des grâces. Son humeur est ouverte, franche, sans retenue, ce caractère ne fait que des ennemis à la cour ; Louis XV lui-même ne favorise point les gens qui se mettent à leur aise avec lui. Feu le maréchal de Villeroi a tant répété à ce monarque qu'il était le maître absolu de la France et de ses habitants, qu'il a fini par le croire, et le seigneur assez hardi pour parler familièrement à Sa Majesté en est reçu comme un barbet qui met ses pattes crottées sur les genoux de son maître. Souvré n'a donc point obtenu son commandement ; piqué de ce refus, qu'il regarde comme un déni de justice, le marquis avait promis de s'en venger par un de ces traits de franchise qui déplaisent tant au roi, et il a tenu parole. Louis XV, en se rendant chez la reine, rencontra hier, dans les appartements, M. de Poyanne : « Je viens de vous donner » un régiment, lui dit-il. — Oh ! oh ! s'écria avec une feinte surprise » M. de Souvré, qui se trouvait là, vous le savez donc, sire ? » Rien ne pouvait être plus désagréable à Sa Majesté que cette saillie, en ce qu'elle donnait à penser aux courtisans que Fleury nommait encore à tous les emplois. Le roi tourna le dos au malin critique, et s'éloigna très-mécontent, sans écouter les remercîments du nouveau colonel.

J'ai dit que le cardinal ministre n'avait point mis M. de Belle-Isle en mesure de faire le siége de Vienne ; cette capitale fut seulement investie quinze ou vingt jours, après quoi l'électeur de Bavière et le maréchal français passèrent le Danube et marchèrent vers la Bohême. Marie-Thérèse faisait avancer toutes les forces dont elle pouvait disposer, afin d'éloigner ses ennemis du centre de l'Autriche ; elle avait même rappelé le général Neuperg, opposé en Silésie au roi de Prusse : ce qui laissait ce prince paisible possesseur du pays. Mais ce mouvement de troupes n'avait point empêché Charles-Albert de recevoir, à Lintz, le serment de fidélité des Etats d'Autriche ; dix mille hommes restés dans cette place, sous les ordres du marquis de Ségur, devaient conserver la conquête des alliés.

L'armée franco-bavaroise s'arrêta, le 23 novembre, sous les murs de Prague. Après une marche longue et difficile, les soldats étaient harassés et manquaient de vivres ; la capitale de la Bohême pouvait leur en fournir... Il fallait donc l'enlever d'assaut, ou succomber au besoin. Rien de plus puissant que l'aiguillon de la faim : cette grande ville fut conquise dans la seule nuit du 25 au 26. Le grand-duc de Toscane, qui s'avançait à marche forcée pour la défendre avec trente mille hommes, ne put arriver à temps ; il était à cinq lieues de Prague quand l'électeur s'en rendit maître. La ruse, si souvent préférable à la force, eut tous les honneurs de ce succès ; décrivons. Une attaque faite sur un point, avec un grand fracas d'artillerie, avait attiré toute la garnison, qui n'était composée que de trois mille hommes. En ce moment, le comte Maurice de Saxe, nommé lieutenant général en 1736, faisait poser une échelle du côté opposé à celui de l'attaque. Cette partie du rempart était déserte ; la nuit était sombre, et un silence profond régnait dans les rangs français. M. de Chevert, lieutenant-colonel du régiment de Beauce, monte le premier ; une seule sentinelle se présente à lui... Un coup d'épée dans la gorge éteint le cri d'alarme qui va s'en exhaler. Bientôt la ligne d'escalade a fourni deux mille hommes, on marche à petit bruit vers la garnison ; surprise par derrière, elle met bas les armes, et se rend à discrétion. Au point du jour, les habitants de Prague apprennent avec une indicible surprise que dix mille Français ou Bavarois sont dans leurs murs. Le soir même, Charles-Albert fit son entrée à Prague ; peu de jours après, il y fut couronné.

Cependant Frédéric II, rendu libre de ses mouvements par la retraite du comte de Neuperg, avait combiné ses mouvements avec ceux du maréchal de Belle-Isle ; il s'était emparé de la Moravie, province située entre la Silésie et la Bohême, et pouvait au besoin lier ses opérations à celles de l'armée franco-bavaroise. Voyons ce qui se passait sur d'autres parties du théâtre de la guerre.

L'Espagne a fait passer en Italie plusieurs corps de troupes dont le commandement supérieur est confié au duc de Montemar, seul général que Sa Majesté Catholique puisse opposer à ses ennemis. Une singularité digne de remarque, c'est que le grand-duc de Toscane, mari de la reine de Hongrie, neutre dans la cause de sa femme et de ses enfants, s'est vu contraint de livrer passage sur ses Etats aux ennemis armés contre cette souveraine.

Toujours couverte de l'olivier trompeur de la paix, l'Angleterre poursuit sur les mers les vaisseaux de nos alliés ; elle s'en empare au mépris du droit des nations. Cette puissance attaque aussi les nôtres, mais ce n'est pas avec le même succès. Une escadre anglaise stationnée à la Jamaïque ayant feint de prendre des vaisseaux français sortis de Saint-Domingue pour des vaisseaux espagnols, leur livra bataille vers le milieu de janvier. Le chevalier d'Epinay, qui commandait cette division, composée de quatre voiles seulement, ne recula point, quoique les ennemis en eussent six. Malgré la double supériorité du nombre et de la force des bâtiments, les Anglais, démâtés et faisant eau de toutes parts, furent obligés de se retirer, après avoir fait des excuses au commandant français. Celui-ci leur fit répondre que, sans la modération qui lui était recommandée par le ministère du roi, il aurait poussé le combat jusqu'à la dernière extrémité. Au mois d'août suivant, les vaisseaux de Sa Majesté, *le Borée, l'Aiguillon* et la frégate *la Flore* furent assaillis, à l'entrée du détroit de Gibraltar, par quatre vaisseaux et une frégate de Sa Majesté Britannique. Nonobstant cette inégalité de forces, les vaisseaux du roi combattirent trois heures et se retirèrent sans le moindre désavantage.

Tel est l'usage ordinaire du cabinet de Saint-James : faire la guerre sans la déclarer, et profiter tout à la fois de ses chances et des bienfaits de la paix. Il est douteux que l'Angleterre s'honore aux yeux de l'Europe par une semblable politique.

Il y a loin de ce qui se passe dans l'arène sanglante que je viens de parcourir aux jeux riants de la scène ; j'y dois cependant revenir pour remplir ma tâche. On a joué cette année avec un grand succès, à la foire de Saint-Germain, *la Chercheuse d'esprit*, opéra-comique de M. Favart. Cette pièce n'est pas la première de son auteur ; il en a fait représenter déjà un assez grand nombre sur les théâtres des foires Saint-Germain et Saint-Laurent. M. Favart n'avait pas plus de quinze ans lorsqu'il tenta son premier essai dramatique ; mais jusqu'ici ce jeune poëte ne s'était pas élevé au niveau de Panard, que l'on pourrait appeler le Molière du Vaudeville. *La Chercheuse d'esprit* est une composition remplie de grâce, de naturel et d'esprit ; elle a suffi pour mettre Favart hors de ligne, ainsi que le prouve ce quatrain :

> Il est un auteur en crédit
> Qui dans tous les temps saura plaire ;
> Il fit *la Chercheuse d'esprit*,
> Et n'en chercha point pour la faire.

Le mérite de cet opéra-comique eût donc suffi pour justifier la vogue qu'il obtient ; mais une scène épisodique, jouée derrière le théâtre pendant une des représentations, a porté dans tous les salons et jusque dans les petits appartements de Versailles le renom de *la Chercheuse d'esprit*.

Les principaux vaudevilles de l'ouvrage furent parodiés, dès son apparition, par un bel esprit du grand monde, qui dans ses couplets n'épargna point la malice, et pour rendre sa critique plus piquante il la fit porter à-plomb sur toutes les actrices qui jouent dans la pièce. Ces dames, indignées de la licence poétique d'un rimeur qui, à l'égard de plusieurs d'entre elles, était un petit ingrat, se réunirent un beau jour pour méditer une vengeance égale au moins à l'injure. Celle que la confiance commune avait mise à la tête du complot, bien fixée sur ce qu'elle devait entreprendre, fait guetter l'ennemi, qui ne manquait guère le spectacle de la foire Saint-Germain ; informée, un soir, qu'il est à l'amphithéâtre, elle va se placer à ses côtés, lui parle de sa chanson, et le comble d'éloges sur cette œuvre spirituelle. « Vous ne m'avez pas ménagée, ajoute-t-elle en » riant, mais je suis bonne princesse, j'entends à merveille la rail» lerie, et je ne saurais me fâcher quand les choses sont dites avec » autant de finesse et d'esprit. Il y a de mes compagnes qui font les » bégueules, je veux les désoler en leur chantant moi-même vos cou» plets publiquement. Il m'en manque quelques-unes, soyez assez bon » pour venir les écrire dans ma loge. » Le jeune homme, qui peutêtre voit une bonne fortune dans ce rendez-vous, suit l'actrice entre les deux pièces, sans se douter qu'un piége est caché sous le ton d'affabilité de la perfide. Sa confiance commença à se démentir quand il vit toutes les actrices du théâtre réunies dans la loge de celle qui l'amenait. Essayant toutefois de faire bonne contenance, il demanda une plume.

« En voici plusieurs ! s'écrièrent les comédiennes en tirant de longues poignées de verges de leurs poches.

— Bon ! bon ! vous voulez rire, mesdames ; mais je suis pressé, donnez-moi du papier.

— Non pas, reprirent les actrices, c'est nous qui allons écrire sur vélin... Bas la culotte.

— En votre présence, mes belles dames ! répondit le chansonnier en riant ; il est vrai que, pour quelques-unes d'entre vous, il n'y aurait rien de nouveau...

— C'est possible, reprit la directrice du complot ; mais aujourd'hui... c'est différent. Il s'agit d'écrire ; nous vous avons montré les plumes, découvrez-nous de bonne grâce le papier... Ou ces longues paires de ciseaux couperont le vêtement, au risque de ce qui pourra arriver.

— Ah çà ! mais c'est une plaisanterie ! dit le poëte, qui ne riait plus.

— Du tout, monsieur, répondirent en chœur toutes les beautés offensées, c'est un châtiment ; et si vous tardez une minute... Sur ce, dix paires de ciseaux terminèrent, en paraissant, le sens de cette déclaration.

— C'est trop de retard, s'écria une grande femme aux yeux noirs qui jouait les soubrettes. Puis, par une impulsion inattendue, elle renversa le chansonnier sur un cunapé.

En moins de rien le pauvre garçon fut dépouillé du rempart qui défendait le prétendu *vélin* contre la fureur des assaillantes.

« Maintenant, mesdames, poursuivit la directrice, ferme à la besogne. Et soudain une terrible fustigation tomba sur la partie la plus bombée de l'infortuné rimeur.

— Grâce ! grâce ! mesdames, s'écriait-il d'une voix déchirante.

— Non, non, répondait la grande soubrette, il faut que nous écrivions notre satire à l'*encre rouge*... Et les verges de redoubler.

— Allez, monsieur, allez maintenant faire des couplets sur cette aventure, dirent les comédiennes après avoir cessé de frapper. » Elles jetèrent ensuite notre poëte fustigé dans le corridor, d'où il se sauva comme il put sa culotte à la main ; mais ce ne fut pas sans escorte : une foule nombreuse, ameutée par les correctrices, attendait leur victime aux portes du théâtre ; il dut traverser voile au vent cette cohue moqueuse, qui l'accompagna jusque chez lui au bruit des huées et des brocards. Cet homme fut si honteux de cette catastrophe, que, n'osant plus se montrer, il partit, trois jours après, pour les Iles, et l'on n'a pas eu encore de ses nouvelles.

L'année 1742 a été ouverte à la cour par la réception de Zaïd-Effendi, ambassadeur de la Porte Ottomane, qui arriva à Paris le 7 janvier et reçut sa première audience du roi le 11. L'entrée de ce musulman dans la capitale eut beaucoup d'éclat : quoiqu'il fit ce jour-là un froid très-piquant, une foule immense brava l'intempérie de la saison pour satisfaire cette curiosité poussée, chez les Parisiens, jusqu'au mépris du danger et même de la souffrance. Mais les nombreux esclaves qui formaient la suite du seigneur turc durent ressentir plus vivement encore que les curieux l'impression du gelée, car ils étaient vêtus comme ils le sont sous le beau ciel de l'Orient. Zaïd-Effendi est un homme de cinquante-cinq ans, d'une taille moyenne et d'une physionomie respectable ; son œil est vif et spirituel ; son maintien a de la noblesse, de la gravité. Nos érudits ont été surpris du fonds d'instruction que possède ce mahométan, dont la grâce, l'aménité, l'enjouement, la politesse, autant que ses connaissances variées, feraient beaucoup d'honneur à un courtisan de Versailles. Du reste, l'envoyé du Grand Seigneur est un Turc philosophe, riant sans cesse du Coran, appelant Mahomet un homme habile, et buvant du vin de Champagne ou de Bourgogne en excellent chrétien.

Le séjour de Zaïd à Paris donne lieu au renouvellement d'une partie des scènes variées qui ont marqué, il y a bientôt vingt-sept ans, l'ambassade du prétendu diplomate persan : on le visite chez lui ; on veut le voir manger, boire, fumer. Mais il exige moins de la complaisance de nos dames que le jésuite-comédien de 1715 ; convenons aussi que nos belles Parisiennes, peu jalouses d'apprécier ses connaissances en histoire, en géographie, en physique, en astronomie, lui montrent une sorte de froideur justifiée par ses cinquante-cinq ans. Mais si les rides naissantes de l'ambassadeur effrayent notre belle jeunesse féminine, ce diplomate est accompagné d'une foule d'officiers au teint brun, aux yeux noirs, aux sourcils épais, dont l'aspect répond bien à l'idée que plusieurs de ces dames se font de la puissance musulmane. L'ambassade de Zaïd a déjà donné matière à bon nombre d'aventures galantes, et l'on chante partout que ces. messieurs

> Portant un turban sur la tête
> Nous ont fourni plus d'un chapeau.

Quant aux esclaves, on ne voit qu'eux dans nos tavernes, où ils s'enivrent en vrais croyants... aux vertus du bon vin.

Au milieu des réjouissances données à la cour pour la réception de l'ambassadeur turc, on a reçu des nouvelles de Francfort, où l'électeur de Bavière et M. de Belle-Isle malade sont revenus après la prise de Prague. Il est à remarquer que dans cette circonstance le maréchal ministre plénipotentiaire du roi a fait une entrée comme un souverain, et que le prince sur la tête duquel on allait placer la couronne impériale semblait faire partie de la suite du général français. Charles-Albert, reconnu l'an dernier archiduc d'Autriche à Lintz, proclamé ensuite roi de Bohême à Prague, a été déclaré, le 4 janvier de la présente année, roi des Romains, et le 12 février l'électeur de Cologne son frère, commis par la diète d'élection de Francfort, l'a couronné empereur sous le nom de Charles VII.

Satisfait d'avoir fait, ou, pour m'exprimer plus convenablement, d'avoir nommé un empereur, Louis XV restait fort indifférent sur les événements de la guerre qui pouvaient rendre l'élection dérisoire. Sa Majesté fut trois semaines sans se faire rendre compte de ce qui se passait en Bohême, en Bavière et de l'autre côté des Alpes. Il y a là cependant de quoi tenter la curiosité : plus de cent mille Français engagés en Allemagne et en Italie, des dépenses énormes qui ont nécessité le rétablissement temporaire, dit-on, de l'impôt du dixième des revenus ; la nécessité de soutenir avec honneur une tâche qu'on s'est imposée avec orgueil, voilà des motifs suffisants pour exciter un peu plus la sollicitude de Sa Majesté.

Il y a loin, très-loin du commencement de succès que nous avons obtenu au triomphe décisif. Le roi de Prusse, poursuivant sa marche victorieuse, s'est emparé de la ville et du comté de Glatz ; les Autrichiens, inquiétés par la proximité d'un corps français marchant sous les ordres du duc d'Harcourt, ont levé le siége de Straubing, et le comte de Saxe a pris la forteresse d'Egra. Mais n'oublions pas que le prince Charles de Lorraine, auquel le grand-duc de Toscane son frère a remis le commandement des troupes autrichiennes en Bohême, occupe ce royaume avec presque trente-cinq mille hommes, et que les habitants se sont presque généralement déclarés pour lui, nonobstant le couronnement de Charles-Albert à Prague. D'ailleurs l'armée franco-bavaroise est dispersée sur une surface trop étendue pour faire la guerre avantageusement de ce côté ; ajoutons qu'elle manque de cavalerie, ce qui la met souvent dans le cas de voir ses communications avec l'Autriche, la Bavière et le pays où se trouve Frédéric II, coupées par des nuées de Croates, de talpaches, de pandours et de houssards. Ces partisans, qui ne paraissent jamais en ligne, pourraient être comparés à ces moustiques trop faibles pour se rendre redoutables, mais assez incommodes pour fatiguer le voyageur auquel ils s'attachent.

Si notre situation en Bohême n'autorise point une complète obscurité, c'est avec une véritable frayeur qu'il faut considérer le malheur de nos armes, déjà réalisé dans la haute Autriche et surtout en Bavière. L'autrichien Kevenhuller, à la tête de vingt mille hommes, venait de conquérir tout l'Etat électoral de Charles-Albert, Etat entièrement dégarni de troupes, et que n'ont pu défendre, avec un faible corps de dix mille Français ou Bavarois, le comte de Ségur et le lieutenant général Minuzi. Incapables de tenir la campagne contre des forces doubles des leurs, ces officiers ont dû s'enfermer dans Lintz ; mais, bientôt assiégée par le grand-duc de Toscane, cette place mal fortifiée n'a pu résister longtemps, et M. de Ségur a été contraint de la rendre après une défense aussi sanglante qu'inutile. La garnison, en capitulant avec tous les honneurs de la guerre, s'est néanmoins engagée à ne pas servir d'un an contre la reine de Hongrie : voilà donc dix mille hommes neutralisés.

Cet événement devait entraîner la perte de la haute Autriche, et cette conséquence a été immédiate. Pendant ce temps, le partisan Steins, pénétrant dans la Bavière par le Tyrol, ouvrait cette route à un autre aventurier nommé Montzel, qui avec moins de cinq mille hommes s'empara de Munich le quatrième jour de cette invasion. Montzel se conduisit dans cette capitale en brigand plutôt qu'en vainqueur : il pilla les palais, les maisons de plaisance du souverain, en enleva jusqu'aux tentures, tandis que ses soldats violaient les dames d'honneur, les femmes de chambre, les demoiselles de compagnie. Des officiers du corps de ce partisan obligèrent ces dames à coucher avec eux dans le lit même de l'électrice, dont ils enlevèrent ensuite les draps. Les maisons particulières ne furent pas plus respectées : cette soldatesque effrénée y exerça des cruautés inouïes sur les habitants qui voulurent essayer de défendre ce qu'ils possédaient de plus cher, l'honneur de leurs femmes, de leurs sœurs, de leurs filles. Le barbare Montzel quitta Munich après y avoir commis et fait commettre toutes ces horreurs. Il ne restait pas dans cette ville une seule vierge au-dessus de l'âge de douze ans. On n'y aurait pas trouvé un seul mari dont la femme n'eût pas assouvi la brutalité de cinquante soldats au moins pendant le séjour des conquérants. Plus de cent infortunées Bavaroises moururent des suites des violences qui leur avaient été faites. Je voudrais bien qu'on ne prit point pour une méchanceté ce qui me reste à ajouter sur ce rapt général : aucune religieuse ne fut malade ; Dieu avait fait une grâce spéciale à ses pieuses servantes, afin de convaincre les indévots.

C'est ainsi que Charles VII perdait ses Etats en acquérant, par un triste retour, plusieurs centaines de sujets au mépris de l'hymen pendant que la diète d'élection lui décernait la couronne impériale. L'insigne éclatant d'une grande puissance brillait sur son front, et quelques misérables coureurs brisaient son trône électoral, polluaient la couche de sa femme, et se riaient, en buvant le vin de ses caves, du vain titre d'empereur qui ne pouvait arrêter leurs attentats.

Tant de malheurs peuvent encore s'accroître par les désastres probables de nos armées en Bohême : le maréchal de Belle-Isle, retenu à Francfort par sa maladie ; Charles VII lui-même, qui s'y trouve confiné par de nombreux partis autrichiens poussés jusqu'aux bords du Mein, ne commandent que de loin, et à l'aide de communications difficiles, les troupes opposées au prince Charles de Lorraine. Il y a plus, la mésintelligence se glisse insensiblement dans cette armée : les Saxons se plaignent des Prussiens, les Bavarois se montrent jaloux des Français; des troubles graves peuvent d'un moment à l'autre éclater dans ces rangs formés de diverses nations. Il faut ajouter à ces sujets trop réels d'appréhension que la Suède, qui, l'année dernière, avait déclaré la guerre à la Russie pour l'empêcher de secourir Marie-Thérèse, vient d'être forcée de conclure la paix. Sa Majesté Suédoise, après des tentatives malheureuses, avait laissé enfermer son armée à Helsingfors, où elle risquait d'être prise au premier moment. Dans cette position désespérée, le roi dut signer un traité, ou plutôt une capitulation, pour obtenir le retour de ses troupes à Stockholm. Or, la Russie pouvant à la suite de ce traité disposer de l'armée qu'elle employait contre les Suédois, ne l'enverra-t-elle pas en Allemagne pour soutenir la reine de Hongrie, et ne doit-on pas craindre que Frédéric II, rappelé dans ses Etats par ce nouvel ennemi, n'enlève au corps franco-bavarois l'apppui qui seul lui fait conserver quelque avantage sur le prince Charles de Lorraine?

Frédéric II, roi de Prusse.

Du reste, Marie-Thérèse, puissamment secondée par l'or de l'Angleterre, de la Hollande, de Venise, par le dévouement de ses sujets, mais surtout par sa fermeté, sa constance inébranlables, Marie-Thérèse a pour elle tout ce qui donne la victoire : l'argent, l'ardeur des troupes et l'amour des nations. Cette princesse fut saisie, il y a quelques mois, des douleurs de l'enfantement, lorsqu'elle fuyait de ville en ville, de bourg en bourg : « Je ne sais, écrivait-elle alors à la » duchesse de Lorraine sa belle-sœur, je ne sais s'il me restera une » maison pour faire mes couches. » Rien n'excite l'intérêt comme une femme courageuse... La politique d'une forte partie de l'Europe est contre la reine de Hongrie, mais elle triomphera, je crois, par la conquête des cœurs.

Cette conquête des cœurs, qui donne tôt ou tard raison aux souverains sur leurs sujets, et même sur leurs ennemis, joue parfois de bien mauvais tours dans les liens du mariage, et les têtes couronnées n'en sont point exemptes; Marie Leczinska, reine de France, l'éprouve à son tour.

C'était le soir; le vieux cardinal de Fleury, débarrassé pour quelques heures du fardeau des affaires, se reposait chez la princesse de Carignan, sa maîtresse, dont j'ai négligé de parler jusqu'ici, parce que la maîtresse d'un homme de quatre-vingt-neuf ans ne peut exercer qu'une faible influence dans les actions de sa vie. En effet, cette dame n'a point l'allure d'une favorite : Son Eminence la consulte souvent, lui confie quelquefois les secrets de l'Etat; mais elle a compté quarante-cinq hivers, elle n'est plus belle, il est loin de sa pensée de vouloir gouverner. La princesse tiendrait néanmoins à ce que le cardinal gouvernât jusqu'à sa mort. C'était donc un soir, auprès du feu, que ce couple aux passions refroidies parlait de l'amour singulièrement prolongé de Louis XV pour la reine. « Il serait urgent, mon cher cardinal, disait madame de Carignan, de rempla-

» cer dans le cœur du roi cette flamme qui doit être près de s'éteindre. » Sa Majesté n'a que trente-deux ans : quelle révolution n'aurions-nous » pas à craindre, si un amour brûlant, un amour à la manière de » celui de Louis XIV pour la Vallière, allait faire irruption dans ce » cœur naïf! Il faut, mon cher cardinal, prévenir l'événement; et le » vrai moyen, c'est de donner au roi une maîtresse de notre main. » Nous choisirons une femme, qui, satisfaite du département des » plaisirs, ne songera pas à vous disputer celui des affaires; extré» mité vers laquelle vous courez, si vous laissez jeter le grappin sur » Sa Majesté par une des sirènes ambitieuses dont la cour est remplie. » J'ai mûrement étudié la comtesse de Mailly, dame du palais de la » reine : c'est une femme ardente, elle aime Louis XV; je ne lui » connais que l'ambition du lit : je crois qu'elle nous convient à tous » égards. Madame de Mailly n'est pas très-jeune, mais les nouveaux li» bertins recherchent les maîtresses expérimentées : elle n'est pas belle, » mais un dogue qui a faim se jette sur tout. Que pensez-vous de mon » projet, monsieur le cardinal? — Mais, princesse, répondit Son » Eminence, je le trouve fort bien conçu, il est surtout fondé sur » une probabilité instante, car je crois m'être aperçu depuis long» temps que le roi ne couche pas souvent chez la reine; que, même » lorsqu'il y couche... Un premier ministre, voyez-vous, doit tout » savoir... Ainsi, tout bien considéré, la flamme dont vous parliez » tout à l'heure n'a plus que quelques instants, non pas à briller, car » elle ne brille plus, mais à languir dans le cœur du roi... Qu'on lui » livre donc la Mailly ! »

» — Un instant, monseigneur, reprit madame de Carignan, gar» dons nous de rien brusquer. Un mari qui n'est plus amoureux de » sa femme peut continuer très-longtemps de la voir par instinct » conjugal, et l'on se lasse vite d'une maîtresse. Dans le mariage, la » tendresse se nourrit d'habitudes; tandis que l'amour ne vit que de » plaisirs : dégoûté de la comtesse, le roi pourrait revenir à Marie » Leczinska, et, pendant qu'il lui fabriquerait le reste d'une douzaine » de princes ou de princesses, nos affaires n'avanceraient pas. Agissons » de manière à prévenir tout d'un coup ce retour à la routine du » ménage : j'en fais mon affaire avec le confesseur de la reine. »

En effet, ce béat imbécile, séduit par un bénéfice de sept à huit mille livres, entra facilement dans les vues du couple qui conspirait contre les plaisirs féconds de la reine de France.

« Madame, lui dit-il un matin, les joies du mariage sont une des lois du Seigneur.

— Sans doute, mon père, répondit la reine, aussi vous savez que j'y obéis...

— Oui, madame, Votre Majesté a prouvé sous ce rapport son entière obéissance aux commandements de Dieu... Mais tout devoir a ses limites.

— Que voulez-vous dire, mon père?

— Que Votre Majesté a rempli les devoir d'une digne épouse... elle a donné un héritier au trône et beaucoup de princesses à la France... elle en a même donné deux à la fois. Maintenant le ciel vous impose un autre devoir : me sera-t-il permis de le révéler à votre piété?

— Parlez, je vous prie, monsieur, parlez.

— Eh bien! Votre Majesté ferait une chose agréable à Dieu en exerçant la plus excellente des vertus chrétiennes... la chasteté...

— Je ne croyais pas, mon père, dit Marie Leczinska avec fierté, que personne au monde pût m'accuser d'avoir manqué à cette vertu.

— Mon Dieu! madame, reprit vivement le confesseur, suis-je assez malheureux pour que Votre Majesté ait pensé que j'osais soupçonner la pureté de son âme?... J'entendais parler de la chasteté absolue...

— Absolue!... c'est-à-dire qui interdise au roi...

— Oui, madame, interrompit le confesseur, c'est ce que j'avais entendu.

— Mais, mon père, si le roi cherche ailleurs une compensation?

— Lui seul en sera comptable envers le ciel...

— Et si je pouvais sauver Sa Majesté de la damnation...

— Ce ne serait qu'un acte de charité... et la continence est empreinte d'une piété supérieure...

— Je croyais cependant que la charité...

— Est une douce vertu... Il faudra la remplacer progressivement par la chasteté, afin que la pensée soit d'accord avec les actions...

— Mon père... je sens toute l'excellence de votre conseil... je travaillerai à le suivre; je presserai, je brusquerai, s'il y a lieu, l'interdiction, pour arriver plus tôt à la chasteté désirable.

— Absolue, madame.

— Oui, mon père, absolue. »

Marie Leczinska n'avait point fait une vaine promesse à son confesseur. Peu de jours après cet entretien, le roi, ayant la tête échauffée par le vin, se glissa dans le lit de la reine. L'attaque fut moins tendre que bachique; elle excita le dégoût de cette princesse, qui repoussa avec une sorte de brusquerie les embrassements de son royal époux. Louis XV, piqué au vif, jura qu'il ne recevrait pas deux fois un pareil affront : il s'éloigna sur-le-champ, et la *chasteté absolue* eut dès ce moment beau jeu.

Le cardinal et la princesse de Carignan mirent le duc de Richelieu, revenu de son ambassade de Vienne, dans la confidence de leurs projets ; il se chargea de préparer le roi à l'infidélité conjugale, et de faire naître en lui le désir de posséder la comtesse de Mailly. Ce seigneur, profondément versé dans l'art des séductions, réussit promptement à persuader ce prince, aigri par le ressentiment de ce qu'il appelait l'injure de la reine. « Oui, s'écria Sa Majesté avec dépit, je chercherais vainement à me le dissimuler, ces habitudes de ménage laissent dans mon cœur un vide que j'ai besoin de remplir. » Au moment où le monarque parlait ainsi, le vide était d'autant plus grand, que trois semaines s'étaient écoulées depuis l'aventure du lit. Le roi exprima l'intention de recevoir dès le lendemain la comtesse de Mailly.

Cette dame ne s'était pas armée du moindre scrupule contre la proposition qui lui avait été faite par madame de Carignan ; une

Mourons pour notre roi Marie-Thérèse !

intrigue avec le roi était depuis longtemps l'objet de toute sa convoitise : l'ouverture de la princesse combla de joie cette femme ardente. Esquissons cependant le portrait de la première maîtresse de Louis XV.

Madame de Mailly, fille du marquis de Nesle, n'a de remarquable dans le visage que de grands yeux noirs, assez durs dans le commerce de la vie, mais que l'amour sait rendre doux et même langoureux ; la comtesse a de belles dents, une grande bouche, un nez trop long, un teint trop brun ; et le tout constitue une physionomie, non pas séduisante, mais empreinte de ce je ne sais quoi de piquant que l'on préfère huit jours à la beauté régulière, parce qu'il promet plus qu'elle. La taille de madame de Mailly est haute, un peu épaisse ; sa gorge est blanche, volumineuse ; il y a quelque chose de délibéré dans la démarche de cette dame, dont le pied est loin d'être petit. A tout prendre, le choix du cardinal tombait sur la femme la plus propre, par son abandon, à lancer Louis XV dans le libertinage, et la moins capable de fixer son cœur. Mais on ne s'était point inquiété de cette dernière circonstance : l'infidélité conjugale est le premier pas d'une longue suite de passions inconstantes. Madame de Mailly a peu d'esprit, mais elle possède cette adresse qui manque rarement aux femmes galantes ; elle est, en outre, tendre, caressante, et l'on verra bientôt que sa complaisance peut aller fort loin.

La première entrevue eut lieu dans les petits appartements, qui sans doute vont devenir le théâtre des galanteries royales : j'en parlerai. La comtesse était loin de s'attendre à l'échec que ses charmes allaient éprouver au sein même de son triomphe ; mais la nature a ses caprices. Malgré l'élan d'un tempérament fougueux, malgré la privation où il avait vécu depuis sa rupture avec Marie Leczinska, le roi, dominé par une timidité inopportune, ne put appuyer du moindre témoignage les protestations amoureuses qu'il adressait à celle qui se livrait à lui si résignée à sa défaite. Les grands yeux noirs

dont j'ai parlé semblèrent dire plus d'une fois au monarque défaillant : Quoi !

Quand je suis tout de feu, vous êtes tout de glace !

Mais ce reproche muet ne réveilla point les sens engourdis de Sa Majesté : la comtesse rouge de honte, éperdue, désespérée, alla près de la princesse de Carignan se plaindre, en pleurant, du peu d'impression qu'elle avait produit. On eut beaucoup de peine à la déterminer à un second tête-à-tête ; elle y consentit cependant. « Écoutez, » ma chère comtesse, lui dit Richelieu, qui la connaissait de longue » main, et qui, par un semblable motif, pouvait parler librement en » présence de la princesse ; quand vous serez auprès de Louis, il faut » oublier le souverain, ne voir que l'homme, et savoir attaquer, si » vous n'êtes pas attaqué. » Encouragée par ce conseil, mais surtout par la docilité avec laquelle le roi se prêtait à un second rendez-vous, elle y déploya toutes les ressources de tactique assaillante dont les courtisanes usent en pareil cas. Le succès fut complet : Louis XV se montra, cette fois, aussi emporté qu'il avait été timide pendant la précédente entrevue.... Dans ses transports il mit en pièces le fichu de la comtesse, et le reste de sa parure offrit bientôt la preuve du plus grand désordre... Rien de terrible comme un poltron échauffé... Madame de Mailly sortit enchantée des appartements ; elle courut, sans avoir rien réparé, chez la princesse de Carignan, qui attendait avec Richelieu le rapport de cette seconde expédition : « Voyez, de » grâce, dit-elle en entrant, comme il m'a accommodée... » Poussant encore plus loin une démonstration d'où jaillissait, suivant elle, le premier rayon de sa gloire, la nouvelle maîtresse du roi découvrit aux yeux de ses instigateurs des témoignages irrécusables du sacrifice dont elle venait d'être la divinité et l'autel. « Bien, bien, dit la prin» cesse en rougissant, nous sommes convaincus. »

Un coup d'épée dans la gorge éteint le cri d'alarme qui va s'en exhaler.

C'est ainsi que Louis XV rompit avec la vertu, lancé dans le sentier du vice par la politique ambitieuse du vieux cardinal. L'essor étant pris, ce prince ne songea plus qu'à s'enivrer sans obstacles à la coupe des voluptés. Le comte de Mailly, qui jusqu'alors s'était fort peu soucié de sa femme, et qui voulut s'aviser de faire le jaloux, eut l'injonction expresse de s'interdire non-seulement toute observation, mais encore tout commerce avec la comtesse : on lui fit insinuer, en outre, que, s'il était sage, c'est-à-dire s'il donnait à madame liberté tout entière de ne pas l'être, on aurait soin de sa fortune. Alléché par cette promesse, M. de Nesle, père de la favorite, voulut à son tour élever la voix. « Mon cher marquis, lui dit Richelieu » décidément investi des fonctions que Dubois remplissait auprès » du régent, le roi pourrait se contenter de rire des vertueuses criail» leries de l'homme le plus dissolu de l'Europe ; mais Sa Majesté est » bonne : c'est de l'argent que vous voulez ; voici un bon de deux

» cent mille livres, allez en toucher le montant au trésor royal, et ne
» faites plus l'enfant. »

Cependant le roi se livra avec une telle vivacité à son goût pour
madame de Mailly, il s'attacha surtout à braver si ouvertement le
chagrin de la reine, qui se repentait, mais trop tard, de s'être cuirassée de chasteté, que Fleury, dont l'âme savait au besoin distiller
le jésuitisme, se crut obligé d'adresser quelques remontrances à Sa
Majesté, après l'avoir fait dévier de la route du devoir. « Monsieur,
» répondit sèchement le roi à l'homélie hypocrite du cardinal, je
» vous ai abandonné la conduite de mon royaume, j'espère que vous
» me laisserez maître de la mienne. » Cette brusque réplique satisfit
Son Eminence plus que les paroles de soumission qu'elle avait coutume d'entendre de la bouche de son royal élève : elle lui prouva
qu'elle allait être le régulateur absolu des affaires de l'Etat; et l'espèce d'acquit de conscience qui venait d'être si violemment repoussé
suffisait pour mettre le ministre à couvert de tout reproche sur les
déréglements du roi.

Livré avec emportement aux voluptés, Louis ne songe guère à ses
armées ; il s'occupe moins encore de l'empereur qu'il a fait. Cependant, tandis que Sa Majesté languit dans les bras de madame de
Mailly, la fortune des alliés achève de se démentir. L'apogée des
prospérités est souvent le point de départ des disgrâces : on chantait
dans nos quartiers de la Bohême la victoire remportée à Chantuzit
par le roi de Prusse sur le prince Charles de Lorraine, et le combat
presque aussi glorieux livré au prince de Loblovitz par les maréchaux
de Belle-Isle et de Broglie dans la position de Sahai. Les généraux
français avaient envoyé des députés au camp de Frédéric II pour le
féliciter sur le succès qu'il venait d'obtenir; eux-mêmes se disposaient
à profiter de leur avantage en poursuivant Loblovitz. Tout à coup le
bruit se répand que Sa Majesté Prussienne abandonne la coalition,
et conclut, par l'entremise de l'Angleterre, un traité de paix particulier avec la reine de Hongrie. Après s'être assuré que cette nouvelle est fondée, M. de Belle-Isle court au quartier du roi de Prusse
afin d'essayer de rompre le traité : « Vous arrivez trop tard, mon-
» sieur le maréchal, répondit ce prince, je cesse décidément de jouer
» votre jeu. Marie-Thérèse, en m'abandonnant la Silésie et le comté
» de Glatz, me fait une belle partie, et je suis trop galant pour la
» refuser. Et puis votre cardinal de Fleury est un vieux enfant qui
» ne sait plus ce qu'il fait. Tenez, lisez cette lettre, qu'il écrivit der-
» nièrement au général autrichien Konigsek, et que la reine de Hon-
» grie a fait imprimer pour déconsidérer votre cabinet. » Belle-Isle
prit l'écrit des mains du roi et lut avec surprise ce qui suit : « Bien
» des gens savent combien j'ai été opposé aux résolutions que nous
» avons prises, et que j'ai été en quelque façon forcé d'y consentir.
» Votre Excellence est trop instruite de tout ce qui se passe pour ne
» pas deviner celui qui mit tout en œuvre pour déterminer le roi à
» entrer dans une ligue qui était si contraire à mon goût et à mes
» principes. » Quand le maréchal eut achevé sa lecture, il ne concevait pas encore qu'un ministre pût être assez faible pour condamner,
en parlant à son ennemi, la cause qu'il soutenait contre lui. La
maladresse du cardinal lui paraissait surtout extrême dans la sortie
qu'il faisait contre lui, Belle-Isle, qui était tout à la fois le général
de l'armée de Louis XV et son ministre au congrès. « Aussi, reprit
» Frédéric, cette lettre maladroite a-t-elle produit l'effet d'enhardir
» vos ennemis et de décourager vos alliés : ma défection et celle de
» l'électeur de Saxe, compris dans mon traité avec la reine de Hon-
» grie, sont la première conséquence de l'étrange conduite de Fleury.
» Quelle confiance voulez-vous que nous ayons dans un parti que
» votre ministre n'a pris qu'à regret ? » Ce discours était sans réplique; le maréchal de Belle-Isle se retira désespéré, et songea dès
lors à concentrer son armée pour éviter autant que possible qu'elle
fût accablée par les forces réunies des princes Charles de Lorraine
et de Loblovitz, qui s'élevaient à plus de soixante mille hommes.
Les maréchaux de Belle-Isle et de Broglie, qui n'avaient pas au delà
de trente mille combattants, se mirent donc en retraite sur Prague,
après avoir rallié les postes éparpillés sur les frontières de la Moravie. A peine l'armée française fut-elle en marche, que le prince
Charles s'attacha à ses pas, et la fit harceler par des nuées de partisans à cheval. Les comtes de Boufflers et d'Aubigné, qui se trouvaient à l'avancée sur la Moldau, furent forcés de ce poste; ils se
replièrent en désordre sur le corps principal. Dans une position non
moins critique, M. de Broglie montra une contenance plus assurée.
Tandis que les brigades de Navarre combattaient des légions bigar-
rées de Croates, de pandours, de talpaches, de housards, qui se dissipaient et se resserraient tour à tour comme des essaims de frelons,
le maréchal franchissait avec le reste de ses troupes la petite rivière
de Blanitz, et, se rangeant en bataille sur l'autre rive, attendait de
pied ferme les Autrichiens, qui n'osèrent l'attaquer. Cet habile général décampa pendant la nuit, laissant ses feux allumés pour donner
le change à l'ennemi. Au point du jour, il lui avait dérobé une
marche, et bientôt il arriva sans échec sous les murs de Prague.
Louis XV apprit en même temps la défection du roi de Prusse et
le retour des deux maréchaux à Prague, où le prince Charles les tenait
assiégés. Le lendemain un courrier portait au maréchal de Maillebois

l'ordre de marcher en Bohême avec l'armée d'observation qu'il commandait en Westphalie.

L'armée du roi ne pouvait manquer d'être promptement affamée
dans Prague; voulant prévenir cette extrémité, le maréchal de Belle-
Isle essaya de sauver tout à la fois ses troupes et l'honneur de leurs
drapeaux : il offrit de remettre la place aux généraux de la reine de
Hongrie, à condition que la garnison conserverait armes, bagages,
artillerie. Les Autrichiens n'accédèrent point à cette proposition :
la famine, que redoutait le général français, était précisément le
malheur dont l'ennemi se proposait de profiter, sans égard aux souffrances qu'il allait imposer à une population de cent mille âmes. Au
bout d'un mois de blocus les assiégeants, voyant qu'ils s'étaient flattés vainement de faire prisonnière de guerre une armée entière commandée par deux maréchaux de France, ouvrirent la tranchée devant
la place et poussèrent les travaux avec activité. Ils étaient déjà fort
avancés lorsqu'une sortie de douze mille Français vint apporter le désordre parmi les travailleurs. Le général Monti, à la tête de quelques
mille hommes, marcha pour dégager les prisonniers et protéger les ouvrages, que les assiégés avaient détruits en partie; mais ce général,
ses troupes, ses canons furent emmenés dans Prague avec le corps
qui en était sorti, et les Autrichiens restèrent environnés des débris
de la tranchée qu'ils avaient ouverte. Dans ce mouvement, l'armée
française avait pu protéger l'entrée d'un courrier de M. de Maillebois, qui annonçait au maréchal de Belle-Isle sa prochaine arrivée
sous les murs de Prague. A cette nouvelle, les assiégés perdent le
sentiment de leurs privations, de leurs fatigues; ils se livrent avec
courage aux travaux de la défense, ils en bravent gaiement les dangers.

Le prince Charles de Lorraine, informé aussi de l'approche de
Maillebois, sentit qu'il allait cesser de pouvoir continuer le siége :
honteuse toutefois de l'abandonner, Son Altesse essaya de renouer
avec les généraux français la négociation qu'elle avait repoussée le
mois précédent; ils la rejetèrent à leur tour. Charles de Lorraine,
forcé de songer à se défendre, décampa précipitamment, et courut
à la frontière fermer l'entrée de la Bohême au nouvel ennemi qui
s'avançait.

Les affaires des alliés en Italie sont moins prospères encore qu'en
Allemagne. L'armée espagnole, loin d'avoir pu conquérir la Lombardie, a été contrainte de se replier sur Naples, pressée par les
troupes combinées de la reine de Hongrie et du roi de Sardaigne.
L'infant don Philippe a plusieurs fois tenté de débarquer à Gênes
avec un renfort amené d'Espagne; mais, toujours repoussé par des
escadres anglaises maîtresses de la mer, ce prince n'a fait qu'errer
plusieurs mois sur les flots, en vue du pays où ses compatriotes su-
bissaient toutes les rigueurs de la guerre. Las enfin de ces vaines
tentatives, l'infant a pénétré par terre dans le duché de Savoie, dont
il s'est emparé, ce qui a rappelé Charles-Emmanuel sur ce point.

L'armée espagnole, en marche vers le royaume des Deux-Siciles,
se crut d'autant plus près de ressaisir l'avantage après la retraite des
troupes sardes, que le roi don Carlos envoyait au-devant d'elle un
corps considérable. Mais il arriva dans ce temps un événement auquel ni le duc de Montemar ni le monarque sicilien ne pouvaient
s'attendre, et qui détruisit l'espérance qu'autorisait la diversion faite
au pied des Alpes par l'infant don Philippe. On vit un matin paraître
devant le port de Naples six vaisseaux, six frégates et deux galiotes à
bombes; le pavillon anglais flottait sur cette escadre. Bientôt un
canot s'en détache et conduit à terre un officier porteur d'une dépêche pour le premier ministre. Le contenu de cette lettre était précis : « Monsieur, disait le chef d'escadre *Martin*, qui écrivait, je
» place à l'instant ma montre sur le tillac de mon vaisseau, et je
» vous donne deux heures pour m'annoncer que le roi votre maître a
» fait partir l'ordre de rappel des troupes napolitaines qui rejoignent
» en ce moment le général de Philippe V commandant en Italie. Si,
» à l'expiration de la deuxième heure, l'avis que j'attends de votre
» part ne m'est pas parvenu, je fais immédiatement bombarder la ville
» de Naples. »

Le ministre court au palais du roi; on délibère en toute hâte, en
tumulte, et l'on ne voit aucun moyen d'éviter la catastrophe dont la
capitale du royaume est menacée. L'insulte était inattendue, la garnison était peu nombreuse, les forts se trouvaient mal armés; il fallut
déférer à l'injonction de l'officier anglais, qui ne quitta la rade qu'a-
près avoir obtenu la conviction que les troupes napolitaines s'étaient
éloignées des drapeaux de Sa Majesté Catholique.

Néanmoins les Autrichiens, affaiblis par le départ de Charles-Emmanuel, n'osèrent rien entreprendre contre les Espagnols, qui restèrent sur la défensive dans un camp formé sous les murs de Spoletto.
Mais M. de Montemar était malheureux, il dut paraître coupable :
Philippe V, mécontent de ce que ce général ne lui avait pas donné
la Lombardie, le rappela, sans daigner s'informer des obstacles réels
qui s'étaient opposés à cette conquête avec les forces insuffisantes
que le duc commandait. Il fut remplacé par le comte de Gages, dont
l'inactivité forcée justifia son prédécesseur.

Cependant don Philippe ne put tenir en Savoie contre les troupes
et la tactique supérieures du roi de Sardaigne; l'infant dut se retirer
en Dauphiné.

Des bords de la mer Noire au Rhin, du golfe de Naples aux Alpes, et sur toutes les mers, la guerre secoue ses torches lugubres; l'Europe est couverte de sang et de feu... Mais la paix de l'Elysée règne au château de Choisy : c'est l'asile des plaisirs et des voluptés; Louis XV s'y couronne de roses sans paraître avoir la moindre idée qu'ailleurs il croit des cyprès que lui-même a semés sur le sol européen. Fleury, parvenu à sa quatre-vingt-dixième année, Fleury, troublé par les terreurs d'une mort prochaine, ne tient plus que d'une main défaillante le timon de l'Etat... Personne ne gouverne plus, car madame de Mailly ne porte pas ses vues jusque-là. Voici pourtant une anecdote qui prouve qu'elle a du crédit.

Le nom de Beauvilliers, fort honorablement inscrit dans l'histoire, n'y apparaîtra pourtant pas sans quelque légère souillure. On se rappelle cette abbesse de Saint-Aignan qui donna jadis un démenti formel à la chasteté claustrale avec l'aide d'un accoucheur de Fontainebleau; c'est à côté de ce fait qu'il faut classer les peccadilles peu épiscopales de M. de Beauvilliers, évêque de Beauvais. Ce prélat, aussi sensible aux plaisirs de l'amour que sa grand'tante la supérieure, entretint longtemps une fille nommée Lacroix; elle avait un appartement dans le palais de Sa Grandeur, et vivait à peu près conjugalement avec cet amant mitré : ce qui faisait dire aux plaisants « qu'on ne pouvait douter de sa piété, puisqu'il passait toute la » journée au pied de la croix. » Cependant cette intrigue finit par faire tant de bruit que le cardinal de Fleury, pour l'honneur du sacerdoce, se crut obligé de faire enlever *madame de Beauvais*, qui fut enfermée dans la maison de force de la Flèche. M. de Beauvilliers perdit en même temps son siège. On eut bien tort de le lui ôter; car dans son évêché ce n'était qu'un prêtre galant, et, sur le pavé de Paris, il devint escroc. Il lui passa un matin par la tête de fabriquer un arrêt du conseil tendant à imposer une forte redevance aux marchands bouchers. Bien servi par des intrigants subalternes, cet ecclésiastique fit colporter le prétendu arrêt pour en effrayer cette corporation : faisant promettre en même temps d'en prévenir l'exécution moyennant cent mille écus. Le principal agent de Beauvilliers était un capucin, jadis soldat, qui nasillait avec beaucoup d'adresse les raisons de son commettant; déjà plus de cinquante mille écus lui avaient été remis. Chaque soir, en dépit de la croix pastorale et du cordon de Saint-François, on sablait le champagne avec des filles à la santé des bouchers de Paris.

Cependant tout le monde se plaignait de l'augmentation du prix de la viande; les bouchers répondaient qu'ils étaient forcés d'y recourir par un droit nouveau. M. le lieutenant de police voulut connaître ce droit singulier, dont il n'avait aucune connaissance. Ces honnêtes et crédules marchands informèrent alors ce fonctionnaire de la négociation du crédit du prélat suspendu, auquel ils devaient le jour même compter dix mille écus. Le magistrat, instruit de l'heure à laquelle l'émissaire de M. de Beauvilliers devait venir recevoir son argent au lieu indiqué, fit aposter aux environs des archers qui se saisirent du capucin émissaire, et par suite de l'évêque. On envoya ce dernier à la Bastille; mais il en sortit bientôt par le crédit de madame de Mailly, qui, à la sollicitation du cardinal de ce nom, obtint du roi la grâce de l'escroc aux bas violets... On est si rarement coupable avec des protections !

Toutefois monseigneur de Beauvilliers, auquel la clémence royale sauvait la rame de Toulon, fut obligé de se démettre de son évêché. On songeait, pour le remplacer, à l'abbé Dubos, savant académicien auquel nous devons l'*Histoire critique de l'établissement de la monarchie dans les Gaules*. Cet abbé, qui reçut le jour dans les murs de Beauvais, était vivement désiré par ses compatriotes, lorsque la tombe le leur enleva. Les circonstances de sa mort méritent d'être citées.

Dubos était l'ami de Fontenelle, qu'il avait remplacé comme secrétaire perpétuel de l'Académie lorsque l'auteur des *Mondes* fut contraint par son grand âge d'abandonner cette charge trop active. Fontenelle est, à ce qu'il dit, un philosophe taillé sur le patron de Socrate; son successeur ne laissait pas d'avoir aussi des prétentions à la sagesse; mais ni l'un ni l'autre ne pensaient que leur beau caractère fût incompatible avec la gourmandise. Un jour le vieux Fontenelle apporta chez son ami une superbe botte d'asperges qu'on venait de lui envoyer. A l'aspect de ces légumes d'une dimension extraordinaire, une voluptueuse sérosité mouilla les lèvres des deux académiciens. Il n'y avait point là de sénat romain pour délibérer sur le choix de la sauce à laquelle on mettrait les asperges; mais comme nos illustres différaient de goût sur ce point il fut décidé que moitié de la botte serait mise au beurre, et que l'autre serait mangée à l'huile : c'était l'assaisonnement favori de Dubos. L'ordre étant donné en conséquence à la cuisine, on se met à table gaiement... Mais, ô versatilité des destinées de l'homme! avant que l'entremets convoité soit servi, Dubos est frappé d'apoplexie foudroyante... il tombe privé de mouvement. Les domestiques s'empressent de le secourir; l'un d'eux court chercher le médecin. Fontenelle aussi, malgré ses quatre-vingt-cinq ans, jette vivement sa serviette, se lève, franchit le corps de son collègue mourant, court sur l'escalier, et crie d'une voix de stentor à la cuisinière : *Toutes les asperges à la sauce!*

Décidément l'abbé Dubos était mort, on enleva son cadavre; et Fontenelle, qui s'était remis tranquillement à table, pensa peut-être

en voyant arriver la botte d'asperges qu'une attaque d'apoplexie était bonne à quelque chose... Vive la philosophie !

Le règne de madame de Mailly fut de courte durée, et c'est elle-même qui en rapprocha le terme. La comtesse a quatre sœurs : la plus jeune, que cette favorite avait tirée, à treize ou quatorze ans, de la communauté où elle était élevée, afin de lui procurer de bonne heure un bel établissement, reconnut cette attention par la plus noire ingratitude. Cette petite fille, étant encore au couvent, avait dit : « J'irai à la cour auprès de ma sœur Mailly, le roi me verra, le ro » me prendra en amitié, et je gouvernerai ma sœur, le roi, la France » et l'Europe. » Voilà une enfant dont l'ambition promet. Si l'on devait s'en rapporter au portrait que madame de Flavacourt[1], autre sœur de madame de Mailly, faisait dans le monde de l'échappée du cloître, on serait surpris qu'elle eût supplanté si promptement la favorite : « Notre chère cadette, disait cette sœur charitable, a la figure » d'un grenadier, le cou d'une grue et l'odeur d'un singe. Mais la » friponne est adroite dans l'art de persuader, son caractère est impérieux; et si elle jette une bonne fois quelques étincelles dans le » cœur du roi, elle saura le gouverner, même quand il ne l'aimera » plus. » En effet, malgré le peu de charmes qu'elle possède, et peut-être grâce à l'adresse que sa sœur reconnaît en elle, la jeune demoiselle de Nesle est parvenue à inspirer à Louis XV une véritable passion, qui sur-le-champ a ruiné toutes les espérances de madame de Mailly : Sa Majesté a cessé entièrement de la voir. On entend chanter dans toutes les rues, dans toutes les promenades, ce refrain grivois :

> La Mailly va se fondre en pleurs,
> V'là c' que c'est qu' d'avoir des sœurs !

Il y eut dans cette rupture une circonstance que je ne dois pas omettre : le roi, digne élève de l'avare Fleury, est le plus parcimonieux des princes; or, lorsqu'il s'éloigna de la comtesse, quelques frais avancés par cette favorite pour les plaisirs de Sa Majesté n'étaient pas remboursés, et, quoiqu'elle les ait rappelés depuis à cet illustre amant, ils ne le sont point encore... Ce serait le cas d'appliquer le proverbe vulgaire : « Quand on quitte un maréchal, il faut » payer les vieux fers. »

Madame de Mailly, délaissée des amours, s'est jetée incontinent dans le sein de la religion, vertu miséricordieuse qui promet la rémission des fautes, quelle qu'en soit la gravité, au prix d'une ardente ferveur. Mais l'indulgence des hommes est moins empressée; ce n'est que lentement qu'ils rectifient les réputations. La favorite disgraciée entrant, l'un de ces jours, un peu tard dans une église, fut forcée de déranger quelques personnes avant d'arriver à un siège : « Eh ! voilà bien du bruit pour une p....., » s'écria un malotru mécontent d'être déplacé : « Puisque vous me connaissez si bien, répondit la » comtesse avec douceur, faites-moi la grâce de prier Dieu pour » moi... » Madeleine pécheresse n'aurait pas mieux dit.

Les rois ne s'accommodent guère des précautions qui restreignent leurs plaisirs; mademoiselle de Nesle est grosse, et les papillons de l'*OEil-de-bœuf* nomment par anticipation l'enfant à venir, dont ils font d'avance un garçon, le *demi-Louis*, à cause de la demi-légitimité du mariage de sa mère avec M. de Vintimille, neveu de l'archevêque de Paris. Ce prélat, moins chatouilleux sur la morale conjugale qu'en matière de constitution, a donné sa bénédiction épiscopale aux époux, nonobstant la condition écrite de non-habitation.

Pour récréer sa favorite, et faire diversion à ses maux de cœur, Louis XV la mène souvent à Rambouillet, chez M. le comte de Toulouse, qui, malgré sa vieillesse, est toujours le plus aimable des hommes. Chez ce prince tout le monde est à son aise, la plus douce familiarité est recommandée par lui à ses hôtes; et Sa Majesté ne hait pas le *sans-façon*, pourvu qu'il n'attente pas à sa grandeur, cet être idéal, qui, à ses yeux comme à ceux de Louis XIV, ne doit vivre ni de vertu, ni de magnanimité, ni de talent, mais de respect. Dans le doux laisser aller de Rambouillet, il arriva, jeudi dernier, qu'une dame titrée éprouva les douleurs de l'enfantement. Comme il ne se trouvait pas d'accoucheur à portée, Lapeyronie, premier chirurgien du roi, offrit de se charger de l'opération : « Mon Dieu, s'écria mademoiselle de Charolais effrayée sans doute par la vieillesse de » l'opérateur, cet exercice demande de la pratique; peut-être, monsieur, n'êtes-vous plus au fait. — N'ayez aucune inquiétude, répondit le vieux Esculape un peu piqué, on n'oublie pas plus l'art » de les ôter que celui de les mettre... Jugez !... » Mademoiselle de Bourbon, qui a eu plusieurs enfants de Richelieu, du prince de Dombes, et peut-être d'autres encore, saisit parfaitement l'application du *Jugez!* et s'éloigna en se pinçant les lèvres.

Ce n'est point en Europe que les Anglais cherchent à diminuer la puissance espagnole; ils savent trop bien qu'elle tire toutes ses richesses des Indes, et c'est de cette source féconde de prospérités que le cabinet de Saint-James songe à s'emparer. Déjà maîtres de

---

[1] Cette dame, dont l'humeur était spirituelle et joviale, n'est morte que l'an VII de la république, après avoir désarmé tous les révolutionnaires par ses facéties et ses quolibets.

Porto-Bello, ces insulaires ambitieux aspirent à conquérir Carthagène, ce qui achèverait de détruire le commerce de Philippe V au Nouveau Monde. Une flotte de vingt-sept voiles est partie depuis longtemps pour rejoindre celle commandée par l'amiral Vernon, vainqueur de Porto-Bello ; elle portait douze mille hommes de troupes de débarquement, et l'on a su que les deux escadres s'étaient réunies dans les eaux de la Jamaïque. Mais on a appris en même temps que les espérances de l'Angleterre ont été complétement déçues. Jamais, cependant, on n'avait vu sur ce point un armement aussi considérable. Voici les nouvelles arrivées, au commencement du présent mois, à Cadix. L'armée anglaise, forte de soixante vaisseaux de haut bord ou frégates, sortit de la Jamaïque en janvier, et jeta l'ancre en face de Carthagène le 4 mars. Bientôt les troupes furent débarquées : le siége commença par terre, tandis que la flotte faisait pleuvoir un déluge de projectiles et d'artifices sur la place. Mais les assiégés ne restèrent pas oisifs : leur feu tua beaucoup de monde aux assiégeants, pendant qu'un autre feu que le climat allumait dans leur sein en tuait davantage. Les maladies eurent promptement réduit à moitié cette armée expéditionnaire ; les généraux durent en rembarquer honteusement les débris.

L'orgueil anglais fut vivement blessé de ce déplorable résultat. Des cris de mécontentement éclatèrent dans le sein de la chambre des communes : le parti de l'opposition affecta d'y exalter la puissance espagnole, qui, disait-il, devait finir par envahir l'empire des mers, si le cabinet de Saint-James continuait à montrer la molle politique qu'il avait adoptée. En Angleterre, la critique du gouvernement est la tactique parlementaire de prédilection, parce qu'on sait qu'elle ne manque point de produire des améliorations : les orateurs ajoutèrent que la France aussi bravait la Grande-Bretagne ; qu'elle donnait ouvertement des secours à l'Espagne ; qu'elle faisait rétablir le port de Dunkerque, et qu'elle se préparait de longue main à remettre ses forces navales au niveau de celles des Anglais. Ces censeurs politiques prétendaient enfin que la neutralité de l'électorat de Hanovre était tout à la fois ruineuse et humiliante pour la mère patrie : « Oui, mes» sieurs, s'écriaient les membres de l'opposition, ce coin de l'Alle» magne est un gouffre où tout notre or va s'engloutir. Après avoir » élevé un électeur de Hanovre au trône d'Angleterre, nous sacrifions » tous les jours quelque portion de notre prospérité au patriotisme » originaire des descendants de ce prince ; nous supportons un ac» croissement d'impôts énorme pour défendre un pays réellement » étranger et dont les intérêts spéciaux gênent continuellement la » politique des Royaumes-Unis. Considérons donc enfin que la cause » du pays hanovrien n'est pas celle de la Grande-Bretagne, et cessons » de payer follement, comme nous l'avons fait jusqu'ici, des soldats » hanovriens pour défendre leurs propres foyers. Il est de la gloire » de l'Angleterre de se déclarer ouvertement pour Marie-Thérèse ; » que Hanovre périsse, s'il le faut, pour réhabiliter le nom anglais, » dégradé par un indigne traité de neutralité. » — « D'autant plus » dégradé, aurait pu répondre un orateur français ou espagnol, que » l'Angleterre n'a pas cessé de le violer de la manière la moins » loyale ; que c'est même en cela que réside sa honte, et non la » nôtre : car nous n'avons exercé qu'une réciprocité. »

Georges II, contraint plutôt que déterminé par ces murmures, se disposa à prendre part à la guerre de terre ; dès le mois d'avril seize mille hommes s'embarquèrent pour la Flandre, tandis que le comte de Stair se rendait à la Haye à l'effet de décider les Etats Généraux à joindre leurs forces à celles de la Grande-Bretagne.

Au mois d'octobre seize mille Hanovriens et six mille Hessois prirent position dans les environs de Bruxelles ; lord Stair occupa Gand avec les Anglais. Ainsi tout promet à la reine de Hongrie une alliance ouverte de la part des Anglais et peut-être des Hollandais, qui jusqu'à présent ne l'ont secourue que par des subsides.

Cependant le maréchal de Maillebois s'était avancé en Bohême jusqu'à Egra ; le maréchal de Broglie, sorti de Prague à la tête de douze mille hommes, marchait au-devant de lui : la jonction des deux armées devait se faire à Toplits. Il n'en fut point ainsi : Maillebois, informé que Prague était délivrée, et n'ayant plus que pour huit jours de vivres, suspendit son mouvement, de peur d'engager son armée dans les gorges de la Bohême, où la famine l'attendait inévitablement. D'ailleurs ce général avait l'ordre exprès de ne tenter aucune affaire dont le succès serait douteux, et le grand-duc de Toscane, uni au prince Charles, marchait contre la nouvelle armée française. Laissant donc Egra à sa droite, Maillebois se dirigea vers le Danube, ce qui donna à l'ennemi des inquiétudes pour les Etats autrichiens, et força le grand-duc à se reporter sur Passau, qui en est la clef.

La retraite de Maillebois fut blâmée, et les critiques eurent raison : les forces réunies des trois maréchaux eussent pu, sinon balancer celles que les Autrichiens entretenaient en Bohême, du moins se faire jour aisément au milieu d'eux, et rendre au roi une armée dont le sort est aujourd'hui fort douteux. M. de Maillebois vient d'être rappelé ; le maréchal de Broglie le remplace.

Belle-Isle était de nouveau renfermé dans Prague, avec un surcroît de calamité d'autant plus grand que la rigueur de l'hiver rendait les secours plus difficiles et la détresse plus absolue. Dans cette situation désespérée, le maréchal demanda les ordres de la cour, qui lui enjoignit d'évacuer la place et de sauver l'armée à quelque prix que ce fût.

Alors commença cette retraite que les tacticiens regardent comme le chef-d'œuvre de l'art militaire : Belle-Isle, avec onze mille fantassins et trois mille chevaux, traversa trente-huit lieues de plaines dévastées, couvertes de neiges, dépourvues de toute ressource, combattant sans cesse des troupes légères qui s'élançaient de toutes les gorges, de tous les ravins, pour couper le chemin aux troupes françaises ou les piller [1]... Huit cents hommes périrent de froid pendant cette marche ; mais la cour avait ordonné de l'exécuter à tout prix.

Le véritable coup de maître de M. de Belle-Isle, dans cette circonstance, c'est d'être sorti de Prague sans avoir même été aperçu de Loblovitz, qui en formait le blocus. Il ne restait dans la place qu'environ six mille hommes, presque tous malades ou blessés ; mais il y avait avec eux un de ces êtres presque surnaturels dont le nom seul vaut une armée : c'était l'intrépide Chevert. Disons un mot de cet autre Bayard. Plus heureux que du Terrail, Chevert trouva l'héroïsme sous les haillons. Fils d'un simple artisan de Verdun, il quitta l'échoppe de son père en 1711 et se fit soldat à l'âge de seize ans. Il est une noblesse que donne la nature et qui s'agite dans la foule tant qu'elle n'en est pas sortie ; Chevert la possédait. Les préjugés du rang reculèrent honteux devant la bravoure éclatante de ce militaire... il arracha successivement tous les grades, jusqu'à celui de colonel, à la fierté jalouse de ses chefs... Chevert ne peut en rester là ; chaque distinction nouvelle fut pour lui le prix d'une action d'éclat, et les récompenses, épuisées, manqueront un jour à ce héros.

Tel est l'homme laissé dans Prague par M. de Belle-Isle ; Chevert, le premier de l'armée française, avait mis le pied sur le rempart de cette ville, il devait en sortir le dernier. A peine cependant y fut-il resté à la tête d'une faible et invalide garnison, que les habitants, persuadés qu'ils auraient bon marché de lui, le pressèrent avec menace de rendre la ville. « Rendre la ville ! s'écria le colonel, cela ne peut » entrer dans mon vocabulaire. » Il fait saisir les principaux habitants, les renferme dans sa maison, en remplit les caves de poudre, et déclare aux échevins de Prague que la vie de ces otages lui répond des violences qu'on voudrait exercer contre lui ou ses soldats. « Dites» leur, ajouta-t-il en parlant à l'officier qu'il envoyait à ces magis» trats, que j'ai là une allumette toujours prête pour allumer ma pipe » ou pour faire sauter ma maison. » Le prince de Loblovitz, instruit de cette résolution, fit dire au brave Chevert que s'il voulait capituler il lui accorderait sans aucune restriction tous les honneurs de la guerre. « Bon cela, répondit-il au parlementaire ; vous pouvez assurer » au prince que je suis prêt à conclure de cette manière : je ne con» nais, je n'apprécie que la valeur utile. » La capitulation fut signée dans un dîner que Loblovitz donna à l'intrépide Français : « Mon» sieur de Chevert, lui dit-il en le quittant, permettez que je vous » embrasse, afin de pouvoir raconter à mes enfants que j'ai donné » l'accolade au plus valeureux soldat de l'Europe. »

Nous avons vu paraître cette année la plus grande, la plus sublime des productions de M. Voltaire ; la tragédie de *Mahomet*, ou *le Fanatisme*, comme un phare lumineux, a répandu non-seulement le plus brillant éclat sur notre siècle littéraire, mais encore les principes les plus utiles dans la sphère de nos idées. Malheureusement ce dernier résultat a été une cause de proscription ; cette magnifique thèse contre les envahissements du sacerdoce attaquait des ambitions trop puissantes de nos jours pour être tolérée ; les Vintimille, les constitutionnaires et surtout les jésuites jetèrent les hauts cris ; *Mahomet* fut déclaré janséniste au premier chef. Ajoutons que M. Crébillon, qui s'est fait censeur de la police, de dépit d'avoir été trop censuré au théâtre dans ces derniers temps, a refusé son approbation à la tragédie de Voltaire [1]. Ce refus ne faisait pas que *Pyrrhus* fût meilleur, et ne diminuait point la beauté de *Mahomet* ; mais il satisfaisait cette jalousie trop ordinaire entre gens de lettres. Le défaut d'approbation fut le principal motif dont s'appuyèrent les poursuivants de la pièce philosophique ; ils firent si bien qu'elle n'eut que trois représentations, quoique Fleury eût ordonné de la laisser jouer. On fit avertir Voltaire, avant la quatrième, que s'il ne retirait pas l'ouvrage M. le procureur général poursuivrait et l'auteur et les comédiens. Voltaire, muni de l'autorisation du premier ministre, voulait tenir bon ; mais les comédiens savaient qu'en cas de dénonciation le vieux cardinal abandonnerait *Mahomet*, pour lequel il ne pouvait pas ressentir une vive tendresse, à toutes les rigueurs de la justice parlementaire : ils refusèrent de continuer les représentations, et l'autre *fanatisme* eut raison.

Des vers adressés par Voltaire pendant les répétitions de *Mahomet* à l'acteur Lanoue [2], qui devait jouer Zopire, prouvent que les

[1] Il y a loin de cette retraite à celle de Moscou en 1812, durant laquelle la Grande Armée eut à supporter les mêmes calamités pendant une route de trois cents lieues.

[1] Ce refus, évidemment malveillant, est l'origine de l'inimitié qui a existé entre Voltaire et Crébillon jusqu'à la mort de ce dernier.

[2] Il était entré cette même année à la Comédie-Française après s'être ruiné par l'effet de la guerre comme directeur de la troupe de Berlin.

allusions ne manquent pas dans la tragédie nouvelle. Il faut savoir, pour l'intelligence du couplet, que Lanoue est auteur d'un *Mahomet second*, joué avec quelque succès en 1739. Voici les vers :

> Mon cher Lanoue, illustre père,
> De l'invincible Mahomet,
> Soyez le parrain d'un cadet
> Qui sans vous n'est point fait pour plaire,
> Votre fils fut un conquérant,
> Le mien a l'honneur d'être apôtre,
> Prêtre, filou, dévot, brigand...
> Faites-en l'aumônier du vôtre.

Comme conception dramatique, l'œuvre de Voltaire manque, ainsi que ses autres tragédies, de plan, de vraisemblance et quelquefois de raison ; mais tous les défauts du tissu disparaissent sous le plus riche appareil de poésie qu'on ait jamais vu au théâtre. *Mahomet* remplit au reste le but que son auteur paraît s'être proposé : il prouve que dans la bouche de certains prêtres la parole de Dieu n'est qu'un moyen de satisfaire aux plus sordides intérêts de la terre... Voltaire a gravé sur l'airain un terrible plaidoyer contre les arguties du faux lévite ; tôt ou tard il détrônera l'hypocrisie.

CHAPITRE XVII.
1743.

Mort du cardinal de Fleury ; un dernier mot sur ce ministre. — Portrait de Louis XV. — Madame de Lauraguais troisième maîtresse du roi. — Les deux sœurs ensemble. — Les *petits appartements* de Versailles. — Les *petites fêtes* consacrées à Bacchus. — Louis XV cuisinier. — *Grandes fêtes* ou fêtes de *Vénus*. — Le suisse de mademoiselle de Charolais. — La morale d'*Ésope* déplaît à Louis XV. — Le vin du roi. — Conseil de la Meute sur la guerre — Le maréchal de Noailles passe le Rhin avec une armée considérable. — Il prend position sur le Mein. — Dangereuse situation de l'armée anglaise près de cette rivière. — La guerre en Allemagne et en Italie. — Intrigues politiques de l'Europe. — Bataille de Dettingue. — Bombardement et soumission de Tunis. — Entrevue à Francfort de M. de Noailles et de lord Stair. — Misère de Charles VII et de sa famille. — Il traite honteusement avec Marie-Thérèse. — Humble conduite de Louis XV. — Cession de territoire faite au roi de Sardaigne par Marie-Thérèse. — Toutes les conquêtes de la France en Allemagne sont reperdues. — Des partis autrichiens pénètrent en France. — Insolente proclamation de Montzel. — Réponse vigoureuse des habitants. — Mort de madame de Vintimille. — Éclair de renaissante faveur de madame de Mailly. — Madame de Châteauroux quatrième maîtresse du roi. — Elle fait des conditions à ce prince. — *La Mort de César*, tragédie de Voltaire. — *Mérope*, tragédie du même auteur. — Précédents, anecdotes ; mademoiselle Dumesnil. — Origine de la haine de Voltaire pour Desfontaines.

Le cardinal de Fleury ne verra point la fin d'une guerre entreprise malgré lui ; la mort lui enlève un fardeau dont sa vicillesse était accablée. La vie de ce ministre s'est éteinte au village d'Issy le 29 janvier : il était âgé de quatre-vingt-neuf ans et sept mois.

Bien des jugements ont été portés déjà sur cet homme d'Etat : ils sont généralement trop indulgents. J'ai esquissé ailleurs le caractère de Fleury, et son ministère a justifié tout ce que j'en ai dit. A part la simplicité des mœurs du cardinal, première cause peut-être de son irréprochable probité, il eut peu de vertus qui le recommandassent comme homme au respect de la postérité ; comme ministre il n'en eut aucune. Ce n'est point par l'habileté de son administration que la France a recouvré quelque bien-être de 1726 à 1740, mais par les richesses d'un sol privilégié de la nature et par un commerce que les intérêts de l'étranger le forcèrent d'entretenir avec nous sans que Fleury ait contribué en rien à sa prospérité. On reprochera surtout à la mémoire de ce ministre d'avoir laissé tomber entièrement la marine française précisément à l'époque où une longue paix et de faciles relations commerciales lui permettaient de la relever au mépris de la jalousie inquiète de nos voisins. Les Anglais n'eussent pu opposer aux courses de nos flottes marchandes qu'une politique tortueuse et de mauvaise foi, que des démarches fermes et franches eussent aisément déjouée ou livrée à la vindicte puissante de l'Europe, toujours intéressée à la liberté des mers. Mais cette franchise, cette fermeté, dont il eût fallu rester sans cesse armé contre une puissance qui ne voudra dans aucun temps être alliée sincère, Fleury ne les possédait point. Pour conserver une paix qui n'est le premier besoin des peuples que lorsqu'elle ne les froisse ni ne les humilie, ce ministre prit souvent le parti de paraître ignorer les entreprises de l'Europe contre nous. Achetant ainsi le repos au prix de notre dignité, il ne chercha point à tirer raison des attentats contre la couronne de France et en laissa plus d'une fois ternir l'éclat. Le cardinal de Fleury fit la guerre de 1733 en don Quichotte après avoir laissé humilier Stanislas par pusillanimité. Si, comme la gloire de Louis XV l'exigeait, la France eût envoyé vingt mille hommes en Pologne pour soutenir l'élection qu'elle avait préparée, elle se fût épargné dans cette circonstance et le dessous que lui donna l'empereur et les reproches mérités que lui adressèrent les Polonais, qu'elle avait armés les uns contre les autres pour les aban-

donner ensuite aux troubles intérieurs. Les hostilités entreprises plus tard couvrirent d'or et de sang cette tache politique sans parvenir à l'effacer, et la guerre de 1733 coûta vingt fois plus à la France que n'eût coûté la facile intronisation du roi de Pologne. L'acquisition de la Lorraine, dont on fait un trophée à Fleury, n'est qu'une escobarderie d'autant moins digne d'éloges qu'on en dépossédait un prince ami, qu'une pension d'ailleurs ruineuse pour la France ne dédommageait point de la perte d'une souveraineté. Certes, si le grand-duc de Toscane alors régnant eût vécu vingt ans encore, François de Lorraine et le roi de France eussent fait un triste marché.

Il faut féliciter le cardinal de s'être opposé autant qu'il l'a pu à l'intervention de la France dans les affaires de la succession autrichienne, intervention qui nous entraîne aujourd'hui dans une suite de malheurs dont il est difficile de prévoir le terme. Mais après cette opposition légitime quelle misérable conduite que de justifier auprès d'un ennemi le parti qu'on a pris contre lui et de censurer en lui écrivant la politique dont on est devenu le moteur ! Telle a cependant été la faiblesse de Fleury... En vérité l'on a besoin de croire que ce ministre était tombé en enfance lorsqu'il a écrit au général Konigseck pour ne pas l'accuser de trahison.

Si l'on examine le ministère de Fleury dans la direction des affaires intérieures, cet homme d'Etat paraît plus blâmable encore. D'abord sage et modéré en matière de discussions religieuses il se livre tout à coup à une terreur panique des jésuites, qui ne peuvent jamais être forts que de la faiblesse des gouvernements. Nous voyons le cardinal renouveler l'émission des lettres de cachet, « voulant avoir, disait-il, la paix dans l'Eglise ; » il charge de fers ces pauvres *convulsionnaires*, auxquels il eût fallu se borner à donner des douches et de l'ellébore. Pour pacifier l'Eglise, c'était dans son sein qu'il fallait faire taire les passions : le fanatisme du dehors eût cessé avec les persécutions. Cet amour du repos, qui dominait toutes les actions de Fleury, fut la cause d'une foule d'irrégularités, d'injustices, de malheurs réels. De là vinrent les exactions des fermiers généraux, les mauvais choix pour les grands emplois, la confiance du roi fourvoyée sur des intrigants, des fripons ou des sots ; enfin l'impunité des coupables qui osaient élever la voix. Pendant les dernières années de sa vie surtout le cardinal craignait tant d'être troublé dans sa douce quiétude, sans toutefois vouloir renoncer au ministère, qu'il ne se défendait plus ni des préventions, ni des préjugés, ni des faux rapports ; il ne savait refuser ni une grâce ni une punition : Son Eminence se hâtait d'accorder tout ce qu'on sollicitait avec ferveur, de peur qu'on ne lui fît mal à la tête en le demandant avec force. C'est ainsi que ce ministre était continuellement dupe des hommes et laissait aller les choses comme elles pouvaient. Je l'ai déjà dit, Fleury ne sera placé parmi les bienfaiteurs de la France que par des panégyristes trop indulgents ; mais ce fut un ministre probe, et cette qualité est trop rare pour qu'on puisse lui en tenir compte en admiration... Ce n'est pas l'âge d'or que le siècle où l'on doit accorder un si bel hommage à la plus simple des vertus.

Au moment où j'écris Louis XV a trente-trois ans accomplis, et je ne crois pas avoir encore esquissé son portrait. Je ne sais si je me trompais, mais d'année en année il me semblait toujours qu'il restait quelque chose à venir pour compléter le physique charmant de ce prince. J'attendais que sa physionomie reçût cette expression, ce reflet du sentiment sans lequel il n'est point de beauté réelle... Madame de Mailly a donné ce dernier coup de pinceau de la nature aux traits de Sa Majesté... Me voici à mon chevalet.

Louis XV est grand ; sa taille élancée ne laisse pas présumer l'envahissement de cet embonpoint qui dépara de bonne heure celle de Louis XIV, et la démarche du roi est aussi noble qu'aisée. Ce prince a peut-être la cuisse un peu courte, mais sa jambe est admirable. Sa Majesté porte la tête haute, et elle a raison, car il est difficile de montrer un visage plus régulièrement beau. Louis a le front élevé ; ses cheveux, qu'il montre depuis que la cour renonce aux grosses et vilaines perruques, sont presque bruns ; des sourcils de la même couleur recouvrent d'un arc un peu ouvert et délicatement dessiné un grand œil toujours prêt à marier son regard bienveillant au sourire gracieux qui rarement quitte les lèvres de Sa Majesté. Le roi a la bouche fraîche ; ses dents sont belles, son teint est blanc, souvent fleuri ; enfin ce nez aquilin, dont le type bourbonien remonte au grand Henri, complète cet ensemble de traits non moins distingués que séduisants. Au premier abord on peut reconnaître sur la figure ouverte du roi cette amabilité, cette douceur qui forment le fond de son caractère : ses yeux étincellent, si je puis m'exprimer ainsi, d'une franchise que le regard ne saurait simuler quand elle n'existe pas au fond de l'âme. En effet Sa Majesté est douée d'une droiture, d'un abandon, d'une générosité de vues qui ne se démentent jamais. Aussi rien de plus agréable que la condition des gens qui l'entourent : ce prince ne leur parle qu'avec aménité, ne leur commande qu'avec mesure. Cette même affabilité se retrouve dans ses audiences ; jamais on n'entendit une parole dure sortir de sa bouche. Pourquoi faut-il ajouter que ces qualités débonnaires au sein desquelles Fleury n'a pas su marquer la limite où commence la faiblesse sont souvent chez Louis XV le principe de ce défaut trop essentiel dans un souverain ! Le cardinal profita le premier de cette bonté, dont il avait fait la vertu unique de son élève, pour régner à sa place, et malheureusement l'influence de ce ministre, qui n'était pas sans quelque sagesse, est remplacée par celle des courtisans. Le roi a du jugement, un tact assez sûr, une certaine connaissance des hommes et des choses ; mais tout cela s'endort aisément au milieu des circonventions du petit coucher ou dans les saturnales des petits appartements, auxquelles je reviendrai tout à l'heure. Louis XV est d'autant moins excusable de céder aux suggestions intéressées des gens de cour, qu'il en connaît bien le danger. Plus d'une fois on l'entendit répéter ce propos de Charles-Quint : « Les gens de lettres m'instruisent, les » négociants m'enrichissent et les grands me dépouillent. » Cependant notre maître dans son apathique incurie favorise peu les lettres, seconde moins encore le commerce et ne montre de sollicitude qu'à ces mêmes hommes occupés de le dépouiller. Une nuance tout à fait disparate de ce naturel doit être citée : c'est que, nonobstant les prodigalités dont Louis paye les complaisances de ses courtisans, on peut le regarder comme un des hommes les plus parcimonieux de son royaume, et j'aurai, j'en suis sûre, l'occasion de saisir son avarice sur le fait.

Possédant quelques principes superficiels des sciences, ainsi que je crois l'avoir dit ailleurs, Louis aime à s'en prévaloir ; mais c'est avec plus d'esprit que d'ordre qu'il s'avise de son érudition : il parle histoire, géographie, physique, anatomie, botanique, presque à la fois, et sans marquer dans sa conversation les points de connexité que ces connaissances peuvent avoir entre elles..... Les vrais savants voient trop que Sa Majesté veut paraître universelle, et ces mouvements rapides d'érudition leur laissent voir fréquemment le tuf.

J'ai signalé la franchise du roi, ajoutons pour preuve que c'est dans toute la sincérité de cette qualité qu'il croit pouvoir concilier le plaisir et les exercices pieux, le culte des amours et la foi romaine. Louis XV, au milieu de ses plus grands désordres, ne manque jamais à ses prières du matin et du soir ; il entend la messe avec une ponctuelle régularité ; les jours fériés, il assiste aux vêpres, au sermon, au salut... Pendant les offices, Sa Majesté ne lève pas les yeux de son livre d'heures, et le mouvement de ses lèvres ne laisse pas douter qu'elle n'articule chaque mot. Enfin, sans affecter dans la vie privée toute l'austérité bigote de Louis XIV, le roi est dévot ; il professe une profonde vénération pour le sacerdoce, et blâme, même au sein de ses orgies, les esprits forts et les indévots... Cette pratique a bien son mérite : Sa Majesté y gagne la franche allure de ses plaisirs, tandis que nous y gagnons, nous, l'absence d'une cour hypocrite.

Malgré le talent que la jeune marquise de Vintimille déploie dans ses entrevues avec le roi, malgré l'amabilité de ses manières et la vivacité de son esprit, ce prince ne l'a pas eue longtemps sans chercher à lui donner une rivale. Je ne sais quelle attraction porte Sa Majesté vers la famille de Nesle, mais c'est encore une sœur de madame de Mailly et de madame de Vintimille qui a tenté l'inconstance du monarque. L'appartement de mesdemoiselles de Nesle est un nid de Grâces où notre bon roi va les prendre dès qu'elles sont écloses. La dernière dénichée, plus jeune que la favorite en titre, a cependant reçu plus abondamment les dons de la nature : c'est une grosse et grande femme, à la taille forte, à la gorge rebondie, aux lèvres épaisses et aux traits communs, dont le physique forme avec le corps grêle de madame de Vintimille un contraste parfait. Au moral, mademoiselle de Nesle possède une gaieté franche et niaise, un abandon qui signifie « Tout ce qu'il vous plaira, » enfin tout le laisser aller d'un tempérament fougueux affiché par la sottise. Cet ensemble matériel piqua la curiosité libertine du roi ; il voulut l'avoir, il l'eut, et donna cette troisième maîtresse à M. de Lauraguais, qui la prit aux conditions de non-possession stipulées pour madame de Vintimille.

Louis fut bientôt las d'une femme qui n'avait rien à dire dès que son amant n'interrogeait plus que son esprit ; mais, honteuse de recourir sitôt à une nouvelle infidélité, Sa Majesté conçut le projet de prolonger ses plaisirs actuels en les combinant. Un jour elle proposa aux deux sœurs de partager en même temps la couche royale, ce à quoi elles consentirent assez peu volontiers. Le roi, qui, dans ce raffinement de luxure, surpassait son bisaïeul et le régent lui-même, se félicita de cette innovation avec ses intimes courtisans. Ce prince était enchanté, disait-il, de cette transition subite de formes, de façons de procéder, d'expression passionnée ; il ajoutait « qu'avec ma- » dame de Vintimille le bonheur était maigre et délicat, tandis » qu'avec madame de Lauraguais il était gras et robuste. »

C'est ainsi que s'écoule la vie de Louis XV, pendant que ses armées luttent en Allemagne avec un désavantage de plus en plus affligeant. Cette période n'en sera pas moins un règne essentiellement *glorieux*, car les pensions des écrivains ne sont pas supprimées. Un beau rideau de pourpre, brodé par les panégyristes à gages de toutes les actions honorables de Sa Majesté, sera tiré sur ses dérégléments : montrons-les donc avant que l'indulgente histoire les dérobe aux yeux de la postérité.

Les *petits appartements*, théâtre des orgies ordinaires, sont une partie mystérieuse du palais de Versailles, ne communiquant avec le surplus que par des issues étroites et presque cachées. Ce réduit délicieux est ouvert aux seuls néophytes du plaisir, dont Louis XV s'est déclaré le grand prêtre. Les fêtes nocturnes qu'on y célèbre furent, dit-on, imaginées par mademoiselle de Charolais, fervente prêtresse de Vénus, et par madame la comtesse de Toulouse, dont je n'ai pas encore parlé, quoique depuis longtemps elle fasse parler d'elle plus que le comte ne le voudrait. C'est là que madame de Mailly, après avoir initié le roi aux voluptés adultères, le forma à l'intempérance et lui apprit à s'enivrer. Sa Majesté prit tellement goût à ce nouveau passe-temps, qu'elle voulut qu'à certains jours on ne sacrifiât qu'à Bacchus dans les petits appartements. Ces bacchanales, appelées *petites fêtes*, sont, à moins d'impérieuse nécessité, une sorte de jubilé des amours : on ne s'y occupe que de boire, avec mesure toutefois, et de manière à exciter les bons mots, les saillies, les sarcasmes même. Sous l'apparence d'une gaieté frivole, les la Trémouille, les d'Ayen, les Maurepas, les Coigny, les Souvré, tous censeurs aussi malins qu'ils sont convives joyeux, ne laissent pas de glisser à l'oreille du roi quelques bonnes vérités critiques qui malheureusement sont perdues. Quelquefois, fatigués de faire de l'esprit, les habitués des petits appartements se livrent à des transports tout à fait bachiques. Alors les dames se retirent, et, dignes émules des buveurs anglais, les agrégés se portent de superbes défis... C'est à qui mettra son adversaire sous la table. Au terme de ces nobles combats, des serviteurs affidés relèvent les vainqueurs ronflant sur le plancher auprès des vaincus, et portent les uns et les autres dans leurs lits. Pendant la faveur de madame de Mailly, elle avait coutume de rester avec les sectateurs de Bacchus quand les autres dames étaient retirées ; cette nouvelle Érigone ramassait le gant des buveurs, et souvent elle tombait dans la lice couronnée des pampres de la victoire... On pense bien que les domestiques s'égayaient beaucoup lorsqu'ils avaient à relever l'intrépide combattante, qui ne tombait pas toujours selon le vœu de la pudeur.

Il n'est pas inutile, pour l'histoire des mœurs, de dire qu'aux fêtes des petits appartements Louis XV se charge de préparer la plus grande partie des mets. Il a fait construire en conséquence, dans cette partie mystérieuse du château, une fort jolie cuisine, un four, des fourneaux. Abstraction faite de toute flatterie, les ragoûts de Sa Majesté sont délicieux ; plusieurs sauces nouvelles, dont les cuisiniers de la capitale se sont donné les gants, sont réellement dues à l'imaginative du roi de France et de Navarre, et le royaume ne peut manquer d'être comblé de prospérités si Louis XV apporte un jour dans la science du gouvernement la moitié de l'aptitude qu'il développe dans l'art de la cuisine.

Après quelques heures de sommeil, les célébrants des fêtes de Bacchus n'en conservent plus que le souvenir. Il n'en est pas de même des fêtes de Vénus, et les dames qui participent aux mystères de la déesse n'échappent pas toujours aux conséquences de ces sacrifices. Mademoiselle de Charolais, par exemple, a subi cette année un semblable résultat, qui n'a toutefois surpris personne. On sait que la princesse, tous les ans à peu près, fait une retraite obligée de six semaines environ, et cela sans plus de secret qu'une fille d'Opéra. Cette fois la retraite de Son Altesse a été accompagnée d'une circonstance qui a diverti plus que de coutume la cour et la ville. Le suisse de mademoiselle de Bourbon est un bon, gros, épais Helvétien qui n'entend pas finesse aux intrigues de sa maîtresse ; quand on venait, de la part des grands seigneurs, lui demander des nouvelles de la malade, il répondait sans façon : « La princesse se porte » aussi bien que son état le permet, et l'enfant aussi. » Du reste, la conduite de mademoiselle de Charolais est un laisser aller de famille ; on a vu que mademoiselle de Clermont se donnait carrière avec feu M. de Melun, qu'elle a dès longtemps remplacé en plusieurs volumes, et mademoiselle de Sens ne favorise pas moins M. de Maulevrier-Langeron.

Il y eut dernièrement à Choisy, où les deux sœurs Nesle et le roi exécutaient leur trio favori, une scène qui fit un peu diversion à ce passe-temps. Une jolie comédie de Boursault, *Ésope à la cour*, ayant été jouée devant Louis XV, ce prince, qui ne la connaissait pas, dressa singulièrement l'oreille en entendant une certaine scène de cette pièce. Le roi de théâtre permet à ses courtisans de lui reprocher ses défauts ; mais, conformément aux us et coutumes des cours, tous s'accordent à le louer outre mesure. Un seul tient à Sa Majesté un langage différent : « Sire, dit-il en beaux vers, vous aimez le vin, » vous vous grisez, et ce défaut dangereux dans tout homme l'est » encore plus dans un souverain. »

A ces mots, Louis XV se lève, impose silence à l'acteur, et déclare que la comédie qu'on ose jouer devant lui est *indécente*... L'expression n'était pas heureusement choisie : c'était injurieuse qu'il fallait dire, car l'allusion atteignait à brûle-pourpoint le monarque. Sa Majesté fit défendre expressément de jouer à l'avenir *Ésope à la cour* dans aucune maison royale ; le roi a dit depuis qu'il pensait que cet ouvrage avait été mis sur le répertoire par ordre de la reine, mais qu'il n'avait jamais osé lui en parler. Quoi qu'il en soit, le coup a porté : on ne s'est pas enivré à la cour depuis cette représentation ; nous verrons combien de temps durera ce souvenir de la honte.

Sans doute les courtisans, peuple toujours livré aux extrêmes, se sont imaginé que la moralité de Boursault avait guéri le roi même de l'usage de boire pour apaiser sa soif : voilà ce qui est arrivé au dernier courre de Saint-Germain. On a coutume de faire porter aux chasses de Sa Majesté une quarantaine de bouteilles de vin, dont les piqueurs, les traqueurs, les valets, gens d'ordinaire fort altérés, font leur profit dans la proportion des trente-huit quarantièmes. Le roi, pour qui l'on est censé se munir de cet approvisionnement liquide, demanda ce jour-là un verre de vin.

« Sire, répondit un officier des chasses, il n'y en a plus.

— N'en prend-on pas toujours quarante bouteilles? dit le roi surpris d'une si rapide consommation.

— Il est vrai, sire, mais tout est bu.

— Qu'on en prenne donc à l'avenir quarante et une, afin que du moins il en reste une pour moi. »

On voit que l'attention du roi est loin des combats : jeune, Louis XIV savait s'en occuper en même temps qu'il se livrait à ses amours; la guerre et la beauté avaient un empire égal sur son cœur. Mais jusqu'à présent Louis XV ne ressent que la moitié de cette influence; il laisse ses généraux travailler à sa gloire.

Cependant, dès le 10 janvier, on fit tenir au roi un grand conseil au château de la Meute, dans lequel il fut résolu que les armées françaises seraient recrutées et que l'on en formerait de nouvelles par l'appel des milices. Bientôt un mouvement considérable de troupes s'opéra sur toute la surface du royaume; un grand nombre de régiments, complétés par des recrues, marchèrent vers l'Alsace, où se forma une armée dont le maréchal de Noailles prit le commandement. Quand tous les contingents que ce général attendait furent arrivés, il passa le Rhin. Détachant ensuite un corps, sous les ordres du comte de Ségur, pour aller au-devant du maréchal de Broglie, en retraite sur le Mein, M. de Noailles prit lui-même position sur cette rivière. Le maréchal trouva l'armée anglaise, commandée par Georges II lui-même et forte d'environ cinquante mille hommes, campée de Selingstaal à Aschaffembourg. Cette position était périlleuse : resserrés entre le Mein et une chaîne de collines assez élevées qu'un bois épais couronnait, les Anglais se trouvaient privés de tout moyen de développement et même de salut ; car, les Français étant maîtres du cours de la rivière au-dessus et au-dessous du camp de Georges, ce prince ne pouvait faire aucun mouvement. M. de Noailles conçut le projet d'affamer son ennemi ou de le forcer à mettre bas les armes, projet qui faillit avoir sa complète exécution. En effet, dans l'étrange situation où s'était mise Sa Majesté Britannique contre l'avis du comte de Stair, qui commandait en second, rien ne pouvait entrer dans le camp anglais; après quinze jours de blocus (car c'en était un que l'armée anglaise subissait), le soldat ne recevait plus que la demi-ration ; les fourrages étaient entièrement épuisés ; on parlait de couper les jarrets à tous les chevaux : extrémité déplorable qui faisait jeter les hauts cris aux troupes, mélange confus d'Anglais, d'Hanovriens, de Hessois et d'Autrichiens : rien ne pouvait donc sauver les ennemis ; cinquante mille combattants devaient tomber inévitablement au pouvoir du maréchal de Noailles avec une tête couronnée : ce général français avait sous la main un moyen de terminer la guerre d'un seul coup... Telle est encore la situation des choses au moment où j'écris.

Tandis que des événements sans doute décisifs se préparent sur le Rhin, récapitulons ce qui s'est passé ailleurs depuis le commencement de la campagne. Le maréchal de Belle-Isle, parti d'Egra, où il s'était arrêté cet hiver après sa retraite savante, conduisit, au printemps, son armée à Spire en traversant le haut Palatinat. Ce corps, réduit à de faibles débris par la guerre, les souffrances et la fatigue, devait repasser le Rhin et rentrer en France pour se réorganiser. Quant à M. de Belle-Isle, il se rendit à Francfort à l'effet de reprendre son caractère et ses fonctions diplomatiques.

Cependant le maréchal de Broglie, combinant ses manœuvres avec celles du Bavarois Sechendorff, essayait de couvrir la Bavière; mais les efforts réunis de ces deux généraux ne pouvaient longtemps soutenir les attaques réitérées du prince Charles de Lorraine, qui leur opposait des forces supérieures, que des ressources locales grossissaient tous les jours. Refoulés vers Donavert, pays où retentit jadis le canon d'Hœchstædt, si fatal aux armées françaises et bavaroises, Broglie attendait les ordres du roi pour se diriger dans une situation où cet officier n'osait plus agir de lui-même. C'est à ces pressantes nécessités que répond la marche du comte de Ségur.

Au midi, la fortune des alliés se traîne languissante, et de nombreuses armées, qui pourraient battre les ennemis, n'osent rien entreprendre parce qu'elles sont disséminées. Don Philippe, rentré en Savoie, après avoir reçu un secours que le marquis de Las Minas lui amena à travers la France, a forcé le roi de Sardaigne d'abandonner son camp de Montmeillan : le prince piémontais a repassé péniblement le mont Cenis et le Petit Saint-Bernard. L'infant, trop faible pour s'engager dans les Etats de Charles-Emmanuel, s'est consumé pendant plusieurs mois en vaines tentatives pour pénétrer en Lombardie, où ce prince espagnol eût trouvé des partisans et des auxiliaires ; mais le Grand Saint-Bernard s'élevait devant lui menaçant, inaccessible : ce n'est qu'à d'autres Titans qu'il peut être réservé de vaincre ces rocs sourcilleux, fiers géants de la création.

De l'autre côté des Alpes une armée autrichienne s'étend depuis le Milanais jusqu'aux portes de Bologne, sans que le corps espagnol commandé par le comte de Gages puisse rien tenter contre cette ligne si prolongée et conséquemment si vulnérable. Tel est le funeste effet de la neutralité *ordonnée* au roi des Deux-Siciles par l'Angleterre : une armée napolitaine s'indigne, à quelques marches de ses alliés, des honteuses entraves qui l'empêchent, non pas d'aller à leur secours, mais de courir leur donner la victoire par le concours de ses armes maintenant enchaînées.

Pendant l'espèce de repos que la position difficile des armées donne à l'Europe, les puissances s'agitent pour imprimer ou soutenir le terrible choc qui suivra cet instant d'inaction : toute l'Allemagne est en mouvement ; chaque prince y fortifie ses Etats ; ce vaste pays se hérisse de bastions, de redoutes, de remparts, où le bronze est prêt à tonner. Les levées se multiplient dans les Etats électoraux : cent princes, dont une pierre lancée par un bras vigoureux traverserait les possessions, réunissent leurs contingents pour former une armée où les uniformes bigarrés des soldats exprimeront bien la diversité des opinions et des intérêts de leurs maîtres... Tous ces souverains pygmées ont vendu leur alliance ou à Marie-Thérèse ou à Charles VII; le plus offrant et dernier enchérisseur a été leur allié, le moins généreux est devenu leur ennemi, et malheureusement l'empereur de façon française n'a pu lutter de subsides avec la reine de Hongrie, qu'alimentent, sous ce rapport, l'Angleterre, Venise, la Hollande et la Prusse. Aussi les armées de cette souveraine couvrent-elles la Bohême, l'Autriche, la Bavière, l'Italie. Elle se dispose à faire marcher encore de nouvelles troupes sur le Rhin et sur la Moselle, tandis que douze mille Hanovriens ou Hessois, venant des Pays-Bas, s'avancent par Hanau pour secourir le roi d'Angleterre.

Il est aisé de reconnaître, d'après le rapide exposé que je viens de tracer, que sur tous les points nos frontières sont menacées, et que nulle part ni de fortes armées ni de grands talents ne nous offrent de garanties rassurantes. Mais, je l'ai dit, Georges II s'est placé dans une position telle, qu'il peut échapper un seul de ses soldats au maréchal de Noailles : le nœud de la guerre est sous l'épée de ce général, il dépend de lui de le trancher; il ne faut pour cela qu'un coup de main hardi, et la paix, une paix glorieuse, est conquise.

Dans la situation critique de nos armées, c'eût été déjà un événement fort malheureux que de laisser échapper Georges II du piége où lui-même s'était engagé; que résultera-t-il donc pour nous de la perte d'une grande bataille sur le point même où nous devions triompher ?

Convaincu trop tard qu'il ne pouvait conserver sa position sans risquer d'y perdre son armée, le roi d'Angleterre, averti de la marche du corps qui venait se joindre à lui, se disposa à lever le camp pendant la nuit. En conséquence il fait plier silencieusement ses tentes, forme ses bataillons dans l'obscurité, et commence le mouvement le plus dangereux que jamais général ait entrepris.

Entre les montagnes et la rivière est le village de Dettingue, que partage un ruisseau profond s'échappant des collines qui dominent ce village, et dont les eaux vont se perdre dans le Mein. Cette bourgade est enveloppée d'un massif épais d'arbres fruitiers; à peine en aperçoit-on les maisons blanchâtres, que M. le duc de Noailles montre du doigt au duc de Grammont, son neveu, en lui ordonnant d'aller occuper cette position avec un détachement de douze mille hommes composé de quatre brigades d'infanterie et des gardes françaises. Le maréchal vient d'être prévenu du décampement de Georges; il va ranger toute son armée en bataille dans la plaine, il chargera l'ennemi de front, tandis que l'artillerie, placée au delà de la rivière, le prendra en flanc, et que Grammont, qui aura laissé passer devant lui, s'élancera du ravin boisé de Dettingue pour l'attaquer à dos. Si toute cette manœuvre est faite avec précision, les Anglais courent en ce moment à leur perte. Ce défilé où le désespoir les engage va devenir leur tombeau... Mais, soit erreur, soit impatience de combattre, Grammont fait franchir le ruisseau à son corps avant que les troupes de Sa Majesté Britannique aient dépassé le village, et tombe prématurément sur elles. Par ce mouvement, le duc a quitté le retranchement naturel derrière lequel il se trouvait, et, au moment où les masses anglaises s'arrêtent pour lui faire face, il ne peut former sa ligne de bataille que sur un terrain désavantageux. Cependant Grammont se trouve entièrement séparé de l'armée principale, il n'en peut au premier moment recevoir aucun secours : c'est avec douze mille hommes qu'il doit lutter contre cinquante mille. Les batteries françaises établies sur la rive opposée du Mein, et qui, dans l'exécution régulière des ordres de M. de Noailles, devaient foudroyer les ennemis, ne peuvent tirer un seul coup de canon; elles frapperaient au milieu des rangs français.

Grammont combattait donc avec un grand désavantage dans le champ dit *des Coqs*. Un moment les Français ressaisirent l'avantage par le concours de la maison du roi et des carabiniers, qui accoururent de la tête du village de Dettingue. Mais bientôt les lignes épaisses des Anglais, rompues par le choc de cette cavalerie d'élite, se reformèrent et enveloppèrent les forces trop inégales qui les combattaient. Alors s'avancèrent plusieurs brigades d'infanterie française, qui, dégageant la maison du roi, lui rendirent la liberté de charger avec plus de valeur que d'ordre. La mêlée devint terrible : chevau-légers, gendarmes, mousquetaires, chargeaient pêle-mêle avec les dragons, les housards et les carabiniers. Les ducs de Chartres et de Penthièvre, le prince de Dombes, les comtes d'Eu et de Clermont, rangés à côté des simples cavaliers, sabrèrent comme eux, jusqu'à s'engourdir le poignet. Les ducs de Biron, de Luxembourg, de Richelieu, de Chevreuse, afin d'encourager nos brigades, s'enfoncèrent tête baissée dans les lignes ennemies. Le marquis de Puységur, furieux de voir fuir les soldats de son régiment, en tua plusieurs de sa main pour arrêter sur leurs lèvres le honteux *sauve qui peut*.

Malgré tant de prodiges de valeur, il fallut céder à Georges II un champ de bataille trop chèrement et trop vainement disputé... Le maréchal de Noailles fit sonner la retraite. Vingt-sept officiers de la maison du roi, à cheval, et vingt-trois du régiment des gardes

Toutes les asperges à la sauce !

avaient péri, plus de cent vingt étaient blessés. Le duc de Rochechouart, les marquis de Sabran et de Fleury, les comtes d'Estrades et de Rostaing restèrent parmi les morts... On y compta aussi un jeune comte de Boufflers, âgé de dix ans et demi : cet enfant avait eu la jambe broyée par un boulet; il se la fit couper et mourut sans pousser un cri... De vieux soldats, habitués aux carnages héroïques, donnèrent des larmes à tant de jeunesse, de bravoure et de malheur. Le prince de Dombes, le comte d'Eu, les marquis de Gontaut et de Vaubecourt, les comtes d'Harcourt, de Beuvron et de la Mothe-Houdancourt étaient atteints de blessures plus ou moins graves. Les chevaux des ducs de Chartres et de Noailles avaient été tués sous eux.

Du côté des ennemis, le duc de Cumberland, fils du roi, avait été blessé; ce monarque lui-même, las de remplacer les chevaux tués sous lui, avait fini par combattre à pied comme un simple officier. En général, la perte n'était guère moins grande du côté des ennemis que du nôtre; il resta plus de quatre mille morts sur la place, dont deux mille étaient Anglais, Hanovriens, Hessois ou Autrichiens. Le roi voulut avoir l'honneur de dîner sur le champ de bataille dans la journée du 27 juin; mais le repas de Sa Majesté fut court. Craignant d'être attaqué une seconde fois dans la position difficile d'où il n'était pas sorti, ce prince se retira avec précipitation vers Hanau, sans même se donner le temps de relever six cents blessés, que lord Stair recommanda à la générosité du maréchal de Noailles, et qui furent recueillis et pansés comme nos propres soldats.

Sans doute la perte de la bataille de Dettingue doit être attribuée à la précipitation imprudente du duc de Grammont, mais le maréchal de Noailles n'est point exempt de blâme. Ce général, au moment où il savait que l'exécution de ses ordres allait commencer, ne se trouvait point dans son quartier : il était allé reconnaître et faire sonder quelques gués. Lorsqu'il s'agit de marcher au secours de Grammont, il y eut du désordre, de l'hésitation; il fallut chercher le

maréchal, et souvent à la guerre un moment perdu ne se retrouve plus.

Cependant, peu de jours après ce funeste événement, qui mettait la France dans le plus grand danger, Louis XV déclara qu'il était fort content de M. de Noailles. Il faut que Sa Majesté soit bien abusée ou bien indifférente, car, en supposant que le maréchal ait fait tout son devoir à Dettingue, l'instant où les pertes de cette journée couvraient la France de deuil était mal choisi pour donner des félicitations au général qui avait perdu la bataille. J'ajouterai avec chagrin que l'opinion doit opter tristement entre l'erreur et l'indifférence du roi, s'il est vrai qu'il ait dit en apprenant la fatale nouvelle : « Dieu » soit loué ! je serai délivré cette fois de l'importunité des récom- » penses. » Si ce propos, dont j'aime à douter, était vrai, le monarque se serait trompé, car quinze cents officiers, échappés au massacre du 27 juin, sont venus, la semaine dernière, solliciter à Versailles le prix de leur présence à Dettingue; plusieurs d'entre eux l'ont même demandé en argent. Un lieutenant de grenadiers à qui le ministre de la guerre avait donné la croix de Saint-Louis sans y joindre la pension lui dit : « Monseigneur, Votre Excellence vient d'attacher » à ma boutonnière le signe de mon courage, mais elle a oublié la » réalité de ma valeur. » Cet officier fut satisfait.

Après l'échec de nos armes sur le Mein, le maréchal de Broglie hâta sa retraite des bords du Danube vers le Nècre, retraite qu'il put terminer heureusement, grâce à la jonction du comte de Ségur. Le 9 juillet, ce maréchal, dont la conduite en Bohême avait été digne d'éloges, mais que les chances de la guerre n'avaient pas favorisé, remit son commandement au comte de Saxe et revint en France.

Dans le temps des malheurs de notre armée du Rhin, Louis XV, plus heureux dans les petites entreprises que dans les grandes, triomphait des corsaires de Tunis, qu'il avait envoyé châtier par un bombardement de leur ville, confié au marquis de Massiac, capitaine de

Mes enfants, j'ai donné l'accolade au plus valoureux soldat de l'Europe.

vaisseau... Quatre vaisseaux de ligne ont suffi pour obtenir la soumission de ces barbares. La régence envoya dans les premiers jours de juillet des députés à Versailles, le roi reçut de la part de leur souverain huit chevaux barbes d'une rare beauté; ils plièrent le genou en signe d'humiliation, mais on ne chanta pas de *Te Deum* au milieu des *De profundis*.

C'est un singulier aspect que celui d'une ville neutre pendant les hostilités ! Le lendemain d'une bataille où, la rage dans le cœur, des hommes de guerre se sont porté de gaieté de cœur les plus terribles coups, vous les voyez dans ce lieu, assis à la même table, boire du vin ou de la même bouteille, boire à la santé les uns des autres, lorsque deux jours après ils doivent de nouveau chercher à s'arracher mutuellement cette vie pour laquelle ils forment en ce moment des vœux réciproques. Il y a plus : ces vœux sont sincères, car rien ne commande l'estime comme l'inimitié du champ de bataille... Nous avons vu qu'il n'y eut qu'un pas de l'acharnement qu'Eugène et Villars montrèrent longtemps l'un contre l'autre à l'intimité qui les unit ensuite au **congrès de Rastadt**. C'est ainsi que le maréchal de Noailles et lord Stair se virent à Francfort, trois jours après la bataille de Dettingue : ils se félicitèrent l'un l'autre de la valeur de leurs troupes respectives dans cet engagement. « Quant à la direction » de la campagne et du combat, ajouta le seigneur anglais, nous » avons, tout victorieux que nous sommes, plus de reproches à nous » faire que vous : votre unique faute est de n'avoir pas attendu ; » tandis que nous avons failli deux fois, d'abord en nous jetant au » milieu d'un danger évident, ensuite en ne sachant pas profiter de » la victoire. »

Pendant que les deux illustres amis convenaient réciproquement de leurs fautes, l'empereur Charles VII, confiné à Francfort, subissait cruellement la conséquence de nos revers. Sans espérance, sans ressources, ce malheureux prince n'obtenait de personne dans cette *ville impériale* la plus légère avance d'argent ; lui et sa famille manquaient souvent du strict nécessaire, et reconnaissaient le triste néant de la grandeur abandonnée de la fortune. Dans cette déplorable extrémité, Charles-Albert se vit bientôt réduit à la démarche qui devait coûter le plus à son orgueil, à son honneur : il fut contraint d'entrer en négociation avec la reine de Hongrie. L'empereur offrit de prime abord, par l'organe du prince de Hesse, « de renoncer à toutes ses » prétentions sur l'héritage » de la maison d'Autriche, » de déposer cette couronne » impériale qu'il avait pla- » cée sur son front, enfin de » se déclarer neutre dans sa » propre cause, demandant » pour toute grâce qu'on » laissât les débris de ses » troupes en Souabe, où » elles seraient regardées » comme troupes impéria- » les. — Mon frère l'*empe- » reur de Bavière*, répondit » ironiquement Marie-Thé- » rèse, s'y prend avec une » politesse trop complète » pour que je puisse le re- » fuser. » Et sur-le-champ un armistice fut conclu à ces étranges conditions entre les deux compétiteurs.

Le roi, par une ordonnance du 10 juillet, avait appelé sous les drapeaux une nouvelle levée de trente-six mille hommes, lorsque le maréchal de Belle-Isle lui marqua de Francfort la suspension d'hostilités signée entre Charles VII et Marie-Thérèse. Tout aussitôt Sa Majesté fait déclarer à la diète de l'Empire « qu'ayant appris que » l'empereur et la reine de Hongrie étaient en termes d'accommo- » dement, et voulant donner au corps germanique un nouveau témoi- » gnage de son amour pour la paix, il rappelait ses armées, qui n'é- » taient entrées en Allemagne qu'en qualité d'auxiliaires... » Auxiliaires soit ; mais le caractère de haut protecteur a tellement percé dans la conduite de Louis XV au moment où sa main décernait la couronne impériale, qu'on devait peu s'attendre à un retour si humble... On voit que Sa Majesté manque de ces conseils qui dirigèrent si dignement le règne de Louis XIV du temps de Colbert et Louvois. Il est pour les rois deux espèces de grandeur : l'une, inhérente au trône, appartient à l'héritage que le souverain reçoit par la grâce de Dieu, l'autre naît de la conduite personnelle du prince ; et cette dernière, il faut bien le dire, est pour l'ordinaire inspirée par des sujets qui se sont donné la peine d'étudier les lois de la sagesse. C'est là le côté faible de la souveraineté : dame nature ne s'arrête point aux vanités de la terre ; elle ne crée nulle part des êtres privilégiés dans leur organisation... il n'y a pas une molécule, pas la moindre émanation spirituelle de plus dans un potentat que dans un berger... Je crois que cette mère du genre humain est roturière par inclination.

Tandis que Louis XV renonçait d'une manière presque servile au

rôle brillant qu'il s'était attribué en 1741, la reine de Hongrie récompensait l'alliance du roi de Sardaigne en lui cédant une partie du territoire qu'il convoitait. Ce prince, du consentement de l'Angleterre, que cette affaire ne concernait point, recevait plus de moitié du Vigevanasque, la ville de Plaisance et le Pavesan. La cession de ces possessions à Charles-Emmanuel fut constatée par un traité signé à Worms le 13 septembre.

A cette époque toutes les conquêtes faites en Allemagne par les généraux de Louis XV étaient perdues : Braunau et Straubing avaient capitulé ; Egra, où le maréchal de Belle-Isle avait laissé une garnison française, venait de retourner à Marie-Thérèse ; le marquis d'Hernouville, qui commandait dans cette place, est prisonnier de guerre avec ses troupes. Plus heureux à Ingolstadt, M. de Granville a pu du moins obtenir une capitulation honorable. En un mot, quand le roi ne se fût pas engagé spontanément à retirer ses armées des États impériaux, elles eussent été forcées de repasser le Rhin par la puissance des événements.

Cependant Charles-Albert, première cause des hostilités dont la suite peut devenir si dangereuse pour nous, laisse retomber sur la France tout le faix de la guerre. Georges II, sous le manteau d'une neutralité perfide, commande aux portes du royaume une armée portée à soixante-dix mille hommes par la jonction de vingt mille Hollandais, tandis qu'une escadre anglaise ferme le port de Toulon, nonobstant les profondes révérences que l'ambassadeur de Sa Majesté Britannique prodigue au grand lever de Louis XV. D'un autre côté, le roi de Prusse et l'électeur de Saxe, maintenant alliés à la reine de Hongrie, se tiennent prêts à marcher contre nous, comme le fait l'Angleterre, c'est-à-dire sans déclaration de guerre. Ainsi, pour la première fois sans doute, nous voyons les appartements de Versailles remplis des ministres de ces puissances qui s'apprêtent de toutes parts à s'élancer en armes sur nos provinces : l'Europe n'eût pas joué ce jeu avec Louis XIV.

La campagne se ferme au nord sous de tristes auspices : le prince Charles, établi dans une île du Rhin, près de Vieux-Brisach, poussa au mois de novembre le partisan Montzel et ses aventuriers sur nos frontières, d'où ce chef de pillards osa répandre un manifeste adressé aux provinces d'Alsace, de Bourgogne et de Franche-Comté, dans le but de les faire rentrer sous la domination autrichienne. Montzel, joignant la menace aux sollicitations, déclarait aux habitants qui seraient pris les armes à la main qu'il les ferait pendre après les avoir obligés à se couper eux-mêmes les oreilles et le nez. Les peuples des provinces où cette atroce proclamation était parvenue y répondirent à peu près en ces termes : « Les armes que nous avons prises, bri- » gand, sont assez fortes pour nous donner le pouvoir de te braver. » Si toi ou tes dignes satellites tombez en nos mains, nous ne vous » couperons ni les oreilles ni le nez, mais le cou ; et, plus complai- » sants que toi, brigand, nous prendrons ce soin nous-mêmes. Viens, » nous t'attendons. » Montzel ne riposta à cette énergique réponse que par une fuite précipitée ; mais elle ne put l'être assez cependant pour que sa troupe ne fût pas poursuivie par les attroupements dont il avait excité l'indignation. Un grand nombre de ses bandits restèrent sur les terres de France, on eut pitié de ceux qui n'étaient que blessés ; mais leur commandant, chassé comme une bête féroce, fut contraint de se précipiter dans le Rhin pour échapper à la fureur des poursuivants, qui le virent avec un farouche plaisir teindre de son sang les flots argentés qu'il coupait en nageant. Trois mille grenadiers autrichiens, qui dans le même temps avaient passé le Rhin non loin de l'île de Reignac et s'étaient avancés jusqu'à Rhinville, y furent

Louis XV attendait madame d'Étioles.

attendus par les brigades de Champagne et de la Sarre, que soutenaient deux régiments de dragons. Ce corps autrichien, taillé en pièces, ne repassa le fleuve que dans la proportion d'un quart. Le prince Charles, ayant rallié ce débris, leva son camp, et se rapprocha des Anglais cantonnés dans le Brisgaw.

Ces petits avantages sont loin d'être rassurants, lorsque nous voyons étinceler de l'autre côté du Rhin une longue forêt de mousquets qui s'étend depuis la Suisse jusqu'aux champs humides de la Hollande. L'indifférence du roi n'est cependant excitée ni par cet aspect menaçant, ni par la présence de ces ambassadeurs qui dans sa propre cour semblent le braver. Naguère ce prince n'eut de regrets que pour madame de Vintimille, morte d'une suite de couches; maintenant Sa Majesté n'éprouve que le besoin de remplacer la défunte favorite, car les charmes robustes de madame de Lauraguais ont déjà perdu tout leur crédit. La marquise est peu regrettée à la cour : la faveur extrême dont elle y jouissait ne fut utile qu'à elle seule, et l'on croit même que le penchant qu'elle avait à nuire pourrait bien avoir abrégé sa vie. Des soupçons ont plané sur la mémoire du cardinal de Fleury, qui, dit-on, fut effrayé, dès le début de madame de Vintimille, des conséquences probables de ses menées ambitieuses. Mais cette accusation me paraît dépourvue de toute vraisemblance : le cardinal est mort depuis plus de dix mois, la maîtresse du roi mourut il y en a moins de quatre, et l'on a peu d'exemples, je crois, que l'homme le plus méchant ait légué ses vengeances par testament.

On a cru un moment que l'étoile de madame de Mailly allait briller d'un nouvel éclat. Cette favorite, ressaisie par le péché sur le domaine de la pénitence, avait reparu à Versailles; elle était, avec la princesse de Charolais et la comtesse de Toulouse, de toutes les parties du roi; mais le règne renaissant de cette maîtresse émérite n'a été qu'un éclair. Sa Majesté a découvert encore une rose au rosier galant de la maison de Nesle : une quatrième sœur du nom de Tournelle a, par son grand œil vif et spirituel, captivé toute l'attention de Louis XV. La marquise de Tournelle est d'ailleurs d'une blancheur éblouissante, ses traits ont de la délicatesse, sa taille est élégante, son maintien noble et décent; tout en elle justifie la nouvelle passion du roi. Mais la marquise ne s'est point rendue à discrétion; une capitulation en bonne forme a précédé sa défaite. Voici les principaux articles du traité tels qu'ils ont été soumis au royal conquérant par le duc de Richelieu, son premier gentilhomme de la chambre, érigé en ministre plénipotentiaire auprès de la beauté convoitée :

« 1° Ma sœur Mailly sera éloignée de la cour et renfermée dans un couvent;

» 2° Mon titre de marquise sera changé en celui de duchesse, avec les honneurs et distinctions attachés à cette dignité;

» 3° Le roi me fera un sort tel qu'aucun événement ne puisse m'en priver, et ma fortune sera indépendante de toutes les variations qui surviendraient dans les inclinations de Sa Majesté;

» 4° Si je deviens favorite, le roi se mettra à la tête de ses armées, ne voulant point être accusée d'avoir détourné ce prince des devoirs de la royauté. »

Il n'est aucun souverain qui ne doive se soumettre à la suzeraineté de l'amour s'il a reconnu son pouvoir : toutes les conditions de la marquise de Tournelle ont été acceptées; elle est duchesse de Châteauroux; un patrimoine considérable lui est assuré; cette excellente sœur a obtenu que madame de Mailly fût jetée dans un cloître; et, nouvelle Agnès Sorel, la favorite débutante a obtenu de Louis XV qu'il saisît l'épée de Charles VII, bien qu'il n'en ait pas précisément les inclinations guerrières.

A ce prix, la duchesse a livré le trésor de ses charmes au galant monarque; elle a été reconnue grande prêtresse des mystères célébrés dans les petits appartements, et mesdames de Toulouse et de Charolais ont juré foi et hommage à cette nouvelle souveraine des plaisirs.

En attendant que le roi de France voie naître des lauriers au milieu des myrtes qui l'environnent, parlons de ceux que Voltaire moissonne à pleines mains sur la scène tragique. Je mentionnerai peu la *Mort de César*, véritable tragédie de collège, que Voltaire fit jouer d'abord sur le théâtre qui lui convenait, c'est-à-dire aux colléges d'Harcourt et de Mazarin. Cet ouvrage, comme tous ceux de son auteur, se distingue par une brillante versification; mais lorsque la première des passions théâtrales, l'amour, n'est point employée comme ressort, il faut autre chose qu'une conjuration en dialogues pompeux pour remplir un cadre tragique, même réduit à trois actes, et personne ne produira ni terreur ni pitié avec une révolution politique opérée par sept à huit personnages sur une surface de douze pieds carrés. Disons-le sans détour, le tragique bien pénétré des ressources de son art s'interdira toujours les sujets où des masses populaires doivent agir aux yeux du spectateur; point de représentation dramatique sans illusion, et jamais on n'en produira à l'aide de comparses, mécaniques vivantes aux gages de huit cents francs. L'âme de la multitude, révélée par cette expression passionnée qui rougit ou pâlit tous les visages, qui montre un feu étincelant dans tous les yeux, il ne faut point en demander le jeu à des gens toujours prêts à répondre : « On ne nous paye pas assez cher pour rougir, pleurer ou

» pâlir. » Le succès de *la Mort de César*, représentée cette année au Théâtre-Français, a été froid comme cette tragédie elle-même.

Mais quelle éclatante revanche Voltaire obtient par les applaudissements donnés à *Mérope*, dont notre scène s'enrichit en 1743! Avant de parler de cette tragédie digne de figurer à côté de *Zaïre* et de *Mahomet*, disons que Voltaire n'est pas le premier poëte qui ait traité ce sujet, car on doit accorder à chacun la part de gloire que ses travaux réclament. L'*Amasis* de la Grange-Chancel, jouée en 1703, offre la donnée principale de *Mérope* : l'action est la même au fond, quoique disposée différemment; tout porte donc à croire que Voltaire doit cette inspiration à l'ancien page de la princesse de Conti. Ajoutons en passant que Pharès dit à Sésostris, dans *Amasis*, que sa mère

Ne recouvra ses sens que pour envisager
Cinq fils que sur le marbre on venait d'égorger;

et que Henri IV dit dans *la Henriade* :

Et je n'ouvris les yeux que pour envisager
Les miens, que sur le marbre on venait d'égorger;

preuve qu'il a paru plus d'une fois commode à Voltaire de faire des emprunts à la Grange-Chancel.

Sous le titre même de *Mérope*, les comédiens italiens jouèrent en 1717 une tragédie du marquis de Maffey, où Voltaire puisa encore quelques idées. Je doute qu'il en ait tiré de la *Mérope* représentée à Londres en 1731, et dans laquelle le poëte anglais avait encadré une intrigue amoureuse ridiculement tissue, sans être toutefois le plus ridicule épisode de la pièce. Egisthe, encore inconnu, est tiré de sa prison par une *fille d'honneur* amoureuse de lui; conduit devant la reine sa mère, il se dispose à débiter de belles maximes étrangères au sujet, lorsqu'à sa grande surprise cette princesse lui présente une coupe de poison, et lui dit : « Bois, ou je poignarde ta maîtresse. » Le prince, en galant chevalier, avale le fatal breuvage; on l'emporte. Mais au moment où le spectateur croit Egisthe enterré, le voilà qui revient tout à coup, au cinquième acte, raconter à Mérope qu'il est son fils et qu'il vient de tuer le tyran. « Une amie de ma maîtresse, » ajoute-t-il, « avait mis du jus de pavot au lieu de poison dans la » coupe que vous m'avez présentée; je n'étais qu'endormi quand on » m'a cru mort. En m'éveillant j'ai appris que j'étais votre fils (com- » ment? Dieu le sait), et sur-le-champ j'ai tué le tyran. — Vous avez » bien fait, » répond la reine. Et la toile tombe [1].

Quelles que soient les sources auxquelles l'auteur de la *Mérope* nouvelle a puisé le sujet, c'est ce qu'il a mis de son propre fonds dans cet ouvrage qui séduit, charme, entraîne. Le rôle de Polyphonte est une des belles créations de la scène tragique, et il appartient tout entier à Voltaire. Jusqu'ici nous n'avions vu que des tyrans furieux; celui-ci a de la noblesse, de la grandeur : conséquemment ce caractère approche de la vérité, car la tyrannie ne peut émaner d'une âme vulgaire. Egisthe ressemble souvent à l'Hippolyte de Racine; mais il y a cependant quelques traits originaux dans cette imposante figure, particulièrement au cinquième acte. Le jeu supérieur de mademoiselle Dumesnil couvre ce que le rôle de Mérope offre quelquefois d'indéterminé; les spectateurs ont applaudi surtout une innovation que cette excellente actrice s'est permise dans l'entraînement de l'inspiration. Par une fausse interprétation de l'art, tous les pas de l'acteur tragique étaient mesurés et cadencés; mademoiselle Dumesnil, la première, a couru sur la scène en s'écriant :

Arrête!... c'est mon fils!

Le public a prouvé par ses acclamations que les mouvements spontanés de la passion valent mieux au théâtre que les conventions de l'école.

L'ensemble de *Mérope* laisse beaucoup à désirer; Voltaire, dans cette composition si remarquable à tant d'égards, ne s'est pas encore mis au-dessus des intrigues de comédie qui déparent ses autres tragédies; toute la pièce roule sur un mystère de naissance invraisemblable, et découvert d'une manière peu satisfaisante.

Telle qu'elle est, c'est-à-dire masquée de séductions enchanteresses, la pièce nouvelle est reçue avec un enthousiasme qui passera à la postérité. Le grand talent de Voltaire est de donner tant d'ouvrage à l'admiration, que l'âme n'a pas le temps de demander à être intéressée : avec ce précieux don, ce poëte, rempli d'adresse, de goût et de chaleur, fera constamment oublier qu'il manque souvent d'invention.

On vit après la première représentation de *Mérope* une circonstance entièrement nouvelle au théâtre : le parterre demanda l'auteur à grands cris, et exigea qu'il vînt en personne recevoir le tribut de reconnaissance que les spectateurs voulaient lui payer. On chercha longtemps Voltaire, qui, menacé de cette ovation bruyante, s'était caché pour s'y soustraire; mais, trahi par une ouvreuse de loges, il

---

[1] Le sujet de *Mérope* avait été traité dès 1642 par Gilbert sous le titre de *Téléphonte et Philoclée*; il le fut ensuite par la Chapelle sous celui de *Téléphonte* seulement. Enfin une *Mérope* de M. Clément, de Genève, avait été présentée aux comédiens avant celle de Voltaire, et, si l'on en croit ce Clément, l'illustre poëte aurait usé de stratagème pour en empêcher la représentation.

fut découvert, blotti comme un lapin·de garenne dans un recoin de l'amphithéâtre. On porte l'auteur déniché dans la loge de la maréchale de Villars, et on le met en évidence entre cette dame et sa bru. Tandis que l'auteur de *Mérope* se répand en salutations une voix du parterre crie : « Madame la duchesse de Villars, embrassez Vol- » taire.... » Soudain mille voix répètent cette sorte d'injonction, et la maréchale se prête de bonne grâce au vœu du public. Il y a dix-huit ou vingt ans, lorsque Voltaire poussait aux pieds de cette même dame des soupirs malheureux, il eût payé bien cher le baiser qu'il venait de recevoir, l'eût-il obtenu à titre d'accolade par procuration... D'autres temps, d'autres sentiments ; cette faveur qui jadis eût eni-vré les sens du poëte n'a satisfait que son amour-propre : vingt ans enlèvent bien du pouvoir aux lèvres de la beauté.

Depuis la première représentation de *Mérope* on a demandé l'auteur dans tous les théâtres de Paris, à la fin des pièces nouvelles, soit pour l'applaudir, soit pour le bafouer. Heureusement les auteurs tombés peuvent toujours prévoir l'orage, et quand la foudre éclate ils se sont mis par la fuite à l'abri de ses coups.

Le triomphe que notre brillant tragique vient d'obtenir à la Comédie-Française lui fera sans doute oublier une petite humiliation qui l'a précédé. Éloigné de l'Académie française par la jalousie puissante, Voltaire, dans le but de se faire ouvrir les portes de l'Académie des sciences, a composé les *Éléments de philosophie à la portée de tout le monde*, ouvrage qu'il a fait remettre soigneusement à tous les savants distingués. Le journaliste Desfontaines rendit un compte favorable de cette production aussitôt qu'elle fut publique ; mais, voulant exhaler dans son article un peu de sa bile critique, il s'en prit au titre du livre : « Parmi les fautes d'impression qu'on y re- » marque, disait-il en terminant, il en est une qu'il faut absolument » corriger ; ainsi, au lieu de lire : *mis* A LA PORTÉE *de tout le monde,* » lisez : *mis* A LA PORTE *de tout le monde.* » Cette allusion au soin que Voltaire a pris de répandre son ouvrage est sanglante : ce poëte, qui peut-être est l'homme le plus vindicatif de la France quand son orgueil est blessé, n'oubliera jamais une telle injure, et son ressentiment sera cette fois d'autant plus légitime, qu'il a tiré Desfontaines de Bicêtre, où il avait été enfermé pour certain système d'enseignement que cet abbé avait voulu introduire dans l'éducation de deux ou trois petits garçons titrés.

CHAPITRE XVIII.
1744.

La quatrième fleur du rosier de Nesle que Sa Majesté ait voulu cueillir n'était point un bouton : le nom de Tournelle est celui d'un mari bénévole dont la nouvelle favorite a répudié le modeste marquisat en faveur du titre de duchesse. Ce n'était pas la première fois que cette dame cédait à des inclinations ducales : le beau et jeune duc d'Agénois faisait fumer à ses pieds l'encens d'un amour aussi vif qu'ingénu, dont la marquise s'enivrait avec délices. Mais M. de Richelieu lui fit aisément comprendre que cette flamme enfantine devait s'évanouir comme un feu follet devant celle du roi ; madame de Tournelle, plus ambitieuse encore qu'amoureuse, sentit toute la force logique de ce raisonnement, et M. d'Agénois, qui s'en fût pénétré moins volontiers, reçut l'ordre de se rendre à l'armée.

Le duc de Richelieu, grâce à sa qualité de directeur des faiblesses royales, doit avoir la main dans toutes les affaires de la monarchie : au sein d'une cour galante, l'agent le plus attentif des amours du prince est toujours l'homme le plus puissant. Aussi est-ce à ce seigneur que le roi de Prusse s'est adressé pour une communication d'une haute importance. Un matin, le duc vit entrer chez lui le comte de Rottambourg, qui lui remit de la part de Frédéric II un billet conçu en ces termes : « J'ai chargé le comte de Rottambourg d'une com- » mission pour vous, et je vous prie de prendre confiance à tout ce » qu'il vous dira de ma part. » — « Me voilà prêt à vous écouter,

» monsieur le comte, » dit le favori après avoir lu. Rottambourg apprit alors à Richelieu que Sa Majesté Prussienne savait à n'en pouvoir douter que si, conformément aux projets arrêtés pour la campagne de 1744, le roi se portait en Flandre à la tête de sa principale armée, le prince Charles devait, avec les forces imposantes qu'il commandait, passer le Rhin et pénétrer en Alsace. « Or, il est un moyen » de parer ce coup, continua le diplomate allemand, sans déranger » en rien les projets du roi de France, et c'est ce moyen que je viens » vous offrir. Dès que le prince Charles aura passé le Rhin, le roi » mon maître entrera en Bohême, et produira ainsi une diversion » aussi puissante qu'inattendue. Mais, ajouta tout de suite Rottam- » bourg, Sa Majesté Prussienne met une condition au traité qu'elle » m'a chargé de proposer, c'est qu'il sera conclu entre les deux mo- » narques, vous et moi, sans que vos ministres actuels en aient con- » naissance. »

M. de Richelieu fut enchanté de trouver l'occasion d'affaiblir le crédit de MM. d'Argenson, ministre de la guerre ; de Puisieux, ministre des affaires étrangères, et de Maurepas, ministre de la marine, fonctionnaires dont le grave ascendant ne pouvait cadrer avec la légèreté de conduite et de vues d'un courtisan aussi superficiel. Frédéric II n'avait pas, de son côté, interdit à ces hommes d'État la connaissance de son ouverture sans un motif intéressé, comme la conduite qu'il se proposait de tenir. En effet, l'offre d'entrer en Bohême pendant la marche de Charles vers nos frontières était assurément l'effet d'une prévision qui se rapportait tout entière à l'intérêt particulier de la Prusse. Cette puissance, par le traité de Breslau, avait conclu une alliance défensive avec la reine de Hongrie ; mais celle-ci, soutenue depuis par l'Angleterre, par la Sardaigne, par la Saxe, par la Hollande, a fait en Allemagne des progrès inquiétants pour Frédéric : tôt ou tard il peut avoir tout à craindre de la part de Marie-Thérèse, qui, en lui cédant la Silésie, a subi la loi d'une impérieuse nécessité. Dans cette situation, le monarque prussien doit naturellement renouer ses engagements avec la cour de Versailles et c'est agir en habile politique que de revenir à nous au moment où notre propre danger peut prêter à l'intérêt de ce prince toute l'apparence du dévouement. Une fois que la Prusse sera liée à notre cause, nous devrons d'autant plus volontiers servir la sienne, qu'en attaquant Frédéric Marie-Thérèse ne paraîtra combattre que notre allié, et qu'il sera juste que nous aidions celui qui nous aura secourus. Or Sa Majesté Prussienne a pensé avec raison que si un tel projet était soumis à des diplomates habitués à prévoir de loin les résultats, l'avantage prochain pourrait leur sembler trop incertain pour justifier les obligations futures qu'il imposerait. Car la Bohême fut déjà conquise sans que les affaires de Marie-Thérèse en aient beaucoup souffert, et rien n'assure que le prince Charles serait rappelé des bords du Rhin par une nouvelle occupation de ce royaume lorsqu'une marche persévérante vers le centre de la France rendrait la position de Louis XV bien autrement dangereuse que celle de la reine de Hongrie. Si, à l'appui de ces considérations, on se rappelle les calamités que l'armée française eut à souffrir, en 1741 et 1742, au cœur des États autrichiens, on concevra que Frédéric ait voulu cacher au conseil de Louis XV un traité dont les ministres de ce dernier eussent bientôt aperçu le côté désavantageux.

Il n'y avait point à craindre ces réflexions contraires de la part d'un monarque dont l'esprit est peu exercé aux affaires, et que ne pourrait éclairer un favori qui ne fit jamais de diplomatie que par l'entremise de ses secrétaires : Richelieu ne sait que séduire les femmes et se battre.

Cet ambassadeur de boudoir court à Choisy en quittant M. de Rottambourg. Le roi, alors dans toute l'effervescence de sa passion pour madame de Châteauroux, ne songeait encore qu'à jouir du bénéfice de la convention conclue avec elle ; il ne s'occupait guère de la condition martiale que cette dame lui avait faite : la gloire du monarque était loin de l'esprit du tendre Louis. Richelieu se rendit cependant à l'appartement où les amants étaient renfermés ; en homme prudent, il eut la précaution de tourner plusieurs fois la clef dans la serrure avant d'ouvrir ; mais enfin il entra. Jamais, il faut en convenir, entrevue diplomatique ne s'était présentée plus mal à propos, et Sa Majesté demanda sèchement au duc ce qu'il voulait.

« Sire, lui dit le favori, je prie Votre Majesté de m'excuser, mais j'ai à l'entretenir d'une affaire d'État pressante.

— D'une affaire d'État, vous, monsieur de Richelieu ? dit en riant la duchesse de Châteauroux.

— Oui, madame, répondit le courtisan, et je vous en demande bien pardon en ce moment.

— Enfin, reprit le monarque en fronçant un peu le sourcil, de quoi s'agit-il ?

— Voici une lettre de Sa Majesté le roi de Prusse, poursuivit le duc, et je ne doute pas qu'elle ne soit relative à une communication qui m'a été faite par M. de Rottambourg.

— Qu'en pensez-vous, madame ? dit Louis XV après avoir lu et en passant la lettre à la duchesse.

— Mais, sire, répondit-elle, je ne vois nul inconvénient à accepter les offres de Frédéric II.

8.

— Voyons, raisonnons-en un peu, » continua le roi en se levant.
Et le conseil s'ouvrit sur le contenu de la dépêche entre le galant Louis, sa maîtresse et son... complaisant.

« Croyez-vous, mon cher duc, demanda Sa Majesté, croyez-vous que Frédéric agisse là avec franchise?

— Certainement, sire, avec la franchise de...

— La franchise de cour, interrompit madame de Châteauroux.

— Ce n'est pas de cette expression que je voulais me servir pour faire comprendre au roi qu'en fait de politique la franchise c'est l'intérêt; or, Sa Majesté Prussienne est pour le moment intéressée à seconder la France.

— Pour le moment, répéta Louis XV.

— Oui, sire, et c'est tout ce qu'il faut voir dans les relations diplomatiques, où l'on ne doit engager l'avenir qu'avec...

— Qu'avec réserve, interrompit à son tour le roi.

— Ce n'est pas assez, sire, et je cherchais un moyen décent d'avouer à Votre Majesté qu'on ne doit engager l'avenir qu'avec une sorte de perfidie.

— Ah! que dites-vous là, monsieur le duc? s'écria la favorite...

— Calmez-vous, madame; ceci ne s'applique qu'à la diplomatie.

— Eh bien, monsieur, dit Louis XV, allez en avant et travaillez d'après le plan du roi de Prusse.

— Je suis prêt obéir à Votre Majesté, dit respectueusement le duc; mais il s'agit d'un traité, et je craindrais d'avoir trop peu l'habitude des affaires pour en discuter seul les conditions.

— Oui, dans de telles conclusions, ajouta la duchesse, monsieur le duc a raison de se défier de ses propres forces.

— Voilà, reprit Richelieu d'un air piqué, un témoignage du vif intérêt que madame la duchesse prend aux affaires de l'Etat; car elle a daigné m'accorder toute sa confiance quand il était question de conclure un traité qui la concernait elle-même.

— C'est que vous étiez alors sur votre terrain, répondit la favorite sans se déconcerter...

— Sans doute, répliqua le duc en jetant sur la duchesse un coup d'œil malin, je m'occupais d'un sujet intimement connu de moi. »

Devant un homme moins amoureux que Louis XV, le dernier mot du premier gentilhomme de la chambre eût été un trait sanglant; mais il échappa à Sa Majesté, qui reprit :

« Frédéric ne veut donc pas que mes ministres interviennent dans cette convention?

— Non, sire.

— Et qui croyez-vous donc que je doive vous adjoindre?

— Je proposerai à Votre Majesté le maréchal de Noailles et le cardinal de Tencin.

— A la bonne heure, dit le roi en se rejetant sur une ottomane avec tous les signes de l'ennui, allez leur parler de ma part, et voyez si l'on en voudra en Prusse. »

Richelieu, voyant que, malgré l'importance du sujet, la conversation obsédait depuis longtemps Louis, se hâta de sortir, et Sa Majesté reprit sans doute l'entretien, bien autrement sérieux, interrompu par l'arrivée du diplomate importun. J'ajouterai, moi qui dois voir la véritable importance là où elle est, que Frédéric II accepta les négociations proposées par Richelieu, et qu'un traité fut conclu aussi promptement que secrètement avec ce monarque du Nord sur les bases qu'il avait lui-même assises.

C'est un vrai phénomène politique que la bonne intelligence prétendue qui règne entre la France et la Grande-Bretagne; bonne intelligence sous l'empire de laquelle fut livrée l'an dernier la sanglante bataille de Dettingue, où le roi d'Angleterre commandait en personne; bonne intelligence qui n'empêche pas les Anglais d'insulter depuis deux ans les côtes de Provence avec une flotte de cinquante-deux voiles, et de tenir bloquée dans le port de Toulon une escadre espagnole de seize vaisseaux de ligne qui s'y est réfugiée après avoir jeté des troupes en Italie. Louis XIV n'aurait point souffert longtemps une paix aussi dérisoire; las enfin de la supporter, le roi, s'avisant un peu tard d'une légitime indignation, fit armer au commencement de février, dans le même port de Toulon, quatorze vaisseaux de ligne, quatorze frégates et trois brûlots, dont le marquis de Court, lieutenant général des armées navales, eut le commandement. Cet officier, d'un talent distingué, reçut l'ordre de combiner ses forces avec celles de l'amiral don Joseph Navarro, alors bloqué à Toulon, et d'attaquer l'amiral anglais Mathéus, qui croisait dans ces parages, s'il s'opposait au passage de l'escadre alliée.

L'opposition ne manqua pas d'avoir lieu, et le combat s'engagea le 20 février entre la flotte combinée, forte de vingt-six vaisseaux et quatorze frégates, et celle de Georges II, composée, comme je l'ai dit, d'environ cinquante deux voiles. Malgré cette inégalité de forces, la journée fut glorieuse pour les armes de Louis XV et de Philippe V : si le succès du combat resta indécis, les avantages ultérieurs ne le furent pas; car non-seulement l'escadre franco-espagnole sortit, mais les Anglais, forcés de faire radouber tous leurs vaisseaux à Mahon, ne purent empêcher MM. de Court et de Navarro de porter en Italie des provisions de bouche dont l'armée espagnole avait le plus grand besoin.

Cette expédition était la première conséquence de la détermination prise par Louis XV de déclarer la guerre à l'Angleterre et à la reine de Hongrie; en effet, le double manifeste suivit de près. Le roi des Deux Siciles, brisant enfin les entraves qu'il avait reçues en 1742 de la Grande-Bretagne, se déclara dans le même temps contre elle et contre la maison d'Autriche, dont les troupes menaçaient ses Etats.

Cependant Louis XV méditait, dans le plus grand secret, une entreprise dont le succès pouvait porter la guerre au sein même de l'Angleterre et réveiller dans ce pays les dissensions civiles, plus fatales aux nations que toutes les inimitiés étrangères. Le roi avait fait venir mystérieusement de Rome, où il vivait dans la religion et l'oubli des grandeurs, le prince Charles-Edouard, dernier rejeton des Stuarts. Sa Majesté, en réveillant l'ambition assoupie de ce fils du prétendant, lui avait montré comme une occasion favorable pour faire une descente en Angleterre le moment où les troupes anglaises étaient dispersées en Allemagne et dans les Pays-Bas, tandis que les forces navales de Georges II se trouvaient disséminées sur toutes les mers. « Prince, avait ajouté Sa Majesté, je puis, à l'instant où je vous » parle, réunir une flotte plus nombreuse que celle qu'il sera permis » aux Anglais de m'opposer; un corps de troupes considérable s'a- » vance vers Dunkerque sous les ordres du comte de Saxe, l'un de » mes meilleurs généraux; des bâtiments de transport attendent » l'armée : vous seul manquiez à l'expédition projetée pour la ren- » dre décisive et vous mettre à même d'en recueillir le fruit; j'ai » cru devoir vous faire appeler. Voyez si vous voulez profiter de cette » occasion, la dernière peut-être qui vous sera offerte pour ressaisir » le sceptre de votre père. »

Charles-Edouard, prince doué d'un caractère noble et courageux, répondit au roi que tant qu'il resterait un Stuart, son devoir serait de tenter de reconquérir l'héritage dont cette maison fut injustement dessaisie, et qu'il remerciait Sa Majesté de lui offrir le moyen d'acquitter pour son compte cette dette de l'honneur.

Vingt-six vaisseaux de ligne, portant vingt-quatre mille hommes de débarquement, appareillèrent à Brest avec une diligence peu commune; le comte de Roquefeuil, qui en eut le commandement, les conduisit dans la Manche, sans qu'aucune escadre anglaise pût s'opposer à ce mouvement. L'armée royale forma trois divisions : la première cingla vers les côtes de Kent, la seconde se plaça entre Boulogne et Calais, la troisième se tint à la hauteur de Dunkerque. Le comte de Saxe montait le vaisseau amiral. Au moment du départ les troupes apprirent que le fils du prétendant était sur ce même vaisseau à l'apparition du pavillon royal que Charles-Edouard fit arborer.

Stuart vit pour la première fois sa patrie; mais, hélas! elle ne lui apparut que dans un lointain nuageux : de ce point même souffla bientôt une tempête inhospitalière qui l'en éloigna. Cette fois encore les vents protecteurs de la maison de Hanovre semblèrent, de leur haleine puissante, repousser la destinée aventureuse des enfants de Jacques II. Rejeté sur les côtes de France, M. de Roquefeuil tenta plusieurs fois par des manœuvres habiles de vaincre la résistance des éléments; mais les vents, toujours contraires, le repoussèrent constamment vers la rive française. Forcé de perdre du temps, ce marin laissa malgré lui aux Anglais celui d'armer tout ce qui se trouvait dans leurs ports de bâtiments capables de porter le canon; ils appelèrent sur leurs côtes des milices, des bourgeois, des paysans en armes : une invasion devint impossible. Il fallut débarquer les troupes; le comte de Saxe, à qui l'on promit le bâton de maréchal, les conduisit en Flandre, et Charles-Edouard revint à Paris attendre un nouveau sourire de la fortune.

Les dispositions maritimes que suivit un si triste résultat n'avaient point empêché les armements de terre : Louis, ceint du baudrier par les belles mains de madame de Châteauroux, se disposait à marcher en Flandre à la tête d'une armée puissante destinée à soumettre la Hollande, qui se déclarait ouvertement pour Marie-Thérèse. Une seconde armée se réunissait en Alsace sous les ordres du maréchal de Coigny, afin de protéger cette province contre l'invasion présumée du prince Charles de Lorraine. Enfin le prince de Conti conduisait en Italie un corps de vingt mille hommes, dont les opérations devaient se combiner avec celles de l'infant don Philippe.

Le roi avait rejoint son armée à l'abbaye de Cesoin, après avoir visité les principales places du Nord; il allait passer en revue cent mille hommes rangés en bataille dans une vaste plaine où cette ligne s'étendait à perte de vue, lorsqu'on lui annonça M. de Wasnar, ambassadeur des Etats Généraux. « Montez à cheval, et suivez-moi, » lui dit le roi, qui partait au galop. L'Hollandais fit de profondes réflexions à la vue du corps imposant dont Sa Majesté le forçait d'admirer la belle tenue et les dispositions martiales. Il vit avec une sorte d'effroi une réserve de quarante mille hommes à la tête de laquelle se trouvait le comte de Saxe, officier d'une valeur et d'une habileté renommées. Le diplomate républicain se fit aussi une terrible idée du ravage que porterait dans les rangs hollandais une artillerie composée de cent pièces de canon, qui ne cessa de tirer pendant toute la revue. Bref, l'envoyé des Etats Généraux, auquel ses instructions prescrivaient d'engager les négociations avec prudence, avec ménagement, ne crut pouvoir mieux faire que d'annoncer au roi que le cabinet de la Haye était prêt à licencier les troupes qu'il devait joindre à celles de l'Angleterre, si Sa Majesté consentait à suspendre sa marche vers la Hollande.

L'ambassadeur n'obtint point de réponse définitive; il vit au contraire la formidable armée commencer son mouvement, et fut témoin de la prise de Courtrai et de Menin. Poursuivant sa conquête avec rapidité, Louis XV mit le siège devant Ypres. Là se reproduisit un fait depuis longtemps étranger aux fastes militaires . le prince de Clermont, abbé de Saint-Germain des Prés, couvert d'une cuirasse et portant une lourde épée, dirigeait les principales attaques des assiégeants. Rien de mieux; le noble métier des armes n'est point incompatible avec l'esprit du sacerdoce, lorsque le prêtre combat pour sa patrie et son roi; il n'y a que les hostilités suscitées par l'intolérance et l'ambition religieuse qui dérogent à la morale de l'Evangile. Du reste, Clément XII avait accordé au prince de Clermont la permission de combattre à la tête des armées : « L'état ecclésiastique, » lui avait-il écrit, doit être subordonné à celui de la guerre dans le » petit-fils du grand Condé. » Ypres capitula après vingt jours de siège; le roi y perdit un brave serviteur, le marquis de Beauvau, qui, blessé mortellement, dit aux grenadiers de Bourbonnais et de Royal-Comtois, qu'il menait à l'assaut : « Mes amis, ne vous arrêtez » pas pour moi, les pionniers vont m'enterrer; vous, continuez de » marcher à l'ennemi. » Pendant que nos troupes entraient dans Ypres, le duc de Boufflers s'emparait du Kenaque, et l'abbé de Saint-Germain poussait avec vigueur le siège de Furnes. Le comte de Saxe avait pris une position telle, qu'il couvrait toutes les opérations des divers assiégeants, sans que ni les Anglais ni les Autrichiens, postés vers Bruxelles, pussent arrêter le succès des armes du roi.

Mais ce que n'avaient pu faire les armées de Georges et de Marie-Thérèse opposées à celle du roi, une puissante diversion sur le Rhin le fit : Sa Majesté apprit, au milieu de sa marche triomphante, que le prince Charles de Lorraine venait de passer ce fleuve à Spire à la tête de quatre-vingt mille hommes et d'envahir l'Alsace. On attribue au Bavarois Sechendorf la réussite de cette invasion, ce général n'ayant su profiter ni de l'avantage du terrain, ni des nombreux renforts qu'il avait reçus, ni de l'ardeur des troupes, pour fermer le passage au prince Charles. Quoi qu'il en soit, au moment où j'écris, des partis autrichiens, obéissant au partisan Trenk, qui a remplacé le farouche Montzel, dont il égale la férocité, répandent l'épouvante jusqu'en Lorraine... Le roi Stanislas a quitté Lunéville. Mais on sait que depuis les premiers mois de l'année la France, par une alliance avec la Prusse, demeurée secrète jusqu'à ce jour, se prépare à opposer à la diversion entreprise en Alsace une contre-diversion dirigée vers le cœur des Etats de Marie-Thérèse. En effet un manifeste de Frédéric II annonce en ce moment à l'Europe qu'il a été conclu à Paris et à Francfort un traité entre le roi de France, l'empereur Charles VII, le roi de Prusse, l'électeur palatin et la régence de Hesse-Cassel, pour contraindre la reine de Hongrie à reconnaître Charles-Albert comme chef de l'Empire, et à lui restituer ses Etats héréditaires. Sa Majesté Prussienne dit expressément « que sa qualité d'électeur de l'Empire » lui fait un devoir de donner des troupes auxiliaires à l'empereur » méconnu, dépossédé, combattu par la reine de Hongrie, au mépris » de l'unanimité des suffrages qui lui ont décerné la couronne impé-» riale. » En conséquence de ce manifeste, Frédéric marche sur la Bohême avec quatre-vingt mille hommes , tandis que vingt mille occupent la Moravie.

Malgré l'importance des événements militaires, les politiques du café de la Régence trouvent le temps de deviser longuement sur le retour en Angleterre de l'amiral Anson , qui rentra dans sa patrie le 4 juin, après avoir fait le tour du monde, voyage qu'aucun marin moderne n'avait encore achevé. Je dis aucun marin moderne, car il me paraît d'une singulière légèreté de considérer comme des entreprises ou des découvertes nouvelles ce qui nous semble n'avoir jamais eu lieu, parce que nous avons perdu la trace de ce qui fut entrepris ou découvert il y a quelques milliers d'années. Non, après la longue vie de l'espèce humaine attestée par tant de témoignages, il ne peut y avoir que des connaissances renouvelées : tant de générations ne se sont pas succédé sur notre globe sans avoir atteint l'apogée de l'intelligence qui fut donnée à l'homme. Dès longtemps il ne put rien rester d'inconnu à ce chef-d'œuvre de la création ; tout fut connu, reperdu, oublié, englouti, comme diverses races animées ou végétatives, par les révolutions de la nature. Regardons notre espèce intelligente comme reconquérant par intervalles, dans la suite des siècles, ce que nos pères ignorèrent, mais ce que leurs pères avaient su. Comment expliquer autrement cette civilisation, si conforme à la nôtre, trouvée dans l'empire de Montézuma, lors de la découverte du Mexique ? De qui ces Américains, séparés du reste de la terre par le vaste Océan, tenaient-ils des arts, des lois et même des sciences, comparables sous tant de rapports aux institutions de ce que nous appelons le vieux continent? Enfin quelle main enfouit aux sources de l'Ohio des médailles romaines , que les premiers voyageurs modernes qui parvinrent dans ces contrées sauvages y découvrirent, à leur indicible surprise? Et, si l'on jette les yeux sur la carte

au point où le nord de l'Asie n'est séparé de l'Amérique septentrionale que par un détroit de quelques lieues ; si l'on considère le rapport des physionomies sur l'une et l'autre rive; si l'on remarque l'identité des animaux fossiles trouvés dans les deux parties du monde que divise ce filet d'eau glacée, tout ne porte-t-il pas à croire qu'une secousse violente ouvrit un passage à la mer au milieu des terres, et forma ainsi deux continents en quelques heures, en quelques instants peut-être ?... Oui, tel put être le sort des habitants de ces régions hyperboréennes, que, compatriotes, amis, parents, ils furent tout à coup séparés pour jamais et pour jamais étrangers. Me voilà bien loin de l'amiral Anson ; j'y reviens pour dire que cet officier fit son entrée à Londres chargé de dépouilles espagnoles conquises au Pérou ; trente-deux chariots remplis d'or et d'argent marchaient devant lui : c'était un triomphe d'une réalité palpable; aussi Georges II éleva-t-il le triomphateur à la dignité de pair du royaume.

Les Anglais ne sont pas aussi heureux dans les mers d'Europe que dans celles d'Amérique : après avoir réparé leurs vaisseaux si maltraités près de Toulon, leur flotte a reparu dans la Méditerranée ; mais ils n'ont encore osé tenter aucune entreprise, quoique l'escadre que nous entretenons dans ces parages soit inférieure en force à celle de l'Angleterre. Au commencement de juillet, une flotte nombreuse, sortie de Spithead sous le commandement de sir Balchez, avait ordre d'attaquer la division de Brest, commandée par le comte de Rochambault ; mais l'armée ennemie, dispersée par la tempête dans le golfe de Biscaye, a dû rentrer bientôt à Plymouth dans le plus grand désordre : le vaisseau la Victoire, monté par l'amiral, avait été submergé.

Cependant Louis XV, informé de l'invasion de l'Alsace, a suspendu ses conquêtes pour courir au secours de cette province. Ajoutons que le maréchal de Coigny, campé près de Veissembourg, voyant dix mille Autrichiens maîtres de cette place et des lignes qui la bordent, a conçu et exécuté le projet de traverser les lignes ennemies pour rétablir ses relations avec la France, coupées par l'armée de Charles. Tout à coup cet intrépide général marche sur Veissembourg, où les troupes autrichiennes n'ont pas encore eu le temps de s'affermir; il attaque simultanément la ville et les lignes : on se bat sur les places, dans les rues, dans les maisons et jusqu'au pied des autels; le sang des Allemands et des Français se mêle dans les ruisseaux, le pavé est couvert de morts et de mourants. Les marquis de Clermont-Tonnerre et de Montal, ainsi que le comte de Mortagne, firent des prodiges de valeur dans cette terrible journée, où la victoire nous resta. Veissembourg et ses lignes furent reprises, mais pour un moment : toute l'armée de Charles tomba dès le lendemain sur les bras du maréchal de Coigny..... il fallut fuir..... Nous ne laissâmes dans cette position si chèrement disputée que des cadavres mutilés et le sang dont la terre était imprégnée.

Louis XV, revenu à Dunkerque, partit de ce point dans les derniers jours de juillet à la tête de vingt-six bataillons et trente-trois escadrons ; le rendez-vous général était à Metz. Sa Majesté laissait aux Pays-Bas le comte de Saxe avec environ quarante mille hommes, opposés à plus de soixante et dix mille Anglais ou Autrichiens. Et cependant le brave Maurice dit à Louis XV en le quittant : « Sire, » j'ai déjà mesuré l'étendue de ma tâche; non-seulement je dois em-» pêcher l'ennemi de rien tenter contre moi, mais encore il faut que » je conserve le pays conquis par Votre Majesté... Sire , j'espère y » réussir. » Le roi partit pénétré de confiance : il savait que le comte de Saxe était homme à lui tenir parole. Sa Majesté se dirigea rapidement vers le pays messin, par Saint-Quentin, Laon et Reims, précédé partout du maréchal de Noailles, tandis que le duc d'Harcourt gardait les gorges de Phalsbourg.

On avait appris à Paris que l'armée qui se portait vers Metz , et dont le roi venait d'augmenter les rations et la paye, montrait le plus ardent enthousiasme ; d'un autre côté, l'on savait que le comte de Saxe, campé sous Courtray, paralysait toutes les opérations de l'ennemi, et lui coupait souvent les vivres. Enfin les Parisiens étaient informés qu'un envoyé du roi de Prusse, M. de Schmettau, avait assuré à Louis XV que le mouvement projeté sur la Bohême et la Moravie s'exécutait avec un plein succès.

Tout à coup une nouvelle affreuse retentit, au milieu de la nuit, dans la capitale, comme un tocsin sinistre... Réveillée en sursaut, j'entends sous mes croisées ce cri qui me glace d'effroi : Le roi se meurt... le roi est mort... Je cours presque nue à la croisée, je l'ouvre, et des sanglots parviennent de toutes parts à mon oreille... Un bruit confus de chevaux, de carrosses et de piétons se mêle à ces signes de douleur. Des flambeaux se croisent rapidement dans l'obscurité; des seigneurs dont la voix m'est connue passent à pied sous mon balcon. Ils courent, disent-ils, chez le comte de Saint-Florentin, qui dirige les affaires intérieures en l'absence du roi, et qui reçoit à chaque instant des dépêches de Metz... Toutes les cloches appellent par un tintement lugubre aux prières des quarante heures, qui commencent cette nuit même... Je vois d'ici trente églises paroissiales ou de communautés s'éclairer successivement : la lumière des cierges me parvient nuancée diversement à travers les vitraux coloriés, et j'entends les chants pieux accentués ici par la voix cassée du prêtre sexagénaire, là par l'organe doux et clair des jeunes religieuses.

Le sommeil a fui sans retour de ma paupière ; l'aurore, que je n'ai pas vue depuis que mes nuits ne s'écoulent plus au sein des plaisirs, me trouve au pied de mon prie-Dieu ; j'adresse au ciel des vœux pour un prince qui mérite d'être aimé, qui peut mériter d'être chéri et dont la mort nous replongerait dans tous les malheurs inhérents au règne de l'inexpérience, mais surtout aux intrigues des nouvelles créatures.

Mon mari vient de rentrer ; il a vu M. de Saint-Florentin... Le roi est à la dernière extrémité. Voici des détails. Louis XV fut attaqué le 8 août d'une fièvre putride qui dès le 14 présentait le caractère le plus alarmant. Néanmoins le moral de Sa Majesté résista dans ces premiers moments aux atteintes de la maladie. Ce prince demandait à chaque instant à M. d'Argenson, ministre de la guerre, des nouvelles de l'armée du Rhin, dont M. de Noailles avait pris le commandement. Dans la matinée du 12, ce secrétaire d'Etat priait Sa Majesté de signer un ordre pour le maréchal : « Mandez-lui en » outre, dit l'illustre malade après avoir signé, que le grand Condé » gagna la bataille de Rocroi cinq jours après la mort de Louis XIII. » Mais la fermeté de caractère que ce mot annonçait ne tarda pas de se démentir : chez Louis XV, le naturel c'est la faiblesse.

Ce monarque avait voulu pousser l'imitation de son aïeul jusqu'au point de joindre sa favorite au bagage de son armée : madame de Châteauroux avait accompagné le roi en Flandre ; sa sœur, madame de Lauraguais, était aussi du voyage, et toutes les deux suivirent Sa Majesté à Metz. J'ai dit ailleurs que la duchesse, loin d'inspirer au roi une conduite efféminée, avait fait jaillir de sa flamme amoureuse la première étincelle du beau feu de la gloire ; peut-être que sans les conseils de cette dame Louis n'eût jamais paru à la tête de ses armées. Mais si madame de Châteauroux comptait à la cour beaucoup de partisans, ses ennemis n'étaient pas moins nombreux. Ces derniers pensèrent que la maladie du roi, le repentir, qui dans les âmes faibles naît toujours du danger, la crainte de la mort, la sombre perspective de l'enfer, seraient autant d'auxiliaires qui les aideraient à perdre la duchesse. Ce parti avait à Metz pour organes le duc de Bouillon, grand chambellan ; le duc de la Rochefoucauld, grand maître de la garde-robe ; l'abbé de Fitz-James, évêque de Soissons, premier aumônier, et le jeune duc de Chartres. Ce fut, comme on le pense bien, le prêtre qui se chargea de faire parler le ciel pour favoriser une intrigue de la terre, et, qui pis est, une intrigue de cour. Quand le roi se fut confessé, le prélat déclara qu'il ne pouvait absoudre ce prince qu'il n'eût préalablement demandé pardon à Dieu du scandale qu'il avait donné et qu'il n'eût chassé madame de Châteauroux. Louis XV pleura et ne répondit rien alors. Le duc de Chartres, en sa qualité de prince du sang, annonça qu'il se chargeait de parler au roi avec la fermeté convenable, et qu'il ne le quitterait pas qu'il n'eût prononcé le renvoi de sa maîtresse. En conséquence, Son Altesse se dirigea vers l'appartement de Sa Majesté ; mais le duc de Richelieu, prévenu, en avait fait fermer la porte et s'était posté en dehors, attendant l'arrivée du prince. Celui-ci ne tarda pas.

« Votre Altesse Royale ne peut entrer, dit respectueusement le premier gentilhomme de la chambre.

— Qui donc s'y opposera ?

— Moi, monseigneur ; et Votre Altesse Royale ne m'en disputera pas le droit. Sans doute les grandes et petites entrées vous sont acquises ; mais il ne s'agit point ici de cérémonial, c'est la convenance qui fait loi.

— Précisément ; et c'est dans l'intérêt de la convenance que je dois entretenir le roi.

— Je connais votre projet, monseigneur, et je suis surpris que vous songiez à faire une scène à Sa Majesté dans la situation où elle se trouve.

— Bon, bon, je ne suis pas surpris de votre opposition : il est tout simple que le ma....... du roi soutienne sa p..... Et le prince voulut déranger le duc, qui barrait le passage.

— Monsieur, vous ne passerez pas ! s'écria le duc en traversant son épée sur la porte.

— Quoi ! répondit M. de Chartres en écumant de rage, un valet tel que toi refusera la porte au plus proche parent de ton maître !... et il leva sa canne.

— Si vous faites un mouvement, je vous passe mon épée au travers du corps... N'oubliez pas qu'un valet de ma sorte ne se laissera jamais frapper par un descendant de Gaston d'Orléans, que mon grand-oncle vit plus d'une fois à ses pieds.

— Insolent ! dit avec la dernière fureur le petit-fils du régent... je trouverai l'occasion de te châtier !... » A ces mots, le prince, d'un grand coup de pied sur la porte, en enfonça l'un des battants.

On accourt de l'intérieur ; Son Altesse entre et parvient sans obstacle au lit du roi.

« Sire, de grâce, punissez ce domestique, dit M. de Chartres en montrant Richelieu ; il est inouï qu'il ait prétendu s'opposer à ce que je vinsse mettre mon respect aux pieds de Votre Majesté.

— Votre respect est trop bruyant, monsieur de Chartres, répondit le roi d'une voix affaiblie, mais vous ne devez pas avoir tort... Monsieur de Richelieu, je vous ordonne de quitter la cour. »

Le duc, qui venait d'être nommé ambassadeur en Espagne, perdit cet emploi éminent, ainsi que la grandesse et la Toison d'or, qui ne pouvaient manquer d'y être attachées. Après le départ de ce seigneur, la cabale ennemie de madame de Châteauroux n'eut pas de peine à triompher : cette dame eut ordre de quitter Metz dans la journée ; madame de Lauraguais partagea sa disgrâce. Le peuple, toujours extrême dans sa fureur comme dans son amour, excité d'ailleurs par le parti de l'évêque de Soissons, s'anima à tel point contre ces sœurs disgraciées, qu'il les eût peut-être déchirées si M. le maréchal de Belle-Isle ne leur eût prêté son carrosse pour sortir de la ville.

Le roi, après avoir fait amende honorable publiquement de ses faiblesses, avait été administré quand le dernier courrier est parti de Metz ; Sa Majesté était au plus mal : les scènes scandaleuses qui s'étaient passées au lit du monarque, dans l'intérêt fort mal entendu de la religion, avaient aggravé son état. Et certes il ne dépendait pas des prétendus dévots dont ce prince est entouré qu'il ne succombât à une maladie que la force de sa constitution eût surmontée s'il eût été moins prêché, moins catéchisé, mais soigné avec plus de ménagement et de sollicitude.

La consternation régnait à Paris, et gagnait de proche en proche toutes les provinces. Les boutiques étaient fermées ; les ouvriers abandonnaient leur travail ; une foule oisive et attristée circulait sans but comme sans direction. A chaque instant on entendait dans les rues cette demande faite d'un accent attendri : « A-t-on des nouvelles » du roi, espère-t-on sauver Sa Majesté ? » Le saint sacrement était exposé dans toutes les églises ; le clergé priait nuit et jour aux autels chargés d'ex-voto, et étincelants de mille cierges allumés par l'amour des sujets pour leur souverain. Point de jeux, point de spectacles ; les transports de la gaieté et la musique des fêtes avaient cessé partout où la fatale nouvelle était connue. En un mot, les pleurs de toute la France confirmaient le surnom de *Bien-Aimé* que le peuple de Metz avait donné par acclamation à Louis XV dès le commencement de sa maladie.

Tout à coup le galop d'un cheval se fait entendre dans la matinée du 19, un courrier élève et agite son chapeau couvert de rubans ; il approche en s'écriant : *Le roi est sauvé !* On le suit, on l'entoure, on le presse, on l'embrasse, on l'enlève de son cheval, on le porte au-dessus des têtes jusqu'à l'hôtel de ville, où cet homme confirme la convalescence de Sa Majesté. A l'instant l'aspect de Paris change : à la démarche lente et grave des habitants qui parcouraient tristement les rues succède un mouvement tumultueux ; la foule se presse sur le parvis des temples, bientôt remplis de fidèles allant rendre grâce à l'Eternel du salut de leur roi. De toutes parts retentissent des *Te Deum* spontanés. Des troupes de violons s'établissent dans les carrefours ; le peuple chante, danse, boit au bruit de ces orchestres improvisés, tandis que les maisons sont ornées de drapeaux, de fleurs, de branches d'arbre chargées de leur verte parure. Le soir toute la ville est illuminée ; mille pièces d'artifice brillent, pétillent, éclatent, et de nombreuses fusées, en sillonnant d'une trace de feu l'espace rembruni, s'élèvent dans les airs comme un cris de joie d'un peuple enivré. « Ah ! s'écria Louis XV en apprenant ces transports » d'allégresse, qu'il est doux d'être aimé ainsi ! et qu'ai-je fait pour » le mériter ! » La modestie de ce prince avait raison ; mais les Français s'attachent à leur roi par devoir, par la conscience de ce qu'il doit faire pour eux : leur amour confiant récompense d'avance dans le maître que Dieu leur a donné tout le bien qu'ils en attendent.

On a pu, durant la maladie du roi, juger le peuple et les courtisans : dans cette période d'inquiétude et de douleur, on voit des évêques, des pairs, des princes du sang intriguer scandaleusement à Metz pour chasser une favorite, et le choix du sacrifice fait à de prétendus scrupules religieux est tellement maladroit, qu'il frappe précisément la seule personne qui, au milieu de cette foule *morale*, ait inspiré au monarque des idées dignes de lui ; la seule qui lui ait dit franchement, et même au risque de fermer tout à coup la brillante carrière ouverte devant elle, qu'un roi de trente-quatre ans devait marcher à la tête de ses armées. D'un autre côté, cette tourbe populaire, cette *canaille* à laquelle d'avides courtisans font

En la croquant beaucoup d'honneur,

elle est grave, pieuse, fervente dans son chagrin, ce n'est que dans la joie qu'elle se montre expansive, emportée ; mais alors même le scandale ne déshonore point son délire, on ne l'a point remarqué à Paris pendant ces fêtes... Il s'était réfugié à la cour de Metz.

A peine le roi fut-il convalescent qu'il se disposa à marcher contre le prince Charles de Lorraine. Ce général venait d'apprendre l'invasion de la Bohême et de la Moravie par Frédéric II, et cette circonstance eût suffi pour le déterminer à la retraite quand il eût pu tenter de résister aux forces supérieures qui lui étaient opposées. Mais ce mouvement rétrograde lui-même présentait de grandes difficultés : renfermés en Alsace entre les Bavarois, les Hessois, les troupes palatines et l'armée royale, commandée par le maréchal de Noailles, les Autrichiens ne pouvaient trouver aisément une issue pour regagner le Rhin, et l'occupation des gorges de Phalsbourg par le maréchal d'Harcourt achevait de rendre la position de Charles éminemment dangereuse. Les plus faciles combinaisons de tactique eussent empêché la retraite de l'ennemi. Mais, ici comme à Dettingue, M. de Noailles laissa échapper l'instant décisif que son collègue le maréchal de Coigny lui avait indiqué, et dont il ne pouvait profiter lui-même parce qu'il était maintenant en sous-ordre. Une marche trop lente des colonnes françaises laissa au prince allemand le temps de parvenir au Rhin, à l'aide d'une diversité de manœuvres habiles que M. de Noailles ne sut ni prévenir ni contrarier. Charles, arrivé sur la rive du fleuve, exprima sa surprise en voyant que les généraux du roi avaient négligé même de couper les ponts, disposition facile, qui, malgré toute l'habileté du beau-frère de Marie-Thérèse, eût rendu son retour en Allemagne presque impossible. A peine si dans cette marche périlleuse l'arrière-garde des ennemis fut atteinte; ils quittèrent la France sans y laisser un canon. Le roi de Prusse, informé de la faute du maréchal de Noailles, faute qu'il qualifiait d'inimaginable, se plaignit hautement d'une incurie qui allait lui jeter sur les bras une armée qu'il était si facile de tailler en pièces. En effet Charles s'avança à marches forcées vers le Danube et l'Elbe, afin d'inquiéter Frédéric sur deux points à la fois. Mais le monarque du Nord savait mieux que le maréchal de Noailles calculer l'emploi du temps : Prague était prise et sa garnison, forte de dix mille hommes, prisonnière de guerre, avant que Charles de Lorraine pût rien entreprendre contre le vainqueur.

Tandis que les fautes de l'armée du Rhin répondaient si mal aux brillants résultats que le roi de Prusse obtenait en Bohême, le comte, maintenant maréchal de Saxe, avec quarante mille hommes, continuait de paralyser en Flandre tous les efforts de soixante-dix mille Anglais, Autrichiens ou Hollandais; et, du côté de l'Italie, l'infant don Philippe et M. de Conti soutenaient avec éclat l'honneur des armes de la maison de Bourbon. Ces deux princes, après avoir passé le Var en avril, chassèrent devant eux les Piémontais, qui leur abandonnèrent successivement les châteaux d'Aspremont, d'Utelle, de Nice, de Castel-Nuovo, de Montalban et de Villefranche. Dans cette dernière forteresse, on eut le singulier spectacle d'une foule de matelots anglais, ayant à leur tête l'amiral Mathéus, et qui, faisant la guerre sur un théâtre nouveau pour eux, combattaient parmi les soldats du roi de Sardaigne. On allait faire prisonniers ces marins et leur général, lorsqu'ils parvinrent à franchir les remparts avec toute la dextérité de leur profession. Continuant leur marche triomphante au milieu des gorges étroites des Alpes, les troupes françaises et espagnoles ne se laissèrent intimider ni par les roches menaçantes dont leurs ennemis faisaient crouler sur eux d'énormes quartiers, ni par les précipices dont l'œil pouvait à peine mesurer la profondeur, ni par les torrents qui mugissaient aux pieds de ces hardis conquérants. Ils bravaient également la double ceinture d'artillerie placée entre les rochers de ce défilé homicide, et dont les détonations continues retentissaient au loin comme ce roulement de tonnerre que perpétuent les échos. A Château-Dauphin, qui s'élève sur un roc presque inaccessible, deux mille Piémontais voulurent arrêter l'armée franco-espagnole : « A l'assaut! s'écria le bailli de Givri. — C'est bien dit, » répondit un officier en sortant des rangs; à moi, mes amis! je sais » comment on se conduit quand on arrive le premier sur un rempart » escaladé... » C'était l'intrépide Chevert, et déjà ce modèle des braves touchait le sommet de l'échelle sur laquelle il s'était élancé. Nos troupes n'avaient point de canons, et ceux des ennemis les foudroyaient. N'importe! les grenadiers de Poitou, que leurs chefs, Chevert surtout, excitent de la voix et de l'exemple, sautent dans les retranchements; plusieurs y pénètrent en se glissant dans les embrasures des pièces mêmes qui tirent sur eux. Cette attaque fut un massacre : le sang des vainqueurs et des vaincus découlait en filets de pourpre le long des murailles qu'on venait de franchir; une mitraille de cadavres en tombait sur les soldats restés au pied du rempart... Aucun Piémontais n'échappa : Charles-Emmanuel lui-même allait trouver parmi ses soldats la mort qu'il cherchait, lorsque des mains amies vinrent l'enlever de ce lieu funeste. Mais cet obstacle si glorieusement surmonté n'était le dernier : à quelque distance de Château-Dauphin se trouvait un passage large seulement de quelques toises, et qu'on avait appelé les *Barricades*. Ce défilé, ou plutôt ce précipice, offert comme unique issue à nos troupes, était borné de chaque côté par une montagne dont la cime se perdait dans la nue; de plus, la rivière de Sture, violemment détournée de son cours, y faisait mugir ses flots resserrés et blanchissants; enfin trois retranchements et un chemin couvert, placés de l'autre côté de l'obstacle, complétaient un système de défense qui semblait insurmontable. La valeur des assaillants eût échoué contre tant de difficultés; mais leur habileté sut les éviter : par une manœuvre regardée comme un chef-d'œuvre de tactique, les Barricades furent tournées, et le château de Démont, bâti un peu plus loin sur un rocher isolé au milieu de la vallée de la Sture, ayant été emporté d'assaut, les Français et les Espagnols débouchèrent en Italie. L'armée, pendant sa marche aussi longue que meurtrière, avait souffert toutes les privations en même temps que tous les dangers : « Soldats! s'écria le prince de Conti en imitant » Annibal, vous avez faim, vous êtes presque nus; voilà les plaines » du fertile Piémont et de la belle Lombardie, allons conquérir ce » qui vous manque. »

A l'autre extrémité de la presqu'île italique, le roi des Deux-Siciles, ayant réuni ses troupes à celles du comte de Gages, a garanti ses Etats de l'invasion dont les menaçait l'Autrichien Loblovitz. La campagne de Rome est devenue le théâtre de la guerre : les soldats de la France, de l'Espagne et de l'Allemagne foulent, en s'agitant sur cette vieille terre des héros, les os desséchés des guerriers romains, carthaginois ou gaulois qui reposent sous le gazon. La capitale des Volsques, Velletri, offrit le 11 août le même spectacle qu'on vit à Crémone sous le règne de Louis XIV. Le roi de Naples et le duc de Modène occupaient la ville antique; ils y dormaient dans le magnifique palais de Ginetti, sur la foi d'une garnison nombreuse, lorsqu'au milieu de la nuit six mille Autrichiens, guidés par une trahison inconnue, pénétrèrent à petit bruit dans Velletri après avoir égorgé la grand'garde d'une porte, et cernèrent silencieusement la maison où Sa Majesté Sicilienne reposait. Sauvé par le marquis de l'Hôpital, ambassadeur de France, don Carlos court se mettre à la tête de ses troupes hors des remparts contre lesquels il va marcher. Mais bientôt on lui apprend qu'un régiment irlandais, les gardes wallones et les Suisses viennent de reconquérir la place en jonchant son pavé d'Autrichiens égorgés. L'aurore éclaira le résultat de ce massacre nocturne : dans certaines rues, les monceaux de cadavres bouchaient les portes des maisons; il fallut enlever ces obstacles sanglants pour que les habitants pussent sortir de chez eux. Le prince de Loblowitz, qui avait introduit ses Allemands à Velletri, n'en vit pas ressortir un seul... tous avaient trouvé un tombeau ou une prison dans ces murs héroïques. Ce général se retira aux portes de Rome, les Espagnols et les Napolitains l'y suivirent; mais il leur échappa en passant ce Tibre fangeux, qui ne rappelle plus le fleuve superbe que sillonnaient les riches galères d'Auguste et de Néron. Le peuple encapuchonné qu'on appelle encore les Romains vit du haut de ses remparts défiler les soldats de Loblovitz; tandis que ceux de don Carlos traversaient en armes la métropole du monde chrétien, et que leur prince baisait les pieds du souverain pontife.

Cependant l'importante place de Coni avait fermé à don Philippe et au prince de Conti la route du Milanais; il fallait s'emparer de cette forteresse pour obtenir le succès vers lequel ils faisaient tendre leurs efforts. Au moment où ils se préparaient à former le siége de cette clef du pays des Lombards, le roi de Sardaigne les attaqua dans leurs lignes avec des forces supérieures à celles qu'ils commandaient. Mais Charles Emmanuel ne trouva qu'une défaite sous les murs de Coni; il dut abandonner précipitamment le champ de bataille, y laissant cinq mille Piémontais tués pendant le combat. La place, abandonnée à elle-même, se défendit encore trois semaines; elle allait enfin ouvrir ses portes, lorsque des auxiliaires plus redoutables pour les assiégeants que le feu des remparts, c'est-à-dire d'abondantes neiges, les eaux débordées de la Sture, et ensuite un froid rigoureux, obligèrent don Philippe et le prince français à lever le siége et à repasser les Alpes, victorieux, mais affaiblis et privés de résultats.

Le prince de Conti n'est point aimé de Louis XV; l'éloignement qu'il professa toujours pour la gênante étiquette des cours, le mépris qu'il fit constamment des maîtresses du roi ou de ses favoris serviles, enfin la franchise d'humeur et même d'expression que Son Altesse ne songea jamais à comprimer, l'ont puissamment desservi dans l'esprit de Sa Majesté : le roi, à l'exemple de son bisaïeul, veut qu'on soit soumis avant tout à sa volonté, quand même elle se manifeste dans une erreur ou dans un défaut; qu'on le domine, qu'on le brave en actions qu'il peut paraître ignorer, il le souffre, pourvu qu'on le respecte en paroles et qu'on rampe à ses pieds. C'est depuis Louis XIII le triste côté du caractère des Bourbons; puisse-t-il ne pas se perpétuer, car on prend en pitié la grandeur souveraine qui ne vit que de démonstrations. Le prince de Conti, auquel je reviens, a fait glorieusement la guerre depuis 1741 sans avoir obtenu la moindre faveur : Louis XV ne peut surmonter, même politiquement, l'aversion qu'il éprouve pour ce parent, dont l'âme énergique forme un contraste si prononcé avec la sienne. Aussi dans ses rapports à la cour Son Altesse ne parle jamais d'elle, et le roi prend cette modestie au mot. Après la victoire de Coni M. de Conti obtint des récompenses pour MM. de la Force, de Senneterre, de Chauvelin, de Choiseul, de Courtin, du Chaila, de Beaupreau, qui s'étaient distingués dans cette action. Pour lui, quoiqu'il eût eu sa cuirasse percée de deux coups et que deux chevaux eussent été tués sous lui, il n'eut rien, absolument rien..... Tous les honnêtes gens de la cour, car il y en a quelques-uns, furent indignés... « Pardon, sire, dit un matin dans la tente » du roi M. de Souvré, gentilhomme rempli de franchise et d'audace, » il faut que je quitte Votre Majesté; M. le prince de Conti vient de » m'écrire que toutes ses cuirasses ayant été percées par des balles et » tous ses chevaux tués entre ses jambes, il me chargeait de lui en » voyer de nouvelles armes et d'autres chevaux. Je vais de ce pas » m'acquitter de cette commission... » Le roi fronça le sourcil, tourna le dos à M. de Souvré, et ce fut tout.

Louis XV, dont la convalescence s'était prolongée par le chagrin que lui avait causé la faute du maréchal de Noailles, voulut du moins couvrir cet échec en essayant quelque trait d'éclat; Sa Majesté alla mettre le siége devant Fribourg tandis que le maréchal de Coigny reprenait toutes les villes frontières où l'armée impériale avait laissé des garnisons. Le roi donna sous les murs de cette place des preuves de résolution et d'activité; lui-même accélérait par sa présence les travaux, dirigés avec une grande intelligence par le comte de Lowendal. Néanmoins le général Daunitz, qui commandait la garnison, ne capitula qu'après deux mois entiers de tranchée ouverte. La prise de Fribourg rendait nos troupes maîtresses du Brisgaw et de la Souabe; dans le même temps l'empereur Charles VII, dont les intérêts occupaient peut-être plus Louis XV que l'intéressé lui-même ne l'eût désiré, rentra enfin dans sa capitale électorale sous la protection de notre général tonsuré le prince-abbé de Clermont, qui s'était avancé jusqu'à Constance.

Tout portait à croire dans les premiers jours de novembre que la campagne allait se terminer à la gloire de la France et de ses alliés; la Bohême et la Moravie conquises par Frédéric II, presque toutes nos places reprises par M. de Coigny, l'armée de Charles-Albert maîtresse de la Bavière, et ce prince rentré à Munich, tels étaient les

Madame de Châteauroux.

événements décisifs qui semblaient nous promettre le retour de la fortune sous nos drapeaux. Mais une alliance secrètement et nouvellement conclue entre Marie-Thérèse et le roi de Pologne, électeur de Saxe, change subitement la face des choses. Ce prince fournit vingt-quatre mille hommes à la reine de Hongrie, qui, pour prix de ce secours, lui abandonne une partie de la Silésie, qu'elle a précédemment cédée en entier au roi de Prusse. Par cette jonction inattendue du corps saxon, l'armée du prince Charles est devenue tout à coup plus forte que celle de Frédéric II; ce monarque, forcé d'évacuer Prague le 27 novembre, est bientôt obligé d'abandonner toute la Bohême et de rentrer dans ses Etats. Charles poursuit son ennemi, passe l'Elbe en sa présence comme il passa le Rhin en la nôtre au commencement de la campagne, et poursuit les Prussiens jusqu'aux portes de Breslau.

Malgré ces vicissitudes, Louis XV a ordonné que quarante mille hommes passeraient l'hiver dans les Etats électoraux de Mayence, de Trèves et de Cologne, pour reprendre promptement les opérations au commencement de la campagne de 1745. En Flandre, le maréchal de Saxe n'avait pas, au retour de l'arrière-saison, laissé conquérir un pied de terrain à ses ennemis: opposant les combinaisons de l'homme de génie à la force, il s'était aidé de cet art qui sait camper ou décamper à propos, attaquer lorsqu'on craint d'être attaqué, conquérir quand on redoute la conquête. En un mot, Maurice de Saxe venait de se placer au rang des Turenne et des Condé.

Après avoir donné des ordres à ses généraux, le roi revint à Paris au commencement de décembre; il y fut reçu avec un enthousiasme inexprimable; Sa Majesté passa trois jours aux Tuileries pour se montrer à chaque instant au peuple. Ce bon peuple! voir son prince, tel était le seul prix dont il voulait qu'on payât son dévouement et son

amour. Dans le même temps, on célébra le mariage du Dauphin avec l'infante Marie-Thérèse, dont la demande avait été faite à Philippe V par l'évêque de Rennes, ambassadeur de France à Madrid. La célébration fut faite dans cette ville le 18 décembre par le patriarche des Indes; le prince des Asturies épousa sa sœur au nom de M. le Dauphin... Cette mission ultrafraternelle fit murmurer, dit-on, les dévots espagnols, quoique ce soit bien peu de chose qu'un mariage par procuration.

On se réjouissait encore à la cour de cette alliance, lorsqu'on apprit un triste événement: le maréchal de Belle-Isle, se rendant à Berlin pour des négociations diplomatiques, fut arrêté le 20 décembre dans un village de l'électorat de Hanovre, qu'il traversait sans le savoir, et fait prisonnier de guerre, avec son frère, le chevalier de Belle-Isle. L'un et l'autre ont été conduits sur-le-champ en Angleterre et sont retenus au château de Windsor, où d'ailleurs Georges II les fait traiter avec beaucoup de politesse et d'égards.

La courtoisie est une jolie chose, mais le respect du droit vaut encore mieux; et les Anglais l'ont violé en arrêtant MM. de Belle-Isle. Par suite de conventions faites avec tous les princes d'Allemagne, Frédéric II entretient dans toute l'étendue de l'Empire des maisons de poste, lesquelles sont, par les mêmes conventions, déclarées neutres, conséquemment inviolables. Or, les voyageurs français, en prenant des chevaux dans l'une de ces maisons, devaient être respectés; de plus, le duc de Belle-Isle a la qualité de prince de l'Empire, qui, aux yeux d'un électeur de Hanovre, devait revêtir ce seigneur français d'une seconde égide d'inviolabilité. Cependant la cour de Versailles a invoqué vainement auprès de celle de Saint-James, non-seulement le privilège des ambassadeurs et le droit des gens, mais encore le droit de la guerre. D'après un cartel signé à Francfort en 1743, la rançon d'un maréchal de France est fixée à cinquante mille livres, et celle d'un lieutenant général à quinze mille livres; le roi a fait offrir les deux sommes, mais elles ont été refusées: le roi d'Angleterre retient, dit-il, MM. de Belle-Isle comme prisonniers d'Etat. C'est de la bonne foi punique de nos jours, et nos voisins excellent dans ce jésuitisme diplomatique.

Le capitaine d'un vaisseau marchand vit son navire assailli un jour par une terrible tempête; le navire était loin des côtes, tout espoir de salut paraissait perdu: « Ah! bonne sainte Vierge, dit le » marin en se jetant à genoux sur le tillac, je suis un grand pécheur; » mais si, par votre puissante intercession auprès du Seigneur, nous » échappons au naufrage, je vous promets, bienheureuse Marie, de » faire amende honorable au pied de l'autel et de ne plus retomber » dans le péché. » Un bon prêtre, passager sur le bâtiment, entendit ce vœu; il le rappela au navigateur quand il fut arrivé au port. « Bon, » bon, que venez-vous me dire là! répondit le capitaine, sais-je ce » que la peur m'a fait promettre quand le sort me tenait le couteau » sur la gorge? Mais aujourd'hui je ne m'en inquiète guère, je ne » naviguerai plus. »

Il y a beaucoup de rapport entre cette histoire et ce qui arriva dernièrement à Versailles: le roi, bien guéri de sa maladie, s'est remémoré, en soupirant, tous les charmes de la duchesse de Châteauroux; bientôt il a voulu avoir quelqu'un pour parler de cette favorite, si cruellement disgraciée; le duc de Richelieu a été rappelé; à peine ce courtisan eut-il repris ses habitudes auprès de Sa Majesté, qu'il affecta de plaindre madame de Châteauroux: je crois même que l'adroit gentilhomme pleura.

« Sire, répétait-il souvent, ces gens-là ont abusé de la situation de Votre Majesté pour souiller sa gloire, en vous forçant de traiter indignement une femme qui n'était coupable à votre égard que d'un excès d'amour.

— Oui, je le sens bien maintenant, mon cher duc, j'ai été inhumain.

— Envers une beauté qui s'était montrée si humaine avec Votre Majesté! dit en riant Richelieu.

— Ah! vraiment, le cœur me saigne quand j'y songe.

— Votre Majesté ne saurait trop tôt rappeler la duchesse de son exil.

— C'est mon intention; et je vous charge, monsieur le duc, de la ramener à la cour.

— Moi, sire, cela ne se peut; il faut que justice se fasse, et madame de Châteauroux, outragée, a droit à une réparation.

— Que puis-je faire pour qu'elle l'obtienne?

— Le siége de Soissons est depuis longtemps privé de son évêque...

— Je vous entends... En effet, M. de Fitz-James néglige trop ses devoirs de prélat... Il partira demain.

— N'est-ce pas M. le comte d'Argenson qui, de la part de Votre Majesté, porta obligeamment l'ordre d'exil à la duchesse? Eh bien! sire, ce ministre, qui a fait le mal, doit être jaloux de le réparer; il semble naturel que ce soit lui qui porte à madame de Châteauroux sa lettre de rappel.

— Je ne serai pas fâché de lui adjoindre M. de Maurepas, qui a fortement poussé à la roue pour l'exil.

— Ma foi, sire, ce n'est pas moi qui détournerai Votre Majesté de ce parti; M. de Maurepas est un superbe qu'on aime à voir abaisser un peu.

— J'en trouverai le moyen, reprit le roi avec un sourire malin... Ce ministre de la marine, dont l'esprit caustique me déplaît quelquefois, sera chargé de demander à la duchesse la liste des personnes qu'elle veut éloigner de la cour.

— Ah ! sire, que l'idée est ingénieuse!... Moi, pour qu'il ne reste plus de trace de la malheureuse scène de Metz, je vais écrire au gouverneur de cette place de faire remplacer le panneau de porte que M. de Chartres a crevé d'un coup de pied.

— Vous me rappelez que ce jeune homme s'est en effet montré trop audacieux... L'air de ses terres lui sera favorable. »

Tout s'exécuta ainsi qu'il avait été convenu entre le roi et M. de Richelieu ; l'évêque de Soissons fut relégué dans son diocèse ; le duc de Chartres eut ordre de s'éloigner quelque temps de la cour ; enfin, les comtes de Maurepas et d'Argenson se rendirent auprès de madame de Châteauroux, chargés d'une lettre du roi, que le premier remit en demandant à la duchesse la liste des personnes dont elle

Le marquis de Beauvau blessé mortellement au siége d'Ypres.

désirait l'éloignement : « Je la remettrai moi-même à Sa Majesté, » répondit la favorite ; je suis trop polie, messieurs, pour vous en » charger. » Cette réponse était claire ; les deux secrétaires d'Etat y virent l'avis de leur disgrâce ; mais la prévinrent-ils par un crime ? Non sans doute. M. d'Argenson est certainement un des plus honnêtes ministres qui jamais aient dirigé les affaires : l'aptitude, la loyauté, le désintéressement et la justice qu'il a constamment montrés depuis son entrée au ministère, sont des qualités qui n'émanent point d'une âme criminelle ; on a calomnié cet homme d'Etat en le soupçonnant d'avoir attenté aux jours de madame de Châteauroux par un empoisonnement. Le même soupçon a plané sur le comte de Maurepas, parce qu'il haïssait cette favorite ; c'est encore une calomnie. Ce gentilhomme a dans le caractère de la malice, de la causticité ; il est enclin à la critique sévère, qu'il exerce toutefois en riant ; car c'est un des hommes les plus légers de la cour ; à quel moraliste fera-t-on croire que ces penchants conduisent à commettre des forfaits ? Ils annoncent bien plutôt un esprit qui se révolte contre les abus, les vices et les travers : le censeur, si ce n'est point un envieux, doit trouver au fond de son cœur le type des vertus dont il blâme ailleurs l'absence. Je ne dirai plus qu'un mot en faveur du comte de Maurepas : c'est le petit-fils du chancelier de Pontchartrain ; on ne devient point criminel avec un tel nom à soutenir.

La duchesse de Châteauroux tomba malade le jour même où les deux ministres vinrent lui annoncer son rappel : voici, selon les rapports les plus dignes de foi, la cause de cette maladie, que la mort suivit de près. Déjà frappée par le retour inattendu de sa faveur, la duchesse, impatiente de voler dans les bras du roi, se découvrit, se baigna, se parfuma dans un jour critique ; la révolution que ces soins inopportuns produisirent fut prompte et fatale, madame de Châteauroux ne revit point Louis XV. On croyait cependant à

Paris que cette maîtresse était déjà revenue à Versailles, et sa réconciliation avec Sa Majesté fut hautement blâmée par le peuple. « Puisqu'il a repris sa catin, disaient les poissardes, dont le cri est » le vox populi, il ne trouvera plus un Pater sur le pavé de Paris. » La duchesse ne méritait pas ce mépris : elle se rendit aux désirs du roi ; mais les conditions qu'elle mit à sa défaite suffiraient pour l'en faire absoudre, si l'on ne savait qu'elle usa souvent de l'empire qu'elle avait pris sur l'esprit du roi pour lui inspirer des vues nobles, généreuses, et relever cette grandeur qui se laisse si facilement affaisser en lui. Les panégyristes de madame de Châteauroux allèrent pourtant trop loin en lui faisant cette épitaphe :

> Sans relever l'éclat de mon illustre sang,
> Ce trait seul fera vivre à jamais ma mémoire :
> Mon roi revit le jour pour me rendre mon rang,
> Et je meurs sans regrets pour lui rendre sa gloire.

La favorite, loin de mourir sans regrets, a quitté avec une douleur amère une vie qui allait être comblée de biens et d'honneurs nouveaux en compensation d'un moment de disgrâce que l'amour se fût efforcé de faire oublier. Du reste, la mort de la duchesse ne rendit point la gloire à Louis XV ; car à peine eut-elle fermé les yeux, que ce prince revint à madame de Lauraguais, en attendant, dit-on, que M. de Richelieu lui eût soumis la marquise de Flavacourt, cinquième maîtresse de la maison de Nesle que Sa Majesté ait recherchée. Mais le marquis de Flavacourt n'est point un homme traitable : il a brutalement déclaré à sa femme que sa vie lui répondait de son respect pour les devoirs de l'hymen. La marquise, dont l'humeur est légère et moqueuse, a ri de l'amour du roi et de la jalousie de son mari ; mais on assure que secrètement elle eût trouvé la réussite plus plaisante que l'interdiction.

Marie-Thérèse Dauphine de France.

CHAPITRE XIX.

1745.

Mort de l'empereur Charles VII. — Un mot sur ce prince. — La guerre continue. — Intrigues des dames de la cour pour s'emparer du cœur de Louis XV. — Mariage du Dauphin. — Portrait de ce prince et de l'infante sa femme. — La présidente de *** et l'if galant. — Bal de l'hôtel de ville. — Les masques. — Le mouchoir est jeté. — Le lieutenant général duc de Richelieu dans ses fonctions de boudoir. — Madame d'Etioles. — L'infusion de tilleul. — La crise. — Une nouvelle favorite. — Montespan second. — Désespoir, plaintes, menaces. — Voyage sanitaire proscrit par six mousquetaires. — Histoire de Jeanne-Antoinette Poisson, dame le Normand d'Etioles. — Elle est créée marquise de Pompadour. — Dagé, héros de la papillote. — Madame l'autre et madame celle-ci. — Jalousie rétrograde du roi. — Singulière investigation auprès de M. de Bridge. — En préviendrait-il le roi avant ou après ? — Le nouvel électeur de Bavière conclut un traité avec Marie-Thérèse. — Il recon-

naît par une honteuse ingratitude les secours donnés par la France à ses aïeux et à son père. — Trait de perfidie de ce prince envers M. de Ségur. — Plan de campagne de la France. — Siége de Tournai. — La fievre et la tranchée ouverte. — Sic vos non vobis. — Description pittoresque de la bataille de Fontenoy. — Louis XV offre la paix au sein de ses victoires. — Elle est refusée. — Frédéric II gagne la bataille de Friedberg. — Réjouissances à Versailles. — Le Trajan de Versailles. — Le peintre Vanloo. — L'uniforme et l'étiquette. — Election de l'empereur François Ier. — Couronnement à Francfort de François Ier. — Détails militaires. — Guerre maritime. — Le maréchal et le chevalier de Belle-Isle sont rendus par les Anglais. — L'ambition de madame de Pompadour commence à poindre. — Elle a peu l'esprit des affaires. — Le frère de la favorite est emmarquisé. — Le monde, la société, les intimes. — Description du petit Trianon. — Pathos galant. — Louis XV cuisinier. — Les poulets au basilic et le héros de la salade. — Le verre du roi. — Un tour de page. — Le marquis de Lugeac; anecdote. — Echappée de vue en Italie. — Commencement de l'expédition de Charles-Edouard Stuart en Angleterre. — Coup d'œil en Allemagne. — Mort des maréchaux de Broglie et de Puységur. — M. de Machaud contrôleur général. — La table mécanique de Choisy.

Louis XV n'a pas le temps de pleurer la duchesse de Châteauroux; les grands événements qui se préparent à la cour de Versailles ne lui laissent pas le loisir de draper les petits appartements de Choisy. Tandis que les courtisans s'occupent des importantes futilités qui doivent accompagner la réception de madame la Dauphine, les hommes d'Etat méditent sur les suites de la mort de l'empereur Charles VII, qui vient de terminer à l'âge de quarante-sept ans une carrière remplie de vicissitudes et vide de prospérités. Ce prince a quitté la vie comme un homme qui dépose un fardeau; on l'avait fait plus grand qu'il n'eût voulu l'être; la goutte remontée qui l'emporta l'a délivré d'un mal plus importun qu'elle : je veux dire cette puissance quelquefois triomphante, plus souvent vaincue et toujours malheureuse, qui depuis quatre ans lui fit regretter chaque jour la modestie de l'électorat, et peut-être l'obscurité d'un simple particulier.

On devait penser que la mort de ce César aux mœurs bourgeoises éteindrait en Europe le flambeau de la guerre : lui seul paraissait en être la cause; les traités de Paris et de Francfort, désormais sans objet, semblaient devoir être brûlés sur la tombe de Charles-Albert, et le rappel des armées françaises dispersées en Allemagne devait, selon les plus raisonnables présomptions, être le premier gage du retour de la paix. Mais cette paix, Marie-Thérèse la repousse, même avec l'espérance de voir placer la couronne impériale sur la tête du grand-duc de Toscane son époux. C'est pour elle que cette souveraine veut l'empire; elle essayera de conserver ce brillant héritage tant qu'elle recevra les cinq cent mille guinées que l'Angleterre lui compte chaque année : un nouveau traité vient d'être conclu entre cette princesse, la Grande-Bretagne et la Pologne. En conséquence, les troupes françaises restent dans leurs cantonnements au delà du Rhin, et l'habile maréchal de Saxe n'abandonne aucune des positions favorables qu'il a prises dans la dernière campagne.

Un grand roi ne peut guère descendre de sa dignité jusqu'à verser des larmes sur la tombe d'une favorite, mais il n'est point indigne de lui de chercher à la remplacer : pleurer est une faiblesse; mais soumettre un cœur, c'est une conquête, et le triomphe du boudoir a son prix dans une vie royale. Or, si Louis XV songeait à donner la survivance de madame de Châteauroux, vingt dames de la cour brûlaient de lui succéder et se consumaient pour attirer sur elles l'attention de Sa Majesté. Les fêtes données à l'occasion des noces du Dauphin secondèrent merveilleusement la coquetterie des aspirantes : les appartements de Versailles étaient une galerie où tous les charmes rivaux, étalés aux yeux du monarque, provoquaient ses désirs par un assortiment de séductions étudiées : c'était une sorte de bazar d'yeux noirs ou bleus, de teints mélancoliques ou animés, de gorges plates ou rebondies, de tailles sveltes ou épaisses... Le choix pouvait s'arrêter indistinctement, partout il devait être accueilli avec empressement. Mais parlons un peu des nouveaux époux : je les ai bien examinés dans la chapelle du château, pendant que le cardinal de Rohan leur donnait la bénédiction nuptiale, le 23 janvier. L'infante Marie-Thérèse est une de ces femmes dont on n'aurait rien à dire si l'éloge devait se borner à vanter leurs charmes, leurs grâces et leur esprit : cette princesse me fit, à la première vue, l'effet d'une figure de marbre dont le statuaire aurait manqué les proportions; et l'intelligence divine, en animant ce corps peu séduisant, ne lui a donné aucune de ces brillantes qualités qui rachètent les imperfections extérieures. Il faut donc, pour satisfaire au protocole louangeur des cours, se borner à dire que madame la Dauphine a de l'élévation dans les sentiments, de la douceur, de l'aménité dans le caractère, et une piété extrêmement solide; c'est qui veut dire, en termes plus précis, que c'est une femme dont on ne dirait rien si elle était née dans une classe ordinaire.

Le Dauphin est un bel homme dans toute l'acception du mot, et son âme paraît aussi belle que sa personne. Son Altesse Royale a le port noble et élevé de Louis XIV avec les traits réguliers de Louis XV, à l'exception toutefois de cette expression de finesse qui distingue la physionomie de Sa Majesté. Heureux si l'amour du devoir, l'application constante, la loyauté remplie d'équité que ce prince possède au plus haut degré, eussent été dirigés vers des vues nobles et géné-

reuses! Mais l'éducation du Dauphin, comme celle du roi son père, a été circonscrite dans cette sphère de principes étroits, de pratiques dévotes, où l'âme ne reçoit aucun élan, où les qualités vraiment royales ne peuvent éclore. Tous les germes de vertu que le fils de Louis XV portait en lui ont été resserrés, étouffés par une piété méticuleuse que les jésuites instituteurs des princes ne manquent jamais de leur inspirer, parce qu'elle rapetisse dans ces illustres élèves tout ce qui tendrait à dominer les intrigues de l'ambitieuse compagnie.

Disons-le sans détour, le couple assis sur la première marche du trône de France ne serait nullement remarqué s'il vivait au milieu de la foule; on lui décerne des hommages parce qu'il faut lever la tête pour l'apercevoir, c'est toujours la conséquence de ce principe presque aussi vieux que le monde : Les hommes ont placé au-dessus d'eux les maîtres qu'ils se sont donnés afin de ne pas voir les imperfections qu'ils partagent avec le reste de l'humanité... La majesté souveraine peut être comparée à ces belles décorations théâtrales qui de loin nous offrent un ensemble parfait; qu'on s'en approche, l'éclat disparaît, le prestige s'évanouit, les coups de pinceau grossiers paraissent... Il faut voir en perspective les décorations du théâtre et la grandeur suprême.

Parmi les agaceries imaginées par les cent beautés qui aspiraient à l'héritage galant de madame de Châteauroux, je dois citer celles d'une présidente à mortier que je ne nommerai point parce qu'elle a porté un peu loin le manége des séductions. A l'un des bals donnés à Versailles après le mariage du Dauphin le roi parut déguisé en if, accompagné de trois ou quatre seigneurs affublés du même déguisement. On ne tarda pas à reconnaître Sa Majesté au milieu de ce buisson vivant, la présidente surtout fut prompte à découvrir le monarque sous sa verdoyante parure; elle s'attacha à ses pas et le lutina pendant un quart d'heure dans un langage mêlé de malice, de flatterie et de soupirs que le prince dut trouver très-significatif. Fatigué de cette galanterie provocatrice, peut-être autant que du poids de son singulier costume, Louis XV se retira bientôt, suivi des courtisans qui l'accompagnaient; et l'on porta son habillement chez le premier valet de chambre de service, qui avait un petit appartement auprès de la chambre du roi. M. de Bridge, ami de cet officier, se trouvait en ce moment avec lui; il le pria de lui prêter le déguisement que venait de quitter Sa Majesté, ce à quoi le premier valet de chambre consentit. Il donna même sa clef de l'appartement, afin qu'il pût venir quitter sa mascarade quand il en serait las. M. de Bridge fut à peine dans le bal, que la présidente l'aborda, le prenant pour le roi, dont elle reconnut parfaitement le costume, qu'elle avait, à certaines marques, distingué des ifs accompagnants. Les agaceries de cette dame devinrent cette fois beaucoup plus vives que la première : l'ambitieuse aspirante jeta loin d'elle la gaze dont elle avait jusqu'alors voilé sa pudeur. M. de Bridge, enchanté de la méprise, qu'il avait prévue, répondit avec empressement, avec chaleur, aux avances de la présidente. En quelques minutes l'amour fit un chemin prodigieux dans deux cœurs qui s'entendaient si bien; bref, l'if galant proposa à sa conquête de le suivre dans la chambre de son premier valet de chambre, dont il avait la clef. On dit non, mais d'un ton qui signifiait oui; on eût l'air de se laisser entraîner; mais le vainqueur n'employa pas à beaucoup près toute la puissance de son bras pour vaincre cette résistance obligée... Petit à petit les amants s'éloignèrent du cercle brillant, le bruit harmonieux de la musique s'affaiblit à leurs oreilles, l'éclat des lustres disparut à leurs yeux, une porte s'ouvrit mystérieusement, le couple fugitif se trouva dans la plus grande obscurité. Hélas! que peut opposer la vertu sans lumière à une audace qui ne se montre jamais plus habile que lorsqu'elle attaque à tâtons?... Cette pauvre présidente crut avoir obtenu la survivance de madame de Châteauroux, et c'était d'un écuyer du roi qu'elle venait de faire un élu... selon l'Alcoran.

La houri de M. de Bridge, désirant que son triomphe fût constaté aux yeux de toute la cour, voulut rentrer dans le bal en donnant le bras à l'illustre vainqueur. Mais que devint-elle lorsqu'en traversant l'OEil-de-bœuf elle vit le roi qui s'entretenait d'une tout autre guerre que celle où elle venait de se laisser vaincre... M. de Bridge, prompt à saisir l'expression de la surprise sur le visage de sa conquête abusée, lui lâcha doucement le bras, enfonça dans la foule l'if perfide auquel il avait dû le bénéfice de la plus douce erreur et disparut incessamment des salons... Que pouvait faire notre présidente? Crier au voleur pour des bontés qu'elle avait presque offertes... le parti eût été imprudent : il lui parut plus sage de se consoler, et le mortier du président couvrit encore cela... Pour le bel écuyer, car M. de Bridge est un des jolis seigneurs de la cour, il cacha bien son escapade; peut-être craignit-il que la présidente n'attendît des armes d'Achille le remède trop fréquemment administré de la blessure qu'elles avaient faite.

Cependant le trône de roses que madame de Châteauroux laissait vacant ne paraissait pas devoir être occupé par une nouvelle souveraine : le manége tentateur de cent beautés avait été sans succès, lorsqu'une fête magnifique fut donnée au roi, au Dauphin et à l'infante sa femme dans le vieux édifice de l'hôtel de ville à Paris. Le prévôt des marchands et les échevins avaient invité à cette fête tout ce que la cour et la ville offraient de plus distingué. Ces magistrats complaisants s'étaient surtout attachés, dit-on, à réunir sous les yeux de Sa Majesté les femmes les plus belles qu'il y eût dans la capitale, et l'on m'a dit depuis que beaucoup d'entre elles, figurantes roturières tirées des comptoirs de la rue Saint-Honoré et même de la rue Saint-Denis, assistaient au bal de l'hôtel de ville sur l'unique recommandation de leur jolie figure ou de leur fine taille... C'étaient là tous leurs titres de noblesse, et je puis assurer que, parées de robes de louage ou couvertes de déguisements pris chez le costumier de l'Opéra, ces jolies figurantes ne laissaient point deviner l'or faux de leur illustration. Ces petites transfuges de magasin aiguisèrent sans doute outre mesure les propos d'une galanterie expérimentée, mais à cet égard les dames de la cour allèrent plus loin qu'elles. Si l'on put reconnaître nos gentilles grisettes, ce fut encore à la modestie de leurs discours. Il faut avoir vu la foule de masques qui se pressait à l'hôtel de ville pour se faire une idée de cette agglomération confuse de formes et de couleurs. Jamais rien de plus bizarre ne s'était offert à mes yeux : ici des tritons agitant leurs nageoires à sec faisaient les aimables auprès des nymphes de Diane ou de Calypso, tandis que des satyres frisaient dans une chaconne leurs pieds de chèvres en courtisant les chastes prêtresses de Vesta. Là des hamadryades à l'œil langoureux écoutaient les propos galants des sauvages de la mer du Sud, et les Grâces au doux sourire suivaient volontiers des cannibales prêts à les dévorer. Plus loin des sirènes, qui ne l'étaient pas seulement par le costume, dansaient avec des démons qui peut-être ne se montraient pas aussi diables qu'elles l'auraient voulu. A leurs côtés Minerve la prude et chaste trémoussait sous la protection de Mars l'audacieux en lançant une œillade d'intelligence au puissant Hercule. Andromède causait avec le monstre, dont elle n'avait pas peur, et l'Amour parlait à l'oreille de la Discorde, qui lui souriait très-agréablement. Tout cela, fourvoyé parmi les Turcs, des Américains, des Chinois, des Bohémiens, des Espagnols, des Zéphyrs, des Arlequins, des Vents, des Pierrots, des Jeux, des Scaramouches, des Plaisirs, des Crispins, des dominos noirs, rouges, verts, bleus, jaunes, blancs, dorés, argentés, endiamantés ; tout cela, dis-je, formait le plus singulier amalgame : c'était la confusion animée, dansante et galante par-dessus tout.

Le roi jouissait avec délices de ce spectacle curieux, lorsqu'une belle Amazone à la chevelure flottante, à la taille élancée, le carquois au dos, une flèche à la main sortit tout à coup d'un groupe de masques tout près de Sa Majesté. Cette beauté, remarquable surtout par une gorge divine presque entièrement découverte, attira toute l'attention du monarque... « Belle chasseuse, lui dit-il, *heureux » ceux que vous percez de vos traits, les blessures en sont mortelles...* » — Sire, répondit l'Amazone, j'en serai donc avare, car je ne veux *procurer à personne le bonheur de mourir* de leur atteinte. » Après cette ingénieuse critique du pathos royal la nouvelle Hippolyte se perdit dans la foule masquée, au grand regret de Louis XV.

En ce moment le roi fut accosté par un nouveau masque : c'était une jeune femme non moins séduisante que celle qui venait de fuir devant lui.

« Sire, dit-elle, la beauté chasseresse que vous suivez de l'œil est bien heureuse ; mais, prenez-y garde, Diane la le cœur sensible, et cette fière déesse sourit des tourments de l'amour.

— Il est affligeant, répondit le monarque, qu'à tant de charmes se joigne tant de cruauté.

— Heureusement toutes les belles qu'on rencontre au fond des forêts ne sont pas aussi indifférentes, j'en connais une qui souvent y est conduite par un sentiment bien opposé au plaisir meurtrier de la chasse.

— C'est peut-être une tendre Vénus cherchant sous les frais ombrages quelque nouvel Adonis.

— Précisément, sire... un Adonis charmant... Ah ! quel dommage qu'il soit couronné !

— Qu'entends-je ! et, dites-moi, beau masque, dans quelle partie de la terre rencontre-t-on cette beauté sensible ?

— Mon Dieu ! sire, il n'est pas besoin d'appeler votre attention sur un autre hémisphère : il est rare qu'Adonis parcoure les bois qui avoisinent cette capitale sans que la personne dont je parle se trouve près de lui... particulièrement dans la forêt de Senart.

— La forêt de Senart ! répéta vivement Louis XV, ceci, beau masque, commence à devenir assez clair pour moi, et si je ne craignais point d'être abusé par une présomption déplacée...

— Non, non, Votre Majesté ne se trompe point... elle a bien deviné.

— De grâce, belle inconnue, n'abusez pas de l'émotion que j'éprouve... Dites, connaîtriez-vous la charmante amazone que je remarque en effet à presque toutes mes chasses ?

— Si je la connais !

— Beaucoup ?

— Oh ! beaucoup, je vous assure. »

A ces mots la personne qui causait avec le roi depuis un quart d'heure détacha son masque, et Sa Majesté reconnut l'amazone de la forêt de Senart... Louis XV, rouge de surprise et peut-être de plaisir, allait sans doute lancer une déclaration au milieu des accords

dansants de l'hôtel de ville, lorsque son aimable interlocutrice se précipita dans la foule par un jeu subtil de cette coquetterie qui se plaît à lutiner les amours pour les rendre plus entreprenants. Mais la nymphe fugitive, plus avisée encore que la bergère de Virgile, ne se borna pas à regarder derrière elle si le roi la voyait fuir, sa main, à dessein inattentive, laissa tomber un blanc mouchoir qu'elle tenait. Louis XV, plus prompt qu'aucun de ses courtisans, ramasse le tissu de fine batiste, et ne pouvant atteindre du bras jusqu'à celle qui l'a perdu il le lui jette avec une politesse toute française, à laquelle on prêta sur l'heure une intention tout orientale... *Le mouchoir est jeté !* s'écria-t-on dans toutes les parties de la salle, et de sombres nuages couvrirent soudain le front de vingt dames qui aspiraient à la conquête du cœur de Sa Majesté. Madame de Rochechouart, qui, parmi tant de beautés empressées de faillir, avait fait le plus de chemin dans la voie du péché d'intention, madame de Rochechouart désespérée quitta le bal... Elle allait s'évanouir.

Cependant le nom de l'heureuse odalisque volait de bouche en bouche ; en peu d'instants toute l'assemblée le sut : c'était madame le Normand d'Etioles, nièce, par son mari, du fermier général Tournehem. Avant de faire connaître plus particulièrement cette dame, sa famille et ses alliances, je dirai quelles furent les suites de l'entretien du bal de l'hôtel de ville.

Le duc de Richelieu, grand connaisseur en fait d'intrigues, avait rapidement calculé les conséquences probables de celle-ci : il pensait, comme le reste de la cour, que le mouchoir était jeté. Cet empressé pourvoyeur des plaisirs du roi aspirait encore au bâton de maréchal : le duc n'était pas incapable de le mériter sur le champ de bataille ; mais il lui paraissait plus sûr de l'obtenir dans le boudoir, où, plus d'une fois déjà, cet attribut militaire se trouva sur la toilette d'une favorite... témoin le maréchal de Vivonne. Richelieu donc s'approcha du roi dès qu'il eut reconnu la profonde impression que venait de faire madame d'Etioles sur le cœur de Sa Majesté.

« Ah ! venez, mon cher duc, lui dit le monarque amoureux, vous me voyez enchanté, enivré, éperdu...

— Calmez-vous, sire, nous aurons bientôt en notre pouvoir le remède qui convient à votre mal.

— Le pensez-vous, mon ami ? Cela me paraît difficile : on dit que M. d'Etioles est fou de sa femme.

— Tant mieux, nous le tromperons plus facilement ; on voit trouble avec les yeux de la folie.

— Je crains que ce gentilhomme ne fasse du bruit.

— Nous lui dirions alors qu'il a besoin de voyager pour sa santé.

— Que dites-vous, monsieur le duc, un exil ?

— Du tout, sire, une simple promenade limitée par ordonnance du médecin.

— Vous êtes un grand roué, monsieur de Richelieu !

— Je suis le serviteur dévoué de Votre Majesté.

— Mais croyez-vous que madame d'Etioles se rende à nos vœux ?

— Je la vois d'ici qui tremble de n'être pas attaquée.

— Vous ne doutez de rien, mon cher duc.

— Il faudrait que je fusse bien incrédule pour ne pas croire aux succès de Votre Majesté.

— Taisez-vous, flatteur.

— Il faut cependant que je dise encore à Votre Majesté que madame d'Etioles sera demain au soir dans les petits appartements.

— Vous êtes un diable.

— Soit ; mais, sire, je tiens pour cette fois la clef du paradis. »

Le roi s'éloigna en riant.

Le lendemain matin Richelieu fit prier mystérieusement madame d'Etioles de vouloir bien lui assigner un rendez-vous, ayant à l'entretenir de la part du roi. Le duc allait au but sans détour, parce qu'il savait qu'il n'en avait pas besoin. Ce maître passé dans l'art de la galanterie observait depuis un mois le manége de cette jeune femme ; il ne lui restait pas le moindre doute sur la docilité de ses intentions. Toutefois madame d'Etioles ne reçut point à son hôtel l'ambassadeur galant de Louis XV, ce fut dans la grande allée des Tuileries qu'elle parut le rencontrer par hasard ; et la conclusion du traité, qui fut facile et prompte, se fit en présence des promeneurs, fort éloignés, sans doute, de croire que M. de Richelieu venait de décerner la couronne des plaisirs.

A la nuit tombante, madame d'Etioles, fortement indisposée pour son mari, s'était retirée dans son appartement après avoir reçu sur le front un baiser conjugal auquel la petite perfide préparait une étrange réciprocité locale.

Renfermée sous la protection d'un double verrou, madame d'Etioles, aidée par une femme de chambre dévouée, s'enveloppa d'une mante, sortit de chez elle par un escalier dérobé, se glissa le long des murailles de la cour jusqu'à la porte cochère, la fidèle suivante demanda le cordon, et, d'un pied léger, notre jolie aventurière gagna le détour de la prochaine rue, où le duc de Richelieu l'attendait avec un carrosse. L'aspirante au favoritisme s'élance dans la voiture, l'ambassadeur de Cythère s'y place à ses côtés, la portière se referme, on brûle le pavé, et la confidente va préparer à l'office une infusion de tilleul pour sa pauvre maîtresse.

A neuf heures du soir, le duc entrait dans les petits appartements donnant la main à une jeune dame qui, en jetant la brune mantille qui l'enveloppait, venait de découvrir la mise la plus élégante et la plus voluptueuse. Louis XV, qui avait compté sur l'exactitude de son favori, attendait madame d'Etioles; il fut ébloui de ses charmes, réellement enchanteurs; les étincelles du plus vif désir jaillirent des yeux de Sa Majesté. M. de Richelieu comprit qu'il était arrivé à ce point de négociation amoureuse où les souverains n'ont plus besoin de plénipotentiaires; il se retira, honoré du regard le plus bienveillant que Louis XV eût lancé de sa vie... Le duc jugea qu'il y avait certainement un bâton de maréchal dans ce regard-là.

Le sanctuaire où les favoris mêmes des rois ne doivent pas rester auprès d'eux ne saurait, à plus forte raison, demeurer ouvert pour l'historien; je tire, en sortant des petits appartements, le rideau du mystère sur le couple que j'y laisse.

La séance fut longue; il faut quelque temps pour faire la favorite d'un grand roi de la femme d'un petit gentilhomme de fraîche date. Cependant le jour allait paraître, M. de Richelieu, qui avait trouvé la nuit plus longue que les nouveaux amants, rentra dans le cabinet de Sa Majesté en toussant un peu... On sait que les rhumes de précaution entrent pour beaucoup dans les belles manières de la cour. Madame d'Etioles comprit, par le retour du favori, que l'instant de la retraite était arrivé; elle se leva, mais les adieux se prolongeaient singulièrement. Le duc fut obligé de dire en riant à l'oublieuse beauté qu'il y avait bientôt huit heures que sa femme de chambre jouait à l'infusion de tilleul à Paris; qu'après une migraine aussi prolongée, M. d'Etioles, par élan de sollicitude conjugale, pourrait vouloir pénétrer dans l'appartement de la malade, et que l'embarras de la soubrette deviendrait alors fort dangereux. Le roi dit avec impatience que les maris étaient une espèce fort gênante; Richelieu en convint, mais il n'en entraîna pas moins madame d'Etioles. Il était temps : la pâle aurore de l'hiver commençait à blanchir la cime des arbres de l'allée de Paris quand l'aventurière et son conducteur rejoignirent le carrosse de ce dernier, qui les avait attendus hors de l'enceinte du château.

Un homme à bonnes fortunes trouve peu de chose à dire à une femme sortant d'un tête-à-tête avec un autre homme; le duc, en dépit de la galanterie, posa sa tête sur un des oreillers de sa voiture et s'endormit. La maîtresse de Sa Majesté imita bientôt le duc. Ce sommeil, désœuvré d'une part, réparateur de l'autre, devint si profond, qu'un laquais dut prévenir le couple sommeillant lorsque l'équipage fut arrivé à la porte du jardin de l'hôtel d'Etioles, où la complaisante femme de chambre attendait sa maîtresse en grelottant. Quatre heures plus tard, l'honnête mari, marchant avec précaution dans la chambre de sa femme de peur de faire crier le parquet, s'avançait vers son lit pour savoir comment elle avait passé la nuit.

« Bien, monsieur, répondit-elle; depuis hier au soir je me trouve beaucoup mieux.

— Vous me paraissez pourtant un peu pâle.

— C'est la suite de la crise.

— Oui, comme vous dites, ces diables de crises ont toujours des suites.

— Oh! celle-ci n'est rien.

— Il faut, madame, tâcher d'en éviter de plus graves.

— J'y mettrai tous mes soins.

— Je vous en supplie, chère Antoinette; vous savez combien je vous aime.

— Ah! prenez garde, monsieur; ce gros baiser vient de m'ébranler les fibres du cerveau.

— Craindriez-vous une nouvelle crise?

— Beaucoup, monsieur, surtout en ce moment...

— Allons, allons, je me retire; dormez.

— Je vais tâcher, car je redoute fort une rechute pour ce soir.

— Encore!... c'est cruel!

— Cela pourra durer sept à huit jours ainsi, et puis cela diminuera.

— Huit jours! c'est bien long!

— Sans doute; mais il faut souffrir ce qu'on ne peut empêcher.

— Hélas! oui, ma chère Antoinette; on a comme cela dans la vie beaucoup de choses désagréables à supporter...

— Oui; mais il y a des compensations.

— Dormez, dormez, vous serez plus forte ce soir pour soutenir la crise... » Et le pauvre d'Etioles se retira sur la pointe du pied, comme il était entré.

A huit heures du soir, la mante fut de nouveau jetée sur l'élégante parure; Richelieu et sa voiture étaient à leur poste; tout se passa comme la veille et l'infusion de tilleul joua son rôle. Mais ce manége ne pouvait durer; Louis XV le sentit, et, sérieusement épris de madame d'Etioles, il lui proposa bientôt de rompre la glace en prenant un appartement à Versailles. Elle recula d'abord devant un tel éclat; cette femme, que son mari avait tirée, comme on le verra bientôt, d'une profonde obscurité, répugnait à lui léguer ouvertement l'héritage de honte du marquis de Montespan. Mais la renommée des nouvelles amours du roi ne tarda pas de faire ce que les scrupules d'Antoinette n'avaient pas osé : l'écriteau d'infamie fut attaché au front du malheureux d'Etioles, et la nouvelle favorite prit possession de la place de madame de Châteauroux aussi publiquement qu'on le fait d'un ministère vacant.

Le gentilhomme trahi fut au désespoir; car, ainsi que je l'ai déjà dit, il avait le malheur d'être amoureux fou de l'ingrate qui le déshonorait. Tant qu'il se borna à pleurer, à se plaindre du sort, on le laissa faire; mais aux larmes succédèrent les reproches, les imprécations, et aux cris de douleur, les menaces de la colère. Alors le roi commença à prendre un tendre intérêt à la santé de ce mari, il lui fit conseiller un voyage, comme avait dit Richelieu, par ordonnance du médecin... M. d'Étioles parla un moment de résister; six mousquetaires vinrent le prier d'obtempérer à la prescription médicale. Il partit. Tandis que ce Montespan second se rend à Avignon, terre papale où les indulgences doivent se récolter aussi abondamment que les olives; tandis que la favorite s'établit à Versailles dans le bâtiment de la surintendance, où déjà la foule des courtisans se presse pour être réchauffée par ce nouveau soleil de la faveur, jetons un coup d'œil sur les précédents de madame d'Étioles, et voyons d'où elle vient.

Jeanne-Antoinette Poisson est née en 1722 d'un homme obscur qui amassa quelque bien dans l'administration des vivres, et qui, en dernier lieu, eut la fourniture des viandes à l'hôtel royal des Invalides. Mais l'industrie de ce particulier ne fut pas l'unique cause de sa petite fortune; il la dut plus particulièrement à celle de sa femme, personne fort galante, qui échangea ses plus expansives bontés contre la faveur que le fermier général le Normand de Tournehem promit au sieur Poisson. Le financier s'intéressa bientôt si vivement à la prospérité de ce ménage, qu'à la naissance de Jeanne-Antoinette on soupçonna que cette enfant était un présent de la sollicitude de cet attentif bienfaiteur. Quoi qu'il en soit, Tournehem prit un soin tout paternel de la petite fille : il lui fit donner des maîtres qui trouvèrent son intelligence docile à toute espèce d'instruction; à dix-huit ans, Antoinette possédait dans la perfection tous les arts d'agrément. La nature, en développant dans cette jeune personne la plus heureuse aptitude, ne s'était pas montrée moins généreuse en la pourvoyant de grâces et d'attraits. On fut frappé des charmes de mademoiselle Poisson, lorsque Tournehem, en père bien plutôt qu'en protecteur, s'empressa de la produire dans les fêtes qu'il donnait chez lui, et dont elle devint bientôt l'héroïne. Des traits imposants mais fins, un regard doux comme le velours, pénétrant comme la flamme, une chevelure d'un blond enchanteur, la bouche des Amours de l'Albane, mais surtout un jeu de physionomie mêlé de vivacité, de malice et de douceur, telles étaient les séductions qui enchaînaient mille adorateurs auprès d'Antoinette. Une taille élégante, une démarche noble, un maintien gracieux achevaient de captiver cette foule soupirante, et l'esprit, sinon vif et délié, du moins riche de culture, de cette beauté, la faisait, par surabondance de qualités, admirer de tous ceux qui l'approchaient. *C'est un morceau de roi !* s'écriait souvent madame Poisson avec un enthousiasme maternel dont l'amour-propre de sa fille s'inspirait, et qui élevait les espérances de celle-ci au niveau des Mille et une Nuits. Exaltée par les éloges de sa mère, Antoinette se fit un monde fictif, où les princes les plus beaux, prosternés à ses pieds, lui proposaient l'échange de leur couronne contre un seul de ses baisers. Ce fut donc sans plaisir qu'elle apprit que M. le Normand d'Etioles, sous-fermier et neveu de Tournehem, brûlait pour elle du plus violent amour. L'oncle du jeune financier, déterminé par les sentiments paternels que l'on connaît, se plut à favoriser cette inclination; mais le père d'Etioles ne la voyait pas avec des yeux aussi prévenus. Quand on lui parla du mariage que son fils sollicitait avec ardeur, il objecta que du côté de la naissance l'alliance n'était point honorable, et que la médiocrité des biens de mademoiselle Poisson ne compensait point l'obscurité de sa condition. « Je vous attendais ici, mon frère, » répondit Tournehem; sachez donc que je me charge de doter cette » chère enfant, et que sous le rapport des biens je veux qu'elle » n'ait rien à envier à mon neveu. » Cette promesse aplanit toutes les difficultés de la part du père de M. d'Etioles. Quant à madame Poisson, elle se prêta volontiers au mariage, quoique sa fille n'épousât pas un roi; et la jeune personne, n'ayant aperçu dans le monde réel aucune de ces têtes couronnées qu'elle voyait à ses pieds au sein de ses rêveries ambitieuses, se résigna à suivre à l'autel M. le Normand d'Etioles, qu'elle n'aimait point.

L'opulence est une puissante enchanteresse : madame d'Etioles oublia un moment ses rêves illustres dans les séductions du faste dont Tournehem se plut à environner les nouveaux époux; leur maison fut mise sur un pied magnifique : splendeur des ameublements, luxe des équipages, recherche exquise de la table, multiplicité des fêtes, tout attira la haute société financière dans les salons de madame d'Etioles, qui fit les honneurs de sa maison avec une grâce infinie... Quelques merveilleux de la cour se *fourvoyèrent* même, comme ils disaient, dans ces brillantes assemblées, dont ils secouaient la poudre roturière avec dédain après s'en être laissé couvrir avec délices. Les gens de lettres, qui n'affluent pas avec moins d'empressement sur les rives du Pactole que sur celles du Permesse, faisaient une cour assidue à madame d'Etioles; sa toilette était chargée chaque matin des vers qu'elle avait inspirés la veille; Voltaire lui-même grossit souvent de ses rimes spirituelles ces monceaux de fadeurs scandées sous lesquels disparaissaient les pots à pommade, les boîtes à mouches, les flacons, et qu'une femme de chambre peu sensible à la poésie finissait par reléguer dans la partie la plus secrète de l'appartement de sa maîtresse.

L'ambition peut s'endormir quelque temps, bercée par les séductions et les plaisirs ; mais elle se réveille enfin, et, jetant les yeux au delà de la sphère de jouissances qu'elle a parcourue, elle ne voit plus le bonheur que dans les prospérités qui sont hors de sa portée. Madame d'Etioles aperçut un jour Louis XV à la chapelle de Versailles, où son mari l'avait conduite ; la belle figure de Sa Majesté, le sourire aimable qui toujours badine sur ses lèvres, peut-être un regard dirigé par hasard sur la jeune financière, ranimèrent toutes les idées fantastiques de grandeur qui fermentaient naguère dans son imagination ; elle se crut amoureuse du roi, lorsqu'elle n'était que jalouse de l'empire de la duchesse de Châteauroux, qui régnait alors sur le cœur du monarque.

Depuis ce moment madame d'Etioles employa tous les moyens pour attirer sur elle l'attention de Louis XV : elle assistait souvent aux offices de la chapelle, se trouvait à tous les spectacles de la cour, se glissait dans tous les cortéges chasseurs, surtout quand Sa Majesté chassait dans la forêt de Senart, près de laquelle d'Etioles avait un joli château. Une mise extrêmement prétentieuse, un équipage élégant, l'affectation la plus soutenue de se placer en vue du roi, frappèrent d'abord madame de Châteauroux, et ce fut le dépit que lui causèrent les prétentions de celle qu'elle appelait une *grisette* qui fit remarquer la jolie ambitieuse au prince dont elle osait provoquer les regards. Après ce dangereux avis de la jalouse duchesse, aussi maladroite dans cette circonstance que le fut jadis madame de Montespan lorsqu'elle montra mademoiselle de Fontanges à Louis XIV, le roi chercha des yeux madame d'Etioles à toutes ses chasses ; quelque chose paraissait lui manquer quand il ne la voyait pas, et dès qu'il l'avait aperçue il ne manquait jamais de lui envoyer du gibier par le plus complimenteur de ses gentilshommes.

Les choses en étaient là lorsque la favorite mourut et laissa si promptement vacante la place qu'elle occupait dans le cœur de son royal amant. Telle est la chaîne de doux souvenirs à laquelle se rattachèrent les agaceries de madame d'Etioles au bal de l'hôtel de ville ; tels furent les précédents qui firent si promptement une flamme ardente d'une inclination déjà décidée, et qui n'avait manqué que d'une occasion pour se déclarer ; ainsi se réalisèrent les songes d'ambition transcendante auxquels l'esprit romanesque de mademoiselle Poisson s'abandonnait depuis sa tendre jeunesse ; ainsi fut élaboré par la bizarre destinée le malheur du pauvre d'Etioles, qui s'était vainement flatté de combler de gloire et d'honneurs l'existence de la fille d'un boucher des Invalides.

Madame Poisson était malade quand on lui apprit que sa fille venait d'être déclarée maîtresse en titre ; cette nouvelle prolongea son existence... « Chère Antoinette, s'écria-t-elle en levant les yeux au » ciel, la voilà donc parvenue au rang des reines!... Je l'avais bien » dit que c'était un morceau de roi.... » En effet cette fille d'un obscur fournisseur et d'une femme entretenue était assise au niveau des reines, mais sur les coussins de l'infamie. Bientôt madame Poisson, accablée de nouveau par la maladie, expira en disant : « Je n'ai » plus rien à désirer, » tant le clinquant de la grandeur a d'empire sur les âmes avilies !

En se rendant aux désirs du monarque, qu'elle avait provoqués, madame d'Etioles avait senti qu'elle n'était pas en position de lui faire aucune des conditions imposées par les femmes titrées qui l'ont précédée ; elle sentit également, après avoir cédé, que, pour conserver le cœur de Sa Majesté au milieu de tant de séductions rivales, ses charmes seraient bientôt insuffisants. Elle se fit donc un manége de cette réserve coquette, ombre d'une pudeur expirée qui, même après la défaite, peut éloigner l'indifférence. D'ailleurs Antoinette s'appliqua à chercher dans son esprit et dans ses talents des ressources pour remplir le vide d'une passion satisfaite ; elle put s'apercevoir promptement qu'elle avait complétement réussi, et qu'elle charmait le roi même lorsqu'elle n'excitait plus ses désirs.

Au milieu des hommages dont elle était l'objet (madame d'Etioles), deux choses la tourmentaient et nuisaient à cet orgueil satisfait qu'elle prenait pour le bonheur. Le nom de son mari, qu'elle continuait de porter, lui rappelait à chaque instant la honte qu'elle y avait attachée. « Sire, de grâce, dit-elle un jour à Louis XV, faites que ce » nom ne retentisse plus à mon oreille comme un écho importun de » ma conscience ; il empoisonne les beaux jours que Votre Majesté a » fait luire pour moi. » Le lendemain madame d'Etioles avait le titre de *marquise de Pompadour*, emprunté d'une ancienne famille du Limousin, éteinte depuis la mort de cet abbé qui faisait lire son bréviaire par son domestique à raison de six francs par mois. La favorite prit les armes de cette maison, rendue célèbre par Geoffroi de Pompadour, qu'on vit en même temps grand aumônier de France et président de la chambre des comptes sous le règne de Charles VIII. Le second sujet du chagrin de la maîtresse en titre était la cause de l'éloignement de son père, qui, condamné pour malversations, avait fui de la France quelques mois avant le mariage de sa fille. On ne voyait

rien de bien filial dans l'affliction de la nouvelle marquise ; mais cette punition suspendue sur la tête de l'auteur de ses jours flétrissait, pensait elle, sa réputation, comme si cette même réputation pouvait être encore flétrie ! Sans doute elle n'avait qu'un mot à dire pour faire tomber l'arme vengeresse de la loi des mains de la justice ; mais, ce mot, il fallait le prononcer, et cet effort fut longtemps au-dessus des forces de la favorite. Enfin il sortit un soir de sa bouche avec un profond soupir ; Poisson fut gracié, blanchi, rappelé, et madame de Pompadour n'eut plus à supporter que la honte de sa propre condition.

Dans les premières semaines de la faveur de cette reine de boudoir, on ne parlait à la cour que du coiffeur *Dagé*, dont la renommée avait commencé sous les auspices de madame de Châteauroux. Ce *virtuose* de la papillote ne reconnaissait point d'égal dans toutes les nations de la chrétienté frisée ; son peigne était plus vanté que le pinceau d'Apelles ou le ciseau de Phidias. Il possédait l'art difficile d'approprier la frisure à l'expression des physionomies ; par lui, le regard recevait un surcroît de séduction de la disposition d'une boucle de cheveux, et le sourire s'animait de toute la grâce auxiliaire d'un crêpé... L'âge même, ce grand vainqueur des prestiges de la coquetterie, s'évanouissait sous la main habile de Dagé. Aussi toutes les dames de la cour écartèrent-elles de leur toilette les femmes de chambre les plus expérimentées ; toutes soumirent leur tête à cet enchanteur ; il devint leur enfant gâté... Quelques-unes d'entre elles même, pensant qu'un si grand homme ne pouvait être médiocre en rien, assignèrent à son savoir des épreuves d'un genre particulier, et leur admiration n'en devint que plus vive.

Madame de Pompadour, au rang où elle était placée, ne pouvait se passer de Dagé ; elle le fit appeler. Mais ce ne fut pas chose facile que de l'avoir : il avait, disait-il, ses anciennes pratiques ; il ne pouvait y suffire ; les chevaux de son carrosse étaient sur les dents ; lui-même succombait à la fatigue. Bref, pour obtenir cet important personnage, il fallut presque un édit, et Louis XV dut traiter de puissance à puissance avec le prince des coiffeurs. Victorieuse de par le roi de la résistance du grand Dagé, la favorite lui demanda, la première fois qu'elle l'employa, comment il avait acquis la haute réputation et l'immense faveur dont il jouissait. « Cela est-il surprenant, répondit-il » avec orgueil... je coiffais l'autre[1] ! » La cour de madame de Pompadour était en ce moment très-nombreuse, et la marquise vit dans son miroir toutes les bouches se pincer. Le soir, la Dauphine et mesdames de France, qui n'aimaient point la favorite, répétèrent à tout venant que *Dagé coiffait l'autre*. Ce mot facétieux, colporté par l'ironie, ne contribua pas peu à susciter à la cour des divisions entre les courtisans des princes et les partisans de la marquise ; et quand les premiers parlaient de madame de Pompadour, ils l'appelaient, pour la distinguer de *l'autre*, madame *celle-ci*.

Que les hommes sont injustes ! qu'ils sont ingrats!... Soyez condescendante pour un de ces dominateurs exigeants, cédez-lui par faiblesse, par pitié, et vous le verrez bientôt persuadé que la faiblesse et la pitié sont des habitudes de votre vie. Comme ils promènent en tous lieux leur inconstance, ils ne nous jugent pas capables de la laisser se morfondre à notre porte... C'est donc croire aussi trop enclines à l'hospitalité. Plus nous les aimons, plus ils nous croient disposées à en aimer d'autres. A peine, au gré de leurs sens, nous ont-ils peint l'amour sous l'aspect d'une qualité, qu'ils s'efforcent, au gré de leurs soupçons, de nous le représenter comme un vice. « Adorez-moi, madame, » la tendresse épure l'âme ; elle ouvre le cœur aux vertueuses im-» pressions ; c'est une émanation de source divine : » voilà ce qu'ils disent aujourd'hui dans le délire de la passion. « Fuyez, fuyez les sé-» ductions d'un amant ; la réputation d'une femme est ternie par un » souffle. N'oubliez jamais que la pudeur est la première vertu de » votre sexe ; enfreindre ses préceptes, c'est être criminelle : » voilà ce qu'ils diront demain dans leurs jalouses appréhensions... Jeu bizarre d'une humeur exclusive qui fait entrer le *moi* dans toutes les considérations, et qui ne voit le bien que là où il trouve son profit. J'en demande humblement pardon à la plus noble moitié du genre humain, mais tel est l'esprit des lois que les hommes se sont faites, pour la plus grande commodité de leurs relations avec nous, pauvres femmes, nées de la côte du premier de ces maîtres absolus. Si l'on trouve cette tyrannie masculine jusque dans la dernière classe de la société, que sera-ce sur le trône, devant lequel doivent venir s'incliner et souvent s'anéantir toutes les volontés, tous les penchants ? On a dit à Louis XV que madame de Pompadour, n'étant que madame d'Etioles, avait vécu dans une sorte d'intimité avec M. de Bridge, ce même écuyer du roi qui, sous les étranges dehors d'un if, joua si bien la galanterie royale, au commencement de l'hiver dernier, avec la plus abusée des présidentes. J'ai dit que quelques gentilshommes faisaient, par oubli de grandeur, certaines excursions dans les salons du sous-fermier le Normand ; M. l'écuyer était du nombre. Il dessinait fort agréablement ; madame d'Etioles peignait à ravir : on montait à cheval ensemble, et l'on allait esquisser de jolis points de vue sur les bords de la Seine. Le couple dessinateur choisissait de préférence les sites boisés, parce que rien ne produit un meilleur effet dans un tableau... Tout cela ne prouve absolument qu'un goût com-

---

[1] La duchesse de Châteauroux.

mun pour la peinture ; et quand il serait vrai que M. de Bridge aurait fortuitement donné quelques baisers à madame d'Etioles, c'eût été, à coup sûr, par amour de l'art, comme le pédant de Molière embrassait par amour du grec. Ce précédent inquiétait cependant Sa Majesté ; elle voulait en avoir le cœur net. La prétention était peu raisonnable ; car, en supposant qu'une intelligence intime ait existé entre deux artistes amateurs, la favorite n'en peut être comptable envers son illustre amant. D'ailleurs, dans quel but le serait-elle ? Toute la puissance souveraine ne saurait détruire un fait consommé : rien de plus irrévocable que les arrêts exécutés du destin, et il en est dont l'exécution laisse si peu de traces, que c'est réellement douleur perdue que de s'en affliger. Toutefois le roi tenait à s'éclaircir ; il y tenait même beaucoup, et, à cet effet, Sa Majesté ordonna, la semaine dernière, à M. de Bridge de l'accompagner dans une promenade matinale à travers les bosquets de Versailles. La suite avait reçu l'ordre de se tenir à quelque distance ; l'écuyer marchait seul à côté du monarque.

« Savez-vous, mon cher comte, dit tout à coup Louis XV en s'arrêtant au milieu d'un rond-point, savez-vous que vous êtes le plus bel homme de ma cour ?

— Votre Majesté est trop bonne, répondit M. de Bridge surpris de ce début italien.

— Et je suis peu surpris, continua le roi, que vous ayez tant de bonnes fortunes.

— Mais, sire, il n'y a pas de quoi se récrier.

— Diable ! votre galanterie est gourmande, monsieur l'écuyer... Et la présidente de P***, qu'en dites-vous ?

— Oh ! pour celle-là, sire, c'était une surprise.

— J'en ai ri de bon cœur.

— C'était une conquête de Votre Majesté... C'est à elle, et non pas à moi, que la dame s'est rendue...

— Vous me la donnez bonne avec ma conquête !... quand c'est à vous qu'on a payé les frais de la guerre.

— Votre Majesté voit que je lui en fais les honneurs.

— Oh ! mais, en pareille affaire, la partie honorifique n'est rien... tout est dans l'hommage effectif... Mais ce n'est pas de cela qu'il s'agit. J'attends une preuve de votre sincérité, monsieur de Bridge, et je la réclame comme un gage de votre attachement à ma personne.

— A ce compte, sire, vous ne pouvez douter que je ne veuille être sincère.

— Je compte donc sur votre parole. Vous avez connu la marquise de Pompadour avant qu'elle fût à la cour ?

— Oui, sire.

— Connue, ce qui s'appelle connue ?

— Je ne sais quel sens Votre Majesté attache à ce mot, mais j'ai toujours eu pour cette dame la plus grande estime.

— Ah ! de grâce, monsieur le comte, ne rentrons pas dans les significations vagues... Je me défie à tel point du mot estime, que je suis toujours disposé à en prendre le contre-pied, et j'ai bonne envie de vous dire quant à madame d'Etioles : *Combien de fois l'avez-vous estimée ?*

— Mon Dieu ! que les présomptions de Votre Majesté sont éloignées de la vérité !... Je peignais avec cette dame.

— Oui, vous peigniez d'après nature... et la nature est si communicative !

— Les malices de Votre Majesté ont une grâce infinie... Mais, foi de gentilhomme...

— Arrêtez, monsieur, un serment dans un tel entretien serait chose trop sérieuse... Le roi ajouta : J'entends l'*Angelus* au château... Et Sa Majesté se mit à le réciter tout haut.

— *Amen*, répondit l'écuyer.

— Convenez avec moi, reprit Louis XV, comme si de rien n'était, convenez que vous avez été l'amant de la marquise.

— Impossible, sire, je ne puis convenir d'un fait qui n'a jamais existé.

— Allons, vous manquez à votre promesse... Songez que madame de Pompadour elle-même m'a tout appris.

— Madame la marquise est la maîtresse de dire, pour s'amuser sans doute, tout ce qu'elle voudra ; pour moi, je ne puis mentir. Elle était amie des arts, nous les cultivions ensemble ; ce commerce lui plaisait, mais jamais il n'y eut rien entre nous par delà l'amitié.

— Nous voilà revenus aux mots élastiques... Il est dit que je ne saurai rien.

— Sire, il est de toute exactitude que je n'ai rien à vous apprendre.

— Bien... Je cesse d'insister ; il peut y avoir de la délicatesse à me taire la chose... Au surplus, je ne sais pourquoi je vous demandais la confirmation d'un fait dont je suis sûr.

— Je ne sais vraiment plus que dire à Votre Majesté...

— Parlons de l'avenir.

— Quoi ! Votre Majesté penserait...

— Qui sait ? si le goût de la peinture reprenait à la marquise...

— Avec la connaissance de vos idées, sire, je m'abstiendrais d'accompagner madame de Pompadour.

— Et si elle vous y obligeait... Un gentilhomme français n'est pas un Joseph.

— Non sans doute, sire ; mais il peut le devenir pour ne pas déplaire à Votre Majesté.

— Je ne suis pas si exigeant ; et si l'événement a lieu...

— Jamais.

— Mais, dans la supposition du cas, vous m'en informeriez.

— Avant, sire ?

— Non, seulement après ; vous voyez que je suis bon prince. »

En ce moment le marquis d'Argenson, ministre des affaires étrangères, qui devait travailler ce jour-là avec le roi, mit fin en le rejoignant au débat de générosité commencé entre Sa Majesté et son écuyer ; on laissa indécise la question de savoir si, dans le cas d'un renaissant amour de la favorite pour la peinture et les sites boisés, le monarque en serait prévenu *avant* ou *après*.

Tandis qu'on semait de nouvelles roses la couche royale, et que les amours battaient de l'aile à Choisy, des intérêts plus graves, auxquels Louis XV ne songeait guère, s'agitaient en Allemagne. Le fils de Charles VII, âgé de dix-huit ans, héritait et de l'électorat de Bavière et des droits de son père à l'empire germanique. Mais de ces deux successions, ce jeune homme n'accepte que la première. Il n'a point été séduit par les magnifiques funérailles faites à Charles-Albert : au delà de la fastueuse chapelle ardente où ce prince a été exposé en costume espagnol [1] ; derrière le convoi aux mille flambeaux dans lequel on portait le globe du monde devant l'empereur défunt, son successeur a vu les misères trop longues, trop réelles d'une grandeur sans puissance... Il a repoussé cette couronne d'épines. Il y avait de la sagesse dans une telle abnégation ; mais il y eut de l'ingratitude dans les circonstances qui l'accompagnèrent. La France soutint sur le trône chancelant de la Bavière le grand-père et le père de l'électeur actuel ; quelques services rendus à Louis XIV par le premier furent payés d'une protection qui ne s'est pas démentie un seul instant depuis près d'un demi-siècle ; l'Empire même n'a pas semblé à Louis XV un gage trop éclatant de la reconnaissance qu'il exerçait au nom de son bisaïeul. Eh bien ! c'est en s'alliant aux ennemis de la France que le nouvel électeur a rompu des liens tissus de tant de sacrifices. La cour de Versailles voulait à peine croire que ce jeune souverain eût conclu un traité avec la reine de Hongrie. Il a fallu cependant céder à l'évidence ; le Bavarois, par ce traité, signé le 22 avril à Fuessen, renonce à toute prétention sur l'héritage de la maison d'Autriche ; il s'oblige à faire sortir les troupes étrangères de ses Etats électoraux, et promet d'accorder son suffrage au grand-duc de Toscane à la diète d'élection où la couronne impériale sera décernée. Bien plus, l'électeur s'engage, moyennant son admission au partage des subsides de l'Angleterre, à donner des troupes à la reine de Hongrie pour l'aider à combattre le roi de France, défenseur de son grand-père, de son père, et qui voulait être le sien... Les cours ont une reconnaissance à elles. Avant même que ce traité, monument éternel d'ingratitude, fût conclu, le fils de Charles-Albert avait ordonné à ses troupes, qui défendaient les frontières de la Bavière conjointement avec le marquis de Ségur, de se replier sans retard sur Munich. Ce mouvement ayant été exécuté sans que le général français en eût reçu l'avis préalable, il se trouva exposé, avec des forces inférieures à celles qui lui étaient opposées, à une attaque dont le résultat désavantageux était sans doute espéré par le perfide Allemand. Mais en cela du moins son attente fut trompée : M. de Ségur, à la tête de cinq mille hommes en combattant plus du triple, fit de hauteur en hauteur une retraite aussi habile que glorieuse jusqu'à Donawert, où ce gentilhomme mit le Danube entre lui et ses ennemis, après leur avoir tué beaucoup plus de monde qu'il n'en avait lui-même perdu.

Cependant cette couronne impériale, qui venait d'être refusée d'une manière si honteuse par l'électeur de Bavière, le fut également par le roi de Pologne, électeur de Saxe. Ce prince, plus attaché à l'or des Anglais qu'ambitieux de l'honneur stérile qui attira tant de calamités sur feu Charles VII, resta dans l'alliance de Marie-Thérèse, sans autres motifs que la crainte et l'intérêt sordide.

Ainsi Louis XV, qui n'avait pour faire la guerre aucun intérêt direct, qui ne l'entreprit que dans le but de soutenir un empereur qu'il avait fait par un élan d'orgueil ; Louis XV se voit contraint de supporter presque seul, en Allemagne et dans les Pays-Bas, des hostilités durant lesquelles il va compter parmi ses ennemis ceux-là mêmes en faveur de qui ce prince a tiré l'épée. Dans cette triste obligation, la cour de Versailles doit agir avec autant de prudence que de réserve : elle ne continue la guerre qu'afin de conquérir la paix, et cette affligeante ressource doit coûter le moins possible. Les généraux français ont donc reçu l'ordre d'évacuer les places qu'ils conservaient encore en Allemagne, de se rapprocher du Rhin et de se tenir sur la défensive en couvrant notre frontière. Le prince de Conti, appelé de l'armée d'Italie, doit cependant occuper sur ce point les Autrichiens assez sérieusement pour les empêcher de se porter avec des forces supérieures sur le roi de Prusse, notre allié. Le maréchal de Maillebois remplacera M. de Conti au delà des Alpes, tandis que le

[1] Étiquette admise à la cour impériale par le Castillan Charles-Quint, et qui tendait sans doute à rappeler les droits de la maison d'Espagne à l'Empire.

roi en personne achèvera les conquêtes commencées l'an dernier dans les Pays-Bas.

Mais on sait que de nos jours les rois ne se mettent à la tête de leurs armées que pour exciter le courage du soldat par la majesté de leur aspect, par l'éclat de leurs habits, et pour jouir du triomphe conquis par les armes portées en leur nom. Le véritable moteur des opérations qui se préparent en Flandre, c'est le maréchal comte de Saxe. Ce général, dont l'âme énergique semble avoir encore acquis des forces dans les souffrances d'une longue maladie, est parti ce printemps pour se mettre à la tête de soixante-dix mille Français, qu'il doit mener contre une armée plus forte, composée d'Anglais, d'Hanovriens, de Hollandais et d'Autrichiens, réunis en vertu d'un traité signé à Varsovie le 8 janvier. Trois généraux dirigeront ces troupes coalisées : le jeune duc de Cumberland, qui vainquit à Dettingue près de George II, commande les Anglais ; un autre enfant, le prince de Valdeck, brûle de se signaler à la tête des Hollandais ; et le vieux général autrichien Konigsek, auquel Marie-Thérèse a confié ses Allemands, tempérera par son expérience consommée la bouillante ardeur de ses jeunes collègues.

Le maréchal de Saxe a fait ouvrir la tranchée devant Tournai dans la nuit du 30 avril au 1er mai. Il présidait aux premiers coups de pioche quoiqu'il tremblât en ce moment la fièvre. On voyait ce grand corps étendu auprès d'un feu qu'il avait fait allumer au milieu des travaux ; les boulets de l'ennemi en faisaient de temps en temps voler au loin les tisons, ce foyer lumineux servant de point de mire aux canonniers du rempart. Le brave Maurice, malgré les projectiles et la maladie, resta jusqu'au jour au poste qu'il s'était donné ; on ne parvint à le faire retourner dans son quartier que lorsqu'il vit les soldats travailler à couvert derrière la douve du fossé qu'ils avaient ouvert. Le siége était commencé selon toutes les règles de la guerre, lorsque, le 7 mai, le roi arriva au camp avec le Dauphin, qui n'avait pas encore seize ans accomplis. Trois jours après les journaux de la capitale annoncèrent que Sa Majesté avait fait exécuter devant elle les dispositions qui étaient déjà terminées avant qu'elle arrivât au camp : toutes les fois que des têtes couronnées se montreront aux armées, leurs généraux deviendront passifs comme les abeilles de Virgile.

Cependant les États Généraux, étant informés du danger que courait l'importante place de Tournai, firent diriger sur ce point l'armée des alliés, forte d'environ cinquante-cinq mille hommes ; elle s'avança le 5 mai jusqu'à Cambron, lieu distant de la ville assiégée de sept à huit lieues. Le maréchal de Saxe se disposa sur l'heure à se porter au-devant des ennemis ; à cet effet il fit garder par un corps de six mille hommes les ponts de l'Escaut, et échelonna dix – huit mille hommes des murs de la place au champ de bataille sur lequel l'armée coalisée avait pris position. Maurice devait donc entrer en ligne avec neuf mille hommes de moins que l'ennemi ; mais ce général avait pour ui l'expérience, des précédents glorieux et la confiance de ses troupes.

Les deux armées manœuvrèrent ou s'observèrent pendant les journées des 7, 8, 9 et 10 mai ; ce dernier jour Louis XV et son fils parcoururent tous les rangs français, d'où s'élevèrent d'unanimes acclamations qui durent retentir jusque dans le camp des ennemis. Le soir Sa Majesté reçut tous les généraux dans son quartier, elle les exhorta à bien faire leur devoir ; puis, leur rappelant que depuis saint Louis aucun roi de France n'avait gagné de bataille signalée sur les Anglais, Louis ajouta qu'il était temps de renouveler ce vieux laurier. Toute la noblesse promit la victoire au souverain qui la lui demandait : il s'endormit avec confiance et sécurité.

Le 11 mai Louis XV fut levé le premier dans son camp, le soleil seul l'avait devancé. Le roi éveilla lui-même M. d'Argenson, ministre de la guerre, qui sur-le-champ envoya prendre les ordres du maréchal de Saxe. On trouva Maurice couché dans une voiture d'osier qui lui servait de lit, et qu'il fit traîner à bras autour du camp pour donner ses premières instructions. Au bout d'une demi-heure le maréchal était à cheval : « A mon tour, madame la fièvre, dit-il devant ses officiers, je n'ai pas aujourd'hui le temps de vous écouter, » à moins, parbleu, que vous n'obteniez l'assistance d'un boulet, » je jure que vous n'aurez pas raison. » Cependant le roi montrait une sérénité qui remplissait tous ses généraux de satisfaction ; ils étaient heureux de la confiance qu'ils inspiraient à leur souverain. Jamais en effet on ne l'avait vu plus gai qu'en ce moment, où la destinée allait jeter sur la trame de sa vie un des grands événements dont elle dût être empreinte, événement qui pouvait être une grande catastrophe. Mais il est à la guerre un prestige heureux répandu sur les chances funestes : toutes les riantes illusions se groupent, s'enchaînent pour dérober derrière les massifs de lauriers fantastiques qu'elles présentent aux guerriers le spectacle terrible des membres mutilés, des flots de sang, des cadavres aux traits livides et contractés qui sont le prix acquitté d'avance d'une victoire douteuse.

Bientôt on voit défiler dans la plaine les bataillons et les escadrons français allant prendre les diverses positions qu'ils doivent occuper ; les rayons du soleil naissant se jouent sur les armes polies, sur les casques brillants de ces masses alignées, dont le mouvement semble

être celui de murailles hérissées de baïonnettes et de sabres acérés. Les trompettes, les tambours, les musiques guerrières mêlent confusément leurs sons, que les échos répètent au loin. Des généraux à cheval au milieu du champ de bataille montrent de la pointe de leurs épées les différents points où les colonnes doivent s'arrêter. Cent aides de camp partant au galop se croisent dans leur course en portant des ordres aux légions combattantes. Voilà, tout près de l'Escaut, le village d'Antoin, et un peu plus loin celui de Fontenoy, vers lequel se dirige l'extrême droite de l'armée française ; ces deux villages sont remplis de canons prêts à foudroyer tout ce qui s'en approchera. Entre Fontenoy et Antoin s'élèvent de fortes redoutes ; ces groupes qu'on voit s'agiter derrière les épaulements, ce sont les canonniers qui préparent leurs pièces : ils rangent, ils alignent ces instruments de destruction. Un espace d'environ cinquante toises sépare Fontenoy du *bois de Barri* ; là, d'autres redoutes, d'autres canons forment un système de défense imposant. Si l'ennemi, qui se dispose à nous attaquer, n'enlève ni la position de Fontenoy ni celle d'Antoin ; s'il ne parvient pas à s'emparer du bois de Barri, qui marque l'autre extrémité du champ de bataille dans sa longueur, il faut qu'il essaye d'y pénétrer par l'espace de quatre cent cinquante toises sous les feux croisés de Fontenoy, d'Antoin et du bois. Mais cette marche serait trop audacieuse ; l'armée française paraît donc inabordable.

Quel est ce groupe de cavaliers qui passe en ce moment l'Escaut sur le pont de Calonne? A ces cuirasses étincelantes, aux plumes blanches que la brise matinale balance sur les chapeaux, on a reconnu le roi, le Dauphin et plusieurs de leurs grands officiers. Ils s'arrêtent à mille toises du pont qu'ils viennent de traverser, au lieu dit la Justice-de-Notre-Dame-aux-Bois, et non loin de l'entrée du champ de bataille. Autour de ces personnages illustres, une foule épaisse de gens de toutes les classes se dessine en demi-cercle sur les éminences, sur les chariots, et même à travers la verte parure des arbres. Ce sont des curieux attirés par les apprêts de la journée meurtrière qui commence ; ils viennent, dignes descendants des Gaulois et des Germains, demander un spectacle à la mort..... Ils seront satisfaits.

Il est six heures du matin, des nuages de fumée au milieu desquels brille un éclair tranchent tout à coup sur le feuillage du bois de Barri ; de retentissantes détonations suivent de près... La bataille est engagée.

A une petite distance du quartier royal, sous un bosquet de vieux ormeaux, le duc de Noailles décrit au maréchal de Saxe un ouvrage qu'il a fait construire pendant la nuit pour lier les redoutes d'Antoin à celles de Fontenoy : le duc est l'ancien du brave Maurice ; il a sur lui le rang de la pairie ; mais, reconnaissant la suzeraineté du talent, M. de Noailles rend hommage à ce premier de tous les titres, et sollicite, dit-il, l'honneur d'être le premier aide de camp du généralissime... Après cette noble abnégation, le duc embrasse M. de Grammont, son neveu, qui se rend au poste qu'il doit défendre... « Allez, » mon ami, lui dit-il, combattez comme à Dettingue, mais soyez plus » heureux..... » Heureux! il le sera bientôt si le bonheur est dans l'éternité : Noailles parle encore, et Grammont est étendu sans vie sur le gazon... Un boulet anglais vient d'envoyer chez les morts la première victime des champs de Fontenoy.

A huit heures les ennemis se sont consumés en vains efforts pour s'emparer des positions de Fontenoy et d'Antoin ; une batterie de ce dernier village a d'un seul coup emporté un escadron hollandais ; les troupes de la république renoncent à l'attaque de ce point ; elles cessent même de prendre part à l'action. Le duc de Cumberland ordonne alors au major général Ingolsbi de pénétrer de vive force dans le bois de Barri ; mais l'élite de l'armée anglaise, que guide cet officier, est presque entièrement moissonnée par le feu de la redoute que masque ce bois. Il ne reste plus au prince que le parti de pénétrer entre les redoutes de Fontenoy et de Barri en traversant l'espace de quatre cent cinquante toises, sur lequel se croisent les feux de presque toutes les batteries françaises ; le fils de Georges II ordonne cette marche audacieuse... Notre armée voit en ce moment s'avancer une formidable colonne d'Anglais et d'Hanovriens, formée de trois lignes sur quatre hommes de hauteur. Elle traîne ses canons à bras, sans que ni les ravins ni les escarpements de terrain suspendent son mouvement, sans que ses rangs en soient sensiblement dérangés ; et les terribles brèches que nos batteries font dans cette phalange macédonienne sont aussitôt remplies. Les premières troupes du roi qui essayent d'arrêter la colonne se composent de quatre bataillons des gardes françaises, de deux bataillons des gardes suisses, du régiment de *Courten* et de celui d'*Aubeterre*. Le régiment du Roi se trouve embusqué un peu plus loin, dans un chemin creux. Les valeureux chefs de ces corps donnent l'ordre à leurs grenadiers de s'élancer avec eux sur l'ennemi ; ils obéissent, mais cent officiers et soldats tombent morts aussitôt... Le reste rentre dans les rangs. Du côté des Anglais, pas le plus léger trouble, pas la moindre hésitation... La colonne s'avance toujours lentement, alignée comme à la parade, et paraissant insensible aux pertes nombreuses qu'elle éprouve en marchant à travers un déluge de feux. Cependant ces mêmes gardes françaises et suisses dont les grenadiers viennent d'être repoussés, ces mêmes régiments du Roi, de Courten et d'Aubeterre, qui partagent cet échec, se sont ralliés: ils s'avancent vers le corps anglo-hano-vrien; leur ligne, formée sur quatre hommes de hauteur, n'est plus qu'à ciquante pas des assaillants... On voit au premier rang les gardes anglaises et le régiment de royal-écossais; à leur tête, nos officiers reconnaissent le lieutenant général Cambel, le comte d'Albemarle, major général, et le brigadier Churchill, petit-fils naturel du grand Marlborough. La colonne s'arrête un moment. Les Anglais saluent les Français en ôtant leurs chapeaux.., MM. de Biron, de Chabannes, et toute la noblesse qui les environne, rendent le salut aux officiers de Sa Majesté Britannique. « Messieurs des gardes françaises, dit alors » un capitaine des gardes anglaises, tirez... — Messieurs, répond le » comte de Hauteroche, nous ne tirons jamais les premiers. A vous, » s'il vous plait. » Politesse dérisoire, délire de la valeur, qui ne prouve rien, si ce n'est l'éternel asservissement des hommes aux vanités. Cédant à la courtoisie française, les Anglais tirent les premiers;

Dagé coiffant madame de Pompadour.

ils font un feu roulant de bataillon qui jonche la terre des cadavres de cette noblesse naguère si polie. Quatorze officiers, parmi lesquels on compte M. le colonel de Courten, ont perdu la vie; quarante-cinq sont blessés; deux cent cinquante soldats restent sur la place; plus de sept cents sont atteints de blessures... Et la décharge n'a pas duré cinq minutes. Le corps français ne se trouvant point soutenu, ses rangs se débandent... M. de Luttaux, lieutenant général, accourt avec quelques régiments pour rétablir l'ordre, mais il n'y peut réussir qu'en partie; et la terrible colonne, de plus en plus serrée, avance toujours, elle déborde la position de Fontenoy, lorsque Luttaux, déjà blessé dans ce village et aveuglé par le sang qui coule de sa tête, vient encore opposer le régiment d'Aubeterre et un bataillon des gardes au corps devant lequel tant d'efforts ont été jusqu'alors infructueux. Mais cet intrépide général est arrivé au terme de sa glorieuse carrière : deux coups mortels l'atteignent à la fois... il tombe... Le roi perd un de ses plus fidèles serviteurs. Le duc de Biron, à la tête du régiment du Roi, qu'il commande, fait hésiter un moment la colonne en l'attaquant par son flanc gauche; mais un bataillon des gardes anglaises s'en détache, fait une décharge sur la troupe de Biron, et revient au petit pas reprendre la place qu'il a quittée, après avoir mis cent hommes hors de combat. On dirait qu'un enchanteur est caché au centre de cette cohorte de granit et la rend supérieure aux efforts de la puissance humaine.

Le désordre qui naît de la terreur commence à gagner de rang en rang tous les corps de l'armée française : la déroute des gardes françaises et des gardes suisses répand l'alarme jusqu'au sein de l'état-major. Le maréchal de Saxe, accablé de souffrance, de fatigue, de soucis, et mâchant une balle de plomb pour tromper sa soif, que les médecins lui défendent de satisfaire, parcourt au petit pas de son cheval le front des Anglais, en voyant tomber avec mépris autour de une nuée de mitraille et de boulets. « Allez, monsieur, dit-il au

» marquis de Meuze, courez au quartier du roi, dites de ma part » Sa Majesté que je la supplie de repasser l'Escaut avec le Dau-» phin... Pour moi, je vais faire ce que je pourrai pour rappeler la » fortune. — Ah! je suis bien sûr qu'il fera ce qu'il faudra, répond » Louis XV, mais je resterai où je suis. »

En ce moment le maréchal ordonne au comte d'Estrées, qui commande la cavalerie, de fondre sur les Anglais; mais nos escadrons, brisés par la mousqueterie et l'artillerie de l'inébranlable colonne, se dispersent : la première ligne est forcée de faire demi-tour. Maurice conduit lui-même à l'ennemi la seconde ligne, composée d'une partie de la maison du roi; ce sont de nouvelles victimes qu'il livre; MM. de Puységur, de Saint-Sauveur, de Saint-Georges, de Mézière, d'Aché, de Monaco, du Guesclin et vingt-deux autres officiers sont blessés dans ce nouveau choc; le comte de Longaunaie, les chevaliers de Suzy et de Saumery, le comte de Chevrier et six autres officiers restent morts sur la place... Ramenée encore, cette cavalerie d'élite est poussée en désordre jusque dans le quartier du roi, qui, entraîné dans la foule des fuyards, se trouve bientôt séparé de son fils. Sa Majesté aperçoit déjà la colonne anglaise, qui maintenant s'avance l'arme au bras; le feu de presque toutes nos batteries est éteint.

Tout paraît perdu; le maréchal de Saxe envoie exprès sur exprès à Louis XV pour le conjurer de repasser le pont, ce prince s'y refuse obstinément. Le danger devient pourtant extrême; on va se voir forcé d'évacuer les positions d'Antoin et de Fontenoy, que les ennemis débordent de trois cents toises : déjà les canonniers ramènent les pièces de campagne. Maurice se dispose toutefois à faire une attaque mieux combinée et plus imposante que toutes les précédentes : il est inouï qu'un général aussi distingué n'y ait pas songé plus tôt... Malgré ce qu'il a dit au commencement de l'action, sa maladie a au moins raison en cela. Tandis qu'on prépare cette attaque, le comte de Lamarck reçoit l'ordre de se porter vers le front de la colonne,

L'écuyer marchait seul à côté du monarque.

afin de protéger sur ce point la retraite de l'armée, si le dernier effort qu'on va tenter ne change pas la face des choses. Cependant un conseil tumultueux est tenu dans le quartier du roi : on y ouvre mille avis qui se croisent sans amener une détermination; et la colonne anglaise, dont la profondeur égale toute la longueur du camp, reste immobile, et semble être maîtresse du terrain qu'elle occupe.

Tout à coup le duc de Richelieu, lieutenant général, qui dans cette journée remplit les fonctions d'aide de camp du roi, arrive auprès de Sa Majesté; ce seigneur est couvert de sueur et de poussière; il a perdu son chapeau dans sa course rapide, et la brise en se jouant dans ses cheveux prête à sa physionomie animée une expression héroïque qui frappe et impose; le duc paraît préoccupé d'une grande idée, il va parler, quand le maréchal de Saxe l'interroge : « Quelle » nouvelle apportez-vous? lui dit-il, et quel est votre avis? — Ma » nouvelle, répond M. de Richelieu, est que la bataille est gagnée si

» on le veut; mon avis est qu'on fasse avancer à l'instant quatre ca-
» nons contre le front de l'ennemi, et pendant que cette artillerie
» l'ébranlera la maison du roi et les autres troupes le chargeront en
» tombant sur lui comme des fourrageurs. » Louis XV adopte aussitôt cette idée : vingt généraux partent au galop pour la faire
exécuter. Le duc de Péquigny fait placer les quatre pièces dans un
vieux moulin abandonné; lui-même les pointe sur la colonne anglaise.
Pendant ce temps le duc de Richelieu amène la maison du roi, que
guident MM. de Montesson, de Soubise, de Chaulnes, de Grille et de
Jumilhac. Toute cette brillante et impatiente cavalerie, secondée par
cinq escadrons de Penthièvre et les carabiniers, court sur le bastion
vivant qui semble avoir bravé toutes les attaques, mais que les quatre
canons du moulin commencent à ébranler. La brigade des Irlandais,
les régiments de Chambrillant, de Brancas, de Brionne, d'Aubeterre,
de Courten, de Normandie, se forment en colonne serrée pour soutenir la charge de cavalerie. Tout le mouvement est dirigé par
MM. d'Estrées, de Biron, de Croissi et de Lowendhal, lieutenants généraux, sous les ordres du maréchal de Saxe. Malgré la fièvre ardente qui le dévore, ce général se maintient sur son cheval par un courage surnaturel; il court de la droite à la gauche, encourageant de la voix et du geste tout ce qui commande, tout ce qui obéit.

La colonne, attaquée tout à la fois en tête et par ses deux flancs, ne peut tenir à tant de chocs simultanés : elle s'ouvre de toutes parts; Normandie et les carabiniers y pénètrent les premiers; la brigade irlandaise suit immédiatement. Les rangs anglais se séparent, se rallient, se séparent encore, se rallient de nouveau.... Enfin ils sont rompus. L'ennemi quitte précipitamment mais sans désordre le champ de bataille qu'il avait conquis.

Ce fut seulement alors qu'on sut à quel prix l'armée anglo-hanovrienne avait, pendant une partie de la journée, montré une si fière contenance; on trouva près de dix mille cadavres anglais et hanovriens. Mais la mort avait aussi moissonné amplement dans nos troupes, si péniblement triomphantes : quatre mille soldats étaient morts; plus de trois mille étaient blessés. Cent officiers au moins avaient perdu la vie; trois cent vingt se trouvaient en danger de mort, et l'on en comptait davantage de blessés plus ou moins gravement.

La victoire jetait à pleines mains ses lauriers sur cet aspect affligeant : le sentiment de la gloire tempérait l'amertume des regrets... L'armée entonna le chant du triomphe; elle laissa à la France les larmes de la douleur. Le roi parcourait tous les rangs; il prodiguait les félicitations aux soldats, se laissait embrasser par les chefs, et promettait à tous des récompenses. Le maréchal de Saxe, qui venait de descendre de cheval, rejoignit Louis XV, et se laissant tomber à ses pieds : « Sire, lui dit-il d'une voix éteinte par la fatigue et la
» douleur, j'ai assez vécu; je ne souhaitais de vivre aujourd'hui que
» pour voir Votre Majesté victorieuse... Elle peut juger maintenant à
» quoi tiennent les batailles. Il faut que je me reproche une faute,
» ajouta Maurice : j'aurais dû mettre une redoute entre le bois de
» Barri et Fontenoy, mais je ne croyais pas qu'il y eût des généraux,
» je ne dirai pas assez hardis, mais assez maladroits pour hasarder de
» passer en cet endroit. Oui, sire, l'audacieuse marche de la colonne
» anglaise était une tentative maladroite qui n'a réussi que par la fa-
» talité qui nous a fait consumer en attaques plus maladroites encore,
» effectuées par de trop petits corps. Aujourd'hui, sire, la troupe a
» tout fait, soit du côté des ennemis, soit du nôtre, et ni M. le duc
» de Cumberland ni moi ne devons marquer dans nos fastes la jour-

» née de Fontenoy. Si, profitant de sa marche victorieuse, le prince
» eût fait avancer les Hollandais sur le champ de bataille quand rien
» ne les empêchait plus de pénétrer entre les redoutes éteintes de
» Fontenoy et d'Antoin, nous étions perdus sans ressource; Votre
» Majesté elle-même ne pouvait échapper. Quant à moi, me fiant
» aux feux croisés de nos formidables positions, j'ai trop tardé à or-
» donner une attaque générale; Votre Majesté vient de voir que le
» succès en dépendait. »

Le roi se tournant alors vers M. de Richelieu, lui dit en lui tendant la main : « Je n'oublierai jamais le service que vous m'avez rendu. » Le duc reçut ce compliment avec moins de modestie que l'illustre comte de Saxe ne venait d'en montrer dans son discours; l'honneur de la récompense excédait cependant le mérite du service. L'idée que M. de Richelieu avait émise, et à laquelle on devait la victoire, ne lui appartenait point : il l'avait recueillie en traversant les rangs, et elle était due au comte de Lally[1]. Un peu plus tard M. d'Isnard, capitaine au régiment de Touraine, avait indiqué à M. de Péquigny le lieu où l'on pouvait prendre le plus promptement les quatre canons placés dans le moulin, et qui avaient ouvert les premières brèches dans la colonne anglaise. C'est ainsi que le prix des services rendus est rarement accordé à ceux qui l'ont mérité.

Le soir de la bataille, le maréchal de Noailles dit au coucher du roi à Maurice de Saxe : « N'en déplaise à vo-
» tre modestie, monsieur,
» tout hydropique que vous
» êtes, vous avez fait mer-
» veille aujourd'hui, et,
» certes, vous êtes le seul
» homme que la gloire ait
» désenflé. »

Le roi, vainqueur à Fontenoy, ne songea point à se prévaloir de sa victoire; au contraire, il fit écrire de son quartier même à l'abbé de la Ville, ministre de France à la Haye, qu'il n'aspirait qu'à rendre la paix à l'Europe. Les Etats Généraux, ne croyant pas sans doute qu'une telle modestie pût naître du triomphe, ne firent qu'une réponse évasive aux offres de Louis XV, à la sincérité desquelles ils devaient d'autant moins ajouter foi, qu'ils ne méritaient pas pour leur compte une telle modération de la part de Sa Majesté, puisqu'ils lui faisaient la guerre sans déclaration, et quoiqu'un ambassadeur hol-

Oui, maman, répondit la jeune Saxonne en présentant son bras à Sa Majesté, trouvez-vous cette miniature ressemblante?... C'était le portrait de Stanislas.

landais prodiguât en ce moment même ses lourdes salutations à la cour de France. La reine de Hongrie, qui, par l'entremise de ces mêmes Etats Généraux, avait reçu de semblables propositions du roi de France, les éluda à son tour : elle les éluda dans le temps qu'elle avait à soutenir la guerre en Silésie contre Frédéric II, en Italie contre Louis XV, Philippe V et don Carlos, en Allemagne contre les Français.

Mais les Anglais, alliés de cette princesse et qui la soudoyaient, étaient trop intéressés à la continuation des hostilités pour se prêter à une pacification, Philippe V serait incontestablement intervenu dans le traité, Georges II se fût alors vu forcé de renoncer aux attaques réitérées qu'il dirigeait contre la marine espagnole, attaques desquelles devait résulter sa ruine, et qui, par une conséquence infaillible, ne pouvaient manquer de faire tomber les opulentes colonies de l'Espagne au pouvoir de la Grande-Bretagne.

Malgré ses intentions pacifiques, Louis XV se vit donc forcé de continuer la guerre. L'armée des alliés, affaiblie et dispersée après la bataille de Fontenoy, ne pouvait s'opposer aux projets du roi; il se disposa à poursuivre ses conquêtes. Maître de Tournai, qui s'était

---

[1] Le même dont le nom est devenu si célèbre par sa fin tragique, qui résulta d'un déni de justice.

rendue peu de jours après la bataille et à la suite de quelques mouvements destinés à faire croire aux Anglais qu'on voulait les suivre dans la direction de Bruxelles, le maréchal de Saxe se porta brusquement sur Gand. La ville est investie par le comte de Lowendahl, lui-même se jette le premier dans les fossés et fait appliquer des échelles aux murailles; en un instant elles sont escaladées par deux compagnies de grenadiers, qui courent ouvrir une porte au reste de l'armée. Le surlendemain Bruges ouvre les siennes, Oudenarde est emportée d'assaut, Dendermonde capitule, et la forteresse d'Ostende est enlevée de vive force. Une escadre anglaise, qui avait apporté des secours dans ce port, vit arborer le drapeau du roi de France sur ses remparts. Bientôt Nieuport et Ath se rendirent; mais Louis XV ne fut pas témoin de la soumission de ces deux places : il était revenu à Versailles avec le Dauphin.

Avant que toutes les places de la Flandre autrichienne tombassent en notre pouvoir, Louis XV avait député un de ses aides de camp au roi de Prusse pour l'informer de la victoire de Fontenoy. Cet officier, nommé M. de la Tour, rencontra Frédéric II à la tête de son armée dans une gorge de la basse Silésie, près de Ratibor. En présence même de l'envoyé de son allié, le monarque du Nord remporta sur le prince Charles de Lorraine la mémorable victoire de Friedberg; et le soir même (4 juin 1745) il écrivit à Louis XV d'une grange dans laquelle il coucha : « J'ai acquitté à Friedberg la lettre de change que vous » aviez tirée sur moi à Fontenoy. »

Ce serait une fastidieuse énumération que celle des *Te Deum*, des bals, des concerts, des feux d'artifice par lesquels on célébra dans toute la France les événements glorieux que je viens de rapporter. Au milieu de ces solennités de la victoire, on n'entendit point les sanglots de mille familles en deuil : la galanterie des courtisans, voilà le chagrin des épouses et des mères. Cependant, malgré le soin qu'on prit de repousser dans l'ombre tout ce qui pouvait affliger l'esprit ou les regards du monarque vainqueur, quelques incidents désagréables ternirent l'éclat des réjouissances dont il était le héros. J'en citerai deux.

Voltaire, introduit à la cour par la nouvelle favorite, avait composé pour célébrer le triomphe de Fontenoy un ballet héroïque appelé *le Temple de la Gloire*, et qui fut d'abord exécuté par des seigneurs et des dames titrées. Il est presque inutile d'ajouter que madame de Pompadour y jouait un rôle principal. La marquise, qui voulait favoriser l'auteur, avait obtenu du premier gentilhomme de la chambre qu'il fût placé dans la loge du roi le jour de la première représentation; elle fut satisfaite à cet égard, et Voltaire se trouvait debout derrière Sa Majesté. Louis XV était désigné dans l'ouvrage sous le nom de Trajan : les poëtes flatteurs ont toujours pensé qu'en fait de comparaison il vaut mieux dépasser la vérité que de rester en deçà. Or, si la cour paraissait contente de la pièce, Voltaire en était plus satisfait que personne, et mentalement il s'adressait beaucoup plus de félicitations qu'on ne songeait à lui en accorder. Vers la fin du ballet, ce sentiment intime devint même si impérieux, que, ne pouvant plus contenir l'expression de son ravissement, notre courtisan, par allégorie, saisissant Louis XV entre ses bras, s'écria avec transport : « Eh bien, Trajan! vous reconnaissez-vous là ? » Cet enthousiasme était par trop romain, et Trajan, qui n'est point un César de la vieille roche, exprima apparemment que ce geste poétique lui avait déplu. Des gardes s'avancèrent aussitôt, enlevèrent l'enthousiaste irrévérencieux et le portèrent, avec infiniment de politesse il est vrai, hors de la loge où ce téméraire venait de franchir si imprudemment l'espace incommensurable qui sépare un grand poëte d'un grand roi. Le lendemain, au lever, on présenta à Louis XV le peintre Amédée Vanloo. Cet artiste portait un tableau où Sa Majesté était flattée d'une manière moins romaine, mais plus conforme à cette heureuse étiquette qu'on aime tant à Versailles. Vanloo avait peint toutes les vertus qui caractérisent un prince magnanime : on pria le roi de regarder ce tableau dans un verre à facettes; il vit alors son portrait, et les courtisans de s'écrier : « C'est délicieux, » c'est enchanteur; on ne vit jamais rien de plus ingénieux! » O misères des vanités !

Des succès militaires étaient le sujet des réjouissances qui se succédaient sans interruption à la cour, et durant lesquelles la gloire de nos armes était proclamée bien haut. Cependant, qui le croira? l'habit de nos guerriers n'avait point accès dans ce centre d'hilarité martiale, l'étiquette l'y proscrivait. A l'une de ces fêtes, le chevalier de Modène, capitaine au régiment Dauphin-infanterie, ignorant cette étrange interdiction, se présenta en uniforme au château; il avait déjà traversé la salle des gardes, l'*OEil-de-bœuf* et la pièce suivante, lorsqu'un gentilhomme de la chambre l'arrêta.

« Vous ne pouvez entrer, lui dit-il.

— Pourquoi donc, monsieur?

— Ignorez-vous les usages de la cour?

— Il se pourrait, monsieur, que je les eusse oubliés; il y a dix ans que je suis à l'armée.

— Je vous apprends donc qu'on n'est point admis en uniforme aux cercles du château.

— N'y célèbre-t-on pas en ce moment les triomphes de notre armée?...

— On célèbre les victoires de Sa Majesté.

— Mais on daigne peut-être convenir que l'armée est entrée pour quelque chose dans ces résultats glorieux ?

— Sans doute, monsieur; qu'en prétendez-vous conclure?

— Que cet habit, encore empreint de la poussière de Fontenoy, doit être une belle parure aux yeux du roi.

— Vous vous trompez, monsieur : sur le champ de bataille, Sa Majesté se *sert* de ses officiers; mais dans sa cour elle entend qu'ils se conforment au cérémonial qu'il lui a plu d'établir.

— Ma foi, monsieur, à l'impossible nul n'est tenu. Tout le lustre qu'un gentilhomme peut acquérir sur le champ de bataille, je crois en être pourvu... Quant à l'éclat qu'on achète chez un brodeur et que je vois en ce moment briller sur votre habit, il n'est pas en mon pouvoir de me le procurer... J'ai vendu mon dernier domaine pour faire la campagne qui se termine.

— En ce cas, il faut vous retirer, monsieur.

— Quoi ! vous osez expulser un capitaine d'infanterie; vous n'épargnez pas une telle humiliation au chevalier de Modène, le parent d'un prince souverain !

— Ce n'est pas vous que je renvoie, c'est votre habit.

— Vous avez raison... En Flandre, il fallait au roi de braves officiers; à Versailles, il ne lui faut que des habits recouvrant des mannequins, toujours assez recommandables quand ils savent se courber... » Et le capitaine indigné se retira.

Le lendemain, cent copies de ces vers couraient les salons de Paris :

> Serviles instruments de triomphes nouveaux,
> Victime des projets dont cette cour abonde,
> Courez, piochez, minez et montez aux assauts,
> Sacrifiez vos jours au plus grand roi du monde,
> Louis vous le permet : combattre est votre état.
> Mais ne paraissez point au grand jour qui s'apprête;
> Votre nombre importun pourrait troubler-la fête,
> Et vos habits poudreux en terniraient l'éclat.

Cette explosion d'une verve énergique produisit la plus grande sensation; le roi, qui peut-être n'eût dû y voir que le cri d'indignation d'une âme noble humiliée, ne s'éleva pas jusqu'à cette hauteur de considérations, et ne se livra qu'à la colère. Le comte d'Argenson reçut l'ordre de faire arrêter le chevalier de Modène; mais, prévenu par ses amis du danger qu'il courait, il se cacha quelque temps, puis il se retira secrètement à Avignon, sa patrie. Le ministre de la guerre, qui fait plus de cas d'un bon officier que d'un bel habit, fut charmé de cette fuite, et il avoua dans son intérieur qu'il eût été désolé de punir un brave militaire qui avait eu raison.

Tandis qu'on se réjouissait à la cour de France, on intriguait à celle d'Autriche pour faire déclarer le grand-duc de Toscane empereur. Marie-Thérèse, en éludant les propositions de paix que Louis XV lui avait faites après la victoire de Fontenoy, dans le but de conserver les subsides que l'Angleterre lui payait durant la guerre, n'avait pas renoncé à placer sur le front de son époux cette couronne impériale que le cabinet de Versailles ne lui eût pas disputée; mais elle voulait tenir ce résultat de ses alliances actuelles, et non d'un traité avec ses ennemis. Le roi, choqué de cette conduite, ordonna au prince de Conti de s'approcher de Francfort, où se réunissait la diète d'élection, et dans un manifeste énergique ce prince déclara qu'il allait s'opposer de tout le pouvoir de ses armes au choix du grand-duc. Malheureusement les effets ne pouvaient répondre à ces menaces; la nécessité de nous maintenir en Flandre dans une situation imposante avait obligé le roi à retirer vingt mille hommes au prince de Conti pour les envoyer au maréchal de Saxe. L'armée de Son Altesse fut donc trop faible pour s'opposer à la jonction des troupes que la reine de Hongrie entretenait dans cette partie de l'Allemagne, et la diète, environnée dans Francfort d'une formidable ceinture de baïonnettes, procéda à l'élection avec une complète sécurité. Les conférences avaient commencé le 1er septembre; treize jours après le grand-duc de Toscane fut proclamé des Romains, sous le nom de François 1er, par les suffrages des électeurs de Mayence, de Trèves, de Cologne, de Bohême, de Bavière, de Saxe et de Hanovre. Vainement les ambassadeurs du roi de Prusse, électeur de Brandebourg, et de l'électeur palatin se retirèrent-ils de la diète en protestant contre cette élection, elle n'en fut pas moins légale; la bulle d'or portant que « si deux électeurs se retirent du lieu où se » fait l'élection avant que le roi des Romains soit élu, ils seront » privés pour cette fois de leur suffrage comme étant censés l'avoir » abandonné. »

Marie-Thérèse, satisfaite d'avoir conquis et non obtenu l'Empire pour le prince son époux, et cela au sein même des échecs que ses armes avaient subis, Marie-Thérèse vint à Francfort jouir du couronnement de François 1er. Assise sur un balcon orné de riches draperies, elle assista à l'entrée du nouvel empereur et mêla sa voix aux acclamations de la multitude. Le soir ce prince la reçut dans son camp à la tête d'une armée de soixante mille hommes; elle en passa la revue en souveraine qui veut encore occuper le trône après l'avoir cédé. Les troupes avaient un empereur; mais les premiers hommages furent pour l'impératrice, et le roi des Romains, l'épée à la main, ne paraissait être que le premier général de la reine de Hongrie. Il était dans la destinée de cette princesse d'être comblée tout à la fois d'honneurs et de disgrâces : pendant que le canon de Francfort annonçait l'élection du nouveau souverain, Frédéric II taillait en pièces le général de Marie-Thérèse à Sare vers les sources de l'Elbe. Ainsi la fille de Charles VI, après avoir perdu la Flandre, se voyait menacée de toutes parts en Allemagne, et cette couronne qu'elle avait donnée à François Ier pouvait, comme celle de Charles VII, être le vain insigne d'une monarchie sans réalité.

En Italie, les affaires des alliés n'étaient guère plus heureuses qu'ailleurs : l'infant don Philippe et le maréchal de Maillebois, maîtres de la vallée d'Oneille, venaient d'entrer sur le territoire de Gênes, où le sénat, offensé de la cession d'une partie de son territoire au roi de Sardaigne, recevait en amies les troupes franco-espagnoles. De plus, cette république s'était obligée à fournir une armée de dix mille hommes, moyennant un subside une fois payé de cent mille piastres, et un autre subside de trente mille piastres par mois, le tout payé par la cour de Madrid. Dans le même temps le duc de Modène et le comte de Gages, à la tête d'un corps formé d'Espagnols et de Napolitains, avaient poursuivi les Autrichiens des environs de Rome à Rimini, à Césane, à Imola, à Forli, à Bologne, à Modène. Dans cette dernière position, la proximité de l'armée piémontaise ne fut d'aucun secours aux troupes de la reine de Hongrie : poursuivi lui-même par le maréchal de Maillebois, Charles-Emmanuel dut réunir tous ses efforts pour empêcher le maréchal de pénétrer dans le Montferrat ; il n'y put parvenir. M. de Mirepoix, avec douze bataillons, attaqua au mois de juin le camp retranché de Montésumo, où les Piémontais furent forcés. Bientôt les troupes de la reine de Hongrie et du roi de Sardaigne, étant parvenues à se réunir à Novi, n'en furent pas moins contraintes d'abandonner cette position et de découvrir ainsi Parme, Plaisance et Pavie, dont le maréchal de Maillebois s'empara successivement au mois de septembre.

Louis XV et ses alliés font avec avantage la guerre de terre, mais il n'en est pas de même des hostilités maritimes. La marine française, si négligée sous le ministère de Fleury, ne peut encore entrer en ligne de combat avec les escadres de l'Angleterre : il est presque honteux d'avoir à dire que la France, qui sous Louis XIV fut deux ans maîtresse de la mer, ne possède en ce moment que trente-cinq vaisseaux de ligne ; elle n'a donc pu empêcher qu'aux victoires du maréchal de Maillebois l'amiral anglais Roulai n'opposât le bombardement de Savone, Final, San-Remo et Gênes, qui fit beaucoup souffrir ces divers ports. Néanmoins dans les combats de vaisseau à vaisseau la marine anglaise eut rarement à se prévaloir d'avantages remportés sur la nôtre. Cette année encore le capitaine Maceemara avec le seul vaisseau l'*Invincible* soutint dignement l'honneur du pavillon français contre quatre vaisseaux anglais ; et malgré leurs attaques simultanées il conduisit à destination une flotte marchande qu'il était chargé de convoyer.

Le maréchal et le chevalier de Belle-Isle, dont j'ai rapporté ailleurs la prise dans un village d'Allemagne, au mépris du droit des gens, viennent d'être renvoyés sans rançon. Mais qu'on ne croie pas que ce renvoi soit une mesure généreuse du cabinet de Saint-James : c'est simplement une disposition intéressée. La violation commise sur MM. de Belle-Isle avait suspendu tout cartel d'échange entre la France et la Grande-Bretagne, et comme le nombre des prisonniers anglais excède celui des prisonniers français il importait au ministère de Londres de mettre fin à cet état de choses.

Les réjouissances continuent à Versailles, au mois de novembre, et l'on s'y réjouit toujours à l'occasion des victoires du roi, rentré dans son palais au mois de septembre. Mais depuis quelque temps les fêtes de la cour ont repris le caractère d'intimité que leur avait donné la duchesse de Châteauroux et que madame de Pompadour est jalouse de perpétuer. L'empire de cette favorite paraît avoir un tout autre importance que celui des précédentes : elle se lie aux hommes d'Etat, interroge les ministres, recherche les membres du conseil ; en un mot tout porte à croire que la marquise songe à s'emparer des rênes de l'Etat, si relâchées dans les mains débiles de Louis XV. Le moment est en effet favorable à l'ambition de cette dame : elle peut d'autant plus facilement renouveler madame de Prie que Fleury n'est plus là pour l'arrêter et qu'aucun ministre ne possède la confiance du roi, parce que, disons-le sans détour, en matière de gouvernement Sa Majesté n'a point de projets à confier. Je ne serais donc point surprise que madame de Pompadour, se substituant dans les affaires et au monarque, et aux secrétaires d'Etat, ne remplaçât le premier pour le pouvoir et les derniers pour la direction à lui imprimer. Ou je me trompe fort, ou la fille du boucher Poisson sera sous peu de mois la dispensatrice des grâces, des emplois les plus éminents et deviendra l'arbitre de la guerre et de la paix. Malheureusement pour la France, menacée d'une telle domination, la maîtresse du roi, douée de toute la subtilité nécessaire à ceux qui cherchent à usurper l'autorité, manque de la prévoyance, de l'énergie et de la hauteur de vue indispensables aux gouvernants. Sans doute la marquise a de l'instruction, de l'esprit, des talents, tout cela produit un grand effet dans l'enceinte des petits appartements ; mais il faut d'autres qualités lorsqu'il s'agit d'imposer à la foule orgueilleuse qui s'agite, intrigue et parfois conspire dans la galerie.

Quoi qu'il en soit de l'insuffisance morale de madame de Pompadour, Louis XV ne fait déjà plus rien sans la consulter, et les avis qu'elle lui donne ressemblent beaucoup à des intimations. Dernièrement elle *fut d'avis* que son frère, nommé jusqu'alors M. Poisson tout simplement, devînt marquis *de Vaudières*. La chose ne souffrit pas la plus légère difficulté : l'honnête garçon fut *emmarquisé*, et les envieux de l'OEil-de-bœuf, qui ne pouvaient atteindre ce vilain anobli que par des épigrammes, l'appelèrent le marquis *d'avant-hier*.

Il est à remarquer que trois degrés se sont formés dans le commerce des personnes qui composent la cour de Louis XV : on appelle à Versailles le *monde* les grands officiers de la couronne, les ministres, les ambassadeurs et toute cette foule de courtisans pour laquelle le roi ne descend jamais des sommités de sa grandeur. La *société* se compose des seigneurs et des dames qu'il reçoit le soir dans ses appartements, honore d'une sorte de familiarité et admet à la faveur de rire en sa présence. Enfin on a donné le titre d'*intimes* aux gentilshommes galants, pour ne pas dire plus, qui savent se prêter aux goûts les plus secrets de Louis XV et l'aider à déposer tout à fait la majesté royale : tels sont les Soubise, les Richelieu, les Luxembourg, les Brissac et quelques autres familiers des petits appartements, de la jolie maison de Choisy et du nouveau temple des plaisirs que Sa Majesté vient d'ériger au petit Trianon.

Comme tous les objets recherchés par le caprice, le petit Trianon, aux yeux du monarque prévenu, n'offre que charmes et délices, il ne présente pas la plus légère incommodité : il n'y a de belle verdure, de fleurs brillantes et parfumées, de fruits exquis que dans les jardins de ce petit palais d'Armide. Louis XV cueille lui-même ces derniers ; il en distribue aux personnes qui l'accompagnent ; on doit les manger en sa présence et les trouver délicieux, à peine de déplaire à Sa Majesté. Du reste, notre maître sensuel a fait tout ce qu'il fallait pour que Trianon fût réellement un séjour enchanteur ; j'ai même entendu dire qu'il s'était montré généreux dans le payement de tout ce qui devait concourir à l'embellissement de cette maison de plaisance.

Le château est une miniature, ou, comme on dit aujourd'hui, une bonbonnière : il occupe au plus un espace carré de douze toises. Ce gentil édifice se compose du rez-de-chaussée et de deux étages, compris dans un ordre corinthien que termine une balustrade. Il n'y a que cinq croisées sur chaque face ; celle qui regarde le jardin est ornée d'un avant-corps formé de quatre colonnes isolées. Les dispositions intérieures répondent au peu d'étendue du pavillon : au rez-de-chaussée, un salon de moyenne grandeur et une salle à manger ; au premier étage, l'appartement du roi, composé de très-petites pièces ; au second, quelques chambres pour les seigneurs ; voilà tout. Mais si les appartements sont bornés à d'étroites localités, leur élégance est d'une recherche inexprimable. La volupté semble avoir présidé au dessin des sculptures, au choix des statues, à celui des meubles et à l'arrangement du tout. L'architecture extérieure est aussi disposée avec beaucoup de goût : elle fait honneur à M. Gabriel ; les ornements du ciseau sont dus à M. Guibert.

Le petit Trianon est situé au bout de la pièce d'eau dite du Dragon ; une haute futaie dérobe aux yeux profanes ce joli temple érigé aux plaisirs ; on n'y parvient que par une allée tortueuse, image peu fidèle des délices de l'amour, qui par le temps qui court offrent une route directe et pour l'ordinaire fort battue. Jamais le roi ne conduit beaucoup de monde dans cette élégante féerie, où les sectateurs du plaisir, les hiérophantes des petits appartements sont seuls admis avec Sa Majesté. Le bel esprit y a aussi ses petites entrées, et mesdames de Pompadour et de Charolais tiennent quelquefois dans ce lieu séduisant une distillerie de fadaises tout à fait curieuse. J'en veux faire juger en rapportant une conversation qui eut lieu dernièrement sous les riants ombrages du petit Trianon entre Louis XV, mademoiselle de Condé et la nouvelle favorite.

« Il ne manque ici, dit Sa Majesté, que la troisième Grâce.

— Sire, répondit madame de Pompadour, Votre Majesté y a seule le pouvoir de Jupiter.

— Où vous commandez, mesdames, reprit le roi avec feu, nulle création nouvelle ne saurait être désirée. »

En ce moment la marquise offrit au monarque une rose et un œillet qu'elle venait de cueillir.

« Si l'œillet me représente, lui dit-il, la rose ne vous vaut pas.

De son côté, mademoiselle de Charolais présentait au roi un bouquet de pensées.

« Ah ! donnez-moi ces fleurs, s'écria-t-il avec un transport théâtral, vous venez de leur communiquer tout l'attrait de l'éloquence.

— Sire, répliqua la princesse, cette éloquence est quelquefois tout l'esprit de nos goûts secrets. »

Tandis que Louis XV cherchait sans doute vainement le sens de cette phrase sublime, on arrivait à la grille du bosquet, près de laquelle étaient retenus deux petits cerfs de Sibérie.

« Comme ces animaux sont charmants ! dit la marquise... Ils ont bien l'air aussi d'être heureux (heureux des cerfs attachés !). Car, ajouta cette favorite, le bonheur a sa figure,

— Je le crois, mesdames, repartit Sa Majesté, surtout quand il prend une des vôtres pour persuader de son existence. »

Voilà, bons Français, ce qu'au sein de votre cour on appelle de l'esprit, de la délicatesse d'expression; cela dans le monde, et Marivaux au théâtre, c'en est assez pour que bientôt il existe au centre de la France un jargon plus inintelligible et surtout plus niais que le bas-breton.

Mais il se passe souvent au petit Trianon des scènes pendant lesquelles le plaisir se nourrit de substances plus consistantes que le bel esprit, particulièrement les jours où le roi de France et de Navarre ceint le tablier de cuisine. Lorsque ce prince s'est mis en tête de satisfaire à cette fantaisie, il part de Versailles avant midi, ordinairement accompagné des ducs de Gontaut, d'Agen, de Coigni, de la Vallière, de Fleury, du prince de Beauffremont et du marquis de Polignac. La cuisine est alors transportée dans le salon; le comte de Croismare, le chevalier de Brusse, écuyers cavalcadours, le chevalier de Saint-Sauveur, le marquis de Montmorency, chefs de brigade des gardes du corps, et quatre pages, y sont déjà établis en qualité d'aides-cuisiniers et de marmitons, personne autre n'y est admis, et les valets ne paraissent un instant dans cette pièce que pour y apporter tout ce qu'il faut pour les apprêts du dîner.

La semaine dernière, le roi, possédé de sa manie culinaire, se chargea d'accommoder des *poulets au basilic* qu'on trouva délicieux, et qui l'étaient, dit-on, en effet, à part même la courtoisie qui érige en qualités les défauts les plus détestables des rois. Dans la même séance, il fit cuire des œufs frais avec une intelligence digne de beaucoup d'éloges; M. de Gontaut fut proclamé hautement le héros de la salade, et M. de Coigni se couvrit de gloire en soignant le rôti. Chacun voulut apporter son chef-d'œuvre sur la table, les convives se servirent ensuite eux-mêmes; les officiers des gardes du corps, les écuyers cavalcadours et les pages eurent le plaisir d'assister, comme spectateurs, à ce repas de façon royale, que ses nobles auteurs consommèrent avec une habileté plus active encore que celle apportée à sa composition. Cependant Louis XV, ayant pensé en définitive qu'il pouvait bien y avoir quelque chose d'incomplet dans le plaisir de voir manger, même le roi, fit passer à ses officiers quelques débris du repas. Par malheur ce prince ne songea d'abord qu'aux aliments solides, et ce ne fut qu'en voyant dans une glace un de ses pages allonger violemment le cou pour aider à la déglutition, que Sa Majesté pensa aux liquides. Le roi se leva alors précipitamment, et, prenant une bouteille, il courut au page altéré : « Tenez, lui dit-» il, voici mon verre, rincez-le, et buvez. — Ah! sire, répon-» dit le jeune homme, que Votre Majesté me permette de boire im-» médiatement après le plus grand monarque de la terre... » Il est vrai que Louis venait de donner, la casserole à la main, des témoignages éclatants de sa grandeur.

Les parties du petit Trianon ne contribuent pas peu à rendre messieurs les pages, essaim passablement audacieux, comme on sait, familiers jusqu'à l'excès auprès du roi. Voici, à cet égard, un trait qui mérite d'être cité.

Le chevalier de Rostaing, page de la chambre, avait parié avec un de ses camarades, aussi fou que lui, qu'il mettrait le monarque dans la nécessité de se coucher sans l'assistance de son service ordinaire. En conséquence, le parieur resta seul à l'*Œil-de-bœuf* jusqu'à minuit, et feignit de s'y endormir sur une banquette. En ce moment le suisse des appartements, ne voyant plus que ce page, quitta la salle pour un moment. A peine Rostaing vit-il l'Helvétien parti, qu'il courut pousser les verrous de la porte communiquant à la salle des gardes, stratagème qui le rendit maître de l'intérieur. En vain, quand l'heure du coucher approcha, les officiers de service frappèrent-ils à coups redoublés, le page n'ouvrit point. Le silence qui régnait dans les appartements, les portes fermées, l'absence même des lumières, que l'espiègle avait éteintes dans l'*Œil-de-bœuf*, tout fit craindre aux arrivants d'être venus trop tard; ils se retirèrent, fort inquiets des suites de leur prétendue inexactitude.

Cependant Louis XV, étonné de sa solitude inaccoutumée, ne savait à quoi l'attribuer. Le seul Bontems, son premier valet de chambre, et Rostaing, son rival sous cape, étaient sous les yeux du roi : « C'est singulier, » disait Sa Majesté, c'est inimaginable, je ne puis en aucune façon » expliquer une irrégularité aussi générale de mon service. » Le monarque regardait sans cesse à ses pendules; il cherchait à se persuader qu'elles avançaient... Un peu plus tard, Sa Majesté devint rêveuse; on lui entendit prononcer à demi-voix le mot de parlement : ce bon prince n'était pas loin de croire à une conjuration contre sa sûreté. Enfin, las d'attendre, le roi se mit au lit, et prouva par ce fait qu'une tête couronnée peut se poser sur son oreiller sans le secours de vingt ou trente niais qui font consister une partie de leur gloire à fermer les rideaux d'une couche royale.

C'eût été peu de chose pour Rostaing d'avoir gagné son pari, s'il ne se fût pas vanté d'un trait digne de figurer dans les fastes des pages; il n'eut rien de plus pressé le lendemain que de raconter l'aventure à ses camarades, et ce fut par suite de leur indiscrétion que le duc de Fleury, premier gentilhomme de la chambre, apprit cette escapade. Il courut en apprendre au roi tous les détails, et lui demanda quelle pénitence il fallait infliger au coupable. « Ceci me

» regarde, monsieur de Fleury, ne vous en mêlez pas, » répondit Sa Majesté en riant à se tenir les côtés.

Le soir, notre espiègle, ne croyant pas l'affaire divulguée, parut comme de coutume au coucher. « Comment, jeune téméraire, lui dit » Louis XV en s'efforçant de garder son sérieux, c'est vous qui avez » eu l'audace d'obliger le roi de France à se mettre au lit presque » seul, ce qu'aucun potentat de l'Europe n'oserait entreprendre! » savez-vous bien que vous mériteriez de ma part une déclaration de » guerre en règle ? » Le page admonesté rougit, avoua sa faute, et, se jetant aux pieds du roi, en implora le pardon. « Allons, relevez-» vous, je vous pardonne, mais une autre fois, monsieur le che-» valier français, songez mieux à nos forces respectives. »

Cette anecdote prouve que Louis XV portait quelquefois jusqu'à la faiblesse son indulgence pour ses pages : c'était une preuve de générosité sans doute; mais je ne puis taire un autre épisode qui démontre que ce penchant de son âme souffrait, dans l'application, quelques notables exceptions.

Le marquis de Lugeac, page de l'écurie, était aimé du roi plus qu'aucun de ses collègues. C'était un jeune homme d'une figure charmante, d'une tournure enchanteresse. Il possédait, lorsqu'il servait à Versailles, une fortune considérable, mais personne ne dépensait l'argent avec plus de prodigalité. Lugeac, simple page, donnait des bals comme un prince du sang; toutes les dames de la cour y allaient par attraction, tous les seigneurs les suivaient par jalousie. Le Dauphin même dansait aux bals de l'écurie, qui ne cessèrent qu'au moment où le marquis fut nommé enseigne au régiment des gardes. Bien plus, ce jeune et brillant gentilhomme cessa dès lors de paraître à la cour. Le comte de Biron, colonel de Lugeac, interrogé un jour sur cette singulière absence, répondit avec hésitation qu'un délabrement absolu de finances en était la seule cause. « Je » m'en doutais un peu, dit le monarque; mais écrivez, je vous prie, » à Lugeac que, nonobstant cette difficulté, je veux le voir ici. »

L'enseigne parut quelques jours après au lever ; Louis s'avança vers lui en riant.

« Eh bien, marquis, lui dit-il, vous m'oubliez, il a fallu vous ordonner de venir me voir.

— Sire, Votre Majesté connaît trop bien mon dévouement pour en douter; M. de Biron n'a pu lui dissimuler la cause de mon absence forcée.

— Mauvaise excuse, mon cher, mauvaise excuse.

— Cependant, sire...

— Vous manquez d'argent, n'est-ce pas, continua le roi à l'oreille de Lugeac, mais n'avez-vous pas ici des amis qui vous en *prêteront*?»

A ces mots, Louis XV glissa furtivement dans la main de son favori... une bourse de cent louis. C'était ce que l'ex-page dépensait naguère dans une soirée pour faire danser le Dauphin, et n'oublions pas qu'en s'en rapportant au discours de Sa Majesté cette somme était *prêtée*.

Tandis que Louis XV se répandait en générosités à Versailles, la guerre continuait avec acharnement en Italie. Le roi de Sardaigne, avec vingt-cinq mille Piémontais, et l'Autrichien Schullembourg, avec un pareil nombre d'Impériaux, étaient retranchés dans une anse que forme le Tanaro vers son embouchure dans le Pô. Ce poste paraissait inattaquable, il fallait donc tâcher d'attirer sur un autre point une partie des troupes qui le défendaient : c'est ce que tenta le maréchal de Maillebois au commencement du présent mois de décembre en feignant d'attaquer Milan. Les ennemis donnèrent dans ce piège : les troupes autrichiennes quittèrent l'anse du Tanaro pour se porter à la défense de la capitale du Milanais. Profitant de ce mouvement, l'armée franco-espagnole passe cette rivière ayant de l'eau jusqu'au reins; Charles-Emmanuel, forcé dans son camp, lâche pied et se retire jusqu'à Casal. Le comte de Lautrec, qui a rejoint dans la vallée de Pragelas un fort détachement piémontais, le bat, et bientôt l'armée combinée s'empare d'Alexandrie, de Valence, de Casal et d'Asti, dont le brave Chevert fait la garnison prisonnière. Enfin don Philippe, maître de Milan, reçoit, le 19 décembre, le serment de fidélité du sénat et des habitants de cette grande cité.

L'année 1745, qui se termine, a vu de grands événements se succéder en Angleterre. Le prince Edouard, profitant de la dispersion des troupes et des forces maritimes de la Grande-Bretagne, a débarqué en Écosse sur une frégate de dix-huit canons armée par un négociant français. Dans une expédition qui tendait à conquérir une couronne, ce prince n'avait avec lui que sept officiers ; mais il emportait dix-huit cents sabres, douze cents fusils et environ deux mille louis d'or. Jamais entreprise ne parut plus aventureuse, et pourtant jamais aucune ne toucha de plus près à la réussite. Edouard se hâta de publier un manifeste dès qu'il eut mis le pied sur la plage écossaise. « Compatriotes, disait-il aux peuples de ces contrées montueu-» ses, je viens au nom de Jacques III, mon père, faire valoir les droits » de ma maison et le trône que l'usurpation nous arracha. Vous verrez » en moi le plus zélé défenseur de la religion et de cette liberté qui » est notre autre divinité. Je ne veux, pour ressaisir le sceptre, m'ai-» der que du secours de vos bras, à moins que nos ennemis ne me » contraignent par leur exemple à me servir des armes étrangères. » Avec vous, mes amis, avec vous seuls je dois vaincre, car la justice

» est pour moi, et je n'ai en vue que la prospérité des Royaumes-
» Unis. »

Ce discours, prononcé avec une chaleureuse franchise, rallia autour d'Edouard quelques partisans de sa famille. Maître de la petite
ville de Perth, il y fut proclamé régent d'Angleterre, d'Ecosse et
d'Irlande. Il était alors à la tête de trois mille hommes, avec lesquels
il battit quatre mille Anglais à Prestons-Pans, après avoir occupé
Edimbourg avec moins de quinze cents.

Les montagnards qui suivaient cet illustre aventurier avaient conservé l'habit des Romains ; ils combattirent ce jour-là à la manière
de ce peuple-héros, et Charles-Edouard s'exposa comme un centurion.
« Mes amis, dit-il à ses soldats en tirant son épée, dont il jeta le four-
» reau loin de lui, je ne la remettrai dans le fourreau que quand vous
» serez libres et heureux. » A ces mots, et sans laisser aux ennemis
le temps de former leur ligne de bataille, Stuart s'avança jusqu'à
vingt pas des rangs anglais, suivi de tous les siens. Les canonniers
n'étaient pas encore à leurs pièces, les feux de l'infanterie n'avaient
pas encore commencé, et déjà les Ecossais, le bouclier haut, l'épée au
poing, frappaient hommes et chevaux de près, et leur faisaient
éprouver l'influence dès longtemps oubliée de la force du corps dans
les combats humains. Surprises, effrayées de cette étrange attaque,
les troupes bretonnes lâchèrent pied ; huit cents hommes restèrent
sur le champ de bataille ; le reste prit la fuite et tomba presque entièrement au pouvoir d'une réserve de cinq cents hommes qu'Edouard
avait placée à l'entrée d'un défilé pour ménager au besoin sa propre
retraite.

Bientôt l'armée de ce prince courageux s'augmenta considérablement ; mais, en dépit de sa promesse, il n'en reçut pas moins avec
empressement un secours d'hommes que Louis XV lui fit passer. Si
le projet qu'on avait formé dans le conseil de Versailles d'envoyer dix
mille combattants sous les drapeaux d'Edouard eût été mis à exécution en ce moment, il est probable que c'en était fait du règne de la
maison de Hanovre. Mais, cette fois comme tant d'autres, on délibéra
longuement, on accumula objections sur objections, difficultés sur
difficultés, et l'amiral anglais Vernon eut le temps d'occuper la Manche avec une forte croisière qui rendit tout débarquement impossible.
Un incident vint augmenter les chances de succès d'Edouard, nonobstant même l'absence des auxiliaires qu'il attendait de France.

A l'époque où Georges II avait envoyé une armée en Flandre on
avait levé un régiment de montagnards écossais, en lui promettant
que, quelque chose qui arrivât, il ne serait point employé sur le continent. Peu de temps après, cependant, on se disposa à embarquer
ces soldats ; plusieurs désertèrent. Saisis dans les bois, ils furent maltraités, enchaînés et conduits à Londres, où trois d'entre eux subirent le supplice du gibet. Le surplus fut transporté dans les planta-
tions de l'Amérique.

Cette sévérité excessive fut regardée par les Ecossais comme un outrage fait à leur nation ; aussi partout où le prince se présenta il vit
les Ecossais prêts à le suivre. Vainqueur à Preston-Pans, il courut à
Edimbourg, où bientôt se rendit une foule de paysans, descendus de
leurs montagnes pour s'attacher à sa cause et à ses pas. Tout se réunissait alors en faveur des Stuarts : l'attachement que les Ecossais
conservaient à des souverains originaires de leur pays ; leur jalousie
contre les Anglais, le ressentiment d'une injure récente, que fallait-il
de plus pour garantir le triomphe ? D'autres éléments de succès vinrent encore se joindre à ceux-là. Voyons quel sera l'effet de tant de
gages de réussite.

L'alarme fut grande en Flandre, au camp de Georges II, quand on
y apprit l'audacieuse entreprise d'Edouard et les victoires qu'il avait
déjà remportées. Le monarque de la Grande-Bretagne quitta précipitamment son armée, et se hâta d'accourir au secours de ses Etats.
Le duc de Cumberland repassa aussi dans sa patrie, où ce prince prit
le commandement de quelques régiments ramenés de Flandre, et auxquels se joignirent des volontaires et des milices enrégimentés. Les
villes, les corporations fournirent de fortes taxes ; la noblesse anglaise
fit de grands sacrifices. Néanmoins la confusion, la terreur étaient
dans Londres, où le prétendant avait de nombreux amis. De secrètes
instigations étaient exercées en son nom dans cette capitale ; des
écrits à double entente se glissaient sous les portes pendant les nuits
brumeuses ; on répandit à profusion celui-ci : « Un jeune homme de
» grande espérance est près de faire une fortune considérable ; en peu
» de temps il s'est fait plus de vingt mille livres de rente, mais il a
» besoin d'amis pour s'établir à Londres. »

Toutefois le duc de Cumberland marcha sur le prince Edouard,
qui vers la fin de novembre avait pénétré en Angleterre jusqu'à
Derby, à trente lieues de Londres. Stuart se replia alors sur l'Ecosse,
où il attendit les Anglais. Tel est ce moment l'état des affaires de
ce prince. Les rois de France et d'Espagne lui donnent en lui écrivant le nom de *frère*, après l'avoir laissé abreuver d'amertume dans
leurs antichambres ; il règne en Ecosse, lève des contributions, forme
des régiments ; il a des officiers, une cour, des secrétaires d'Etat.
Tout porte à croire qu'une révolution est près d'éclater ; atten-
dons-la.

Dans le temps que ces événements se passaient en Angleterre,
Frédéric II, après sa victoire de Friedberg, avait publié un manifeste contre les Saxons, qui étaient entrés en Silésie par suite du traité
conclu entre le roi de Pologne, électeur de Saxe, et la reine de Hongrie. Cette publication faite, le monarque prussien dirigea sur la Saxe
une armée sous les ordres du prince d'Anhalt-Dessau. Les troupes
saxonnes, attaquées à Kesseldorf, ne purent soutenir le choc des
Prussiens ; la défaite de l'électeur fut telle, dans cette affaire, que ce
prince lui-même dut quitter en toute hâte sa résidence de Dresde et
se réfugier à Prague. Tandis que le fugitif sortait par une porte,
Frédéric II y entrait par une autre ; le pays supporta une forte
contribution. Mais ayant appris, peu de temps après son entrée dans
cette ville, que la czarine Anne se déclarait pour le roi de Pologne,
dépouillé de son électorat, le vainqueur se détermina à signer la paix
avec la Saxe et l'Autriche. Ainsi, pour la seconde fois depuis le commencement de la guerre, la France allait en supporter tout le poids
en Allemagne.

Le maréchal de Broglie ne cueillera pas de lauriers dans cette arène
où nos troupes vont combattre seules contre tant d'ennemis : cet
officier distingué est mort dans son lit, après avoir échappé aux dangers du champ d'honneur et à la rigueur des éléments pendant les
dernières campagnes. Ce n'est ni à ces dangers ni à cette rigueur qu'a
succombé un autre maréchal de France, M. de Puységur, général
parvenu au premier grade de l'armée à la manière de tous nos seigneurs, qui trouvent les dignités réparties sur leur vie comme les
bornes milliaires le sont sur une route de poste.

Nous verrons si, pour soutenir la guerre qui se prépare, M. Machault, nommé récemment contrôleur général, saura grossir les filons
de nos mines financières. C'est un homme capable ; mais cela ne suffit
pas pour changer le cuivre en or, et l'on trouve maintenant dans la
circulation numéraire plus du premier métal que du dernier. Il en
coûte cher aux peuples pour entretenir les grands rois quand la grandeur de ces princes consiste en fêtes galantes, en feux d'artifice, en
équipages somptueux, en maisons militaires dorées, en entretien de
favorites : les souverains de l'antiquité se faisaient grands à meilleur
marché.

La nation, qui s'occupe un peu de ses affaires, voit avec tristesse
s'ouvrir devant elle une perspective sans bornes d'hostilités. Mais la
cour ne s'arrête pas à de si vulgaires détails ; il est bien plus intéressant pour elle de savoir quels seront dans l'année qui va commencer les quatre pages de la petite écurie destinés au service de la
table magique de Choisy ; table où l'on voit beaucoup de choses curieuses, indépendamment du mécanisme qui la fait mouvoir. Un seul
de ces quatre pages, choisi par une rare faveur du monarque, se
tient dans la salle où cette machine est placée ; encore doit-il, en
certains moments, se retirer derrière un paravent afin d'être un peu
moins immédiatement témoin de quelques fins de conversations, qui
d'ailleurs offrent peu d'attrait au jeune spectateur. On devine aisément quels convives sont admis à la table magique, dont l'idée première est due à madame de Mailly ; en voici la description. Elle est
ronde, richement incrustée de bois des Iles, et hors les heures du
service elle s'abaisse au niveau du parquet. Alors ce n'est plus qu'une
élégante rosace, sur laquelle on marche sans se douter de sa mobi-
lité. Mais au besoin la table s'élève sur un cylindre de cuivre doré
qui en forme le tambour ; dans cet état il n'y a de fixe qu'une bande
circulaire d'environ un pied de large sur laquelle se posent les couverts. Le reste, au signal donné par les convives, descend et remonte
à volonté, de manière que le service se fait dans un souterrain situé
sous la salle à manger et sans qu'aucun laquais ait besoin d'y paraître.
Quatre servantes à centres également mobiles apportent, au moindre
bruit d'une sonnette d'argent attachée à chacune, toutes les choses
de détail marquées d'un trait de crayon sur une carte imprimée. Des
rouages nombreux disposés dans le souterrain sont les agents cachés
de ce service ; ils se meuvent sans le moindre bruit : c'est une véritable réalisation des merveilleuses rêveries du bon Perrault. Mais il
arrive un point des orgies de la table mécanique où la baguette même
d'une fée serait sans vertu.

Revenons aux pages de la petite écurie, qui seuls ont le privilége
de fournir les jeunes desservants du temple mystérieux de Choisy.
Il est difficile d'apercevoir dans ces attributions occultes, qui attirent dans le monde un assez vilain renom, rien de fort honorable,
quoiqu'elles soient exercées pour la plus grande félicité d'un prince
magnanime. Cependant il est bien prouvé qu'elles conduisent rapidement aux dignités militaires : Lordat, Lugeac et d'autres voient
de loin leur bâton de maréchal, pour avoir fait leurs premières armes
à la table magique, au bruit d'une mousqueterie de baisers qui ne
tuait que la raison du roi et la gloire de son règne.

CHAPITRE XX.
1746-1747.

nald. — La servante Betty. — Le malheur est conquérant. — Disparition de Charles-Edouard. — Vengeances atroces de Georges II. — Martyrs de la fidélité. — Présomptions de l'*OEil-de-bœuf*. — Victoires nouvelles en Flandre. — Le roi triomphateur. — Revers de la médaille. — Bataille de Plaisance. — L'armée franco-espagnole abandonne l'Italie. — Gênes tombe au pouvoir des Autrichiens. — Dures conditions du vainqueur. — Les Génois se révoltent et chassent les troupes autrichiennes. — Mort de Philippe V et de la Dauphine de France sa fille. — Singuliers regrets de Louis XV. — La douleur et l'Opéra. — La tendresse paternelle d'un roi. — Campagne de Flandre; prise de Namur. — Le prince Charles et Maurice de Saxe. — Bataille de Rocoux. — Tentative ridicule des Anglais sur nos côtes. — Occupation de la Provence par les Austro-Sardes. — Le maréchal de Belle-Isle arrête leurs progrès. — Mort des maréchaux de Chaulnes et de Montmorency. — Mission conjugale du duc de Richelieu. — Charles-Edouard Stuart reparaît; il rentre en France. — Les ennemis sont chassés de la France méridionale. — Le marquis de Vaudière devient marquis de *Marigny*. — Caractère de ce parvenu. — La femme enceinte et le Dauphin. — Marie-Joseph de Saxe est mariée à ce prince. — Réjouissances, anecdotes. — Gargantua masqué. — Diplomatie; révolution en Hollande. — Quatrième campagne du roi. — Continuation des hostilités en Flandre. — Gaieté française au bivouac. — Bataille de Laufeld. — Siége de Berg-op-Zoom la pucelle. — Gênes est de nouveau menacée. — Boufflers et des secours y sont envoyés par la France. — Belle conduite de ce général. — Prise de Berg-op-Zoom. — Le comte de Lowendahl est fait maréchal de France. — Mot un peu brusque du prince de Conti. — Disette de ministres. — Facétie maligne de M. de Brissac. — Mort du duc de Boufflers dans Gênes. — Richelieu le remplace. — Les assiégeants abandonnent le siége par suite d'une diversion en Piémont faite par M. de Belle-Isle. — Combats maritimes. — Assaut d'Exiles. — Mort du chevalier de Belle-Isle. — *Le Méchant* de Gresset.

L'élévation de madame de Pompadour éprouve quelques difficultés : les courtisans serviles, qui ne fouillent jamais profondément dans la généalogie des favoris dont ils peuvent devenir les protégés, admettent volontiers, comme bien décrassée par la tendresse du roi, la fille, un peu douteuse même, du roturier Poisson. Mais les grands seigneurs se montrent plus difficiles; ils voient avec mépris tous ces satellites plébéiens qui gravitent autour de la maîtresse en titre, et cherchent à réfléchir un peu de son éclat; de là le sans-façon de plusieurs d'entre eux avec la marquise : le prince de Soubise, par exemple, entre chez la favorite sans se découvrir; on l'a vu plus d'une fois s'asseoir cavalièrement sur son lit. M. de Richelieu est moins impoli, mais je ne répondrais pas qu'il fût plus respectueux. Toujours est-il qu'il pénètre à toute heure dans l'appartement de cette dame, et les instants où le roi ne s'y trouve pas sont ordinairement ceux que le hasard fait choisir au duc. Je ne sais pas au juste si madame de Pompadour est complice de cette bénigne fatalité.

Tandis que le crédit de la favorite grandit à vue d'œil, M. d'Etioles, son mari, exilé de Paris avec une incontestable justice, puisqu'il osait disputer sa femme aux plaisirs d'un grand roi, M. d'Etioles promène sa mélancolie jalouse aux extrémités de la France, en attendant qu'une sage longanimité conjugale le rende digne d'être rappelé au centre. En province comme à Versailles il y a de l'ambition, et conséquemment de la servilité envers tout ce qui peut devenir un canal de faveurs. Notre voyageur est complimenté, traité, fêté partout, les plus grands seigneurs veulent le posséder et le régaler. Une de mes amies retirée dans ses terres, près de Montauban, m'écrivait la semaine dernière qu'elle s'était trouvée à une fête donnée chez un marquis de son voisinage, fête dont M. d'Etioles avait été le héros, avec un peu plus de solennité même qu'il n'en eût désiré. Un vieux gentilhomme, assez heureux pour n'avoir pas la moindre idée de la cour, et frappé des marques de considération prodiguées à l'étranger pendant le repas, demanda à l'un de ses voisins quel était ce personnage. « C'est, lui répondit-on, le mari de madame la » marquise de Pompadour. » A ces mots le noble campagnard demande à boire; puis levant son verre il dit à haute voix : « Monsieur » le marquis de Pompadour, voulez-vous bien me permettre de sa- » luer votre santé... » Jugez de la satisfaction du pauvre mari désemparé. Informé, après force rires étouffés, de la balourdise qu'il venait de faire, l'innocent gentilhomme voulait essayer de raccommoder un peu la chose; mais on parvint par bonheur à lui faire comprendre que cette sottise était du nombre de celles dont on ne doit pas tenter la réparation de peur de les aggraver encore.

Il arriva, vers la fin de l'année dernière, par le coche, à madame de Pompadour, un cousin dont elle n'avait point entendu parler tant qu'elle n'était que madame d'Etioles, mais qui s'avisa tout d'un coup de sa parenté, dès qu'il sut que sa cousine jouait un grand rôle à la cour. Ce Poisson-là était tambour au régiment de Piémont quand son ambition s'éveilla. Voilà donc notre musicien de haut bruit qui demande, non pas à être avancé dans son corps, où certes personne ne marchait avant lui, mais à faire au service un peu moins de bruit et un peu mieux ses affaires, en d'autres termes, il sollicita une lieutenance au régiment des gardes. La demande parut à la marquise d'une audace insolente; toutefois elle en parla au roi, qui la trouva toute naturelle. Le brevet fut expédié dans les bureaux de la guerre. Mais il survint un incident auquel personne n'avait songé : les officiers du régiment du Roi osèrent s'opposer à l'admission parmi eux du tambour affublé de l'épaulette. « Nous vous croyons un brave » homme, lui dirent-ils; mais il est peu probable que, dans l'obliga-

» tion où vous seriez d'avoir affaire à nous tous, il ne vous arrivât » pas quelque coup d'épée malencontreux qui guérirait trop radica- » lement la fièvre d'ambition qui vous tourmente. » M. Poisson sentit toute la force de cet argument; il se retira. Sa cousine, qui n'avait point rencontré d'obstacle dans la volonté du roi, trouva très-dur d'être contrariée par de petits officiers des gardes; elle voulait persister, faire punir, chasser ces messieurs; de prudents amis lui firent abandonner ce projet. On était en temps de guerre; il pouvait arriver que Louis XV donnât un moment raison à son régiment des gardes, qui le servait fort bien, sur sa favorite, qu'il n'était pas impossible de remplacer. Madame de Pompadour, calmée par raison, se contenta d'une lieutenance de dragons pour son cousin le tambour, dont on fit un capitaine le mois suivant. Il prit alors le surnom de Malvoisin, et se trouva complétement décrassé.

Le prince Charles-Edouard donnait de sérieuses inquiétudes à Georges II au commencement de cette année : le parti de ce dernier descendant des Stuarts prenait de la consistance dans les Trois-Royaumes; il n'y avait pas un instant à perdre si l'on voulait combattre avec succès cet aventurier hardi. Le roi avait demandé depuis longtemps aux Etats Généraux de Hollande un secours de six mille hommes; il arriva enfin. Ce détachement se composait de troupes faites prisonnières à Fontenoy et Dendermonde, et qui, d'après leur capitulation, ne devaient pas servir contre la France. C'était par ce motif que le gouvernement hollandais, n'en pouvant faire aucun usage dans la guerre continentale, les envoyait à son allié pour servir contre Edouard. Mais la fatalité voulut qu'au moment même où ces Hollandais touchaient la côte d'Angleterre, le lord Drummond, officier au service de Louis XV, y débarquât lui-même avec quelques compagnies françaises. Forcés par cette intervention inattendue de rentrer dans l'esprit de leur cartel, les régiments hollandais durent s'abstenir de prendre part aux hostilités; ils s'éloignèrent de la Grande-Bretagne, et Georges II manda en toute hâte six mille Hessois pour les remplacer.

Cependant les manifestes des deux adversaires se croisaient dans toutes les provinces des Royaumes-Unis : d'une part, Georges continuait de mettre à prix la tête du prétendant et de tuer ses partisans comme des loups, partout et de toutes façons; d'autre part, Charles-Edouard recommandait la plus grande modération à ses troupes et défendait expressément d'attenter à la personne d'aucun membre de la famille régnante. Il faut convenir que, pour approuver les proclamations de Georges, pour le féliciter d'avoir fait brûler celles d'Edouard par la main du bourreau, il est nécessaire de se faire une robuste idée du droit des princes intronisés, et de l'importance, assez peu démontrée, de ce que les souverains appellent la légitimité de leur droit.

Au milieu de ces feux croisés de manifestes, Edouard fut averti qu'il avait à redouter une mousqueterie plus dangereuse : les milices anglaises menaçaient Edimbourg; les vivres du prince allaient être coupés sur ses derrières s'il ne hâtait sa retraite; ce mouvement rétrograde continua avec rapidité. Le prétendant avait laissé une faible garnison à Carlisle, que le duc de Cumberland enleva après neuf jours de siége vers le milieu de janvier. Ce petit échec n'empêcha point Stuart de former, en se retirant, le siége du château de Stirling : telle fut l'occasion du combat de Falkirk. Le général anglais Hanlay, avec des forces considérables, s'était avancé pour s'opposer au blocus de cette forteresse; Edouard, à la tête de huit mille hommes seulement, se porta au-devant de lui.

Les éléments, dans cette journée, se déclarèrent les auxiliaires du descendant des Stuarts : un orage violent, qui poussait une pluie d'averse au visage des Anglais, seconda les efforts de leurs ennemis. Du reste, les Ecossais combattirent, comme à Prestons-Pans, avec l'épée et le poignard, après avoir jeté leurs fusils derrière eux. Ce choc impétueux, soutenu par une manœuvre plus régulière de six piquets français, ne tarda pas de mettre en déroute les soldats de Hanlay. Maître du champ de bataille que les Anglais abandonnèrent à la faveur des premières ombres de la nuit, Edouard les poursuivit. Les vaincus s'étaient réfugiés dans un camp retranché presque entièrement environné de marais. Mais ni la protection de la nature ni les efforts de l'art ne purent défendre les Anglais contre l'intrépide attaque du vainqueur. Ils s'enfuirent en désordre, et, trompés par l'obscurité, un grand nombre de soldats se perdirent dans les marais environnants. Les débris de cette armée se réfugièrent à Edimbourg, dont le duc de Cumberland s'était rendu maître.

L'étoile de Charles-Edouard brilla à Falkirk d'un éclat qui devait bientôt s'évanouir. Le duc de Cumberland était en possession d'une forte partie de l'Ecosse; le froid était extrême, et ses rigueurs paraissaient d'autant plus cuisantes aux troupes du prétendant, qu'elles manquaient souvent de vivres et recevaient fort irrégulièrement leur paye. Cette détresse n'altérait point le courage de ces braves gens; mais, détruisant leurs forces physiques, elle rendait le succès plus difficile. Il fallut lever le siége de Stirling et se concentrer vers la côte pour favoriser le débarquement des secours d'hommes et d'argent qui arrivaient partiellement de France. La position du prince devenait de plus en plus critique, tandis que son adversaire voyait chaque jour augmenter ses ressources. Cumberland avait de la cavalerie, du canon, une infanterie supérieure en nombre à celle de Stuart; enfin les Anglais n'étaient plus étonnés de ces attaques athlétiques qui les avaient tant effrayés à Prestons-Pans.

Malheureusement Edouard ne pouvait plus refuser une bataille sans risquer de se voir serré de trop près pour y conserver des chances de succès; il se résigna donc, plutôt qu'il ne se décida, à un engagement. Les deux armées se rencontrèrent à Culloden le 27 avril à deux heures du soir. L'action ne dura pas deux heures : le nombre et l'amour-propre blessé des fiers Anglais triomphèrent de la plus héroïque valeur. Les révoltés s'enfuirent dans la direction d'Inverness; Charles-Edouard, blessé légèrement, fut entraîné lui-même loin du champ de bataille, où il laissait neuf cents morts et trois cents prisonniers. Poursuivi de près par les Anglais, le prince, arrivé sur le bord d'une rivière, dut la traverser à la nage, laissant sur les flots une trace de son noble sang. Parvenu à l'autre rive, Stuart vit incendier une grange dans laquelle six cents montagnards s'étaient réfugiés : les vents poussèrent jusqu'à lui les cris déchirants de ces infortunés. En ce moment Edouard avait autour de lui environ cent officiers, qui, à son exemple, venaient de traverser à la nage l'espèce de torrent qui les séparait de l'ennemi. Dans ce nombre de fidèles amis se trouvait une femme, madame de Seford. Descendue des montagnes avec de braves Ecossais, on l'avait vue combattant à leur tête auprès du prétendant, qui, dit-on, se reconnaissait autrement encore l'obligé de cette héroïne écossaise. Après avoir affronté les feux ennemis, elle ne s'était point arrêtée aux menaces bruyantes d'un autre élément : ses membres délicats avaient fendu les flots pour suivre le prince; il voyait d'un œil attendri l'eau dégoutter des habits de cette courageuse amazone.

Cette conduite héroïque sauva madame de Seford d'une horrible destinée : le pays qu'elle quittait fut livré aux plus atroces excès. Les femmes, les filles, violées par les farouches vainqueurs, étaient laissées, flétries et dépouillées, dans les bruyères, où elles expiraient des suites de la violence dont elles avaient été les victimes. La contrée fut couverte de cadavres, de ruines, de cendres sur une surface de cinquante milles; il n'y resta ni hommes, ni bétail, ni maisons; jamais victoire ne couvrit les triomphateurs de moins de gloire et de plus d'opprobre.

Les vaincus n'eurent pas un instant de relâche; le duc de Cumberland les fit poursuivre dans toutes les directions. On ne put atteindre les soldats écossais, qui s'enfonçaient incessamment dans leurs déserts boisés, ou gravirent leurs rochers, inaccessibles pour les poursuivants. Mais presque tous les officiers furent pris ou se rendirent, en se recommandant à la clémence royale; on verra comment Georges II exerça cette vertu des grandes âmes.

Il ne restait autour de Charles-Edouard qu'un petit nombre de partisans échappés à tant de calamités. Mais les princes, dans l'adversité, voient promptement éclaircir les rangs de leurs plus dévoués serviteurs; Stuart vit diminuer de jour en jour son faible cortège : à l'expiration d'une semaine, il n'y comptait plus que douze personnes, et la belle madame de Seford était encore du nombre. Enfin la nature sembla vouloir se venger des efforts que cette femme intrépide lui avait imposés : un matin, sa tête, appesantie par une fièvre brûlante, ne put quitter la botte de paille où elle avait reposé pendant la nuit. « Prince, dit à Edouard cette fidèle compagne de son » infortune, il faut vous quitter; la faiblesse de mon sexe trahit une » âme qui était digne de la vôtre. Ma poitrine est en feu, » mes membres sont brisés; je ne puis plus, hélas ! vous suivre... Si » la mort ne vient pas me saisir dans ce grenier, je regagnerai, par » des sentiers détournés qui me sont connus, mon château de la mon- » tagne... Peut-être le ciel vous permettra-t-il d'arriver à la côte et » de vous embarquer; mais si vos espérances étaient encore trompées » en cela, tâchez de parvenir à ma retraite : voici un petit plan du » pays, qui vous en apprendra les chemins... Là, prince, ajouta la » tendre Ecossaise en mouillant de pleurs la main d'Edouard, qu'elle » venait de saisir avec transport, là je vous sauverai de vos enne- » mis, ou je mourrai avec vous. » Stuart s'éloigna péniblement de cette adorable créature; son cœur était déchiré de regrets.

La division, qu'un rien excite parmi les hommes malheureux, acheva bientôt d'éloigner presque tous les amis du prétendant; il ne resta auprès de lui que MM. de Sullivan et de Sheridan. Le prince marcha cinq jours et cinq nuits avec ses deux compagnons, tant les Anglais détachés sur ses pas mettaient d'activité dans leur poursuite. Des armateurs de Nantes avaient envoyé au prétendant quelques secours d'hommes et d'argent, portés par des vaisseaux légers; mais il ne put arriver à la côte près de laquelle ces navires parurent, ils furent contraints de regagner le large sans avoir rempli leur mission. L'infortuné Stuart, errant de chaumière en chaumière, tantôt sous un déguisement, tantôt sous un autre, passant quelquefois la nuit dans le creux des rochers, se décida enfin à chercher un refuge dans les petites îles qui hérissent le bord de la mer au nord-ouest de l'Ecosse. Toujours poursuivi, il toucha successivement plusieurs de ces îlots; lui, ses deux compagnons, et trois matelots qui les conduisaient, se cachaient pendant le jour au fond de petites anses, ou bien sous des antres rocailleux creusés par

la mer dans les rochers : c'était ainsi qu'ils échappaient aux croisières envoyées à leur recherche. Ils se nourrissaient de poissons secs, et d'un peu d'eau-de-vie qui restait au prince pour toute provision. La nuit, les infortunés ramaient d'une île à une autre pour dépister leurs ennemis : dans cette navigation laborieuse, Edouard ne voulait pas être exempté du travail que ses amis s'imposaient; les mains de ce prince étaient devenues calleuses, ses habits étaient couverts de goudron et déchirés.

Les aventuriers avaient erré ainsi d'île en île, de caverne en caverne, pendant dix jours, lorsque, forcés par la faim de quitter l'archipel et de regagner le continent écossais, ils rencontrèrent sur la côte une demoiselle à cheval. Ils se hasardèrent à l'aborder. C'était mademoiselle *de Macdonald* [1], dont la famille se fit remarquer dans tous les temps par son fidèle dévouement aux Stuarts. La jeune Ecossaise reconnut sur-le-champ Edouard, malgré les haillons qui le couvraient. Sautant de son cheval, elle courut au prince, et se jetant à ses pieds elle embrassa ses genoux, qu'elle mouilla de pleurs. « Mon Dieu ! mon prince, lui dit-elle, que de dangers vous environ- » nent ! mais je vous y soustrairai au péril de ma vie. Voyez-vous, au » pied de la montagne, cette caverne dont une cabane de pêcheur » cache à moitié l'entrée; allez vous y cacher avec vos compagnons. » Je connais le montagnard qui demeure près de là; je vais lui par- » ler; il vous aidera à échapper aux recherches des Anglais; et je » viendrai, aussitôt que je le pourrai, vous prendre dans cette re- » traite. »

En effet le montagnard, que mademoiselle de Macdonald avait mis dans les intérêts du prince sans le nommer, apporta pour toute nourriture, à lui et à ses deux amis, un peu de farine d'orge délayée dans de l'eau : ce pauvre pêcheur ne pouvait pas davantage. Tant de fatigues, de privations et de chagrin avaient affaibli la santé de Stuart; son corps se couvrait d'ulcères : il était difficile que la misère de cet infortuné fût portée plus loin.

Après deux jours d'anxiété mademoiselle de Macdonald n'ayant pu se rendre elle-même à la caverne envoya prendre les proscrits par un exprès dont elle connaissait la fidélité. Il fallut encore se rembarquer pour les îles, et cette fois ce fut vers celle de Benbecula que les fugitifs se dirigèrent. Edouard espérait y trouver enfin quelque repos; mais au bout de trois jours il apprit que les milices du duc de Cumberland venaient d'y aborder. Mademoiselle de Macdonald, qui avait rejoint le prince, ne vit plus alors qu'un seul moyen de salut pour ce fugitif, ce fut de lui faire prendre des habits de femme et de l'emmener au continent en qualité de servante. La jeune Ecossaise ajouta avec l'expression d'un profond regret qu'elle ne pouvait sauver ainsi que le seul Edouard. Ses deux chers compagnons, Sullivan et Sheridan, se séparèrent donc de lui après un adieu déchirant.

Mademoiselle de Macdonald et sa prétendue Betty se réfugièrent d'abord dans l'île de Skie chez un gentilhomme écossais. A peine y étaient-elles, que des soldats anglais se présentèrent pour visiter la maison de cet insulaire, connu apparemment pour être partisan des Stuarts. Edouard lui-même alla leur ouvrir la porte, témérité qui peut-être l'empêcha d'être reconnu. Mais on ne tarda pas à répéter dans l'île que le prétendant y était descendu. Les Anglais allaient sans doute revenir chez le gentilhomme et faire des perquisitions plus rigoureuses. Edouard se disposa à partir seul à l'entrée de la nuit : il ne voulut pas que mademoiselle de Macdonald continuât de s'exposer. « Si belle, si bonne, si digne d'être adorée, lui dit-il en » la pressant sur son cœur, ce sont des liens de myrte qu'il vous faut, » et non des chaînes dont je ferais charger vos jolies mains... Adieu, » chère enfant; adieu, créature angélique; je vous défends de m'ac- » compagner. » Il partit, laissant cette jeune Ecossaise plongée dans la plus vive affliction.

Après avoir fait à pied plus de dix milles suivi d'un seul marin, Edouard, près de succomber à la fatigue et au besoin, arrive au point du jour à la porte d'un petit château dont il connaissait le propriétaire pour un partisan de Georges. Le prince entre néanmoins, et, marchant droit au maître de la maison, il lui parle en ces termes : « Le fils de votre roi vient vous demander du pain et un habit. Je » sais que vous êtes mon ennemi, mais je vous crois assez de vertu » pour ne pas abuser de ma confiance et de mon malheur. Prenez les » misérables vêtements qui me couvrent, gardez-les, vous pourrez » me les apporter un jour dans le palais des rois de la Grande-Bre- » tagne. » Un tel discours ne saurait rencontrer d'âmes endurcies; le gentilhomme se conduisit avec honneur, avec intérêt même : il prodigua des secours au prince, lui garda le secret, et embrassa son parti. Le malheur aussi peut devenir conquérant.

Tout à coup le prince disparut sans qu'on pût savoir de quel côté il avait porté ses pas. D'après le signalement qu'en donnèrent quelques-uns de ses amis, des pêcheurs se souvinrent seulement de l'avoir vu débarquer un matin au continent écossais, mais ils ajoutèrent qu'ils avaient bientôt perdu sa trace. Le bruit s'étant répandu en

[1] Il est inutile de dire que cette demoiselle appartenait à cette maison de Macdonald qui depuis a fourni l'un des chefs les plus illustres de l'armée française, nous trouvons ici avec satisfaction l'occasion d'offrir un témoignage d'estime au vainqueur de Wagram.   (*Note de l'Editeur.*)

France que Charles-Edouard était tombé au pouvoir de ses ennemis, le ministre du roi à Londres fit des démarches auprès de la cour pour réclamer le fils de Jacques III. Ces démarches apprirent que le prince n'était point détenu par les Anglais ; elles convainquirent en même temps l'ambassadeur que si Edouard était pris un jour l'intervention de la cour de Versailles ne le sauverait point.

En effet, malgré les représentations de nos diplomates, une foule de seigneurs du parti des Stuarts furent plongés dans les cachots ou périrent sur l'échafaud, dix-sept officiers y montèrent en un seul jour. Trois pairs du royaume, les lords Balmerino, Kilmarnock et Cromarty, jugés à Westminster avec une lugubre solennité, furent condamnés à être pendus et écartelés ; « mais le roi, leur dit-on en lisant l'arrêt, ayant égard à leur haute naissance, commuait cette peine : ils ne seraient que décapités. » La femme de lord Cromarty, enceinte de huit mois, s'étant jetée aux pieds du roi, obtint la grâce de son mari ; mais ce fut dans cette circonstance le seul acte de clémence de ce souverain. Peu de jours après l'exécution des deux lords

Le roi se laissait embrasser par les chefs, et promettait à tous des récompenses.

plus de cinquante personnes furent pendues à York, à Londres et à Carlisle. Un prêtre de cette dernière ville, qui en avait demandé l'évêché à Edouard, fut conduit à la potence en habits pontificaux. Soixante-dix autres conjurés périrent un peu plus tard sur différents points, et le gouvernement poussa l'atrocité jusqu'à faire mourir le vingtième des bas officiers et soldats faits prisonniers dans l'armée d'Edouard.

Plusieurs de ces victimes ceignirent avec gloire la couronne du martyre. « Soyez couverts de mon sang, disait au peuple le lord De-» venwater, et apprenez à mourir pour vos rois. » C'était l'expression d'un dévouement qui trouve rarement sa réciprocité sur le trône. Lord Lovat fit entendre du haut de l'échafaud une belle pensée exprimée dans un vers d'Horace et qui excite plus de reconnaissance :

Dulce et decorum est pro patria mori,

s'écria-t-il, et sa bouche héroïque s'était à peine tue, qu'elle se contournait par les convulsions de la mort.

Pendant toutes ces exécutions les recherches que la cour de France avait fait faire sur les côtes d'Angleterre pour retrouver Edouard étaient restées infructueuses : on n'en put apprendre aucune nouvelle. Au moment où j'écris ce prince n'est point encore retrouvé. On se dit tout bas à l'OEil-de-bœuf qu'il s'est retiré chez la belle amazone qui combattit à ses côtés. Sans doute, ajoute-t-on, le fils de Jacques III, en s'aidant des renseignements que madame de Seford lui avait laissés, sera parvenu à trouver le vieux château où cette dame est retirée. Nouvelle Armide, elle captive apparemment Edouard sur ses monts glacés au bruit des fougueux aquilons qui se déchaînent vainement autour de ses tourelles historiques. Le prétendant oublie peut-être,

au sein des douces et tranquilles séductions de ce séjour, et les fatigues de la guerre, et les suites funestes de l'ambition, et le sang qui s'épuise sur les échafauds de la Grande-Bretagne après avoir coulé pour lui dans les combats.

La guerre civile, qui régnait en Angleterre au commencement de l'année, n'avait pas suspendu les hostilités sur le continent, et les adversaires ne s'en étaient montrés que plus acharnés. Cependant les Etats Généraux ont obtenu qu'il serait ouvert un congrès à Breda pour délibérer sur la pacification de l'Europe ; le roi y a envoyé M. de Puysieux en qualité de ministre plénipotentiaire.

Ces négociations ont été sollicitées par la Hollande dans la juste terreur que lui inspirait la brillante campagne d'hiver que venait d'accomplir le maréchal de Saxe. N'ayant pu interrompre la narration des événements qui se sont passés dans la Grande-Bretagne jusqu'au milieu de l'année, je vais reprendre ici le récit de ceux de la Flandre.

Le comte de Saxe n'était pas revenu à la cour après la campagne glorieuse de 1745. Nieuport et Ath étaient tombés en son pouvoir, tandis qu'on chantait à Paris ses victoires précédentes ; enfin le 30 janvier Bruxelles se trouva bloquée par cet habile tacticien sans que ni les habitants ni la garnison de cette ville eussent même soupçonné la marche du maréchal. Une fois maître de toutes les issues par lesquelles on eût pu secourir les Bruxellois, Maurice fit marcher son armée sur quatre colonnes pour former quatre attaques simultanées. La garnison, qui n'était forte que de neuf mille hommes, ne put résister plus de vingt-deux jours : le 21 février elle demanda à capituler. Il y avait dans la place une foule d'hommes importants, indépendamment du comte de Kaunitz, premier ministre d'Autriche, qui représentait en ce moment le prince Charles, gouverneur général du Brabant autrichien. Deux princes de Ligne, le feld-maréchal Los Rios et huit lieutenants généraux furent faits prisonniers de guerre avec les troupes. On prit dans Bruxelles toute l'artillerie de campagne des Hollandais, une partie de leur trésor de guerre et d'immenses magasins.

Une capitale était conquise, il y avait une entrée triomphante à faire ; Louis XV ne pouvait se dispenser d'être là. Dans le temps que Maurice faisait occuper Anvers, le roi de France se prit à secouer les guirlandes de fleurs qui le captivaient au petit Trianon ; il donna aux beaux yeux de madame de Pompadour un congé de quelques semaines et demanda sa belle cuirasse dorée, pièce d'armure qui depuis longtemps est un objet de parade pour nos illustres souverains. Sa Majesté partit de Versailles le 2 mai après avoir accordé une audience à des députés hollandais qui venaient faire de nouvelles propositions dictées par la peur. Le 3 au soir, Louis XV était à Gand, se faisant rendre compte des circonstances de la victoire qu'il avait remportée du fond de son galant cabinet de Marly. Enfin, le 4 mai, ce prince, bien informé de la gloire récente dont il venait de se couvrir, fit son entrée à Bruxelles au milieu de l'état-major le plus doré, le plus emplumé qu'on eût vu depuis longtemps aux bords de la Lys. Pendant que le comte de Lowendahl, nouveau gouverneur de cette capitale, en remettant les clefs au roi son maître, les échevins, manteau noir au dos, cheveux flottants et poudrés à l'extraordinaire, prononcèrent une harangue, moitié flamande, moitié française, durant laquelle Sa Majesté réprima, non sans efforts, un bon nombre de bâillements.

Cependant le maréchal de Saxe, qui pensait à tout autre chose qu'au cérémonial, disposait son armée sur six colonnes destinées à marcher vers les autres forteresses. En moins d'un mois, Louvain, Malines, Lier, Arschot, tombèrent au pouvoir de la France. Le roi allait retourner à Versailles pour se trouver aux couches de madame la Dauphine, lorsqu'il se rappela qu'Anvers était aussi occupée par ses troupes, et que cette ville méritait bien une entrée. Elle eut lieu le 4 juin ; et Sa Majesté, bien sûre maintenant d'avoir satisfait à toutes ses obligations de triomphateur, revint dans sa résidence respirer l'encens que le maréchal de Saxe continue de mériter.

Le beau côté de la médaille est la situation de nos affaires en Flandre ; mais en Italie, cette médaille offre un sinistre revers. Le sort de l'armée espagnole s'est bien démenti depuis la fin de l'année dernière : maîtresse alors du Montferrat, de l'Alexandrin, du Tortonois, du Pavesan, du Lodesan, de Parme, de Plaisance et de presque tout le Milanais, il lui restait peu de chose à faire pour soumettre la Lombardie et tous les pays adjacents. Un seul événement, la paix entre Marie-Thérèse et Frédéric II, suffit pour faire évanouir tant d'espérances déjà presque réalisées. La reine de Hongrie, délivrée, par ce traité, des appréhensions que la Prusse lui donnait, fit marcher à la fin de l'hiver trente mille Autrichiens sur l'Italie. Le prince de Liechtenstein, qui les commandait, crut à l'importance d'un mouvement rapide : la France négociait en ce moment avec le roi de Sardaigne pour le détacher de la cause de l'Empire, et le grave Allemand craignait d'arriver trop tard pour prévenir une alliance contraire aux intérêts de sa souveraine. Cette crainte n'avait nul fondement : Charles-Emmanuel trichait en ce moment sur les tapis diplomatiques de Versailles et de Madrid, afin de gagner du temps sur des ennemis qui pouvaient l'écraser. Mais comment eût-il été sincère? L'infant don Philippe étant une fois reconnu duc de Milan, de Parme et de Plaisance, le monarque ne se fût-il pas trouvé enclavé entre les deux branches de la maison de Bourbon, et sa politique ne devenait-elle pas vassale de la leur? Le fils de Victor-Amédée était trop subtil pour donner dans ce piége : il n'entretint les négociations que pendant le temps nécessaire à M. de Liechtenstein pour joindre les troupes combinées de la France et de l'Espagne; il les rompit dès qu'il se vit à portée de seconder le général autrichien. Tout à coup, et dans le temps que l'armée franco-espagnole se reposait avec le plus de sécurité sur les négociations, Charles cesse de négocier et surprend M. de Montal dans Asti, dont la garnison est faite prisonnière de guerre sans coup férir, sans avoir même songé à se défendre. A partir de cette époque, les Français et les Espagnols, resserrés de toutes parts entre des colonnes sardes ou autrichiennes, abandonnèrent successivement tous les pays qu'ils

Voltaire.

avaient conquis. Poursuivis partout l'épée dans les reins, ils éprouvèrent une foule d'échecs que rendit irréparables la fatale journée de Plaisance.

L'avis du maréchal de Maillebois était de ne point accepter la bataille avec des forces bien inférieures à celles du prince de Liechtenstein; mais le comte de Gages présenta un ordre de la cour de Madrid, qui, loin d'autoriser cette réserve, prescrivait d'attaquer. L'aile droite, commandée par M. de Maillebois, triompha pendant les neuf heures que dura le combat; mais, à l'aile gauche, le général d'Arembure ayant été pris, le désordre se mit dans les rangs, ils furent enveloppés : et Maillebois, qui ne put porter secours à cette partie de l'armée, se vit réduit, tout vainqueur qu'il était sur un autre point, à suivre le mouvement général de retraite jusque sous les murs de Plaisance.

Huit mille Français, Espagnols ou Napolitains restèrent sur le champ de bataille; plus de quatre mille furent pris. Si l'armée sarde, arrivée seulement à la fin de l'affaire, eût été en ligne plus tôt, c'en était fait de la totalité des forces réunies de la France, de l'Espagne et de Naples; pas un seul homme n'eût échappé à la captivité.

Ce fut dans ces déplorables conjonctures que l'infant don Philippe apprit la mort subite du roi son père et l'intronisation de Ferdinand VI, fils issu du premier mariage de Philippe V. Le nouveau monarque castillan, moins ambitieux que son père, ne tarda pas de rappeler son armée d'Italie; mais sa retraite était plus facile à prescrire qu'à exécuter. Les troupes combinées, réduites à moins de seize mille hommes, se trouvaient à peu près environnées par quarante mille Autrichiens et vingt mille Piémontais. S'il était possible à une armée relativement si faible de garder les positions qu'elle occupait sur le Pô et la Trébia, il lui était extrêmement difficile d'en sortir. M. de Maillebois, fils du maréchal, homme de talent et de résolution, offrit cependant de se retirer en combattant, et se chargea,

sous la direction de son père, de présider à la retraite. Cette entreprise, calculée avec autant d'audace que d'art, mit en défaut la lente tactique du prince de Liechtenstein : l'armée des trois couronnes, après avoir passé le Pô sur trois ponts, se forma le long du Tidone, tenant toujours renfermés dans son centre quatre mille mulets chargés et mille chariots de vivres; elle ne se laissa attaquer par les Piémontais que lorsque son ordre de bataille put être établi. L'engagement fut long, meurtrier; mais les Français et les Espagnols parvinrent sans avoir été entamés sous les murs de Tortone; triste succès qui laissait au pouvoir de l'ennemi plus de trois mille malades ou blessés. Bientôt l'armée continua sa retraite vers le Génois, où d'autres malheurs l'attendaient.

Les troupes impériales arrivèrent presque aussitôt que l'armée franco-espagnole aux portes de Gênes. Il eût été facile cependant de défendre cette ville de l'approche des ennemis : au delà de l'enceinte que la main de l'homme éleva pour protéger ses palais de marbre, la nature l'environna d'une ceinture de rochers que peu de troupes peuvent garder, et plus loin l'Apennin sourcilleux ferme d'une barrière inaccessible cette république de marchands. Les forts semés sur cette double chaîne de montagnes avaient des garnisons; mais, découragées par le mouvement rétrograde des troupes qu'elles voyaient défiler dans les vallées, elles se replièrent elles-mêmes sur le corps de la place dès qu'elles virent tourbillonner la poussière au-dessus des vainqueurs. Tandis que les Français et les Espagnols se retiraient vers Gavi, aux confins du pays génois, afin de couvrir au moins le comté de Nice et la Provence, soixante mille soldats couronnèrent les hauteurs voisines de Gênes, en même temps que le golfe se blanchit des voiles d'une nombreuse escadre anglaise. A cette vue la consternation se répandit dans toute la population : une formidable artillerie qui armait les remparts resta muette; le sénat ne délibéra que sur le moyen le plus prompt de se soumettre. Quatre membres de ce corps jadis si fier se rendirent dans les gorges où campait l'armée

— Eh bien, Trajan! vous reconnaissez-vous là ?

autrichienne, et demandèrent les ordres des généraux de Marie-Thérèse. Ces officiers usèrent largement du droit qu'on leur concédait : la ville devait être remise aux troupes de l'impératrice-reine dans le délai de vingt-quatre heures; tout ce qui s'y trouvait de militaires génois, français, espagnols ou napolitains, serait prisonnier de guerre; les effets leur appartenant deviendraient la propriété de l'armée autrichienne; quatre sénateurs se rendraient en otage à Milan; enfin la république payerait, *en attendant* une taxe ultérieure, la somme de quatre cent mille livres.

A ce point de la négociation, le marquis Botta d'Adorno, Milanais et lieutenant général au service de l'impératrice-reine, se rappela que le doge de Gênes et quatre sénateurs avaient fait jadis un pèlerinage humiliant à Versailles, et s'étaient agenouillés sur l'estrade du trône de Louis XIV; ce courtisan pensa qu'en faveur de la double couronne de sa souveraine il fallait que le sénat fît un peu plus : il fut décidé en conséquence que le doge et six sénateurs se rendraient à Vienne. On n'osa pas néanmoins faire partir la députation sans avoir obtenu l'agrément de Marie-Thérèse : elle ne l'accorda point. « Louis XIV, écrivit-elle au marquis d'Adorno, se nourrissait d'am- » broisie comme les dieux du paganisme : cela ne me paraît pas » assez substantiel. Dites au doge de Gênes et à ses sénateurs qu'ils » restent chez eux et fassent frapper des *génovines*, que je préfère à » des compliments, surtout de la part de gens qui ne me les feraient » pas de bon cœur. »

Les généraux de l'impératrice-reine, fixés sur les intentions de cette princesse, usèrent avec une extrême rigueur de la substitution des exigences financières aux prétentions honorifiques : la république de Gênes fut taxée à vingt-quatre millions de livres ; il fallait trouver cette énorme contribution dans le délai de quelques semaines, c'est-à-dire avant même que le sénat eût pu s'expliquer comment Gênes se trouvait engagée dans la cause des alliés, dont elle était la première victime.

Cependant les Impériaux et les Sardes continuaient de chasser devant eux l'armée franco-espagnole, réduite à toutes les privations dans sa marche vers Nice. Déjà Vence et Grasse, occupées par l'ennemi, avaient été livrées au pillage ; les Autrichiens poussaient des coureurs jusqu'au bord de la Durance. Les belles Provençales, qui de leurs castels ou de leurs bastides voyaient briller les baïonnettes autrichiennes, redoutaient l'approche des soldats du Nord autant que leurs aïeules désiraient jadis les galantes visites des gentils troubadours. Au moment de cette invasion les troupes impériales n'avaient point de grosse artillerie ; il en fallait pourtant pour attaquer quelques places fortes qui couvraient de ce côté les frontières de la France ; le comte de Broon ordonna d'enlever des remparts de Gênes les canons dont les Génois n'avaient pas osé se servir ; eux-mêmes furent contraints de les traîner jusqu'au lieu où ils devaient être embarqués ; et lorsque ces républicains, artisans de leur propre honte, se hâtaient pas d'y travailler, ils étaient violemment frappés par les bas officiers impériaux.

L'oppression poussée à la dernière extrémité ne manque jamais de produire la révolte : c'est une conséquence lente quelquefois, mais toujours infaillible. La populeuse Gênes, lasse enfin du joug accablant qui pèse sur elle, attaque avec fureur, le 5 décembre, la garnison autrichienne. Au son du lugubre tocsin, les paysans accourent de toutes parts. Les portes de l'arsenal sont enfoncées ; toutes les armes en sont enlevées, même les épées du moyen âge, gages de l'héroïsme des vieux républicains inscrits au livre d'or à côté de Doria... Les Autrichiens, assaillis de toutes parts, tombent sous les coups d'un peuple au désespoir ; leur sang teint la base des palais de marbre... Enfin ils sont poussés hors de la ville, et les Génois, Italiens dans leurs vengeances, précipitent du haut des remparts les blessés et les morts que les Impériaux ont laissés sur le pavé.

Revenons aux événements de Paris.

A son retour de l'armée, Louis XV avait eu à consoler le Dauphin, son fils, de la perte de sa femme, morte le 22 juillet dernier des suites d'une couche qui cependant avait été heureuse. Le roi montra peu d'expansion dans sa douleur, peu d'empressement à calmer l'affliction de l'héritier du trône, pour lequel il n'éprouvait qu'une froide indifférence. Tandis que monseigneur conduisait à Saint-Denis les restes de la princesse espagnole, dont les marbres de l'Escurial recouvraient en même temps le père, Louis XV coulait à Marly et à Trianon des jours tissus d'or et de soie entre les yeux veloutés de madame de Pompadour et les flacons vermeils de l'aï rosé. Sa Majesté répétait pourtant tous les matins à son lever que la perte de madame la Dauphine lui était bien sensible ; mais, comme il parlait immédiatement de la chasse et de l'Opéra, son chagrin ne paraissait pas plus démontré par ses paroles que prouvé par ses actions. Les princesses filles du roi ont acquis plus d'empire sur ses affections : madame Adélaïde surtout jouit de toute la confiance de Sa Majesté ; Louis va la trouver souvent chez elle et l'entretient des heures entières ; ce qu'il ne fait point avec mesdames Victoire, Sophie et Louise. Néanmoins la tendresse paternelle de notre auguste souverain ne s'est jamais fait remarquer par des élans qu'on puisse citer ; les feux que le malin alluma dans ce cœur royal n'y laissent pas de place pour une flamme pure.

M. de Bellefond, qui n'a fait que passer sur le siége de Paris pour arriver aux sépulcres de Notre-Dame, a suivi de près dans la tombe madame la Dauphine. C'est M. de Beaumont, archevêque de Vienne, qui lui succède : c'est lui qui a rendu les honneurs funèbres à la princesse.

Des faits importants se sont pressés dans l'année qui se termine ; pour les retracer avec ordre, je dois revenir souvent sur mes pas, afin de n'interrompre mes narrations qu'à des points déterminés où je puisse aisément les reprendre. Je retourne en Flandre.

Le prince de Conti, digne lieutenant de l'illustre Maurice, investit Mons dès le mois de juillet, et vers la fin de septembre cette place importante ouvrit ses portes à Son Altesse. Douze bataillons autrichiens posèrent les armes sur les glacis de la ville. Huy, Saint-Guillain, Charleroy se rendirent successivement sans que le prince Charles, qui commandait en Flandre pour l'impératrice-reine, pût retarder d'un instant la perte de tant de forteresses. Mais le maréchal de Saxe méditait une conquête plus belle : Maëstricht, cette clef des Provinces-Unies, restait soumise aux armes impériales, et, pour ne rien laisser derrière lui en marchant vers cette place, le général français voulait enlever Namur. Cette dernière entreprise présentait de grandes difficultés. Une citadelle bâtie sur un roc escarpé, au confluent de la Sambre et de la Meuse, pouvait couvrir d'un déluge de feux les assaillants, tandis que douze petits forts qui hérissent la cime des rochers voisins ajouteraient leurs foudres de fer aux projectiles de la citadelle, d'où ces forts semblent tombés pendant une convulsion de la nature.

Sur le terrain où le comte de Saxe se plaça pour assiéger Namur, il retrouva, en s'aidant de ses cartes, la tradition des marches savantes que Luxembourg, Boufflers et le roi Guillaume avaient exécutées en ces mêmes lieux. Maurice sentit que pour réussir il devait manœuvrer avec l'habileté qu'avaient déployée ces généraux : il la surpassa. Les mouvements qu'il effectua, les campements qu'il prit, regardés par nos tacticiens comme le chef-d'œuvre de l'art militaire, obligèrent le prince Charles à livrer, en s'éloignant, les abords de Namur à l'armée française. Maurice profita rapidement de sa position ; investie le 6 septembre, la ville vit la tranchée s'ouvrir sous ses murs le 12, et le 19 elle se rendit au prince de Clermont. Mais la garnison, forte de treize bataillons, était passée dans les châteaux qui couronnent les hauteurs. Elle n'y put tenir longtemps : un ennemi terrible, un ennemi contre lequel le courage est impuissant, la famine, atteignit les soldats accumulés dans ces petits forts ; tous étaient rendus le 30. Malgré l'importance que Maurice attachait à la prise de Maëstricht, il lui répugnait de continuer les hostilités durant l'arrière-saison avec une armée qui l'année précédente n'avait pas pris de quartiers d'hiver. Cédant à cette inspiration, qui prouve que ce grand homme n'a pas moins d'humanité que de talent et de valeur, il écrivit ainsi au prince Charles : « Monseigneur, les soldats » combattent pour la gloire des rois ; mais n'oublions pas que les » rois ne sont eux-mêmes que les tuteurs des peuples, et qu'ils doi- » vent songer que dans la guerre c'est la prospérité et le sang de ces » mêmes peuples qu'ils dépensent. L'hiver approche, j'ai l'honneur » de proposer à Votre Altesse de prendre des cantonnements respec- » tifs. » Charles avait aussi de l'humanité ; mais soit que sa fierté allemande fût blessée de l'initiative généreuse prise par le maréchal de Saxe, soit qu'il soupçonnât quelque arrière-pensée au général français, il envoya un refus verbal par un officier et un trompette.

« Quel est donc le motif du prince ? demanda Maurice à l'officier.

— Je n'oserai jamais, monsieur le maréchal, vous répéter les paroles précises de Son Altesse.

— Dites, dites toujours ; nous sommes ici pour échanger des coups de canon et non pas des compliments.

— Eh bien, monseigneur, le prince assure qu'il n'a à prendre de vous ni avis ni conseils.

— Je le sais bien, morbleu ; mais vous pouvez lui dire que je saurai bien le forcer à prendre ses quartiers d'hiver. Quant à vous, monsieur, je vous engage à prendre votre part de mon dîner, puisque le voilà servi. » L'officier, dont l'odorat avait été saisi d'un fumet délicieux, ne se fit pas répéter l'invitation. Dès le surlendemain, 11 octobre, le maréchal de Saxe livra cette bataille de Raucoux, dont le nom passera à la postérité comme un des faits d'armes les plus meurtriers et les plus inutiles des temps modernes. Tout porte à croire que l'attaque fut déterminée par un mouvement de dépit du général français : ce moment d'humeur coûta quatorze mille hommes, c'est beaucoup pour un éclair d'orgueil !

L'armée ennemie, campée en deçà de la Meuse, s'étendait de Maëstricht, où s'appuyait sa droite, à Liége, où finissait sa gauche. Le Jar séparait l'armée du prince Charles, forte de quatre-vingt-dix mille combattants, de celle du roi, qui s'élevait à cent vingt mille. C'était un coup d'œil imposant des hauteurs de Liége que l'ordre de bataille de ces deux armées, dans lesquelles quelques heures plus tard la mort allait moissonner à pleines mains. Toute la journée du 10 se passa en escarmouches sans résultats ; mais le 11, à la pointe du jour, Maurice marcha aux ennemis sur dix colonnes. Charles, retiré alors de Liége à Viset derrière cinq villages retranchés, espérait pouvoir tenir dans cette position ; mais elle était extrêmement dangereuse, car s'il y était forcé, il ne pourrait trouver de salut que dans le passage de la rivière, que le maréchal de Saxe s'efforcerait sans doute de rendre impossible.

On se battit douze heures à Raucoux, et, je le répète, des flots de sang y coulèrent sans utilité. Les alliés gardèrent leur position, ils l'étendirent même jusqu'à Tongres. On assure que la nuit seule prévint l'entière défaite du prince Charles ; mais il faut se défier des difficultés alléguées après coup. C'est donc par la triste énumération des cadavres qu'on doit dans cette circonstance prouver l'avantage des armes du roi de France, et nos trophées ne se formeront que de cyprès. Douze mille Autrichiens, Anglais ou Hollandais restèrent sur le champ de bataille ; nous ne perdîmes, dit-on, à Raucoux que douze cents hommes, parmi lesquels on compta le marquis de Fénelon, neveu du cygne de Cambrai. Ce seigneur était brave et pieux comme Bayard, mais pieux à la manière de ce chevalier, sans fanatisme, sans intolérance. Le prince de Monaco, le marquis de Laval, le comte de Balleroi, furent blessés grièvement dans cette journée. M. de Lugeac, capitaine des grenadiers à cheval, le même à qui Louis XV *prêta* un jour cent louis d'or quand il eut mangé deux cent mille livres de rente à la cour, eut la mâchoire fracassée par une balle ; le petit bout de la langue fut emporté. « Voilà qui est bien désagréable pour vous, » mesdames, disait dernièrement M. d'Ayen à quelques beautés hu- » maines, le beau marquis ne pourra plus vous dire clairement : Je » vous aime, je vous adore... — Ce n'est qu'un préambule de moins, » répondit l'une de ces dames.

Le chevalier d'Aubeterre racontait au lever, à son retour de Flan- dre, que, frappé de la force athlétique d'un soldat anglais fait pri- sonnier à Raucoux, il lui avait dit : « Je crois que s'il y avait eu » cinquante mille hommes comme toi dans l'armée ennemie, nous » aurions eu de la peine à la battre. — Ah ! monsieur, répondit » l'Anglais, nous avions assez d'hommes comme moi, mais il nous » en manquait un comme le maréchal de Saxe. »

L'audace sert bien dans la guerre, mais il faut pour qu'elle soit vantée que ses entreprises réussissent ; autrement elle ne recueille que du ridicule. Tel a été le lot des Anglais à la suite d'une descente qu'ils ont tentée le 1er octobre sur les côtes de la Bretagne. Une flotte anglaise de cinquante-six voiles mit à terre, à quelque distance de Lorient, environ cinq mille hommes, dans l'unique but sans doute de piller ce littoral, car il y aurait eu trop de folie à penser qu'une semblable expédition pût causer des craintes sérieuses quant à l'oc- cupation du pays. Ces forbans, réunis sous les ordres du colonel Saint-Clair, osèrent cependant attaquer Lorient ; on assure qu'ils étaient ivres alors... La résistance d'une population nombreuse et aguerrie eut bientôt dégrisé ces assaillants. Saisis d'une terreur pa- nique, ils se mirent à fuir sur la côte et ne s'arrêtèrent que quand la respiration leur manqua. Craignant d'être atteints en essayant de rem- barquer deux pièces de canon qu'ils avaient descendues de leurs vaisseaux, ils les enterrèrent en toute hâte ; mais des paysans, les ayant vus à l'ouvrage, déterrèrent ensuite ces pièces, et se procu- rèrent le plaisir de leur renvoyer les boulets qu'ils avaient enfouis à côté. La flotte portant ces aventuriers resta bien jusqu'à la fin du mois dans la baie de Quiberon, mais cette bravade ne prouva rien si ce n'est que les Anglais agissent toujours prudemment en laissant un espace fluide entre leurs forces de terre et les nôtres.

L'expulsion des ennemis n'est pas aussi rapide en Provence qu'en Bretagne, mais on doit espérer qu'elle sera bientôt aussi complète. Les Impériaux, maîtres d'une partie de cette province, menaçaient de l'envahir presque en entier. D'un autre côté, leurs partisans pé- nétraient chaque jour dans le Dauphiné par les gorges des Alpes et s'y livraient à tous les excès. Les dames de Grenoble, de Valence, de Montélimart, conduites le soir au spectacle par les honnêtes Dau- phinois leurs maris, furent plus d'une fois ramenées par des officiers de Marie-Thérèse ou de Charles-Emmanuel, qui les reconduisaient rarement au domicile conjugal. Enfin des escadres anglaises embossées en vue des ports de Marseille et de Toulon, aidaient leurs alliés à les conquérir.

Telle était la déplorable situation de cette partie de la France, lorsque le maréchal de Belle-Isle, envoyé pour arrêter ces désastres, arriva sur leur théâtre. Des châteaux et des chaumières incendiés ; des couvents dévastés, d'autres où les vierges du Seigneur avaient perdu violemment ce nom ; toutes les caisses publiques, toutes les bourses particulières vides ; des bords de l'Isère à ceux du Var et de la Durance des miliciens fuyant effrayés devant quelques coureurs ; enfin des débris de régiments sans discipline : voilà ce qu'il vit sur sa route depuis Dijon. Malheureusement le maréchal amenait peu de troupes ; il s'en servit néanmoins avec tant de bonheur, que dès le jour de son arrivée le mouvement offensif des ennemis cessa.

L'infant don Philippe et le duc de Modène, enfermés dans Aix, se hasardèrent d'en sortir aussitôt qu'ils virent la campagne occupée par des troupes françaises et joignirent leurs efforts à ceux de M. de Belle-Isle.

Au milieu de tant de vicissitudes guerrières, les maréchaux de Chaulnes et de Montmorency ont trouvé cette année le temps de mourir dans leur lit. L'un des deux bâtons reviendra sans doute au duc de Richelieu, dont la vie est tissue d'assez d'exploits galants, et surtout de services rendus à la galanterie royale, pour avoir mérité la première dignité de l'armée. Le duc de Vivonne, de joyeuse mémoire, l'obtint par moins de titres : il n'était que le frère de madame de Montespan, et ne favorisa qu'un seul amour de Louis XIV. On sait que M. de Richelieu s'intéressa davantage aux plaisirs de Louis XV, ce prince ne doit pas moins faire pour lui que le régent n'avait fait pour Dubois ; et comme un lieutenant général ne peut plus, au temps où nous vivons, être nommé cardinal, il faut bien que Sa Majesté fasse son... complaisant maréchal de France.

En attendant, le petit vainqueur de Fontenoy vient de se rendre à la cour de Dresde, chargé par le roi de demander la princesse Marie-Josèphe de Saxe pour M. le Dauphin, auprès de qui nul cour-

tisan ne sera tenté de renouveler son compliment de condoléance. Ce n'est pas la première fois qu'on a l'occasion de reconnaître qu'il est à l'usage des princes une latitude de conscience et d'affections toute particulière.

En terminant le récit des événements, aussi nombreux que variés, qui feront distinguer dans l'histoire l'année 1746, je dois dire que le prince Charles-Edouard Stuart, après une éclipse totale de plusieurs mois, reparut enfin le 29 septembre. Depuis le mois de juin, de pe- tites divisions françaises n'avaient pas cessé de croiser sur les côtes d'Ecosse, pour tâcher d'avoir des nouvelles de cet illustre aventu- rier, et pour le recueillir s'il reparaissait. On désespérait enfin de le retrouver, et l'on en revenait à l'idée qu'il était tombé au pouvoir des Anglais, qui, présumait-on, l'avaient mis à mort secrètement, ou le tenaient enfermé dans quelque château fort.

Les vaisseaux français, las d'attendre, et craignant que les vents de l'équinoxe ne les jetassent sur les rochers de la côte écossaise, allaient gagner le large, lorsque, le 29 septembre, Edouard, qui avait mar- ché toute la nuit dans des chemins détournés, et à travers mille pé- rils, arriva sur la plage du Lochaber au lever du soleil. La première lumière de l'aube lui avait découvert, sur la sombre surface des flots, la voilure blanche des deux frégates envoyées à sa recherche ; il s'é- tait hâté d'accourir. Rendu au bord de la mer, le prince ayant attaché son mouchoir au bout de son épée, qui venait de lui servir d'appui pendant sa marche nocturne, ne put manquer d'être aperçu. Mais tous n'étaient pas finis : les vaisseaux du roi tentè- rent vainement de débarquer le prince, d'abord à Brest, ensuite dans les parages de Morlaix ; des croisières anglaises occupaient les deux rades. Il fallut reprendre la haute mer en bravant plusieurs fois les escadres ennemies, et ce ne fut qu'en trompant leur surveillance qu'Edouard descendit à Saint-Pol-de-Léon, le 10 octobre, après douze jours d'une navigation qui pouvait le livrer pour jamais à ses ennemis.

Le fils du prétendant garda le plus profond silence sur sa destinée de la fin de juillet à la fin de septembre ; tout porte à soupçonner que cette partie de son expédition n'en est pas l'épisode le plus mo- ral, et l'on persiste à croire que madame de Seford, l'héroïne de la campagne, rentra alors d'une bien douce manière dans les droits de son sexe.

Les premiers jours de l'année 1747 ont vu fuir l'étranger des cam- pagnes de notre belle France : le maréchal de Belle-Isle, à la tête de soixante bataillons et de vingt-deux escadrons, auxquels se sont joints quelques régiments espagnols commandés par le marquis de Las Minas, a nettoyé la Provence et le Dauphiné des corps autrichiens et piémontais. Ils ont été repoussés, poursuivis dans les gorges des Alpes, et c'est leur tour d'éprouver toutes les calamités d'une déroute.

Pendant qu'on se félicite à la cour de ce commencement de succès, ou plutôt de cette fin d'échecs, une puissance nouvelle s'y élève sous la protection de la marquise de Pompadour : c'est M. de Marigny, son propre frère. Ce jeune homme, dont le crédit s'appuie sur le ca- napé du boudoir de sa sœur, ne peut manquer d'aller loin. On sait que le roi l'a tout d'abord *emmarquisé* ; que l'on vit cet astre satellite paraître dans la galerie sous le nom de marquis de Vaudières, et que les papillons de l'Œil-de-bœuf, faisant allusion à la noblesse récente de M. Poisson, l'appelaient le marquis *d'avant-hier*. Plus de dignité possible là où vient à surgir le ridicule ; il fallut rebaptiser le seigneur de fraîche date, qui devint alors le marquis de Marigny.

Cependant il supportait avec embarras sa nouvelle fortune : hon- teux d'être devenu soudain si grand, plus honteux de voir que les courtisans se faisaient auprès de lui si petits, Marigny, trop jeune encore pour avoir l'aplomb de l'impudence, ne paraissait qu'en ron- gissant au milieu de la foule illustre du grand lever. « C'est fatigant, » disait-il avec naïveté ; je ne puis pas laisser tomber mon mouchoir, » qu'à l'instant des cordons bleus ne se disputent l'honneur de le ra- » masser. » Après quelques mois d'habitude, le petit Poisson se laissa aller toutefois à la matière destinée ; il était admis aux grandes et petites fêtes des appartements dont la faveur intime tournait seule la clef : Louis XV, dans un joli milieu d'ivresse, l'appelait *petit frère*. C'eût été un écolier paresseux, s'il ne se fût pas formé prompt- ement à l'insolente fierté de sa nouvelle condition ; mais il s'y forma.

Malgré ses progrès dans l'éducation des cours, Marigny se montre néanmoins inquiet, ombrageux, accessible à des soupçons divers. Son amour-propre a mille aspérités irritables : un mot dit à l'oreille, le sens enveloppé d'une phrase, un sourire empreint de finesse, tout lui paraît un attentat à l'estime qu'il recherche, tout lui semble malin, ironique, irrévérent. De peur d'exciter encore ce qu'il prend pour un déni de respect, le nouveau marquis parle de lui-même avec une humilité feinte ; et s'il voit dans les yeux de ses auditeurs que sa modestie soit prise au mot, son chagrin est extrême.

Intrinsèquement, Marigny possède les qualités essentielles de l'hon- nête homme : il a de l'amabilité, de l'esprit ; son éducation n'a point été négligée, et dans les arts, dont il a fait une étude approfondie, son goût est pur et exercé. Tous les défauts de ce jeune homme résident donc dans son humeur, aigrie par l'irrégularité de sa position sociale. Les contrariétés perpétuelles qu'il en éprouve hérissent ses entretiens domestiques de rudesse, de brusqueries; madame de Pompadour lui adresse quelquefois des reproches obligeants sur cette âpreté de caractère, qui, dit-elle, nuira à son avancement. La crainte de voir réaliser ce pronostic corrigera sans doute le marquis de Marigny.

Le chagrin causé à M. le Dauphin par la mort de sa première femme s'était tellement humanisé dès les premiers jours de cette année, qu'il attendait avec une grande impatience la princesse de Saxe. Ce prince trouvait que M. de Richelieu, le plus expéditif des hommes dans les négociations dont le lit est le but, traitait cette fois avec lenteur à la cour de Saxe. Il ne faut pourtant pas, dans cette circonstance, que les imaginations érotiques poussent trop loin les présomptions : voici un trait qui prouve que les désirs de monseigneur ne sortent pas des limites de la chasteté. La femme d'un riche négociant de Paris, enceinte de plusieurs mois, eut l'envie d'embrasser le Dauphin; envie assez naturelle, car ce prince est fort bel homme. Un officier qu'elle connaissait parla de ce désir au fils de Louis XV, qui consentit à s'y prêter. Mais, quand la dame fut introduite, Son Altesse Royale s'étant aperçue qu'elle avait la gorge découverte, lui tourna le dos, ordonna qu'on la fît sortir, et courut lui fermer la porte au nez... Certes, voilà un rare excès de pudeur... ou d'hypocrisie.

Enfin la princesse Marie-Josèphe, partie de Dresde le 10 janvier, fit son entrée à Strasbourg le 27, après avoir été remise solennellement par le prince de Lubomirski à la duchesse de Brancas et au maréchal de la Fare dans une petite île située au milieu du Rhin. Le 9 février, les illustres époux reçurent la bénédiction nuptiale des mains du prince de Rohan-Ventadour, coadjuteur de Strasbourg, grand aumônier de France.

Toutes les cérémonies de mariage se ressemblent, au moins dans leurs détails ostensibles, et les mémorialistes les mieux informés ne sont pas initiés aux différences qu'elles peuvent offrir en secret. Je passerai donc sur les diverses réjouissances qui eurent lieu, soit à Versailles, soit à Paris, à l'occasion de l'union conjugale si impatiemment et, toutefois, si décemment attendue par le Dauphin ; mais j'en rapporterai quelques particularités.

Marie-Josèphe est, comme on sait, fille de cet Auguste III qui occupe le trône de Pologne par l'exclusion de Stanislas beau-père de Louis XV. Les affections de famille, si indulgentes, si oublieuses, si coulantes en un mot, entre les têtes couronnées, ne se sont pas avisées un moment, dans cette conclusion, d'un ressentiment qui de la part du roi de France eût été au moins légitime. Mais il y avait dans le cérémonial un point délicat qu'on ne pouvait pas écarter... L'étiquette, la souveraine des souverains français, exigeait qu'il s'accomplît. La Dauphine était tenue, le premier jour de la célébration, de porter au bras le portrait du roi son père. On conçoit combien il en devait coûter à Marie Leczinska de voir ce fatal bracelet briller, comme un trophée, dans son propre palais. Une partie de la journée s'était écoulée sans que personne eût osé jeter les yeux sur le bras de la princesse; la reine se décida la première non-seulement à regarder le médaillon, mais encore à en parler à sa bru. « Voilà donc, » ma fille, lui dit-elle avec douceur, les traits du roi votre père ? — » Oui, maman, répondit la jeune Saxonne en présentant son bras à » Sa Majesté, trouvez-vous cette miniature ressemblante ?.... » C'était le portrait de Stanislas. Marie-Josèphe manquait à l'étiquette, mais elle obéissait aux bienséances... Le grand maître des cérémonies n'en est pas encore consolé.

Les bourgeois de Paris purent assister au bal paré qui fut donné dans la grande galerie de Versailles à l'occasion du mariage; mais ils n'y étaient admis qu'en qualité de spectateurs, c'est-à-dire que MM. les gardes du corps avaient l'ordre exprès de niveler du travers de leurs mousquetons les ventres roturiers qui voulaient se produire trop ambitieusement dans la salle. Un particulier assez modestement vêtu s'étant, en dépit de la consigne, glissé entre les hommes titrés assis sur des banquettes réservées aux danseurs, l'officier des gardes vint brusquement à lui :

« Que faites-vous là ? lui dit-il.

— Vous le voyez bien, je regarde.

— Vous ne pouvez pas rester sur cette banquette.

— Pourquoi donc ?

— Belle demande ! Où avez-vous acquis le droit d'occuper une telle place ?

— Dans plus de batailles que vous n'avez vu de parades et entendu de messes à Versailles.

— Vous n'en allez pas moins sortir de là, ou parbleu!...

— J'y vais rester très-certainement, et si cela ne vous convient pas vous en viendrez demander raison demain matin, au bout de la pièce d'eau des Suisses, à votre serviteur le colonel du régiment de Champagne. »

L'officier des gardes s'éloigna sans répondre ; mais l'explication avait fait du bruit. Peu de temps après, le même militaire, toujours

en exécution de sa consigne, voulut faire lever une dame fourvoyée aussi, sans autorisation sur parchemin, parmi les illustres.

« Vous direz tout ce que vous voudrez, répondit froidement l'usurpatrice, mais je ne bouge pas.

— Ah! c'est trop fort!

— Point du tout, monsieur, je suis du régiment de Champagne.»

Les rieurs se mirent du côté de l'obstinée; elle garda sa place malgré les chuchotements de certaines marquises qui la trouvaient fort déplacée... Elle était extrêmement jolie.

Le lendemain, au bal masqué, une aventure beaucoup plus drôle encore égaya la cour et les jeunes mariés eux-mêmes, dont toute la gaieté reparut momentanément sur leur visage. On fut admis sans distinction de rangs à cette mascarade; il suffisait de se procurer des billets d'entrée, qu'on avait distribués sans difficulté.

Un buffet chargé d'une profusion de mets et de rafraîchissements s'élevait dans une salle voisine de la galerie ; on pense bien qu'il était courtisé plus que le roi lui-même, et que les assistants ne lui firent pas un instant l'injure de le laisser sans compagnie. Parmi les plus assidus courtisans de ce meuble, les observateurs remarquèrent un grand masque en domino jaune, qui faisait de fréquentes visites à l'estrade réconfortante, et chacune de ses apparitions était une véritable dévastation. Pièces de résistance, pâtisseries délicates, confitures, sucreries, vins exquis, liqueurs fraîches et spiritueuses, tout s'engloutissait dans les continuelles irruptions du Gargantua masqué; les officiers de bouche ne pouvaient suffire à réparer les brèches qu'il faisait. On ne concevait pas comment cet individu pouvait, après de courtes absences du buffet, revenir à la charge de plus en plus affamé et altéré. Quelques seigneurs parlèrent au roi de ce phénomène de gloutonnerie. Sa Majesté voulut le voir, et ce fut pour elle un spectacle fort amusant. Au désir de l'admirer succéda celui de le connaître. Louis XV ordonna qu'on suivît pendant une demi-heure son robuste convive... Le masque au domino jaune c'était toute la compagnie des Cent-Suisses, qui, à l'aide d'un déguisement, s'était présentée successivement au buffet. On n'a pas encore cessé de rire, à Paris et à Versailles, de ce tour digne des pages, mais dont ils n'eussent pas à coup sûr tiré un aussi formidable parti.

Après avoir forcé, comme il l'avait promis, le prince Charles à prendre ses quartiers d'hiver, Maurice de Saxe établit les siens de telle manière qu'en vingt-quatre heures il pourrait réunir son armée. Le comte de Lowendahl eut le commandement de Namur, le comte de Bouteville fut nommé gouverneur de Bruxelles, et le marquis de Clermont-Gallerande commanda dans Anvers. Ces dispositions étant faites, le maréchal vint à la cour; il assistait aux noces du Dauphin avec la princesse de Saxe, sa parente.

Le roi profita de cette solennité pour conférer à l'illustre général une dignité que Turenne seul avait possédée : il le nomma maréchal général des armées de France. Pendant son séjour à Paris, Maurice fréquentait beaucoup M. de la Popelinière, fermier général fort riche, mais dont les habitudes ne pouvaient que contraster essentiellement avec celles du héros. Un jour, madame de Pompadour lui demandait quelles qualités il pouvait trouver à cet épais financier pour en faire ainsi sa société de prédilection. « Madame, répondit le maréchal, il » en a une excellente à mes yeux : quand j'ai besoin de cent mille » livres, je les trouve dans son coffre; tandis que si j'expose le même » besoin à M. le contrôleur général, il me dit toujours qu'il n'a point » d'argent. » Ceci prouve qu'un maltôtier, tout épais qu'on le suppose, peut être plus sensible à la gloire et plus reconnaissant des services rendus à l'État qu'un contrôleur général. Le comte de Saxe est reparti pour l'armée.

Cependant le congrès de la Haye ne décidait rien; les Hollandais, malgré la présence de notre armée aux portes de leur république, ne concluaient point cette paix qu'ils avaient sollicitée les premiers. Leur position était pourtant critique. Que pouvait contre la France une nation qui n'est plus que marchande, qui ne possède ni généraux instruits ni bons soldats, et dont toute la marine militaire se réduit à moins de vingt vaisseaux de haut bord? Son intérêt le plus évident, le plus prochain, semblait donc lui inspirer l'obligation de conclure à tout prix une paix solide avec Louis XV, et ce prince avait donné des gages de la bonne foi avec laquelle il la signerait. Mais c'était précisément cet abandon qui retardait le traité : les gouvernants de la république ne pouvaient pas concevoir tant de modération, exercée sur le trône d'où Louis XIV faisait peser sur eux un sceptre de fer. La prévention des États Généraux était si profondément enracinée que les faits mêmes ne pouvaient en triompher. Ils persistèrent dans l'opinion qu'ils avaient que les démarches du roi étaient ou des témoignages de faiblesse ou des manœuvres perfides.

Las des pourparlers sans fin de la Haye, le cabinet de Versailles prit enfin une détermination énergique, qui fut signifiée le 17 mars aux Hollandais par l'abbé de la Ville, ministre du roi; la déclaration était libellée ainsi : « De même qu'en 1744 les États Généraux crurent pouvoir envoyer vingt mille hommes dans les plaines de Lille » sans prétendre faire la guerre à la France, de même Sa Majesté va » faire entrer ses troupes sur les terres de la république sans avoir » intention de rompre avec elle, mais seulement pour prévenir les » dangereux effets de la protection que la Hollande accorde à l'impé-

» ratrice-reine. » Cette intimation diplomatique était appuyée d'une puissance effective de trente ou quarante mille baïonnettes françaises, qui pénétrèrent immédiatement dans la Zélande. Le roi fit déclarer en même temps aux États Généraux qu'il ne conserverait qu'à titre de *dépôt* les places que son armée allait occuper, et qu'il les restituerait aussitôt que la Hollande cesserait de prendre part à la guerre. Cette délicatesse de procédés ne pouvait être comprise par les hommes matériellement positifs de ces parages : le peuple ne vit dans cette occupation qu'une véritable conquête. Les membres du gouvernement interprétaient un peu différemment les choses ; mais ils ne firent qu'inspirer de la défiance en cherchant à expliquer l'entrée des troupes françaises en Hollande, conformément à la déclaration de Louis XV. Il arriva alors ce qui avait eu lieu en 1672 : l'irruption étrangère fit un stathouder. Tout le peuple entoura le palais des états ; il demanda en tumulte que les magistrats de la république déposassent le pouvoir et proclamassent à l'instant le prince d'Orange. La proclamation se fit le même jour ; les couleurs de la maison de Nassau furent arborées sur tous les édifices publics. L'abbé de la Ville avait annoncé d'avance au congrès cette révolution comme une conséquence de la participation des Hollandais à la guerre. « Vous nous » obligerez à entrer chez vous, avait-il dit à ces républicains, et, par » suite d'une terreur panique, vous aurez un maître réel. »

Le prince Henri d'Orange, dit *le Frison*, se prêta de très-bonne grâce aux excès que le peuple commit chez les bourgmestres créés par la république, mettant ainsi entre la nation et le gouvernement tous les signes de la révolte afin de faire croire aux citoyens tranquilles que la magistrature populaire avait été détruite par un élan de la volonté générale. Il n'en était rien : les hommes sages regrettaient ces régents, dont la gestion avait été favorable à la liberté ; ils sentaient que le commerce, unique source de la prospérité hollandaise, aurait infailliblement à souffrir du stathoudérat, monarchie déguisée, dont les intérêts seraient plus royaux que nationaux. En effet le nouveau souverain se fit donner tout le pouvoir jadis départi au roi Guillaume ; l'armée contint le peuple dans l'*obéissance*, et le prince fit bientôt proclamer cette hérédité qui traîne à sa suite tant d'abus.

Ces événements, qui se passaient au mois de mai, avaient déterminé le maréchal de Saxe à concentrer ses forces dans la direction de Maëstricht, place qu'il se proposait toujours d'enlever à l'ennemi. Mais les alliés n'étaient pas tranquilles spectateurs des formidables préparatifs de Maurice : une armée de cent vingt mille hommes s'était réunie en Flandre dès le mois de février sous les ordres du duc de Cumberland. Ce prince laissa ses troupes exposées plus de six semaines aux rigueurs de l'hiver, sans vivres, sans fourrages, sans abri, tandis que les soldats français, de leurs paisibles quartiers, voyaient en fumant leur pipe se morfondre ces colonnes ennemies.

Dans cette situation, les négociations pour la paix, qui avaient continué à Breda jusqu'à la promotion du stathouder, cessèrent tout à coup : les ministres de France et d'Espagne déclarèrent à ceux des autres puissances que, vu la proximité du théâtre de la guerre, le congrès devait être transporté sur un autre point ; ils proposèrent Trèves, Cologne ou Aix-la-Chapelle.

Résolu de faire une quatrième campagne, le roi partit de Versailles le 29 mai ; il arriva à Bruxelles le 31, et peu de jours après Sa Majesté était à la tête de son armée. Le maréchal de Saxe, dans un conseil de guerre tenu immédiatement, expliqua à Louis XV ses projets : il lui fit comprendre que, pour assiéger Maëstricht avec des chances heureuses, il fallait battre auparavant les alliés, et qu'au moment où il paraîtrait divers mouvements s'exécutuant à l'insu du duc de Cumberland, trop bon prince, ajouta Maurice en riant, pour les soupçonner. Le maréchal général fit comprendre aussi au roi qu'il fallait agir le plus tôt possible, car la France allait avoir un ennemi de plus dans la czarine Élisabeth-Pétrona, que Georges II venait enfin de décider à prendre parti contre nous. « Les Russes sont loin encore, poursui- » vit le comte de Saxe ; notre jeu n'est pas d'attendre qu'ils soient en » ligne. »

Cependant le duc de Cumberland, qui avait au moins pénétré le projet que son ennemi nourrissait d'enlever Maëstricht, ne tarda pas de prendre position sous les murs de cette forteresse : sa droite s'appuyait à Bilsen, sa gauche s'étendait jusqu'à Virle ; le front de cette aile était couvert par le village de Laufeld. Son Altesse, revêtue du commandement général, avait sous ses ordres le maréchal de Bathiani, commandant les Autrichiens, et le prince de Valdeck, à la tête des Hollandais.

L'armée du roi achevait de se réunir sur les hauteurs d'Herdeeren vers la fin de juin ; Sa Majesté elle-même y établit son pavillon royal. Quoique l'on fût dans l'attente d'une grande bataille, qui serait sans doute meurtrière, quoique la cour portât le deuil de la reine de Pologne, belle-mère de Louis XV, morte le 19 mars, les éclats de la gaieté française et les sons de la musique des gardes ne laissaient pas d'être portés dans le camp anglais par les vents de la montagne. La noblesse folâtre qui entourait le roi ne devint pas plus triste lorsque les courriers de Sa Majesté apportèrent la terrible nouvelle de l'engloutissement de Lima, au Pérou, avec une nombreuse population. Nos aimables du quartier royal ne s'attendirent pas davantage sur la

fin tragique de Thamas-Kouli-Kan, usurpateur du trône de Perse, qui, après avoir fait trembler tour à tour les Turcs, les Russes, les Afghans ses voisins et le Grand Mogol lui-même, fut assassiné par son propre neveu l'année dernière. Cet homme extraordinaire régna onze ans.

Enfin le 2 juillet, Maurice de Saxe, qui croyait s'être donné à Laufeld toutes les garanties d'une victoire complète, attaqua avec impétuosité le duc de Cumberland ; mais, si l'attaque fut vigoureuse, la défense fut intrépide. Vainement le maréchal général chargea-t-il lui-même à la tête de plusieurs brigades : les alliés, vaincus comme à Raucoux, se retirèrent sans désordre sous Maëstricht, et le siége de cette place fut pour la seconde fois empêché. Six mille hommes restèrent de part et d'autre sur le champ de bataille.

Forcé de renoncer à prendre Maëstricht, le maréchal de Saxe assiégea Berg-op-Zoom la pucelle, chef-d'œuvre du célèbre Cohorn, place devant laquelle échoua le génie de Spinola. Le comte de Lowendahl fut chargé des opérations du siége.

Louis XV eut dans ce même temps des détails circonstanciés sur l'alliance conclue le 22 juin entre la czarine et le roi d'Angleterre. Cette princesse s'engageait à faire marcher cinquante mille hommes sur la Livonie, pour de là se porter vers le point indiqué par Georges II. De son côté, ce monarque s'obligeait à payer annuellement à son alliée la somme de cent mille livres sterling tant que leur alliance durerait. Cette nouvelle ne changea rien au plan de campagne du roi : le siége de Berg-op-Zoom fut poussé avec activité.

Dans le temps que notre armée se couvrait en Flandre de lauriers encore stériles, le maréchal de Belle-Isle, après avoir obligé les Autrichiens à lever le siége d'Antibes, forçait le général Broon à repasser le Var abandonnant quelques pièces de canon et toutes ses munitions. Alors les Impériaux et les Piémontais, chassés de la Provence, menacèrent les Génois de rentrer dans leurs murs. Déjà le comte de Schullembourg, successeur du marquis de Botta, serrait de près la ville du côté de la terre, et l'amiral anglais Medley la tenait bloquée par mer. L'alarme était grande à Gênes, dont les habitants, victorieux sur leurs seuils, n'étaient point en état de tenir la campagne contre des troupes régulières.

Telle était l'extrémité de la république, qu'elle n'avait en ce moment ni généraux, ni troupes, ni argent : le roi de France lui envoya presque en même temps tout cela. D'abord un petit navire, qui, à la faveur des ombres, se glissa inaperçu entre les vaisseaux anglais, porta un million dans le trésor génois. Peu de jours après, les galères de Marseille et de Toulon, presque aussi heureuses, entrèrent dans le port avec cinq mille hommes ; mais environ mille soldats montant six de ces galères tombèrent au pouvoir des Anglais : c'est peu, dans une entreprise aussi hasardeuse, qu'un sixième de mauvaise fortune. Enfin le duc de Boufflers arriva dans Gênes et prit le commandement des Français et des milices que le sénat avait pu lever. Ce brave officier avertit bientôt les ennemis de sa présence : le 21 mai il attaque le comte de Schullembourg, lui tue quinze cents hommes et l'oblige à quitter une partie des postes qu'il occupait. Le 27, nouvel avantage du général français, qui ce jour-là chasse les Autrichiens de la côte de Rivarola, tandis que le comte de Lannion reprend le château de Torrilia récemment fortifié par les Impériaux. Ces avantages étaient d'autant plus glorieux, que Boufflers manquait de munitions, et qu'il avait à contenir dans la ville deux partis opposés, dont le plus fort paraissait peu soumis au sénat.

Le maréchal de Saxe est le génie qui commande à la victoire : les troupes qu'il dirige depuis trois ans n'ont pas éprouvé un seul revers. Racontons les nouveaux triomphes de ce grand général. Dès le 15 juillet la tranchée fut ouverte devant Berg-op-Zoom ; mais assiégeants et assiégés ne croyaient point à la prise de cette place : Maurice et Lowendahl se flattaient seuls de la soumettre. Jamais en effet entreprise ne sembla plus difficile : des ouvrages combinés avec art, une nature formidable, des marais inaccessibles qui empêchaient l'investissement complet, tels étaient les moyens de défense dont il fallait triompher pour s'emparer de la pucelle de Cohorn. Ajoutons que la garnison, pouvant rester en communication avec les alliés au moyen du bas Escaut, recevait continuellement des renforts et des secours de vivres ou de munitions. Enfin l'armée assiégeante avait elle-même à se défendre contre un corps considérable qui la harcelait, et qui fut bientôt secondé par les maladies que des bas-fonds marécageux déterminèrent parmi nos soldats. Cette invasion morbifique exerça tant de ravages pendant le premier mois du siége, que vingt mille hommes passèrent du camp de Lowendahl dans les hôpitaux.

Malgré tant d'obstacles, les travaux de la tranchée se poursuivirent avec une activité dont aucun siége n'avait encore offert l'exemple. Au mépris de fréquentes mines que les assiégés firent jouer contre les travailleurs, trois brèches praticables existaient le soixantième jour aux murs de la place ; dans la nuit suivante, une forte colonne y pénétra... Soudain les soldats français coururent aux portes, et le matin Louis XV vit de son quartier le drapeau fleurdelisé flotter sur les remparts de Berg-op-Zoom. On ne put, dans le premier moment, réprimer le pillage, non plus que cet autre genre de larcin qui ne laisse au larron que de tendres souvenirs. Le soir de cette conquête, nos guerriers n'avaient pas à se remettre de la seule fatigue du combat. Lowendahl fit saisir dans le port dix-sept barques chargées de vivres et de munitions que diverses villes de la Hollande envoyaient aux assiégés. On avait écrit sur plusieurs ballots : « A l'invincible » garnison de Berg-op-Zoom. » Ces envois ne pouvaient plus arriver à leur adresse.

Le comte de Lowendahl fut créé maréchal de France. Ce général est né en Danemark ; on l'a vu sous les drapeaux russes dans plusieurs campagnes contre les Turcs : il s'est particulièrement distingué au siége d'Oczakow. Admis au service de France en qualité de lieutenant général par le crédit du maréchal de Saxe, ce brave Danois a fait partout honneur à son protecteur : c'est lui qui, dans cette même campagne, s'est emparé d'une partie des forteresses du Brabant. « Maurice et Lowendahl sont mes deux meilleurs capitaines, disait » Louis XV à ses courtisans le lendemain de la prise de Berg-op-» Zoom, et malheureusement ils ne sont pas nés en France... Mes-» sieurs, convenons-en, le royaume ne produit plus de généraux de » cette trempe. — Je le crois bien, sire, répondit le prince de Conti, » aujourd'hui nos femmes ont affaire à leurs laquais. »

Le congrès, dont les conférences ont été interrompues cet été à Breda, vient de les reprendre à Aix-la-Chapelle, pays de bains où les députés pourront au moins soigner leur santé, s'ils ne peuvent guérir les plaies de l'Europe. Le roi, après avoir chargé de nouveau l'abbé de la Ville de se rendre à cette assemblée de diplomates, est reparti pour Versailles, et la campagne a fini, cette année, en Flandre, par la prise des forts de Lillo, de Frédéric-Henri et de la Croix.

Quand les rois choisissent leurs ministres, les capacités que ces hommes d'État apportent pour bagage à l'hôtel du ministère ne sont pas ordinairement examinées avec beaucoup de scrupule : l'important est d'être titré, adroit, ou chaudement recommandé. Mais lorsque les résultats arrivent et qu'ils sont déplorables, il faut bien les déplorer et se livrer au regret d'avoir mal choisi. Cette année on a, par suite de cette considération tardive, éprouvé une véritable disette de ministres : personne ne voulait entrer au conseil, et plusieurs de ses membres se sont vus contraints de garder le portefeuille par forme de jubilé. M. de Puysieux, qui remplace le marquis d'Argenson aux affaires étrangères, a dit au roi en prenant la rame de cette galère : « Sire, je ferai tout ce que je pourrai, mais je supplie Votre » Majesté de croire que je ne puis pas faire des miracles. — Je crois, » dit en riant le maréchal de Saxe, qui venait d'entendre ce propos, » qu'il n'y aurait qu'un saint ou un diable qui pût rétablir l'ordre » dans l'administration ; mais nous sommes, à ce qu'il paraît, neutres » entre l'enfer et le paradis, puisque ce saint ou ce diable ne s'est pas » encore trouvé en France. »

M. de Brissac, major des gardes du corps, est un homme loyal et franc qui n'aime point les hypocrites. Il enrageait en voyant au salut du dimanche et du jeudi, que le roi allait toujours entendre, les tribunes de la chapelle remplies de dames priant avec ferveur, et ayant toutes de petites bougies allumées devant elles, sous prétexte d'éclairer leurs lectures pieuses, mais réellement pour se faire remarquer. Non-seulement le major savait que la plupart de ces belles dévotes étaient les prêtresses d'un culte tant soit peu profane, mais il aurait parié, disait-il, qu'elles ne se montraient si assidues à l'office du soir que parce qu'elles savaient que le roi y venait. Brissac voulut un jour vérifier le fait. Il paraît au moment du salut à la tribune du roi, lève sa canne, et dit hautement : « Gardes du roi, rentrez dans » vos salles, Sa Majesté ne viendra pas. » Les gardes, à qui leur chef avait fait le mot, semblent se retirer. Tout aussitôt les livres d'heures de nos dévotes se ferment, leurs bougies s'éteignent, elles lèvent le siége, les voilà parties. Cependant les gardes rentrent, Louis XV arrive, et trouve, à sa grande surprise, la tribune déserte. Le soir, au coucher, Brissac raconta à Sa Majesté le tour qu'il avait joué à ces dames : ce fut un sujet de rire inextinguible ; mais le lendemain toutes voulaient dévisager le major.

Au retour de la dernière campagne, ce même seigneur, causant avec madame de Pompadour de la journée de Laufeld, lui disait : « Je soupai *avec Saxe* la veille de la bataille.

— Ah ! monsieur de Brissac, par respect pour le rang du maréchal, vous devriez dire monsieur de Saxe.

— Eh ! morbleu ! madame, reprit vivement le major, est-ce qu'on dit monsieur Alexandre, monsieur César ! »

Voilà, du moins, un gentilhomme qui prend la noblesse du bon côté.

Malgré les avantages obtenus par M. de Boufflers, le siége de Gênes continuait toujours, et la ville commençait à manquer de vivres. Dans cette circonstance critique, le maréchal de Belle-Isle tenta d'opérer une diversion : ce fut de pénétrer au sein des États du roi de Sardaigne dans le temps que ce souverain concentrait toutes ses forces sous les murs de Gênes. Déjà le blocus de cette place n'était plus aussi sévère quand ce mouvement eut lieu : M. de Boufflers, malgré les privations de la garnison et des habitants eux-mêmes, gagnait tous les jours de petits combats. D'un autre côté, opposant l'intrigue à la trahison, ou se servant de celle-ci, ce général fit rentrer

dans le devoir, à force d'argent, des moines génois qui sous le manteau de la confession servaient les Autrichiens, tandis que ses émissaires secrets payaient des capitaines de l'escadre anglaise pour laisser entrer les provisions dans le port. Enfin, avant même que la marche du maréchal de Belle-Isle fût connue dans Gênes on pouvait espérer d'éloigner assez les assiégeants pour tirer quelques secours des pays environnants. Mais le duc de Boufflers ne vit point l'accomplissement des avantages qu'il avait préparés : une petite vérole maligne l'emporta au mois de juin. Il fut regretté à double titre : c'était un brave et un homme de bien, comme le maréchal son père ; comme lui, il avait su se faire adorer dans une ville assiégée.

Cependant l'armée assiégeante ne s'était pas éloignée, d'un moment à l'autre elle pouvait revenir sous les murs de la place et la contraindre par l'excès des privations à lui livrer enfin ses portes. Le duc de Richelieu, arrivé en septembre avec un secours d'hommes et d'argent, pouvait retarder cet événement ; mais ni ces nouvelles ressources ni les trois mille soldats que l'Espagne glissa en même temps dans Gênes ne pouvaient sauver la république d'une ruine certaine.

Ce fut dans cette circonstance que les généraux autrichiens et piémontais apprirent la marche de M. de Belle-Isle. Charles-Emmanuel, effrayé par cette agression inattendue et tremblant pour sa capitale, rappela en toute hâte les troupes qu'il entretenait dans l'Etat génois. Les Impériaux, qui, même secondés par les Sardes, avaient été souvent battus, se virent contraints de se retirer aussitôt, et l'escadre anglaise, dont la présence devenait inutile à l'entrée du port, prit le large dès que les troupes de terre se furent éloignées.

Le duc de Richelieu profita de ces diverses retraites pour faire renforcer les garnisons des forts extérieurs, pour en renouveler les approvisionnements et pour mettre autant qu'il le put les côtes en sûreté.

Nous étions victorieux aux frontières de la Hollande ; nos armes reprenaient quelque avantage en Italie ; mais la marine française venait encore de subir deux échecs. Dans les engagements des escadres anglaises avec les nôtres, le succès des premières est à peu près assuré d'avance ; car elles ne livrent ou ne reçoivent le combat qu'avec des forces supérieures à celles qu'elles ont à combattre. C'est ainsi que le marquis de la Jonquière, commandant six vaisseaux de ligne, fut attaqué le 14 juin, à la hauteur du cap Finistère, par dix-sept vaisseaux anglais de haut bord sous les ordres des amiraux Anson et Varrew. La victoire resta à la marine de Sa Majesté Britannique, mais ce ne fut que par l'emploi de toutes leurs ressources et de tous leurs efforts que les Anglais triomphèrent. Une bataille navale, soutenue avec la même inégalité de chances, eut lieu trois mois plus tard dans les eaux de Belle-Isle entre l'armée de l'amiral Hauke, composée de vingt vaisseaux de ligne, et la division de M. d'Estanduère, forte de huit vaisseaux seulement. L'avantage de l'ennemi fut moins complet qu'au Finistère, puisque la flotte marchande que convoyait l'amiral français arriva à sa destination. M. d'Estanduère rentra à Brest avec *l'Intrépide* et *le Tonnant*, le reste de son escadre avait coulé bas. Cependant le commerce de la Grande-Bretagne ne souffre guère moins que le nôtre des chasses maritimes : dans le cours de cette année les Anglais ont fait six cent quarante-quatre prises sur les Français et les Espagnols ; nos vaisseaux seuls ont capturé cinq cent cinquante navires anglais.

J'ai retracé le résultat de la diversion faite en Piémont par le comte de Belle-Isle ; mais j'ai passé sous silence un des faits les plus glorieux de cette campagne : j'y reviens. Le chevalier de Belle-Isle, frère du maréchal, eut ordre de forcer le passage des Alpes par Briançon et le mont Genèvre. Il se présenta dans un lieu dit le col de l'Assiette sur le chemin d'Exiles avec vingt-huit bataillons et sept pièces de campagne. Là vingt-deux bataillons piémontais attendaient ce général derrière des retranchements de pierre et de bois s'élevant à dix-huit pieds de hauteur et s'enfonçant de quatorze dans la terre ou le roc. Une artillerie formidable protégeait encore ce poste inexpugnable, contre lequel la nôtre ne pouvait absolument rien. Mais le souvenir héroïque de la journée de Château-Dauphin abusait général, officiers et soldats sur les difficultés de l'entreprise actuelle : la valeur française dédaignait la hauteur des palissades du col de l'Assiette, elle ne comptait ni les hommes ni les canons accumulés derrière. Nos deux heures nos braves se ruèrent contre ce retranchement ; deux heures les Piémontais foudroyèrent ces audacieux assaillants sans courir le moindre danger. Près de quatre mille cadavres français roulèrent du haut de ce roc, que Belle-Isle ne put conquérir : il n'y eut que seize cents blessés, l'ennemi frappait à coup sûr. Les Piémontais ne perdirent pas cent hommes dans ce terrible engagement. Le chevalier de Belle-Isle vit terminer à Exiles une vie illustre à plus d'un titre. Intrépide sur le champ de bataille, ce gentilhomme avait de l'instruction, de l'expérience des affaires et de la finesse dans les relations politiques : il s'était distingué dans plusieurs missions diplomatiques. On le vit longtemps se consumer en vains efforts pour arracher de ses mains ensanglantées ou avec l'aide de ses dents les palissades ébranlées. Enfin la mort mit fin en même temps à ses tentatives et à son désespoir : il entraîna en tombant un éclat de bois qu'il était parvenu à arracher. Une brillante jeunesse périt avec lui :

on trouva parmi les morts le comte de Goas, colonel du régiment de Bourbonnais; le marquis de Donge, colonel de Soissonnais, et M. de Brienne, colonel d'Artois. L'armée se retira sous Briançon. Mais plus tard le maréchal de Belle-Isle et l'infant don Philippe pénétrèrent en Piémont par Lantosca, par la montagne Castel-d'Appia, et la délivrance de Gênes fut, comme je l'ai dit ailleurs, la suite de ce mouvement.

La comédie paraît mieux convenir que la tragédie au talent de Gresset : il a fait jouer cette année avec succès *le Méchant*, composition fort remarquable par la finesse de tact avec laquelle le principal personnage est tracé. On assure que Gresset en a saisi les principaux traits dans un homme en crédit que je ne pourrais nommer sans me faire à mon tour une réputation de méchanceté qui me contrarierait fort. Je laisse le public deviner ce modèle voilé. La fable imaginée par l'auteur du *Méchant* n'est pas, après l'exactitude du portrait, ce qu'il faut admirer dans cet ouvrage : les situations en sont généralement peu dramatiques; quelquefois elles manquent de vraisemblance et de vérité. Le style de Gresset est spirituel, trop spirituel même pour être comique; ce sont les jolies paillettes de *Vert-Vert* produites au théâtre : de près elles brillent, mais vues du parterre elles ne jettent qu'un faible éclat.

CHAPITRE XXI.
1748-1749.

Coup d'œil intérieur sur la famille royale. — Longanimité de la reine. — Un mot sur le Dauphin. — M. Poisson père toujours boucher à la cour. — Généalogie de sa façon. — Louis XV *gendre* de l'ancien boucher des Invalides. — L'épée du roi et son fourreau. — L'homélie d'un fou. — Le tableau de Choisy. — Les joies de ce monde. — Paix générale; à quelles conditions. — Louis XV toujours paladin aux dépens de la France. — Intimation de l'Angleterre à la France au sujet de Charles-Edouard. — Scènes scandaleuses à cet égard. — Effet de la *fraternité* des rois. — Charles-Edouard trouve chez des républicains l'hospitalité que lui refuse un souverain. — Richelieu et madame de la Popelinière. — L'examinateur galant. — La cheminée pivotante. — Le déshonneur donné en spectacle. — Scène chez la favorite. — Le théâtre des petits cabinets. — Les illus'res comédiens. — Voltaire protégé par madame de Pompadour. — Louange maladroite de ce poëte. — Sa nouvelle disgrâce pour un madrigal. — L'auteur de *la Henriade* est exilé. — Mademoiselle Gauthier actrice, puis religieuse. — Madame de Boufflers devient maréchale de Luxembourg. — Nouvelles scènes érotiques; sa mort. — Madame de Tencin; sa mort. — Véritable attachement du roi pour madame de Pompadour. — Disgrâce d'un ministre pour un quatrain. — Calembour de *l'OEil-de-bœuf*. — Le bonnet de nuit d'un ministre. — *Catilina* de Crebillon. — *Sémiramis* de Voltaire. — Trait de honteuse humilité de Voltaire. — *Nanine* du même auteur. — Le séducteur endormi. — Apparition du comte de Saint-Germain; son portrait. — Choses incompréhensibles. — La cour de François 1er peinte en 1750 par un témoin oculaire.

Jetons au commencement de cette année un coup d'œil sur l'intérieur de la famille royale, car les grands de la terre ont aussi leur vie domestique semée comme les existences vulgaires de malaises, de contrariétés, de soucis; on a beau être illustre par convention, il faut intrinsèquement participer à toutes les infirmités physiques et morales de l'humanité.

La reine vit de résignation et de pratiques pieuses : elle a mis au pied de son crucifix toutes ses vicissitudes conjugales, et la *chasteté absolue* est devenue pour elle une seconde nature peu appréciée dans les boudoirs de Paris. La conversation de Marie Leczinska est aussi impassible que ses traits et ses sens : jamais on n'entend sortir de sa bouche un mot de dépit; jamais elle n'exprime le plus léger mécontentement. Si l'on s'entretient de Louis XV en sa présence, elle est toujours la première à rehausser ses qualités et à dissimuler ses faiblesses. La reine ne parle jamais du roi qu'avec une profonde vénération.

Le Dauphin est trop jeune encore pour s'initier aux affaires, peut-être doit-on s'en féliciter; car il serait à craindre qu'il ne confondît souvent les intérêts du ciel, c'est-à-dire ceux des prêtres qui le dominent, avec les intérêts de la terre, qui sont rarement ménagés par les mains sacrées. On s'accorde à dire que ce prince a beaucoup d'esprit et d'instruction : il faudrait pour en juger le sortir de sa sphère. Il est entendu que les fils des rois sont en naissant de petits prodiges, mais il y a bien du mécompte à l'user. Ils représentent dans le monde des hommes vertueux et éclairés comme des toiles barbouillées de couleurs à la détrempe représentent au théâtre des sites enchanteurs... Il faut que les uns et les autres soient vus en perspective.

Mesdames de France peuvent être vues de près, au moins quant au physique, car elles sont toutes jolies. Du reste, elles lisent beaucoup, chassent quelquefois, assistent régulièrement aux grands couverts, et se montrent aux bals de la cour. Voilà tout ce qu'on en peut dire; le chapitre des princesses était plus long sous le grand Louis XIV.

Le duc d'Orléans, premier prince du sang, vit toujours dans une région mitoyenne entre le ciel et la terre. On ne le voit guère à Versailles, et je crois qu'il ne conserve pas trop bien sa raison.

Le prince de Conti, général intrépide, s'enivre de gloire et de poudre à canon. Le jeune Condé, son parent, voudrait déjà saisir la grande épée de son bisaïeul, mais elle est encore trop pesante pour ses mains de douze ans. Ce petit prince a près de lui un bien vil modèle dans le comte de Charolais, son oncle, l'homme le plus débauché de la cour.

Les autres princes alliés de Louis XV ne s'inquiètent pas plus des affaires publiques que ceux que je viens de nommer; comme eux, ils ne vont à Versailles que pour assister, en vertu de leur rang, aux conseils extraordinaires, dans lesquels ils dorment ou bâillent, ou pour se trouver de temps en temps au lever du roi, qui ne les amuse pas beaucoup plus.

Si l'on considère maintenant combien peu le roi lui-même prend part au gouvernement de son royaume, on reconnaîtra sans peine que les hommes d'Etat, les courtisans et les ambitieux, peuvent attirer à eux du pouvoir autant qu'ils en voudront sans que la famille royale s'y oppose en rien, à moins que les envahisseurs ne songent à diminuer les prérogatives des princes : il n'y a pour eux que cela de sacré.

Louis XV a d'autres alliés un peu moins directs, il est vrai, mais qui, sur les tablettes de la malice, doivent être inscrits parmi les parents de Sa Majesté. J'ai parlé avec quelque détail du marquis de Marigny, frère de la favorite; il me reste à faire connaître M. Poisson, son père, qui, si l'on en croit la chronique scandaleuse, voyageait, par le conseil de la justice, lors de l'avénement de sa fille au trône... je veux dire au canapé royal. Cet homme, qui, comme on sait, a été boucher, n'a pas reçu la moindre éducation, sa grossièreté est extrême; jureur, indécent dans le propos et le geste, insolent jusqu'à la férocité, il n'a pas la moindre idée du respect humain. Sa présence est pour la marquise une source d'humiliations de laquelle jaillit chaque jour un nouveau chagrin. Elle ne peut se décider à l'approcher d'elle, parce qu'il n'est nullement présentable; d'un autre côté, elle n'ose pas l'éloigner de peur d'exciter son humeur irascible. Plusieurs fois madame de Pompadour eut dans sa toilette une lettre de cachet remplie à l'intention de ce père malencontreux; mais elle renonça toujours à s'en servir, présumant bien que Poisson, emprisonné, ferait un éclat qui la perdrait.

La marquise s'étourdit donc sur la honte dont son père la couvre; elle s'efforce d'être insensible aux écarts, aux grossièretés de ce rustre sans égal. Elle prévient tous ses désirs, ne lui refuse aucune grâce, lui laisse ses entrées libres chez elle et le caresse même quand il arrive. Au moyen de ces précautions, madame de Pompadour conserve quelque tranquillité lorsque Poisson n'est pas ivre; mais dès qu'il a bu le moindre mot le met en fureur. Le mois dernier, il se présenta, lesté d'un robuste déjeuner, à la porte de sa fille; un nouveau valet de chambre, qui ne le connaissait pas, et qui ne pouvait se persuader qu'un homme porteur d'une figure ignoble et accoutré de la manière la plus grotesque dût entrer chez la favorite de Sa Majesté, lui refusait obstinément le passage. « Maraud, s'écria Poisson en jurant » comme un roulier, apprends que je suis le père de la p... du roi. » La dame si précisément désignée entendit cette qualification du fond de son appartement. Mais voici une anecdote qui a fait plus de bruit encore à la cour, et dont les poissardes s'égayent beaucoup aux halles. On verra pourquoi.

Poisson se trouvait à table avec un grand nombre de financiers; on était au dessert; le repas avait été splendide, les vins délicieux; l'ex-boucher, parvenu à ce point d'ivresse qui éclate ordinairement en transports de gaieté, partit d'un grand éclat de rire... Savez-vous, » messieurs, dit-il avant qu'on l'eût interpellé, ce qui me fait rire » ainsi? C'est de nous voir tous ici avec le train et la magnificence » qui nous entoure. Un étranger qui surviendrait nous prendrait » pour une assemblée de princes; eh bien! vous, monsieur de Mont-» Martel, vous êtes le fils d'un cabaretier; vous, monsieur de Sava-» lète, le fils d'un vinaigrier; toi, Bonnet, celui d'un laquais... Moi... » qui l'ignore? » Les matadors de la finance, tout gris qu'ils étaient, pincèrent fortement les lèvres à cette étrange sortie. Mais que faire? Poisson, en immolant la prétendue dignité de ces enrichis, s'était exécuté lui-même; il continua sa revue : tous les convives eurent leur lot. La tournée critique terminée, il se trouva que pas un seul des assistants n'était noble, et qu'il n'y en avait même aucun qui appartînt à une famille bourgeoise.

Passe pour se mettre à l'aise avec des financiers; mais avec le roi de France et de Navarre cela tire un peu plus à conséquence. Le lendemain du souper aux généalogies, Poisson, en entrant chez madame de Pompadour, y trouva Louis XV. « *Bonjour, mon gendre!* » lui dit-il en lui frappant sur l'épaule. « Ah! c'est trop fort, » s'écria Sa Majesté; et elle sortit de chez la favorite. La marquise, désespérée, courut après le roi : « Excusez-le, sire, dit-elle en caressant » son royal amant, il est probable que ce matin il s'est livré aux » plaisirs de la table. » Le monarque, blessé dans ce qu'il a de plus cher, sa grandeur, se montra inflexible. « Je le sers selon ses goûts, » répondit sèchement Sa Majesté, la terre où je l'envoie produit de » bon vin. » Le *beau-père* dut en passer par là; défense lui a été faite de reparaître à la cour jusqu'à nouvel ordre.

Malgré l'humiliation qu'elle éprouve de la part d'une parenté ignohle , la fortune de madame de Pompadour prend un vol hardi : elle vient d'acheter l'hôtel d'Evreux, un chevalier de Saint-Louis lui sert d'écuyer, et madame du Hausset, née d'une famille noble, lui est attachée en qualité de femme de chambre. Jusqu'à ce moment la marquise vécut assez retirée, le nombre de ses courtisans était petit; il augmente maintenant à vue d'œil. Prendre une maison est pour les favorites la marque du plus haut degré de crédit : on sait cela depuis la duchesse de la Vallière. Aussi voit-on chaque jour une double, une triple file de voitures à la porte de l'hôtel d'Evreux; on n'en rencontre autant nulle part, pas même devant l'hôtel des ministres. Cela se conçoit : sous un roi comme le nôtre, le ministère des plaisirs est celui qui réunit le plus d'attributions.

Quand la marquise se promène dans les jardins ou traverse les appartements, les marquis, les ducs, voire même certains princes, s'empressent à lui offrir la main. Hier c'était le tour du maréchal de

— Point du tout, monsieur, je suis du régiment de Champagne.

Saxe, qui, ayant rencontré madame de Pompadour sur la terrasse, lui présenta le bras et fit quelques centaines de pas avec elle. En ce moment, un homme du peuple, qui vint à croiser le couple promeneur, dit en passant : « Voilà l'épée du roi et son fourreau. » Maurice se pinça fortement les lèvres pour ne pas rire de ce mot de la plus ingénieuse impertinence. La favorite ne songeait pas à rire, elle; cent coups de bâton vigoureusement appliqués sur les épaules de l'insolent lui eussent paru un acte de pressante justice. Mais le coupable était déjà loin; madame de Pompadour prit le parti de n'avoir pas entendu.

Mais voici venir un honnête dévot, qui, prenant au sérieux les amours du roi, lui fait de la morale en forme de placet. Cet homme attendit dernièrement Sa Majesté au sortir de la chapelle et lui remit un papier dont voici le contenu : « J'annonce à Votre Majesté, » de la part de Dieu, qu'il faut absolument renvoyer madame de » Pompadour au plus tôt, autrement sa main vengeresse va s'étendre » sur votre royaume et punir vos sujets de la faiblesse de leur sou- » verain. » Après avoir lu cette petite homélie officieuse, le roi fit appeler le messager du ciel dans l'appartement même de la marquise : « Mon ami, lui dit-il, si les folies peuvent amuser quelquefois, il » faut pour cela qu'elles soient originales, et votre harangue n'est » qu'une copie de celle qu'un autre fou, le duc de Mazarin, fit en- » tendre jadis à Louis XIV. Allez donc vous faire saigner, et tâchez » de raccommoder votre cerveau, car je vous annonce de la part » du bon sens que vous avez complètement perdu la tête. »

Cette réponse était bientôt faite, mais il ne semblait pas aussi facile de prouver la folie du conseilleur que de l'alléguer ; les preuves venaient à l'appui de ses assertions plutôt qu'à l'appui du bon mot de Sa Majesté, et le roi put s'en convaincre dès le lendemain. En traversant les rues de Paris, il fut accueilli par ce terrible cri : *Du pain ! du pain !* signe infaillible des calamités publiques. Et ces

calamités, qui peut nier qu'elles aient été attirées sur la France par une longue suite de guerres aussi ruineuses qu'inutiles, par l'insouciance avec laquelle Louis XV voit les maux de ses sujets après les avoir causés, enfin par un accaparement de grains dont ce prince partage honteusement les bénéfices ? Mais ces clameurs de la place publique ne retentissent qu'un instant à l'oreille du monarque voluptueux; l'instant d'après il les a oubliées au milieu des séductions sans nombre qui s'interposent entre lui et son peuple. Le troupeau servile des coursisans, qui attendait ce jour-là le roi à Choisy, fut informé d'avance de ce qui venait de se passer à Paris; il craignit qu'il ne restât à ce prince quelque arrière-pensée de bienfaisance, et qu'elle ne répandît un nuage sur une journée promise à la débauche royale, ordinairement prodigue de faveurs. Un gentilhomme de la chambre, plus ingénieux encore que les autres valets titrés, fit enlever de la galerie un tableau représentant un empereur romain distribuant du pain aux pauvres : dans un temps de disette, cette peinture pouvait exercer une dangereuse influence sur la douce quiétude de la cour. On s'occupe si peu d'affaires désagréables ou seulement embarrassantes dans ce lieu de délices, qu'on serait tenté de s'y croire au sein d'un autre Eden à l'innocence près; c'est du moins l'idée que s'en fait l'abbé de la Tour du Pin, fameux prédicateur. Je rencontrai l'autre jour cet orateur sacré à Versailles, où je sais qu'il ne va guère : « Vous ici, mon père! lui dis-je en l'abordant, voilà qui me » surprend fort. — Je le crois, me répondit-il; mais j'ai une des- » cription du paradis à faire, et je viens prendre des notes. »

Je ne sais pas au juste de quel paradis cet honnête ecclésiastique entendait parler; mais voici une petite anecdote qui prouve que d'aucuns ne connaissent à la cour que le paradis de Mahomet. Entrant, l'un de ces matins, dans l'église des Théatins, la princesse de Conti, que le comte de Clermont accompagnait, fut accostée par un

Le masque au domino jaune, c'était toute la compagnie des Cent-Suisses.

aveugle qui lui demanda l'aumône en se plaignant d'*avoir perdu les joies de ce monde*. « Est-ce que cet homme-là est eunuque? » répondit la princesse en se tournant vers le comte. La réflexion eût été de mise à Trianon ou dans un souper des petits appartements... mais à l'église !...

Le congrès d'Aix-la-Chapelle, en suivant les errements de celui de Breda, n'avait fait que de l'eau claire dans cette ville de bains, lorsque les armées commencèrent à s'ébranler au retour du printemps. La France réunissait en Flandre cent cinquante mille combattants ; les alliés en comptaient déjà cent vingt mille sous les ordres du duc de Cumberland, et trente mille Russes qui approchaient de la Moravie allaient, quant au nombre, rendre les chances de la guerre tout à fait égales. Mais les Français étaient commandés par Maurice de Saxe, dont le nom valait une armée. Ce héros n'attendit pas cette fois ses ennemis pour les vaincre : ce fut son génie, et non ses armes, qui triompha d'eux.

Les troupes du roi étaient rassemblées sous la main de leur général dès la fin de mars, tandis qu'à cette même époque celles des alliés, partagées en plusieurs corps pour la facilité des subsistances, s'étendaient dans le Brabant hollandais, dans le Luxembourg, dans le pays de Liége et aux environs de Cologne. Le maréchal, voulant tromper les ennemis sur ses véritables projets, paraît vouloir diviser son armée en autant de détachements qu'ils en ont eux-mêmes. A cet effet, Maurice marche en personne dans la direction de Breda, à la tête de vingt-cinq mille hommes ; un second corps s'avance vers Tirlemont et Liége ; un troisième se porte sur Tongres ; enfin un quatrième paraît vouloir menacer Luxembourg. Mais, au moment où les généraux alliés se préparent à recevoir ces divers détachements, en se félicitant de la *maladresse* du comte de Saxe, qui, disent-ils, leur assure la victoire par la division de ses forces, une marche habilement combinée rapproche tout à coup les corps divisés, et Maëstricht se trouve investie.

Maître des deux rives de la Meuse par le mouvement admirable qu'il vient d'accomplir, Maurice a campé son armée de manière que le duc de Cumberland ne puisse approcher de la place, et qu'il se trouve dans l'impossibilité d'y envoyer aucun secours. Réduite ainsi à la dernière extrémité, cette forteresse, ne pouvant se défendre dans la privation absolue de communications, allait ouvrir ses portes aux Français à la vue du prince anglais, inutile témoin de sa détresse.

Tout espoir de salut étant perdu pour la Hollande, il fallut bien qu'elle et ses alliés se soumissent : les arguties diplomatiques furent mises de côté, et le 30 avril des préliminaires de paix furent signés entre la France, l'Angleterre et la Hollande. Cette conclusion portait qu'il y aurait immédiatement suspension d'armes, et que Maëstricht serait remise sur-le-champ à la France. Le maréchal de Saxe prit possession de la ville dès le lendemain et fit publier l'armistice à la tête de l'armée. A la fin de juin, la reine de Hongrie, d'une part ; l'Espagne et la république de Gênes, d'autre part, avaient accédé aux préliminaires. Les hostilités cessèrent dès lors dans toute l'Europe, et des ordres furent expédiés en Amérique et dans l'Inde pour que la guerre y cessât aussi, et que les relations commerciales reprissent leur cours.

—

L'industrie française a fait cette année une précieuse conquête : on avait tenté jusqu'ici avec peu de succès d'imiter à Paris la porcelaine de Saxe ; les essais avaient été si peu satisfaisants, au rapport de l'Académie des sciences, que le gouvernement s'était refusé à les encourager. Mais M. Charles Adam a présenté au roi plusieurs morceaux de porcelaine qu'il avait fabriqués, et qui n'étaient pas moins parfaits que les produits des manufactures saxonnes. Sa Majesté, enchantée de ces échantillons, vient d'accorder un privilége exclusif à l'artiste, et lui a donné même un local dans le château de Vincennes [1].

Après la guerre de 1734, il a fallu des années pour changer les préliminaires en traité définitif. Il n'en a pas été de même des conventions provisoires signées, en avril dernier, au congrès d'Aix-la-Chapelle : cinq mois et demi ont suffi pour asseoir définitivement les conditions d'une pacification générale. En voici les principales bases : don Carlos est investi, pour lui et ses héritiers, du royaume des Deux-Siciles ; les duchés de Parme, Plaisance et Guastalla sont assurés à don Philippe ; mais, s'il vient à mourir sans enfants mâles, ou si, à défaut de postérité de la part de don Carlos, il monte au trône des Deux-Siciles, les trois duchés retourneront à la maison d'Autriche. Le duc de Modène, dessaisi de ses États pendant la guerre, en recouvre la possession ; Gênes rentre également dans tous ses droits. La partie du Milanais cédée au roi de Sardaigne par le traité de Worms lui est garantie, ainsi que la conservation des conquêtes qu'il a faites sur le même pays dans la guerre qui se termine.

Le traité de l'Assienta, conclu précédemment avec l'Angleterre pour la traite des noirs, est confirmé en faveur de cette puissance pour quatre années, en dédommagement de pareil temps de suspension du commerce pendant les hostilités. Jusqu'à l'expiration de ces quatre années, les Anglais pourront envoyer par an un vaisseau chargé de marchandises dans l'Amérique espagnole. Le traité de la quadruple alliance, pour l'ordre de succession à la couronne de la Grande-Bretagne, demeure expressément confirmé. La province de Silésie et le comté de Glatz restent au roi de Prusse ; toutes les puissances contractantes lui garantissent cette double possession. Marie-Thérèse est reconnue reine de Hongrie et de Bohême, à titre d'hérédité, conformément à la pragmatique sanction ; le grand-duc de Toscane, mari de cette souveraine, est universellement reconnu empereur. Du reste, toutes les conquêtes faites durant la guerre seront rendues respectivement ; les prisonniers retourneront dans leur patrie sans rançon.

« Mais la France, la France, s'écriaient nos politiques de café à chaque ligne de ce traité, quel est donc son lot ? qu'obtient-elle pour son prix de tant de sang répandu ? où trouvera-t-elle la compensation des énormes sacrifices d'argent qu'elle a faits ? » Nous y voici : les fortifications de Dunkerque seront remises sur le pied où elles étaient, conformément aux précédents traités, c'est-à-dire qu'elles seront détruites si elles ont été rétablies. Voilà quelque chose de mieux encore : il est expressément interdit à Louis XV de donner un asile à Charles-Édouard, fils du prétendant ; ce prince doit quitter la France immédiatement, et le roi s'est laissé intimer par les Anglais l'injonction, on pourrait presque dire l'ordre, de chasser de ses États un seigneur né Français...

Le roi ne veut rien pour lui, disent les cerveaux étroits du conseil ; soit : ce monarque n'a dépensé que la prospérité, l'or et le sang de ses sujets ; la guerre n'a coûté à Sa Majesté ni une simple égratignure au petit doigt, ni un écu tiré de sa cassette particulière, ni cinq minutes d'insomnie, ni même une seconde de digestion laborieuse ; il n'a rien mis du sien dans la grande lutte de l'Europe, à moins qu'on ne veuille compter pour quelque chose le faste des entrées. Je ne vois donc pas ce que, pour son compte personnel, Louis aurait à recueillir. Mais c'est s'entendre d'une étrange manière à la grandeur du trône que de faire le paladin, aux dépens de la nation, pour les intérêts des souverains étrangers, sans dédommagements territoriaux, sans indemnités d'argent, et de se laisser humilier par-dessus le marché ! Il faut convenir que, si les Bourbons de France comprennent la gloire d'après ce système décroissant de dignité réelle, les puissances de l'Europe, qui se bornent encore à s'en moquer, finiront par leur faire la loi dans leur propre capitale.

Cependant, fidèle au traité d'Aix-la-Chapelle, Louis XV a fait prescrire au prince Édouard, qu'il n'appelle plus que le chevalier de Saint-Georges, de peur de déplaire aux Anglais, de quitter Paris et la France dans un bref délai. Ce descendant des Stuarts, qui entend

Poisson, en entrant chez madame de Pompadour, y rencontra Louis XV.
« Bonjour, mon gendre ! » lui dit-il en lui frappant sur l'épaule.

---

[1] C'est cet établissement qui a été transporté plus tard à Sèvres, et qui sous le nom de manufacture royale a égalé et souvent surpassé la fabrication de la Chine.

l'honneur un peu différemment que Sa Majesté, a répondu en termes formels qu'il ne bougerait pas. « Le roi, disait-il, m'a promis que j'aurais toujours un asile dans ses Etats; j'en ai dans ma poche l'assurance signée de sa main. Un prince qui a de l'honneur sait à quoi une parole donnée engage, et à quoi il s'expose quand il y manque. » Cette manière de traiter de puissance à puissance déplut fort à Louis XV; mais le sort du noble proscrit toucha madame de Pompadour. Il est assez remarquable qu'un prince auquel deux rois, Louis XV compris, ont donné le nom de frère ne trouve dans l'adversité que la protection d'une courtisane. « Que voulez-vous que je fasse, madame? répondit le roi aux intercessions de sa maîtresse; faut-il que je continue la guerre avec toute l'Europe pour le prince Edouard? L'Angleterre *ne le veut point dans mes Etats :* elle n'a signé la paix qu'à cette condition. Devais-je rompre les conférences d'Aix-la-Chapelle, et achever d'abîmer mes peuples parce que le séjour de Paris plaît au fils du prétendant?... » La marquise ne répliqua point; mais n'eût-elle pas eu beau jeu à dire : « Si vous n'aviez pas fait, sire, une guerre aussi ruineuse qu'inutile à votre royaume, vous n'auriez pas eu à traiter d'une manière qui nous couvrira de ridicule aux yeux de l'Europe. Après avoir soutenu le prince Edouard dans son entreprise, vous n'eussiez pas subi avec lui le sort des vaincus, en vous entendant déclarer par l'Angleterre qu'elle *ne veut point* le jeune Stuart dans vos Etats. Vous auriez refusé de céder à cette intimation, et la paix n'en eût pas moins été faite. Rappelez-vous qu'en pareille circonstance Louis XIV signifia au cabinet de Saint-James que Jacques Stuart était son ami, et que nulle puissance ne le contraindrait à refuser à cet illustre infortuné le toit et le pain de l'hospitalité. » Pourtant le traité fut signé.

Malgré les sommations itératives qui lui étaient faites par M. de Maurepas, Edouard s'obstinait à ne pas s'éloigner de Paris. « Vous voyez bien ce pistolet, dit-il un jour à ce ministre en le lui montrant, eh bien ! il est chargé à l'intention du premier exempt qui se présenterait pour m'arrêter. » Cependant Stuart fut arrêté le soir même en se rendant à l'Opéra, et personne ne fut tué. On alla visiter son hôtel, dont il avait fait un véritable arsenal : il s'y trouvait assez d'armes pour soutenir un siège dans toutes les formes. Mais, comme la renommée grossit tout ce qu'elle porte sur son aile, on disait à l'OEil-de-bœuf qu'Edouard avait résolu de se battre seul contre un régiment entier, et de mettre, en désespoir de cause, le feu à un baril de poudre pour se faire sauter avec la maison qu'il occupait.

Le roi de France n'avait pas promis à Georges II de jeter son malheureux hôte dans un cachot, sans doute parce que le monarque anglais ne l'avait pas demandé. Edouard fut conduit hors de France, bien escorté, et portant encore aux poignets les marques des cordes dont on s'était servi, dans le premier moment, pour garrotter ce *frère de Sa Majesté.* Le fils du prétendant se rendit en Suisse, terre hospitalière, où les princes de la terre, descendus au niveau des autres hommes, se sont trouvés heureux plus d'une fois d'obtenir un asile qu'ils n'eussent pas offert à des républicains. Du fond de sa retraite, Edouard fit, au nom de son père, des protestations contre tout ce qui pouvait avoir été statué au congrès de contraire aux droits de sa famille : ces protestations furent affichées dans toute l'Europe, et même dans la ville d'Aix-la-Chapelle, que les plénipotentiaires des puissances n'avaient point encore quittée. Foudre impuissante, qui éclata en vain bruit, comme tous les précédents manifestes des Stuarts, excepté celui que la force des armes avait appuyé.

La guerre d'épigrammes, les combats entre factions musicales, et les douces hostilités du boudoir, sont maintenant les seuls engagements dont on s'occupe à la cour. Parmi ceux de la dernière nature, l'intrigue de madame de la Popelinière avec le duc de Richelieu a fait du bruit, de ce bruit qui se perpétue parce qu'il amuse. Le vétéran de nos roués, toujours jeune malgré ses cinquante-deux ans, toujours libertin au moins d'imagination, persuada un beau matin à cette riche financière que le roi était amoureux d'elle.

« Oui, madame, lui dit-il, vos grands yeux noirs, vos sourcils épais, vos lèvres, qu'il appelle les coussins vermeils de la volupté, et par-dessus tout ces formes robustes dont la nature libérale vous a gratifiée, ont charmé Sa Majesté.

— Le roi est bien bon ! répondit madame de la Popelinière, qui n'était rien moins que la fille d'un gros marchand de bœufs.

— Sans doute, belle dame, que le roi est bon, et je sais qu'il tient à vous le prouver.

— Comment donc cela, monsieur le duc? demanda la financière avec un gros rire niais.

— Mais comme un homme aimable prouve ordinairement à une jolie femme...

— Je commence à comprendre; mais c'est que j'ai des principes, et d'ailleurs M. de la Popelinière me répète tous les jours qu'à la cour une femme bien née ne doit jamais faire parler d'elle.

— Le cher homme, permettez-moi de vous le dire, n'entend rien du tout aux usages de ce pays; il pense tout à fait bourgeoisement. Voyez nos dames de la plus haute qualité. D'ailleurs il ne s'agit point de parler, mais d'agir... avec mystère, s'entend.

— Dame, monsieur le duc, si le roi avait assez de bonté...

— Sans doute, en sujette dévouée, vous iriez au-devant des vœux de ce prince. Je n'attendais pas moins de vous. Mais, il faut que je vous le dise tout de suite, le roi ne donne son cœur qu'après certains préliminaires, certaines épreuves...

— Des épreuves !

— Oui, madame; mais dans le plus grand secret. Vous concevez, Sa Majesté a rencontré par le monde beaucoup d'yeux noirs, de sourcils épais, de lèvres vermeilles et de gorges aux superbes proportions. Eh bien ! vous ne vous faites pas d'idée du mécompte qu'il a trouvé plus tard.

— Monsieur le duc, ces détails...

— Sont indispensables, madame, et je continue. Sa Majesté, désirant à l'avenir être fixée d'avance sur certaines choses, a fait choix d'un examinateur...

— Un examinateur !

— Expert, au moins, à ce qu'on dit, dans ces sortes de vérifications.

— Et quel est-il? demanda la financière en baissant les yeux.

— Devinez... la, sur les réputations...

— Est-ce que ce serait vous, monsieur le duc?

— Mon Dieu, oui, madame, le roi a toujours eu tant d'indulgence pour moi !

— De l'indulgence !... Ce choix, monsieur, en serait-il une nouvelle preuve?

— La question est d'une grande naïveté, ou, permettez-moi de vous le dire, d'une solide coquetterie.

— C'est que si l'on consent à être examinée, balbutia madame de la Popelinière rouge jusqu'aux yeux...

— Oui, je conçois, on veut avoir ses garanties sur l'examinateur...

— Vous êtes donc toujours un grand scélérat, monsieur le duc?

— Mais, madame, on tâche de ne pas laisser baisser le ton de sa renommée... A quand la première séance?

— Oh ! n'allons pas si vite, je verrai, je réfléchirai, nous en reparlerons.

— Ah ! prenons garde de perdre du temps... Il y a bien des femmes sur les rangs, vous êtes maintenant en première ligne dans la pensée du roi... peut-être que sous huit jours le vent de la faveur aura tourné... profitons-en, croyez-moi, pendant qu'il enfle nos voiles.

— En ce cas, nous pourrions dès ce soir causer...

— Oui, entre minuit et une heure, dans votre appartement.

— Impossible... Mais au fond du jardin, dans le pavillon chinois...

— Mais peut-on y causer commodément?

— Vous êtes trop curieux, monsieur l'examinateur. »

Il est probable que la nuit même Richelieu le fut davantage et que l'examen convint à madame de la Popelinière, car il demeura convenu que, pour soutenir sa thèse avec plus d'aisance, la financière recevrait à l'avenir le duc dans sa chambre à coucher. Or, comme il ne pouvait s'y introduire par les moyens ordinaires sans risquer d'être aperçu, il loua dans une maison voisine une chambre qui fut reconnue n'être séparée que par un mur de celle de la dame. Un maçon habile y pratiqua une ouverture communiquant à la cheminée de cette beauté complaisante; ouverture que refermait de ce côté une plaque à feu, qui tournait au besoin sur pivot.

Je ne sais pas bien précisément combien durèrent les épreuves de la financière, mais on assure qu'elles ne l'ennuyaient pas. Seulement elle demandait de temps en temps si le roi lui ferait bientôt prendre ses grades, ajoutant que cette circonstance n'empêcherait point l'examen de continuer. Le duc assurait notre néophyte que la plaque pivotante ne tarderait pas d'amener Louis XV dans ses bras, et que dès ce moment elle serait agrégée parmi les prêtresses des petits appartements. Satisfaite de cette promesse, madame de la Popelinière continuait à se prostituer à titre d'essai; et je crois que si l'un des deux acteurs de ces scènes nocturnes commençait à s'en lasser, ce n'était pas elle.

On dit qu'il n'y a point de héros pour son valet de chambre; une vérité non moins incontestable, c'est qu'il ne peut y avoir dans les habitudes secrètes d'une jolie femme rien de caché pour sa soubrette. Celle de la financière connut bientôt le mouvement mystérieux de la plaque et les visites du sylphe de la cheminée. Mécontente de sa maîtresse, cette fille divulgua tout. La Popelinière, qui, depuis six mois, enlacé dans des lacs d'Opéra, cherchait un prétexte pour se débarrasser de sa femme, fut enchanté d'avoir trouvé un robuste motif. Il ébruita lui-même la chose, expliqua le mécanisme de la cheminée, et tout Paris courut jouir du déshonneur de la couche du traitant.

Cependant madame de Pompadour avait été instruite de l'aventure une heure avant qu'elle eût circulé dans la galerie; elle voulut être la première à la raconter au roi. Ce prince venait d'arriver chez cette favorite; elle passait déjà sa langue sur ses lèvres pour entrer en matière, lorsque M. de Richelieu parut. « Sire, s'écria la marquise en montrant le duc, voilà certainement l'homme le plus caché en intrigues qu'il y ait en Europe; car, afin d'être très-secret avec les

» dames qu'il voudrait faire connaître à Votre Majesté, il passe par
» le trou de la cheminée. »

Le roi demanda quelle était cette énigme; madame de Pompadour
raconta alors l'anecdote que tout Paris savait déjà. Sa Majesté en rit
beaucoup, la marquise l'imita et le duc fit chorus.

« Diable! monsieur le duc, dit le roi, voilà du zèle, ou je ne m'y
connais pas... Aviez-vous réellement l'intention de me donner cette
financière?

— J'aurais essayé, sire, dans un moment où Votre Majesté serait
revenue aux mets substanciels.

— C'est bien obligeant de votre part; mais, quelque confiance
que j'aie en vous, je ne vous chargerais pas d'une semblable commission.

— Sire, cette fois et d'autres encore, dit le duc en regardant la
marquise avec malice, j'ai pensé qu'il est des ordres qu'un sujet
fidèle ne doit pas attendre. »

Madame de Pompadour cessa tout à coup de rire, et elle eut quelque chose à rajuster au nœud de sa ceinture; ce qui lui procura l'occasion de baisser les yeux.

Jusqu'à ce moment on n'introduisit que des vices dans les petits
appartements; depuis la faveur de madame de Pompadour, on s'occupe d'y admettre des amusements. La marquise n'est point, à proprement parler, une femme galante : elle n'a pas reçu de la nature
ce tempérament de feu qui porte tant de femmes au libertinage; c'est
par ambition qu'elle s'est inscrite parmi les courtisanes. Le plaisir ne
s'offre donc pas toujours à cette dame un peu tiède sous les formes
d'un amour voluptueux; son esprit cultivé sollicite plus de distractions que ses sens n'exigent d'offrandes. Il y a longtemps que la favorite a conçu le projet d'établir un théâtre d'amateurs dans les
cabinets du roi, elle a eu soin de faire parler sous main à ce monarque du talent qu'elle possède elle-même pour la comédie; et les
complaisants de la marquise l'ont exaltée sous ce rapport tant de fois,
qu'enfin Sa Majesté a désiré vivement mettre à l'épreuve le talent
de sa maîtresse vers la fin de l'année dernière.

En effet, madame de Pompadour, étant encore demoiselle, s'était
assez longtemps exercée sur un théâtre que M. de Tournehem avait
fait construire dans l'une de ses terres. La troupe se composait de
gens de lettres et d'artistes distingués, qui se firent un plaisir de donner des leçons de déclamation et de chant à celle qui passait généralement pour être la fille de leur hôte. C'est dans cette société
qu'elle puisa l'amour de la littérature et des arts, dont elle se montre
aujourd'hui la protectrice. Devenue madame d'Étioles, l'actrice amateur joua sur le théâtre de madame de Villemur à son château de
Chantemerle : là, MM. de Richelieu, de Nivernais et de Duras la
secondèrent de leur mieux; mais elle avait plus de talent que ces
illustres comédiens.

Sous l'empire de ces favorables précédents, madame de Pompadour
espérait acquérir de nouveaux charmes aux yeux de son royal amant
par l'exercice de ses talents dramatiques : la beauté ambitieuse ne
laisse échapper aucun moyen de plaire. Tandis que l'on élevait un
joli théâtre dans le cabinet des médailles, la *troupe* se formait chez
la marquise : elle se composa des ducs de Chartres, d'Ayen, de Nivernais, de Duras, de Coigny, des marquis d'Entragues, de Courtenvaux, du comte de Maillebois, et de mesdames de Brancas, de
Pompadour, d'Estrades, de Marchais. La condition expresse d'admission fut d'avoir déjà joué avec un succès authentique sur des théâtres de société. Le duc de la Vallière fut revêtu des fonctions de
directeur; l'abbé de Lagarde obtint celles de secrétaire-souffleur, avec
cette réserve, de la part de Sa Majesté, que cet abbé ôterait sa calotte
avant de descendre dans son trou.

Il ne suffisait pas à madame de Pompadour d'avoir un public illustre pour témoin de ses nouveaux succès; il lui importait bien plus
d'y faire assister des spectateurs capables de la juger, et dont les
intérêts lui garantissent les éloges. Crébillon et Gresset furent d'abord
admis au nombre des heureux qui devaient avoir leurs entrées aux
spectacles des petits cabinets; il était difficile de faire porter Voltaire
sur la bienheureuse liste. Ce poëte aux allures indépendantes déplaisait à tous les membres de la famille royale; mais il jouissait d'un
certain crédit auprès de la favorite : il l'avait louée plus d'une fois,
cette femme spirituelle comprenait tout le prix des louanges d'un tel
homme. Malgré l'éloignement que les princes et princesses montraient pour cet écrivain, la marquise résolut de le faire admettre;
et voici comment elle s'y prit. La cour avait donné son suffrage à la
seule comédie que Voltaire eût encore fait représenter, l'*Enfant
prodigue*; plusieurs des nobles acteurs, chapitrés d'avance, proposèrent cet ouvrage et le firent agréer pour le début de la troupe. L'*Enfant prodigue* fut joué en l'absence de Voltaire avec un brillant succès, auquel, il faut bien en convenir, le mérite de cette pièce
contribua beaucoup plus que le talent amateur des comédiens. Les
règlements de la nouvelle société dramatique portent que les auteurs
des ouvrages montés par elle ne doivent pas assister à leur représentation s'ils sont tirés du répertoire des autres théâtres : les illustres acteurs ont voulu s'affranchir ainsi de régents incommodes pour
leur amour-propre, qui auraient eu le droit de les reprendre sur

l'exécution de ces œuvres théâtrales. Seulement on a ménagé à ces
auteurs la satisfaction et l'honneur de paraître devant le roi quand
leurs productions auront contribué à ses plaisirs; et dès ce moment
leurs entrées aux spectacles des cabinets seront acquises. D'après ces
statuts, Voltaire, complimenté rancune tenante par Louis XV et sa
famille, fut légalement admis à la deuxième représentation de l'*Enfant prodigue*. Il sentit bien qu'il devait à madame de Pompadour
la double faveur du choix de sa comédie et du droit flatteur d'assister
aux applaudissements de la cour; car je dois inscrire ici le point de
départ d'un usage qu'on s'était jusqu'alors interdit en présence du
roi, celui de battre des mains en signe d'acclamation. Ce fut à la
première représentation de l'*Enfant prodigue* sur le théâtre des cabinets que Louis XV permit ce témoignage bruyant de satisfaction, en
se réservant toutefois d'en donner le signal. Chacun pouvait, à ce
spectacle, prendre du plaisir pour son compte; mais défense était
faite d'exprimer qu'on s'amusait, à moins d'une permission du roi :
Sa Majesté faisait grâce néanmoins de l'enregistrement et du sceau.

Après l'*Enfant prodigue* vint le *Méchant*, de Gresset, dans lequel
M. le duc de Nivernais se fit une brillante réputation par le caractère ingénieux qu'il donna au personnage de Valère. L'enthousiasme
du roi fut tel à cet égard, qu'il voulut faire venir à la seconde représentation l'acteur Rosali, qui jouait ce rôle à la Comédie-Française,
afin de rectifier son jeu d'après celui de M. de Nivernais. Soit complaisance, soit persuasion, ce comédien fit en effet à l'amour-propre
de l'amateur la concession d'adopter sa manière. Le duc, enchanté
de ce surcroît de gloire, envoya cent louis à Rosali : ce fut à coup sûr
l'avantage le plus réel qu'il recueillit dans cette circonstance, et l'on
peut se faire aisément l'idée de la bonté d'un système d'enseignement
où le maître paye l'écolier.

L'ambition est la plus extensible des passions; après avoir joué
quelque temps la comédie dans les cabinets, on voulut y joindre des
opéras. L'orchestre fut alors composé d'un tiers d'amateurs et de
deux tiers d'artistes de la musique du roi. Le premier ouvrage lyrique
qui fut représenté sur ce théâtre était un acte de *Zélie*. La musique
avait été composée par M. Ferrand, l'un des musiciens amateurs de
l'orchestre; les paroles étaient de M. Curis. Le tout, dans la composition et l'exécution, parut d'une grande médiocrité.

Il n'y a point d'opéra sans danse : Dehesse, de la Comédie-Italienne, fut appelé à la direction de celle des cabinets. Cet artiste
composa le corps de ballet d'enfants des deux sexes, âgés de neuf
à douze ans. Il fut décidé qu'en sortant du théâtre de la cour ces
jeunes gens entreraient de droit et sans débuts soit à l'Opéra, soit
au Théâtre-Français, soit à la Comédie-Italienne. Les premiers sujets sont MM. de Courtenvaux, de Langeron; de Beuvron, de Melfort, que je viens de nommer par ordre de talent, et qui peuvent
ajouter à leurs titres honorifiques celui de danseur des cabinets
du roi.

Après *Zélie* les nobles amateurs ont joué *Bacchus et Erigone*, de
Labruère et Blamont; ensuite *Ismène*, de Moncrif et Rebel; enfin
Eglé, de Lagarde et Laujon.

Jusqu'à ce moment on n'a représenté dans les cabinets que les
quatre opéras que j'ai cités, et les comédies de l'*Enfant prodigue* et
du *Méchant*. Mais l'exécution lyrique est restée au-dessous de celle
du genre comique. Outre qu'aucun des acteurs, pas même madame
de Pompadour, n'a l'aplomb musical nécessaire à l'ensemble d'une
représentation chantante, l'exiguïté du local nuit encore à cet ensemble. Les chœurs, choisis parmi les meilleurs artistes de la musique
du roi, sont disposés d'une manière fort incommode : il ne peut entrer en scène que deux femmes et deux hommes de chaque côté; le
surplus, pressé dans les étroites coulisses, se place et chante comme
il peut.

Malgré la médiocrité de son talent de chanteuse, la favorite n'en
fut pas moins applaudie à outrance dans le rôle d'Erigone; Voltaire,
qui lui devait la faveur qu'il avait reconquise à la cour, ne laissa pas
échapper cette occasion de louer sa protectrice. Il lui adressa, le
lendemain de la représentation, les vers suivants, qu'elle se hâta de
faire circuler, sans pouvoir assurément soupçonner la funeste conséquence qu'ils devaient avoir pour l'auteur :

Ainsi donc vous réunissez
Tous les arts, tous les dons de plaire,
Pompadour, vous embellissez
La cour, le Parnasse et Cythère :
Charme de tous les yeux, trésor d'un seul mortel,
Que votre amour soit éternel;
Que tous vos jours soient marqués par des fêtes;
Que de nouveaux succès marquent ceux de Louis;
Vivez tous deux sans ennemis,
Et gardez tous deux vos conquêtes !

Avouons pourtant que, pour un homme de génie, Voltaire a fait
un peu juste dans ces vers la mesure des convenances. Il est bien
entendu que les rois peuvent être vicieux impunément, c'est une
des prérogatives de la royauté; mais chanter les vices de ces maîtres
du monde et faire des vœux pour la perpétuité du scandale dont ils
donnent l'exemple, c'est porter un peu loin la courtoisie. Voltaire

n'avait pas rimé cette fois un crime d'Etat, et cependant il en subit la peine.

Le malencontreux madrigal courut tous les cercles de Versailles et de Paris, il parvint dans les sociétés les plus animées contre le poëte, particulièrement chez la duchesse de Tallard, où la reine passe presque toutes ses soirées, et chez *Mesdames*, filles du roi, qui détestent cordialement Voltaire, malgré sa *Henriade*. Ces réunions anti-voltairiennes s'attachèrent à rechercher dans les vers que j'ai copiés des idées répréhensibles : elles leur prêtèrent des intentions malignes, des applications captieuses, auxquelles l'auteur n'avait point songé. Ces comités critiques se déchaînèrent violemment contre le vœu audacieux formé par Voltaire pour la constance d'un amour déplorable; ils s'indignèrent surtout du rapprochement des conquêtes d'un grand roi sur le champ de bataille et de celles d'une favorite au fond de son boudoir. Il est vrai qu'il n'existe entre les unes et les autres aucune similitude : les succès de madame de Pompadour lui appartiennent en propre, et ceux de Louis XV sont l'ouvrage de ses généraux.

Je crois avoir dit ailleurs que *Mesdames* ont conservé du crédit sur le cœur de leur père ; elles en usèrent pour perdre Voltaire dans l'esprit de Sa Majesté. Un matin que ce monarque était venu recevoir les embrassements de ces princesses, elles l'entourèrent, le caressèrent avec plus d'effusion encore que de coutume, et profitant de l'abandon d'un mutuel épanchement, elles se plaignirent à lui de l'insolence du madrigal. « Cet homme, dirent-elles avec feu, vient » d'ajouter à ses premiers torts, que Votre Majesté avait eu l'indul» gence d'oublier, des torts beaucoup plus graves encore, que vous » ne pouvez laisser impunis sans porter atteinte à votre gloire. » Louis XV, aussi faible qu'irréfléchi, ne se donna pas le temps de considérer qu'en punissant un homme célèbre, il allait ajouter à l'éclat du scandale de ses amours et se rendre coupable d'une injustice; car ce ne pouvait être un crime que de chanter une inclination dont il fait ses délices aux yeux de toute l'Europe. Voltaire fut exilé de la cour : il devait à madame de Pompadour l'honneur d'appartenir à ce corps de valets de haute livrée appelés gentilshommes de la chambre; il lui devait aussi cette place d'académicien, méritée dès 1720, et qu'il n'eût pas obtenue en 1746, quoiqu'il fût alors le premier littérateur du monde, s'il n'avait pas eu l'avantage d'être le protégé d'une courtisane. Par contre-partie, l'auteur de *l'Enfant prodigue* dut aussi à madame de Pompadour sa nouvelle disgrâce; le coup d'encensoir du poëte était maladroit, mais il eût été sans conséquence si la marquise n'en eût pas répandu la fumée.

Les cours supérieures, à l'occasion de la nouvelle année, ont adressé leurs compliments au roi sur le traité d'Aix-la-Chapelle, qui rend la paix aux peuples. Sa Majesté, voulant mériter à de nouveaux titres ces félicitations, vient de supprimer plusieurs droits établis pour subvenir aux frais de la guerre. En conformité du traité, Louis XV a donné l'ordre d'évacuer toutes les places de la Flandre et du Brabant occupées par ses troupes pendant la guerre.

Il n'est bruit, au commencement de l'an de grâce 1749, que de la conversion de la comédienne Gautier, qui du théâtre a passé tout d'un coup dans un cloître de carmélites. Cette jeune actrice était grande, belle, parfaitement faite, et d'une vigueur telle, que peu d'hommes auraient lutté sans désavantage avec elle. Le maréchal de Saxe, dont la force est presque passée en proverbe, assurait que, de tous les individus des deux sexes qui avaient voulu s'essayer contre lui, mademoiselle Gautier était la personne qui lui avait résisté le plus longtemps... « à la lutte, s'entend, ajoutait Maurice, car autre» ment, morbleu ! je ne connais pas un être vivant qui pût entrer en » lice avec cette femme-là... C'est une belle assez curieuse pour vou» loir vérifier jusqu'au bout le plus étonnant des travaux d'Hercule.» Cet athlète femelle roulait entre ses doigts une assiette d'argent comme une oublie. Elle aima longtemps le comédien Quinault-Dufrêne; cette inclination, à laquelle les deux amants étaient, dit-on, fidèles, fait un immense honneur à cet homme-là. A l'extinction d'une si belle flamme, mademoiselle Gautier, désespérant sans doute d'en pouvoir allumer une équivalente, abandonna la comédie, et se fit religieuse sous le nom de sœur Augustine de la Miséricorde. Tout ce que la nouvelle nonne offrait de robuste dans le commerce de la vie se retrouve maintenant dans sa piété, et jamais servante du Seigneur ne porta plus loin l'humilité chrétienne. La reine, informée de cette sévérité extrême de devoirs, a voulu connaître sœur Augustine, elle se rendit dernièrement aux Carmélites pour la voir; et depuis lors il s'est établi entre elles une correspondance de dévotion, dont M. Moncrif, secrétaire de cette princesse, est l'intermédiaire. L'intervention de l'auteur de *l'Art de plaire* entre deux dévotes n'est pas sans originalité, surtout quand l'une de ces personnes pieuses est une souveraine, et l'autre une *comédienne* ayant poussé la galanterie jusqu'à tenter l'accomplissement du plus difficile des exploits d'Alcide.

Je ne sais pas, en vérité, si madame de Boufflers, devenue duchesse de Luxembourg, ne voudrait pas, sous ce rapport, exiger encore davantage d'un nouveau fils d'Alcmène. Depuis la mort de son premier mari, qui périt en 1747 dans les murs de Gênes, cette bacchante insatiable, quoique parvenue à sa quarante-cinquième année, demande des voluptés à toutes les classes d'hommes, et, quand son séjour dans ses terres ne lui permet pas de choisir, elle promène ses vœux depuis son intendant jusqu'au dernier de ses palefreniers. Passant, selon son caprice, de l'intendance aux cuisines, de l'office à l'écurie, de l'antichambre à la loge du suisse, elle attend avec patience la saison qui lui permet, à Paris, une plus grande variété de choix.

Cependant cette dame, pendant son veuvage, ne trouvait pas tout son bonheur dans la satisfaction de ses sens avides ; elle tenait aussi à conserver une *grandeur* dont elle fait un si noble usage. Elle entra donc, il y a quelques mois, chez M. de Luxembourg, qui, comme on sait, est son amant en titre de longue main.

« Monsieur le maréchal, lui dit-elle, je veux que vous m'épousiez.

— Mais, madame, je ne vois pas à quoi cela servirait, à la manière dont nous vivons ensemble.

— Il s'agit bien de cela ! ce serait une belle chose que ma vie, si elle se contentait des velléités de votre amour !

— Oh ! duchesse, à cet égard, vous savez trouver bon nombre de suppléments.

— Il est temps que je me fasse, pour les moments de loisir, un petit bagage de considération, de bel esprit, de religion même.

— De religion, duchesse !

— Oui, de cette religion du bel air, qui consiste à entretenir à sa paroisse une chaise dorée, un jolie prie-Dieu, des coussins à glands d'or, et à faire suivre les processions par trois ou quatre laquais portant des cierges armoriés. Pour cela, il faut avoir aussi quelque chose qui ressemble à une existence conjugale ; et votre titre de maréchal me plaît. Quand voulez-vous que nous passions le contrat?

— Mais, madame...

— Je viendrai ce soir avec mon notaire; vous y serez, maréchal.»

Le duc ne répliqua pas; et huit jours après la veuve du vertueux Boufflers portait le nom de Luxembourg, auquel l'homme le plus nul de la cour devait le premier grade de l'armée... C'est une belle chose que l'honneur héréditaire des familles !

Dès le lendemain de ses noces, l'illustre bacchante reprit son train de vie ordinaire. Un soir, M. de la Vaupalière, vieux libertin, qui ne jouissait plus de la galanterie que par les yeux, avait invité le maréchal et sa femme à un petit souper. La société était nombreuse, bien choisie, en hommes, s'entend, car l'amphitryon savait que madame de Luxembourg n'aime point la compagnie des femmes. La duchesse, oubliant que, pour obtenir la considération qu'elle se proposait, disait-elle, de mériter, la première condition est le sang-froid, but immodérément, et, comme elle avait le vin fort tendre, elle prit immédiatement du goût pour M. de Frise, son voisin. Après le souper, quelqu'un ayant proposé d'aller faire un tour sur le boulevard, madame de Luxembourg s'accrocha au bras de son nouvel amant, ce qui lui procura l'occasion de lui avouer qu'elle l'aimait. Les *Fantoccini*[1] venaient de s'établir à Paris; la compagnie entra dans ce spectacle enfantin, auquel une partie des convives de la Vaupalière prit beaucoup de plaisir. Mais la duchesse avait quelque chose de mieux à faire : à peine fut-on assis, qu'elle se mit à caresser M. de Frise d'une manière si démonstrative, que bientôt l'attention des spectateurs fut partagée entre Polichinelle et le couple amoureux, et qu'enfin les amants fixèrent sans partage la curiosité. M. de Luxembourg, se levant alors, se crut obligé d'aller prévenir sa femme qu'elle était le point de mire de toute l'assemblée. Cet avis marital suffit à peine pour mettre fin au manége de la maréchale, plus active dans sa pantomime galante que jamais son mari ne l'avait été à l'assaut d'une place !

En suivant la comparaison, je dirai que l'entreprise de la duchesse sur le cœur de M. de Frise n'était apparemment qu'un coup de main; car trois jours plus tard on la vit occupée d'un nouvel objet pendant un souper donné à Saint-Cloud par M. le duc d'Orléans[2] à l'occasion des couches de la princesse sa femme. La maréchale lorgna durant tout le repas un jeune page, qui en effet avait la plus jolie figure du monde. Quand la compagnie se fut levée de table, madame de Luxembourg chercha le page, le trouva, et poussa l'oubli des bienséances jusqu'à disparaître avec lui. On prit à peine garde à cette sortie: on savait que la maréchale, une fois échauffée par la table, ne s'arrêtait dans une entreprise qu'après en avoir touché le but.

Pour terminer dignement cette soirée, madame de Luxembourg, après la retraite des autres dames, resta dans l'appartement dit des Goulottes, avec M. le duc d'Orléans, le comte de Croix et le baron de Besenval, à qui elle tint tête à boire des liqueurs le reste de la nuit. A six heures du matin, quand les convives nocturnes songèrent enfin à se retirer, il fallut qu'un laquais portât sur ses bras la duchesse jusque dans le lit préparé pour elle.

C'est ainsi que madame de Luxembourg s'achemine vers la considération.

On n'a point oublié cette demoiselle de Tencin, qui d'abord reli-

---

[1] Marionnettes fort jolies.
[2] Le père de ce prince, en se retirant à Sainte-Geneviève, avait laissé à son fils le titre de duc d'Orléans.

gieuse, se fit ensuite relever de ses vœux pour mener une vie plus conforme à ses goûts mondains, et surtout à l'esprit d'intrigue qui la distinguait essentiellemen'. Sa maison fut longtemps le rendez-vous de la société la plus spirituelle de la capitale : les gens de lettres y affluaient, et elle les appelait *ses bêtes*. Il est vrai qu'en fait d'affaires, cette intrigante avait plus d'esprit qu'eux; elle n'en eut pas assez toutefois pour triompher dans une procédure criminelle où elle fut impliquée. Emprisonnée d'abord au Châtelet, elle fut ensuite tranférée à la Bastille, où elle mourut dernièrement. Cette dame laisse plusieurs romans, que Pont-de-Vesle, son neveu, a, dit-on, retouchés : ces ouvrages, assez gracieux, sont manuscrits [1].

La mort vient d'atteindre aussi le chevalier d'Orléans, fils naturel du régent, et qui fut revêtu de la charge de grand prieur de France après M. de Vendôme. Le roi a obtenu du grand maître de Malte cette même charge pour le prince de Conti : sa réception, faite le 11 juin par les chevaliers de cet ordre présents à Paris, a rappelé les cérémonies imposantes de l'ancienne chevalerie; mais la continence de MM. les Maltais ne rappelle guère celle des preux du moyen âge.

Le roi n'éprouve pas seulement pour madame de Pompadour cette tendresse des sens qui après certains instants écoulés n'est que froideur pendant le reste de la vie; il paraît lui avoir voué un véritable attachement, dont elle a eu de nombreuses preuves pendant une maladie qu'elle a faite cette année. Il la visitait huit ou dix fois par jour, et l'on pouvait deviner la situation de cette favorite à la tristesse ou à la gaieté de Sa Majesté. Les médecins Senac et Quesnay, qui donnaient des soins à la malade, rendaient à Sa Majesté un compte journalier du cours de la maladie. Enfin l'active sollicitude que Louis montra dans cette circonstance à sa maîtresse contribua à hâter sa convalescence.

La marquise resta néanmoins atteinte d'une incommodité d'autant plus désagréable, que, dans une femme dont la sagesse n'est pas exemplaire, le public malin est toujours disposé à l'attribuer à l'incontinence. Il n'y a point de secret à la cour : on ne tarda pas d'y être informé de cette suite de maladie, malgré tout le soin que madame de Pompadour mettait à la cacher. Le comte de Maurepas, qui n'aimait point la favorite, se distinguait surtout parmi ceux qui riaient à ses dépens; elle n'ignorait point les quolibets et les plaisanteries dont ce ministre la rendait chaque jour l'objet; mais le roi avait besoin du comte; en cherchant à le desservir dans l'esprit de Sa Majesté la marquise craignait un échec, il lui semblait prudent d'attendre une occasion où le mécontentement de Louis pût être excité autrement que par des propos en l'air. Cette occasion s'est rencontrée la semaine dernière à Marly. Madame de Pompadour, en se mettant à table, a trouvé sous sa serviette un quatrain que je suis forcée de copier : c'est un document historique ; le voici :

> La marquise a bien des appas,
> Ses traits sont vifs, ses grâces franches,
> Et les fleurs naissent sous ses pas...
> Mais, hélas! ce sont des fleurs blanches.

On pense bien que cette épigramme n'était point signée; mais la favorite cherchait depuis longtemps l'occasion de perdre Maurepas: il faisait des vers, ceux-ci durent être de lui. Cependant l'indignation du roi n'avait point éclaté contre le poëte insolent; un sourire imperceptible, qui voulait dire : « Après tout, il a raison! » s'était mêlé même aux témoignages de colère que ce prince avait montrés. Madame de Pompadour craignit encore d'échouer en demandant le renvoi d'un ministre, en réparation d'une vérité rimée incongrûment. Elle se borna donc à écrire une lettre menaçante au comte, espérant qu'il viendrait, contrit et repentant, s'agenouiller aux pieds de sa faveur et lui demander grâce. Mais Maurepas était trop fier pour en agir de la sorte; loin, bien loin de là, il s'amusa de l'écrit de la marquise, qui lui parvint pendant un joyeux souper qu'il donnait à ses amis. « Messieurs, dit-il, buvons à la santé d'un nouveau ministre » de la marine; me voilà près d'être disgracié : la Pompadour me » menace... Voyez, messieurs, continua-t-il avec un sérieux comi- » que, voyez combien le château de Versailles est devenu tripot; il » n'y a pas jusqu'aux filles de joie qui n'y prennent un ton. » Ces mots furent répétés à la marquise, qui courut, tout en larmes, demander au roi la permission de se retirer d'une cour où l'on pouvait l'insulter ainsi *impunément*.

Impunément produisit plus d'effet sur le roi que tous les sujets de plainte de sa maîtresse : cet adverbe retentit avec violence sur l'orgueil de Sa Majesté, et la disgrâce du comte fut décidée. Il valait mieux, en effet, disgracier un homme d'Etat utile, sans trop savoir comment le remplacer, que de laisser impunie l'émission d'un quatrain contre une courtisane. Cette impérieuse nécessité satisfaite, il fallut bien songer pourtant au successeur de Maurepas. Ce seigneur gérait la marine depuis trente ans, il était difficile qu'il n'eût pas dsue l'administration de ce département une expérience consommée. Mais son remplacement devenait tellement utile, comme on l'a vu,

---

[1] Ils furent imprimés à Paris en 1786, et forment 7 volumes in-12.

que le roi ne pouvait s'arrêter à cette considération : Maurepas fut remplacé par M. de Rouillé, et dut quitter sur-le-champ la cour.

Le lendemain, la gent papillonnante de l'OEil-de-bœuf avait déjà trouvé une malice sur ce remplacement. « Comment voulez-vous » que la marine aille bien, quand, pour la conduire, on fait choix » d'un *roulier*? »

Après le renvoi de M. de Maurepas, le marquis de Souvré en causait hautement au lever : « Il faisait bien, parbleu, disait ce gentil- » homme, de porter partout son bonnet de nuit pendant sa faveur; » un courtisan ne sait jamais où il couchera, et encore moins un mi- » nistre. » Le roi ne trouva point cette saillie de son goût. « Quand » vous proposez-vous de partir pour vos terres, monsieur le marquis? » demanda Sa Majesté d'un ton sévère au mauvais plaisant. — De- » main, sire, » répliqua-t-il fièrement. Il a tenu parole, et voilà deux exilés pour un.

Tandis que madame de Pompadour triomphe du crédit d'un ministre, les querelles de religion, plus déplorables encore que celles de cour, excitent de nouveau les passions : plusieurs refus de sacrements ont été dénoncés récemment au parlement par des familles parisiennes. Les prêtres apostoliques s'obstinent à refuser et confession, et communion, et viatique aux appelants de la bulle *Unigenitus*. Voilà les robes rouges et les soutanes encore aux prises : la Justice et l'Eglise combattant l'une contre l'autre; il est difficile de prévoir le terme d'une telle lutte.

Heureusement nous avons des nouveautés dramatiques pour faire diversion à ces insipides discussions théologico-légales. Parlons d'abord de *Catilina*, tragédie de Crébillon, qui date déjà de quinze ou seize mois : c'est une vieille nouveauté. L'auteur a travaillé vingt-cinq ans à cette composition : chaque année il en lisait un fragment à l'Académie française, et plus d'une fois peut-être les membres de ce corps illustre dirent en secret : *Quousque tandem abutere patientiâ nostrâ, Catilina?* Enfin cette œuvre longuement élaborée a paru sous la puissante protection de madame de Pompadour, qui a fait la dépense de tous les costumes. L'obligeante favorite de Louis XV avait envoyé avant la représentation aux deux consuls et au sénat romain des toges de toile d'argent bordées avec des bandes de satin pourpre; plus, des *vestes* de toile d'or bordées de la même manière. Le tout était fort agréablement festonné et enrichi de diamants faux. Un peintre florentin, qui assistait près de moi à la première représentation de *Catilina*, pâlit de colère à la vue de cet accoutrement : « Quelle mascarade, bon Dieu! s'écria-t-il en se levant; je n'en veux » pas voir davantage. » Et l'artiste court encore. Il avait tort; car, nonobstant ces costumes de bal masqué, il y a des scènes admirables dans la tragédie de M. Crébillon, les trois premiers actes sont même généralement beaux. Les amateurs formés à l'école de Racine reprochent toujours à son énergique successeur la sombre disposition de ses ouvrages, et surtout l'horreur de ses catastrophes. « Corneille, » leur répond-il, a brillé dans le grand, Racine dans le tendre; je » n'avais que l'horrible à choisir. » Il y a trop de modestie dans cette réponse; l'auteur de *Rhadamiste* eût pu dire à ses critiques : « Mes » deux grands devanciers ont bien compris la majesté de la tragédie, » mais je crois en avoir retrouvé le caractère. C'est en offrant des » exemples terribles, plutôt que tissus de grandeur ou de tendresse, » qu'il faut frapper au théâtre : la terreur et la pitié ne naissent que » de déchirantes vicissitudes..... Et puis l'antiquité nous a légué du » sang, toujours du sang; pourquoi lorsque nous faisons revivre ses » héros effacer de leur vie cette empreinte d'effrayante vérité, de » vérité sauvage, qui convient à ces temps reculés, pour y substi- » tuer un déluge de maximes pompeuses, recherchées, spirituelles » même, qui, en sortant du théâtre, ne laissent dans l'esprit du » spectateur que le souvenir de sentiments cadencés habilement dans » les douze syllabes d'un alexandrin, sans que l'âme ait rien à se rap- » peler, parce qu'elle n'a eu rien à saisir ! »

Voilà ce que Crébillon aurait pu répondre aux censeurs de son genre; car il est bien évident aujourd'hui pour les juges compétents de la tragédie que ce poëte, à part les inégalités quelquefois choquantes de son style, a été plus près que personne de son véritable caractère. Disons-le hardiment : si Crébillon eût paru le premier dans la carrière, ni Corneille par la sublime disposition de ses sujets et la mâle éloquence de ses personnages, ni Racine par ses intrigues habilement conduites et sa poésie séduisante, ni Voltaire par ses thèses philosophiques et ses vers sonores n'eussent affaibli l'impression préexistante d'*Atrée et Thyeste*, de *Rhadamiste*, d'*Electre* et de *Catilina*. Ces puissantes compositions seraient restées le type de la tragédie moderne, et, certes, les savants n'auraient pas réclamé.

Louis XV fut si content de *Catilina* qu'il ordonna au directeur de l'imprimerie royale d'imprimer sans frais les œuvres de Crébillon, qui put ainsi en vendre l'édition entièrement à son profit. Un incident faillit lui faire perdre entièrement aussi non-seulement le bénéfice de cette opération, mais encore les droits qu'il percevait des comédiens pour sa nouvelle tragédie. Le Permesse n'est pas le Pactole; il y a longtemps qu'on l'a dit pour la première fois, et ce mot n'a point cessé d'être une vérité. L'auteur d'*Atrée* a beaucoup de créanciers ; or ils avaient trouvé commode de faire arrêt sur le produit tragique des presses royales, tandis qu'un huissier à verge assignait *à comparoir* consuls, sénat et conjurés pour s'entendre condamner à payer les dettes du *sieur* Crébillon. Mais le conseil d'Etat ayant évoqué la cause décida par un arrêt que « les productions de » l'esprit ne pouvaient être comprises parmi les effets saisissables. » Les créanciers en furent pour les frais du procès et le *coût* du papier marqué que la chicane avait noirci en leur faveur. On peut impunément se faire insolvable quand on a le bonheur de plaire aux grands de la terre.

La *Sémiramis* de M. Voltaire, jouée pour la première fois à peu près dans le même temps que le *Catilina*, n'eut point de succès lors de son apparition ou plutôt de sa réapparition, car chacun sait que cette pièce n'est qu'une refonte de la tragédie d'*Eriphile* représentée en 1732.

Le public a vu avec déplaisir que l'auteur, trop confiant en son génie, ait traité un sujet dans lequel Desfontaines échoua en 1637, Gilbert en 1646, madame Gomez en 1716, et Crébillon en 1717. Voici l'épigramme que Piron fit à cette occasion :

> N'en doutez point, oui, si le premier homme
> Eût eu le tic de ce faiseur de vers,
> Il eût fait pis que de mordre à la pomme ;
> Et c'eût été bien un autre travers :
> Du grand auteur de la nature humaine
> Il eût voulu refaire l'univers,
> Et le refaire en moins d'une semaine.

Ces vers sont injustes : si le plan de *Sémiramis* manque de régularité, comme presque toutes les compositions théâtrales de Voltaire, il en est peu qui renferment plus de beautés poétiques, et dans aucune elles ne voilent mieux la marche vicieuse de l'ouvrage et l'invraisemblance des caractères. Par malheur le grand écrivain ne veut pas se restreindre à la somme de talent qui lui échut en partage : il vise toujours aux inspirations tragiques, qu'il croit avoir rencontrées lorsqu'il a produit de ces situations forcées, de ces scènes à effet dont ses pièces sont remplies. Ces détails gigantesques abondent dans *Sémiramis* : rêve, miracle, tonnerre, fantôme, tombeau, magie de décorations, tout est là ; et c'est ce mélange d'éléments divers que Piron appelle un *salmis*. L'ombre de Ninus, il faut l'avouer, est un peu trop comique ; l'orage, éclatant deux fois, provoque aussi des critiques amères : cela sent, dit-on, les tréteaux de la foire encore plus que la colophane brûlée. Il faut qu'à propos de ce double tonnerre je place ici une petite anecdote qui a longtemps désopilé la rate des amateurs admis à la dernière répétition générale de *Sémiramis*. Mademoiselle Duménil, chargée du principal rôle, avait eu son coup de foudre au troisième acte ; lorsqu'au cinquième le gagiste ayant le département du carreau vengeur ne sachant pas s'il devait donner à la princesse Azéma un coup sec et brusque ou prolonger le bruit, cria du haut des cieux à mademoiselle Clairon : « Le voulez-vous long, mademoiselle ? — » Comme celui de mademoiselle Duménil, » répondit l'actrice.

Voici quelque chose de plus sérieux ; mais qu'il est affligeant d'avoir une semblable petitesse à reprendre dans un homme illustre ! On sait que Voltaire n'est point aimé à la cour ; il est bien facile de l'y desservir, surtout depuis qu'il s'en est fait éloigner à cause du malencontreux madrigal adressé à madame de Pompadour. Les comédiens italiens avaient donc fait agréer sans peine au roi une parodie de *Sémiramis*, qui devait être jouée sur le théâtre de Fontainebleau. Voltaire, le susceptible, l'irritable Voltaire, informé de cette circonstance, faillit en perdre l'esprit ; s'affranchissant de toute mesure, de toute sagesse, il écrivit à Marie Leczinska la lettre suivante, qui entachera pour jamais et la célébrité et le caractère de ce poëte :

« Madame,

» Je me jette aux pieds de Votre Majesté. Vous n'assistez au spectacle que par condescendance pour votre auguste rang ; et c'est un » sacrifice que votre vertu fait aux bienséances du monde. J'implore » cette vertu même, et je la conjure avec la plus vive douleur de ne » pas souffrir que ces spectacles soient déshonorés par une satire » qu'on veut faire contre moi à Fontainebleau, sous vos yeux. La tragédie de *Sémiramis* est fondée d'un bout à l'autre sur la morale la » plus pure, et par là du moins elle peut s'attendre à votre protection. Daignez considérer, madame, que *je suis domestique du roi,* » *et par conséquent le vôtre.* Mes camarades les gentilshommes ordinaires du roi, dont plusieurs sont employés dans les cours étrangères et d'autres dans des places très-honorables, m'obligeront à me » défaire de ma charge si j'essuie devant eux et devant toute la famille » royale un avilissement aussi cruel. Je conjure Votre Majesté, par » la bonté, par la grandeur de son âme et par sa piété, de ne pas me » livrer ainsi à mes ennemis ouverts ou cachés, qui, après m'avoir » poursuivi par les calomnies les plus atroces, veulent me perdre par » une flétrissure publique. Daignez envisager, madame, que ces parodies satiriques ont été défendues à Paris pendant plusieurs années. » Faut-il qu'on les renouvelle pour moi seul sous les yeux de Votre » Majesté ? Elle ne souffre pas la médisance dans son cabinet, l'autorisera-t-elle devant toute la cour ? Non, madame, votre cœur est » trop juste pour ne pas se laisser toucher par mes prières et pour faire » mourir de douleur et de honte un ancien serviteur, le premier sur » qui sont tombées vos bontés. Un mot de votre bouche, madame, à » M. le duc de Fleury, suffira pour empêcher un scandale dont les » suites me perdraient. J'espère de votre humanité qu'elle sera touchée, et qu'après après avoir peint la vertu je serai protégé par » elle. »

La reine eut sans doute pitié du poëte éperdu : la parodie ne fut point représentée. Mais que de bassesse, que de servilité à propos d'une critique dont tout autre se serait égayé le premier ! On voit avec chagrin une telle abnégation de dignité de la part d'un si beau talent.

Cette année *Sémiramis* commence à prendre faveur : on s'habitue même à louer cette tragédie sans *mais* restrictifs. Comme Voltaire se fait admirer dans plus d'un genre, on craint de le tuer en lui rappelant ses défauts.

Sous l'influence de ce *crescendo* de succès d'une pièce qui lui causa tant de chagrin, ce poëte fit jouer cette année *Nanine ou le Préjugé vaincu*, comédie tirée du roman de *Paméla* par Richardson. Lachaussée traita malheureusement ce sujet en 1743 : on ne se rappelait de l'ouvrage que ce vers ridicule :

> Vous prendrez mon carrosse afin d'aller plus vite ;

et ce mot d'un mauvais plaisant à qui l'on demandait comment allait Paméla : *Elle pâme, hélas !*

Voltaire a mieux arrangé pour la scène le roman anglais : sa pièce est régulière, intéressante, quoique froide ; elle est d'ailleurs versifiée comme tout ce que cet auteur versifie, c'est-à-dire admirablement. La réussite a été brillante ; aussi Voltaire, croyant triompher de Piron, s'approcha de lui en sortant de la première représentation et lui demanda avec un sourire malicieux ce qu'il pensait de sa comédie. « Je pense, répondit l'auteur de *la Métromanie,* que vous » voudriez bien que Piron eût fait *Nanine.* — Pourquoi ? on n'y a pas » sifflé. — Ah ! monsieur, peut-on siffler quand on bâille ? »

Un homme en place classé parmi ces marionnettes de cour que tout fil fait mouvoir, profondément touché par la morale de *Nanine,* rentra l'un de ces jours chez lui avec précipitation pour ordonner à son suisse de ne refuser sa porte à personne, pas même aux gens à sabots. « En vérité, dit l'honnête Helvétien à un valet de chambre » qui se trouvait près de lui, ce discours me surprend si fort de la » part de monseigneur, que si je n'avais pas aperçu mademoiselle » Délie dans son carrosse je croirais qu'il vient de confesse. »

CHAPITRE XXII.
1750-1751.

L'année 1750 s'est ouverte par une aventure singulière, dont la cour n'a pas osé rire tout haut, bien qu'elle soit essentiellement risible, et rien de plus. *Madame* première est une princesse pure comme la fleur naissante ; jamais regard de page ou de mousquetaire n'osa jusqu'ici s'égarer sur ce trésor de pudeur. Cependant, dans la nuit du 2 au 3 janvier, un jeune homme, trompant la surveillance des gardes, parvient jusqu'à la chambre à coucher de Son Altesse Royale, s'approche de son lit pendant qu'elle dort profondément, et, l'enlaçant de ses bras audacieux, lui ravit plusieurs baisers. La princesse se réveille, se débat, jette les hauts cris ; ses femmes accourent et l'on trouve *Madame* tombée dans la ruelle du lit étroitement embrassée par un homme en chemise. L'assaillant, qui va gagner beaucoup de terrain sur la pureté de Son Altesse, n'est pas disposé à lâcher prise malgré les efforts des assistants ; enfin on parvient à dégager la fille de Louis XV, on la remet entre ses draps, tandis que les gardes conduisent en prison le jeune aventurier, qui ne répond pas un mot à tous les reproches qu'on lui adresse et ne semble nullement effrayé des menaces dont on l'accable. Etonné de cette impassibilité, un officier de service approche une lumière de la figure du prisonnier et voit, à sa grande surprise, que le séducteur de *Madame* est endormi. Plusieurs domestiques du château reconnaissent bientôt cet individu : c'est un officier du gobelet, et chacun déclare qu'il est somnambule. On lui jette alors un manteau sur les épaules il termine son somme sur une banquette de la salle des gardes; et le roi, consulté à son lever, décide qu'il faut se borner à enfermer désormais ce coureur d'aventures nocturnes, ajoutant avec bonté que nul ne peut être coupable en dormant. Cependant, à la demande de *Madame*, le roi envoya l'officier du gobelet dans un régiment d'infanterie avec le grade de sous-lieutenant. Son Altesse Royale ne pouvait sans rougir jusqu'aux yeux rencontrer un homme qui bien qu'endormi s'était trouvé si rapproché de ses charmes les plus secrets. Encore les survenants et la princesse elle-même n'avaient-ils pas su bien précisément jusqu'à quel point la témérité du somnambule avait été poussée.

On a vu paraître cette année à la cour un homme fort extraordinaire nommé le comte de Saint-Germain. Ce gentilhomme, qui se fit d'abord remarquer par son esprit et par la prodigieuse variété des talents qu'il possédait, ne tarda pas à provoquer la plus grande surprise sous un autre rapport. Un jour la vieille comtesse de Gergy, dont le mari fut il y a cinquante ans ambassadeur à Venise, où elle l'avait suivi, se trouva chez madame de Pompadour avec M. de Saint-Germain. Elle regarda longtemps cet étranger avec des marques de grande surprise, auxquelles se mêlèrent bientôt des signes de frayeur. Enfin, ne pouvant plus dominer son émotion, mais plus curieuse, toutefois, qu'effrayée, elle s'approcha du comte.

« De grâce, monsieur, lui dit-elle, veuillez me dire si monsieur votre père n'a pas résidé à Venise vers l'année 1700.

— Non, madame, répondit le comte sans s'émouvoir, il y a beaucoup plus longtemps que j'ai perdu mon père; mais je demeurais moi-même à Venise à la fin du dernier siècle et au commencement de celui-ci, j'avais l'honneur de vous y faire ma cour, et vous aviez la bonté de trouver jolies quelques barcarolles de ma composition que nous chantions ensemble.

— Pardon de la franchise, mais cela n'est pas possible : le comte de Saint-Germain d'alors avait quarante-cinq ans, et vous n'avez certainement que cet âge au moment où nous parlons.

— Madame, répondit le comte en souriant, je suis fort vieux.

— Mais il faudrait à ce compte que vous eussiez près de cent ans.

— Cela n'est pas impossible. » Ici le comte se mit à raconter à madame de Gergy une foule de détails se rattachant au séjour qu'ils ont fait ensemble dans l'État vénitien. Il offrit à cette dame de lui rappeler, si elle doutait encore, des circonstances, des remarques...

« Non, non, interrompit la vieille ambassadrice, me voilà bien convaincue... Mais vous êtes un homme... un diable bien extraordinaire...

— Grâce, grâce de qualifications! s'écria Saint-Germain d'une voix éclatante... » Et ses membres parurent saisis d'un tremblement convulsif. Il sortit sur-le-champ.

Achevons de faire connaître ce personnage singulier. Saint-Germain est d'une taille moyenne, d'une tournure élégante; ses traits sont réguliers : il a le teint brun, les cheveux noirs, la physionomie mobile et spirituelle; sa démarche offre ce mélange de noblesse et de vivacité qui n'est propre qu'aux hommes supérieurs. Le comte se met assez simplement, mais avec goût. Tout son luxe consiste dans une surprenante quantité de diamants, dont il est toujours couvert : il en porte à tous les doigts; sa tabatière, sa montre en sont garnies. Un soir il vint à la cour avec des boucles de souliers que M. de Gontaut, grand connaisseur en pierreries, estima deux cent mille livres.

Une chose digne de remarque et même d'étonnement, c'est que le comte parle avec une égale facilité le français, l'allemand, l'anglais, l'italien, l'espagnol et le portugais, sans que les nationaux puissent reconnaître le moindre accent étranger lorsqu'il s'exprime dans chacune de ces langues. Des érudits, des orientalistes ont sondé le savoir de Saint-Germain : les premiers l'ont trouvé plus habile qu'eux dans l'idiome d'Homère et dans celui de Virgile; il a parlé le sanscrit, le chinois, l'arabe avec les derniers de manière à leur prouver qu'il a résidé en Asie et à leur démontrer qu'on s'instruit assez mal dans les dialectes de l'Orient aux collèges de Louis le Grand et de Montaigu.

M. de Saint-Germain accompagne de tête sur le clavecin non-seulement les morceaux de chant, mais encore les concerto les plus difficiles exécutés par d'autres instruments. J'ai vu Rameau profondément surpris du jeu parfait de cet amateur et surtout de ses préludes savants. Le comte peint à l'huile fort agréablement; mais ce qui rend ses tableaux remarquables, c'est une espèce de couleurs dont il a trouvé le secret et qui prêtent à la peinture un éclat extraordinaire. Dans les sujets historiques qu'il reproduit, Saint-Germain ne manque jamais d'orner les ajustements de femmes de saphirs, d'émeraudes, de rubis, auxquels ses couleurs donnent absolument l'éclat et les reflets des pierres naturelles. Vanloo, qui ne peut se lasser d'admirer l'artifice de ces surprenantes couleurs, en a souvent demandé le secret au comte : il n'a point voulu le révéler.

Sans chercher à se rendre compte de l'universalité de connaissances d'un personnage qui, au moment où j'écris, fait épuiser en conjectures et la ville et la cour, on peut, je crois, faire rapporter à la physique et à la chimie, qu'il possède à fond, une partie de ses prestiges.

Il est au moins évident que ces sciences lui ont procuré une santé robuste, une vie qui excédera ou qui peut-être a déjà excédé les bornes de l'existence commune, et le moyen, plus difficile à comprendre, d'arrêter sur la créature humaine les ravages du temps. Entre autres aveux sur les facultés surprenantes du comte de Saint-Germain faits à la favorite par madame de Gergy depuis sa première entrevue avec lui, elle a dit que durant leur séjour à Venise elle avait reçu de lui un élixir qui, pendant un quart de siècle, avait conservé sans la moindre altération les charmes qu'elle possédait à l'âge de vingt-cinq ans : de vieux seigneurs, interrogés par madame de Pompadour sur cette étrange circonstance, ont affirmé qu'elle était de toute exactitude; que même la jeunesse stationnaire de la comtesse avait été longtemps pour la ville et la cour un sujet d'étonnement. Voici d'ailleurs un fait qui vient à l'appui de l'assertion de madame de Gergy, soutenue par les vieillards dont je viens de citer le rapport.

Un soir, M. de Saint-Germain avait accompagné dans un cercle plusieurs airs italiens chantés par la jeune comtesse de Lancy [1] âgée de dix ans.

« Dans cinq à six ans, lui dit-il quand elle eut cessé de chanter, vous aurez une fort belle voix, vous la conserverez longtemps; mais, pour que la séduction fût complète, il faudrait conserver aussi la beauté éclatante qui sera votre heureux partage à seize ou dix-sept ans.

— Monsieur le comte, répondit la petite comtesse en promenant ses jolis doigts sur le clavecin, cela n'est au pouvoir de personne.

— Oh! que si, reprit le comte sans affectation... Dites-moi seulement si vous seriez bien aise d'être fixée à cet âge.

— Vraiment j'en serais charmée...

— Eh bien! je vous le promets. » Et Saint-Germain parla d'autre chose.

La mère de la comtesse, enhardie par l'affabilité de l'homme à la mode, osa lui demander s'il était vrai que l'Allemagne fût sa patrie. « Madame, madame, répondit-il en poussant un profond soupir, il y » est des choses que je ne puis dire. Contentez-vous de savoir qu'à » l'âge de sept ans j'errais au fond des forêts, et que ma tête était » mise à prix. La veille de ma fête, ma mère, que je ne devais plus » revoir, attacha son portrait à mon bras; je vais vous le montrer. » A ces mots, Saint-Germain releva sa manche, et montra en effet aux dames une miniature sur émail représentant une femme admirablement belle, mais vêtue singulièrement. « A quel temps, demanda la » jeune comtesse, appartient donc ce costume? » Le comte rabattit sa manche sans répondre et changea de nouveau la conversation.

On passe chaque jour d'une surprise à une autre dans la société du comte de Saint-Germain. Il y a quelque temps, il apporta chez madame de Pompadour une bonbonnière qui fit l'admiration générale. Cette boîte était d'écaille noire fort belle; le dessus était orné d'une agate beaucoup moins grande que le couvercle. Le comte pria la marquise de poser cette bonbonnière devant le feu; un instant après il lui dit de la reprendre. Quel fut l'étonnement de tous les assistants! l'agate avait disparu, et l'on voyait à sa place une jolie bergère au milieu de ses moutons. En faisant de nouveau chauffer la boîte, la miniature disparut et l'agate revint.

Cependant Louis XV, qui n'avait pas encore entretenu M. Saint-Germain en particulier, pria le mois dernier sa favorite de le faire trouver chez elle avec cet homme, qu'il appelait un habile charlatan. Le comte fut exact au rendez-vous que Sa Majesté lui avait fait indiquer. Il s'était muni ce jour-là d'une tabatière magnifique. Il portait ses riches boucles de souliers et affectait un peu de montrer des boutons de manches en rubis d'une grosseur prodigieuse.

« Est-il vrai, lui dit Louis XV après un salut obligeant, que vous vous disiez âgé de plusieurs siècles?

— Sire, je m'amuse quelquefois, non pas à faire croire, mais à laisser croire que j'ai vécu dans les plus anciens temps.

— Mais la vérité, monsieur le comte?

— La vérité, sire, peut être incompréhensible...

— Il paraît au moins démontré, d'après le rapport de plusieurs personnes qui vous ont connu sous le règne de mon bisaïeul, que vous devez avoir plus de cent ans.

— Ce serait, en tout cas, une longévité peu surprenante; j'ai vu dans le nord de l'Europe des hommes de cent soixante ans et plus.

— Je sais qu'il en a existé, mais c'est votre air de jeunesse qui renverse toutes les spéculations des savants.

— Par le temps qui court, sire, on donne à bon marché le titre de docteur; je l'ai plus d'une fois prouvé à ces messieurs.

— Puisque vous vivez depuis tant d'années, reprit Louis XV d'un ton malicieux, donnez-moi donc des nouvelles de la cour de François Ier, c'était un roi dont j'ai toujours chéri la mémoire.

— Aussi était-il très-aimable, répondit le comte en prenant au sérieux la demande de Sa Majesté. Puis il se mit à dépeindre, en artiste, en homme d'esprit, le roi chevalier au physique et au moral.

— Je crois en vérité le voir, s'écria Louis XV enchanté.

— S'il eût été moins ardent, poursuivit Saint-Germain, je lui au-

[1] Devenue célèbre depuis sous le nom de comtesse de Genlis.

rais donné un bon conseil, propre à le garantir de tous ses malheurs; mais il ne l'aurait pas suivi. François Ier était entraîné par cette fatalité qui domine les princes, j'entends ceux assez malheureux pour fermer l'oreille de leur esprit aux meilleurs avis, surtout dans les moments critiques.

— La cour de François était-elle brillante? demanda madame de Pompadour, qui craignit que le comte n'allât trop loin.

— Très-brillante, reprit le comte, qui saisit l'intention de la marquise, mais celle de ses petits-fils la surpassait de beaucoup : du temps de Marie Stuart et de Marguerite de Valois la cour était un pays d'enchantements où les plaisirs, l'esprit et la galanterie se jouaient sous mille formes charmantes; ces deux reines étaient savantes; elles faisaient des vers; c'était un plaisir de les entendre.

— En vérité, monsieur, dit le roi en riant aux éclats, on croirait que vous avez vu tout cela.

— Sire, j'ai beaucoup de mémoire, mais j'ai aussi mes notes authentiques sur ces temps reculés. »

Madame de Pompadour.

A ces mots, Saint-Germain tira de sa poche un livret relié d'une manière gothique; il l'ouvrit, et montra au roi quelques lignes écrites de la propre main de Michel Montaigne en 1580. Les voici telles qu'elles ont été transcrites après avoir été reconnues authentiquement originales :

Il n'est homme de bien qui mette à l'examen des lois toutes ses actions et pensées, qui ne soit pendable six fois en sa vie; voire tel qu'il seroit dommage et très-injuste de punir.

Le roi, ainsi que M. de Gontaut, madame de Brancas et l'abbé de Bernis, qui assistaient à cet entretien, ne savaient plus que penser du comte de Saint-Germain; mais sa conversation plut tant à Sa Majesté, que depuis elle l'appela souvent à la cour, et resta même enfermée plusieurs fois avec lui dans son cabinet. Louis XV consultait un matin ce personnage mystérieux, dont il avait reconnu l'expérience et le jugement, sur un seigneur que l'on cherchait à desservir dans son esprit.

« Sire, répondit le comte avec chaleur, défiez-vous des rapports qui vous sont faits sur ce gentilhomme; pour bien apprécier les hommes, il ne faut être ni confesseur, ni courtisan, ni ministre, ni lieutenant de police.

— Et roi?

— Je n'osais m'expliquer à cet égard; mais, puisque Votre Majesté m'interpelle, je crois lui obéir en parlant. Vous vous rappelez, sire, le brouillard qu'il faisait il y a quelques jours, on ne voyait pas à quatre pas; eh bien! les rois (je parle en général) sont environnés de brouillards encore plus épais que font naître autour d'eux les intrigants, les prêtres et les ministres infidèles : tous s'accordent, en un mot, pour faire voir aux têtes couronnées les objets sous un aspect différent du véritable.

— Ah! j'y pense, dit Louis XV en changeant tout à coup d'entretien, on m'a dit, comte, que vous aviez trouvé le secret de faire disparaître les taches des diamants.

— Cela m'est arrivé quelquefois, sire.

— En ce cas, vous êtes homme à me faire gagner quatre mille francs sur celui-ci; et le roi montra à Saint-Germain un brillant de médiocre grosseur qu'il venait de tirer d'un secrétaire.

— Cette tache est forte, dit le comte après avoir beaucoup examiné le diamant, mais il n'est pas impossible de l'enlever. Je rapporterai cette pierre à Votre Majesté dans quinze jours.

— Je le répète, vous me ferez gagner quatre mille livres; car mon joaillier, en estimant ce diamant six mille livres, m'a dit que sans la tache il en vaudrait dix. »

Au jour dit, M. de Gontaut et le joaillier de la couronne étaient dans le cabinet du roi, quand M. de Saint-Germain y vint. Il tira le diamant de sa poche, ôta une toile d'amiante qui l'enveloppait, et cette pierre fut produite aux yeux des assistants ébahis pure comme une goutte de rosée. Le poids du brillant, pesé au moment de sa remise au comte, se trouva exactement le même après l'opération, et le bijoutier déclara à Sa Majesté qu'il était prêt à donner les dix mille livres de l'estimation. Cet honnête marchand ajouta qu'il fallait que M. de Saint-Germain fût sorcier, qualification à laquelle ce dernier ne répondit que par un sourire. « Vraiment, monsieur le comte, pour- » suivit le commerçant, vous devez être riche à millions, surtout si » vous avez le secret de faire de gros diamants avec de petits. » L'adepte ne dit ni oui ni non; mais il assura très-positivement qu'il savait faire grossir les perles et leur donner la plus belle eau.

Toujours est-il qu'on ne peut en aucune manière expliquer l'opulence que montre cet individu : il n'a point de propriétés, on ne lui connaît ni rentes, ni banquiers, ni revenus d'aucune nature, il ne touche jamais ni cartes ni dés; et cependant il a un grand état de maison, plusieurs domestiques, des chevaux, des voitures, une immense quantité de pierreries de toutes couleurs... On s'y perd.

Du reste, il se passe des choses étranges dans la maison de Saint-Germain, qui commence à devenir pour le public presque aussi effrayant que curieux. Les esprits forts qui le fréquentent lui ont vu faire des choses excédant toutes les facultés humaines : il évoque, dit-on, les ombres à la demande des personnes assez hardies pour désirer ces terribles apparitions, qui sont toujours reconnues. Quelquefois il fait répondre à certaines questions sur l'avenir par des voix souterraines qu'on entend très-distinctement, pourvu qu'on applique l'oreille au parquet d'une chambre mystérieuse, où l'on n'entre que pour recevoir ces oracles. Plusieurs de ces prédictions se sont déjà réalisées, assure-t-on, et la correspondance de Saint-Germain avec l'autre monde est une vérité démontrée pour beaucoup de gens.

Dans l'abandon de la table, que le comte aime passablement, il convient avec ses amis qu'il est âgé de deux mille ans, et, suivant lui, ce n'est encore là qu'un à-compte de vie. Il lui arrive même de lancer de temps en temps de ces étranges assertions dans des sociétés moins intimes : l'un de ces jours, dînant chez le duc de Richelieu, le sorcier à la mode interpella son domestique, qui le servait à table, sur un fait remontant à une époque très-éloignée. « Je n'en ai pas con- » naissance, répondit le valet; M. le comte oublie qu'il n'y a que cinq » cents ans que j'ai l'honneur de le servir. »

Saint-Germain, dans une visite qu'il fit il y a quelques jours à madame de Pompadour, retenue sur sa chaise longue par une indisposition, lui montra pour la récréer une boîte remplie de topazes, d'émeraudes et de rubis. Il y en avait pour une somme considérable. Madame du Hausset, présente à ce riche inventaire, faisait des signes derrière le comte à la favorite pour lui faire comprendre que tout cela était faux.

« Il est vrai, dit négligemment Saint-Germain, qu'on a vu quelquefois de plus belles pierres; mais celles-ci ont leur prix.

— Cet homme a donc des yeux au dos! murmura madame du Hausset, qui crut avoir été comprise dans sa pantomime.

— Cette bagatelle peut servir d'échantillon, reprit le comte en jetant avec dédain sur la table une petite croix de pierres vertes et blanches.

— Eh! mais cela n'est point à dédaigner! dit la dame de compagnie, qui plaçait le bijou sur sa gorge pour l'essayer.

— Acceptez-le donc, madame.

— Vraiment, monsieur le comte, je m'en garderai bien, répondit madame du Hausset.

— Pourquoi donc? c'est une misère.

— Acceptez, ma chère, dit la marquise, puisque M. le comte le veut. »

Madame du Hausset se résigna à prendre la croix, qui le lendemain fut estimée cent louis.

L'enchanteur dont je viens de raconter longuement les prouesses devrait bien, par un coup de baguette, remplir les coffres de l'État, qui se trouvent dans un état habituel de viduité; M. Machault n'est pas sorcier, lui, et c'est bien vainement qu'il se donne tous les mouvements possibles pour rétablir les finances. Cependant les exigences publiques sont impérieuses : d'une part, M. Rouillé demande à grands cris de l'argent pour former une marine, car la France au moment où j'écris n'a pas beaucoup plus de vaisseaux qu'elle n'en avait sous le roi Jean; d'un autre côté, les payeurs de rentes pourchassent de toutes parts le contrôleur général afin d'être remboursés des avances qu'ils ont faites pendant la dernière guerre. « En vérité, sire, disait ce » ministre dans l'un des derniers conseils, je ne sais comment m'y » prendre pour faire honneur à vos engagements : tout le monde me » demande, et personne ne veut me faire crédit. »

Il n'y a que les subsides étrangers qui aident convenablement les États; ils ne coûtent rien aux nations, et conséquemment ne les font point crier. Il y a bien quelque légère humiliation pour les rois à se mettre ainsi à la solde de leurs voisins, et la politique adoptée à prix d'argent n'est pas essentiellement honorable; mais un peu de honte est bientôt passée, et l'avantage reste. C'est sans doute d'après ce solide raisonnement que vient d'être conclu, à Herrenhausen, dans

Voilà l'épée du roi et son fourreau.

l'électorat de Hanovre, un traité de subsides entre le roi d'Angleterre, les États Généraux et l'électeur de Bavière. Ce dernier s'engage, par cette convention, à entretenir un corps de six mille hommes prêt à marcher au premier ordre de la Grande-Bretagne et de la Hollande, moyennant une subvention annuelle de quarante mille livre sterling, payable, les deux tiers par l'Angleterre, l'autre tiers par l'État hollandais. Toutefois ce corps ne pourra servir ni contre l'empereur ni contre l'Empire; d'où l'on peut conclure, sans travail d'esprit, qu'il ne sera employé que contre la Prusse ou la France. Or il est bon de considérer que l'électeur signataire de ce traité est le fils de ce Charles-Albert pour qui la France s'est épuisée d'or et de sang, lorsqu'il s'agissait de le faire empereur : c'est ainsi que les princes de la terre entendent la reconnaissance; telles sont les enseignes auxquelles nous devons reconnaître leur justice.

Il était réservé à l'année 1750 de voir naître un scandale non moins affligeant, non moins ridicule que celui des convulsions. On sait que le cardinal de Fleury souffrit les jésuites parce qu'il les craignait, et que l'archevêque Vintimille les favorisa parce qu'il les aimait. Après ce dernier prélat, advint au siége de Paris un sieur de Bellefond, qui, plus ardent que son prédécesseur, se déclara le partisan fanatique des doctrines jésuitiques. Les enfants d'Ignace ne perdirent pas un instant . tout ce qui leur déplaisait fut peint comme janséniste; les lettres de cachet furent expédiées par rames; les prisons allaient s'ouvrir; les jésuites souriaient déjà aux tourments de leurs victimes, lorsque la mort frappa Bellefond, et suspendit un moment les rigueurs qu'il avait préparées. Mais elles ne tardèrent pas de reprendre leur cours : Christophe de Beaumont, homme de mœurs austères, prêtre ignorant, opiniâtre, et moliniste outré, fut appelé à l'archevêché de Paris. Le plan des jésuites reçut alors sa pleine et entière exécution. Il fut prescrit de n'accorder la communion ou le viatique qu'aux personnes munies de billets de confession, lesquels

durent attester que le porteur s'était confessé à un prêtre partisan de la bulle, les sacrements administrés par les jésuites étant reconnus les seuls efficaces. Beaumont maintint avec sévérité cette règle aussi tyrannique qu'absurde, et les curés n'administrèrent aucun des secours spirituels à ceux qui n'exhibèrent point le billet exigé.

Les choses en étaient à ce point lorsque M. Coffin, conseiller au Châtelet, étant assez dangereusement malade, appela (20 mars 1750) pour l'administrer M. Bouettin, curé de Saint-Étienne-du-Mont, qui refusa son ministère à défaut de présentation d'un billet de confession. Le parlement, informé de cette affaire, embrassa chaudement la cause du chancelier Coffin : il appela devant lui le curé; mais celui-ci refusa de comparaître, ne devant compte, répondit-il, de l'exercice de son ministère qu'à Dieu et au prélat son supérieur. D'après ce système d'indépendance civile, le clergé pourrait à son gré porter le trouble et le désordre dans la société sans qu'aucune juridiction temporelle pût y apporter obstacle. Le parlement ne comprit pas ainsi l'autorité ecclésiastique; il décréta de prise de corps le prêtre Bouettin, et députa en même temps plusieurs de ses membres à Christophe de Beaumont pour l'engager à faire administrer les malades quand même ils ne seraient pas munis d'une attestation jésuitique. L'archevêque persista, la magistrature insista, et dès lors une lutte violente s'engagea entre les prétendus exécuteurs des volontés célestes et les défenseurs légitimes des lois humaines. Le roi ne donnait pas précisément raison aux jésuites; mais il ne les désapprouvait pas avec assez de persévérance, se bornant à répéter quelquefois à son lever que « la cour devrait bientôt se donner plus de » mouvement pour des billets de confession qu'elle n'en avait jamais » eu pour l'affaire la plus importante de l'Europe. » Quand le parlement gagnait du terrain sur ses adversaires il fallait forcer à main armée les prêtres molinistes à secourir spirituellement les malades du parti opposé, et ce n'était que sur l'autorité des baïonnettes que

Le duc de Richelieu et madame de la Popelinière.

les croyants moribonds pouvaient conquérir leur salut. Un curé de Paris, ainsi contraint, disait dernièrement au lit de mort de son paroissien : *Je vous communie par ordre du parlement;* un autre, portant le scandale plus loin encore, osait dire à un mourant : *C'est en conséquence d'un arrêt de la grand'chambre que je vous apporte le bon Dieu.* Agenouillez-vous donc devant de tels ministres du Seigneur !

Ces dissensions religieuses, qu'un pouvoir trop indécis ou trop mou n'a pas su arrêter, ont aigri l'esprit public; un rien l'excite et le porte à la révolte. On vit à Paris dans le courant de mai un mouvement populaire dont cette irritation inquiète fut la première cause. Au moment où la police, conformément à un usage salutaire, faisait enlever sur le pavé de Paris une foule de mauvais sujets sans profession et dangereux, un exempt avide arrêta l'enfant d'une femme du peuple, dans l'espérance de rançonner sa mère. Cette femme, informée de cet acte arbitraire, poussa des cris affreux, et sa douleur bruyante ameuta tout son quartier. Bientôt d'autres mères, dont la police avait avec plus de raison ramassé les fils, déjà coupables d'escroqueries, se joignirent à celles qui faisaient entendre de si lamentables réclamations. Ce groupe criard parcourut le faubourg Saint-Antoine, se grossissant à chaque pas de toutes les commères désœuvrées qu'il rencontrait. Le délit de l'exempt s'accroissait en proportion des masses qui le proclamaient : ce n'étaient plus trois ou quatre petits vauriens enlevés dans la rue, mais des milliers d'enfants arrachés du domicile de leurs parents. Et puis il ne s'agissait pas d'une simple mesure de sûreté prise arbitrairement : un malade illustre devait, par ordre des médecins, prendre chaque matin un bain de sang humain, et l'on faisait saisir et égorger des enfants pour satisfaire à cette prescription, attendu qu'il fallait du sang de la plus grande pureté. On conçoit avec quelle ardeur une populace déjà mal disposée dut accueillir cette fable ridicule et quel degré d'énergie elle dut imprimer à sa rage. Du faubourg Saint-Antoine l'émeute gagna, de proche en proche, jusqu'au centre de la capitale. Malheur à qui portait une figure d'exempt de police ! Les révoltés en saisirent un sur le boulevard, à l'instant il fut massacré, déchiré, divisé en lambeaux, que ces misérables se partagèrent et qui couvrirent leurs habits de sang.

Cependant cette troupe de forcenés, forte de trente mille personnes au moins, s'avança vers l'hôtel du lieutenant de police, dont elle brisa les vitres à coups de pierres. M. Berryer, qui exerce en ce moment cette charge, perd la tête et s'enfuit par les jardins, tandis qu'un de ses gens, plus intrépide, fait ouvrir toutes les portes de la maison. Ce coup hardi intimide les mutins ; ils croient qu'un piége est caché sous cet air d'abandon, ils n'entrent pas. Pendant que la foule délibère sur la direction ultérieure de ses démarches, les gardes françaises, les gardes suisses et deux compagnies de mousquetaires ont pris les armes ; ces troupes courent au lieu du rassemblement et contiennent les séditieux, parmi lesquels il se trouve plus de femmes que d'hommes, plus de badauds que de combattants. On se saisit au hasard de quelques-uns des turbulents, le reste rentre dans le devoir et se disperse. Mais, comme on voulait faire un exemple, les malheureux qui étaient tombés au pouvoir de la troupe furent pendus sans autre forme de procès : voilà ce qu'on appelle de la justice prévôtale dans les monarchies absolues. Après avoir assassiné aveuglément huit ou dix Parisiens, qui peut-être n'étaient que des curieux, on crut devoir donner une manière de satisfaction au surplus de la population : le fugitif Berryer fut mandé par le parlement, qui l'admonesta doucement et lui prescrivit d'être plus circonspect à l'avenir dans l'exercice de ses fonctions. C'était une petite blessure faite à l'amour-propre de ce magistrat ; mais, comme notre bon roi lui a des obligations particulières, dont j'expliquerai bientôt le motif, Sa Majesté appliqua un baume salutaire sur cette plaie en nommant M. Berryer conseiller d'État.

On se réjouissait encore à la cour de la naissance de la princesse Marie-Joséphine, dont madame la Dauphine accoucha le 26 août, quand on reprit à l'Opéra l'opéra de *Thétis et Pélée*, reprise assez insignifiante et dont je ne fais mention que parce qu'on y vit Fontenelle dans la même loge où soixante et un ans plus tôt il avait assisté à la première représentation de cette pièce.

Puisque me voilà sur le chapitre de ce bel esprit, âgé de quatre-vingt-treize ans, je dois parler des soirées de madame Geoffrin, dont il fait encore le charme et surtout l'instruction. C'est dans ce cercle que cet homme célèbre travaille à un *traité de la raison humaine*, espèce de cours dont l'abbé Trublet écrit à la dérobée des fragments. C'est aussi chez madame Geoffrin qu'un jeune homme fort spirituel, nommé *Suard*, a fait cette année son entrée dans le monde littéraire. Fontenelle l'a promptement distingué parmi les discoureurs qui lui expliquent leurs opinions dans l'embouchure de son cornet acoustique, car ce vétéran de nos hommes de lettres est sourd à ne pas entendre le canon. Quoique très-jeune et très-timide, M. Suard émit l'autre jour son avis sur quelques points du *traité de la raison humaine*; Fontenelle le goûta et mêla ses applaudissements à ceux de tout le salon. « Mon ami, lui dit-il, vous serez bientôt pour cette » flamme subtile de la métaphysique ce qu'est pour la flamme de l'es- » prit-de-vin le bois que cette flamme ne brûle pas... » Cela peut être fort beau, métaphysiquement parlant ; mais ces propositions sublimées sont à coup sûr ce qui fait que Fontenelle ne sera jamais qu'un homme d'esprit.

Le roi a pris possession de son appartement du château de Bellevue, qu'il a fait bâtir pour madame de Pompadour. Cette maison de plaisance, élevée sur un coteau qui domine le village de Sèvres, est dans la plus heureuse situation : une foule de points de vue et d'aspects variés, la Seine se repliant sur elle-même dans la plaine comme un serpent aux écailles argentées, l'immense ville de Paris offrant à l'horizon sa forêt de clochers, tout justifie le nom de Bellevue donné à cette riante habitation. Ce petit palais a été élevé sur les dessins de M. Lassurance ; il est de bon goût, quoique simple et sans ordre d'architecture. Entre les croisées, qui sont au nombre de neuf à chaque face, on a placé des bustes de marbre. Les frontons servant de couronnement aux quatre faces sont remplis par autant de bas-reliefs dus au ciseau de Coustou. La position de Bellevue plaît tant à Louis XV, que pendant les travaux il venait tous les jours encourager les ouvriers et se faisait quelquefois apporter son dîner au milieu d'eux. Ce prince coucha pour la première fois dans ce château le 24 novembre ; madame de Pompadour, l'héroïne du lieu, y coucha aussi le même jour. Mais comme le quatrain attribué au comte de Maurepas et qui parlait de certaines fleurs autres que celles du parterre de Bellevue n'était que médisant, le roi et sa favorite passèrent la nuit aux deux extrémités de l'édifice.

Ce fut, dit-on, à Bellevue que Louis XV signa, le 1er novembre, un des actes les plus honorables de son règne : l'édit qui fait de la noblesse une récompense militaire. Jusqu'alors cette distinction n'avait été accordée de droit aux serviteurs flétris du nom de *vilains* qu'avec le grade de maréchal de camp : ainsi Chevert lui-même était devenu le guerrier le plus illustre de l'armée française avant d'être gentilhomme, par compensation de ce que tant d'autres sont gentilshommes toute leur vie sans pouvoir devenir le moins du monde illustres. Un militaire de naissance obscure, vieilli sous le harnais sans avoir atteint la dignité, presque inaccessible pour lui, d'officier général, rentrait couvert de blessures et de lauriers dans la foule roturière, tandis qu'un traitant, vil de caractère, plus vil par les spéculations auxquelles il se livre, acquérait, grâce au produit de ses rapines, la noblesse héréditaire au lieu de l'infamie qu'il avait méritée. La moitié de ce double abus disparaît : l'or du financier cesse d'avoir plus de vertu que le sang du guerrier. La noblesse transmissible sera désormais acquise de droit à tout officier ayant le grade de capitaine dans les troupes du roi et dont le père et l'aïeul l'auront servi dans la même qualité. Indépendamment de la justice rendue à de bons serviteurs, cet édit présente un avantage politique : celui d'attacher les familles au lieu des hommes au service de l'État ; il y a dans cette mesure de l'adresse et de l'équité.

Le roi, pendant son séjour à Bellevue, s'est fait raconter une anecdote qui l'a beaucoup diverti. Le marquis de Souvré, mécontent de la cour, plus mécontent de Louis XV, s'est tout à coup éloigné de Versailles, où il ne paraît presque plus. Ce seigneur passe une partie de la belle saison à son château de Louvois, partageant son temps entre la chasse, la lecture et cette misanthropie chagrine à laquelle il est enclin. Le fils du marquis, jeune homme de dix-huit à dix-neuf ans, portant le nom de Louvois, était cette année en garnison à Brest. Il est rare qu'on trouve des sages parmi nos sous-lieutenants : Louvois menait joyeuse vie, faisait des dettes et demandait de l'argent à son père, qui ne lui en envoyait point. Il fallait donc se corriger ou se priver : notre étourdi ne fit l'un ni l'autre ; il aima mieux vendre ses équipages, ses bijoux, ses effets, pour continuer de s'amuser jusqu'à complet épuisement de ressources. Parvenu à son dernier double louis comme à son dernier habit, Louvois garda l'un et l'autre pour revenir chez son père, où il arriva couvert d'un frac usé et dans une disette absolue de finances. Le jeune dissipateur se garda bien de dire au marquis qu'à l'exemple du Grec Bias, il portait sur lui tout ce qu'il possédait ; ce dénûment devait provoquer une explication orageuse, qu'il importait à Louvois de retarder autant que possible. Dans cette situation perplexe, Souvré dit un jour à son fils que la compagnie la plus distinguée du voisinage devait dîner le surlendemain au château. « J'espère, ajouta le marquis, que vous voudrez » bien quitter ce vilain habit de voyage et en prendre un plus con- » venable. — Mon Dieu, répondit Louvois, je voudrais de tout mon » cœur vous obéir, mon père, mais je n'ai apporté que de vieux ha- » bits ; et si vous tenez à ce que je paraisse bien vêtu, je serai forcé » de me faire habiller à neuf. Veuillez donc, je vous prie, m'avancer » quelque argent, car cette année les vivres ont été hors de prix à » Brest, et franchement je ne suis pas en fonds. » M. de Souvré fit à cette demande une réponse négative, qui ne permettait pas d'insister. Aussi le demandeur ne répliqua-t-il point. Il se contenta de dire en se retirant qu'il mettrait un autre habit.

La chambre de Louvois était ornée d'une tapisserie à grands personnages, représentant les héros du Tasse : c'était une Jérusalem délivrée tout entière sortie de la navette. Le jeune homme détache un pan de la tenture, le sépare du reste avec un excellent canif, et envoie chercher le tailleur du village.

« Brave homme, lui dit-il quand il fut arrivé, vous voyez bien cette pièce de tapisserie.

— Oui, monsieur le chevalier, et, Dieu merci, il y a tantôt cinquante ans que je la connais... Feu votre grand-père...

— Mon grand-père, interrompit Louvois, se servait de cela pour garnir une chambre, moi j'en veux tirer un meilleur parti..... Vous allez m'en faire un habillement.

— Un habillement avec la Jérusalem délivrée !... monsieur le chevalier veut rire.

— Du tout, maître André, je parle très-sérieusement. Je prétends que vous m'établissiez, avec cette tapisserie, habit, veste et culotte... Je suis fou des grands sujets, moi.

— Si vous l'ordonnez, monsieur, je tâcherai de vous obéir, en me servant d'une aiguille à matelas.

— Peu m'importe. Mais pour apporter un peu de régularité dans votre ouvrage il faudra diviser l'étoffe avec réflexion : vous ferez, par exemple, les manches de l'habit des deux bras d'Armide ; la tête de Renaud, couverte de son casque, figurera sur le dos, et le bouclier du guerrier, coupé en deux morceaux, formera les pans. Pour la culotte, vous pourrez tailler en plein drap dans les cuisses d'Armide. Quant à la veste, vous en formerez le haut avec la gorge volumineuse de l'enchanteresse, et ces deux petits visages d'amour feront le meilleur effet en basques.

— Très-bien, monsieur le chevalier ; je vais mettre la main à l'œuvre.

— Songez qu'il faut que le tout soit terminé après-demain de bonne heure : je ne tiens pas à la finesse du travail.

— Je vous réponds au moins qu'il sera solide, car je suis obligé de coudre avec de la ficelle.

— Va pour la ficelle, père André.

Au jour dit, Louvois, affublé de son habit de tapisserie en pleine canicule, attend chez lui l'arrivée de la compagnie. Aussitôt qu'il voit les voitures entrer dans la cour, il descend avec tout l'empressement que lui permet son lourd costume, et s'élance sur le perron pour donner la main aux dames. Notre fou, malgré l'explosion d'invincible hilarité dont il est l'objet, fait les honneurs à la société du ton le plus sérieux. Grave et cérémonieux comme un introducteur d'ambassadeurs, il avait déjà conduit toutes les dames dans le salon, lorsque Souvré y entra lui-même et recula de deux pas en voyant son fils paré des dépouilles de sa chambre à coucher.

« Monsieur, s'écria le marquis d'un ton foudroyant, me direz-vous ce que signifie cette mascarade ?

— A l'instant, mon père. Vous m'aviez ordonné de mettre un autre habit ; et comme je n'avais à ma disposition que cette étoffe, je m'en suis servi pour vous obéir. »

L'expédient était une plaisanterie ingénieuse, Souvré a de l'esprit, il fit chorus avec les rieurs, et la garde-robe de son fils fut remontée.

L'année qui se termine enleva trois maréchaux de France ; l'armée n'en regrettera peut-être qu'un seul. Les maréchaux de Brancas et d'Harcourt appartenaient à ces familles où l'on obtient nécessairement le bâton, pourvu qu'on vive ; ils avaient vécu. Mais l'illustre comte de Saxe, qui descend dans la tombe, était l'enfant adoptif de la France. Telle est la famille qui le pleure. Le roi a senti toute l'étendue de cette perte. « Je n'ai plus de général, a-t-il dit tristement en apprenant la mort de ce grand homme de guerre ; il ne me reste que quelques capitaines. »

Cette opinion est conforme à celle de Frédéric II. « J'ai vu le héros de la France, écrivait-il à Voltaire après le voyage de Maurice à Berlin, en 1749 ; j'ai vu le Turenne du siècle de Louis XV. Je me suis instruit par ses discours dans l'art de la guerre : ce général serait le professeur de tous les généraux de l'Europe. »

Le maréchal général, accablé d'infirmités et de maladies déterminées par deux genres de guerre bien opposés, vivait, depuis la paix de 1748, dans le château de Chambord, que le roi lui avait donné. A peine parvenu à sa cinquante-quatrième année, ce grand homme, dont la constitution était très-robuste, eût pu facilement guérir ; mais, dans sa retraite, il s'occupa plus de charmer ses maux que de les traiter, il ne parvint ainsi qu'à les rendre incurables. Maurice s'était entouré, à Chambord, d'artistes, de gens de lettres, de philosophes, dont le commerce et les talents, en occupant son esprit, lui faisaient oublier la douleur physique. Si le vainqueur de Fontenoy se fût borné à ce régime, il est probable qu'il eût vécu plus longtemps ; mais par malheur madame Favart, actrice de la Comédie-Italienne, dirigeait une section des plaisirs du comte de Saxe, qui n'occupait pas que son esprit. Cette dame le tenait constamment entouré d'un sérail, qu'elle avait soin de renouveler d'autant plus souvent qu'elle ambitionnait moins d'en être la sultane favorite. Or Maurice ne se souciait nullement de posséder dans ce harem des femmes qui pussent le captiver par le charme de la conversation ; il avait coutume de dire que l'amour, réduit à ces délicatesses, n'était plus que de la niaiserie. Les galanteries du maréchal descendaient jusqu'à la bassesse, disons plus, jusqu'à la crapule : il ne connaissait d'autre plaisir dans la société des femmes que la débauche. Ses maîtresses, ordinairement tirées des maisons de prostitution, n'acquéraient jamais plus de droits à ses préférences qu'en parvenant à enrichir le code galant des corps de garde de quelques locutions obscènes, de quelques termes d'une grossièreté bien significative. La volupté la plus délicate de Maurice consistait à faire enivrer, le soir, dans sa chambre, et lorsqu'il était couché, trois ou quatre des pensionnaires qu'entretenait à Chambord son humeur libertine : il jouissait délicieusement du déluge de sales lazzis, de blasphèmes, de qualifications ordurières que l'ivresse arrachait à ces créatures ; et quand il s'était assez amusé de cette dégoûtante loquacité il faisait entrer un nombre de laquais (désignés d'avance) égal à celui des prostituées, qui recevaient l'ordre de se livrer en sa présence à ces valets. Oserai-je ajouter que s'il arrivait que cette scène excitât les sens éteints du maréchal il admettait sur l'heure dans son lit une de ces bacchantes, après lui avoir expressément défendu d'altérer en rien les résultats de la scène qui venait de se passer !

On a dit avec raison que le comte de Saxe avait deux âmes, l'une pour les conceptions martiales et les combats, l'autre pour la vie privée : les glorieuses campagnes de 1744, 1745, 1746, 1747 et 1748 ont démontré combien de ces âmes avait de magnanimité ; je viens de montrer jusqu'à quel degré d'avilissement pouvait descendre la seconde. Maurice de Saxe n'était donc grand qu'à la tête des armées ; partout ailleurs ses pensées comme ses goûts étaient vulgaires, quelquefois ignobles. Dès que le vainqueur de Fontenoy avait revêtu sa cuirasse, son cœur, naguère livré à de honteux désirs, bondissait de nobles inspirations sous cet acier étincelant ; l'âme de Maurice grandissait soudain ; la flamme du génie s'allumait dans ses yeux ; il embrassait à l'instant les plus vastes combinaisons. Après le combat, l'âme héroïque, l'aptitude des grandes choses, le feu sublime, tout s'éteignait ; il ne restait de l'illustre guerrier que le bruit de ses exploits.

Madame de Pompadour, désolée de voir dans le premier général du monde un tel mélange de bassesse et de grandeur, essaya à diverses reprises de le marier, espérant qu'une épouse aimable lui ferait apprécier enfin le sexe, vu de son bon côté ; mais ces tentatives matrimoniales n'eurent aucun succès. « Non, non, madame, répondait le maréchal ; comme le monde va de nos jours, il y a peu d'hommes dont je voulusse être le père et peu de femmes dont je voulusse être l'époux. »

Le maréchal de Saxe laisse un ouvrage sur la tactique, auquel il a donné, avec trop de modestie, le nom de *Mes Rêveries*. Ce livre, qui, sous le rapport des conceptions profondes, des vues hardies et neuves, peut être comparé souvent aux Commentaires de César, n'est défectueux que par l'incorrection du style, qui toutefois ne manque ni de chaleur ni de rapidité. Nos généraux feront bien de s'éclairer des rêveries du comte Maurice. Le manuscrit de l'auteur devait être curieux, s'il était conforme, quant à l'orthographe, à cette phrase d'une de ses lettres : « Ils veule me fere de la cademie, sela miret come une bage à un chas. »

Depuis la mort de ce général, toutes les ambitions militaires, qui n'avaient osé se montrer pendant sa vie, prétendent à l'honneur de posséder sa dépouille ; on se la dispute à la cour comme on se disputait les armes d'Achille au camp des Grecs, et certainement il ne vient point à l'idée des concurrents que nul n'est digne de ce noble héritage : pas même, dit-on, le maréchal de Lowendahl. On prétend que le génie de cet homme de guerre n'était que le satellite de celui de Maurice, et qu'il ne sera capable d'aucune grande action par lui-même. « Lowendahl, disait l'un de ces jours un critique de l'Œil-de-bœuf, ne fera plus rien de bon à la guerre, son conseil est mort. » Je crois cette opinion beaucoup trop sévère ; car le mérite de ce que ce général danois a fait de remarquable dans les dernières campagnes tenait plus, il faut en convenir, au talent d'exécution qu'à celui de direction.

Tous les bruits qu'on s'est plu à répandre sur le prétendu combat du maréchal de Saxe avec le prince de Conti, dans les bois de Chambord, et à la clarté des flambeaux, est purement romanesque ; Maurice n'est point mort d'un coup d'épée, mais des suites d'une fièvre chronique qui l'a tué dans un de ses redoublements. Cette version est moins curieuse, moins pittoresque que celle semée dans le public, mais c'est la véritable. Quelques heures avant sa mort le héros disait à Sende, son médecin : « Docteur, la vie n'est qu'un rêve : le mien a été beau, mais il est court. »

Le fils naturel d'Auguste II avait été élevé dans la foi luthérienne, il y est mort ; et c'est sans doute ce qui fit dire à la reine : « Il est fâcheux qu'on ne puisse pas dire une *De profundis* pour un homme qui a fait chanter tant de *Te Deum*. »

Au moment où l'on regrette dans le monde un héros moderne, M. de Voltaire a voulu ressusciter à la scène un héros de l'antiquité et malheureusement il n'a fait que lui donner un nouveau trépas. L'*Oreste* de poëte, imité de l'*Électre* de Crébillon, a été joué sans succès. Il était difficile de déguiser l'emprunt du sujet ; mais l'emprunteur a voulu du moins couvrir son plagiat d'une versification supérieure à celle de l'original.

Pour faire ressortir, autant que possible, les fleurs dont il a couvert la fable la plus noire qu'on ait mise au théâtre, Voltaire avait fait imprimer sur des billets de parterre distribués gratis avant la première représentation les initiales de ce vers d'Horace :

Omne tulit punctum, qui miscuit utile dulci.

O.   T.   P.   Q.   M.   U.   D.

Un plaisant expliqua ainsi ces abréviations :

Oreste, t·agédie pitoyable que M. Voltaire donne.

Les billets étaient changés à la seconde représentation, qui n'eut lieu que huit jours après la première. L'ouvrage avait été refondu entièrement, ce qui fit dire à l'abbé Desfontaines : « M. de Voltaire est un auteur bien singulier, il apporte aux comédiens des pièces à faire et les compose pendant leurs représentations. »

Oreste, sorti d'un nouveau creuset, n'a pas eu plus de succès que sous sa forme primitive : c'est décidément ce que les fondeurs appellent une pièce de déchet.

Le marquis de Marigny, devenu surintendant des beaux-arts, a maintenu les expositions publiques, comme un moyen heureux d'émulation; mais, pour rendre plus sensibles les progrès des artistes lors de ces concours généraux, il a fait décider par le roi qu'ils n'auraient lieu que tous les deux ans. On a vu avec autant de surprise que de plaisir, à l'exposition de la présente année 1751, un vieux tableau transporté sur une nouvelle toile. Cette utile innovation est due à M. Picot, et la peinture ainsi déplacée sans la moindre altération est d'*André de Sarte*. L'inventeur, enhardi par ce premier succès, a tenté une entreprise plus difficile : le *Saint Michel* de Raphaël était peint sur bois; cette matière, si périssable, tombait de vétusté sous ce chef-d'œuvre : encore quelques années, et les arts allaient le perdre; M. Picot, avec des précautions et des procédés inouïs, est parvenu à sauver ce trésor : le roi et toute la cour l'ont admiré sur une toile, où il bravera de nouveau les siècles.

Par malheur, cette précieuse découverte est tout ce qu'on peut admirer à l'exposition : la peinture, détournée des beaux modèles par la funeste manie de briller, s'abandonne à une coquetterie, à une mollesse que les faux amateurs qualifient de touche fine et spirituelle, mais qui n'est qu'un style maniéré et dépourvu de naturel. Je n'ai vu réunis au Louvre que des portraits au teint fleuri, au sourire niaisement prétentieux, qui peuvent bien ressembler à quelques visages, mais où ne se trouve l'expression d'aucune physionomie. Du reste j'ai remarqué des nymphes, des sylvains, des dryades, des amours surtout, beaucoup d'amours; cohorte mythologique, embellie de toutes les séductions que prêtent le carmin, l'outremer et la céruse; privée de tout ce qui manque de véritable grâce aux compositions faites loin de la nature, et loin des chefs-d'œuvre que les grands maîtres ont laissés. Des teints de lis et de rose, des lèvres purpurines, des formes grasses et rondelettes, des draperies symétriquement chiffonnées, des personnages toujours égarés au fond des bosquets verdoyants, foulant des gazons émaillés de fleurs; dans les airs, mille petits génies allégoriques voltigeant sur un ciel bleu comme la boutique d'un barbier : voilà ce qui se reproduit cent fois au Louvre. Quant à la correction et à la vigueur du dessin, elles sont négligées, disons mieux, méprisées. Pour s'inspirer convenablement, il fallait que nos peintres étudiassent les plafonds de Versailles, du Louvre, de Fontainebleau; il fallait qu'ils imitassent, avant tout, cette antiquité si féconde en exemples sublimes, et cette nature qui ne refuse jamais des modèles aux artistes, lorsqu'ils savent la consulter. Loin de là, les peintres de l'époque se sont appliqués à transporter sur la toile ce bel esprit papillonnant et musqué que des poëtes coquets répandent dans les lettres pour se conformer aux goûts d'une société frivole. Le pinceau, comme la lyre, est consacré aux *bouquets à Chloris*; on ne voit sur les chevalets, ainsi que dans les recueils poétiques, que des bergers, des bergères menant en laisse de blancs moutons attachés par des rubans roses, ou de galants jardiniers bêchant la terre en souliers de chamois gris ornés de rosettes couleur de feu... C'est charmant, c'est enchanteur ! disent nos petites-maîtresses, C'est pitoyable ! s'écrient les vrais connaisseurs, et je fais chorus avec ces derniers; en ajoutant que le sieur Boucher, devenu le chef de cette école à l'eau rose, conduit rapidement la peinture au dernier degré de la décadence.

D'Aguesseau, l'illustre d'Aguesseau, que je ne puis appeler le grand, parce que j'ai vu de près ses faiblesses, ses tergiversations, sous la régence et pendant les premières années du règne actuel, d'Aguesseau, dont la carrière fut depuis aussi pure qu'honorable, vient de descendre dans la tombe à l'âge de quatre-vingt-un ans. On a comparé la vie de ce chancelier à celle de l'Hôpital : ce rapprochement me paraît manquer d'exactitude; il n'y a peut-être de commun entre ces deux hommes célèbres que la disgrâce qu'ils subirent, mais quelle différence dans les causes! L'Hôpital ne se retira que brisé par l'orage, d'Aguesseau s'empressa d'y soustraire sa tête lorsqu'il grondait à peine au-dessus de lui. Supérieur peut-être à l'Hôpital par le talent, d'Aguesseau lui fut certainement inférieur par la grandeur des vues et la fermeté du caractère.

Cependant la France doit à d'Aguesseau un vaste plan de législation, qu'il médita dans sa retraite de Fresne, et dont on vit paraître plusieurs fragments dans les lois promulguées de 1729 à 1750. Le dessein de ce magistrat était, dit-on, d'établir une entière conformité dans l'exécution des lois existantes, sans en changer le fond, et seulement par l'addition de ce qui pouvait manquer à leur perfection.

D'Aguesseau possédait un savoir immense; il n'eût été étranger dans aucun pays, dans aucun siècle. Ce magistrat parlait avec une égale facilité le latin, le grec, l'hébreu, l'arabe, l'italien, l'anglais, l'espagnol, l'allemand; aussi sa réputation était-elle universelle : les Anglais le consultèrent l'année dernière sur la réforme de leur calendrier, et les réflexions qu'il leur adressa guidèrent leurs savants dans ce changement indispensable.

Des infirmités avaient forcé le chancelier à se retirer des affaires en 1750; mais les honneurs de sa charge lui furent conservés. On disait de ce magistrat, qui laisse des regrets aussi vifs que mérités, qu'il parlait en grand orateur et pensait en philosophe.

J'ai promis quelque part de donner des preuves de l'avarice natu-

relle de Louis XV, qui apparaît de temps en temps au milieu des prodigalités dont sa cour est le théâtre. Les passions ont des anomalies qu'il faut se borner à produire, il serait souvent trop difficile de les expliquer. On jouait samedi dans l'appartement du roi : Sa Majesté avait devant elle un monceau d'or, lorsque, sa manche ayant fait tomber un louis, elle se baissa péniblement pour le ramasser. Le prince de Conti, placé vis-à-vis le monarque, et qui avait vu ce mouvement, renverse avec affectation une vingtaine de pièces d'or sans paraître y faire la moindre attention.

« Mon cousin, lui dit Louis XV, pourquoi ne ramassez-vous pas ce qui est tombé?

— Bagatelle, sire, c'est pour les balayeurs, répondit le prince.

— Vous avez tort, monsieur, répliqua Sa Majesté, de payer ceux qui balayent mes appartements, car je ne me chargerai plus de la réciprocité envers vos créanciers. »

A ces mots, qui prouvaient que Louis avait senti le trait de satire lancé contre lui par son parent, Sa Majesté quitta le jeu, et sortit même de la chambre. « Cependant, dit madame de Pompadour » après cette sortie, et assez haut pour être entendue, M. de Conti » sait mieux que personne que le roi n'est pas avare; il n'y a pas » quinze jours qu'il a payé les dettes de Son Altesse, montant à plus « d'un million. »

Il est vrai qu'au moment où Sa Majesté vint au secours du prince, son intendant lui avait annoncé que tous ses fournisseurs, le rôtisseur excepté, refusaient de lui faire crédit, et qu'à cette occasion Son Altesse avait répondu : « Eh bien ! qu'on donne donc des poulardes » à mes chevaux. » Cette réponse seule pourrait donner une idée de l'insouciante philosophie de M. de Conti. Voici la preuve d'un autre genre de singularité. Son Altesse montre avec complaisance aux personnes admises dans son intimité huit cents tabatières et quatre mille bagues, répondant, dit-elle, au nombre de conquêtes qu'elle a faites sur le beau sexe. Il est constant, en effet, que ce prince a coutume d'exiger de la femme qu'il a subjuguée ou sa tabatière ou son anneau, non pas, assure-t-il, comme gage de sa défaite, mais comme témoignage d'amour. Tous ces présents de la faiblesse sont étiquetés du nom de l'ancienne propriétaire, ce qui, vu la publication des circonstances de la cession, ne laisse pas de constituer un répertoire édifiant. Il faut ajouter toutefois que M. de Conti avoue qu'il a payé une bonne partie de ces bijoux : cet aveu vient un peu au secours des réputations titrées; il eût été par trop cruel qu'un seul gentilhomme montrât les trophées de quatre mille huit cents victoires remportées sur des vertus nobles à huit, douze ou seize quartiers. En calculant, d'après cette proportion, les avantages galants de chaque seigneur, même déduction faite des chutes en double, triple ou quadruple emploi de la même beauté, on voit à quel chiffre effrayant s'élèveraient les abnégations de pudeur et à quel résidu minime se réduiraient les chastetés invulnérables.

On n'a pas vu de nouveautés bien remarquables au théâtre dans le cours de l'année 1751, et je passerais sous silence le petit opéra intitulé *la Guirlande* si je n'avais à citer une anecdote plaisante à l'occasion de cette petite pièce. Elle est d'un jeune poëte nommé Marmontel, qui, pour début dramatique, fit jouer en 1748 une tragédie de *Denys le Tyran;* dont je n'ai pas parlé en son temps, parce que huit jours après sa mise en scène le public lui-même n'en parlait plus. Je reviens à la nouveauté lyrique. Un soir de cet été qu'on donnait la *Guirlande* à l'Opéra, Marmontel ayant pris une voiture de place pour se rendre dans une soirée, dit au cocher d'éviter le Palais-Royal, afin de n'être pas retardé par l'embarras des voitures. « Ne craignez rien, répondit le rustre, il n'y a pas de tumulte à l'Opéra, on donne *la Guirlande*. » Il est affligeant de donner vingt-quatre sous à un cocher de fiacre pour entendre une critique littéraire aussi crue.

CHAPITRE XXIII.
1752-1753.

Je ne dois pas omettre de mentionner une fondation qui honorera la mémoire de Louis XV : un édit, rendu l'année dernière, ordonne l'établissement d'une école royale militaire destinée à élever de jeunes gentilshommes qui seront instruits dans toutes les sciences nécessaires à un officier. Le nombre des élèves gratuitement entretenus à l'Ecole militaire sera de cinq cents; mais on y admettra des pensionnaires nationaux ou étrangers, moyennant une pension de deux mille livres. Tous les jeunes gens reçus dans cet établissement devront être catholiques et nobles à quatre degrés au moins : catholiques, en dépit du souvenir de Turenne et de Maurice de Saxe; nobles, au mépris de la renommée de Fabert, de Jean Bart et de Chevert. Le bâtiment destiné à cette belle institution sera situé entre l'hôtel des Invalides et la plaine de Grenelle; il a été commencé cette année sur les dessins de M. Gabriel, architecte du roi. On pourvoira aux frais de l'établissement au moyen d'une loterie dite de l'Ecole militaire, auxquels seront joints les revenus de l'abbaye de Saint-Jean de Laon. On doit à M. Pâris Duverney l'idée première de cette fondation. Il est juste d'ajouter, à la louange de madame de Pompadour, qu'elle en a favorisé de tout son pouvoir l'autorisation.

Tandis qu'on élève une école militaire avec les revenus d'une abbaye, M. le duc d'Orléans dit de Sainte-Geneviève vient de finir sa vie dans ce couvent. C'était un prince honnête homme; sa piété était sincère, bien qu'elle n'allât pas jusqu'à la chasteté absolue : circonstance qui du reste doit y faire croire, parce qu'on doit ajouter foi aux choses possibles et non à celles qui ne le sont pas. Le curé de Saint-Sulpice, faisant allusion à la sagesse du duc d'Orléans, disait de lui : « Si j'étais pape je le canoniserais seulement pour avoir ré-» sisté à l'exemple du Palais-Royal au temps de la régence. » On peut craindre d'après ce mot que M. le curé n'ait pas mérité la canonisation au même prix.

Jugé sur ses vertus intrinsèques, c'est-à-dire sur celles qui profitaient à la société, Philippe d'Orléans était humain et charitable; la bonté de son caractère se révélait dans chacune de ses actions. Mais, il faut bien le dire, toutes ses qualités tenaient à l'abandon; son naturel le rendait incapable de tout acte de fermeté, de toute opposition à un entraînement quelconque. Son Altesse devait donc pécher de temps en temps par faiblesse, et elle péchait d'autant plus irrésistiblement qu'elle avait le cœur tendre. Les flatteurs de M. d'Orléans assurent que ses inclinations n'allaient jamais jusqu'à transgresser les lois de la pudeur et qu'il ne se laissait aller à ses attachements qu'avec une réserve qui laissait toujours intacts ses principes de continence.

Une jeune personne dont je ne puis écrire le nom que par une initiale, mademoiselle d'A***, inspira au prince reclus une passion qui sans doute fut contenue dans ces limites. Cependant, soit que l'estime de M. d'Orléans fût aussi forte que son amour, soit que le malin commençât à dominer sa réserve pudibonde, il se décida tout à coup à épouser sa maîtresse. Mais comme en définitive ce mariage ne se conclut point, je dois rapporter ici l'incident singulier qui le fit échouer. Le prince se rendit un matin chez mademoiselle d'A***, bien décidé à lui proposer sa main : elle était dans sa chambre à coucher quand il se fit annoncer; il l'attendit un moment au salon. Mais voilà que pendant cette courte attente les liens qui fermaient par-derrière la ceinture de la culotte de Son Altesse vinrent à casser. Je ne puis pas dire précisément par quelle cause cette rupture eut lieu; mais le prince prit cet accident pour un avertissement du ciel qui n'approuvait pas l'union projetée, et quand mademoiselle d'A*** arriva il avait renoncé à lui faire part de ses projets.

Il faut malheureusement conclure de cette anecdote que l'esprit du prince était altéré, soit par les austérités de la vie claustrale, soit à la suite d'une faiblesse originaire. On va voir d'ailleurs cette conclusion justifiée par les faits. Mademoiselle d'A*** étant morte peu de temps après son mariage manqué, dont elle n'avait jamais eu connaissance, M. d'Orléans refusa obstinément d'ajouter foi à son décès, soutenant que le roi avait fait enlever cette demoiselle pour qu'il ne pût l'épouser.

Telle fut dès lors la direction de la folie de ce prince, qu'il ne voulut plus croire qu'on mourût. Il convient cependant que sa sœur, morte aux Carmélites, après avoir régné quelques instants en Espagne, avait passé de cette vie dans l'autre; mais ce ne fut qu'après avoir vu, touché et retourné plusieurs fois le cadavre de cette princesse.

Après la mort de madame de Gontaut, qui avait succédé à mademoiselle d'A*** dans les affections de M. d'Orléans, son incrédulité se reproduisit, et cette fois elle fut invincible. M. d'Argenson, qui était encore alors chancelier de Son Altesse, dut continuer de porter cette dame dans ses comptes pour la pension que le prince lui faisait; autrement il fût entré dans des accès de colère qu'il était prudent de lui éviter. Vainement la maréchale de Grammont proposa-t-elle à l'illustre incrédule de le mener sur le tombeau de madame de Gontaut, sa fille : il persista à dire qu'elle ne pouvait être morte et qu'on le trompait.

Un jour M. Silhouette, successeur de M. d'Argenson dans la charge de chancelier du prince, ayant oublié sa manie d'immortalité, lui parla de *feu* le roi d'Espagne.

« Qu'est-ce à dire, monsieur ! s'écria Son Altesse en fronçant le sourcil, de quoi venez-vous me parler là ?

— Je disais, monseigneur, que le Roi Catholique défunt...

— J'entends bien, morbleu ! Mais apprenez que le roi d'Espagne n'est pas mort.

— Cependant, monseigneur...

— Qu'il ne peut pas l'être.

— J'avais pourtant cru...

— Qu'il ne le sera jamais.

— Monsieur le chancelier le sait bien, dit le valet de chambre du prince en tirant M. de Silhouette par le pan de son habit, mais il avait oublié...

— Certainement, interrompit le chancelier, qui se rappela seulement alors la folie de M. d'Orléans, j'avais en effet oublié que le mot *feu* est un titre que prennent maintenant les rois d'Espagne.

— A la bonne heure, » dit Son Altesse en se calmant.

Si le fils du régent ne voulait pas croire qu'on mourût, en revanche il niait les naissances avec la même obstination. A la première couche de la duchesse de Chartres, sa belle-fille, il fut impossible de le persuader qu'elle venait de lui donner un petit-fils. Son Altesse ayant ensuite mis au monde une fille, M. le duc de Chartres, pour éviter les graves conséquences que pouvait avoir l'incrédulité de son père, supplia le roi d'ordonner que M. Joly de Fleury, procureur général, assistât à l'accouchement de la princesse. Ce magistrat, mandé par Sa Majesté, remplit en effet cette formalité et dressa procès-verbal de la naissance de mademoiselle d'Orléans [1].

L'obstination de M. d'Orléans ne se démentit pas même au moment de sa mort, à laquelle il ne croyait pas plus qu'à celle des autres individus. Ce fut en vain que le confesseur de ce prince lui refusa le viatique à moins qu'il ne reconnût ses petits-enfants, malgré la piété de Son Altesse on ne put obtenir d'elle cet acte de condescendance. Après avoir longtemps vécu comme un véritable religieux, Philippe d'Orléans mourut sans avoir été administré.

La cour a fait une perte plus sensible encore que celle de M. le duc d'Orléans, car on ne peut se dissimuler que la jeunesse unie à la beauté est plus regrettable que la maturité, même embaumée de dévotion. Le règne des dévots est au ciel, celui des belles est sur la terre. Madame Henriette, fille du roi, vient de descendre dans la tombe à cet âge où, éclose pour le bonheur, une jeune fille commence à vivre de cette autre vie dont elle n'a connu jusqu'alors que le prélude languissant. Louis XV pleure cette princesse, qu'il aimait tendrement, et le deuil est général à Versailles. Henriette de France était douce, affable, compatissante, exempte de fierté; elle se faisait adorer de tous ceux qui l'approchaient... Et que de soupirs poussés par nos jeunes seigneurs pour cette rose inaccessible !... Maintenant ce trésor si désiré fournit aux caveaux de Saint-Denis son contingent de putridité...

Louis XV est parvenu à terminer cette année le différend qui existait depuis si longtemps entre les Corses et les Génois. M. de Chauvelin, envoyé dans l'île en qualité de plénipotentiaire, et M. de Corsai, commandant des troupes françaises, sont parvenus à conclure la paix en réconciliant, au moins en apparence, les deux partis. Nous verrons combien cet accord durera. Il ne sera pas moins difficile de mettre fin aux dissensions religieuses qui désolent la France : toujours des refus de sacrements aux anticonstitutionnaires, toujours des arrêts du parlement en pure perte. Ce corps en a rendu un le 18 avril qui est demeuré sans exécution. Les évêques partisans des jésuites persistent dans l'opinion que le parlement n'a pas le droit de s'immiscer dans les affaires de l'Eglise, et ces prélats réitèrent chaque jour aux curés l'ordre de n'administrer les sacrements qu'au vu des billets de confession prescrits. De là grands débats, vives discussions entre les prêtres et les robins; de là un déluge d'écrits à dormir debout sur le jansénisme, le molinisme, la bulle *Unigenitus*, etc., etc., et le roi se contente de dire entre la poire et le fromage : « Ces grandes robes et le clergé sont toujours à couteaux » tirés, je les envoie de bon cœur à tous les diables... » Le marquis de Lugeac répondit un jour à ce propos : « Peut-être Votre Majesté » ferait-elle mieux de les envoyer tous à la Bastille, le trajet serait » plus court. » Le roi se mit à rire ; mais comme au fond la chose n'était pas risible, attendu que bon nombre de croyants mouraient hors de la voie du salut, Sa Majesté établit dernièrement une commission pour examiner le point de doctrine litigieux : elle est composée des cardinaux de Soubise et de la Rochefoucauld, de l'archevêque de Rouen, de l'évêque de Laon, de MM. de Trudaine, de Granville, d'Auriac, conseillers d'Etat, et de M. Joly de Fleury exerçant l'office de procureur général de la commission. Mais ni les refus de sacrements ni les procédures du parlement ne se sont arrêtés ; les partis continuent de combattre en présence de leurs conciliateurs : je crois que M. de Lugeac avait indiqué le bon moyen.

Pendant ces discussions sur des matières ecclésiastiques, les intrigues profanes fournissent leur carrière à la cour. Madame de Pompadour en poursuit une qui, depuis quelques mois, absorbe toute sa

[1] Mariée par la suite au duc de Bourbon.

sollicitude, et le mot est ici très-convenable, car il s'agit de l'enfant de cette favorite. La marquise a de M. d'Étioles une fille qu'elle a fait élever avec un soin extrême : Alexandrine est un petit prodige d'instruction, d'esprit, de grâces; quant à la beauté de cette intéressante créature, il y aurait bien quelques petits *mais* à introduire dans son éloge : ce qui n'empêche pas que le tout ne forme un ensemble fort séduisant. Or la chère enfant est en âge d'être mariée; beaucoup de gentilshommes ont jeté les yeux sur cette beauté, qui apporterait en mariage une belle protection. Mais la marquise, qui veut choisir, a porté, comme on va voir, ses vues un peu haut : c'est M. de Fronsac, fils du duc de Richelieu, qu'elle prétend avoir pour gendre, et madame de Pompadour ne se fait pas la plus légère idée d'une difficulté. M. de Richelieu lui fait une cour assidue, afin de corroborer par la faveur de cette maîtresse celle dont il jouit auprès du roi : le duc sait mieux que personne combien une femme peut par intervalles exercer d'influence sur un pécheur. D'ailleurs la noblesse des *Vignerod* [1] n'est pas tellement irrécusable qu'ils puissent en être fiers, surtout aux dépens de leurs intérêts. A cet égard, la marquise s'est rappelé un mot piquant dit par un seigneur à M. de Richelieu lorsqu'il remplaça le duc de Rochechouart dans la charge de premier gentilhomme de la chambre : « Je vous félicite, monsieur » le duc, lui dit ce critique malin, enfin vous voilà gentilhomme. » Le nouveau dignitaire aperçut bien l'intention maligne à travers le compliment, mais il prit le jeu de mots du beau côté.

Déterminée par ces divers motifs, la marquise aborda un matin la question du mariage, dans un tête-à-tête avec le galant suranné, auquel, par une habile politique de boudoir, elle laissa entrevoir plus de charmes qu'elle ne lui en montrait, au moins depuis quelques années. Néanmoins le duc ne fut peu flatté de la proposition; mais, non moins adroit politique que la maîtresse du roi, et craignant les suites d'un refus brusqué, il éluda avec adresse. « Mon fils, répon- » dit-il, a l'honneur d'appartenir par sa mère aux princes de la » maison de Lorraine, je ne puis donc en disposer sans leur agré- » ment : je vais le demander avec empressement; et je conclurai avec » joie le mariage projeté, si vous daignez, madame, persister dans » votre résolution. » Je ne sais si la marquise a été dupe de cette feinte, mais les choses en sont là.

On a joué cette année à la Comédie-Française *Rome sauvée*, tragédie de M. de Voltaire : c'est encore un sujet traité par Crébillon, une imitation fleurie de Catilina ; et, comme tous les ouvrages de l'auteur, c'est une épître en cinq actes, admirablement rimée. Avant la représentation publique de cette pièce, elle avait été jouée à Sceaux devant la duchesse du Maine; Voltaire s'y était chargé du rôle de Cicéron, et avait prouvé qu'un bon poëte peut être un acteur pitoyable. *Rome sauvée* obtient du succès.

On parle beaucoup en ce moment d'un jeune auteur moins heureux mais aussi moins flatteur que Voltaire. Cet écrivain, nommé Desforges, connu seulement par quelques opuscules, se trouvait à l'Opéra lorsque l'infortuné et brave Charles-Édouard fut arrêté par ordre de Louis XV, qui l'avait appelé précédemment son *cher frère.* Le poëte, indigné de cet acte de violence, crut peut-être avec raison qu'il compromettait l'honneur de la nation. Le lendemain il exhala ses plaintes dans une pièce de vers où se trouvaient ceux-ci :

> Peuple jadis si fier, aujourd'hui si servile,
> Des princes malheureux vous n'êtes plus l'asile.

Desforges avait raison; mais quand on s'attaque aux grands, il est dangereux d'avoir raison trop haut. Le critique courageux fut arrêté, conduit au mont Saint-Michel et renfermé dans la *cage* imitée de celle du cardinal de la Balue. C'est un caveau creusé dans le roc, où le jour ne parvient que par quelques ouvertures longues et étroites; ce qui donne aux intervalles de ces ouvertures l'apparence de barreaux de pierre. Cependant M, de Broglie, abbé de Saint-Michel, eut pitié de cet infortuné, il obtint avec beaucoup de peine qu'il eût l'abbaye pour prison. Enfin, après huit ans de captivité, Desforges, qui, par d'excellentes qualités, avait mérité l'estime de son protecteur, a recouvré sa liberté, grâce aux pressantes sollicitations de l'abbé de Saint-Michel et du maréchal de Broglie son frère. Notre jeune poëte, rentré dans la société, pâle et maigre de ses longues souffrances, éprouvées pour un motif généreux, inspire le plus grand intérêt; mais la cour ne lui a pas encore pardonné d'avoir eu raison : je crains bien que ce garçon-là ne fasse jamais son chemin.

Il est mort deux maréchaux de France pendant les deux années qui viennent de s'écouler : ce sont MM. de Montmorency et de la Fare; ces noms sont célèbres dans l'histoire : le premier, par des exploits guerriers qui remontent presque au berceau de la monarchie; le second, par une renommée établie sur des prouesses moins meurtrières. Les hommes de guerre assurent que le maréchal de Montmorency ne vivait absolument que de la réputation de ses aïeux; les dames jurent que le maréchal de la Fare avait laissé périr celle du favori de feu le régent.

La paix d'Aix-la-Chapelle ne faisait point encore sentir ses effets

[1] Nom primitif des Richelieu.

dans l'Inde au milieu de l'année 1752; peut-être, au moment où j'écris, les Français et les Anglais se battent-ils encore dans ces contrées sous prétexte de seconder les différents souverains asiatiques qu'ils soutiennent respectivement. Les Anglais furent les premiers qui après le traité de 1748 travaillèrent à rompre la bonne intelligence qui régnait entre les troupes de leur compagnie des Indes et celles de la nôtre. La présidence de Madras écouta avec faveur la demande que lui fit un prince indien, nommé Sanjohi, d'un secours d'hommes pour l'aider à rentrer dans le royaume de Tanjour, d'où il avait été chassé; ce souverain, qui promettait d'abandonner à la compagnie le territoire de Divicoté et de payer tous les frais de la guerre, obtint d'abord du président anglais quatre cent cinquante Européens, mille cipayes et quelques pièces de campagne, auxquels se joignit plus tard un nouveau renfort. Cette petite armée, conduite par le major Laurence, s'empara du fort de Divicoté, mais après un combat si opiniâtre et de telles pertes, que la compagnie ordonna à ses troupes d'abandonner cette conquête, ainsi que Sanjohi, au profit de qui elle avait été faite.

Pendant que ces événements se passaient, deux nababs [1], Anaverdican et Mouza-Fersingue, se disputaient le pays d'Arcate; M. Dupleix, gouverneur des établissements français en Asie, se déclara le protecteur du dernier, au prix de grands avantages promis à la compagnie française et à lui. Un corps de quatre cents Français, commandés par le marquis d'Auteuil, combattit pour Mouza-Fersingue; il triompha, et son compétiteur âgé de cent sept ans resta sur le champ de bataille. La révolution opérée dans l'Arcate par suite de cet événement donna d'autant plus d'inquiétude aux Anglais que les Français y avaient participé; mais la part qu'ils prenaient eux-mêmes dans le même temps aux affaires de Sanjohi, ne leur permettait pas de désapprouver la conduite de la compagnie française.

Mouza-Fersingue, vainqueur par les armes des Français, conféra le titre de nabab de Carnate à Chandazael, leur ami; celui-ci, dans sa reconnaissance, distribua aux troupes de Pondichéri, qui avaient concouru à l'expédition, une somme de deux cent mille livres, combla leurs officiers de présents et donna quatre-vingts villages à la compagnie des Indes orientales.

Mouza-Fersingue et Chandazael ne jouirent pas en paix du pouvoir; au moment où ils ne semblaient plus avoir d'ennemis à redouter, Nazerzingue, nommé souba d'Arcate par l'empereur mogol, se présenta pour déposer ces deux princes alliés des Français. Il est à présumer que le président de la compagnie anglaise, jaloux du succès de la nôtre, avait sollicité secrètement cette difficulté; on en fut du moins persuadé quand on vit un corps anglais prendre parti dans la cause du nouveau prétendant. M. Dupleix ne pouvait hésiter à soutenir le souba qu'il avait investi : il lui donna des troupes, et ce fut ainsi qu'en pleine paix les Anglais et les Français en vinrent aux mains.

Des combats acharnés, où la valeur européenne se signala de part et d'autre, furent livrés à cette époque (1750) dans le but apparent de soutenir des princes de l'Asie, mais plus particulièrement peut-être pour obéir à une rivalité devenue naturelle entre les peuples de la Seine et ceux de la Tamise. Mais l'héroïsme anglais n'eut rien à opposer au trait de M. de la Touche : suivi de huit cents Français seulement, ce brave officier pénètre durant la nuit au milieu de quatre-vingt mille ennemis qui menacent Pondichéri, leur tue douze cents hommes, et disperse cette armée sans qu'il lui en coûte plus de deux hommes. Léonidas et ses Spartiates étaient morts glorieusement; de la Touche et ses Français vécurent pour triompher : le trait moderne l'emporte sur l'ancien.

Au milieu des réjouissances de cette victoire, Mouza-Fersingue, trop confiant ou trop peu réservé, tomba au pouvoir de Nazerzingue. J'ai peut-être négligé de dire que ce dernier était l'oncle du premier, qui, nonobstant les liens du sang, chargea de fers son neveu. Il se disposait, dit-on, à le mettre à mort, lorsque M. Dupleix, qui était parvenu à se faire des intelligences dans le camp de Nazerzingue, trouva des assassins parmi ses officiers. Le prétendant tomba frappé par les siens au commencement d'un combat qu'il livrait aux troupes de son prisonnier. Ce meurtre changea soudain la face des choses : de captif qu'il était, Mouza-Fersingue redevint roi; et, pour prix de l'horrible service qu'il venait de rendre à son allié, Dupleix reçut douze cent mille livres, qu'il distribua à ses soldats. Cette somme avait été prélevée sur dix-sept millions de notre monnaie qui composaient le trésor de Nazerzingue : le coup de poignard d'un traître soudoyé par le gouverneur français donnant cet or à Mouza-Fersingue, il était juste que les troupes françaises eussent part à cette capture.

Dupleix reçut Mouza-Fersingue dans Pondichéri en suzerain qui reçoit son vassal, c'est-à-dire avec une hauteur protectrice un peu comique de la part d'un simple marquis; mais il prit un air tout à fait affable en acceptant du souba une pension de deux cent quarante mille livres pour lui, une de pareille somme pour sa femme, enfin une troisième pour une fille de madame Dupleix. Pendant cet échange d'honneurs et de profits, Chandazael reprenait possession de la nababie de l'Arcate.

[1] Gouverneurs des provinces, qui relèvent des soubas ou rois tributaires du Grand Mogol.

Mouza-Fersingue croyait jouir enfin en paix de la souveraine puissance. Vainqueur de ses ennemis asiatiques ou européens, assuré par une ample profusion de bienfaits de la protection des Français, il se voyait fort contre l'adversité, lorsqu'il fut assassiné dans une sédition de ses troupes. En possession de nommer les soubas de Dekan, Dupleix se hâta de remplacer le défunt, et reçut de son successeur quatre nouvelles provinces.

Après avoir fait des rois, il prit un beau matin fantaisie à Dupleix de le devenir lui-même. Marquis et simple cordon rouge, c'était bien peu pour un homme qui remuait à son gré une partie de l'Inde plus grande que la France. Dans ce temps de décadence de l'empire mogol, l'empereur faisait marchandise des couronnes d'Asie comme la Hollande de ses harengs; il vendit au gouverneur français la royauté de Carnate moyennant deux cent quarante mille livres : on ne peut pas régner à meilleur marché. J'ai vu partir de Paris *des lettres* où la marquise Dupleix était qualifiée de reine. Tant de grandeur, tant d'opulence concédées à la compagnie des Indes et à son chef, ne pouvaient manquer d'exalter l'orgueil de tous deux; bientôt l'enthousiasme de cet établissement alla jusqu'au délire. Il fut partagé par le ministère quand celui-ci fut informé de nos prospérités dans l'Inde. N'oublions pas que la compagnie est fille du système extravagant de Law, et que le délire est son essence; mais un gouvernement déjà abusé devrait mieux se garantir des rêveries qui l'ont jadis ruiné. On ne s'attendait à rien moins, dans nos cercles discoureurs et peut-être dans le conseil, qu'à la possession prochaine de l'empire mogol. Dupleix avait fait concevoir cette folle espérance, au sein de la pompe orientale où les Anglais le laissaient dormir momentanément; il prenait pour de l'omnipotence son faste, ses palanquins ornés de diamants, ses cinq cents gardes, et les musiques guerrières au son desquelles il marchait toujours.

Il y avait cependant quelque chose de substantiel dans tout ceci : les terres concédées récemment à la compagnie donnaient un revenu de trente-neuf millions, qui, joints à ce qu'elle avait d'ailleurs, portaient ses bénéfices annuels, toutes charges défalquées, à plus de cinquante millions. Quelle puissance européenne possède un tel avantage ?

Mais cet apogée brillant de gloire et de prospérité n'eut que la durée de l'éclair : Dupleix, en monarque d'Asie plutôt qu'en sage gouverneur, assiégea la capitale de Madure, malgré les représentations que lui firent tous ses officiers sur les difficultés de cette entreprise. La place renfermait une nombreuse garnison, presque toute anglaise, et dirigée par d'habiles officiers européens. Les Français et leurs alliés furent vaincus : la moitié de l'armée périt dans ce funeste siège; l'autre moitié tomba au pouvoir des ennemis. Chandazael lui-même devint le captif des vainqueurs, qui lui firent trancher la tête. Toutes les conquêtes faites par Mouza-Fersingue, toutes les possessions dont il avait payé l'alliance des Français furent promptement perdues : la défaite que je viens de retracer eut lieu en mars 1752; et, deux mois après, lord *Clive* était aussi puissant dans l'Inde que Dupleix l'avait été précédemment. La compagnie courait de désastres en désastres, son crédit était perdu, et le gouverneur fuyait à travers l'Océan la vengeance de ses ennemis, peut-être celle de ses amis.

Il vient d'arriver en France, ce fier Dupleix qui rêva un moment la possession de l'empire mogol; je l'ai vu disputer les débris de sa fortune à la compagnie, ruinée par sa faute; et cet homme, qui donnait l'année dernière des audiences de souverain, se morfond chaque matin dans l'antichambre de ses juges. Ainsi s'évanouissent les grandeurs du monde !

Nos affaires étaient moins malheureuses en Amérique dans le courant de l'année 1752 : les Français, sous les ordres de M. de Vaudreuil, avaient remporté quelques avantages dans le Canada, ce qui leur avait procuré l'alliance des *Iroquois*. Voici une lettre qu'ils écrivirent à cette occasion au général commandant les troupes du roi :

« Notre nation, qui compte plus de dix mille lunes, vient de s'unir » à tes forces pour t'assister, afin de régaler nos femmes et nos en- » fants des corps morts de tes ennemis. Reçois le *calumet* [1] de paix, » et en signe de joie pousse trois cris vers le soleil, qui s'est levé » pour éclairer notre nation. » On lut il y a quelques jours cette lettre iroquoise au lever du roi. « Morbleu! sire, dit un courtisan » qui l'avait entendue, il faut nous allier étroitement avec cette na- » tion-là, elle mangera autant d'Anglais qu'il s'en trouvera sur son » passage. Les Iroquois sont si affamés de gloire, qu'ils dévorent leurs » conquêtes. »

La querelle entre la magistrature et le clergé continue : *messieurs* persistent dans leurs procédures; mais les prélats n'en ordonnent que plus obstinément le refus des sacrements aux adversaires de la bulle, et malheureusement le roi penche en faveur des jésuites. Sa Majesté par lettres patentes du 22 janvier a enjoint au parlement, sous peine de *désobéissance*, de surseoir à toutes poursuites contre le sacerdoce jusqu'à ce qu'il en soit autrement *ordonné*. Le parlement, successeur de ce vieux corps institué pour donner au besoin un frein

[1] Baiser.

au despotisme, ne pensa pas qu'il fût question ni d'*obéir* ni de déférer à un *ordre*. *Messieurs*, qui commençaient à s'aviser sérieusement de leur dignité, voulaient bien être polis envers le souverain, mais ils prétendaient défendre leur droit; ils décidèrent qu'il serait adressé des remontrances à Sa Majesté sur ses lettres patentes. Louis XV, informé de cet arrêt, demanda à connaître préalablement sur quels points devaient porter particulièrement les représentations. *Messieurs* poussèrent la déférence jusqu'à donner à Sa Majesté cette communication préalable. Examen fait de ce document, le roi répondit au parlement qu'il ne voulait point entendre les remontrances. Sur ce, les chambres assemblées déclarent qu'elles suspendent toute espèce de service, excepté celui qui concernerait le maintien de la tranquillité publique, même contre les entreprises du clergé. Le roi réplique à cet arrêt par des lettres de jussion ordonnant au parlement de continuer ses fonctions ordinaires, hormis précisément les affaires ecclésiastiques. *Messieurs* refusent d'obtempérer. Louis, offensé, assemble un conseil extraordinaire, des lettres de cachet sont expédiées pour tous les membres du parlement : sauf ceux de la grand'chambre, qui ont ordre de rendre la justice aux sujets de Sa Majesté.

Des mousquetaires font irruption dans la nuit au domicile des présidents des enquêtes et requêtes, qu'ils arrachent des bras de leurs tendres moitiés; vainement plusieurs de ces dames emploient-elles le crédit qu'elles ont obtenu sur ces beaux et sévères officiers, ils exécutent leurs ordres rigoureusement, et disent tout bas aux suppliantes : A demain le pouvoir de vos charmes. De lourdes voitures de voyage sortent des hôtels silencieux de la place Royale et de l'île Saint-Louis. Les habitants de ces quartiers lointains, qui se croient revenus aux temps orageux de la Fronde, entr'ouvrent en tremblant leurs croisées pour voir ces voitures entourées de cavaliers, et dont l'œil suit le mouvement dans l'obscurité à la faveur des torches qui les éclairent. Le lendemain on apprend que le président Frémont de Musi est conduit au château de Ham en Picardie, le président Moreau de Besigny aux îles Sainte-Marguerite, le conseiller Bèse de Lys à Pierre-Encise, et l'abbé Chauvelin au mont Saint-Michel. La *Gazette de France*, pour laquelle il est toujours *l'heure qui plaît à Sa Majesté*, appelle cette expédition un *exil*; moi je la qualifie, avec plus de raison, je crois, d'*emprisonnement*. La grand'chambre, exemptée de cette mesure, se réunit aux premiers rayons du jour, et décrète de prise de corps plusieurs curés de Paris, par forme de réciprocité. Alors transfert de cette chambre à Pontoise; elle obéit : mais elle ne s'occupe que des refus de sacrements, ne voulant connaître d'aucune cause particulière à moins que ce ne soient celles des demoiselles d'Opéra... et celles-ci se jugent à huis clos.

Pendant ce déplacement général de la magistrature, les observateurs du quartier, dont l'investigation curieuse se conçoit au mois de mai, s'aperçoivent bien de quelque mouvement nocturne à la place Royale et dans l'île Saint-Louis; mais cela se passe sans bruit, sans voitures et sans flambeaux. MM. les mousquetaires sont de trop braves chevaliers pour ne pas offrir quelque compensation au cruel veuvage des dames de la haute magistrature.

Dernièrement le roi disait dans une lettre sur les affaires du temps: « Je veux qu'on rende à Dieu ce qui est à Dieu, et à César ce qui est » à César. Or César ne tient que de Dieu ce qui est à César, et certes » il ne le lâchera à personne sur la terre française. » Admettant la figure dans toute son intégrité, c'est-à-dire, prenant les jésuites pour les seuls ministres avoués de Dieu, et Louis XV pour un César, je ne puis me montrer aussi condescendante quant au raisonnement même de Sa Majesté. Il est assurément très-chrétien, de la part du roi, de reconnaître son pouvoir de Dieu; mais les parlements n'ont jamais été d'accord avec lui sur cette origine céleste, et je suis de leur avis. Ces corps sont là pour rappeler à nos princes qu'ils tiennent aussi quelque chose de la nation; d'où il résulte nécessairement, selon leur opinion et la mienne, que Leurs Majestés, indépendamment des comptes, assez faciles à liquider, qu'elles rendent à Dieu, en doivent de plus réels aux peuples qui les payent, qui font leur force, et qui sont, plus ostensiblement que les prêtres, les intermédiaires de la Divinité, quand il s'agit d'investir ces maîtres du monde. Ceux-ci agiront donc très-sagement, même dans leurs propres intérêts, en tâchant de s'entendre un peu avec les parlements; car derrière les parlements sont les états généraux, et, dans le cas d'insuffisance de ces derniers, les peuples se mêlent directement de leurs affaires. Cette dernière intervention est rarement pacifique : les masses ne procèdent guère qu'en tumulte; c'est alors que la véritable origine du pouvoir se révèle clairement, au grand préjudice du droit divin. On ne peut donner aux rois un conseil plus salutaire que celui d'épargner aux nations, qu'ils nomment leurs sujets, la peine de remonter jusque-là.

Depuis que les querelles religieuses ont repris leur déplorable cours, la violation du secret des lettres, qui ne fut souvent qu'une récréation royale, sert les haines des partis, et particulièrement la fureur des jésuites. Mais cette indigne manœuvre fait partie d'un système d'investigation scandaleuse sur lequel je dois rapporter ici quelques détails.

L'imagination libertine de Louis XV, non contente des propres débauches de ce prince, recherche encore des jouissances dans le récit circonstancié de tout ce que le vice se permet d'ébats impurs à la ville et à la cour. Le roi est tellement avide de ces honteux secrets, que, pour satisfaire sa curiosité, aucune bassesse, aucune perfidie, aucun attentat ne sont épargnés. Une troupe, j'ai presque dit une armée, d'agents de tous grades, se partage chaque nuit la capitale pour s'initier aux mystères que voilent les ténèbres : le jour, ils s'introduisent sous mille prétextes dans les maisons afin d'y recueillir par trahison, supercherie ou séduction, le bulletin ordurier du boudoir, de l'alcôve, voire même des mansardes.

Les rapports de cette vile cohorte, qui sont journaliers ou hebdomadaires, se divisent en cinq classes : la première classe se compose des extraits piquants tirés des lettres décachetées à la poste ; la seconde comprend tout ce qui concerne la conduite des princes et grands seigneurs, y compris leurs débauches avec les courtisanes de

Maurice de Saxe.

tous les étages ; la troisième signale, avec un scrupule particulièrement recommandé, la débauche des cardinaux, archevêques, évêques et abbés crossés ; la quatrième se rapporte aux ecclésiastiques tonsurés ou tondus, à soutane ou à froc, surpris dans les maisons de prostitution, ces derniers bulletins sont communiqués à l'archevêque de Paris ; enfin la cinquième classe est une copie des rapports que les femmes appelées ironiquement abbesses font parvenir au lieutenant de police.

Ce service est organisé avec un soin qu'on n'a jamais apporté dans la direction des affaires publiques ; il serait à désirer que nos ministres, intendants, agents diplomatiques, déployassent la moitié de l'habileté de conception et d'exercice des individus occupés à recueillir ces notes pour les menus plaisirs du Roi Très-Chrétien. Il est expressément enjoint aux rédacteurs des rapports de n'atténuer en rien la vivacité des scènes qu'ils ont remarquées : les expressions pittoresques, les dénominations techniques, les épithètes crapuleuses, les exclamations passionnées ; en un mot, tout le mouvement du style de la débauche doit être conservé minutieusement.

Quant à la violation du secret des lettres, l'intendant des postes vient tous les dimanches offrir à Sa Majesté le total de ses infidélités hebdomadaires : la tête haute, la démarche fière, le jarret tendu, l'infâme portefeuille sous le bras, il entre à son tour dans le cabinet du monarque : *Je travaille ce matin avec le roi,* dit-il en se rengorgeant... Et le travail de M. l'intendant des postes, c'est la divulgation du secret des familles ; c'est un abus de confiance qui enverrait un Savoyard aux galères. J'entendais l'autre soir le fameux médecin Quesnay se déchaîner contre ce hideux attentat ; il en parlait avec une telle indignation que l'écume lui en venait à la bouche : « Je ne » dînerais pas plus volontiers avec l'intendant des postes qu'avec le » bourreau, s'écria-t-il ; cet exécuteur se déshonore au moins pour » obéir à la justice, l'autre se déshonore en transgressant les lois de » l'honneur. »

Quand le roi a repu son avidité de scandales sur les rapports qui lui sont remis soit par l'intendant des postes, soit par les brigades honteuses dont j'ai dit les travaux, il les transmet à ceux de ses ministres ou de ses courtisans qu'il affectionne le plus pour qu'ils s'en amusent à leur tour. Alors ces personnages se donnent le plaisir de conter dans les cercles les aventures galantes, les intrigues morales ou politiques des dames, des seigneurs, des financiers, des robins, des ambassadeurs, des étrangers de distinction ; c'est une mine féconde de surprises, de querelles conjugales, de duels, de lettres de cachet... rien de plus piquant.... On m'a montré un de ces recueils composés par le concours de tous les abus de confiance, je n'ai jamais vu macédoine de scandales plus variée. Les anecdotes sur les filles entretenues, actrices, danseuses, bourgeoises se livrant au vice en amateurs ; leurs infidélités, leur passage rapide de la misère à l'opulence ou de la richesse au dénûment ; le transport de la propriété de leurs charmes d'un entreteneur à un autre ; le prix courant de leurs faveurs, le lieu et l'heure où elles les livrent ; la façon de procéder de ces beautés dans les combats amoureux qu'elles soutiennent ; l'intonation même de leurs cris érotiques ou de leurs soupirs, tout est relaté, décrit, imité dans ces répertoires périodiques de la débauche. Le chapitre des turpitudes nocturnes est intitulé *Nuits de Paris.* Si les étrangers jugent de nos mœurs par cette suite de tableaux, ils doivent avoir une haute idée de l'exquise politesse dont nous sommes si prompts à nous vanter et surtout de la moralité du prince qui s'amuse à remuer la boue de ces égouts impurs.

Madame de Pompadour ne laisse pas de s'en amuser aussi ; mais depuis trois semaines elle est dans la douleur : Alexandrine, sa chère Alexandrine, cette fille dont elle s'était plu à faire un petit prodige de talent et d'instruction, est morte des suites d'une maladie de poitrine. Ainsi s'évanouissent les projets ambitieux que la marquise avait formés pour l'établissement de son enfant chéri : le duc de Richelieu a fait un grand *ouf !* ce décès lui sauve un refus qui sans doute eût

Établissement de l'École royale militaire.

compromis son crédit, car il a dit souvent à ses amis qu'il n'eût jamais consenti au mariage de son fils avec la petite-fille d'un boucher repris de justice. Il y a aussi des compensations pour le chagrin : madame de Pompadour a eu le bonheur de perdre le sieur Poisson, son père ; il est probable que dans le secret de son boudoir elle a poussé un *ouf !* non moins robuste que celui de M. de Richelieu.

Au milieu de son deuil, la favorite eut l'une de ces nuits une terrible alerte : tout à coup madame du Hausset, première femme de chambre de la marquise, entend retentir violemment sa sonnette ; alarmée au dernier point, elle court entièrement nue à la chambre de sa maîtresse, qu'elle trouve levée, également en chemise, et tenant une bougie déjà allumée qui tremble dans sa main.... « Venez, » venez, ma chère, s'écrie madame de Pompadour, le roi se meurt ! » Il restait sous-entendu que le roi ne pouvait se mourir que dans le lit de sa maîtresse, puisqu'elle était si vite informée. En effet Louis XV gisait sous les riches rideaux, ayant les yeux tournés, les bras tors, la respiration bruyante. Madame du Hausset reconnut à ces signes la plus intense des indigestions. On fait avaler à Sa Majesté quelques gouttes d'Hoffman, on lui jette de l'eau au visage ; le Prince Très-Chrétien revient à lui... « Ne faisons pas de bruit, dit-il à la femme de chambre ; allez avertir Quesnay : dites-lui que c'est votre maîtresse qui se trouve mal, et engagez ses gens à garder le silence. »

Cependant Louis XV était déjà beaucoup mieux, ce dont madame du Hausset put s'apercevoir au coup d'œil étincelant que Sa Majesté jetait à la dérobée sur le costume négatif de cette dame. Ce regard lui rappelant le désordre auquel son empressement l'avait jusqu'alors rendue inattentive, elle devint très-rouge lorsqu'elle reconnut dans une glace tout ce que sa gorge, assez renommée par le monde, perdait à se produire dans cet état d'abandon. L'humiliée suivante se hâta de se rendre à l'appartement de Quesnay, après avoir jeté sur elle une robe de nuit en traversant sa chambre.

Le docteur logeait à côté, il accourut aussitôt. « La crise était forte, dit-il en tâtant le pouls de Sa Majesté ; elle eût été dangereuse si le roi avait soixante ans : mais la voilà presque passée. » Le médecin alla prendre chez lui certain médicament dont il fit avaler une dose au malade ; tandis qu'une fille de garde-robe préparait du thé, destiné, lui avait-on dit, pour la marquise. Le remède administré fit merveille, ce qui nécessita une copieuse libation d'eaux de senteur, dont Quesnay inonda Sa Majesté et la couche de la favorite, où l'irritation inopportune de l'estomac royal avait été déterminée apparemment par un autre genre de tension.

Louis, en passant sa robe de chambre et ses bas avec l'aide des dames et du médecin, prit trois tasses de thé ; puis, s'appuyant sur le bras de son premier médecin, il regagna doucement sa chambre à travers l'obscurité, après avoir remercié les dames avec beaucoup de sensibilité des soins qu'elles lui avaient prodigués.

Le lendemain de bonne heure le roi fit remettre à la marquise par son médecin le bulletin suivant tracé de sa propre main : « Ma chère amie doit avoir eu grand' peur, mais qu'elle se tranquillise ; je me porte bien, et le docteur le lui certifiera. » Le messager trouva madame de Pompadour causant avec sa confidente de l'événement de la nuit : « Quel embarras, quel scandale, si le roi fût mort ! disait la favorite ; du reste, nous nous étions mises en règle en prévenant le premier médecin. » Le public eût trouvé la chose plus naturelle que la marquise ne le pensait : Il est mort, aurait-on dit, dans la lice de ses exploits ordinaires.

Après les services vinrent les récompenses : Quesnay obtint une pension de mille écus ; madame du Hausset en obtint une de quatre mille livres, et le roi fit pour une vingtaine de mille livres de nouveaux présents à sa maîtresse. Au total, l'indigestion de Sa Majesté ne coûtera au bon peuple de France qu'un petit sacrifice de cent soixante mille francs : c'est bien peu pour la conservation d'un César.

A propos de maladie, il faut que je dise un mot d'une découverte qui depuis quelques années absorbe toute l'attention du monde savant, et qui pourtant rencontre bien des contradicteurs. L'inoculation se propage lentement en France ; le vulgaire, malgré les plus beaux raisonnements de la Faculté, ne veut pas croire à la nécessité de donner une maladie pour se préserver de ses effets. Toutefois le livre que Gatti vient de publier sur cette matière augmentera le nombre des inoculateurs : cet ouvrage est ce qu'on a jusqu'à ce jour écrit de plus clair et de plus convaincant. Les développements de l'auteur sur les diverses actions des virus et des épidémies en géné-

ral, relativement à l'organisation si variée des individus, répandent un jour éclatant dans la question ; on croit lire l'exposé des expériences de Sydenham médités et écrites par Bacon. Il y a cependant du doute dans la discussion de Gatti : ses présomptions se produisent lumineuses comme des vérités, et l'on voit néanmoins que le *que sais-je?* de Montaigne est toujours près de lui échapper. Le scepticisme de cet écrivain perce particulièrement dans ses réflexions sur la classification des maladies, trop étendue, selon lui, par Sauvage et son école. « Il y aurait, dit-il quelque part avec une teinte d'ironie, une classification plus simple, plus courte, et cependant plus complète ; ce serait de diviser les affections morbifiques en deux divisions : celles dont on guérit et celles dont on meurt. » Pour un médecin, c'est traiter un peu trop son sujet à la façon de Molière.

On a reçu la semaine dernière des nouvelles de M. Godenheu, successeur du marquis Dupleix au gouvernement de Pondichéri. Ce fonctionnaire, choisi parmi les directeurs de la compagnie, voit nos affaires des Indes sous un rapport purement commercial, et je crois qu'il n'a pas tort. Il a conclu avec M. Saunders, nouveau gouverneur anglais à Madras, un traité par lequel les deux comptoirs promettent de renoncer aux dignités indiennes. Le surplus de cette convention contient des règlements pour les garanties réciproques des compagnies française et anglaise, le tout est empreint d'un caractère pacifique qui ne laisse aucune prise aux discussions. Il est donc à présumer que nos troupes ne se battront plus en Asie avec celles de l'Angleterre, au moins tant que les cabinets de Versailles et de Saint-James vivront en bonne intelligence.

Mais la paix européenne sera-t-elle de longue durée ? Il est permis d'en douter. Le roi a décidé cette année qu'il voulait exercer ses troupes, et qu'en conséquence six corps d'armée camperaient dans autant de provinces frontières. Tout s'ébranle déjà pour l'exécution de cet ordre : le prince de Soubise prend le commandement du corps formé dans le Hainaut ; le marquis de Brézé va commander sur les frontières de la Champagne ; M. de Chevert est mis à la tête du camp de Sarrelouis ; celui qui se forme en Alsace sera sous les ordres du marquis de Saint-Pern ; on en confie un en Bourgogne au marquis de Randan ; enfin M. de Cremille prend la direction de celui déjà rassemblé en Languedoc.

Les souverains ne croient plus guère aux camps d'exercice ou de plaisance ; aussi plusieurs puissances ont-elles fait demander des explications sur ces rassemblements. Je suis bien sûre qu'on leur a fait des réponses perfides, mais je ne suis pas informée de leur contenu. On raisonnait l'autre soir chez madame de Geoffrin sur la probabilité d'une guerre prochaine ; Fontenelle était présent, et prenait part à la discussion autant que la fidélité de son cornet acoustique y pouvait suffire. La maîtresse de la maison allait plus loin que personne dans la carrière des prévisions ; et cette dame suivait en cela l'impulsion de son esprit, ordinairement droit mais prompt, vif, impétueux. Dans les matières où l'on ne doit juger que de près et lentement, madame de Geoffrin prononce de loin et vite ; ce qui ne lui permet de rencontrer juste qu'autant que la vérité se laisse apercevoir de très-bonne grâce. La thèse politique de notre raisonneuse était fort sensée dans le cercle dont il s'agit ; aussi se hâta-t-elle de l'expliquer à l'oreille de Fontenelle : « N'est-il pas vrai, mon ami, dit-elle en terminant, qu'il m'arrive souvent d'avoir raison ? — Oui, répondit le vétéran de nos beaux esprits, mais vous l'avez trop tôt. » Et, regardant sa montre, il ajouta : « Votre raison est comme ma montre, elle avance. »

La crise était forte, dit-il en tâtant le pouls de Sa Majesté.

Louis XV, selon les vues héréditaires de sa famille, veut faire à l'aise de l'arbitraire; les parlements, selon le vœu de leurs devoirs, prétendent tempérer le pouvoir de la monarchie. Sa Majesté entend gouverner à sa guise le *troupeau* que dans ses opinions il reçut de ses pères à titre de propriété. *Messieurs* soutiennent, au contraire, que le monarque doit consulter un peu les chartes du royaume, dont ils sont les conservateurs, attendu qu'il s'y trouve plus d'une fois écrit que le troupeau, mécontent de son *berger*, peut lui rappeler certaines obligations, et finir par briser sa houlette s'il s'avise d'en frapper le bétail. *Messieurs* ajoutent même que si l'hérédité de la puissance pastorale est une garantie contre les mouvements tumultueux qui peuvent survenir dans la bergerie, cette considération ne saurait empêcher les moutons humains d'interdire, de changer le berger lorsque, non content de tondre le troupeau, il veut en disposer au gré de ses caprices. Or nous courons, ce me semble, fort vite vers cette extrémité : les membres du parlement sont des béliers, je ne dis pas à fortes têtes, mais à têtes fort dures, qui ne céderont pas un pouce de terrain, et la lutte est décidément commencée entre eux et le pasteur de Versailles.

J'ai dit ailleurs que la grand'chambre siégeant à Pontoise ne s'occupe qu'à rendre justice aux charmes des filles d'Opéra et à faire justice des refus de sacrements, fonctions essentiellement opposées qui ne peuvent suffire au culte de Thémis. Autorisé par ce repos illégal de la balance, le roi établit le 18 septembre en dehors du parlement une chambre des vacations composée de conseillers d'État et de maîtres des requêtes; elle siégea aux Grands-Augustins. Cet acte d'autorité sapait profondément les bases de la monarchie; il remettait en question notre système de gouvernement, dans lequel les parlements sont une partie constitutive tout aussi nécessaire que le prince lui-même. Si la compagnie exilée, qui avait pour elle le public, outré des empiétements de l'Église, eût calculé en ce moment sa puissance, celle du roi se trouvait gravement compromise; car il y avait sujet de réunion des états généraux, qui certes n'eussent pas ménagé les prérogatives de la couronne. Mais les affaires ne prirent pas cette direction. *Messieurs* redoutaient plus que leurs femmes délaissées au Marais les moustaches des mousquetaires; ils se contentèrent d'intimer au Châtelet le refus d'enregistrement des lettres patentes d'érection de la chambre des vacations.

Quand on prend du galon, on n'en saurait trop prendre.

Un arrêt du conseil casse la sentence du Châtelet; le même jour une députation de la nouvelle chambre se transporte au Châtelet, où d'autorité elle fait rayer des registres la sentence cassée, et enregistre les lettres de son établissement. Sans doute ces actes violents d'une juridiction illégale firent froncer les sourcils à présidents, conseillers, greffiers et huissiers; mais que faire? Des bonnets carrés et des écritoires sont de tristes projectiles pour soutenir un combat; se les envoyer mutuellement à la tête eût été une burlesque réalisation du *Lutrin* de Boileau. Le Châtelet se renferma dans le cercle des hostilités ordinaires du palais en protestant contre la procédure imposée.

Pendant cette campagne, un courrier du cabinet, solidement botté et doré comme un calice, galope, en faisant claquer son fouet, sur la route de Pontoise; il y porte à la grand'chambre l'ordre de se retirer à Soissons : ce qu'elle fait, en échelonnant sur sa route deux ou trois nouvelles protestations pour soutenir dignement sa retraite. Alors Louis XV, victorieux dans les domaines de la justice suprême, s'y conduit décidément comme en pays conquis : une *chambre royale*, composée, ainsi que celle des vacations, de conseillers d'État et de maîtres des requêtes, est investie de toutes les attributions du parlement; Sa Majesté fait l'ouverture de cette chambre le 9 novembre dans l'une des salles du Louvre, où elle doit siéger. Cette fois, ce fut par lettres de cachet qu'il fut enjoint au Châtelet de faire écriture de cette institution bâtarde; aussi le lieutenant civil fit-il enregistrer *par le très-exprès commandement du roi* : ce qui signifiait, en d'autres termes, ayant le couteau sur la gorge.

Ou je me trompe fort, ou ce coup d'État rompt pour jamais la bonne intelligence entre la couronne et les parlements; la guerre sera longue peut-être, mais il est facile de prévoir le résultat : les rois ne combattent que pour eux; les parlements combattent pour le peuple, et c'est une terrible réserve... Qui vivra verra.

Il existe aussi de petites hostilités à la cour; deux personnes y jouissent d'un crédit à peu près égal : on devine déjà que je parle de madame de Pompadour et de M. de Richelieu. Longtemps la favorite eut sur son concurrent l'avantage des séductions du sexe, mais c'est maintenant une puissance évanouie. Le duc et la marquise luttent de crédit avec une chance tout à fait égale : le soin de pourvoir aux plaisirs du roi. Or, il faut le dire, la maîtresse en titre, malgré tout le tact que l'expérience lui a donné dans cette matière, ne combat pas toujours heureusement l'adresse du pourvoyeur son rival. Si madame de Pompadour sait examiner avec habileté, par l'interrogation, les jeunes néophytes qu'elle envoie dans la couche de Sa Majesté, le premier gentilhomme de la chambre, encore fort bel homme en dépit de ses cinquante-sept ans, procède d'une manière beaucoup plus convaincante, et ses rapports au roi sont beaucoup

plus circonstanciés. Cependant la marquise possède un auxiliaire qu'elle sait employer savamment : c'est l'empire du souvenir, cet heureux enchanteur qui peint avec des couleurs si vives la volupté passée, qu'elle renaît souvent de ce tableau, comme la beauté sensible naquit de la statue de Pygmalion. Quand madame de Pompadour parvient à produire cet effet sur Louis XV, tout l'ascendant de Richelieu échoue : on conçoit qu'il ne peut avoir d'argument à opposer à celui-là.

Néanmoins la favorite, qui ne réussit pas toujours également dans de telles exhumations, a profité hier d'un de ces retours momentanés de faveur sans égale pour éloigner Richelieu. « Monsieur le duc, lui » dit-elle en présence du roi, qui assistait à sa toilette, j'ai reçu des » lettres du Languedoc par lesquelles j'apprends que votre présence » y est nécessaire; je vous conseille de partir pour Montpellier, qui » est de votre département : car Sa Majesté ne veut à Paris ni évê- » ques ni gouverneurs de province... » Le duc, qui savait que Sa Majesté était la veille chez la marquise, vit que son injonction reposait sur un grand fonds de satisfaction du roi; il ne répliqua point et ce matin il est parti pour Bordeaux, d'où il se rendra dans son gouvernement.

A propos d'un petit acte lyrique intitulé le *Devin du village*, qui obtint cette année beaucoup de succès à l'Opéra, je dois entrer dans quelques détails sur M. J.-J. Rousseau, qui en a composé le poëme et la musique. C'est le fils d'un horloger de Genève, né avec une imagination ardente, et doué d'une aptitude de perception et de jugement à la portée des plus hautes discussions de morale et de philosophie. Cette faculté puissante se révèle dans plusieurs écrits de cet auteur, et particulièrement dans un discours couronné par l'Académie de Dijon, sur la question de savoir *si le rétablissement des sciences et des arts a contribué à épurer les mœurs*. M. J.-J. Rousseau a soutenu la négative en penseur, sinon toujours équitable, du moins toujours profond, et en écrivain aussi pur qu'élégant. Ce discours et plusieurs autres de ce Génevois démontrent assez heureusement que les hommes, nés égaux et pour vivre isolément, ont contrarié le vœu de la nature en se rassemblant; mais cette vérité, dès longtemps reconnue, dégénère, sous la plume de Rousseau, en paradoxe intolérable, lorsque, déprimant l'homme social au point de blâmer sans restriction tous les efforts qu'il fait pour se policer, il le renvoie à l'exemple des brutes pour ressaisir le bonheur que la civilisation lui a fait perdre. Il est à craindre que le caractère du philosophe ne soit une orgueilleuse misanthropie, une certaine aigreur contre les riches et les heureux de la terre plutôt qu'un amour désintéressé de la simplicité primitive.

Je reviendrai plus d'une fois sans doute sur les ouvrages de cet écrivain encore peu connu, mais qui, malgré ses préjugés, aura, j'en suis sûre, une grande renommée qu'il recherche, même en paraissant s'y soustraire. J.-J. Rousseau serait peut-être resté inconnu sans la protection de M. de Montaigu, qui, se rendant en ambassade à Venise, a recueilli ce Génevois en Italie et l'a fait son secrétaire en 1743. Il avait alors trente-un ans.

Le Devin du village, que vient de faire jouer M. Rousseau, est un petit opéra rempli de grâce, de délicatesse et de goût. La musique est légère, gaie et pleine d'harmonie, quoique simple et un peu maigre d'accompagnements. On dit que le compositeur de cette pièce d'harmonie n'a jamais étudié la musique, au moins d'après les principes reçus, et que sa composition, combinée d'après les lois du calcul, n'a été soumise à aucune des règles ordinaires. Quoi qu'il en soit, les musiciens admirent cette partition, et le témoignage favorable de la jalousie n'est pas suspect.

Le Dissipateur de Destouches a aussi obtenu du succès à la Comédie-Française dans le courant de cette année, après avoir été imprimé dès 1736. C'est une comédie d'intrigue, comme toutes celles de l'auteur. Le rôle du principal personnage est bien tracé, mais la pièce tire particulièrement son mérite du contraste hardi de la conduite du dissipateur avec celle d'un valet rangé et vertueux. Il fallait toute l'adresse de Destouches pour faire réussir ce moyen, qui, produit habilement au dernier acte, termine l'ouvrage d'une manière aussi frappante qu'ingénieuse.

L'Opéra, orgueilleux suzerain des théâtres de Paris, voit avec dépit la fortune leur sourire. Depuis longtemps déjà cette haute puissance tentait par ambassadeur d'interdire les danses à la Comédie-Française, lorsque, désespérant de réussir par ce moyen diplomatique, l'Opéra déclara enfin la guerre à sa rivale et lui fit interdire par huissier l'exécution des ballets. Le Théâtre-Français ramassa le gant : la mousqueterie des cédules, des sommations, des requêtes, obscurcit l'horizon dramatique; les hostilités pouvaient se prolonger et les plaisirs de la cour en souffrir. Madame de Pompadour ouvrit au mois d'octobre dernier un congrès dans son boudoir, les parties belligérantes y comparurent. La cause de l'Opéra était celle d'un conquérant orgueilleux qui veut tout soumettre à son pouvoir; mais ses prétentions n'eussent été soutenues avec avantage qu'autant qu'il eût pu, en réunissant tous les droits, satisfaire tous les goûts, et l'expérience journalière des mâchoires bâillantes attestait éloquemment le contraire. La marquise se sentait déjà disposée à donner raison aux comédiens français, quand l'orateur de la troupe, ayant pris à son tour la parole, posa cet argument ingénu et qui sentait passablement le terroir comique : « Madame, les pièces modernes sont si mau» vaises, que sans les ballets la plupart tomberaient. La *cabriole* aide » beaucoup à la déclamation. Je vous préviens que si on nous ôte la » danse, on nous coupe la parole. »

La marquise promit aux comédiens de leur conserver la *cabriole*, dont ils venaient d'établir si péremptoirement la nécessité. On pense bien que les danseurs se montrèrent fiers du jugement, déclaré sans appel, qui confirmait la haute opinion qu'ils ont toujours cue de l'esprit de leurs jambes. Pour les poëtes, ils durent se montrer un peu moins satisfaits du discrédit dans lequel était tombé l'esprit siégeant dans leurs têtes.

CHAPITRE XXIV.

1754-1755.

Le régime échauffant. — Le cynisme en bouteille. — La favorite n'est pas aussi froide qu'elle le dit. — Ses vaines tentatives contre d'Argenson. — Changement de ministres. — Hostilités en Amérique. — Washington sous un jour peu favorable. — M. de Mézières; aventures curieuses. — Le gentilhomme écureuil. — Mandrin ; son exécution. — Difficulté diplomatique à cause de ce bandit. — Naissance du duc de Berry, depuis Louis XVI. — Anecdotes au lit de l'accouchée. — Le roi bien conseillé donne raison aux parlements. — Richard jardinier de Trianon. — L'évêque de Lavaur et la marchande de fraises. — Pension d'un pieux archevêque à un poëte libertin. — Mademoiselle Lacaille ; la demi-part. — Mort du maréchal de Lowendahl. — On se prépare à la guerre. — Expédients financiers. — Apparition de l'abbé de Bernis. — Les deux comités. — Mort de madame Zéphyrine de France et du prince de Dombes. — Naissance de Louis-Stanislas-Xavier de France (Louis XVIII). — Tremblement de terre de Lisbonne. — Voltaire à la cour de Prusse. — *L'Orphelin de la Chine* de Voltaire. — Le sommeil inopportun de Montesquieu. — Réforme dans les costumes du théâtre. — Echange de grâces dans l'antichambre. — Le prince ennemi de la fraude.

J'ai dit ailleurs que madame de Pompadour a plus d'ambition que de désirs amoureux ; il est évident que la froideur de son tempérament peut tôt ou tard lui jouer un mauvais tour avec un homme aussi matériellement positif que Louis XV. « Madame de Montespan » était bien heureuse, disait, il y a quelques mois, la marquise en » causant avec madame du Hausset ; elle avait toujours de la com» plaisance au service de Louis XIV, ce qui n'empêchait pas qu'il lui » en restât pour beaucoup d'autres. En vérité, la nature avait traité » cette femme en enfant gâté, et elle m'a constituée, moi, en véri» table macreuse. C'est un défaut, ma chère, un grand défaut dans » une femme destinée à s'élever par... la sensibilité. » Madame du Hausset témoigna par son silence qu'elle était entièrement de l'avis de sa maîtresse ; peut-être même porta-t-elle l'assentiment jusqu'à penser que le défaut était réel, indépendamment même des projets d'élévation. Je n'assurerai pas toutefois que cette noble soubrette ait conseillé à madame de Pompadour le régime dont je vais parler.

La favorite pendant plus de trois mois se fit servir tous les matins du chocolat avec triple dose de vanille et ambré ; à son dîner, elle ne mangeait que du potage au céleri, faisait mettre des truffes dans toutes les entrées, ordonnait qu'on farcît de ce tubercule tous les rôtis, et prescrivait de mêler du coulis d'écrevisses à toutes les sauces des ragoûts servis sur sa table.

« Quoi ! dit madame de Brancas, à qui la marquise parlait de ce régime échauffant, vous vous empoisonnez ainsi quotidiennement pour le plus grand plaisir du roi ?

— Que voulez-vous, duchesse, répondit madame de Pompadour en pleurant, je crains de perdre le cœur de Sa Majesté.

— Eh ! n'avez-vous pas procuré d'autres distractions à Louis ? Ne voit-il pas, par vos soins, de ces beautés ?... Et son cœur n'est pas une source inépuisable de sensations...

— Cependant je vous avoue que le roi revient de temps en temps à moi.

— Je comprends bien, marquise ; mais pour quelques caprices passagers... une femme est toujours assez en fonds.

— Pas moi, duchesse... et c'est ce dont je me plains.

— Vraiment, je partage bien votre chagrin. Notre condition, à nous autres femmes, serait aussi par trop déplorable si nous en étions réduites à des devoirs tout secs.

— C'est pour cela que je le voudrais...

— Ne pas laisser à Sa Majesté toutes les chances heureuses de la partie... Cela se conçoit à merveille. Mais le tempérament factice que vous vous donnez avec vos truffes, votre céleri et vos coulis d'écrevisses, finira par vous énerver.

— Cet élixir, dit madame de Pompadour en montrant une fiole à son amie, agit plus promptement et plus sûrement que tous ces mets ; je finirai par m'en tenir à son usage.

— Fi ! s'écria la duchesse, qui venait de porter la bouteille à son nez, c'est un aphrodisiaque, c'est de la teinture de mouches cantharides... Il y a de quoi vous rendre frénétique...

— Que dites-vous, ma chère ! je ne me suis aperçue de rien de pareil... j'ai senti seulement, vous savez... cet état... assez désirable...

— Parce que la dose était petite ; mais si, par hasard, vous aviez un jour la main un peu lourde... ce serait à faire une excursion dans la salle des gardes.

— J'y prendrai garde...

— Non, non, je ne souffrirai pas que vous preniez davantage de cette drogue... Vous n'êtes pas constituée en bacchante, vos nerfs n'y pourraient tenir... Et madame de Brancas jeta la fiole dans la cheminée.

— Que faites-vous, chère amie ? Je n'aime pas qu'on me traite comme un enfant.

— Et moi je ne souffrirai point que vous vous traitiez comme un cheval.

— Vous ne savez pas, dit la favorite en fondant en larmes, vous ne savez pas ce qui m'est arrivé il y a huit jours. Le roi, prétendant qu'il faisait chaud, a passé la nuit sur mon canapé... oui, duchesse, la nuit entière... et j'avais pris de cette drogue... Il se dégoûtera de moi et en aura une autre...

— Vous n'éviterez pas cette extrémité en vous déchirant les entrailles avec ce cynisme en bouteille... La belle figure que vous faisiez là dans votre lit, brûlant d'une ardeur solitaire, tandis que Sa Majesté prenait le frais à dix pas de vous ! Il faut recourir à d'autres moyens pour fixer ce cœur inconstant ; rendez votre société de plus en plus précieuse au roi à force de douceur, de prévenance et d'esprit. Ne lui montrez jamais de froideur, jouez plutôt la comédie si le désir vous manque... Quelques soupirs, quelques ah ! ah ! bien placés, substitueront un tribut de complaisance à un élan de plaisir... Voilà tout ce qu'il faut. Le temps fera le reste ; les chaînes de l'habitude remplaceront imperceptiblement celles de l'amour, et votre empire subsistera. »

La favorite promit de suivre le conseil de madame de Brancas, l'embrassa en la remerciant, et le régime échauffant fut abandonné. Après cela doit-on croire ingénument à cette froideur extrême de constitution proclamée en quelque sorte par madame de Pompadour ? Je pense au moins que la foi absolue aurait tort. On s'explique qu'une femme entourée de courtisans, qui, comme on sait, se font aisément des adorateurs, pour peu qu'ils aient d'ambition, se lasse jusqu'à un certain point des hommages uniquement privilégiés qui arrivent jusqu'à son alcôve ; on s'explique encore que cette femme ait besoin de ranimer quelquefois la flamme affaiblie destinée à des sacrifices exclusifs, quel que soit le rang du sacrificateur : l'amour effectif ne conçoit pas la grandeur à la manière des autres passions. Mais le tempérament, dégagé de ses languissantes habitudes, se reproduit avec tout son élan ; c'est le gourmand déjà repu qui retrouve de l'appétit pour des mets nouveaux. Ainsi l'on se raconte bien secrètement à l'Œil-de-bœuf que les bisques, le céleri et le chocolat n'entrent pour rien dans les relations que la marquise entretient avec l'abbé de Bernis, ecclésiastique coquet, homme superbe, poëte galant, dont les œillades veloutées, la jambe d'Antinoüs et les madrigaux exercent, dit-on, sur elle une influence aussi vive, quoique moins âcre, que l'aphrodisiaque condamné par la duchesse de Brancas. Une investigation plus subtile a découvert que le prince de Beauvau visite souvent madame de Pompadour à des heures fort éloignées de celles indiquées par l'étiquette. Pour mon compte j'ai trouvé ce seigneur à la toilette de la favorite, qui, non-seulement n'avait pas achevé cette demi-parure avec laquelle une femme à principes reçoit les hommes à son lever, mais n'était pas même vêtue suffisamment pour voiler ce qui ne se montre qu'aux intimes. Dans cette demi-nudité madame de Pompadour, à en juger par la vivacité de son teint, par les bonds précipités de son cœur, devait tenir beaucoup plus de la salamandre que de la *macreuse*, et ses yeux me dirent par un regard oblique que ma courtoisie féminine avait mal choisi son temps. Néanmoins les assiduités de M. de Beauvau sont expliquées très-naturellement par madame du Hausset. « C'est, assure-t-elle, un homme fort galant, qui a un grand air, » qui joue gros jeu au salon de la favorite ; de plus il est le frère » de la petite maréchale de Mirepoix, que *madame* aime beaucoup. » Et tout cela fait qu'il est bien traité *chez nous*, mais sans rien de » *marqué*. » C'est toutefois sans rien de remarquable, car il était difficile que je ne fusse point frappée de l'exhibition de charmes à laquelle M. de Beauvau était admis le jour de ma visite inopportune.

Je ne crois pas qu'une bonne fortune pareille soit réservée à M. d'Argenson : la haine de la marquise pour ce ministre de la guerre est publique. Il y a longtemps qu'elle travaille à le faire renvoyer ; mais jusqu'à ce moment les intrigues du boudoir n'ont pu triompher de la raison d'Etat. D'Argenson a la réputation d'un bon ministre, et, ce qui est plus rare, d'un ministre honnête homme. Louis XV est vivement sollicité par tous les membres sensés du conseil de conserver ce secrétaire d'Etat, qu'il remplacerait difficilement. Ennuyé, l'un de ces matins, des malveillantes sollicitations de la favorite, le roi lui fit dire par madame de Soubise : « qu'il » avait du *goût* pour son ministre de la guerre ; qu'habitué à son » travail et à ses formes, il ne consentirait point à l'éloigner. D'Ar-

» genson, ajouta Sa Majesté, ne s'occupe ni de bel esprit, ni de » beaux-arts, ni de comédie; il n'a rien à démêler avec la marquise: » qu'elle continue donc de diriger sans lui la troupe des poëtes, des » artistes, des abbés de toilette, et qu'elle le laisse administrer en » paix mes armées. Elle me fera plaisir de ne plus me tourmenter » sur ce point. » Madame de Pompadour sentit qu'il n'y avait point à répliquer à cette insinuation : le temps est passé où la marquise pouvait appeler auprès de l'amant des décisions du monarque. Elle a cessé d'attaquer ouvertement le ministre; mais les batteries masquées de cette ennemie obstinée vont jouer plus activement que jamais.

Si la maîtresse en titre ne parvient pas à expulser les ministres, elle réussit au moins à les faire nommer : c'est sous son influence que M. de Rouillé vient d'être appelé aux affaires étrangères après la mort de M. de Saint-Coutest. Personne à coup sûr parmi les hommes d'État ne montre une allure aussi peu diplomatique que celle de M. de Rouillé; toute la France a été surprise du choix fait de lui pour diriger notre politique extérieure, lui-même a partagé, dit-on, l'étonnement général. La préférence de la favorite paraît avoir été déterminée par la flexibilité de caractère de ce ministre. « On le fait » monter et descendre à souhait, disait dernièrement M. de Belle- » Isle dans un cercle où je me trouvais; on pourrait le faire roi de » France et ensuite le réduire à être commis sans qu'il fût déplacé » ni dans l'une ni dans l'autre condition. »

M. de Machault passe du contrôle général à la marine; ce qui ne l'empêche pas de conserver les sceaux et la chancellerie. Voilà donc un ministre sous la main duquel se meuvent nos flottes, se réalisent les grâces, et se rend la justice : le tout obéissant aux fils cachés qui aboutissent à la garde-robe de madame de Pompadour. Les solides appréciateurs des grâces de la cour ne félicitent pas M. de Machault d'avoir quitté les finances pour la marine : « Il a, disent-ils, déposé sa » charge d'or pour en prendre une de bois. » C'est M. Moreau de Séchelles qui vient de ramasser le riche fardeau.

Des nouvelles reçues il y a peu de jours de l'Amérique septentrionale absorbent toute l'attention : de graves différends se sont élevés sur l'Ohio, entre les Français et les Anglais, à cause des limites peu déterminées qui séparent nos établissements du Canada de l'Acadie, cédée à l'Angleterre par le traité d'Utrecht. Les Anglais ont élevé sur le territoire en litige le fort dit *de la Nécessité*, dans lequel ils entretiennent une garnison assez forte, qui, au commencement de la présente année, était commandée par le major *Washington*. Le gouverneur français, ne voulant point souffrir cette prise de possession, non-seulement absolue, mais hostile, envoya au fort de la Nécessité M. de Jumonville, officier intelligent, chargé d'une lettre pour le major Washington. Le général, en termes mesurés mais précis, invitait l'officier de Sa Majesté Britannique à ne pas troubler par une possession illégale la paix qui régnait entre les deux puissances, et à se retirer sur les terres anglaises. Qui pourra le croire? le malheureux Jumonville fut assassiné publiquement dans cette mission toute pacifique; son escorte, forte de trente hommes, maltraitée et désarmée, fut faite prisonnière de guerre [1]. La renommée ayant appris au gouverneur français le sort de ces infortunés, soudain il fit partir le chevalier de Villers, frère de Jumonville, pour venger sa mort en attaquant la forteresse anglaise. Elle ne tint pas longtemps à un siége poussé avec vigueur; Washington demanda à capituler. Si Villers n'eût écouté que le sentiment d'une légitime vengeance, il n'eût point consenti à composer avec les assassins de son frère; mais il n'oublia pas que trente soldats français étaient en leur pouvoir, et, préférant leur salut au stérile plaisir de venger un crime consommé, il accorda aux Anglais une capitulation honorable que sans doute ils n'attendaient pas. Washington s'engageait à renvoyer à Québec les prisonniers français, qu'il avait fait conduire à Boston. A cette condition, le major et sa troupe eurent la liberté de se rendre dans le Massachuset-Bay. On ne peut se défendre d'une vive indignation en ajoutant que, des trente soldats pris au fort de la Nécessité, sept seulement arrivèrent à Québec, et que les recherches les plus soigneuses n'ont pu faire découvrir les vingt-trois autres...

Les événements de l'Amérique septentrionale me conduisent naturellement à parler d'un gentilhomme nommé M. de Mézières, qui habita longtemps ces contrées, et dont les aventures sont curieuses. Sa mère, devenue veuve, avait épousé en secondes noces ce la Haie si connu par ses intrigues avec la duchesse de Berry, fille du régent. Après ce mariage, cette dame prit en horreur ses enfants issus du premier lit : sa fille dut se faire religieuse; et son fils, déclaré *mauvais sujet incorrigible*, fut embarqué pour l'Amérique, à l'âge de quatorze ans.

Ce mauvais sujet, dont il fallait absolument se débarrasser, était pourtant un garçon rempli d'excellentes dispositions, d'esprit et

---

[1] On avoue avec peine que le major Washington, qui ordonna ou du moins permit cet attentat, est le même qui plus tard acquit une gloire immortelle par l'affranchissement de l'Amérique. Tant d'actions héroïques n'ont pu laver cette tache hideuse de sa vie. Mais les services signalés que lui ont rendus les Français dans la guerre de l'indépendance l'ont assez puni... Les exploits de la Fayette ont fait pleurer amèrement à Washington le meurtre de Jumonville.

même de génie : on interrompit, pour l'exiler, des études presque terminées. Arrivé en Amérique, le jeune de Mézières, maître de sa destinée et de la direction de son infortune, se rendit au Canada. Les habitants de ce pays, auxquels il parvint à faire comprendre ses malheurs, lui offrirent un asile : ce pauvre Français trouva parmi des sauvages l'hospitalité que sa propre mère lui avait refusée à la cour la plus civilisée de l'Europe. Mais les Canadiens ont, comme tous les autres hommes, leurs préjugés et leur fanatisme; le pauvre petit Français dut subir le *tatouage,* opération très-douloureuse à laquelle il se résigna avec courage. Le voilà donc, bariolé de la tête aux pieds, devenu l'hôte, le compagnon intime des sauvages, et bientôt il devint l'objet de leur admiration. Robuste, bien constitué, il excella promptement dans tous les exercices de ces peuplades; doué d'une grande facilité, d'une aptitude rare et d'une mémoire prodigieuse, il apprit aisément leur langage : ce qui le mit à même de faire apprécier à ces hommes de la nature la supériorité morale qu'il tenait du commerce des sociétés. Après deux ou trois ans de séjour parmi ces Canadiens, Mézières, âgé de dix-sept ans à peine, était devenu le conseiller de toutes leurs actions, l'arbitre de tous leurs différends : ils n'entreprenaient rien sans le consulter. Enfin, le souverain de ce peuple étant mort au moment où notre Européen atteignait sa vingtième année, il fut élu par acclamation chef de la nation qui l'avait adopté. Ce prince gouverna avec beaucoup de sagesse pendant la paix; mais ce fut surtout dans une guerre que les Canadiens eurent à soutenir contre les Espagnols qu'il acquit des droits à la reconnaissance de ces sauvages. Depuis plusieurs années, Mézières, jaloux de se rendre digne de la confiance qu'on lui accordait, avait étudié la jurisprudence, la science du gouvernement et l'art de la guerre à l'aide de bons traités qu'il avait fait venir de l'Amérique européenne et secondé par les dispositions naturelles dont j'ai parlé. Le jeune chef remporta à la tête de ses troupes des avantages qui surprirent les Espagnols; ils ne pouvaient pas concevoir comment des combinaisons de tactique supérieures aux leurs s'étaient trouvées dans la tête d'un général sauvage. Ces Européens proposèrent la paix. Mézières lui-même se rendit au camp espagnol pour en stipuler les conditions. On voulut admettre un interprète dans le conseil. « C'est inutile, dit le chef, » Canadien dans la langue de Virgile, faites approcher seulement » quelqu'un qui n'ait pas oublié ses études... — C'est très-bien, » répondit avec une vive surprise un colonel présent à l'entrevue; et l'on discuta en latin. Après le premier entretien diplomatique, où ce singulier sauvage avait déployé autant d'esprit que de maturité, les Espagnols l'interrogèrent sur ce qui le touchait personnellement. Son récit les intéressa à tel point, qu'ils lui offrirent de l'attacher au service de Sa Majesté Catholique, lui promettant au début un grade élevé, et dans l'avenir une belle destinée. Mézières consentit à prendre ce parti; mais à condition que la paix serait conclue avec les Canadiens, dont il soutenait les intérêts. Le traité fut en effet signé : le chef canadien l'emporta, et, après avoir mis à jour toutes les affaires de son petit empire, il se sauva par une belle nuit et laissa son trône vacant.

Mézières était déjà gouverneur de la Louisiane, lorsqu'il fit un riche mariage qui le mit à même d'acheter de belles habitations et de satisfaire son goût pour l'étude en se formant une superbe bibliothèque. Après dix-huit ou vingt ans d'absence, l'ancien monarque canadien a reparu en France, où il vient recueillir une partie de l'héritage de sa mère.

J'ai vu ce curieux personnage chez la favorite : il est grave, mélancolique et comme gêné au milieu du tourbillon de la cour. Le roi se plaît à entretenir M. de Mézières; quelquefois il accompagne Sa Majesté à la chasse et lui donne le singulier spectacle d'un seigneur devançant à la course le plus alerte des lévriers de la meute royale. Un jour Louis XV, que M. de Mézières suivait à cheval dans une allée du parc de Marly, lui demanda s'il était habile à grimper sur les arbres. Pour toute réponse l'aventurier saute de son cheval, court à un chêne haut de quarante-cinq à cinquante pieds, et en moins de trois minutes Sa Majesté vit au sommet de l'arbre un gentilhomme richement galonné, qui était parvenu là avec une agilité dont un singe eût été jaloux. « Messieurs, dit le roi à ses courtisans, vous » avez beau être ambitieux, je défie au plus audacieux d'entre vous » de s'élever à cette hauteur. »

Le gouverneur de la Louisiane aime le faste, la parure : il a toujours des habits magnifiques. Des bagues du plus grand prix étincellent à ses doigts tatoués : on aperçoit à travers ses bas de soie les serpents peints sur ses jambes, et sa chemise en s'entr'ouvrant laisse voir les grandes fleurs dont sa poitrine est couverte. Les couleurs de tous ces dessins ineffaçables sont très-vives : elles sont tirées, dit M. de Mézières, de certaines plantes du Canada. Ce gentilhomme n'a pas conservé que ces traces de son séjour parmi les sauvages : il en garde un souvenir très-doux qu'augmente chaque jour la comparaison qu'il fait de leurs mœurs avec celles des nations civilisées. Mézières vit à peu près aussi sobrement que les Canadiens : il se plaît à suivre plusieurs de leurs habitudes; et réprimant, à leur exemple, la stérile superfluité des paroles, il exprime beaucoup de pensées en peu de mots.

Voici un autre jouet du destin qui a longtemps poussé la roue de la fortune avec une audace extraordinaire dans les chemins les plus hasardeux : c'est Mandrin, ce redoutable aventurier, qui, après avoir été tour à tour soldat, déserteur, faux monnayeur, contrebandier, a vu finir sa vie sur une autre roue, celle de la justice, le 24 mai dernier. La capture de ce héros de la fraude a failli rompre la bonne intelligence qui règne entre la France et la Sardaigne; bonne intelligence que Louis XV n'osa troubler, lorsqu'il était de sa dignité d'empêcher que Victor-Amédée, son grand-père, ne fût jeté dans une prison par un fils dénaturé. Mandrin désola la ferme pendant plus de dix-huit mois : il rançonnait partout ses suppôts, s'emparait d'eux s'ils ne payaient pas la contribution qu'il leur demandait, et les tenait captifs jusqu'à ce qu'ils se fussent engagés à s'exécuter. Sur leur engagement de le faire lorsqu'ils seraient libres il les relâchait; et s'ils manquaient à leur promesse c'en était fait d'eux, rien ne pouvait les soustraire à la vengeance de Mandrin. Mieux servi par ses agents que les tribunaux secrets de la vieille Germanie par leurs satellites mystérieux, ce contrebandier atteignait partout ceux qu'il appelait des *maltôtiers parjures*, qu'il faisait massacrer alors impitoyablement. Mais c'était seulement dans ce cas ou dans celui d'hostilité contre les troupes du roi que ce bandit permettait l'effusion du sang. Vingt fois Mandrin défit en bataille rangée de forts détachements et même des régiments entiers. S'il ne pouvait tenir contre eux, sa retraite était toujours si habilement combinée, si prudemment exécutée, que peu des siens tombaient au pouvoir de ses assaillants. Cet homme était un Pompée, un César égaré parmi des brigands, par compensation d'un Villeroi jadis fourvoyé à la tête des armées. La fortune avait jeté prématurément sur le grand seigneur un habit de maréchal de France qu'elle eût dû conserver pour l'obscur contrebandier.

Il avait été reconnu à peu près impossible de s'emparer de Mandrin par la force, on songea à s'en saisir à l'aide d'une ruse et d'une violation de territoire. Ce brigand, après ses expéditions, se retirait toujours dans les montagnes de la Savoie, se flattant d'y être en sûreté sur les terres d'un souverain étranger. Vaine espérance! Des volontaires de Flandre déguisés en paysans pénètrent un matin dans une chaumière de Saint-Genis-d'Ost, où Mandrin déjeunait avec une pleine sécurité : ils sautent sur ses armes avant qu'il eût eu le temps de se mettre en défense, le garrottent, le jettent dans une voiture et le conduisent à Valence en Dauphiné. Il était exécuté avant que le roi de Sardaigne eût appris cet enlèvement.

Charles-Emmanuel, informé de cette expédition, qu'il appelait avec quelque raison un attentat, envoya en toute hâte à Versailles un ambassadeur chargé de réclamer le bandit enlevé dans ses Etats; mais on ne pouvait plus rendre à Sa Majesté qu'un cadavre infect broyé par des barres de fer. Aussi le cabinet de Louis XV chercha-t-il tous les moyens d'éluder une réparation plus humiliante dans cette circonstance que dans toute autre. La capture de Mandrin fut attribuée à des commis de la ferme ayant agi de leur propre mouvement et sans le consentement de l'autorité. La cour de Turin ne se laissa point abuser par ces subterfuges : son envoyé devint de plus en plus menaçant; et la nôtre, toujours trop lente à s'inspirer à temps de sa dignité, fit de véritables excuses à Charles-Emmanuel, qui n'avait pas daigné nous donner une simple explication dans une affaire intéressant l'honneur de Louis XV. M. de Noailles fut député auprès du roi de Sardaigne avec la commission expresse de désavouer ce qui s'était passé sur son territoire. « Sa Majesté, ajouta l'ambassadeur » extraordinaire, a fait punir les *coupables* et n'a rien tant à cœur que » de resserrer les liens de l'amitié avec un souverain auquel l'unis- » sent déjà les liens du sang. » Que penser d'un prince commandant à vingt-cinq millions de sujets et qui parle un tel langage à un roitelet qui des fenêtres de son palais aperçoit de tous côtés les limites de ses Etats? Sans doute l'enlèvement de Mandrin fut une violation; mais c'était aussi contrevenir aux règles du bon voisinage que de donner refuge à un brigand avec la connaissance des excursions journalières qu'il faisait de cet asile sur les terres françaises : un roi devenu recéleur mérite peu qu'on ménage ses droits. Charles-Emmanuel, par un mépris public du frein de l'honneur, s'était mis lui-même hors la loi des nations. Louis XIV lui eût envoyé des explications par un maréchal de France à la tête de trente mille hommes, et l'Europe eût approuvé ce mode de justification.

Pendant les tristes négociations du cabinet de Versailles avec celui de Turin, madame la Dauphine est accouchée le 23 août d'un prince qui a reçu le nom de duc de Berry[1]. A cette occasion le roi, reconnaissant qu'il avait dépassé en cassant le parlement toutes les prérogatives de la couronne, supprima sa chambre royale et rappela la magistrature suprême, qui rentra à Paris aux acclamations d'une immense multitude. Quelle déplorable politique! Louis XV, après avoir agi en despote, découvrait par un retour subit sur lui-même tout le secret de sa faiblesse. Le prince qui s'est montré assez auda-

cieux pour se livrer à l'arbitraire doit avoir assez de courage pour en soutenir les œuvres, ou l'imprudent peut être écrasé sous le poids même de l'édifice despotique qu'il a élevé.

J'ai entendu égayer la convalescence de madame la Dauphine par le récit d'une anecdote récente : je la rapporte ici, parce qu'elle peint à merveille cette légèreté française, mêlée de folie et d'audace, qui, pour conduire à fin une plaisanterie, brave en riant et bienséance et danger. Deux jeunes gens se tenaient sur le seuil du café de la Régence, chantant le refrain du jour, faisant des mines aux jolies passantes, et se moquant sans pitié des passants. Une de ces petites voitures appelées *brouettes* vient à traverser la rue; elle renferme un gros, gras, rouge jeune homme, dont la santé florissante semble insulter à la maigreur du mercenaire qui le traîne en haletant par un temps superbe, et sur une voie publique aussi sèche que le parquet d'un salon.

« Ah! par la sambleu! s'écria un des deux observateurs, nommé Dorval, voilà un plaisant original, de se faire traîner en brouette par la plus belle journée d'été que j'aie vue depuis longtemps... C'est trop impertinent.

— Personne au moins, répondit en riant l'interlocuteur, n'a le droit de s'en formaliser.

— Non, mais je trouve cela scandaleux.

— Le mot est fort... Après tout, cet homme peut avoir ses raisons pour aller en brouette... Et qui pourrait l'en empêcher?

— Qui? moi, mon cher, car je suis piqué.

— Ah! la bonne folie! s'écria l'autre en éclatant de rire.

— Ne riez pas, reprit Dorval; je vous parie dix louis que j'arrête cet impertinent....

— Pour la rareté du fait, je tiens le pari.

— Pardon, monsieur, si je vous interromps, dit l'écervelé en s'avançant, le chapeau à la main, vers la chaise; mais permettez-moi de vous faire observer qu'il est bien singulier qu'à votre âge, et dans le cœur de l'été, vous vous fassiez traîner par un malheureux qui n'a que la peau sur les os.

— Permettez-moi, monsieur, répondit le jeune homme étonné, de vous faire observer, à mon tour, qu'il est bien plus étrange que vous fassiez cette observation.

— C'est qu'en vérité cela est trop bizarre.

— Bizarre ou non, répliqua le passant un peu impatienté, vous voudrez bien souffrir que je continue. Et, tout en parlant, il faisait signe à son limonier bipède de poursuivre sa route.

— Non, monsieur, non, reprit Dorval en s'opposant au départ de la voiture, je ne puis absolument prendre sur moi de vous voir en brouette par le temps qu'il fait; je ne le souffrirai point.

— Vous ne le souffrirez point!

— Bien décidément non.

— Ah! parbleu, nous allons voir! s'écria le jeune homme en s'élançant de sa boîte et en mettant l'épée à la main.

— Comme vous voudrez, monsieur, continua Dorval, qui déjà croisait le fer sans avoir cessé de rire.

— Eh bien! aurai-je enfin la liberté de courir les rues à ma guise! dit avec calme l'homme à la brouette, qui vit chanceler son adversaire blessé.

— Moins que jamais, répondit Dorval d'une voix un peu affaiblie, car vous êtes trop honnête assurément pour aller en brouette, quand vous vous portez si bien, quand je resterais à pied, moi qui suis blessé... » A ces mots, l'obstiné entre dans la chaise et se fait conduire chez lui... Il avait gagné son pari.

Tandis que M. de Lugeac racontait cette aventure auprès du lit de la Dauphine avec ce ton sérieux qui ajoute encore au charme d'une plaisanterie, je voyais le roi rire pour son compte dans l'embrasure d'une croisée en lisant l'adresse d'une lettre que Sa Majesté tenait à la main. Sollicité par l'accouchée de nous faire part de ce qui excitait son hilarité, Louis XV se fit prier un peu. La Dauphine n'en devint que plus pressante; le monarque, s'exécutant alors de bonne grâce, nous raconta ce qui suit :

« La fille du lieutenant de roi commandant à Landau est, à ce qu'il paraît, une jeune personne fort charitable envers son prochain : les officiers de la garnison le savent bien; mais il faut croire que quelques-uns d'entre eux auraient voulu dans la belle une charité moins expansive. Piqués de ses infidélités, ils firent mettre, un jour de l'hiver dernier, une lettre à la poste de Strasbourg pour le lieutenant de roi. Le dedans de la missive était en blanc; mais la suscription... elle est unique, la suscription. Ecoutez, mesdames et messieurs : *A monsieur, monsieur le chevalier de* ***, *commandant de Landau, et beau-père général de l'infanterie française*. » Il fallait entendre les éclats de rire autour du lit de la Dauphine.

J'ai dit que le roi, sans doute bien conseillé, avait senti que ses rigueurs contre le parlement pouvaient l'entraîner trop loin, et qu'à la naissance du duc de Berry, Sa Majesté s'était décidée à supprimer les chambres illégales créées *ab irato*, et à rappeler la véritable magistrature. A cette occasion, les courtisans chantaient très-haut la *clémence* de Louis XV. « Vous voulez dire sa *prudence*, » répondit un jour M. de Souvré, à qui l'on parlait de cette mesure. Le 2 septembre, parut une déclaration du roi anéantissant toutes les procé-

---

[1] Ce prince était Louis XVI. Il est digne de remarque qu'il naquit l'année même où les parlements, froissés dans leurs droits, exilés, emprisonnés, cassés, devenaient les ennemis secrets de la cour. La naissance de Louis XVI marquait donc le point de départ d'une révolution qui devait l'ensevelir lui-même sous les ruines de la monarchie.

dures commencées au sujet de la bulle *Unigenitus*, imposant au clergé un silence absolu sur cette matière, et chargeant le parlement de veiller à l'exécution de cet édit. C'était donner ouvertement gain de cause à *messieurs ;* aussi se hâtèrent-ils de faire le procès aux prêtres qui refusaient les sacrements. Un arrêt de la chambre des vacations condamna quinze chanoines d'Orléans à douze mille livres d'amende, pour avoir refusé d'administrer un de leurs confrères au lit de mort. La chose n'en resta pas là : cet ecclésiastique étant décédé sans avoir reçu les secours de l'Eglise, l'évêque d'Orléans, qui avait approuvé la conduite des chanoines par une lettre pastorale, fut exilé à sa terre de Meung. Il y a plus, le roi, très-bien avisé maintenant, à ce qu'il paraît, du danger que court la monarchie en violant les chartes du royaume, le roi prévint le parlement de la punition qu'il venait d'infliger à l'évêque d'Orléans. Un peu plus tard, M. de Beaumont, incorrigible comme tous les jésuites, n'en ordonna pas moins un refus de sacrements, et fut à son tour exilé au château de Conflans.

Dans ce même temps, c'est-à-dire vers la fin de novembre, Louis XV appela dans son cabinet les principaux constitutionnaires : « Je vous défends, leur dit-il, toute réponse à ce que je vais vous » dire : je veux la tranquillité dans mon royaume. Je vous ai imposé » silence sur les matières de jansénisme, ceux qui contreviendront à » mes ordres seront poursuivis suivant la rigueur des lois. » Les jésuites, selon leur habitude, s'inclinèrent jusqu'à terre; mais à peine sortis de l'audience royale, ils se relevèrent, et la fureur étincela dans leurs yeux naguère baissés. Ils avaient jusqu'alors troublé les consciences par esprit de secte, ils continuèrent de les troubler en haine du monarque qui *osait* les désapprouver, et le parlement continua de réprimer leur zèle turbulent.

Malgré toutes les concessions faites par la cour au parlement de Paris, le ressentiment fermente dans le cœur de ses membres : ils ne peuvent oublier ni l'emprisonnement de leurs présidents et maîtres des requêtes, ni l'exil de la grand'chambre, ni la création des juridictions bâtardes qui ont remplacé quelque temps la magistrature légale sur l'unique investiture du bon plaisir. Le dépit dort au palais, mais c'est un feu qui couve sous la cendre. Le parlement, froissé dans ses droits les plus chers, dans son honneur et jusque dans son existence, ne perdra pas de vue un instant qu'il peut exiger la convocation des états généraux; que ceux-ci ne parlent qu'au nom du peuple, et qu'alors le roi devient, ce qu'il devrait toujours être, le premier commis de la nation.

S'il peut être contesté que Louis XV soit un monarque habile à gouverner la France, il y aurait de l'injustice à ne pas reconnaître la supériorité de ce prince dans l'art de la cuisine ; c'est une vérité que je crois avoir démontrée ailleurs, et je me hâte d'ajouter que le roi n'est pas moins entendu dans l'arrangement des jardins : Choisy, Bellevue, Saint-Hubert, la Meute, Compiègne, mais surtout le petit Trianon, attestent éloquemment cette direction du goût de Sa Majesté. Les mémoires du directeur des bâtiments ne sont pas moins convaincants à cet égard. Or, les canaux des dépenses royales devenant de jour en jour plus larges sans que le fleuve d'or qui les alimente puisse grossir dans une semblable proportion, il arrive quelquefois que ces canaux sont à sec et que les plaisirs de Sa Majesté en souffrent. C'est ce qui arrive en ce moment au petit Trianon. Louis XV, se promenant, par une belle gelée, dans les jardins de cette aimable féerie, vers la fin de décembre dernier, vit qu'on négligeait d'achever des réparations commencées aux serres chaudes.

« Pourquoi néglige-t-on ces travaux? demanda le roi au jardinier Richard, qui, grâce aux affections agricoles de son maître, jouit d'une faveur égale à celle d'un premier gentilhomme.

— Sire, répondit ce singulier favori, M. le directeur des bâtiments évalue à quatre-vingt-dix mille livres ce qui reste encore à faire; et sa caisse étant, dit-il, à sec, les réparations de vos serres ont discontinué.

— Les voilà tous, messieurs les gens en place! Si l'argent cesse un moment de couler dans leurs mains, leur activité cesse comme le mouvement d'un moulin dont on a fermé l'écluse. A les entendre, le roi de France n'aurait pas plus de crédit qu'un simple commis des gabelles.

— Si cette entreprise me concernait, reprit Richard, je me ferais fort de la conduire à fin avec trente mille francs.

— Mais on me vole donc, Richard!

— Votre Majesté a trop de sagesse pour en douter.

— Eh bien! je vous charge directement de l'achèvement de ce travail, ne fût-ce que pour convaincre ces messieurs de friponnerie.

— Oh! sire, la conviction ne peut leur manquer... Mais de l'argent, je n'en ai point; je ne suis point intendant, moi.

— Eh bien! venez me voir demain, vers les dix heures; je vous *prêterai* les trente mille francs nécessaires pour réparer mes serres chaudes. »

Richard fut exact au rendez-vous, et Louis XV tirant la somme en or de son secrétaire la compta pièce par pièce au jardinier.

« Oh çà! mon cher, dit Sa Majesté en appuyant sur les mots, quand on payera, vous me rendrez cet argent, n'est-ce pas?

— C'est trop juste, sire, Votre Majesté ne doit pas supporter les dépenses de ses plaisirs..... c'est pour cela que le peuple travaille. »

Les travaux dirigés par l'intègre Richard ont été finis avant le 15 du présent mois de janvier, à la satisfaction du roi; et le trésorier de la couronne s'étant fait, volontiers ou non, un point d'honneur de rembourser une somme que le jardinier était censé avoir avancée, le monarque prêteur rentra dans ses fonds, dont il négligea généreusement de percevoir l'intérêt.

Les plaisirs champêtres n'occupent pas, à beaucoup près, tous les loisirs de Sa Majesté, et ceux du boudoir ne piquent pas à souhait la sensualité royale. Il est heureusement à la cour une récréation de toutes les heures, et qui ne manque jamais aux amateurs : c'est le scandale. Le petit lever est une véritable bourse, où les *articles* de cette nature ont un cours rapide. L'un de ces matins, Louis, encore au lit et entouré des *intimes*, faisait sauter avec précipitation l'édredon qui le recouvrait, tant il puisait d'hilarité dans un rapport de police qu'il se faisait lire. Ce jour-là, les prélats étaient sur le tapis : durant la semaine qui venait de s'écouler, l'évêque de Lavaur, traversant la halle dans sa voiture, avait été vivement frappé des charmes d'une jeune marchande de fraises qui sous son vaste parapluie de toile cirée lui avait semblé plus belle que Cléopâtre ne le parut jadis au Romain Antoine lorsqu'il approcha pour la première fois de son trône resplendissant. On n'a pas besoin d'être régent de France pour avoir à ses ordres un Dubois : certain abbé, qui flairait un bénéfice, promit à M. de Lavaur de lui amener la charmante créature. Le complaisant tonsuré soumit-il cette beauté plébéienne à l'examen auquel Richelieu assujettit il y a quelques années madame de la Popelinière, ou se borna-t-il à l'envoyer préalablement chez un étuviste, c'est ce que le rapport de police ne mentionnait pas. Quoi qu'il en soit, le voluptueux prélat vit entrer un matin dans sa chambre la petite marchande, fraîche comme ses fraises, et plus vermeille qu'elles; ce qui, pour une nymphe du marché des Innocents, si malheureusement caractérisé par son nom, ne laissait pas d'être d'un augure favorable. Jusqu'à quel point le galant mitré poussa-t-il la recherche des fraises? fut-il ou ne fut-il pas, dans ce moment, convaincu que la rougeur du teint est une enseigne trompeuse? le rapport se taisait encore sur ce point; mais on vit ressortir, au bout d'une heure, la jolie fille emportant un panier qui paraissait trop pesant pour ne contenir que la marchandise odorante qu'il renfermait ordinairement.

Le surlendemain, la demi-fortune du médecin Quesnay s'arrêtait à la porte de M. de Lavaur; le docteur ne fait pas à Sa Grandeur moins de trois visites par jour, et voilà qui prouve que les mœurs ne se conservent pas mieux en vendant des fraises à la halle qu'en chiffonnant des modes rue Saint-Honoré.

Cette aventure est bien scandaleuse pour un évêque; mais vous allez voir que l'austérité sacerdotale peut, aux yeux des malins esprits, avoir aussi son côté comique... Ayez donc des vertus apostoliques pour faire rire les mauvais plaisants! Le lecteur du roi, en tournant le feuillet, lut l'anecdote que voici :

Le poète Robbé de Beauverset ne fait que des vers érotiques : Vergier, Grécourt et Piron ont été ses uniques maîtres, et le public, au temps où nous vivons, ne peut manquer à ce rimeur licencieux. Mais M. de Beaumont, archevêque de Paris, a voulu sauver de la perdition les âmes que ce tentateur aurait pu pervertir; il a fait venir un matin Robbé :

« Monsieur, lui a-t-il dit, vous faites des vers?

— Oui, monseigneur.

— Très-libres, m'a-t-on dit.

— Quelquefois un peu plus, monseigneur.

— Pourquoi avoir adopté ce genre condamnable, au lieu de vous livrer à la poésie sacrée, comme Racine fils, par exemple?

— Je dirai sans détour à Votre Grandeur que les marchandises de cette espèce ne sont plus de débit.

— En quel temps vivons-nous! s'écria l'archevêque en se signant.

— Dans un temps où l'on s'occupe plus des plaisirs de cette vie que des béatitudes de l'autre; et à ce compte, monseigneur, mes rimes galantes feront plus de prosélytes que vos exhortations.

— Hélas! mon fils, je crains bien que vous n'ayez raison... Ecoutez, monsieur de Beauverset, je sais que vous êtes peu favorisé de la fortune; je vous assure une pension de douze cents livres...

— Votre Grandeur me fait l'honneur de me dire...

— Je dis qu'à dater de ce jour vous êtes le pensionnaire de l'archevêché.

— Pour mes vers...

— Ou du moins à cause d'eux.

— Je cherche l'intention canonique...

— A condition que si le malin esprit continue de vous pousser à rimer des pensées obscènes vous ne les livrerez pas à l'impression...

— Cinquante louis! c'est bien peu.

— Je vous donne quinze cents livres.

— Je pourrai du moins lire mes ouvrages manuscrits?

— Seulement à des hommes déjà sur la route de l'enfer.

— Monseigneur, les dames réclameront.

— Hélas! tant pis... Et le prélat se signa de nouveau.

— Allons, allons, dit gaiement le poëte, la latitude de publicité est assez belle; mon amour-propre de poëte sera à l'aise. J'accepte la pension de Votre Grandeur. »

Cette conversation eut lieu vers le commencement de l'année dernière, et, depuis lors, les quartiers du rimeur libertin ont été acquittés avec exactitude à la caisse épiscopale. Robbé, soupant il y a quelques jours chez le marquis de Marigny, y récita une épître extrêmement licencieuse : « Et pourtant, dit-il en faisant résonner de l'or » dans sa poche après avoir achevé sa lecture, voilà des louis de mon » bon archevêque... Mais je lui tiens parole, mon épître ne sera point » imprimée; je la lis seulement le plus souvent que je puis... Que » penserait cet honnête prélat, s'il savait que je partage ses bienfaits » avec une petite danseuse des Italiens! — C'est donc l'archevêque » qui m'entretient? me disait-elle hier dans sa loge en passant son » maillot couleur de chair... mon Dieu! mon Dieu! que c'est drôle! » et la folle riait aux éclats. »

Si l'on parle à Robbé de revenir sur sa vie licencieuse et de songer un peu à son salut : « C'est l'affaire de M. de Beaumont, répond-il; » j'ai fait comme les miliciens, j'ai mis un homme à ma place. »

Pauvre archevêque de Paris, comme on abuse de sa piété charitable! Passe encore si l'on ne s'en moquait pas; mais en tournant de nouveau le feuillet du rapport de la police, le lecteur de Sa Majesté initia les courtisans du petit lever au trait le plus comique qui ait jamais fraudé la charité chrétienne. Après un souper de petite maison dont mademoiselle *Lacaille*, actrice de la Comédie-Italienne, avait été convive, les jeunes amphitryons s'imaginèrent d'adresser cette demoiselle à l'archevêque de Paris comme une femme vertueuse, une excellente mère de famille, que Sa Grandeur pouvait recommander fructueusement à M. de Richelieu, premier gentilhomme de la chambre.

Plus hardie qu'un page, l'actrice court le lendemain à l'archevêché.

« Monseigneur, dit-elle au prélat, deux mots de Votre Grandeur à M. de Richelieu suffiraient pour me faire obtenir *demi-part*.

— Bon, j'entends, *demi-part*... c'est une portion plus forte dans les aumônes de M. le duc?

— Mais oui, monseigneur, à peu près.

— Çà, mon enfant, jeune et belle comme vous l'êtes, vous n'irez pas recevoir vous-même cette *demi-part* chez M. de Richelieu.

— Oh! non... Il y a pour cela un caissier spécial.

— A la bonne heure. Je vais donc vous donner une lettre pour M. le duc, bien que nous ne soyons pas intimement liés, comme bien vous le pensez. »

Que devint M. de Beaumont en recevant le soir même de M. de Richelieu la réponse suivante :

« Monseigneur,

» Je vous remercie bien sincèrement de l'intérêt que Votre Grandeur daigne prendre au Théâtre-Italien et à la demoiselle *Lacaille*, » sujet fort utile à ce spectacle, quoiqu'elle ait la voix un peu fausse. » Outre que la protection de Votre Grandeur recommande cette » demoiselle plus qu'un beau talent, elle est l'unique soutien d'un » jeune cousin qui a le malheur d'être un grand débauché, et sa » propre position est digne de sollicitude, car elle se trouve enceinte » de quatre ou cinq mois. La *demi-part* sollicitée par vous est accordée. »

Le favori avait tu cette aventure au roi de peur d'être accusé de jouer avec les choses sacrées; mais l'aventure datait déjà de huit à dix jours, elle ne présentait plus que son aspect plaisant : ce fut surtout en l'entendant que l'édredon de Sa Majesté sauta, soulevé par un rire presque convulsif.

Au moment où la guerre avec l'Angleterre paraît inévitable, par suite des hostilités de l'Amérique, c'est une grande perte que celle du maréchal de Lowendahl, mort le 27 mai à l'âge de cinquante-cinq ans. Ce vainqueur de Menin, d'Ypres, de Furnes, de Fribourg, de Gand, d'Ostende, de Neuport, de l'Ecluse, de Berg-op-Zoom; ce guerrier illustre, qui pouvait revendiquer une part notable des lauriers de Fontenoy, eût rendu d'éminents services dans les nouvelles campagnes qui se préparent. Aucun officier général n'est propre à remplacer ce grand capitaine; aucun même ne semble assez expérimenté pour supporter le poids d'un commandement en chef. La France ne peut jamais manquer de bras valeureux; mais elle éprouve en ce moment une disette trop évidente de têtes dirigeantes.

Lowendahl préoccupé, dans ses derniers moments, de l'embarras où Louis XV allait se trouver, fit entendre à ceux qui l'entouraient cette phrase à peine articulée : « Dites de ma part au roi qu'il doit » prendre l'initiative des hostilités, il vaut mieux attaquer en pre» mier que de se laisser battre en second. »

Sa Majesté a donné au comte de Lowendahl, fils de l'illustre maréchal, le régiment d'infanterie qui portait son nom, la veuve obtient une pension de vingt mille livres.

On n'a point suivi le dernier conseil du héros de Berg-op-Zoom; ce sont les Anglais qui ont commencé les hostilités, sans manifeste préalable, par la prise du vaisseau *l'Alcide* sur le banc de Terre-Neuve. La défense de ce vaisseau fut molle, peut-être nulle, car l'officier qui le commandait n'avait pas reçu l'ordre de se battre. L'amiral anglais Boscawen, informé de cette particularité par un parlementaire, n'en enleva pas moins *l'Alcide*; ce à quoi Louis XV riposta par un trait de niaise générosité. Une frégate de l'escadre de Brest avait pris une frégate anglaise : « Qu'on relâche cette prise, » s'écria Sa Majesté en apprenant une si légitime capture; je ne veux » pas être le premier en Europe à faire la guerre en temps de paix. » Le capitaine anglais, à qui on rapporta cette phrase magnanime, haussa les épaules de pitié. « Bonjour donc, messieurs les Français, » dit-il en faisant hisser ses voiles; voilà qui est fort beau, mais con» seillez à vos navigateurs marchands de ne pas tomber sous ma » main. »

Le cabinet de Georges II calculait mieux que celui de Louis XV la position intolérable où se trouvaient les deux nations dans leurs relations entre elles : la mésintelligence qui régnait en Asie parmi les gouverneurs ou les chefs des troupes, les combats acharnés qui se livraient au Canada, tout proclamait la proximité, je puis même dire l'opportunité d'une guerre. Cependant la modération chevaleresque de Louis XV persista longtemps, il ne s'avisa de sa dignité qu'après s'être fait enlever deux cent cinquante vaisseaux du commerce et plus de quatre mille matelots.

Encore, avant d'en venir à une déclaration formelle, le roi fit-il adresser, par son ministre de la marine, à sir Fox, ministre des affaires étrangères, un mémoire tendant à obtenir satisfaction des prises ou plutôt des brigandages dont les Anglais s'étaient rendus coupables. Le ministre anglais jeta la note dans un carton, après avoir égayé deux ou trois *punchs* de son contenu *bénin*; la réponse fut ajournée, et les captures continuèrent.

Le silence de l'Angleterre était un témoignage de rupture ou de perfidie; les intentions pacifiques et la bonne foi ne se manifestent pas par ces lenteurs. Le roi sentit qu'il fallait enfin se préparer à la guerre; divers expédients furent employés pour se procurer les moyens de la soutenir. Indépendamment d'un emprunt de trente millions, à trois pour cent d'intérêt, effectué sur les postes, on se procura des sommes assez fortes en taxant les charges de secrétaires du roi au grand et au petit collège. Jamais impôt ne sembla plus légitime : d'abord il ne frappait que sur des riches, et la matière imposable était une gent bouffie d'orgueil qui devait payer l'objet de sa vanité. De plus, la ferme générale prêta au roi soixante millions, à quatre pour cent, à condition que le bail, près d'expirer, serait renouvelé en sa faveur; les services rendus par la finance ne sont jamais exempts de calcul.

MM. les fermiers généraux ne se bornèrent pas à cette condition; ils exigèrent la suppression des sous-fermiers, afin d'être seuls les maîtres des fermes et de disposer de tous les emplois qui s'y rattachent. Tout ce que ces financiers avides ont demandé est accordé : leur nombre est porté à soixante, et le prix de leur bail demeure fixé à cent dix millions.

Tandis que tous ces arrangements financiers se concluaient, l'abbé de Bernis, homme agréable, souple et subtil, qui fut quelque temps envoyé diplomatique à Venise, revenait de cette résidence, rappelé par la confiance de madame de Pompadour, qui, dit-on, attache beaucoup de prix aux grands airs et aux petits vers de ce diplomate tonsuré. Bernis négocie en ce moment à Paris, de tiers avec la favorite et l'Autrichien Kaunitz, une alliance entre les cours de Vienne et de Versailles. Mais comme les négociations commencent à prendre une certaine consistance, le grave Allemand a laissé entrevoir que ce n'était pas assez pour le conduire à fin que le concours d'une maîtresse du roi et d'un ecclésiastique musqué. En conséquence, un comité diplomatique vient de se former : il est composé de MM. de Bernis, de Machault, de Rouillé, de Séchelles et de Saint-Florentin, qui délibèrent, dans le plus grand secret, d'une affaire connue de tout le monde. Il existe bien un autre comité, contraire à la négociation; triumvirat formé de MM. de Puysieux, d'Argenson et de Saint-Séverin. Mais la favorite a promis de se débarrasser de ces dissidents, et M. de Kaunitz a promis l'influence de sa cour.

Deux princes de la famille royale sont morts dans le courant de septembre, à peu de jours de distance; mais un seul des corps illustres a été descendu dans les caveaux de Saint-Denis : c'est celui de madame Zéphyrine de France, fille de M. le Dauphin. Cette princesse, âgée de cinq ans, n'a respiré qu'un moment le parfum des grandeurs; son innocence n'en a connu que la suavité, ses jeunes sens se sont éteints avant qu'elle en fût enivrée. Le prince de Dombes, fils de feu le duc du Maine, a suivi de près au tombeau la petite-fille de France; sa dépouille mortelle repose sous les dalles d'une église de Fontainebleau. M. de Dombes avait succédé à son père dans la charge de grand maître de l'artillerie, et dans celle de colonel général des Suisses et Grisons : la première est supprimée; la seconde passe à M. le comte d'Eu.

Cette Altesse légitimée laisse peu de regrets : c'était un de ces hommes assez bons pour n'être pas haïs, trop peu bienveillants pour être aimés... Sa mort n'est qu'une nouvelle.

Heureusement la mort ne moissonne pas sur la terre sans compensations; une divinité dont les procédés sont aussi doux que les siens sont cruels, la création, produit plus que cette messagère des ténèbres ne détruit. La Dauphine donna le jour, le 17 novembre, vers trois heures du matin, à Louis-Stanislas-Xavier [1]. Je ne sais si la naissance de ce prince promet un nouveau bienfaiteur de l'humanité, ou seulement un de ces flambeaux d'illustration qui brillent sans chaleur; mais l'époque de son arrivée dans les régions de la vie sera marquée sur les éphémérides par une immense tache de sang. Un affreux tremblement de terre, qui s'est fait sentir en même temps en Afrique et dans le midi de l'Europe, vient de couvrir une partie du Portugal de cadavres, de cendres et de décombres. Plus de la moitié de Lisbonne est renversée sur ses fondements, et trente mille habitants ont été victimes de cette terrible convulsion du globe.

Le ciel des bords du Tage offrait un azur sans tache; la matinée était pure, brillante; les orangers, chargés tout à la fois de fleurs et de fruits sous cette latitude privilégiée, répandaient dans l'air leurs

Le messager trouva madame de Pompadour causant avec sa confidente de l'événement de la nuit.

délicieuses émanations, tandis que l'orgueilleuse métropole du Portugal montrait de loin aux navigateurs ses tours mauresques et ses mille clochers. Tout à coup un bruit étrange, un bruit souterrain, semblable au roulement lointain de la foudre, retentit sous les pieds d'une foule active; les Portugais qui circulent dans les rues de Lisbonne chancellent sur leurs jambes tremblantes, et tombent écrasés sous les matériaux des maisons, des palais, des temples qui s'écroulent avec un horrible fracas. La population éperdue veut chercher un refuge dans les vaisseaux qui couvrent le Tage; mais, soulevé par la puissance malfaisante déchaînée au sein de la terre, il rejette et brise sur ses rives tout ce qui flottait à sa surface. La mer elle-même s'élance en montagnes menaçantes hors de son lit; elle entraîne avec elle arbres, édifices, peuples, bétail. Des vaisseaux du premier rang, que les flots ont emportés, se retrouvent à deux lieues dans les terres, au milieu des bois et des vergers. Mais, le croira-t-on? ces ondes égarées, qui courent envahir la plaine, elles disparaissent aussitôt, dévorées par de vastes précipices qu'un autre élément, un feu tantôt bleuâtre, tantôt rouge comme du sang, ouvre de toutes parts... Les êtres vivants s'abîment aussi dans ces terribles sépultures en poussant des cris lamentables, auxquels se mêlent les mugissements, les plaintes inarticulées des animaux.

Cette forêt de flèches portant des croix pieuses, impuissantes contre le courroux céleste; ces pyramides, ces dômes, ces tours qui signalaient orgueilleusement au voyageur la populeuse, l'opulente Lisbonne, ils ont disparu: l'horizon de cette capitale sera vide de monuments pour l'étranger qui s'en approchera.

Mais quel est cet être bienfaisant, qui, s'élevant sur des ruines

<hr>

[1] Depuis Louis XVIII.

fumantes, apparaît comme un Dieu de miséricorde aux Portugais encore vivants? C'est le fils d'un roi, qui, contre l'habitude des princes, sent que son rang lui impose une mission de secours et de charité, même au péril de la vie. « Suivez-moi, monsieur, a-t-il dit au ministre Piombal, allons sauver ceux que le fléau n'a point encore atteints. » Et soudain il s'est élancé parmi les débris qui s'entassent, au mépris de ceux que des secousses continuelles font pleuvoir autour de lui. Quel pinceau assez vigoureux, assez terrible, assez déchirant, reproduira les scènes dont le prince est acteur ou témoin? Ici le vieillard paralytique va périr sans secours sur son lit mobile auquel l'enchaîne la maladie, lorsque Bragance paraît et l'arrache au trépas. Plus loin une noble Portugaise, dont le jeune héros admira plus d'une fois les formes élégantes sous les plis d'une robe jalouse, s'offre à lui nue, prodigue de charmes, emportant un fils au berceau à travers les flammes qui consument son palais, et qui déjà ont consumé sa brune chevelure. Ce n'est qu'après avoir remis l'enfant dans les bras de l'Altesse secourable que cette infortunée aperçoit le corps de son époux écrasé sous le poids d'un chapiteau corinthien, naguère ornement de luxe, maintenant instrument de mort. Ailleurs Bragance menace de trancher par le glaive les liens impurs qui unissent une jeune religieuse violée à un moine, assez audacieux, dans sa luxure sacrilége, pour faire un lit de voluptés d'un théâtre peut-être universel de destruction. Plus heureux sur un autre point, le prince enlève de sa couche innocente la vierge dont le fléau n'a point encore troublé le sommeil. Pressée par les bras libérateurs, elle s'éveille, effrayée d'abord de sentir son sein nu palpiter contre celui d'un beau jeune homme; mais elle devine bientôt tout ce qu'elle lui doit en voyant autour d'elle des monceaux de décombres et de morts. Hélas! dans combien de lieux Bragance et ses généreux compagnons arrivent trop tard d'un instant! Que de vertus, que de talents, que de beautés ils voient frapper mortellement, lorsqu'ils n'ont plus qu'un pas à faire pour leur tendre la main du salut! Jetons un voile sur cette funèbre partie du tableau.

Les courriers du cabinet apportent à toute heure des détails de plus en plus sinistres de la péninsule espagnole: non-seulement tout le Portugal a ressenti l'atteinte du tremblement de terre, mais Cadix en a souffert. La mer, en s'élevant au-dessus de la chaussée qui la contient sur cette côte, a tout entraîné dans son débordement. Le littoral de l'Afrique, dont quelques embarcations apportent journellement des nouvelles en Espagne, a été ébranlé; la terre ouverte subitement près de Maroc a enseveli une population entière d'Arabes; Fez et Méquinez n'ont pas été moins maltraitées que Lisbonne. Enfin les journaux nous apprennent que toute l'Europe a été avertie du funeste événement que je viens de retracer: des secousses ont eu lieu partout; et elles ont été plus ou moins fortes, selon l'éloignement ou la proximité du principal foyer de l'explosion.

Les hommes ne se trouvent pas assez affligés par les convulsions de la nature, par les maladies, par les calamités semées abondamment sur les routes de la vie, il faut qu'ils ajoutent à tant de maux par les dissensions sociales. Nous avons vu renaître cette année, plus envenimées que jamais, les querelles déplorables, entre le clergé et le parlement, pour refus de sacrements aux appelants de la bulle, ou plutôt à tous les fidèles qui ne le sont pas selon le vœu des jésuites. Les décrets de prise de corps lancés contre les prêtres ont été plus nombreux que jamais, sans avoir ramené ces ecclésiastiques ni au respect des bienséances ni aux sentiments d'une véritable charité. Louis XV, toujours indécis, toujours flottant entre la crainte de s'aliéner les parlements et l'appréhension de déplaire à la compagnie de Jésus, a voulu répandre sur le mal un baume palliatif en défendant la controverse sur toute matière religieuse, et en renvoyant les auteurs des refus de sacrements devant les juges ecclésiastiques. Amnistie générale était accordée pour le passé. Ce terme moyen ne satisfit ni l'un ni l'autre parti: les jésuites se montraient absolus dans leurs prétentions; *messieurs* ne l'étaient pas moins dans leur opposition. Mais si le roi craignait les parlements, qui, à la rigueur, tueraient tout au plus la monarchie, il craignait davantage les enfants d'Ignace, qui ne se font pas scrupule de tuer les souverains. Dans cette perplexité Sa Majesté crut devoir tenir un lit de justice, remède extrême qu'on applique trop souvent sans succès. Louis XV ne nagea pas précisément entre deux eaux dans cette solennité, les jésuites y furent plus favorisés que le parlement. Après avoir fait enregistrer sa dernière déclaration, le roi rendit un édit portant suppression des chambres du parlement et des présidents des enquêtes. Certes les sectateurs de la bulle devaient être satisfaits de cette brèche faite par la monarchie dans les rangs de leurs adversaires; ils ne le furent point. La secte jésuitique murmura contre le roi et forma secrètement une *sainte ligue* où tout bon moliniste fut tenu de s'enrôler. Tous les excès qu'on avait voulu prévenir continuent.

Il est temps de détourner les yeux de tant de tableaux lugubres ou honteux; reportons-les sur le théâtre, qui contribue à nous en consoler. Les comédiens français ont donné cette année *l'Orphelin de la Chine*, tragédie que Voltaire a lancée du pied des Alpes dans notre système littéraire après l'avoir fait représenter, à l'essai, sur le théâtre de son aimable solitude des *Délices*. Un mot sur la vie du poëte illustre depuis sa dernière retraite de la cour de Louis XV. Voltaire est, comme on sait, un grand philosophe, un sage essentiellement ami des mœurs simples et pures. Toutefois sa philosophie ne se trouve à l'aise que dans un hôtel, et ne se laisse guère affriander que par les séductions dorées. Congédié de Versailles, l'auteur de *la Henriade* s'achemina en 1750 vers Berlin, où Frédéric II, admirateur de son talent, le sollicitait depuis longtemps de se rendre. Là, notre Platon de bonne société rendit sa philosophie aussi souple à l'urbanité du monarque prussien qu'elle l'avait été devant la fierté du roi de France... Après avoir été *galonné* gentilhomme de la chambre à Versailles, il fut *regalonné* chambellan à Potsdam.

Voltaire pouvait être heureux à la cour d'un prince appréciateur des qualités réelles et peu soucieux de conserver cette fadaise de grandeur au-dessus de laquelle Louis XV ne sait pas se mettre. Mais

Je vous préviens que si on nous ôte la danse, on nous coupe la parole.

le grand écrivain s'abusa bientôt sur le chemin qu'il avait fait dans les affections du roi : il lui laissa entrevoir trop souvent qu'il ne voyait en lui que le confrère en Apollon. Or un roi veut bien oublier de temps en temps qu'il l'est; mais il tient essentiellement à ce que les courtisans qui l'approchent ne l'oublient pas. Le sans-façon poétique de Voltaire lui fit perdre beaucoup de son crédit dans l'esprit de Sa Majesté prussienne, crédit que diminuèrent davantage ses dissensions avec le savant Maupertuis. Enfin une circonstance qui tenait de près à l'honneur de la famille royale vint, dit-on, achever la disgrâce d'un homme de génie qui n'avait pas eu l'esprit de conserver une faveur à laquelle il tenait pourtant, parce qu'elle était féconde. La princesse Amélie, sœur du roi, ne faisait point de vers, mais elle était faite pour en inspirer de fort brûlants. Voltaire eut la mauvaise pensée de lui adresser cette espèce de déclaration :

> Souvent au plus grossier mensonge
> Se mêle un peu de vérité :
> Cette nuit, dans l'erreur d'un songe,
> Au rang des rois j'étais monté;
> Je vous aimais alors, et j'osais vous le dire...
> Les dieux à mon réveil ne m'ont pas tout ôté,
> Je n'ai perdu que mon empire.

Ce madrigal est charmant; mais les beautés qu'il renferme ne sont pas au nombre de celles qui séduisent Amélie de Prusse, le goût de cette princesse s'est prononcé d'une tout autre manière : les six pieds deux pouces du baron de Trenck, sa face carrée, ses mollets d'Hercule, voilà les séductions qui captivent cette beauté allemande; et le frêle Voltaire, le Voltaire constamment tenu au régime des bouillons de poulet, ne pouvait inspirer qu'une dédaigneuse indifférence à Son Altesse Royale. Aussi se montra-t-elle fort scandalisée d'une déclaration assez directe de la part d'un poëte sans naissance et sans gras de jambes. Amélie le dénonça au roi son frère.

Ce fut alors, assure-t-on, que toute la majesté royale se réveilla, irritée et menaçante, chez le grand Frédéric : il oublia les conseils ou pour mieux dire les leçons de l'illustre écrivain, et ne vit plus que l'insolente audace du fils obscur d'un trésorier de la chambre des comptes. Voltaire dut quitter en toute hâte Berlin, de peur d'ajouter la *peau d'un poëte* aux objets rares que renfermait le cabinet du roi; ce dont Frédéric l'avait fait menacer, si la chronique scandaleuse n'a pas ajouté ce point de broderie à l'anecdote que je viens de rapporter.

Peu de temps après, Voltaire ayant acheté une terre près de Genève, afin d'être à portée des presses européennes de cette ville, se mit à écrire contre tous les contemporains qui excitaient ses ressentiments, Frédéric II compris. Il écrivit aussi pour l'instruction et les plaisirs d'un public qui affectionne tout ce qui tombe de sa plume élégante et spirituelle, public dont la postérité partagera à cet égard les affections. Revenons à *l'Orphelin de la Chine*, que Voltaire a compris dans le bagage de nos plaisirs.

On a prétendu que l'auteur de cet ouvrage s'était inspiré d'un roman anglais intitulé *Oronoko*, dont M. Saint-Lambert a donné une imitation française sous le titre de *Ziméo*. Mais la tragédie nouvelle est bien plus évidemment imitée de *l'Orphelin de Tchao*, pièce chinoise traduite en français par le jésuite Prémare. Ce poëme asiatique n'est pas seulement une composition dramatique d'un puissant intérêt, c'est aussi un monument propre à faire connaître les mœurs de la Chine mieux que toutes les relations publiées sur ce vaste empire. Il faut encore remarquer que cet ouvrage est écrit dans la langue des mandarins vers le quatorzième siècle et que ce dialecte n'a point encore changé, tandis que nous entendons à peine aujourd'hui le français qu'on parlait du temps de Louis XII. *L'Orphelin de Tchao*, comme les tragédies de Shakspeare et de Lopez de Vega, comprend

— Pourquoi néglige-t-on ces travaux? demanda le roi au jardinier Richard.

un espace de vingt-cinq ans; action que nos littérateurs se sont beaucoup trop hâtés d'appeler une monstruosité, pour adopter une règle étroite qui rend l'intérêt impossible ou invraisemblable. On reviendra un jour sur ce préjugé, et l'on sentira que la division des actes rend un intervalle de cinq ou dix ans aussi admissible que l'écoulement de cinq ou dix heures pendant le cours de vingt minutes.

Voltaire, en francisant la marche et le plan de *l'Orphelin de la Chine*, a conservé l'intérêt de l'original : cette tragédie est une de celles où ce poëte a réuni le plus de situations fortes et attachantes. Le style en est noble, majestueux et teinté d'un orientalisme qui n'est pas sans charme. Cette composition mérite le succès qu'elle a obtenu; mais l'auteur doit une partie de ses lauriers à mademoiselle Clairon, qui dans cette pièce a laissé derrière elle toutes les tragédiennes qu'on vit avant elle sur la scène française.

La célèbre actrice ne jouait pas dans *l'Orphelin de la Chine* lorsqu'en 1754 Voltaire fit représenter cette tragédie sur son théâtre des

Délices, aussi le grand Montesquieu, présent à cette représentation, s'endormit-il durant une des plus belles scènes de l'ouvrage. Piqué au vif de ce sommeil inopportun de l'auteur de *l'Esprit des Lois*, Voltaire lui jeta son chapeau à la tête en s'écriant : « Il se croit à » l'audience ! » Montesquieu s'éveilla en sursaut, reconnut qu'il avait manqué à l'amour-propre irritable du poëte, et s'excusa de son mieux en se frottant le front.

C'est dans le courant de l'année qui se termine que Lekain et mademoiselle Clairon ont tenté d'opérer une révolution dans les costumes du théâtre. Ces deux acteurs ont trop de talent pour n'avoir pas reconnu dès longtemps tout ce que l'accoutrement actuel des personnages tragiques, sujet de dérision pour les étrangers, apporte d'obstacles à la fidélité des représentations. En effet, qui peut voir sans dégoût le tyran Polyphonte coiffé d'un chapeau surmonté d'un gros panache de plumes rouges, et qui laisse échapper une vaste perruque poudrée à blanc ! Quelle illusion peut produire ce personnage grec en bas rouges roulés au-dessus du genou, en gants jaunes garnis de franges d'or, en justaucorps gris de lin, doublé et bordé de rouge, avec une écharpe de la même couleur ! Si l'on m'offre Hippolyte, il faut me résigner à l'accepter sous ce justaucorps rose ou bleu de ciel, doublé de satin blanc, et dont les basques s'arrondissent sur deux petits paniers appelés *tonnelets*. Une princesse et sa confidente entrent-elles en scène, ma longanimité doit se prêter bénévolement à l'arrangement, d'une lenteur démesurée, et accompagné de *frou frou*, que nécessite l'amas d'étoffes dont ces femmes sont couvertes. Grâce à cet échafaudage de toilette, une partie du talent des actrices consiste à gesticuler, dans la chaleur du dialogue, sans que leurs paniers, toujours prêts à se choquer, se donnent de trop rudes secousses. Point de succès au théâtre, malgré les inspirations les plus dramatiques, si dans les mouvements précipités la tragédienne ne sait pas rejeter lestement en arrière avec le pied l'incommensurable queue de sa robe ; et plus d'une actrice, d'ailleurs excellente, a fait une chute, tragiquement parlant, pour s'être embarrassé les jambes dans cette malencontreuse queue, et s'être laissée tomber très-physiquement sur les planches. De plus, il est bien entendu qu'*Émilie*, *Phèdre* et *Ariane* doivent donner le ton à la ville des coiffures adoptées à la cour : édifices toujours soignés, auxquels il faut bien se garder de porter la moindre atteinte dans les transports de la colère ou dans les convulsions de la douleur.

C'est avec ces bizarres mascarades que Corneille et Racine sont joués depuis cent ans : la cour de Louis XIV n'en fut jamais choquée, parce qu'elle retrouvait avec plaisir au théâtre les modes qu'elle affectionnait. Ces intolérables anachronismes de costume, ont été tolérés ensuite par la force de cette insouciante manie qu'on nomme l'habitude ; paresse de l'âme, qui, contre le vœu de l'intelligence, tue souvent les progrès de l'esprit humain. Certes, on sentait bien durant le grand siècle qu'*Auguste* ne devait pas être habillé comme un lieutenant général des armées du roi et qu'*Aricie* ne devait pas faire tailler sa robe sur le patron de celles de madame de Montespan. Mais personne n'osait entreprendre la réforme, parce que le public avait l'habitude de voir ces costumes modernes sur des personnages antiques.

Lekain et mademoiselle Clairon, acteurs chéris du public, essayèrent d'opérer cette révolution ; mais ce ne fut pas d'abord sur la scène qu'ils l'entreprirent : ils eurent soin auparavant d'en raisonner dans les cercles de Paris. Ils commencèrent par opposer à l'habitude les charmes d'une diversité non moins chère aux Français, la variété. « Les spectacles, disaient-ils, deviendront plus pompeux, plus flat» teurs par la diversité des ajustements : la raison elle-même doit » rechercher un rapport satisfaisant entre l'appareil qui frappe les yeux » et l'intérêt qui cherche le chemin du cœur, quand même la vérité » historique ne serait pas un besoin pour la vue comme pour l'âme. » On ne laissa point ce raisonnement sans réponse. « Il faudrait savoir » avant tout, disait-on aux réformateurs, si l'exactitude des habits ne » nuira pas à la majesté théâtrale ; nous y tenons essentiellement, nous » autres Français, et, s'il faut tout dire, nous aimons mieux à la scène » une vérité élégante qu'une vérité rigoureuse. Voilà peut-être le » secret de ce que vous appelez des anachronismes de costumes ; et » croyez-vous que, sous ce rapport, il soit difficile de les excuser ? » Non, sans doute ; car, après tout, il n'est pas plus extravagant de » faire porter à *Néron* ou à *Mithridate* un chapeau à trois cornes et » un haut-de-chausse que de les faire parler en vers rimés scrupu» leusement deux à deux. »

Cette opposition de la société la plus distinguée, la plus instruite fit sentir aux deux célèbres acteurs que le temps n'était pas venu où l'on pourrait sans danger réhabiliter la vérité historique sur la scène française. La réforme projetée se réduisit pour les hommes à jeter quelquefois un manteau court sur le justaucorps des héros de l'antiquité et à les coiffer d'un casque de dragon, sous lequel on apercevait des cadenettes fort peu héroïques. Les femmes osèrent risquer dans la tragédie la suppression des gants : plusieurs actrices le firent même volontiers, parce qu'elles avaient de beaux bras à montrer. Les dames grecques ou romaines se défirent avec plus de peine du large mouchoir blanc, qu'on avait jusqu'ici regardé comme le signe indispensable du genre tragique ; il devait en effet résulter de cette inno-

vation un surcroît de difficultés pour les actrices qui ne savaient que faire de leurs mains : toutefois les mouchoirs disparurent. Mais la réforme se borna à ces changements ; personne n'osa porter atteinte aux paniers, qui continueront peut-être longtemps encore à braver le bon sens et le goût comme des citadelles imprenables bravent les assiégeants.

Parmi les opposants les plus obstinés qu'ait rencontrés la réforme théâtrale, il faut compter les comédiens amateurs des cabinets de Versailles. Ces acteurs illustres ne se soucient nullement de s'imposer un nouveau travail quand ils n'ont plus que des éloges à recueillir ; car les spectacles des petits appartements font fureur, et n'y obtient pas des rôles qui veut. Le roi a dressé lui-même une longue liste d'aspirants comédiens, et nos jeunes seigneurs tiennent presque autant à s'y faire inscrire que les chanoines de Notre-Dame tiennent à voir leur nom sur la feuille des bénéfices. On va juger de l'exactitude de ce que j'avance.

Madame du Hausset, première femme de chambre de la favorite, sollicitait depuis longtemps dans les bureaux de la guerre une petite lieutenance de roi pour un de ses parents. Madame de Pompadour, assez mal avec M. d'Argenson, ne veut rien lui demander ; le brevet du parent de madame du Hausset pouvait rester indéfiniment dans les cartons. Lasse enfin d'être tourmentée à cet égard par sa famille, cette dame se rendit un matin chez le ministre et lui remit un nouveau mémoire. D'Argenson reçut très-froidement une solliciteuse qu'il savait tenir de près à madame de Pompadour : les mots vagues, les si, les mais, abondèrent dans le bref entretien qu'il accorda ; madame du Hausset sortit persuadée qu'elle venait d'enfoncer encore dans les cartons le brevet de son pauvre cousin. Elle se retirait tristement, lorsqu'un jeune marquis, qu'elle venait de rencontrer dans le cabinet du ministre, courut après elle avec empressement.

« Madame, lui dit-il, vous désirez un commandement : il y en a un de vacant, mais il m'est promis pour un de mes protégés.

— En ce cas, je ne vois pas, monsieur...

— Ecoutez-moi, je vous prie : j'ai la parole du ministre ; mais si vous voulez me faire obtenir une autre grâce, la lieutenance de roi est à vous.

— Si la chose dépend de moi...

— Un seul mot de madame la marquise de Pompadour, et je réussis.

— Enfin, monsieur le marquis, de quoi s'agit-il ?

— Je voudrais être exempt de police.

— Vous !

— Ah ! la chose n'est pas facile ; j'ai pour concurrents deux comtes et un duc.

— Je crois bien, monsieur, que la plaisanterie est heureuse, mais j'avoue que je ne la comprends pas.

— Ce n'est pas une plaisanterie, madame ; cela concerne les plaisirs, et vous savez que les plaisirs sont quelquefois des affaires sérieuses. Voici la chose : on va jouer *le Tartuffe* dans les cabinets, le rôle de l'exempt n'est pas donné ; que madame de Pompadour l'obtienne pour moi, et votre parent est nommé à la place de mon protégé. »

Madame du Hausset ne promit rien ; mais elle raconta l'anecdote à la favorite, qui la redit à Louis XV. Sa Majesté accorda le rôle au marquis, parce qu'elle trouva plaisant de faire faire un lieutenant de roi par un exempt de comédie.

Le nouvel acteur des cabinets dit avec une chaleur entraînante :

> Remettez-vous, messieurs, d'une alarme si chaude ;
> Nous vivons sous un prince ennemi de la fraude...

Ce dernier vers surtout enleva tous les suffrages par l'intelligence avec laquelle l'application était indiquée..... Enfin le roi fut si content d'avoir été signalé comme un *prince ennemi de la fraude*, que peu de jours après cette représentation il nomma le marquis maréchal de camp au détriment de cinquante colonels plus éclairés et plus anciens que lui.

CHAPITRE XXV.
1756.

La chanoinesse de B*** auteur du troisième manuscrit des Chroniques. — Elle est la petite-fille d'*Andromaque*, de *Phèdre* et de *Britannicus*. — Le pan d'habit. — La petite maison de mademoiselle Clairon. — Un archevêque l'épée au côté. — Préparatifs de guerre. — La politique de l'Europe renversée. — Terreurs de l'Angleterre. — Le général des chauves-souris — Galanteries ecclésiastiques — Conquête de Minorque. — Le maréchal de Richelieu devenu un héros ailleurs que dans les boudoirs. — Le baiser de Judas. — Lit de justice ; opposition parlementaire. — Lamoignon de Malesherbes. — Conquêtes de Frédéric II en Saxe. — Violation des archives de Dresde. — Le Platon de madrigal. — Portrait du grand Frédéric. — Nouvelles sectes de *convulsionnaires*. — Les filles crucifiées. — Encore les *Nouvelles ecclésiastiques*. — Point de départ de la révolution française. — L'amiral Bing. — La messe de minuit de Saint-Sulpice. — *La Coquette corrigée* de Lanoue. — Confection d'une nouvelle carte de France.

Il y a deux ou trois ans, M. le comte de B***, mon mari, fut retenu quinze jours sur une chaise longue par un accès de goutte qui lui faisait faire d'assez laides grimaces.... *Fructus belli, fructus belli!* s'écriait-il d'une voix peu harmonieuse pendant les redoublements de cette crise arthritique. Il est probable qu'en parlant du fruit de la guerre le comte ne prétendait pas se prévaloir de ses prouesses au champ d'honneur, car de sa vie l'honnête gentilhomme ne brûla ni ne vit brûler une amorce homicide; sous ce rapport, je puis me flatter d'avoir le plus innocent des époux. Mais il est d'autres hostilités dont il tenta toutes les aventures, dont il courut tous les hasards à la plus grande gloire de ma longanimité conjugale. J'aurais pu savourer les délices de la vengeance; mais, sectatrice fervente de Zénon, j'ai souffert avec stoïcité..... C'est une vérité que je puis attester la main sur la conscience; pourtant elle ne sera pas admise généralement : qu'y faire?.... C'est la faute de l'époque; et peut-être ma continence seule a-t-elle eu tort, puisque, par le temps qui court, les principes sont en pure perte.

Or la goutte du comte de B*** n'a pas eu de suite, et je suis clouée depuis trois mois bien complets sur mon fauteuil par un rhumatisme chronique..... C'est ainsi que l'équitable Providence répartit les récompenses de la terre.

Il y aurait eu une notable lacune dans les mémoires, un peu historiques, un peu littéraires, un peu scandaleux, que j'écris depuis l'année 1716 sous la dictée des circonstances, n'eût été la bonne volonté de ma nièce, chanoinesse de vingt-cinq ans, qui, à raison de son âge et surtout de son état, a pu sans danger de séduction s'initier aux travers de notre société pécheresse. Cette demi-religieuse, cette habitante d'un cloître placé entre la retraite et le monde, comme une gaze sur les charmes de la beauté, a parfaitement compris ma mission critique, et j'avoue qu'elle la remplira désormais mieux que moi pauvre rhumatisée! J'abdique donc en faveur de ma nièce la chanoinesse; c'est elle qui de ce jour va tenir note des scandales de la cour et de la ville. Dans une carrière où l'imagination est beaucoup, la sagesse peu de chose, c'est avoir trop tardé que de prendre les invalides à soixante-quinze ans.

Voilà maintenant les garanties que ma nièce ne présenterait pas elle-même sur l'énergie de ses esquisses futures, sur la chaleur de son style, sur le laisser aller des vérités qu'elle retracera.

Angélique de B***, dame à cause de sa profession de chanoinesse, est fille d'un fils, reconnu un peu tard, de ma belle-mère, madame de B***, auteur des *Tablettes*. Ce frère, dont mon mari lui-même ignora longtemps l'existence, vivait à Paris sous un nom étranger : la comtesse le cachait et l'aimait comme un joli péché; et nous conçûmes l'affection expansive de sa mère, lorsqu'à la mort de ce fils naturel, arrivée il y a vingt ans, nous apprîmes de sa bouche que le sang de Racine coulait dans ses veines : c'était le frère d'*Andromaque*, de *Phèdre* et de *Britannicus*.

Mon beau-frère, car enfin il l'était, si c'est la nature qui forme les liens de famille, mon beau-frère nous confia, en mourant, Angélique sa fille, fruit unique d'un riche mariage qu'il avait contracté en Angleterre. Mon mari fut nommé tuteur de cette enfant, qui n'avait alors que cinq ans, et se trouvait orpheline, sa mère étant morte en lui donnant le jour.

Elevée à l'abbaye de Chelles, Angélique apprécia de bonne heure la facile morale qu'on professe dans cette communauté; la mysticité pour l'apparence, les plaisirs pour la réalité, la variété pour régime, lui parurent constituer une retraite fort supportable. Mais l'habit de l'ordre ne convient point à notre jeune pensionnaire : elle avait seize ans, à cet âge on veut que le bonheur s'offre sous des dehors séduisants; alors les yeux participent à toutes les jouissances de l'âme. Angélique songeait à entrer dans le monde, où sa brillante fortune ne pouvait manquer de lui procurer un bel établissement, lorsqu'une chanoinesse, sœur de l'abbesse de Chelles, vint passer quelques jours au couvent. L'apparition de cette demi-recluse fixa toutes les incertitudes de ma nièce : elle voulut s'agréger à un ordre religieux dont le costume est gracieux et presque galant. La robe blanche de fine étoffe, le ruban bleu moiré tenant suspendue la riche croix pastorale, une coiffure à peu près coquette, qui n'exclut point les cheveux, tout parut charmant à mademoiselle de B*** dans l'habit des chanoinesses. La noble dame qui le lui montrait était âgée de vingt-quatre à vingt-cinq ans, elle appartenait à l'ordre depuis sa tendre jeunesse. Sans doute elle se fit un plaisir d'initier ma nièce à tous les secrets du corps, sans doute aussi la confidence découvrit des attraits plus séduisants encore que la robe blanche et le ruban bleu, car Angélique nous pressa de réaliser sa dot, et la sœur de l'abbesse de Chelles l'emmena avec elle dans le couvent de plaisance qu'elle habitait.

Angélique, devenue *dame* à seize ans et demi, s'en tint-elle à son droit religieux pour jouir de cette qualité? Je ne sais, mais il ne faut pas oublier qu'elle est, par la grâce du péché, petite-fille de Racine; il doit y avoir dans ses veines de ce feu que les poëtes appellent sacré, et cette flamme poétique peut causer de grands ravages chez une beauté de seize ans et demi. Du reste, voici d'autres éléments de combustion : ma nièce a cinq pieds deux pouces; sa jambe, fortement musclée et d'une proportion à faire honneur au premier danseur de l'Opéra, se termine par un joli petit pied; la taille d'Angélique est un peu forte mais admirablement prise, et se développe à sa partie supérieure par une gorge admirable. Sur ce piédestal éclatant de blancheur s'élève une tête dont tous les détails sont autant de perfections : le visage de mademoiselle de B*** est un modèle de peintre pour les proportions comme pour le coloris. Jamais on ne vit plus de fraîcheur sur des lèvres trop jalouses peut-être des dents charmantes qu'elles couvrent; jamais regard, étincelant sous un double arc d'ébène, ne porta dans les cœurs plus de trouble et d'amour. En voyant la petite-fille de Racine s'égarer sous les frais ombrages de sa maison, on croirait voir Andromaque avant son deuil ou bien Hermione avant sa fureur. Certainement il y avait quelque chose de ces deux belles créatures dans l'imagination du grand poëte quand il travaillait à ma nièce.

Les maisons des chanoinesses sont particulièrement fréquentées par les génovéfains et les chevaliers de Malte, ordres également mitoyens entre la vie mondaine et le cloître, et dont la continence égale à peu près celle de ces dames. Ce fut dans cette compagnie que s'écoulèrent, sous la foi du serment de chasteté, les cinq premières années qu'Angélique consacra à la religion : le Dieu des chrétiens fut-il l'unique objet de son culte? il faut le croire pour l'honneur de la famille. Quoi qu'il en soit, ma nièce, lasse apparemment d'entendre les exhortations trop peu variées des chevaliers de Malte ou des génovéfains, mécontente peut-être du défaut de ferveur de ces prédicants ou de leur piété trop ambitieuse de prosélytes, ma nièce, se mit à faire de fréquents voyages à Paris, et, profitant de toute l'élasticité de ses liens religieux, se fit présenter à la cour par le comte mon mari.

Il manquait encore à Louis XV une conquête de couvent : ses regards s'arrêtèrent promptement sur Angélique : « Oh! oh! dit-il au » duc de Richelieu en la lorgnant un jour dans la galerie, celle-ci est » parbleu de taille à servir dans mes gardes; n'importe! on dit » qu'elle descend de Racine, et je ne serais pas fâché d'essayer des » œuvres de cet écrivain ailleurs qu'au théâtre. »

La faveur de madame de B*** n'eut que la durée de l'éclair... « Décidément, dit Sa Majesté à son favori après avoir reçu Angélique » deux fois dans le cabinet le plus mystérieux du petit Trianon, il » faudra que je propose à Sa Sainteté de faire clore les maisons de » mesdames les chanoinesses : on y entre comme au moulin, et cela » donne lieu à trop d'abus. » Richelieu répondit en souriant : « Sire, » vous n'aurez plus alors de chanoinesses dans le royaume, et l'es- » pèce en est bonne. Toutes ne sont pas taillées sur un plan aussi » vaste que madame de B***. »

Cependant, toute rapide qu'elle avait été, la faveur d'Angélique lui donna de la célébrité à l'OEil-de-bœuf : les galants se pressaient à sa porte tant qu'elle restait à la cour; ils affluaient en poste à son couvent lorsqu'elle y retournait.

Depuis quelques années notre chanoinesse ne fait plus que de rares apparitions à la communauté : une cour heureusement variée de mousquetaires, d'officiers aux gardes et de talons rouges lui semble beaucoup plus aimable que la monotonie galante des chevaliers de Malte, et les petits collets qui papillonnent secrètement à sa toilette de Paris ont plus de charme à ses yeux que les éternels génovéfains de la province. Angélique a déjà reçu bon nombre de réprimandes de sa supérieure : elle s'en est toujours moquée, sur l'autorité des deux séances du petit Trianon. Mais cette année son archevêque, prélat qui se trouve en très-bonne posture à Versailles, s'est avisé de joindre avec menace ses avis à ceux de la supérieure. Angélique n'ignorait pas comment une jolie femme peut calmer une puissance de l'Eglise; mais Sa Grandeur est un petit homme fluet, cacochyme, pituiteux : c'est enfin un de ces soupirants avec subsides qui ne peuvent convenir qu'aux dames de la comédie. Il eût manqué quelque chose au caractère de cet homme sacré s'il n'eût pas entretenu quelque beauté de théâtre; mais mademoiselle Clairon complétait le bagage de monseigneur. Ma nièce s'imagina de mettre la célèbre actrice dans ses intérêts, et son origine dramatique lui en ménageait les moyens. Elle se rendit un matin à la jolie petite maison qu'Hermione habitait dans les Champs-Elysées. Il était de bonne heure : une chanoinesse doit entrer avec un certain ménagement chez une dame de comédie. Or la femme de chambre, privée sans doute de certaines confidences de sa maîtresse, ignorait qu'un galant chevalier l'avait ramenée la veille du théâtre et qu'elle s'était fait scrupule de l'exposer à traverser seul les Champs-Elysées pour retourner à Paris. Angélique, introduite brusquement dans la chambre à coucher, ne laissa pas le temps au conducteur d'en sortir tout à fait par une porte dérobée : ma nièce aperçut en entrant un pan d'uniforme rouge pris entre la porte et son chambranle.

« Pardon, mademoiselle, dit Angélique en évitant de son mieux d'arrêter les yeux sur la basque captive, pardon si je vous dérange si matin.

— Du tout, madame, répondit l'actrice avec un sourire tant soit peu malin, une dame de votre respectable caractère doit avoir sa journée remplie de soins pieux; elle ne saurait s'acquitter trop tôt de la tâche peu ordinaire de visiter une femme de théâtre.

— Croyez, mademoiselle, que je professe pour vous la plus vive admiration.

— Je vous en remercie cordialement, madame.

— Je suis la comtesse de B***.

— Je le sais, s'écria mademoiselle Clairon avec un de ces mouvements de l'âme qu'elle sait si bien prendre... et permettez que je vous rende l'hommage dû au sang du dieu de la scène tragique.

— Puisque vous me connaissez si bien et que je vous inspire quelque intérêt, qu'il me soit permis d'en solliciter une preuve.

— Parlez, madame la comtesse, je suis votre dévouée servante. »

Angélique allait parler, lorsque le captif de la porte voyant l'entretien engagé essaya d'ouvrir pour dégager son habit. Mais le mouvement du bouton fut difficile ; mademoiselle Clairon tourna la tête avant que le dégagement fût opéré, et elle partit d'un grand éclat de rire en reconnaissant la cause de la préoccupation bien visible de son interlocutrice.

« Veuillez, madame, excuser cette incontinence d'hilarité ; mais c'est un incident si drôle... Enfin il faut bien que chaque état ait ses distractions.

— Sans doute, mademoiselle, et celles de beaucoup d'états se ressemblent... Dans le nombre des distractions de M. l'archevêque de Sens il en est une qui doit lui paraître bien précieuse, puisqu'elle consiste dans les entretiens qu'il a souvent avec vous.

— Hélas ! je vous assure que l'agrément n'est pas toujours partagé ; mais Sa Grandeur a de bons moments.

— Oserai-je vous prier de profiter d'un de ces instants pour remettre ce billet-ci à monseigneur ?

— Excellente idée, madame la comtesse ! nos auteurs dramatiques ne s'en seraient pas avisés. Je vous devine : votre maison est suffragante de Sa Grandeur, vous lui demandez quelque grâce, et lui faire remettre le placet par sa maîtresse c'est rendre le refus impossible. Je me charge volontiers de ce message.

— Que de bonté ! La demande m'est tout à fait personnelle, reprit Angélique en dépliant l'écrit, qui n'était pas cacheté, j'ai souvent des affaires d'intérêt à régler à Paris, Sa Grandeur me blâme cependant du trop long séjour que j'y fais, je sollicite d'elle plus d'indulgence.

— Rien de mieux : on a ses affaires, ses occupations en dehors de sa profession ; s'opposer à ce qu'on s'y livre quelquefois, voilà de la tyrannie... C'est comme si l'on m'obligeait à jouer sans désemparer la comédie. Soyez tranquille, madame, ce soir M. de Sens aura votre lettre. »

La conversation en était là, lorsqu'on frappa doucement à la porte principale de la chambre. Immédiatement après les dames virent entrer un cavalier fort embarrassé de son épée et du chapeau qu'il portait sous le bras. Madame de B*** et mademoiselle Clairon reconnurent presque en même temps l'archevêque de Sens à travers la teinte de pourpre qui venait de lui monter au visage.

« Vous ici, madame de B*** ! dit Sa Grandeur avec embarras.

— C'est, monseigneur, l'exclamation que j'allais faire entendre, répondit Angélique mise à son aise par la position délicate du prélat et après l'avoir félicité toutefois sur le bon goût de son ajustement.

— Il n'y a pas de quoi, s'écria l'actrice, qui jusqu'alors s'était contentée de rire, cette perruque est mal retapée, monseigneur est culotté comme un financier de comédie bourgeoise, et Sa Grandeur porte l'épée comme l'Agathe travestie des *Folies amoureuses*.

— Par quel hasard, madame, vous trouvez-vous ici ? reprit l'archevêque sans paraître avoir entendu les remarques burlesques de l'actrice.

— Monseigneur, je m'y trouve par une cause un peu moins naturelle, il est vrai, que celle qui vous y amène ; mais mademoiselle a droit aussi aux éloges de mon sexe.

— Laissons de côté les compliments, madame de B*** sait que vous m'honorez de quelque bienveillance, elle m'avait chargée de cette lettre, dont nous examinerons le contenu en déjeunant.

— Je ne puis... balbutia l'archevêque. Je venais seulement par occasion... en passant pour aller au bois de Boulogne me promener un peu... et ne voulant pas être reconnu...

— Bon, bon, poursuivit mademoiselle Clairon, nous n'en sommes point aux justifications ; personne ici ne tient la férule du pape, et Sa Sainteté ne saura pas que Votre Grandeur a déjeuné entre une chanoinesse et une comédienne... Juliette, ajouta la célèbre tragédienne en parlant dans la pièce voisine, dites qu'on serve. »

Cependant le prélat, un peu remis, s'était débarrassé de son épée et de son chapeau, jetés négligemment sur un canapé. On passa dans la salle à manger, où l'on déjeuna assez gaiement pour faire croire aux survenants, s'il en était arrivé, que la compagnie se composait de trois acteurs du même théâtre.

« Çà, dit l'archevêque un peu gai grâce à l'influence d'un excellent chambertin, parlons de la lettre de madame de B***.

— La voici, dit mademoiselle Clairon en la remettant.

— Sans doute, comtesse, continua M. de Sens après avoir lu, je conçois que pour une femme de vingt-quatre ans le séjour de la capitale a plus d'attraits que celui d'un couvent, quoique le vôtre ait des issues passablement libres, mais la supérieure crie, clabaude, médit...

— Une supérieure de chanoinesses sévère à ce point ! s'écria mademoiselle Clairon, cela tombe dans le ridicule... Ah ! pardon, madame, ajouta-t-elle tout de suite, j'oubliais...

— Et puis, comtesse, reprit le prélat avec une sorte de mystère, vous oubliez un peu complètement à Paris que des vœux vous engagent.

— Vous le savez par vous-même, monseigneur, on perd aisément la mémoire sur ce point.

— On vous rencontra l'autre jour à un souper de petite maison.

— J'avais vu le nom de Votre Grandeur sur la liste des invités.

— On vous aperçut le surlendemain dans une loge grillée de l'Opéra.

— Tout à côté de celle où vous étiez.

— Et votre croix reposait sur un sein entièrement nu.

— Votre main, moins immobile, touchait celui, tout aussi découvert, d'une personne qui n'était pas mademoiselle.

— Ah ! ah ! monseigneur, dit en riant la tragédienne. Puis elle glissa à l'oreille de la comtesse : Je ne saurais me fâcher, c'est la réciprocité du pan d'habit rouge.

— Une faiblesse n'en excuse pas une autre, poursuivit Sa Grandeur d'un ton moitié grave, moitié plaisant, et je fais mon devoir en prêchant la retenue.

— Pas tout à fait, monseigneur, répliqua Angélique en versant du vin de Champagne à M. de Sens, il faudrait joindre l'exemple au précepte.

— Pourquoi ne pas faire révoquer vos vœux ?

— Pourquoi ne pas renoncer à l'épiscopat ?

— Vous n'en ferez rien ni l'un ni l'autre, dit gaiement mademoiselle Clairon : monseigneur tient aux prérogatives, aux émoluments ; madame la comtesse ne tient pas moins à ce qu'offre de piquant la vie d'une chanoinesse avec latitude de petite maison, de loge grillée et de sein découvert. Ainsi, de même qu'il est agréable et commode que Sa Grandeur garde son archevêché, rapportant deux cent mille livres de rente, et s'habille en cavalier, quoique d'ailleurs il soit sous ce costume fort mal culotté, de même madame la comtesse de B*** doit être libre de soigner à Paris ses intérêts et ses plaisirs, qui pour une femme bâtie comme elle l'est sont quelquefois d'importantes affaires. D'où je conclus, puisque monseigneur a la police du couvent de madame, qu'il doit imposer silence à la supérieure et fermer les yeux sur la conduite de cette chanoinesse en congé de semestre. »

Avant la fin du repas, l'arrangement fut arrêté sur cette base ; les deux convives de mademoiselle Clairon, également intéressés au silence, se séparèrent fort satisfaits l'un de l'autre, et depuis lors ma nièce ne fut plus inquiétée pour la prolongation de son séjour à Paris.

MANUSCRIT DE LA CHANOINESSE DE B***.

Je viens de lire ce que la comtesse ma tante a rapporté des principaux événements de ma vie ; ceux qui liront ces mémoires, s'ils sont un jour publiés, me jugeront comme bon leur semblera : la réputation est fille de nos actions, et ma tante a dit la vérité. Je me fais donc sa continuatrice sans autres réflexions ; car je veux qu'en faveur de ma franchise, dans un aveu qui m'est personnel, on croie à la sincérité de mes récits sur le compte de mes contemporains. Je commence ma tâche de mémorialiste.

Vers la fin de l'année dernière, ma tante a montré la guerre entre les Français et les Anglais commencée en Amérique, sur toutes les mers et jusque sur nos côtes, tandis que les ambassadeurs des deux puissances prodiguaient des promesses de paix dont la cour de Saint-James s'amusait et que la cour de Versailles prenait au sérieux. Au commencement de cette année, le cabinet de Louis XV, bénévole jusqu'à la niaiserie, attendait encore les explications demandées à Georges II, il y a plus de quatre mois, touchant les captures illégales de nos navires marchands.

Sa Majesté commence cependant à sortir de sa léthargique longanimité ; cinq escadres françaises se forment sur plusieurs points : la première, commandée par le comte d'Aubigny, est destinée à soutenir les îles du vent ; la seconde, confiée au chef d'escadre Périer, doit protéger les îles sous le vent ; la troisième, sous les ordres de M. de Beaussier, porte dans le Canada de nouvelles troupes commandées par M. de Montcalm ; la quatrième se prépare à Toulon sans avoir encore de destination fixe, on sait seulement que M. de La Galissonnière en doit prendre le commandement ; enfin la cinquième escadre, forte de douze vaisseaux de ligne, et qui peut être portée à vingt, est la réserve de notre armée navale : elle a pour chef le marquis de Conflans.

Pendant que ces dispositions maritimes s'accomplissent, quatre-vingt mille hommes s'ébranlent pour se porter de l'intérieur du royaume sur les rives des deux mers. L'armée dite des Côtes de l'Océan, qui s'étendra de Dunkerque à Bayonne, sera dirigée par le maréchal de Belle-Isle, devenu notre premier capitaine. M. le duc de Richelieu, enfin maréchal de France, commandera les troupes réunies sur les bords de la Méditerranée.

Je crois décidément que Louis XV va devenir oseur : croirait-on qu'il parle tous les jours à son lever d'une descente en Angleterre ? Il y a plus, un nombre prodigieux de barques, de bâtiments de transport, arrive de toutes parts au Havre de Grâce et semble menacer la plage anglaise d'une prochaine invasion. D'un autre côté, Georges II ordonne des dispositions qui décèlent la crainte d'une telle expédition : Sa Majesté a réclamé de la Hollande le secours de six mille hommes que cette république doit envoyer à l'Angleterre, en vertu d'un traité existant, dans la position où cette puissance se trouve aujourd'hui. Des proclamations souvent renouvelées prescrivent aux Anglais de garder les côtes avec une infatigable vigilance et, sur la première apparence d'un débarquement ennemi, de faire rentrer les femmes, les vieillards, les enfants, les chevaux, le bétail à vingt milles dans l'intérieur des terres. En un mot, la terreur semble être passée du continent français dans les îles Britanniques.

La diplomatie aussi vient au secours de la Grande-Bretagne : Georges a conclu le 16 février un traité avec la Prusse, dont le comte de Halderness, secrétaire d'État anglais, et M. Mitchel, plénipotentiaire prussien, avaient arrêté les clauses. Ainsi Frédéric II, notre allié dans toutes les guerres précédentes, à quelques passagères infidélités près, devient aujourd'hui notre ennemi. On dit que le motif le plus déterminant de cette alliance est une indemnité de vingt mille livres sterling une fois payée : voilà pour un roi philosophe une condition bien vénale ; Voltaire, humilié par Frédéric, ne la laissera pas ignorer à la postérité.

Ainsi la guerre qui se prépare change la politique générale de l'Europe. Depuis le traité d'Aix-la-Chapelle, les puissances de cette partie du monde formaient comme deux grands partis : l'Angleterre, l'Autriche, la Russie et les Provinces-Unies pesaient sur le même plateau de la balance politique ; sur l'autre plateau, la France, l'Espagne, la Suède, la Prusse et les Deux-Siciles réunissaient leurs efforts. La cour de Turin, toujours incertaine par nécessité, plus encore que par principes, s'appuyait tantôt sur l'un, tantôt sur l'autre bassin. Les nouvelles alliances présentent, d'une part, la France, l'Autriche avec l'Empire, la Russie et la Suède coalisés contre l'Angleterre et la Prusse, tandis que les cours de Madrid, de Turin et de la Haye gardent la neutralité.

Les Anglais ont espéré longtemps concentrer la guerre en Amérique, où la situation prospère et imposante de leurs colonies présentait un grand avantage. Il était facile de l'entretenir à l'aide d'une marine formidable, toujours libre de transporter des troupes fraîches dans cette partie du monde et d'empêcher les nôtres d'y parvenir. Ainsi prémunie contre les entreprises de la France au delà des mers, la cour de Londres espérait conduire promptement à fin la conquête du Canada ; mais la guerre d'Europe contrarierait puissamment ce projet. En effet il est évident qu'en se liguant encore avec les Provinces-Unies et l'empereur, l'Angleterre attirerait, comme cela s'est déjà vu, les armées françaises dans les Pays-Bas. Or la supériorité ordinaire de la France sur ce théâtre d'hostilités pourrait faire redouter aux alliés un traité désavantageux, duquel il résulterait que la Grande-Bretagne devrait renoncer à ses conquêtes d'Amérique et restituer peut-être celles qui jusqu'alors auraient été faites par elles. Cette considération est grave : le cabinet de Saint-James, se défiant avec raison de la faiblesse numérique de sa population européenne, doit songer sérieusement à fonder sa puissance en Amérique ou dans l'Inde, parce que de l'un comme de l'autre côté ses flottes nombreuses lui assurent une compensation formidable du peu d'importance de ses forces de terre. Tel était le motif qui non-seulement avait fait négliger à l'Angleterre une nouvelle alliance avec l'Autriche et la Hollande ; mais encore l'avait portée à éviter de pousser ses anciens alliés dans une guerre contre la France, de peur qu'ils ne lui demandassent d'y intervenir.

Mais lorsque Georges II vit les armées françaises border les côtes de l'Océan, sa politique fut ébranlée ; se rappelant avec amertume l'expédition de Charles-Édouard, qui avec une poignée d'hommes arriva si près de la réussite, ce prince évalua tristement ce que les Français pouvaient faire, à en juger par leurs immenses préparatifs. Sa Majesté Britannique fit entendre plusieurs fois ses doléances à la chambre des communes, qui partage ses appréhensions. Les précautions extrêmes dont j'ai parlé plus haut furent prises en toute hâte et répandirent dans la nation les terreurs du gouvernement. Ce fut alors que reconnaissant le tort qu'il avait eu de négliger ses anciennes alliances européennes Georges II songea à les renouveler. Il était trop tard : la cour de Vienne venait de traiter avec celle de Versailles, et les États-Unis ne trouvèrent pas une garantie suffisante dans les forces de terre de la Grande-Bretagne. Dans la perplexité où la cour de Londres se trouvait, elle recourut à Frédéric II : lui montrant le péril qui menaçait la Prusse en présence des armées française et autrichienne réunies, le cabinet de Saint-James offrit au monarque du Nord de partager ses dangers en Allemagne s'il voulait l'aider à conjurer ceux qui menaçaient les îles Britanniques. Telle fut l'origine du traité conclu le 16 février et que j'ai cité plus haut.

Toutefois le secours promis par la Prusse ne sembla pas, au premier moment, d'une efficacité assez prochaine pour rassurer les Anglais : dix voiles qui, le 26 mars, parurent à l'horizon, causèrent une alarme générale sur les côtes de Sussex. À l'instant, les villes, les villages sont déserts ; hommes, femmes, enfants, armés de vieilles épées, de fourches, de bâtons, accourent à la plage... C'était une division de navires hollandais. Cette terreur panique favorisa un peu notre marine ; elle sut du moins en profiter pour faire passer des secours de troupes au Canada, tandis qu'uniquement occupés de leur propre salut les Anglais ne songeaient qu'à transporter dans leur île les soldats hessois et hollandais qui leur sont donnés en exécution d'anciens traités.

Pendant que toute l'Europe s'ébranle pour soutenir ou pour prévenir la guerre, on ne se douterait pas à quel genre d'hostilités la cour se livre à Versailles ; j'en vais dire un mot, car j'ai assisté hier à une grande bataille. Le roi, quelques dames et quelques courtisans jouaient encore à minuit dans l'appartement de la favorite. Tout à coup une chauve-souris, qu'attirent les lumières, entre par une fenêtre restée ouverte, et ce volatile nocturne répand l'épouvante dans la partie féminine de l'assemblée. « Où est M. de Crillon ? s'écrie Louis XV » en parodiant Henri IV : brave Crillon, général redoutable aux » chauves-souris, pends-toi si tu ne peux combattre celle-ci. » Mais le grand capitaine ne fut pas réduit à se pendre, car il entra en ce moment : mettant soudain habit bas, il fait briller sa grande épée, et poursuit à toute outrance l'audacieux oiseau. Pourchassée de croisée en croisée, de draperie en draperie, de corniche en corniche, par la pointe du terrible assaillant, la chauve-souris, trouvant une porte ouverte, se réfugie dans une pièce voisine. Là, madame du Hausset dort étendue, avec un désordre complet, sur une grande ottomane ; mais Crillon, encore plus brave que galant chevalier, est distrait des charmes de la beauté par les fumées de la gloire : il n'a d'yeux que pour suivre son ennemi. Cependant, éveillée par le tumulte du combat, la femme de chambre de madame de Pompadour saute éperdue de son canapé, et tremble de tous ses membres à l'aspect du fer nu qui flamboie à ses regards. Elle se rassure pourtant lorsque le général Crillon, le poing sur le côté, lui montre, du bout de sa lame sanglante, la chauve-souris gisant, déjà privée de vie, sur le parquet.

« Si j'avais là un jambon de Mayence, dit Louis XV, je lui ravirais » son laurier pour en décorer M. de Crillon. »

Je me suis fait donner par M. le lieutenant de police, qui depuis quelque temps me fait sa cour, une copie du dernier bulletin d'un autre genre d'hostilités. On se rappelle les rapports secrets lus au chevet de Sa Majesté, et qui provoquent si complétement l'hilarité de notre maître. La chronique ecclésiastique fut riche pendant la semaine dernière ; je l'ai relevée tout exprès pour la communiquer à M. l'archevêque de Sens, à qui je garde toujours rancune de sa sévérité peu justifiée par son exemple.

Dans la partie épiscopale du rapport, je vois d'abord que le prince de Rohan, coadjuteur de Strasbourg, vient de vendre plusieurs terres pour payer les dettes de madame de Fleury sa maîtresse. Plus loin le chroniqueur du scandale signale le commerce clandestin de M. l'évêque de Senlis avec la comtesse de Saint-Romain, et celui de M. de Lescar avec la femme d'un conseiller au parlement de Pau.

Lorsque des prélats donnent de tels exemples, on ne doit pas s'étonner que les carmes, dont la réputation de robuste galanterie est passée en proverbe, descendent dans la lice sur les traces de leurs chefs. Le carme Elisée, après avoir passé trois quarts d'heure chez la fille Leroy, fut arrêté jeudi dernier au cabaret, s'enivrant assis entre cette prostituée et le cocher de M. de Brionne. Un moine de cet ordre est assez puissant pour sacrifier, coup sur coup, à la beauté et à Bacchus : *Gaudeant bene nati*, disait ma tante à propos de ces doubles exploits. En suivant la progression décroissante qui sépare l'homme du bouc, on rencontre le capucin vers l'extrémité inférieure de l'échelle. D'après cette classification, on s'étonne peu de voir les disciples de saint François se vautrer dans la plus ignoble débauche ; et c'est réellement par modestie que deux capucins arrêtés dans une guinguette, se contentaient d'une seule fille nommée la Marin. Mais comme il faut que tout se compense, dit-on, dans l'ordre éternel de l'univers, le franciscain Jean-Baptiste fut trouvé le lendemain avec deux femmes dans une maison de la rue Fromenteau. Les trois acteurs de cette scène érotique avaient déposé entièrement les pompes de ce monde, et ce ne fut que par la barbe que le commissaire trouble-fête put se saisir du moine délinquant.

Voilà ce que produit la continence religieuse, au moment même où les chrétiens les plus étrangers au péché meurent sans confession s'ils ne conviennent que la *bulle*, qu'ils ne connaissent que de nom, est l'acte par excellence. Vraiment je serais honteuse d'appartenir aux ordres, si les chanoinesses n'entraient pas en religion *ad honores*.

Dans le temps que Louis XV faisait sauter l'édredon de son lit, soulevé par le rire convulsif que provoquaient les rapports secrets de la police, ses armées de terre et de mer achevaient une expédition glorieuse. L'escadre de M. de la Galissonnière, composée de douze vaisseaux de ligne, cinq frégates, six chaloupes et cent soixante bâtiments de transport, mit à la voile le 12 avril aux îles d'Hyères, portant douze mille hommes de débarquement sous les ordres du maréchal de Richelieu. La destination était l'île de Minorque, la flotte y arriva le 17 ; et le 17 au soir l'armée française s'était rendue maîtresse de Citadella, capitale du pays.

Sans perdre une seconde, le maréchal, qui maintenant songe à acquérir au champ d'honneur une gloire évanouie pour lui dans les boudoirs, mit le siége devant le fort Saint-Philippe, réputé le premier de l'Europe après Gibraltar. Les Anglais ont travaillé, dit-on, trente ans à rendre cette forteresse invincible ; elle s'élève sur un roc taillé à pic, et pourtant des fossés profonds de trente pieds l'entourent immédiatement ; quatre-vingts mines courant sous les ouvrages avancés, rendent l'ouverture d'une tranchée absolument impossible ; enfin sur divers points se développent des fortifications accessoires, taillées dans le rocher et impénétrables au canon. Telles étaient les difficultés opposées à la valeur française ; difficultés que les Anglais tentèrent d'augmenter par l'intervention d'une flotte composée de quatorze vaisseaux de ligne sortis de Spithead, et qui s'était ralliée sous le canon de Gibraltar. Cette escadre parut le 19 mai devant les roches de Minorque. A l'instant M. de la Galissonnière vogue vers l'ennemi, lui livre combat, le met en déroute après une vive défense, et l'oblige à se réfugier en désordre sous ce même Gibraltar d'où il était parti naguère si menaçant. Ainsi l'amiral Bing, qui commandait les forces anglaises, ne put ni faire lever le blocus de Saint-Philippe ni jeter le moindre secours dans l'île ; Richelieu continua son expédition avec sécurité. Cependant le siége ne pouvait être poussé aussi vigoureusement que le maréchal l'eût désiré : point de terre pour ouvrir une tranchée et mettre à l'abri les assiégeants ; nul autre moyen de se garantir du feu terrible des assiégés ! D'ailleurs la chaleur excessive du climat avait promptement fait éclore dans l'armée une épidémie, contre laquelle le soldat imprudent cherchait un soulagement par une ample consommation de fruits qui l'aggravait encore. Le maréchal fit arracher tous les arbres fruitiers aux environs du camp ; mais il ne put rien contre le ciel dévorant qui décimait ses troupes.

Le duc de Richelieu, sentant qu'une telle situation ne pouvait se prolonger, résolut de vaincre d'un seul coup les difficultés qui semblaient se multiplier pour rendre son entreprise infructueuse. L'ennemi, entraîné par la fatalité, favorisa lui-même les projets du général français : le capitaine Jeffries, sorti de la place à la tête d'un détachement anglais, se proposait d'enlever un régiment d'infanterie qu'il croyait aventuré, et, dans ce but hardi, cet officier s'aventura bien davange. S'étant avancé imprudemment dans la plaine, son corps est attaqué, rompu, poussé l'épée dans les reins vers la place. Bravant le feu meurtrier des remparts, les assiégeants arrivent sur le bord du fossé pêle-mêle avec les assiégés ; nos Français se précipitent dans cette espèce de gouffre profond de trente pieds, et, plaçant à l'autre bord des échelles qui n'en avaient que quinze, s'élancent sur les épaules les uns des autres du dernier échelon jusqu'au rempart... Ils sont maîtres de tous les ouvrages extérieurs. Le lendemain 28 juin le lieutenant général Blakeney, gouverneur du fort Saint-Philippe, demande à capituler ; la garnison obtient les honneurs de la guerre, et notre escadre est chargée de la conduire à Gibraltar.

M. de Richelieu, en voyant l'immense quantité de munitions dont les Anglais étaient pourvus ; en parcourant les casemates à l'épreuve du boulet où les assiégés pouvaient agir sans danger ; en mesurant des mines profondes où des bataillons entiers auraient été engloutis ; M. de Richelieu, dis-je, frémit des périls que son armée avait bravés. Quant à la manœuvre hardie qui venait de le rendre maître de Saint-Philippe, il suffit de dire que le maréchal voulut la faire répéter de sang-froid et que les troupes ne purent en venir à bout.... Il fallait l'exaltation de l'héroïsme pour accomplir ce prodige, et des Français seuls en étaient capables.

On apprit à Versailles la conquête de Minorque peu de temps après avoir riposté par le manifeste du 9 juin à la déclaration de guerre de l'Angleterre proclamée à Londres le 18 mai. Au milieu des transports d'allégresse de la cour le maréchal de Richelieu fut proclamé un héros, et cette fois ce furent les hommes qui lui décernèrent ce titre glorieux. La marquise de Pompadour seule enrageait dans son intérieur : elle avait usé de tous les moyens, de toutes les ruses pour entraver l'expédition ; on va jusqu'à dire que des affidés qu'elle entretenait dans l'armée s'étaient efforcés de trahir le maréchal en faisant parvenir dans la place assiégée des avis secrets sur les desseins des assiégeants. Tel est l'effet des rivalités de cour : rien ne coûte dans ce pays d'intrigue et de perversité pour sacrifier ceux dont l'ambition fait ombrage à d'autres ambitions.

Après l'événement la favorite se garda bien, toutefois, de laisser percer le moindre dépit : en ce moment un seul mot contraire au triomphateur eût ruiné le crédit le mieux établi. Loin de là, madame de Pompadour, employant tout son talent de comédienne à composer son visage comme ses manières, fut la première chanson en l'honneur de son rival et lui écrivit comme au plus tendre ami. Lorsque Richelieu fut de retour à Versailles après avoir laissé le commandement de Minorque au comte de Lannion, la marquise l'embrassa avec un véritable transport. « Ah ! que je l'aurais bien mordu ! » dit-elle à madame du Hausset quand elle fut rentrée dans son appartement : Judas n'aurait pas mieux parlé.

Le roi vient de conclure un traité avec la république de Gênes par lequel Sa Majesté s'engage à faire passer un corps dans l'île de Corse, afin d'en mettre les côtes à l'abri de toute insulte. Cette précaution n'était pas inutile : les Anglais s'étaient flattés de s'emparer de la Corse en dédommagement de la perte de Minorque. C'eût été un excellent entrepôt pour leur commerce du Levant, un sûr refuge pour les flottes qu'ils envoient croiser dans la Méditerranée. Georges II a éprouvé un véritable chagrin en apprenant le débarquement des troupes françaises sur ce point.

Les parlements viennent de donner au roi un témoignage de rancune. Sa Majesté tint un lit de justice à Versailles le 21 août ; trois déclarations y furent enregistrées : la première établit un second *vingtième* à l'instar de celui perçu depuis 1749 ; la deuxième ordonne la perception pendant dix ans de deux sous pour livre du *dixième* ; la troisième proroge quelques droits d'entrée à Paris. Le parlement avait arrêté qu'il n'opinerait pas dans le lit de justice ; mais de retour à Paris il s'assembla immédiatement, et protesta contre tout ce qui avait été fait. De là, remontrances de tous les parlements du royaume ; de là, cessation de la justice dans ceux de Rouen et de Bordeaux. A cette occasion, la cour des aides de Paris, guidée par son jeune président *Lamoignon de Malesherbes*[1], se signala au-dessus de toutes les autres juridictions supérieures. Ce magistrat, déjà célèbre à plus d'un titre, adressa au roi des représentations tellement éloquentes, tellement fortes de législation, de morale et de logique, qu'aucun des membres du conseil n'y trouva de réplique. L'objet de la remontrance était de fixer la durée des droits d'entrée prorogés ; le *bon plaisir* dut s'exécuter : la suppression de ces droits aura lieu le jour où la guerre cessera.

Cependant la cour hésite sur le parti qu'elle prendra à l'égard du Hanovre, que protége le traité de Westphalie. Sa Majesté est encore arrêtée par la crainte d'exposer un corps d'armée dans une expédition en Allemagne. Tandis que le roi de France délibère, la Prusse envahit l'électorat de Saxe avec une armée de soixante mille hommes ; déjà maître de Leipsick, Frédéric II punit Auguste de l'invasion de la Silésie exécutée par ce Saxon pendant la dernière guerre. Le roi de Pologne, ainsi dépossédé d'une partie de ses Etats électoraux, et réfugié au camp retranché de *Pirna* à la tête d'environ dix-sept mille hommes, n'a plus d'espoir que dans la marche rapide des troupes impériales, car les Français sont bien loin pour le secourir à temps.

Malgré la proximité des Etats autrichiens et l'éloignement de la France, l'électeur de Saxe recevra, je crois, un renfort de troupes françaises, avant même que François Ier ait pris une décision pour secourir son suffragant. Louis XV fait marcher en toute hâte une armée vers les frontières d'Allemagne ; des magasins lui seront fournis par la Westphalie. Pendant ce mouvement, le marquis de l'Hôpital, nommé à l'ambassade de Russie, se rend auprès de la czarine pour hâter l'envoi du corps d'armée que cette princesse doit fournir à la coalition. Dans le même temps le baron de Kniphausen, envoyé de Prusse, quitte la France, et le comte de Valori, envoyé de Louis XV à Berlin, reçoit l'ordre de quitter cette résidence sans prendre congé.

Mais toutes ces dispositions ne peuvent avoir d'assez prompts résultats pour arrêter les calamités qui accablent l'électeur de Saxe : Frédéric, entré à Dresde le 17 septembre, s'est empressé d'établir à Torgau un directoire de guerre chargé de percevoir en son nom les revenus de l'Etat. Le monarque prussien enlève les armes des arsenaux, fait des levées de troupes, frappe des réquisitions de vivres, de fourrages, de munitions de guerre. Bien plus, il a demandé à la reine l'entrée des Archives de l'électorat : dépôt déclaré inviolable par toutes les lois de la guerre. La princesse, quoique malade, a refusé courageusement de se prêter à cette violation. Frédéric insensible aux souffrances comme aux charmes d'un sexe pour lequel il montra toujours plus d'éloignement que d'égards, Frédéric a déclaré alors à l'opposante qu'on allait se mettre en devoir d'enfoncer les portes des Archives. A cette menace, la reine, soutenue par ses femmes, se rend à l'entrée de la galerie que Sa Majesté prussienne songe à visiter. Cette femme, aussi ferme que son mari l'est peu, espère qu'un prince policé respectera sa personne et son courage. Vainement elle s'en est flattée : le roi se présente en personne, l'écoute à peine, et ordonne à ses officiers, qu'accompagne un noir serrurier, d'entrer de vive force. Comme les plus grands seigneurs de la suite du vainqueur hésitent à déranger la reine, le roi lui-même avance déjà la main pour se débarrasser de ce qu'il appelle un obstacle.

« Arrêtez ! s'écrie la reine indignée, je me retire, je vous épargne une lâcheté...

— Une lâcheté, madame ...

— Comment voulez-vous que je qualifie l'action d'un monarque qui se dégrade au point de porter la main sur une femme, sur une souveraine ?

— Vous m'y forcez, princesse, en osant vous opposer à ce que j'use du droit que m'a donné la fortune des armes.

— Cette fortune ne peut vous autoriser à violer un droit plus sacré, celui des nations. Tous les grands hommes l'ont respecté... Ah ! vous n'avez de commun avec eux qu'une vaine renommée.

[1] Le même qui s'illustra comme magistrat, comme philosophe, comme littérateur, et qui périt victime de son dévouement à Louis XVI. Celui qui trace cette note doit revendiquer l'honneur d'avoir ouvert et dirigé une souscription pour l'érection d'un monument à la gloire de ce grand citoyen.

— Madame! madame! s'écrie Frédéric en faisant étinceler son regard...

— Continuez, sire, il ne manque à ce qu'on nomme votre héroïsme que de frapper une femme malade.

— Convenez aussi que votre obstination fatiguerait le plus patient.

— La persévérance dans la justice, en dépit de la violence, est aussi digne d'éloge que cette violence est digne de mépris.

— C'est trop fort, et vous m'obligerez à vous faire enlever de cette chambre.

— Votre philosophie est bien irascible, monsieur le Platon de madrigal... Allez, allez, l'histoire impartiale, qui nous écoute, gravera profondément la honte de vos procédés, et toutes les fleurs de poésie ne pourront couvrir cette empreinte accusatrice. »

A ces mots, la reine, dont les forces étaient épuisées par la colère et la maladie, tomba évanouie entre les bras de ses femmes; on l'emporta. Soudain Frédéric II fit ouvrir le dépôt de l'Etat, et s'empara des papiers qu'il lui importait d'avoir pour justifier, disait-il, son invasion en Saxe.

Je viens de rapporter un trait qui peint Frédéric, déjà surnommé le Grand, sous un jour peu favorable; profitons de l'occasion pour achever son portrait. Le règne de ce prince est loin d'être vide de grandeur, indépendamment même des exploits guerriers : la Prusse lui doit des institutions utiles; une foule d'améliorations sociales ont été apportées par lui dans ce royaume, que le feu roi avait, à dessein, entretenu dans un abrutissement farouche, conforme à l'humeur de ce prince. Frédéric II s'est plu à procurer aux Prussiens ce que son père appelait les *enjolivures* de la société, c'est-à-dire des écoles de beaux-arts, des théâtres, une académie. Il a, dès le début de son pouvoir, désobstrué les canaux de l'industrie, lié les relations commerciales de la Prusse avec les autres nations, et secouru de ses trésors les industriels dignes d'encouragement. Berlin, ville sombre, mal pavée, mal percée sous le règne précédent, a été débarrassée d'une multitude de vieilles maisons; les rues se sont élargies, redressées, sous l'autorité du cordeau; les masures qu'on n'a pu abattre ont été masquées par d'élégantes façades; et la capitale s'est embellie d'une parure luxueuse de monuments, de places publiques, de promenades, de statues héroïques. Mais, il faut le dire, le faste de l'idole de Frédéric : sa grandeur d'apparat cache un cœur sans générosité, comme les belles façades de Berlin cachent de hideuses constructions. Toutes les qualités de ce souverain sont logées dans sa tête; ses plus nobles actions résultent d'un calcul : c'est un spéculateur de vertu. Il ne faut qu'avoir vécu quelques semaines dans l'intérieur du roi de Prusse pour connaître le fond de son âme, si différent de la surface brillante qu'offre son caractère. Egoïste, exigeant, impérieux jusqu'au despotisme, ce prince du Nord est d'un commerce insupportable dès qu'il cesse de composer son humeur et ses traits. Frédéric joue le plus ordinairement la comédie : tant que le rôle dure, c'est un acteur admirable; mais il ne faut pas voir cet habile comédien quand il est rentré dans la coulisse. Sa philosophie n'est, comme toutes ses autres démonstrations, qu'un semblant ingénieux. Le roi guerrier joue à la sagesse, ainsi qu'il joue à la poésie, à l'amour des beaux-arts, à la culture des lettres, à la recherche des connaissances scientifiques. Ce qu'il y a de réel en lui, c'est la valeur, c'est l'aptitude de l'homme de guerre : la postérité consciencieuse, écartant tous les panégyriques intéressés des écrivains que Frédéric pensionne pour mentir à sa louange, réduira son éloge à célébrer en lui l'un des grands capitaines des temps modernes.

Pour un physionomiste exercé, il n'est pas difficile d'interpréter les pensées et les sentiments de Frédéric par l'inspection de ses traits : une figure étroite, des lèvres minces et serrées, un œil spirituel, mais d'où jaillit un feu sombre; enfin un jeu de physionomie qui n'admet jamais le sourire, tel est le visage du grand roi. Cette tête, d'une expression peu bienveillante, semble s'élever à regret d'entre deux épaules exhaussées, vers l'une desquelles on la voit habituellement penchée. Le reste du physique est moins séduisant encore : Frédéric a le dos rond, les bras petits, les cuisses grêles, et les grandes bottes qu'il porte toujours dérobent heureusement à la vue des jambes qu'on ne pourrait se dispenser de prendre en pitié, surtout en songeant qu'elles supportent un héros. Il y a donc de la coquetterie dans le soin que prend Sa Majesté de cacher de si tristes piliers de grandeur; mais cette coquetterie est plus clairement révélée par la mise unie qu'affecte cet acteur couronné : on pourrait, avec une variante, lui dire ce que Platon disait à Diogène : « Frédéric, j'aperçois ta vanité sous ton vieux habit. » Cette recherche de simplicité n'est d'ailleurs qu'une imitation de Charles XII, qui se montrait simple par goût. Frédéric a senti qu'au milieu d'une cour dorée par la vanité son costume sans prétention ressortirait mieux que des galons, des broderies et des paillettes communs à tous les courtisans. Le monarque est donc toujours vêtu d'un habit bleu à collet rouge rabattu, avec une simple aiguillette. Sa Majesté est ceinte, par-dessus son frac constamment boutonné, d'une écharpe noire à franges, dont les deux bouts pendent derrière une poignée de cuivre de son épée. Le roi ne paraît jamais sans avoir le cou serré par un col de crin, dont la dure étreinte fait saillir les chairs du menton. Le chapeau du grand Frédéric est devenu un modèle de coiffure pour tous les généraux de l'Europe, et particulièrement pour nos maréchaux de France; on dirait que la forme du chapeau doit influer sur les inspirations guerrières. Ce couvre-chef si généralement imité n'est pourtant pas d'une forme élégante : qu'on se figure un triangle aplati de feutre, orné d'une cocarde noire, sans ganse, sans dorure, et qui certainement ne présente rien de martial. J'oubliais de dire que Frédéric porte une longue queue, qui se promène sans trop d'agrément sur la taille de son habit : cette queue est encore un objet d'imitation pour les généraux de divers pays; il faut à tout prix que leurs valets de chambre leur en procurent une semblable, et force moelle de bœuf est employée à faire pousser ce signe d'héroïsme. *O servum pecus !* se serait écriée l'érudite mémorialiste que je remplace.

Retournons en Saxe sur les traces du monarque prussien que je viens de peindre un peu longuement, afin de n'y plus revenir; nous trouverons sur ce théâtre de ses exploits plusieurs traits distinctifs du caractère que j'ai retracé. Tandis que Frédéric marchait de conquête en conquête aux bords de l'Elbe supérieur, l'empereur le fit sommer de retirer ses troupes de l'électorat de Saxe : sous les peines prescrites par les lois du conseil germanique. « Dites à votre maître, » répondit Frédéric au dernier envoyé, qu'aux termes où nous en » sommes je ne puis plus reconnaître que les sommations du champ » de bataille, et, puisqu'il n'a pas envoyé les siennes ainsi, je pars » pour aller les provoquer. » En effet, s'étant porté par une marche rapide sur les frontières de la Bohème, le roi de Prusse joignit le général Broun dans les gorges de *Lovositz* et lui livra, le 1er octobre, la bataille de ce nom, où la victoire resta aux armes prussiennes. Ayant écarté de la sorte les Autrichiens, le vainqueur revint soudain sur ses pas afin de terminer la guerre de ce côté en forçant le camp de *Pirna*. Etroitement bloqués dans cette position, les Saxons ne purent ni se défendre ni se frayer un passage; ils allaient périr de faim, lorsque Frédéric leur fit offrir une capitulation qu'ils acceptèrent. L'armée de l'électeur, après avoir mis bas les armes, se disposait à subir la captivité; que devinrent ces Allemands quand le roi de Prusse leur fit signifier qu'il allait les incorporer dans ses troupes, c'est-à-dire qu'ils seraient forcés de servir contre leur patrie et leur souverain! Cette violation, peut-être sans exemple, fut accueillie avec indignation par les officiers saxons : pas un seul ne voulut tourner ses armes contre son pays; ils furent envoyés dans des forteresses, où le roi philosophe reconnut leur noble conduite en leur faisant infliger le plus rigoureux traitement.

Le roi Auguste avait obtenu comme grâce la permission de se retirer dans son Etat de Pologne; il y trouva peu de sympathie : les Polonais, peuple essentiellement patriote, demeurèrent impassibles aux désastres de ce prince saxon... Stanislas eût pu triompher au fond de son palais de Lunéville, si l'âme de cet homme vertueux eût été accessible à la vengeance. Les sujets du roi de Pologne ne proposèrent pas même d'armer pour sa défense, il ne trouva chez eux qu'une stérile hospitalité. La reine, douée d'une âme forte, et jalouse de se montrer la digne descendante des empereurs, refusa de quitter Dresde; elle montra, dans cette circonstance, autant de force et de dignité que son mari laissa voir de faiblesse et de découragement.

Pendant que la guerre étend ses ravages en Europe, les dissensions religieuses continuent chez nous. L'archevêque Christophe de Beaumont, espèce de machine fanatique, toujours docile sous la main des jésuites, vient encore d'exciter de nouveaux scandales, de nouvelles querelles entre le clergé et la magistrature, en recommandant derechef, par une lettre pastorale, les refus de sacrements, et surtout en défendant aux ecclésiastiques de déférer à la justice séculière. Par malheur, ces misérables chicanes sur les billevesées se compliquent, cette année, de la renaissante manie des *convulsions* avec quelques variantes dans les paroxysmes de ce délire.

Une nouvelle secte de convulsionnaires s'est fondée sous la direction d'un moine nommé Augustin : les rites de cette association consistent particulièrement à faire des processions nocturnes, la corde au cou, la torche au poing. Les *augustiniens* se dirigent vers la place de Grève en marmottant des prières à voix basse, et, rendus sur cette place, ils bénissent la terre, qu'ils espèrent, disent-ils, arroser de leur sang.

Pour le soutien de leur croyance, ces sectaires font volontiers le sacrifice, les femmes de leur honneur par la prostitution, les hommes de leur vie par le martyre. Ainsi nous avons aujourd'hui non-seulement des *vaillantistes* et des *éliséens*, mais encore des *augustiniens*, des *mélangistes*, des *discernants*, des *marguillistes*, des *figuristes*. Il serait fastidieux d'expliquer ces diverses subdivisions du fanatisme des convulsionnaires; mais les *figuristes* méritent une mention particulière. Les filles de cette secte se plaisent beaucoup à se faire crucifier : la joie dans le regard, le sourire sur les lèvres, elles s'étendent nues sur une planche, et après avoir reçu volontairement, de l'un des frères présents, un outrage qui ne peut être éprouvé que par le sexe elles se font clouer les pieds et les mains et expirent souvent sur ce théâtre de douleur et de luxure; d'autres jeunes personnes procèdent à l'œuvre en se faisant étrangler; d'autres mangent des charbons ardents; d'autres croient se sanctifier en avalant par mille parcelles un exemplaire relié du *Nouveau Testament*.

On parvient souvent à s'emparer de ces fous sanguinaires ; mais ce qu'on ne peut arrêter, c'est l'émission des *Nouvelles ecclésiastiques* : l'impression de cet écrit janséniste échappe à toutes les investigations, et quelquefois les ouvriers y travaillent presque sous les yeux des agents de la police. On a tour à tour imprimé ce pamphlet périodique sous le dôme du Luxembourg, entre les piles de bois des chantiers du Gros-Caillou, dans des bateaux sur la Seine, et jusque sur le théâtre de l'Opéra, au milieu des machines qui font mouvoir les décorations. Les propagateurs des *Nouvelles ecclésiastiques* ne sont pas moins habiles à les répandre qu'à les multiplier. Un jour, au moment où le lieutenant de police faisait des perquisitions dans une maison de la rue Saint-Jacques, à l'effet de découvrir une imprimerie clandestine, on jeta, presque en sa présence, dans sa propre voiture, un

Lowendahl, maréchal de France.

gros paquet du journal tout fraîchement sorti de la presse. S'agit-il de placarder la publication, une femme, chargée d'une hotte et couverte de haillons, s'appuie contre la muraille, comme pour se reposer ; tout aussitôt un enfant, caché dans la hotte, ouvre une soupape qui s'y trouve artistement pratiquée, et colle sur le mur l'affiche, d'avance imbibée de colle ; l'opération terminée, l'ouverture se ferme, l'enfant s'accroupit, la femme se lève et continue sa route ; sans que, dans le premier moment, personne puisse se douter du stratagème.

Mais les écrivains soupçonnés de participer à la rédaction des *Nouvelles ecclésiastiques* échappent plus difficilement aux argus de la police ; ils peuvent d'autant moins s'y soustraire, qu'on les arrête sur de simples soupçons : c'est ainsi que le gouvernement a fait *embastiller* successivement l'abbé Gaillard, le père de Gennes oratorien, l'abbé Morellet[1], le prêtre Louis Roches, l'abbé Samson, le bénédictin Paul Suleau, l'abbé Cossoni, et beaucoup d'autres. Mais la feuille n'en poursuit pas moins sa carrière ; et souvent elle fait donner au diable les exempts, comme ses spirituels articles y vouent les jésuites et leurs consorts.

Mais les jansénistes et leurs écrits ne sont pas ce qui cause en ce moment le plus d'inquiétude à la cour, les parlements viennent de lui inspirer des appréhensions bien autrement graves. Ces corps, heurtés à chaque instant dans leurs attributions par les envahissements du conseil, se sont associés ensemble étroitement, et toute la magistrature suprême a pris le nom de *classes du parlement*. MM. de Paris ont reçu le rang de la première des classes, et toutes maintenant forment un seul et même corps représentatif du royaume[2]. On conçoit que cette innovation n'a pas été accueillie volontiers par le roi : un lit de justice fut convoqué en toute hâte le 13 décembre. Trois déclarations y furent rendues : la première admet la bulle *Uni-*

[1] Qui fut depuis un des membres les plus spirituels de l'Académie française.
[2] On voit à quelle proximité d'une *assemblée nationale* on était parvenu dès l'année 1756.

genitus comme règle de foi. Les évêques, y est-il exprimé, auront le droit d'enseigner les peuples, pourvu que ce soit avec charité ; les refus de sacrements seront jugés par les tribunaux ecclésiastiques, et les poursuites précédemment faites par les juges séculiers resteront sans effet. Ainsi les jésuites obtiennent encore gain de cause, nous verrons comment ils useront de la victoire et s'ils en sauront gré à celui qui la leur décerne. La seconde déclaration établit une nouvelle discipline intérieure du parlement, tellement dure, tellement restrictive des droits de ce corps, que ses attributions se trouvent entravées dans toutes leurs parties. Enfin la troisième déclaration, en supprimant les troisième et quatrième chambres, complète cette étrange mutilation.

En sortant de cette séance, le roi traversa une foule muette et consternée qui laissa même échapper des murmures fort significatifs... L'autorité royale commence à s'user.

A peine Louis XV était-il sorti du palais, que cent quatre-vingts démissions furent signées : Sa Majesté les accepta sur l'heure ; et comme il ne restait qu'un très-petit nombre de persistants timorés ou serviles, le parlement se considéra comme dissous. La rumeur populaire devint alors extrême ; les Parisiens jurèrent de ne pas payer l'impôt : ils pourraient être imités en cela par les provinces, et, au moment où la guerre extérieure exige de grands sacrifices, cet embarras financier serait une fâcheuse extrémité. Dans les places publiques, dans les carrefours, il se forme encore des groupes de discoureurs fort bruyants et qui résistent aux injonctions de se retirer que leur prodiguent les patrouilles peu redoutables du guet. En un mot, l'esprit de murmure et d'indépendance fait de notables progrès : peu à peu le peuple s'immisce dans ses affaires ; on lui fait croire difficilement aujourd'hui que la cour entend mieux que lui ses intérêts.

Tandis qu'on essaye de concilier les prétentions du conseil et du parlement, une cour martiale s'est réunie en Angleterre pour faire

le procès de l'amiral Bing, qui s'est laissé battre pendant le siége de Saint-Philippe par le comte de la Galissonnière. Cet officier général s'est conduit en brave homme et en officier expérimenté dans cette affaire ; mais la nation anglaise, ignorant que les victoires navales des forces britanniques sur les nôtres sont presque toujours dues à la supériorité numérique, la nation anglaise se trouve humiliée d'une défaite que, dans son orgueil, elle ne veut attribuer qu'aux fautes de l'amiral. La rumeur du peuple s'est prononcée à tel point contre l'infortuné Bing, que le gouvernement s'est cru obligé de le rappeler et de le faire emprisonner à Plymouth. L'accusé, homme sage et stoïque, parut peu sensible aux avanies qu'une populace effrénée lui prodigua à son débarquement. Mais la douleur de l'amiral devait être bientôt provoquée par la scène la plus déchirante. Sir Edouard Bing, son frère, moins philosophe que lui, fut tellement désespéré de l'outrage que recevait son sang, qu'il tomba roide mort aux pieds du général... Vainement celui-ci se jeta-t-il sur le corps de ce malheureux frère pour tâcher de le ranimer par ses embrassements... Le saisissement, la honte, l'amour fraternel avaient tranché sans retour le fil de sa vie. Le peuple, stupéfait de cette grande, de cette terrible leçon, se retira sombre et silencieux... Vite une transition.

La chronique matinale de l'*OEil-de-bœuf* mentionnait ce matin, 25 décembre, une scène dans le genre gai, arrivée cette nuit à Saint-Sulpice pendant la messe de minuit. Avant de la raconter, je dois dire que les cérémonies nocturnes de Noël ont cessé d'être l'occasion de sacriléges galants : espèce de délits dont les dévots se plaignaient, dit-on, plus encore que les dévotes. Le jeu de nos brillants organistes était surtout le prétexte de l'affluence de jeunes gens qui par goût pour l'harmonie, se portaient, la veille de Noël, dans toutes les églises de Paris. Les vertus robustes, attaquées à l'ombre des piliers, se défendaient avec un grand désavantage; tandis que les vertus humaines se livraient avec sécurité dans les confessionnaux ou derrière les fonts baptismaux, innocents témoins de l'origine d'une foule de petits chrétiens qu'ils devaient voir achever plus tard. Ces musiques instigatrices du péché ont été supprimées, et la morale a repris, à quelques entreprises près, tous ses droits à la messe de minuit. Mais la probité n'y a pas reconquis tous les siens, les filouteries ont compensé avec usure les galanteries. Voici l'aventure arrivée la nuit dernière à Saint-Sulpice. Le curé, cette fois ministre direct de charité, faisait une quête précédé du suisse frappant les dalles de sa hallebarde, et suivi d'une sœur secouant la bourse qu'elle portait, afin d'appeler l'attention charitable des fidèles. Non loin de la porte, des filous, rassemblés comme par hasard, serrent le pasteur, embarrassent sa marche, et le font trébucher à tel point qu'il laisse échapper la bourse qu'il tenait. Chacun, animé d'un saint zèle, s'empresse de ramasser les pièces tombées; la sœur quêteuse se baisse elle-même pour aider les ramasseurs officieux. Un des bons apôtres, saisissant l'à-propos, glisse sa main sur la cuisse de la sainte fille. Effrayée, elle jette un cri et lâche à son tour sa bourse. Le drôle, pour l'instant plus avide de ce trésor que de celui qu'il vient d'approximer, ramasse le sac de velours fleurdelisé et s'enfuit. Cette scène excite de la fermentation; les filous associés s'esquivent à la faveur du brouhaha : ils emportent les écus glanés sur M. le curé.

Passant d'un théâtre à un autre, il faut que je dise un mot de la *Coquette corrigée*, comédie de M. Lanoue, qui a paru cette année sur le Théâtre-Français. C'est une pièce habilement calculée par un auteur-acteur pour faire valoir le principal personnage de l'ouvrage à travers une intrigue un peu languissante, et qui n'a d'action qu'au cinquième acte. Lanoue, qui joue dans la pièce, faillit éprouver à la première représentation le désagrément dont Legrand fut jadis frappé en jouant dans sa comédie des *Amazones modernes*. Si le public ne siffla pas la *Coquette corrigée*, comme il avait sifflé les *Amazones*, au nez de l'auteur, c'est qu'il eut pitié du martyre obligé de Lanoue comédien d'ailleurs fort aimé et d'un talent remarquable. La versification de l'ouvrage nouveau a du comique, du mordant; elle manque souvent d'élégance. Cette comédie ne réussit point à la première représentation; mais madame la duchesse d'Orléans, qui se trouvait à la seconde, ayant donné de fréquents témoignages d'approbation, le public applaudit par respect pour un jugement illustre et la pièce alla aux nues.

Voilà de vos arrêts, messieurs les gens de goût.

352.

Une approbation plus solidement motivée est celle que le roi donna cette année par lettres patentes à MM. Cassini, Camus et Moutigny, de l'Académie des sciences, pour la confection d'une carte exacte, géométrique et détaillée de la France. C'est un monument qui nous manque; son érection est confiée à d'habiles mains, et cette fois la faveur a rencontré le savoir.

CHAPITRE XXVI.
1757.

L'abbé de Bernis, dès longtemps en crédit près de la favorite, commence à prendre une posture importante à la cour depuis qu'il s'est fait l'homme utile ou plutôt l'homme serviable dans les affaires délicates ou épineuses. Sa Majesté vient de nommer conseiller d'État ce prêtre remuant et coquet : les lettres patentes de cette charge lui ont été remises, pour ses étrennes, par la jolie main de madame de Pompadour, qui, dit-on, a joint à ce cadeau un baiser de protectrice. En retour, M. de Bernis, courtisan fort bien informé en matière de diplomatie et de nouvelles étrangères, a glissé dans l'oreille de la marquise le contenu de deux dépêches, l'une d'Asie, l'autre d'Amérique, et dont ce galant nouvelliste a voulu que la maîtresse du roi prît l'initiative auprès de Sa Majesté. C'est donc d'une bouche si chère que Louis XV apprit le jour de l'an ce que je transcris ici. Dans le temps que le maréchal de Richelieu prenait Minorque, les Anglais, vaincus et dispersés dans le Canada, étaient repoussés jusqu'au centre de leurs colonies. A la même époque les troupes françaises, réunies dans l'Inde sous les ordres de M. de Bussi, chassaient les garnisons anglaises de Calcutta, du fort Guillaume et de tous les établissements du Bengale. Ce revers coûtait à l'Angleterre plus de cinquante millions effectifs : elle perdait aussi l'immense produit qu'elle retirait du commerce européen sur les bords du Gange, commerce dont cette puissance s'était attribué le monopole! Cet avantage revint alors à nos comptoirs de Pondichéri et de Chandernagor.

Le roi apprit ces nouvelles avec une grande satisfaction; elles valurent à la favorite, outre des compliments sur le *noble* intérêt qu'elle prenait à la gloire de Sa Majesté, un joli petit écrin nouveau du prix de dix mille écus, et ce fut encore Louis XV qui se crut l'obligé. Les flatteurs gagnent toujours quelque chose à se lever matin, ils risquent fort d'être devancés s'ils se lèvent tard. M. Rouillé,

Les dames s'étant avancées vers elle et l'ayant saluée, elle leur rendit le salut et les regarda fixement.

ministre des affaires étrangères, entra à dix heures chez le roi la respiration haute, la tête fumante, tant il s'était pressé.

« Sire, s'écria-t-il de la porte, nous avons d'heureuses nouvelles de l'Inde et de l'Amérique.

— Vous ne m'en apportez que la seconde édition, répondit le monarque en riant.

— Comment cela, sire ?

— La marquise m'a tout dit, monsieur.

— Je m'y perds ; les deux dépêches sont arrivées hier au soir à dix heures, et ne sont pas sorties de mon cabinet...

— Oui, mais quelqu'un y est entré peut-être ! dit le roi en frappant sur l'épaule du ministre.

— Impossible : à moins, sire, que ce ne soit un sylphe.

— Ceux de nos jours ne visitent que les dames... D'ailleurs, écoutez, mon cher, ajouta Louis XV à l'oreille de Rouillé, madame de Pompadour peut avoir ses courriers, et vous savez que les messagers d'amour ont des ailes.

— Sans doute, répondit le ministre en riant d'un air un peu contraint, et les secrétaires d'Etat n'ont que des jambes...

— Et des mains donc !... Quelquefois on dirait qu'ils en ont de doubles.

— L'essentiel, sire, c'est que vous êtes informé ; voici les détails... Mais je ne comprends pas réellement...

— Oh ! ne vous consumez pas en recherches ; dans tout ce qui a trait à la politique, c'est avant l'événement et non après qu'il faut savoir découvrir... »

L'effet de la bonne nouvelle était produit, la marquise en avait reçu le prix ; elle eut la bonne foi d'avouer le soir même au roi qu'elle tenait de Bernis l'avis agréable qu'elle avait transmis le matin à Sa Majesté. « C'est un homme intelligent, répondit Louis XV (et » Sa Majesté ne connaissait pas toute l'intelligence de l'abbé) ; ne » pourrions-nous pas l'employer à négocier un accommodement entre » la cour et ce vilain parlement ? Mes troupes agissent lentement en » Allemagne, l'argent manque ; de nouveaux impôts sont nécessaires » si nous voulons pousser la guerre avec vigueur, et ces diables de » robes rouges, qui ont pris la mouche, vont me manquer pour en- » registrer mes édits. Que Bernis se trouve ce soir chez vous, nous » causerons de cela. »

L'abbé n'eut garde de manquer au rendez-vous : il déploya devant le roi une volubilité d'élocution spirituelle que Sa Majesté prit pour de l'entente des affaires ; il emporta le brevet de conseiller d'Etat, et laissa au roi l'espoir de voir cesser bientôt les dissensions élevées entre *messieurs* et le grand conseil.

Telle était la situation des affaires, lorsqu'un attentat semblable à celui qui termina la vie de Henri III et de Henri IV faillit mettre fin aux jours de Louis XV.

C'était le 5 janvier, entre cinq et six heures du soir ; le jour tombait ; un froid excessif obligeait les courtisans qui accompagnaient le roi, partant pour Trianon, à s'envelopper de redingotes ou de manteaux. Un homme couvert d'un manteau brun pénètre à travers les rangs de la garde en heurtant du coude monseigneur le Dauphin, et, se faisant jour entre les Cent-Suisses, parvient auprès du roi à l'instant où ce prince lève le pied pour monter en voiture. Soudain cet individu aborde brusquement Louis XV, le frappe d'un couteau qu'il tenait caché, et se jette dans la foule des courtisans. Mais le crime inexpérimenté manque de prudence : l'assassin a gardé son chapeau sur la tête lorsque tout le monde est découvert. « Je viens de rece- » voir un rude coup de poing, et c'est cet homme qui m'a frappé, » dit le roi en le désignant ; qu'on l'arrête, mais qu'on ne lui fasse » point de mal. » Puis, après avoir passé la main sous sa veste, d'où il la retire ensanglantée, le monarque ajoute : *Je suis blessé*. Le duc d'Ayen, capitaine des gardes, ordonne d'arrêter l'homme désigné : cet officier lui-même le saisit au collet ; on l'entraîne dans la salle des gardes. Là, ce régicide déclare se nommer *Robert-François Damiens*. L'interrogatoire continue, accompagné d'étrivières redoublées, de strangulations, de petits coups d'épée dans les cuisses, dans les bras, témoignage du zèle de MM. les gardes du corps pour le service de Sa Majesté. Malgré cette véritable torture, Damiens se borna à répondre : « Les plaintes continuelles de l'archevêque de Paris, » les refus de sacrements, les clameurs du peuple sur la disgrâce du » parlement, tels sont les motifs qui m'ont fait agir. La religion seule » m'a porté à commettre cet attentat ; j'ai cru faire une œuvre mé- » ritoire pour le ciel... Qu'on veille à M. le Dauphin ; qu'il ne sorte » pas de la soirée. »

Cependant, dans plusieurs parties de son discours, Damiens s'était servi du mot *nous*, ce qui donna lieu aux interrogateurs officieux de lui demander, avec redoublement de menaces et de traitements rigoureux, s'il avait des complices. « Si j'en ai, répondit-il, on ne les » trouvera plus ; ils sont loin d'ici... et si je les déclarais, tout serait » fini. »

Cependant, si l'on eût continué la torture appliquée à l'assassin, on pouvait, par une mort trop prompte, le soustraire aux recherches légales de la justice : ce motif détermina le prévôt de l'hôtel à s'emparer de Damiens pour le faire conduire en prison. Mais, avant de quitter la salle des gardes, le coupable fut scrupuleusement fouillé : on trouva sur lui un couteau à deux lames fermant à ressort. Une de ces lames avait la forme ordinaire ; l'autre ressemblait à celle d'un canif, mais elle avait quatre pouces de longueur. C'était cette dernière qui venait de servir au parricide : elle était encore empreinte du sang royal. On prit de plus sur Damiens trente-sept louis d'or, quelque argent blanc et un petit livre intitulé : *Instructions et prières chrétiennes*. La dévotion ne manque jamais aux assassins des rois ; l'histoire l'a prouvé, même avant Jacques Clément et Ravaillac.

Le roi étant remonté dans ses appartements, fut saigné deux fois dans la soirée. Les chirurgiens qui avaient visité la blessure déclarèrent qu'elle ne présentait aucun danger : le couteau, dirigé de bas en haut, avait ouvert les chairs de quatre travers de doigt sans pénétrer profondément : c'était une grande coupure ; l'appareil pouvait se réduire à un morceau de taffetas d'Angleterre. La terreur s'était néanmoins emparée de l'âme du monarque : il témoigna la crainte que l'arme dont il avait été atteint ne fût empoisonnée, et Sa Majesté exigea que ses médecins prissent des précautions en conséquence. Ne voyant point madame de Pompadour, qu'on n'avait pas encore prévenue de l'accident, Louis crut qu'on l'avait écartée afin de lui dissimuler le danger où il se trouvait. Sa Majesté se mit au lit, malade... de peur. Le lendemain on leva l'appareil : la cicatrice se formait ; aucun signe vénéneux ne se montrait ; les médecins annoncèrent au roi qu'il pouvait, si bon lui semblait, aller à la chasse à l'instant même.

Je dois dire quelques mots de l'effet produit à Paris par la première nouvelle de l'assassinat du roi : il y avait loin de l'intérêt qu'il inspira à la douleur, au désespoir qui éclata lors de la maladie de ce prince à Metz. Depuis l'année 1744, le règne de Louis, rempli d'espérances à cette époque, s'est réalisé bien différemment de ce qu'il s'était annoncé... l'esprit public aussi s'est démenti. L'archevêque fit ordonner les prières des quarante heures, les spectacles furent fermés, on n'entendit nulle part les éclats de gaieté, la musique des fêtes cessa. Chacun exprima son indignation sur l'attentat de Damiens ; on voulut connaître tous les détails du crime ; on demandait des nouvelles de Sa Majesté... Mais tout cela était devoir et curiosité. Les Parisiens avaient l'air consterné, mais nullement affligé : point de larmes, point de soupirs ; les âmes se taisaient,... la prière fut muette, les églises restèrent vides. Quelle leçon pour le roi si les flatteurs ne lui eussent dérobé cette indifférence de son peuple !

Hier j'ai pu voir d'un hôtel de Versailles Damiens dans une petite cour carrée où ce régicide a la permission de se promener. C'est un homme d'une taille assez élevée ; il a le visage un peu allongé, le regard hardi et perçant, le nez crochu, la bouche légèrement enfoncée. Il a, dit-on, contracté un tic des lèvres par l'habitude de parler seul. Voici, du reste, des renseignements qu'on s'est déjà procurés sur le coupable, et qui m'ont été transmis par mon adorateur empressé, M. le lieutenant de police. Damiens naquit dans un faubourg d'Arras en 1714 ; il montra de bonne heure des inclinations malignes, une humeur sombre, une audace entreprenante. Il s'engagea deux fois et se trouva au siége de Philisbourg. Libéré du service, cet homme vint à Paris, où il entra en qualité de domestique *au collége des jésuites*. Damiens quitta cette maison en 1738 pour se marier ; après quoi il servit successivement plusieurs personnes. On assure, sans pouvoir toutefois le garantir, qu'il empoisonna l'un de ses maîtres dans un lavement ; on regarde comme plus certain que Damiens prit la fuite avec deux cent quarante louis d'or volés à un gentilhomme qu'il servait alors. Quoi qu'il en soit, ce scélérat, qui sans doute méditait déjà le régicide, revint à Paris le 31 décembre dernier, et parut à Versailles dans les premiers jours de janvier.

D'après les renseignements minutieux qu'on a réunis sur Damiens, on sait qu'il est rempli de vanité, avide de se distinguer, curieux de nouvelles, frondeur, quoique taciturne. Mais le signe le plus distinctif de ce caractère, c'est une persistance, une obstination tout espagnole à suivre l'accomplissement d'un projet : il y a du sang castillan dans les veines de cet assassin. Du reste, effronté menteur, prodigue de serments, d'invocations pieuses, Damiens concilie parfaitement le parjure et la dévotion, le nom de Dieu et les œuvres diaboliques. Cette âme ardente ne peut jamais demeurer sans puissantes émotions ; dès qu'elle cesse de méditer le crime, elle est agitée par le remords. La vie entière de ce malheureux s'écoule en pensées criminelles et en expiations mentales. Malgré ces hideuses inclinations et le coup de poignard dans le sein du roi, Sa Majesté, en parlant de Damiens, l'appelle toujours *le monsieur* ; nos généalogistes peuvent donc commencer *la maison* de cet assassin, si, comme le soutiennent les niais de cour, la qualification de *monsieur* tombée d'une bouche royale peut constituer le premier degré de la noblesse. A ce compte le soldat à qui certain roi dit un jour : « *Dérange-toi de* » *là, Jean f.....!* » dut, par cela seul, devenir un gros bourgeois.

Un événement quelconque arrivé à la cour impose toujours aux courtisans de nouveaux compliments, de nouvelles effusions de respect, poussés jusqu'à la servilité. Mais les membres disgraciés du parlement, dont le nom avait été mêlé à l'accusation, crurent devoir, dès le soir de l'assassinat, offrir au roi des témoignages de leur zèle et de leur fidélité. Sa Majesté n'accepta pas leurs services; mais il fit entendre au président Dubois, orateur de ces magistrats, qu'il n'admettait point les soupçons de conspiration qui circulaient sur eux... Louis XV parlait-il sincèrement? On peut du moins en douter, car tandis qu'il remettait l'instruction contre le coupable à la grand'-chambre mutilée, il exilait la plus grande partie des conseillers dépossédés. Je reviens aux complimenteurs.

Il y eut pendant trois jours une espèce d'affluence au château; la foule n'était pas néanmoins tellement épaisse dans la galerie, qu'on dût s'y étouffer pour arriver à la chambre du roi; cependant M. de Croismare, entré un des premiers chez Sa Majesté, y parut avec un habit noir veuf d'une de ses basques.

« Regardez donc Croismare, dit Louis XV en riant, son habit ressemble à un de mes chiens de chasse auquel on aurait coupé l'oreille.

— C'est ma foi vrai, sire, répondit le courtisan, qui fit semblant de s'apercevoir pour la première fois de son accident; il y a tant de monde qui s'empresse de voir Votre Majesté, qu'il faut faire le coup de poing pour avancer, et j'aurai laissé un pan de mon habit dans la mêlée.

— Heureusement il ne vaut pas grand'chose, dit malignement le marquis de Souvré, qui se trouvait là, et vous ne pouviez guère en choisir un plus mauvais pour le sacrifier.

— A moins, répliqua vivement Croismare, que je n'eusse endossé le frac auquel votre fils était réduit quand, faute de mieux, il se fit habiller de tapisserie. »

Et les courtisans de rire, après toutefois que le roi en eut donné le signal.

Un trait fort marqué dans le caractère de Louis XV comme dans celui de son bisaïeul, c'est une crainte terrible du diable pendant la durée des maladies. De là le renvoi effectué ou seulement projeté des favorites qui ont inspiré le péché, selon que le mal persiste ou s'adoucit. Madame de Pompadour vient d'être atteinte par une de ces vicissitudes des amours couronnés. Dans les premiers moments qui suivirent l'attentat de Damiens, le roi, beaucoup plus inquiet qu'il ne devait l'être sur les suites de cet événement, crut nécessaire au repos de sa conscience d'éloigner la marquise. Resté seul avec Machault après le pansement de son égratignure, il la chargea, en qualité d'ami de la favorite, de la pressentir sur la possibilité de cet éloignement, et le pria de lui conseiller comme de lui-même de prendre sagement le parti de se retirer avant toute injonction. Le garde des sceaux remplit cette mission délicate avec toute l'adresse possible; mais madame de Mirepoix, présente à l'entretien, engagea fortement la marquise à ne rien précipiter. « Ce serait d'ailleurs, ajouta la maréchale, donner gain de cause à tous vos ennemis; et dans certaines occasions il vaut mieux risquer d'être chassé que de quitter la place. » Madame de Pompadour resta donc à la cour; mais le roi, toujours convaincu de sa prétendue maladie, quoique bien mangeant, bien buvant et bien dormant, persistait à ne pas voir la marquise. Dans cette fluctuation de sa fortune et au milieu de la foule curieuse qui remplissait son salon, la favorite put distinguer aisément ses amis de ceux qui venaient uniquement pour voir la mine qu'elle faisait. Ces derniers purent reconnaître qu'elle ne cessait de pleurer et qu'elle s'évanouissait à chaque instant. Quesnay ne s'éloignait guère d'elle; madame de Brancas venait très-souvent; l'abbé de Bernis ne sortait de l'appartement de la marquise que pour aller chez le roi, il avait toujours la larme à l'œil; de longtemps on n'avait vu tant de sensibilité à la cour. Ces trois personnes étaient les dévoués, le reste pouvait être considéré comme de la compagnie.

Persuadé que l'attentat de Damiens avait été déterminé par le mécontentement public, Louis XV, dès le 6 janvier, se décida à remettre les rênes de l'État au Dauphin, en disant avec plus d'abandon que de dignité qu'*il gouvernerait mieux que lui*. Il est même à remarquer qu'au moment où les médecins ne lui prescrivaient qu'une partie de chasse l'inquiétude de Sa Majesté était telle, qu'elle se croyait à toute heure près d'expirer et se faisait donner tous les quarts d'heure l'absolution par l'abbé de Rochecour, aumônier de quartier.

Je viens de dire que le roi s'était démis en faveur du Dauphin des soins du gouvernement; mais qui pourra se rendre compte des caprices du cœur humain? Dans le premier conseil qui suivit l'événement, M. d'Argenson ayant demandé que les ministres allassent travailler chez le Dauphin, Louis XV fut profondément piqué de cette proposition. Sentant renaître son ambition, Sa Majesté abjura bientôt ses idées sinistres : elle songea à reprendre le timon des affaires et garda rancune au ministre de la guerre d'avoir pris au mot son abnégation.

Cependant d'Argenson, croyant le crédit de madame de Pompadour entièrement ruiné, ne se faisait aucun scrupule de déplaire à cette favorite, et satisfaisait en cela une inimitié qu'elle lui rendait bien. Mais la marquise, qui ne désespérait pas du salut de sa faveur, travaillait à la restaurer par tous les moyens qui lui venaient à l'idée. Entre autres expédients, elle s'avisa de prescrire à M. Janet, intendant des postes, d'éloigner du produit des infidélités de son bureau secret tous les extraits de lettres qui pourraient rappeler le crime de Damiens. Janet promit de se conformer à cette recommandation. Malheureusement M. d'Argenson était surintendant des postes; Son Excellence, promptement informée de la mesure que se proposait de prendre son subordonné, fit venir le fonctionnaire trop complaisant, lui demanda de quel droit il prenait les ordres de madame de Pompadour, et finit par le menacer de le faire mettre en prison s'il cachait la moindre chose au roi. Janet, désolé, retourna chez la marquise, et lui dit les larmes aux yeux qu'il se voyait forcé de lui désobéir.

« Oh! oh! dit la favorite à madame du Hausset, d'Argenson serait-» il mieux qu'on ne croit dans l'esprit du roi? On parle en effet dans le » public de marques de confiance accordées à ce ministre par Sa Ma-» jesté; je sais même qu'elle lui a remis hier la clef d'un appartement » secret de Trianon pour y prendre des papiers. Eh! mais, j'y pense, » ce monstre ne serait-il pas l'instigateur de l'éloignement que le roi » me montre depuis sa blessure? Tâchons d'acquérir sur ce point une » espèce de certitude en voyant d'Argenson. »

A ces mots la marquise demanda sa chaise, s'enveloppa d'une mante fourrée, se munit d'un gros manchon, et se fit porter chez le ministre de la guerre. Il était seul avec le président Hénault quand la favorite fut annoncée, mais il ne jugea pas à propos de la recevoir. Rentrée précipitamment à son hôtel, elle écrivit à d'Argenson que venant d'échouer dans son antichambre et ayant quelque chose à lui dire pour le service du roi elle le priait de passer chez elle. Le ministre délibéra quelque temps avec lui-même avant de déférer à l'invitation de madame de Pompadour : il balança dans sa pensée les avantages et les inconvénients d'un refus; les derniers prévalurent, et d'Argenson se rendit à l'hôtel de la marquise. Voici textuellement le dialogue qui s'établit entre les deux rivaux; je le tiens de madame du Hausset, qui, d'un cabinet entr'ouvert, l'écrivait en chiffres pendant qu'il se débitait.

« Je suis surprise, monsieur, de l'ordre que vous avez donné à Janet. Je ne puis concevoir quelles sont les raisons qui peuvent vous déterminer à vouloir remettre sous les yeux du roi un événement dont le souvenir est pénible pour lui. Ce n'est pas sans avoir pris l'avis de tous les ministres que je me suis décidée à parler à Janet.

— Madame, je dois la vérité au roi, et aucune considération dans le monde ne peut me porter à m'écarter de mon devoir.

— Voilà de grands principes; mais vous me permettrez de vous dire qu'ils sont hors de saison dans cette circonstance, et que l'intérêt puissant de la tranquillité du roi doit l'emporter sur tout autre calcul.

— Je ne changerai point d'opinion, madame, et je suis surpris que n'ayant aucun ordre à donner vous prétendiez vous mêler d'un détail qui me regarde seul.

— Il y a longtemps, monsieur, que je connais vos dispositions pour moi; je vois bien que rien ne peut les faire changer. J'ignore comment tout cela finira, mais ce qu'il y a de certain c'est qu'il faudra que l'un de nous deux s'en aille. »

Après ces derniers mots M. d'Argenson se leva, fit une profonde révérence, et sortit sans proférer une parole.

Le roi fut encore quelques jours sans revoir la favorite; mais à mesure que ses terreurs s'évanouissaient ses inclinations ordinaires renaissaient. Enfin un soir que Louis XV passait devant un escalier conduisant chez la marquise, il s'y laissa engager par l'habitude et se trouva, sans avoir eu l'intention de s'y rendre, dans l'appartement de sa maîtresse. Après quelques instants assez bien employés, madame de Pompadour, qui avait fait de son mieux dans l'intérêt de sa vengeance, demanda avec adresse le renvoi de M. d'Argenson. Madame de Montespan eût exposé sa demande à Louis XIV au début d'un tel entretien, la favorite de Louis XV la sollicitait plus tard : comme on connaît les saints on les honore. Madame de Pompadour, déjà plusieurs fois rebutée sur l'objet remis sur le tapis, le ramenait en tremblant de tout son corps. Quelle fut sa surprise lorsque Sa Majesté lui répondit : « Vous le voulez, ma chère amie, j'y consens » volontiers; que d'Argenson s'en aille, mais que Machault l'accom-» pagne! »

La maîtresse en titre se donna peut-être tout à fait les gants de la disgrâce du ministre de la guerre, et pourtant la mémoire rancunière du roi avait plus contribué ce renvoi que le crédit de la marquise. Louis XV n'avait point pardonné à d'Argenson l'avis énoncé dans le conseil en faveur du Dauphin. Ce ministre en recueillait le fruit amer, au mépris des services les plus loyaux, les plus zélés. Une ingratitude plus condamnable encore déterminait le renvoi de M. de Machault. Ce garde des sceaux avait été le témoin et l'agent de la terreur honteuse sous l'empire de laquelle Sa Majesté avait voulu renvoyer madame de Pompadour. Le monarque voyait avec déplaisir auprès de lui ce confident importun de sa faiblesse : il trouva avec joie l'occasion d'envelopper Machault dans la disgrâce d'un autre secrétaire d'État. La marquise, malgré sa prétendue amitié pour ce ministre, n'eut pas la moindre velléité de retenir un homme qui lui avait conseillé de se retirer elle-même : elle ne répliqua rien quand le roi demanda cette seconde victime. C'est une belle chose que la reconnaissance des cours!

Il fallait cependant un prétexte pour disgracier deux ministres auxquels on n'avait rien à reprocher, car ce ne pouvait être un motif valable aux yeux du public que d'avoir déplu à madame de Pompadour. Bernis fut chargé de colorer cette mesure : c'est lui qui trouva que ces deux hommes d'État méritaient d'être chassés et même exilés pour avoir désapprouvé l'alliance du cabinet de Versailles avec celui de Vienne.

A cette même époque, le comte de Stainville [1] était rappelé de l'ambassade de Rome pour recevoir l'investiture de celle de Vienne, en remplacement de Bernis, nommé à cette dernière, mais destiné à de plus hautes fonctions. Achevons de dire que, depuis le commencement des négociations avec l'Autriche, M. de Rouillé n'est plus qu'un prête-nom au département des affaires étrangères, dont le véritable ministre est le cher abbé. Cette assertion et une allocation secrète au secrétaire particulier de M. de Rouillé expliquent l'aventure des dépêches de l'Inde et de l'Amérique. Dans ce mouvement ministériel, la guerre fut donnée à M. de Paulmi, adjoint du marquis d'Argenson ; la charge de secrétaire d'État de la marine, précédemment possédée par M. de Machault, fut confiée à M. de Moras, contrôleur général ; mais le roi n'a point remplacé le garde des sceaux : Sa Majesté les conserve jusqu'à nouvel ordre.

Damiens n'a été transféré à Paris que le 18 février ; ce transfert a donné lieu à des précautions extrêmes, prises, disait-on, pour la sûreté du prisonnier, mais qui l'étaient bien plus évidemment afin qu'il ne pût communiquer avec personne. Ce coupable fut enfermé à la Conciergerie, dans la tour dite de Montgomeri, au-dessus de la chambre qu'habitait jadis Ravaillac. Le procès a duré près d'un mois et demi, indépendamment des recherches, enquêtes, requêtes préalables, dont la durée n'avait pas été moindre. Une irrégularité manifeste paraît avoir présidé à cette grande affaire : plusieurs témoins, qu'on devait supposer instruits de certains détails, ne furent point appelés. L'instruction demeura en quelque sorte secrète ; et loin d'être confiée, comme on devait s'y attendre, à tout ce qui restait du parlement, constitué en chambres réunies, cette instruction fut remise à des magistrats choisis par la cour et suspects de partialité. Bien plus, ces juges étaient chargés de condamner l'assassin, sans s'occuper ni de ses complices ni de ses instigateurs. Il était évident que des personnes de la plus haute distinction avaient trempé dans la conspiration, maintenant bien reconnue, dont l'accusé n'avait été que l'instrument. Ces conspirateurs étaient-ils donc inviolables, et, ne pouvant les punir, évitait-on de porter sur eux le flambeau terrible de la vérité ? Vainement les princes de Conti et de Croï donnèrent-ils l'assurance qu'ils avaient recueilli en Flandre des notions propres à répandre un grand jour sur le procès ; on refusa d'admettre ces documents, parce que les mémoires qui les contenaient n'étaient pas présentés sous une forme juridique. Il fut cependant constaté par le tribunal que, trois mois avant l'assassinat du roi, un particulier, ayant découvert *des choses trop effrayantes*, fut enfermé au mont Saint-Michel. Plus de quatre-vingts personnes furent arrêtées d'après cette révélation ; mais peu d'entre elles subirent un interrogatoire. Quel pouvait être le but de ces étranges ménagements, et qui voulait-on soustraire à l'action des lois ?...

Pendant sa captivité dans la tour de Montgomeri, Damiens dit à un sergent qui le gardait à vue : « Tout misérable que je suis, il ne » tiendrait qu'à moi de faire votre fortune ; je n'aurais qu'à vous » dire mon secret. » Mais ce secret, les plus affreuses tortures ne purent le lui arracher. « Vous voyez, disait-il froidement aux bour- » reaux, que les douleurs de la question ne me font rien avouer. » Ce régicide avait donc un aveu à faire, et qu'il ne fit pas.

Une jeune fille de treize ans et demi, nommée Descoufflet, dit, le 4 janvier, à une autre jeune personne pensionnaire comme elle aux écoles de Saint-Joseph : *Le roi sera assassiné demain.* Le jour même de l'assassinat, ce même enfant dit, trois heures avant le coup : « Le » roi est assassiné, ou le sera ce soir. » L'instruction ne mentionne pas si les témoins de ce double propos, au moins digne d'attention, en donnèrent connaissance à la police ; mais voici un avis qui venait d'une source plus respectable, et qui fut méprisé. Le comte de Zaluski, envoyé de Pologne à Paris, a fait la déclaration suivante : « Peu de jours avant l'attentat, l'abbé Lachapelle vint me dire qu'il » savait à n'en pouvoir douter qu'il existait une conjuration ten- » dante à détrôner Louis XV, et m'engagea à révéler ce complot à la » reine, ma parente. La chose me parut si peu vraisemblable, que je » jugeai nécessaire au repos de la reine de lui taire cet avis. Le » 5 janvier, jour du crime, l'abbé revint me trouver, et me demanda » si j'avais mis à profit sa déposition. Je lui répondis que non. Tant » pis, monsieur, tant pis, répliqua Lachapelle avec chaleur ; il ne » sera plus temps, si vous ne partez à l'instant, et si vous ne faites » la plus grande diligence. »

Le comte de Zaluski ne fit pas plus de cas, a-t-il dit à la cour, de ce second avis que du premier, parce qu'il s'était rappelé que dix ans plus tôt le même abbé Lachapelle avait fait une confidence de la même nature et qui pouvait compromettre sans utilité plusieurs souverains étrangers. Ce qu'il y a de surprenant, c'est qu'après l'é-

[1] Depuis duc de Choiseul.

vénement du 5 janvier, le tribunal n'a donné aucune suite à cette déposition.

Les juges avaient donc bien évidemment la secrète mission d'écarter toute recherche de complicité, prenant ainsi à la lettre la déclaration faite par Damiens d'avoir agi de son propre mouvement. Moins discrète que le gouvernement, je soulèverai le voile dont sa prudence enveloppe les véritables conjurés.

Les jésuites accusaient le parlement : le fanatique Beaumont soutenait même cette accusation jusqu'au point de l'imprimer. Ce prélat fit circuler pendant le procès un mandement *au sujet d'un attentat manqué par le parlement.* Bien plus, une secrète instigation exercée sur Damiens dans sa prison par un exempt nommé Belot, frère d'un jésuite, fit désigner à cet accusé sept membres du parlement dont il écrivit les noms. Mais, lorsque Belot fut confronté avec le régicide, ce dernier soutint qu'en faisant cette liste, à la demande de l'exempt, il n'avait en aucune manière prétendu nommer des complices, et que tout ce que l'homme de la police pouvait avoir rapporté à cet égard était de pure invention.

Du reste, l'opinion publique n'a pas un seul instant accusé le parlement de complicité dans le crime du 5 janvier. Il s'est élevé à diverses époques des luttes prolongées entre le pouvoir parlementaire et la cour ; mais jamais, dans la plus grande chaleur des discussions, *messieurs* ne se sont écartés du respect dû au souverain. Encore moins ce corps s'est-il montré l'ennemi de la monarchie ; s'il a cherché à réprimer quelques envahissements de l'autorité souveraine, c'était pour l'affermir plutôt que pour l'ébranler, car rarement les trônes croulent autrement que sous le poids du despotisme qui les surcharge.

Il est une autre corporation qui dans tous les temps s'est montrée la rivale des rois, dont les parlements furent toujours les sages conseillers et le flambeau ; il est presque superflu de nommer les jésuites. Il serait difficile de citer un seul attentat aux jours de nos rois qui n'ait pas eu de ces sectaires pour complices ; l'inimitié de la royauté, l'éloge du régicide sont proclamés par les écrivains de cet ordre : c'est dans un article de ses constitutions, et les exemples de mise à exécution de ces principes ne manquent pas dans l'histoire. Voici maintenant des faits qui se rattachent à l'assassinat de Louis XV : Damiens est né à Arras, ville où l'influence des jésuites est absolue ; il était parent du maître d'hôtel des jésuites de Paris, et l'on sait qu'il avait servi dans l'un des collèges qu'ils dirigent. C'est encore à Arras, centre du jésuitisme par excellence, que Damiens, depuis le mois de juillet jusqu'à la fin de décembre 1756, médita le parricide qu'il commit le 5 janvier ; plusieurs fois, dit-on, il s'ouvrit à ses amis sur ce projet, et lorsqu'il quitta la capitale de l'Artois pour venir à Paris, « il annonça qu'il lui restait peu de temps à » vivre ; que le plus grand de la terre mourrait aussi, et qu'on enten- » drait bientôt parler de lui. »

La veille de l'événement de Versailles, deux personnes rencontrèrent, l'une au Luxembourg, l'autre rue Saint-Antoine, le jésuite Constant, vêtu en laïque. Le même jour, une dame reconnut un second jésuite enveloppé d'un manteau d'écarlate : tous deux justifièrent assez mal ce déguisement.

Enfin, le jour même de l'attentat, cinq jésuites sortirent par une porte de derrière de leur maison professe, montèrent dans un carrosse de place et se firent conduire à Conflans, chez monseigneur l'archevêque de Paris.

Si l'on joint aux probabilités qui découlent de ces faits la dévotion de l'assassin, la conviction religieuse avec laquelle il semble avoir accompli son forfait, le fanatisme qui lui faisait accepter la torture comme un pieux martyre, tout ne se réunit-il pas pour démontrer l'esprit ascétique inspiré par une secte usurpatrice au nom du ciel des biens et des pouvoirs de la terre ? Mais, comme au temps où nous vivons les jésuites n'ont pu songer à placer la couronne de France sur la tête de leurs chefs, qui voulaient-ils donc couronner après avoir fait assassiner Louis XV ? Je cherche autour du trône quel Français a pu devenir assez partisan de cette corporation pour faire espérer à ses membres qu'il régnerait par elle s'ils lui donnaient le sceptre... Or je trouve un prince assez fasciné par ces pères pour avoir adopté toutes leurs doctrines ; mais son délire aurait-il été porté au point de partager, de souffrir seulement leurs projets?... On l'a dit : peut-être a-t-on pu le croire... je veux repousser cette horrible opinion. Mais pourquoi tant de mystère, tant de restrictions dans la procédure ? pourquoi cette interdiction de toute recherche sur la complicité ? Ah ! si les funestes présomptions que j'écarte avaient quelque fondement, combien le roi devrait regretter d'avoir conservé la vie pour connaître un si lugubre secret !

Damiens subit, le 28 mars, un supplice exhumé des temps de barbarie ; il fut écartelé vif : quatre chevaux ardents attachés à ses membres entraînèrent, sanglants et palpitants encore de vie, les quartiers de ce corps dès longtemps mutilé par la torture... Le bourreau lui-même en frémit. Cependant une dame de la cour, dont je tais le nom, avait loué douze louis une croisée pour *jouir* de cet infernal spectacle ; une société élégante jouait dans la chambre en attendant le patient. Lorsque ce trait de curiosité romaine fut raconté au roi, il se mit les deux mains sur les yeux et s'écria : *Fi ! la vi-*

laine ! Qu'eût pensé le monarque s'il eût su que la dame dont il s'agit avait attaché une idée galante à cette action, et qu'elle avait cru signaler ainsi son attachement pour la personne de Sa Majesté ?

Tandis qu'un coupable périssait à Paris, une tête innocente tombait en Angleterre, frappée par l'orgueil d'une nation qui veut toujours trouver un coupable là où ses armes éprouvent un échec. L'infortuné Bing, jugé par une commission militaire influencée, fut condamné à mort le 29 janvier, pour avoir laissé fixer la victoire sous le pavillon français dans les eaux de Minorque. Vainement les juges mentionnèrent-ils au bas de leur sentence qu'il résultait de l'enquête qu'aucune crainte, aucune négligence ne pouvaient être reprochées à l'amiral; vainement ces officiers recommandèrent-ils ce général à la juste clémence du roi... Ce prince voulait un exemple, même au prix d'un assassinat : Bing fut exécuté sur son bord le 14 mars.

Revenons à des massacres tout aussi déplorables, mais au moins nécessités quelquefois par la gloire et malheureusement par l'intérêt des peuples. La cour de Vienne, justement indignée des vexations que Frédéric II commettait dans l'électorat de Saxe, a dirigé sur lui toutes les foudres diplomatiques du corps germanique, armes bien moins redoutables que les canons de la Prusse. La diète de Ratisbonne a lancé un *conclusum* menaçant contre l'électeur de Brandebourg, manifeste dont ce prince a, dit-on, allumé sa pipe au feu de son bivouac. Une disposition plus sérieuse, c'est que l'armée de l'Empire s'est formée immédiatement sous les ordres du prince de Saxe-Hildburghausen, pendant que soixante-dix mille Russes traversaient la Pologne et se préparaient à envahir la Prusse ducale. De son côté, l'impératrice-reine (car c'est toujours elle qui gouverne, quoiqu'il y ait un empereur) a rassemblé deux armées, l'une sous les ordres du prince Charles de Lorraine, son beau-frère, l'autre sous le commandement du feld-maréchal Daun. La France fait marcher en Allemagne trois corps de troupes : le premier, conduit par le maréchal d'Estrées, s'avance vers le Hanovre, défendu par le duc de Cumberland; le second, *abandonné* au prince de Soubise, général peu expérimenté, doit se combiner avec les forces de l'Empire; le troisième, commandé par le maréchal de Richelieu, que la favorite a surnommé le *Minorquin*, doit provisoirement rester en réserve sur le Rhin. Enfin la Suède, aux termes du traité de Westphalie, fait passer ses troupes en Prusse par la Poméranie antérieure.

« Vous voyez, messieurs, disait un soir Frédéric II à ses officiers
» réunis près de lui autour d'un feu d'avant-poste, vous voyez que
» l'on nous taille des croupières. Mais, patience, ce ne sont pas les
» plus grosses armées qui sont les plus redoutables, mais les plus
» aguerries, les mieux commandées. L'essentiel, c'est de faire face à
» tout le monde. En Westphalie, les Anglais et les Hanovriens dé-
» fendront mes possessions en même temps que les leurs : notre jeu,
» à nous, c'est d'entrer immédiatement en Bohême, j'y entrerai par
» quatre endroits différents, et nous verrons... Messieurs, nous par-
» tons à la pointe du jour. » Ici le roi cessa de parler, il se mit à
rêver en sifflant; ses yeux demeurèrent fixés sur le foyer étincelant, et de la main droite il fit un petit roulement sur le tambour qui lui servait de siège, tandis que de la gauche il caressait les franges de son écharpe.

Satisfait sans doute du caractère que le comte de Stainville promet de développer à la cour de Vienne, Louis XV vient de le créer chevalier de ses ordres. Ainsi la récompense prévient les services, à moins qu'on ne doive ajouter foi aux chuchoteries de l'*OEil-de-bœuf*, qui font aller le dévouement de ce nouvel ambassadeur jusqu'à prêter aide et assistance au roi dans ses conférences intimes avec la favorite. Je le croirais plutôt de l'abbé de Bernis, que la marquise installa dernièrement aux affaires étrangères en sacrifiant le ministre de paille Rouillé.

Quoi qu'il en soit des bons offices secrets que M. de Stainville a pu rendre à Versailles, il partit hier pour son ambassade auprès de Marie-Thérèse. « Messieurs, disait-il il y a quelques jours dans un
» souper de petite maison, je serai bien aise d'admirer de près cette
» princesse; j'ai la plus haute idée d'une femme qui, pressentie par
» des dissidents sur un défaut de progéniture, leur répondit en sou-
» levant un linon pudique : *Voilà de quoi faire des empereurs.* »

D'heureuses nouvelles sont parvenues récemment de l'Amérique : les Canadiens, secondés par les Iroquois, continuaient de battre journellement les colonies anglaises, sur les confins de la Nouvelle-France, avant même l'arrivée des renforts que M. de Beaussier a transportés dans ce pays. Ces valeureux sauvages s'étaient rendus maîtres du fort de Bull, dans lequel les Anglais avaient réuni de grands approvisionnements destinés à favoriser les sièges de Niagara et de Frontignan. Sur ces entrefaites, M. de Montcalm, débarqué près de Québec avec quelques troupes, se présenta devant l'importante place d'Osvego, défendue par dix-huit cents hommes et cent vingt pièces de canon. Malgré cet appareil imposant, cette forteresse se rendit à trois mille Français sans artillerie de siège. Après ce succès, M. de Montcalm marche sans perte de temps sur le fort Saint-Georges à la tête de cinq mille cinq cents Européens et de dix-huit cents sauvages. Saint-Georges, forteresse assise sur le lac du Saint-Sacrement, avait été regardé jusqu'alors comme le boulevard inexpugnable des possessions britanniques dans cette partie du nouveau monde; là devaient se réunir les forces destinées à réduire le Canada : artillerie, combinaisons de l'art, moyens de défense ménagés par la nature, rien ne put arrêter l'impétueuse attaque des assaillants; après quelques jours de tranchée la place demanda à capituler, et deux mille cinq cents hommes rendirent leurs armes à M. de Montcalm, qui dans cet engagement n'eut qu'une faible perte à déplorer. On cite avec enthousiasme un trait de M. Rigaut de Vaudreuil : ce brave officier décida la conquête du fort Saint-Georges en traversant à la nage la rivière de Chavaguen à la tête d'un corps de Canadiens. Ce mouvement audacieux coupa la communication de la place avec les lignes extérieures garnies de troupes, et la reddition suivit de près. Ce coup de main valut aux Français cent cinquante pièces de canon, quatorze mortiers, cinq obusiers, un magasin immense de vivres, de munitions, et neuf navires armés en guerre.

Voyons si les succès de la coalition en Allemagne répondent aux victoires des Français et de leurs alliés au delà des mers.

Le roi de Prusse ne s'en est pas tenu à de vains projets ; son armée, divisée en quatre corps, a marché sur la Bohême, où, non loin des murs de Prague, il a rencontré l'armée autrichienne, commandée par le feld-maréchal de Broon et le prince Charles de Lorraine. Le combat fut long, meurtrier, peu décisif; Frédéric y conquit pourtant l'avantage de pouvoir former le siège de Prague, où trente mille Impériaux venaient de s'enfermer. La prise de cette capitale eût rendu Sa Majesté Prussienne maîtresse de tout le royaume, et pouvait lui ouvrir les portes du reste de l'Allemagne. Frédéric poussa le siège avec une surprenante vigueur : les bombes, les boulets rouges plurent sur une populeuse cité, qui avait été déjà le théâtre de tant de désastres, et dont les murs fumaient encore des feux d'une autre guerre. Ce bombardement actif ne pouvait manquer d'avoir un prompt résultat : Prague renfermait peu de vivres; elle allait subir le joug. Mais une précipitation qu'il croyait indispensable fit perdre au monarque prussien le fruit de son entreprise. Le maréchal Daun, à la tête de quarante mille hommes, accourait au secours des assiégés. Frédéric ne l'attend pas sous les murs de la place; il marche à l'armée ennemie, comptant surtout sur sa renommée pour intimider le général autrichien. Mais celui-ci, peut-être sous l'empire de la terreur, s'est retranché sur la croupe d'une montagne au bas de laquelle coule un torrent. Les Prussiens s'élancent à l'assaut à travers les ondes bouillonnantes; sept fois ils sont repoussés, sept fois ils reviennent à la charge, de plus en plus affaiblis des morts que le torrent entraîne... Frédéric perd vingt-cinq mille hommes dans cette journée, en tués, blessés, fuyards ou déserteurs, et la victoire lui échappe. La communication de Daun avec Prague est établie; Charles en sort impétueusement pour se mettre à la poursuite du roi, forcé d'abandonner la Bohême avec plus de précipitation encore qu'il n'en avait mis à la conquérir. Pendant que ces événements se passaient dans les États autrichiens, le maréchal d'Estrées, que la France devait opposer aux Anglais et aux Hanovriens, concentrait ses forces sur Wesel, place prussienne située sur le Rhin, et que Frédéric abandonnait par la difficulté de défendre ce point, trop éloigné du centre de ses opérations.

Le maréchal d'Estrées est un brave officier, mais c'est un homme faible, sans portée, et dont les vues étroites ne peuvent guère embrasser les combinaisons d'un vaste commandement. Ce général manque d'ailleurs de résolution, et si, après avoir pris un parti, quelque difficulté se présente qui en arrête l'accomplissement, il n'a pas assez de tête, pas assez d'ordre dans les idées, pour modifier son premier plan. Or cette médiocrité morale de d'Estrées est précisément le motif qui l'a fait choisir. L'alliance de la France avec l'Autriche est nouvelle, la cour sait qu'elle a besoin d'éprouver ce renversement complet de l'ancienne politique de Versailles. Je dois ajouter même que Louis XV, encore peu façonné au système récemment adopté, à peu près contre son gré, n'a guère de sympathie pour Marie-Thérèse, et conserve une secrète inclination pour Frédéric. On se prêtera peut-être difficilement à croire que, dans cette situation d'esprit, le roi de France est disposé à servir mollement son allié, et que ses généraux en chef ont reçu l'ordre de ménager le roi de Prusse, mais bien à l'insu de madame de Pompadour, dont la politique est essentiellement autrichienne. Dans cette combinaison secrète, où l'honneur des armes nationales est compté pour bien peu de chose, Sa Majesté a senti qu'elle ne pouvait mettre à la tête de ses armées de ces généraux à esprit fort qui veulent aller à tout prix au but. M. d'Estrées fut choisi à cause de sa mollesse; le prince de Soubise, d'ailleurs favorisé par la marquise, à cause de son inexpérience, et le maréchal de Richelieu, parce que le roi savait que ce seigneur sacrifierait tout, s'il le fallait, à la conservation de sa faveur.

Ainsi les trois généraux en chef sont entrés en campagne comme de véritables marionnettes, c'est-à-dire ayant aux bras et aux pieds des fils correspondant au cabinet particulier de Louis XV.

Cependant d'Estrées ne laissa pas de passer le Weser et de marcher sur le Hanovre. M. de Cumberland, qui commandait l'armée anglo-hanovrienne, attendait son ennemi à Hameln, où il avait résolu de recevoir la bataille. Un gros détachement anglais s'étant présenté à Halle, le maréchal donna quatre compagnies de grenadiers, de la cavalerie et du canon à M. le duc d'Orléans pour débusquer ce corps; il se replia sur l'armée principale. M. d'Estrées s'avançait toujours en longeant la rive droite du Weser. Le prince anglais continuait d'occuper les environs d'Hameln, faisant face à la rivière, appuyant sa droite à la ville, étendant sa gauche jusqu'au village d'*Hastenbeck* et couvrant son front d'un marais inaccessible. Toutes les avenues de la position où se trouvait M. de Cumberland étaient d'ailleurs boisées et semées de tirailleurs, dont on voyait scintiller les feux à l'approche des Français.

Le maréchal trouva l'ennemi rangé en bataille, et la soirée s'écoula à le reconnaître. Le soir, MM. de Chevert, de Lorges et d'Armentières reçurent l'ordre de s'engager, à la pointe du jour, dans un chemin qui cernait une hauteur à laquelle s'adossait la ligne ennemie, et de se porter avec rapidité au sommet pour emporter une redoute qui s'y trouvait établie. Les premiers coups de fusil de ces généraux devaient servir de signal à l'armée pour attaquer Hastenbeck et prendre l'ennemi en flanc. Le mouvement ordonné fut exécuté ponctuellement avant l'aube, grâce à l'intrépide valeur de Chevert, que MM. de Lorges et d'Armentières secondèrent mollement. L'ennemi, risquant d'être pris à dos, commença sa retraite. Mais ici commença l'hésitation fatale à tous les projets de d'Estrées : au lieu de franchir rapidement le ravin qui le séparait de l'armée anglaise, et dont elle ne songeait point à lui disputer le passage, il délibéra, attendit, et donna le temps aux ennemis de chasser nos troupes de la hauteur, de s'y former de nouveau et de diriger un feu terrible sur l'armée française. A ce revers inattendu, M. d'Estrées perdit la tête; mais M. de Maillebois, maréchal des logis de l'armée, donna des ordres qui nonseulement la sauvèrent, mais lui firent reprendre l'offensive. L'ennemi, chargé avec impétuosité, lâche pied une seconde fois, abandonne le champ de bataille, et cette fois la victoire nous reste.

M. d'Estrées se disposait à poursuivre le duc de Cumberland, lorsque le maréchal de Richelieu se présenta à lui avec un ordre de la cour qui lui confiait le commandement de l'armée. Le rappel du vainqueur d'Hastenbeck était le résultat d'une intrigue ourdie par M. de Maillebois auprès de Paulmi, ministre de la guerre, et son beaufrère. Dévoré de l'envie de commander en chef, Maillebois, par des insinuations secrètes qui parvenaient chaque jour à Versailles, desservait de son mieux le maréchal : ses fautes, ses tergiversations, ses faiblesses, tout était noté par une chronique envenimée, que des amis dévoués avaient soin de mettre sous les yeux du roi. Ce monarque, aussi prévenu contre le commandant de l'armée de Hanovre, lui enlevait tous les jours un peu de son estime; Sa Majesté parla bientôt de le remplacer. Cependant l'ambitieux Maillebois, sentant qu'il n'avait point encore assez de consistance pour aspirer au bâton, prit le parti de temporiser. Il sollicita lui-même le ministre de faire nommer au poste de d'Estrées M. de Richelieu, homme brave, assez habile, mais léger, dont il saurait bien plus tard faire ressortir l'insuffisance. La chose fut décidée d'autant plus promptement, que le *Minorquin* demandait sous main la place de son collègue. L'ordre de service fut expédié au favori : si dans ce moment il n'eût pas eu à conclure une affaire de cœur avec madame de Lauraguais, qui d'ordinaire se montre assez expéditive dans les conclusions, il serait arrivé aux bords du Weser deux jours plus tôt, et son front eût été ceint des lauriers d'*Hastenbeck*, que remplacent mal les myrtes flétris d'une beauté déjà surannée.

Le maréchal de Richelieu arriva du moins assez tôt pour exécuter l'injonction secrète qu'il avait reçue de la cour, et qui tendait à laisser le duc de Cumberland opérer tranquillement sa retraite sur Minden et Niembourg.

Après avoir été rejoint par l'armée du Rhin, dont le commandement lui était précédemment confié, Richelieu occupa l'électorat de Hanovre, puis les Etats de Brunswick, de Zeel et de Volfembutel. On dit que dans cette dernière principauté une grosse fille du duc régnant, espèce de Diane de ce pays boisé, ayant laissé prendre sans beaucoup de sollicitations à M. de Richelieu les droits d'un Endymion, le détermina à donner huit jours de repos à ses troupes. Le temps fut bien employé par l'armée dans une partie de l'Allemagne où toute prise de possession est facile, mais M. de Cumberland profita plus utilement encore de cette semaine; car il continua sa retraite jusqu'à Bremen et Stade, et força le général français à prolonger imprudemment sa ligne d'opération pour le poursuivre.

Les officiers du maréchal, qui, comme lui, connaissaient le plan de campagne, lui firent observer que cet écart, en rendant Frédéric II maître de ses mouvements sur sa droite, allait lui permettre peutêtre de ressaisir le Hanovre et la Westphalie. Ils ajoutèrent que les huit jours de délices à Capoue eussent suffi pour achever de tailler en pièces le prince anglais; qu'en se portant ensuite à marches forcées sur le roi de Prusse on l'eût réduit à la dernière extrémité, et que les alliés eussent été, sans aucun doute, maîtres de la guerre. Le duc répondit qu'il avait ses ordres, et l'on fit une pointe sur Bremen.

Ainsi s'accomplissait la politique secrète, ou plutôt la trahison de la cour envers l'armée; il ne manque plus à ce système que de la laisser battre de gaieté de cœur, et je ne serais pas surpris que, par

ménagement pour le roi de Prusse, Sa Majesté n'en eût réellement le projet [1].

Ayant joint les ennemis, Richelieu signa la convention de Closterseven : monument d'ambiguïté, de diffusion, et qui ne servit pas même à débarrasser les alliés d'un ennemi, puisqu'au lieu de faire ses soldats prisonniers de guerre le maréchal les renvoyait chez eux. Cet étrange traité ne tarda pas à porter ses fruits : dix jours s'étaient à peine écoulés depuis sa conclusion, que déjà l'Angleterre chicanait sur son esprit. Le duc de Richelieu avait prétendu que Louis XV devint maître absolu des Etats du roi de la Grande-Bretagne en Allemagne; Georges II soutenait, au contraire, que la convention mettait le Hanovre à l'abri du fléau de la guerre par la neutralité : stipulation de laquelle il eût résulté que les vainqueurs eussent subi le joug des vaincus. La rupture ne pouvait qu'être prochaine.

Du reste, les troupes que le duc de Cumberland conservait (car toutes n'étaient pas désarmées) devaient se retirer au delà de l'Elbe. L'armée française devait rester en possession de Bremen et Verden; c'était la seule clause favorable du traité, et certes il n'y avait pas de quoi complimenter M. de Richelieu.

Les membres exilés du parlement commençaient, au mois de septembre, à se repentir de la précipitation qu'ils avaient mise à donner leur démission; ils ont agi sous main auprès du débris parlementaire resté debout, et ce corps mutilé a répondu à leur attente. La grand'chambre s'est rendue auprès du roi à l'effet de lui représenter qu'elle était insuffisante pour juger tous les procès, que beaucoup d'affaires demeuraient en souffrance; qu'enfin les sujets de Sa Majesté réclamaient une justice plus prompte. Louis XV, après s'être fait prier longtemps, consentit à rappeler les exilés; mais il exigea que messieurs lui donnassent satisfaction relativement à son édit de l'année dernière touchant la discipline intérieure du parlement. Les monarchies, dans leurs indulgences, font rarement le sacrifice d'une parcelle de leur autorité.

Tout imparfaite, toute dérisoire que soit la convention de Closterseven, elle a provoqué le plus vif mécontentement de Frédéric II : voici la lettre que ce prince écrivait au moment de la conclusion au roi de la Grande-Bretagne. Cet écrit met en évidence la fâcheuse extrémité où Sa Majesté Prussienne se trouvait réduite, et laisse voir combien il eût été facile à M. de Richelieu de terminer la guerre en ôtant à Frédéric tout espoir de salut. Je copie : « Je viens d'apprendre qu'il est question d'un traité de neutralité pour l'électorat » de Hanovre. Votre Majesté aurait-elle assez peu de constance pour » se laisser abattre par quelques revers de fortune? les affaires sont» elles si délabrées qu'on ne puisse les rétablir? Que Votre Majesté » fasse attention à la démarche qu'elle a dessein de faire et à celle » qu'elle m'a fait faire : elle est la cause des malheurs prêts à fondre » sur moi. Je n'aurais jamais renoncé à l'alliance de la France sans » toutes les belles promesses que Votre Majesté m'a faites. Je ne me » repens pas de m'être allié à Votre Majesté; mais qu'elle ne m'a» bandonne pas *lâchement* à la merci de mes ennemis après avoir » attiré sur moi toutes les forces de l'Europe. Je compte que Votre » Majesté se ressouviendra de ses engagements, et qu'elle n'entendra » aucun accommodement que je n'y sois compris. » Frédéric II perdait bien gratuitement son temps, lorsqu'il écrivait cette lettre, à solliciter *pour lui* une puissance qui ne se dirigea dans aucun temps que d'après ses propres intérêts, et qui n'en sacrifia jamais la moindre parcelle en faveur d'autrui. La capitulation fut signée nonobstant les doléances du roi de Prusse.

Le duc de Cumberland, humilié, mécontent du rôle qu'on lui avait fait jouer, quitta l'armée, retourna en Angleterre et se démit de tous ses emplois. Retiré à Windsor, le prince jura, du fond de ce vieux château crénelé et riche de traditions historiques, qu'il ne reprendrait désormais les armes que si le sol de la mère patrie était menacé d'invasion.

« Heureusement, disait Frédéric à ses officiers malgré le danger » de sa position, ce vieux dameret de Richelieu ne s'est pas rappelé, » au moment de la capitulation des Hanovriens et de mes Westpha» liens, l'expédient dont je me suis servi avec les Saxons de Pirna. » Notre extrémité eût été pire encore qu'elle n'est s'il les eût seule» ment faits prisonniers de guerre. Mais, puisqu'il a eu la bonhomie » de les renvoyer chez eux, je les attends sous mes drapeaux à la » première occasion favorable : on sait ce que vaut le serment arra» ché à la nécessité, et qu'on peut violer impunément. »

Lorsque Frédéric le Grand parlait ainsi, sa perte paraissait inévitable; pourtant il ne se montrait nullement découragé : il reste toujours une puissante ressource aux âmes fortes dans la conscience de ce qu'elles valent. En ce moment, le monarque prussien faisait peser un joug d'airain sur la Saxe; mais l'Autrichien *Hadic* était entré à Berlin les femmes des officiers qui combattaient aux côtés de Frédéric, atta-

---

[1] Tous les hommes versés dans la politique de l'époque ont affirmé ce que madame de B*** vient d'avancer. Le respectable ordonnateur Bonnemain, mort en 1825, et qui avait fait comme volontaire les campagnes de Hanovre, a souvent entendu le maréchal de Richelieu raisonner de cette honteuse politique, et ce témoin ne mettait pas les désastres de *Rosbach* en dehors des résultats prémédités.

quées dans les retranchements peu redoutables du foyer domestique, avaient à se tenir dans une laborieuse et perpétuelle défensive, qui n'était pas toujours heureuse. La capitale des États prussiens subissait une terrible réciprocité des vexations de Dresde ; elle n'avait même échappé au pillage qu'en payant sur l'heure au conquérant un impôt de huit cent mille livres. D'autres malheurs ajoutaient encore à ces désastres : les troupes prussiennes venaient d'être battues en Silésie ; une bataille sanglante, mais indécise, avait été livrée aux Russes, dont elle n'avait point arrêté les progrès. Si le maréchal de Richelieu mettait le temps à profit, il pourrait encore, malgré son éloignement, inquiéter puissamment un des flancs de l'armée de Frédéric. Enfin le corps des cercles de l'Empire, réuni aux troupes françaises que dirige M. de Soubise, peut fermer du côté d'Erfurt le cercle d'ennemis formé autour de Frédéric. Un miracle seul sauverait ce prince ; mais il est homme à le faire.

Au moment où l'horizon se montrait chargé de nouveaux lauriers promis à nos troupes, madame la Dauphine accoucha le 9 octobre d'un troisième fils, *Charles de France*, qui a reçu le nom de *comte d'Artois* [1].

Deux événements aimables ont contribué aux réjouissances dont la naissance de ce prince a été suivie. Je mentionnerai d'abord le début à l'Opéra de mademoiselle Arnould, très-jeune, très-jolie actrice, qui sera pour ce théâtre un nouvel appât. La débutante, qui s'est montrée aux yeux ardents des amateurs du balcon vêtue d'une robe lilas et argent, n'a pas compté plus de quatorze fois la saison des roses : c'est un trésor de charmes tout fraîchement complété par dame nature, et déjà peut-être plus d'une main profane essaya de l'entr'ouvrir... Est-il encore intact?...

Quoi qu'il en soit, mademoiselle Arnould, dont le talent promet, ne montre pas moins d'esprit que de beauté : on cite d'elle une foule de bons mots, parmi lesquels je dois citer celui qui suit : Quelqu'un faisait remarquer à cette belle enfant, dans un jardin anglais, un de ces filets limpides qu'alimente une pompe, et que l'on qualifie orgueilleusement du nom de *rivières*. « Ceci, dit-elle, ressemble à une rivière comme deux gouttes d'eau. »

Le second événement est la réussite au Théâtre-Français d'une tragédie intitulée *Iphigénie en Tauride*, par M. Guimond de la Touche. Ce sujet, grand, noble et profondément tragique, fut, si j'ose m'exprimer ainsi, défloré en 1704 par Danchet et Campra, qui le produisirent sur une scène chantante ; M. de la Touche le rend à sa véritable destination. Rien, en effet, ne semble plus digne de la tragédie qu'une femme réduite par le devoir à verser le sang d'un frère qu'elle aime, et à le voir couler sous sa propre main. L'auteur avait d'abord pollué cette puissante donnée par un amour niaisement inopportun du fils de Thoas pour Iphigénie : madame de Graffigny et surtout Collé, qui connaissaient l'ouvrage, firent une guerre à mort à cet épisode ; Guimond consentit à le supprimer. La pièce a obtenu un beau succès, malgré la faiblesse, disons plus, la diffusion d'une versification bien peu digne d'une si belle action... Ah! si Voltaire eût été chargé de faire les vers ! Mais telle est la puissance d'un sujet bien choisi, qu'*Iphigénie en Tauride*, malgré l'imperfection du style, malgré de grands défauts de conception, ira certainement à la postérité.

Hélas ! nous recevons d'Allemagne des nouvelles d'une tragédie plus réelle, dont la déplorable catastrophe parviendra aussi à nos neveux... Nous venons de perdre une grande bataille, et de la perdre avec des circonstances honteuses. Je raconte en frémissant d'humiliation. Frédéric II, guidé par son génie, qui, dans cette campagne, s'élève au-dessus de celui des plus illustres généraux anciens et modernes, quitte son armée de Silésie, et court prendre le commandement de celle qu'il oppose aux troupes réunies des cercles et de la France. Le monarque a bien prévu qu'en son absence le corps qu'il abandonne sera battu par le prince Charles de Lorraine et il l'est en effet aux portes de Breslau, qui tombe au pouvoir du vainqueur. Mais ce n'est pas là que se trouve le plus grand danger, c'est sur le point vers lequel Frédéric marche en personne. Ce grand homme de guerre rencontre l'armée combinée entre Rosbach et Mersbourg ; elle est plus forte que la sienne ; mais il va combattre avec les Prussiens, et leurs ennemis n'ont à la tête qu'un Soubise, un prince de Saxe-Hildburghausen, généraux inconnus dans les fastes de la victoire. L'habile tacticien, en vue de ses ennemis, se retire pour choisir une position avantageuse ; les deux princes le suivent et se préparent à l'attaquer. Le roi de Prusse, durant la nuit, a fait disposer son camp de manière qu'il ne paraisse que des tentes ; ses troupes ont l'air de se livrer à la plus insouciante sécurité. Ici commence l'inexplicable incurie des généraux français et allemands : au lieu de faire reconnaître par des éclaireurs cette disposition au moins surprenante de la part d'un si grand capitaine, ils marchent la tête baissée aux Prussiens, croyant sans doute les trouver endormis. Tout à coup les tentes s'abattent comme par un coup de sifflet de l'Opéra ; l'armée de Frédéric paraît dans un ordre de bataille admirable entre deux col-

lines hérissées d'artillerie, et un déluge de feux accueille les assaillants. Les Allemands prennent la fuite sans avoir formé leur ligne, sans avoir tiré un coup de fusil. L'armée française, encore presque égale à ses ennemis, malgré la véritable défection de ses alliés, pouvait trouver une grande ressource dans cet héroïsme du désespoir qui sert si puissamment un peuple brave ; cent bouches à feu vomissent il est vrai la mort sur nos soldats, mais il n'est pas impossible de les enlever : un général intrépide l'essayerait. Loin de là ! Soubise, terrifié ou conquis par une puissance ennemie, ne donne pas un ordre, ne tente pas un effort ; il voit d'un œil indifférent se débander des rangs qui se croient trahis, et se contente de dire : « Je ne voulais » pas qu'on attaquât! » Triste récrimination qui prouve combien il s'est fait dépendant d'un petit prince allemand. Ajoutons en répandant des larmes de sang que l'armée française ne tint pas dix minutes à Rosbach, dominée par une terreur panique dont personne ne se rendait compte. Nos vaillants officiers, entraînés par le torrent des fuyards, brisaient leurs épées en écumant de rage ; ils sentaient que, vaincus sans combattre, ils allaient voir une tache funeste empreinte sur leur uniforme.

Malheureusement il est trop probable que ce grand désastre peut s'expliquer par la politique perfide dont j'ai parlé plus haut ; politique qui, dit-on, dicta le risible traité de Closterseven ; politique à laquelle Richelieu obéit peut-être en tenant une poignée d'Anglais bloqués dans *Stade*, tandis que son concours en Saxe eût été décisif la veille encore du honteux échec de Rosbach ; politique enfin qu'épousa sans doute M. de Soubise, au mépris de ses devoirs réels et de l'honneur national.

La France entière murmure contre le général français, parce que sa défaite ne se justifie point assez par son inexpérience, et qu'on lui connaît assez de caractère pour s'être opposé à l'attaque, s'il n'eût pas cédé aux insinuations secrètes du prince de Saxe-Hildburghausen. Or voici maintenant l'explication qu'un fin diplomate m'a donnée. L'union de la France avec l'Autriche a donné une face nouvelle à la politique de l'Allemagne, et les princes de l'Empire ont été entraînés dans le nouveau système avant d'en avoir pu calculer les conséquences pour eux. Ils y ont réfléchi depuis : le roi de Prusse, en qualité d'électeur de Brandebourg, fait partie du corps germanique ; bien plus, il est le seul des princes de cette confédération qui, par sa prépondérance militaire, puisse arrêter les envahissements de la maison d'Autriche. Les cercles d'Allemagne combattent donc aujourd'hui contre leur propre cause, ils se sont faits imprudemment les instruments de leur ruine, et cette faute devenait plus grave à leurs yeux au moment où ils voyaient un de leurs alliés naturels près de tomber sous des coups qu'ils allaient aider à rendre mortels. Tout me détermine donc à croire que le général allemand ne voulut point battre Frédéric à Rosbach ; et, plus malheureusement, tout démontre que Louis XV, obéissant à ses inclinations pour le monarque prussien, aima mieux voir succomber l'honneur de ses armes que de sacrifier ce souverain. On ne trouve pas dans son cœur assez d'indignation contre une telle conduite, et le mot trahison la qualifie trop faiblement. Que le roi de France se fût opposé à l'alliance autrichienne sollicitée par un Bernis, vendu peut-être à Marie-Thérèse ; qu'il eût fait entendre un *non* énergique à madame de Pompadour, qui, dit-on, ne fut de l'avis de l'abbé qu'en faveur de sa belle jambe et de ses jolis vers ; que Sa Majesté eût écouté le sensé, l'incorruptible d'Argenson, si opposé à ce traité avec une puissance colossale que nous devons contenir plutôt que de la seconder, et contre laquelle Frédéric était une excellente vedette avancée, tout cela eût été légitime, exécuté en temps opportun ; mais, après une alliance signée, ménager secrètement, servir peut-être la puissance dont on s'est déclaré l'ennemi, et cela aux dépens de la gloire de son pays, par le sacrifice de l'honneur de ses armes... il était réservé à Louis XV de donner au monde le spectacle odieux d'une telle indignité.

Frédéric n'a pas dormi sur ses lauriers : à peine débarrassé de ses ennemis de *Rosbach*, il court sur les Autrichiens réunis en Silésie, les atteint à Lissa, les taille en pièces, rentre à Breslau, et fait prisonnière une partie de l'armée autrichienne, qui s'y était réfugiée après la bataille. Un matin qu'il reposait encore sur un lit de drapeaux conquis dans ces derniers combats, le héros apprit que, conformément à ses prévisions, les Hanovriens, se croyant dégagés de leurs serments par la voix de la victoire, venaient de ressaisir leurs armes et de se ranger sous les ordres du prince Ferdinand. Voilà la dernière conséquence du traité de Closterseven, Dieu veuille que M. de Richelieu ne la subisse pas avec amertume ! car il est maintenant enclavé entre les troupes qu'il observe et celles qu'il avait niaisement renvoyées sous leur toit.

Un courrier de M. de Soubise apporta à madame de Pompadour la nouvelle du désastre de Rosbach ; le vieux maréchal de Belle-Isle était avec elle quand le message arriva.

« Le prince est inconsolable, dit-elle en fondant en larmes quand » il eut achevé la lecture de cet écrit ; il ne songe point à s'excuser ; » il ne voit que l'extrémité déplorable de l'armée. » —

« M. de Soubise, répondit le duc, aurait pourtant beaucoup de » choses à alléguer en sa faveur ; je le disais tout à l'heure au roi. *Sa* » *Majesté vous expliquera, madame, que ce général a été forcé de don-*

---

[1] C'est Charles X. Messager sinistre de la destinée, il ne précéda que d'un mois cette funeste bataille de *Rosbach* qui entacha nos armes d'un déshonneur qu'un héros devait effacer quarante-neuf ans plus tard par le triomphe éclatant d'*Iéna*.

» ner la bataille par le prince de Saxe-Hildburghausen. » La marquise eût volontiers embrassé l'indulgent interprète de la défaite de M. de Soubise : il faut qu'elle aime bien tendrement ce seigneur; et pourtant c'est celui qui va cavalièrement s'asseoir sur son lit quand il entre le matin chez elle... Aurait-on raison de dire que les privautés où le lit entre pour quelque chose ne fâchent jamais bien sérieusement les femmes?

Mais le public de Paris est loin de partager l'indulgence de la favorite : son ami est habillé de toutes pièces par la critique des salons, des cafés, des carrefours; les faiseurs de ponts-neufs l'accablent de leurs brocards grossiers. Parmi les épigrammes qui se distribuent par rames, en voici deux qui ne me paraissent pas assaisonnées de trop gros sel :

> Soubise agira prudemment
> En vendant son hôtel, dont il n'a plus que faire;
> Le roi lui donne un logement
> A son Ecole militaire.

Un enfant, caché dans la hotte, ouvre une soupape qui s'y trouve artistement pratiquée, et colle sur le mur l'affiche.

> Soubise, après ses grands exploits,
> Peut bâtir un palais qui ne lui coûte guère;
> Sa femme en fournira le bois,
> Et chacun lui jette la pierre.

On voit qu'aujourd'hui l'esquif avarié du pauvre général est rudement poussé par le vent du scandale; mais demain ce vent capricieux aura changé, et l'on ne parlera plus du prince de Soubise.

CHAPITRE XXVII.
1758.

Influence politique de madame de Pompadour. — Ses inquiétudes secrètes. — Elle choisit de sa main des maîtresses à Louis XV. — La petite marquise de la charmille. — Un amant politique avant tout. — La bacchante de Marly. — Mademoiselle Romans. — Exil de l'archevêque de Paris. — Le Parc aux Cerfs. — Amour de Louis XV pour les cimetières. — Louis XV et les gens de lettres. — J.-J. Rousseau; Emile, la Nouvelle Héloïse. — Perte de Chandernagor — Expédition dérisoire des Anglais. — Le maréchal de Belle-Isle. — Un monsieur. — Le roi a grand'peur. — La folie devinée. — Perte de la bataille de Crevelt. — Le général des bénédictins. — Descente des Anglais sur les côtes de France. — Assassinat du roi de Portugal. — Une bonne soubisade. — Disgrâce du cardinal de Bernis. — Le duc de Choiseul ministre. — Son portrait. — Anecdote. — Exil de Bernis. — Exploits de Frédéric II. — Perte de Louisbourg. — Guerre du Canada. — Hypermnestre, tragédie de Lemierre. — Mort de madame de Graffigny et de l'abbé d'Olivet.

Ma tante et moi avons souvent parlé de l'influence de madame de Pompadour dans les intérêts politiques de la France; il est temps de définir le caractère de cette influence, et d'en montrer plus à découvert les ressorts. Les deux premières maîtresses en titre de Sa Majesté, mesdames de Mailly et de Vintimille, furent sans crédit dans les affaires : l'une aimait trop les voluptés et le vin pour s'occuper d'autre chose; l'autre, ambitieuse par caractère, eût peut-être gouverné la France, comme elle l'avait promis, mais la mort ne lui laissa pas le temps de donner l'essor à son humeur intrigante. Madame de Châteauroux descendit donc la première dans l'arène. Les étrangers, qui connaissent tout le pouvoir de la beauté sur le faillible Louis XV, recherchèrent les bonnes grâces de cette favorite : l'ambassadeur de Frédéric II, bien stylé par le roi son maître, se fit surtout remarquer parmi les courtisans de la duchesse. Quelquefois même Sa Majesté Prussienne daignait de sa royale main tracer quelques compliments pour madame de Châteauroux : aussi fit-il sa conquête. Jamais elle ne souffrit qu'une pensée favorable à l'Autriche vînt à éclore dans la pensée du roi de France, et ce fut à l'exemple de Frédéric qu'elle voulut voir paraître Louis XV à la tête de ses armées.

A l'avénement de madame de Pompadour le monarque du Nord s'aperçut bientôt que cette nouvelle maîtresse inclinait du côté de Vienne, et ce fut d'abord uniquement pour prendre le contre-pied de feu madame de Châteauroux. Tant que cette dernière avait vécu l'aspirante s'était entendu plus d'une fois menacer d'une punition sévère si elle persistait à suivre le roi dans la forêt de Senart; le ressentiment de cette seule circonstance porta l'héritière de la faveur royale à faire l'opposé de tout ce que sa devancière avait fait.

Les diplomates autrichiens devinèrent promptement que la politique serait comprise dans le contre-pied; ils devinrent aussi attentifs auprès de la marquise que leurs collègues de Prusse l'avaient été auprès de la défunte duchesse, et ces derniers sentirent qu'avec leurs précédents ils n'obtiendraient rien de celle que leur maître nommait Cotillon II. M. de Kaunitz fit surtout beaucoup de chemin dans la pensée de madame de Pompadour : non-seulement il sut la flatter, mais il excita son animosité en lui racontant les sorties journalières que Maurepas, Machault et d'Argenson faisaient contre la politique autrichienne : « Précisément, ajoutait Kaunitz, parce que » madame s'en montre la protectrice. » Ce fut par ces menées, par les paroles emmiellées de l'abbé de Bernis et par la faiblesse du ministre Rouillé que s'accomplirent la subversion de notre ancien cabinet et le renversement du ministère qui le soutenait avec une profonde maturité de jugement. La marquise, dont j'ai peut-être négligé de signaler le talent pour l'art du burin, voulut consacrer elle-même son triomphe par une gravure allégorique de sa main. J'ai vu cette planche entre les mains de madame du Hausset.

« Monsieur, dit un jour Frédéric à notre ambassadeur en appre- » nant l'alliance de Louis XV avec l'empereur, vous serez bientôt » forcé, je crois, de faire graisser vos bottes; Cotillon II s'oppose » à ce que l'amitié subsiste entre la France et la Prusse... Il faut » en vérité, que Louis XV n'ait jamais eu la carte d'Europe sous les » yeux. »

Le sarcasme du roi de Prusse, rapporté à la favorite, hâta la guerre qui vient de commencer, et elle a démontré trop évidemment le vice de la nouvelle politique du cabinet de Versailles. J'ai déjà laissé entrevoir que le roi n'y a point accédé volontiers : assez faible pour ne savoir pas opposer sa volonté à celle de sa maîtresse, il adoucit par des relations secrètes ce que le nouveau système a de contraire à ses anciennes sympathies... Ne pouvant se montrer fort, il se laisse aller à la perfidie... On a vu les effets de ce déplorable caractère.

Dominée par des principes opposés à ceux de madame de Châteauroux, la marquise de Pompadour veut que Louis XV soit sédentaire : elle a déjà fait l'expérience de l'influence des camps et des conseillers d'armée sur l'humeur du roi.

« L'esprit de la tente, dit-elle quelquefois à madame du Hausset, » éteindrait en lui les désirs du boudoir. Sa Majesté restera désor- » mais à Versailles. »

Ce fut donc à travers les parfums de Marly et de Trianon que le roi vit les désastres de la dernière campagne; il n'entend les cris de désespoir et de douleur qui l'ont suivie qu'au son du cliquetis des verres et des baisers d'amour. Quant à la marquise, peu soucieuse des malheurs qu'elle attire sur le royaume, elle insulte à la misère qu'ils entraînent par le faste de sa maison, par les fêtes qu'elle donne, par ses châteaux, ses équipages, sa cohorte de laquais; par une femme de chambre noble, par un écuyer chevalier de Saint-Louis[1], qui porte son mantelet sur le bras, et la suit en faisant balancer sa croix sur la poitrine d'un valet... Et la véritable reine, retirée à l'écart, oubliée, sans maison, sans crédit, gémit dans la retraite avec le Dauphin, que je louerais volontiers s'il se bornait à gémir. Marie Leczinska n'a pas même la consolation de voir les princesses ses filles aussi tendres, aussi attentives qu'elles doivent l'être : entre un père dissolu et une mère vertueuse leur tendresse a opté en faveur du vice. Le cardinal de Luynes, le président Hénault et le père Griffet, jésuite, composent à peu près toute la société de la reine; encore ce

---

[1] Le chevalier d'Hénin, parent du prince de Chimay.

petit comité se donne-t-il le tort d'exciter par une opposition aussi timide qu'inutile les chagrins d'une princesse qu'il vaudrait mieux exhorter à la résignation.

Cependant, au milieu de tout son éclat, de toute sa puissance, je me garderai bien de dire au milieu de toute sa gloire, la favorite n'est pas heureuse. Elle reçoit souvent des lettres anonymes, où, sans le moindre détour, on la menace du poison, du poignard. Mais ce qui trouble le plus ce qu'on pourrait appeler son règne, c'est la crainte d'être supplantée par une rivale. Elle-même, cependant, prévient les nouveaux désirs du roi dès qu'elle le voit las des femmes qu'elle lui procure : la recherche attentive de cette pourvoyeuse aux soins généreux, à l'héroïque résignation, se promène depuis les beautés de la cour jusqu'aux simples bourgeoises, jusqu'à l'humble grisette. Mais madame de Pompadour écarte avec un tact exquis tout ce qui pourrait viser au cœur de Sa Majesté, tel est l'unique mobile

Damiens frappant Louis XV.

de son étrange sollicitude. « Que le roi jouisse tant qu'il voudra de la beauté, dit-elle souvent dans son intérieur... tant mieux, c'est de la fatigue de moins pour moi; l'essentiel, c'est qu'il n'ait que des caprices et point de maîtresses. »

D'après ce système, la marquise ne souffre pas que Louis XV choisisse au delà du cercle qu'elle trace à sa galanterie. Malgré tant de précautions, il arrive cependant que Sa Majesté fait des excursions hors de cette sphère de voluptés. Le monarque est même poussé secrètement à cette émission de soupirs indépendants par une certaine comtesse d'Estrades, maîtresse du marquis d'Argenson. Cet ex-ministre la fait agir ainsi pour tâcher d'enlever le cœur du roi à la favorite; ce qu'il regarderait comme une compensation éclatante de la perte de son portefeuille.

Dernièrement il apparut à la cour une petite marquise aux yeux hardis, à la démarche libre, dont toutes les habitudes semblaient dire : « Qui veut de moi? me voici. » La comtesse d'Estrades s'empara de cette écervelée pendant un voyage de Marly; l'ayant apostée, mollement étendue et dans un désordre coquet, sous une charmille où le roi entrait tous les matins, elle lui avait prescrit de faire à Sa Majesté des avances très-marquées, lui montrant comme infaillible le favoritisme pour prix de sa complaisance. La conclusion du premier point allait s'accomplir, lorsque des voix se firent entendre derrière la charmille; le galant couronné s'esquiva à travers la feuillée en disant : A demain. Dans la journée le marquis, informé par un de ces mauvais serviteurs qui se trouvent partout, enferma sa femme dans son appartement, bien décidé à l'emmener le lendemain à Paris.

Mais la petite marquise n'aimait pas les choses inachevées; elle avait contracté dans un précédent voyage une liaison fort tendre avec un page, qui, à l'aide de son passe-partout, vint dégager sa maîtresse. Le libérateur travaillait de son mieux à finir l'œuvre du roi dans un corridor sombre, lorsque l'ambassadeur d'Espagne, en sortant de chez

lui, précédé de deux laquais portant des flambeaux, interrompit pour la seconde fois le même jour un ouvrage commencé par la pauvre petite marquise... C'était jouer de malheur. L'aventure fut révélée au roi par le courtisan espagnol, et Sa Majesté aima mieux laisser imparfaite sa tâche du matin que d'entrer en rivalité ouverte avec un de ses pages.

La comtesse d'Estrades fut désolée de voir échouer une intrigue qui, n'eût-elle duré que trois jours, pouvait désemparer à jamais madame de Pompadour.

« Voilà qui me contrarie fort, dit-elle au marquis d'Argenson en lui apprenant cet échec; maintenant je n'ai personne sous la main : à moins que je ne me présente moi-même ! ajouta l'intrigante en mignardant.

— Pourquoi pas? dit avec flegme l'ex-ministre...

— J'avoue, monsieur, reprit aigrement la comtesse, que je ne m'attendais pas à cette belle abnégation.

— Vous êtes une enfant de vous piquer; la marquise elle-même ne nous donne-t-elle pas l'exemple, n'enlace-t-elle pas le roi dans d'autres bras que les siens?

— Au surplus, marquis, ce ne serait pas moi qui perdrais le plus au marché; le roi est fort bel homme. .

— Vous brûlez déjà de tenter la conquête...

— Tenter, tenter, monsieur le marquis, le mot n'est pas galant. et vous oubliez que ce serait par pure obéissance.

— C'est juste, comtesse, et je vous rends grâce d'être si bien disposée en faveur de Sa Majesté par amour pour moi.

— Vous me piquez au jeu; j'irai droit au but, et tant pis pour vous si je l'atteins.

— La chose publique, comtesse, la chose publique, voilà ce qu'il faut voir avant tout...

— Soit; je travaillerai donc dès ce soir, si je puis, au service de la chose publique. »

Robert-François Damiens.

Il est rare que, pendant ses voyages de Choisy, le roi ne fasse pas une promenade sur le canal, à l'issue de son dîner, et jamais la marquise, dont les digestions sont laborieuses, ne suit Sa Majesté dans ces récréations nautiques. La comtesse d'Estrades, qui vit Louis XV un peu gris au moment de l'embarquement, se jeta dans la gondole et le lutina pendant toute la traversée. La brune était venue quand l'on débarqua; le roi, que l'air avait saisi, ne savait plus ce qu'il faisait, et les charmes de la comtesse étaient chaudement attaqués en présence de tout le service de Sa Majesté. « Sire, entrons du moins ici, » dit-elle en attirant le monarque dans un joli kiosque qui se rencontra au détour d'une allée... et Sa Majesté entra.

Madame d'Estrades rejoignit son appartement après avoir remis le roi chez lui. La nuit de la comtesse, quoique privée de pavots par les calculs de l'ambition, s'écoula dans les rêves les plus enivrants : elle voyait déjà toute la cour à ses pieds, renvoyait tel ministre, rappelait tel autre, brisait sans perte de temps l'alliance autrichienne, renouait l'alliance de la Prusse, et se promettait de laver la tête aux membres obstinés de l'opposition parlementaire. Le jour parut trop tard au gré de la comtesse, tant elle s'attendait à voir la réalisation de tout ce qu'elle avait rêvé. Madame d'Estrades courut au jardin, où elle savait trouver le roi; il y était en effet, et le cœur de l'ambitieuse bondit sous son corset... « Ah ! vous voilà, madame, dit Sa Majesté » avec une profonde indifférence, je ne savais pas que vous fussiez » du voyage de Choisy... — Il ne savait pas que je fusse du voyage » de Choisy ! » répéta la comtesse entre ses dents; puis elle s'éloigna soudain les larmes aux yeux, la rage dans le sein : on ne pouvait pas être déçue plus brusquement. Le règne de cette intrigante n'avait eu que la durée d'un hoquet d'ivresse, il s'était évanoui comme la mousse du vin de Champagne qui l'avait produit... Il ne restait pas même au roi le souvenir de l'éclair de faveur qui venait de procurer une si douce rêverie à madame d'Estrades. Elle raconta au marquis d'Argenson qu'elle n'avait pu réussir; que Louis XV était sans doute prévenu contre elle par la favorite, et qu'il fallait renoncer au projet de séduction arrêté. La comtesse voilait ainsi une aventure fort humiliante pour elle; il valait mieux passer pour avoir échoué avant le sacrifice que de découvrir qu'on l'avait consommée en pure perte, même pour l'intérêt de la *chose publique*.

Une jeune fille, nommée mademoiselle Romans, a moins tenté et beaucoup plus obtenu. L'empire de cette demoiselle, remplie de grâces, éclatante de beauté, est tellement prononcé depuis quelques semaines, que la marquise en a conçu de vives inquiétudes. Chaque jour on lui fait des rapports alarmants sur cet amour; mais la petite maréchale de Mirepoix, la meilleure tête du conseil Pompadour, console l'inquiète favorite, et relève son courage, comme elle l'a déjà fait au temps des attaques du marquis d'Argenson.

Les bulletins de l'Œil-de-bœuf annoncent que mademoiselle Romans est grosse; le roi se dispose, dit-on dans ce cercle de caquets, à légitimer l'enfant de cette jeune personne, à donner un rang à la mère, à former sa maison. Ces bruits mettent madame de Pompadour au supplice.

« Mon Dieu ! lui répète à chaque instant la maréchale de Mirepoix, » calmez-vous, de grâce : tout cela est du Louis XIV; ce sont de » grandes manières qui ne vont point à notre maître. » Ces discours consolants eussent été démentis, je crois, par l'événement si la demoiselle qui fixait d'une manière marquée le goût de Sa Majesté n'eût pas commis des imprudences, des indiscrétions. Cette conduite a provoqué le mécontentement du roi; quelques violences ont été exercées, si ce n'est contre elle, du moins à son domicile. On s'est emparé de ses papiers les plus importants, particulièrement, assure-t-on, d'une déclaration par laquelle Sa Majesté, dans l'abandon d'un fougueux désir, avait reconnu la paternité de l'enfant futur. Les choses en sont là, et cette inclination si redoutée de la favorite est tombée comme la mousse d'une soupe au lait.

Mais la marquise, avertie par l'expérience, redouble de soins pour éviter le retour d'un tel accident, qui une autre fois pourrait prendre le caractère d'une infidélité durable si l'objet aimé déployait plus d'adresse et de prudence. Dans la nécessité où madame de Pompadour se trouve de procurer sans cesse de nouvelles distractions au roi, afin d'éviter qu'il ne se livre à une passion sérieuse, elle fait passer devant Sa Majesté des légions de beautés, qui se succèdent à ses yeux comme les houris devant un croyant du paradis de Mahomet. Le monarque galant trouve tant de charmes successifs à admirer, qu'il n'a pas le temps de s'arrêter dans son examen : c'est en quelque sorte pendant leur vol qu'il triomphe de ces sylphides passagères.

« Voilà qui va bien, disent quelquefois à la favorite mesdames de » Mirepoix et du Hausset; mais à ce compte toute la France féminine » aura bientôt passé une revue orientale devant le canapé du roi : » l'Europe même n'y suffirait pas. Il faut concevoir un système un » peu moins transitoire. »

Depuis quelque temps déjà les bonnes têtes du conseil se sont mises à chercher le moyen qu'il conviendrait d'adopter, ne désespérons pas de la réussite.

Tandis qu'on réfléchit sur cette grave matière l'archevêque de Paris, obstiné comme un jésuite qu'il est, vient de se faire exiler dans sa terre du Périgord pour avoir refusé de lever l'interdiction qu'il lui avait plu d'imposer aux religieuses hospitalières du faubourg Saint-Marceau pour soupçon de propos contre la bulle. La favorite, tout occupée qu'elle est d'une autre religion, a contribué à l'exil de Sa Grandeur en réciprocité des mauvais offices que ce prélat cherchait à lui rendre dans le petit comité de la reine. A la cour il faut souvent choisir un parti entre deux aversions : madame de Pompadour n'aime guère plus les jansénistes que les jésuites; mais elle a plus naturellement à sévir contre ces derniers, parce qu'ils sont aussi méchants que leurs adversaires sont inoffensifs.

Les méditations du conseil Pompadour ont enfanté un projet tout oriental : le roi de France possède un *harem*. Ce lieu de délices existe depuis quelques mois, et déjà bon nombre d'aventures scandaleuses, d'indignités, d'atroces violations se sont accomplies pour former ce sérail. Voici des détails sur l'origine de cette institution de la dé-

bauche : Louis XV rencontra un matin dans le parc de Versailles une jeune fille de douze ans qui lui parut d'une beauté extraordinaire; Sa Majesté en parla toute la journée aux *intimes*, qui se crurent obligés de se mettre sur les traces de l'innocente colombe pour la livrer au vautour. Ce fut le valet de chambre *Lebel*, homme exercé à ce genre de recherches, qui parvint à découvrir la pauvre petite fille. C'était la fille d'un honnête bourgeois de Versailles; elle fut enlevée la nuit dans le cabinet où elle couchait par des ravisseurs qui avaient escaladé sa croisée donnant sur un jardin. Un homme vigoureux franchit le mur d'enceinte, portant sur ses bras cette victime de la lubricité royale; on la transporta dans la maison dont je vais parler.

A l'extrémité de Versailles, et non loin de la muraille du parc, la marquise de Pompadour a fait bâtir un joli pavillon, avec jardin, qui se nomme l'*Ermitage*. Cet édifice retiré est une annexe du temple des plaisirs érigé dans les petits appartements, la marquise en fait quelquefois hommage au roi pour la conclusion des intrigues vulgaires qui ne supporteraient pas le pompeux appareil du château; de temps en temps elle se retire elle-même dans ce réduit silencieux, pour de secrètes entrevues dont madame du Hausset connaît seule le mystère et les initiés. C'est là que la petite fille fut conduite; madame de Pompadour, instruite que le limier Lebel pourchassait cette enfant, s'était empressée d'offrir l'*Ermitage* à Sa Majesté pour recevoir sa captive [1].

La jeune demoiselle passa près d'une année au fond de sa retraite, sous la direction d'une dame *Bertrand* femme de charge du sieur Lebel. L'aimable enfant, fort négligée par le roi lorsque la première explosion du caprice de Sa Majesté fut passée, s'ennuyait horriblement dans sa prison, toute dorée qu'elle était. Enfin elle en sortit après avoir donné, à moins de treize ans, un fils à Louis XV, qui la dota et la maria à un pauvre gentilhomme.

Cette maîtresse venait de quitter l'*Ermitage*, lorsque mesdames de Pompadour, de Mirepoix et du Hausset, aidées des avis de l'abbé de Bernis, restèrent d'accord d'établir sur un plan plus vaste le refuge galant dont il s'agit en y joignant deux ou trois maisons à vendre dans le voisinage et que l'on pourrait faire correspondre ensemble par des galeries souterraines. La rue du *Parc-aux-Cerfs*, où se trouvent ces bâtiments, est retirée; une personne y passe à peine toutes les heures : il y avait silence et sécurité pour l'établissement projeté.

« Là, dit l'abbé de Bernis en développant l'idée primitive du con- » seil féminin, de jeunes prêtresses, d'autres vestales à la continence » près, seraient réunies, sous l'autorité d'une grande prêtresse, pour » entretenir un certain feu qui, bien que royal, n'est pas précisément » sacré. » Cette base posée, on jeta sur le papier les statuts de la communauté; en voici les principaux articles :

« De très-jeunes personnes, vierges, autant qu'on en pourra juger, seront admises dans cette espèce de couvent, qui prendra le nom de *Parc aux Cerfs*. Les demoiselles, dont le nombre demeure illimité, y vivront séparément, et sans avoir la moindre communication entre elles, soit pour éviter de détruire la diversité de naturels, d'humeurs et d'esprits qui doit offrir au maître les charmes de la variété, soit afin de prévenir que, par des communications trop communes dans les pensions, les jeunes recluses n'altèrent, ne flétrissent même les trésors de charmes réservés aux plaisirs du roi. Des agents sûrs et dévoués seront chargés de parcourir le royaume, pour y découvrir des beautés neuves et inconnues; les autorités recevront l'ordre secret de n'entraver en aucune manière la mission des fonctionnaires du *Parc aux Cerfs*, mais encore de leur prêter assistance et main-forte au besoin. Des bordereaux approximatifs seront remis aux trésoriers de la couronne, qui seront tenus de faire les fonds nécessaires à l'entretien de la chaîne d'entremetteurs, d'affidés, d'agents et d'indicateurs établis d'un bout à l'autre de la France, et qu'il sera juste de salarier largement, de peur que, par une parcimonie mal entendue, le service ne vienne à souffrir. Un autre fond sera alloué pour conduire à Versailles les demoiselles recrutées, pour les décrasser, les habiller, les parfumer, et relever, en un mot, tous les moyens de séduction qu'elles pourront posséder.

» Les néophytes, à leur arrivée à Versailles, seront d'abord présentées à madame la marquise de Pompadour, qui, seule, pourra les introduire dans les petits appartements, où le roi prononcera sur leur admission ou leur rejet. Une indemnité honnête sera donnée aux *aspirantes* qui n'auraient pas le bonheur de plaire à Sa Majesté; elles seront, par les soins des agents du Parc aux Cerfs, remises au lieu d'où elles auront été enlevées : l'institution n'entendant toutefois contracter aucune responsabilité quant aux accidents qui pourraient survenir à la vertu des beautés réformées avant admission.

» Le sieur Lebel est nommé surintendant du *Parc aux Cerfs*; il aura la haute main sur les détails extérieurs et intérieurs. La dame Bertrand, qui, selon les circonstances, pourra prendre encore le nom de *Dominique*, sera directrice de la maison; elle correspondra directement avec le roi et avec madame de Pompadour.

<hr>

[1] Cette aventure, qui se passait en 1756, a pu faire croire à quelques mémorialistes que le Parc aux Cerfs existait dès cette année, mais ce lieu de prostitution n'a été fondé qu'en 1758.

» Les avantages des pensionnaires du *Parc aux Cerfs* varieront d'après le degré de satisfaction qu'elles auront procuré au roi, suivant leur position dans le monde, et surtout relativement à la fécondité ou à la stérilité du commerce qu'elles auront eu avec Sa Majesté. Mais une jeune personne congédiée de la maison ne pourra jamais obtenir moins de cent cinquante mille livres ; il sera le plus ordinairement pourvu à son mariage, afin que Sa Majesté n'ait pas le désagrément de voir tomber dans le désordre une femme honorée de ses bontés.

» La première entrevue des arrivantes avec le roi aura lieu dans le petit appartement de deux pièces attenant à la chapelle : Sa Majesté y passera pour un seigneur polonais parent de la reine, et qui par cette raison logera au château. Le monarque se rendra secrètement dans cet endroit : les sentinelles devant lesquelles il devra passer auront l'ordre de lui tourner le dos quand elles l'entendront venir. Les entrevues suivantes se passeront dans l'intérieur du *Parc aux Cerfs ;* à moins que Sa Majesté n'ait la fantaisie de recevoir une des pensionnaires au château, dans lequel cas des ordres spéciaux seraient donnés à la dame *Bertrand.* »

Louis XV, enchanté de ces statuts, écrivit au bas *Approuvé*, et les signa avec autant de gravité que s'il se fût agi d'un édit bursal ou de réforme parlementaire.

Une foule de jeunes filles de toutes conditions, la haute noblesse exceptée, ont déjà passé comme des ombres par le *Parc aux Cerfs :* on y a vu des filles de chevaliers de Saint-Louis, de robins, de bourgeois, de commis, de marchands, de militaires, d'ouvriers, de paysans. Peu d'entre elles y sont restées plus d'un mois ; presque toutes ont été mariées en sortant. Une jeune laitière qui pendant dix jours avait beaucoup plu au roi par sa passion naïve a obtenu une dot de huit cent mille livres et la main d'un colonel. Il est probable que son horoscope ne lui avait pas annoncé une telle fortune sous le chaume de son père à Bagnolet.

L'enlèvement d'une enfant de onze ans avec ruse, violence, violation de domicile, a fait beaucoup de bruit à Paris, lors de la fondation du Parc aux Cerfs, et cet éclat en a révélé l'existence à l'indignation publique. Le père de la jeune personne, riche négociant de Nantes, voulut poursuivre à outrance les ravisseurs ; il accourut à Paris... Lieutenant de police, Châtelet, parlement, tout fut sourd à sa plainte, il retourna désespéré dans sa province. Pendant les premières démarches de ce Nantais, Lebel avait cru prudent de ne pas conduire la fillette au *Parc aux Cerfs*, où le parlement rancunier aurait pu ordonner une descente de justice. L'enfant fut renfermée quinze jours aux Tuileries, dans le pavillon de Marsan, qui depuis est devenu l'entrepôt provisoire des demoiselles destinées aux plaisirs du roi.

Il y eut cette année parmi les pensionnaires une jolie blonde de seize ans, que le roi vit tous les jours pendant près de trois semaines, et qui, par malheur pour elle, prit tellement au sérieux l'amour de ce prince, qu'elle devint frénétique de jalousie dès qu'elle apprit qu'il l'abandonnait pour une de ses compagnes. Cette demoiselle avait vu Louis XV au temps de l'assassinat ; elle ne crut point à la fable du seigneur polonais quand elle reçut Sa Majesté dans ses bras, mais elle eut la discrétion de garder le silence tant que sa faveur dura. Délaissée, la belle fut au désespoir : vainement madame Bertrand cherchait-elle à la consoler, sa douleur résistait à tous les raisonnements. « Vous en parlez à votre aise, madame, répondit-elle » un jour en pleurant à chaudes larmes ; mais on ne se console pas » ainsi de perdre le cœur d'un roi de France. » Ce fut sans succès que la directrice chercha à dissuader sa pensionnaire, elle persista dans son assertion. « Oui, oui, madame, le roi de France, je n'en » puis douter ; car un matin que Sa Majesté dormait encore, j'ai » fouillé dans ses poches, et j'y ai trouvé deux lettres, l'une du roi » d'Espagne, l'autre de l'abbé de Broglie. » La jeune fille, quoique fortement sermonnée par madame Bertrand, continuait ses lamentations, ses plaintes amères, ajoutant qu'elle était grosse, et qu'il y aurait de la barbarie de la part de Louis XV à ne plus aimer la mère de son enfant. Lebel, appelé par la directrice, entra dans la chambre de cette pensionnaire, la gronda durement et s'empara des lettres trouvées dans la poche de Sa Majesté. L'affligée demoiselle ne s'en tint pas là : un jour qu'elle entend Louis XV entrer chez sa rivale, elle s'élance dans sa chambre ; et se précipitant aux pieds de Sa Majesté, elle s'écrie en sanglotant : « Vous êtes le roi, le roi de toute » la France, mais ce ne serait rien pour moi si vous ne l'étiez pas de » mon cœur. Ne m'abandonnez pas, mon cher sire, car je deviendrais » folle s'il fallait renoncer à vous ! — Vous l'êtes déjà, mon enfant, » dit le roi mécontent d'être troublé dans ses nouvelles amours ; cal-» mez-vous, ajouta-t-il en l'embrassant, je vous reverrai. »

Hélas ! Sa Majesté n'avait dit que trop vrai : la jalousie, qui avait exalté l'imagination de la jeune personne à l'aspect de sa rivale parée d'une demi-nudité pour le plus doux sacrifice, acheva de consumer le peu de raison qui lui restait ; le lendemain sa folie était complète. On l'enleva secrètement, et elle fut conduite dans une pension de fous, où tout ce qu'elle dit du roi son amant passe pour les divagations du délire.

Mademoiselle Romans, maîtresse externe et émérite de Sa Majesté, est accouchée d'un fils, qu'on a baptisé sous le nom de Charles, fils de M. de Bourbon, capitaine de cavalerie. Louis XV regarde cet acte baptistaire comme tout à fait sans conséquence, mais la belle accouchée voit déjà son fils au rang de feu le duc du Maine. Cette bonne fille élève son poupon royal avec une espèce d'apparat : on la voit tous les jours au bois de Boulogne, assise sur l'herbe, à côté d'une espèce de corbeille enjolivée de dentelles, de rubans, de dorures, et qui renferme le fruit de sa tendre faiblesse. Plus d'une fois des élégants de la cour, cachés dans la feuillée, ont guetté l'attentive demoiselle faisant teter son enfant : je parierais qu'il entrait moins de sollicitude que de curiosité mondaine dans ces regards furtifs arrêtés sur la plus belle gorge du monde.

L'un de ces matins, la favorite eut le désir de voir la belle nourrice au milieu de ses soins maternels ; elle se rendit au bois de Boulogne avec madame du Hausset, et ne manqua pas d'y trouver mademoiselle Romans. Madame de Pompadour l'admira de l'intérieur d'une allée qui cachait l'observatrice : les cheveux de la jeune mère, d'un noir de jais, étaient relevés avec un peigne orné de quelques diamants ; sa mise n'était pas exempte de recherche : on voyait qu'elle voulait attirer l'attention. Les dames s'étant avancées vers elle et l'ayant saluée, elle rendit leur salut et les regarda fixement. Il est probable que la marquise avait été reconnue.

« Voilà un bel enfant, dit alors madame du Hausset, qui s'était avancée encore sur l'intimation d'un coup de coude.

— Oui, répondit mademoiselle Romans avec une affectation qui fit tressaillir la marquise, j'en puis convenir, quoique je sois sa mère... Madame, continua la jeune nourrice, est apparemment des environs.

— Oui, madame, répondit la femme de chambre, je demeure à Auteuil avec cette dame. » Et madame de Pompadour, mise en scène par cette indication, prit part à l'entretien.

« A en juger par les traits de votre enfant, qui ne paraît pas ressembler à vous seule, dit la favorite avec émotion, le père doit être ou était un bel homme.

— Hélas ! *était* peut être le mot convenable, bien que ce père existe toujours, repartit mademoiselle Romans avec un soupir. C'est en effet l'un des plus beaux hommes de France, et si je le nommais vous en conviendriez avec moi.

— J'ai donc l'honneur de le connaître ?

— Mais, madame, répondit mademoiselle Romans en appuyant sur les mots, cela est très-vraisemblable. »

Soit que la favorite craignît d'être surprise par des personnes de connaissance, soit qu'elle crût avoir été reconnue par son interlocutrice, elle salua la jeune mère très-poliment et regagna son carrosse, satisfaite d'avoir entretenu son ancienne rivale et d'avoir acquis, grâce à un *hélas !* la certitude qu'elle ne devait plus la craindre.

De tout ce que je viens de raconter il serait difficile de conclure que Louis XV ait des inclinations tristes, et cependant on dirait qu'il se plaît à caresser l'idée de la mort. Un jour que le roi traversait un village en se rendant à Crécy avec mesdames de Pompadour, de Château-Renaud et de Mirepoix, il appela un de ses écuyers pour lui donner un ordre. « Vous voyez bien cette petite hauteur, dit Sa Ma-» jesté, j'y aperçois des croix, c'est vraisemblablement un cimetière ; » faites-moi le plaisir d'y aller et voyez s'il y a quelque fosse nou-» vellement ouverte. » En deux temps de galop l'officier eut exécuté l'ordre du roi et revint lui dire qu'il avait remarqué trois sépultures toutes nouvelles. « Vraiment, sire, dit madame de Mirepoix, c'est à » faire venir l'eau à la bouche. » Notre maître parle souvent de mort, d'enterrements, de cimetières ; Sa Majesté, dans ces accès de mélancolie, n'entretient ses courtisans que de dispositions funéraires, comme testaments, legs charitables, désignation du lieu où l'on veut reposer éternellement. « Vous vieillissez, marquis, disait l'un de ces » matins ce Young couronné à M. de Souvré ; où voulez-vous qu'on » vous enterre ? — Sire, répondit le gentilhomme, aux pieds de » Votre Majesté. » Cette réponse répandit un nuage sur les traits du monarque ; il ne fit que rêver tristement pendant le reste de la journée.

Madame de Pompadour, qui connaît ces dispositions atrabilaires de son royal amant, a plus d'une fois cherché à répandre quelques charmes dans son esprit par le commerce des gens de lettres, mais Louis XV ne les accueille point par goût ; et s'il les *souffre* à sa cour, c'est qu'on lui a répété mille fois qu'ils ont contribué à la splendeur de celle du grand Louis XIV. La marquise reproche quelquefois doucement au roi de tenir trop longtemps rancune à Voltaire, l'un des plus beaux génies du monde, et qui, toujours relégué au pied des Alpes, laisse, dit-elle, un grand vide dans la république des lettres françaises. « Tenez, tenez, répondit dernièrement Louis XV à ce re-» proche de sa maîtresse, je n'aime ni n'estime ce poëte, et je vous » avouerai même que je le crains. Cependant je n'ai rien à me re-» procher à son égard : j'ai fait autant pour lui que mon bisaïeul fit » pour Racine et Boileau. Il était devenu noble, gentilhomme de la » chambre, pensionné de la couronne ; ce n'est pas ma faute s'il a » fait des sottises. Au lieu de chercher à me les faire oublier, il s'est » appliqué à me braver en se réfugiant à la cour de Prusse. S'il a » obtenu de Frédéric II une croix, la clef de chambellan et une place

» à la table de Sa Majesté, grand bien lui fasse et au roi de Prusse » aussi! Ce n'est pas la mode en France que les poëtes mangent avec » les rois. Il y a dans mon royaume beaucoup plus de beaux esprits » qu'en Prusse, et certes il faudrait une bien grande table pour les » contenir tous! Comptez par vos doigts, marquise : Fontenelle, La- » mothe, Voltaire, Piron, Destouches, Duclos, d'Alembert, Diderot, » les deux Crébillon, la Chaussée, l'abbé d'Olivet, Marmontel, ... » Eh morbleu! il faudrait attabler tout cela dans ma grande galerie... » Laissons-les dîner chez eux et contentons-nous de les récompenser » quand ils le méritent... — C'est-à-dire quand ils flattent, » ajouta tout bas la petite maréchale de Mirepoix.

Louis XV n'avait pas compris dans sa liste Jean-Jacques Rousseau, qui depuis l'année 1754 vit retiré à Montmorency dans un ermitage plus petit encore que n'était la maison de Socrate. Cependant le nom de cet écrivain commence à primer sur celui de tous les beaux esprits modernes. Des fragments de plusieurs grands ouvrages qu'il écrit dans sa retraite ont produit une profonde sensation sur le petit nombre d'auditeurs auxquels ils ont été lus. On parle surtout de deux livres intitulés *Émile* et *la Nouvelle Héloïse*. Le premier, qui paraît être un système hardi d'éducation philosophique, renferme, dit-on, des morceaux d'une logique transcendante supérieure à tout ce qu'on a encore écrit en français. Le second ouvrage où tout la puissance des passions est reproduite : c'est, m'a dit M. de Girardin, une composition qui remue, qui échauffe, qui déchire. Enthousiasmée par le récit qu'on lui avait fait de ces ouvrages, madame de Pompadour voulut dernièrement essayer d'apprivoiser l'humeur sauvage de Jean-Jacques Rousseau; elle lui écrivit une lettre remplie d'offres de services. Il répondit avec fierté et presque avec dédain. « Il faut le » laisser, dit la favorite en jetant la lettre du Génevois sur une table; » c'est un véritable hibou... — J'en conviens, répondit madame de » Mirepoix, mais c'est celui de Minerve. »

La fortune nous trahit l'an dernier dans l'Inde, d'où l'on vient de recevoir des nouvelles. Si les Français se fussent montrés moins fidèles observateurs d'une neutralité que les Anglais n'observaient plus, ils eussent profité de la guerre que ces Européens avaient à soutenir avec peu de forces contre le souba du Bengale pour les attaquer et les tailler en pièces. Par une facile victoire, nos troupes se fussent alors emparées de tous les comptoirs anglais situés entre les côtes de Golconde et celles du Bengale. Mais nous n'avions dans l'Inde que des chefs marchands : ils hésitèrent sur ce qu'ils avaient à faire et donnèrent le temps à une flotte anglaise, commandée par l'amiral Vatson, d'arriver dans ces parages avec un renfort de trois mille hommes. Les troupes britanniques marchent sur Calcutta, reprennent cette ville au souba du Bengale, et se portent rapidement sur Chandernagor, notre premier établissement dans l'Inde. Cette place, assez bien fermée, était défendue par cent soixante canons, cinq cents Français et sept cents noirs ; mais les troupes commandées par des préposés de la compagnie, Fournier, Nicolas, Lapotière et Caillot, se découragèrent promptement : le siége ne dura que cinq jours. Les vainqueurs trouvèrent dans Chandernagor pour trois millions de marchandises, dont le prix fut presque en entier distribué aux soldats par le colonel Clive, commandant de l'expédition.

Les choses n'eussent pas tourné de cette manière si l'escadre partie pour l'Inde à la fin de l'année dernière, sous les ordres de l'amiral Aché, eût été arrivée avant celle des Anglais : trois mille hommes y sont embarqués ; M. le comte de Lally en est le général ; espérons que ce brave officier saura rappeler la fortune sous nos drapeaux.

Cette divinité, si souvent inconstante, nous est plus fidèle en Amérique. Toutes les forces navales de la France employées au Nouveau-Monde se trouvaient réunies dans le port de Louisbourg au commencement de l'automne ; cette réunion devait mettre en défaut la prudence britannique, et elle s'y trouva effectivement. L'amiral Holborn, persuadé qu'avec les quinze vaisseaux de ligne qu'il commande, et qui portent six mille hommes de débarquement, il va s'emparer aisément de Louisbourg, compte avec une indicible surprise dix-huit vaisseaux français dans la rade de ce port. Il attend alors un renfort de quelques voiles qui le joignent bientôt. Holborn se dispose à attaquer ; mais un ouragan terrible souffle de la haute mer et trompe les plus savantes manœuvres de l'amiral anglais. Elles servent du moins à empêcher l'escadre britannique d'être brisée contre ces rochers qu'elle venait conquérir ; mais presque tous les bâtiments sont désemparés, et l'amiral n'atteint qu'avec beaucoup de peine le port d'Halifax. C'en était fait de dix-huit vaisseaux anglais si le commandant français fût sorti pour leur donner la chasse immédiatement après la tempête ; pas un seul n'eût pu lui échapper, dans le délabrement où le gros temps les avait réduits. La timidité de cet officier fut généralement désapprouvée, et la justification qu'il essaya d'en donner ne convainquit personne. L'événement que je viens de rapporter n'est donc, comme je le disais plus haut, qu'un sourire de la fortune ; le moindre effort de notre amiral en eût fait un échec peut-être irréparable pour les Anglais, et la perte de leur flotte leur eût enlevé, au moins pour le reste de la guerre, la possibilité d'envahir le Canada.

Je ne sais si les Anglais, battus en Amérique par les Français et

les éléments, ont voulu se venger, au commencement de l'année, sur nos côtes ; mais on va voir que la formidable expédition tentée par eux s'est terminée comme le travail de la montagne accouchant d'une souris. On ne parlait cet hiver, autour du poêle de nos cafés politiques, que d'une flotte en armement à Plymouth, et que l'on disait destinée à une entreprise secrète de haute importance. Un beau matin cette escadre, forte de cent voiles, portant douze mille hommes de débarquement, et commandée par les amiraux Hauke, Braderick et Knoules, parait en vue de nos côtes ; elle longe pendant quelque temps celles de Normandie, de Bretagne, d'Aunis ; on croit qu'elle menace Rochefort, la Rochelle, ou tout au moins les îles de Ré ou d'Oléron ; rien de tout cela : cette formidable expédition jette l'ancre devant l'île d'Aix, point large comme la place Royale, et se borne à canonner un petit port qu'on aurait pu cacher dans l'entre-pont d'un des vaisseaux qui l'attaquaient. Après la réduction de ce *fortin*, et après avoir fait sauter quelques parcelles du rocher, la flotte remet gravement sous voiles, gagne la haute mer et disparaît.

Les curieux réunis sur la plage se regardaient avec surprise, et se demandaient si c'était pour obtenir ce beau résultat que l'Angleterre avait dépensé vingt-cinq millions de notre monnaie. On murmura hautement dans la Grande-Bretagne sur cette expédition dérisoire ; on la chansonna chez nous. Mais c'était trop se hâter de tourner en ridicule une démonstration qui peut-être cachait un autre but : les esprits réfléchis pensèrent que cette expédition était destinée contre la partie française de Saint-Domingue, mais que la crainte d'irriter la cour d'Espagne et de la faire déclarer pour la France a détourné le cabinet anglais d'achever l'exécution de ce projet.

Malgré la sage distribution de ses forces de mer, la France est cependant loin de se trouver dans une situation maritime prospère. Les vaisseaux français perdus en si grand nombre depuis quelques années ne sont pas entièrement remplacés, le recrutement des armées navales ne s'opère pas avec plus de facilité ; les quatre mille matelots qui nous ont été enlevés, avant même que les hostilités fussent commencées, laissent encore une vaste lacune dans nos équipages : car les marins qui sont prisonniers en Angleterre étaient les plus expérimentés, et ceux qui les ont remplacés manquent encore d'exercice. Tout récemment les vaisseaux de haut bord *le Foudroyant* et *l'Orphée* sont tombés au pouvoir de l'ennemi en sortant de Toulon. En un mot, la décadence de notre marine avance, et rien ne tend à l'arrêter.

Nous aurons du moins de l'expérience au ministère de la guerre : le roi, sur la démission du marquis de Paulmi, qui pliait sous le faix, vient de nommer à ce poste le maréchal de Belle-Isle. Mais, sur la demande du vieux guerrier, le marquis de Camille, lieutenant général, lui est adjoint ; cet officier travaillera avec le roi comme le maréchal lui-même.

Belle-Isle vient de perdre son fils, le comte de Gisors, tué à la tête des carabiniers. Voici le billet que cet officier écrivit à son père sur le brancard où des soldats le portaient ; cet écrit était tracé avec son sang :

« Je suis expirant, mon cher papa, ne pleurez point ma mort. J'ai » repoussé trois fois l'ennemi avec le corps que j'avais l'honneur de » commander. Ah! si je pouvais vous embrasser encore... » Il rendit le dernier soupir avant d'avoir achevé la phrase.

A cette occasion une petite discussion assez aigre s'est engagée entre le roi et la favorite. Cette dame pressait depuis longtemps Sa Majesté de faire une visite de condoléance au maréchal ; mais le monarque, à cheval sur l'étiquette, ne pensait pas que le salut de la France, dû il y a quelques années à ce général, fût un motif suffisant pour déroger à la *grandeur*, qui veut qu'un roi soit incivil à l'égard des plus grands personnages de son royaume. Enfin, piquée au jeu, la marquise s'écria, d'un air plaisant toutefois :

> . . . . Barbare dont l'orgueil
> Croit le sang d'un sujet trop payé d'un coup d'œil.

« Allons, allons! dit Louis XV en riant, de peur que vous ne continuiez d'appeler les méchancetés de Voltaire au secours de votre malice j'irai voir ce matin le maréchal. » Sa Majesté tint parole et mit à sa visite un apparat, une solennité qui voulait dire : « Voyez, » vous tous, le roi de France daigne visiter un de ses généraux chez » lui. »

Le vieillard eut la faiblesse d'être un peu consolé par cette courtoisie souveraine : elle adoucit l'amertume de la perte du seul héritier de son nom ; et, comme il faut que les grands princes récoltent partout sans avoir semé nulle part, Belle-Isle ayant fait son testament quelques jours après avoir reçu le roi, le fit héritier d'une partie de ses biens. C'était encore par la grâce de Dieu que cela lui venait.

Mais, comme il y a des compensations sur la terre, même pour les rois, notre maître eut l'autre jour une peur robuste.

« Il vient de m'arriver une singulière chose, dit-il en entrant chez la favorite, croiriez-vous qu'en rentrant dans ma chambre à coucher, que je venais de quitter, j'ai trouvé un *monsieur* face à face avec moi?

— Dieu ! s'écria la marquise effrayée.

— Ce n'est rien, reprit le roi, mais j'avoue que j'ai eu une grande surprise (Sa Majesté déguisait le mot). Cet homme cependant paraissait tout interdit. « Que faites-vous ici ? » lui ai-je demandé d'un ton assez poli... Il s'est mis à genoux en me répondant : « Pardon, sire, » et avant tout que Votre Majesté me fasse fouiller. » Sans attendre cette précaution il s'est mis à vider ses poches ; il avait même ôté son habit, tant il était troublé, lorsque je lui ai dit de se calmer et de répondre à mes questions.

— En vérité, sire, dit avec feu madame de Pompadour, j'admire votre imprudence ! rester ainsi seul avec un inconnu !

— Attendez donc ! Cet homme m'a raconté qu'il était cuisinier et ami de *Beccari*, l'un de mes chefs. Il a ajouté avec beaucoup de naturel, je vous assure, que s'étant trompé d'escalier et que les portes s'étant trouvées ouvertes il était arrivé jusqu'à ma chambre, d'où il allait sortir bien vite quand j'avais paru. J'ai sonné, et Guimard, qui est entré, a été fort surpris de me trouver à huit heures du matin en tête-à-tête avec un homme en chemise. Pendant que l'étranger remettait son habit, un autre garçon du château appelé Guimard s'est trouvé connaître l'aventurier. « Sire, m'a-t-il dit, je réponds de lui, » c'est un très-brave homme qui d'ailleurs fait mieux que personne » au monde le *bœuf à l'écarlate*. »

» Malgré ces bons renseignements le cuisinier égaré tremblait de tous ses membres : il cherchait la porte pour sortir sans pouvoir la trouver. Le voyant si malheureux j'ai tiré de mon bureau cinquante louis, que je lui ai donnés en lui disant : « Voilà, monsieur, pour » calmer vos alarmes, »

— Cinquante louis ! répéta vivement la marquise mue par un sentiment qui, je crois, était de la surprise.

— Il fallait bien, reprit le roi, dédommager ce pauvre homme de la peur qu'il avait eue.

— Ah ! sans doute, répondit la favorite tout en pensant peut-être qu'en fait de frayeur le roi et l'étranger étaient quittes.

— Enfin, reprit Louis XV, mon visiteur matinal est sorti fort satisfait après s'être prosterné. »

Quoique le roi eût parlé avec calme de cette apparition, il était aisé de voir sur son visage les traces d'une profonde émotion. Les courtisans n'en trouvèrent pas moins dans tout ceci le texte d'un nouveau compliment, et le monarque fut loué à outrance d'un sang-froid, d'un courage que l'événement n'avait pas irrécusablement prouvé.

Un matin chez la favorite on reparlait de l'excursion du cuisinier dans la chambre du roi : le médecin Quesnay était là. « Cet homme est peut-être fou, dit le docteur.

— Oh ! vous, monsieur, répondit le roi en riant, vous voyez des fous partout.

— Il est vrai, sire, que je devine la folie, même quand elle n'existe pas encore ; mais je ne la suppose pas gratuitement. Tenez, je connais un de vos anciens ministres qui sera imbécile avant trois mois.

— Son nom ? demanda vivement la favorite.

— C'est M. de Sechelles, répondit Quesnay après s'être fait presser un peu.

— Bon ! vous lui en voulez, dit Sa Majesté ; du temps de son contrôle général il vous aura refusé quelque grâce.

— Cela pourrait tout au plus m'engager à dire une vérité désagréable, et non pas à inventer. M. de Sechelles sera fou, et peut-être plus tôt que je ne pense. C'est affaiblissement d'organes : il veut à son âge faire le galant ; je me suis aperçu que la liaison de ses idées lui échappe.

— Allons, allons, nous verrons cela, monsieur le prophète, dit Louis XV en frappant sur l'épaule de Quesnay.

— Riez, sire ; mais il n'en est pas moins vrai que vous avez un maniaque dans votre propre conseil.

— Hein ! dans mon conseil ?

— Que Votre Majesté prenne note de la date, et je parie qu'avant trois semaines M. Berryer est fou ou cataleptique...

— Quoi ! mon ministre de la marine ?

— Lui-même, sire ; il y a des signes qui ne me trompent jamais. Hier, j'ai vu M. Berryer à la chapelle ; il s'était assis sur une de ces petites chaises où l'on pose ordinairement les pieds. Les genoux lui touchaient le menton, ce qui rendait Son Excellence la risée de MM. les gardes du corps. Je suis entré chez le ministre au sortir de la messe : là j'ai été témoin de plusieurs autres traits d'absence d'esprit, et j'ai vu que M. Berryer avait les yeux égarés. Son secrétaire lui ayant adressé une observation fort juste, il lui répondit d'un ton emphatique : « Taisez-vous, plume ; une plume est faite pour écrire, » et non pour parler. »

Quinze jours après cet entretien, MM. de Sechelles et Berryer avaient donné des marques authentiques de folie ; le dernier avait même déraisonné en plein conseil : il fallut lui en interdire l'accès, au moins provisoirement.

L'échec humiliant du prince de Soubise à Rosbach eût dû rendre le roi circonspect sur les commandements donnés aux généraux peu éprouvés ; cependant Sa Majesté, au commencement de la campagne de 1758, confia l'armée dite de Hanovre au comte de Clermont. La tâche du nouveau général était grave : les Hanovriens, rassemblés, au mépris de la convention de Closterseven, sous les ordres du prince Ferdinand de Brunswick, promettaient de ne plus se laisser désarmer ; ils ne tardèrent pas à repousser les vainqueurs jusque sur le Rhin. Encouragé par ce succès, Ferdinand livra le 25 juin la bataille de Crevelt. La victoire ne fut pas un instant douteuse, les Français donnèrent à Crevelt un pendant au tableau désastreux de Rosbach. Notre aile gauche ne fut pourtant point rompue : le comte de Saint-Germain, qui la commandait, soutint l'effort de toute l'armée ennemie, et se retira en bon ordre à Neuss.

Les suites de ce combat répandirent la consternation parmi les habitants des Pays-Bas autrichiens ; les housards prussiens s'avancèrent jusqu'à Tirlemont et Louvain, ces partisans levèrent des contributions aux portes d'Anvers. Cette seconde défaite jeta le découragement non-seulement dans l'armée, mais encore à la cour. Le Dauphin surtout s'avisant pour la première fois d'une ardeur martiale demanda au roi la permission de se mettre à la tête des troupes battues, afin d'effacer, disait-il, la tache imprimée au drapeau français par le double échec de Rosbach et de Crevelt. Louis XV n'accéda point à cette demande. « Ce n'est qu'une échauffourée, ré- » pondit-il ; je suis ravi, mon fils, de reconnaître en vous d'aussi » nobles sentiments, mais il n'est pas encore temps de vous séparer » de moi. »

Ce combat, qu'on a représenté au roi comme une *échauffourée*, est cependant une déroute qui fait perdre plus de quatre-vingts lieues de pays. Au reste, si le mouvement martial du Dauphin n'eut pas le résultat qu'il en attendait, du moins détermina-t-il le roi à retirer le commandement au comte de Clermont, qui revint à Paris avec le titre burlesque de *général des bénédictins*. Son successeur est le marquis de Contades, le plus ancien lieutenant général de l'armée, devenu à cette occasion maréchal de France. Avant de quitter ses troupes, Clermont eut du moins la satisfaction d'apprendre que, tandis qu'il les commandait encore, le comte de Broglie, à la tête de l'avant-garde, venait de tailler en pièces huit mille Hanovriens à Sunderhausen.

C'était bien à nos côtes que les Anglais en voulaient dans l'entreprise dont j'ai parlé plus haut ; mais apparemment la poire ne leur parut pas mûre alors, et leur expédition ne fut que comique. Celle que je dois retracer offre plus de gravité.

Une flotte non moins formidable que celle qui eut la gloire de faire deux cents prisonniers à l'île d'Aix au commencement de l'année a été mise en mer à Portsmouth vers la fin de juillet, sous les ordres du chef d'escadre Howe, avec des troupes de débarquement commandées par le général Bligk. Un grand nombre de seigneurs, parmi lesquels on distinguait le prince Edouard, s'embarquèrent pour cette expédition, dont le but était Cherbourg, port ouvert et sans aucune défense [1]. Les Anglais, après avoir longé les côtes de Normandie, jettent l'ancre dans cette rade découverte, descendent sans conteste à Cherbourg, emportent quelques cloches, quelques canons, frappent une contribution d'environ soixante mille livres, et se rembarquent à l'approche d'un corps de troupes comme d'obscurs bandits, qu'ils avaient imités de tous points. Le séjour en France de ces forbans dura dans cette circonstance environ une semaine. Les seigneurs et le prince employèrent le temps à l'anglaise, c'est-à-dire à faire bombance, à s'enivrer, et les petites marchandes de modes, qui s'étaient un peu flattées qu'on leur *manquerait*, dirent que ces vainqueurs peu galants entendaient bien mal le droit de conquête.

Sans doute ce succès, tout insignifiant qu'il était, affrianda les Anglais, car le 3 septembre l'escadre de Howe reparut sur les côtes de Bretagne, et le lendemain treize mille hommes débarquèrent à Saint-Brieuc. Campés à Saint-Lanaire, ils y restèrent trois jours entiers, préparant le siége de Saint-Malo, qu'ils avaient la folle prétention de tenter. Enfin cette petite armée se porta sur Guildo, puis sur Matignon, où elle entra tambour battant. Le 11 les Anglais arrivèrent à Saint-Cast, où, fort heureusement pour eux, leur flotte arrivait en même temps. Le duc d'Aiguillon, campé dans cet endroit, attendait ces fiers conquérants. A son aspect, ils cherchèrent un refuge sur leurs vaisseaux. Ainsi le peuple verdâtre de nos marais se réfugie dans son empire bourbeux dès qu'on s'approche de lui. Mais la retraite des troupes britanniques ne put être assez rapide ; une division française, placée sur une hauteur, foudroya, malgré le feu des vaisseaux, les bateaux servant à l'embarquement. Dix-neuf cents hommes tombèrent sur la place ; d'Aiguillon fit sept cents prisonniers ; enfin cinq mille Anglais restèrent sur la plage française ou périrent à bord des suites de leurs blessures.

Malgré cet avantage, il n'y a pas eu de réjouissances à la cour, parce qu'elle est en deuil du pape Benoît XIV, auquel succède le Vénitien Rezonico. Ce deuil se confond avec celui de la reine d'Espagne, morte à Aranjuez le 2 septembre ; elle était sœur du roi de Portugal, qui a failli la suivre au monument.

---

[1] Les travaux de ce port, aujourd'hui si important, ont été exécutés depuis, et particulièrement sous le règne de Louis XVI : on en parlera dans cet ouvrage.

Ce prince revenait le 3 du même mois de son château de Belem à Lisbonne. Il avait baissé toutes les glaces de sa voiture pour respirer l'air embaumé du soir. Tout à coup des assassins embusqués dans un buisson de citronniers tirent sur la voiture plusieurs coups de carabine ; Sa Majesté Portugaise est blessée au bras. Le soir même le duc d'Aveiro, le marquis de Tavora et le comte d'Atoquia, regardés comme les chefs de la conspiration, sont jetés en prison, ainsi que la marquise de Tavora, accusée de complicité. Tous ces seigneurs appartenaient à la même famille, et cette famille avait été déshonorée par l'amour heureux du roi pour la jeune comtesse d'Atoquia. On sait avec quel ardeur la jalousie met aux Espagnols les armes à la main, les nobles Portugais que j'ai nommés jurèrent la perte de leur souverain. Cependant, au moment d'accomplir cette vengeance, un régicide les effraya ; ils ouvrirent leur conscience aux jésuites Malagrida, Alexandre et Mathos : « Tuer un roi, répondirent ces ennemis » perpétuels de tout ce qui leur dispute le pouvoir, n'est pas même » un péché véniel... » La mort de Joseph II fut alors irrévocablement arrêtée.

Le procès des accusés fut aussi prompt que l'avait été leur attentat. D'Aveiro, Tavora et d'Atoquia périrent par la roue. La marquise de Tavora eut la tête tranchée. Quant à la jeune comtesse première cause de ces sanglantes exécutions, elle est destinée à méditer toute sa vie au fond d'un cloître sur les maux qui peuvent résulter d'une faute commise souvent avec légèreté si ce n'est avec délices.

Mais si l'on songe à punir la complicité du crime exercée sous le voile de la religion par un coupable enfroqué, il faut à Lisbonne une licence du pape. Les jésuites Malagrida, Alexandre et Mathos ne furent qu'emprisonnés, et l'on négocie encore avec Rome pour avoir la permission de les juger [1].

Les Romains voulaient qu'un général battu restât à la tête de son armée jusqu'à ce qu'il eût réparé son échec ; Louis XV s'est montré Romain en cela, et le prince de Soubise s'en trouve bien. Ce général, parvenu à se loger dans le pays de Cassel, y menaçait le prince d'Isembourg, dont les forces étaient inférieures à l'armée française. Les Hanovriens, vainqueurs à Crevelt, coururent au secours de leur allié ; mais ils devaient perdre leurs lauriers à Lutzelberg. Le prince de Soubise battit, mais sans grand avantage, les deux corps réunis. Ce succès fit peu de bruit à Paris ; il valut pourtant au prince le bâton de maréchal, avec l'aide puissante de madame de Pompadour. Cette faveur excédait les règles de la compensation : Soubise avait été vaincu sans disgrâce, il fallait, pour rétablir l'équilibre, qu'il vainquît sans récompense.

On ne sait trop par quel démérite l'abbé de Bernis a perdu tout à coup les bonnes grâces de la favorite, et comment le comte de Stainville, qui n'a fait qu'apparaître à la cour avant son ambassade de Vienne, a pu mériter l'affection de la marquise. Toujours est-il que le premier vient d'être remplacé aux affaires étrangères par le dernier. Il est vrai que Bernis a reçu en même temps le chapeau de cardinal. « Oui, disait-il à un flatteur qui l'en complimentait, c'est un » parapluie que le roi a bien voulu me donner pour me défendre » contre le mauvais temps. » Du reste, la dépossession n'est pas complète : le cardinal conserve sa place au conseil en qualité de négociateur pour la paix. Le roi, tout à fait passif dans ce changement, n'y a pas apporté le plus léger obstacle ; il s'est laissé aller successivement à rappeler Stainville de Vienne, à le nommer ministre d'État, à le décorer du titre de *duc de Choiseul*, enfin à lui remettre le portefeuille des affaires étrangères. Sa Majesté n'a pas été moins facile pour déposséder Bernis. Le tout a été l'ouvrage de madame de Pompadour ; cette dame s'est fait un jargon politique qui en impose à notre maître : à force d'entendre parler d'affaires aux hommes d'État, elle a retenu des termes, ajusté des lambeaux de leurs conversations ; et se parant de cela avec esprit, elle lance aux yeux du roi des lueurs d'administration, de diplomatie et même de tactique guerrière, qui éblouissent son royal amant. De là résulte aujourd'hui la concentration dans le cabinet de cette favorite de tous les détails du gouvernement ; les intérêts les plus graves se discutent entre des flacons d'odeur, des pots de pommade et des boîtes à mouches. Vive la galanterie pour tout civiliser !

Le duc de Choiseul est encore trop peu connu pour qu'il me soit permis de le juger. Je parlerai donc seulement de son physique et de quelques-unes des qualités saillantes qu'il présente : cet homme d'État est d'une taille médiocre, mais assez élégante ; sa jambe est belle. Un nez large et aplati contribue à le rendre laid, quoique ses yeux soient expressifs ; l'ensemble de sa physionomie a quelque chose d'agréable et de prévenant. Les formes de M. de Choiseul sont nobles, pleines de grâce ; il possède l'air de la franchise, qui vaut peut-être mieux que la franchise même. L'élocution de ce ministre est facile, ses expressions sont choisies et toujours mesurées ; en un mot, j'ai vu peu d'hommes posséder mieux que le duc l'art de séduire.

Comme homme d'État Choiseul paraît avoir de grandes lumières, un genre large, inventif, fécond en ressources ; on dirait que ce se-

crétaire d'État est fait tout exprès pour Louis XV, et que ce monarque est précisément le prince nécessaire à la gloire de son ministre. Sous Louis XIV Choiseul eût peut-être semblé mesquin, tant le siècle et le prince étaient imposants. Aujourd'hui les hommes, les choses et le trône lui-même s'étant amoindris, le nouveau ministre remplit son cadre avec éclat. Je dois citer un trait de début digne de remarque.

Quand le nouveau ministre des affaires étrangères fut installé, le comte de Stahremberg, ambassadeur de Vienne, vint lui faire une visite de cérémonie. On l'annonça ; le duc, quoique inoccupé en ce moment, fit prier le seigneur autrichien d'attendre. L'attente s'étant prolongée au delà de la mesure ordinaire, M. de Stahremberg se fit annoncer de nouveau. « C'est bon, c'est bon, répondit le ministre, » prévenez M. le comte qu'un travail très-pressant m'oblige à retar- » der encore le plaisir de le recevoir. » L'ambassadeur entendit cette leste réponse à travers la porte entre-bâillée ; son mécontentement fut extrême, il eût quitté sur-le-champ l'hôtel s'il ne se fût ménagé la satisfaction de faire éclater son humeur. Cependant le retard continuant toujours, le diplomate allemand, outré d'une impolitesse sans exemple selon lui, dit à haute voix qu'il en porterait plainte au roi. M. de Choiseul l'attendait à ce degré d'irritation : il fut admis. Rouge, l'œil animé, les lèvres agitées, M. de Stahremberg ne se possédait plus ; ses paroles exprimèrent aigrement son dépit.

Le duc, calme, de sang-froid, le sourire sur les lèvres, formait un contraste frappant avec l'ambassadeur irrité. « Convenez, lui dit-il » en l'interrompant, convenez, monsieur le comte, que vous mécon- » naissez singulièrement mes louables procédés. Quand j'étais ambas- » sadeur de France à Vienne, le prince de Kaunitz me faisait sta- » tionner des heures entières dans son antichambre. Loin de m'en » formaliser, j'applaudissais à ce genre d'étiquette, comme à un signe » infaillible de haute considération dont ce prince cherchait à me » donner des preuves. Convaincu de sa sagesse, je me promis dès » lors, si j'arrivais jamais à un ministère semblable au sien, de le co- » pier fidèlement en tout ; car j'avais le bon esprit, à l'aurore de mon » début dans la carrière diplomatique, d'aimer à puiser la science du » gouvernement chez ceux qui la professent, et non dans mes seules » opinions. Condamnez donc maintenant, si vous l'osez, l'élève d'un » si grand maître. Au reste, il m'en a coûté quelque ennui pour vous » traiter de la sorte : imaginez-vous que, pour tuer le temps, je me » suis occupé à deviner le logogriphe du *Mercure*.

» A présent, si M. de Stahremberg, avec qui je suis lié et dont » l'estime m'honorera toujours, consentait à ce que nous nous dépouil- » lassions de notre caractère politique, je lui dirais familièrement : » Tenez, mon cher comte, tout ceci est une sorte de prêté-rendu. » J'ai acquitté le roi : on en rira à la cour de Vienne, comme à celle » de Versailles, si vous en parlez. »

Stahremberg, homme d'esprit, quoique diplomate gourmé, prit le parti de rire lui-même des représailles plaisantes exercées par le Kaunitz du roi de France.

Ce que le cardinal de Bernis a trouvé moins plaisant, c'est que Choiseul, muni du projet d'un second traité avec la cour de Vienne, s'est emparé des négociations pour la paix et a fait exiler le cardinal.

Tandis que ces vicissitudes avaient lieu à la cour de France, le roi de Prusse, par son génie, son courage et surtout sa prodigieuse activité, étonnait ses nombreux ennemis. Il livre aux Russes la bataille de Zorendorf, dans la Prusse ducale, le 27 août. Battu dans cette rencontre, il empêche cependant son ennemi de former le siège de Custrin, et l'enchaîne le reste de la campagne par des manœuvres qu'il ne peut ni prévoir ni éviter. Le général russe est forcé d'aller prendre ses quartiers d'hiver au delà de la Vistule. Ce résultat obtenu, Frédéric vole dégager le prince Henri, son frère, enclavé entre les Autrichiens et l'armée des cercles. Mais tant de marches ont excédé les Prussiens ; malgré le talent de leur chef, ils sont forcés dans le camp d'Holkirken, et perdent dix mille hommes et cent pièces de canon. Un si grand revers ne décourage point Frédéric... il va camper tranquillement à une demi-lieue de la position enlevée, et l'armée victorieuse n'ose le poursuivre. Enfin ce dieu des combats inspire une terreur telle, que les Autrichiens, qui ont mis le siège devant Dresde, le lèvent subitement et vont prendre leurs quartiers d'hiver en Bohême.

Reportons les yeux sur nos affaires du Nouveau-Monde. L'escadre de l'amiral Holborn serre toujours Louisbourg de si près que M. de Laclue, envoyé avec une division au secours de cette colonie, n'a pu y arriver, et s'est vu contraint, après beaucoup de croisières inutiles, de rentrer à Toulon. Deux autres petites escadres étaient parties de Brest au mois de janvier pour tenter les atterrages de Louisbourg ; elles se réunirent en mer sous les ordres de M. de Beaussier ; mais ce secours, trop faible encore, ne put retarder d'une heure la chute de cette place. Indépendamment des forces de sir Holborn, vingt-trois vaisseaux de ligne et dix-huit frégates, commandés par l'amiral Boscavin, et portant seize mille hommes de débarquement, se présentèrent, au mois de juillet, en vue de Louisbourg, et vinrent bientôt jeter l'ancre à une demi-lieue de la ville. Les fortifications en étaient faibles, assez mal armées, et trois mille hommes à peine la défen-

---

[1] Ces difficultés amenèrent le renvoi des jésuites du Portugal en 1761. Voyez cette année.

daient. Le gouverneur se décida néanmoins à faire une résistance opiniâtre. Dans cette situation imminente, Louisbourg eut sa Jeanne Hachette : madame de Ducourt, épouse du général, ne quittait pas le rempart; encourageant le soldat de la voix, du geste, et par l'argent qu'elle prodiguait, elle donnait encore l'exemple en tirant de sa jolie main trois coups de canon par heure.

Malgré tant de résolution, malgré le courage de tout ce qui combattait sur les murs assiégés, Louisbourg ne put résister plus de trois semaines aux forces supérieures qui l'accablaient; la place capitula, mais ce fut seulement la veille d'un assaut qu'il eût été impossible de soutenir. L'escadre de M. de Beaussier avait été prise ou brûlée pendant le siége. Ainsi tomba, le 27 juillet, le principal boulevard de nos possessions dans le Canada; ainsi durent s'évanouir dès ce moment les brillantes espérances que la France fondait sur le commerce de cette colonie : l'Angleterre les avait appréciées aussi, ces espérances, et c'était par ce motif qu'elle avait fait contre Louisbourg un si vaste déploiement de forces.

Moins heureux dans l'intérieur du Canada, les Anglais y avaient précédemment éprouvé un échec meurtrier. Rassemblées dès le printemps sur les ruines du fort Saint-Georges, les troupes britanniques s'excitaient à la vengeance devant les signes de ce désastre ; elles s'embarquèrent ensuite sur le lac du Saint-Sacrement, et vinrent débarquer près du fort Carillon, peu considérable par lui-même; mais, sur l'avis de cette invasion, on venait de l'entourer d'une seconde enceinte de gros arbres renversés et enlacés les uns avec les autres; les branches coupées et affilées produisaient l'effet de chevaux de frise, tant cet étrange rempart en était hérissé. Les Français attendirent leurs ennemis derrière ces fortifications improvisées. Jaloux de laver la honte qui souillait leurs armes depuis le commencement de la guerrre du Canada, les Anglais attaquèrent avec fureur cette forêt d'obstacles, à travers lesquels la mort leur arrivait de toutes parts. Trop incommodés par le feu terrible qu'entretenaient trois mille Français ou Canadiens embusqués derrière le retranchement, les assaillants se décidèrent à tenter un assaut. Vainement le canon du rempart de Carillon se joignit-il alors à la mousqueterie, vainement les intrépides Anglais tombaient-ils par centaines embarrassés entre les arbres, enfilés dans leurs branches aiguisées ; tant de pertes ne faisaient qu'accroître leur rage : l'assaut dura cinq heures, et ce ne fut qu'après avoir perdu quatre mille hommes qu'ils renoncèrent à cette entreprise... Presque tous y avaient succombé.

Dans tous nos engagements contre les troupes anglaises, les Canadiens, qui les haïssent autant qu'ils aiment les nôtres, les attaquent avec un acharnement inexprimable. Il faut ajouter en frémissant que la guerre est pour ces sauvages une véritable chasse, et qu'ils y poursuivent leur horrible proie. Nos soldats ne voudraient pas vaincre leurs ennemis; ces cruels alliés les exterminent, les dévorent.... Au printemps dernier, un prisonnier breton fut entraîné par une Canadienne au fond de sa cabine; elle lui coupa aussitôt un bras, et fit boire à sa famille le sang qui en dégouttait. Un missionnaire lui reprochant le lendemain cette cruauté :

« Je veux, lui répondit-elle, que mes enfants soient guerriers, il faut donc qu'ils se nourrissent de la chair de leurs ennemis. »

Telles sont les atrocités auxquelles les peuples civilisés s'associent, lorsque, non contents des biens que la nature mit à leur portée, ils portent leur ambition jusqu'aux extrémités de la terre.

Pendant qu'un nouveau traité entre la France et l'Autriche était signé à Paris par les soins de M. le duc de Choiseul, les rois d'Angleterre et de Prusse renouvelaient aussi la convention qui les lie. L'acte diplomatique, signé à Westminster le 7 décembre, porte confirmation des stipulations du 16 janvier 1756, avec addition d'un subside de six cent soixante-dix mille livres sterling payable par l'Angleterre à la Prusse.

Les affaires de l'Etat n'absorbent pas tellement l'attention publique, qu'elle n'ait encore des affections pour les nouveautés théâtrales: la foule s'est portée à l'*Hypermnestre* de M. Lemierre, tragédie d'un caractère tout à fait nouveau. Indépendamment d'une action originale par elle-même (le mariage des cinquante Danaïdes), cet ouvrage est rempli de détails pittoresques et de tableaux qui lui prêtent un charme tout à fait nouveau. « *C'est une pièce à peindre,* » disait un amateur en sortant de la première représentation; et cet éloge en vaut bien un autre. Du reste les caractères ont de la vérité, et la versification m'a paru brillante, harmonieuse, pure. Au dénoûment, l'acteur Lanoue, qui jouait Danaüs, fut blessé au bras droit; le sang coula sur le théâtre. Comme le public prenait intérêt à la blessure du comédien, celui-ci s'avança sur le bord de la scène et dit gravement: « Messieurs, ce ne sera rien; mais je vous prie de ne pas vous habituer à ce trait d'imitation. »

Si les lettres s'enrichissent cette année d'une tragédie remarquable, elles se sont appauvries de deux talents : madame de Graffigny et l'abbé d'Olivet sont morts tous deux pendant le présent mois de décembre. On connaît les *Lettres péruviennes* et la *Cénie* de madame de Graffigny, mais bon nombre de personnes ignorent une aventure qu'elle racontait quelquefois avec chagrin; la voici. La mère de cette dame, aussi ignorante qu'elle était instruite, ennuyée de voir chez

elle une grande quantité de planches gravées par le célèbre Callot, son grand oncle, fit venir un chaudronnier, et livra les chefs-d'œuvre sur cuivre pour se faire de la batterie de cuisine. — L'abbé d'Olivet était à la fois un excellent grammairien et un écrivain fécond : le nombre de ses traductions et des ouvrages de son propre fonds est très-considérable. Parmi ces derniers, on doit citer la *Prosodie française* et l'*Histoire de l'Académie française*, que l'on peut suspecter de quelque partialité. Au nombre des traductions, on remarque celle des entretiens de Cicéron *sur la nature des dieux*, celle des *Tusculanes*, celle des *Philippiques* de Démosthène, et enfin celle des *Catilinaires* de Cicéron. Voltaire appelait d'Olivet son maître : ce fut en effet lui qui dirigea les premiers essais littéraires de ce grand écrivain. Plus tard, il eut la satisfaction de présider à sa réception à l'Académie française.

Louis XV n'a compris ni madame de Graffigny, ni l'abbé d'Olivet, ni l'auteur d'*Hypermnestre* sur la liste des littérateurs inscrits dans sa mémoire : Sa Majesté est aussi peu initiée aux progrès de l'esprit humain qu'à la marche des affaires politiques. Mais, grâce aux rapports secrets de la police, dont notre maître nourrit avec soin son érudition, il est peut-être l'homme le plus versé dans l'histoire scandaleuse du siècle... C'est toujours du savoir.

<h1 style="text-align:center">CHAPITRE XXVIII.</h1>
1759-1760.

La duchesse d'Orléans; sa vie. — Création de l'ordre du Mérite militaire. — Victoire de Berghem. — Projet de descente en Angleterre. — Désastres sur mer. — Bataille de Minden. — Mort de Ferdinand VI, roi d'Espagne. — Vaucanson; le géomètre mécanique. — Encore une défaite maritime. — Guerre du Canada ; perte de Québec. — Les goëlettes. — M. de Silhouette. — Les coups de baguette d'un contrôleur général. — Il n'était pas sorcier. — Les Jésuites, M. de Choiseul, la marquise de Pompadour. — Le Dauphin frère en saint Ignace. — La lanterne sourde. — Mort de Marie-Louise de France. — Ses amours avec Bernis. — *Briséis*, tragédie de Poinsinet de Livry. — *La Fausse Agnès*, comédie de Destouches. — *Cendrillon*, opéra-comique. — Une autre pantoufle. — Exploits de Frédéric II. — Fondation de la petite poste de Paris. — L'autre feuille des bénéfices. — Le moine espion. — *Ramponneau* et sa guinguette. — Victoire de Clostercamp. — Le chevalier d'Assas. — Marasme du Dauphin. — Les spectateurs disparaissent de la scène de nos théâtres. — Effet de cette réforme. — *Tancrède*, tragédie de Voltaire. — *Les Philosophes*, comédie de Palissot. — Un amateur du bouton. — *L'Écossaise* de Voltaire. — Désastres en Amérique et aux Indes. — M. de Lally-Tolendal. — Mort du maréchal de Coigny. — Cause singulière de celle de Guimond de la Touche.

Ma tante, qui tint avant moi la plume pour tracer les travers du siècle, recula toujours devant une partie de sa tâche où toute réserve était impossible, et qui eût trop souvent traduit sur la scène du scandale un nom auguste. Je me suis sentie depuis arrêtée par le même scrupule : assez de princes et de princesses du sang ont taché de leurs mœurs les annales de notre époque; j'ai voulu autant que possible éclaircir la nomenclature de leurs aventures galantes. Cependant il est une vie dont la vérité me demandera compte : c'est celle de madame la duchesse d'Orléans, née Louise-Henriette de Conti. Après avoir constamment jeté le voile de la réserve sur tant d'égarements, je dois remplir cependant la lacune qu'un silence absolu laisserait dans mes récits. J'analyserai, je presserai les faits, afin d'abréger une narration que je n'entreprends que par acquit de conscience, et dont j'adoucirai encore les traits.

Louis-Philippe d'Orléans, fils de M. d'Orléans, dit de Sainte-Geneviève, épousa mademoiselle de Conti en 1743. Les deux époux étaient éperdument amoureux l'un de l'autre, et ces passions conjugales ont souvent un retour fâcheux. L'âme habituée à ces grands élans de tendresse, toujours si fugitifs au sein d'une possession sans obstacles, veut les perpétuer quand elle n'en trouve plus l'aliment chez l'hymen. Après avoir imité les tourtereaux à la cour, à la ville, aux champs, la nuit, le jour, et jusque dans le lit de leurs amis, M. et madame d'Orléans se dégoûtèrent tout à coup l'un de l'autre. Si dès lors le duc fut infidèle, ce fut avec mystère; mais la duchesse, loin de l'imiter en cela, se livra sans la moindre précaution à toute la fougue d'un tempérament que rien ne pouvait satisfaire : ses emportements allèrent jusqu'au cynisme. La vie de madame d'Orléans fut d'abord une revue lubrique de toute la hiérarchie galante, depuis le prince du sang jusqu'au petit collet le plus obscur. Son Altesse ouvrit ensuite une seconde série, qui commença au gros bourgeois et finit au cocher *Lefranc*. On prête aisément aux riches : il n'est point assez constaté que l'insatiable duchesse soit descendue dans les jardins du Palais-Royal pour y solliciter des plaisirs anonymes, mais on va voir du moins qu'elle regrettait de voir sa galanterie s'arrêter aux limites de l'humanité; je rapporte un fait que je tiens du comte de Melfort, et ce seigneur était bien informé. On venait d'amener dans la cour un cheval que devait monter le prince. Cet animal était superbe, toutes les perfections de l'espèce se montraient en lui, et des signes de vigueur *extraordinaires* attiraient surtout l'attention de la duchesse, placée sur le balcon la lunette à la main. « Quel dom-

» mage, ma chère, dit-elle à l'une de ses dames qui se trouvait à ses » côtés, quel dommage qu'un si bel animal ait les pieds si durs ! »

Il semble que la duchesse d'Orléans ait voulu prendre à tâche de faire oublier tout ce qu'on sait du dérèglement des anciennes impératrices ; elle-même s'attribuait la réputation d'une Messaline, se vantait de l'avoir méritée et se flattait d'effacer un jour la renommée de son modèle antique. Une grave maladie l'arrête dans l'essor de cette singulière ambition.

Pendant le cours de cette longue suite d'infidélités, M. d'Orléans, aussi modéré dans ses plaisirs que la duchesse était déréglée, aimait les femmes en galant du bon ton : il contracta une liaison intime mais cachée avec madame de Villemonble, qui lui donna, dit-on, trois enfants, une fille et deux garçons.

Après une longue excursion dans le domaine du vice, parlons d'une institution créée pour récompenser la vertu.

Ce ne sont pas les plus grosses armées qui sont les plus redoutables mais les plus aguerries, les mieux commandées.

Par lettres patentes du 10 mars, Louis XV a institué l'ordre du *Mérite militaire* : pour récompenser, est-il dit dans ces lettres, *les officiers protestants qui servent en France dans les régiments étrangers.* Voilà qui est précis ; quels que soient le mérite ou la valeur des officiers français professant la religion réformée, ils ne doivent compter sur aucune récompense : trop heureux de donner leur sang à une monarchie ingrate. L'ordre se compose de deux classes de grands-croix, de quatre classes de commandeurs et d'une classe de chevaliers. Cette dernière seule est illimitée. La décoration est une croix d'or à huit pointes pommettées et anglées de quatre fleurs de lis aussi d'or. Au centre des branches émaillées on remarque sur une des fasces un cœur et une épée en pal la pointe en haut ; le tout cerné de cette devise : *Pro virtute bellicâ*. Au revers est une couronne de laurier avec ces mots : *Ludovicus Decimus Quintus instituit* 1759. Les dignitaires et chevaliers portent la croix pendue à un ruban gros-bleu moiré, de la même manière que les dignitaires et chevaliers de l'ordre de Saint-Louis.

La campagne est ouverte en Allemagne, et déjà les armes françaises ont jeté quelque éclat à Berghem. Mais avant de relater cette affaire je dois esquisser les positions des diverses armées. Au printemps, les Autrichiens du maréchal Daun, après avoir passé l'hiver en Bohême, attendaient pour se porter de nouveau en Saxe et en Silésie que les Russes repassassent la Vistule et s'avançassent sur l'Oder. Les Suédois, battus par les Prussiens, ne paraissaient devoir tenter aucune entreprise remarquable, ils se concentraient vers Stralsund. L'armée impériale, commandée par le prince de Deux-Ponts, sortait des quartiers d'hiver qu'elle avait pris en Franconie, elle se disposait à entrer en Saxe. Frédéric II, toujours maître de Dresde, où il a passé la saison rigoureuse, traçait dans le cabinet de l'électeur le plan d'une campagne où ce prince espérait pouvoir faire

face tout à la fois aux Autrichiens, aux troupes des cercles et à l'armée russe, tandis que le prince Ferdinand de Brunswick, avec les Hanovriens et les Anglais, tiendrait tête aux Français dirigés par le maréchal de Contades.

Tous ces corps armés s'étaient ébranlés selon leurs directions respectives, lorsque fut livré, le 13 avril, le combat de Berghem près Francfort-sur-le-Mein. Le prince Ferdinand, informé de l'absence du maréchal de Contades, et croyant avoir bon marché de l'officier chargé de l'intérim, fondit tout à coup sur l'armée française avec les Hanovriens. Mais repoussés avec une héroïque vigueur, les assaillants abandonnèrent dix mille hommes sur le champ de bataille ou dans les mains du vainqueur. Enhardi par ce beau succès, M. de Contades, laissant un corps sous les ordres de M. d'Armentières pour la garde du bas Rhin, s'avance avec le reste de ses troupes jusqu'à Marbourg et Giessen ; et s'étant joint au duc de Broglie, il marche vers la Hesse en menant devant lui l'ennemi chaque jour attaqué et battu.

Mais l'attention du gouvernement français est fixée sur l'Angleterre plutôt que sur l'Allemagne : le maréchal de Belle-Isle médite depuis quelques mois une expédition contre les Royaumes-Unis. Dès le mois de mai quarante bataillons étaient rassemblés sur les côtes de Bretagne, sous les ordres de M. d'Aiguillon. Une seconde armée, que commande le brave lieutenant général Chevert, occupe Dunkerque et les environs, tandis que dans les mêmes parages M. de Flobert, aventurier habile et hardi, est embarqué sur la flottille du capitaine Thurot et n'attend qu'un vent favorable pour aller reconnaître les côtes du nord de l'Irlande. A Brest, une flotte de vingt-un vaisseaux de ligne, péniblement formée après les pertes de notre marine, se dispose à sortir sous le commandement de M. de Conflans. Pendant ce temps, l'escadre de Toulon, forte de douze vaisseaux de ligne, de

Le cardinal de Bernis.

trois frégates, et confiée à M. de la Clue, se prépare à passer le détroit au premier vent favorable pour se réunir à la flotte de Brest.

Mais les Anglais ne sont pas demeurés tranquilles spectateurs de ces apprêts menaçants ; Georges II, en effrayant son parlement par la perspective d'une invasion, en a obtenu des subsides proportionnés aux dangers qu'il étalait aux yeux de ce corps délibérant. Avec ces subsides les Anglais ont armé des flottes redoutables, afin de comprimer tout d'un coup nos mouvements offensifs. Une escadre venant de Sainte-Hélène sous le pavillon de l'amiral Rodney s'est embossée devant le Havre-de-Grâce, où sont formés des approvisionnements et où l'on construit des bateaux plats pour la descente projetée. A la même époque des galiotes à bombes, rangées dans le canal étroit qui porte les eaux à Harfleur, ont fait le bombardement de cette ville, qui a duré cinquante heures sans autre succès que quelques maisons brûlées, quelques magasins incendiés. D'un autre côté, le commodore Boys, stationné à la hauteur de Dunkerque, a reçu l'ordre de combattre tout ce qui sortirait de ce port. Dans la Méditerranée l'amiral Boscaven croise avec quatorze vaisseaux pour prévenir toute expédition sortant de Toulon. Enfin l'amiral Hauke ferme le port de Brest avec une escadre supérieure à celle qui pourrait en sortir. C'est ainsi qu'avec sa marine puissante, la Grande-Bretagne paralyse et paralysera longtemps tous les efforts que la France pourrait tenter contre les côtes d'Albion.

Nous venons de voir des succès empêchés; voici maintenant des malheurs accomplis. Vers le milieu de juillet le comte de Broglie s'étant rendu maître de Minden par un coup de main, le maréchal Contades y établit son quartier général. A la nouvelle de cet échec, le prince Ferdinand repasse le Weser pour voler à la défense de l'électorat de Hanovre de nouveau menacé. Pour surcroît de malheur, la garnison de Munster, forcée dans la ville par M. d'Armentières, avait dû se réfugier dans la citadelle, qui, peu de jours après, s'était elle-même rendue. Dans cette situation délicate, le duc de Brunswick, campé à Petershausen, sentit qu'il ne pourrait éviter une bataille; il songea à se rendre maître des chances de cet événement. En conséquence, Son Altesse manœuvre de manière à faire croire qu'il veut opérer sa retraite; il la commence en effet, et laisse seulement le général Waugenheim à Todtenhausen à la tête d'un corps de vingt mille hommes. Les Français, abusés par ce mouvement rétrograde de l'habile Ferdinand, sortent de leur camp de Minden avec sécurité pour attaquer l'arrière-garde de Waugenheim, dont ils se flattent d'avoir bon marché. Mais tout à coup le prince revient sur ses pas, prend l'armée française en flanc et la force de se retirer avec une perte considérable. Ferdinand considérait sa victoire comme tellement assurée que la veille du combat il écrivait à un chef de partisans :

« Je livre demain bataille » aux Français; s'il échappe » un seul équipage, vous » en répondrez sur votre » tête. » Cette tête dut tomber, car le maréchal fit sa retraite en bon ordre vers la Hesse, où Brunswick le suivit sans l'entamer. D'Armentières, qui formait en ce moment le siége de Lipstadt, l'abandonna pour se joindre à M. de Contades,

et nos troupes se retirèrent lentement vers Francfort, où elles prirent sans obstacle des quartiers.

Si l'on en doit croire les panégyristes, qui ne manquent jamais aux grands, le jeune prince de Condé [1] fit des prodiges de valeur à la journée de Minden : Son Altesse, à la tête d'une réserve de gendarmerie et de carabiniers, chargea, dit-on, les ennemis sur une pelouse qui fut à l'instant jonchée de leurs cadavres et teinte de leur sang. On assure même que dans cette campagne le descendant du vainqueur de Rocroi a pris des canons [2] au prince Ferdinand, et que Louis XV a fait don de ce trophée à son jeune parent.

Aux regrets de Minden se joint à la cour le deuil du roi d'Espagne Ferdinand VI, mort au mois d'août à l'âge de quarante-cinq ans. Don Carlos son frère, roi de Naples, lui succède sous le nom de Charles III. La couronne des Deux-Siciles passe à l'infant don Ferdinand, troisième fils de don Carlos, et qui règne sous le nom de Fer-

[1] Mort en 1818.

[2] Ce sont ceux, dit-on, qu'on voyait à Chantilly avant la révolution. On rapporte que le duc Ferdinand de Brunswick ayant fait, au retour de la paix, une visite au prince de Condé, s'aperçut qu'il avait fait cacher ses canons. « Vous avez » voulu, dit-il à Son Altesse, me vaincre deux fois : à la guerre par vos armes, » et dans la paix par votre modestie. »

dinand IV. Le nouveau monarque espagnol, après avoir fait constater juridiquement l'imbécillité du prince royal don Philippe son fils aîné, et après avoir fait proclamer le roi sicilien, s'est embarqué pour l'Espagne avec le prince Charles-Antoine, le second de ses enfants, destiné à lui succéder par l'empêchement légal du roi de Naples. Nous verrons si ce double changement de règne apportera quelque variété dans la politique de l'Europe.

En attendant, on ne parle à Paris que du fameux mécanicien Vaucanson, qui vient d'être admis à l'Académie des sciences. Cet homme habile a fait un joueur de flûte qui exécute plusieurs airs avec une précision admirable; mais ce qui étonne le plus nos amateurs, c'est un canard mécanique auquel Vaucanson, par une combinaison inexplicable, a donné la faculté de digérer. Malgré ces prodiges, les savants de l'Académie, plus orgueilleux encore qu'ils ne sont instruits, virent avec chagrin un homme qu'ils qualifiaient de *serrurier* s'asseoir dans leur illustre enceinte. Le néophyte demanda à M. de Buffon, qui était trop grand pour partager une telle petitesse, pourquoi ces messieurs se montraient si peu hospitaliers. « Je vais vous » le dire, répondit le Pline » moderne; je ne vous crois » pas plus fort que moi en » géométrie, et mes hono- » rables collègues n'appré- » cient que cela. Je vais » parier même qu'ils ne » m'ont pas encore pardonné » d'avoir expliqué la nature » autrement que par des » angles, des courbes et » des tangentes. — Eh! que » ne me le disaient-ils, ré- » pondit Vaucanson, je leur » aurais fait un géomètre » mécanique : cela ne m'eût » pas coûté plus de peine » qu'un flûteur ou un ca- » nard. » Retournons à l'armée.

Durant toute la campagne qui se termine, Frédéric II a été presque toujours battu par les forces russes ou autrichiennes, qui l'ont assailli tour à tour : ses pertes en hommes, canons, vivres, munitions, ont été incalculables, et pourtant ce génie colosse impose toujours à ses ennemis. Debout sur les débris de son armée, sur les ruines de son pays saccagé, Frédéric semble à ses ennemis comme à ses amis le dieu des combats; son grand nom est un talisman qui terrifie les premiers et remplit les derniers de confiance et de sécurité. Sous

Je voyais l'autre jour le royal perdant ronger tour à tour ses ongles....

cet illustre capitaine, les Prussiens, écrasés quelquefois, ne se croient jamais vaincus. C'est une vérité dès longtemps reconnue que dans les batailles c'est moins la perte des hommes qui décourage les soldats que l'opinion de leur défaite. Bref, à la fin de cette campagne, les ennemis du héros de la Prusse, tout vainqueurs qu'ils étaient, songèrent à se mettre en sûreté.

Pourquoi faut-il que j'aie à signaler de nouveaux désastres éprouvés par notre malheureuse marine! L'amiral Boscaven, qui bloquait M. de la Clue dans le port de Toulon, ayant été assailli par une tempête, dut gagner en toute hâte la baie de Gibraltar. Mieux conseillé par son expérience, l'amiral français eût profité de cette aide des éléments pour attaquer son ennemi, lequel, fatigué par les vents, n'eût pu soutenir le combat qu'avec désavantage. Loin de là, M. de la Clue perdit dans le port un temps précieux; il sortit enfin, et serrant de près les côtes de Barbarie, il était entrée dans le canal, lorsqu'il fut découvert par *le Gibraltar*, vaisseau stationné sur les parages de Ceuta. La flotte française fut signalée à huit heures du soir, à dix les Anglais étaient sous voiles et prêts à combattre. A cette heure, l'escadre française était en état de se mesurer avec l'escadre britannique; mais, par une de ces fatalités attachées à notre marine, cinq vaisseaux et trois frégates se séparèrent de l'armée durant la nuit, et ne purent être ralliés au point du jour; M. de la Clue n'avait donc que sept vaisseaux à opposer à quatorze; il fallut accepter la bataille avec ces forces inférieures. L'affaire s'engagea à la hauteur du cap Sainte-Marie : trois de nos vaisseaux furent brûlés, deux tombèrent au pouvoir de l'ennemi ; les deux seuls qui restassent à l'amiral français se réfugièrent dans le port de Lisbonne. Certes voilà de tristes précédents pour l'invasion projetée : on dit pourtant que le cabinet de Versailles n'y renonce pas... C'est nourrir une robuste espérance.

L'escadre de Brest restait encore intacte, et la même fortune que celle dont M. de la Clue n'avait pas su profiter s'offrit à elle aussi vainement. Un ouragan terrible, survenu le 12 octobre, força l'amiral Hauke de ramener à Plymouth sa flotte, réduite à un délabrement complet. Si notre expédition fût sortie alors, rien, certainement rien, n'eût pu s'opposer à la descente qu'on avait en vue ; mais nos vaisseaux ne mirent à la voile que le 14 novembre ; déjà l'actif Hauke avait réparé ses avaries ; déjà même il se montrait menaçant avec ses vingt-trois vaisseaux de haut bord. Les deux flottes se rencontrèrent dans les eaux de Quiberon ; la nôtre était de vingt et un vaisseaux : aussi se battit-on d'abord avec un avantage égal. Mais notre mauvais génie veillait : un coup de vent qui survint pendant le combat sépara les armées. Cet accident n'offrait rien de spécialement défavorable à nos armes ; pourtant la terreur s'empara des marins français, et la confusion se mit dans la flotte. *Le Formidable* tomba entre les mains des Anglais ; deux autres vaisseaux, pour éviter le même sort, se brûlèrent sur la côte du Croisic ; un quatrième périt à l'angle d'Escoublac, non loin de l'embouchure de la Loire. Jamais on ne vit un si grand malheur résulter d'un si faible danger. Une partie de ce qui restait de notre malheureuse escadre se retira sous l'île d'Aix, l'autre partie se jeta dans la rivière de Vilaine, tandis que les Anglais, en bravant sans peine le grain, riaient de pitié d'une terreur panique qui avait occasionné tant de pertes. Mais cette pitié de nos ennemis se changea bientôt en audace : croira-t-on qu'ils osèrent sommer la division réfugiée dans la Vilaine de leur livrer les canons des vaisseaux brûlés à la côte du Croisic ! Sur le témoignage de l'indignation qui avait accueilli cette injonction, Hauke fit bombarder la ville du Croisic, mais sans le moindre dommage. L'amiral français eut le regret fort raisonnable de n'avoir pas fait pendre à une vergue l'officier porteur de l'insolente demande qui avait précédé ce bombardement.

Il est probable qu'après la double catastrophe que je viens de retracer notre cabinet renoncera à ses projets d'invasion ; il faut aussi renoncer, au moins pour longtemps, à combattre les Anglais sur les mers. Continuons l'énumération de nos désastres.

Une flotte anglaise, forte de dix vaisseaux de ligne, portant huit mille hommes de débarquement, s'était approchée de la Martinique au commencement de l'année avec le dessein de s'en emparer ; mais, repoussés bientôt, les assaillants furent obligés de reprendre la mer en toute hâte. Plus heureux à la Guadeloupe, ils ont fait la conquête de cette colonie française après trois mois de blocus. La Désirade, les Saintes, Saint-Barthélemy et Marie-Galante, îles voisines de la Guadeloupe, ont subi le joug en même temps qu'elle.

Les Français étaient toujours victorieux au Canada grâce à leurs terribles alliés les sauvages ; mais les Anglais tenaient trop à la possession de cette colonie pour ne pas y envoyer des forces supérieures : quarante mille hommes étaient donc réunis au printemps sur les frontières du Canada. MM. de Montcalm et de Vaudreuil avaient bien prévu cet effort désespéré ; mais vainement avaient-ils sollicité des secours européens. La difficulté d'affaiblir les armées d'Allemagne, et plus particulièrement celle de faire passer un corps de troupes au Nouveau-Monde à travers les flottes anglaises toujours maîtresses de la mer, tels étaient les motifs trop réels qui avaient rendu inutiles les supplications de nos généraux du Canada.

Cependant les Anglais ne perdirent point de temps pour attaquer Québec : dix mille hommes se portèrent à la pointe de Lewis et en chassèrent le peu de Français qui la défendaient. Les troupes britanniques établirent aussitôt des batteries dans cette position, d'où l'on pouvait bombarder le corps de la place, assise sur la rive opposée du fleuve Saint-Laurent. Le feu des assiégeants détruisit la ville de fond en comble ; mais elle ne leur ouvrit point ses portes. Les abords de Québec étaient défendus par une multitude de redoutes et d'autres ouvrages qui les rendaient inaccessibles ; les assiégeants en durent être convaincus lorsque ayant attaqué avec persistance un poste appelé le saut de Montmorency, ils reconnurent que ce seul point engloutirait toute leur armée.

Mais ce que n'avait pu faire la force ouverte, la ruse le fit : lord Murray propose aux siens de remonter le fleuve jusqu'à deux lieues au-dessus de la place, et de s'emparer des hauteurs dites d'Abraham, qui la commandent, et dont les Français ont négligé la défense parce qu'ils les croient inaccessibles. Ce projet s'exécute : cinq mille Anglais, débarqués avant le jour, gravissent le rocher sans être aperçus ; ils ont eu le temps de s'y former avant d'être attaqués par trois mille cinq cents Français qui accourent. Alors s'engage un combat acharné, où les deux chefs, le général Wolf et M. de Montcalm, sont frappés mortellement. Les Français durent céder au nombre, et Québec dominé, Québec déjà presque détruit par l'artillerie, dut capituler le 18 septembre : le chevalier de Ransai remit la place aux Anglais.

Louisbourg et Québec conquis, il était naturel de penser que la colonie ne pouvait plus résister ; mais telle n'a point été l'opinion de la poignée de Français qui s'y trouvaient après ces deux grandes pertes. Ils manquaient de tout, il ne leur restait pas un refuge à l'abri des tentatives de l'ennemi, et pourtant ils se disposèrent à lui résister encore. Nos braves compatriotes abandonnent aux troupes britanniques le monceau de ruines que soixante-quatre jours de siège avaient formé sur les bords du fleuve Saint-Laurent ; eux et leurs intrépides alliés les Canadiens élèvent à la hâte des retranchements à dix lieues de la ville détruite ; puis, après avoir laissé une garnison suffisante dans ce fort improvisé, ils se retirèrent à Montréal pour aviser durant l'arrière-saison aux moyens de réparer leurs pertes. L'héroïsme de l'adversité ne vaut-il pas celui que l'on proclame dans le triomphe ?

Les tristes nouvelles que je viens de copier ont été apportées de l'Amérique septentrionale par une goëlette de guerre qui a fait la traversée en moins de quatre-vingt-dix jours. On connaît ces légers navires qui glissent presque entre deux eaux à travers les escadres ennemies. A demi-portée de canon, bois et voilures sont cachés par les flots, et pourtant sous le pont de ces frêles embarcations se logent cinquante hommes d'équipage dans des hamacs commodes. On y trouve une chambre pour les officiers, plus l'élégante demeure du capitaine, où des marins joyeux et insouciants insultent à la tempête en consommant d'excellentes provisions, en sablant les meilleurs vins de l'Europe.

Il est aisé de concevoir que les événements divers qui se sont passés dans l'année dont nous atteignons le terme ont ajouté aux embarras financiers de la France, et qu'il a fallu rêver à plus d'un expédient pour les diminuer. M. de Silhouette, maître des requêtes, ayant beaucoup raisonné sur cette matière, on crut qu'il serait fécond en expédients ; le contrôle général lui fut donné le 17 avril. Le début de ce ministre fut en effet brillant ; il réforma quelques abus de notre système financier, particulièrement dans les fermes, et il eut l'heureuse idée d'y créer soixante-douze mille actions de mille livres chacune, auxquelles fut attribuée la moitié du bénéfice dont jouissaient MM. les fermiers généraux. Cette opération jeta dans les coffres royaux soixante-douze millions en vingt-quatre heures. C'était un coup de baguette, il fut applaudi comme ceux de l'Opéra. M. de Silhouette devint à double titre l'idole de la nation ; il battait monnaie sans fouler le peuple, et pressurait les hommes qualifiés généralement de sangsues publiques. Voilà qui allait bien ; malheureusement cette belle médaille offrit promptement un triste revers : l'enchanteur ne tarda pas à laisser voir un tâtonnement, une inconstance de principes et de mesures qui reproduisirent tous les embarras un moment conjurés. Le 20 octobre l'embarrassé contrôleur général sonna le dernier coup du tocsin d'alarme en suspendant le payement des billets des fermes, des rescriptions, de certaines rentes, et le remboursement de capitaux qui devait être fait par le trésor royal. Enfin l'ancre de miséricorde des années 1709 et 1712 parut aux yeux des Français effrayés : les sujets du roi furent exhortés à porter leur argenterie à la monnaie. Cela produisit à peine douze millions, et cet appel *in extremis* mit au grand jour l'état de détresse où se trouvait le royaume : état qu'il eût été politique de dérober aux étrangers. Par bonheur, ces mêmes étrangers se lassaient d'une guerre qui ne leur coûtait pas moins qu'à nous : ils avaient déclaré qu'ils étaient prêts à envoyer des plénipotentiaires à un congrès en demandaient la convocation. Georges II seul se montra contraire à ce projet, parce qu'il jugea que les opérations financières de M. de Silhouette ne tarderaient pas de mettre Louis XV à la merci de l'Europe, et l'opposition du prince anglais arrêta l'ouverture des négociations. Ce fut le signal de la disgrâce du contrôleur général, que le cri public désignait comme l'unique cause de la continuation des hostilités. Ce ministre vient d'être renvoyé ; il est remplacé par M. Henri-Léonard-Jean-Baptiste Bertin, qui sera pour nous une autre providence s'il possède autant de ressources que de prénoms.

On n'a jamais manqué de rencontrer les jésuites dans les calamités publiques, ils devaient contribuer à celle où la guerre venait de plonger la France ; et comme c'est ordinairement sur des ruines que ces sectaires élèvent l'édifice de leur fortune, ils cherchent depuis quelque temps à ruiner le crédit du seul homme qui puisse travailler avec intelligence à notre salut. Choiseul fut attaqué avec acharnement dans un mémoire composé par un jésuite nommé Quillebœuf ; on y prêtait au ministre des paroles peu respectueuses pour Louis XV, et la gestion du diplomate n'était pas épargnée. Quoique fins et subtils, les enfants d'Ignace ne peuvent pas tout savoir : ils ignoraient la liaison intime qui existe entre le duc et la marquise ; ils commirent involontairement la maladresse de vouloir s'appuyer de la dernière pour renverser le premier. Quillebœuf était le professeur du fils de M. de la Vauguyon ; il fut aisé à ce moine de déterminer ce seigneur, qui possédait toute la confiance du Dauphin, à mettre Son Altesse Royale dans le complot contre Choiseul. Le prince, jésuite par opinion, peut-être un peu par caractère, se chargea de remettre le mémoire au roi.

Dans le même temps les conjurés dépêchèrent auprès de madame de Pompadour une de leurs dévotes : « Ces pères vertueux, dit-elle à la favorite, n'ont en vue que le salut de leurs pénitents. Mais ils sont hommes : la haine, à leur insu, peut agir dans leur cœur et leur inspirer une rigueur plus grande que les circonstances ne l'exigent absolument. Une disposition favorable peut, au contraire, engager le confesseur du roi à de grands ménagements, et le plus court intervalle suffit pour sauver une favorite, surtout quand il peut se trouver quelques prétextes honnêtes pour autoriser son séjour à la cour. — Ce discours, digne de la direction que vous avez reçue, répondit la marquise, signifie, madame, que si j'étais favorable aux jésuites, *ces pères vertueux*, par l'influence du confesseur de Sa Majesté, daigneraient me maintenir à la cour. Ils ont peur de moi, ils veulent me faire peur d'eux. Mais vous pouvez leur répondre que je ne les crains point ; que je connais et que surtout je veux beaucoup plus qu'eux les véritables intérêts de la France, qui ne seront jamais de favoriser une secte ambitieuse... Vous pouvez, madame, porter cette réponse à ceux qui vous envoient : libre à eux de la prendre pour un manifeste. »

Cependant le mémoire avait été remis au roi. Ce prince au caractère malléable, aux prévisions courtes et paresseuses, ne vit pas que l'on voulait éloigner de lui un homme utile pour le dominer dans le malheur, il ne vit que les injures attribuées au duc de Choiseul ; il ne s'avisa que des mouvements de son orgueil. Le ministre fut appelé dans le cabinet de Louis XV ; l'explication fit ressortir toute la franchise de cet homme d'État, toute l'injuste précipitation de Sa Majesté. Ce prince avait commencé par être menaçant, il fut presque suppliant lorsque Choiseul parla de démission. Le monarque ne put sans effroi envisager l'embarras où il se trouverait s'il était abandonné à lui-même dans la crise présente. Choiseul sortit honoré du baiser royal.

Le fameux mémoire avait été remis par le Dauphin, une entrevue du ministre avec ce prince devenait indispensable. Son Altesse Royale, plus désintéressée que son père dans les affaires publiques, fortement influencée d'ailleurs par les jésuites, ne se montra pas disposée à revenir sur l'opinion défavorable qu'elle avait de M. de Choiseul. L'entretien fut vif ; le prince royal s'y laissa emporter à dire que, s'il régnait un jour, il saurait bien réprimer l'orgueil de ce sujet. « Il est vrai, monseigneur, dit le ministre, que je puis être votre sujet, mais je ne serai jamais votre serviteur. »

Les jésuites ayant échoué à la cour, et conservant un vif ressentiment de l'échec qu'ils avaient éprouvé auprès de la favorite, eurent recours aux foudres du sacerdoce. Le fanatique Christophe de Beaumont, peu corrigé de son intolérance malgré plusieurs exils successifs, lança à la sollicitation de l'irascible compagnie un nouveau mandement, où l'assassinat du roi était encore mentionné ; il l'attribuait « à la corruption des mœurs et aux erreurs de la *philoso-phie*. La justice divine, disait-il dans cet écrit apostolique, *a laissé produire un monstre qui déshonore le siècle et désole la nation*. » Puis Sa Grandeur ajoutait formellement : « L'attentat a été *commis par trahison, de dessein prémédité*, DANS LE PALAIS. »

On voit que les jésuites avaient ramassé le gant de la favorite, ils l'accusaient purement et simplement d'être l'auteur de l'assassinat de Louis XV. Étrange aveuglement de la fureur religieuse, qui, furieuse plus que toute autre, ne voyait pas que personne au monde ne voudrait croire au prétendu crime de la maîtresse du roi, d'une femme qui le jour de sa mort rentrerait dans la foule, et subirait peut-être la proscription. Le pétard épiscopal de Christophe de Beaumont éclata en vain bruit ; mais la marquise n'en laissa pas tomber les expressions si injurieuses pour elle : il lui fut aisé d'obtenir du roi l'exil de l'archevêque. Toutefois Sa Majesté voulut qu'une démarche préalable tendant à obtenir un désaveu fût faite auprès de Sa Grandeur : le maréchal de Richelieu s'en chargea. Ce messager, après avoir loué la piété du prélat, après avoir donné des éloges à sa bienfaisance effective, l'engagea avec beaucoup de ménagement à sacrifier au repos public un peu de la rigueur de ses principes. La pilule était bien dorée, pourtant l'archevêque ne put l'avaler sans convulsion. « Qu'on dresse un échafaud dans ma cour, s'écria-t-il, j'y monterai à l'instant pour soutenir mes droits, remplir mes devoirs et obéir aux lois de ma conscience ! — Eh ! monseigneur, répondit le duc impatienté, votre conscience est une lanterne sourde qui n'éclaire que vous. »

L'incorrigible prélat prit pour la troisième ou quatrième fois le chemin de ses terres, il ne fut bientôt plus question de la grande querelle entre les jésuites et madame de Pompadour ; mais cette dame prit note de cet événement, et se promit bien de ne pas l'oublier.

Le public fut particulièrement distrait des hostilités que je viens de rapporter par la mort de Marie-Louise-Elisabeth de France, fille du roi, qui avait été mariée en 1739 à l'infant don Philippe, duc de Parme, dont elle s'était séparée plus tard à cause de l'état d'imbécillité de ce prince. La princesse réunissait tant de maladies putrides et malignes, que les hommes chargés de l'ensevelir, et des capucins qu'on fit venir pour la porter, résistèrent avec peine à l'infection. Les papiers de la défunte Altesse ne parurent pas moins impurs au

roi : il trouva les preuves d'une foule d'intrigues galantes qui lui démontrèrent que sa fille avait profité de son exemple paternel. La liaison intime que Marie-Louise avait entretenue avec l'abbé de Bernis avant son cardinalat n'était pas nouvelle pour Sa Majesté, elle la connaissait dès le temps de la disgrâce ministérielle de ce diplomate ; peut-être cette galanterie contribua-t-elle à son renvoi. Mais la barrette était arrivée de Rome, il fallut bien la remettre à Bernis : le cardinal dit à cette occasion que le roi la lui donnait *comme un os qu'on jette à un chien*. Si le nouveau prince de l'Eglise perdit alors la confiance de son maître, toutes les faveurs royales ne lui échappèrent pas : la duchesse de Parme, accompagnée d'une seule de ses femmes, allait souvent la nuit consoler le pauvre exilé, qui, sans doute à dessein, s'était construit un joli petit ermitage tout près de Versailles. Les entrevues nocturnes durèrent quelques mois, mais, clouée enfin sur sa couche par les fruits d'une guerre trop active, et qui, dit-on, avait été trop hasardeuse, la princesse dût cesser ses charmants pèlerinages. Bientôt elle n'eut plus que des regrets à donner aux délices de la vie, contre lesquelles son cœur ne put, assure-t-on, conserver le moindre ressentiment. Le dernier soupir de Marie-Louise fut accompagné d'un reflet d'amour dont une crise de douleur cuisante n'altéra point la douceur : son âme s'envola dans les bras d'un Bernis fantastique présent aux yeux de la mourante sous la forme d'un bel ange.

A la fin de l'année dernière, je n'ai pas voulu entrelacer des guirlandes de roses avec des cyprès en parlant du théâtre devant la tombe ouverte de Marie-Louise de France. Reprenons, au commencement de l'an de grâce 1760, le bulletin comique que j'ai négligé en 1759. La période annuelle qui se termine a été féconde en nouveautés dramatiques, ce qui ne veut pas dire qu'elle l'ait été en amusements. Je dois parler avant tout de *Briséis*, tragédie de M. Poinsinet de Sivry. Cette pièce, tirée de l'Iliade, a obtenu un grand succès, et je me suis aperçu qu'en sortant de la première représentation une partie du public demandait *pourquoi*. Cela prouve qu'au théâtre beaucoup de gens applaudissent comme les moutons de Panurge sautaient. L'auteur, forcé de paraître sur la scène à la fin de l'ouvrage, s'y est montré avec une grande défiance... sa modestie seule avait raison.

La Fausse Agnès, comédie de Destouches, imprimée dès l'année 1736, a paru en 1759 seulement sur la scène française. Cette pièce, où se trouve une nuance de caractère neuve encore au théâtre, méritait plus de succès que *Briséis*, et en a obtenu beaucoup moins. Le temps rectifiera les deux jugements : la tragédie passera vite, et la comédie restera, comme la plupart des ouvrages de son auteur [1].

Qui ne connaît le vieux conte de *Cendrillon*, chef-d'œuvre de la bibliothèque bleue, où les auteurs d'une pièce nouvelle de ce nom auraient bien fait de laisser leur sujet ? Il fallait autre chose qu'un poème de M. Anseaume et des accords de M. la Ruette pour rajeunir un canevas sur lequel tous les enfants se sont endormis malgré la broderie naïve de Perrault. L'Opéra-Comique a fait là une triste acquisition, et peu des spectateurs de la Cendrillon chantante ont trouvé dans sa pantoufle chaussure à leur pied. A propos de cette merveilleuse pantoufle, je me rappelle une aventure qui n'est point un conte. Feu l'acteur Thevenard, basse-taille célèbre de l'Opéra, passant un jour devant la boutique d'un cordonnier, s'y arrêta émerveillé devant une pantoufle étalée sur la devanture après avoir été recousue. Inspiré par le souvenir de Cendrillon, ou seulement échauffé par l'idée des charmes fantastiques de la beauté propriétaire de cette chaussure, le chanteur en tomba subitement amoureux sans la connaître, sans l'avoir vue. Il entre chez l'artisan et lui demande l'adresse de la belle.

« Ah ! la belle de cette pantoufle ? dit le cordonnier avec distraction, il y avait un point à reprendre.

— J'entends bien ; mais la dame ?

— Ah ! la dame, c'est joli, c'est grand.

— Quoi ! grande, avec un si petit pied ?

— Le pied, mon bourgeois, ne fait rien à l'affaire.

— L'adresse, bonhomme ? c'est l'adresse que je vous demande.

— Ah ! l'adresse ; six portes plus bas, n° 17. Prenez garde de vous tromper, mon bourgeois.

— Soyez tranquille.

— C'est que, dans ce quartier, les entrées sont obscures ; on peut s'y méprendre.

— M'y voici, je crois ! cria Thevenard au cordonnier, qui le guidait du seuil de sa boutique.

— Vous y êtes, mon bourgeois ; bonne chance ! »

Notre chanteur, qui trouva dans la demoiselle à la pantoufle une jolie brune de vingt-deux à vingt-trois ans, brusqua sa déclaration comme dans une comédie de Regnard ; il avait un habit galonné, des diamants aux doigts, de gros appointements à l'Opéra, la conclusion rencontra peu d'obstacles dans une famille peu accommodée de la

---

[1] On sait que de nos jours le rôle de la fausse Agnès fut un de ceux qui acquièrent le plus de réputation à mademoiselle Mars, actrice enchanteresse et qui ne sera peut-être jamais remplacée à la scène française.

fortune ; le contrat fut signé au bout de huit jours, et Thevenard n'a pas dit depuis si le point repris à la pantoufle était le seul qu'il y eût à reprendre chez sa belle.

La guerre continue en Allemagne, et languit d'autant plus que les puissances de l'Europe éprouvent plus de difficultés à la soutenir. Frédéric II se tenait sur la défensive en Silésie, au commencement du printemps ; et, comme l'année dernière, l'Autrichien Daun attendait pour agir que les Russes eussent repassé la Vistule. Enfin le général Laudohn, à la tête d'un gros détachement, pénètre, au mois de mai, en Silésie. Un général prussien défend cette province avec dix-huit bataillons et dix-sept escadrons retranchés sous Landshut ; il est attaqué dans son camp le 23 juin ; ses troupes font des prodiges de valeur pour se faire jour à travers l'armée autrichienne ; elles sont taillées en pièces, et leur général est fait prisonnier. Si les Russes, toujours lents dans leurs manœuvres, eussent mieux combiné leur marche avec celle de Laudohn, la Silésie était perdue pour Frédéric II.

Pendant ces événements, l'armée des cercles arrivait aux environs de Dresde. Informé de la position qu'elle y a prise, le roi de Prusse, après avoir détaché le prince Henri, son frère, contre les Russes, se livre à une suite de manœuvres habiles qui attirent toute l'armée en Silésie. Il marche alors droit au cœur de la Saxe sans s'inquiéter ni des Russes ni des troupes germaniques, qu'il contraint de s'éloigner de Dresde. Frédéric attaque cette capitale avec fureur ; mais elle se défend avec héroïsme, et Daun, qui reconnaît le piège où il a donné, revient sur ses pas. Le héros reprend aussitôt sa position près de Meissen.

Nos troupes n'ont encore été pour rien, cette année, dans les opérations importantes des armées ; aussi la cour s'occupe-t-elle de tout autre chose que de la guerre. Les rapports secrets de la police amusent toujours beaucoup Sa Majesté ; ceux de l'intendant des postes ne sont pas moins piquants, depuis que force correspondances amoureuses se sont établies entre l'armée et la capitale. Mais ce qui rend surtout cette dernière branche de scandale féconde, c'est l'établissement d'une *petite poste de Paris* fondée au mois de juin sur le projet de M. de Chamousset.

Le bulletin hebdomadaire des déréglements ecclésiastiques, que M. de Souvré a surnommé *l'autre feuille des bénéfices*, renfermait la semaine dernière des traits vraiment originaux. Un des inspecteurs y disait, à propos des fredaines de Jarente, évêque d'Orléans : « Comme MM. les prélats courent les aventures en carrosse, et qu'ils » vont très-vite, il faudrait avoir un train pour les suivre. »

M. de Jarente entretient à peu près publiquement mademoiselle Guimard, jolie danseuse de l'Opéra, et c'est précisément à ce prélat libertin que madame de Pompadour a fait donner la feuille des bénéfices. On pourrait, disait-elle dernièrement à cet égard, trouver un » meilleur juge des vertus apostoliques ; mais je l'ai préféré à beau-» coup d'autres parce qu'il se tient neutre entre le camp des jésuites » et le camp des jansénistes. — Mais, madame, répondit en riant le » lieutenant de police présent à ce discours, Sa Grandeur a des liai-» sons dans les petites rues voisines de la rue Saint-Honoré, et c'est » aussi pousser un peu loin la neutralité dans les discussions reli-» gieuses. — Serait-il vrai, reprit la marquise, que cet évêque eût été » surpris avec une fille ? — Une fille ! s'écria l'interlocuteur ; il en » avait bien réuni sept. »

Voici un moine qui ne se trouve pas encore assez dégradé par la débauche, il sollicite des fonctions d'espion. Le père Simon Daniel, augustin, a été trouvé en partie carrée avec l'acteur Préville et les filles Louise et Sophie.

« Je puis vous être utile, dit-il à l'exempt qui l'arrêtait, vous me » voyez prêt à vous instruire des déréglements de ma maison, et , » croyez-moi, la liste sera longue. »

Le moine, invité à écrire sa proposition, la rédigea en ces termes : « Je fais ma soumission à M. le lieutenant de police de me rendre » utile, en tout ce qui dépendra de moi , pour lui donner tous les » renseignements sur le couvent des augustins, où je suis professeur » de théologie. » —

« Voilà des moines bien édifiés ! s'écria Préville avec indignation. » Mon père, je ne joue plus avec vous, le rôle que vous venez » d'adopter ne me convient pas. »

Pour varier un peu ses plaisirs, Louis XV se fait remettre depuis quelque temps un relevé des lazzis , des saillies burlesques et souvent ordurières d'un cabaretier des Porcherons [1], nommé *Ramponneau*. La grosse gaieté de cet homme a fait la fortune de sa guinguette. Non-seulement le peuple y afflue, mais de gros bourgeois, des seigneurs en chenille, quelquefois même des princes du sang, se plaisent à s'attabler dans ce centre d'hilarité populaire. Nos petites-maîtresses de la cour elles-mêmes, déguisées et aguerries contre des propos d'une robuste naïveté, se font conduire aux Porcherons pour jouir des bons mots du joyeux Ramponneau. On chante Ramponneau dans tous les carrefours ; les habits, les meubles, les usages et jusqu'aux sauces des ragoûts sont à la Ramponneau : c'est la folie en

[1] La rue des Martyrs.

vogue, et le ridicule ne réside que là où l'on n'a rien à la Ramponneau.

Cependant le retentissement du canon de l'armée d'Allemagne fait diversion au bruit de la marotte ; nos armées sont entrées glorieusement en ligne. Je reprends mon bulletin militaire. Le duc de Broglie, devenu maréchal de France pour remplacer M. de Contades, a combiné dès le commencement de la campagne ses opérations avec celles du prince de Soubise. L'un devait s'avancer vers le Hanovre, tandis que l'autre observerait le bas Rhin, prêt à protéger son collègue si la nécessité l'exigeait. Ce plan nécessitait la division des forces du prince Ferdinand : il conserva le commandement de l'armée principale, et remit celui d'un corps détaché au prince héréditaire de Brunswick. Le maréchal de Broglie, sorti de ses cantonnements en avril, gagna bientôt du terrain sur le prince Ferdinand ; il occupait déjà plus de la moitié de la Hesse, lorsque le prince héréditaire songea à l'attendre sur le champ de bataille de *Corbat* : c'est là que fut livrée, le 10 juillet, une bataille que ce général allemand perdit. Cette victoire ne rendit pas cependant M. de Broglie maître de la Hesse entière ; Ferdinand, par des marches à la Frédéric , conserva assez de ce pays pour empêcher les Français d'arriver à l'électorat de Hanovre.

Mais les dispositions habiles du prince de Brunswick ne purent réparer le désavantage qu'avait donné à ses armes la défaite de Corbat. Présumant que dans cet état de choses le landgraviat hessois ne pourrait manquer de tomber plus tard dans les mains des Français, Son Altesse ne vit pas de meilleur moyen pour prévenir cette conquête que de faire sur le Rhin une diversion qui certainement y rappellerait l'armée du maréchal. Cette expédition fut confiée au prince héréditaire, à la tête de vingt-cinq mille hommes. M. de Broglie en détacha beaucoup moins sous les ordres du marquis de Castries pour faire face au jeune duc de Brunswick. Le mouvement rapide du général français arrêta promptement la marche de quelques détachements ennemis, qui, ayant déjà passé le Rhin, s'étaient emparés des villes de Clèves, de Rhimberg, et formaient le siège de Wesel. Castries fait attaquer sur-le-champ Rhimberg par le maréchal de camp de Chabot, qui l'enlève à l'escalade, tandis que le reste de l'armée prend position à *Clostercamp*. Pendant la nuit, le prince héréditaire franchit le fleuve avec toute son armée, fait des dispositions de bataille à la pâle lueur des étoiles et attaque l'armée française le 14 octobre à quatre heures du matin. Le combat ne dura que jusqu'à huit ; les Hanovriens, défaits, réduits à fuir, levèrent le siège de Wesel, et ce corps battu se replia sur l'armée du prince Ferdinand. La veille de ce jour, ou plutôt durant la nuit qui le précéda, un jeune capitaine au régiment d'Auvergne, le *chevalier d'Assas*, se rendit immortel par un trait que l'histoire inscrira à côté du dévouement sublime de Léonidas au défilé des Thermopyles : dans l'une comme dans l'autre action il y a des milliers de siècles d'immortalité. Cet officier, qui avait été envoyé pour fouiller un bois à la faveur des ténèbres , marchait à petit bruit, quinze ou vingt pas en avant de sa troupe. Tout à coup il est saisi par des grenadiers ennemis embusqués dans un bosquet. « Vous êtes mort, lui disent-ils » en lui plaçant vingt pointes sur la poitrine, si vous faites un pas, » si vous jetez un cri. » D'Assas se recueille un instant pour renforcer sa voix et s'écrie : « *A moi, Auvergne, voilà les ennemis !* » Soudain il tombe percé de coups... Le commentaire d'un tel acte de sublimité serait injurieux pour l'âme émue de ceux qui le liraient.

Après la victoire de Clostercamp le maréchal de Broglie occupa paisiblement la Hesse, où son armée prit ses quartiers d'hiver tandis que le prince de Soubise prenait les siens en Westphalie.

La joie que ces nouvelles inspirèrent à la cour fut diminuée par l'état de langueur dans lequel le Dauphin est tombé depuis quelques mois. L'embonpoint de ce prince, son teint frais, ses couleurs vives ont fait place à une pâleur, à un amaigrissement d'une effrayante progression. Son Altesse, au moment où j'écris, a le visage jaune, les yeux caves et cernés de noir; enfin le marasme se prononce... les médecins ont condamné l'héritier de la couronne.

Dans cette situation désespérée de Son Altesse Royale ce n'est pas seulement la sollicitude de ses proches qui s'alarme, c'est aussi la politique du cabinet. La Dauphine, en cas de mort du roi après celle de son mari, serait appelée à la régence pendant la minorité du duc de Bourgogne ; or l'influence de cette princesse saxonne, en donnant de l'importance à la maison électorale de Saxe, dont l'alliance flotte sans cesse entre Vienne et Berlin, pourrait faire péricliter la grande alliance autrichienne, objet de tous les vœux, de tous les efforts diplomatiques de M. le duc de Choiseul. Cette inquiétude du ministre est d'autant plus grave, que madame la Dauphine a de l'instruction, du caractère et un grand désir de se distinguer ; toutes qualités propres à constituer une ambition difficile à subjuguer... Qui vivra verra.

En Saxe et en Silésie la campagne se termine par des leçons d'art de la guerre que le grand Frédéric donne aux généraux russes et autrichiens. Tantôt battant, tantôt battu, ce héros se montre dans tous les cas supérieur à la fortune. Les troupes du czar ont, comme les années précédentes, passé la Vistule pour prendre leurs quartiers d'hiver. Les Autrichiens se concentrent aux environs de Dresde, l'armée des cercles s'établit en Franconie; et le roi de Prusse, plus menaçant que les alliés, prend des campements d'hiver, où ses ennemis le verront comme un aigle superbe prêt à fondre sur de timides oiseaux.

Chacun travaille à sa gloire comme il peut : tandis que Frédéric II ajoute sans cesse à ses titres d'immortalité, M. le comte de Lauraguais acquiert sinon des droits à la renommée, du moins des droits à la reconnaissance publique en faisant enfin disparaître de nos théâtres les bancs qui obstruaient la scène et sur lesquels l'étourderie, la fatuité, quelquefois l'ivresse des spectateurs donnaient un surcroît de comédie au reste de la salle en détruisant tout ce que le véritable spectacle pouvait offrir d'illusion. Il a fallu de grands combats pour vaincre la ridicule manie de cette exhibition d'une partie du public à l'autre partie; mais enfin le théâtre tout entier reste aux comédiens. Cette innovation, rendue indispensable par les progrès de l'art dramatique, porte déjà ses fruits : les grands acteurs de la tragédie, qui voient la possibilité de faire croire désormais à la vérité des jeux scéniques, jettent irrévocablement au grenier les majencontreux paniers; les peintres dessinent pour le théâtre certains costume de l'antiquité; l'oripeau, les panaches, les couleurs rose ou bleu de ciel ne sont plus considérés comme les éléments obligés de la pompe du spectacle. C'est à l'imitation qu'on va demander des effets. La vivacité, la chaleur et surtout la fidélité de l'art ont aussi gagné beaucoup à la conquête de l'espace : les grands mouvements de la passion peuvent se développer à l'aise sur nos scènes désobstruées. Enfin la magnificence des représentations grecques, romaines ou orientales ne disparaîtra plus, confondue avec les coiffures à l'oiseau royal, les perruques à la conseillère et les fracs à la Ramponneau. Les officiers, les gardes, les soldats qui environnent ou suivent les héros pourront sortir de la coulisse sans risquer d'entraîner dans leurs groupes des laquais en culotte rouge et en livrée ventre de biche. Et voyez ce que peuvent les plus petites causes : la littérature elle-même, affranchie des contre-temps qui la forçaient de resserrer ses effets entre des rangées de genoux à jarretières galonnées, va donner plus d'essor à ses conceptions, plus d'appareil à ses coups de théâtre. Il n'est pas impossible maintenant qu'à force de naturel et d'illusion l'auteur et l'acteur ne fassent oublier au spectateur qu'il n'a sous les yeux qu'une action fictive.

M. de Voltaire obtient ce qu'il n'a cessé de réclamer dans toutes ses préfaces, un théâtre libre et étendu. Aussi s'est-il hâté de profiter d'une si tardive amélioration pour faire jouer sa belle tragédie de *Tancrède*, ouvrage éclatant d'appareil comme de verve, qui ne pouvait être représenté que sur un vaste théâtre et isolé de toute distraction. L'auteur de *Zaïre* et de *Mérope* a saisi dans cette brillante composition le véritable caractère du drame chevaleresque. La rapidité des vers de dix syllabes, dont il a d'avance jugé l'effet avec son tact délicat, contribue encore à l'heureuse conception de l'œuvre et communique à l'action une vivacité qui répond bien à l'idée qu'on se fait d'un épisode héroïque. Le talent de Voltaire s'est trouvé à l'aise en composant *Tancrède*. Ce poëte n'avait point à faire de frais d'imagination : la donnée appartient au roman intitulé *la Comtesse de Savoie*, publié, je crois, en 1722 par madame de Fontaine. Dans l'ouvrage imprimé ainsi que dans la pièce représentée une princesse accusée d'un crime est sauvée en champ clos par son amant, qui la croit coupable. Les noms seuls sont changés : la comtesse de Savoie est devenue Aménaïde sous la plume du tragique; de Mendoce il a fait Tancrède. Le succès a été magnifique comme l'ouvrage : un buste du grand écrivain, qui se trouve dans le foyer, était couvert de lauriers à la fin de la représentation; heureusement il en restait encore pour le Kain, qui est admirable dans le rôle du chevalier libérateur.

La réussite des *Philosophes*, comédie de M. Palissot, n'a pas été aussi franche, quoique l'ouvrage ait peut-être fait plus de bruit avant la représentation. Cette pièce est un véritable *factum* de coterie représenté par ordre et soutenu de toute la secte antiphilosophique que renferme la capitale. Les jésuites mêmes, dont M. Palissot paraît se faire le champion en haine des philosophes, assistaient, dit-on, par députation à la première représentation de ce long et fade plaidoyer contre ceux de leurs adversaires qu'ils redoutent le plus. Jamais, depuis la fondation du Théâtre-Français, on n'y avait vu un concours de spectateurs aussi prodigieux : c'était une presse, une foule, une fureur sans exemple. Aucun des chefs-d'œuvre de Corneille, de Racine, de Molière, de Crébillon, de Voltaire n'excita autant de bruit, ne mit en mouvement autant de curieux, n'arma autant de cabales... C'était dans Paris une fermentation générale, une sorte d'émeute. Les mousquetaires avaient reçu l'ordre de se tenir prêts à monter à cheval; les gardes françaises étaient consignées dans leurs quartiers; tout cela pour une comédie de parti qui fit bâiller tous les spectateurs, même les plus dévoués à l'auteur, et qu'on ne siffla point dans l'unique crainte des poings stipendiés... Ce fut un succès honteux.

Aussi Palissot, qui sentit bien que les comédiens ne reviendraient à sa comédie que sous l'autorité de l'impérieux *par ordre*, se prit-il à la colporter dans tous les salons : il consomma cinq cents verres d'eau sucrée pendant les lectures, qu'on écouta sans les entendre, et surtout sans les comprendre, ainsi qu'on va le voir.

Au passage de l'ouvrage où la philosophe Cidalise avoue à sa fille qu'elle ne l'aime pas parce qu'elle lui a donné le jour, mais seulement en sa qualité d'*être*, certain auditeur bénévole de salon partit un soir d'un grand éclat de rire à ce mot d'*être*.

« Ah! que cela est bon, que cela est plaisant! s'écria-t-il en se trémoussant sur son fauteuil.

— Voilà qui est bien, dit le lecteur-auteur, vous avez senti le trait lâché contre les mères dénaturées; maintenant, laissez-moi continuer.

— Vraiment, c'est qu'on ne peut trop s'égayer sur un si bon mot.

— A la bonne heure, reprit Palissot impatienté, mais vous avez assez ri.

— Non, de grâce, laissez-moi m'en donner encore... c'est trop comique...

— Mais je ne vois pas, monsieur, où est le comique.

— Où il est! dans ce mot *hêtre*, parbleu! et je rirai longtemps d'une mère qui prend sa fille pour un arbre! »

Je laisse deviner de quel côté passèrent les rieurs.

La comédie de *l'Ecossaise*, que M. de Voltaire fit jouer deux mois après celle des *Philosophes*, en est une spirituelle contre-partie. Les amateurs de malices ingénieuses et de jolis vers y ont du moins trouvé leur compte. Mais nous avons bien assez en vérité de controverse brochée ou reliée en gros volumes ou simplement piquée en brochures et en journaux périodiques; si les muses dramatiques viennent à s'en mêler, il n'y aura plus moyen d'y tenir. Après les discussions sur la philosophie rien ne pourrait nous garantir au théâtre des querelles religieuses, et certes il faudrait s'en éloigner comme la peste si la bulle *Unigenitus*, les *constitutionnaires*, les *jansénistes*, les *défendants*, les *appelants* allaient s'agiter sous le manteau d'Arlequin! Dieu nous préserve d'un tel fléau!

Deux de ces avis légers que j'ai décrits ailleurs viennent de nous apporter simultanément de tristes nouvelles du Canada et de nos possessions de l'Inde. Consignons d'abord celles de l'Amérique.

Depuis la perte de Québec, les débris de nos troupes coloniales, malgré l'appui toujours dévoué que leur prêtaient les sauvages, ne faisaient que végéter. Dépourvue de gros canons, privée de magasins couverts, forcée d'improviser à chaque instant des positions, cette petite armée ne pouvait que retarder une catastrophe absolue. Elle voulut tenter un effort pour ressaisir la fortune. Dès les premiers jours du printemps nos troupes, au nombre d'environ dix mille hommes, s'embarquèrent sur un petit canal resté fluide au milieu des glaces du fleuve Saint-Laurent; elles firent voguer, avec des peines, inouïes, leurs bateaux sur ce chenal étroit, qu'il fallait élargir de temps en temps pour donner passage à la frêle escadre. Déjà les audacieux aventuriers avaient franchi de la sorte un espace de vingt lieues; il n'étaient plus qu'à une portée de canon d'un poste avancé de quinze cents hommes, qu'ils eussent enlevé facilement à la faveur des ténèbres. Les Anglais croyaient leurs ennemis paisiblement retirés dans leurs quartiers d'hiver, et ils allaient être surpris par eux; mais la destinée était pour les troupes de Georges II. Un canonnier français, en sortant de sa chaloupe, tombe dans le fleuve, est emporté par le fil de l'eau, et ne parvient à se sauver qu'à l'aide d'un glaçon qui l'entraîne bientôt dans le port de Québec. Le soldat, qui veut vivre avant tout, crie au secours! Une sentinelle anglaise appelle; on sauve cet homme, que son uniforme fait reconnaître pour Français. On le porte mourant chez le gouverneur, où, avant que d'expirer, il révèle l'approche de ses malheureux compatriotes. Accablées par des forces supérieures, nos troupes luttent vainement contre elles avec héroïsme, avec cet acharnement qui naît du désespoir. Affaiblies par des pertes considérables, manquant de munitions, mourant de faim, leur salut devient impossible. Enfin, enfermées par leurs ennemis dans une gorge étroite où tout moyen de retraite est interdit, elles jettent leurs armes en pleurant de rage, et capitulent le 8 septembre. Ainsi nous échappe une colonie qui pouvait devenir la plus riche de nos possessions d'outre-mer, si dans le principe nous y eussions envoyé des forces suffisantes pour la défendre et la protéger.

Une semblable extrémité nous menace dans l'Inde, par suite de la même lenteur à nous y fortifier. Depuis l'année 1758 le comte de Lally commande nos troupes de terre dans ce pays, et la direction des forces navales de la France y est confiée au comte d'Aché. Ce dernier officier a soutenu dans les mers de l'Inde, contre l'amiral anglais Pocok, trois combats indécis, dit-on; et pourtant le troisième, livré au mois de septembre de l'année dernière, l'a déterminé à quitter dès lors la rade de Pondichéri malgré les pressantes sollicitations du conseil de la compagnie, du gouverneur et des habitants. Cet amiral s'est retiré aux îles de France et de Bourbon, sous prétexte que Pondichéri manquait des objets nécessaires à la réparation de son escadre. Vainement le gouvernement de l'Inde, après avoir offert à d'Aché tout ce dont il pouvait avoir besoin pour ses radoubages, mâtures, provisions, etc., lui a-t-il déclaré qu'il le rendait responsable des malheurs que la colonie pouvait subir; cet amiral n'a point reparu au poste qui lui était confié. L'éloignement de M. d'Aché pour M. de Lally fut, à ce qu'il paraît, la principale cause de cette sorte de défection, et c'est ici le cas de dire que ce gouverneur inspire l'aversion la plus prononcée à tout ce qui l'entoure. Examinons avec impartialité l'origine de cette haine si ardente, si générale, et voyons si les agents de la compagnie et les commandants des troupes n'ont rien fait pour exciter la colère du comte de Lally. Ce général avait apporté d'Europe des ordres sévères pour la répression des prodigalités, des abus, des brigandages qui désolaient la colonie, et qu'il trouva encore plus déplorables, plus révoltants qu'on ne les lui avait peints. Voici, du reste, une lettre qu'il écrivit quelque temps après son arrivée à M. Duval-Leyrit, gouverneur de Pondichéri pour la compagnie : « Je n'ai pas trouvé en arrivant une ressource de cent » sous dans votre bourse ni dans celle de tout votre conseil ; vous » m'avez refusé, les uns et les autres, d'y employer votre crédit. Si » vous me laissez manquer de tout et exposé à faire face à un mécon- » tentement général, non-seulement j'instruirai le roi et la compagnie » de cet état de choses, mais je prendrai des mesures efficaces pour » ne pas dépendre de l'esprit de parti et des motifs personnels dont je » vois que chaque membre paraît occupé au risque total de la com- » pagnie. » Ces reproches directs prouvent clairement que le désordre dont Lally se plaignait était réel, et l'on doit croire que ses vives réclamations ne le firent pas cesser.

Lorsque, après la prise du fort de Saint-David et plusieurs autres avantages, le comte voulut assiéger Madras, il était dépourvu de tout. « Si, comme je le crois, nous manquons Madras, écrivait-il au même » Duval-Leyrit, la principale raison à laquelle il faudra l'attribuer » est le pillage de quinze millions, au moins, tant de dévasté que de » répandu dans le soldat, et, j'ai honte de le dire, dans l'officier, » qui n'a pas craint de se servir de mon nom en s'emparant des ci- » payes, chelingues et autres naturels, pour faire passer à Pondichéri » du butin que vous auriez dû arrêter, vu son énorme quantité. »

Voici maintenant des témoignages d'une autre source, tirés du journal d'un officier général employé dans l'Inde, et qui datent de l'époque à laquelle les Français s'étaient emparés de la ville noire de Madras. « Le pillage immense que les troupes avaient fait dans la » ville noire avait mis parmi elles l'abondance : de grands magasins » de liqueurs fortes y entretenaient l'ivrognerie et tous les maux dont » elle est le germe. C'est une situation qu'il faut avoir vue ; les tra- » vaux, les gardes de la tranchée étaient faits par des hommes ivres. » Le régiment de Lorraine fut seul exempt de cette contagion. De là » les scènes les plus honteuses, les plus destructives de la subordina- » tion et de la discipline. On a vu des officiers se colleter avec des » soldats, et mille autres actions infâmes, dont le détail, renfermé » dans les bornes de la vérité la plus exacte, paraîtrait une exagéra- » tion monstrueuse. »

On voit que les motifs de mécontentement ne manquaient point au comte de Lally ; mais c'est un mauvais conseiller que la colère. Une sévérité froide, une discipline inflexible, des mesures vigoureuses dans les faits, non dans les mots, et beaucoup de justice envers ceux qui auraient bien agi, tels étaient les moyens indiqués par la sagesse. Mais le comte se répandit en déclamations injurieuses pour tout le monde, se montra d'une humeur irascible, acerbe, féconde en traits d'insolence, de grossièreté ou d'ironie. Les agents, les officiers du premier rang comme le dernier soldat, furent exposés aux déborde- ments de son irritabilité furibonde. Il traita tous ceux qui l'appro- chaient en ennemis : tous devinrent en effet les siens ; il s'en aperçut bien, mais il ne changea pas pour cela de conduite. Au milieu des difficultés sans nombre dont le gouverneur était environné, et qu'il savait si mal combattre en s'aliénant tous ceux qui pouvaient l'aider à les vaincre, Lally dut lever le siège de Madras après avoir perdu une partie de son armée sous les murs de cette place, défendue sur- abondamment par une escadre que d'Aché laissa paisiblement con- courir à cette défense.

Rentré dans Pondichéri, le gouverneur ne tarda pas d'y être assié- gé à son tour. Ce général eut un moment l'étrange idée d'en ex- pulser soixante mille noirs, qui, dans un mouvement de résistance, eussent pu exterminer tout ce qui se trouvait de blancs dans cette ville. Lally renonça cependant à cette folie ; mais, décidé à soutenir le siège jusqu'à la dernière extrémité, et craignant de manquer de provisions, il fit faire le recensement le plus rigoureux ; les membres du conseil et le gouverneur de la compagnie lui-même ne furent point exempts de cette recherche ; ils durent, comme le reste des habitants, faire transporter dans les magasins de l'armée tout ce qui dépassait le strict calcul fait des approvisionnements de chacun. Comme plusieurs de ces transports tardaient un peu, le comte dit publiquement : « Je ne veux pas attendre plus longtemps ces convois, » j'y attellerais plutôt le gouverneur et tous ses conseillers. »

Ces excessives rigueurs achevèrent d'exalter toute la population contre le général : on lui rendit outrage pour outrage ; chaque nuit sa porte et les abords de sa maison étaient couverts de placards inju- rieux, menaçants même, à tel point que sa raison parut en être trou- blée. On le vit alors, dit-on, étendu entièrement nu sur son lit, et chantant la messe, les vêpres ou des psaumes. A cette occasion, un Indien, fils de l'infortuné Chandasaeb, et qui se trouvait réfugié dans Pondichéri, demanda sérieusement si l'usage du roi de France était de confier ses gouvernements aux fous de ses États.

Tels sont les détails qui nous ont été apportés par une goëlette ve-

nue rapidement de l'Inde. Il nous reste peu d'espoir de conserver nos établissements dans cette partie du monde. Peut-être le premier vaisseau nous en apprendra-t-il la conquête.

La mort du maréchal duc de Coigny, arrivée cette année, a causé des regrets ; mais c'est la surprise qu'a généralement inspirée celle du poëte Guimond de la Touche, auteur d'*Iphigénie en Tauride*. Cet écrivain, que l'on avait souvent entretenu des étranges et sanglants sacrifices des convulsionnaires, s'introduisit un jour dans une maison écartée qui en était le théâtre. Il venait pour se moquer de ces fana- tiques ; mais son esprit fut d'abord frappé de l'appareil religieux qui présidait à leurs pratiques superstitieuses. Le courage, le respect, le sourire terrible avec lesquels ces martyrs volontaires accueillaient la douleur, plongèrent Guimond dans une profonde rêverie. Au mo- ment où tous ses sens étaient troublés par ce spectacle de l'exaltation humaine, ses yeux s'arrêtèrent sur une jeune fille qui se faisait pi- quer des aiguilles dans le sein. Cette patiente remarqua l'attention du poëte.

« Vous vous êtes bien empressé, lui dit-elle, de découvrir ce que » l'on fait ici ; eh bien ! puisque vous êtes si curieux, apprenez que » vous mourrez dans trois jours. »

Guimond avait une certaine force d'esprit, la philosophie nouvelle le comptait même parmi ses zélés sectateurs ; néanmoins les paroles de la convulsionnaire firent sur lui une impression profonde. Il vou- lut se dissimuler à lui-même ce qui se passait dans son âme, ce fut en vain. Il ne sortit pas, depuis le fatal avis, d'une mélancolie pro- fonde et taciturne. Enfin la révolution morale qui s'était opérée chez lui était tellement forte, qu'il tomba malade, et mourut en effet le troisième jour après la prédiction funeste de la jeune fille.

CHAPITRE XXIX.
1761.

Mort du maréchal de Belle-Isle, du comte de Charolais, du duc de Bourgogne. — La comtesse d'Esparbès ; ses aventures et ses mains éplucheuses de cerises. — Encore le duc de Choiseul. — La conversation du cabinet. — Singulière vengeance de ce ministre. — Une nouvelle *soubisade*. — Portraits du maréchal de Broglie, du marquis de Castries et du prince de Soubise. — Le précepteur du *Parc aux Cerfs*. — La dévotion et le libertinage. — Renouvellement du pacte de famille. — Idées favorables de Choiseul sur la marine. — Louis XV appelle cela des châteaux en Espagne. — Choiseul relève cependant cette marine. — Perte de Pondichéri. — Lally à la Bastille ; portrait de ce général. — Les échecs humains. — *Le Père de famille* de Diderot.

J'ai terminé mes récits de l'année dernière par une chronique fu- néraire que je suis forcée, vu l'ordre des événements, de continuer au commencement de 1761. Le maréchal de Belle-Isle, ministre de la guerre, est mort dans le courant du mois de janvier. Après la dis- parition de Maurice de Saxe et de Lowendahl, ce général, seul peut- être, conservait le feu sacré de la tradition des Turenne, des Condé, des Luxembourg, des Villars. Le génie de la guerre qui brûlait en lui ne fut pas infécond : on se rappelle surtout que Belle-Isle chassa les ennemis du midi de la France, comme le vainqueur de Denain les avait expulsés du nord. Egalement versé dans les replis tortueux de la politique et dans les principes de l'administration, ce seigneur aima toutes les gloires ; il protégea les hommes de lettres comme les guerriers : ce fut sans doute à cause de cette protection accordée au bel esprit qu'il fut admis à l'Académie française, après avoir fondé celle de Metz. Belle-Isle vit avec quelque chagrin le traité de 1756, qui lie la politique extérieure de Vienne à celle de Versailles. Il hâta, dit-on, les hostilités qui commencèrent durant cette même année ; peut-être ne voulait-il pas laisser l'Autriche sans ennemis. De fins observateurs ont été jusqu'à penser que ce fut ce maréchal qui, d'une main invisible, enchaîna la valeur de nos armées en Allemagne, par les vicissitudes du commandement et l'incertitude des plans de cam- pagne. Cet homme supérieur parvenu au faîte des honneurs, et de- venu le rival envié de tous les ambitieux, fut, du côté de la fortune, le mortel le plus à plaindre. Après avoir été époux, père et frère, il restait seul de sa famille, qui s'ensevelit tout entière dans sa tombe.

C'est pitié que de voir l'ingratitude hideuse des rois envers leurs serviteurs les plus illustres ; Belle-Isle, mort à l'hôtel de la guerre, fut transporté au sien sur une mauvaise civière, et enveloppé d'une couverture empruntée à la mansarde de ses domestiques. « Voilà » donc *Fouquet* mort, dit Louis XV avec une indifférence révoltante » en voyant passer ce triste convoi. — Il n'était plus Fouquet, répondit » le duc d'Ayen : Votre Majesté lui avait permis de quitter ce nom, » dont cependant le plus beau de son nez était fait. » Le roi leva les épaules... Ce mouvement eût mieux convenu en ce moment à son interlocuteur.

Peu de semaines après, et comme si le destin eût voulu venger sur la famille royale la froideur dénaturée de son chef, le comte de Charolais, de la maison de Condé, mourut dans la force de l'âge, et fut suivi de près au tombeau par le duc de Bourgogne, fils aîné du Dauphin, âgé de douze ans ; on ne connut qu'alors l'accident qui pa- rait avoir causé la mort de ce jeune prince. Quand le marquis de la Haie fut tué à Minden, M. de Bourgogne, déjà mourant lui-même,

d'un mal inconnu, montra beaucoup de chagrin. « C'est pourtant lui
» qui est cause de mon mal, ajouta-t-il sur-le-champ ; mais je lui
» avais promis de n'en pas parler. » Son Altesse rapporta alors qu'é-
tant seul un jour avec M. de la Haie ce gentilhomme avait voulu le
placer sur un grand cheval de carton, et l'avait laissé tomber très-
lourdement. La Haie, ne présumant aucun danger d'une chute sans
blessure, sans fracture, sans même aucune contusion apparente, et
dans laquelle la tête n'avait point porté, supplia le prince de taire
cet accident ; Son Altesse le promit, et a tenu sa parole. Ce silence
est la cause de sa mort. On dit que M. de Bourgogne montrait beaucoup de sensibilité, et annonçait déjà un grand caractère ; mais qu'on
me cite dans l'histoire le moindre embryon de prince dont les courtisans n'aient pas fait un sage et un phénomène d'intelligence.

Les idées de mort, l'aspect *pittoresque* des cimetières, et la vapeur
des fosses fraîchement ouvertes, n'occupent notre maître qu'à titre de
récréations passagères ; il ne lui arriva jamais de maigrir du chagrin
d'avoir perdu amis ou parents. Louis XV n'a donné de larmes ni à
sa fille la duchesse de Parme, ni à son petit-fils le duc de Bourgogne.
Parmi les distractions de Sa Majesté, et indépendamment du *Parc
aux Cerfs*, la comtesse d'Esparbès jouit, dans les petits appartements,
d'un crédit fondé sur deux ou trois *passades* royales, qui n'ont laissé
d'amour dans le cœur de Louis XV que pour les jolies mains de cette
nouvelle élue. Il y a cependant beaucoup de choses à louer en elle :
la comtesse a vingt-deux ans ; elle est admirablement faite dans sa
petite taille, et le plus joli petit pied du monde termine sa jambe
provocatrice. Des yeux bleus, une chevelure blond-cendré, de petites
dents fort blanches, des lèvres fraîches, et un tour de figure à l'Albane, voilà pour les traits. Mais il faut convenir que la perfection
des mains de madame d'Esparbès l'emporte sur toutes les séductions
du reste de sa personne, aussi sont-elles spécialement en honneur
dans le temple des plaisirs. Aux petits soupers elles s'occupent sous
les yeux du roi à peler avec délicatesse des cerises que Sa Majesté
mange au fur et à mesure après les avoir trempées dans du sucre.
On dit, mais c'est un rapport de soubrette, on dit que, pour entretenir la blancheur éblouissante qui distingue ses mains privilégiées,
la comtesse, sans le moindre besoin, se fait saigner souvent... Ce
serait là du dévouement trop onéreux.

Au moral, madame d'Esparbès a de la grâce, de la douceur, de
l'amabilité, mais sans vivacité, sans chaleur : c'est une beauté mélancolique... Il faut un amour longuement communicatif pour trouver de l'âme là-dessous, et voilà, je crois, le motif du nombre restreint des passades.

Madame de Pompadour, qui sait très-bien qu'il ne peut pas naître
un favoritisme de tout cela, aime beaucoup la comtesse d'Esparbès ;
elle et madame d'Amblimont sont les *intimes* de la marquise. Cette
favorite, il faut le dire en passant, donne à ces dames d'étranges
petits noms dans l'abandon du boudoir : c'est *mon torchon, ma salope,
mon troutrou*, qualifications harmonieuses, imitées sans doute de
celles que le roi lui-même donne à sa maîtresse : *graille, loche, chiffe-
loque*, par exemple. Du reste il est possible que ce vocabulaire soit
devenu du bel air depuis que les élégants et les dames de la cour
vont étudier chez le cabaretier Ramponneau.

Madame d'Esparbès s'amuse peut-être quelquefois de ces douceurs,
mais je tiens de bonne part qu'elle ne s'en amuse pas toujours.

Il est par le monde un étourdi, tout fraîchement sorti de l'Ecole
militaire, et nommé le comte de Lauzun, qui fait de grands écarts de
ses petites jambes pour marcher sur les traces du Lauzun d'autrefois.
Je ne sais pas s'il atteindra la célébrité de ce type des roués, mais le
lutin ne s'y prend pas mal. Au moment où j'écris, ce gentilhomme
imitateur est là, derrière mon fauteuil, qui me conjure de jeter au
travers de mes notes son début galant. Je ne sais en vérité comment
je pourrai me débarrasser de ce gentil solliciteur ; on assure qu'avec
ces importuns, le plus court est de les satisfaire. J'écris donc le premier pas dans le monde du Lauzun d'aujourd'hui, je m'excuserai
seulement de révéler le second. Me voici tout naturellement revenue
à la comtesse d'Esparbès ; c'est elle qui a été le guide du comte dans
ce premier pas, et, lors de cette démarche, ni l'un ni l'autre n'a
couru le danger de tomber.

Lauzun avoue ingénument que la comtesse lui a fait en pure perte
beaucoup d'avances : soit qu'elles fussent obscures, soit que le néophyte manquât de pénétration, deux mois se passèrent en niaiseries
insignifiantes. Enfin, un jour madame d'Esparbès, tenant beaucoup
à se faire entendre, dit à l'écolier trop peu avancé : « Mon cher
» comte, allez voir demain la Desmarques de l'Opéra et demandez-
» lui comment un seigneur doit se conduire avec une dame qui lui
» porte intérêt. » Lauzun profita du conseil, et quarante-huit heures
plus tard la comtesse reconnut que la courtisane du *magasin* [1] lui
avait dégrossi un fort bon élève.

L'échappé de l'Ecole militaire fut bientôt maître passé ; mais, en
fait de galanterie, combien de fois n'a-t-on pas regretté les études
préliminaires au sein de toutes les splendeurs de la rhétorique !
L'amour-propre du petit comte était aux anges d'avoir un commerce

____

[1] Surnom que les gens de la cour donnaient à l'Opéra, par allusion au nombre
de beautés galantes réunies à ce spectacle.

avec une femme *royalisée* ; il se taisait toutefois : on sait que la discrétion est une des naïvetés de l'amour débutant. Mais la comtesse
craignait peu le grand jour ; les trompettes de la renommée de Cythère plaisaient à son oreille aguerrie. Elle voulut se faire honneur
de l'éducation de mon étourdi.

Lauzun, à la revue du roi, portait sur sa cocarde le nom de sa
belle, brodé par les jolies mains éplucheuses de cerises.

La divulgation des secrets d'une intrigue est ordinairement le précurseur de sa rupture ; madame d'Esparbès préluda à l'infidélité en
manquant aux rendez-vous qu'elle donnait à son jeune amant, bientôt elle refusa d'en donner ou abrégea ceux qu'elle ne pouvait se
dispenser d'accorder. Le comte fit épier son infidèle et parvint à découvrir qu'il avait un successeur ; mais ce successeur était tellement
illustre, qu'on ne pouvait pas faire avec lui la mauvaise tête. Lauzun
replia toute sa mauvaise humeur sur la volage : il s'emporta, menaça,
écrivit des volumes de reproches. La comtesse ne fit que rire de cette
fureur ; et les billets menaçants furent partagés entre elle et le prince
de Condé, pour se faire des papillotes.

A la mort du maréchal de Belle-Isle, le duc de Choiseul a réuni
sous sa direction le ministère de la guerre à celui des affaires étrangères : en France, quand nous adoptons une créature, il faut qu'elle
ait la main à tout. Il est vrai que le caractère de l'homme d'Etat à la
mode convient aux nouvelles fonctions qu'il reçoit par extension de
confiance : personne n'est plus propre que lui aux communications
avec les gens de guerre, gens aux allures vives et franches. Je parle
en général ; car pour être vêtu d'un uniforme, on n'en porte pas
moins un cœur de jésuite. Choiseul, toujours entraîné par le sentiment qui l'anime, le communique rapidement aux autres : si c'est
leur idée, leur projet, leur désir qui le frappent, il ne met pas le
moindre soin à dissimuler son assentiment ou plutôt son entraînement. De là l'extrême facilité avec laquelle les solliciteurs obtiennent
de ce ministre l'objet de leur demande ; mais, comme il y aurait abus
dans cet abandon, l'accès de son cabinet est aussi difficile que celui
de son esprit l'est peu : ainsi toutes les rigueurs de Son Excellence
sont exercées par le suisse de sa porte. Si les impressions se gravent
facilement dans l'âme de Choiseul, elles s'en effacent avec la même
facilité : tranchons le mot, le duc est léger. La qualité distinctive de
ce dignitaire, c'est l'éclat : personne jusqu'ici ne parut plus brillant
dans les affaires ; et, comme il en saisit sur-le-champ l'ensemble, il
les traite d'autant plus vite que sa capacité ne court qu'à leur super-
ficie. De cette faconde expéditive naît assez naturellement le désir
de beaucoup embrasser : Choiseul a la prétention de diriger du fond
de son cabinet les généraux au delà de nos frontières et les ambassadeurs dans les cours. Mais si des hommes réfléchis passent après le
duc sur la besogne qu'il a dit-il, achevée, ils y trouvent des omis-
sions sans nombre, des détails importants méprisés, des points essentiels inaperçus par ce rapide faiseur.

Tout ce que je viens de dire se rapporte à l'esprit de Choiseul ; on
est plus généralement content de lui si l'on pénètre dans son cœur.
Il est bon, compatissant, sensible ; ses affections se donnent promptement, et son inimitié n'est ni facile à exciter, ni dangereuse, ni
durable. Ce ministre a toute la fougue d'humeur naturelle aux hommes légers : il s'emporte à la moindre occasion, se déchaîne avec aigreur contre les personnes qui provoquent son ressentiment ; mais sa
colère est un orage, le calme de son esprit et la gaieté qui le distingue reviennent comme le plus beau temps après un tonnerre de
juillet. Le duc a de l'orgueil ; il croit fermement à son infaillibilité ;
les conseils expirent à son oreille. Mais si l'on agit difficilement sur
la persuasion de M. de Choiseul, il est aisé d'émouvoir ses sens ;
aussi lui reproche-t-on de se laisser entraîner aux séductions de la
beauté et du joli permettre de fouiller, en se jouant, dans les portefeuilles du ministère. Cet homme d'Etat s'occupe même à tel point
d'aventures galantes, qu'il est à craindre que les documents diplomatiques et guerriers ne disparaissent sur son bureau parmi les archives de l'amour.

Malgré ces faiblesses, M. de Choiseul ne fera jamais la moindre
transaction avec l'honneur : sa façon de penser est noble, les intrigues de cour lui déplaisent, il se révolte à l'idée de caresser les inférieurs pour arriver au maître. L'éloignement qu'il montre pour tout
ce qui ressemble à la perfidie fait que presque toujours il apprend le
dernier ce qu'on essaye de tramer contre lui. En résumé, nous possédons dans le duc de Choiseul un ministre capable, propre à remuer
les masses imposantes et à les soulever avec audace, et, ce qui vaut
mieux encore, un ministre incapable de bassesses.

A propos de la galanterie de M. de Choiseul, on se disait hier à
l'oreille, dans les embrasures de l'OEil-de-bœuf, une anecdote de
haut lieu : c'est un secret bien secret ; mais que risqué-je en le con-
signant ici ? Si jamais ces simples notes voient le jour, l'aventure
dont il s'agit sera de l'histoire ancienne, et l'on sait qu'à la cour le
mystère ne dure que vingt-quatre heures. Dimanche matin, madame
du Hausset, ayant entendu le roi qui venait chez la favorite, a, dit-
on, toussé d'une certaine manière en courant vers la porte du cabinet
de sa maîtresse. Heureusement, dit toujours la chronique, Sa Majesté
s'est amusée à causer avec quelques dames ; l'on a eu le temps de rajuster ce qui pouvait être dérangé, et madame de Pompadour, suivie

de sa femme de chambre, plus de l'aimable Choiseul, est sortie de son cabinet, tenant beaucoup de papiers, et ayant l'air de s'occuper de détails ministériels.

« Ce sont des remontrances du parlement, a dit la favorite en » passant les papiers au roi, nous en causions avec M. le duc. » Madame du Hausset aurait pu ajouter : « Vous en causiez avec tant » de chaleur, que sans moi vous étiez surpris au milieu de la conver- » sation. »

J'ai dit que notre ministre de la guerre n'était nullement dangereux dans ses aversions; voici une preuve convaincante de cette vérité. Une femme de qualité, belle, peu spirituelle, moins difficile encore, disait tout le mal possible de Choiseul, le desservait dans l'esprit de tous ceux à qui elle en parlait, frondait toutes ses opérations, niait ses talents, et allait jusqu'à lui prêter de la mauvaise foi. Cette dame avait de la naissance; son bavardage malveillant pouvait nuire au ministre. Toutefois ce seigneur, s'enveloppant de la duplicité diplomatique, et feignant d'ignorer les mauvais offices que lui rendait cette ennemie acharnée, se mit à lui faire sa cour. Au point

Vaucanson.

d'élévation où Choiseul est parvenu, c'était une faveur; la calomniatrice ne repoussa point cet hommage. Le duc encouragé fit une visite, à laquelle succéda un rendez-vous. Bref, à la troisième entrevue, le ministre devint pressant et heureux. Jetant alors le masque, l'amant favorisé, au lieu des beaux sentiments usités en pareille occurrence, fit entendre à sa conquête ce singulier discours :

« Je ne sais trop vraiment, madame, comment vous remercier, car » j'ignore ce qui m'a valu vos bontés. Ce n'est pas une surprise que » ma figure ait faite à vos sens, je suis fort laid; ce n'est pas un se- » cret penchant, car je sais que vous m'abhorrez; ce n'est pas le désir » prolongé que j'ai montré à vous plaire, je viens aujourd'hui chez » vous pour la troisième fois. Ne puis-je savoir, madame, à quoi je » dois vos faveurs, ou serai-je dans l'humiliante idée que vous n'avez » rien fait d'extraordinaire pour moi ? »

La dame n'était pas spirituelle; mais une femme aussi profondément blessée a toujours de l'esprit.

« En vérité, monsieur le duc, répondit celle-ci avec un sourire amer, » j'aurais dû vous deviner tout à l'heure, car ce qui vient de se ter- » miner ne pouvait être pris que comme une vengeance. » Et la belle dépitée passa dans un arrière-cabinet, laissant Choiseul ramasser la balle qu'elle lui avait renvoyée.

J'ai dit que l'armée française était maîtresse d'une grande partie de la Hesse au commencement de l'arrière-saison; Cassel était tombée en son pouvoir. Mais le prince Ferdinand ne voulut pas laisser ses ennemis paisibles possesseurs de cette capitale, même pendant l'hiver. Dès le mois de février il en forma le siège, tandis que le

prince héréditaire marchait contre M. de Broglie pour l'empêcher de se porter au secours des assiégés. Forcé de reculer un moment pour ramasser quelques détachements épars et pour rallier une division du prince de Soubise cantonnée assez près de ses positions, le maréchal, bientôt en état de se mesurer avec le prince héréditaire, l'attaque à Ziegen-Hain, le met en fuite, et lui prend deux bataillons des gardes de Brunswick. Ce jeune prince a de l'audace; mais il n'a pas cette qualité que Mazarin mettait au-dessus de toutes les vertus : il n'est point heureux. Une division de l'armée de Broglie, sous les ordres du marquis de Montchenu, battait en même temps les ennemis sous les murs mêmes de Ziegen-Hain, dont ils faisaient le siège. Après ce double succès, le maréchal marche droit sur Cassel, en fait lever le blocus, et, reprenant ses quartiers d'hiver, rend à ses soldats la liberté de manger des jambons de Westphalie en caressant les gros charmes westphaliens.

L'armée de Broglie se remit en campagne au milieu du printemps; elle se réunit bientôt à celle du prince de Soubise, et, si la bonne intelligence eût régné entre les deux maréchaux, c'en était fait des troupes du prince Ferdinand, elles eussent été infailliblement dispersées ou détruites. Mais la jalousie, source de fautes et de malheurs quand elle anime des chefs militaires, ravit du moins à ceux-ci un triomphe facile, qui pouvait amener la fin des hostilités.

Le 15 juillet, les deux corps de troupes combinés se trouvaient en présence de l'armée de Ferdinand, dont l'aile droite, principalement composée d'Anglais, obéissait au lord Grambi. Ce fut cette aile que le maréchal de Broglie fit attaquer au lever du soleil : le feu dura jusqu'à dix heures du soir, et ne fut interrompu que par les profondes ténèbres qui firent perdre la direction à l'artillerie. Les Français passèrent la nuit dans le village de *Filingshausen*, qu'ils avaient emporté dès le commencement de l'action. Le lendemain, elle continua avec acharnement. Jusqu'alors le prince de Soubise n'avait pris aucune part au combat; voyant, à neuf heures du matin, que cette partie de l'armée française restait inactive devant sa gauche, le prince Ferdinand envoya au secours de lord Grambi toutes les troupes qui se trouvaient à la portée de ce général anglais.

« Morbleu! messieurs, s'écria le maréchal de Broglie en jetant son » épée à terre, la partie cesse d'être tenable, nous sommes victimes » d'une *soubisade*. » Et il ordonna la retraite, qui se fit en bon ordre sur le camp d'Ostinghausen. Néanmoins toute la prudence du maréchal ne put empêcher que le régiment de Rougé ne fût coupé et fait en partie prisonnier de guerre.

Que penser d'une conduite aussi singulière de la part de M. de Soubise? Une main invisible le tint-elle encore en lisière devant les ennemis de la France? ou fut-il assez petit, dans sa jalousie, pour craindre de contribuer au succès d'une journée dont Broglie avait donné le signal? La vérité est que l'attaque était convenue entre les deux généraux; que le prince manqua à son devoir en ne secondant pas son collègue, quand même celui-ci eût attaqué trop tôt : comme le premier l'a allégué. L'empressement prématuré, que rien d'ailleurs ne révèle, n'eût été que de l'erreur, le refus de participation de Soubise ressemble fort à la trahison.

Après cet échec, qui coûta beaucoup de sang à la France, les deux généraux se séparèrent brouillés. Broglie, jeté hors du plan de campagne arrêté, n'osa plus rien entreprendre d'important, et le prince, ne pouvant rien par lui-même, retourna sur le Rhin.

Profitons du repos de ces deux généraux pour esquisser quelques traits de leur caractère. Broglie a l'esprit peu subtil; élevé dans les armées, son humeur est brusque, sa politesse douteuse. Comme presque tous les hommes de guerre, il parle trop de son état, et se mêle trop souvent à l'éloge qu'il en fait. Les talents militaires du général sont incontestables : c'est ce qu'on appelle en termes du métier un bon manœuvrier, qui connaît à merveille son terrain et ses distances; il est sous le rapport de l'école de Turenne. Du reste, brave, actif, dur à la fatigue, capable de prendre un parti vigoureux, ce capitaine est de tout point capable de commander une grande armée. Malheureusement, depuis qu'il en dirige une, il fut presque toujours mal secondé, si ce n'est par le marquis de Castries. Disons un mot de ce dernier. C'est un homme d'un commerce solide, et qui ne sacrifie point aux Grâces. Il ne manqua jamais ni à la dignité ni à la délicatesse; l'honneur est son mot sacramentel. Mais l'ambition du marquis, renfermée dans la ligne de ses devoirs, n'en acquiert que plus de force et d'impétuosité; elle se forme une perspective immense : Castries vise à la fois au commandement des armées, aux ambassades, au ministère; il est juste d'ajouter qu'il est capable d'honorer le choix qu'on ferait de lui pour l'un ou l'autre poste indifféremment. Le marquis joint encore à tant de désirs ambitieux les prétentions de la galanterie : il voudrait être en même temps sur la frontière, dans une cour étrangère, au bureau de l'administrateur, aux pieds de sa maîtresse. La vie entière de ce seigneur suffit à peine à l'émission de ses vœux : « Je voudrais dormir plus vite, » disait-il un jour à un de ses amis.

Ce n'est point avec une telle activité que le prince de Soubise aspire aux grandeurs; il croit avoir fait assez pour les mériter en naissant dans l'orgueilleuse maison de Rohan. Ce seigneur, dans tout ce qui sollicite le concours de l'aptitude, du jugement et de l'activité, se montre inhabile, peu avisé, et d'une mollesse extrême... Sa vie est un laisser aller continuel; la nature le devait au c'el de l'Orient, sous lequel il eût joui paisiblement de son rang étendu sur une pile moelleuse de coussins. Jeté par sa naissance dans le conseil, il y a été nul; appelé au commandement des armées, il s'y montre brave et voila tout. Du reste, indécis, embarrassé, variable, il manque sur le champ de bataille de la première vertu d'un général, la détermination. Je ne connais donc qu'un titre à M. de Soubise pour obtenir des commandements, c'est l'amitié de madame de Pompadour, et l'on a vu qu'un tel appui ne suffit pas pour se conduire avec distinction. Voilà le côté faible de la faveur : elle est impuissante quand il s'agit de faire remplir dignement les emplois qu'elle fait usurper, et assume ainsi sur elle toute la honte qui résulte d'une mauvaise gestion.

Je vais parier même qu'ils ne m'ont pas encore pardonné d'avoir expliqué la nature autrement que par des angles....

Un coup d'œil sur le *Parc aux Cerfs*, où l'activité se soutient beaucoup mieux qu'à notre armée d'Allemagne. Décidément le goût de Louis XV s'est fixé sur les petites filles : l'aînée des pensionnaires de son harem n'a pas quinze ans. L'aventure un peu plus que galante dont la jeune Tiercelin a été l'héroïne, ou plutôt la victime, a fait beaucoup de bruit cette année; elle doit trouver sa place dans mon recueil. Le roi aperçut cette enfant il y a trois ans en se promenant aux Tuileries, elle n'avait pas encore neuf ans accomplis. Lebel fut mis incontinent sur ses traces; le lieutenant de police, magistrat commis à la sûreté des Parisiens, aida le limier du *Parc aux Cerfs* dans ses recherches, et le petit trésor fut bientôt au pouvoir de Sa Majesté. Il n'en coûta que l'emprisonnement d'un père criard. Mademoiselle Tiercelin, élevée à Versailles par les soins d'une dame de Bonneval, ne fut livrée que vers la fin de l'année dernière à la couche royale : cette enfant, quoique âgée de moins de douze ans, devint grosse sur-le-champ. La tendresse de Louis XV en augmenta; il ne parlait que de sa *petite mère;* il en était amoureux fou : madame de Pompadour prit l'alarme.

Cependant mademoiselle Tiercelin venait de donner un fils au monarque; sa couche lui laissait une maigreur disgracieuse : Louis s'en dégoûta. Mais, comme elle pouvait engraisser et reprendre son empire, la favorite jugea prudent d'envoyer la pauvre fille à la Bastille; le roi la vit partir avec une distraction dédaigneuse... De quelle pâte est donc pétri le cœur des souverains? Cependant cette innocente obtint, après deux mois de captivité, sa sortie du donjon Saint-Antoine, à condition qu'elle prendrait immédiatement le voile et consentirait à ne jamais revoir son fils. L'infortunée n'avait que le choix entre deux captivités : elle préféra le couvent à la prison, et s'ensevelit vivante à treize ans... Est-ce encore là une des fins que les peuples se proposaient quand ils ont consenti à se donner des maîtres?

Louis XV a vu passer tant de petites filles dans le *Parc aux Cerfs*

depuis trois ans, et sa bonté royale envers ces jeunes sujettes a été si féconde, qu'on ne compte pas moins de soixante-douze bâtards provenant des fréquentations du harem. Le roi, qui est fort religieux, comme chacun sait, a voulu qu'on établit, à l'égard de ses enfants, une règle de conduite qui accomplit envers eux les devoirs de l'humanité, sans nuire toutefois à ce que la majesté couronnée exigeait de respect, même quand elle n'en méritait point. On dit pourtant que beaucoup de ces nobles rejetons ont échappé à cette sollicitude et que quelques-uns sont couverts de la triste livrée des enfants trouvés.

Je viens de citer la piété de notre bon roi; j'ai mes preuves puisées à bonne source. Chaque fois que Louis XV va passer la nuit dans sa maison du *Parc aux Cerfs*, non-seulement il remplit avec ferveur ses devoirs de religion, mais il ne souffre pas que les jeunes prêtresses d'un autre culte manquent aux exigences de la foi chrétienne.

Dès qu'il est renfermé dans la chambrette d'une de ces odalisques, son premier soin est de s'ériger en véritable maître de pension : il prend sa petite maîtresse sur son genou, la fait lire, lui enseigne de nouvelles prières, et l'entretient des passages les plus édifiants de l'Écriture. Quand la proximité du maître et de l'élève a produit une diversion essentiellement opposée aux objets de la leçon, Louis prescrit à sa jeune compagne de se déshabiller derrière ses rideaux tandis que lui-même se dépouille de ses vêtements. Se mettant ensuite à deux genoux sur le tapis, le roi ordonne à sa gentille écolière d'en faire autant; et tous deux, débarrassés des pompes de ce monde, se prennent à psalmodier les prières du soir en s'humectant le front d'eau bénite, puisée dans un bénitier de cristal attaché à la tête du lit. L'oraison étant achevée et le signe des fidèles ayant fait bondir le sein nu de la petite sous son doigt dévotieux, le couple se lève, se glisse entre deux draps, les rideaux sont tirés, et les noms du Seigneur, de la vierge Marie et des saints ne cessent de partir de la couche que lorsque les rites des amours y ont fait adopter un autre vocabulaire. Le tableau de ces petites scènes d'intérieur servira à prouver, je l'espère, que l'éducation des pères jésuites porte toujours ses fruits. Reprenons notre gravité.

Thevenard s'arrêta émerveillé devant une pantoufle étalée sur la devanture.

Nous avons vu renouveler cette année ce fameux *pacte de famille* qui fut jadis si funeste aux princes de la maison de Bourbon par les clauses exclusives à cette famille qu'on y avait stipulées. Ce traité est venu interrompre des négociations commencées avec l'Angleterre; elles eussent peut-être rétabli la paix en Europe, et la conclusion avec l'Espagne ne peut que prolonger la guerre. Voici les principales bases du traité. Les ennemis du roi de France deviennent communs au roi d'Espagne, et réciproquement. Il y a garantie de l'un et de l'autre côté pour l'intégrité des États appartenant aux souverains contractants, dans quelque partie du monde qu'ils se trouvent. Cette garantie s'étend au roi des Deux-Siciles et au duc de Parme. Aucune proposition de paix ne sera faite à l'ennemi commun, ni reçue de lui, que d'un consentement mutuel. Deux articles portent expressément qu'aucune puissance étrangère à la maison de Bourbon ne pourra être invitée ni admise à accéder au pacte de famille; ce qui équivaut au dogme catholique romain : *Hors l'Eglise point de salut*, et doit entraîner l'inimitié perpétuelle des exclus. Cette clause divisera la grande famille européenne comme le précepte ultramontrain désunit la famille plus grande des chrétiens. Le reste des stipulations concerne des prérogatives réciproques entre les sujets des contractants, la suppression des droits d'aubaine et les règles du cérémonial, déplorables futilités qui tiennent toujours beaucoup de place dans les traités.

A l'occasion de ce traité le roi, qui veut que la marine reprenne un peu de vigueur, l'a retirée à M. Berryer, dont la demi-folie annoncée par Quesnay sera plus compatible avec les sceaux qu'avec un ministère actif. En conséquence, M. le duc de Choiseul a été chargé du portefeuille de la marine; ce surcroît de soins ne l'empêchera pas de conserver les affaires étrangères sous le nom de comte de Choiseul-Praslin, qui ne sera qu'un ministre prête-nom.

Dès que le ministre *omnis homo* fut au timon des affaires maritimes, il songea à faire tout le possible pour tirer de la boue dans laquelle il était enfoncé ce levier jadis puissant de notre prépondérance politique. Un matin il en parlait au roi avec toute la chaleur de la confiance et de l'espoir; il serait naturel de penser que Louis XV l'encouragea, l'engagea à persister dans de si heureuses dispositions; écoutons cependant le roi : « En vérité, mon cher duc, dit-il en » haussant les épaules, il faut que vous soyez fou. J'ai entendu tenir » le même propos à tous les ministres de la marine sans qu'aucun » ait jamais pu parvenir à rien faire de bon. Croyez-moi, renoncez à » vous flatter d'en venir à bout. » Tel est, excellents peuples de France, le monarque que l'*hérédité* vous a donné; voilà le dépositaire sous la main duquel reposent votre gloire, votre prospérité, et qui se trouve le dispensateur jaloux de vos trésors, de votre sang. Que de justesse dans ce mot ingénieux du pape Benoît XIV : « Est-il » besoin d'autre preuve de l'existence d'une Providence que de voir » prospérer le royaume de France sous Louis XV ! » Au surplus, ce prince nous a été donné par la grâce de Dieu; c'est par la grâce de Dieu que se gouverne son royaume.

Cependant le roi s'est un peu trop hâté de déclarer notre marine incurable; le duc de Choiseul s'est avisé d'un moyen qui va nous rendre au moins quelques vaisseaux. Ce ministre, faisant seconder sa persuasion naturelle par la voix de la religion, a proposé aux états des provinces de fournir chacune un vaisseau armé, proposition qui a été soutenue par des lettres pastorales, et justifiée dans la chaire apostolique. Cet expédient a réussi au delà des souhaits de l'auteur : le Languedoc d'abord, ensuite la Provence, la Bretagne, et successivement toutes les provinces, ont fourni leur vaisseau. Ainsi s'improvise un commencement de nouvelle marine; mais, hélas! cette ressource renaissante arrive trop tard pour sauver nos établissements de l'Inde. Pondichéri est tombée au pouvoir des Anglais; on en reçut le mois dernier la nouvelle.

Cette malheureuse ville se défendait depuis quelques mois malgré la plus déplorable extrémité, le soldat était réduit à quatre onces de riz pour toute nourriture. « Notre pain et notre solde, crièrent un » matin les troupes réunies tumultueusement sous les fenêtres de » Lally, ou nous passons chez les Anglais..... Nous voulons bien en- » core attendre votre réponse quatre jours; mais passé ce temps, » nous allons demander du pain à Madras. » Ce cri du désespoir était l'arrêt de mort de la colonie. On fit des efforts inouïs pour satisfaire la troupe : le directeur de la monnaie livra ce qui lui restait d'or et d'argent; Lally donna cinquante mille livres de ses propres ressources; de plus, il emprunta trente-six mille livres des jésuites, et en garantit personnellement la restitution. Parmi les autres officiers, M. de Crillon prêta quatre mille roupies; M. de Gadeville l'imita. Le soldat eut au moins de l'or : la révolte fut apaisée. On songea alors à la défense commune; mais le succès était douteux dans une ville d'une lieue de circonférence, et qui renfermait cent mille âmes appartenant à dix-sept ou dix-huit castes différentes. Les fortifications étaient délabrées sur plusieurs points; on ne pouvait soutenir le siège que par un accord unanime, qui eût présenté sur le rempart un second rempart de défenseurs. Il eût fallu pour cela que la bonne intelligence régnât dans Pondichéri : par malheur il n'en était rien; le conseil même de la compagnie agissait contre les ordres du gouverneur militaire, et ce général avait été forcé d'interdire les assemblées de ce corps.

Les Anglais ne pouvaient manquer de profiter de tant de calamités réunies sur Pondichéri; ils firent sommer cette place de se rendre à discrétion. Lally, voulant tâcher au moins d'obtenir une capitulation tolérable, convoque le conseil mixte formé des officiers supérieurs de la garnison et des agents de la compagnie. Ces derniers refusent de délibérer avec le comte, et lui signifient qu'au nom des ordres religieux, des habitants et de la compagnie, ils vont demander sur l'heure une suspension d'armes au général anglais. Ils ajoutent qu'ils rendent le gouvernement militaire responsable des retards provenant de sa faute, et des malheurs qui pourront en résulter. Un conseil de guerre réuni à la hâte conclut à se rendre prisonniers de guerre suivant les cartels établis entre les deux nations. Le colonel *Cootes*, au nom de Sa Majesté Britannique, persiste à demander que la place se rende à discrétion... Pressé par l'ennemi, par les habitants, par la famine qui moissonne soldats, colons et naturels, Lally livre Pondichéri aux vainqueurs le 15 janvier... Soudain ils mettent le marteau dans ses édifices, rasent les murs, dispersent la population. . Avant trois mois le voyageur demandera où se trouvait le principal comptoir de la France aux Indes orientales.

Le comte de Lally, debout la nuit sur le pont du vaisseau marchand qui le portait prisonnier de guerre en Angleterre, ne voyait déjà plus qu'un espace sombre et silencieux là où naguère brillait une ville lumineuse aux regards de ceux qui s'en approchaient pendant l'absence du soleil. Le matin sa vue attristée ne trouva qu'une plaine à l'horizon qu'ornaient les flèches chrétiennes, les minarets mahométans, les aiguilles des pagodes consacrées à Brama.

Arrivé à Londres, l'ancien gouverneur de Pondichéri obtint aisément la permission de repasser en France; mais la plupart de ses ennemis eurent la même faveur. Tout aussitôt le royaume fut inondé de plaintes, d'écrits diffamatoires, de mémoires envenimés contre ce général. On a vu quelle fut, dans son gouvernement, sa conduite rigoureuse, mais nullement criminelle. Il ne devait pas craindre une enquête, il la sollicita. La cour était à Fontainebleau; Lally s'y rendit dès le lendemain de son arrivée. « Monsieur, dit-il au duc de » Choiseul, je vous apporte ma tête et mon innocence; veuillez or- » donner de me conduire à la Bastille. » Le comte fut satisfait sur ce dernier point; on l'enferma dans la chambre qu'avait occupée M. de la Bourdonnaye.

Examinons derrière le grillage redoublé de sa fenêtre ce prisonnier dont le courage et la loyauté méritaient un autre sort. Sa figure est noble, son port est serein : le crime ne simule point les signes d'innocence. D'honorables, de glorieux précédents recommandent le comte de Lally. Issu d'une famille irlandaise réfugiée, son père était colonel du régiment de Dillon. Lui, Thomas-Arthur, fit éclater jeune encore une valeur brillante et éclairée. A Dettingue, son nom s'inscrivit au nombre des libérateurs de l'armée; à Fontenoy, il perça l'un des premiers la colonne de granit après avoir indiqué au duc de Richelieu le moyen de l'ébranler. Plus tard Lally se distingua parmi les illustrations qui secondèrent l'infortuné prince Edouard. Ce fut avec cette nomenclature de faits glorieux que ce général arriva dans l'Inde. La juste indignation des exactions qu'il y remarqua porta trop loin sa colère; tel est son seul grief. Mais le parti qui veut à toute force environner le front du ministre privilégié d'une auréole éclatante ne souffrira pas que la tache de Pondichéri salisse son ministère; il faut une victime à la politique de cet homme d'Etat, à celle de la cour.

« L'honneur de notre pavillon, disent les partisans de Choiseul, dépend de ce sacrifice, d'autant plus juste que Lally a trahi la France en ménageant les Anglais quand il pouvait les vaincre, en paralysant par sa tyrannie les efforts du conseil de Pondichéri. » Ces motifs, ou plutôt ces prétextes, étaient ce qu'on alléguait pour justifier la perte de l'infortuné général. Ce qu'on cachait bien soigneusement, c'est qu'on voulait profiter de l'occasion pour jeter dans la disgrâce M. de Saint-Priest, intendant du Languedoc, destiné par un parti puissant à remplacer M. de Choiseul au ministère, et qui s'était déclaré ouvertement le défenseur de Lally, son parent. Les choses en sont là; le procès du comte s'instruit, et l'orage gronde sur sa tête, grossi de toutes les inimitiés que son humeur sombre lui attira pendant son gouvernement.

La campagne dernière n'a vu surgir aucun événement décisif des hostilités que le roi de Prusse soutient contre ses ennemis : ce prince continue à jouer aux échecs humains avec les Autrichiens, les Russes et l'armée des cercles; des pions nombreux disparaissent du damier, des tours tombent; mais, avec un homme tel que Frédéric, il n'est pas facile de faire *échec au roi*.

On a donné, dans l'année qui se termine, un drame de M. Diderot, intitulé *le Père de famille*. C'est une magnifique thèse de morale, semée d'une infinité de paradoxes mis en action, et qui manque généralement de naturel. Cette imitation amplifiée du genre déjà outré de la Chaussée ne tend qu'à ruiner la littérature dramatique, en lui faisant toucher une extrémité larmoyante en deçà de laquelle les goûts blasés ne pourront plus trouver d'émotions. Comme composition académique, le style de Diderot, mais son style seulement, mérite des éloges; on peut dire que *le Père de famille* offre une suite de belles pages, il eût mieux valu qu'il offrît une succession bien graduée de situations. Cet ouvrage n'obtiendra, ou du moins ne mérite qu'un succès de bibliothèque.

CHAPITRE XXX.
1762.

l'Opéra-Comique et de la Comédie-Italienne. — Revue des acteurs de l'époque. — Voltaire à confesse. — Une nuit galante du roi. — Mort de la czarine Elisabeth. — Les Russes s'allient à Frédéric II. — Ovation du maréchal de Broglie. — *Annette et Lubin*, opéra de Favart. — Apparition des personnages de cette pièce en original. — *Emile* de J.-J. Rousseau. — Persécutions de l'auteur. — Révolution de palais à Pétersbourg. — Catherine II règne seule. — Mort de Crébillon; ses funérailles. — Assassinat juridique de Calas. — Expulsion des jésuites; détails circonstanciés. — Le comte de Lauraguais et mademoiselle Arnould. — Nouvelles folies des convulsionnaires. — Coup d'œil militaire dans le Hanovre. — Situation du roi de Prusse. — Signature des préliminaires de paix. — Particularités du traité. — Madame de Pompadour diplomate. — Nouveautés littéraires importantes. — La tisane de l'abbé de Voisenon. — *L'Ecueil du sage*, comédie de Voltaire. — *Heureusement*, comédie de Marmontel. — Le pari de l'abbé de Boismont. — Voisenon et Boismont. — Réformes nouvelles dans l'armée.

Le pacte de famille, ou plutôt la politique de M. de Choiseul, porte ses fruits; puisque nous avons encore la guerre sur les bras, il faut bien que notre alliée, notre parente l'Espagne, nous aide à supporter ce fardeau. Le ministre a donc amené avec adresse une rupture entre la cour de Londres et celle de Madrid; les deux manifestes se sont croisés dans le présent mois de janvier. L'homme habile qui dirige les affaires de la guerre ne s'est pas borné à nous donner un nouvel allié; il s'est encore appliqué, pendant toute l'année dernière, à réformer notre système militaire, maintenant calqué sur celui de Frédéric, en ce qui concerne la discipline. M. de Choiseul a cru bien faire en n'accordant plus les emplois supérieurs à l'ancienneté de service, mais au mérite. Avec un ministère constamment juste, constamment éclairé, sans doute cette innovation serait heureuse : le talent doit être pris partout où il se trouve, tandis que les années n'acquièrent souvent qu'un brevet de vieille nullité. Mais l'ancienneté de service signale au moins un droit incontestable, celui que donne la présence sous le drapeau : il n'y a point à falsifier un pareil titre; il se justifie par des chiffres, par des fatigues, part du dévouement. Ce qu'on qualifie de mérite est au contraire un être conventionnel, que chacun peut supposer à sa guise pour usurper la faveur. Qui se charge, le plus ordinairement, de constater l'existence de ce titre fugitif? Le crédit, la prévention, l'erreur, l'obsession d'un courtisan, la faiblesse d'une femme, la cupidité d'un commis. Le ministre, s'il est homme d'honneur, se félicite cependant d'avoir choisi des officiers distingués, et ce sont des hommes qui n'ont ni capacité, ni services, ni bonne volonté d'acquérir ce qui leur manque, parce que l'intrigue, qui les poussa une première fois, les poussera une seconde, une troisième. Résumons : la bonne direction des choix est aux abus comme dix sont à cent; or, le désir de placer des *gens de mérite* à la tête des troupes, au lieu de gens *ayant mérité* d'y être, remettra des commandements à quatre-vingt-dix titulaires nuls, sots, intrigants ou fripons, sur une centaine de nominations.

Un changement plus utile dans le régime des troupes, c'est la remise de l'entretien des compagnies aux soins directs du gouvernement. Les capitaines perdent à cela une industrie fort lucrative, mais l'État y gagne une économie importante. Malgré ces diverses réformes, qui changent les habitudes et même l'esprit de l'armée, le duc de Choiseul n'a provoqué aucun mécontentement : la politesse des formes, l'espérance laissée aux personnes déplacées ou trompées momentanément dans leur ambition, des promesses habilement faites, réalisées en partie, enfin les améliorations évidentes du système en général contre lesquelles les intérêts froissés n'osent pas s'élever; tels sont les motifs qui ont commandé la résignation la plus silencieuse dans une révolution d'usages qui pourtant était loin de contenter tout le monde.

Cette résignation n'était pas partagée toutefois par un officier qui, depuis la réforme, tapissait le cabinet du ministre à toutes ses audiences. Fatigué à la fin de la persistance de ce militaire, le duc, qui plusieurs fois déjà l'avait prié de prendre patience, la perdit tout à coup lui-même et s'écria : « Allez, monsieur, vous faire...... » Le ministre s'arrêta tout court en voyant que l'officier le regardait fixement. Rentrant soudain dans son caractère, il reprit : « Oui, monsieur, allez vous faire dresser à mon secrétariat une note exacte de vos services; ajoutez-y votre demande. On me la remettra; j'en parlerai à Sa Majesté, qui vous accordera sûrement la grâce due à votre zèle. » Le petit mouvement du ministre, réprimé à temps, ne lui coûta qu'une lieutenance de roi, et s'il eût achevé sa phrase, elle pouvait compromettre sa réputation.

Avant le ministère de M. de Choiseul les bureaux de la guerre étaient relégués dans les combles du château de Versailles; il fallait se courber pour ne pas toucher au plafond du bureau du premier commis. Le duc a fait bâtir l'an dernier un hôtel de la guerre, où les garçons de bureau sont mieux placés que ne l'étaient les chefs dans l'ancien local. Un jour que Louis XV visitait ce nouvel établissement, Choiseul voulut donner à Sa Majesté une singulière preuve de l'activité du service de la maison et du zèle des invalides qu'on y avait attachés. Le roi voyant passer dans la cour une grande quantité de bottes de paille, qu'on introduisait ensuite dans l'édifice, demanda avec surprise au ministre ce que cela signifiait. « Sire, répondit l'homme d'Etat, c'est qu'on va mettre le feu à l'hôtel de la guerre. »

» — Comment, monsieur? s'écria Sa Majesté effrayée. — Soyez sans » crainte, sire, continua le ministre en riant, ce ne sera qu'un feu » de comédie. » Nonobstant cette assurance, le roi dit qu'il verrait l'expérience de la cour. En effet la paille, allumée au plus haut étage, produisit d'abord un incendie violent : la flamme sortait par les croisées; on eût dit que tout allait être consumé; mais les soldats, sans échelles, sans communications avec l'intérieur, eurent éteint le feu en huit minutes.

Louis XV visita ensuite les bureaux, qui étaient tenus dans le meilleur ordre par M. Dubois ami du ministre. « Tout cela est fort » commode, dit le roi en s'asseyant, à la demande de ce Dubois, de- » vant un joli pupitre. Ah! ah! vous vous servez aussi de lunettes, » poursuivit Sa Majesté en essayant celles qu'on avait posées, comme » par mégarde, auprès d'un éloge emphatique du monarque, écrit » par la plus belle main du ministère. Ces lunettes, ajouta Louis XV, » qui s'en était servi pour lire le papier louangeur, ont le même dé- » faut que les miennes, elles grossissent trop les objets. » Ce mot a deux mérites : il est modeste et spirituel.

Le duc de Choiseul porte dans toutes les affaires qui lui sont confiées la tâche d'une réforme salutaire, et quelquefois celle d'une sage économie; mais il n'est pas chargé d'élaguer tous les abus. Un jour qu'il se promenait avec le roi dans un des carrosses de la cour, Sa Majesté lui demanda tout à coup à combien il évaluait la voiture dans laquelle ils se trouvaient. « Mais, sire, répondit le ministre » après avoir un peu réfléchi, je me ferais fort d'en avoir une pa- » reille pour six mille livres; cependant Votre Majesté pourrait bien » l'avoir payée huit. — Vous êtes loin de compte, répliqua Sa Majesté, » car ce carrosse, tel que vous le voyez, me revient à trente mille » francs. » Le duc fit un mouvement d'indignation; mais comme le maréchal de Noailles et d'autres courtisans se trouvaient dans la voiture, ce ministre réprima l'expression de sa pensée.

Quelques jours après, M. de Choiseul, travaillant seul avec le roi, lui rappela cette conversation. « Je suis surpris dit-il, que, connais- » sant une telle déprédation, Votre Majesté n'y mette pas ordre. De » semblables abus sont intolérables, il est indispensable d'y remé- » dier; et si Votre Majesté veut me soutenir, j'en fais mon affaire. » Voici la réplique du roi : « Mon cher ami, les voleries dans ma maison » sont énormes; mais il est impossible de les faire cesser : trop de » gens, et surtout trop de gens puissants, y sont intéressés, pour se » flatter d'en venir à bout. Tous les ministres que j'ai eus ont formé » le projet d'y mettre ordre, mais effrayés de l'exécution ils l'ont » abandonné. Le cardinal de Fleury était bien puissant, *puisqu'il* » *était le maître de la France* [1]; eh bien! il est mort sans oser effec- » tuer aucune des idées qu'il avait eues sur cet objet. Ainsi, croyez- » moi, calmez-vous, et laissez exister un vice incurable. »

Ce que le roi ne dit pas, c'est que ce gaspillage, ce vol impuni des grands et des petits valets, ce surpayement de tout dans les maisons royales, enfin cet abandon du maître qui laisse subsister tout cela, sont les éléments constitutifs de cette grandeur d'apparat qui charme Louis XV, parce qu'il ne reçut pas de la nature assez d'élévation d'âme pour rechercher une gloire plus réelle. Choiseul attaquait donc une des bases de notre trône d'oripeau; ses idées d'économie ne pouvaient être admises en cela.

On ne saurait dire pourtant que le roi n'entende pas les affaires d'intérêt : je cite à ce sujet un témoignage de son aptitude. Les finances secrètes de Sa Majesté sont confiées à Bertin, ancien ministre des parties casuelles. Or ce dépositaire ayant amélioré considérablement les fonds royaux par un coup d'agiotage, proposa l'un de ces matins au roi d'en convertir une partie en bons sur la Lorraine. « Y » pensez-vous! répliqua le monarque; depuis quand ces *bons* sont-ils » bons? — Mais Votre Majesté, par son dernier édit, les a déclarés » excellents. — Qu'est-ce qu'un édit, monsieur, quand la défiance » publique lui est contraire? Croyez-moi, évitons cette école... »

Sans doute, quand il s'agit des intérêts de la nation, on peut en faire des écoles; mais les intérêts personnels du roi, il faut les engager avec plus de réflexion. Entendez-vous, bons peuples, qui vous tenez pour gouvernés par des images de Dieu envoyées sur la terre?

C'est au jeu qu'il faut voir Louis XV, si l'on veut juger de son attachement pour les biens du monde, surtout pour les biens monnayés. Quand il perd au *tri* contre Gontaut et la Vallière, sa mauvaise humeur est extrême; il ne sait comment la déguiser. A moitié cachée par une garniture de croisée, je voyais l'autre jour le royal perdant ronger tour à tour ses ongles et la cire des bougies; ses lèvres, sans cesse agitées par le dépit, grommelaient des récriminations inarticulées contre le sort : j'ai cru entendre les mots de joueurs subtils, de bonheur insolent... Les adversaires de Sa Majesté lui gagnaient un louis d'or au plus.

Assez souvent j'ai eu l'occasion de mentionner les alliances entre souverains, qui servent ou compromettent plus ou moins les intérêts du public; je dois consigner aujourd'hui l'alliance de deux puissances presque aussi réelles, l'Opéra-Comique et la Comédie-Italienne, qui viennent de se réunir pour concentrer nos plaisirs. Et puisque je tiens la matière, je vais sur-le-champ passer une revue du personnel

---

[1] Quel étrange aveu dans la bouche d'un roi parlant à un ministre ambitieux!

de nos spectacles jouissant de quelque réputation. Tout à l'heure je parlais des grands, des matadors de la cour; de ces acteurs à ceux pont je vais m'occuper la différence n'est pas grande : ce sont toujours des comédiens, il n'y a que le théâtre de changé.

Lekain tient aujourd'hui le premier rang à la Comédie-Française : mais il s'en faut de beaucoup que ce soit un acteur parfait. Cependant on ne peut disconvenir que ce sujet ne soit né pour la scène; la nature seule a pu lui donner le moyen de corriger avec un inconcevable bonheur le physique le moins noble, le plus hideux, qu'il sait rendre quelquefois sublime. Du reste, le talent de Lekain est un mélange souvent indigeste de perfections et de défauts; ce qui fait dire en même temps ici qu'il est enchanteur, là qu'il est détestable. Le vice essentiel de Lekain est de dépasser la vérité par une chaleur outrée, un effort de l'art essentiellement contraire à l'illusion : cet excès de sève dramatique a été communiqué au célèbre acteur par M. de Voltaire, qui, visant toujours à l'éclat dans ses vers, veut que le comédien s'évertue à son tour pour le débiter. Aussi le genre de Lekain, élève du grand poëte, est-il au jeu théâtral ce que la poésie de l'auteur de *Zaïre* est à la littérature dramatique en général, c'est-à-dire une combinaison d'effets gigantesques qui échauffe, enlève le spectateur, mais qui ne lui permet jamais d'oublier qu'il est au théâtre. Il résulte de cette tension extrême de l'art que Lekain n'est généralement bien placé que dans le théâtre de Voltaire, et que partout ailleurs, particulièrement dans les tragédies de Racine, il descend quelquefois au-dessous de la médiocrité.

Grandval et Bellecour, rivaux à la scène comme dans le monde galant, tiennent à peu près le même emploi : les premiers rôles de la tragédie et de la comédie. Grandval se distingue par la noblesse, le faste, le bon ton; Bellecour plaît par l'aisance, la fatuité, l'ironie, la finesse, le dédain, le mépris. On admire chez Grandval du pathétique, et cet entraînement qu'on appelle au théâtre des *entrailles*; il sait gémir et pleurer. Bellecour, au contraire, n'a guère que des inspirations gaies; l'expression de son visage se prête difficilement à la tristesse, à la douleur : aussi le genre comique lui convient-il mieux que le tragique, qui parait être le lot assigné par la nature à Grandval.

Les pères nobles, les rois, les pontifes sont réservés sans partage supportable à Brizard. Tendresse, sévérité, puissance et chaleur de moyens, pathétique, onction du sentiment, ce comédien imite tout avec supériorité. Je n'ai encore entendu personne refuser son suffrage à cet habile comédien; et si son jeu pouvait essuyer quelque légère critique, ce serait pour être trop parfait, trop fini, trop *jeu*.

Si le rire prenait un jour une figure, ce serait à coup sûr sous les traits de Préville qu'il se montrerait : tout est d'un comique délicieux dans cet acteur; l'ironie surtout est le caractère marquant de son talent : s'il raille, son geste est une moquerie, son visage une épigramme. Préville peut être surnommé le Callot du théâtre. Point de fronts graves devant cet acteur unique dans son genre : il dériderait Héraclite, rendrait l'esprit palpable aux plus stupides. Ah! si le grand Molière avait eu cet homme!

Mademoiselle Dumesnil ne nous présente plus à la scène qu'un grand débris, qui, comme les ruines gigantesques d'Athènes et de Rome, rappelle une splendeur évanouie. Tout, jusqu'à ce que j'appellerai l'architecture sublime de son talent, pour suivre en elle la figure commencée, tout se ressent de la décadence, tout a vieilli. La tragédie a rencontré la nature depuis que les temps héroïques de mademoiselle Dumesnil sont passés : l'imitation théâtrale s'est inspirée des leçons de cette mère des passions humaines; et l'âge commence à éteindre le feu qui circula longtemps dans les veines de cette actrice, qui n'est plus la première que par le triste privilége des ans. Des éclairs partis de l'âme étincellent de temps en temps encore dans le jeu de la tragédienne vieillie; mais ce sont les dernières lueurs d'un feu qui s'éteint : encore sont-ils excités, le plus souvent, par un artifice bien peu propre à les empreindre de dignité. Le cocher de mademoiselle Dumesnil, aposté dans la coulisse, une bouteille et un verre à la main, lui verse, Ganymède grotesque, non l'ambroisie, mais d'excellent vin de Bordeaux, qui, après huit ou dix rasades, mê e souvent les hoquets de l'ivresse aux mouvements passionnés de la tragédie.

C'est donc à peu près sans partage que mademoiselle Clairon joue les premiers rôles tragiques : c'est l'héroïne de la Comédie-Française; jamais, quand son nom est sur l'affiche, les comédiens ne manquent d'avoir *chambrée complète*. Cependant mademoiselle Clairon fut longtemps mauvaise; c'est à force de travail et d'art qu'elle a surmonté le défaut de dispositions qu'elle montrait. L'art a été son principal précepteur; aussi les vrais connaisseurs trouvent-ils que son jeu se ressent toujours du *précepte*. En même temps que cette actrice travaillait son talent, il fallait aussi, disons-le, que le public travaillât son goût pour se prêter à ses progrès. Combinant avec adresse ses défauts et ses perfections, elle s'est fait un jeu à elle; pour en saisir tout le mérite, l'admiration a dû se mêler d'indulgence. Par ce travail mutuel, les glapissements de voix sont devenus les accents de la passion; l'enflure s'est élevée au sublime. Depuis son premier début, mademoiselle Clairon a eu peu de chose à acquérir pour la noblesse dans la démarche, dans le geste, dans les coups de tête. L'expression

de la physionomie n'est pas arrivée aussi vite; mais enfin elle est venue compléter l'actrice à peu près parfaite. Malheureusement un état habituellement maladif, aggravé par des passions impétueuses et sans frein, nous prive trop souvent de ce beau talent. Les camarades de mademoiselle Clairon, plus ingrats que polis, lui reprochaient dernièrement ses trop rares apparitions.

« Je ne joue pas souvent, il est vrai, répondit-elle, mais une de » mes représentations vous fait vivre pendant un mois. »

Les Grâces ne savent pas vieillir; c'est une vérité universellement reconnue, dont mademoiselle Gaussin ne s'est pas assez pénétrée. On ne peut reconnaître dans l'actrice qui n'est plus qu'une vieille poupée, couverte de couleurs comme la palette d'un peintre, la séduisante *Zaïre* à qui Voltaire faisait hommage, il y a trente ans, d'une partie de ses lauriers. Il n'y a plus sur cette figure, où les rides naissantes ne sont cachées que par du fard, ni finesse, ni candeur, ni charme d'innocence.

Plus heureuse cependant que mademoiselle Dumesnil, Gaussin n'a point encore de rivale dans son genre. Deux nécessités la retiennent au théâtre : celle des comédiens, qui ne pourraient se passer d'elle; et la sienne, qui lui commande impérieusement de continuer sa carrière. Mademoiselle Gaussin a eu les amants les plus illustres; mais elle a toujours sacrifié l'intérêt au plaisir, et souvent elle a quitté les sommités sociales pour chercher des voluptés dans les dernières classes. Quand on lui reprochait obligeamment sa facilité, elle répondait : « Que voulez-vous! cela leur fait tant de plaisir, et il m'en « coûte si peu ! »

Mademoiselle Dangeville est douée d'un talent de la trempe de celui de Préville : ces deux acteurs forment au théâtre le couple le plus comique qu'on y ait jamais vu. Cette femme ne vieillit point : toujours fraîche, toujours nouvelle, on croit chaque soir la voir pour la première fois. La nature lui avait tout donné pour plaire, et pourtant l'art lui a surabondamment accordé tous ses dons. Aussi quelle variété de mouvements et d'inflexions de voix! que de feu dans le dialogue! quelle heureuse pantomime quand elle se tait! Et dans tout cela quelle force de comique, d'esprit, de gaieté! On dit que mademoiselle Dangeville a plus que de la simplicité lorsqu'elle est descendue du théâtre; je ne puis le croire : la sottise ne peut simuler le pétillement des regards, le jeu de physionomie rempli de grâce et de finesse qu'on admire dans cette actrice; c'est Thalie avec toutes ses perfections.

Je ne vois à citer sur la scène de l'Opéra-Comique que le seul Carlin, dont l'emploi se borne à jouer les arlequins. Sans doute cet acteur est fait pour dérider les fronts nébuleux : on lui trouve un jeu leger, gracieux, fécond en lazzis tantôt comiques, tantôt spirituels, quelquefois malicieux. Mais tout cela ne forme qu'un bagage de grosse gaieté, et Carlin ne nous montre toujours qu'un arlequin.

Parlons d'un acteur qui du moins se varie : c'est M. de Voltaire. Dans ses ouvrages nombreux nous le voyons tour à tour profond, léger, malin, sublime, polisson, sentencieux, gai et gracieux. On sait que de sa personne il ne joue pas moins bien tous les rôles : il vient d'en ajouter un à la nomenclature. M. l'abbé Besson, qui arrive de Ferney, disait hier au soir dans un cercle que le philosophe des Alpes, voulant édifier ses vassaux, s'est mis récemment à jouer la piété. Il a fait venir un capucin, s'est confessé humblement à ses genoux, a fait entre ses mains une espèce d'abnégation, a communié ensuite, et tout cela étant terminé a fait donner six francs au confesseur barbu qui venait de l'assister. On assure que Diderot et d'Alembert vont faire partir un froc et un cordon de Saint-François pour Ferney, où Voltaire pourra faire tout à son aise de l'humilité avec les cinquante mille écus de rente issus de sa philosophie.

Et moi aussi j'aime à prendre diversité pour ma devise; mais aujourd'hui tous les vents soufflent devant eux des nouvelles de comédie. Il faut que je retourne au grand théâtre de Versailles, où vient de se jouer une pièce plus compliquée, plus *imbroglio* que tous les sujets de Destouches. A force de persévérance, à force d'avances cyniques, madame d'Estrades est parvenue à fixer sérieusement l'attention du roi, ce qui ne l'empêche pas de s'occuper chaudement de la fortune d'un jeune lieutenant-colonel de cavalerie qu'on ne m'a pas nommé. Or la comtesse, se croyant d'avance assurée du favoritisme, alla l'un des jours de la semaine dernière trouver M. le duc de Choiseul et lui demanda avec plus d'arrogance que de politesse le brevet de colonel pour son protégé. Le ministre, outré de ce ton, auquel il n'est point habitué, protesta froidement de ses vifs regrets et dit qu'il lui était impossible de faire rien changer à la liste déjà arrêtée des prochaines promotions.

« Monsieur le duc, reprit aigrement la comtesse, veut apparemment me désobliger.

— Il me semble, madame, que je viens de vous donner des raisons....

— Que j'ai prises pour une tournure ministérielle infiniment polie, et voilà tout.

— Je suis fâché, madame, que cette combinaison de mots ne puisse vous suffire, mais c'est pour le moment tout ce que je puis avoir l'honneur de vous offrir, et j'en suis réellement désolé.

— Les temps changeront, monsieur, reprit madame d'Estrades en devant la voix, encore huit jours et peut-être m'offrirez-vous ce que vous me refusez aujourd'hui.

— Je le désire bien, madame, » reprit sèchement le ministre en faisant un salut de congé.

L'aspirante au favoritisme sortit pourpre de colère du cabinet de M. de Choiseul. Il n'était pas difficile au duc de deviner sur quelle espérance cette dame fondait son arrogance impérieuse. Si elle était aussi avancée qu'elle le faisait entendre dans les bonnes grâces du roi, elle pouvait devenir dangereuse : Choiseul sentit qu'il devait aller au-devant de son inimitié s'il voulait se maintenir en place. Il court sur l'heure chez une dame de la cour, amie intime de la comtesse, et à laquelle il annonce de la part du roi qu'il vient lui proposer une commission secrète dont le succès sera récompensé par une gratification de cent mille écus. A cette déclaration l'*amie intime* ouvre fort grands les oreilles et les yeux, elle proteste de son profond dévouement au service de Sa Majesté et demande ce dont il s'agit. Sûr de ses dispositions le ministre la prie de s'informer auprès de madame d'Estrades de ce qui se sera passé entre elle et Sa Majesté la nuit suivante (M. le duc était fixé sur la date), le roi ne se rappelant rien le lendemain des détails de ces mystérieuses entrevues et ayant le plus vif désir d'en être entretenu après coup.

« Je vous comprends, dit en riant la confidente, demain avant la nuit vous serez à même de satisfaire la curiosité du roi.

— A merveille! apportez-nous toute la vérité et les cent mille écus seront à vous. »

Le lendemain de bonne heure l'espionne de M. de Choiseul alla demander du chocolat à son amie et lui arracha fort adroitement le secret des mystères de la nuit précédente, qui d'ailleurs pesaient un peu à l'orgueil de la beauté favorisée. Quand le sujet du récit plaît au narrateur il est prodigue de détails : la confidente soudoyée sut toutes les circonstances de l'entrevue, et madame d'Estrades les lui peignit dépouillées de gaze. Les deux amies étaient galantes : l'une fit répéter, l'autre répéta volontiers des descriptions licencieuses qui plaisaient également à leur imagination libertine.

Le soir même Choiseul avait les renseignements attendus impatiemment et l'amie traîtresse serrait dans son secrétaire un bon de cent mille écus. Muni de cette délation arrangée par un secrétaire habile, le duc, admis seul au petit lever de Louis XV, le pria d'un air composé d'écouter avec attention un récit qui intéressait sa gloire.

« Parlez, mon cher duc, nous sommes seuls, nul indiscret n'abusera du secret que vous avez à me confier.

— Et Votre Majesté s'en félicitera quand il lui sera connu.

— Ah! ah! il y a donc du scandale sous jeu?

— Un peu, sire, un peu, et comme le nom de Votre Majesté ne doit jamais être accompagné du plus simple soupçon de ridicule il est de mon devoir de lui dire franchement qu'elle honore de ses plus hautes bontés une personne qui n'en est point digne et qui en mésuse en les déprisant avec audace.

— De qui parlez-vous, monsieur le duc?

— De madame la comtesse d'Estrades.

— Ah! continuez, je vous prie, continuez.

— Oui, sire, il faut déchirer le voile et oser vous montrer cette âme sous le plus vilain jour.

— Mais êtes-vous bien sûr, mon ami...

— Vous en allez juger..... Cependant je crains de fâcher Votre Majesté.

— Non, non, poursuivez.

— Par obéissance donc, mais avec une profonde douleur, je dénoncerai au roi le bulletin de sa nuit dernière tel qu'il est relaté dans certaines nouvelles à la main dont par malheur je crains de n'avoir pu saisir tous les exemplaires : le voici. » Et le duc se mit à lire le factum arrangé par son secrétaire et dont je me suis procuré la copie, que je transcris littéralement. « La première chose annoncée hier au soir par le roi à madame d'Estrades en l'embrassant avec transport c'est qu'elle sera déclarée dimanche prochain favorite en titre. Le brevet de duchesse servira de complément à cette notification. Emue de joie elle a serré vivement contre son cœur le dieu de sa fortune. On a paru goûter avec quelque plaisir les étreintes d'une gratitude témoignée si voluptueusement. Ensuite on s'est couché, puis on a eu recours à un breuvage propre à ranimer des sens devenus équivoques. Le confortatif a mal rempli l'attente des amants. On a voulu tenter encore au point du jour les essais d'une amabilité plus active, mais il est des lassitudes qu'aucuns frais, qu'aucun secours ne pourraient dissiper; quelques légers éclairs sans suite ont brillanté la scène dans le genre de ces feux follets qui durant les nuits d'été jettent des lueurs trompeuses. Le rôle de la nouvelle Roxelane l'ennuierait à périr si les corvées n'en étaient pas compensées par l'avantage de gouverner le plus puissant des maîtres. » —

« Quelle indignité! s'écria le roi, qui avait écouté sans l'interrompre la lecture entière de ce bulletin.

— Vous m'en voyez outré, sire, cette femme est un monstre.

— Sans doute, mon ami, mais ce qui me fâche le plus c'est que tous les faits contenus dans ce libelle sont vrais. Que voulez-vous! je vieillis, la faiblesse est le défaut naturel de mon âge. Cependant ces

trompettes prises pour le publier produisent un bruit fort disgracieux à mon oreille. Je commettrais donc une faute impardonnable si je revoyais jamais la femme qui m'a ainsi traduit au tribunal des sarcasmes et du ridicule.

— L'indulgence serait l'encouragement d'une semblable insolence, dit Choiseul avec feu.

— Aussi ne serai-je point indulgent. Madame d'Estrades sera partie sous vingt-quatre heures pour ses terres; veuillez en sortant dire à la Vrillière de le lui signifier.

— Ce sera mon premier soin.

— Pour vous, mon cher duc, je vous remercie de m'avoir ouvert les yeux sur une aussi lâche ingratitude. »

Le lendemain madame d'Estrades, désolée d'avoir échoué au port, et ne sachant à quoi attribuer un revers si imprévu, roulait tout éplorée vers une de ses terres, où son protégé le lieutenant-colonel la console, par des procédés aussi complets que ceux du roi l'avaient été peu, d'une faveur si laborieusement payée et dont elle n'a pas joui.

Maintenant, dans quelle partie des dépenses de la guerre M. de Choiseul aura-t-il compris les cent mille écus donnés à la judaïque amie? Il est difficile de le dire; mais convenons que voilà des deniers publics bien employés.

Frédéric le Grand, qui, malgré son habileté magique, ses manœuvres de sylphe et la terreur attachée à son nom, était sur le point d'être écrasé en Silésie, en Saxe et en Poméranie, espéra quelque allégement au fardeau qu'il avait sur les bras, lorsqu'au mois de janvier il apprit la mort de la czarine Elisabeth-Pétrona. Le grand-duc Charles-Pierre-Ulric succède à cette souveraine au trône de Russie sous le nom de Pierre III. Ce prince est marié à Catherine-Alexina d'Anhalt-Zerbst, princesse qui montre autant d'esprit, de force et de résolution que son mari en laisse apercevoir peu. Néanmoins Pierre III, admirateur de Frédéric II, fut à peine assis sur le trône qu'il ordonna à ses troupes de se séparer de la coalition autrichienne. Dès le 24 mars, ces nouveaux amis des Prussiens entrèrent en Silésie; et bientôt après, ils combattaient ces mêmes Allemands dont naguère ils étaient les alliés... Ainsi vous jouez à l'aide d'un fil, pauvres automates que les cours font mouvoir au gré de leurs désirs; ainsi vos mouvements sont aussi capricieux que les affections des maîtres du monde.

Tandis que l'espoir rentrait dans le cœur du grand Frédéric par la défection du plus puissant de ses ennemis, le maréchal de Broglie était payé par l'exil de ses derniers succès en Allemagne : le ressentiment de l'incapable Soubise portait ses fruits; la hideuse faveur jouait son jeu, elle décernait à la sottise l'avantage sur le talent. Il est inutile d'ajouter que madame de Pompadour donnait, en disgraciant Broglie, un nouveau témoignage de tendresse au prince de Soubise.

Cet événement a été l'occasion d'une scène aussi attendrissante que glorieuse pour le nouvel Aristide. On jouait au Théâtre-Français la belle tragédie de *Tancrède*; mademoiselle Clairon, amie du maréchal, était chargée du rôle d'Aménaïde. Avec quel élan, quel transport elle débita ces vers :

> On dépouille Tancrède, on l'exile, on l'outrage,
> C'est le sort d'un héros d'être persécuté...
> Tout son parti se tait, quel sera son appui?
> Sa gloire. . . . .

Ici un tonnerre d'applaudissements faillit faire crouler la salle; des cris de *Vive Broglie!* retentirent ensuite; c'était une effervescence, un enthousiasme inexprimables; le spectacle fut interrompu à plusieurs reprises. Puis deux ou trois cents jeunes gens partis de la comédie se rendirent à l'hôtel du maréchal, lui donnèrent un concert, et laissèrent sa cour jonchée de couronnes. Le lendemain on défendit *Tancrède* par ordre de la cour; mais cette mesure était tardive : le brave maréchal triomphait de ses ennemis; Soubise et madame de Pompadour étaient abreuvés de honte. Quelle vengeance que celle proclamée par la grande voix du peuple! Que l'arbitraire est faible contre les tonnantes protestations de la place publique! C'est quand elles éclatent que les grands de la terre se montrent de tout petits êtres dessaisis de leurs échasses.

Au milieu de la guerre les nouvelles littéraires absorbent l'attention : les Français passent pour légers; il faut bien que leur réputation se fonde sur quelque chose. Un joli conte de M. Marmontel, intitulé *Annette et Lubin*, fait depuis quelque temps les délices des âmes sensibles et particulièrement des âmes faibles. Ce sont deux amants du village : une bergère en petit chapeau coquet, orné de rubans roses; un paysan qui porte des bas de soie et des souliers gris de lin : deux amoureux de l'*Astrée*. Et puis la jeune fille est d'une candeur, d'une innocence! preuve sans réplique, c'est qu'elle est grosse à pleine ceinture sans se douter le moins du monde comment cela a pu se faire. Avec un tel sujet, le bailli méchant et jaloux, le seigneur compatissant, qui drape d'importance le fâcheux, étaient de rigueur. Le tout a tenté la muse d'un compositeur nommé Duny, qui, M. Favart aidant, a fait chanter les amours d'Annette et Lubin sur la scène de l'Opéra-Comique. Ces auteurs avaient été devancés par Marmontel lui-même, et M. de Laborde avait composé une musique d'amateur pour le petit opéra résultant d'une simple modification du conte. Mais il y avait là dedans un interrogatoire du bailli sur la grossesse d'Annette qui ne pouvait pas, en bonne morale, être produit au grand jour de la scène, dans un temps où les jeunes demoiselles ne veulent plus croire qu'on les ait été prendre toutes petites sous un chou du jardin. L'Annette de M. Marmontel, aussi par trop naïve, n'est jouée que sur le théâtre de Choisy : tout peut être dit aux oreilles aguerries de la table mécanique de Trianon et des petits appartements.

Le succès de l'opéra de Favart avait été douteux, mais un incident original a changé en vogue cette froideur de réussite. Un soir que le roi était à l'Opéra-Comique, Annette et Lubin, les deux modèles de l'innocence pastorale en original, se sont trouvés dans une loge avec leur allure un peu villageoise des environs de Paris, c'est-à-dire sans chapeau coquet, sans bas de soie, sans souliers gris de lin, et tout naturellement en guêtres grises, en cornette. C'était une galanterie que M. de Saint-Florentin faisait à Louis XV. Les amoureux sont des paysans de Bezons, contrariés jadis dans leurs amours par un curé, devenu à la scène un bailli à cause du *décorum* ecclésiastique. Le bon seigneur paraît être M. de Saint-Florentin lui-même, dont le caractère répond bien à celui de la pièce. Annette a beaucoup pleuré ; elle s'est trouvée mal à l'apparition du *tyran*. Des aimables de la cour, qui sont entrés dans la loge des amants, ont dit qu'il était fâcheux qu'Annette eût près de cinquante ans et qu'elle sentît un peu le fumier.

Tous les salons retentissent des éloges donnés au livre de M. J.-J. Rousseau sur l'éducation ; mais, d'un autre côté, bon nombre de critiques se déchaînent contre cet ouvrage, dont le titre principal est *Emile*. Nous ne possédons encore que quatre volumes in-8°, publiés depuis quelques jours ; le cinquième volume renfermera, dit-on, un modèle de contrat social. Cette dernière partie est d'une abstraction qui en réduira les lecteurs à un petit nombre. Quant à l'*Emile*, il se fait lire avec charme, avec délices ; jamais on ne vit le raisonnement paré d'autant de grâces, d'autant de séductions. On remarque bien çà et là des idées singulières, des pensées hasardées, des paradoxes ; mais l'auteur trace des sentiers nouveaux dans un pays de féerie, on s'y laisse aller sur ses traces, on ne voudrait plus en revenir. Si, comme on le prétend, les philosophes méditent une invasion dans le domaine de notre vieille morale polluée par tous les préjugés, il faut convenir qu'ils viennent de poser une sentinelle avancée dont les allures et l'uniforme leur feront des partisans dans la contrée à conquérir.

Tel est le jugement porté sur l'*Emile* par l'universalité du public ; mais la police, les exempts et *messieurs* du parquet veulent qu'on n'ait de cœur et d'entrailles que sauf le bon plaisir du roi. Cette nuée d'hommes noirs, qui s'abat sur un livre piquant dépourvu du *privilége* comme un essaim de moucherons sur un fromage, a saisi le nouveau traité d'éducation, et cela au nom de notre excellent monarque, prince très-moral, comme chacun sait. Soudain les grandes robes s'assemblent, d'instruire, d'incriminer et de condamner. La belle composition a été brûlée avec les cérémonies accoutumées, dont le dernier point sera de renaître de ses cendres beaucoup plus réellement que le phénix. L'auteur est décrété de prise de corps, mais il y aurait eu trop de philosophie de sa part à se livrer aux archers : il a quitté son ermitage de Montmorency, et se dispose, dit-on, à passer chez les Anglais.

Tandis que la fortune des armes semblait de plus en plus seconder le grand Frédéric, une de ces révolutions appelées en Russie *révolutions de palais* lui enlevait son nouvel allié Pierre III. Ce prince avait aussi peu de dignité que d'esprit et de talent. Ivrogne, crapuleux à l'excès, il passait la journée à boire des liqueurs spiritueuses et la nuit dans les bras des prostituées. Il ne montrait d'ailleurs ni bienveillance pour la noblesse ni sollicitude pour le peuple, et affectait de mépriser ses troupes. On l'avait entendu dire un jour en passant la revue de son régiment de Préobasinski, dans un état complet d'ivresse, « qu'il battrait toute cette canaille avec cinquante Prus-» siens. » Détesté de toutes les classes, Pierre ne pouvait espérer l'appui d'aucune si le mécontentement ou l'intrigue se déclarait contre lui ; et c'est ce qui arriva. Depuis longtemps l'impératrice Catherine souffrait impatiemment l'humeur détestable d'un tel époux, elle s'en dédommageait de son mieux par des récréations à peu près aussi scandaleuses que les dérèglements du czar ; mais cette princesse voluptueuse avait l'art de les couvrir, sinon du voile du mystère, du moins de ces dehors de cour qui prêtent au vice même des formes agréables. Bientôt ce dédommagement cessa de satisfaire l'impératrice Catherine. Née impérieuse, dévorée d'ambition et capable de régner avec éclat, elle, la moitié du trône ne lui suffisait plus auprès d'un prince qui la traitait en esclave ; elle songea à l'en précipiter. Une conjuration fut ourdie secrètement, sous la direction du comte Panin ; la princesse Daschkoff, favorite de Catherine, y entraîna beaucoup de seigneurs qu'elle comptait parmi ses amants heureux ou aspirant à l'être. Le peuple même, auquel on distribua quelques milliers de roubles, dut se tenir prêt à paraître sur la scène au mo-

ment décisif, comme les comparses du théâtre se montrent pour faire nombre au dénoûment. Un jeune officier des gardes, nommé Grégoire Orloff, avait promis de gagner ce corps, très-mécontent de l'empereur.

Pendant ces dispositions préliminaires l'impératrice s'était retirée au château de Péterhoff, afin de paraître étrangère à la révolution qui se tramait en sa faveur. Mais la veille de cet événement, 8 juillet, à une heure fort avancée de la nuit, on vint dire à Catherine que tout était manqué si elle ne paraissait pas. Dans cette pressante nécessité, elle quitte à l'instant Péterhoff à pied, et suivie de la seule princesse Daschkoff, qui l'avait rejointe. Le trajet de la maison de plaisance à Pétersbourg est long, les deux illustres aventurières, lasses à l'excès, clopinaient en marchant ; plusieurs fois elles s'étaient reposées sur le gazon humide du bord de la route, lorsqu'un paysan qui conduisait une charrette à la ville vint à passer. Nos voyageuses, sans se faire prier, obtinrent de monter dans cet agreste équipage. « Il y a loin de ceci aux coussins de nos carrosses, disait tout » bas la princesse à sa souveraine, et Votre Majesté pourra se flatter » d'avoir éprouvé de rudes secousses pour arriver au suprême pou-» voir. » Catherine ne répondit rien, se contentant de soulever alternativement ses cuisses en signe de malaise. Enfin on parvint aux portes de la ville un peu avant l'aube. Les deux conjurées ayant congédié leur phaéton, satisfait de leur générosité, traversèrent d'un pas rapide la capitale encore déserte et silencieuse ; elles arrivèrent au palais, où toutes les sentinelles étaient déjà des conjurés.

Cependant l'empereur, selon sa coutume, descend à neuf heures pour la parade[1] ; le régiment de Préobasinski, le même dont Pierre III avait blessé si cruellement l'orgueil, était de service ce jour-là. Tout à coup, et sans doute au signal donné par l'un des chefs, le peuple envahit les cours du palais en criant *Vive l'impératrice Catherine d'Anhalt ! à bas le méchant empereur !* Pierre veut faire sévir contre cette populace, il ordonne aux gardes de l'éloigner. Alors les mêmes cris partent de leurs rangs ; et le jeune Orloff, qui voit paraître Catherine à cheval, s'avance vers elle, et lui dit : « Madame, ce régi-» ment, comme toute l'armée, est à vous. Voici mon épée, prenez-la ; » c'est à vous de nous commander. » On cerne, on presse le czar ; il est arrêté, enlevé, sans qu'une seule personne s'oppose à ce mouvement audacieux.

Pierre III, jeté dans une prison, parut peu sensible à ce traitement si peu impérial ; pendant huit jours entiers il se consola avec du punch, et le neuvième il passa de l'ivresse à la mort, étranglé par un des conjurés. Ce crime pèsera sur la vie et sur la mémoire de l'impératrice ; il est hors de doute qu'elle l'avait ordonné, ou du moins permis.

Catherine II avait été proclamée dès le 9 juillet : c'est la cinquième des femmes qui, sauf une interruption de quelques mois, ont gouverné successivement la Russie ; savoir : Catherine Ire, veuve de Pierre le Grand ; Anne, nièce de cet empereur ; la duchesse de Brunswick, sous la minorité d'Ivan ; Elisabeth, fille de Pierre le Grand ; enfin Catherine II, dont je viens de rapporter l'avénement orageux.

Ainsi l'on vit s'accomplir au nord de l'Europe cette révolution qui, malgré son caractère sauvage, plaça sur le trône de Russie une femme instruite, douée d'une rare puissance de moyens, et dont les vues sont plus vastes, plus éclairées, plus conformes aux progrès de l'esprit humain que n'étaient celles de Pierre le Grand. Cet événement changea la face des affaires de Frédéric II : les Russes ne passèrent pas de nouveau dans les rangs de ses ennemis ; mais le comte de Czernicheff, qui les commandait, reçut l'ordre de se séparer des Prussiens et de retourner en Russie. Cet abandon, qui affaiblissait le monarque prussien, le trouva néanmoins aussi résigné qu'il l'avait été pendant ses précédentes vicissitudes ; l'éloignement des Russes n'occasionna même aucun changement majeur dans son plan de campagne. Il est vrai que dès lors la France et l'Angleterre travaillaient secrètement au rétablissement d'une paix générale : le duc de Nivernais s'était, en conséquence, rendu à Londres, tandis que le duc de Bedford s'acheminait vers Paris dans le même but.

Le public a fait grand bruit et le sacerdoce grand scandale des funérailles de Crébillon, qui ont eu lieu dernièrement à la paroisse Saint-Jean de Latran avec une pompe tant soit peu comique. La riche tenture noire, semée de larmes d'argent ; l'église étoilée de cierges ; le dais, le catafalque, les pleureurs et pleureuses à un petit écu, tout avait été réuni pour le service funèbre ; tout, avant du cortége, inspirait la douleur et le recueillement. Cette influence fut singulièrement modifiée quand on vit arriver le corps dramatique, lyrique et dansant des théâtres de Paris. Les hommes étaient en grand deuil, sans poudre, l'épée à poignée noire au côté. Les actrices n'avaient point de rouge, leurs longues robes de soie noire balayaient les dalles avec beaucoup de dignité, et leur vaste manteau de crêpe n'offrait rien que de grave et de triste. Mais malheureusement pour la gravité de la circonstance, Préville, mademoiselle Dangeville et Carlin n'avaient pu laisser au logis leur figure : la mé-

---

[1] C'est à tort qu'on a dit que le coup de main avait eu lieu dans la nuit.

moire des assistants fut tout à coup assaillie des mille et une grimaces qui se sont produites tant de fois sur ces visages pour le bon plaisir du public, et les malicieux Parisiens ne voulurent plus voir dans ces acteurs, maintenant si recueillis, que Sganarelle, Finette, Arlequin et les danseurs qui frisent chaque soir la jambe sur les planches de l'Opéra. Une fois cette idée reçue, l'expression de tristesse imprimée à des traits, à une démarche ordinairement si comiques, sembla plus drôle encore que les farces de la scène; un rire invincible et trop bruyant courait sur toutes les lèvres au moment de l'offrande, il devint scandaleux lorsque Arlequin avança pieusement la bouche pour baiser la patène. Le lendemain, des chansons, des épigrammes se croisaient dans les rues avec les doléances du clergé sur la cérémonie de Saint-Jean de Latran; on dit que le curé de cette paroisse encourra la censure de Rome pour avoir ouvert son église à des excommuniés.

Il vaudrait beaucoup mieux appeler les vengeances de la terre sur le parlement de Toulouse, si l'on doit croire au récit que donne un imprimé répandu avec profusion dans le public. D'après cet écrit, publié sous la forme d'une lettre et qu'on attribue à M. de Voltaire, un nommé *Calas*, négociant, professant la religion réformée, aurait été accusé faussement d'avoir assassiné son fils, pour cause d'abjuration, et serait mort innocent sur la roue, condamné par une majorité fanatique de huit conseillers contre cinq. Le mémoire dont il s'agit fait ressortir avec autant de force que de clarté le peu de vraisemblance du crime, commis par un vieillard sur un jeune homme de vingt-neuf ans. L'auteur relève avec la même puissance d'arguments les nombreuses irrégularités du procès, les preuves de la passion que les juges ont laissée percer dans son cours, enfin la précipitation avec laquelle l'infortuné Calas a été mis à mort. Toutefois ce plaidoyer, qui tend à réhabiliter la mémoire du négociant de Toulouse et à faire rentrer sa famille dans ses biens confisqués, manque du pathétique qu'un tel sujet eût exigé : on voit qu'il est dicté par l'esprit de parti, par le désir de mettre en défaut la cour de Versailles, restée trop insouciante sur un jugement inique, et l'on réussit moins par la colère que par la persuasion.

Mais l'Europe est remplie du bruit d'un arrêt d'un autre genre, c'est celui qui ruine en France le pouvoir des jésuites, à l'exemple de l'Espagne et du Portugal, déjà débarrassés d'une secte si redoutable. Je vais reprendre *ab ovo* cette affaire, elle mérite bien quelques détails. La compagnie était, comme on sait, plus spéculative encore que religieuse : ministres du ciel, les jésuites n'en montraient pas moins un grand amour pour les biens de la terre. Pendant les guerres maritimes, des vaisseaux sur lesquels ces pères négociants avaient des marchandises ont été pris par les Anglais. Cependant le père la Valette, supérieur de l'ordre à la Martinique, comptant sur la prochaine arrivée de ces cargaisons, avait contracté des engagements acquittables par le père Sacy à la maison professe de Paris. Les échéances arrivées, le mandataire ne put y faire honneur, il demanda du temps, que la maison *Jouffres et Lioncy* de Marseille ne voulut point accorder. La juridiction consulaire de cette ville condamna les jésuites solidairement à payer les sommes réclamées. Ils pouvaient par cas de privilège se pourvoir contre cette condamnation devant le grand conseil; le père Frey, qui passait pour une forte tête de l'ordre, éloigna ce recours et proposa de porter l'appel au parlement. « Beaucoup de ceux qui composent le grand banc, dit ce père dans » une assemblée, aussi bien que celui du grand conseil, sont élèves » de notre société; le parlement connaît d'ailleurs nos droits, et il » sera sensible à la confiance que nous lui marquerons en nous sou- » mettant à sa juridiction. Enfin si nous gagnons notre procès, comme » je n'en doute pas, le jugement aura d'autant plus d'authenticité que » l'on est persuadé dans le public que le parlement nous est con- » traire. » Cet avis réunit tous les suffrages; l'affaire fut portée au parlement, et les jésuites coururent ainsi d'eux-mêmes à leur perte.

Les débats étant commencés, le parlement demanda à voir l'institut sur lequel les jésuites fondaient leur assertion de non-solidarité; les constitutions de l'ordre furent produites. Une fois en possession de cette fameuse charte, *messieurs* ne se bornèrent point à chercher l'article relatif au procès : l'acte entier fut lu, commenté et, dit-on, copié. Mais notons d'abord que la compagnie se vit condamnée solidairement à payer les sommes dues par la Valette et Sacy, plus cinquante mille livres de dommages-intérêts.

Cependant une commission, provoquée par le parlement, fut tout aussitôt nommée par le roi pour examiner la constitution des jésuites; et dans le même temps il s'en répandit dans le public une traduction française [1] faite sous les yeux de M. de Flesselles, procureur général de la commission. Ces statuts avaient déjà excité la plus vive indignation contre la compagnie de Jésus à cause des principes subversifs de l'ordre public et des préceptes régicides qui s'y trouvent consignés; le *Compte rendu au parlement de Bretagne, sur les constitutions des jésuites, par M. de la Chalotais, procureur général*, acheva de porter l'esprit public au plus haut degré d'exaltation contre une secte

évidemment ennemie de la société. Cet écrit est en effet de la plus grande force : quoique son auteur n'y sorte jamais des bornes de la modération, il foudroie, il pulvérise une association qui reflète le crime sur toutes les faces qu'elle présente. M. de la Chalotais conclut à ce que l'on travaille à un nouveau plan d'éducation qui exclue les principes subversifs dont celle inculquée par les jésuites abonde..... Malheureusement cette conclusion ne fut pas d'abord adoptée.

Une réponse à ce travail lumineux ne tarda pas de paraître; on l'attribue au père Griffet. Mais cet écrit est pauvre de raisonnement, faible de preuves, et fort seulement d'insolence. L'auteur cherche à insinuer que toutes les *manœuvres* entreprises aujourd'hui contre une *compagnie vertueuse* sont l'ouvrage des nouveaux philosophes, et ne tendent à rien moins qu'à saper la religion dans son *plus solide fondement*. L'écrivain apologétique des jésuites finit par dire que le discours qu'il combat est l'œuvre de M. d'Alembert, et que M. de la Chalotais n'en a été que le répétiteur. Le père Griffet, voyant le peu d'effet que produisait sa réponse, s'est hâté de la désavouer; elle n'en a pas moins été brûlée par ordre du parlement : ce qui lui a procuré des lecteurs, qu'elle n'avait pas eus jusqu'alors. Quand donc *messieurs* renonceront-ils à une pratique puérile qui produit l'effet opposé à celui qu'on se propose, en piquant la curiosité, le plus souvent indifférente avant ces auto-da-fé de papier noirci ?...

Par suite d'une action plus sérieuse, le parlement rendit le 6 août 1761 un arrêt qui enjoignait aux supérieurs des différentes maisons de jésuites de remettre au greffe les titres de leur établissement en France. Pendant ce temps une commission appelée à examiner les instituts de l'ordre s'adjoignait douze évêques, chargés de répondre aux quatre questions suivantes :

1° De quelle utilité sont les jésuites en France relativement aux fonctions qu'ils remplissent?

2° Quel est leur enseignement sur les points de doctrine qui leur sont imputés, comme le régicide, les opinions ultramontaines, les libertés de l'Église gallicane?

3° Quelle est leur conduite dans l'intérieur de leurs maisons, et quel usage font-ils de leurs priviléges envers les évêques et les curés?

4° Comment peut-on remédier aux inconvénients de l'autorité excessive que le général, résidant à Rome, exerce sur les membres de cette société?

Ces questions étaient précises et renfermaient tous les points qu'il était important d'éclaircir. La commission des prélats répondit avec autant de lucidité que de promptitude :

« Qu'il y avait nécessité, sinon d'éteindre, du moins de modifier » le régime des jésuites en France. »

Seul contre l'animadversion générale, le Dauphin soutenait les jésuites à la cour; mais le crédit de ce prince ne pouvait lutter contre l'influence de Choiseul réunie à celle de madame de Pompadour, colosses de puissance qui avaient juré la perte de l'ordre. On publia à cette occasion, vers la fin de l'année dernière, que dans un temps assez peu reculé, époque à laquelle les actions des jésuites étaient en hausse à Versailles, la favorite avait voulu confier sa conscience au père Sacy, qui en avait refusé la direction, à moins que cette dame ne s'éloignât sur-le-champ de la cour.

Un moment pourtant Louis XV écouta les sollicitations ardentes du Dauphin, mais plutôt pour arrêter l'essor du parlement que par intérêt pour la compagnie. On dressa un plan de réforme, qui fut envoyé en même temps au pape Clément XIII et au général des jésuites; ce dernier repoussa l'édit réformateur en disant avec fierté : *Sint ut sunt, aut non sint*; ce qu'on m'a expliqué ainsi : « Qu'ils » soient ce qu'ils sont, ou ne soient pas. » Cette réponse hautaine acheva de perdre les jésuites dans l'esprit de Louis XV; l'orgueil du roi était blessé, il n'y eut plus moyen de tempérer son mécontentement. *Messieurs* eurent toute liberté d'agir. On enjoignit à ces sectaires de fermer leurs colléges le 1er avril 1762; plus tard le parlement, par arrêt du 6 août, leur fit « défense de porter l'habit de leur » société, de vivre sous l'obéissance du général ou autre supérieur de » l'ordre, et d'entretenir aucune correspondance avec eux; leur » prescrivant de vider leurs maisons, de s'abstenir de toute commu- » nication entre eux, ou de s'assembler en communauté; la cour se » réservant d'accorder à chacun sur sa requête une pension alimen- » taire. » Il était aussi interdit aux jésuites de posséder aucun bénéfice, charge ou emploi, à moins que de prêter préalablement le serment de fidélité aux doctrines de l'Église gallicane, au roi et aux lois du royaume.

En France il n'y a rien de si sérieux, de si grave, que le ridicule et la plaisanterie ne s'y mêlent, un déluge d'épigrammes, de chansons, de bons mots, a plu sur les jésuites pendant la durée de leur procès; je citerai ce qu'il y a de mieux. La cause des pères était confiée à un avocat nommé *Domine*. « Si cela est, dit-on en apprenant » ce choix et en faisant allusion aux complots régicides de la com- » pagnie, la réplique pourrait se borner à ce peu de mots : *Domine*, » *salvum fac regem*. » La veille de la fermeture des colléges on afficha à l'entrée de celui de Louis le Grand un placard ainsi conçu : « La troupe de Saint-Ignace donnera mardi prochain 31 mars 1762 » pour la dernière représentation *Arlequin jésuite*, comédie en cinq

---

[1] Ces constitutions étaient écrites en latin.

» actes du père du Plessis; suivie des *Faux Bruits de Loyola* par le » père Lainez, petite comédie en un acte; pour divertissement, le » *Ballet portugais*; en attendant le *Triomphe de Thémis.* » Peu de jours après il circulait une profusion d'exemplaires de ces vers sur la clôture du même collège :

> Vous ne savez pas le latin :
> N° criez pas au sacrilége
> Si l'on ferme votre collége,
> Car vous mettez au masculin
> Ce qu'on ne met qu'au féminin.

Cette critique grammaticale peut avoir son mérite; cependant j'engage les mamans bien nées de nos jeunes demoiselles à ne pas l'intercaler dans leur rudiment : c'est de la grammaire trop forte pour ces écolières.

Le cabaret de Ramponneau

Le rapport déterminant contre la société de Jésus a été fait au parlement par l'abbé de Chauvelin, qui est bossu; cela a suffi pour donner lieu au distique suivant :

> Que fragile est ton sort, société perverse !
> Un boiteux [1] te fonda, un bossu te renverse.

Enfin, pour comble de disgrâce, les marchands de la foire Saint-Ovide ont imaginé de faire de jolies petites figures habillées en jésuites, et qui ont pour base une coquille d'escargot, emblème ingénieux de l'esprit subtil et entortillé de ces pères. A l'aide d'une ficelle on fait rentrer la figure dans sa coquille et on l'en fait sortir. Ces pantins de nouvelle espèce font fureur; il n'y a pas une maison qui n'ait son jésuite pour le divertissement des cercles du soir.

Jetant, après ce trop long récit, la robe du cauteleux saint Ignace, je me réfugie dans le foyer de l'Opéra pour retrouver les allures franches de la faiblesse humaine.

Dans une revue des notabilités dramatiques, je n'ai pas parlé de mademoiselle Arnould, et je m'en accuse, car c'est la première actrice de l'Opéra. Un sujet aussi distingué ne pouvait pas se borner longtemps à inspirer des affections générales; un coryphée d'admiration devait promptement sortir des rangs : ce fut M. le comte de Lauraguais. Ce seigneur eut, dit-on, les prémices de la jolie cantatrice. Les eut-il en effet, c'est ce qu'il est, après plusieurs années de possession, fort peu important de démontrer. L'amour impétueux est d'ordinaire jaloux, et le comte aimait avec passion. Le bonheur qu'il procura à mademoiselle Arnould fut souvent mêlé de nuages, quelquefois d'orages violents causés par la plus soupçonneuse jalousie. Au bout de trois ans la peine passait véritablement le plaisir : l'actrice résolut de rompre avec son amant pendant un voyage qu'il fe-

[1] Ignace de Loyola, fondateur des jésuites, était boiteux.

rait à Genève dans le dessein de consulter Voltaire sur une tragédie d'*Electre*, que ce gentilhomme a mise sur le métier. Dès le lendemain de son départ, mademoiselle Arnould renvoya à la comtesse tous les bijoux qu'elle devait à la générosité du comte, un contrat qu'il lui avait fait, des lettres contenant beaucoup de promesses; le tout renfermé dans le carrosse qu'elle avait reçu de lui, et, pour que la restitution fût complète, le carrosse renfermait aussi deux enfants issus de cet amant jaloux. Arnould se tint quelque temps cachée pour se soustraire à la fureur du bouillant Lauraguais; elle se mit même sous la protection du comte de Saint-Florentin. Force fut bien au soupirant éperdu de jeter aux vents les cris de son amour frénétique, ses doléances amères et ses élégies pleureuses. Enfin sa fougue s'apaisa, sa raison revint, les sentiments généreux surgirent de ce calme succédant à l'orage; mademoiselle Arnould put se montrer sans risquer d'être dévisagée. Le comte eut avec elle une entrevue où il lui déclara d'un ton rempli de grandeur et de stoïcité qu'il renonçait à elle, mais qu'en la quittant il n'oubliait pas le contrat de deux mille écus de rente qu'il lui avait promis. Sur le refus de l'héroïne de théâtre, la comtesse, persuadée sans doute que tout bon service doit avoir sa récompense, intervint pour faire accepter un bienfait si laborieusement mérité. L'obstination sublime céda à la sollicitude doublement généreuse, après quoi madame la comtesse ajouta « qu'elle se char» geait de prendre soin des enfants; » ce qui était juste, puisqu'ils résultaient du service actif qu'on récompensait.

Toutes choses étant ainsi réglées, M. Bertin, ex-trésorier des parties casuelles, ne fit plus mystère à M. de Lauraguais, son ami, du projet de lui succéder, s'il était possible, dans le cœur de mademoiselle Arnould, qui consentait du moins à recevoir ses vœux. Le comte remercia son ami de la communication délicate, et lui dit qu'il trouvait cela tout naturel. Bertin entra donc sans conteste en pleine propriété de sa nouvelle conquête.

Madame d'Estrades.

Mais quelle sagesse assez cuirassée de délicatesse, de scrupule, d'honneur même pourra se garantir des traits de l'amour retrempés par le regret d'une jouissance perdue ! La passion du comte, celle de l'actrice n'étaient qu'endormies : les amants revinrent, secrètement d'abord, ensuite publiquement, l'un à l'autre : Lauraguais n'avait pu remplacer les délices de l'alcôve de mademoiselle Arnould; et les mauvais traitements entraient peut-être dans les plaisirs de celle-ci, comme les coups dans le bonheur de la femme de Sganarelle. L'amour renaissant de ce couple est plus vif que jamais... Pauvre comtesse, c'était bien la peine de se mettre en si grands frais de générosité !

Ma tante a souvent parlé des convulsionnaires, moi-même j'ai réuni sur eux quelques faits nouveaux; il me reste peu de chose à ajouter touchant ces fanatiques. Ils ont établi un nouveau refuge rue des Vertus, quartier du Temple; un de mes parents a eu la curiosité d'y pénétrer. Là les *grands secours*, les *secours meurtriers*, c'est-à-dire la torture, le crucifiement, la langue coupée et autres supplices, ont reçu des jeunes filles qui s'y livrent le nom enfantin de *nanan*... C'est le bonheur de ces infortunées. Et quand elles ont été clouées sur la croix, quand la douleur et la perte du sang les ont réduites à une sorte de léthargie, elles appellent cela *faire dodo*. Dernièrement un particulier, poussé dans ce sanctuaire d'atrocités par la même curiosité que celle de mon parent, arriva au moment où l'on allait clouer une jeune fille sur deux ais de sapin croisés : « Attendez donc, » s'écria-t-il indigné, il faut que la flagellation précède le crucifie-» ment! » A ces mots, tombant à coups de canne redoublés sur les bourreaux et la victime, il fit évacuer soudain les lieux, et demeura maître de la place. On a beaucoup ri du moyen curatif.

Ajoutons en terminant que si les convulsions ont duré trente-cinq ans, de 1727 à 1762, c'est que les fanatiques qui s'y livraient ont été constamment tourmentés par les jésuites, en qualité de jansénistes, et que rien ne perpétue l'esprit de secte comme la persécution. En veut-on une preuve, la voici. A peine les jésuites ont-ils cessé d'influencer notre système religieux, et déjà les convulsionnaires cessent de se réunir et de se livrer à leurs sanglantes folies. Pendant la longue période de ces cruautés que nous n'aurons plus, je l'espère, à déplorer, le gouvernement fut coupable d'un tort aussi grave que prolongé, car il ne lui était pas permis d'ignorer que la persécution fortifie les opinions qu'elle s'efforce de détruire.

Après le rappel injuste du maréchal de Broglie, le commandement de l'armée dite du Hanovre fut de nouveau confié au maréchal d'Estrées, ainsi destiné sans doute à voir les deux extrémités de cette carrière martiale ouverte depuis plus de dix ans. Le vainqueur d'Hastenbeck continua, en arrivant au commandement, le plan combiné avec le prince de Soubise, plan rompu par la mésintelligence survenue entre ce dernier et M. de Broglie. Le prince de Condé venait d'être mis à la tête des troupes réunies sur le bas Rhin; c'était le début du commandement en chef pour ce jeune guerrier, courbé sous le poids de son nom. Il se montra digne en ce moment de le porter : les deux maréchaux, d'abord repoussés de la Hesse jusqu'à Cassel, ensuite jusqu'à Francfort, virent arrêter leur marche rétrograde par M. de Condé, qui battit le prince héréditaire de Brunswick à *Johannisberg*. Il faut cependant, pour être juste, dire que sans le concours des armées en retraite la victoire de Son Altesse se fût inévitablement changée en échec. Mais c'est un membre de la famille royale : on lui a laissé tous les lauriers de cette journée.

Les affaires de Frédéric II s'améliorent sensiblement, et tous les amis de la gloire s'en réjouissent. Esprit national à part, ce grand capitaine a bien mérité de réussir, et je me joins à ses admirateurs, en lui tenant rancune toutefois de sa hideuse conduite en Saxe au début de la guerre. Les Suédois et les Russes ont signé la paix avec Sa Majesté Prussienne, ce qui la met en état de résister maintenant avec éclat au reste de ses ennemis. Déjà Frédéric avait renforcé ses armées de Silésie et de Saxe, lorsque les Russes, sous les ordres du général Czernicheff, se joignirent à lui au mois de juillet. Alors, supérieur en forces au maréchal Daun, il le repoussa jusqu'à Obergisdorff, et reprit l'importante place de Schœndnitz. Enfin, après quelques affaires où la fortune des armes se montra capricieuse, le prince Henri de Prusse, digne lieutenant de son frère, attaqua le prince de Stolberg, le 29 octobre, et le repoussa jusqu'au fond de la haute Saxe.

Tandis que le retour de la mauvaise saison suspendait les hostilités en Allemagne, des préliminaires de paix étaient signés à Fontainebleau : par le duc de Praslin, ministre du roi; par le marquis de Grimaldi, ministre d'Espagne, et par le duc de Bedford, ministre de l'Angleterre. Ce n'est donc, jusqu'à ce moment, qu'une paix partielle, et la guerre continuera en Allemagne. Après les désastres que la France a éprouvés en Amérique et dans l'Inde, elle doit se trouver heureuse de recouvrer la Guadeloupe, la Martinique, quelques autres îles, de faibles portions du continent américain, mais surtout les comptoirs de Chandernagor et de Pondichéri. Du reste, le peu de constance de ses succès en Europe ne lui avait pas donné le droit d'être bien exigeante de ce côté. Il est affligeant toutefois qu'un ingénieur anglais ait encore le droit de vérifier à Dunkerque si la cunette conservée dans ce port ne sert qu'à entretenir la salubrité de l'air.

Un point auquel l'honneur national était certainement moins lié qu'il ne l'est à cette aliénation perpétuelle d'un coin de notre territoire, faillit rompre les négociations de Fontainebleau; ce point en litige était l'occupation des îles de Terre-Neuve, de Miquelon et de Saint-Pierre par des garnisons anglaises, occupation qui eût, il est vrai, interdit aux Français la pêche de la morue. Après beaucoup de discussions, le duc de Bedford déclara au duc de Choiseul, qui s'y était mêlé, que tout était rompu s'il n'obtenait cet article.

« En ce cas, lui répondit » le ministre français, la » guerre! Et vous pouvez » partir quand il vous plai-» ra. »

Cette sortie excita la vivacité de l'Anglais, et amena entre deux hommes également irritables une conversation remplie d'aigreur. Au milieu de cette altercation, Bedford changea tout à coup de ton.

« Il faut, dit-il à M. de » Choiseul, que je vous » conte une histoire qui » m'est arrivée. J'ai été me » promener un des jours » passés au pavillon Bou-» ret [1]... »

Ici, notre fier ministre, qui croit que le seigneur anglais veut s'amuser de lui, le prie de lui faire grâce de son récit.

« Ecoutez-moi jusqu'au » bout, répond Bedford sans » s'émouvoir. Je vous disais » donc que j'ai été me pro-» mener ces jours passés au » pavillon de Bouret. Sur-

Marie-Josèphe de Saxe se jeta aux pieds du roi et lui demanda ses bontés pour elle et ses enfants.

» pris d'y trouver tant de magnificence, et surtout au salon, qui serait » frappant même dans le palais d'un monarque, je me suis étonné » qu'un particulier eût pu faire une dépense aussi excessive.

» Il est vrai, m'a répondu M. Bouret, que cela me coûte quelque » argent; mais, monsieur, c'est pour le roi... » M. de Choiseul, perdant de nouveau patience, allait interrompre une seconde fois le narrateur...

« Attendez, attendez, monsieur! poursuit obstinément Bedford. » Du pavillon M. Bouret me mena dans les jardins, où, me faisant » remarquer les transports de terre prodigieux qu'il a faits, les ter-» rasses immenses qu'il a construites, il a encore bien plus excité ma » surprise, et je n'ai pu m'empêcher de lui témoigner mon étonne-» ment que sa fortune eût pu suffire à tant de choses. Il m'a répondu » qu'en effet ses dépenses avaient été énormes; mais enfin, monsieur, » a-t-il ajouté, c'est pour le roi... Eh bien! je vous dis de même : il » n'y aura point de garnison dans les îles de Miquelon et de Saint-» Pierre, il m'en coûtera peut-être la tête; mais, monsieur, c'est » pour le roi... »

[1] Financier à qui M. de Machault avait fait faire une fortune immense; et qui en a dissipé une partie dans la construction d'un pavillon au-dessus de Croix-Fontaine, où il obtint que Louis XV, une fois par an, donnerait ses rendez-vous de chasse.

Le détour ingénieux qui avait amené ce dénoûment ajouta à l'estime qu'inspirait à M. de Choiseul un diplomate aussi habile; il l'embrassa, et la paix fut conclue[1].

Madame de Pompadour a contribué à cette pacification, comme elle avait contribué à faire décider de la guerre, et c'est peut-être par son influence que des négociations n'ont pas été ouvertes avec Frédéric II, qu'elle ne peut souffrir. La favorite ne saurait lui passer la qualification de *Cotillon II*; elle a trop prêté à rire aux étourneaux de l'OEil-de-bœuf. L'immense crédit de la marquise est tellement connu, que l'autre jour un vieillard admis dans la salle du couvert s'approcha du roi et pria Sa Majesté de vouloir bien le recommander à cette maîtresse en titre; Louis prit le parti de trouver la chose plaisante. Dans un écrit présenté au conseil, un conseiller critique, pour mettre fin, disait-il, à la gêne de l'Etat, indiquait le moyen d'emprunter cent millions à madame de Pompadour; cette fois, Sa Majesté ne trouva pas qu'il y eût sujet de rire.

Depuis qu'on n'a plus à s'entretenir ni de guerre, ni de jésuites, ni de convulsionnaires, il faut bien que l'esprit d'investigation se replie sur la littérature et la galanterie : avec l'une et l'autre, il ne peut jamais manquer d'aliment. Les lettres sont fécondes de nos jours : indépendamment des ouvrages que j'ai déjà mentionnés, il m'en reste plusieurs à désigner, comme ayant paru, ou devant paraître prochainement. Je grouperai ici les titres des principaux, trop importants, trop peu répandus encore, pour que j'en puisse parler avec quelque détail. Tels sont les premiers volumes de l'*Histoire naturelle*, de Buffon; l'*Essai sur l'origine des connaissances humaines*, de Condillac; le commencement de l'*Encyclopédie*, publiée par d'Alembert et Diderot; enfin les nouveaux et ingénieux principes de morale imaginés par Vauvenargues et Helvétius. Grâce aux spéculations vastes, profondes, lumineuses de nos philosophes modernes, la régénération sociale est commencée; les préjugés pâlissent; des raisonneurs hardis ébranlent le trône de Dieu même, sur la base étroite que le catholicisme lui a donnée... Dans cette marche audacieuse du génie, que deviendront donc les trônes de la terre?...

En descendant de ces hautes régions de la pensée, nous trouvons le nom de l'abbé Delille, jeune poëte rempli d'espérance, qui vient de nous donner une traduction aussi exacte qu'élégante des *Géorgiques* de Virgile. Les détails agrestes, dédaignés jusqu'ici par notre poésie coquette, ont pris, sous la main de ce traducteur, ces formes, ces couleurs imitatives qui font le charme du chantre de Mantoue; on croit voir les fleurs délicates, les vertes prairies, les jaunes épis de Delille, on croit respirer le parfum de ces trésors de la nature. C'est un autre genre de vers que ceux qui composent la satire intitulée *le Pauvre diable*, dirigée contre l'abbé Trublet, par un anonyme que l'on croit être M. de Voltaire. Le héros de cette boutade rimée est un homme peu marquant dans les lettres, un écrivain terre à terre, que madame Geoffrin qualifie plaisamment de *sot frotté d'esprit*. Il méritait donc peu l'*excès d'honneur* que fait réfléchir sur lui une diatribe de quatre cents vers étincelants de verve, d'esprit et de malignité; il méritait encore moins l'*indignité* qui, grâce à cette épître sanglante, restera attachée à son nom : et cela, sans doute, pour avoir écrit quelque part une phrase, un mot peut-être, contre l'irascible vieillard de Ferney. Le caractère, et même bon nombre des ouvrages du demi-dieu littéraire, inspireraient pourtant des in-folio de critique à qui voudrait les attaquer; mais on a pitié de la vanité du philosophe.

Quelques petites comédies, de petits vers galants, et surtout de jolies rimes libertines faites pour le prince de Soubise, à l'intention de la favorite, qui les aime un peu, tels sont les éléments du bagage que l'abbé de Voisenon porte à l'Académie française, dont on vient de lui ouvrir les portes. Croirait-on qu'un mineur si musqué, si vaporeux, hérite du fauteuil de Crébillon? « Quand je regarde ce petit » bel esprit sur le siège qu'occupa l'auteur d'*Electre*, disait le duc » d'Ayen à la séance de réception, je crois voir une paire de lunettes » dans l'étui d'une basse. — Le mot est joli, dit madame Favart, » maîtresse de l'abbé, lorsqu'on lui rapporta ce propos; mais de loin » on juge mal du volume des choses. » La réception de Voisenon à l'Académie me rappelle une anecdote qui prouve que la gaieté, principal caractère de son talent, ne l'abandonne jamais, même dans l'état de maladie. Pendant l'invasion d'une fièvre, le médecin ordonna certaine tisane à ce poëte facétieux.

« Quel effet a produit cette boisson? lui demanda le lendemain l'homme de la Faculté.

— Aucun, répondit-il.

— Avez-vous tout pris?

— Je n'ai pu en prendre que la moitié.

— Comment alors voulez-vous que le remède ait agi?

— Dans la proportion d'une demi-guérison, docteur.

— Je ne plaisante point, mon cher abbé; et si vous voulez guérir, il faut aujourd'hui prendre cette pinte en une heure.

— Eh! mon ami, s'écria Voisenon d'un ton piteux, comment voulez-vous que j'avale une pinte en une heure, je ne tiens que chopine. »

A travers toutes les nouveautés littéraires de l'année, M. de Voltaire a voulu glisser une comédie en cinq actes et en vers intitulée *l'Ecueil du Sage*. A peine cet ouvrage a-t-il pu arriver jusqu'au dénoûment; c'est *l'Ecueil du Poëte* que cette comédie devrait s'appeler. « Quel dommage, disait un critique du parterre pendant que les ac- » teurs récitaient les beaux vers de Voltaire, quel dommage que » l'auteur ait réuni tant de soldats d'élite dans une bataille qu'il va » perdre! » Les comédiens n'ont pas voulu se heurter deux fois contre *l'Ecueil du Sage*.

Un petit acte tiré d'un conte de M. Marmontel a été joué à la fin de novembre sous le titre d'*Heureusement*. C'est une bluette dont un rien ferait rompre le tissu léger, mais qui est écrite avec finesse. La décence ne s'y trouve pas toujours au titre exigé par les bonnes mœurs, mais les dames ont des éventails, et la pièce amuse. Le prince de Condé, qui, revenu tout récemment de l'armée, assistait à la première représentation, a contribué peut-être au succès de l'ouvrage. Dans une scène de table, l'officier Lindor dit à Marton :

> Verse rasade, Hébé, je vais boire à Cypris!
> — Je vais donc boire à Mars!

répond Marton; et, tout en prononçant ces mots, mademoiselle Hus, qui jouait le rôle, se tourna, avec autant de grâce que de respect, vers la loge du prince. C'était un signal pour les applaudissements; l'enthousiasme s'en est mêlé, la comédie a fini pendant l'explosion, et l'auteur en a profité : c'est M. Rochon de Chabannes.

Toute gaie, toute leste que soit la comédie d'*Heureusement*, elle ne vaut pas, sous ce double rapport, celle que l'abbé de Boismont, le Chaulieu de notre époque, aux jolis vers près, joua l'autre soir dans l'hôtel d'un grand seigneur, sur le théâtre où se dénouent toutes les intrigues amoureuses. L'abbé s'était oublié aux chastes côtés de la duchesse de ***, lorsque le duc, très-peu coutumier pourtant des galanteries nocturnes auprès de sa femme, s'en avisa ce soir-là par désœuvrement ou par curiosité. Tout à coup les portes de la chambre à coucher s'ouvrent à deux battants, la voix du mari se fait entendre.

« Je suis perdue, c'est le duc! murmure la beauté pécheresse.

— Du tout, faites semblant de dormir, je me charge du reste, répond l'abbé.

— Que vois-je! s'écrie le duc lorsque après avoir tiré les rideaux il découvre deux têtes sur un oreiller qui ne doit en recevoir qu'une en l'absence de la sienne.

— Chut, chut, dit tout bas Boismont en se mettant le doigt sur la bouche, vous en êtes témoin, j'ai gagné.

— Vous avez gagné! vous avez gagné!... eh! quoi donc?

— Mon pari... Est-ce que vous ne le connaissez pas?

— Non; mais, par Dieu!

— Chut; ne faites pas de bruit, de grâce... Imaginez-vous, monsieur le duc, qu'hier madame la duchesse me soutint qu'elle avait le sommeil si léger, si léger, qu'un moucheron en volant autour d'elle la réveillerait. La chose me parut trop forte; je pariai cinquante louis, non-seulement qu'il n'en était rien, mais que, pour peu qu'il fît du vent, on entrerait dans sa chambre, et qu'on se coucherait à ses côtés, sans l'éveiller.

— Et madame a tenu la gageure?

— Elle se croyait si sûre de son fait qu'elle se moquait de moi lorsque je lui proposai.

— Les femmes ont des idées...

— Oh! des plus extraordinaires. Voyant ce soir qu'il faisait du vent, je suis venu, je me suis glissé là... et vous voyez que j'ai gagné.

— Fort bien, l'abbé; mais je trouve votre pari un peu impertinent.

— A la bonne heure; mais madame la duchesse aurait pu chicaner, si je m'étais retiré sans avoir pu m'appuyer d'un témoignage, et je vous ai attendu, monsieur le duc, avec l'impatience d'un joueur ardent à faire constater l'avantage d'un coup de carte. »

Pendant ce dialogue madame de *** ronflait à faire retentir sa chambre, quoique, trop éveillée sous son drap, elle tremblât comme la feuille.

« Vous le voyez, elle dort toujours! ajouta Boismont en passant le vêtement qu'une femme ne nomme pas.

— Vous auriez pu gagner vos cinquante louis, dit aigrement le duc, sans faire des dispositions aussi complètes.

— La duchesse m'aurait chicané, je vous dis-je, tandis que demain, monsieur le duc, vous pourrez affirmer que rien n'a été fait à demi. »

Le lendemain, l'abbé fut exact; la duchesse joua parfaitement l'ignorance, et le mari, qui par originalité ou par tout autre motif ne l'avait pas entretenue du pari, fut dupe, au moins dans ce premier moment, du calme de ses traits. Boismont remet finement sur le tapis la gageure qu'il a gagnée, et réclame ses cinquante louis. Madame, sans nier la convention, déclare froidement qu'elle ne comprend rien à l'entreprise extravagante dont l'abbé vient de se prévaloir.

« Si quelque chose, dit-elle, peut surpasser la folie du pari, c'est la prétention de l'avoir gagné quand il est de toute évidence que vous

---

[1] M. de Bedford fut en effet recherché pour avoir cédé sur ce point, mais il avait en Angleterre un parti puissant qui sauva son crédit.

l'avez perdu. Mais, mon pauvre abbé, votre bénéfice est médiocre, je ne veux pas vous ruiner, je vous rends votre parole.

— Grand merci du beau procédé, madame ! mais ce sont vos cinquante louis qu'il me faut ; et puisque vous me forcez de recourir aux preuves, j'invoque le témoignage de M. le duc.

— De mon mari ?

— Oui, madame, répond le seigneur interpellé avec un sourire assez douteux, j'ai vu...

— L'entendez-vous, madame la duchesse ! J'avouerai, si vous voulez, que mes prétentions ne sont pas exemptes de cupidité ; mais daignez convenir qu'elles sont justes comme spéculation financière risquée à droit égal.

— Allons, allons, madame, reprend le duc, exécutez-vous de bonne grâce. Il est hors de doute que j'ai trouvé hier au soir l'abbé couché dans votre lit... très-près de vous, je l'atteste, et je soutiens avec lui qu'il faut que vous ayez le sommeil extrêmement dur pour ne l'avoir pas senti...

— Je paye, dit la duchesse en remettant un rouleau à Boismont, mais, en vérité, je crains qu'il n'y ait connivence...

— C'est possible, dit le gentilhomme en secouant la tête ; mais ce n'est pas entre l'abbé et moi !... »

Quand il y aura un emploi à donner au théâtre des petits appartements, j'espère que le roi songera à la duchesse : qu'on me cite une actrice qui ait fait preuve d'un talent comparable au sien !

Il faut croire que l'abbé de Boismont ne gagne pas souvent des paris de cinquante louis, car il songe rarement à payer ses dettes. Certain chanoine de Valenciennes, auquel ce galant ecclésiastique paye une pension sur un bénéfice qu'il a dans ce pays, fit dernièrement le voyage de Paris pour réclamer plusieurs années d'arrérages dus par le bénéficier oublieux. Mal informé de l'adresse de Boismont, le chanoine, au lieu d'aller au domicile de son débiteur, se rendit chez l'abbé de Voisenon à Belleville. C'était quelques jours avant la réception de ce poëte à l'Académie française : il faisait en ce moment les visites d'usage. En l'absence du mauvais payeur qu'il relançait, le prêtre de Valenciennes laissa un billet explicatif de sa démarche ; le lendemain il reçut la réponse suivante :

« Je suis fâché que vous ne m'ayez pas trouvé, monsieur, vous auriez vu la différence qu'il y a entre M. l'abbé de Boismont et moi. Il est jeune, et je suis déjà vieux ; il est fort robuste, je suis faible et valétudinaire ; il prêche, et j'ai besoin d'être prêché ; il a une grosse abbaye, et je n'en ai qu'une très-mince ; il s'est trouvé de l'Académie sans savoir pourquoi, et l'on daigne quelquefois me demander pourquoi je n'en suis pas ; il vous doit de l'argent enfin, et je n'ai qu'à vous féliciter de n'être pas mon créancier. » Cette lettre court les salons.

Le duc de Choiseul vient de compléter, par l'édit du 10 décembre, la réforme des troupes. Il y a des réductions, des économies dans les dispositions de cet édit ; mais il consacre aussi des bienfaits. L'infanterie française est réduite à dix-neuf régiments de quatre bataillons, vingt-deux de deux bataillons et six d'un seul bataillon. Les régiments prendront le nom des provinces, ce qui perpétuera plus facilement la renommée de leurs belles actions, non sans quelque inconvénient, car cette dénomination perpétuera en même temps la rivalité de corps, qui, dans le métier des armes, est toujours une dangereuse émulation. Le roi se réserve de nommer les colonels et lieutenants-colonels ; l'innovation est malheureuse : elle donnera tous ces grades à la faveur, qui du moins n'en avait eu jusqu'ici qu'une partie. Une caisse est ouverte dans chaque régiment. Un officier trésorier a la répartition des fonds et en constate l'emploi. Les engagements des soldats sont portés de six années à huit ; tout militaire ayant fait deux congés, d'après cette nouvelle fixation, pourra, sur sa demande, recevoir une demi-solde et un habillement. La solde entière sera acquise après trois engagements ; si les militaires ayant servi ces vingt-quatre années le préfèrent, ils seront admis à l'hôtel des Invalides. Les appointements de MM. les officiers sont augmentés, particulièrement en campagne. L'uniforme blanc sera désormais porté par toute l'infanterie française : à l'exception des gardes lorraines, qui continueront de porter l'habit bleu. Enfin tout le détail des recrues, de l'armement, de l'équipement, dont les officiers des corps étaient chargés, rentre dans les attributions immédiates du ministre.

Ces mesures, presque toutes sages, font pourtant un bon nombre de mécontents parmi les officiers laissés sans emploi. L'abbé de l'Attaignant, chanoine de Reims, qui ne croit à la réforme que si les vignes de la Champagne gèlent, cherche à consoler les pauvres réformés par ses chansons ; voici un couplet qu'on lui attribue :

> Brave officier, bon militaire,
> La réforme te désespère ;
> Que cela ne t'attriste pas...
> Je veux que tu t'en glorifie :
> Jésus est dans le même cas,
> On réforme sa compagnie.

Dieu le Père réforme encore plus sérieusement que le roi de France ; il vient d'appeler à la retraite éternelle les maréchaux de Maillebois

et de Lautrec : le premier meurt couronné de quelques lauriers, le second fit nombre parmi les puissances du monde.

CHAPITRE XXXI.
1763-1764.

Le placet de la jeune fille. — Le roi de Prusse a conquis la paix. — D'Alembert refuse les bienfaits de Catherine II. — Mort de Racine fils. — Anecdotes caractéristiques sur le duc de Berri (Louis XVI) et le comte de Provence (Louis XVIII). — Le tableau des jésuites de Billon. — Incendie de l'Opéra. — Début singulier de mademoiselle Maison-Neuve. — *Histoire générale* de Voltaire. — J.-J. Rousseau citoyen du monde — Statue équestre de Louis XV. — Exposition de peintures au Louvre. — Portrait de Voltaire en vers. — Élan de l'esprit public. — L'acteur anglais Garrick. — Mort horrible de l'abbé Prévost. — La femme de l'intendant — Le vice-chancelier Maupeou. — Bon mot de d'Ayen. — Le chevalier d'Eon. — Madame de Coislin. — *Le Comte de Warwick*, tragédie de la Harpe. — Ce que c'est que ce poëte. — Mort du roi de Pologne. — La petite-nièce de Corneille. — Hospitalité que lui donne Voltaire. — Le commentateur envieux. — Mort de madame de Pompadour. — Le sermon à la grecque. — L'étalon humain. — Insurrection en Bretagne ; le duc d'Aiguillon. — Cessions faites au roi par la compagnie des Indes. — Apparition de Necker. — *Lettre à l'archevêque de Paris* par J.-J. Rousseau. — Mort de Rameau. — Première pierre de la nouvelle église Sainte-Geneviève (le Panthéon). — Un amant de Catherine II roi de Pologne. — *Lettres de la Montagne* par J.-J. Rousseau — Troupes françaises en Corse. — Apparition de Paoli. — Le *Dictionnaire philosophique* de Voltaire. — *Olympie*, tragédie de Voltaire. — *Timoléon*, tragédie de la Harpe. — *Idoménée*, tragédie de Lemierre. — *Le Cercle*, comédie de Poinsinet.

On s'est régalé, pour étrennes, d'une aventure arrivée cet hiver à M. l'intendant de Languedoc : j'ai eu ma part de la narration ; mes lecteurs, si j'en ai un jour, auront la leur.

Une jeune fille extrêmement jolie attendait son tour d'audience dans le salon de ce fonctionnaire provincial ; mais le tour de la beauté vient vite avec un galant protecteur... M. l'intendant fait entrer en toute hâte dans son cabinet la charmante pétitionnaire, qu'il a lorgnée du coin de l'œil.

« Qu'y a-t-il pour votre service, belle enfant ? lui dit-il en la faisant asseoir à côté de lui sur une ottomane.

— Monseigneur, c'est un placet.

— Donnez, mon bel ange, donnez ; je parie d'avance que vous ne me demandez rien que de juste.

— Mais je le crois, et quand monseigneur aura lu...

— Inutile, tout à fait inutile... Et si vous étiez aussi favorable à ma demande que je promets de l'être à la vôtre... A ces mots, l'intendant, qui a laissé échapper le placet, se met en devoir d'usurper provisoirement les droits qu'il demande.

— Ramassez, ramassez donc ma supplique, monsieur l'intendant, vous verrez...

— Rien ne presse, mon enfant, puisque je vous promets... Et les mains du galant gentilhomme prouvaient assez ce qu'il voulait obtenir.

— Eh ! mais, monseigneur, vous n'y songez pas ; si vous saviez ce que je vous demande...

— Accordé... accordé. Passons à ma requête... Et monseigneur la poussait...

— Au moins, monseigneur, ce n'est pas ma faute, dit la jeune fille après avoir été forcée de dire aussi *Accordé* en style de pantomime.

— Maintenant, ma petite, votre cause est gagnée irrévocablement, dit l'audacieux en se rajustant ; voyons le placet.

— Je vous le laisse, » répondit le bel ange, qui prit aussitôt son vol.

M. l'intendant lut le papier... Que devint-il en voyant que c'était une plainte portée par la jeune fille contre un chirurgien ignorant !... On devine le reste. Monseigneur chercha sur l'heure un Esculape plus adroit, et jura qu'on ne le prendrait plus à présenter ses placets aux belles suppliantes avant d'avoir vu les leurs.

On vient de recevoir à Paris le traité signé le 15 février à Hubersbourg entre l'impératrice-reine, stipulant tant en son nom qu'en celui des cercles de l'Empire, et le roi de Prusse. Un second traité a été conclu sous la même date entre Frédéric II et le roi de Pologne.

Si l'on examine à fond ces actes diplomatiques et celui de Fontainebleau, on voit que la seule Angleterre a recueilli des avantages de la guerre qui se termine par l'adresse qu'elle a eue de faire la paix à une époque qui pouvait devenir très-critique pour elle et ses alliés. En effet, le Portugal allait être envahi par les armes réunies de la France et de l'Espagne tandis que le roi de Prusse, malgré son génie, ne pouvait résister longtemps encore à tant d'ennemis avec une armée épuisée qu'il ne pouvait plus renouveler. Ainsi tout porte à croire que si les hostilités eussent continué, la Grande-Bretagne eût été forcée de restituer ses conquêtes d'outre-mer pour compenser celles des Français, des Autrichiens et des Espagnols sur le continent européen. La France, déjà dessaisie de toutes ses colonies au moment des négociations de Fontainebleau, ne pouvait plus rien perdre à la guerre ; il était évident qu'elle allait au contraire y gagner en obligeant par l'envahissement du Hanovre son ennemie à lui restituer toutes ses possessions dans l'Inde et dans l'Amérique. La paix de Fontainebleau, mêlée de conditions onéreuses et de honte, peut donc être considérée en définitive comme une erreur grave du ministère Choiseul; et l'épuisement des finances ne justifie point assez la fin brusquée d'une guerre arrivée, je crois, au point où elle devait payer les sacrifices qu'elle a coûté.

Maintenant que la paix est faite, M. d'Alembert pense sans doute que le sol de la France sera plus fécond pour la philosophie que celui de l'empire russe; il vient de refuser définitivement les offres brillantes que lui faisait l'impératrice Catherine, qui voulait, dit-on, lui confier l'éducation du grand-duc Paul son fils. On assure que le gouvernement, assez désireux de voir les rangs philosophiques s'éclaircir en France, insinuait doucement à d'Alembert que sa présence à la cour de Pétersbourg serait utile à notre politique; l'encyclopédiste a tenu bon. « Je vous félicite, mon cher philosophe, lui » écrivait dernièrement Voltaire, d'avoir préféré la philosophie aux » richesses et aux grandeurs dont voulait vous combler une grande » princesse. » Qu'il est agréable de prêcher le mépris des biens du fond d'un immense château entre un coffre-fort bien comble et un portefeuille bien rempli !

Si les rangs des écrivains appelés hérétiques par le sacerdoce se renforcent de jour en jour, ceux des hommes de lettres pieux s'éclaircissent. Racine fils, de l'Académie des inscriptions et belles-lettres, mourut au mois de janvier. Les dernières années de sa vie furent partagées entre deux cultes assez opposés, quoique messieurs les chanoines et les moines en confondent quelquefois les rites : le fils de notre grand tragique était tout à la fois ivrogne et dévot; on pourrait graver sur sa tombe une croix enlacée de pampres. Le poëme de *la Religion* est le seul ouvrage de ce poëte qu'on puisse citer avec éloge; sa traduction du *Paradis perdu* a quelquefois le mérite de la fidélité, mais quelle pâle copie d'un si sublime tableau !... *Homère, Virgile et Milton*..... génies sublimes ! il faut subir, il faudra peut-être subir une longue suite de siècles encore la suprématie de cette trinité, unique dans la région d'où elle plane sur le monde poétique !

Il y a dans la marche d'un écrit de mœurs des transitions qui désespèrent : c'est, par exemple, une nécessité malheureuse d'avoir à parler d'un duc de Berri[1], d'un comte de Provence[2], après s'être élevé jusqu'à Milton. Pénétrons pourtant dans l'appartement de ces deux embryons de grandeur conventionnelle, l'un âgé de neuf ans, l'autre parvenu à peine à sa huitième année. Le caractère de Leurs Altesses se devine déjà dans les deux traits que j'ai à mentionner. Il était arrivé l'un de ces matins au duc de Berri de lâcher un *il pleuva*. « Ah! mon frère, quel barbarisme ! s'écria le comte de Provence » avec autant d'emphase qu'on en peut montrer à huit ans; cela n'est » pas beau, un prince doit savoir sa langue. — Et vous, mon frère, » répondit l'aîné, vous devriez retenir la vôtre. » Je renvoie la réflexion après la seconde citation.

Le duc de Chartres[3], dans une visite qu'il était allé faire aux petits-fils de France, appela plusieurs fois le duc de Berri *monsieur*. « Mais, monsieur le duc de Chartres, dit l'Altesse Royale, vous me » traitez bien cavalièrement; ne devriez-vous pas me donner du » *monseigneur ?* — Non, reprit vivement M. de Provence, non, mon » frère; il vaudrait mieux qu'il dît *mon cousin.* »

Ainsi voilà donc, dans un âge si tendre, de la part du duc de Berri, de la morgue, de la fierté brutale, même envers son frère; de la part du comte de Provence, du pédantisme, de la dissimulation, des prétentions à la bonhomie. On en conviendra, ces jeunes rameaux de l'arbre bourbonien ont déjà pris leur courbure respective.

En quittant un coin de la cour où se prononce un tout petit jésuite, je passe, par une transition moins brusque que celle dont je me plaignais tout à l'heure, à la mention d'un tableau curieux trouvé dans l'église de la compagnie à Billon en Auvergne. C'est une mauvaise croûte, véritable dessus de porte d'auberge, qui remonte, dit-on, au temps de la Fronde, mais qui mérite beaucoup d'attention à cause du sujet. Cette peinture représente un grand vaisseau sur lequel on remarque des ecclésiastiques généraux d'ordres, cardinaux, évêques, abbés, moines de toutes robes; on lit à la poupe du navire : *Typus religionis.* Un jésuite tient la barre : c'est le fondateur saint Ignace; un autre, placé à l'avant, paraît observer la route. Le bâtiment vogue vers le port du salut, laissant derrière lui le monde, ses pompes, ses vanités, ses scandales. Des barques de diverses formes entourent le vaisseau : elles portent des empereurs, des rois, des princes de l'Eglise, qui s'efforcent d'aborder le grand navire. On tend des amarres à beaucoup d'entre eux, tandis que plusieurs esquifs, indiqués *hérétiques,* sont repoussés avec violence; des flèches sont décochées contre les grands qu'ils portent : *Henri IV, dont on peut reconnaître les traits, tombe frappé d'un dard parti du vaisseau.* On assure que le tableau allégorique que je viens de décrire n'est qu'une copie, et que l'original est à Rome. Quoi qu'il en soit, on devise beaucoup sur cette peinture, où la doctrine des jésuites se trouve clairement exprimée.

[1] Depuis Louis XVI.
[2] Depuis Louis XVIII.
[3] Père de Louis-Philippe roi des Français

La gravure l'a reproduite; on en expose partout des estampes : on fait foule pour les voir.

Un terrible incendie qui vient de réduire en cendres la salle de l'Opéra, au Palais-Royal, fait une triste diversion à la célébrité du tableau de Billon. Le 6 avril, entre onze heures et midi, je revenais de Bellevue, où madame de Pompadour m'avait fait la galanterie de me retenir à déjeuner, lorsque ma voiture fut arrêtée dans la rue Saint-Honoré par une escouade du guet à cheval... Le feu était des plus violents; un pétillement sinistre retentissait à mon oreille; une fumée épaisse s'élevait à perte de vue, mêlée de flammes rouges, bleues, vertes, blanches, et nuancées ainsi par les divers combustibles qui les alimentaient... Un bruit confus de voix retentissantes, de poutres qui tombaient, de murailles qui croulaient, portait dans l'âme une terreur qu'augmentait encore l'aspect des blessés, des morts qu'on retirait des décombres. Le soir, l'incendie était peu calmé; de mon balcon de la rue Saint-Louis, j'en voyais les flammes s'élevant en colonnes ardentes sous la voûte céleste : un peu plus tard, ce feu lointain se réfléchissait sur mon visage à travers les rideaux rouges de mon lit.

J'appris le lendemain que toute la salle de l'Opéra était dévorée : un monceau de cendres, voilà ce qui reste du temple des arts, des grâces, des plaisirs et des voluptés. Cet édifice sera, dit-on, rebâti au Palais-Royal, à la demande de M. le duc d'Orléans. Outre des fonds considérables avancés de sa caisse pour cette reconstruction, Son Altesse donne annuellement dix mille écus pour ses loges. En attendant que la nouvelle salle soit élevée, l'Opéra jouera aux Tuileries dans la salle dite des Machines.

Je ne quitterai pas les spectacles sans parler d'une aventure moins triste qu'un incendie et qui pourtant a bien produit aussi quelques petits feux follets dans la salle du Théâtre-Français. Mademoiselle Maison-Neuve, petite-fille de la femme de chambre de mademoiselle Gaussin, a débuté le 3 mai dans *la Gouvernante* : le succès de la jolie néophyte a été complet; mais il a été partagé par une partie de sa personne, sans doute peu habituée à des triomphes aussi publics. La débutante dans certaine scène veut quitter précipitamment le théâtre, ses pieds s'embarrassent dans sa robe, elle tombe, et soudain se produisent deux globes jumeaux qui provoquent les applaudissements unanimes. Madame Belcour, s'élançant de la coulisse, baisse bientôt d'une main secourable les jupes que la chute a relevées... Il était déjà tard, tout le monde avait vu... Apparemment mademoiselle Maison-Neuve ne craint point les jugements critiques sur ses beautés secrètes, car elle a reparu sans être déconcertée... Quelles heureuses dispositions !

Tandis que les presses des frères Cramer de Genève gémissaient sous une édition de l'*Histoire générale* de Voltaire, portée à huit volumes, Jean-Jacques Rousseau, jadis citoyen de cette ville, écrivait au premier syndic de son conseil une lettre dont j'extrais le passage le plus remarquable : elle est datée de Neufchâtel, où ce philosophe a trouvé un refuge. « Ayant rempli de mon mieux, dit-il dans cet » écrit, les devoirs attachés au titre de citoyen de Genève sans jouir » d'aucun de ses avantages, je ne crois point être en reste avec l'État » en le quittant. J'ai tâché d'honorer le nom de Génevois; j'ai ten- » drement aimé mes compatriotes; je n'ai rien oublié pour me faire » aimer d'eux : on ne saurait plus mal réussir. Je veux leur complaire » jusque dans leur haine : le dernier sacrifice qui me reste à faire est » celui d'un nom qui me fut cher. Mais, monsieur, ma patrie, en me » devenant étrangère, ne peut me devenir indifférente; je lui reste » attaché par un tendre souvenir et je n'oublie d'elle que ses ou- » trages. Puisse-t-elle prospérer toujours et voir augmenter sa gloire! » puisse-t-elle abonder en citoyens meilleurs et surtout plus heureux » que moi ! »

Le magnifique conseil de Genève, composé pour le moment de gens qui se connaissaient mieux en ressorts de montre qu'en beaux sentiments, fut sur le point de faire brûler la lettre de Rousseau après avoir brûlé son *Emile*, et, je crois, sa délicieuse *Héloïse*. Cependant la majorité se déclara pour la simple transcription sur les livres et pour l'adhésion à la demande de l'auteur... Le voilà donc cosmopolite.

Les anciens décernaient des statues aux grands hommes, aux grands princes reconnus tels à cause de leurs exploits ou de leurs vertus sublimes. L'adjectif *grand* ne pouvait dans ces temps reculés être entendu que d'une seule manière : personne, à coup sûr, ne se serait avisé de penser qu'un jour on appellerait *grands* les hommes richement pourvus par la fortune, ceux décorés d'un nom historique par l'aveugle hasard ou ceux impunément vicieux grâce à leur rang et pourvus précisément des mauvaises qualités qui *rapetissent* l'espèce humaine aux yeux de la saine raison. Cependant c'est ainsi que l'on entend trop généralement la *grandeur* dans notre siècle dégénéré. C'est par suite de cette étrange interprétation qu'on vient d'ériger une statue à Louis XV, déclaré, comme on sait, *le plus* GRAND *roi du monde* en dépit de la renaissante philosophie, qui se contente encore d'en hausser les épaules. Mais comme il pourrait arriver un jour que cette philosophie, devenue puissante au milieu d'une société qu'elle aurait éclairée, essayât de rectifier notre grammaire morale quant à la signification de l'adjectif *grand* et qu'alors les monuments élevés aux rois *grands* par la grâce de Dieu ne fussent pas respectés, je vais décrire la statue érigée à Louis XV.

Dès l'année 1748 le prévôt des marchands avait déterminé le corps municipal à faire cette édification au nom de la ville, qu'on s'était dispensé de consulter. Edme Bouchardon fut chargé d'exécuter le modèle d'une figure équestre, qui devait être ensuite coulée en bronze. Le célèbre statuaire ne put être témoin du succès de son travail : il était mort, lorsque le 17 avril dernier la figure fut transportée sur la place située entre les Tuileries et les Champs-Elysées. M. Pigalle avait succédé à Girardon pour l'exécution des ornements du piédestal. Enfin le tout fut offert aux regards du public le 20 juin. Ce même jour la place sur laquelle s'élevait l'effigie prit le nom de *place Louis XV.*

Le roi, couronné de lauriers, mais coiffé à la moderne, c'est-à-dire ayant les cheveux liés par derrière avec un ruban, est, pour comble d'incohérence, vêtu à la romaine. A part ces bizarreries intolérables, la statue passe pour être généralement d'un beau dessin : la tête du roi a de la noblesse ; la pose du corps est heureuse. Le cheval se distingue surtout par l'élégance et la beauté des formes. En un mot, à une époque où l'art s'efforce encore avec peu de succès de se relever d'une décadence poussée jusqu'au ridicule, l'ensemble de cette composition mérite des éloges. Il n'en est pas de même de la partie du monument exécutée par Pigalle. Aux angles du piédestal quatre figures en bronze, la Force, la Paix, la Prudence, la Justice, ont été réduites par un architecte mal inspiré aux fonctions humiliantes de cariatides et semblent soutenir le socle de la figure équestre. Ces quatre divinités allégoriques feront peu d'honneur au ciseau de leur auteur : dépourvues de toute grâce, de toute noblesse, offrant avec indécence une exhibition de gros charmes découverts et affectant des attitudes telles qu'on pourrait les croire conformes aux goûts secrets du *grand roi*, ces figures sont l'objet de mille plaisanteries obscènes : elles produisent d'ailleurs un effet disgracieux. Les faces du piédestal sont ornées de bas-reliefs en bronze d'une exécution moins vicieuse, mais où les lois de la perspective, impérieuses dans ce genre de sculpture, m'ont paru complétement violées ; aussi ces bas-reliefs, qui représentent les principales batailles que Louis XV a *vues*, ne montrent-ils que des masses confuses de combattants, et l'œil y trouve un mécompte frappant de jambes et de bras relativement au nombre de têtes exposées par le statuaire. Sur l'une des faces on lit : *Hoc pietatis publicæ monumentum præfectus et ædiles decreverunt anno* 1748 ; *posuerunt anno* 1763 : ce qui veut dire que ce monument de la *piété publique*, décerné par le prévôt des marchands et les échevins en 1748, fut érigé en 1763. Huit jours après l'érection un savant, plus versé dans le style lapidaire que notre *préfet* en robe de procureur et nos *édiles* en perruque, avait écrit sur le piédestal cette inscription aussi brève que vraie : *Statua statuæ.* L'auteur n'a pas demandé à être admis à l'Académie des inscriptions et belles-lettres. Poursuivons notre revue des ouvrages de l'art.

L'exposition du Louvre est ouverte depuis quelques jours : il n'est pas inutile de dire que les seuls peintres, sculpteurs ou graveurs de l'Académie peuvent y produire leurs ouvrages et qu'ainsi la médiocrité privilégiée d'un bon nombre de ces artistes passe pour l'apogée du génie national. Cette année comme les précédentes l'allégorie domine au salon, et parmi les grandes productions de ce caractère on remarque *les Grâces enchaînées par l'Amour*, tableau du célèbre Vanloo. Il y a du coloris dans ce sujet, mais les divines sœurs ont des formes un peu flamandes, et madame de Pompadour, en disant avec dédain de ce trio : *Les Grâces, ça !* n'avait que trop bien jugé.

La Chasteté de Joseph, sujet historique exécuté par M. Deshays, réunit plus de suffrages : on trouve du naturel, de là passion dans cette peinture ; ce qui est remarquable à une époque où l'art n'a pas encore cessé de s'égarer avec la manière, l'artifice et l'enluminure. Mais Joseph Vernet, cet amant de la nature si fidèle, si heureux, provoque une admiration unanime : ses *Quatre Parties du jour* sont particulièrement recherchées par les amateurs ; on croirait voir la nature elle-même à travers une lunette diminutive.

La Piété filiale de Greuze attire aussi la foule : c'est un chef-d'œuvre de pathétique et de vérité. L'œil abusé complète lui-même son illusion en prêtant le mouvement aux personnages de ce peintre enchanteur.

On ne remarque guère dans l'exposition des ouvrages du ciseau que le *Prométhée* de M. Adam et le *Pygmalion* de M. Falconnet : l'imitation de l'antique n'a pas été négligée par ces statuaires ; mais peut-être voudrait-on qu'ils eussent moins recherché la rectitude académique.

L'art d'imiter la peinture en points de tapisserie a pris un certain développement depuis quelques années : on remarque à l'exposition un portrait en pied du roi entouré de tous les attributs de la royauté ; nuances, ombres, dégradations, tout y est de la précision la plus heureuse. A quatre pas l'illusion est complète, on se croirait devant un tableau à l'huile. Les progrès de ce genre peuvent ajouter à la magnificence de nos décors intérieurs. Ce chef-d'œuvre de l'aiguille est de M. Audray.

On fait aussi des portraits à la plume. Il en court un de Voltaire tracé en jolis vers ; voici le début :

> Je chante un mortel exigu,
> Et dont le frêle individu
> N'a presque point de consistance ;
> Mais, s'il n'a ni hanches ni cul,
> S'il est aussi sec qu'un pendu,
> Le ciel le fit, en récompense,
> D'esprit abondamment pourvu.

La longue énumération de toutes les qualités du grand poëte, produite par une muse plus maligne que fidèle, se termine par cette réflexion :

> Quand on jouit de l'avantage
> De réunir tant de trésors,
> Il est permis, pour son usage,
> De n'avoir qu'un petit visage,
> Point de mollets et peu de corps.

On croit que ce portrait est de M. la Vieuville. Si ce rimeur n'a pas été lors de son baptême bien pourvu de prénoms, il peut s'en consoler ; M. de Voltaire y suppléera surabondamment par les surnoms de *cuistre*, de *malotru*, de *polisson*, dont il décore ses écrits en faveur des critiques assez hardis pour le descendre un moment de son piédestal.

Les satires de ce genre résultent nécessairement des progrès de la philosophie ; la lumière qu'elle répand sur les hommes comme sur les choses est funeste à tous les genres de fanatisme, et l'espèce de culte rendu au vieillard de Ferney en est un.

Mais l'esprit public, excité par nos philosophes, aborde surtout les matières politiques ; il sait maintenant que ce sont pour lui affaires de famille, et prend la liberté de s'en mêler. C'est donc avec un véritable enthousiasme qu'on lit les belles remontrances inspirées par les calamités de l'État aux parlements de Paris, de Rouen, de Bordeaux, de Grenoble, de Bretagne. Ces corps, nourris des idées généreuses que les lettres propagent, parlent de liberté, de patrie, de droits nationaux ; expressions nouvelles en France, qui résonnent délicieusement à l'oreille des peuples et cruellement à l'oreille de Sa Majesté. Aussi divers arrêts du conseil rédigés en style de palais suppriment-ils ces beaux écrits imités d'Athènes et de Rome...

« Détruisez, sire, disent au roi les courtisans effrayés, détruisez » vite, faites, s'il y a lieu, brûler juridiquement ces grands morceaux » d'éloquence propres à faire naître chez les particuliers des senti- » ments mâles et énergiques ; il y a de quoi trembler quand on entend » prononcer ce vilain mot de *patrie*. »

Dans cet élan de l'esprit public, Louis XV a cru lui donner un frein en appelant au conseil M. de Maupeou, premier président au parlement de Paris, homme capable d'artifices subtils, d'expédients propres à faire espérer en trompant. Nous verrons ce que cette acquisition du pouvoir produira.

Le fameux Garrick, le Préville de l'Angleterre, est à Paris depuis quelques jours. Il s'est lié particulièrement avec M. Molé, jeune acteur rempli de talent, qui commence à compter parmi les notabilités du Théâtre-Français. L'artiste des rives de la Tamise et celui des bords de la Seine causaient l'autre soir au café de Foy de la difficulté d'imiter un homme de bonne compagnie dans l'état d'ivresse. Molé montrait à son interlocuteur comment il s'en tirait dans un des rôles qu'il joue le mieux, l'ivrogne du *Retour imprévu*. « A merveille, lui » dit Garrick, vous *avinez* plus vos jambes et moins votre buste et » votre tête. L'ivresse du peuple est dans tout le corps, parce qu'il » n'a point de dignité à disputer au vin ; l'élégant marquis ne lui » abandonne jamais son élégance. Voyez le Bacchus de Michel-Ange : » le demi-dieu est ivre, il sourit à la liqueur, mais il est debout, il » s'efforce de se tenir droit : Bacchus n'oublie pas ce qu'il est. On ne » soupçonne l'ivresse que par la flexion légère de ses jambes. » Voilà le secret de la supériorité de Garrick ; il raisonne son art, et l'on ne fera jamais qu'un mannequin mécanique d'un comédien qui ne suit que les préceptes de l'école.

A propos précisément de l'imitation théâtrale une discussion s'engagea le même soir au salon de madame Geoffrin, où Garrick avait été introduit par M. Suard. « Les bêtes n'imitent pas, disait Condillac, » ou elles imitent très-peu : dès qu'elles ont appris à manger et à boire, » ce qui est bientôt fait, tout est appris pour elles. Il y a deux imi- » tations : l'une servile et qui arrête tout ; l'autre de génie, et celle-là » s'élève toujours au-dessus de ce qu'elle imite. Messieurs, si l'esprit » humain n'était essentiellement imitateur, nous aurions tous dîné » aujourd'hui de glands au pied d'un chêne, et nous n'aurions pas » l'espérance d'entendre M. Garrick... Mais qu'en pense M. Garrick » lui-même ? » Mis en scène beaucoup plus tôt qu'il ne le pensait, et pour une question déjà soulevée par un homme tel que Condillac, le célèbre acteur anglais fut un peu embarrassé ; il se tira de là néanmoins avec esprit. Faisant quelques pas comme sur le théâtre, et se plaçant à distance du groupe discutant, il dit d'un ton moitié grave, moitié comique :

> Non, n'imitons personne et servons tous d'exemple.

Cette réponse, qui, par cela même qu'elle n'était pas une décision, était une preuve de tact et de convenance, donna à l'assemblée une opinion très-avantageuse de l'esprit de Garrick.

Cet incident de conversation allait hâter les sollicitations qu'on se proposait de faire à l'acteur anglais, qu'on était pressé d'entendre réciter un de ces morceaux de comédie auxquels son talent prêtait tant de charme ; une mauvaise nouvelle priva la société de ce plaisir. L'abbé Prévost, l'ingénieux auteur de *Manon Lescaut* et de tant de jolis romans, était l'une des brillantes lumières du cercle Geoffrin ; il y jetait les saillies de sa gaieté communicative au travers des discussions abstraites, et souvent de jolies bouches, qui allaient s'ouvrir convulsivement pour bâiller, le remerciaient de cette heureuse diversion. Ce fut donc avec une douleur réelle qu'on apprit dans ce centre du bel esprit la mort du pauvre abbé avec les horribles circonstances que je vais rapporter. Prévost, qui passait toute la belle saison à Saint-Firmin, près Chantilly, se promenait dans la forêt de cette résidence, lorsque, frappé d'une attaque d'apoplexie, il tomba privé de toute connaissance au pied d'un arbre. Des paysans qui survinrent le transportèrent chez le curé du village le plus voisin... L'abbé paraissait entièrement privé de vie quand la justice, appelée avec un chirurgien ignare, fit procéder à l'ouverture du cadavre. Mais l'assistance fut glacée d'effroi à un cri aigu poussé par l'infortuné... il n'était qu'en léthargie. L'opérateur s'arrêta, mais il était trop tard : une ouverture d'une effrayante grandeur laissa bientôt échapper la vie du spirituel écrivain avec des flots de son sang... Prévost ne rouvrit un moment les yeux que pour voir l'appareil affreux qui l'environnait... Il expira sous le scalpel.

On parlait hier au lever du roi de cette mort tragique ; elle affectait sincèrement Sa Majesté, qui fit toujours beaucoup de cas des ouvrages de Prévost. Mais comme Louis XV ne s'appesantit pas longtemps sur les sujets affligeants, il ne tarda pas à dire au facétieux d'Ayen : « Duc, faites-moi donc rire. — Volontiers, sire, et je vais » raconter à Votre Majesté une aventure récente arrivée à Lauraguais, » et qui se termine par un bon mot qu'il m'a volé. Le comte, en fiacre » pour je ne sais quelle raison, se croise dans une petite rue avec un » superbe équipage où se trouvaient M. l'intendant du Poitou et ma- » dame son épouse, dame de la plus complète laideur. M. l'inten- » dant, arrêté dans sa marche par un *sapin*, met la tête à la portière » et prescrit impérieusement au fiacre de reculer. M. de Lauraguais, » piqué au jeu, se montre à son tour, et défend au phaéton de place » de céder un pouce de pavé. Le fonctionnaire provincial, qui a re- » connu un seigneur honoré des bontés de Votre Majesté, cherche à » s'excuser. Mais le comte s'est emporté en diable ; une fois excitée, » il faut que sa bile s'exhale. Qu'importe ce que je suis ! reprend-il » avec colère, mais qu'êtes-vous ici pour parler d'un ton si haut » même au plus simple particulier ? A ce point de l'altercation, ma- » dame l'intendante, jusqu'alors cachée au fond de la voiture, paraît » soudain pour dire à Lauraguais que ce ton impoli convient bien peu » à un homme de qualité... —Ah ! pardon, madame, répond aussitôt » le comte, si vous vous fussiez montrée plus tôt, le cocher, les che- » vaux, moi, tout l'équipage, aurions reculé. »

Les courtisans du lever, voyant d'Ayen en verve, lui demandèrent ce qu'il pensait de la nomination du vice-chancelier René-Charles de Maupeou, création nouvelle qui prêtait beaucoup à la critique. « Sa » Majesté me permet-elle à cette occasion le mot pour rire ? de- » manda le duc. — Dites, dites ! répondit le roi. — En ce cas, reprit » l'illustre bouffon, je dirai de la nomination de ce vice-chancelier » que *je n'y vois qu'un vice de plus dans l'Etat...* » Et le rire d'écla- ter, Louis XV donnant le ton.

« C'est pourtant ainsi, mauvais plaisant, reprit Sa Majesté encore larmoyante d'hilarité, c'est ainsi que dans les plus grandes calamités vous tirez votre épingle du jeu par une plaisanterie.

— Votre Majesté connaît-elle une meilleure manière de se libérer ?

— Vous conviendrez au moins qu'elle n'est pas toujours opportune.

— Toujours, sire, quand elle console.

— Il est cependant des circonstances où l'on doit contribuer un peu plus réellement à certains sacrifices, et vous vous donnez aussi, mon cher duc, trop d'immunités. Par exemple, et j'ai encore cela sur le cœur, dans la grande pénurie financière de l'an dernier, vous n'avez pas envoyé votre argenterie à la Monnaie.

— Ma foi, sire, j'en conviens, et je n'en ai pas même été tenté.

— J'y ai bien envoyé la mienne, moi.

— Je le crois bien, sire ; mais permettez-moi une comparaison : quand Jésus-Christ mourut le vendredi, il avait la certitude de ressusciter le dimanche. »

Ah ! pour cette fois, les éclats de rire des habitués du lever devancèrent la permission royale, et le roi lui-même, entraîné comme les autres, ne songea plus à revendiquer le droit de donner le signal.

On parle beaucoup dans le monde d'un chevalier d'Eon de Beaumont, cavalier bien fait, ayant l'œil spirituel, la barbe épaisse, grand bretteur, chevalier de Saint-Louis, capitaine de dragons, et qui, malgré tous ces caractères de virilité, est néanmoins une femme, si l'on doit s'en rapporter à un officier de son régiment. Tous les détails se rattachant à un tel personnage sont curieux. D'Eon, que j'appellerai monsieur jusqu'à plus ample informé, a été employé à cause de son esprit subtil dans les négociations de la dernière paix : sa première mission fut en Russie. Le grand-duc Paul demandait un maître d'armes français ; on lui envoya cet agent, qui, très-fort sur l'escrime, pouvait, en montrant la tierce et la quarte à son royal élève, ménager le retour d'un ministre de France à Pétersbourg. Tout se passa comme on l'avait espéré : le chevalier s'insinua dans la confiance du grand-duc, et ménagea si bien son crédit, qu'il fit apprécier la présence à la cour de Catherine du diplomate qu'il importait à la France d'y entretenir. Le prix de ce succès fut la place de secrétaire d'ambassade et un brevet de capitaine de dragons. Ceci se passait pendant la dernière guerre ; depuis lors d'Eon a publié quelques écrits ingénieux sur le commerce, les finances, l'industrie : rédigés avec adresse d'après les opinions du cabinet de Versailles, ils ont valu au chevalier une pension de deux mille écus ; puis le titre de ministre plénipotentiaire dans la Grande-Bretagne, à l'égard de quelques stipulations particulières. Pour une femme, notre aventurière devait se trouver passablement pourvu des grâces ordinairement accordées à la virilité, lorsqu'une rixe survint à Londres entre d'Eon et M. de Vergy, qui déclarait avec trop de raison la dernière paix honteuse pour la France, contre le sentiment du diplomate androgyne. Dans cette querelle, M. de Guerchin, ambassadeur de France, voulut en vain interposer son autorité : d'Eon n'en tint compte ; mais, plus heureuse, la police de Londres obligea le querelleur à passer dans la Cité [1], où le roi lui-même ne peut, comme on sait, violer le droit d'asile accordé par le lord maire, magistrat suprême du commerce.

Tandis qu'un dragon femelle affichait à Londres toute l'audace d'un mousquetaire noir, madame de Pompadour, qui souvent se montre femme et demie dans ses appréhensions jalouses, tremblait à l'aspect des entreprises d'une dame de Coislin. Un soir, à Marly, elle rentre chez elle fort agitée en quittant le salon. Madame du Hausset la vit jeter avec dépit son manteau, son manchon, et se déshabiller elle-même avec une extrême vivacité.

« Je ne crois pas, dit-elle enfin à sa femme de chambre, je ne » crois pas qu'il y ait rien de si insolent que cette madame de Cois- » lin ; je me suis trouvée ce soir au jeu à une table de brelan avec » elle, et vous ne pouvez vous imaginer ce que j'ai souffert. Les » hommes et les femmes semblaient se relayer pour nous examiner. » Madame de Coislin a dit deux fois en me regardant : *Va-tout !* de » la manière la plus insolente, et j'ai cru me trouver mal quand elle » a ajouté d'un ton triomphant : *J'ai brelan de rois...* Je voudrais » que vous eussiez vu sa révérence en me quittant. »

Les alarmes de la marquise ont duré un mois entier ; mais enfin elle a dit dernièrement à madame du Hausset :

« Cette superbe marquise de Coislin a manqué son coup ; elle a » effrayé le roi par ses grands airs, et n'a cessé de lui demander de » l'argent. Vous savez que Louis signerait sans y songer pour un » million, et donnerait avec peine cent louis sur son petit trésor. » Lebel, qui m'aime mieux qu'une nouvelle *en place*, soit par hasard » ou à dessein, a fait venir au *Parc aux Cerfs* une petite sultane char- » mante, qui a refroidi le roi pour l'altière *Vasthi*, en occupant vive- » ment Sa Majesté. »

Ce que madame de Pompadour ne disait pas, c'est que l'intendant des postes avait beaucoup aidé à la lettre en montrant au monarque des extraits de correspondance sur le bruit du commencement de faveur de madame de Coislin.

Les nouvelles galantes qui ont circulé pendant les tentatives d'une beauté ambitieuse font place maintenant aux nouvelles littéraires. La tragédie du *Comte de Warwick* par M. de la Harpe a fait peu de bruit : c'est un ouvrage régulier et sagement conduit, mais le poëte ne s'y élève jamais.

« Cette pièce, disait un amateur judicieux en sortant de la pre- » mière représentation, est trop sage pour un jeune homme, l'au- » teur n'ira pas loin. » Le rôle d'Élisabeth, assez fidèlement copié d'après l'histoire, offre pourtant de beaux passages. En résumé, l'ouvrage de M. de la Harpe est moins curieux que sa vie ; voici le précis de cette dernière.

Quoique décoré d'un nom *sonore*, cet écrivain est le fils abandonné d'un porteur d'eau et d'une ravaudeuse. M. Asselin, principal du collège d'Harcourt, situé rue de la Harpe, ayant aperçu quelques étincelles d'esprit dans les yeux de ce petit garçon, le recueillit et le fit élever dans son établissement. L'enfant n'avait point de nom, on lui donna celui de la rue où il recevait l'hospitalité et l'éducation. Les prévisions de M. Asselin se réalisèrent : les progrès de son *Emile* furent rapides ; il se distingua dans ses études, et parvenu aux classes supérieures remporta presque tous les prix de l'université. Voyons comment M. de la Harpe reconnut les soins de son bienfaiteur et de ses maîtres. L'esprit de la critique se développa de bonne heure en lui : son premier essai fut une satire contre ses pro-

[1] La Cité est séparée de Londres par une porte appelée *Temple bar*. Le roi d'Angleterre ne peut franchir cette limite sans la permission du lord maire. C'est sur cette porte qu'est déposée la tête de l'infortuné Charles Ier, décapité en 1649.

fesseurs, contre M. Asselin lui-même; cette pièce fut imprimée, et l'ingratitude de la Harpe offrit le début de sa renommée. La vengeance n'est jamais plus légitime que dans la punition des ingrats; le principal du collège d'Harcourt obtint l'ordre de faire mettre son élève au Fort-l'Évêque, où ce jeune censeur médita pendant un mois sur les devoirs mieux entendus de la reconnaissance. La Harpe a fait depuis des héroïdes médiocres, mais qui ont peut-être paru plus faibles qu'elles ne le sont en effet par les préventions qu'a fait naître certaine préface dans laquelle cet écolier s'érige en juge impérieux du mérite de tous les auteurs anciens et modernes. C'est sous cette influence que la tragédie de *Warwick* a paru, et tout porte à croire qu'elle a été jugée avec une humeur rancunière qui n'a pas permis au public d'être précisément juste. Une balance plus sûre pour peser le mérite de la Harpe, c'est l'opinion de M. de Voltaire : ce grand poëte lui donne des éloges et l'encourage; ce qui prouve tout naturellement qu'il ne redoute pas de trouver en lui un rival.

Je dois noter à la fin de cette année une singulière preuve de vicissitude de la grandeur souveraine : le roi de Pologne, électeur de Saxe et père de la reine de France, est mort à Dresde le 5 octobre; le fils de ce prince, Frédéric-Chrétien-Léopold, qui lui avait succédé à l'électorat, ne lui a survécu que de quarante-un jours, et le fils aîné de celui-ci a ceint la couronne électorale le 18 décembre. Ainsi les Saxons en moins de trois mois ont eu trois souverains : *sic transit gloria mundi.*

Je mentionne un peu tard l'hospitalité donnée par le patriarche de Ferney à la petite-nièce du grand Corneille : « Il appartient à un » vieux soldat parvenu, dit-il à cette occasion, de faire du bien à la » parente de son général. »

Voltaire apporta d'abord dans ses bienfaits une délicatesse exquise; loin d'offrir à sa protégée une humiliante charité, il sembla lui prêter plutôt que lui donner des secours : lui assurant avec grâce « qu'il se » rembourserait sur un patrimoine de famille. » On comprit bientôt la pensée du grand poëte lorsqu'on apprit qu'il s'occupait de publier une nouvelle édition de Corneille avec des commentaires de lui. Une souscription fut ouverte par ses soins; toute l'Europe s'y associa, et le montant s'éleva à une très-forte somme. Cependant Voltaire travailla en effet à ses *Commentaires*; il y travailla même avec une ardeur que condamnait sa santé languissante : un zèle que tout le monde, excepté le sécrétaire du commentateur, croyait un élan de piété, semblait charmer la douleur physique de cet écrivain... Quelle fut la surprise du public lorsque la nouvelle édition mise en lumière tout récemment parut sur l'horizon littéraire ! Les notes de Voltaire n'offrent qu'une suite de critiques, tantôt acerbes, tantôt ironiques, et presque toujours injustes, où la plus aigre jalousie n'a laissé percer qu'à de rares intervalles l'éloge de notre grand tragique. L'envie de déprimer Corneille a été si impérieuse dans le prétendu commentateur, qu'il n'a pu se rendre maître un seul instant de son fiel; il coule à flots pressés de sa plume, et l'on ne citerait peut-être pas vingt notes où la louange du grand homme soit exempte de *mais* restrictifs. Si Voltaire n'était pas jugé dès longtemps du côté moral, que faudrait-il de plus pour asseoir un jugement sur lui? et que doit-on penser maintenant de l'hospitalité donnée par ce *vieux soldat parvenu* à la *parente de son général?*

Une nouvelle lugubre, un glas funèbre a remplacé toutes les conversations galantes, littéraires et politiques... Madame de Pompadour, qui gouvernait Louis XV depuis dix-neuf ans et la France depuis quinze ou seize, s'est éteinte le 15 avril. Elle a succombé aux suites d'une maladie aussi grave qu'imprévue, dont elle fut attaquée presque subitement à Choisy, au milieu d'une partie de plaisir. Ce mal la fit dépérir avec une effrayante rapidité : c'était un spectacle déchirant, même pour l'indifférence, que cette progression de langueur. Louis XV la vit pourtant sans la moindre émotion; toute la tendresse de ce prince semblait s'être réfugiée dans une suite de simples égards qui ne se démentit point. Le roi prodigua et fit prodiguer à sa maîtresse toutes les attentions, toutes les assiduités, toutes les consolations qui pouvaient soulager et consoler la malade. Il porta même ses soins d'apparat jusqu'à continuer de la consulter sur les affaires publiques; aussi les yeux de cette favorite virent-ils, dans leur extinction progressive, la soumission des courtisans, des ministres, de tout ce qui l'approchait, aussi humble, aussi prévenante que de coutume.

Chaque matin, le duc de Fleury apportait au roi le bulletin des médecins de la marquise. Elle avait été transportée de Choisy à Versailles et se mourait dans le palais même de nos rois, d'où l'on écarte d'ordinaire tout ce qui peut rappeler la fin des grandeurs et leur assujettissement aux vers de la tombe. C'est là qu'elle rendit le dernier soupir au commencement de sa quarante-quatrième année.

Il y eut de la résignation et du sang-froid dans la fin de cette femme, dont toute la vie fut tissue de faiblesses. Le curé de la Madeleine, sa paroisse à Paris, était venu la voir au commencement de sa dernière journée. « Un moment, monsieur le curé, lui dit-elle » quand il prit congé d'elle, nous nous en irons ensemble. »

La pieuse sollicitude de Louis XV expira avec celle qui en avait été l'objet; il laissa reprendre, pour l'emporter du château, la civière

sur laquelle on en sortit il y a quelques années le maréchal de Belle-Isle. Ce monarque, de l'une de ses fenêtres, vit passer d'un œil sec ce lugubre et ignoble équipage : il ne trouva pas plus de larmes pour les amours qu'il n'en avait jadis trouvé pour la gloire... Il n'aime des myrtes et des lauriers que l'éclat : tel est encore le caractère de la grandeur des cours !

Madame de Pompadour a été inhumée au couvent des Capucins à Paris, dans la chapelle de la maison de Créqui, qu'elle acheta l'an dernier pour sa sépulture.

On pense bien que la satire ne manqua point au convoi d'une femme si longtemps enviée, et qu'elle arma la poésie de tout son fiel. Voici une épithaphe écrite au bas du buste de la marquise, entre l'Amour et l'Hymen en larmes et tenant leurs flambeaux renversés :

> Ci-gît d'Étioles-Pompadour,
> Qui charmait la ville et la cour;
> Femme infidèle et maîtresse accomplie,
> L'hymen et l'amour n'ont pas tort,
> Le premier de pleurer sa vie,
> Le second de pleurer sa mort.

Il court par le monde un distique encore plus significatif : cela sent un peu les halles; mais la vérité, pour être triviale, n'en est souvent que plus vraie. Je copie.

> Ci-gît qui fut vingt ans pucelle,
> Quinze ans catin, et sept ans ma........

Si ma bonne foi d'historien me commande de citer les médisances, elle ne m'ordonne pas moins impérieusement de combattre les calomnies. Madame de Pompadour se plut à mettre la main au timon de l'État, parce qu'elle aimait l'argent, la prépondérance, le luxe, et que sa participation aux affaires lui procurait tout cela. Mais son influence arrêta rarement les projets des hommes d'État supérieurs, à moins que leur crédit ne fût déjà ruiné dans l'esprit de Louis XV : tels furent Maurepas, d'Argenson et Machault. Disons-le, nonobstant ses avis, et tout en ayant l'air de les suivre, Bernis, Belle-Isle et surtout Choiseul n'obéirent qu'à leurs propres inspirations : ce qui le prouve, c'est l'espèce de ménagement que le conseil, à la sollicitation du roi, garda toujours envers Frédéric II malgré l'alliance autrichienne qui était l'idole de cette favorite.

La marquise ne put donc jamais être un obstacle ni à la politique ni à l'ambition de M. de Choiseul. On ne peut répéter qu'avec une vive indignation les propos calomnieux que répandent les amis de M. le duc d'Aiguillon, devenu l'ennemi de M. de Choiseul, j'expliquerai bientôt comment. Il faut dire auparavant que ce parti accuse le ministre d'avoir fait attenter aux jours de la favorite par le poison, pour se débarrasser d'un frein imposé à son ambition. « Libre désormais dans son allure, dit la même chronique, le duc songe à jeter sur le roi les lacs de madame de Grammont, sa sœur, et, profitant des transports d'une nouvelle passion, à parvenir de conquête en conquête jusqu'à la puissance des anciens maires du palais. » Cette fable atroce n'a pas même le mérite de la vraisemblance; le moindre bon sens suffit pour en faire justice : elle ne provoque que le mépris.

Tout indifférent qu'il paraît à la mort de sa maîtresse, Louis XV n'ose pas encore se livrer à des distractions trop gaies, a pris un terme moyen en suivant les sermons de l'abbé Torné [1], chanoine d'Orléans, prédicateur qui ne laisse pas d'être facétieux. Or à l'un de ses sermons l'orateur sacré avait commencé sans faire le signe de la croix. « Voilà qui est singulier, dit Sa Majesté en se tournant » vers le duc d'Ayen. — Vous verrez, sire, que, pour se mettre à la » mode du jour, l'abbé va nous faire un sermon à la grecque. » L'observateur parlait encore, quand Torné ouvrit ainsi son discours : *Les Grecs et les Romains...* « Qu'avais-je dit à Votre Majesté? » reprit le duc. Le roi ne put réprimer son envie de rire, et le prédicateur, qui s'en aperçut, fut déconcerté pendant toute la durée de son premier point.

Huit jours après la mort de la favorite Louis XV eut repris toutes ses habitudes et particulièrement la lecture des rapports de la police, amusement qui lui plaît de plus en plus. Il entendit hier avec une hilarité peu mêlée de regrets un procès-verbal de l'inspecteur Marais à la date du 27 avril. Il mérite d'être cité. « M. de Rohan-Chabot, dit le rapporteur, est venu chez la Montigny faire une proposition d'un genre peu ordinaire : après avoir exigé d'elle un profond secret, il lui a déclaré qu'il fallait qu'elle lui procurât un jeune homme sain, grand, vigoureux et tout à fait inconnu, lequel devait être mis en communication intime avec une femme de condition, aimable, d'une grande beauté, et qui n'avait jamais connu que son mari, mais qui était devenue tout d'un coup curieuse de goûter du commerce d'un autre homme. La Montigny a demandé à M. de Rohan pourquoi, la dame étant si séduisante, il ne s'offrait pas lui-même. « Oh! non, » cela ne se peut, a-t-il répondu, mais elle m'a fait son confident; » il y a même des raisons pour cela. Il faudra donc que le garçon que

---

[1] Cet abbé Torné, depuis prélat constitutionnel de Bourges, a justifié le proverbe : d'archevêque il est devenu meunier. Ayant jeté la mitre aux orties, il s'est marié et a fait valoir un moulin. Ce fait est de notoriété publique.

» tu nous trouveras consente à ce que je vienne le prendre ici le soir,
» et à ce que je l'emmène les yeux bandés dans une petite maison où
» sera cette dame, et qu'il la satisfasse en ma présence. J'exige qu'il
» ne soit ni garde du corps, ni gendarme, ni mousquetaire, ni soldat
» aux gardes, parce que sa conquête d'un moment ne veut pas ris-
» quer de trouver son vainqueur en faction dans les appartements ou
» dans les cours de Versailles. Je voudrais que ce fût un homme de
» de la lie du peuple, et qui arrivât, si faire se peut, de province.
» Au reste, il sera bien payé; et toi tu peux être sûre que tu seras
» plus que contente, car la dame à pourvoir sait que c'est à toi que je
» m'adresse. Mais si tu commets la moindre indiscrétion tu es une
» femme perdue. »

La Montigny a promis le secret, et s'est engagée à chercher l'homme
de corvée; mais elle a demandé du temps pour se le procurer.

Molé montrait à son interlocuteur comment il s'en tirait dans un des
rôles qu'il joue le mieux, l'ivrogne du *Retour imprévu*.

« Cette femme, poursuit Marais dans son rapport, n'a rien voulu
faire sans me consulter, de peur, a-t-elle dit, qu'on ne détruise *son
étalon* et qu'on ne lui fasse à elle-même un mauvais parti. Il y a tout
lieu de soupçonner que la dame mystérieuse est madame de Rohan-
Chabot; que son mari est dans l'impossibilité présente de se constituer une lignée; qu'il est cependant d'un grand intérêt pour tous
deux qu'il advienne un héritier; et que, ne voulant point commettre
sa réputation dans une intrigue de galanterie, l'aspirante aux douceurs de la maternité, d'accord avec son époux, consent à se faire
faire un enfant par procuration de ce dernier.

» Dans une affaire aussi importante, dit l'inspecteur en terminant, je ne ne veux rien permettre de décisif à la Montigny sans ordre
supérieur. »

Au bas du rapport était écrit de la main du lieutenant de police :
« Permettre la commission; il ne faut pas que les familles nobles s'é-
teignent faute d'assistance. »

« Est-ce qu'il n'y a pas un post-scriptum ? » a demandé Louis XV
quand la lecture a été finie. « Non, sire, a répondu le lecteur. — Ah!
tant pis, » s'est écriée Sa Majesté.

J'ai promis de révéler la cause de l'inimitié qui existe entre le duc
de Choiseul et le duc d'Aiguillon; les événements d'aujourd'hui amènent naturellement cette révélation. Les jésuites, abattus, mais non
pas soumis, usent de toute leur subtilité pour tâcher de relever leurs
affaires. La Bretagne, pays orageux, enclin à la révolte, leur a paru
un théâtre d'autant plus propre à exercer leurs intrigues, que le duc
d'Aiguillon, gouverneur de cette province, est leur partisan, et que
d'ailleurs ils ont à se venger sur ce terrain des deux la Chalotais,
premiers instruments de la ruine de l'ordre. Les jésuites ont déjà
réussi jusqu'à un certain point : des troubles éclatèrent en Bretagne.
Dernièrement Choiseul donna à M. d'Aiguillon des ordres sévères
de répression; mais ce ministre, vigoureusement soutenu sur les
lieux par MM. de la Chalotais, apprit d'eux que le gouverneur, loin

d'éteindre l'émeute, excitait dans la province les amis de la compagnie et du Dauphin. A l'appui des mesures du ministère, le parlement de Rennes attaqua le système administratif de M. d'Aiguillon,
qu'il fit, avec quelque apparence de raison, passer pour un concussionnaire et un traître. MM. de la Chalotais se distinguèrent surtout
dans ces hostilités : le peuple, soulevé par leur éloquence, eût écharpé
d'Aiguillon s'il se fût montré. Il se cacha donc, tandis qu'un courrier
envoyé au duc de la Vrillière, son oncle, le prévenait du danger que
courait ce gouverneur. Le vieux duc, aidé du Dauphin, sollicita avec
tant d'ardeur du roi l'arrestation de MM. la Chalotais, que Sa Majesté, sans en référer à M. de Choiseul, ordonna l'enlèvement de ces
deux magistrats. La Vrillière, pour appuyer sa demande, avait dit à
Louis XV que ces *robins* étaient les auteurs de divers pamphlets injurieux contre l'autorité royale. Le duc de Choiseul, informé de l'arrestation, soutint au contraire que MM. de la Chalotais étaient des
hommes purs et courageux qui avaient signalé par devoir les rapines
de M. d'Aiguillon.

Le faible Louis, ne sachant pas discerner la vérité dans ce choc de
passions contraires, nomma une commission composée de MM. de
Calonne, Lenoir et Senac de Meilhan, pour aller instruire en Bretagne; mais M. de Choiseul la déclara vendue à M. d'Aiguillon. Elle
partit néanmoins, emportant une sentence de mort toute rédigée contre
les deux accusés.

Soudain les plus vives remontrances du parlement de Paris sollicitées par le ministre réclamèrent pour *messieurs* de Rennes la connaissance de l'affaire des la Chalotais; les commissaires furent rappelés.
Cependant le gouverneur, allant toujours son train, avait porté l'audace jusqu'à mutiler le parlement de Bretagne, qu'on n'appelait plus
que le *bailliage d'Aiguillon*. Cette magistrature, ainsi décimée, ainsi
tournée en ridicule, cessa de rendre la justice.

La cour, voyant alors qu'elle avait été trop loin, songea à revenir
sur ses pas; mais elle voulait du moins que MM. de la Chalotais, par
un retour sur ce qu'ils avaient avancé contre M. d'Aiguillon, l'aidas-
sent à concilier ce différend. Le moraliste Duclos fut envoyé à Rennes,
afin de tenter une transaction avec les nouveaux Gracques. « Si vous
» venez ici, s'écria l'aîné des frères en le voyant, comme mon ami, je
» suis à vous et je vous embrasse; si vous venez comme séducteur,
» tournez le dos et repartez. »

N'ayant pu obtenir aucune concession de ces âmes romaines,
Louis XV évoqua l'affaire en son conseil; et MM. de la Chalotais
furent conduits à la Bastille, ils y sont au moment où j'écris.

Dans cet état de choses, le parlement de Paris adresse au roi remontrances sur remontrances tandis que les états de Bretagne, toujours menaçants, font craindre des extrémités éclatantes. Cette affaire
devenue si sérieuse inquiète beaucoup le roi, qui l'eût prévenue s'il
eût rappelé purement et simplement un gouverneur concussionnaire,
et qui pis est, jésuite.

Une négociation importante vient d'avoir lieu entre le roi et la
compagnie des Indes : par décision arrêtée en assemblée générale le
16 juin, cette compagnie cède à Sa Majesté le port de Lorient, les
côtes d'Afrique et les îles de France et de Bourbon, anciennes possessions de ces négociants, qui peuvent donner une idée du degré de
puissance qu'ils avaient acquis au temps de leur prospérité. Le roi
remet en échange à la compagnie les douze mille actions et les billets d'emprunt dont il était devenu possesseur. Sa Majesté lui laisse
la liberté de régler à son gré et sans l'intervention des commissaires
royaux les arrangements qui lui paraîtront favorables à son commerce. La compagnie des Indes avait particulièrement insisté sur ce
point, persuadée qu'elle est que tous les malheurs qui l'ont assaillie
sont nés de l'influence du gouvernement dans son administration
intérieure. Dégagée de ces entraves, elle a confié ses intérêts à un
banquier nommé *Necker*; des syndics, des directeurs sont adjoints à
ce négociant, mais seulement pour suivre sa direction, sans pouvoir
l'influencer. Dans l'état de décadence où se trouvent encore les opérations de la compagnie, son nouveau directeur, grand édificateur de
systèmes, a, dit-on, porté la confiance en sa propre gestion jusqu'à
fixer à un terme assez rapproché l'époque à laquelle les actions com-
menceront à bénéficier. Les calculs sont toujours consolants sous la
main des enthousiastes, et le papier est d'une patience exemplaire.

Jean-Jacques Rousseau est encore aux environs de Neufchâtel en
Suisse, où, dit-on, il s'amuse à faire des lacets, « Je deviens femme,
» dit le grand écrivain, puisqu'on ne veut pas que je sois homme. » Ce
philosophe vient cependant de donner un témoignage éclatant de sa
virilité dans la *Lettre à l'archevêque de Paris* en réponse au mandement de ce prélat contre l'*Émile*. Je ne crois pas que nul prosateur
français se soit encore élevé à cette perfection de style; je n'ai vu
nulle part du moins un aussi brillant assemblage de profondeur et
d'ironie, d'assertions graves et de légèreté maligne. Christophe de
Beaumont a bien fait de ne pas répondre à cette épître enchanteresse...
L'éloquence théologique de Sa Grandeur eût été prise en grande
pitié.

La lettre de Jean-Jacques Rousseau n'a pas peu contribué à aggraver
une indisposition de M. de Paris, qui ne laisse pas de lui donner
quelque inquiétude; car elle attaque un *siège* auquel Sa Grandeur

tient plus immédiatement qu'à celui de l'Eglise. Il s'agit d'une humeur fistuleuse à l'anus, et elle a donné lieu à l'épigramme suivante;
le poëte est censé parler au chirurgien Moreau, qui doit opérer
l'archevêque :

> Moreau, quelle est ta gloire et ta vocation !
> Le ciel t'a réservé pour cette occasion :
> Il anime ton zèle et ton patriotisme.
> Par toi doit s'opérer un grand événement :
>   Ton bras frappera sourdement
>   Le fondement du fanatisme.

Au moment où ce fameux coup... de scalpel allait être frappé,
l'illustre compositeur Rameau descendait dans la tombe. Ce grand
harmoniste, le fondateur de l'école française, touchait à sa quatre-

Des paysans qui survinrent le transportèrent chez le curé du village
le plus voisin.

vingt-troisième année, et sa force était encore telle, qu'une fièvre
putride compliquée de scorbut a difficilement triomphé d'une constitution si robuste. Rameau composa la musique de vingt grands opéras;
Castor et *Dardanus* sont, je crois, ses chefs-d'œuvre. Il laisse deux
ouvrages de dialectique musicale : le premier intitulé *Démonstration
du principe de l'harmonie* ; le second . *Code de la musique*, Le roi accorda cette année même des lettres de noblesse à Rameau, qui était
compositeur de sa chapelle; il ne les fit point enregistrer par économie, prétendant sans doute que l'illustration sur parchemin ne vaut
pas l'argent qu'elle coûte.

L'auteur de *Castor et Pollux* mourut peu réconcilié avec le ciel des
catholiques. Vainement plusieurs prêtres se présentèrent à son lit de
mort pour l'exhorter, il éconduisit le curé de Saint-Eustache lui-
même en lui disant : « Que diable venez-vous me chanter là, mon
» sieur le curé ! vous avez la voix fausse. »

Rameau n'en fut pas moins inhumé dans une chapelle de l'église
Saint-Eustache, à côté de Lulli. L'Académie royale de musique lui
fit faire un beau service, où l'on exécuta plusieurs de ses morceaux
les plus renommés.

Dans le même temps, le roi a posé la première pierre de la nouvelle église Sainte-Geneviève. Sa Majesté était accompagnée de monseigneur le Dauphin et de plusieurs personnes de sa cour parmi
lesquelles on distinguait le marquis de Marigny, frère de madame de
Pompadour. Ce surintendant des beaux-arts m'a paru triste et déjà
passablement délaissé. MM. Soufflot et Gabriel, architectes de l'édifice commencé, étaient à côté du roi. Des médailles ont été enfouies
sous la pierre qu'une main auguste allait sceller. Divers discours ont
été prononcés ensuite, puis la cérémonie s'est terminée par la lecture
d'une ode que le père Bernard avait composée. Louis XV a voulu
profiter de l'occasion pour visiter la bibliothèque Sainte-Geneviève,
dont MM. les génovéfains sont fiers avec beaucoup de raison; Sa
Majesté y est restée trois quarts d'heure.

On reçoit à l'instant la nouvelle que Stanislas-Auguste Poniatowski, grand panetier de Lithuanie, a été élu roi de Pologne le
6 septembre. Ce monarque, élevé au trône par les intrigues de l'impératrice Catherine II, fut un de ses premiers amants, et cette faveur
remonte à une époque assez éloignée, car il y a longtemps que Sa
Majesté ne compte plus les favoris de cette nature. Poniatowski est
un beau cavalier, un homme doux, affable, brave, ami de l'équité.
Ces qualités ont pu faire sa fortune sur le trône mystérieux où la
czarine les éprouva ; mais elles ne suffisent pas pour gouverner une
nation ardente, remuée sans cesse par l'esprit de parti et que des
voisins ambitieux brûlent d'asservir. Il faut qu'un sceptre d'airain
protége les Polonais, ce peuple le plus énergique de la terre, et
c'est un sceptre d'or que celui de l'aimable Poniatowski. D'ailleurs
les précédents de ce prince nuiront à son pouvoir, ils troubleront sans
nul doute la tranquillité de son règne. Les factions, toujours prêtes en
Pologne à renverser le roi que la plus puissante d'entre elles a donné
au pays, ne respecteront pas un souverain dont avec quelque raison
elles pourront blâmer la politique dépendante. Il est en effet hors de
doute que l'adroite Catherine n'a cru envoyer à Varsovie qu'un
vice-roi, un proconsul de l'empire du Nord. S'il songe à secouer ce
joug étranger, il sera renversé par les armes russes; s'il le laisse
attaché à son front, l'esprit d'indépendance caractéristique des modernes Sarmates fera justice de cette servilité du souverain : il tombera au bruit des invocations que ses sujets adresseront à la liberté,
vieille idole de ces contrées, dont l'autel est encore dans tous les
cœurs polonais.

Les nouvelles politiques intéressent exclusivement à la fin de cette
année 1764 : si l'on quitte les Polonais c'est pour s'occuper des
Corses, dont l'impétuosité n'est pas moindre que celle de ce peuple
hyperboréen. Ces insulaires viennent d'envoyer un député à Jean-
Jacques Rousseau et un autre à M. Diderot, pour les engager à dresser une constitution propre à régir leur pays. L'envoyé du peuple

Rameau.

corse a trouvé le philosophe dans un pauvre chalet, écrivant ses
Lettres de la Montagne, qui de ce point obscur divergeront bientôt
vers toutes les parties du monde civilisé. Rousseau a répondu que
l'ouvrage demandé était au-dessus de ses forces, mais non pas de
son zèle, et qu'il y travaillerait. Diderot, plus modeste, a repoussé
doucement cette tâche législative, motivant son refus sur sa connaissance trop superficielle de la matière, mais surtout des mœurs du
pays, de l'esprit dominant des habitants et de l'influence du climat;
toutes choses qui doivent être mûrement appréciées lorsqu'on s'occupe de la rédaction d'un code.

Tandis que les Corses songent à se donner des lois, le roi de France,
d'accord avec la république de Gênes, se dispose à renforcer leurs
chaînes. Un nouveau traité conclu cette année stipule l'entretien

constant dans l'île de sept bataillons français, non dans le dessein d'agir hostilement contre les insulaires et le général Paoli, qu'ils reconnaissent pour leur chef, mais seulement afin de conserver aux Génois les places qu'ils possèdent encore en Corse : disposition qui, malgré les assurances pacifiques de la France, ne laisse pas de sentir l'hostilité; car par la possession de ces places Gênes pourra tôt ou tard se ménager la facilité de reconquérir le reste du pays, et la neutralité des troupes du roi deviendra alors d'une extrême difficulté. Paoli est un homme trop habile pour se laisser abuser par ces décevantes promesses; il augmente tous les jours sa petite armée : le premier de ses compatriotes, il est parvenu à créer une patrie là où n'existait qu'un centre de passions irréconciliables. Ce Corse, homme sage et éclairé, sera, je crois, le vengeur de son pays après en avoir été le législateur. Cependant les troupes françaises arrivent dans l'île en exécution du dernier traité avec Gênes. M. le comte de Marbeuf en a le commandement.

Terminons mes récits de l'année par une notice littéraire que d'autres sujets m'ont forcée de renvoyer jusqu'ici. L'ouvrage qui a fait le plus de bruit à son apparition, c'est la nouvelle édition du *Dictionnaire philosophique* enrichie de huit articles de la plus grande force et qui a paru, comme la précédente, accompagnée des désaveux de l'auteur. Cette dénégation de ses œuvres est de la part de Voltaire une misérable faiblesse. Qu'un écrivain s'abstienne de publier des livres hostiles, c'est de la prudence : mais qu'on se croie appelé à régenter le sacerdoce et le pouvoir souverain, qu'on s'érige en réformateur de la religion et des mœurs, en se cachant, voilà de la lâcheté! Personne ne se laisse persuader par les désaveux du patriarche de Ferney : prétendre qu'on ne reconnaît pas un auteur à son style est une opinion aussi absurde que le serait celle de renier le témoignage des traits du visage pour démontrer l'identité de la personne. « Eh bien! » disait dernièrement Louis XV au président Hénault, voilà encore » votre ami qui fait des siennes; singulière route qu'il prend là pour » rentrer en France. »

Le *Dictionnaire philosophique* est partout à l'index, même en Hollande, et précisément par cette raison il nous en vient de ce pays des milliers d'exemplaires. Les Hollandais, peuple essentiellement spéculateur, savent qu'on ne gagne jamais plus que sur les marchandises de contrebande.

Nous avons eu en 1764 un déluge de compositions dramatiques; trois tragédies et une comédie méritent d'être citées avec plus ou moins de distinction. A tous seigneurs tous honneurs : parlons d'abord de l'*Olympie* de Voltaire. La mention sera courte; cette tragédie n'a point été goûtée à la première représentation, elle l'a été peu depuis : c'est un succès de souvenir, de reconnaissance. *Timoléon*, de M. de la Harpe, vient ensuite dans l'ordre d'importance. Le sujet est éminemment tragique; il renferme tous les éléments de succès du genre. Malheureusement l'auteur n'a fait qu'un froid rhéteur du héros corinthien, et il n'a su s'emparer d'aucun des traits marquants de sa vie avec le tact convenable. La tragédie nouvelle n'est donc, comme l'ouvrage de début du poëte, qu'une thèse versifiée avec élégance, avec pureté, mais sans ces éclairs d'imagination qui brillantent au moins la poésie de Voltaire quand la pensée lui échappe. Le troisième acte de *Timoléon* offre plus d'action que les autres; aussi a-t-il été applaudi : mais c'est trop peu pour un succès qu'un cinquième de mérite dans un entier.

Les représentations de *Timoléon* furent suspendues dès l'apparition de l'ouvrage, on donna pour motif de cette interruption que M. Lekain s'était donné une *entorse* rue de la Harpe; ceci ressemble singulièrement à un jeu de mots, et tout porte à croire que l'entorse fut pour la muse de l'auteur. M. Lemierre a fait jouer depuis au Théâtre-Français un *Idoménée*, sujet que, dans son orgueil, il a cru pouvoir traiter après Crébillon; l'événement a condamné cette témérité; l'*Idoménée* refait est loin, bien loin de valoir celui jeté dans le vaste moule du farouche tragique; on a rendu hommage à la régularité des trois premiers actes, mais les beautés alignées au cordeau sont peu de chose dans une composition à laquelle le génie doit présider. Une peste inattendue et survenant au quatrième acte, a singulièrement compromis le succès déterminé par quelques vers chaleureux; le public s'est retiré en disant qu'il y avait de l'avenir dans M. Lemierre : c'est pour lui de la gloire en perspective. Une petite scène qui s'est passée derrière le rideau le lendemain de la première représentation, a plus occupé le public que la pièce elle-même. Les comédiens avaient affiché la veille *Ydoménée* par un Y; mademoiselle Clairon, de la part de l'auteur, se plaignit à l'assemblée de cette faute d'orthographe. L'imprimeur est mandé; il déclare que M. le semainier lui a donné le mot ainsi écrit.

« Cela est impossible, répond l'actrice avec toute la dignité d'une Cléopâtre ; il n'y a personne ici qui ne sache *orthographer*.

— Pardon, mademoiselle, réplique soudain le typographe, c'est *orthographier* qu'il faut dire. »

C'est donc uniquement dans la comédie que nous avons vu cette année un beau succès au Théâtre-Français : le *Cercle* ou la *Soirée à la mode* a réussi avec éclat. On n'avait point encore produit à la scène une peinture aussi vive, aussi vraie des mœurs du grand monde, et pourtant on rit de bon cœur devant ce tableau fidèle.

D'où il faut conclure inévitablement que notre société transcendante est fort comique. Le plus bel éloge que l'on ait pu faire du *Cercle* a été adressé à Poinsinet, son auteur, par un grand personnage qui lui dit en sortant de la première représentation : « Il faut, » monsieur, que vous ayez écouté aux portes. » On a beaucoup ri d'un colonel admirablement représenté par M. Molé et qui sait broder au tambour. Poinsinet assure qu'il a trouvé dans le monde l'original de cet officier femmelette : cela ne surprendrait peu; depuis que le roi donne ses régiments à des militaires sortant des bras de leur gouvernante on doit trouver tout simple qu'ils sachent broder, et l'on serait plus surpris qu'ils sussent commander un *à droite* et un *à gauche*.

CHAPITRE XXXII.

1765-1766.

Maupeou (le chancelier) en scène. — Frédéric II acquéreur du mobilier de madame de Pompadour. — Fréron; l'*Année littéraire*. — Le *Dictionnaire philosophique* brûlé. — Voltaire vengeur des Calas. — *Le Siége de Calais*, tragédie de M. de Belloy. — Succès prodigieux. — Les comédiens au Fort-l'Évêque. — Requête des bénédictins pour ne pas être tondus. — Parodies de cette requête. — La promenade nocturne du marquis de Gévres. — Le déjeuner aux flambeaux. — Les loups ne se mangent point entre eux. — Point de départ de la révolution de l'Amérique anglaise. — Assassins catholiques envoyés à J.-J. Rousseau. — Le *Compère Mathieu*. — Ouvrage sur le gouvernement par le marquis d'Argenson. — Mort du Dauphin. — Un mot sur ce prince. — Le duc de Berri devient Dauphin. — Son caractère; son éducation. — *La Fée Urgèle*, opéra de Favart. — *Tom Jones*, opéra, musique de Philidor, paroles de Poinsinet. — *Le Philosophe sans le savoir*, comédie de Sedaine. — Phénomène de vertus au théâtre. — Les cinquante louis du capitaine. — Mort de Stanislas Leczinski. — Plan d'éducation de la Dauphine. — Intrigues basées sur cette prétention. — Procès de Lally-Tolendal — Une tache sur la vie de Choiseul. — *La Partie de chasse de Henri IV*, comédie de Collé. — Une vicomtesse au corps de garde. — Peut-on blanchir l'ébène avec de l'encre? — Mémoire de la Chalotais sur les troubles de Bretagne. — Suite de cette affaire. — Assassinat religieux du chevalier de la Barre. — La famille Sirven. — La bibliothèque de Diderot. — Mort de Jacques III, prétendant à la couronne d'Angleterre, et de Christian VI, roi de Danemark.

La cour donnait un singulier spectacle dans les premiers jours de cette année : le roi, circonvenu par le vieux la Vrillière, se montrait favorable au duc d'Aiguillon, parce que Sa Majesté voyait dans les gouverneurs des provinces les représentants de l'autorité royale. Le duc de Choiseul, au contraire, vivement secondé par le parlement de Paris, songeait à flétrir le duc par respect pour les droits des parlements. C'est une des rares circonstances où le ministère se soit trouvé en opposition avec le souverain. Dans cette situation René-Charles-Augustin de Maupeou, fils du vice-chancelier, et qui voulait devenir chancelier lui-même, adopta l'expédient honteux de servir tour à tour Choiseul et d'Aiguillon. D'une part, ce premier président du parlement de Paris promettait au ministre de faire condamner le gouverneur au prix des sceaux; d'autre part, il s'engageait au même prix envers le duc de la Vrillière à perdre M. de Choiseul. On conçoit combien alors il devait être facile de desservir ce même Choiseul auprès du roi, qu'il contrariait ouvertement dans une affaire touchant de si près à la prérogative royale. Aussi l'abbé de Broglie, qui entretenait une correspondance secrète avec Sa Majesté, et le comte de Broglie, chargé de celle des affaires étrangères, cherchèrent-ils à inspirer des soupçons au monarque sur la politique du ministre. Janet, intendant des postes, avertit ce dernier des trames ourdies contre lui. Le duc aborda franchement la question avec Sa Majesté, qui selon son habitude fut persuadée par le ton ouvert et assuré de l'homme d'État.

Tandis que ces nuages passaient au-dessus de la cour on voiturait de Versailles à Berlin le mobilier de feu la marquise de Pompadour, acheté par le roi de Prusse. « C'est là mes dépouilles opimes, disait » Frédéric en recevant des chandeliers d'or massif, des lustres de » cristal de roche, des écrans ornés de pierres précieuses. Tout cela » est le prix du zèle que cette beauté mettait à me lâcher des bataillons français, qui heureusement étaient souvent commandés par » des chefs de son choix. Je pourrais dire de toutes ces belles choses » ce que maître Perrin-Dandin disait des rubans de son fils :

» Chacun de ces objets me coûte une bataille. »

Et le grand homme rangeait en riant ses dépouilles opimes dans ses jolis appartements de Potsdam.

Sa Majesté Prussienne n'a peut-être pas moins ri en lisant dans l'*Année littéraire*, feuille périodique rédigée par un nommé *Fréron*, une critique assez acerbe de Voltaire à l'occasion de ses démêlés avec Jean-Baptiste Rousseau, l'abbé Desfontaines, Maupertuis, etc. Le grand poëte est fort maltraité par la griffe du journaliste, dont les égratignures font rire le public; car ce Fréron manie habilement le sarcasme, et joue à l'érudition comme les enfants jouent aux osselets...

Mais voici venir des hostilités plus graves : le parlement a fait brûler hier le fameux *Dictionnaire philosophique*. Tous les fanatiques du quartier sont venus se chauffer à ce feu *hérétique*; ils dansaient, dit-on, à l'entour, et ces dévots ne ressemblaient pas mal aux sorciers d'un sabbat.

Toutes ces chicanes de la critique et du pouvoir glisseront sur la carrière de l'illustre écrivain; ce qui s'y gravera profondément, c'est la conduite qu'il tient envers la famille Calas. « Pure ambition de » renommée! » s'écrient les ennemis de Voltaire; eh! qu'importe? le but est noble et grand. S'il faut pour être juste s'inscrire souvent parmi les détracteurs du vieillard de Ferney, il y aurait une révoltante injustice à ne pas lui offrir une compensation d'éloges mérités. D'ailleurs, si l'ambition ne se révélait jamais que sous la forme des bienfaits dont la renommée doit être le seul prix, il serait à désirer que le monde fût rempli d'ambitieux. Déjà le généreux vengeur des Calas vient d'obtenir une victoire éclatante; un jugement souverain rendu le 9 mars par les maîtres des requêtes de l'hôtel porte : « Anne-» Rose Gabibel veuve de Jean Calas, Jean-Pierre Calas son fils, » Alexandre-François-Guilbert Lavaisse et Jeanne Viguière, ensem-» ble la mémoire de Jean Calas exécuté à Toulouse le 10 mars 1762 » sont déchargés de l'accusation intentée contre eux et renvoyés à » se pourvoir sur la demande de prise à partie et en dommages et » intérêts ainsi qu'ils aviseront. »

Si M. de Voltaire a obtenu un beau triomphe par la réussite de ses démarches persévérantes en faveur des Calas, il a vu bientôt pâlir ce nouveau rayon de sa gloire devant la brillante auréole de M. de Belloy auteur d'une tragédie intitulée le *Siège de Calais*. Le sujet de cette pièce est l'héroïque dévouement d'Eustache de Saint-Pierre et de ses nobles compatriotes, qui, en 1347, offrirent leur tête au farouche Edouard III. On sait que par un caprice digne d'Héliogabale le tyran anglais avait demandé six habitants de Calais *pour en faire ce qu'il voudrait;* Eustache et cinq autres citoyens, la corde au cou, les pieds nus, allèrent porter les clefs de la ville à Edouard, qui se disposait à les faire périr. La reine d'Angleterre les sauva. Cette donnée tragique est reproduite faiblement par de Belloy; mais il a développé avec une supériorité de style remarquable ces sentiments patriotiques, cette nationalité ardente réveillée depuis quelque temps dans les cœurs français. Tel a été le véhicule du succès prodigieux de l'ouvrage: c'est le début parmi nous de la tragédie vraiment nationale; genre utile, qu'un sage gouvernement devrait encourager. A chacune des vingt premières représentations du *Siège de Calais*, la salle n'a pu contenir la moitié des spectateurs qui se pressaient à ses portes; les loges étaient louées quinze jours d'avance, et tous les soirs l'auteur était forcé de se montrer jusqu'à quatre fois. La cour, quoique médiocrement *patriote*, a cru devoir mêler ses éloges aux éloges universels; mais quelles expressions languissantes! « Vous avez bien peint les âmes françaises, » a dit la reine. « Comme *frère aîné* des Français, a ajouté le Dauphin, j'ai » pris le plus grand plaisir à cette pièce. » Pour Louis XV, il n'a rien dit : Sa Majesté ne s'est pas encore avisée de son *patriotisme*. Mais voici le plus beau fleuron de la couronne du nouveau tragique : les habitants de Calais, charmés du soin qu'il a pris de consacrer à la scène un trait qui les honore, lui ont décerné le brevet de citoyen de leur ville, pensant que c'était une récompense digne du chantre de leur gloire que de l'associer à cette gloire même. Les lettres du nouveau citoyen de Calais lui ont été envoyées dans une boîte d'or sur laquelle sont gravées les armes de la ville entourées d'un côté d'une branche de laurier, de l'autre, d'une branche de chêne, avec cette inscription : *Lauream tulit, civicam recipit*. Le portrait de M. de Belloy sera suspendu à l'hôtel de ville parmi ceux des bienfaiteurs de Calais.

Tout, dans ce qui se rattache à la célèbre tragédie, doit être marqué au sceau de l'originalité; il me reste à consigner ici une anecdote à laquelle ses représentations ont donné lieu. Un comédien nommé Dubois, qui jouait le rôle de *Manni*, était en discussion avec son chirurgien, qu'il refusait de payer, après guérison d'une maladie secrète. L'affaire, d'abord portée devant un des gentilshommes de la chambre, juges ordinaires du tripot comique, avait été renvoyée par ce haut valet aux comédiens eux-mêmes. Dubois fut chassé; mais sa fille, jeune personne fort répandue, mit tout en œuvre pour faire révoquer un arrêt si sévère : en bonne politique, elle allégua surtout que, si son père s'éloignait du théâtre, les représentations du *Siège de Calais* étaient inévitablement suspendues. Sur ce, ordre de la cour à Dubois de continuer son service. Or, le 15 avril, Lekain, arrivé le premier au foyer, demande qui jouera le rôle de *Manni;* on lui répond que c'est Dubois.

« Cela étant, réplique le célèbre acteur, je dépose mon rôle, et je » me retire. »

Surviennent Molé, Brizard, Dauberval; ils suivent l'exemple de Lekain. Paraît enfin mademoiselle Clairon, qui, comédienne partout, croit devoir se trouver mal, et provoquer les flacons de ses camarades, en apprenant qu'il faut jouer avec Dubois : on la porte au lit.

A cette extrémité, l'on croit devoir consulter le maréchal de Biron, qui se trouve dans la salle; il conseille de substituer le *Joueur* au *Siège de Calais*, et d'annoncer sur-le-champ la substitution au public.

Le rideau se lève; l'acteur Bourrette, arrangeant le mieux qu'il peut la défection de ses confrères, continue par ces mots :

« Messieurs, nous sommes au désespoir... — *Point de désespoir, le* » *Siège de Calais!* » interrompent cent voix irritées. Puis elles ajoutent aussitôt : « *A l'hôpital la Clairon*, et les autres au Fort-l'E-» vêque!... »

Bientôt le vacarme devient insupportable : l'amphithéâtre, l'orchestre, les loges se joignent au parterre; les cris, les sifflets, les invectives ordurières contre l'actrice récalcitrante ébranlent la salle jusque dans ses fondements. Le maréchal de Biron, Fabius nouveau, au milieu de cette guerre retentissante, ordonne à la garde de ne faire aucun mouvement. On commence à rendre l'argent au bureau, la foule s'éclaircit lentement; mais, comme les gens de qualité ont renvoyé leurs équipages, il y a encore du monde au Théâtre-Français à dix heures du soir.

« Ma foi, mon cher monsieur, disait M. de Biron à l'auteur pen-» dant cette retraite prolongée, je ne m'attendais pas à me voir » employé dans *votre siège*. »

Le lendemain, malgré l'avis d'un médecin complaisant, mademoiselle Clairon a dû se résigner à se rendre au Fort-l'Evêque; mais elle y a été conduite en favorite que l'on punit avec peine. Madame de Sauvigny, intendante de Paris, est venue prendre la célèbre actrice dans son vis-à-vis. Toutefois, l'exempt porteur de l'ordre, n'ayant pas voulu perdre de vue sa prisonnière, est monté dans la voiture étroite; ce qui a obligé madame l'intendante à prendre mademoiselle Clairon sur ses genoux. Avant cet instant, l'homme de la police avait fait une drôle de réponse à l'illustre actrice; je ne puis la passer sous silence. Après avoir écouté avec cette dignité théâtrale qui ne l'abandonne jamais le mandat de détention lancé contre elle, Clairon répondit : « Je me soumets aux ordres du roi; tout en moi » est à la disposition de Sa Majesté, mes biens, ma personne, ma » vie en dépendent... Mais mon honneur reste intact, et le roi lui-» même n'y peut rien. — Vous avez raison, mademoiselle, répliqua » l'exempt, où il n'y a rien le roi perd ses droits. »

Notre première tragédienne eut en prison un véritable appartement de petite-maîtresse et une chère de fermier général. Une affluence prodigieuse de carrosses obstruait sans cesse en son honneur le guichet extérieur : elle donna des soirées, des soupers délicieux; sa réclusion, qui du reste ne dura que cinq jours, fut une suite non interrompue de fêtes charmantes, une enivrante partie de plaisir. Lekain, Brizard, Molé et Dauberval, emprisonnés avec moins d'égards, trouvèrent la chose moins séduisante, surtout après le départ de mademoiselle Clairon; les portes du Fort-l'Evêque ne s'ouvrirent pour eux qu'au bout de vingt jours, et ces acteurs jurèrent *in petto* qu'ils ne tenteraient plus de coups de tête au Théâtre-Français, surtout *un jour de siège*. Le côté sérieux de l'aventure, c'est qu'elle a déterminé mademoiselle Clairon à s'éloigner définitivement de la scène.

Les vents sont aux procès, aux discussions légales, aux requêtes. On rit beaucoup en ce moment d'un acte de cette dernière nature présenté au conseil par les bénédictins. La requête, qui paraît être l'ouvrage des moines influents de l'abbaye de Saint-Germain-des-Prés, commence par une exposition des services sans nombre que l'ordre a rendus et rend encore journellement aux sciences, aux lettres, aux arts, par des recherches aussi laborieuses qu'utiles. Ces travaux, ajoutent les requérants, sont incompatibles avec les pratiques minutieuses, les formules puériles et la règle gênante sous l'empire desquelles vivent les bénédictins; ils demandent donc de ne plus être tondus, de porter l'habit court, d'être dispensés des matines : à ces conditions, ils offrent d'élever *gratis* soixante gentilshommes et de les entretenir dans les diverses carrières qu'ils embrasseront. Cette requête, quoique soutenue par M. le duc d'Orléans, n'a pas obtenu de succès, si ce n'est un succès de scandale dans les salons de Paris. Christophe de Beaumont, grand amateur de continence religieuse, s'est déchaîné avec toute l'ardeur inhérente au fanatisme contre l'insubordination de ses ambitieux suffragants; dom Pernetti et dom Lemaire, instigateurs principaux dans cette affaire, ont été exilés. La requête des bénédictins est parodiée de vingt façons : on a publié *la requête des mousquetaires à l'assemblée du clergé; La requête des perruquiers pour obtenir la fourniture des perruques aux bénédictins; La requête des capucins, qui demandent à céder leur barbe pour faire des toupets aux enfants de saint Benoît.*

Mais, heureusement pour les pauvres bénédictins, un scandale succède promptement à un autre dans notre charmant pays de France : la chronique de cour met à l'ordre du jour l'anecdote que je vais transcrire d'après un bulletin écrit que l'on m'a donné ce matin.

M. le marquis de Gèvres est tant soit peu économe, on pourrait même dire qu'il est avare. Ce seigneur, pendant le séjour que fait tous les étés dans la terre qu'il possède à Fontainebleau madame la duchesse d'Havré, sa parente, la relègue dans un vilain appartement, au bout d'un long corridor. Le mari de cette dame, indigné de ce défaut d'égards, a résolu de s'en venger cette année. Un soir que le jeune duc soupait à Fontainebleau avec quatre étourdis comme lui, le marquis de Rohan, le chevalier de Luxembourg, le prince de Gué-

méuée et le comte de Lauzun, il fut convenu qu'au sortir de table
table on irait attendre M. de Gêvres à la porte d'une maison où il
soupait, et qu'on l'enlèverait. Chose convenue, chose exécutée : mes
cinq démons se saisissent du marquis, le jettent dans un cabriolet,
deux s'y placent avec lui, les autres montent à cheval, et la caravane
s'enfonce dans la forêt. Arrivés au beau milieu d'une haute futaie,
les ravisseurs font mettre pied à terre à leur prisonnier, et lui prescrivent de devenir plus galant à l'égard de la duchesse d'Havré. Sur
son refus, il est replacé dans la voiture ; on roule de nouveau à travers les bois : les cinq gentilshommes ont déclaré à leur captif qu'ils
sont résolus à le faire voyager jusqu'à ce qu'il ait accordé la marque
d'amitié qu'ils en attendent. Le marquis jette feu et flamme ; ils ne
font qu'en rire. Les voyageurs nocturnes s'arrêtent pour relayer à
un village nommé Bourron, situé à deux lieues au plus de la ville.
Là le marquis veut se révolter ; mais ses gardiens persuadent aisément aux gens de la poste que c'est un fou qu'ils conduisent au château de Saint-Cyprien pour y être renfermé et mis aux douches. Un
instant après, les postillons prétendent avoir vu courir le pauvre
homme sur les râteliers de l'écurie. Enfin, à un quart de lieue du
relais, M. de Gêvres promet tout ce qu'on veut, et les ravisseurs le
déposent à la grille de son château.

Cette échauffourée n'était au fond qu'une plaisanterie ; le marquis
avait consenti en définitive à la prendre pour telle : les vainqueurs
et le vaincu se séparèrent assez bons amis. Mais le valet de chambre
de M. de Gêvres, conseiller aulique de sa petite cour, lui assura qu'il
ne pouvait se dispenser de se trouver offensé, et l'engagea fortement
à faire porter plainte au roi par M. le duc de Tresmes son père.

Le moment était peu propre en effet à faire excuser une plaisanterie exécutée aux portes du palais où monseigneur le Dauphin se
mourait. On devait attendre peu d'indulgence de Sa Majesté dans
une telle circonstance ; nos fous prirent donc à tout événement le
parti de retourner à Paris, afin d'avoir du moins un trajet plus court
à faire sous la baguette d'un exempt pour se rendre à la Bastille.

Rentrés dans la capitale, ils engagèrent des filles d'Opéra à un déjeuner de petite maison : craignant de n'avoir pas de liberté jusqu'à
l'heure du souper. Mais comme il est bien démontré qu'il ne peut y
avoir d'orgie aimable qu'aux flambeaux, parce que le cristal des flacons et l'éclat des beaux yeux empruntent un nouveau charme du jeu
des lumières, on fit boucher les fenêtres, et la douzième heure du
jour devint pour les joyeux convives la douzième de la nuit. Les valets avaient reçu la recommandation expresse d'introduire MM. les
exempts dès qu'ils se présenteraient ; on poussa même la courtoisie
jusqu'à mettre de côté leur part au festin, quoique les demoiselles
opinassent pour qu'on ne fît aucune espèce de réserve.

Mais les officiers de police ne parurent point : Louis XV n'aime
pas assez son fils pour lui faire le sacrifice d'un trait scandaleux, ni
même pour maintenir en sa faveur les plus simples bienséances ; il
rit et du rapport de M. de Gêvres et de la colère que l'escapade lui
inspirait. Voyant que la punition n'arrivait pas, l'un des étourdis,
Lauzun, se décida à repartir pour Fontainebleau : afin, disait-il, d'en
avoir le cœur net. Il se présenta au rendez-vous de chasse de Sa
Majesté, mais il n'obtint pas une seule parole du monarque ; ce qui
donna lieu de croire la disgrâce du comte tellement assurée, qu'au
retour de la chasse le gentilhomme de service lui refusa la révérence.
Le hardi fripon ne se rebuta point, il parut le soir à l'ordre.

« Vous êtes tous, lui dit alors Louis XV, de bien mauvaises têtes,
mais de bien drôles de corps.

— Votre Majesté est trop bonne.

— Je le crois, parbleu ! Venez-vous-en souper, et amenez vos amis.

— Sire, MM. de Guéménée, de Royan, d'Havré et de Luxembourg
ne sont pas à Fontainebleau.

— Ah ! je vois, vous étiez une sentinelle perdue.

— Votre Majesté a merveilleusement trouvé le mot.

— Eh bien ! je vous attends demain. »

Lauzun fit un profond salut et se retira. Quand il traversa les appartements, le thermomètre de la faveur était subitement remonté
au sourire sur le visage de tous les courtisans.

La mort de l'empereur François Ier, décédé le 21 août dernier,
n'est pas l'événement le plus important de l'année : ce prince n'était
que le compagnon de lit de Marie-Thérèse ; le véritable empereur
c'est elle. Une révolution qui vient d'éclater dans les colonies anglaises de l'Amérique septentrionale occupe davantage les esprits.
Un bill, rendu le 4 avril 1764 par le parlement britannique, taxait
l'Amérique à la moitié du payement de la dette nationale, s'élevant
à la somme effrayante de cent cinquante millions sterling. On assure
que, par cette taxe colossale, le gouvernement, qui prévoyait un refus, se ménageait un prétexte pour introduire des troupes dans cette
colonie. La province de Massachusets-Bay fut la première à réclamer contre cet impôt, et sa remontrance fut vive. Les réclamants n'y
cachaient point que cette tentative, qu'ils appelaient un attentat, voulait un projet d'asservissement, et ils invoquaient les immunités jusqu'alors en vigueur. Le roi ne tint compte de cette réclamation : le
bill fut sanctionné le 22 février de la présente année. Il était dit qu'à
l'avenir tous les actes passés dans les colonies seraient écrits sur pa-

pier timbré ; cet article surtout fit soulever la ville de Boston : en un
instant les maisons du lieutenant de roi, du contrôleur de la douane
et du distributeur de papier marqué, furent démolies, et ce dernier
fonctionnaire faillit être massacré. Après cette expédition une assemblée provinciale décida que, nonobstant le bill, il serait légal de continuer à se servir pour les actes du papier ordinairement employé[1].

Si les peuples ne peuvent que difficilement maintenir leurs droits,
comment un simple particulier défendra-t-il ses opinions, qui sont,
il est vrai, un bien moins dépendant encore ? Jean-Jacques Rousseau,
retiré sur le penchant d'une colline près de Neufchâtel, n'a pu trouver le repos dans ce coin du monde. Le succès prodigieux de sa *Lettre
à l'archevêque de Paris* a mis le poignard à la main d'une troupe de
fanatiques venus des bords de la Seine pour violer sa retraite. Ces
forcenés ont d'abord accablé le philosophe d'injures et de pierres ; la
nuit suivante ils ont essayé d'enfoncer sa porte, sans doute avec le
dessein de le massacrer. Heureusement un seigneur du voisinage est
accouru suivi de ses paysans, et a mis les assaillants en fuite. Le gouvernement de Neufchâtel a pris des mesures pour éviter le retour
de semblables attentats, mais Rousseau s'était décidé à quitter sa retraite. Ce n'est pas sans surprise qu'on l'a vu reparaître à Paris dernièrement, habillé en Arménien, et décidé, dit-on, à braver ses
ennemis les plus acharnés. Le philosophe était descendu rue Richelieu ; mais, se rendant à des conseils prudents, il a depuis accepté
un asile au Temple, sous la protection du prince de Conti. Il paraît
que le parlement, informé du prochain départ de l'auteur d'*Émile*
pour l'Angleterre, où il doit passer avec M. Hume, consent à fermer
les yeux sur son séjour momentané à Paris.

La proscription débarrasse le pouvoir des hommes qui l'offusquent,
mais elle ne fait que donner de la vigueur aux principes ; l'exemple
est là d'ailleurs qui les fait contracter et les perpétue. Il pleut sur
Paris une nuée d'exemplaires d'un ouvrage philosophique intitulé le
Compère Mathieu, et qu'on attribue au marquis d'Argens ; d'autres
disent à Diderot. C'est un roman satirique en trois volumes, qui,
dans un cadre adroitement tracé, renferme l'exposé de tous les abus
du temps avec les remèdes que la philosophie propose. Il y a de l'esprit, de la gaieté, du mouvement, quelquefois de la grâce dans ce
petit livre, semé d'amorces piquantes, libertines même, tendues aux
jeunes gens. L'idée dominante de l'auteur paraît avoir été de séduire
pour persuader.

C'est une composition plus grave que les *Observations critiques sur
le gouvernement ancien et présent de la France* par le marquis d'Argenson. Cet ouvrage réfléchit bien l'expérience d'un homme d'honneur qui a longtemps administré avec sagesse ; il s'y trouve beaucoup
de choses dont les gouvernements pourraient faire leur profit, s'ils
voulaient bien s'occuper de temps en temps de l'intérêt général. J'ai
remarqué, en parcourant ce *factum*, un passage que je veux citer.

M. d'Argenson, au temps de son ministère, avait rédigé un projet
d'impôt par abonnement. Louis XV, à qui le marquis communiquait
un jour ce travail, l'engagea à le montrer au contrôleur général M. de
Machault. Celui-ci, ayant écouté tranquillement son collègue, lui dit
que ce projet était excellent, « mais, ajouta-t-il vivement, que de-
» viendront les receveurs des tailles ? — Ma foi, monsieur, répliqua
» le marquis, je ne m'attendais pas à celle-là ; apparemment, si l'on
» trouvait moyen d'empêcher qu'il n'y eût des scélérats, vous seriez
» inquiet de ce que deviendraient les bourreaux. »

Un long crêpe va ceindre la France, car on ne peut se dissimuler
que M. le Dauphin n'eût beaucoup d'amis et même d'admirateurs
dans le royaume. Ce prince est mort le 20 décembre à huit heures
du matin. A peine avait-il parcouru la moitié de l'espace marqué dans
les temps pour une vie ordinaire, Son Altesse Royale était âgée de
trente-six ans quatre mois et seize jours. J'ai dit ailleurs qu'une langueur secrète consumait depuis plusieurs années l'héritier de la couronne, on croit que le renvoi des jésuites enfonça plus vite dans son
cœur le trait déjà déclaré mortel. Étrange aberration d'une sensibilité
sans réciprocité, égarée sur des hommes qui n'aiment qu'eux seuls!
Quelques personnes prétendent que M. le Dauphin ayant voulu faire
passer des boutons qu'il avait au visage, l'humeur répercutée s'était
portée sur la poitrine ; d'autres assurent que Son Altesse Royale s'é-
tait échauffée par trop d'assiduité au travail. A quelque cause qu'il
faille attribuer la maladie chronique du prince, elle se compliqua
sur la fin, d'un gros rhume qui hâta la destruction organique de la
poitrine. A l'arrivée du Dauphin à Fontainebleau, il eut un éclair
de mieux ; lueur un moment éclatante d'une vie qui s'éteignait. Bientôt, en effet, la toux fit des progrès, l'expectoration devint puru-
lente ; un abcès se déclara... Son Altesse aperçut dès lors le terme
de son existence, mais elle l'envisagea sans effroi. Le duc d'Orléans,
surpris d'une telle stoïcité, disait au roi : « Est-il possible, sire,
» qu'aux portes de la mort on conserve tant de sérénité et une paix
» si profonde ! — Cela doit être ainsi, mon cousin, répondit Louis XV,
» quand on a su, comme mon fils, passer toute sa vie sans reproche. »
Voilà une belle théorie de vertu.

Pendant la longue agonie du Dauphin, le roi se comporta comme

[1] Tel est le point de départ de la révolution qui plus tard a amené l'indépendance de l'Amérique.

il avait fait à la mort de madame de Pompadour; ses soins, ses égards furent prodigués à l'illustre moribond; mais point de larmes, point de douleur; un visage froid, une poitrine vide du cœur d'un père. Louis XV calculait avec impassibilité les derniers instants du prince; il réglait, il dirigeait en quelque sorte les apprêts de son convoi; et, comme le moment où Son Altesse expirerait serait celui du départ de la cour, Sa Majesté ordonnait à ses courtisans de faire leurs dispositions pour retourner à Versailles. De son lit le mourant voyait dans la cour ces préparatifs de voyage : une foule de valets transportaient des malles, d'autres jetaient par les croisées des paquets qu'on chargeait sur les voitures; déjà même des chevaux de poste attendaient quelques carrosses de voyage tout chargés. « Mon cher La- » breuille, disait tristement le prince à son médecin en voyant ce » mouvement, il faut que je me dépêche de mourir, car j'impatiente » trop de monde. »

Le roi avait recommandé au grand aumônier de ne pas quitter son fils, de recevoir l'âme du prince et de venir ensuite lui apprendre le fatal événement. Dès que Sa Majesté vit paraître le prélat dans son appartement, elle sut ce que cette démarche signifiait. « Qu'on fasse » venir le duc de Berri, » dit le monarque sans le moindre trouble, sans la moindre émotion. Le jeune prince ayant été amené, Louis XV lui adressa un discours assez insignifiant sur la circonstance; puis, le prenant par la main, il se rendit avec lui chez la Dauphine. L'huissier avait ses instructions : *Annoncez le roi et le Dauphin,* lui dit Sa Majesté. Marie-Josèphe de Saxe apprit ainsi la mort de son époux, dont on l'avait éloignée au point du jour; elle se jeta aux pieds du roi dès qu'elle l'aperçut et lui demanda ses bontés pour elle et ses enfants.

Le corps du Dauphin a été transporté sans pompe à Sens, où il reposera dans un souterrain de la cathédrale; le cœur seul de Son Altesse Royale est déposé à Saint-Denis.

Les mœurs douces, la vie paisible de ce prince, l'affabilité de son commerce habituel l'avaient fait aimer d'une partie de la France, sans qu'il eût jamais rien fait pour mériter cette affection : elle résultait d'une comparaison naturelle entre l'austérité des principes du Dauphin et le relâchement ou plutôt l'abnégation de morale du roi son père. Quant aux vertus dont certains panégyristes ont décoré la vie de Son Altesse, il faut se prononcer avec prudence : il y avait certainement en lui les germes de la générosité, de la grandeur même; il ne fallait que donner à ces heureuses dispositions une direction légitime. Mais on sait trop aujourd'hui que les jésuites maîtres de toutes les inclinations de l'héritier du trône, les avaient courbées à leurs doctrines. C'est en avoir dit assez, et je ne ferai point asseoir une critique trop sévère sur la tombe à peine refermée d'un homme qui du moins offrit tous les dehors de la vertu.

Ce que ce fils de France ne simula point, ce furent des connaissances aussi profondes que multipliées, et un amour constant du travail. Le Dauphin parlait avec facilité presque toutes les langues de l'Europe; il était versé dans ce que les enfants de saint Ignace ont arrangé de philosophie pour l'usage de leurs élèves; les mathématiques, l'architecture, la science de l'ingénieur lui étaient familières; aucune autre partie de l'art militaire ne lui était étrangère. Souvent Son Altesse Royale étonnait, dit-on, les généraux en les entretenant de leurs plans de campagne, qu'il reprit plus d'une fois en divers points. « Il ne manque à monseigneur le Dauphin, disait le maréchal » de Broglie, que l'occasion de se montrer l'égal de tous les héros de » sa race. » Cet éloge me paraît outré; toutefois il est certain que ce prince, doué de beaucoup d'instruction, d'un jugement sain et d'un sang-froid remarquable, eût fait un général distingué. Mais le roi son père l'éloigna constamment de la guerre sur la recommandation de madame de Pompadour, qui craignait qu'en devenant utile il ne devînt impérieux et puissant.

Parlons de l'enfant, parvenu à sa onzième année, qui devient l'héritier de la couronne de France.

Le duc de Berri est depuis trois ans élevé en grande partie par son père; aussi tout dans son caractère, son éducation et ses habitudes se ressent de cette direction. Le nouveau Dauphin a le maintien grave, le ton sévère, l'humeur brusque; il n'aime ni le jeu, ni les spectacles, ni aucun des plaisirs bruyants que recherchent ordinairement les enfants de son âge. Du reste, sans être précisément studieux, sans avoir même d'aptitude pour l'instruction théorique, qui glisse malheureusement sur ses conceptions obtuses, M. de Berri aime le travail, celui de la main surtout. On le voit sans cesse occupé à copier des cartes de géographie, et, par délices, à limer du fer. Ce fils de France est, comme on dit, un peu en dedans, c'est-à-dire taciturne, rêveur, prompt à s'impatienter si ses frères le tirent de cet état, qui n'est pourtant pas de la réflexion. Madame Adélaïde sa tante, qui l'aime beaucoup, et dont la tendresse s'inquiète de cette taciturnité, lui dit souvent : « Jase donc à ton aise Berri; crie, » gronde, fais du tintamarre comme ton frère d'Artois, casse, brise » mes porcelaines et fais parler de toi. » Il y a dans ce conseil d'une femme d'esprit plus de sens, plus de sagesse que dans les pompeuses et fades exhortations du duc de la Vauguyon, gouverneur du Dauphin, ou dans les jésuitiques instructions de l'évêque Coetlosquet son précepteur; deux hommes aussi médiocres, aussi mauvais juges des

devoirs d'un roi l'un que l'autre. Le duc n'est pas précisément dépourvu de lumières, mais son jugement est encore un de ces fanaux trompeurs qui attirent l'esprit des princes sur les écueils. Il ne s'applique à faire de ses élèves que des hommes de cour, à les rendre chatouilleux sur les prérogatives de leur rang, à les bercer des actions éclatantes des princes de leur race, sans jamais les entretenir des fantes dans lesquelles ils sont tombés. Quant à la science de l'homme d'Etat, ni la Vauguyon ni Coetlosquet n'en mettent les éléments sous les yeux du Dauphin; ils l'élèvent pour régner, non pour gouverner : d'où l'on peut conclure que la France obéira au premier ambitieux qui voudra saisir le timon de l'Etat.

Il y a cependant chez le duc de Berri une certaine rectitude de jugement, qui, développée par une éducation attentive, pourrait, avec la bienfaisance, la modestie et l'amour du travail naturels dans ce prince, former un jour le bagage assez léger de capacité nécessaire à un souverain pourvu qu'il soit honnête homme. Madame Adélaïde a plus d'une fois déjà tenté de mettre en œuvre ces éléments innés en introduisant Son Altesse Royale dans le conseil. Mais Louis XV, dominé par une jalousie peu soucieuse de l'avenir, ne veut pas que son petit-fils siége dans ce corps. Le roi dit de temps en temps : « Je » voudrais bien savoir comment Berri s'en tirera; » mais si l'enfant veut l'interroger sur les affaires d'Etat, Sa Majesté lui impose silence tout aussitôt. Le duc de Berri ainsi repoussé du centre des affaires auxquelles il aurait pu habituer de bonne heure son aptitude paresseuse, occupé d'un autre côté de billevesées de la grandeur par son gouverneur et son précepteur, le duc de Berri, dis-je, se livre tout entier à son activité matérielle. Il suit le travail des ouvriers dans le château, dans les jardins; il met la main à l'œuvre pour les aider à soulever une pierre ou une poutre. Puis, se renfermant dans l'atelier qu'on lui a construit, il se prend à limer, à forger avec ardeur; c'est déjà un apprenti serrurier fort remarquable. La Dauphine, en voyant M. de Berri les mains noires, la figure enfumée, l'appelle plaisamment *son Vulcain :* Dieu sauve le roi de France futur du point conjugal de la comparaison!...

Le crêpe étendu sur la cour à la fin de 1765 a dû couvrir toute la page de mon cahier où je retraçais l'événement funèbre qui a clos les éphémérides remarquables de cette année. Mon bulletin théâtral eût taché de rose ce deuil d'étiquette. Mais je ne puis éloigner sans retour aucune partie de ma tâche : ce serait une nuance omise dans mes petits tableaux de mosaïque. Trois nouveautés dramatiques ont occupé le public indépendamment du *Siége de Calais : la Fée Urgèle,* jouée à Fontainebleau le 26 octobre, est la plus remarquable de ces compositions. Les auteurs nommés sont M. Duni pour la musique et M. Favart pour les paroles. Mais je ne sais quel scepticisme dispute à ce dernier la paternité du poëme nouveau, et en fait les honneurs à l'abbé de Voisenon. Ce n'est pas la première fois que cette capricieuse injustice renie une capacité si bien prouvée par *la Chercheuse d'esprit, le Coq de village, les Trois Sultanes,* etc.; elle s'est obstinée dans le temps à soutenir que *l'Anglais à Bordeaux* et la meilleure partie d'*Annette et Lubin* étaient éclos sous la calotte du spirituel abbé, comme si celui-ci, en accordant à Favart une assistance d'un tout autre genre, dont sa femme profite plus que lui, eût juré d'être son collaborateur universel. Les gens de lettres eux-mêmes partagent cette erreur, car c'en est vrai; Destouches disait l'autre jour à Piron : « Oui, mon ami, je vous soutiens que Favart » fait des carcasses de pièces et que Voisenon habille sa poupée. — » Habiller la poupée de Favart, je n'en crois rien, répondit le vieux » caustique, mais il y a quinze ans qu'il la déshabille. »

Revenant à *la Fée Urgèle* ou *Ce qui plaît aux dames,* je dirai que cette imitation d'un joli conte de Voltaire a parfaitement justifié son second titre : nos beautés illustres sont enchantées de la tendresse délicate, des paillettes de galanterie chevaleresque, de la cour d'amour, et de mille autres détails gracieux qui scintillent dans cet opéra. Ces dames réunies en loge ouverte s'amusent beaucoup de ces légères plaidoiries d'amour pourvu qu'à leurs heures la cause soit attaquée au fond. On est moins content de la musique, elle a paru mesquine, peu chantante, et les accompagnements sont maigres. Duni se montre quelquefois par trop villageois.

Ce n'est pas le défaut de M. Philidor, à qui l'on doit la musique de *Tom Jones,* autre opéra joué cette année aux Italiens : c'est de l'harmonie large, savante, riche de modulations. Malheureusement les spectateurs, mal disposés par l'extrême médiocrité du poëme, qui est de M. Poinsinet, ont enveloppé la musique dans la disgrâce de cette œuvre indigeste : le tout est tombé avec fracas.

La garde, qu'on avait fait entrer dans le parterre pour réprimer le tumulte pendant la première représentation, arrêta deux hommes au moment où l'un disait à l'autre : *Couperai-je? couperai-je?...* Ce mot était significatif, il s'agissait assurément de couper la bourse à quelqu'un. Les deux quidams sont conduits au corps de garde : on va les mener en prison, lorsque l'un d'eux parvient à se faire écouter. « Eh! mon Dieu, dit-il, nous sommes deux tailleurs et voici notre » justification. C'est moi qui ai l'honneur d'habiller M. Poinsinet, » auteur de la pièce nouvelle, et vous saurez que le payement des » fournitures que je fais à ce poète est malheureusement variable

» comme le succès de ses ouvrages. Or je dois lui fournir un habit
» pour paraître devant le public à la seconde représentation, habit
» qu'il m'a promis de me payer sur le produit de cette nouveauté.
» J'étais donc bien aise de savoir ce que vaut la garantie avant de
» couper mon étoffe. Je ne suis pas fort sur la comédie et j'avais amené
» avec moi mon premier garçon, qui a beaucoup d'esprit, lui, puis-
» qu'il fait sans sourciller toutes mes factures. Quand la garde nous
» a mis la main sur le collet je lui demandais simplement s'il me
» conseillait d'aller couper l'habit de M. Poinsinet. Voilà notre his-
» toire, messieurs, et je vous prie de croire que nous sommes de fort
» honnêtes gens. »

Poinsinet lui-même raconte cette anecdote dans les salons d'une manière beaucoup plus comique que l'opéra nouveau : c'est peut-être tout ce qu'il en restera.

Il restera sans doute davantage du *Philosophe sans le savoir*, comédie en prose de M. Sedaine. Cette pièce est remarquable par une entente de la scène digne d'éloges et par un choix de situations qui émane d'une tête dramatique bien organisée. Mais le style de l'ouvrage est lâche, embarrassé, d'une choquante incorrection. *Le Philosophe sans le savoir* a obtenu du succès malgré ce défaut, bien moins grave dans une composition théâtrale que l'absence d'intérêt.

Je crois décidément que les vertus, si rares à la cour, vont se réfugier au théâtre, et qui plus est à l'Opéra. Aux exemples. Mademoiselle Allard, célèbre danseuse qu'on n'avait encore citée que pour son enjouement et sa légèreté chorégraphique, est en ce moment pénétrée d'une si vive douleur de la mort du sieur Bontems, son amant, qu'elle a déclaré ne pouvoir de six semaines contribuer aux plaisirs du public. Mademoiselle Basse, autre danseuse, piquée d'émulation par la retraite momentanée de sa camarade, a voulu faire mieux en se jetant à corps perdu dans les bras de la religion. Après le mariage de M. Prévost, son dernier adorateur, elle s'est retirée aux Bernardines, où toute la ville assista dernièrement à la prise d'habit de cette nymphe d'Opéra réfugiée au port du salut. La vertu numéro trois que j'ai à citer est mademoiselle d'Oligny, qui, plus méritante encore que ses deux camarades, pratique la continence au sein des séductions. M. le marquis de Gouffier, éperdument amoureux de ses charmes pudiques, lui ayant fait en vain des offres éblouissantes, a fini par lui députer son notaire affublé de sa robe, de sa perruque fraîchement poudrée et portant un contrat de mariage prêt à être signé. « Non, monsieur, a dit froidement mademoiselle d'O-
» ligny après avoir parcouru cet acte, je m'estime trop pour être la
» maîtresse de M. Gouffier, mais trop peu pour être sa femme. »

J'ai gardé pour dernière mention un trait qui pour tenir de la vertu a besoin d'être considéré sur une seule face. Vu de ce côté, c'est de la charité chrétienne désintéressée ; et certes une des vertus théologales ne saurait déparer ma collection.

Un pauvre capitaine de milice frappé par la dernière réforme de M. de Choiseul ayant vu mademoiselle Arnould en devint éperdument amoureux, car le temps ne l'avait pas encore atteint d'une réforme bien plus cruelle que celle de M. le ministre de la guerre. Cet honnête militaire écrivit la lettre suivante à l'enchanteresse : « Made-
» moiselle, nulle mortelle ne vous est comparable ; beauté, grâces,
» voix divine... toutes ces qualités soulèvent de terre les âmes sen-
» sibles qui vous voient ou vous écoutent. Cinquante louis composent
» tout mon patrimoine, recevez-les de mon enthousiasme pour un
» seul acte de bonté. Si après son obtention il m'en fallait expier le
» bienfait par le sacrifice de ma vie je mourrais enivré de bonheur,
» puisque avoir possédé la femme de France la plus accomplie, ne
» fût-ce qu'une minute, c'est avoir délicieusement vécu. »

Cette proposition originale plut à la belle actrice : la personne et les cinquante louis du capitaine de milice furent acceptés. Le lendemain d'un succès dont le charme s'était noyé dans le sein même de la félicité l'officier retournait chez lui pensif, morose, et, je dois le dire, un peu marri de sa prodigalité, lorsqu'en cherchant la clef de sa chambre il sentit dans sa poche quelque chose de rond... O surprise ! ô trait unique ! c'était un rouleau de cent louis. Le capitaine, confondu de tant de générosité, retourne chez l'enchanteresse, se jette à ses pieds, et, croyant lui exprimer mieux sa reconnaissance, sollicite d'elle de nouvelles faveurs. « Non, monsieur, lui répond mademoiselle Arnould, de pareilles actions ne sont de mérite qu'une
» fois ; soyons heureux par le souvenir. » L'officier, honteux d'avoir été mal deviné, voulut rendre la moitié de la somme. « Je me garde-
» rai bien d'y consentir, reprit la belle d'un ton caressant, puisque
» j'ai accepté votre présent comme une marque de bonté vous ne
» pouvez refuser le mien sans m'humilier. » Le militaire n'osa pas insister : les deux amants d'une nuit se quittèrent, lui plein d'admiration pour l'adorable actrice, elle dans l'enchantement d'avoir fait doublement du bien à un homme peu fortuné.

La reine des ténèbres semble depuis quelques années avoir pris à tâche de moissonner les membres de la famille royale : le 23 février c'était le tour de Stanislas Leczinski, père de la reine. Vingt jours plus tôt ce prince revenant de Nancy, où l'on avait célébré un service pompeux pour le repos de l'âme du Dauphin, aperçut dans la région moyenne de l'air un corps de feu dont la tête paraissait tournée

vers la ville ; Sa Majesté fit remarquer ce météore aux personnes de sa suite. « Si j'étais superstitieux, ajouta Stanislas en riant, je re-
» garderais cela comme un signe funeste. » Sa Majesté avait trop de philosophie pour être dominée par une telle faiblesse, mais on va voir que sa vie même fournira un argument de plus aux âmes fatalistes. Le lendemain matin le roi de Pologne, seul dans sa chambre, voulut s'approcher d'une montre suspendue à la cheminée pour voir l'heure qu'elle marquait. Forcé de regarder d'assez près à cause de l'affaiblissement de sa vue, Stanislas se penchait un peu, lorsque le feu prit à sa robe de chambre. Empressée de l'éteindre, Sa Majesté se baisse, perd l'équilibre et tombe dans le feu, appuyée sur la main gauche, dont plusieurs doigts sont à l'instant calcinés. Dans cette chute deux côtes du roi portèrent sur un chenet, et l'on a reconnu depuis qu'elles avaient été enfoncées. Cependant Stanislas allait expirer dans ce brasier si un garde du corps en faction à la porte n'eût aperçu à travers les vitres de la garde-robe ce qui se passait dans la chambre de Sa Majesté. Trop esclave en ce moment de sa consigne, ce militaire se borna à appeler les valets de chambre. Il se perdit encore un peu de temps. Arriva enfin un valet de pied nommé Perrin ; mais il fit de vains efforts pour tirer le malheureux prince du feu. Heureusement le premier valet de chambre Syster survint presque aussitôt, et Stanislas fut remis sur pied. On crut d'abord que cet accident n'aurait pas d'autre suite que la main brûlée : M. Perret, premier chirurgien, rassurait hautement la cour de Lunéville, cour moins cérémonieuse que celle de Versailles mais beaucoup plus affectionnée. Malgré ces protestations d'un homme de l'art, Stanislas ne tarda pas de sentir au côté gauche une douleur insupportable : la vertu de ce bon prince tempérait ses cris de souffrance et même ses plaintes. Résigné jusqu'à la dureté, on l'entendait quelquefois plaisanter de son mal. Bientôt Sa Majesté ne put rester au lit, elle passait les nuits sur un fauteuil ; tandis que moelleusement couché dans la chambre du malade, son chirurgien ronflait à ses oreilles et rendait son insomnie plus douloureuse. Dix-huit jours entiers Stanislas combattit des douleurs de plus en plus poignantes, elles surmontèrent son courage dans la nuit du 22 au 23 février. Vers trois heures du matin, sentant son dernier moment approcher, le monarque moribond appela le cardinal de Choiseul, qui lui administra les derniers sacrements... « Je vais rejoindre mon cher Dauphin, dit l'illustre Polonais
» quelques minutes avant de fermer les yeux ; nos destinées se sont
» ressemblées, un trône nous échappa à tous deux : ce n'est que dans
» l'éternité que nous jouirons en paix d'une couronne. » Le 23 février, à quatre heures du matin, un glas au tintement funèbre agita la nue chargée de neige : il annonçait aux habitants de la Lorraine le trépas de leur bon prince, du souverain qui, depuis trente ans, comptait ses heures par les bienfaits répandus sur eux ; du père commun qu'une gratitude, heureuse dans son expression, surnommait *le philosophe bienfaisant*. Stanislas avait trouvé dans la Lorraine une principauté dévorée de toutes les calamités qui suivent la guerre, il laisse à la France une province riche, heureuse, couverte de villes élégantes. Cette métamorphose s'est opérée pendant des hostilités sans cesse renaissantes, avec des ressources bornées, et à l'époque même où l'opulente monarchie de Louis XV engloutissait ses énormes trésors dans des expéditions sans utilité, sans gloire, et malheureusement sans égard au vœu de l'humanité.

Louis XV se montra aussi indifférent à la mort de son beau-père qu'il l'avait été à celle de sa fille, de son petit-fils, de sa favorite, de son fils ; toute la démonstration de douleur qu'il fit se borna à une retraite de huit jours à Choisy, et cette retraite ne se termina pas sans distractions. Quant à la reine, son affliction fut vive et profonde ; mais la vie de cette princesse est un long deuil : à l'exemple de toutes les âmes dévotes, elle reçoit comme un présent de Dieu tous les déplaisirs, tous les malheurs ; elle remercie le Seigneur de chaque arrêt fatal comme d'une palme nouvelle du long martyre qu'elle subit sur la terre.

Cependant madame la Dauphine avait demandé au roi la conservation de son rang à la cour, voulant, disait-elle, veiller d'une manière spéciale à l'éducation de ses enfants ; et, pour l'exécution de ce projet, elle supplia Sa Majesté de la placer le plus près possible de sa personne. Louis XV accorda tout ; mais les desseins de sa belle-fille étaient loin de convenir aux hommes influents qui entouraient Sa Majesté.

Marie-Josèphe de Saxe est une femme instruite, laborieuse, capable de résolution ; sous un monarque aussi faible que son beau-père, la charge de surintendante de l'éducation des fils de France, qu'elle réclamait, tendait à devenir une régence anticipée qui ruinerait le crédit des gouvernants, habitués à disposer de tout dans l'État. On cherche à rendre impossible l'exécution du plan formé par la princesse. Le roi avait accordé à sa bru l'appartement devenu vacant par la mort de madame de Pompadour : si elle l'eût habité, la proximité eût établi des rapports de tous les instants entre Son Altesse Royale et Sa Majesté ; il importait de prévenir l'intelligence intime qui pouvait résulter de ce commerce journalier. La coterie jalouse gagna le vieux architecte Gabriel, qui déclara que les poutres de cette partie du bâtiment étaient pourries, et qu'il serait peu sûr de l'habiter. Sans chercher à s'expliquer comment en dix-huit ou vingt mois seulement écoulés depuis la mort de la favorite de grosses poutres s'étaient pourries, le roi renonça à loger la Dauphine dans l'appartement dont il s'agit; mais la coterie n'eut pas gain de cause complet : Sa Majesté abandonna à Son Altesse Royale tout le local des petits appartements. Une fois installée dans cette partie du château, la Dauphine s'occupa sérieusement de la tâche qu'elle s'était imposée. Elle s'était fait remettre soigneusement tous les manuscrits, les notes, les rédigés ou recueillis par feu le Dauphin pour l'instruction des fils de France. Son Altesse chargea plusieurs personnes de mettre en ordre ces papiers, qu'elle appelait *son trésor.* L'abbé Collet, confesseur de la princesse, dirigea ce travail, qui servit de base à un plan méthodique d'éducation, composé par cet ecclésiastique ou sous sa direction. Au fur et à mesure que les cahiers étaient terminés, Marie-Josèphe de Saxe se les faisait remettre mystérieusement; elle voulait bien s'entendre avec le duc de la Vauguyon, mais il lui semblait indispensable d'attendre que son petit code fût achevé : pensant qu'alors le gouverneur n'aurait ni le temps ni la faculté d'opposer un autre système à celui-là.

En attendant la princesse se livre aux soins les plus laborieux pour se rendre habile à l'enseignement qu'elle médite. Son Altesse pousse l'activité jusqu'à se charger la mémoire de presque tous les cahiers destinés à ses enfants; elle se donne des leçons comme une véritable écolière, et l'abbé Collet les lui fait répéter matin et soir dans son oratoire.

On dit que Son Altesse Royale va prendre pour son premier aumônier M. de Nicolaï, évêque de Verdun. Ce choix est pour le ministère un nouveau sujet d'inquiétude : ce prélat est un homme ardent, factieux même; il s'est fait le défenseur audacieux des droits du clergé, on le soupçonne même d'entretenir des intelligences secrètes avec les débris toujours renaissants de la compagnie de Jésus. La crainte des conseils d'un tel homme, jointe au mécontentement qu'inspire aux gouvernants le plan d'éducation de la princesse, envenime de plus en plus l'intrigue qui cherche à entraver ses projets. On a déjà parlé au roi de l'ambition, des vues usurpatrices de la Dauphine. Les assiduités de Sa Majesté auprès de Son Altesse Royale se sont ralenties, une certaine froideur y a succédé, et dernièrement à peine la princesse a-t-elle été prévenue du *voyage de Compiègne.* Le service même de Marie-Josèphe se montre peu empressé, peu soigneux : l'un de ces matins on lui servit un œuf à la coque qui se trouva tellement couvé, qu'il contenait le poulet tout formé. « Vous voyez, monsieur, comme on me sert, » dit-elle avec fierté en se tournant du côté de M. de Muy son maître d'hôtel. Il est donc vrai de dire qu'un parti violent travaille à détruire le crédit de la Dauphine; je crois M. de Choiseul étranger à cette cabale : ce ministre se voit d'ailleurs trop puissant, trop nécessaire pour redouter aucune rivalité; il ne se livre point à l'intrigue, parce qu'il la croit inutile à la conservation de son pouvoir.

Une déclaration sous la date du 15 avril défend aux sujets de Sa Majesté qui professent la religion réformée d'aliéner leurs biens sans une permission du roi. Cet édit a produit une profonde sensation : on s'est demandé si nous allions voir renaître les beaux jours de la révocation de l'édit de Nantes, les dragonnades, les massacres religieux. Mais une circonstance plus déplorable encore a bientôt fait diversion à cet acte d'intolérance, arraché aux terreurs du monarque vieillissant.

Près de cinq ans s'étaient écoulés depuis que le comte de Lally languissait à la Bastille. Fort de son innocence et d'une philosophie que le calme de sa captivité lui avait rendue, doué d'un cœur honnête, qui ne fut égaré que par une aigreur de caractère trop excusable au sein des plus révoltantes exactions, ce général croyait à la vertu de ses juges et point au crédit de ses ennemis. « Des magistrats, disait-il, qui tiennent la balance où l'on pèse la vie des hommes n'ouvriront point l'oreille aux discours des fripons que j'ai démasqués, et je ne puis avoir qu'eux pour ennemis. » Il se trompait : le ministère ne voulait pas laisser planer sur lui la honte des désastres de l'Inde; notre pavillon, prétendait-il, devait être lavé d'une souillure. Mais le motif réel des rigueurs de Choiseul, celui qui fermait son cœur, ordinairement généreux, à l'intérêt que Lally inspirait aux gens de bien, c'était la défense de Saint-Priest, d'un seigneur assez bien servi en 1761 pour avoir fait chanceler la faveur du ministre. Je n'ai remarqué que cette tache sur la carrière de cet homme d'Etat, mais elle est hideuse.

Après deux ans d'instruction le procès du gouverneur de l'Inde vient enfin d'être jugé : c'est un assassinat juridique et pour comble d'horreur un crime consommé sciemment; on va en juger. D'abord le jugement d'un officier général pour le fait de son commandement ne pouvait pas être remis légalement aux juges civils; le parlement était aux yeux de la plus simple raison incompétent dans une cause où la culpabilité de l'accusé devait être assise sur des dispositions militaires vicieuses, arbitraires ou omises; sur de la tactique enfin, dans laquelle *messieurs* étaient d'une complète ignorance. L'affaire relevait de toute nécessité d'un tribunal de généraux; en investir des magistrats en robe, c'était méconnaître toute idée de justice, d'ordre public et même de bienséance. M. le duc de Choiseul disposait du parlement, et craignait que les maréchaux de France, juges naturels de Lally, ne se refusassent à subir l'influence du ministère.

Voilà donc le gouverneur de l'Inde accusé devant le parlement *d'avoir trahi les intérêts du roi et de la compagnie à Pondichéri.* Néanmoins l'innocence de cet infortuné paraissait tellement évidente, que, malgré la soumission de la magistrature aux volontés de Choiseul, deux des cinq conseillers chargés du rapport concluaient à absoudre; un troisième restait indécis : les deux autres furent d'avis de condamner. La nullité résultant d'un tel partage allait sauver le comte; mais flottant entre l'influence du ministère et les inspirations de sa conscience, le juge irrésolu ferma enfin l'oreille à ces dernières : « Qu'il meure, s'écria-t-il, mais finissons ! » Les autres opinants étaient cruels, celui-là se montra barbare.

Pendant les débats un membre du parlement eut l'indignité de proposer le supplice de la roue, mais la majorité se prononça pour la décapitation. On déterminait ainsi la peine sans qu'il eût été posé un seul fait précis pour l'accusation, sans qu'un témoignage respectable déposât contre l'accusé. On avait éludé celui de messieurs de Crillon et de Montmorency, qui avaient servi dans l'Inde avec Lally, pour écouter les dépositions du cuisinier, du palefrenier de ce général, accusateurs obscurs, aigris peut-être par le ressentiment de quelques brusqueries, et qui dans tous les cas ne pouvaient être admis à témoigner contre leur maître.

Il faut un exemple à la nation, disaient *messieurs;* à défaut de charges, c'est sur l'ensemble que nous condamnons Lally. L'ensemble, c'était le doute, l'obscurité, la prévention; lorsqu'une seule réflexion, qui ne pouvait pas échapper aux juges, faisait tomber la hache de leurs mains : Si ce général eût trahi l'Etat, c'est-à-dire s'il eût été d'intelligence avec les Anglais; si, comme on a osé l'avancer sans l'ombre d'une preuve, il leur eût vendu Pondichéri, ne serait-il pas resté parmi eux? fût-il venu en France affronter la fureur de ses ennemis? l'eût-on vu provoquer lui-même son arrêt, et solliciter une prison ? Hélas ! l'infortuné croyait trouver parmi ses concitoyens des juges équitables, il n'y trouva que des assassins. Un arrêt du parlement, rendu le 6 mai, déclare « Thomas-Arthur de Lally, comte » de Tolendal, dûment atteint et convaincu d'avoir trahi les intérêts » du roi et de la compagnie des Indes, d'abus d'autorité, de vexations » et d'exactions envers les sujets de Sa Majesté et étrangers habitants » de Pondichéri ; pour réparation de quoi, et autres cas résultant du » procès, la cour le prive de ses états, honneurs, dignités; l'a con- » damné et le condamne à avoir la tête tranchée par l'exécuteur de » la haute justice sur un échafaud, qui, pour cet effet, sera dressé » en place de Grève; déclare tous ses biens confisqués et acquis au » roi : sur iceux sera prélevée la somme de dix mille livres d'amende, » applicable aux pauvres habitants de Pondichéri ainsi qu'il en sera » ordonné par le roi. »

La fureur des ennemis du malheureux Lally ne fut point assouvie par cet arrêt : ils cherchèrent et trouvèrent dans le parlement un homme assez féroce *pour aller supplier le roi de ne point faire grâce au condamné.* Mais le comte n'était pas entouré que de cannibales : mademoiselle de Dillon, sa parente, eut le courage d'adresser un placet au souverain, tendant à le supplier de recevoir MM. de Crillon et de Montmorency témoins oculaires du zèle et de la bravoure de l'ex-gouverneur. Madame de Hesse alla plus loin, et, se jetant aux pieds de Louis XV au milieu de la galerie, elle demanda d'une voix déchirante la grâce de ce général. Tout fut inutile : le roi, observé par Choiseul; le roi, bercé des chimères de *sa gloire compromise, de sa grandeur entachée* par le coupable, se montra inflexible. Mais, de peur d'un retour de clémence, le ministre se hâta d'emmener Sa Majesté à Choisy tandis qu'on faisait les apprêts du supplice de la victime, et il fit garder par ses affidés toutes les avenues qui pouvaient conduire les demandeurs de grâce aux pieds du monarque.

La populace, toujours légère dans ses jugements, toujours disposée à condamner les grands, dont le bonheur insulte à sa misère; la populace, avide de spectacles sanglants, attendait en trépignant le noble condamné. Mais les honnêtes gens soupiraient; les coups de marteau frappés pour cheviller l'échafaud retentissaient douloureusement au fond des cœurs sensibles : la raison publique avait prononcé l'acquittement de Lally. Enfin le roulement lugubre d'un ignoble tombereau annonça le martyr de l'orgueil ministériel... Une sueur froide découla de tous les fronts lorsqu'on vit que l'infâme lieutenant de police Pasquier, sans doute pour arrêter aux lèvres du comte les récriminations de l'innocence sacrifiée, avait fait attacher à sa bouche un *bâillon !...* Qui pourrait, après cette infernale précaution, douter que le crime ne soit du côté du ministère, du côté du parlement, et que le roi lui-même n'en soit complice ?

Lally s'était avancé vers l'échafaud en héros, il y périt en saint; car sa prière n'était point achevée lorsque, dans son impatiente férocité, le bourreau lui assena un premier coup de hache qui le manqua... Une scie, dont le public entendit avec effroi l'horrible grincement, acheva l'attentat commis sur cette grande victime.

Mais quelle plume retracera la scène qui suivit cet assassinat ? Le jeune Lally, fils du général [1], vient d'apprendre dans son collège que

---

[1] Celui qui par une éloquence digne de Démosthène fit réhabiliter plus tard la

le sang qui va couler en place de Grève est celui de son père... Il s'élance, il s'échappe de la maison pour rendre, hélas! un premier, un dernier hommage à l'auteur de ses jours! Pâle, échevelé, haletant de fatigue et de douleur, le malheureux enfant s'écrie sur son passage : « Place! place! c'est mon père qu'ils vont tuer!... » La foule obéit et s'ouvre devant lui... Il arrive; mais ce sang qui fut la source du sien ne s'offre plus à ses yeux que sous le hideux aspect d'un ruisseau fumant, dans lequel il se prosterne, qu'il baise, et où le pauvre enfant s'évanouit. Cet épisode eût dû pénétrer Choiseul de regret, de terreur; il ne fit qu'exciter sa colère, le jeune Lally fut éloigné de Paris et l'on anéantit les preuves de sa naissance.

Cependant une justice tardive vint luire sur le tombeau de M. de Tolendal. Louis XV, abandonné à son naturel sans méchanceté, écouta mademoiselle de Dillon. Il se laissa persuader enfin que si le

— Messieurs, nous sommes au désespoir... — Point de désespoir, le Siége de Calais! interrompent cent voix irritées.

gouverneur de l'Inde avait été dur, emporté, irascible dans le commandement, il ne s'était pas moins montré fidèle à l'honneur, au roi, à la patrie. La généreuse demoiselle ajouta avec chaleur que M. de Choiseul, conseillé un jour par le repentir, verserait des larmes de sang sur le sacrifice d'un guerrier couvert de blessures, inscrit avec éclat dans les fastes des guerres d'Europe, et qui, au delà des mers, avait avec une poignée de soldats livré neuf combats et soumis dix villes ou forts. L'éloquente panégyriste, abordant enfin la défense de Pondichéri, s'écria : « Un échafaud, sire, telle a été la récompense » d'un général qui à la tête de sept cents hommes mourants de faim, » indisciplinés, poussés à la révolte par les agents de la compagnie, » s'est défendu neuf mois entiers contre quinze mille hommes de » troupes de terre soutenus par quinze vaisseaux de ligne, auxquels » il n'avait pas une chaloupe à opposer, et pourtant il ne s'est rendu » que lorsqu'il ne lui restait pas un grain de riz ! » Sur cet exposé, fait avec toute la puissance persuasive de la vérité, le roi, par lettres patentes dressées sous ses yeux, supplée aux titres d'extraction du jeune de Lally, lui confère les noms et dignités nobiliaires du comte son père, et lui restitue ses biens.

Mademoiselle de Dillon était encore dans le cabinet du roi quand Choiseul y entra.

« Monsieur le duc, lui dit Louis XV d'un accent grave, vous avez abusé ma religion touchant le procès du malheureux Lally.

— N'en croyez rien, sire; c'est maintenant qu'on vient de l'abuser par un échafaudage de beaux sentiments.

— Cet échafaudage, répondit la parente de Lally, serait, dans tous les cas, moins pesant sur ma conscience que ne l'est sur celle de certaines gens l'échafaud où ils firent monter l'innocent.

mémoire de son père. Nous avons vu depuis ce Lally figurer avec éclat dans nos législatures de la révolution. Sous la restauration ce fut l'un des flambeaux de la chambre des pairs.

— Mademoiselle, dit sèchement le ministre, la prévention vous a troublé l'esprit.

— Je désire, monsieur le duc, répliqua avec vivacité mademoiselle de Dillon, je désire que le remords ne trouble pas davantage votre sommeil!... » A ces mots, elle fit une profonde révérence et sortit.

« Monsieur, dit Louis XV d'un accent ému quand la noble dame eut quitté la chambre, ce ne sera pas sur moi que retombera le sang répandu... » Puis Sa Majesté entra dans son cabinet.

Une macédoine de nouveautés, de scandales, de mesures plus ou moins susceptibles de critique, a fait une prompte diversion à la catastrophe sanglante de Lally. Je vais raconter par ordre.

Le prince héréditaire de Brunswick, le même qui fut opposé aux maréchaux de Soubise et de Broglie dans la dernière guerre, est à Paris depuis quelques jours; le roi lui a donné une fort jolie fête à l'hôtel des Menus, qui s'est terminée par une comédie nouvelle de M. Collé intitulée la Partie de chasse de Henri IV. Cette pièce, qu'ont parfaitement jouée les comédiens français, a produit une vive sensation sur l'auguste étranger et sur toute la cour. Cet ouvrage se recommande particulièrement par un portrait fidèle

Du seul roi dont le peuple ait gardé la mémoire.

Le prince héréditaire de Brunswick a pu acquérir, dans cette représentation, la preuve que les Français tiennent compte à leurs souverains des bienfaits de leur règne. Peut-être le lendemain a-t-il pensé que la générosité de nos dames allait aussi trop loin, en entendant raconter au lever du roi l'aventure que voici. Dans un souper chez la maréchale de Luxembourg, certaine vicomtesse, sœur du prince d'Henin, avait paru au duc de Lauzun passablement légère, passablement prodigue de serrements de mains et de pressions de genoux. Le gentilhomme à la mode en parla à l'une de ses maîtresses

Ce n'est pas sans surprise qu'on l'a (J.-J. Rousseau) vu reparaître à Paris dernièrement, habillé en Arménien...

émérites. — « Qui, la vicomtesse! répondit cette confidente; elle » est à vous quand vous voudrez. Donnez-lui, pour voir, un rendez-» vous par écrit; je parie qu'elle s'y rend. — Eh bien! reprit Lauzun, » outrons les choses afin de mieux nous amuser; j'ai certain projet » en tête, je le mettrai demain à exécution, et dans la soirée vous » aurez des nouvelles du résultat. »

Le projet que le duc méditait était le comble de l'extravagance : une extrême fatuité pouvait seule en excuser la pensée. Le roué était de service le lendemain aux grandes écuries; à peine arrivé à ce poste, il prend un morceau de papier et trace dessus ce peu de mots : « M. de Lauzun ordonne à madame de C*** de venir lui tenir » compagnie à Versailles, où il est de garde et s'ennuie à mourir. » Le duc envoya copie de ce billet à son amie, qui lui répondit qu'il était fou. « Pas si fou que vous pensez, lui écrivit-il dans la soirée : » la petite femme est arrivée trois heures après le départ de mon » poulet; et réellement il fallait un dévouement héroïque pour entrer » dans mon corps de garde enfumé. Mais que fait la fumée, belles » dames, contre le diable que bon nombre d'entre vous avez au » corps? Vous pensez bien, chère amie, qu'après l'empressement que » ma conquête avait mis à m'obéir, les arrangements n'ont pas été » longs entre nous. La conclusion faite, je me suis fait apporter un » joli petit dîner, que nous avons expédié sur une table sans nappe » et tant soit peu crasseuse; la vicomtesse m'a juré qu'elle n'avait » jamais mangé de meilleur appétit. Elle m'a demandé en me quittant » quand revenait mon tour de service; je ne lui ai rien répondu, » parce que je crains réellement que ce ne soit pas son début au » corps de garde. Nous verrons quand la roue de ma fortune galante » sera revenue à cette beauté. »

Plusieurs ordres religieux, à l'exemple des bénédictins, ont demandé des changements, presque tous bénins, dans leurs règles. Le roi, fatigué de ces réclamations, s'est décidé à nommer une commission pour examiner, non pas les rigueurs à *adoucir*, mais les statuts à rendre plus sévères. Ce comité se compose de MM. de la Roche-Aymon, archevêque de Reims; de Phelippeaux, archevêque de Bourges; de Dillon, archevêque de Narbonne; de Brienne, archevêque de Toulouse, et de Jumilhac, archevêque d'Arles. Il paraît que ces messieurs n'offrent pas à eux tous une pureté exemplaire, car voici l'épigramme dont on a salué leur nomination :

On a choisi cinq évêques paillards,
Tous cinq rongés de v..... et de
       [ch....e,
Pour réformer des moines trop
       [gaillards,
Peut-on blanchir l'ébène avec de
       [l'encre?

Le roi ayant ordonné que toutes les procédures commencées pour l'affaire du parlement de Bretagne fussent discontinuées et demeurassent éteintes, on espérait que MM. de la Chalotais seraient réintégrés dans leurs fonctions; il paraît qu'il n'en est rien. Un mémoire de l'auteur des *Comptes rendus*, qui se distribue sous le manteau, porte plainte devant le public des rigueurs de la détention prolongée de ce magistrat. M. de la Chalotais invoque avec chaleur la justice du roi, réclame l'exécution des lois, et proteste de son innocence de tous les griefs qu'on lui a imputés. Le mémoire se recommande aussi par un style rempli de force, d'élégance et de clarté : on y reconnaît bien la plume qui a foudroyé les jésuites. M. de Calonne, un des commissaires envoyés en Bretagne, est fortement compromis dans cet écrit.

Le fanatisme est attaqué non-seulement dans les mémoires éloquents de la Chalotais mais dans une foule d'ouvrages philosophiques, auxquels les prêtres ne répondent que par de plates arguties ou par les flammes du parlement. Et cependant ce même fanatisme fait encore des victimes : le malheureux chevalier Lefebvre de la Barre est le dernier qu'il ait sacrifié. Ce gentilhomme, dans l'âge où l'étourderie ne s'arrête pas toujours aux limites de la bienséance, passait un soir avec quelques amis auprès d'un crucifix où l'image du Christ, assez malheureusement reproduite, offrait à l'œil des traits plus propres à une caricature qu'à une sainte effigie. De la Barre et ses compagnons de débauche, oubliant toute retenue, insultèrent de paroles et peut-être du geste l'imparfaite représentation du Rédempteur. Cent témoignages ont attesté depuis que l'insulte ne s'adressait qu'au morceau de bois sculpté d'une manière ignoble. L'Eglise vit autrement la chose. Dès le lendemain les jeunes gens sont décrétés de prise de corps, ils prennent la fuite : le seul chevalier de la

Barre est arrêté. Le procès fut long : peut-être, malgré les fougueuses poursuites des ministres d'un Dieu de miséricorde, la justice humaine hésitait-elle à s'emparer de la vie d'un homme en réparation de l'injure faite à un morceau de bois. Voltaire fit tonner son éloquence contre les fanatiques instigateurs de cet attentat; mais ils étaient en crédit : la voix du philosophe fut impuissante... De la Barre, après avoir attiré sur lui seul toutes les charges du prétendu sacrilége, après avoir défendu tous ceux qui paraissaient y avoir participé, est mort héroïquement, et les apôtres de la charité ont souri au supplice de leur victime.

Voltaire fut plus heureux dans sa défense de la famille *Sirven*, poursuivie aussi par l'intolérance religieuse, et qu'il parvint à faire réhabiliter. Mais peut-être le grand homme eût-il échoué au temps de sa querelle avec le poëte Lefranc de Pompignan s'il se fût trouvé à la portée du frère de cet évêque, qui voulait lui couper les oreilles. Je ne puis passer sous silence le billet que le seigneur de Ferney écrivit à cet égard au duc de Choiseul. « Je ne sais, » monsieur le duc, ce que » j'ai fait à MM. Lefranc : » l'un m'écorche tous les » jours les oreilles, l'autre » me menace de me les couper. Je me charge du rimailleur; je vous abandonne le spadassin, car j'ai » besoin de mes oreilles pour » entendre ce que la renommée publie de vous. »

Voltaire a eu récemment l'occasion d'écrire une lettre non moins spirituelle à l'impératrice de Russie pour un trait de générosité aussi noble que bien placé. Catherine avait appris que Diderot, fort gêné dans ses affaires domestiques, se trouvait forcé de vendre sa bibliothèque. Cette princesse, sentant tout ce que ce sacrifice avait de dur pour un homme de lettres, fit acheter cette bibliothèque, et en nomma Diderot le conservateur avec une pension annuelle de mille livres. Les intermédiaires des bienfaits ne sont pas toujours aussi empressés que ceux qui les commissionnent : la czarine ne tarda pas d'apprendre que son pensionnaire de Paris ne touchait pas ses quartiers. « Cela n'arrivera pas à l'a- » venir, dit-elle, au moins » de longtemps; que l'on » fasse payer à M. Diderot » cinquante années de sa » pension. » Et le payement s'effectua dans la quinzaine.

Je désire que le remords ne trouble pas davantage votre sommeil.

On ne fera plus la guerre en Angleterre au nom de Jacques III, ce prince est mort à Rome âgé de soixante-dix-sept ans. Le dernier descendant des Stuarts est aujourd'hui ce prince Charles-Edouard dont l'entreprise hardie échoua à Culloden. Il a été depuis si bien traité par Louis XV, que je doute qu'il soit jamais tenté d'implorer son secours. « Je vois encore à mes poignets, dit quelquefois ce » prince, la marque des cordes avec lesquelles cet excellent allié me » fit attacher après le dernier traité d'Aix-la-Chapelle, je ne suis » pas du tout jaloux de voir renouer de tels liens d'amitié. » Un autre souverain, Christian VI, roi de Danemark, mourut aussi dans le courant de cette année; son fils lui succède sous le nom de Christian VII. Je serais bien tentée d'ajouter à ma notice nécrologique des têtes couronnées le pauvre maréchal de Luxembourg, décédé il y a quelques mois aussi pacifiquement qu'il a vécu... Quel monarque, grand Dieu ! eut jamais la tête ornée d'autant d'attributs?

CHAPITRE XXXIII.
1767-1768.

Artaxerce et *Guillaume Tell*, tragédies de Lemierre. — Le chevalier de Boufflers; *Aline, reine de Golconde*. — Opéra de ce nom par Sedaine et Monsigny. — Le coup d'épée dans la cuisse. — Mort de la Dauphine. — Calomnies répandues contre le duc de Choiseul. — Intrigues contre ce ministre. — *Les Scythes*, tragédie de Voltaire — Critique amère de Fréron. — Portrait de Paoli. — Expulsion des jésuites de l'Espagne, de Naples et de Parme. — Singulière maladie de la Condamine. — Le Sargines de mademoiselle Clairon. — J.-J. Rousseau reparaît en France. — *Bélisaire* de Marmontel. — *Le Dictionnaire de musique* de J.-J. Rousseau — Le moine certifiant lui-même sa honte. — La momie égyptienne. — Le prince de Lamballe. — Il est lancé dans le monde par le duc de Chartres. — Inconvénients d'une jonction du vice et de la vertu. — La courtisane Forêt. — L'emplâtre sur le nombril. — La beauté scrupuleuse. — Emancipation philosophique de Marmontel. — *Eugénie*, drame de Beaumarchais. — Les *économistes*. — La charité d'une danseuse. — Faste de mademoiselle Guimard. — Mort du prince de Lamballe. — Le chat au parlement. — Le grand prêtre de la tapisserie. — Nouvelle communion pascale de Voltaire. — Mort de Marie Leczinska, reine de France. — Nouvelles calomnies contre Choiseul. — Deux partis à la cour. — Cession de la Corse à la France. — Guerre dans ce pays. — Progrès de l'insurrection américaine. — L'*ange* du bal de l'Opéra. — Quel était cet ange-là. — Apparition de madame du Barry. — Précédents de son admission au lit royal. — Les essayeurs. — Choiseul fait une école. — Le parti d'Aiguillon s'empare de l'esprit de la favorite. — La chanson de la *Bourbonnaise*. — Piéges amoureux tendus au roi de Danemark. — On promène ce prince dans les établissements parisiens. — Le guignon de la duchesse de Mazarin. — Quiproquo du roi de Danemark. — Les moutons au bal paré. — Les chatons de madame de Berchini. — Une journée à Ferney. — *Beverley*, tragédie de Saurin. — Les *Fausses Infidélités* de M. Barthe. — Le théâtre de mademoiselle Guimard.

M. Lemierre va-t-il devenir un tragique plus fécond encore que l'Euripide de Ferney? Deux tragédies pendant l'année qui vient de s'écouler! c'est sans exemple dans nos annales dramatiques. Mais comme le temps ne fait rien à l'affaire, parlons de ces deux compositions, en commençant par *Artaxerce*. Le superbe fils de Xerxès n'a fait que passer sur la scène française; le parterre n'était ce soir-là composé que de Grecs. C'est un beau sujet défloré. Il y a loin des mœurs asiatiques et des passions qui en ressortent aux vertus sauvages de l'Helvétie du moyen âge. M. Lemierre, par une brusque transition, nous a pourtant montré coup sur coup *Artaxerce* et *Guillaume Tell*; mais apparemment la muse de ce poëte doit voler dans une région mitoyenne et justifier le *medio virtus* : il n'a pas mieux réussi avec le héros populaire de l'Helvétie qu'avec le tyran perse. Lemierre s'était cependant fait un appui d'un bataillon au moins de gardes suisses; tout était disposé dans leurs rangs pour que la pièce réussît par temps et mouvements, comme une manœuvre à la parade. Mais le combat que ces rouges athlètes semblaient provoquer n'a pas commencé faute de combattants : les juges compétents avaient abandonné le champ de bataille aux champions de *Guillaume Tell*. La tragédie nouvelle a donc été jouée sans la moindre opposition critique, et au bruit des applaudissements de tout le corps helvétique commissionné par l'auteur. Néanmoins le vide désobligeant des loges, amphithéâtre, orchestre et galerie, a justifié trop éloquemment l'indifférence du public français. Mademoiselle Arnould, qui assistait à la première représentation, a trouvé dans la composition du parterre le sujet d'un de ces bons mots qui lui viennent si naturellement à la bouche. « On » prétend que là où il n'y a point d'argent il n'y a point de Suisse, dit- » elle à quelqu'un qui l'accompagnait; mais ici il y a plus de Suisses » que d'argent. » Le père de la liberté helvétienne est encore à reproduire sur la scène française.

Je n'ai pas jusqu'ici trouvé l'occasion de parler du chevalier de Boufflers; on parle pourtant beaucoup dans le monde de sa galanterie et surtout de ses jolies chansons; c'est l'Anacréon de nos boudoirs, mais un Anacréon de vingt-sept à vingt-huit ans, qui chante le jour et fait mieux la nuit. Or ce rimeur aimable ne fait pas la prose moins agréablement que les vers et l'amour : le chef-d'œuvre de sa plume légère est le conte, aussi spirituellement que simplement tracé, d'*Aline, reine de Golconde*. Une fillette de village, lutinée par un petit officier, casse son pot au lait : la pauvrette, désolée, quitte les ombrages verdoyants sous lesquels elle vient de perdre ce peu de chose qui forme le trésor d'une jeune fille; on n'entend plus parler d'*Aline* sur le théâtre de sa faiblesse. Cependant le séducteur parcourt avec rapidité la carrière des armes; jeune encore, il obtient un gouvernement dans l'Inde, qui paraît en allié à la cour de Golconde. C'est une femme qui règne sur ces riches contrées; le général des rives de la Seine est admis au pied du trône, mais un voile jaloux lui dérobe les traits de la souveraine. Les obstacles opposés aux vœux d'un Français en font soudain des désirs impérieux : le gouverneur brûle de voir ce visage qu'on lui cache, et que la transparence du voile ne lui a point montré bruni par les feux du tropique. Un matin qu'il se promène dans les jardins du palais il lui semble reconnaître les arbres de l'Europe, de la France; il fait quelques pas encore, et certains sites qu'il n'a pu oublier lui rappellent cette brillante campagne où s'écoula sa jeunesse, parfumée des plaisirs innocents que ne rendent jamais les passions d'un autre âge... Plus loin, au penchant de la colline, le château de son père, la petite grille, les tourelles, le colombier dont le vieux gentilhomme était si fier... Et puis là-bas, sous ces ormeaux, la chaumière où vivait la mère d'Aline, trop vieille pour suivre sa fille sur les gazons glissants du voisinage... Est-ce un délire, un songe, ou plutôt le gouverneur s'éveille-t-il après avoir

rêvé dix ans?.. Oui, oui, sans doute, car voici Aline elle-même, son teint de rose, son corset un peu ouvert, sa jupe écourtée, son pot au lait. Elle chante ce refrain qui fut jadis le prélude de sa défaite... Le séducteur seul manque à cette scène; il ne s'y trouve qu'une statue immobile. Cette fois, c'est la jeune fille qui lutine, c'est le gouverneur qui se défend; point de petit chapeau se détachant, point de pot au lait cassé. Enfin l'homme se retrouve, le gazon où l'on glisse se rencontre, mais le peu de chose érigé en trésor n'a pu se reproduire... L'enchanteresse y a substitué avec un soupir le titre de *reine de Golconde* au moment où l'heureux vainqueur apprécie trop combien il a fallu de faiblesses progressives pour élever Aline au trône le plus opulent de l'Asie.

Tel est, à quelques détails près, le sujet qu'on vient de traiter à l'Opéra. Il y avait là certainement une donnée lyrique; mais, pour l'inspirer, il fallait d'autres vers que ceux de M. Sedaine, et pour le comprendre un autre harmoniste que M. Monsigny.

Le théâtre change (c'est du mien que je parle), et nous voici dans la chambre à coucher d'une jolie nièce de monseigneur l'évêque de Rennes pendant la tenue des états de Bretagne. M. Bareau de Girac, évêque de Saint-Brieuc, est un prélat actif qui n'aime pas le temps perdu. Après la clôture des conférences, il vient du soir au matin causer avec la parente de son confrère; Sa Grandeur se presse de jeter çà et là ses habits sacerdotaux, tandis que sa belle livre déjà à ses regards pieux des trésors dont la possession lui est assurée. Par malheur les feux de l'hymen se réveillent quelquefois sous leur cendre : un mari dont on a oublié d'arrêter l'incursion par deux doigts de verrou entre chez madame au moment où dépouillé de toutes les pompes de la terre, le couple amoureux va s'élancer sur l'autel qui l'attend. La connivence de deux personnages également nus est difficile à dissimuler; la nièce de l'évêque aura du moins l'honneur de l'avoir entrepris. Feignant avec une présence d'esprit admirable que le prélat lui fait violence, elle saute sur l'épée de l'époux survenant et le plonge dans la cuisse du *téméraire*. Le coup était convaincant; il ne vint pas même à la pensée du galant mitré de démentir sa conquête. Il se drape à la hâte de sa soutane violette, sans trop s'inquiéter si les lacunes de ce rapide accoutrement laissent à nu certaines formes athlétiques de Sa Grandeur; et, profitant de la stupéfaction indécise du mari, il se retire honteux, confus et sanglant.

Le lendemain on vit aux états le fauteuil de monseigneur l'évêque de Saint-Brieuc vacant; et tandis qu'il faisait panser secrètement sa cuisse perforée, la renommée aux cent voix publiait l'heureuse adresse de la nièce de monseigneur de Rennes, qui avait été assez subtile pour donner un coup d'épée dans la cuisse de M. de Saint-Brieuc sans endommager sa culotte.

M. le prince de Conti a égayé l'un de ces matins le réveil du roi de cette aventure. Monseigneur l'évêque d'Orléans, qui se trouvait au lever, a voulu nier la chose pour l'honneur du corps épiscopal; mais M. de Conti a juré que s'il y était forcé il supplierait Sa Majesté d'ordonner l'exhibition de la cicatrice : le dénégateur n'a pas insisté.

Un deuil très-affligeant s'est étendu sur la cour le 13 mars; mais ce deuil n'était, ou plutôt n'a semblé inattendu qu'aux yeux des membres du parti maintenant formidable opposé au duc de Choiseul. Madame la Dauphine languissait depuis la mort de son mari, dont elle partagea le lit jusqu'à l'invasion de la maladie qui tua ce prince. Cette maladie elle-même, Marie-Josèphe de Saxe en respira les miasmes dans les soins empressés qu'elle ne cessa de donner au Dauphin qu'au moment où son agonie ne laissait plus d'espérance. Depuis, la santé de Son Altesse Royale, minée par une affection de poitrine déclarée, s'est affaiblie avec une progression d'autant plus rapide que la princesse se livrait à des travaux assidus. C'est donc dans un sentiment de haine que les médecins Bronchin et la Breuille, gagnés par les jésuites et par d'Aiguillon, ont prétendu que le rétablissement de la Dauphine touchait à son complément et que sa rechute a été soudaine. En admettant même qu'il y ait eu quelques éclairs de mieux vers les derniers mois de la vie de Son Altesse, circonstance qui n'est point authentique, chacun sait que ces passagères améliorations d'une nature épuisée sont l'un des signes du dernier degré de la pulmonie.

Il faut cette fois encore classer parmi les fables sans cesse renouvelées à la mort des princes qui descendent jeunes dans la tombe les bruits d'empoisonnement que la calomnie propage : je dois cependant les consigner ici. Le premier mercredi de février, dit la version que je repousse, la princesse avait pris comme de coutume sa tasse de chocolat; l'instant d'après elle se trouva mal; les syncopes se renouvelèrent plusieurs fois dans la journée; une perte effroyable survint au milieu de la nuit. Le lendemain Tronchin et la Breuille descendirent chez le roi, et le premier lui dit : « Sire, depuis quel- » ques jours je voulais rendre compte à Votre Majesté de l'état de » madame la Dauphine pour l'assurer que je croyais pouvoir répondre » de sa vie; *la crise qui survient ne peut avoir qu'une cause surnatu- » relle.* » Ce fut en effet d'après cette supposition que l'on traita Son Altesse Royale en lui administrant le fameux contre-poison de madame de Verue, et peut-être il hâta la mort de cette princesse. *Beccari*, qui tenait les petits appartements, était particulièrement soupçonné. *Dour*, garçon d'office, lui avait vu apprêter la tasse de chocolat suspecte; il lui avait même exprimé sa surprise de le voir employer à cette préparation des ingrédients et des eaux tirées de divers flacons. Cette anecdote, ou plutôt cette fable, accréditée par M. de la Vauguyon, gouverneur des enfants de France, causa une fermentation inexprimable; l'empoisonnement était presque généralement regardé comme prouvé quand Marie-Josèphe de Saxe expira. Alors toute la Faculté, malgré la répugnance du roi, qui s'était montré fort circonspect dans cette affaire, se réunit à la voix de Tronchin pour assister à l'ouverture du corps. Quatorze médecins étaient présents à cette opération; aucun ne put découvrir la moindre trace de poison. « Votre avis a été bien légèrement exprimé, dit avec sévérité le docteur Senac en s'adressant à ses collègues Tronchin et la Breuille; il faudrait être plus circonspects en pareille matière, surtout quand de hautes réputations peuvent être atteintes. » Les deux médecins se turent; ils ne pouvaient rien opposer à cette juste observation.

Mais le parti que feu la Dauphine seconda persista à vouloir accuser M. de Choiseul de la mort de cette princesse afin de continuer à ébranler ce colosse de pouvoir. La Breuille et Tronchin cherchèrent à prouver qu'il est des poisons dont l'effet détruit la vie *ad tempus*, sans laisser de traces après la mort : un nommé Bourgelas travailla plusieurs semaines à cette démonstration. Il fut aidé dans ses recherches par un Napolitain appelé Gagliani, qui, disait-on, avait étudié longtemps les poisons. Cette élaboration finit, comme on le pense bien, par démontrer l'existence d'une substance vénéneuse, lente mais infaillible dans ses effets, et dont les ravages mortels restaient invisibles à l'œil le plus exercé. Gagliani assura même que cet agent mystérieux de destruction se trouvait à Naples, ajoutant qu'il produisait un dépérissement pareil à celui auquel le Dauphin et la Dauphine ont succombé.

Ce système, établi et soutenu avec audace, permettait de poursuivre les projets de renversement de Choiseul, présenté hautement comme l'auteur de la mort de Leurs Altesses Royales. D'Aiguillon fit rappeler au roi la promesse faite à sa bru de renvoyer son ministère actuel et d'introduire au conseil MM. d'Aiguillon, de Muy et de Nicolaï, en commençant par ce dernier, qui eût obtenu les sceaux. Il est vrai que du vivant de la Dauphine les espérances de ce premier président avaient été portées si loin, que madame la présidente, femme fort économe, s'était crue obligée d'acheter du linge conforme à la dignité future de son mari, et que déjà il était coupé, ourlé et marqué. De son côté, l'évêque de Verdun, frère de M. de Nicolaï, présenté en cour de Rome pour le chapeau, traitait avec le cardinal de Luynes de sa charge de grand aumônier.

Malgré tant d'intrigues, malgré le désir secret que Louis XV lui-même avait de voir tomber un ministre qui le dominait, Choiseul, aussi puissant dans cette circonstance que le cardinal de Richelieu sous Louis XIII, retint le timon de l'État, en dépit de la tempête formée contre lui.

Les tombeaux de Sens se refermèrent sur Marie-Josèphe de Saxe, déposée près de son mari, à l'âge de trente-cinq ans quatre mois et neuf jours. L'effervescence de Paris se calma d'autant plus vite qu'elle avait été plus vive, et les ennemis de Choiseul se turent au premier mouvement du sourcil de cet autre Olympien.

Pour faire diversion à un événement qui vient d'agiter toute la France, il suffit à Paris de l'apparition d'une tragédie : dès le 26 mars, c'est-à-dire treize jours après la mort d'une princesse qu'on disait très-regrettée, et tandis qu'on travaillait encore à prouver que ses jours avaient fini par un crime, toute la noblesse *dévouée* courut voir aux Français *les Scythes* de Voltaire. Le succès de l'ouvrage n'a pas répondu à cet empressement : l'opposition des mœurs sauvages de la Scythie avec la civilisation efféminée des Perses, que l'auteur a prétendu établir dans cet ouvrage, manque presque toujours de force, de vérité, et les éclairs sublimes qu'on y rencontre çà et là ne sont plus que des membres dispersés de belle poésie. Aussi Fréron, ce critique acharné des productions de Voltaire, se déchaîne-t-il contre lui à l'occasion de ce nouvel échec tragique. Ce censeur, qui aurait souvent raison s'il ne se laissait pas emporter par trop d'acrimonie, remet, à propos des Scythes, tous les défauts du grand homme sur le tapis; il lui reproche son amour-propre, son envie, son inquiétude perpétuelle, sous des couleurs que l'on trouverait plus vraies, si elles étaient produites avec des intentions moins offensantes. L'article de Fréron se termine par ce quatrain :

> Un miroir à nos yeux distraits
> Vient-il offrir notre grimace,
> Il ne faut pas briser la glace
> Mais, s'il se peut, changer nos traits.

Un gentilhomme anglais, arrivé depuis peu de la Corse, a fait concevoir la plus noble idée de Paoli, chef des insulaires de cette île; il le peignait hier en ces termes, dans un cercle où d'Alembert et Diderot se trouvaient : « M. Paoli, disait cet étranger, est âgé de quarante-deux ans, d'une figure régulière et belle, ayant le port très-noble, et l'air de ce qu'il est : le chef d'un peuple libre. Son érudition serait surprenante même dans un homme de lettres de profession : il est versé dans la littérature anglaise et française; mais Tacite et Plutarque sont ses auteurs favoris. Il est d'une éloquence admirable; je n'ai vu personne mettre autant de grâce et de force dans ses discours. Il joint à tant de talents une philosophie éclairée et exempte de préjugés. Il a fondé une police exacte; il a affermi la constitution, qui ressemble beaucoup à celle d'Angleterre, et qui me paraît excellente. Il a établi en Corse une imprimerie, puis une université dans laquelle il a su attirer des gens de mérite. Les gazettes ont parlé des démarches qu'il a faites pour engager M. J.-J. Rousseau à se retirer dans son île : j'ai vu toute sa correspondance à ce sujet avec cet écrivain; elle fait également honneur à l'un et à l'autre [1]. »

Un tel chef devait soutenir le courage des insulaires; marchant enfin unis sous sa direction, ils s'emparèrent récemment de l'île de Capraix, appartenant aux Génois : ce fut la première conquête des républicains. Ce succès détermina les troupes françaises à quitter plusieurs places qu'ils occupaient encore pour les Génois, et ceux-ci se montrèrent si peu confiants dans leur cause, qu'ils refusèrent de les occuper. Ajaccio tomba, par suite de cet abandon, au pouvoir de Paoli; mais ce général, aussi noble dans ses procédés que sage dans son gouvernement, déclara qu'il garderait cette ville et sa citadelle au nom de la France aussi longtemps que cette puissance occuperait San-Fiorenzo et Bastia. Voilà de ces traits qui caractérisent les mœurs républicaines, et qui appartiennent rarement à l'esprit des cours.

Pendant que la Corse travaille à son indépendance, l'Espagne vient de faire un pas immense dans le chemin de la civilisation : une lueur de philosophie a lui à cette nation fanatisée. Une pragmatique sanction du 2 avril bannit les jésuites des États espagnols situés dans les quatre parties du monde, fait défense expresse aux maisons de l'ordre de se rétablir jamais dans les possessions de Sa Majesté Catholique, et ordonne la confiscation des biens que la compagnie de Jésus possède en Espagne. Tous les individus appartenant à cette congrégation ont été chargés sur des vaisseaux qui les ont conduits sans relâche à Ostie, où l'on avait vu débarquer déjà les jésuites de Naples expulsés en même temps. Voilà certainement la maison d'Espagne plus avancée que nous : Louis XV n'a fait qu'empêcher la réunion en communauté de ces dangereux moines; il les a laissés sur le sol de France; ils continueront de l'infester, comme ces plantes arrachées qu'on laisse imprudemment répandre leur graine sur la terre où elles pourrissent.

La Condamine, ce savant distingué, qui, par un travail de dix années, détermina la figure du globe à l'équateur, est atteint d'une maladie devant laquelle s'évanouit toute l'expérience des plus doctes médecins; c'est une sorte de paralysie sur les sens. Les organes du malade conservent leur jeu, leur activité, mais sans que la sensibilité soit excitée, sans que l'âme participe à cette sorte de vie mécanique. Si la Condamine marche, il ne sait si c'est sur du pavé ou sur de la laine; quand il mange, les aliments ne lui offrent aucune saveur; les parfums les plus délicieux comme les odeurs les plus désagréables n'ont point d'émanations pour lui; enfin l'ouïe dès longtemps affaiblie de ce savant ne saisit plus aucun son. La vue seule lui est demeurée fidèle, circonstance qui complique encore l'étonnement des médecins : cette réserve d'un seul des sens semble en effet la plus étrange anomalie dans cette *désensation* d'ailleurs générale. J'aurais été fort embarrassée pour expliquer un dernier point de désorganisation sensuelle, si un abbé, de mes parents, ne m'eût aidée de la langue d'Horace; je dirai donc avec son assistance que chez M. de la Condamine *tactus! heu tactus! divûm proh numina sancta!* est aussi ingrat que le reste; les muscles se contractent, les formes se prononcent, la mission s'accomplit, mais aucune sensation, nul avertissement de cet attrait que Dieu présenta comme amorce à sa créature pour l'accomplissement de son grand œuvre. En s'abstenant du *tactus! heu tactus!* la Condamine s'épargne une fatigue gratuite.

Il est à présumer que mademoiselle Clairon n'avait pas reconnu, dans un jeune homme de seize ans qu'elle avait adopté, des dispositions à la maladie que je viens de décrire. Sargines n'inspira pas à sa belle institutrice la moitié de la sollicitude que l'élève de notre célèbre actrice lui inspirait : une mère aurait fait moins, car sa tendresse n'eût pas été excitée par le même aiguillon. L'adolescent répondait parfaitement aux vues de sa bienfaitrice : rempli tout à la fois de charmes et de dispositions à l'étude, il devenait un charmant cavalier et un homme instruit. Mademoiselle Clairon, le destinant au théâtre, lui donnait elle-même des leçons de déclamation qui profitaient à merveille. Notre première tragédienne appelait son écolier *l'Amour*; pourtant elle n'avait point encore procédé à cette partie de son éducation que ce nom faisait pressentir. A l'exemple de certains dissipateurs, Clairon laissait grossir son trésor afin d'en

---

[1] Un homme tel qu'on vient de peindre Paoli ne pouvait qu'être un excellent juge des hautes qualités; aussi est-ce lui qui porta le premier jugement digne de remarque sur Napoléon encore adolescent : *Ce sera*, disait le chef corse, *un homme de Plutarque.*

jouir plus délicieusement. Elle avait tort; une maîtresse plus empressée se chargea de parfaire l'éducation de *l'Amour*. La tigresse qu'on a privée de ses petits est moins furieuse que ne fut cette femme ardente : elle avait fixé le jour du sacrifice; elle paraît secrètement à l'autel; encore quelques heures, et cette vieille prêtresse de la volupté allait envoyer à la voûte dorée de son boudoir les premiers soupirs de ce jeune hiérophante. Et cet espoir était détruit !... Hermione ne se connaît plus; d'une main excitée par la colère elle détache les ornements dont elle s'est plu à parer *l'Amour*, ses vêtements sont réduits en lambeaux, et le pauvre garçon est mis à la porte de l'actrice, nu comme le dieu dont il porte le nom, mais, par malheur, inhabile à s'envoler pour échapper à la risée publique. De nos jours, l'Amour ne se morfond pas longtemps en pleine rue lorsqu'il est jeune et robuste; une camarade de mademoiselle Clairon recueillit soudain celui-ci, et lui donna d'abord une culotte en attendant mieux. Cette aventure, d'une physionomie encore neuve, a beaucoup amusé le roi à l'un de ses derniers levers; il a voulu voir le petit héros de ce scandale nouveau; on le lui a amené le lendemain, et Sa Majesté a donné à l'Amour une pension de six cents livres. « De cette manière, lui a dit Sa Majesté en le congédiant, vous ne serez plus » exposé à vous voir vêtu comme les amours de l'Albane, dans une » saison où ce costume pourrait avoir de plus graves inconvénients » que pendant l'été. »

Un homme qui n'est pas l'Amour, mais qui sait le peindre de main de maître, témoin la *Nouvelle Héloïse*, J.-J. Rousseau, est de retour en France après un long séjour dans la Grande-Bretagne. J'ai dit ailleurs que le célèbre historien Hume avait conduit notre philosophe sur ce coin de l'Europe, où la pensée peut, dit-on, germer sans obstacles. Rousseau ne jouit point de cette prétendue liberté : peut-être s'en rendit-il indigne par l'ingratitude dont il paya l'homme supérieur qui lui avait offert l'hospitalité. Cet esprit inquiet et ardent ne put comprimer assez son naturel pour ne pas ergoter avec Hume sur divers points d'histoire et de morale : une querelle violente et prolongée éclata entre eux et fit beaucoup de bruit en Angleterre; Rousseau dut repasser le détroit. L'auteur d'*Emile* a été reçu parfaitement à Amiens; des fêtes, des éloges, des vers, auxquels, en dépit de la philosophie, il s'est montré fort sensible, lui ont été prodigués dans cette ville. C'est là que M. le prince de Conti, partisan zélé de ce grand écrivain, lui envoya dernièrement un de ses équipages pour le conduire à l'île Adam; il doit y passer quelque temps. Des personnes qui ont entretenu Jean-Jacques tiennent de lui qu'il a renoncé à écrire et qu'il ne veut plus s'occuper que de botanique. J'espère beaucoup que ce ne sera qu'une promesse d'ivrogne.

L'auteur de ces *Contes moraux* qui nous ont fait mouiller de douces larmes les feuillets du *Mercure*, où ils ont été d'abord imprimés , le chantre moins heureusement inspiré des *Incas*, Marmontel enfin, reçoit en ce moment ce genre d'ovation que recherche la philosophie : les juges fourrés qui siègent en cour de Sorbonne censurent le *Bélisaire* de cet écrivain. Ce livre, fort recherché des lecteurs de romans, fort maltraité par les fanatiques et les partisans du pouvoir absolu , ne mérite

Ni cet excès d'honneur, ni cette indignité.

L'ouvrage est loin, bien loin de valoir l'*Héloïse* pour le développement des passions; la donnée historique est souvent languissante, puérile, et les vues politiques qui remplissent les six derniers livres manquent d'exactitude, et de profondeur. Le style, comme dans tout les ouvrages de Marmontel, a de la régularité, de l'éclat, mais de ces éclat purement lumineux qui n'échauffe point les âmes. Le succès très-prononcé de *Bélisaire* n'est donc réellement qu'un succès de secte, proclamé, grossi, exalté par les philosophes. Toutefois, des souverains, endoctrinés par les Voltaire, les d'Alembert, les Diderot, les Rousseau , les Condorcet, se sont déclarés les admirateurs du roman de Marmontel. L'auteur écrivait dernièrement à un de ses amis : « L'impératrice de Russie a fait traduire mon *Bélisaire* en lan- » gue russe, il est dédié à un évêque du pays. L'impératrice-reine » l'a lu et en a témoigné sa satisfaction. Les rois de Suède, de Dane- » mark, de Pologne, en veulent faire leur bréviaire... J'ai pour moi » les têtes couronnées, que m'importent les cuistres de la Sorbonne ! » La postérité ne partagera pas les opinions antiphilosophiques de ces derniers juges; mais, loin de confirmer les hautes prétentions de Marmontel, qui croit avoir donné un pendant au *Télémaque*, elle maintiendra avec peine *Bélisaire* dans la première ligne des romans.

La vertu distinctive du philosophe de Genève n'est pas la constance : à peine ai-je parlé de son séjour à l'île Adam, où il s'occupait de botanique, que me voilà forcée d'annoncer son départ pour le fond de la Normandie; il doit y terminer, dit-on, un *Dictionnaire de musique* commencé depuis longtemps, et qu'on imprime à Paris au fur et à mesure de la composition. Apparemment Jean-Jacques Rousseau fait de l'harmonie le matin et de la dialectique le soir, car je sais de bonne source qu'il continue ses travaux littéraires : qui a bu boira, qui a écrit écrira; on pourrait ajouter qui a fait l'amour le fera.

Malgré cette réunion d'axiomes d'une égale exactitude , je parie qu'on trouvera brusque la transition au moyen de laquelle je passe d'un coryphée de la philosophie à l'anecdote suivante; on aura tort, et je le prouverai après avoir raconté. L'inspecteur de police Marais trouva l'autre jour chez une fille nommée la Saint-Louis un moine de l'ordre des augustins. A peine fut-il surpris, que lui-même offrit de donner une déclaration, signée de sa main, touchant l'affaire qu'il était venu traiter dans cette maison de débauche. Marais ayant accepté, le religieux traça ce singulier document : « Je soussigné, Ho- » noré Regnard, âgé de cinquante-trois ans, chanoine régulier de » l'ordre de Saint-Augustin et procureur de la maison de Sainte- » Catherine , reconnais que le sieur Marais m'a trouvé chez la Saint- » Louis, rue du Figuier, maison où je suis venu de mon propre » mouvement hier pour m'amuser avec la Félix, que j'ai fait désha- » biller et que j'ai touchée avec la main enveloppée dans le haut de » mon manteau. Et aujourd'hui, jouant avec la Félix et Julie, sa » compagne, elles m'ont ôté mes habits religieux, et m'ont mis des » habits de femme, du rouge et des mouches. L'inspecteur m'a sur- » pris en cet état. Je déclare qu'il y a plusieurs années que j'ai cette » fantaisie, que je n'ai pu satisfaire plus tôt. En foi de quoi j'ai signé » la présente déclaration contenant l'exacte vérité. »

Or voici le point de vue philosophique : n'est-il pas évident que le père Honoré Regnard a remis à l'inspecteur Marais l'attestation en apparence étrange que je viens de copier, afin de montrer qu'il y a non-seulement folie, mais inhumanité à prescrire aux prêtres une continence absolue contre les lois plus absolues encore de la nature? Il a voulu prouver en même temps qu'un ecclésiastique doit moins rougir d'avoir été trouvé dans un mauvais lieu que d'idiots casuistes ne doivent être honteux de l'avoir obligé à s'y rendre par une rigueur sans utilité, et qui, au grand profit du scandale, viole les lois sociales elles-mêmes en éloignant une classe nombreuse des autels de l'hymen.

Je passe à quelque chose de moins philosophique : il s'agit d'un commissaire de police; et si un sentiment généreux allait se loger à telle adresse, on serait en droit de dire : Où diable va-t-il se nicher? la police et la philosophie, c'est le feu et l'eau. Un antiquaire revenant du grand Caire en apportait une momie, qui, selon ses présomptions, ne devait pas avoir moins de trois mille six cents ans. Notre savant, las des voitures de terre dans lesquelles il voyageait depuis Marseille, prit le coche de Fontainebleau, qui le descendit sain et sauf au port Saint-Bernard. L'amateur pressé de revoir sa femme, quoiqu'elle soit loin d'être un objet d'antiquité, fit charger en toute hâte ses effets sur un brancard, mais il oublia la précieuse momie au fond du bateau. Les commis de l'octroi ayant fait une descente à bord y trouvent une boîte d'une forme, d'un aspect singuliers; elle ne peut renfermer que de la contrebande, on la fait ouvrir... Que voient-ils ? Une femme entourée de bandes de linge serrées à toute outrance! Nul doute, c'est une malheureuse victime étouffée par un amant jaloux ou par un collatéral avide... Le commissaire de police, mandé sur l'heure, arrive flanqué de deux chirurgiens aussi habiles que lui en archéologie. Le crime est constaté, on verbalise , et le corps est transporté à la morgue , afin que les parents ou amis viennent le reconnaître... Il est à présumer qu'ils ne vinrent pas. Mais le savant occupé à déballer ses curiosités se rappela la momie oubliée. Il court au bateau; c'est où le docte commissaire l'attend: trois alguazils l'arrêtent et le conduisent à ce magistrat des réverbères, qui n'en est pas plus éclairé.

« Ah ! vous voilà donc, monsieur le drôle ! s'écrie-t-il, je vous tiens enfin...

— Monsieur le commissaire voudra-t-il m'expliquer ?...

— C'est bien à vous d'expliquer toutes les circonstances du meurtre que vous avez commis.

— Le meurtre que j'ai commis, moi !

— Ou du moins dont vous êtes complice...

— Diable m'emporte si vous ne rêvez pas en plein jour, monsieur le commissaire.

— Ah! je rêve !... quand on vous a trouvé nanti de la victime, étouffée et renfermée dans une boîte, ainsi qu'il résulte du procès-verbal dûment signé et paraphé que voici!

— Quoi! ce n'est que cela? dit en riant l'antiquaire, qui conçut à l'instant le projet de s'amuser du commissaire.

— Je vous conseille encore de faire le goguenard, un crime qui fait frémir... Allons, qu'on réponde. Qui a mis cette jeune fille dans le coffre où elle a été trouvée ?

— Moi, monsieur.

— Écrivez, greffier! Qui l'a entourée de bandes de linge de la tête aux pieds?

— Encore moi, respectable commissaire.

— Consignez, greffier, qu'il avoue le crime.

— L'expression est forte.

— C'est peut-être une bonne action ! Quel âge avait la jeune fille ?

— A peu près dix-neuf ans...

— De quel pays était-elle ?

— De Memphis , je crois.

— Faire venir une pauvre femme de si loin pour l'assassiner !... Mais continuez de répondre. De quand est-elle morte ?

— Il y a trois mille six cent cinquante ans environ...

— Hein ! vous allez recommencer vos plaisanteries déplacées.

— Du tout, je puis vous affirmer que la défunte vivait sous l'un des Pharaons.

— Je vais vous faire appliquer les menottes.

— Ceci, monsieur le commissaire, cesserait d'être plaisant, et, pour rentrer de moi-même dans le ton sérieux, je vous dirai que vous êtes aussi d'une ignorance trop robuste... D'où sortez-vous donc pour n'avoir pas reconnu que depuis deux jours vous instruisez sur le prétendu meurtre d'une momie égyptienne ?

— Une momie !

— Sans doute, monsieur ; et si du moins vous aviez posé sensément votre *interrogatoire*, vous sauriez que vous parlez au comte de D***, membre de l'Académie des inscriptions et belles-lettres.

— Ah ! pardon, monsieur le comte, mille fois pardon !... daignez oublier...

— J'oublie tout ; mais rendez-moi mon cadavre antique, et tâchez de vous faire assister à l'avenir par des barbiers assez instruits pour ne pas se tromper de quatre mille ans lorsqu'ils constateront la date d'un décès. »

Notre savant croyait tout fini ; mais la justice ne lâche pas ainsi ce qu'elle tient. Il faut minuter, puis grossoyer une requête au lieutenant criminel pour faire sortir la sujette des Pharaons de la morgue, où elle s'empestait sans réciprocité. En vertu de la grosse, libellée en style aussi inintelligible que les hiéroglyphes qui couvraient l'étui de la momie, le concierge du Châtelet la remit aux mains de l'antiquaire, après toutefois que celui-ci eut payé le droit accoutumé... car dame justice ne lâche rien gratis.

Le prince de Lamballe, fils de M. le duc de Penthièvre, épousa l'an dernier une princesse de la maison de Savoie-Carignan. A son entrée dans le monde c'était un seigneur novice ; M. le duc de Chartres se chargea du complément d'éducation qui manquait à l'inexpérimenté gentilhomme pour devenir à la mode. La façon de procéder du précepteur fut telle que la sagesse de son élève diminua à proportion que son instruction augmenta. En un mot, il y a déjà six mois que M. de Lamballe connaît toutes les impures de Paris et qu'il ne fait plus que de rares apparitions dans le sanctuaire de l'hymen. M. le duc de Chartres appelle ce dernier grade de la corruption la philosophie d'un homme du bel air.

Quelque rares que soient les visites que le prince fait à sa femme, il lui en fait pourtant : et cette princesse, aussi chaste que belle, conserve, au moment où j'écris, le souvenir cuisant de la dernière entrevue conjugale. Soit confidence, soit découverte, le duc de Penthièvre est informé du malheur de sa belle-fille ; il en a écrit au roi à l'insu de la pauvre princesse, qui, instruite plus tard de cette plainte inopportune, n'ose plus se montrer à la cour. On a sévi contre diverses créatures que le prince inoculateur a favorisées de ses bonnes grâces ; mais la *Forêt*, qui peut-être est la vraie coupable, a su endormir avec l'or qui afflue chez elle le cerbère de l'active police. Les espions et les exempts n'étaient pas seuls sous le charme de cette courtisane : M. de Lamballe refusait de la quitter, et cette constance obstinée de son amant l'effrayait plus que les recherches du pouvoir. Elle s'éclipsa par une nuit brumeuse du présent mois de novembre.

Cependant mademoiselle Forêt, mieux conseillée par la réflexion que par la frayeur, et peut-être aidée des avis d'un compagnon de voyage, revint tout à coup sur ses pas. Elle avait reçu du prince un écrin magnifique ; et comme on venait d'apprendre que c'était celui de la princesse, cette beauté facile le rapportait. Mademoiselle Forêt espérait avec raison reconquérir, par cet acte de loyauté, un séjour paisible à Paris, plus profitable pour elle que tous les écrins du monde. Dès qu'elle fut arrivée elle courut se jeter aux pieds du duc de Penthièvre, et lui remit les diamants enlevés à la princesse. « Mon fils » est le seul coupable, répondit le prince ; votre démarche est loyale, »mademoiselle, je ne veux pas qu'elle tourne à votre détriment. On »fera estimer l'écrin, et le prix vous en sera compté par mon inten-»dant. Si, comme vous paraissez le présumer, vous êtes grosse, je »ferai prendre soin de votre enfant ; mais, de grâce, ne revoyez plus » le prince. » La courtisane le promit et tint parole.

Mais la jeune, la sensible princesse de Lamballe, dont l'attachement pour son ingrat époux était aussi vif que sincère, ne put supporter les hideuses infidélités de ce seigneur. Elle tomba dans une mélancolie profonde, des vapeurs convulsives survinrent ; et la science des enfants d'Hippocrate fut impuissante sur cette maladie, plus morale que physique. Les femmes de la cour qui environnaient l'épouse affligée lui dirent des merveilles d'un charlatan nommé *Pittara* connu pour guérir infailliblement toutes les dames malades, en leur appliquant certains emplâtres sur le nombril. La duchesse de Mazarin assura à la princesse qu'elle avait fait l'épreuve du spécifique ombilical, et qu'elle s'en était trouvée à merveille. Pittara, mandé à l'hôtel de Penthièvre, s'y montra en triomphateur ; mais grande fut la perplexité de madame de Lamballe ; elle professait une pudeur pointilleuse, et l'homme à l'emplâtre jurait que personne au monde ne pouvait le poser que lui-même. La malade ne voulait pourtant découvrir ni les avenues du haut ni celles du bas ; toutes ses femmes étaient aux abois, car aucune d'elles n'avait prévu la difficulté. Les dames de la cour, admiratrices des emplâtres, ne s'étaient pas inquiétées davantage du procédé d'application, les avenues du haut et du bas étant aussi libres chez elles les unes que les autres. Enfin une camériste dévote leva la difficulté en proposant de pratiquer à la chemise de Son Altesse une ouverture un peu plus large que l'emplâtre, et qui en permît la pose sans découvrir les charmes circonvoisins. Tout se passa ainsi à la plus grande gloire de la pudeur, et madame de Lamballe fut soulagée... aussitôt qu'elle se persuada qu'elle devait l'être.

Les émanations de la chasteté sont de nos jours un parfum si rare, si fugitif, qu'il faut le respirer avec empressement partout où il se présente, comme l'air d'une suave matinée de mai. Madame Bontems, veuve du premier valet de chambre de Sa Majesté, est une de ces femmes à principes robustes, dont nos libertins, malintentionnés en tout, font résulter la vertu du silence des passions. Toute cuirassée que se présente cette Minerve, un galant, qui signait le *chevalier de Vertumne*, lui fit il y a quinze jours une déclaration digne de remarque. « Je vous offre, lui disait-il dans son billet, une pension de deux » mille écus si vous voulez seulement aller à l'Opéra une fois par » semaine et porter, en entrant dans votre loge, un seul coup d'œil » vers le dernier banc du parterre, près de l'orchestre. Je ne man-» querai jamais de m'y trouver, et je me contenterai de ces quatre » regards par mois. Dans la persuasion que cet arrangement vous » conviendra, je vous envoie d'avance le prix des quatre premiers » coups d'œil en un billet de cinq cents livres. »

Cet amant, sans doute financier, était un fou à qui l'amour et Barême avaient tourné la tête ; au lieu de jeter sa lettre au feu et d'envoyer les cinq cents livres aux pauvres de la paroisse, madame Bontems courut porter au lieutenant de police la déclaration et l'argent. Le haut magistrat fit des recherches ; les cancans s'en mêlèrent, on ne trouva personne, et la Pénélope fut couverte de ridicule. Il n'est bruit à la cour, à la ville, aux champs, que de ses regards à cent vingt-cinq livres la pièce.

> Faut d' la vertu, pas trop n'en faut,
> L'excès en tout est un défaut.

Cette pauvre vertu ! elle court de grands dangers dans ce monde corrompu, surtout quand elle est sans expérience ; il faut encore que j'appuie cette assertion d'un exemple, ne fût-ce que pour son instruction. Le philosophe Marmontel accepta ce printemps une invitation à la campagne, chez une dame qui se tenait très-honorée d'une visite de l'auteur du *Bélisaire*. Après les premiers compliments échangés entre l'homme célèbre et son hôtesse, celle-ci le prévient qu'ayant des ordres à donner elle va le laisser seul avec sa fille, ingénue charmante, tout récemment sortie de son couvent. Se tournant ensuite vers la jeune personne, l'honnête dame lui recommande d'entretenir leur convive, et de faire le mieux qu'elle pourra les frais de la conversation. L'Agnès ainsi chapitrée ne croit pas devoir prescrire de limites à sa complaisance ; elle se montre d'une affabilité on ne peut plus encourageante. La philosophie a ses faiblesses, ses écarts ; Marmontel s'égare, s'oublie, devient entreprenant... Par bonheur la dame revient à temps pour prévenir une conclusion que l'innocente eût crue aussi comprise dans le cercle des recommandations de sa mère. L'expansive campagnarde se répand en excuses d'avoir laissé notre bel esprit seul avec sa fille.

« Vous vous serez ennuyé, lui dit-elle, cette enfant est si simple !

— Loin de là, madame ! répond Marmontel avec feu ; mademoiselle est charmante.

— Vous êtes trop indulgent, monsieur.

— Nullement, je vous assure ; votre fille a de l'esprit comme un ange !

— Pure flatterie.

— Exacte vérité ; je me suis beaucoup amusé pendant votre absence.

— Remerciez monsieur, Eugénie, dit la maman en se tournant vers sa fille, car le plaisir qu'il dit avoir éprouvé dans votre société est tout à fait imaginé par sa politesse...

— Ah mon Dieu oui ! ma mère, s'écrie la petite fille impatientée, beau plaisir vraiment de manier les cuisses nues des gens avec des mains froides comme glace ! »

Voilà de ces situations qu'un narrateur prudent n'essaye pas de peindre... Je dois me borner à ajouter que Marmontel, sans attendre une transition sans doute totale dans les compliments de la dame, remonta brusquement en voiture et revint à Paris, bien décidé à ne plus se fier aux ingénues.

Tandis que l'*Encyclopédie* développe toutes ses richesses et que la philosophie s'étend sous la main des d'Alembert, des Diderot, des Voltaire, des Condorcet, des Lamettrie, des Holbach, des Helvétius, des Fréret, des Boulanger, des Dumarsais, des Meslier, des d'Argens, des Dulaurent et de cent autres adversaires redoutables du fanatisme, le théâtre s'ouvre aussi aux compositions de cette divinité exhumée des ruines d'Athènes et de Rome antique. *Eugénie*, drame qu'un auteur spirituel, nommé Caron de Beaumarchais, vient de faire jouer avec succès, abonde en maximes, en axiomes philosophiques qui en ont déterminé la réussite plutôt que l'action de la pièce, empruntée de divers ouvrages. En effet, le fond du sujet appartient à *Clarisse Harlowe* ; beaucoup de détails sont pris dans l'aventure de Belflor du

Diable boiteux de Lesage, dans le *Point d'honneur* du même écrivain, et dans les *Ennemis généreux* de Scarron. Mais le style de l'ouvrage nouveau n'est imité de personne : c'est un mélange souvent bizarre, mais toujours piquant, de sentences critiques, de pointes malignes, de paradoxes à effet, qui constituent une originalité incontestable; *Eugénie* fera certainement époque, mais non pas école. Ce jeu d'imagination tient à l'organisation de l'auteur; Beaumarchais n'aurait en ce genre que de plats imitateurs.

Un mot sur le mot *drame*, innové depuis quelques années. Sans doute par sa signification grecque, *drama*, action, on a cru ajouter à l'idée favorable que le spectateur aurait de l'intérêt des pièces ainsi désignées. C'est une misérable ressource : le public ne s'arrête guère à l'étiquette du sac dramatique. Plus cette enseigne est prétentieuse, plus la critique fouille profondément. Molière, Regnard, Dancourt, Destouches, Piron n'ont point attaché cet écriteau de parade à la porte de leur théâtre; et la Chaussée, le pathétique, le lacrymal la Chaussée, nous a offert des *actions* fort intéressantes sous le simple nom de comédie. L'innovation me paraît d'autant moins heureuse, qu'elle rendra le spectateur plus exigeant, la critique plus sévère, le succès plus rare.

Quand le génie s'ouvre une carrière nouvelle, les novateurs y affluent : c'est un effet naturel des impressions vierges qu'on y reçoit. Une secte née de la philosophie, celle des *économistes*, soumet les choses au trébuchet de ses spéculations, tandis que les philosophes proprement dits se contentent de spéculer sur les facultés pensantes. Les premiers réformateurs doivent nécessairement opérer plus immédiatement que les derniers sur la prospérité sociale, car ce sont les matières palpables qui l'alimentent qu'ils prétendent combiner d'après un système tout neuf. Agriculture, industrie, commerce, finances, administration, diplomatie, tout rentre dans le creuset de ces *manipuleurs* politiques. Laissez-les faire, et nous aurons bientôt un bien-être national réglé comme le balancier d'une pendule!... *Fiat lux!*

Le grand maître des *économistes* est Quesnay, médecin du roi, à qui nous devons déjà la *Philosophie rurale*. Viennent ensuite M. de Mirabeau, qui s'est révélé par l'*Ami des hommes* et la *Théorie sur l'impôt*, puis l'abbé Baudot, auteur des *Éphémérides du citoyen*. Enfin on compte parmi les coryphées de la secte nouvelle Mercier de la Rivière, écrivain sublime jusqu'à l'abstraction inintelligible, qui fait dilater tant de mâchoires devant son *Ordre naturel et essentiel des sociétés politiques*. M. Turgot, intendant de Limoges, s'est fait inscrire avec empressement parmi les économistes; il leur envoie fort souvent, dit-on, le résultat de ses expériences sur la propagation améliorée des céréales, des poulets, des carottes, etc. C'est un grand philosophe pratique que M. Turgot!

La Madeleine se prostituait pour payer un batelier qui lui avait fait traverser une rivière ne faisait que se conformer, un peu légèrement il est vrai, à la première condition du contrat d'échange; mademoiselle Guimard, danseuse de l'Opéra, employant à une action charitable le prix de ses faveurs, me paraît bien plus méritante. Rapportons le fait. La jolie divinité de l'Olympe terrestre avait un rendez-vous dans un faubourg avec certain évêque. je ne sais pas au juste lequel; mais, en matière de libertinage, la présomption doit craindre peu de s'arrêter sur un prélat innocent. Toutefois, la robe du galant exigeant un certain mystère, au moins pour le *décorum*, l'entrevue eut lieu dans une maison obscure. Là le spectacle de la misère se trouva sur le théâtre des voluptés... Une famille entière y manquait de pain et de bois au milieu d'une saison rigoureuse. De la chambre située au-dessous de celle où les amours s'ébattaient, les soupirs de la douleur, les cris du désespoir s'élevaient plaintifs, déchirants, et formaient une triste disparate avec les exclamations d'un plaisir profane... Ils en tarirent la source dans les veines de mademoiselle Guimard.

La célèbre danseuse venait de recevoir deux mille écus pour prix d'une seule complaisance; elle laissa l'évêque partir seul; elle descendit au milieu de la famille éplorée, et les six mille livres restèrent dans cette maison... Charité chrétienne, cache-nous vite l'origine d'un tel bienfait !

Il est vrai que mademoiselle Guimard doit craindre peu d'épuiser ses trésors; une main prodigue amoncelle en quelque sorte les richesses sous ses pas. Le maréchal prince de Soubise, entreteneur actuel de notre muse dansante, l'environne de tout ce que le luxe, l'élégance et la somptuosité peuvent réunir de dons. Ses appartements rivalisent avec ceux des princes; ses équipages sont d'un goût recherché, ses soupers exquis; et trois fois par semaine la société la plus noble, la plus éclatante, a l'air de venir *s'honorer* aux banquets de cette courtisane. Dans ses soirées, dans ses repas d'apparat, mademoiselle Guimard, s'avisant des inspirations de haute pantomime, composant sa démarche de pas graves, déploie une dignité qui manque souvent aux princesses réelles. Durant ses *petites veilles*, c'est-à-dire ses orgies, la danseuse n'est plus qu'une Grâce à la ceinture dénouée, qu'une bacchante peu soucieuse de cacher des charmes qui brûlent d'abord le regard et énervent bientôt les sens des Bacchus,

un peu moins que demi-dieux, admis à ces fêtes de la débauche effrénée.

Le malheureux prince de Lamballe, qui vient de s'éteindre (6 mai 1768), assista longtemps à ces bacchanales ; et comment n'y pas dépenser sa vie avec profusion ! chacun des acteurs de ces scènes nocturnes, joueur insatiable d'un élément plus précieux que l'or, y dissipe la réserve de santé d'une année, tandis que des nymphes, mieux servies par la nature, n'épuisent pas même les richesses du présent. Le fils de M. de Penthièvre descend au tombeau sans avoir senti dans ses chairs le froid d'un plomb martial, mais les mémoires de son apothicaire prouvent que sept livres d'un métal analogue, le mercure, ont circulé avec son noble sang. La mort dut être un bienfait pour ce prince : il ne vivait plus que pour assister à l'horrible décomposition de son corps; les os amollis de ses jambes ne pouvaient plus le soutenir; sa peau était couverte de hideuses pustules; ses cheveux et ses ongles tombaient; il ne lui restait plus que des débris infects de ses dents jadis charmantes. En un mot, le démon de la luxure avait jeté son masque séduisant ; il se laissait voir au moribond sous ses formes repoussantes.

Je rentre chez moi navrée des détails qu'on m'a donnés ce soir sur la fin déplorable de cette victime du libertinage ; je ne veux pas me coucher sous l'influence de la tristesse qu'elle laisse dans mon âme; j'écris une anecdote plaisante pour dissiper ce nuage.

Un chat s'était introduit hier, on ne sait comment, dans la grand'chambre pendant une audience de *messieurs*. M. le président de Saint-Fargeau, ayant aperçu l'animal, s'en empare et le cache sous sa robe afin d'arrêter le scandale d'une distraction trop gaie. Mais le matou, captif sous l'hermine, se met à miauler en signe de détresse, puis à égratigner son geôlier, qui se voit contraint de le laisser aller à travers le parquet, au bruit des rires inopportuns de toute la grave assemblée. Pendant qu'on riait, le conseiller Héron traçait sur le coin de son pupitre l'épigramme que je lègue aux rieurs à venir :

> Tandis qu'au temple de Thémis
> On opinait sans rien conclure,
> Un chat vint sur les fleurs de lis
> Etaler aussi sa fourrure.
> Oh ! oh ! dit un des magistrats,
> Ce chat prend-il la compagnie
> Pour conseil tenu par les rats ?
> Non, reprit son voisin tout bas,
> C'est qu'il a flairé la bouillie
> Que l'on fait ici pour les chats.

Il est vrai que les parlements sont peu de chose maintenant : le duc d'Aiguillon ne triomphe pas; mais MM. de la Chalotais sont encore captifs, et les jésuites relèvent la tête en France au moment où les peuples les plus fanatisés secouent le joug de cette compagnie. Les grands corps de la magistrature ont faibli devant le pouvoir; cependant la régénération sociale marche sous la bannière des philosophes; le trône sur lequel Louis XV dort, enlacé des guirlandes de la volupté, se mine à sa base... un seul coup de foudre peut le renverser.

Que penser, au temps où nous vivons, des choses surnaturelles, des apparitions nocturnes ? Douter pour le moins. On trouve pourtant des gens affirmatifs sur ce point ! Le chevalier de Jaucourt est un esprit fort, un encyclopédiste même ; il est difficile de le suspecter de superstition; toutefois voilà ce qu'il raconta l'autre soir dans un souper où je me trouvais :

« Je sortais du collège d'Autun ; mon père m'avait fait ramener dans son château de la Bourgogne pour me voir quelques jours ; je devais ensuite me rendre à l'armée. La chambre à coucher qu'on me donna était grande ; son plafond, très-élevé, était garni de solives sculptées au treizième siècle, et la tapisserie à grands personnages qui l'ornait datait des premières années du dix-septième. Ces vastes et gothiques solitudes imposent un certain trouble aux âmes encore neuves d'impressions... Je laissai brûler ma lampe. Dans l'espèce de revue visuelle que je fis de ma chambre quand je fus couché, mes yeux s'arrêtèrent sur une partie de la tenture : elle représentait un temple fermé. Le pontife, debout au sommet de l'escalier qui conduisait au péristyle, tenait de la main droite une poignée de verges, à la gauche il avait une clef... Ce sujet me sembla bizarre ; je cherchais à l'expliquer, quand tout à coup je crus voir s'agiter le grand prêtre de la tapisserie... Je me frotte les yeux, je cherche à douter; impossible : la figure descend les marches avec gravité; bientôt je la vois saillir sur la tenture, elle s'en détache, et le bruit léger de sa robe blanche traînant sur le plancher ne peut plus me laisser de doute sur la locomotion de cette magique effigie. Le saisissement m'a glacé de la tête aux pieds, je suis immobile dans mon lit, ma voix éteinte ne saurait articuler un son. Cependant le terrible pontife a traversé la chambre ; il est arrivé tout près de mon lit, et j'entends bien distinctement ces paroles, prononcées d'un ton grave : « Ces » verges fustigeront un grand nombre; quand tu les verras s'agiter, » n'hésite pas à prendre la clef des champs, que voilà. » A ces mots la figure tourne le dos, s'éloigne, se rapproche de la tapisserie, remonte l'escalier et reprend son immobilité.

» Tremblant, baigné d'une sueur froide, privé de toute force, je fus longtemps hors d'état d'appeler. Je pus enfin me faire entendre, un domestique du château vint. Ne voulant pas lui confier le sujet de ma frayeur, je me bornai à lui dire que je me sentais indisposé; il passa le reste de la nuit près de moi.

» Interrogé le lendemain sur ma prétendue indisposition par le comte mon père, je lui racontai l'apparition qui m'avait tant effrayé. Je m'attendais à de l'incrédulité, à des plaisanteries. Loin de là, le comte, après m'avoir écouté fort sérieusement, me dit : « Rien n'est » plus extraordinaire, car mon père dans sa première jeunesse eut » aussi dans cette même chambre avec le personnage dont vous me » parlez une scène des plus étranges... » Ici mon père s'arrêta; vainement je le pressai de me raconter l'aventure nocturne de mon aïeul, il ne voulut pas m'en dire davantage et m'ordonna de ne lui en plus parler. Mais le jour même il fit détendre la vieille tapisserie, que l'on brûla en sa présence au milieu de la cour, après que le chapelain, en habits pontificaux, l'eut aspergée d'eau bénite. »

Le chevalier de Jaucourt, à qui l'on exprimait quelque doute sur la vérité de cette anecdote, nous donna sa parole d'honneur que les détails en étaient de la plus rigoureuse exactitude[1].

Si l'on doit, nonobstant l'affirmation de Jaucourt, attribuer à la superstition l'assurance avec laquelle il raconte l'apparition du château, que faut-il penser de la communion pascale du philosophe de Ferney, plusieurs fois renouvelée et que, malgré les bruits les plus contradictoires, on ne saurait guère révoquer en doute? Voltaire lui-même l'avoue et la nie tour à tour, selon les personnes avec lesquelles il correspond. Dans une lettre écrite récemment à M. de Choiseul, ce grand poëte désavoue la paternité de toutes les productions clandestines qu'on lui attribue; il fait au ministre une sorte de profession de foi et lui donne pour preuve de la pureté de ses sentiments le retour qu'il a fait vers Dieu d'après les instructions du père Adam.

D'un autre côté, Voltaire, dans une longue lettre écrite à madame du Deffant, se plaint du public ingrat qui pour prix des services qu'il lui a rendus, des amusements qu'il lui a procurés, l'accable de calomnies et se plaît à lui supposer des faiblesses. « J'apprends, dit-il » en finissant, que, pour comble de ridicule, on débite et l'on croit » à Paris que je me suis confessé, que j'ai fait mes pâques. Je ne suis » pas assez hypocrite pour me prêter à des actions aussi contraires à » ma façon de penser, ni assez imbécile pour donner de bonne foi » dans de pareilles puérilités. »

Il n'est pourtant que trop vrai que toutes ces inconséquences sont dans le caractère de l'illustre écrivain, et qu'elles dominent alternativement, selon les exigences de sa gloire et de son intérêt.

Quant à la dernière communion, en voici tous les détails, tels qu'on les a rapportés.

Le seigneur de Ferney a fait bâtir à ses frais l'église du lieu, et cette inscription : *Dicavit Deo de Voltaire*, est tracée au-dessus de la porte principale. C'est à ce temple que l'auteur de *la Pucelle* se rendit aux fêtes de Pâques, précédé de deux de ses gens, hallebarde en main, comme des suisses de paroisse. Venait ensuite un architecte portant le plan de l'église, que son consécrateur allait offrir à Dieu en gage de réconciliation. Immédiatement après l'artiste marchait Voltaire la componction sur le visage, les yeux baissés, les mains jointes, ayant enfin l'air d'un pénitent dévotieux et repentant. Deux gardes-chasse armés fermaient ce cortége processionnel. Le poëte a été reçu à la porte du temple par le père Adam, qui, médiateur entre le ciel et le pécheur contrit, a introduit ce dernier au bruit des fanfares et des tambours. Le sacrifice de la sainte table a été très-édifiant, un sermon a terminé la cérémonie, et voilà un élu de plus dans la voie du paradis... à moins de rechute.

Mais si la voûte céleste s'ouvre infailliblement aux âmes pures, si la phalange des bienheureux se grossit de toutes les vertus de la terre, Marie Leczinska prit son vol vers le trône du Très-Haut le 24 juin, à dix heures du soir. Jamais existence ne fut plus triste que celle de la reine; jamais un cœur plus candide, plus doux, ne fut abreuvé d'autant d'amertumes. Vieillie dans les privations, dans les chagrins de toute nature; n'ayant pour consolateur que son crucifix, aux pieds duquel toutes ses calamités étaient déposées, l'épouse de Louis XV vit approcher la mort avec sérénité : c'était le terme d'une route couverte de ronces, le port entrevu après une longue tourmente.

On a trouvé les entrailles de la reine gangrenées : les médecins voient la cause de cette maladie dans l'usage immodéré des épices dont les cuisiniers polonais de Sa Majesté relevaient les ragoûts qu'ils lui servaient. Mais les ennemis de M. le duc de Choiseul ont saisi avec ardeur cette occasion pour renouveler les accusations portées contre lui à la mort de la Dauphine. Le cardinal de Luynes, les Nicolaï, le comte de Muy, le maréchal de Richelieu, le duc d'Aiguillon son fils, l'archevêque de Paris, les jésuites, enfin toute la faction qui a pris parti contre le ministère actuel fit de nouveau courir le bruit d'un empoisonnement. La fureur de cette coterie allait jusqu'à accuser M. Lieutaud, médecin des enfants de France, d'avoir préparé les poisons administrés à la reine par les agents de M. de Choiseul. Le docteur ne daigna pas même se justifier d'un forfait dont tout Paris le savait incapable, il se contenta de se venger d'une si horrible calomnie par une simple allégorie. Au commencement de sa *Médecine pratique*, qu'il vient de publier, on voit une vignette représentant Alexandre entouré de son médecin et des délateurs de ce savant : le héros, loin d'ajouter foi à l'accusation d'empoisonnement qu'ils ont portée contre lui, se fait remettre la coupe qu'on dit empoisonnée et en boit d'un trait le contenu. Le public a saisi l'allusion.

Cependant la famille royale, sans admettre, mais aussi sans rejeter précisément les propos de la malveillance, ne pouvait dissimuler la terreur que lui inspiraient tant de crêpes étendus presque simultanément sur elle. Madame Louise, quatrième fille du roi, a formé tout à coup le projet de se retirer du monde et d'échapper à la mort en courant s'ensevelir vivante dans un couvent : c'est, dit-on, aux Carmélites que Son Altesse Royale a résolu de finir ses jours. Mais comment peindre la faiblesse, l'idiotisme d'un souverain qui laisse déchirer sa cour par deux partis qu'il redoute lui-même? D'un côté, les créatures du duc d'Aiguillon prennent en main toutes les trompettes de la renommée pour accuser calomnieusement le duc de Choiseul des plus noirs attentats; de l'autre côté, ce ministre puissant change en crimes d'Etat quelques intrigues auxquelles d'Aiguillon s'est livré dans son gouvernement de Bretagne, et brandit au-dessus de sa tête le glaive de la justice, que cet antagoniste appelle sur la sienne. La haine réciproque de ces deux grands personnages a partagé toute la noblesse française : elle s'est rangée sous l'une ou l'autre bannière, et la guerre que se livrent ces fiers adversaires, leur politique contradictoire, les efforts qu'ils font pour se perdre mutuellement, peuvent entraîner la France dans de grands malheurs.

On a comparé avec raison la situation de M. de Choiseul sous Louis XV à celle de Philippe d'Orléans sur la fin du règne de Louis XIV. Aux deux époques, c'est le parti dévot qui accuse deux hommes également soupçonnés de vouloir usurper d'Orléans la couronne, Choiseul le pouvoir seulement, mais le pouvoir de Charles-Martel. Au commencement du siècle, madame de Maintenon distille le fiel contre Philippe pour servir le duc du Maine; de nos jours, madame de Marsan, parente du jésuite Griffet, suscite des ennemis au ministre pour favoriser le duc d'Aiguillon. Le poison est imputé à Choiseul comme à d'Orléans, parce que c'est l'agent du crime le plus mystérieux, et plus l'attentat semble avoir été secret, plus la calomnie peut facilement s'exercer.

J'ai dit ailleurs que le président de Maupeou faisait voltiger sa conscience politique du camp de M. de Choiseul à celui de M. d'Aiguillon; qu'il ne prononçait point entre Genève et Rome, mais qu'il servait selon son intérêt du moment Rome ou Genève. Enfin ayant vu après la mort de la reine que le ministère finirait infailliblement par l'emporter sur ses ennemis, Maupeou se voua décidément à lui et s'engagea à perdre le duc d'Aiguillon au prix des sceaux et de la chancellerie. Le marché fut conclu à ces conditions le 28 septembre par la démission du chancelier de Lamoignon et par celle du vice-chancelier René-Charles de Maupeou, père du nouveau titulaire; car l'ambition du dernier ne fut nullement arrêtée par la voix du sang. Le même jour M. de Laverdi remit le contrôle général à M. Mainon d'Invau, protégé de M. de Choiseul, et le duc se trouva ainsi appuyé de deux nouveaux champions tout à fait dévoués à ses principes comme à sa politique.

Choiseul gouvernait sans conteste, lorsque les événements de la Corse appelèrent sur cette île l'attention de la cour. Le général Paoli, après avoir négocié avec succès un emprunt en Angleterre, avait pourvu dès le mois de janvier à la défense des places les plus importantes. Non content de ces dispositions, qui devaient empêcher le retour des troupes génoises, le chef républicain arma une escadre dont il donna le commandement au comte Perès, et qui ne tarda pas de s'emparer d'une dizaine de navires génois richement chargés. Gênes fit à son tour sortir une flotte de ses ports pour courir sur la marine corse; mais l'actif Paoli venait de conclure une alliance avec le bey de Tunis, et les insulaires, soutenus par les pirates de cette régence, demeurèrent maîtres de la mer. Le sénat sentit enfin que tout espoir de conserver la Corse lui était interdit : il céda cette île à la France par traité signé à Compiègne au mois de juillet. Toutefois Gênes se réservait le droit de rentrer dans la propriété du territoire cédé en remboursant à Louis XV les frais qu'il aurait faits au jour de la restitution pour la défense et l'occupation du pays. Cette clause est illusoire, jamais la république ne sera en état de racheter la Corse; encore moins sera-t-elle assez puissante pour conserver des droits sur un peuple qui a juré de périr en entier plutôt que de subir le joug génois. En cédant cette vaine souveraineté Gênes fait donc un bon marché, et la France en conclut un meilleur puisqu'elle acquiert un abri sûr et peut-être une bonne colonie dans la Méditerranée.

Paoli fut promptement informé de la cession à la France d'un Etat qui en attendant se gouvernait par ses lois et n'était pas disposé à en recevoir d'autres. Mais l'illustre général ne pouvait se cacher que les ressources qu'il possédait, fortes contre Gênes, devenaient d'une extrême faiblesse opposées à celles de Louis XV. Le sage républicain songea à se soumettre ; mais cet esprit d'indépendance qu'il avait lui-même proclamé, on ne pouvait l'amener au degré de résignation convenable qu'avec une grande circonspection : vouloir le dominer tout à coup c'eût été de la part de Paoli jouer d'un coup de dé sa fortune, sa gloire et sa vie. Il se décida donc à attaquer les troupes françaises, bien certain d'être battu, et de démontrer par là à ses Corses la nécessité de se soumettre. M. de Marbœuf lui-même fournit aux insulaires l'occasion de commencer les hostilités. Jusqu'alors les troupes françaises campées à San-Fiorenzo, n'avaient point de communication avec celles en garnison à Bastia ; le général du roi écrivit à Paoli que pour le bien du service il était utile que la correspondance s'établît.

Le duc de Choiseul ministre.

Le républicain refusa et donna sur-le-champ l'ordre d'attaquer afin de se ménager les avantages que peut offrir l'initiative. Cet espoir fut trompé : les Corses, battus, perdirent sept redoutes ; les Français occupèrent les villages de Patrimonio et de Barbadgio, ce qui établit la communication refusée.

Cependant la guerre ayant continué le marquis de Chauvelin arriva le 27 août et prit le commandement en chef de l'armée. Un manifeste publié dans l'île proclama Louis XV comme roi de la Corse ; une ordonnance militaire enjoignit aux vaisseaux corses d'arborer le pavillon de France sous peine d'être traités en pirates. Plusieurs autres publications successives portaient que tous les habitants qui s'opposeraient par la voie des armes à la prise de possession de l'île seraient déclarés rebelles au roi et à la couronne de France. Toutes ces menaces glissèrent sur le naturel d'acier de ces républicains : ils y répondirent par un manifeste digne des Spartiates, que soutint une défense héroïque. M. de Chauvelin, après quelques avantages peu marquants, ayant voulu poursuivre Paoli dans les montagnes, fut vivement repoussé, poursuivi à son tour et forcé de se renfermer dans les places que nos troupes occupaient. Il est difficile de se faire l'idée de la persévérance et du mépris de la mort que montrent ces farouches insulaires : j'en citerai un témoignage. Un de nos officiers disait à un simple soldat fait prisonnier à Patrimonio : « Comment » osez-vous faire la guerre sans hôpitaux ! que faites-vous donc » quand vous êtes blessés ? — Nous mourons ! » répondit froidement le Corse.

Tandis qu'un petit peuple des côtes d'Italie défend avec vaillance sa liberté un moment conquise, une grande nation travaille à conquérir la sienne au delà du vaste Océan. Une nouvelle révolte, provoquée par de nouveaux actes tyranniques du gouvernement, éclata cette année en Amérique dans la province de Massachuset's-Bay. Avec quelque prudence le roi d'Angleterre eût comprimé peut-être ce premier mouvement : il crut plus efficace de chercher à l'étouffer par la terreur. Deux régiments arrivés récemment d'Halifax à Boston reçurent l'ordre de faire feu sur le peuple. Aux premiers coups de fusil les boutiques se ferment, les femmes, les vieillards, les enfants se retirent, et le surplus des Bostoniens, saisis de toutes les armes qui sont tombées sous la main, se jettent sur la troupe. Mise promptement en déroute, elle fuit vers le fort de Saint-Guillaume, mais à travers une grêle homicide de meubles, de tuiles, de pierres, de verreries tombant de toutes les maisons. Les révoltés, maîtres de la place, forment sur-le-champ un comité chargé de la direction des affaires et dans lequel ils appellent des députés de toutes les villes de la province. Le premier soin de ce conseil fut d'écrire des circulaires dans les autres colonies anglaises afin de leur exposer les griefs des colons de Massachusets. Ce corps constitué exhortait tous les bons Américains à réunir leurs efforts à ceux des habitants de Boston et les invitait à leur envoyer des députés pour travailler au salut commun.

Le parlement anglais récrimina fortement contre ces mesures de gouvernement affranchies des lois de la métropole : il cria à la rébellion, à la domination usurpatrice. Un bill discuté *ab irato* déclara que l'autorité du roi était désormais inexécutable dans la province de Massachusets sans le secours de la force militaire. Le gouverneur de Boston fut chargé d'informer contre les *comités usurpateurs* : les membres en furent déclarés criminels de lèse-majesté ; leurs noms durent être dénoncés au secrétaire d'Etat chargé du département de l'Amérique. Toutes ces mesures furent appuyées par l'envoi de nouvelles troupes à Boston, où leur arrivée encore la fermentation populaire. Le mécontentement des colons ne connut plus de bornes : le comité de la colonie proscrivit dans toute son étendue l'usage des marchandises anglaises [1] ; enfin les décisions de ce conseil devinrent bientôt les seules lois de Massachusets. Telle était la situation du pays au moment du départ des vaisseaux qui viennent de nous en informer : on attend avec impatience de nouveaux détails.

Le duc de Lauzun, qui continue de venir semer ses confidences sur ma toilette, quoiqu'il ne soit plus un galant à son début et quoique je sois ce qu'on appelle dans le monde un astre à son déclin, le duc de Lauzun m'a raconté au moment de son départ pour la Corse une de ses fredaines qui m'est revenue tout nouvellement à la pensée. On saura bientôt pourquoi.

« Je fis la connaissance cet hiver au bal de l'Opéra, me dit-il un matin, d'une fort jolie fille qu'on appelait l'*Ange,* mais dont le vrai nom était mademoiselle *Vauvernier.* Jamais je ne vis une figure aussi jolie : le surnom céleste qu'elle portait ne peut donner qu'une faible idée de la beauté de cette créature.

» Elle vivait avec un comte du Barry, chevalier d'industrie, dont les intrigues semblaient s'être renforcées de tout ce que le libertinage lui avait fait perdre de facultés physiques. On voyait avec peine un pareil trésor aux mains d'un tel homme. Pour mon compte je crus voir une tige de roses se balançant au-dessus d'un égout infect. Du Barry donnait à jouer : les rapines qu'il commettait au jeu étaient son seul patrimoine ; aussi se montrait-il fort ardent à recruter des dupes. Je me laissai prendre à l'amorce divine qu'il m'offrait : j'acceptai à souper chez lui. Au ton de la maison je ne tardai pas à découvrir quelles en étaient les habitudes : les fréquentes disparitions de fort jolies filles et d'empressés gentilshommes, l'inattention du maître aux *fugues* des couples galants, les cheveux défrisés, les yeux battus que je remarquais au retour, tout me disait le motif de ces éclipses momentanées ; et je devinai que le *bel Ange* n'avait pas encore disparu, parce qu'on avait des vues sur moi. L'enchanteresse s'était déjà mise en avance de serrements de mains très-expressifs ; ses petits pieds sous la table du jeu n'avaient pas parlé un langage moins significatif. Mais jugez de mon embarras ! l'Ange demeurait chez le comte du Barry, et voyez sous quel aspect s'offrait à partner avoué de sa couche : il était en superbe robe de chambre, signe irrécusable du plus grand déshabillé, et pourtant il avait son chapeau sur la tête, parce que ce couvre-chef servait à contenir deux pommes cuites appliquées sur ses yeux par mesure sanitaire. Il est impossible de voir une figure plus plaisante que n'était alors celle de mon amphitryon. Rien de mieux pour rire, mais je ne voyais rien là de bien encourageant pour accepter la cession instantanée d'une maîtresse. L'*Ange* battit vainement de l'aile autour de moi, je résistai. Je fus sur le point de succomber le surlendemain ; heureusement le souvenir des pommes cuites et des yeux rouges de du Barry vint à temps à mon secours. Fitz-James a été plus hardi, il s'est donné mademoiselle Vauvernier et l'a gardée. Cette brillante condition ne l'a pas empêchée d'avoir pour moi ces petites bontés qui ne tirent pas à conséquence : elle m'a plus d'une fois avoué que j'eusse été l'amant de son choix, le privilégié de ses désirs. Je ne sais pas ce que tout cela serait devenu si M. de Chauvelin ne m'eût offert de m'emmener dans l'île de Corse en qualité d'aide de camp.

» Quelques jours avant mon départ, on me dit que le roi avait vu l'*Ange ;* que sa beauté avait ébloui Sa Majesté, et qu'elle pourrait s'en

---

[1] Peut-être le *système continental* de Napoléon fut-il une imitation de cette mesure.

passer la fantaisie. J'allai faire mes adieux à mademoiselle Vauvernier : « Si vous êtes maîtresse du roi, bel Ange, lui dis-je, souvenez-vous que je veux commander l'armée. — Cela ne suffit pas, répondit-elle du même ton, vous serez au moins premier ministre. » Reprenant ensuite son sérieux, la jolie fille m'avoua que, pour rendre sa bonne fortune royale plus facile, elle avait essayé de captiver les bonnes grâces de M. de Choiseul ; qu'elle y avait en partie réussi, mais que du Barry, ses yeux rouges et ses pommes cuites, qui, par malheur, ont fait du bruit à l'OEil-de-bœuf, s'étaient offerts à la mémoire du ministre au moment de la conclusion. « Vous ne sauriez vous imaginer, mon ami, ajouta l'Ange, à quel point cet échec, si honteux pour une femme, m'a humiliée !... je ne l'oublierai de ma vie. » Ce serait bon à noter si par hasard l'Ange devenait favorite. »

Les commis de l'octroi ayant fait une descente à bord y trouvent une boîte d'une forme, d'un aspect singuliers.

Lorsque le duc de Lauzun faisait cette réflexion, il ne soupçonnait pas que l'Ange serait dans le lit du monarque avant que lui touchât les rives de la Corse ; voilà pourtant ce qui est arrivé. Reprenons les détails de cette rapide faveur.

Il ne faut pas qu'un mémorialiste soit bien difficile sur l'origine des personnages qu'il admet dans son cadre, lorsqu'un roi les a pu admettre sans examen dans son intimité. A vrai dire, on ne sait d'où vient mademoiselle Vauvernier : naquit-elle, comme on l'assure, d'une cuisinière et d'un religieux, un sein plus illustre s'ouvrit-il pour donner le jour à cette beauté accomplie, c'est ce qu'il importe peu d'éclaircir. On sait pertinemment que dès l'âge de douze ans elle s'était prostituée. Un nommé Lavaudière fut son premier amant connu ; il la quitta, la reprit et l'abandonna plusieurs fois. Mademoiselle Vauvernier était décidément femme publique quand le comte du Barry, Gascon de Levignac, près de Toulouse, la recueillit pour servir d'appât à la pêche des jeunes seigneurs qu'il voulait attirer dans sa maison de jeu. C'est là que l'Ange a passé successivement en revue une foule de mousquetaires, de gardes du corps, de robins, d'abbés, de premiers commis des ministres. Lebel, pourvoyeur des caprices de Louis XV, eut enfin l'envie de voir mademoiselle Vauvernier ; il la soumit aux épreuves dont le vieux Richelieu lui abandonne dès longtemps l'exercice, et cet essaieur expérimenté jugea ce morceau digne de la couche royale. Néanmoins Richelieu, s'étant conservé la partie de ses anciennes fonctions que je n'ose nommer honorifique, voulut diriger cette intrigue ; il fit venir l'aspirante chez lui, s'assura par une rapide inspection de la main que le rapport de Lebel était exact, et confirma le choix de ce valet de chambre. Il fut convenu entre ce trio impur que mademoiselle Vauvernier paraîtrait devant Louis XV, avec son expérience de dix ans et la naïveté cynique de son langage. Le roi fut ravi des attraits de cette fille : il demeura enivré des délices qu'elle lui procura... Il en raffolait, il en parlait à tous ses favoris ; tout le monde vit, dès le troisième jour,

que *Cotillon III* était intronisée. On ne pouvait se taire dans les salons sur l'*étrangeté* de cette faveur d'une fille publique. « Eh ! bon Dieu ! pourquoi tant se récrier sur l'élévation d'un si gentil objet ! disait l'autre soir l'abbé de Cerutti, n'était-elle pas conduite par deux aveugles-nés : la fortune et l'amour ? Après tout, il y avait plus de distance de la femme d'un poëte contrefait à la hauteur de Louis XIV que d'une fille de Vénus à la bonhomie de Louis XV. »

Et puis que de charmes réunis dans la personne de cette nouvelle maîtresse du roi ! Qu'on se représente une figure de l'Albane, animée par le coup de baguette d'une fée, qui aurait fait circuler soudain la vie sous le beau idéal des traits nés du pinceau de ce grand peintre, sous la couche légère des couleurs de sa palette. Tout chez mademoiselle Vauvernier peut servir de modèle : nulle part l'artiste ne trouverait une chevelure plus belle, plus heureusement teinte ; nulle part il ne rencontrerait des yeux aussi vifs, un teint aussi fin, aussi éclatant de blancheur et d'incarnat. Il y a des séductions sur cette charmante physionomie jusque dans un contraste choquant, lorsque deux coussins de corail, s'écartant pour donner issue à des paroles plus que vulgaires, préoccupent l'oreille en faveur d'un double chapelet de perles que supportent deux bandes de pourpre. Et vous, successeurs de Praxitèle, de Phidias, qui avez promené vos regards sur les formes de mille beautés mercenaires, avez-vous rencontré autant de perfections combinées par la création ? Non ; pour copier une gorge aussi ferme, aussi bien placée, il vous a fallu voiler un cou défectueux, ou bien un torse grossièrement sculpté ; pour imiter ces colonnes de vivant albâtre, vous avez dû détourner avec dégoût vos yeux de charmes flétris qu'ici la corruption n'a pu faner ; pour retrouver ailleurs cette jambe contournée par les Grâces, et que termine un pied de douze ans, votre enthousiasme a dû plus d'une fois triompher de l'horreur qu'inspiraient, dans une région plus élevée, des muscles détendus par la débauche, des chairs livides, des cicatrices honteuses. Chez la nouvelle favorite seule peut-être, la nature

L'étranger remerciait la duchesse, s'inclinait, se répandait en compliments...

resta victorieuse du vice ; là seulement elle conserva tous les trésors d'une organisation privilégiée, qu'on retrouve encore dans ce bras rival du bras poétique de Cléopâtre, dans cette petite main que dépareraient les pierreries.

Je sais tout cela, moi ; et comment ne le saurais-je pas, n'ai-je pas entendu partout les mille indiscrets qui ont travaillé vainement à détruire tant de perfections !

Une fois le favoritisme de mademoiselle Vauvernier décidé, il fallut bien songer à rompre au moins la trame de souvenirs lubriques attachée à son nom ; on s'occupa de lui en donner un autre en la mariant. Le maréchal de Richelieu, le duc d'Aiguillon et Lebel négocièrent cet hymen avec du Barry. Le frère de cet intrigant, qui ne l'était pas moins que lui, consentit à épouser la favorite, à la condition expresse de non-habitation qui a toujours été la clause *sine quâ non* du mariage des maîtresses du roi. Le contrat signé, la bénédiction nuptiale donnée, l'honorable comtesse du Barry parut à la cour, et tout le monde la complimenta, sans le moindre ressouvenir du reflet des réverbères qui, durant plusieurs années, ont éclairé ses agaceries banales.

Voilà donc madame de Pompadour remplacée dans le cœur du monarque de cinquante-neuf ans ; reste à remplir la place de cette favorite dans le conseil intime, ce qui ne peut tarder. En effet, quand madame du Barry serait exempte de toute ambition ; elle deviendrait l'instrument de celle de l'un des deux partis qui règnent à la cour, et tout porte à croire que l'influence de cette courtisane servira les Richelieu qui l'ont assise au canapé royal. C'est maintenant que le duc de Choiseul doit se repentir du dédain avec lequel il repoussa les faveurs de l'*Ange*. Ah ! qu'il voudrait bien, au prix de la plus âcre *syphilis*, n'avoir pas excité un genre de ressentiment que les années ne font qu'envenimer dans le cœur d'une femme ! Un médecin habile eût, à la rigueur, effacé les traces d'une galanterie imprudente, et nul docte ne pourra conjurer le mal que l'inimitié de madame du Barry peut faire au ministre.

Déjà le duc d'Aiguillon essaye, avec quelque succès, de gouverner les idées de la nouvelle favorite ; mais, en matière de politique, son imagination est un champ peu fertile : cette femme, si habile dans les jeux de l'amour, a peu de ressources dans ceux de l'esprit. La cour est d'ailleurs pour elle un pays étranger : les hommes, les usages, le langage, tout y contraste avec ses allures libres, avec son vocabulaire plus digne de la salle des gardes que du cabinet. Par elle-même, madame du Barry ne portera certainement jamais ses vues ambitieuses jusqu'à donner des ministres à la France, des généraux à l'armée, des prélats à l'Eglise et des prisons à quiconque refuserait de suivre la direction qu'elle aurait tracée. Mais, je le répète, ce qu'elle ne fera pas comme moteur, elle peut le faire comme agent. La comtesse se trouve jetée, presque à son insu, au milieu d'une société de conspirateurs, nous la verrons emportée malgré elle dans le tourbillon de l'intrigue. Elle sera, sans le savoir, l'associée des méchants, l'interprète des ambitieux, l'écho des courtisans entraînés dans le parti de d'Aiguillon. Que si le naturel peu malveillant de cette courtisane se refusait à servir des noirceurs, on lui rappellerait ses charmes méprisés par l'orgueilleux ministre ! et soudain elle se mettrait à la tête de ses ennemis, poussée par un dépit inextinguible.

Excellent juge de cette position, l'ennemi de Choiseul, d'Aiguillon, s'appuie de toutes ses forces sur madame du Barry. Elle le supporte, ou, pour mieux dire, elle soutient les assiduités de ce seigneur avec une constance qui ressemble à du plaisir, bien qu'il l'entretienne souvent de la nécessité de renverser la politique autrichienne du cabinet de Versailles, de l'urgence d'une rupture avec Marie-Thérèse, et des liens politiques à renouer avec Frédéric II. Outre que le duc présente ces résultats comme des moyens infaillibles pour abattre Choiseul, et que rien ne saurait chatouiller plus agréablement l'oreille de la comtesse, il édulcore ces entretiens arides de ce ton de galanterie si naturel aux Richelieu ; on va même jusqu'à dire que d'Aiguillon insinue sa politique à madame du Barry de la même manière que Bernis et Choiseul insinuèrent la leur à madame de Pompadour. Je n'oserais garantir ce dernier genre de rapport, mais je le crois probable : quand deux puissances concluent une alliance, il y a beaucoup à parier qu'elles n'ont pas oublié les préliminaires.

Quoi qu'il en soit, la bonne intelligence qui règne entre le duc d'Aiguillon et la femme dont Louis XV est éperdument amoureux inquiète vivement M. de Choiseul. Ce ministre sait que pour mettre fin à ce culte, il faudrait à tout prix parvenir à déshonorer l'idole, et c'est dans ce but qu'il a cherché à faire proclamer tout ce que l'origine de la favorite a d'abject, dans une chanson intitulée *la Bourbonnaise*. Cette chanson, aussi méchante que plate, a été répandue à profusion ; on la chante dans tous les coins de la France. Jusqu'à ce jour cet expédient a été sans succès : Louis XV pense, en philosophe épicurien, que les amours sont toujours assez illustres quand ils font jouir, et qu'une belle de la tête aux pieds porte, sous son vêtement le plus immédiat, de charmants titres de noblesse. Le roi et madame du Barry, enlacés dans les bras l'un de l'autre, chantent eux-mêmes *la Bourbonnaise* en riant aux éclats, quand ils n'ont rien de mieux à faire, s'entend. Faites donc des vaudevilles épigrammatiques contre les amoureux !

Au moment où nous acquérions la preuve bien claire qu'une prostituée du plus bas étage peut captiver un souverain, nos filles du bon ton attendaient avec une vive impatience le jeune roi de Danemark, qui vient d'arriver à Paris. J'écrirais vingt pages de détails, si je voulais énumérer tous les expédients, toutes les ruses que ces beautés ambitieuses ont employés pour attirer l'attention du monarque voyageur : les unes sont allées au-devant de lui dans de superbes équipages loués à grands frais ; d'autres ont pris domicile aux environs de l'hôtel qu'il devait occuper. Quelques-unes, à prix d'or, ont obtenu du tapissier décorateur des appartements de Sa Majesté danoise qu'il plaçât leurs portraits dans le cabinet, dans le boudoir et surtout dans la chambre à coucher du prince. Enfin l'une d'elles, mademoiselle Grandi, de l'Opéra, plus audacieuse qu'aucune de ses

concurrentes, a fait passer directement à l'illustre étranger une copie en miniature de ces charmes dépouillés de tout ornement.

Tant de soins, tant de séductions ont été, dit-on, sans succès : le prince du Nord s'est conduit avec une décence, une sagesse qui font beaucoup d'honneur à ses principes hyperboréens. M. le duc de Duras, commis par Louis XV pour procurer au roi de Danemark des plaisirs plus honnêtes, s'acquitte de sa tâche avec une véritable profusion, et l'on peut dire que Sa Majesté trouve de l'agrément à toute main. Nous autres Français nous sommes fous de spectacles, et le faible de chacun est de croire que ce qui l'amuse plaît à tout le monde. Or notre hôte danois s'est inscrit éloquemment contre cette opinion, l'un de ces soirs, pendant une représentation où il a dû entendre dix-sept actes de vers, de prose, de déclamation chantée, tant en italien qu'en français, non compris les ouvertures et les symphonies. J'ai cru que Sa Majesté se démonterait les os maxillaires à force de bâiller, et franchement il y avait de quoi, même pour un spectateur français. Pendant ce spectacle interminable, on s'extasiait à côté du prince sur l'admirable exécution d'une sonate peu expressive ; voyant qu'il l'écoutait froidement, quelqu'un lui dit : « Si vous » saviez, sire, combien c'est difficile ! — Ah ! répondit Sa Majesté, » je voudrais bien que ce fût impossible. »

Les beaux esprits de Paris sont en général peu recherchés par le roi de Danemark ; quelques encyclopédistes seulement ont été admis auprès de lui. Ces messieurs attribuent cette espèce de dédain à la négligence de M. de Duras, ou plutôt au peu de sympathie que ce seigneur éprouve pour les hommes spirituels. Un des mécontents, le chevalier de Boufflers, a composé cette épigramme, qu'il met dans la bouche du voyageur illustre :

> Frivole Paris, tu m'assommes
> De soupers, de bals, d'opéras ;
> Je suis venu pour voir des hommes...
> Rangez-vous, monsieur de Duras.

Madame la duchesse de Mazarin a donné deux fêtes au roi de Danemark. « Mais, disait-elle après à ses intimes, la fée *Guignon-gui-* » *gnolante*, qui sans doute a présidé à ma naissance, n'a pas permis » que mes soirées aient été exemptes de mésaventures. » Pour expliquer ce propos superstitieux de la duchesse je dois dire qu'en effet elle est malheureuse en tout, et que l'ingrate opinion du monde ne lui tient compte de rien. Cette dame est belle, fraîche surtout, et personne n'en convient depuis que la vieille maréchale de Luxembourg, dont toute la galanterie est dégénérée en causticité, a dit que la fraîcheur de madame de Mazarin n'était point comparable à la fraîcheur de la rose, mais à celle de la viande de boucherie. La duchesse a des diamants superbes, et quand elle les met on prétend qu'elle ressemble à un lustre ; ses soupers sont délicats, recherchés, et l'infatigable critique assure que les mets qu'on y sert sont tellement déguisés que personne ne les reconnaît ; elle montre de l'obligeance, de la politesse, et le public la taxe d'hypocrisie ; on pourrait citer de ses bons mots, de ses traits d'esprit, et l'on ne parle que de ses inconséquences ; personne n'affiche un faste plus éclatant, et les méchants accusent sa parcimonie. Enfin un succès est la chose du monde la plus rare pour madame de Mazarin : les deux fêtes qu'elle a données au roi de Danemark sont des preuves surabondantes de cette affligeante vérité.

La première de ces fêtes se composait d'un concert et d'un spectacle ; le fameux Carlin de la Comédie-Italienne devait faire le charme de la soirée dans une pièce nouvelle intitulée *Arlequin barbier paralytique*. L'heure de la représentation arrivée, le prince danois, conduit à la place de la duchesse, la supplia de vouloir bien s'asseoir à sa droite ; elle obéit, et le rideau se leva. Dans tous les théâtres, les représentations jusqu'alors offertes au roi avaient commencé par des prologues à sa louange ; peu versé dans la langue française, il crut qu'il en était ainsi chez son hôtesse, lorsqu'on jouait tout bonnement la pièce. L'étranger remerciait la duchesse, s'inclinait, se répandait en compliments dès que les acclamations des spectateurs étaient excitées par les saillies de Carlin : ce que Sa Majesté prenait pour des louanges à sa gloire. Plus madame de Mazarin exprimait l'embarras que lui causait cette étrange erreur, plus le roi redoublait de politesse, assurant « qu'elle se montrait trop bonne, qu'il était confus, » qu'il ne méritait pas des éloges si délicats. » Comment désabuser le prince ? Elle n'osa le tenter, et fut au supplice jusqu'à la fin du spectacle. Avant de sortir du salon, le souverain du Nord renouvela à la duchesse les témoignages de son expansive gratitude ; il serra la main avec sensibilité à Carlin ébahi en signe de reconnaissance « de la » grâce flatteuse, des fines allusions d'*Arlequin barbier*, » farce ignoble que le jeu seul de l'acteur peut faire supporter ; enfin les spectateurs eux-mêmes eurent leur part des félicitations rémunératrices de Sa Majesté pour la bienveillance *touchante* avec laquelle ils avaient applaudi. Et cependant le roi de Danemark n'avait pas été plus complimenté pendant la représentation que si on lui eût chanté : *J'ai du bon tabac dans ma tabatière.*

La seconde soirée offrit un incident encore plus gai. Madame de Mazarin s'était persuadé qu'une fête champêtre au milieu de l'hiver et au sein de la capitale aurait un air de galanterie tout à fait original. En conséquence, elle fit placer dans son salon un nombre extraordinaire de glaces qui régnaient à dessein depuis le plafond jusqu'au parquet. Dans un cabinet situé à l'extrémité de la salle, on avait accumulé force feuillage, force fleurs, de telle manière qu'en ouvrant une double porte de communication à certain signal, cette décoration verdoyante devait apparaître aux acteurs du bal à travers un transparent de gaze et se répéter sur toutes les glaces. Ce n'était pas tout, au second signal de l'ordonnateur eût apparu tout à coup dans le cabinet un véritable troupeau de moutons, bien savonnés, bien blancs, bien frisés, et qui eussent défilé sous la conduite d'une bergère de l'Opéra. La fée *Guignolante* ne permit pas l'accomplissement du programme; pendant qu'on préparait cette scène pastorale et que la compagnie dansait au salon, les moutons, alléchés par la verdure, s'élancent, sans chien, sans berger, dans le cabinet pour brouter les rameaux. Mais bientôt la porte de communication, entre-bâillée par mégarde, permet un plus grand désordre : les béliers, de leur tête puissante, s'ouvrent à travers le transparent de gaze une issue vers le salon, et tout le troupeau se mêle aux danseurs... Dirai-je quels accidents suivirent cette brusque invasion? Les dames et, qui pis est, les vierges timides sont renversées avec le plus scandaleux dérangement de leurs trop légers vêtements. De graves magistrats, des diplomates, heurtés par des animaux à cornes plus offensifs qu'eux, tombent et laissent échapper leurs perruques protectrices. Soudain nos jeunes cavaliers, l'épée à la main, poursuivent la gent bêlante, tandis que les béliers, qui se voient reproduits dans les glaces, les brisent de leurs chefs armés pour rejoindre ces prétendus confrères. Durant cette étrange catastrophe, le roi de Danemark, renversé sur un fauteuil, se pâmait de rire; mais tout le monde ne riait pas : on n'avait pu recouvrir aussi vite que la décence l'eût exigé tout ce qui, dans l'état social ostensible, doit être couvert : les maris et les amants jaloux faisaient la plus drôle de mine. De son côté, madame de Mazarin, voyant ainsi s'évanouir tous ses projets champêtres, se désolait, bien que le hasard eût produit assurément quelque chose de plus amusant que tout ce qu'elle avait pu imaginer.

Les fêtes données au roi de Danemark seront célèbres par les accidents, tantôt comiques, tantôt graves, auxquels ces réunions ont donné lieu. En voici un qui fit une nuit entière le désespoir de madame de Berchini. Cette dame, plus fastueuse que fortunée, voulut paraître avec éclat au bal offert à l'illustre voyageur par M. le duc d'Orléans. A cet effet elle emprunta beaucoup de diamants, et entre autres une grande quantité de *chatons* [1]. Elle s'en était fait composer un collier, qui, serré très-près du cou, offrait à l'œil ébloui plusieurs rangées de pierres aux dépens de la longueur ordinaire qu'on donne à chaque rang : la vanité de madame de Berchini perce en tout ce qu'elle fait. Ainsi étranglée par le carcan le plus riche de l'assemblée, notre fière beauté suivait une longue file de dames se rendant au souper, lorsqu'un malencontreux éternument mal réprimé fit rompre la chaîne des *chatons* d'emprunt. Madame de Berchini en rattrapa quelques-uns dans leur chute; mais la plupart tombèrent à terre, et furent balayés par les queues majestueusement traînantes des robes et des dominos. On conçoit que dans une telle foule s'arrêter pour faire la recherche des diamants était de toute impossibilité; il fallait suivre la file élégante dans laquelle on était engagé. La perdante mangea, comme on le pense bien, de fort mauvais appétit; son air était sérieux, sa figure longue d'une aune au milieu de l'hilarité générale. M. le duc d'Orléans, informé de la mésaventure arrivée à madame de Berchini, lui promit de faire chercher avec soin les chatons dispersés. Mais la pauvre dame se retira peu rassurée par cette promesse, en calculant avec tristesse tout ce qu'allait consommer de sa mince fortune le rachat obligé de pierres qu'elle devait rendre. Sa surprise fut douce à son réveil, quand un envoyé de M. le duc d'Orléans lui rapporta non-seulement toutes les pierres de son collier, mais encore sept chatons en sus, et que personne ne réclama. A quelque chose malheur est bon.

J'ai reçu ce matin la visite d'un chevalier de Malte, qui, revenant d'Italie avec sa mère et ses sœurs, les a décidées à se détourner de leur route pour faire un pèlerinage à Ferney. Cette famille a vu le grand homme, ce qui n'arrive pas à tous les voyageurs qui se présentent à son château. L'adhésion ou le refus dépend de la manière dont il prend la chose : s'il lui vient à l'idée que la curiosité recherche sa vue comme elle rechercherait celle d'un animal rare, sa porte est fermée; s'il se persuade, au contraire, que les visiteurs viennent du bout de l'Europe rendre hommage à son génie, il se montre, il se prodigue. Il y a encore une opinion mitoyenne entre ces deux idées, et qui porte Voltaire à faire traiter splendidement ses hôtes sans paraître devant eux. C'est sans doute ce genre de réception qui inspira à je ne sais quel étranger un quatrain spirituel, dont je ne me rappelle que les deux derniers vers :

> Mais il est comme Dieu dans son eucharistie ,
> On le boit, on le mange, et l'on ne le voit pas.

Le narrateur dont je copie le récit a joui des grandes entrées.

[1] On appelait chatons des diamants montés séparément et enchaînés en dessous. On en formait aussi des colliers, ou bien on les attachait à des rubans pour en orner les robes.

« Voltaire, m'a dit mon chevalier de Malte, répète chaque jour depuis cinquante ans qu'il se meurt, qu'il ne verra pas le prochain soleil, et je vous assure qu'il se porte à merveille. Écoutez-le, il vous dira qu'il est sourd, aveugle, que ses jambes ne peuvent plus le porter : eh bien! il a l'ouïe très-fine, il lit sans lunettes, et ses jambes, fort grêles il est vrai, se meuvent assez vivement lorsqu'il parcourt ses possessions pour gronder ses nombreux ouvriers.

» Voltaire vint au-devant de nous d'un air fort affable; la pièce où il nous reçut était sombre; ses yeux d'escarboucles l'éclairaient. Il avait de gros souliers, des bas blancs roulés sur le genou, une perruque dite *naissante;* des manchettes d'entoilage, ornement admis sans doute par coquetterie, lui cachaient toute la main; le reste de l'illustre individu était enveloppé d'une magnifique robe de chambre en étoffe de Perse. Le vieillard de Ferney s'excusa beaucoup de n'être point habillé, et jamais il ne l'est. Il ne parut à table qu'aux entremets, prenant place dans un vaste fauteuil de tapisserie qu'on avait placé dès le commencement du dîner. Si l'on s'en rapporte encore aux lettres familières écrites par le philosophe à la marquise du Deffant, il ne vit que de bouillon de poulet : je vous assure pourtant qu'en notre présence il mangea rondement des légumes, des pâtisseries, des fruits; mais il ne but que de l'eau, et deux tasses de ce moka qu'il appelle son poison lent. Notre hôte nous servit un dessert copieux de traits spirituels; c'est le cas de dire que les saillies de sa conversation diffèrent essentiellement de celles semées à profusion dans ses écrits : il y a quelque emphase, quelque recherche dans les discours de Voltaire, et l'on sait que la plus étonnante facilité est le premier mérite de son style.

» L'auteur de *la Henriade* nous conduisit à sa bibliothèque, l'une des plus nombreuses que j'aie vues. Je me rappelai la communion pascale qui a fait tant de bruit à Paris, lorsqu'ayant pris divers livres rares sur les rayons, Voltaire nous lut des passages très-virulents contre la religion. Après ces sorties d'impiété, nous fûmes un peu surpris de voir notre esprit fort jouer tranquillement aux échecs avec le jésuite Adam. Le père se laissa gagner de bonne grâce, en riant même, deux ou trois parties : cette résignation aimable opposée à une mauvaise fortune ne nous étonna nullement; il fallait, pour vivre à Ferney, qu'un enfant d'Ignace fût revêtu de trois couches au moins de jésuitisme. Du reste, Voltaire ne pardonnerait à qui que ce soit, aux échecs comme ailleurs, de montrer plus de talent que lui.

» Dans la soirée on se mit à raconter des anecdotes d'abord, puis des histoires de voleurs : chacun débita la sienne. Le tour de M. de Voltaire arrivé, il nous dit : « Vous voulez une histoire de voleurs, » m'y voici. Il était une fois un fermier général... Ma foi, mesdames, » j'ai oublié le reste. » Et le malin conteur nous quitta sur cette épigramme. »

Finissons cette année avec le théâtre, puisque me voilà aux pieds d'une de nos divinités dramatiques. Nous avons eu, en 1768, trois nouveautés remarquables : une tragédie, qualifiée modestement de *bourgeoise* par M. Saurin, son auteur, et deux jolies comédies.

Le *Beverley* de Saurin est imité d'une tragédie anglaise de M. Lillo, auteur de *Barnewell;* elle fut jouée au théâtre de Drury-Lane en 1753. L'auteur français s'est pénétré assez heureusement du véritable esprit tragique pour conserver au cinquième acte la catastrophe la plus terrible qu'on ait encore mise à la scène française. Un père que la passion du jeu a pu entraîner aux plus grands désordres, qui sent l'affreuse situation à laquelle il a réduit son fils qu'il aime, peut vouloir le poignarder pour le soustraire à l'adversité, sans sortir de la nature. Voilà ce que les Anglais ont raison de penser, et ce que nous avons tort de nier. Mais nous sommes trop superficiels pour voir la tragédie telle que les poëtes devraient la faire : le public a blâmé le dénoûment de *Beverley;* il faudra l'adoucir, on le gâtera. Du reste, nos méthodistes guindés haussent les épaules au mélange de comique et de tragique qu'offre l'imitation de M. Saurin : « Cela me choque » autant, disait un bel esprit à l'une des représentations de cette » pièce, que si l'on me montrait Minerve en *pet-en-l'air.* » C'est ainsi qu'on rétrécit le cercle des inspirations fortes; ainsi l'on bannit la vraisemblance d'un genre de composition qui pour peindre de grandes passions n'en doit pas moins employer les couleurs fournies par la nature, à peine de ne faire qu'une thèse de rhétorique. Quand voudrons-nous convenir de cela?

Il y a des paillettes spirituelles, de l'afféterie, du musc, dans *les Fausses Infidélités* de M. Barthe, comédie à la Marivaux édulcorée de vers à la Dorat. L'auteur a pris aussi son sujet dans une pièce anglaise du grand Shakspeare et intitulée *les Commères de Windsor.* Mais l'imitateur, au lieu de s'inspirer de l'excellent comique du poëte original, si remarquable surtout dans le rôle de Falstaf, a fait de ses personnages des talons rouges raisonneurs, s'évertuant à délayer une action affaiblie dans un déluge d'essence de bel esprit, et à jeter des nuages de roses effeuillées au nez du spectateur. *Les Fausses Infidélités* sont un de ces imbroglios dont la broderie est gentille mais le tissu trop relâché. L'ouvrage a pourtant réussi.

Parlez-moi du comique de *la Gageure imprévue,* charmante bluette de Sedaine, qui parut aussi cette année. Il n'y a là dedans ni roses ni paillettes d'esprit, il n'y a pas même du français bien pur; mais on y trouve un dialogue vif , naturel , une intrigue heureuse : il n'en faut pas davantage pour faire le succès d'un petit acte, et la réussite de celui-ci a été complète. *La Gageure imprévue* est tirée d'une nouvelle de Scarron que tout le monde connaît; Molière avait puisé à la même source son *Ecole des femmes* : le grand comique sut ennoblir le sujet, Sedaine a senti qu'il ne lui restait que le parti de jouer avec.

Je disais tout à l'heure que la nature est trop négligée sur nos théâtres; mais il faut excepter celui que mademoiselle Guimard a fait construire à sa jolie maison de Pantin. Je n'ai pas assisté aux représentations que l'on donne dans ce petit temple de Thalie, parce que l'on assure que le naturel y est aussi porté trop loin; j'en puis cependant parler par ouï dire. Ce sont particulièrement les œuvres de Collé qu'on joue chez notre première danseuse; plus, des proverbes de M. Carmontel, arrangés ou plutôt dérangés pour ce lieu. M. de la Borde, valet de chambre du roi, se charge de mettre en musique les pièces de ce répertoire où l'on veut du chant. C'est une véritable partie de plaisir pour les acteurs de nos grands spectacles que d'aller jouer sur le théâtre de leur charmante camarade; ils y représentèrent, le 7 de ce mois, fête de la Vierge, *la Partie de chasse de Henri IV*, et un proverbe dans lequel la patronne du jour n'était nullement célébrée. On se promettait un spectacle délicieux pour la veille et la fête de Noël; mais, malgré la puissante intercession du maréchal de Soubise, peut-être même à cause d'elle, le duc de Richelieu a fait défense aux comédiens du roi de jouer ailleurs que sur leur scène respective sans la permission de Sa Majesté. « Eh bien! » s'est écrié M. de Soubise en apprenant ce veto, nous aurons une » troupe de comédiens à nous. — Oui, monseigneur, a sur-le-champ » ajouté mademoiselle Guimard, et comme nous voulons rendre à la » nature tous ses droits dans notre petite maison de Thalie nous » aurons soin de bien choisir nos acteurs. »

CHAPITRE XXXIV.

1769.

Le pape et le duc de Parme. — La bulle *In cœnâ Domini*. — Réunion d'Avignon à la France. — Mort de Clément XIII. — Nouveaux rêve beres a Paris. — La vengeance du bourreau de Soissons. — Mariage du duc de Chartres. — Portrait de ce prince. — Mademoiselle Grandi et le marchand de chevaux. — Soumission des Corses à la France. — Nouveaux détails sur l'insurrection américaine. — Les parapluies de louage. — Les soupers de madame du Barry. — Cette favorite et le peintre Doyen. — La coterie d'Aiguillon tire parti du crédit de la maîtresse en titre. — Projet d'union du duc de Berri avec une archiduchesse d'Autriche. — Coup d'œil sur les vues de Marie-Thérèse. — Marie-Antoinette. — Envoi de l'abbé de Vermont à Vienne. — Le Choiseul des cuisines. — Vingt duels pour une perruque. — *Hamlet*, tragédie de M. Ducis. — *Le Déserteur*, opéra de Sedaine, musique de Monsigny. — *Le Tableau parlant*, musique de Grétry.

Les jésuites ayant été chassés du Portugal, de l'Espagne, de Naples, Ferdinand, duc de Bourbon, les chassa à son tour de Parme, et profita de l'occasion pour réprimer une foule d'abus monastiques. Mais il se trouva que le pape Clément XIII s'avisa de sa souveraineté de Parme, Plaisance et Guastalla, donnée, disait-il, à Grégoire VII par la comtesse *Mathilde*, sœur de l'empereur Henri III; souveraineté qui devait être possédée à perpétuité par le saint-siége, parce qu'il est entendu que l'Eglise prend et ne rend pas. Or c'était se restreindre à une part de puissance bien minime que de se borner à protéger de bons moines et d'excellents jésuites dans un pays cédé aux papes par la comtesse Mathilde. Mais, malheureusement pour les droits pontificaux, les empereurs n'ont jamais reconnu cette prétendue cession, faite sans le consentement de Henri III, frère et suzerain de la donatrice. En conséquence, Ferdinand trouva encore trop fortes les prétentions de Sa Sainteté, en ce qu'elles tendaient à le contraindre de conserver dans ses Etats des abus et des conspirateurs, et maintint la [réforme des institutions monastiques; quant à la compagnie de Jésus, il exécuta son édit d'expulsion. Alors parut un bref pontifical (30 janvier 1768) déclarant que Parme appartenait à l'Eglise; et que le duc régnant n'étant pas prêtre, tous ses actes étaient illégitimes et nuls. Sur l'heure une bulle fulminée à Sainte-Marie-Majeure excommunie sans pitié tous ceux qui ont eu part aux édits de Parme, en commençant par le souverain. Clément XIII était en bien grande colère; il fit lire à trois fois coup sur coup la fameuse bulle *In cœnâ Domini*, qui ne se publie ordinairement que le jeudi saint. C'est un spectacle singulièrement évangélique que les formules de cette lecture : dès que le cardinal-diacre l'a terminée, le pape, debout devant le portique de Saint-Pierre, jette un flambeau allumé dans la place publique pour faire comprendre que Dieu brûlera ainsi dans l'enfer quiconque violera les lois portées par la bulle *In cœnâ Domini*.

Tout cet appareil d'excommunications et de fulminations pontificales n'a pas un grand crédit sur les esprits éclairés du dix-huitième siècle. Les conseils de Versailles, de Madrid, de Naples et de Parme voulaient d'abord se contenter de rire des pétarades parties de Sainte-Marie-Majeure; mais, en y réfléchissant un peu, Louis XV, chef de la maison de Bourbon, solidairement attaqué, découvrit

qu'il avait pour son compte quelque chose de mieux à faire que de rire. Le comte de Rochechouart, à la tête de quelques troupes, se présenta le 11 juin 1768 devant la ville papale d'Avignon, et s'étant rendu auprès du vice-légat il lui dit avec une politesse toute française : « Monsieur, le roi m'ordonne de remettre Avignon en ses » mains, et vous êtes prié de vous retirer. » Le fonctionnaire apostolique, n'ayant pour soldats que des chapelains, des diacres, des porte-croix, des enfants de chœur, ne put éluder une sommation si précise; il vida les lieux. Soudain le parlement d'Aix fit publier l'arrêt de réunion d'Avignon à la France, et les actes publics portèrent : « Régnant souverain prince Louis, par la grâce de Dieu, XVe du » nom, roi de France et de Navarre, comte de Provence, de la ville » d'Avignon et du comtat Venaissin... »

Le roi de Naples trouva que la vengeance était bonne à imiter; il s'empara de la ville de Bénévent et de celle de Ponte-Corvo. Cette perte subie par Clément XIII pour avoir mal connu son siècle, et plus mal mesuré la portée de ses foudres usées, le plongea dans une profonde mélancolie, qui détruisit promptement sa santé; il mourut dans la nuit du 2 au 3 de ce mois de février, à l'âge de soixante-seize ans.

Tandis que le cardinal de Bernis se rend à Rome pour assister au conclave, muni, dit-on, d'instructions secrètes de la cour, le parlement de Bretagne, rentré dans l'exercice de ses fonctions, et celui de Paris, excité par le duc de Choiseul, reprennent le procès criminel contre M. d'Aiguillon. L'exaltation des partis est extrême; celui du ministère va jusqu'à menacer de l'échafaud l'ancien gouverneur de la Bretagne.

Dieu veuille que la lumière jaillisse des débats dans cette malheureuse affaire, aussi vive qu'elle brille dans les nouveaux réverbères du sieur Bourgeois de Châteaublanc substitués à ceux du sieur Bailly. Le nouvel entrepreneur doit pourvoir dans un bref délai la capitale de trois mille cinq cents lanternes fournissant sept mille becs de lumière. M. Bourgeois se charge du premier achat des réverbères, des échanges, de l'entretien des ustensiles, du payement des allumeurs, en un mot de tous les frais résultant de son système; le tout moyennant une redevance annuelle d'environ trois cent cinq mille livres : ce qui porte la dépense de chaque bec à quarante-trois ou quarante-quatre livres par année. Les réverbères, allumés à la nuit tombante, devront à peine d'amende brûler jusqu'à trois heures du matin. C'est trop peu; que de crimes durant les longues nuits d'hiver pourront être commis à la faveur de l'obscurité de trois à six heures! Il faudrait prolonger l'éclairage jusqu'à cette dernière heure; c'est alors seulement que le danger cesse : le jour paraît, les boutiques s'ouvrent, le mouvement de Paris commence. Plus tôt, les rues, quelques-unes exceptées, sont désertes, silencieuses; les malfaiteurs seuls veillent, trop mollement réprimés par les vieux soldats du guet à pied dont la toux matinale avertit de loin les individus qui craignent leur approche.

A propos d'attentats, il faut que j'en rapporte un d'une nature aussi atroce qu'originale; car le génie du mal peut avoir aussi son originalité. La femme du bourreau de Soissons est fort jolie, et l'amour n'écouta jamais les préjugés. Tout déshonoré qu'un exécuteur des hautes œuvres aux yeux d'une société idiote en cela, M. le lieutenant criminel du Soissonnais, qui, dit-on, est un esprit fort, brûlait d'une flamme plus que philosophique pour la dame; et celle-ci le recevait au mieux. On conçoit qu'en vertu de son pouvoir M. le lieutenant criminel pouvait donner les coudées franches à son amour, et qu'il ne s'en faisait faute. Il envoyait le mari pendre, rouer et marquer au loin toutes les fois que l'occasion s'en présentait; rien de plus commode. Mais voilà qu'un beau jour, ou plutôt une belle nuit, l'époux, encore plus jaloux qu'expéditif, tombe au logis comme une bombe dans une place assiégée. Il s'introduit sans bruit, bien informé qu'il est que l'amoureux magistrat est couché avec sa femme. Des fourneaux sont allumés, certains instruments rougissent sur un brasier qu'excite l'haleine du soufflet; tout est prêt. Le bourreau entre d'un pied furtif dans la chambre à coucher, découvre doucement le couple pécheur, endormi par une douce fatigue, et d'une main exercée applique sur l'épaule du galant le fer à marquer les voleurs... Jugez de la douceur du réveil !

M. le lieutenant criminel était bien un larron, mais la justice ne trouva pas la sentence conjugale régulière; l'exécuteur des hautes œuvres de Soissons fut condamné au fouet, à la marque et aux galères. C'est un peu plus que la peine du talion; mais si l'on tolérait la juridiction des maris vengeurs, leur code pénal serait aussi trop sévère. On ne dit pas comment M. le lieutenant criminel a fait agréer aux Soissonnais son indélébile épaulette.

Le duc de Chartres vient d'épouser mademoiselle de Penthièvre, sœur de feu le prince de Lamballe. Le bruit a couru que Son Altesse Sérénissime, en dépensant vite l'existence de son ami, jetait un coup d'œil de convoitise sur son héritage prochain, laissé à la jeune princesse que lui, duc de Chartres, se proposait de demander en mariage. Deux mots suffiront pour démontrer le ridicule de cette plate calomnie : mademoiselle de Penthièvre nourrit dès longtemps une tendre inclination pour son parent : dès longtemps aussi elle a déclaré qu'elle n'épouserait jamais que lui. La famille d'Orléans a vu constamment des soupçons injurieux planer sur elle, parce que les fils aînés de Henri IV n'ont point cessé depuis Louis XIII de craindre cette maison; et personne n'est coupable comme les gens qu'on redoute.

M. le duc de Chartres, arrivé à sa vingt-deuxième année, est un fort beau cavalier. Sans que ses traits soient précisément réguliers, son visage a de la noblesse, sa physionomie de l'expression et de la vivacité. Pourquoi faut-il qu'un teint déjà rouge, couperosé, révèle trop clairement les écarts de la vie licencieuse à laquelle ce prince se livre, et peut-être le sang brûlé par d'impurs désirs qu'il reçut de la duchesse sa mère! Louis-Philippe-Joseph d'Orléans est admirablement fait, d'une taille élevée, élégante, gracieuse; aussi excelle-t-il dans tous les exercices de gymnastique. Il aime la chasse, les courses, les jeux violents; c'est un des plus habiles écuyers du royaume. Imitateur enthousiaste des Anglais, on le voit copier leurs habits, leurs usages, quelquefois leurs ridicules, souvent leurs vices, particulièrement dans les excès de la table. Les écuries de Son Altesse sont remplies de chevaux anglais, avec lesquels il provoque tous nos jeunes seigneurs à des paris énormes sur l'avantage de la course.

Au moral, M. de Chartres, confié aux soins du comte de Pont-Saint-Maurice son gouverneur, est sorti de ses mains sans aucune qualité solide : ce gentilhomme s'était attaché à lui donner l'humeur fleurie qu'on nomme amabilité, les belles manières de la cour, et cette politesse banale qui ne permet jamais de connaître le véritable caractère des gens. M. de Pont, et pour cause, avait laissé le surplus de l'éducation aux autres instituteurs du prince. L'un d'eux, M. de Foncemagne, de l'Académie française, sous-gouverneur de Son Altesse, était un homme d'un esprit sage, d'une capacité supérieure. Mais le comte de Pont faisait peu de cas de l'instruction, il n'en faisait guère plus des devoirs religieux. Son Altesse, qui s'en aperçut, imita cette indifférence, elle n'écouta ni les belles thèses de morale ni les profondes leçons d'histoire de M. de Foncemagne, et se montra d'une profonde distraction aux exhortations religieuses de l'abbé Alary son précepteur.

Le jeune duc était beaucoup plus attentif aux leçons de quelques débauchés employés auprès de sa personne et qui lui enseignèrent le chemin du vice; il faut ajouter qu'ils ne firent en cela que seconder des dispositions fort hâtives et que le prince ne s'en tint pas longtemps à la théorie que ses corrupteurs lui enseignaient. Une femme galante, nommée la Deschamps, offrit à M. de Chartres le premier autel où il ait sacrifié aux voluptés; Son Altesse n'avait pas alors plus de seize ans. La légèreté est moins qu'on ne pense le caractère d'un âge si tendre : l'illustre néophyte des amours eût été volontiers fidèle à cette courtisane, dont une ardeur débutante ranimait les sens blasés; mais on ne tarda pas de le tirer de ses bras pour le lancer dans une carrière plus vaste de libertinage. Le duc, après avoir eu les prémices deux ou trois fois renouvelées de la demoiselle Duthé, fréquenta toutes les maisons de prostitution qui se sont établies près du Palais-Royal au temps de la régence, comme des satellites gravitent autour d'une planète de leur nature. Ce fut alors que M. de Chartres entraîna le prince de Lamballe dans cette sphère de corruption, où le plaisir lui inocula les germes de la mort.

Mademoiselle de Penthièvre, dominée par cette fatalité irrésistible contre laquelle la raison demeure impuissante, s'est jetée avec transport dans les bras de M. de Chartres, en doublant sur ses yeux le bandeau de l'amour. Cette princesse est belle de tous les charmes de la pudeur; ses vertus, sa piété sans bigotisme, son angélique douceur, font le charme et l'exemple de toutes les âmes honnêtes... Jamais un cœur plus pur ne battit contre un cœur corrompu. Cependant, comme le duc de Chartres ne manque ni de bonté ni même d'une certaine justice, il traite sa femme avec douceur, avec égard; mais il n'en continue pas moins les soupers fins, les orgies nocturnes qui l'occupaient avant son mariage. Les plaisirs de l'hymen sont trop calmes, trop chastes pour cette âme avide de délices sans mesure et sans frein.

Son Altesse Sérénissime crut devoir offrir dernièrement une fiche de consolation à mademoiselle Grandi, danseuse de l'Opéra, atteinte ce printemps d'une piquante infortune. Cette nymphe était entretenue, depuis le mois de mars 1768, par un seigneur polonais fort généreux : ameublements somptueux, bijoux charmants, dentelles de prix, équipage élégant, tout avait été prodigué à la beauté dansante; mais rien n'avait été payé. Les créanciers, gens assez patients quand il y a sûreté pour leurs créances, deviennent des visiteurs très-incommodes dès que l'inquiétude s'empare d'eux. Le sieur Blanchard, qui avait fourni les deux chevaux et le carrosse de la belle à son magnifique amant, informé que le jeu venait de détruire entièrement la solvabilité de cet étranger, songea à se prendre au gage même de la marchandise qu'il avait livrée. Bien fixé sur le plan à suivre, il se rend un matin chez mademoiselle Grandi; il est introduit auprès de la princesse à son lever. Elle, qui devine l'objet de sa visite, se dispose à jouer de finesse, en se plaignant du carrosse, dont les ressorts sont durs, et des chevaux, qui ne savent pas courir. Blanchard, feignant d'être jaloux de l'honneur de sa maison, jure que madame se trompe; que ses ressorts sont souples, que ses bêtes sont ardentes,

et, pour le prouver, il propose d'être, le lendemain, premier jour de Longchamp, le cocher de madame à cette promenade. La partie est acceptée.

Le jour suivant, mademoiselle Grandi étant dans sa voiture, admirablement parée, et Blanchard ayant pris place sur le siége, on arrive sur le boulevard. Se penchant alors à la glace, le marchand dit à la danseuse qu'elle va voir tout ce que ses chevaux savent faire sous un fouet savant; mais, craignant, ajoute-t-il, que les hardies caracoles de ces coursiers n'ébranlent les nerfs délicats de madame, il lui propose de descendre un instant. La trop crédule danseuse y consent, et soudain le créancier perfide fait en effet voler l'équipage, mais vers la remise d'où il l'avait imprudemment tiré pour le livrer au Polonais insolvable. Mademoiselle Grandi, éclairée trop tard, honteuse d'être à pied avec une toilette digne d'un carrosse à six chevaux, ne savait que devenir, lorsqu'elle fut rencontrée par un de ces amants généreux, un de ces oiseaux de passage que toute beauté à la mode a trouvés sur son chemin au moins une fois. Ce galant reconduisit chez elle notre nymphe d'Opéra, et le soir, dans une orgie dont il fit les frais, elle oublia les mésaventures de la journée.

Après avoir ri beaucoup de la ruse de Blanchard, M. de Chartres a voulu voir mademoiselle Grandi; il l'a trouvée jolie, et lui a rendu, dans une passade de quinze jours, plus qu'elle n'avait perdu à Longchamp.

La résistance des Corses inquiétait M. de Choiseul au commencement de cette année; le marquis de Chauvelin, repoussé sur plusieurs points, demandait de nouvelles forces; les difficultés et les dépenses se multipliaient. D'un autre côté, le cabinet de Versailles craignait l'intervention des Anglais, en apparence champions ardents de la liberté, mais plus réellement disposés à tourner à leur profit les troubles de la Corse. Le conseil de Saint-James se bornait en effet à faire parvenir au républicain Paoli des protestations toutes romaines, tandis que les commerçants anglais, par pur esprit de négoce, envoyaient des armes aux révoltés. Ces insulaires, qui s'étaient attendus à quelque chose de mieux de la part du gouvernement britannique, furent découragés par cette déception; leur sage général regarda dès lors la résistance comme aussi vaine que périlleuse. Il ne voulut pas toutefois proposer la soumission à un peuple qui combattait encore avec avantage ses nouveaux suzerains. Mais le découragement des Corses ne put échapper au duc de Choiseul; il en profita pour achever d'abattre ce qu'il appelait leur rébellion. Ce ministre rappela M. de Chauvelin, accusé de mollesse, de fausses mesures, et le remplaça par M. le comte de Vaux, dont l'armée fut portée à quarante-huit bataillons. Ce général, aidé de M. de Marbœuf, prit possession, en peu de semaines, de Corté, de la province de Balagna, de l'île Rousse, et successivement de toutes les provinces. Paoli et les principaux chefs corses, après avoir exhorté le peuple à reconnaître l'autorité du roi de France, s'embarquèrent pour Livourne sur un vaisseau portant pavillon anglais.

Le moderne Solon habite aujourd'hui Londres, calme à l'issue d'une grande tempête qui n'a pu altérer la sérénité de son âme. Il ne s'est point humilié devant un maître; son noble front se courba seulement un instant sous un effort irrésistible de la fortune. Le voilà relevé maintenant, allégé d'un titre plus accablant qu'illustre, qu'il déposa aux pieds de la raison avec gloire et sans regrets. Le nom de Paoli parviendra à la postérité.

C'est avec d'autres chances que les Américains travaillent à conquérir cette liberté que les Anglais proclament dans de fort beaux discours, mais qu'ils combattent avec ardeur quand elle doit blesser leurs intérêts. Les dernières nouvelles arrivées de Boston nous apprennent que l'assemblée générale de Massachuset's-Bay, par un décret impérial, a ordonné au gouverneur anglais d'éloigner les forces britanniques de terre et de mer, pendant le cours de ses délibérations: « L'approbation des peuples, est-il exprimé dans cet acte, donne seule » la sanction aux lois, et le gouvernement déroge à ses propres » maximes en s'appuyant de la force militaire pour donner de la vi- » gueur à leur exécution. » Amis sincères de la liberté, voilà bien votre langage naïf! Hélas! c'est éloquence perdue auprès des gouvernants corrompus, pour qui la popularité n'est jamais qu'un semblant, une vaine comédie. Quelque chose de plus convaincant aux yeux du pouvoir, ce sont les démonstrations des masses : ce fut à la crainte d'un nouveau mouvement populaire que le général anglais céda, en faisant retirer ses troupes.

Entre autres décisions importantes prises par l'assemblée générale, elle arrêta que les procès criminels seraient à l'avenir instruits et jugés sur les lieux, et par des juges américains, contrairement aux lois de la métropole, qui voulaient que les accusés fussent transportés en Angleterre. Voilà un grand pas de fait vers l'indépendance.

Lorsqu'on prend un fiacre à cause du mauvais temps, on se propose deux choses : mettre sa tête à couvert et se dispenser de crotter sa chaussure. C'est à merveille pour ceux qui peuvent consacrer vingt-quatre sous à cette double aisance; mais les conditions humaines se composent de plus de demi-prospérités que de prospérités entières, et c'est en faveur des premières que vient de se former un établissement digne d'être cité. Une compagnie a obtenu le privilége exclusif de louer des parapluies aux extrémités du pont Neuf, afin que les dames, les petits-maîtres, les voluptueux puissent traverser ce pont sans danger d'être mouillés ou incommodés du soleil. En payant d'avance deux liards, un préposé vous munit de l'utile machine, que vous déposez de l'autre côté de la rivière ès mains d'un autre préposé, qui s'y tient pour donner ou recevoir le parapluie. De petits bureaux sont établis aux deux bouts du pont : là s'effectuent la recette et le dépôt des ustensiles protecteurs. Le service s'exécute avec beaucoup d'activité depuis huit ou dix jours ; déjà bon nombre de passants ont essayé d'oublier la remise du parapluie au bureau, après s'en être servis; mais une surveillance infatigable veille sur les mémoires oublieuses ou distraites. On parle d'étendre l'entreprise aux autres ponts, aux grandes rues, aux principales places. Ceci n'est point une innovation philosophique; elle me semble plutôt sybaritique : c'est pour cela que je crois à son succès.

Mais la véritable Sybaris se trouve à la cour, depuis que madame du Barry en a pris la direction. Les petits soupers de Fontainebleau sont réellement dignes de cette ville antique : on y oublie tous les soins importuns, on en bannit toutes les inquiétudes; là aussi, sans doute, une feuille de rose pliée en deux gênerait une courtisane couchée. Beaucoup de dames titrées, qui d'abord avaient reculé devant la galanterie plébéienne de la favorite, briguent maintenant avec instance l'*honneur* d'être admises aux orgies nocturnes de Fontainebleau, où le langage riche de figures empruntées aux casernes et aux corps de garde est le dialecte consacré. Ce laisser aller, dont Louis XV fait ses délices, oblige beaucoup de nos beautés illustres à refaire leur éducation : c'est apparemment pour cela que l'usage s'établit chez un grand nombre d'entre elles de se livrer à leurs laquais.

Du reste, dans le ton donné par madame du Barry, il est entendu qu'une femme à la mode ne doit absolument rien cacher de ce qu'elle a de bien à montrer. D'après ce système, la jolie comtesse admit l'autre jour le peintre Doyen dans sa chambre pendant qu'elle était au bain. La baigneuse ne cachait ni ne découvrait ses charmes, et l'on parlait de pluie et de soleil faute de pouvoir aborder l'unique entretien conforme à ce genre d'entrevue. La preuve que ce dernier sujet était le seul à propos, c'est qu'il surgit d'une conversation sur le temps. « Il y a huit jours, dit madame du Barry, j'étais comme » aujourd'hui dans le bain, quand un coup de tonnerre se fit enten-» dre. J'en fus tellement effrayée, que, sans songer à l'état où j'étais, » je sortis de ma baignoire, traversai tout mon appartement, et m'allai » cacher dans la chambre du fond. »

Pendant la narration, le peintre s'était approché de la croisée et s'y tenait.

« Que faites-vous donc là, Doyen ? lui dit la comtesse étonnée de le voir s'éloigner d'elle.

— Madame la comtesse, je regarde si le temps n'est pas à l'orage; cela ferait un beau coup d'œil pour un peintre...

— Surtout pour un peintre homme d'esprit, reprit la favorite avec vivacité; et, par un mouvement peut-être involontaire, elle découvrit, mais une seconde seulement, tous les trésors que la nature lui avait prodigués.

— Adieu, madame la comtesse, je vous quitte, s'écria Doyen hors de lui, un orage... un autre orage se forme, et je dois craindre celui-là...

— Non, non, restez, Doyen, repartit madame du Barry elle-même très-émue, il peut survenir une douce pluie qui calmera l'orage. »

Le peintre était un homme superbe; il resta, et l'orage fut calmé.

Au milieu de cette dissolution de mœurs, de cette facilité dégoûtante, suite invincible du son premier état, la maîtresse en titre est devenue à la cour une grande puissance. Le maréchal de Richelieu et son fils le duc d'Aiguillon ont élevé au plus haut point le crédit de cette courtisane, afin qu'à l'aide de son empire sur l'esprit du roi, égal à celui qu'avait su prendre feu madame de Pompadour, ils puissent en temps opportun renverser Choiseul, que celle-ci a élevé à l'apogée du pouvoir. Ces deux conspirateurs, soutenus par un grand nombre de conjurés, croient entrevoir le but vers lequel ils font tendre leurs efforts : déjà le ministre, qui avait nourri quelque temps l'espoir de remarier Louis XV avec une archiduchesse d'Autriche, s'est vu forcé d'abandonner ce dessein, ruiné par les nouvelles amours de Sa Majesté. Il ne renonce point encore cependant à perdre la favorite dans l'esprit de son amant : tous les jours de nouvelles chansons, de nouvelles diatribes, sont chantées ou débitées dans les carrefours par des chanteurs et des charlatans aux gages de Choiseul. Madame du Barry ne demeure pas en reste envers le ministre : elle a aussi ses agents qui chansonnent les amours de Son Excellence avec la duchesse de Grammont, sa propre sœur. Cette guerre n'offre encore aucun résultat : les médisances du duc n'empêchent pas que madame du Barry ne soit installée à Versailles; que les adorateurs et les courtisans des deux sexes n'obstruent ses appartements; qu'on ne voie à leur tête les princes de Condé et de Conti, et que le premier ne porte la civilité jusqu'à lui chausser ses pantoufles en descendant du lit. Les cercles ordinaires de la comtesse se composent du vieux Richelieu, de M. d'Aiguillon, de mesdames de Château-

Renaud, de l'Hôpital, d'Aiguillon. On y trouve aussi cette maréchale de Mirepoix qui fut longtemps la complaisante, j'ai presque dit la femme de chambre, de madame de Pompadour, parce qu'elle lui donnait de l'argent pour satisfaire son insatiable passion du jeu. Cette dame a voué la même soumission à *Cotillon III*, sans s'inquiéter si l'épouse d'un maréchal de France ne descend pas au premier degré d'avilissement en se traînant dans la bone originaire d'où madame du Barry ne peut sortir aux yeux de la raison.

De son côté, le duc de Choiseul, toujours puissant malgré les intrigues de ses ennemis, n'a point renoncé à cimenter la grande alliance autrichienne, objet de tous ses vœux, de tous ses efforts. Forcé de renoncer au mariage du roi avec une archiduchesse, c'est maintenant au Dauphin qu'il veut la faire épouser. Marie-Thérèse a sous la main une pépinière de princesses, toutes jeunes, toutes belles, qu'elle destine à servir de ressorts à sa politique dans toutes les cours de l'Europe. Bercées dès leur tendre enfance des rêves ambitieux de leur mère, ces jeunes Altesses se sont habituées à considérer la maison d'Autriche comme la suzeraine de toutes les monarchies; elles se préparent en grandissant à porter le joug de l'aigle dans les cours où l'hymen pourra les conduire, afin de l'appesantir sur le front des rois dont elles partageront le trône. Marie-Thérèse, qui se montra toujours peu scrupuleuse en matière de sagesse et de pudeur, ferme volontiers les yeux sur les leçons de galanterie que les instituteurs de ses filles osent leur donner; elle ne fait que rire des inclinations étranges que deux des archiduchesses, Caroline et Marie-Antoinette, affichent, dit-on, pour quelques jeunes dames de la cour. C'est sur la dernière de ces princesses que le duc de Choiseul a jeté les yeux; déjà même les choses sont tellement avancées, que l'impératrice a demandé secrètement à Paris un abbé français pour apprendre à sa fille notre langue et les usages de la cour de Versailles. Le choix du ministre est tombé sur l'abbé de Vermont, petit collet de toilette, ecclésiastique musqué et joli, qui depuis quelque temps déjà réside auprès de l'archiduchesse. On a souvent des nouvelles de cette instruction, et, selon le dire général, elle n'est rien moins qu'édifiante : Vermont, au lieu d'enseigner à son élève ces vertus modestes, cette piété résignée qui fit chérir et plaindre Marie-Thérèse, femme de Louis XIV, et Marie Leczinska, femme de Louis XV, initie Son Altesse Impériale à la dissimulation de la galerie, aux inconséquences des petits appartements, et quelques-uns ajoutent à l'immoralité de nos mœurs illustres [1].

L'impératrice donne en même temps à Marie-Antoinette des leçons d'un autre genre : elle lui enseigne les moyens de captiver le cabinet de Versailles au profit de celui de Vienne, non-seulement par les séductions de l'oreiller royal, mais encore par la conquête de toutes les personnes qui seront disposées à servir l'Autriche aux dépens de la France. De ce nombre sont le duc et la duchesse de Choiseul, le duc et la duchesse de Praslin, M. d'Hautefort, ancien ambassadeur à Vienne, les du Châtelet, les d'Estrées, M. d'Aubeterre, les frères Montazet, M. d'Aumont, M. Gérard, enfin la religieuse de Beauvau, qui du fond de son couvent paraît se mêler d'intrigues politiques. Marie-Thérèse recommande, dit-on, une reconnaissance toute particulière à sa fille envers M. de Duras et l'abbé de Vermont : « Le sort de ces deux personnes m'est à cœur, lui a-t-elle dit » récemment, et mon ambassadeur est chargé d'en avoir soin. »

Ajoutons qu'un des buts secrets de l'impératrice est de faire rentrer la Lorraine dans les mains de la maison impériale. On sait qu'elle serait secondée dans les démarches qu'elle ferait à cet égard par le plus grand nombre des seigneurs de ce pays qui vivent à la cour de France, et que M. de Choiseul, né Lorrain, verrait cette restitution avec plaisir. Peut-être l'origine de ce ministre est-elle la première cause de son dévouement à l'Autriche.

Tandis que l'on instruit à Vienne Marie-Antoinette à régner sur la France pour le compte de la politique autrichienne, les préparatifs de son mariage avec le Dauphin se font à Paris sans que ce jeune prince s'en émeuve et s'en inquiète : il continue de tracer des cartes géographiques et de limer des serrures avec une ardeur infatigable, et laisse dresser à d'autres les programmes de son bonheur matrimonial.

Cependant ce triomphe de M. de Choiseul est un véritable échec pour le parti d'Aiguillon; madame du Barry, ennemie non moins acharnée du ministre, a peine à contenir l'expression de son mécontentement. Il faut à cet égard que je raconte un trait de cette favorite; il prouve que la haine d'une femme peut ricocher sur tout ce qui lui en rappelle l'objet. Par un hasard singulier, la comtesse avait encore dernièrement un cuisinier dont la ressemblance avec M. le duc de Choiseul est frappante. Elle le fit venir un de ces matins dans son cabinet.

« Je vous renvoie, lui dit-elle.

[1] Qu'on lise les Mémoires du temps, qu'on interroge tous les témoins impartiaux qui vivent encore, ils confirmeront ces détails sur la mission de l'abbé de *Vermont*. On ne calomniera point Marie-Antoinette dans ces Chroniques : on peut déplorer ses malheurs, maudire ses bourreaux ; mais la vérité doit être connue. Elle est aussi par trop violée dans la renommée de sagesse angélique que de plats écrivains ont faite à cette princesse pour obtenir des pensions de Louis XVIII et de Charles X.

— Comment, répondit l'innocent chef de cuisine, ai-je mérité la sévérité de madame la comtesse ? Mes ragoûts ont-ils décliné ?

— Non, je ne crois pas.

— Aurais-je adopté trop légèrement les *poulets à la Marlborough* ou les nouveaux vol-au-vent *à la Beaujon* ?

— Eh non ! vous dis-je.

— Alors ce sont donc les coulis *à la Guimard* qui déplaisent à madame la comtesse ? je suis prêt à les changer.

— Ce n'est pas cela qu'il faudrait changer pour me plaire.

— Que madame la comtesse parle, je ne tiens à rien de ce qui peut lui être désagréable.

— En ce cas, changez donc de visage.

— Ah !... pour cela je ne saurais promettre...

— De m'obéir, et moi je ne puis vous garder avec cette figure-là...

— Cependant elle est bien étrangère aux sauces que je compose pour madame.

— Ne répliquez pas. Nous avons bien assez d'un Choiseul à la cour, je n'en veux pas un second dans ma cuisine. »

Le pauvre homme sortit consterné. Le soir madame du Barry raconta l'aventure au roi avec une intention marquée ; et, comme Sa Majesté riait beaucoup, elle ajouta :

« J'ai renvoyé mon Choiseul, quand renvoyez-vous le vôtre ? »

Louis XV ne répondit point et reprit son sérieux.

Les intrigues de la cour, quoique multipliées, ne remplissent pas tous les entretiens de l'Œil-de-bœuf ; les aventures de la ville y occupent une bonne place. En voici une qui avait été dénaturée diversement, et qu'on n'a bien connue que depuis la mort du comte d'Egmont. Quelque temps après son entrée dans les mousquetaires, ce gentilhomme, un peu échauffé par le vin, se rendit à l'Opéra ; l'affluence y était grande, il ne put trouver de place qu'au parterre. M. d'Egmont n'en fut guère plus avancé : un vieux spectateur placé devant lui avait une perruque si vaste, si étoffée, qu'elle privait entièrement le nouveau venu de la vue du spectacle ; il n'y avait pas moyen de voir même la jambe d'une danseuse, élément d'intérêt particulièrement recherché à l'Opéra. Le jeune mousquetaire pria plusieurs fois l'incommode porteur de cet ample postiche de cheveux d'avoir assez de charité pour se déranger de temps en temps, afin qu'il pût, au moins à la dérobée, apercevoir ce qui se passait sur le théâtre : l'homme à la perruque fut inflexible, et déclara sèchement que c'était impossible. Ne pouvant décidément entrevoir ni chanteurs ni danseurs, M. d'Egmont, étourdi comme on l'est à vingt ans, surtout après un dîner de mousquetaires, prit le parti de donner la comédie à ses voisins, puisqu'il ne pouvait jouir de celle du théâtre. En conséquence, il tire de sa poche une paire de ciseaux et se met à ébrancher à droite et à gauche le buisson pommadé et poudré si fatal à ses plaisirs de la soirée. L'effet de cet heureux expédient fut prompt : le perruquier officieux vit des danseuses tout ce que les autres voyaient, en même temps qu'un rire communicatif circula dans tout le parterre. Cette explosion d'hilarité générale tira de son apathie, mais non pas de son sang-froid, le propriétaire de la perruque émondée : « Voilà qui est bien, monsieur, dit-il en se retournant vers d'Egmont, qui avait encore les ciseaux à la main ; vrai, le moyen est ingénieux, il mérite récompense, et je me fais fort de vous la donner. J'espère que vous ne sortirez pas d'ici sans moi. »

A certain coup d'œil expressif dont le vieux monsieur accompagna ce discours, d'Egmont jugea que la fin de l'aventure pourrait bien n'être pas aussi gaie que le commencement ; il fit néanmoins bonne contenance, et résolut à tout événement de se tirer de là avec honneur. Le spectacle étant fini, l'inconnu fit signe au jeune mousquetaire, qui le suivit sur-le-champ. Les adversaires eurent peine à traverser la place du Palais-Royal ; ils prirent ensuite la rue Saint-Thomas-du-Louvre et s'arrêtèrent sous l'arcade qui se trouve à son extrémité. « Monsieur le comte d'Egmont, dit brusquement le vieux monsieur, car j'ai l'honneur de vous connaître, je vous dois une leçon dont feu monsieur votre père, que je connaissais mieux encore, m'aurait probablement su gré. Quand on insulte publiquement, et surtout un vieux militaire, il faut au moins savoir se battre ; voyons, continua-t-il en mettant l'épée à la main, comment vous vous en acquitterez. » Furieux de ce ton de supériorité et presque de mépris, le comte fond sur le sermonneur avec toute l'impétuosité qu'excite un vif ressentiment. Mais le vieillard, fixe comme une borne milliaire, se joue de toutes les attaques de son adversaire et finit par faire sauter son épée à dix pas. « Voilà votre arme, reprit avec sang-froid l'homme singulier, reprenez-la. Ce n'est pas en danseur de l'Opéra, c'est en galant homme, c'est de pied ferme qu'un homme de votre nom doit se battre, et c'est à quoi je vous invite. — Vous avez raison, répondit d'Egmont en comprimant sa colère, et j'espère me voir bientôt digne de votre estime. » A ces mots le comte se remet en garde aussi froidement que son adversaire et l'attaque de nouveau avec beaucoup d'aplomb.

« Fort bien, cela, fort bien, monsieur le comte ! M. votre père serait content de vous ; mais il en faut finir... » Et, comme s'il eût choisi la place où il voulait frapper, le vieux monsieur perça de part en part le bras du mousquetaire. « En voilà assez, dit-il, pour cette » fois. » Puis ayant placé le blessé contre la muraille, il bande sa plaie avec son mouchoir, le prie d'attendre un instant, amène un fiacre, y monte avec lui, descend à l'hôtel des mousquetaires, rue de Beaune, dépose M. d'Egmont entre les mains du suisse, et prend congé de lui.

La blessure du comte le tint près de six semaines éloigné du monde ; il y reparaissait à peine depuis huit jours, lorsqu'entrant un soir au café de la Régence il y trouva le vieux bretteur, qui marcha droit à lui. « *Chut,* lui dit-il, ne faisons point de bruit, et daignez » me suivre. Vous vous êtes un peu égayé à mes dépens en racontant » notre aventure, continua-t-il quand ils furent rendus sous la voûte » témoin du premier combat ; c'est à merveille, mon cher comte, et » je vous considère trop pour ne pas contribuer à rendre l'anecdote » encore plus plaisante en ajoutant une suite au récit que vous pour-» rez en faire... Allons donc, l'épée à la main ! »

La seconde leçon fut à peu près semblable à la première ; elle fut suivie d'une troisième, puis d'une quatrième, à deux ou trois mois d'intervalle. Enfin, de l'aveu même du comte d'Egmont, ce bourreau d'homme, comme il l'appelait, était devenu si redoutable pour lui, qu'il n'osait plus se montrer au café de la Régence, où il le rencontrait ordinairement : quelque brave qu'on soit, on ne se forme pas au régime des blessures ; on ne s'habitue pas à être tué en détail. L'honnête mousquetaire, pâle comme un déterré par suite des saignées successives que son adversaire acharné lui avait faites, ne sortait presque plus, lorsqu'un matin il vit entrer chez lui un des garçons du café de la Régence. « Pardon, monsieur, lui dit-il, mais j'ai cru » ne pas vous déplaire en venant vous apprendre que M. *Chut* (ce » nom était resté au vieillard ferrailleur) est mort hier au soir, et » que ma maîtresse espère vous revoir bientôt chez nous. » D'Egmont fit un grand *ouf* ; il y avait réellement de quoi, jamais on n'avait payé aussi cher le plaisir d'avoir fait rire un instant le parterre de l'Opéra [1].

On n'a point ébranché de perruques à la tragédie d'*Hamlet*, trop pâle, trop régulière imitation d'un chef-d'œuvre délirant de Shakspeare. Cet ouvrage admirable a perdu presque tout son charme en passant sous la toise d'un rimeur français : plus de ces inspirations sublimes qui entraînent, plus de ces élans de philosophie sauvage, plus de cette nature criminelle, hideuse chez les princes comme chez les autres humains, et que l'Eschyle anglais a traînée sur la scène toute palpitante de noires passions, afin d'en effrayer ses spectateurs. A peine si M. Ducis a conservé quelques éclairs du terrible caractère d'Hamlet. L'acteur Molé, chargé du rôle principal, a mieux senti que l'auteur tout ce que cette création originale exigeait d'énergie ; mais il exprime trop souvent par de la fureur ce qui, dans le personnage, n'est qu'une sombre mélancolie. Il en résulte pour le comédien une fatigue qui l'empêche de fournir sa carrière jusqu'au bout avec une vigueur égale : c'est un coursier haletant et épuisé avant d'avoir atteint le terme de sa course. Si le succès d'Hamlet eût été plus général, Molé était un homme mort.

Deux opéras-comiques, *le Déserteur* et *le Tableau parlant,* font rouler les ondes du Pactole dans la caisse de la Comédie-Italienne. Le premier de ces ouvrages est de M. Sedaine, l'auteur de l'époque qui s'entend le mieux à composer une pièce : c'est ce qu'en langage de coulisses on appelle un *habile charpentier*. Mais, en suivant la figure, on peut dire que cet écrivain manque de talent comme décorateur. Son style, diffus, décoloré, incorrect, laisse languir le sujet dans sa trame relâchée ; et ses caractères, généralement bien tracés, se développent imparfaitement sous cette plume sans grâce, sans chaleur. Empreint de ces défauts essentiels, *le Déserteur* a dû cependant un beau succès au rôle de *Monte-au-ciel,* figure pleine de comique et de gaieté, tracée d'après un grenadier du régiment de Champagne. Malgré les saillies de ce personnage, malgré la musique de Monsigny, peut-être même un peu à cause d'elle, on a fait cette épigramme sur l'opéra nouveau :

> D'avoir hanté la comédie
> Un pénitent, en bon chrétien,
> S'accusait, et promettait bien
> De n'y retourner de sa vie.
> « Voyons, lui dit le confesseur,
> C'est le plaisir qui fait l'offense ;
> Que donnait-on ? — *Le Déserteur.*
> — Vous le lirez pour pénitence. »

Le mot est trop sévère : des situations intéressantes, du spectacle, et surtout *Monte-au-ciel,* attirent du monde à cette nouveauté.

On recherche pourtant avec plus d'empressement un acte lyrique gai, vif, chantant, imité des farces italiennes : je veux désigner *le Tableau parlant* de M. Anseaume. La musique de ce petit opéra a été composée par un jeune homme nommé *Grétry,* déjà connu par *le Huron,* partition qu'un poème plus que médiocre de M. Marmontel entraîna l'an dernier dans sa chute à peu près complète. Il n'en sera pas ainsi du *Tableau parlant* : les morceaux pleins d'originalité, de

[1] Ce fait historique a été mis à la scène par M. Merville dans une comédie en trois actes intitulée *la Première Affaire.* Cette pièce, jouée sur le second Théâtre-Français, a obtenu du succès.

fraicheur et de vérité, dont cette composition étincelle, en assurent le succès, aussi légitime qu'il sera durable. La musique de Grétry n'a pas l'énergie de l'école allemande, mais elle est plus vraie, plus appropriée à nos goûts, plus sympathique avec les situations dramatiques auxquelles le compositeur l'associe. L'auteur du *Tableau parlant* n'oublie jamais que la musique, comme tous les autres arts, ne saurait plaire ni toucher, au moins généralement, si l'imitation de la nature n'en est le but... Il ne peut en effet y avoir d'artiste bien inspiré sans le naturel; le peintre, le poëte, le compositeur resteront médiocres, s'ils n'ont pas sans cesse l'idée qu'ils doivent captiver des émotions et non des raisonnements.

La comtesse du Barry.

CHAPITRE XXXV.
1770.

Louis XV s'aperçoit qu'il vieillit. — L'évêque et la courtisane. — Nouvelle salle de l'Opéra au Palais-Royal. — L'abbé Terray. — Mariage du Dauphin et de Marie-Antoinette d'Autriche. — Fêtes à Versailles. — Portrait de la Dauphine. — Difficultés d'étiquette. — Orgueil de Marie-Antoinette froissé. — Origine de haine. — La cérémonie des possédés. — Statue érigée à Voltaire. — Le feu d'artifice du 30 mai....; horribles désastres. — J.-J. Rousseau au café de la Régence. — Encore les troubles de Bretagne. — La Chalotais, d'Aiguillon. — Disgrâce de Choiseul. — Le duc de Lauzun-Pylade. — Attachement de la Dauphne pour Choiseul. — Marie-Antoinette et madame du Barry. — Le cyclope de Versailles. — Occupations de la Dauphine — *La Veuve du Malabar, Fayel, Sylvain, les Deux Avares,* nouveautés dramatiques. — Début de l'acteur *Larive.* — Le duc d'Orléans épouse madame de Montesson.

Le roi se prend quelquefois à réfléchir sur le temps qui fuit à tire-d'aile, sur ses forces qui diminuent, et il lui vient alors à l'idée que les amours mènent sa vie un peu vite. « Je vois bien que je ne suis » plus jeune, disait-il dernièrement à la Martinière, son premier » chirurgien, il faudra bientôt que j'enraye. — Sire, répondit l'Es- » culape, vous feriez bien mieux de dételer. » Le même jour Sa Majesté demandait au duc de Coigny des nouvelles de Gentil-Bernard, qu'elle savait être malade.

« Mon Dieu ! sire, répondit ce seigneur, le malheureux est tombé dans une sorte d'imbécillité.

— Oh ! oh ! comment cela lui est-il donc venu ?

— Pour s'être trop amusé autrefois, et tout récemment pour avoir voulu faire le jeune homme.

— Mais il est bien vieux.

— Sire, il a juste un an de plus que Votre Majesté. »

Ces deux conversations ont plongé Louis XV dans une sombre mélancolie. Il a reçu très-peu de monde à ses levers pendant toute la première moitié du présent mois de janvier; et Sa Majesté, devenue très-froide auprès de la favorite, ne lui a pas fait une seule visite

secrète dans le cours de cette quinzaine. Le refroidissement hygiénique de ce prince a même été porté si loin, qu'il a fait décommander un carrosse qu'il voulait offrir à madame du Barry le jour de la revue, où cette dame ne s'est point trouvée. D'Aiguillon baisse la tête, le parti Choiseul la porte plus haute que jamais.

Cependant le roi a ri de bon cœur au lever d'hier, quand le facétieux d'Ayen lui a raconté l'aventure que je répète.

Les serviteurs de Dieu conduisent la piété bon train quand ils sont mitrés; il n'y a point de chevaux assez fringants, point de voitures assez lestes pour mener ces messieurs au travers de la capitale. L'évêque de Tarbes courant la ville en vis-à-vis, au commencement de la semaine passée, rencontre dans une rue étroite un pauvre fiacre qu'il fracasse au point de le mettre hors d'état de finir sa triste course. Une dame en descend pour continuer son chemin à pied; mais le prélat a déjà vu qu'elle est jolie, il s'est élancé de son équipage, et, après s'être répandu en excuses, il déclare à la belle qu'il ne souffrira pas qu'elle se rende à sa destination autrement que dans sa voiture. L'inconnue accepte assez lestement; on monte dans l'étroit vis-à-vis; on s'y presse l'un contre l'autre; on roule vers l'hôtel de la marine, où la dame se rend. Arrivé à la porte du ministère, M. de Tarbes offre galamment la main à sa compagne de route pour gagner le cabinet de M. Beudet, secrétaire général. Tandis que le couple traverse la cour, le suisse rit; lorsqu'il passe dans l'antichambre, les valets rient; un huissier se présente pour annoncer, il rit; deux commis, qui travaillent dans une pièce voisine du cabinet, rient plus fort; M. Beudet reçoit l'évêque et la dame en riant. Sa Grandeur, ne sachant à quoi attribuer tous ces rires, était fort intriguée; le secrétaire de la marine voyait bien l'embarras de ce prélat, mais il ne pouvait parler devant la solliciteuse. Enfin, l'ayant envoyée dans un bureau pour faire enregistrer une pièce, il put s'exprimer librement. « Mon- » seigneur, dit-il à M. de Tarbes, vous ne savez peut-être pas que » vous vous êtes fait le chevalier de la *Gourdan*, entremetteuse con- » nue de tout Paris; telle est la cause des éclats de gaieté qui vous

Loueurs de parapluies sur le pont Neuf.

» ont accueilli, et dont j'ai à m'excuser pour mon propre compte » auprès de Votre Grandeur. » L'évêque, stupéfait, n'a pas voulu en entendre davantage, il est remonté dans sa voiture et a laissé la Gourdan retourner à pied à son moral domicile.

En toute chose c'est la publicité qui fait le scandale; les fautes cachées n'existent point. Ainsi bon nombre d'évêques, et sans doute M. de Tarbes lui-même, ont assisté hier à l'ouverture de la nouvelle salle de l'Opéra au Palais-Royal. Jamais on n'avait vu tant de foule au spectacle, et cette foule n'était point indulgente. La salle a été l'objet de beaucoup de critiques: généralement on trouve l'orchestre sourd, les décorations mesquines, mal peintes, les premières loges trop élevées et peu propres à faire valoir la toilette des dames. Le vestibule paraît, dit-on, indigne de la majesté du lieu; l'escalier est étroit et tellement roide qu'en le montant les dames offrent aux messieurs un coup d'œil aussi piquant qu'inattendu. En résumé, architecte, décorateur, machiniste, peintre, directeur, chanteurs, tout a provoqué un déchaînement fort bruyant de désapprobation. Les costumes seuls et les danseuses ont trouvé grâce devant un public monté à la sévérité ; cette restriction a sans doute tenu à ce que, dans l'opéra de *Zoroastre*, que l'on jouait, les habits étaient transparents, et les femmes qui dansaient fort bien faites.

Nous avions au contrôle général une espèce de ministre soliveau dans M. Mainon d'Invau ; il n'a pu supporter le poids des grenouilles avides qui le surchargeaient, et M. de Maupeou nous a poussé à la place de ce financier inhabile un certain abbé Terray, qui du moins ne sera pas accusé d'inactivité. A peine trois mois se sont écoulés depuis son entrée en fonction et déjà tout est changé, bouleversé dans son département. Il s'est emparé des caisses d'amortissement, a suspendu le remboursement des dettes de l'État, a métamorphosé en rentes viagères les tontines, dont les revenus s'accroissaient en faveur des survivants, et a diminué les arrérages des effets royaux. L'abbé Terray est doué d'une subtilité de raisonnement qui en impose au conseil ; ses rapports passent à l'unanimité, parce que personne ne sait comment s'y prendre pour les combattre. Mais les opérations de ce contrôleur général, si funestes à l'intérêt des rentiers qui ont confié leurs capitaux à l'État, attirent sur lui un concert général de malédictions. Lorsqu'on lui parle des justes plaintes qu'il a soulevées : « Fermons » les oreilles, répond-il, on » doit laisser crier ceux » qu'on écorche. — Mais, » disait l'autre jour à Ter- » ray M. de Dillon, arche- » vêque de Narbonne, vous » prenez l'argent des Fran- » çais dans leurs poches » pour le donner au roi. — » Eh ! monseigneur, repar- » tit le financier, où vou- » lez-vous donc que je le » prenne ? »

Que faire à tout cela ? Qu'opposer à des édits, sinon des épigrammes et des chansons ? C'est donc avec ces armes familières que les bons Parisiens se vengent. « L'abbé Terray, disent-ils, » est sans *foi*, il nous ôte » l'*espérance* et nous réduit » à la *charité*. » Tout le monde ne prend pas aussi gaiement la chose ; c'est du moins ce que fait présumer une réponse faite dernièrement par le contrôleur lui-même à un coryphée de l'Opéra, qui venait réclamer le payement de sa pension. « Il faut » attendre, lui dit-il ; il est juste de payer ceux qui pleurent avant » ceux qui chantent. »

Ce matin, un plaisant de mes amis a égayé mon réveil d'une substitution opérée cette nuit : on sait qu'il y a près de la place des Victoires une *rue Vide-Gousset* ; ce nom était effacé, et l'on avait écrit à la place : *Rue Terray*.

Au milieu de la crise financière qui ébranle tant de fortunes, qui compromet tant d'existences, on vient de conclure le mariage de M. le duc de Berri, Dauphin de France, avec Marie-Antoinette, archiduchesse d'Autriche et sœur de l'empereur sous le nom duquel règne Marie-Thérèse.

Cette jeune Autrichienne, âgée de quinze ans, bien instruite par l'abbé de Vermont dans l'art d'associer la dissimulation à la futilité, bien façonnée par l'impératrice sa mère à la politique ambitieuse du cabinet de Vienne, quitta cette capitale dans les premiers jours d'avril ; elle arriva le 14 au château de Compiègne, où elle fut reçue par le roi et le Dauphin. Le 15, l'archiduchesse vint à la Meute ; Son Altesse Impériale y coucha seule avec ses femmes. La princesse fit

son entrée à Versailles le 16, et les illustres fiancés reçurent immédiatement la bénédiction nuptiale.

Ainsi s'accomplit un mariage qui devient pour Marie-Thérèse une nouvelle justification de ce mot du grand Frédéric : « La monarchie » française est la ferme de l'Autriche. » L'écoulement de nos coffres dans ceux de Vienne, si actif pendant la dernière guerre, avait cessé ; les liens de l'Empire avec la France n'offraient plus les mêmes attraits à l'impératrice-reine, cependant elle sentait la nécessité de les maintenir : cette alliance enlevait du moins aux petites cours d'Allemagne et d'Italie la protection, si redoutable à l'Autriche, que les Français leur accordèrent longtemps. D'ailleurs, en restant notre alliée, Marie-Thérèse s'assurait des secours d'hommes et d'argent pour alimenter les projets de conquête qu'elle ne cessait de méditer. Mais les finances de Louis XV s'épuisaient ; l'impératrice-reine parlait sans modération de cet épuisement dans ses entretiens avec le prince Louis de Rohan, notre ambassadeur à Vienne : « Le » roi, disait-elle, serait hors » d'état de soutenir la guerre » si l'alliance était atta- » quée. » Ce fut sous l'empire de ces appréhensions que Marie-Thérèse écouta les ouvertures de Choiseul pour le mariage de Marie-Antoinette avec le Dauphin ; d'autres prétendent avec quelque raison que Sa Majesté Impériale prit l'initiative. L'adroite princesse se ménageait ainsi des intelligences en France ; elle avait la main sur les ressorts de nos affaires intérieures, et l'on sait que dès longtemps les archiduchesses sont dressées à maintenir la suzeraineté de l'Autriche dans les cours où elles régneront.

Louis XV montrait d'abord peu de penchant à marier son petit-fils avec la jeune archiduchesse ; il lisait assez clairement dans les vues intéressées de l'Autriche, et commençait à sentir que l'alliance de cette puissance était loin de convenir à notre politique. Mais il devenait fort difficile de sortir de cette fausse route : depuis plusieurs siècles, la France est pour le cabinet de Londres une autre Carthage ; les membres du conseil britannique ont pris pour mot de ralliement *delenda est Carthago*. La Russie, irritée contre Choiseul, qui lui a jeté les Turcs sur les bras, ne dissimulait point son mécontentement. Enfin le roi de Prusse ne

Elle s'approcha ensuite du roi, qui avait le coude appuyé sur le marbre de la cheminée...

cachait pas davantage le mépris que lui inspirait la cour de France et le désir qu'il avait de se joindre aux premiers ennemis qui l'attaqueraient. En rompant avec l'Autriche, Louis XV risquait donc de ne trouver aucune autre alliance ; il voulut toutefois essayer de s'affranchir d'une si humiliante tutelle. Des négociations secrètes furent entamées à la Haye entre le baron de Breteuil, envoyé du roi, et le baron Thalamayer, agent de Frédéric II. Mais le duc de Choiseul, toujours puissant à Versailles, marchait droit à son but, c'est-à-dire au mariage du Dauphin avec Marie-Antoinette, et le roi n'osa ni le ralentir ni lui confier les pourparlers de la Haye. Le ministre ne l'ignorait pas : sa correspondance avec M. de Breteuil était aussi active que celle de Sa Majesté ; ce fut au duc que l'envoyé obéit en rompant les négociations, et l'archiduchesse arriva.

Des fêtes magnifiques, contraste insultant de la misère générale, eurent lieu pendant toute la seconde quinzaine d'avril. Elles offrirent une magie continuelle, où les parures élégantes, l'éclat des diamants, la richesse des équipages, les somptuosités de la table, les illuminations aux mille couleurs, les feux d'artifice chaque soir renouvelés, se disputèrent l'admiration d'une foule immense, accourue de tout le royaume pour jouir de ce spectacle. Il était inopportun ; mais, chez nous, ce n'est jamais en vain qu'on excite la curiosité : avides de jouissances, nous ne songeons qu'après les avoir épuisées à ce qu'il en a coûté pour nous les procurer. Le public payant se laissa éblouir sans calcul par les quatre millions de lampions semés dans les jardins, dans le parc, comme les étoiles sur le ciel d'une belle nuit; il n'éprouva que du plaisir en voyant s'élever dans les airs, réunies en un seul bouquet dont la durée n'excéda pas deux minutes, trente mille fusées d'un écu la pièce. Quand la musique des fêtes eut cessé, quand les illuminations furent éteintes, quand l'horizon du soir demeura veuf des feux qui l'avaient sillonné, les bons Français couvrirent de larmes le total de *vingt millions de livres* apposé au bas du programme des solennités de Versailles.

Ces vingt millions sont dépensés, mais non pas acquittés, et l'on dit hautement à l'*Œil-de-bœuf* que notre facétieux contrôleur général a bien juré de prendre ses aises pour en effectuer le payement. C'est sans doute dans ses projets de coudées franches que ce financier a puisé la réponse qu'il a faite au roi l'un de ces matins : « Comment » avez-vous trouvé les fêtes? lui demandait ce monarque. — Im- » payables, » a répondu l'abbé Terray.

Au milieu de ces cérémonies resplendissantes, j'ai perdu de vue la jeune princesse qui en était l'héroïne; j'y reviens, et je me mets à mon chevalet. Marie-Antoinette, dont la croissance parait tout à fait achevée, est grande; sa taille est bien prise; ses formes sont d'une heureuse proportion, quoique maigres encore. La Dauphine a les cheveux blonds, le front élevé, le visage un peu allongé. Ses yeux bleus expriment dans leur vivacité la tendresse et la douceur plus que l'esprit. Le nez de Son Altesse Royale est d'un aquilin trop prononcé, mais non pas disgracieux; il y a plus d'irrégularité dans la bouche de cette princesse, dont les lèvres sont épaisses, particulièrement l'inférieure. Ces lèvres, fraîches, vermeilles et ordinairement séparées par le sourire, laissent voir les plus belles dents du monde. La blancheur du sein de Marie-Antoinette est éblouissante; le plus vif carmin en relève encore l'éclat. Il y a beaucoup de noblesse et de dignité dans la démarche de la jeune Autrichienne : son abord est encourageant, sa voix douce, ses manières sont affables; il lui échappe cependant quelques mouvements impérieux. Un observateur peut en conclure, je crois, que l'humeur caressante, enjouée, attentive à plaire que montre la petite princesse pourrait bien être le caractère de son rôle plutôt que le sien propre. Mais les académies, les journaux, les almanachs chantants, les cercles adulateurs, qui n'ont vu que la riante surface qu'offrent les dehors de Son Altesse, épuisent en son bonheur toutes les formules de la flatterie; ils lui brûlent sous le nez tous leurs parfums. .

Le mauvais goût allemand se dispute encore dans la toilette de la Dauphine à l'élégante futilité de nos modes : elle n'a pas entièrement renoncé à surcharger sa parure d'ornements disparates, mais les conseils ne lui manqueront pas. Marie-Antoinette, plus instruite que ne le sont d'ordinaire et surtout en France les femmes de son rang, sait le latin et l'italien : elle parle notre langue avec facilité et sans un accent germanique trop marqué. Elle est bonne musicienne et joue de la harpe avec une certaine perfection. Somme toute, le prince Louis de Rohan, qui, dit-on, avait donné sur le caractère de l'archiduchesse des renseignements peu favorables, passe en ce moment à Versailles pour l'avoir calomniée. Des ennemis de ce diplomate ont mis sous les yeux de Son Altesse l'original de la lettre renfermant *ces calomnies.* « J'en prends bonne note, » a dit la princesse.

Tout n'a pas été plaisir pour la Dauphine dans les fêtes de son mariage, il s'y est glissé une circonstance désagréable et même humiliante. Marie-Thérèse, toujours préoccupée de la suprématie de sa maison, fit faire à son ambassadeur en France, M. le comte de Mérey, la ridicule demande que mademoiselle de Lorraine et le prince de Lambesc, parents de Sa Majesté Impériale, prissent rang aux cérémonies du mariage immédiatement après les princes du sang. Louis XV, plus faible que conséquent, consentit à cette demande et exigea des grands de sa cour qu'ils s'y conformassent. La jalousie et l'orgueil des ducs furent révoltés du sacrifice de dignité qu'on leur imposait : ils obéirent pourtant; mais les duchesses ne purent jusqu'à ce point immoler leur fierté : elles refusèrent opiniâtrement de laisser danser mademoiselle de Lorraine avant elles, demandèrent leurs équipages et revinrent à Paris. La duchesse de Bouillon se distingua particulièrement dans cet acte de désobéissance aux ordres de Sa Majesté par l'éclat de ses observations et de ses refus. Louis XV, offensé, lui interdit la cour. Mais cette punition ne calma point le dépit de Marie-Antoinette. Elle se procura une copie de la lettre close que le roi avait écrite aux pairs à cette occasion et la renferma dans sa cassette après y avoir ajouté ces trois mots : *Je m'en souviendrai.*

« Il faut, disait la Dauphine à madame de Noailles peu de jours » après cet événement, il faut que l'étiquette soit bien impérieuse en » France pour vous porter à oublier les égards de la plus simple po- » litesse. Eh bien! madame, je m'en affranchirai, moi, et dès demain » j'éloignerai de ma maison ces dames titrées si fières, si préten- » tieuses; l'intention de Sa Majesté ne doit pas être que je sois venue » à Versailles pour me courber devant ses superbes sujettes. »

En effet la Dauphine tourne déjà en dérision le ton gourmé, les manières héraldiques des femmes qui ont osé soutenir leur préséance sur les princesses de sa maison : elle se permet des railleries passablement aigres contre la noblesse de cour, « noblesse le plus souvent factice, dit-elle, élevée par le crédit de l'intrigue au rang des gens véritablement illustres qui végètent en province dans leurs vieux châteaux. » Pour mieux faire ressortir le ridicule de l'étiquette, elle en enfreint les lois gênantes : Son Altesse Royale court à pied accompagnée d'une seule dame; elle invite à dîner ses beaux-frères comme ferait une petite bourgeoise, et va manger chez eux sans y être attendue. Marie-Antoinette affecte une bonté populaire, une humanité compatissante qui s'adresse surtout aux personnes de la dernière classe. Peut-être serait-il trop sévère pourtant de décider que ses bienfaits ne soient pas dus en partie à l'humanité de son cœur.

Pendant que le ressentiment fermente déjà dans le cœur de la Dauphine, la ville de Paris fait d'immenses préparatifs pour les fêtes qu'elle doit donner à la fin du présent mois de mai à l'occasion du mariage de M. le Dauphin. On déblaye à force la place Louis XV, où sera tiré un feu d'artifice encore plus beau, dit-on, que ceux de Versailles. Trois cent soixante grosses lanternes seront suspendues sur le boulevard pour éclairer une *foire franche,* c'est-à-dire où tout se donnera *gratis,* et qui durera neuf jours.

Cette année, et peut-être à cause de l'union illustre, la *cérémonie des possédés,* qui a lieu tous les ans à la Sainte-Chapelle dans la nuit du vendredi au samedi saint, a été plus remarquable encore que de coutume. J'ai voulu y assister. L'église n'était qu'imparfaitement éclairée : de grandes ombres se projetaient sur les piliers et sous les arceaux, tandis qu'un autre côté de vives lumières, en se reflétant sur les châsses enrichies de pierreries, sur des lampes et des vases d'or massif, leur faisaient jeter des feux diversement colorés qui contrastaient noblement avec la noire tenture du chœur. Tout à coup j'y vis entrer une foule d'hommes et de femmes couverts de haillons et dont les misérables habits contrastèrent d'une manière bien différente avec les trésors inappréciables de la Sainte-Chapelle. J'eus peine à rester à ma place en voyant les affreuses grimaces, les horribles convulsions auxquelles se livrèrent ces tristes comédiens jouant à la face d'une génération éclairée le rôle de possédés. Il est vrai que des esprits faibles eussent pris ces malheureux pour de véritables hôtes de l'enfer à l'aspect des grincements de dents, des contorsions de bras, des roulements d'yeux dont ils se montraient prodigues pour mieux gagner leur argent; pantomime rendue plus effroyable encore par les rayons de lumière qui tombaient sur ces acteurs déguenillés et par les cris dont ils faisaient retentir la voûte. Bientôt parut M. l'abbé de Sailly, grand chantre de la collégiale, portant le morceau de la vraie croix sur lequel des juifs de Venise refusèrent jadis, dit-on, de prêter quelques milliers d'écus sous prétexte que ce trésor de convention offrait une garantie trop flottante. L'abbé touche les possédés du bois merveilleux, et soudain le diable prend la fuite, les contorsions cessent, les hurlements s'apaisent, les individus délivrés tombent à genoux, joignent les mains, prient : la religion succède à l'empire de Satan. Mais les vrais fidèles, ceux qui conçoivent le culte tel qu'il doit être pour imposer, sortent en haussant les épaules d'une comédie encore plus ridicule qu'ignoble.

Voltaire, en attaquant de semblables pratiques, a surtout mérité les grands honneurs qu'on lui rend et peut-être la statue qu'on lui prépare. Cependant ce projet ne reçoit pas la sanction générale. La première idée de cette ovation romaine appartient à MM. d'Alembert et Raynal. Une souscription est ouverte pour subvenir à la dépense; les seuls hommes de lettres ayant produit pourront être compris parmi les souscripteurs.

Du reste, le comité dirigeant ne se montre pas scrupuleux sur la nature des titres; car tous les membres de l'Académie française sont pris pour bons, et l'on sait que beaucoup d'entre eux n'ont enfanté que de fort médiocres discours de réception. La statue sera placée dans la salle d'une nouvelle Comédie-Française qui n'est pas encore construite, dont l'emplacement n'est même pas choisi. En attendant, le Voltaire de marbre a été commandé au statuaire Pigalle moyennant la somme de dix mille livres. Cet artiste a juré de produire un chef-d'œuvre ou de mourir à la peine : il s'anime, il se transporte à l'idée d'associer son nom à celui du premier écrivain de notre siècle et d'attirer sur lui quelques parcelles d'épître. Pigalle, monté dans une chaise de poste d'emprunt, court nuit et jour vers Ferney, où il va prendre trait du grand homme et s'entendre avec lui sur l'attitude qu'il lui donnera. J'ajouterai comme un fait digne de remarque que J.-J. Rousseau s'est inscrit parmi les premiers souscripteurs et qu'il a fait passer deux louis d'or à d'Alembert pour la statue du chantre de Henri IV. On peut dire en toute assurance que Voltaire n'en eût pas fait autant : jamais il ne pardonnera à l'aigle de Genève sa philosophie désintéressée, jamais il ne se résignera à ne pas haïr en lui le premier dialecticien de l'époque, le premier prosateur français.

Le feu d'artifice promis par la ville de Paris à l'occasion du mariage de M. le Dauphin a été tiré le 30 mai, et depuis ce jour un deuil presque général couvre les habitants de la capitale en même temps que l'idée d'un sinistre présage attriste toutes les imaginations. Mais rapportons avec ordre les détails de cette funeste solennité. Les préparatifs seuls du feu avaient attiré la foule sur la place Louis XV

PARIS — Imp. LACOUR et Cⁱᵉ, rue Soufflot, 16

longtemps avant l'heure à laquelle il devait être tiré : la principale décoration représentait le temple de l'hymen précédé d'une magnifique colonnade dont les proportions pouvaient être critiquées. Ce temple s'adossait à la statue de Louis XV et était entouré d'une espèce de parapet présentant aux quatre angles des dauphins destinés à vomir des tourbillons de feu. Aux quatre faces principales on voyait des fleuves devant aussi répandre des nappes et des cascades du même élément. Sur le temple s'élevait une pyramide terminée par un globe. Beaucoup de pièces d'artifice avaient été rangées autour de la décoration de manière à en faire valoir les couleurs. Derrière la statue était disposé le corps de réserve pyrotechnique, c'est-à-dire le bouquet, dont l'effet prodigieux ne devait, disait-on, rien laisser désirer à l'imagination.

Rien de ce qu'on se proposait n'a eu lieu : à peine quelques pièces d'artifice avaient-elles été tirées, lorsqu'une fusée en tombant sur le bouquet l'a fait partir prématurément et a enflammé toute la décoration. Une bonne partie des spectateurs a pris cet incendie pour une circonstance du spectacle et s'est amusée en conséquence. Le coup d'œil de ce feu était véritablement fort beau et la place ne pouvait pas être plus magnifiquement éclairée.

Cependant il se passait en ce moment même dans la foule une scène des plus tragiques. La place n'ayant à proprement parler qu'un débouché du côté du boulevard, les piétons s'y trouvaient mêlés avec les voitures qui portaient les gens de qualité dans les loges préparées pour eux. Repoussés par cet embarras, toujours redoutable, les flots des spectateurs éloignés du centre de la place affluaient sur ses côtés, où l'imprudence impardonnable des architectes ordonnateurs avait laissé exister des rigoles profondes. A mesure que les curieux arrivaient au bord de ce fossé ils y étaient irrésistiblement poussés, et tombaient les uns sur les autres en poussant des cris affreux. En peu d'instants des centaines de personnes eurent les bras ou les jambes cassés, les côtes enfoncées, la tête fracassée, soit dans leur chute, soit par les pieds qui les foulaient. Alors survint un horrible tumulte d'un bout à l'autre de la place : craignant d'être entraînés vers les fatales rigoles, de nombreux spectateurs mirent l'épée à la main, et percèrent impitoyablement tout ce qui faisait obstacle à leur salut. D'autres, en s'accrochant aux voitures, augmentaient l'encombrement qu'ils voulaient fuir ; mais on les obligeait à lâcher prise en leur brisant les bras à coups de bâton. Des filous, qui, sans doute, ajoutaient encore au tumulte afin d'en profiter, déchiraient les oreilles des femmes pour en arracher les pendants, leur fendaient la gorge en coupant les colliers, et leur tranchaient les doigts pour voler plus sûrement les bagues. Aucun corps armé ne fut assez puissant pour mettre fin à cette boucherie, qui s'étendait depuis la statue jusqu'au boulevard. La scène fut encore plus sanglante qu'ailleurs dans la rue neuve qu'on bâtit de ce côté, les échafauds chargés de curieux s'étant écroulés sur les malheureux qui fuyaient. Maintenant faut-il ajouter foi aux bruits qui se répandent sur cet événement sans exemple dans les annales? Je les rapporterai du moins. On dit que cette catastrophe a été méditée par la faction opposée à l'alliance autrichienne, et qui avait des conjurés et des agents dans le corps municipal. Des personnes dignes de foi assurent que les assassinats ont continué dans des rues, sur des ponts où il n'existait aucun encombrement. D'autres témoins, également estimables, ont vu, disent-ils, tuer des femmes, des enfants, des vieillards, dans les Champs-Elysées. Enfin on répète de tous côtés que des assassins ont été remarqués en grand nombre fendant la presse le poignard à la main, et cette arme n'est point en France conseillée par la précaution [1].

J'avais été admise pendant cette lugubre soirée dans une maison que M. de la Reynière, fermier général, fait bâtir sur la place Louis XV ; moi et beaucoup d'autres dames occupions une pièce du rez-de-chaussée. Vers minuit, c'est-à-dire au moment où des cris, des blasphèmes, des hurlements s'élevaient de toutes parts et nous glaçaient d'effroi, nous entendîmes des gémissements poussés sous nos croisées : c'étaient plusieurs personnes blessées qui venaient de tomber en cet endroit. Il était impossible de faire le tour de la maison pour faire entrer ces infortunés par la porte ; on se décida à les hisser par la fenêtre, qui heureusement n'était pas élevée. Nous reconnûmes successivement M. le comte d'Argental, envoyé de Parme ; l'abbé de Raze, aussi diplomate étranger ; la marquise d'Albert et la comtesse de Renti. Le comte avait l'épaule démise ; l'abbé, meurtri, froissé, croyait avoir une côte enfoncée ; la marquise, dont la gorge était couverte de sang, l'avait fendue dans une longueur de trois doigts, mais superficiellement ; enfin la comtesse avait les deux oreilles déchirées. Nous leur prodiguâmes tous les soins qui furent en notre pouvoir ; mais comme il était impossible de se procurer sur l'heure un chirurgien, MM. d'Argental et de Raze souffrirent horriblement toute la nuit.

Il me reste à donner le chiffre effrayant des victimes de cette nuit affreuse : les calculs les plus modérés portent le nombre des morts à six mille ; on ignore celui des blessés. Il est peu de familles parisiennes qui n'aient pas à déplorer la mort d'un père, d'un frère, d'un mari, d'un fils, ou celle d'une mère, d'une sœur, d'une épouse, d'une fille. Ailleurs on pleure la perte d'un amant, d'une amante ; plaie qui pénètre les cœurs d'un trait de feu.

Le jeune Dauphin est profondément affligé de la lugubre catastrophe qui a marqué la dernière fête de son mariage. Le 1er juin, il se promenait gravement dans sa chambre, comme quelqu'un qui attend avec impatience ; enfin il vit entrer un gentilhomme qui lui remit une bourse pleine d'or. « Ah ! Dieu soit loué ! s'écria Son » Altesse Royale, voilà les deux mille écus que le roi mon aïeul me » donne tous les mois pour mes menus plaisirs ; monsieur, vous allez » les porter à la personne que vous indiquera cette lettre. » Cet écrit était adressé au lieutenant de police ; en voici le contenu :

« J'ai appris, monsieur, le malheur arrivé à Paris à mon occasion ; » je ne puis disposer que de la petite somme ci-jointe, je vous l'en- » voie : secourez les plus malheureux. J'ai, monsieur, beaucoup d'es- » time pour vous.

» Louis-Auguste. »

Madame la Dauphine, non moins sensible que son mari aux désastres du 30 mai, a fait passer aussi à M. de Sartines tout ce qu'elle avait d'argent ; les princes du sang ont suivi cet exemple respectable, ainsi qu'une partie de la noblesse. Mais on a trouvé que MM. les fermiers généraux, si prodigues de louis d'or chez les dames de l'Opéra, se montraient trop économes en ne donnant à eux tous que cinq mille livres.

Le prévôt des marchands est véhémentement accusé de négligence au moins ; on attend avec impatience la rentrée du parlement pour voir comment il prendra cette affaire. J'ai entendu citer un pareil malheur arrivé sous Louis XI, mais dont le résultat fut moins funeste. Le prévôt des marchands fut sévèrement puni.

Aujourd'hui le magistrat compromis passe généralement pour un homme à qui le royaume des cieux est dû ; on peut donner une idée de sa puissance intellectuelle en répétant la plaisanterie spirituelle que M. d'Argenson fit à M. Bignon, quand ce dernier fut nommé bibliothécaire du roi : « Mon neveu, lui dit-il, voilà une belle occa- » sion pour apprendre à lire. » Il est difficile au moins de penser qu'un prévôt des marchands de cette force soit un conspirateur.

Quelque puissantes que soient les sensations, un fait d'une légère importance peut y faire diversion et en effacer pour ainsi dire le souvenir. J.-J. Rousseau, sorti de son trou et se montrant au café de la Régence, a suffi pour étourdir les Parisiens sur les déplorables événements de la dernière nuit de mai. Le philosophe a bientôt vu la foule l'environner ; on a remarqué sur ses traits l'expression d'une vive satisfaction, et sa philosophie s'est montrée fort communicative. L'auteur d'*Emile* a renoncé au costume arménien, qu'il portait à son retour en France ; il a pensé judicieusement qu'un sage ne doit pas s'offrir sous les dehors d'un comédien, et que la perruque n'a rien en elle-même de précisément antiphilosophique. J.-J. Rousseau, vu près d'un poêle d'un café, est donc maintenant un homme comme un autre : habit et culotte de drap gris, veste d'étoffe à ramages, souliers à petites boucles d'argent, perruque mi-conseillère, chapeau sous le bras. Moi qui trace ces lignes, j'ai vu l'illustre écrivain boire une carafe d'orgeat ; et je puis assurer qu'il la savourait en connaisseur, ce qui prouve qu'un philosophe aime à se rafraîchir tout aussi bien qu'un Parisien sensuel. Ce que l'on craint pour le moderne Platon, c'est que le parlement ne s'avise de remuer les cendres de l'*Emile* et de faire revivre le décret de prise de corps lancé jadis contre Rousseau. Heureusement l'Encyclopédie a fait beaucoup de conquêtes au palais ; d'ailleurs *messieurs* ont, dans le procès de M. d'Aiguillon, quelque chose de plus sérieux à poursuivre qu'un livre ou son auteur.

Un arrêt du 22 décembre 1766 avait déclaré éteintes et assoupies les procédures commencées contre MM. de la Chalotais ; les membres épars du parlement de Bretagne avaient été rappelés à leurs fonctions ; mais le roi s'était refusé à comprendre ces deux illustres magistrats dans cette amnistie ; il les avait au contraire exilés à Saintes, par des raisons particulières qu'il n'expliquait point, bien que Sa Majesté avouât qu'elle reconnaissait les procureurs généraux coupables des crimes qu'on leur avait imputés. Les énergiques Bretons n'acceptèrent point cette condition : ils se pourvurent de nouveau devant le parlement de Rennes. Vainement alors leur fit-on secrètement plusieurs offres pour prévenir un nouvel éclat ; leur réponse fut que cet éclat était précisément ce qu'ils désiraient, et que la justice ne pouvait jamais paraître trop lumineuse. Le parlement de Bretagne instruisit donc. Dans le même temps les jésuites, qui avaient profité de la dispersion de ce corps pour s'assembler en grand nombre dans cette province, voulurent relever la tête à l'occasion de ce procès. Le ministère public reçut l'ordre de veiller sur eux ; de là une immense instruction faite contre ces pères, et une ordonnance qui leur enjoignit de quitter la Bretagne à moins qu'ils ne prêtassent serment d'abjurer leur institut. Cet arrêt, conforme à l'édit de 1763,

16.

---

[1] Longtemps après cette catastrophe, Louis XVI disait dans une lettre : « Le » dépit de ceux qui avaient apporté obstacle à mon mariage se changea en rage » le jour de la fête. Mais il est fort essentiel de couvrir d'un voile impénétrable » ce qui s'est passé dans cette journée, et de ne pas laisser soupçonner les » coups affreux qu'on voulait porter, et qui manquèrent. »

contraria singulièrement le duc d'Aiguillon, qui comptait beaucoup sur les jésuites pour réunir des témoignages contre MM. de la Chalotais. La justice suivait son cours ordinaire, lorsqu'un arrêt du conseil défendit de nouveau au parlement de Rennes non-seulement de prononcer un jugement, mais encore d'achever les enquêtes. L'arbitraire était évident; la commission intermédiaire des états fit à cette occasion plusieurs remontrances pleines d'énergie. Le scandale allait devenir plus grand que jamais; le chancelier de Maupeou conseilla au roi de saisir la cour des pairs de cette affaire. « Le duc d'Aiguil- » lon, pair lui-même, dit ce magistrat, doit se laver par un arrêt so- » lennel des imputations qui planent sur lui, ou la pairie doit être » lavée des crimes du duc d'Aiguillon. » Louis XV suivit cet avis : la cour des pairs fut convoquée à Versailles; le roi déclara qu'il as- sisterait aux séances, et l'ouverture de l'instruction fut fixée au 4 avril. Les informations prises par le parlement de Bretagne furent déposées au greffe; le procureur général en prit communication, et, dans la séance du 7 avril, porta plainte contre le duc d'Aiguillon. Cependant la procédure du parlement de Rennes, déclarée illégale, fit place à une nouvelle procédure, reprise *ab ovo*. Mais on découvrit bientôt que ce procès ainsi recommencé pouvait compromettre une partie des notabilités de la Bretagne et avoir un retentissement dangereux. Maupeou voulut prévenir une telle explosion; le roi fut supplié par lui d'en finir dans un lit de justice. Il fut convoqué pour le 27 juin dernier. Le chancelier y prononça un discours où l'on remarquait ces passages : « Le roi, désirant éteindre les troubles de Bretagne, et sa- » chant que le commandement dans cette province est compromis » dans des informations faites par le parlement de Rennes, a voulu » connaître par lui-même la nature des accusations intentées contre » lui; mais il a reconnu, dans le cours de la procédure faite devant » la cour des pairs, 1° qu'on se permettait de discuter des ordres » émanés du trône, qui, liés avec l'administration, devaient rester » dans le secret du ministère; 2° qu'il règne dans tout ce procès une » animosité révoltante, dont il est de la sagesse de Sa Majesté d'ar- » rêter les suites; qu'il lui plaît, en conséquence, *de ne plus entendre* » *parler de cette affaire; qu'il arrête, par la plénitude de sa puissance,* » *toute procédure faite à ce sujet, et sur le tout impose silence à toutes* » *les parties.* » Immédiatement après ce discours, on enregistra des lettres patentes annulant tout ce qui avait été fait jusqu'alors tant contre le duc d'Aiguillon que contre MM. de la Chalotais.

La *plénitude de la puissance* royale sonna fort mal aux oreilles par- lementaires, dans une circonstance où les attributions de *messieurs* étaient méconnues. Bien qu'il *plût à Sa Majesté de ne plus entendre parler de cette affaire*, un arrêt du 2 juillet suspendit le duc d'Aiguil- lon des fonctions de la pairie jusqu'à ce que « par un jugement rendu » en la cour des pairs, dans les formes et avec les solennités prescrites » par les lois et ordonnances *du royaume*, que rien ne saurait sup- » pléer, il se soit pleinement purgé. » Sur ce, arrêt du conseil qui casse celui du parlement, puis remontrances vigoureuses, suite donnée au procès, enfin intervention de plusieurs autres parlements.

De son côté le roi tint bon; il vint le 3 octobre, accompagné de toute sa maison, tenir une séance au parlement, et fit enlever de vive force du greffe toutes les pièces concernant la procédure du duc d'Ai- guillon. *Messieurs* n'en continuèrent pas moins leur action contre ce seigneur, *résolus qu'ils étaient à opposer les lois de la monarchie à la volonté du monarque.*

Louis XV, de plus en plus mécontent du parlement, tint à Ver- sailles un second lit de justice le 8 du présent mois de décembre, et voulut que M. d'Aiguillon y siégeât en qualité de pair. C'était aussi pousser trop loin le mépris de la magistrature; le roi alla pourtant plus loin dans cette réunion. Après avoir prescrit au parlement de supprimer dans ses actes les termes de *classes du parlement* pour désigner les diverses cours suprêmes du royaume, il défendit à ces cours d'envoyer d'autres mémoires que ceux spécifiés par les ordon- nances, de donner leur démission en corps, de rendre jamais aucun arrêt qui retarde les enregistrements. C'était mettre toute la puissance parlementaire au néant, et la réduire pour les matières politiques au bon plaisir de la cour. Dès le lendemain 9, le parlement de Paris sus- pend son service, et déclare au roi « que la douleur profonde ne laisse » pas aux membres de ce corps l'esprit assez libre pour décider des » biens, de l'honneur et de la vie de ses sujets. »

Alors conflit étrange d'obstination : Louis XV refuse d'écouter le parlement jusqu'à ce qu'il ait repris ses fonctions; le parlement re- fuse de remonter sur ses bancs jusqu'a ce que Sa Majesté l'ait écouté. Dans cette circonstance, toutes les cours de France adhèrent à la con- duite de celle de Paris; elles se proposent de l'imiter si la justice n'est enfin affranchie des entraves de la couronne. Le roi reconnaît avec terreur qu'en interdisant le mot *classes* il n'a fait que consolider les liens qui unissent les parlements et en font un corps de plus en plus menaçant.

Le moment parut favorable aux ennemis de Choiseul pour le pré- cipiter du pouvoir : ce ministre soutenait les parlements, Louis XV les haïssait; avec quelque adresse on devait réussir à envelopper dans la même disgrâce et ces corps et leur protecteur. Le duc d'Aiguillon, l'archevêque de Paris et madame du Barry redoublèrent d'efforts contre le colosse de crédit, opposant l'intrigue à l'intrigue, la mal-

veillance à la malveillance; car Choiseul n'épargnait rien pour perdre ses adversaires. Dans toute autre circonstance, il eût encore tempo- risé. Le roi venait d'afficher en quelque sorte son penchant pour d'Aiguillon en le faisant siéger à la cour même appelée « le juger, en l'emmenant souper avec lui le soir de son acquittement irrégulier, enfin en exilant de nouveau MM. de la Chalotais. Cette partialité du monarque était tellement évidente, que les jésuites, partisans actifs du gouverneur de la B-etagne, agissaient ouvertement pour obtenir un rappel aussi éclatant, disaient-ils, que le fut leur expulsion. Le succès d'un combat décisif entre M. de Choiseul et le parti des Ri- chelieu paraissait donc hasardeux pour le ministre à une époque où Louis XV se flatterait aisément de pouvoir se passer de lui au timon des affaires. Mais il n'y avait plus à délibérer; les deux factions étaient descendues dans l'arène, il fallait que l'une ou l'autre y pérît. Ce- pendant l'homme d'Etat habile n'épargnait rien pour démontrer à Sa Majesté l'urgence de sa gestion ministérielle : sur le vain prétexte de quelques enlèvements de moutons ou de volailles sur nos côtes de Bretagne par des maraudeurs anglais, le duc ne méditait rien moins qu'un manifeste contre l'Angleterre; tandis que madame de Gram- mont, sœur du ministre, parcourait la province dans le but d'achever de soulever les parlements en faveur de son frère. Or les moyens qu'il employait pour perpétuer son pouvoir furent précisément ceux qui le renversèrent : depuis quelque temps Louis XV ne recevait plus M. de Choiseul qu'avec froideur, avec dégoût même. Sa Majesté avait appris par sa favorite la nouvelle vraie ou controuvée que ce ministre était muni de la promesse écrite d'une souveraineté en Allemagne, cédée par l'impératrice Marie-Thérèse, s'il parvenait à dédommager l'Autriche aux dépens de la Prusse des pertes que lui première a faites dans les dernières guerres. Les ennemis de Choiseul s'étaient emparés de ce bruit et l'exploitaient au profit du scandale. Le maréchal de Richelieu, le duc d'Aiguillon et madame du Barry, dans l'intimité des petits appartements, n'appelaient plus le ministre que le *petit roi*, ou le *roi Choiseul*. Le ridicule, en portant ainsi les premiers coups à cette Excellence, préludait à une tentative plus sérieuse, qui s'effectua enfin le 24 du présent mois de décembre. Les ducs de la Vrillière et d'Aiguillon triomphèrent avec éclat de leur ennemi, car ce furent eux qui lui portèrent sa lettre de cachet. L'homme d'Etat disgracié eut sa terre de Chanteloup pour exil : c'est un séjour enchanteur, mais c'est une prison; et je crois que notre premier père eût trouvé maussade le paradis terrestre même, s'il eût pensé qu'il n'en pouvait sortir.

Ainsi tomba ce ministre auquel il ne manqua que le titre de roi, et qui du moins ne fit jamais servir sa puissance à opprimer le peuple. Aussi laisse-t-il des regrets à peu près universels, on peut dire que sa disgrâce est un véritable triomphe. La consternation paraît géné- rale. Une foule immense se rendit à l'hôtel de Choiseul dès que l'événement fut connu : chacun voulait donner une dernière preuve d'attachement ou de vénération au secrétaire d'Etat disgracié. Les populations tout entières du pays qu'il a parcouru en se rendant à Chanteloup se sont portées sur sa route pour lui exprimer les mêmes sentiments. En un mot, M. de Choiseul a offert le rare, le très-rare exemple d'un ministre regretté. Franchement il a fait peu de bien à la nation; mais comme la plus grande partie de ses devanciers ont été oppresseurs, on le remercie aujourd'hui du mal dont il s'est abstenu.

Un des aimables de la cour, le duc de Lauzun, qui n'a pas eu le temps de devenir un héros de bravoure pendant la guerre de Corse, vise en ce moment à l'héroïsme de la fidélité : il s'est fait le Pylade de M. de Choiseul et s'est attaché à sa mauvaise fortune; ce qui a beaucoup fait rire les talons rouges de l'*OEil-de-bœuf*. La grandeur d'âme peut avoir des imitateurs, bien qu'elle soit en général peu com- municative : mademoiselle Audinot, jeune prêtresse des amours fort attachée au compagnon du nouvel Oreste, lui a fait passer quatre mille louis, qui formaient toute sa fortune. Lauzun, qui n'est point au dépourvu, a refusé cette somme, mais il en a payé néanmoins l'intérêt dans une nuit de reconnaissance que mademoiselle Audinot a trouvée courte.

Madame la Dauphine, informée du parti que prenait M. de Lauzun, s'approcha de lui dans la galerie la dernière fois qu'il parût : « As- » surez bien M. de Choiseul, lui dit-elle avec émotion, *que je n'ou-* » *blierai jamais ce que je lui dois*, et que je prends à lui l'intérêt le » plus sincère. »

Les regrets de Marie-Antoinette sont d'autant plus vifs qu'on lui répète chaque jour « que le roi s'est déterminé à sacrifier M. de » Choiseul pour finir ses jours en paix dans les bras de madame du » Barry, si intéressée à leur conservation et à se délivrer des dan- » gers d'un ministre auquel on était parvenu à donner la réputation » d'un homme capable de tout faire à la cour de France pour gou- » verner au profit de Marie-Thérèse. » S'il y a de l'exagération dans ces discours, ils ne sont pas néanmoins dépourvus de fondement; tout porte à croire que le crédit de la favorite sera désormais sans bornes, tandis que la politique de Vienne tombera dans le mépris. L'impératrice-reine, déjà informée de l'exil de Choiseul, a senti l'im- portance du coup porté au plan qu'elle a formé, et que sa fille, trop jeune encore, ne peut exécuter seule. Mais la Dauphine n'a pas besoin de conseils pour haïr madame du Barry : l'orgueil autrichien s'irrite en elle du ton de supériorité qu'une courtisane ose prendre avec la fille des Césars ; elle s'irrite peut-être davantage en voyant cette femme l'héroïne de toutes les fêtes, l'objet de tous les hommages de la cour. La timidité et la réserve de Marie-Antoinette sur ce point délicat n'en imposent à personne ; le dépit perce le voile de dissimulation que l'abbé de Vermont a jeté sur le caractère de Son Altesse Royale. Cependant madame la Dauphine est assez fine pour feindre d'ignorer non-seulement le crédit, mais encore les tendres devoirs de la maîtresse en titre. « Quelles sont donc les fonctions de » madame du Barry? demandait-elle un jour à madame de Noailles. » — Cette dame, répondit la duchesse, est à la cour pour *plaire* au » roi et pour *l'amuser*. — Dans ce cas, repartit Son Altesse Royale, » je veux être sa rivale. » Tout le monde a répété ce mot sans le prendre pour une ingénuité.

Marie-Antoinette continue de dissimuler l'aversion qu'elle éprouve pour la favorite ; bien plus, par ordre exprès du prince son époux, elle s'efforce de montrer à la comtesse des égards dont le vieux roi a la honteuse faiblesse de paraître satisfait. Cette contrainte, en comprimant la haine de la Dauphine, n'en rendra l'explosion que plus éclatante à l'époque plus ou moins prochaine où elle pourra éclater. En attendant, Son Altesse Royale, privée pour le moment des moyens de seconder les vues de sa mère, se prépare du moins dans l'avenir une influence qui puisse en faciliter l'exécution. Cette princesse, dont l'humeur est naturellement légère, s'associe depuis quelque temps à la vie retirée du Dauphin ; elle passe presque toute la journée dans la société assez insignifiante de ce jeune prince, s'aguerrissant de son mieux au grincement de ses limes, au bruit de ses marteaux, à la vapeur de son charbon de forge. « Surmontez quel- » ques dégoûts, lui a dit l'abbé de Vermont, pour vous l'attacher, » pour l'environner, l'approfondir et connaître le faible de son carac- » tère. L'empire du sexe et de la beauté n'est pas d'un effet bien as- » suré sur M. le Dauphin, a continué en riant l'instituteur tonsuré ; » mais Votre Altesse pourra, je l'espère, s'assurer auprès de son illus- » tre époux l'empire infaillible de la finesse, de l'esprit sur la sim- » plicité et la bonhomie. Semez, semez patiemment, madame, vous » récolterez un jour. »

Toutefois Marie-Antoinette ne se livre pas sans compensation au commerce amusant du jeune cyclope de Versailles : les spectacles, les bals, le jeu lui plaisent beaucoup ; les offices religieux la trouvent distraite, remuante, occupée de savoir si les courtisans la regardent. Du reste, se livrant aux modes avec ardeur, la Dauphine donne le ton à toutes les dames de la cour ; la première elle a mis sa blonde chevelure sous la main du *coiffeur* nommé Larseneur, qui, le premier aussi des *artistes* mâles de notre époque, s'occupa de parer la tête des dames illustres dès longtemps abandonnée aux doigts timides des *coiffeuses*. Arriva bientôt l'audacieux Léonard [1] ; dans le court espace d'une quinzaine, il porta *si haut* l'édifice des frisures de la cour, que le visage de nos grandes dames parut tenir le milieu précis entre la pointe du pied et le sommet de la coiffure. La Dauphine voulut ouvrir la liste des protectrices de ce virtuose du crêpé, qu'elle a pris en grande affection : M. Léonard est presque une puissance. Il est gai, gascon, oseur ; son caquet, son impertinence même amusent la princesse royale, et lui seul à coup sûr pouvait mettre impunément sous les yeux de Son Altesse le couplet suivant, dont on répand à Paris des myriades de copies :

> Le bien-aimé de l'almanach
> N'est pas le bien-aimé de France ;
> Il fait tout *ab hoc* et *ab hac*,
> Le bien-aimé de l'almanach,
> Il met tout dans le même sac,
> Et la justice et la finance ;
> Le bien-aimé de l'almanach
> N'est pas le bien-aimé de France !

« Laissez-moi cela, Léonard, dit la Dauphine après avoir lu ces » vers, nous en rirons avec la petite marquise de Langeac. Mais » gardez-vous de montrer cette plaisanterie à M. le Dauphin, il n'en- » tend pas raillerie sur la dignité du *grand-papa,* vous seriez perdu ; » le beau idéal de la coiffure le serait avec vous, et ce serait piquant » à l'excès au moment de la vogue de *Sylvain,* des *Deux Avares,* de » *Fayel* et de *la Veuve du Malabar.* »

On voit que Marie-Antoinette est tenue au courant des nouveautés dramatiques. Les événements majeurs de l'année 1770 m'ont laissée arriérer un peu sur cette matière et sur quelques autres ; j'y vais revenir.

Les Deux Avares sont une comédie médiocre qu'une musique vive et enjouée contribue à rendre agréable : elle fait faire un pas de plus à la vogue de M. Grétry ; mais le poëme ne tirera pas de l'obscurité M. Fenouillot de Falbaire s'il ne produit que cela. Il y a plus de

poésie et de situations dramatiques dans le *Sylvain* de M. Marmontel ; aussi cet opéra a-t-il donné l'essor aux plus nobles inspirations du même compositeur M. Grétry. Dans *les Deux Avares* on trouve l'esprit, la grâce de l'harmonie ; *Sylvain* offre le génie passionné de cet art, ou plutôt de cette science. Le duo *Dans le sein d'un père* est surtout inscrit parmi les chefs-d'œuvre lyriques de notre école.

Fayel, monstrueuse imitation des tragédies de Crébillon, n'a point obtenu le succès que M. d'Arnaud en attendait : le terrible auteur d'*Atrée* a peint de sanglantes horreurs ; l'auteur de *Fayel* a voulu les montrer, et les descendants des Gaulois n'en sont pas encore revenus aux spectacles du cirque. Le public accueille avec plus de faveur *la Veuve du Malabar,* tragédie de M. Lemierre. Si l'on peut reprendre beaucoup dans cet ouvrage, il n'en intéresse pas moins par la nouveauté des situations qu'il présente. Le sacrifice des veuves de l'Hindoustan sur le bûcher de leurs maris, circonstance encore peu connue de la multitude, porte à l'âme ce sentiment profond de terreur et d'admiration que l'on recherche sur la scène tragique. *La Veuve du Malabar* est donc empreinte du véritable caractère qui convient au genre ; à ce prix on peut pardonner à M. Lemierre de n'en avoir pas accompli toutes les conditions.

A la faveur des deux nouveautés dont je viens de parler, mademoiselle Clairon a lancé sur la scène française un jeune débutant nommé *Larive,* qui, plus docile aux savants plus fidèle que l'*Amour* dont j'ai parlé, n'a pas cherché de leçons ailleurs que chez son institutrice surannée. Depuis un an, dit-on, ce néophyte du culte de Melpomène partage la couche de notre tragédienne émérite ; mais le talent ne se contracte pas, comme la petite vérole, par l'effet du contact, aussi le petit *Larive* a-t-il paru d'une médiocrité désespérante. Il faut attendre cependant pour asseoir un jugement définitif.

Le mariage de M. le duc d'Orléans avec madame de Montesson fut encore un des événements de l'année qui se termine ; parlons-en.

La noblesse de madame de Montesson est ou bien nouvelle ou bien douteuse ; personne n'en parlait avant le premier mariage de cette dame. Ce lien ne dura que vingt-quatre heures ; le lit de l'hymen fut pour son époux le lit de la mort. Dès les premiers mois de son veuvage, madame de Montesson entendit les amours frapper à sa porte ; elle ouvrit, mais elle voulut choisir, et choisit mal. M. le comte de Guines était un de ces hommes aimables dont toute la tendresse *se raconte ;* ambassadeur intelligent, il faisait d'une affaire de cœur une conclusion diplomatique, avec toutes ces notes, tous ces protocoles, sous l'amas desquels on trouve ordinairement fort peu de chose, quelquefois rien du tout... « Amant ou homme d'Etat, a dit quelque » part un écrivain spirituel, la destinée de M. de Guines fut toujours » de se voir *plus aimé au dehors qu'au dedans...* Néanmoins, conti- » nue l'observateur, madame de Montesson entretenait son amant » dans les charmes d'une conversation pleine d'intérêt ; elle faisait » de la musique avec lui, et les accents de sa voix redisaient, avec » l'expression de la mélodie, ce que son cœur avait laissé deviner. » Je ne sais combien cet amour pastoral pouvait durer, mais il paraissait suffire au couple délicat qui le distillait.

M. le duc d'Orléans brûlait d'une flamme beaucoup moins subtile ; il faisait entendre à madame de Montesson des soupirs qui promettaient davantage... La dame écouta sans colère sa déclaration : un amour sérénissime a bien des charmes pour une femme qui n'aime de la république de Platon que son code sentimental. Cependant madame de Montesson eut la franchise, la coquetterie d'avouer à Son Altesse le penchant qu'elle éprouvait pour M. de Guines ; mais elle ajouta que la froideur de ce soupirant, qui, disait-elle, aimait une autre femme, la guérirait sans doute, et que l'amour du prince pourrait bien un jour être partagé. Ce manége (car on peut sans calomnie soupçonner que c'en était un) réussit à merveille : la cour et la capitale retentirent des tourments amoureux et jaloux du premier prince du sang. La musique des amants n'en devint que plus fréquente, plus expressive, mais par bonheur elle ne fut pas plus concluante. Les moralistes habiles crurent remarquer alors que M. de Guines jouait un rôle d'ambitieux dans une comédie convenue entre lui et sa maîtresse *respectée.* « Il affectait, disait-on, une passion qu'il » n'avait pas, et se proposait de tirer parti de l'hypocrisie du son » amour en conduisant M. le duc d'Orléans aux extrémités jalouses » les plus sérieuses. Cet amant politique, sans doute avec l'agrément » de *sa cour,* n'épargnait rien pour persuader le public, que s'il n'était » déjà heureux il le deviendrait bientôt. » M. le duc d'Orléans, malgré ces bruits assez généralement répandus, prenait tout à fait au sérieux l'amour de son rival, et ne méditait rien moins qu'un solide mariage pour arrêter les progrès de cette flamme. Le duc de Choiseul, alors tout-puissant, et intimement lié avec la famille d'Orléans, parvint à paralyser quelque temps ce transport conjugal.

« Que Votre Altesse se calme, dit un matin le ministre, et supporte » quelques jours encore les concerts du comte de Guines ; je ne tar- » derai pas de vous en débarrasser. Mais vous connaissez mal ce rival » concertant si vous croyez avoir à redouter une conclusion entre » lui et votre belle. Sachez donc, monseigneur, que ce soupirant a » quelque chose encore, indépendamment des habitudes musicales, » de commun avec les *supranes* d'Italie. Il ne peut donc, ni sous ce » rapport ni sous aucun autre, devenir un concurrent redoutable

---

[1] Par un jeu bizarre de la destinée, ce coiffeur, ce ministre du goût et de la légèreté, mourut, en 1818 ou 1819, inspecteur général des pompes funèbres ; emploi que, par une singularité non moins remarquable, il obtint au moment où il sollicitait la direction d'un théâtre d'opéra-comique.

» pour vous, premier prince du sang. Toutefois j'en fais un ambassa-
» deur à Londres, et son départ est prochain. »

M. de Choiseul tint parole à M. le duc d'Orléans : le comte de Guines, charmé, dit-on, du dénoûment de sa comédie d'intrigue, s'achemina vers l'Angleterre en fredonnant : *Attrapez-moi toujours de même !* Madame de Montesson, facilement consolée de la perte d'un homme qui ne savait faire valoir que des *soupirs de musique*, devint charmante avec son amant illustre, qui ne tarda pas à la faire admettre à la cour. Elle y fut présentée le même jour que la comtesse du Barry. Cela ne pouvait suffire à l'adroite beauté : elle savait sa Maintenon par cœur, et trouvait que c'était un assez bon modèle à suivre. Madame de Montesson se cuirassa de tout ce qu'elle avait de vertu; nulle part M. d'Orléans ne put apercevoir le joint de ses principes d'une adorable austérité. On la vit prodigue de soins, de complaisances pour amuser ou plutôt pour enchaîner son amant; mais pas une faiblesse, pas une simple imprudence. Chaussant tour à tour le cothurne de Melpomène et le brodequin de Thalie, cultivant et protégeant les arts, appelant à son aide le bel esprit, groupant de mille manières la troupe des plaisirs, madame de Montesson se borna à ces nobles séductions, et jamais elle ne dénoua la ceinture des Grâces.

Le prince, mis à ce régime sévère, ne put longtemps imposer un frein à sa passion; il parla d'épouser, d'abord dans son intérieur, ensuite dans le monde, enfin à la cour. Une fois ce projet dévoilé, il ne voyait plus ni le roi ni le duc de Choiseul sans renouveler la demande de conduire madame de Montesson à l'autel. De son côté la favorite, qui eût voulu jeter une planche de passage sur le fossé qui sépare les maîtresses obscures des couches royales, la favorite parlait souvent à Louis XV du mariage de M. le duc d'Orléans avec madame de Montesson, afin de préparer le sien avec Sa Majesté; car il est bon qu'on sache que madame du Barry, cette prostituée qu'un cocher avait il y a quelques années pour un écu de trois livres, a prétendu et ne cesse pas encore de prétendre à la main du roi de France. Maupeou l'en a flattée, j'en ai la certitude : j'ai vu des lettres où ce chancelier déclare cet hymen praticable, facile.

Cependant le roi a refusé de faire de madame de Montesson une princesse du sang par un hymen solennel. Sa Majesté a permis à son cousin d'épouser cette dame, mais secrètement, et sous la condition expresse qu'elle conserverait son nom. Il a été convenu en outre que madame de Montesson ne s'attribuerait aucune prérogative des princesses du sang, qu'elle ne déclarerait point son mariage, et qu'elle ne paraîtrait jamais à la cour. Ces deux dernières conditions blessèrent vivement la prétendue de M. le duc d'Orléans : elle dit à ce sujet dans son intérieur que le prince n'avait pas su profiter des dispositions de Sa Majesté; puis elle ajouta avec humeur : « C'est un homme auquel il faut tout dicter. »

Nonobstant la permission du roi, madame de Montesson avait promis à M. le duc de Chartres que le mariage ne s'accomplirait qu'après un délai de deux ans; quelle était la cause de ce retard, on ne l'a pas su bien précisément. Doit-on le considérer comme une concession faite aux intérêts de la famille d'Orléans ou comme un hommage rendu à l'amour dont le jeune prince brûlait pour sa future belle-mère ? Cette dernière version doit être repoussée, si, comme elle affecte de le répéter, madame de Montesson a tourné en plaisanterie la flamme de M. de Chartres. Il est pourtant vrai de dire que ce prince paraît avoir renoncé tout à coup à la condition du délai, et que beaucoup de gens en ont inféré que la dame a fait une transaction entre les prétentions de conclusion du père et celles un peu moins sérieuses du fils.

Quoi qu'il en soit, le mariage secret de M. le duc d'Orléans a été conclu cette année : voici quelques détails. L'archevêque de Paris, informé de l'agrément *verbal* donné par le roi, accorda aux époux les trois dispenses de la publication de leurs bans; et M. Poupard, curé de Saint-Eustache, fut désigné par ce prélat pour donner la bénédiction nuptiale, à Paris, en présence de Sa Grandeur elle-même. Les témoins choisis par le prince étaient M. de Durfort, son premier gentilhomme de la chambre, et M. de Périgny, ami de Son Altesse.

Une cour très-nombreuse avait été réunie à Villers-Cotterets la veille du mariage; on ignorait, cependant, ou du moins on paraissait ignorer, ce dont il s'agissait. Mais un mouvement tumultueux d'office et de cuisine, le transport de plusieurs ameublements du garde-meuble dans des chambres jusqu'alors dégarnies, enfin des demi-indiscrétions commises par Son Altesse elle-même, mirent presque tous les convives sur les traces de la vérité. Le matin de la cérémonie, M. le duc d'Orléans, au moment de monter en voiture pour venir à Paris recevoir la bénédiction, dit à M. de Valançay et à plusieurs intimes : « Je touche à l'époque d'un bonheur qui n'aura que » le seul désagrément de n'être pas connu; je laisse la compagnie; je » reviendrai tard; je ne reviendrai pas seul, mais bien avec une per- » sonne qui partagera l'attachement que vous portez à mes intérêts » et à ma personne. »

En effet, le soir à six heures on vit rentrer le prince au salon de compagnie. Il tenait par la main madame de Montesson, extrêmement parée, belle de tous ses charmes, plus belle de son bonheur. Le marquis de Valançay, dérogeant sur l'heure aux intimations de la

cour, se hâta de traiter la mariée avec les égards dus à une princesse du sang; il lui donna même de l'Altesse, et fut imité en cela par toute la compagnie. La noble assemblée savait qu'elle désobéissait aux volontés du maître de Versailles, mais elle plaisait au maître de Villers-Cotterets : et

> Le véritable amphitryon
> Est l'amphitryon où l'on dîne.

La soirée fut charmante pour tout le monde; mais elle fut lente pour le duc d'Orléans : enfin l'heure du coucher arriva.

La cérémonie de la chemise ne pouvait être omise chez un prince du sang; ce fut encore M. de Valançay qui la présenta, en présence de toute la partie masculine de la société. Or le prince s'étant dépouillé jusqu'à la ceinture du dernier vêtement de la journée offrit aux assistants le spectacle d'un corps complètement épilé suivant les règles d'une délicate galanterie, qui veulent, assure-t-on, que les grands ne consomment le mariage ou ne reçoivent les secrètes faveurs d'une maîtresse qu'après cette opération préalable. La nouvelle de cette circonstance passa de l'appartement du prince au salon; et tandis que des mains serviables tiraient les rideaux de la couche nuptiale sur le couple amoureux les dames de la société riaient entre elles de la précaution épilatoire, qui, à leur avis, formait un contresens ridicule avec les lois primordiales de la virilité.

CHAPITRE XXXVI.
1771-1772-1773.

Depuis le lit de justice du 8 décembre le parlement de Paris s'est abstenu de toute fonction judiciaire, ayant déclaré son pouvoir influencé et compromis par les actes de la couronne. Vainement Louis XV lui expédia-t-il à plusieurs reprises des lettres de jussion pressantes; il n'en demeura pas moins éloigné du palais. Enfin, pour dernière tentative, le roi envoya à chacun des membres du parlement, dans la nuit du 19 au 20, deux mousquetaires portant un papier à signer, et qui contenait l'ordre de déclarer si le magistrat obéissait aux lettres de jussion ou refusait de s'y conformer. Plusieurs membres de la compagnie voulurent interpréter la volonté du monarque; mais les mousquetaires leur dirent qu'ils avaient l'ordre exprès d'éviter l'argumentation et devaient emporter un *oui* ou un *non* sans commentaire. On voit que l'injonction était empreinte d'un esprit de royauté à la Louis XIV. Quarante présidents ou conseillers signèrent le *oui*; mais, réunis le lendemain à leurs confrères, ils désavouèrent leur signature, comme une surprise nocturne, comme l'erreur d'un réveil forcé.

Je ne sais ce qu'on doit mépriser le plus, du despotisme qui ne connaît rien de mieux que d'influencer la magistrature au sein des nuits et le sabre sur la gorge, ou des magistrats suprêmes qui donnent leur seing à des mousquetaires comme ils donneraient leur bourse aux voleurs, et se rétractent comme des enfants au retour du soleil. Quoi qu'il en soit, le moyen employé par Sa Majesté lui parut excellent; on continua la nuit suivante le même système, avec une légère addition d'appareil et de rigueur. Un huissier à chaîne se présenta d'abord au chevet des magistrats et leur notifia un arrêt du

conseil contenant les plus étranges dispositions. « Leurs charges de-
» meuraient confisquées, toutes fonctions leur étaient désormais in-
» terdites, enfin il leur était défendu de prendre la qualité de membres
» du parlement. » Pour couronner l'œuvre arbitraire, des mousquetaires attachés aux pas de l'huissier remirent à *messieurs* des lettres
de cachet qui les exilaient en différentes villes.

Tel est le coup d'État médité par le chancelier Maupeou, « et qui
» doit pour toujours, dit-il, délivrer l'autorité royale d'une opposi-
» tion constante qui durant cinquante-cinq ans ne cessa de traverser
» le conseil de Louis XV. » Ainsi se termine le rôle qu'un gouvernant
hardi fait jouer depuis quelques mois à un monarque rempli de faiblesse et d'impéritie, rôle auquel il s'est prêté jusqu'au point d'apprendre par cœur les leçons écrites que le chancelier lui donnait. Ce
ministre ne se bornait pas à *sériner* au roi les réponses qu'il devait
faire aux remontrances de *messieurs* ; professeur officieux, il mesurait
la sévérité, le mépris, la colère qui selon les circonstances devaient
assaisonner les intimations souveraines.

Tandis que les membres du parlement cassé et exilé demandent des
chevaux de poste sur toutes les routes de France pour se rendre aux
lieux où l'air et le feu leur sont permis, le grand conseil, ennemi constant de la magistrature suprême, s'assoit sur les fleurs de lis du
palais en exécution de lettres patentes expédiées au mépris des chartes
séculaires de la monarchie : cette installation n'est toutefois que provisoire ; le chancelier méditant une réforme plus complète encore qui
doit comprendre la cour des aides, annexe trop immédiate de la magistrature disgraciée.

Ces grandes subversions en présagent de plus grandes, à une
époque où toutes les idées tendent à saper l'arbitraire, et cependant
elles effleurent à peine le naturel d'une noblesse légère et impré-
voyante. Elle se joue, elle cueille des fleurs sur le bord de l'abîme
entr'ouvert sous ses pas. Insensée qu'elle est ! ne voit-elle pas que
toutes ses prérogatives se composent de retranchements faits aux
droits des peuples, et que nous marchons à grands pas, le flambeau
de la philosophie à la main, vers le jour où les peuples voudront
reprendre tout ce qui leur appartient ? Nos jeunes seigneurs étendent sur cette perspective des séductions qui la dérobent à leurs yeux,
mais qui la rapprochent encore en ajoutant aux ressentiments populaires qu'excitent leurs débordements. Voici un exemple. Le duc de
Fronsac, fils aîné du maréchal de Richelieu, s'est fait le continuateur
des vices de son père, mais non pas l'imitateur de son amabilité, si
puissante sur le sexe, que jamais peut-être il n'eut une violence à se
reprocher. Fronsac ne procède pas ainsi : sa galanterie est celle de
ces châtelains du moyen âge, qui, lorsqu'ils avaient arrêté leur regard sur une de leurs vassales, ne connaissaient point d'obstacles à
l'assouvissement de leur désir brutal. Un de ces attentats, que nos
voluptueux appellent une aventure, et qui pèsera longtemps sur la
réputation, si ce n'est sur la conscience, de M. de Fronsac, a soulevé
l'indignation de l'énergique Gilbert, dont la plume a laissé couler ce
torrent de fiel poétique :

La fille d'un bourgeois a frappé sa grandeur.
Il jette le mouchoir à sa jeune pudeur !
Volez, et que cet or, de mes feux interprète,
Coure, avec ces bijoux, marchander sa défaite ;
Qu'on la séduise. Il dit : les eunuques discrets,
Philosophes abbés, philosophes valets,
Intriguent, sèment l'or, trompent les yeux d'un père.
Elle cede, on l'enlève ; en vain gémit sa mère.
Échue à l'Opéra par un rapt solennel,
Sa honte la derobe au pouvoir paternel.
Cependant une vierge aussi sage que belle
Un jour à ce sultan se montra plus rebelle.
Tout l'art des corrupteurs, auprès d'elle assidus,
Avait pour le servir fait des crimes perdus.
Pour son plaisir d'un soir que tout Paris périsse !
Voilà que dans la nuit, de ses fureurs complice,
Tandis que la beauté, victime de son choix,
Goûte un chaste sommeil sous la garde des lois,
Il arme d'un flambeau ses mains incendiaires :
Il court, il livre au feu les toits héréditaires
Qui la voyaient braver son amour oppresseur,
Et l'emporte mourante en son char ravisseur.
Obscur, on l'eût flétri d'une mort légitime ;
Il est puissant, les lois ont ignoré son crime.

Le poète a été moins heureux : recherché par le grand seigneur,
il a failli expier dans une obscure prison ses rimes accusatrices ; Fréron l'a soustrait à un puissant adversaire en lui donnant un asile.
C'est ainsi que, dans notre siècle corrompu, le flambeau de la vérité
ne sert qu'à éclairer la vengeance des hommes dépravés sur lesquels
on ose le porter, et la disgrâce de leurs courageux accusateurs. Gilbert, critique plus âcre mais plus juste que Boileau, n'a recueilli
jusqu'à ce jour que la misère et la haine dans la carrière de Juvénal.
Son vers noble et mordant n'a pas trouvé un seul protecteur parmi
les grands ; et pourtant il ne flétrit que le vice... Quelle idée doit-on
donc avoir d'une société où la sagesse a toujours tort ? Honnête Gilbert ! pourquoi quittait-il la charrue de son père, vieux laboureur de

la Picardie, pour semer ses principes vertueux dans un champ infécond, où l'ivraie seule croît abondamment ?... Poëte, hâte-toi, jette
au loin la lyre de Perse : laboure, laboure la terre ; ta main laborieuse
y fera germer le bon grain... Tu en vivras du moins [1].

Le maréchal de Richelieu a, dit-on, adressé de graves reproches
à son fils sur la satire de Gilbert fait allusion, remontrance qui a déplu beaucoup au délinquant. « Eh ! mon Dieu, que me
» font les vers de ce cuistre ? a-t-il répondu. D'ailleurs n'en a-t-on
» pas fait sur vous, mon père, des vers satiriques ? Témoin certain
» couplet qui courait les rues lorsque vous entreteniez la Maupin, et
» que vous engagiez pour elle votre plaque de diamants. Il est drôle,
» le couplet :

Judas vendit Jésus-Christ,
Et s'en pendit de rage ;
Richelieu, plus fin que lui,
N'a mis que le Saint-Esprit
En gage, en gage, en gage !

» — J'ai ri le premier de cette chanson, a répliqué le vieux maré-
» chal, et je pouvais en rire : je n'avais pas risqué de brûler tout un
» quartier pour satisfaire un caprice libertin. Votre citation, mon
» fils, est plus impertinente que juste. Allez, faites l'amour, rien de
» mieux, mais plus d'incendie ; cela passe les bornes d'une licence
» galante, et le plaisir doit finir là où commence l'action de la justice. »

L'aventure scandaleuse du duc de Fronsac a fait quelque temps
diversion aux scandales bien autrement importants dont le chancelier
Maupeou est le moteur ; voilà de nouveau l'attention publique fixée
sur les menées de cet audacieux magistrat. Après un lit de justice
tenu à Versailles le 17 avril, trois édits ont été publiés : le premier,
portant suppression des anciennes charges du parlement de Paris et
création de nouveaux offices en dehors du personnel exilé ; le second,
supprimant la cour des aides ; le troisième, revêtant les membres
du grand conseil des titres de présidents et de conseillers au parlement. Le 4 mai suivant Maupeou, couvert de sa simarre herminée,
se rendit au palais, où il reçut le serment d'un premier président,
de quatre présidents et de vingt-cinq officiers, le tout de sa façon.

Cette création dérisoire ne fut pas admise aussi vite par la nation
qu'elle l'avait été par le faible monarque et par le parti jésuitique,
ennemi déclaré de l'ancienne magistrature. Vainement l'archevêque
Christophe de Beaumont voulut-il légitimer le parlement Maupeou au
nom de la religion en célébrant lui-même la messe rouge ; le public
flétrit ce corps bâtard de mille épigrammes, un parti considérable le
conspua. Mais une opposition plus sérieuse ne tarda pas d'inquiéter
le chancelier : les princes du sang, membres essentiels des cours
suprêmes, refusèrent de reconnaître celle-ci ; le seul comte de la
Marche assista à ses séances.

Tous les autres alliés de la famille royale protestèrent ouvertement
contre une innovation subversive des lois fondamentales de l'État.
Toutefois le prince de Condé, dont la maison fut toujours dévouée
au despotisme, ne conserva que peu de jours cette volonté contraire
à celle de la cour : il se rallia au parti Maupeou, sur la promesse
verbale que lui fit ce chancelier d'obtenir du roi que le jeune
comte d'Artois, épris des charmes de *Mademoiselle*, serait autorisé à lui offrir sa main. Cette défection entraîna celle du duc de
Bourbon ; mais le comte de Clermont, mécontent de Louis XV
depuis la guerre de sept ans, persista dans son opposition. Il en fut
de même du prince de Conti. Quant à la maison d'Orléans, sa conduite fut dans cette circonstance indécise et mobile. M. le duc d'Orléans, sur les instances de madame de Montesson, se rangea d'abord
sous la bannière Maupeou, tandis que le duc de Chartres, déjà lié
par la confraternité de débauche ordurière avec le comte d'Artois,
encore enfant, se laissa aller, pour complaire à ce dernier, à se réunir
au parlement bâtard. Il y avait en cependant de la part de ces deux
derniers princes une sorte de capitulation en faveur de l'ancienne
magistrature ; mais, reconnaissant peu de jours après cette convention
que le gouvernement songeait à s'en affranchir, MM. d'Orléans rentrèrent dans les rangs de l'opposition. Ils furent exilés.

Le surplus de la pairie ne protesta que pour la forme ; tous les
membres se laissèrent prendre à l'appât des faveurs. Tel est le pouvoir des séductions : les intérêts de la nation sont sacrifiés soit à des
convenances de mariage, soit à des avantages plus ou moins frivoles
ambitionnés par les grands. Où donc sera désormais l'obstacle imposé
à la puissance des rois, si ce n'est dans un fleuve de sang qui viendrait leur fermer le champ du despotisme ?

Il est un cabinet en Europe, qui, dans tous les temps, associera ses
vœux à toutes les calamités de la France : la voyez-vous, cette Albion jalouse, jetant du haut de son rocher un œil d'envie sur nos
plaines fertiles, sur nos populations industrieuses, et appelant la
tempête sur les flottes qui portent au delà des mers les fruits de
notre sol, les produits de nos manufactures ? Que sera-ce donc si
cette éternelle rivale apprend que depuis la paix de 1763 le cabinet
de Versailles entretient des intelligences secrètes avec les Américains
révoltés ?... Eh bien ! elle la connaît, cette particularité mystérieuse.,

[1] Gilbert a persisté dans le dessein de rimer utilement... Il est mort à l'hôpital.

et s'occupe à son tour de susciter la révolte sur le littoral même du royaume Des agents anglais débarqués en Bretagne raniment le brasier mal éteint de la discorde dans cette province inflammable. Tout présage depuis longtemps sur le sol breton une insurrection générale : les volontaires armés ne manqueraient pas pour la soutenir ; des chefs habiles sortiraient de leurs rangs pour la diriger ; mais les dissidents de cette contrée ont pensé qu'un grand nom leur serait utile pour étendre le mouvement.

Un soir du mois dernier, pendant une obscurité pluvieuse, on sonne à la grille du château de Villers-Cotterets. M. le duc d'Orléans, près de se mettre au lit à l'issue d'un *piquet* conjugal avec madame de Montesson, apprend que c'est une députation de six notables de la Bretagne qui demande à Son Altesse l'honneur d'un entretien immédiat. Elle est introduite. « Monseigneur, dit l'orateur » avec le ton franc et brusque de son pays, notre province est dis- » posée à se soulever contre un monarque qui opprime toute la France,

Tandis que le couple traverse la cour, le suisse rit.

» dont les Bretons veulent se constituer les vengeurs. Nous avons ré- » solu de détrôner ce Sardanapale qui, du fond d'un harem, exile les » princes du sang, dépouille la magistrature de ses fonctions, de ses » offices, de sa liberté, et détruit le traité d'union de la Bretagne à » la France, en ravissant, par l'abus de la force militaire, les privi- » léges et les lois qui furent les conditions de cette union. Nous » sommes résolus à tout oser pour assurer notre révolution. Prince, » nous venons vous proposer d'en recueillir la conquête. Observateur » passif durant les travaux de notre affranchissement, consentez en- » suite à sortir de votre exil, et laissez-vous couronner par quarante » mille Bretons, qui dès le lendemain auront l'assentiment de deux » cent mille. »

Le duc d'Orléans est un prince ami de la paix, des arts, de ses en- fants, et des plaisirs tranquilles de la vie domestique : quand il eût été prudent qu'il confiât sa destinée à une province irascible, dont l'irritabilité ne fut jamais qu'un sentiment de circonstance, il eût ré- pugné à se jeter dans une lice hostile, antipathique à ses goûts calmes, à son ambition de repos. « J'ai l'honneur d'être premier » prince du sang, répondit le duc aux députés bretons ; je mourrai » prince du sang. » Ces envoyés songèrent alors au duc de Chartres.

Les couplets épigrammatiques sur le parlement Maupeou ont fait place, au moins pour quelque temps, aux épithalames sur le mariage de M. le comte de Provence. Ce prince fut uni, le 14 mai, à la prin- cesse Marie-Joséphine-Louise de Savoie. Ce n'est pas une beauté de plus à la cour de France : *Madame* était très-belle dans le portrait qu'on avait fait passer au prince au moment des premières négocia- tions ; mais, à l'arrivée de la princesse, on a trouvé que le prince s'é- tait prodigieusement inspiré du beau idéal. Son Altesse Royale est brune ; ses yeux sont beaux, mais trop abondamment ombragés par des sourcils bruns, véritable bois taillis capillaire. Elle a le front cou-

vert, le nez retroussé, les lèvres épaisses et garnies de certain duvet qui déjà promet de rivaliser avec une de ces beautés qu'on ne peut apprécier que dans la salle des gardes. L'ensemble de la physionomie de *Madame* n'offre rien d'imposant, rien de distingué, et Son Altesse a la tournure un peu épaisse, un peu savoyarde.

Cependant, telle qu'elle se présentait, Marie-Joséphine de Savoie plut beaucoup à *Monsieur*, et le lendemain de ses noces il annonça au roi qu'il avait franchi dans la nuit quatre relais sur les terres de Paphos ; ce qui, soit dit en passant, ne fait pas supposer un pas trop difficile au point du départ. Aussi se dit-on à l'oreille que madame de Provence répond avec empressement aux caresses du prince. Dans cette même journée du lendemain des noces, le comte d'Artois, qui ne concevait pas trop cette tendresse matrimoniale, dit à son frère : « Monsieur de Provence, vous aviez la voix bien forte hier ; vous avez » crié votre *oui* bien haut. — C'est que j'aurais voulu qu'il fût entendu » jusqu'à Turin, » répondit le marié. Le léger d'Artois ne répliqua à ce mot d'un amant espagnol du temps d'Isabelle que par un éclat de rire bruyant et une pirouette. Dans la soirée, le Dauphin se montra d'une franchise plus naïve, plus brusque.

« Comment trouvez-vous *Madame* ? lui demanda M. de Provence. » Pas trop bien ! répondit l'héritier de la couronne ; je ne me serais » pas soucié de l'avoir pour ma femme. — Je suis bien aise que vous » soyez tombé plus à votre goût, repartit *Monsieur* : nous sommes » contents tous deux, car mon partage me plaît infiniment. » C'est une réponse délicate à une sortie brutale. Les deux caractères se des- sinent bien dans ce bref dialogue.

Madame est un peu plus âgée que son mari ; elle n'en conserve pas moins une candeur tout aimable, une ignorance de l'étiquette qui la rend assez neuve, assez gauche dans tout ce qui se rapporte au céré- monial. Peu de jours après ses noces, quand madame de Valentinois, sa dame d'atours, voulut lui mettre du rouge, elle s'écria : « Eh ! » mon Dieu ! que voulez-vous que je fasse d'une telle couche de cou- » leur ! on me prendra pour un masque. — Votre répugnance est » plus sage que l'usage de la cour, dit *Monsieur*, qui entrait en ce » moment ; mais cet usage est un maître, il faut lui obéir. Laissez- » vous donc faire, ma belle amie, cela me fera grand plaisir. — En » ce cas, reprit vivement la princesse, mettez-moi du rouge, ma- » dame de Valentinois, mettez-m'en beaucoup, puisque je plairai » davantage à mon mari. »

Une chaumière, un grenier avec ce qu'on aime, voilà le bonheur, disent les amants. Et ceux qui ont passé l'âge de ces illusions fleu- ries rient au nez des soupirants. Marie-Antoinette est trop bien ap- prise pour se moquer ainsi de son beau-père ; mais elle s'amuse beau- coup dans son petit comité du ménage pastoral de *Monsieur*. « Je » préfère l'hiver à toute autre saison, disait M. de Provence dans le » cercle de la Dauphine ; on est à son aise au coin du feu avec sa » moitié, les pieds sur les chenets, le dos appuyé sur un bon fau- » teuil. » Quinze jours après Marie-Antoinette envoya à *Monsieur* un joli petit tableau le représentant à côté de sa femme, dans l'attitude qu'il avait si délicieusement esquissée, avec addition d'un petit relevé de jupon très-coquet. La Dauphine avait écrit de sa main au dehors du tableau : Scène préliminaire. Il y avait dans cet envoi une inten- tion tant soit peu maligne qui n'annonça't pas une profonde vénéra- tion pour les nœuds respectables de l'hymen.

Si les deux moitiés de l'espèce humaine attirées l'une vers l'autre par une attraction qui ne leur permet pas toujours la prudence l'é- taient seulement sous l'empire du dieu des époux, on ne ferait pas autant de bruit en ce moment de certain spécifique écossais, perfec- tionné par le docteur Guibert de Préval. Selon ce qu'on peut, après s'être frotté de ce remède, braver impunément les rigueurs dont la volupté mêle trop souvent ses plus douces faveurs : pour preuve, ce savant a fait venir chez lui dernièrement une courtisane hideuse- ment atteinte du mal immonde, et est descendu avec elle dans la lice amoureuse après s'être oint, comme un lutteur romain, du fa- meux baume préservatif. L'expérience avait pour témoins M. le duc de Chartres, M. le prince de Condé et M. le comte de la Marche, qui, en attendant que le temps ait confirmé la vertu miraculeuse de l'antidote, ont complimenté M. Guibert de Préval de l'ardeur avec laquelle il s'était livré à l'épreuve. Aucune suite funeste n'ayant eu lieu, M. le lieutenant de police, qui regarde cette découverte comme un grand progrès dans les détails de son administration, a fait répé- ter l'expérience avec un semblable succès. Ah ! si M. le duc de Choiseul eût connu ce préservatif au moment où son amour a redouté les charmes de madame du Barry, il serait sans doute encore minis- tre, et je n'aurais pas à signaler aujourd'hui l'installation de trois secrétaires d'État nouveaux. M. le duc d'Aiguillon triomphe avec éclat ; il vient de parvenir au ministère : les affaires extérieures re- posent en ses mains. Peu de temps auparavant, M. de Boine avait été appelé au département de la marine, et dès le mois de janvier M. de Monteynard, lieutenant général, a pris possession du porte- feuille de la guerre. Tels sont les successeurs des deux Choiseul ; nous verrons s'ils sont remplacés.

Il paraît que M. le comte de Lauraguais doute au moins que ces messieurs puissent suffire pour nous rendre le repos et la prospé- rité. Ce seigneur a quitté Paris depuis quelques mois et s'est retiré à

Londres, où il a écrit sur les affaires du temps un ouvrage rempli de vues patriotiques. Le comte avait fait expédier en France une voiture chargée de quinze cents exemplaires de son livre; un homme à cheval accompagnait ce bagage littéraire; mais la police eut vent de l'envoi philosophique de M. de Lauraguais, fit main basse sur la charrette et en confisqua le chargement. Cette composition, intitulée *Extrait du droit public de la France, par Louis de Brancas, comte de Lauraguais*, a pourtant été lue à Paris; en voici des passages qui certes ne plairont pas à la cour : « L'élection des anciens » rois et leur déposition ne tenaient pas simplement à l'indépen- » dance d'une nation bizarre, fière et sauvage, mais aux lois, à la » constitution, au droit public des Francs. Il y avait un contrat » social entre la nation et le roi; il en dérivait un pacte entre » les parties constituantes du souverain et la souveraineté : 1° dans » la supposition de l'observation des conditions du contrat social;

Elle passe presque toutes ses journées dans la société, assez insignifiante, de ce jeune prince...

» 2° dans le cas de l'infraction de ces conditions. D'où il résulterait » un acte réciproque par lequel un peuple dit à un homme : Vous » serez roi à telles conditions; alors *je serai fidèle;* si vous les enfrei- » gnez, *je serai votre juge.* Et cela fondé sur la définition de la puis- » sance qui coopère aux lois, lesquelles ne doivent être faites que » par le concours du peuple et du roi, et qui donnent le nom de roi » à l'homme exerçant cette puissance. S'il est juste, il est le roi; s'il » veut être oppresseur, c'est un tyran. »

De tels écrits, tombés d'une plume noble, devraient donner de sérieuses appréhensions à Louis XV; mais le monarque sybarite n'en dort pas moins sur un lit de roses, au bruit des chansons mali- gnes que son règne voluptueux et oppresseur fait éclore. Madame du Barry l'enlace chaque matin de nouveaux myrtes; elle-même lui chante les couplets satiriques qui ne la ménagent pas plus que lui : le roi trouve cela charmant. Il a beaucoup ri l'un de ces soirs au sou- per de la table mécanique de ce refrain plus que grivois :

> France, tel est donc ton destin
> D'être soumise à la femelle!
> Ton salut vient de la pucelle,
> Tu périras par la catin.

Sa Majesté n'a vu dans ce dernier vers qu'une pointe d'esprit, une antithèse ingénieuse : on a le caractère si bien fait sous l'influence du vin de Champagne! Maintenant la cour est à Compiègne, où les ânes sont en grande vogue. Pendant que M. le Dauphin, Vulcain laborieux, forge non pas des armes, mais des serrures, madame la Dauphine fait des promenades dans la forêt montée sur le coursier de Sancho, que suivent soixante ou quatre-vingts destriers de son espèce montés par les dames vives et jolies que Son Altesse Royale daigne admettre à sa cour. M. le comte d'Artois est toujours de ces

parties, où le suprême bonheur est de se laisser tomber. Le prince a donné l'exemple de cette charmante maladresse; la comtesse de Noailles et plusieurs dames l'ont imité; enfin la Dauphine a eu son tour. La culbute de Son Altesse Royale a été telle, m'ont dit d'heu- reux témoins oculaires, que le plus précieux trésor de la future cou- ronnée s'est trouvé complètement à découvert [1]... Ce qu'il y a de plus piquant dans tout ceci, c'est que ces cavalcades attirent beau- coup de curieux, et qu'on eût pu répondre affirmativement à Marie- Antoinette, s'il lui eût passé par la tête d'adresser cette question à sa suite :

Ces messieurs bourgeois l'ont-ils vu?

M. le comte d'Artois a, dit-on, plaisanté la Dauphine d'une ma- nière plus aisée que spirituelle sur ce gentil accident, qui ne l'a pas trop affligée, s'il est vrai qu'elle ait dit à ses dames : « Prenez-y » garde; dans ces parties-là, il faut être en état de tomber. »

Madame la Dauphine assista la semaine dernière en loge grillée au spectacle de M. *Audinot :* il faut que je dise un mot de l'origine de ce petit établissement dramatique. Le directeur est un ancien acteur de l'Opéra-Comique, réformé par suite de la réunion de ce théâtre à la Comédie-Italienne. Après avoir essayé plusieurs moyens peu lu- cratifs de faire valoir son talent, M. Audinot a formé d'abord une troupe de marionnettes, à laquelle il a bientôt joint un petit nain de la même taille que ses acteurs en bois, et qui jouait à ravir les rôles d'Arlequin. La mode capricieuse s'est portée de ce côté. Jaloux de la retenir, l'ingénieux directeur, aidé de quelques capitalistes, a fait bâtir une salle fort agréable sur le boulevard du Temple; ses comé- diens ont été jetés au grenier; il y a substitué une troupe d'enfants remplis d'intelligence, qui a joué des pièces de Moline et Plain- chesne. La gravelure des sujets a fait courir au théâtre d'Audinot;

J'avais dix-sept ans, B*** n'en comptait pas encore vingt-trois. Nous nous égarâmes mon cousin et moi...

les filles, les libertins, les freluquets s'y sont portés en foule. Bien- tôt les femmes de la cour, qui en cette qualité se croient placées au- dessus de tous les préjugés, n'ont pas dédaigné de remplir les loges d'Audinot; c'est la rage du jour, et madame la Dauphine n'a pu se défendre d'en être atteinte.... « C'est joli, a-t-elle dit en sortant; » mais il manque un peu de gaze sur les sujets du théâtre et sur les » mœurs de la salle [2]. »

Malgré la vogue des polissonneries d'Audinot, les autres nou- veautés dramatiques ne manquent point de spectateurs. Les comé- diens ne se piquent pas toujours de reconnaissance : M. de Belloy, auteur du *Siège de Calais*, a eu beaucoup de peine, dit-on, à faire

[1] Les journaux du temps, à la date du 3 août 1774, font clairement comprendre ce qui est rapporté ici.

[2] Telle est l'origine du théâtre de l'Ambigu-Comique, où vingt-cinq ans plus tard naquit le *mélodrame.*

recevoir sa tragédie de *Gaston et Bayard*. Il y a cependant dans cet ouvrage de beaux sentiments, des vers très-patriotiques, et un portrait bien tracé du chevalier sans peur et sans reproche. Mais peu d'intentions tragiques ressortent du plan guerrier de l'auteur : la chevalerie est froide au théâtre comme nœud principal; *Tancrède* n'a dû son brillant succès qu'à la donnée éminemment tragique du dévouement magnanime de ce héros : un intérêt puissant le suit dans le champ clos où il va combattre pour une femme qu'il croit coupable. La réussite de *Gaston et Bayard* a été calme. *Le Bourru bienfaisant* de M. Goldoni a obtenu un succès plus décidé; outre le personnage principal de cette pièce, qui offre un caractère encore neuf au théâtre, c'est une autre nouveauté remarquable qu'un ouvrage écrit en français par un auteur italien : le public a tenu compte à M. Goldoni de cette galanterie.

Zémire et Azor, comédie-ballet de M. Marmontel, mise en musique par M. Grétry, fait courir à la Comédie-Italienne les amateurs de l'harmonie suave et expressive. Le poëme est imité de *la Belle et la Bête* du bon Perrault, avec addition d'un valet trembleur, dont le rôle est fort comique. Il y a de l'attrait pour les âmes sensibles dans cet opéra, mais nos jeunes demoiselles n'en seront pas plus disposées à épouser des maris hideux : elles savent trop que nous ne sommes plus au temps des métamorphoses, et qu'il n'appartient qu'aux filles d'opéra de prendre pour des Adonis nos financiers, assez généralement aussi noirs, aussi velus, aussi *bêtes* que le monstre Azor.

L'auteur de *l'Esprit*, M. Helvétius, est mort dans le présent mois de décembre. Les persécutions du pouvoir avaient obligé ce philosophe à une sorte de désaveu de ses principes, mais à ses derniers moments son caractère s'est relevé. Helvétius a refusé d'obéir aux insinuations spirituelles du clergé; il a repoussé les secours du catholicisme : on l'a cependant enterré en terre sainte. La philosophie de ce profond écrivain n'a pas été exempte de vanité; il avait épousé mademoiselle de Ligneville, belle et noble descendante d'une des premières maisons de la Lorraine, et s'était empressé de céder sa charge de fermier général comme indigne de cette illustre alliance.

Voici encore une autre philosophe du Nord, Catherine II, qui se signale par un acte de la plus splendide vanité. La statue de Pierre le Grand, dont l'exécution avait été confiée à M. Falconnet, devant être bientôt achevée, l'impératrice a fait transporter à Pétersbourg un rocher de granit qui doit servir de base à cette figure. La pesanteur de ce bloc, calculée d'après les proportions qu'il présente, est de trois millions deux cents milliers de livres. Les efforts faits pour le transport de cette masse venue de quarante lieues ont dû surpasser des deux tiers les travaux entrepris dans le même genre par les Romains, car l'obélisque le plus grand qu'ils aient apporté dans leur ville, reine du monde, ne pesait pas au delà de neuf cents milliers.

Les travaux du chancelier Maupeou sont plus faciles; il lui a suffi de quelques traits de la plume distraite de Louis XV pour anéantir successivement dans le cours de cette année les parlements de Besançon, de Douai, de Toulouse, de Bordeaux, de Rouen, d'Aix, de Metz, de Rennes, de Lyon, de Grenoble et de Dijon; on a crié quelques jours, on a chanté ensuite, et Maupeou a dit, comme Mazarin : « Tant qu'ils chanteront nous ne les craindrons pas. » Les divers édits d'abolition portent que les offices seront remboursés et que de nouvelles charges seront créées pour les nouveaux magistrats. On peut être assuré que cette dernière clause sera remplie plus exactement que la première. Ainsi le grand œuvre si longtemps médité par la cour, mais qu'un Maupeou seul pouvait exécuter, est accompli. L'ancienne magistrature, rempart élevé par le contrat social contre les envahissements de la monarchie, ce frein qui tant de fois empêcha la royauté de courir à sa propre perte, l'ancienne magistrature n'existe plus qu'en fragments dispersés : malheur à la couronne s'ils se réunissent un jour!

Ce n'est pas l'histoire de ma famille que j'écris, c'est celle de mon temps. Je n'ai pas voulu que l'attention, si ces Mémoires la provoquent un jour, s'arrête souvent aux bagatelles de ma vie; peu d'entre elles méritent d'être cousues à la robe du temps : il en est pourtant quelques-unes qui ne dépareront pas mon bagage. J'ai vu la mort de ma tante, qui tint la plume avant moi, et que j'appelais ma mère, parce qu'elle en a eu les soins. Je l'ai pleurée amèrement, cette bonne parente! Le bruit de la terre tombant sur sa bière a pénétré dans mon cœur comme un coup de poignard... Mais pour ceux qui liront ces pages qu'eût fait un convoi de plus?.. J'ai quelque chose de moins inutile à dire sur moi-même... une révélation longtemps comprimée... une faiblesse délicate à confesser pour une religieuse, même chanoinesse .. Mais me voilà résignée : lecteur futur, je m'agenouille à ton confessionnal.

Lorsque j'entrai, à l'âge de seize ans, dans mon couvent à la règle large et facile, il y avait par le monde un jeune chevalier de Malte de notre maison de B***; il suivait à la fois plus d'un genre de caravanes et se montrait fort audacieux dans toutes ses entreprises. Il vint me voir : le printemps était doux, l'air enivrait du parfum des roses, les bosquets du couvent étaient enchanteurs... J'avais dix-sept ans, B*** n'en comptait pas encore vingt-trois. Nous nous égarâmes mon cousin et moi... On se retrouve toujours en pareil cas, et dès

qu'on s'est retrouvé on voudrait encore s'égarer. Le chevalier s'amusa six mois entiers de ce jeu charmant, mais un matin je ne le vis pas venir au rendez-vous; j'appris bientôt qu'il s'égarait ailleurs : je l'oubliai; il quitta la France. Plus de neuf ans s'étaient écoulés lorsqu'un soir on m'annonça, dans mon hôtel de la place Royale, un gentilhomme revenant de Tripoli, où il avait langui sept ans esclave. Mon cœur bondit de compassion, j'ordonnai qu'on introduisît l'étranger; c'était mon cousin...

« Angélique, me dit-il, échappé par miracle à l'esclavage, je suis » ruiné, sans état, sans asile; j'ai perdu la protection de l'ordre » avec toute ma fortune, engloutie au jeu, avant ma captivité; je » n'ai d'espoir qu'en vous : donnez-moi un grenier et du pain. » Hélas! on connaît la puissance d'une première inclination; je donnai à mon cousin, non pas un grenier, mais un appartement, de l'or, des équipages; je lui rendis mon cœur. Je n'ai point à me repentir d'avoir reformé le nœud de mes premières amours. B*** se montra fidèle, .reconnaissant, trop reconnaissant même, car au bout d'une année il m'obligea à lui donner la plus jolie petite fille du monde. J'étais encore chanoinesse, lui était chevalier de Malte, et le sévère Clément XIII régnait sur l'Eglise. Tandis que le démenti vivant de notre double vœu de chasteté croissait en grâces, en attraits et en talents, nous sollicitions vainement à la cour de Rome d'être affranchis des lois religieuses pour recevoir celles de l'hymen. Enfin Clément XIV, ce pape tolérant et philosophe, occupa le siége apostolique en 1769; la même année B*** me conduisit à l'autel. Je lui achetai dans le même temps une charge de président, qu'il n'a jamais souillée par d'indignes faiblesses : mon mari est un président de la trempe de Molé... Il est exilé à Bourges.

Quand B*** reçut la visite nocturne des mousquetaires de Louis XV, nous venions de marier ma fille à un gentilhomme de notre maison, nommé récemment colonel de cavalerie : la jeune comtesse n'a pas encore quatorze ans, et cependant elle fut présentée pendant les visites du jour de l'an. La Dauphine a voulu voir aussi mon Emilie, grande, superbe femme, dont les charmes ont quelque chose de si nouveau de plus qu'elle... « Que vous êtes belle, comtesse! lui a dit Marie- » Antoinette après l'avoir embrassée à plusieurs reprises... vous serez » de mes cercles, n'est-ce pas? vous y viendrez souvent, je le veux... » je le désire, ai-je voulu dire. » La fille de Marie-Thérèse ne sait pas que l'âme d'Emilie est aussi forte que son corps est robuste, qu'elle porte dans son cœur l'amour de la vraie grandeur, et le plus grand mépris pour l'intrigue et la servilité. Je doute qu'elle fasse jamais une complaisante de cour, encore moins une approbatrice de la politique autrichienne. Revenons aux événements généraux.

Dimanche dernier, jour de la Purification, le roi devait nommer dix chevaliers de son ordre; Sa Majesté s'était même plu à faire entrevoir aux candidats cette faveur tant recherchée : l'eau leur en venait déjà à la bouche, et plus d'un peut-être avait essayé secrètement devant son miroir le cordon bleu qu'il allait avoir le droit de porter. Point du tout, le soir de la Chandeleur est arrivé sans que la bienheureuse nomination ait été faite. Il y avait bal masqué dans la nuit à l'Opéra; quels ont été les rires de la foule en dominos lorsqu'on a vu paraître une troupe de dix masques portant des nez d'une longueur extraordinaire au bout de chacun desquels pendait un ruban bleu! L'allusion était d'autant plus claire qu'à la base de ce nez d'un pied était écrit : *Chevalier des ordres du roi*. On attribue généralement cette mascarade à M. le duc de Chartres.

C'est un émail antique qui doit venir se joindre ici à mon tableau de mosaïque : le comte de Drum, officier hollandais au service de Russie, découvrit vers le commencement de février présente année 1772 le tombeau du grand Homère dans l'île de Nio (Ios), l'une des Sporades. Ce tombeau, si longtemps cherché par les voyageurs, est un sarcophage haut de huit pieds sur sept de longueur et quatre de largeur. Il se compose de six morceaux de marbre sans sculpture, sur l'un desquels est gravée une inscription grecque, la même sans doute qui, selon Hérodote, fut mise sur le monument longtemps après la mort du chantre de l'Iliade. En ouvrant ce monument on trouva le corps d'Homère assis; avant que l'impression de l'air extérieur fît tomber en poussière cette dépouille de trois mille ans, on eut le temps de saisir sur la physionomie, encore reconnaissable, du Grec illustre quelques traits de ressemblance avec les médailles antiques qui le représentent. Ce corps, placé entier dans le tombeau, est une preuve de plus que l'usage de brûler les morts n'était pas général dans l'ancienne Grèce. Le sarcophage renfermait un vase de marbre, une pierre de forme triangulaire et d'une grande légèreté, qui pourrait être le symbole du style dont le poëte se servait. Il y avait aussi plusieurs petites statues de marbre d'une sculpture dans l'enfance, et au dos desquelles étaient gravées des inscriptions en langue inconnue.

On ignore l'époque précise de la mort d'Homère; mais depuis la découverte des marbres d'Arundel on sait que le prince des poëtes vivait l'an 670 de l'ère attique, sous l'archontat d'un Athénien nommé Diognète. Se rendant de Samos à Athènes, il fut surpris par la mort au port d'Ios, dont les habitants lui érigèrent le tombeau retrouvé enfin par le comte de Drum.

Il y a loin d'Homère à madame Favart, bien que cette dame, plus célèbre encore par sa galanterie que par ses ouvrages, soit comptée parmi nos beaux esprits. L'ancienne favorite du maréchal de Saxe, retirée depuis plusieurs années de la comédie, vient de mourir dans les bras de la religion et dans ceux de l'abbé de Voisenon, ce qui n'est pas incompatible par le temps qui court. Il y a plus de quinze ans que cet ecclésiastique faisait partie du ménage Favart, espèce de trinité galante dont la nature était aussi fort difficile à définir. Les revenus de l'abbaye de Voisenon se confondaient dans cette communauté singulière avec les pensions du théâtre, et le tout se consommait à la plus grande gloire de Dieu. Car madame Favart depuis sa renonciation au théâtre s'occupait sérieusement de son salut, besogne passablement laborieuse, comme chacun sait. L'ex-directrice des plaisirs du grand Maurice est morte avec autant de sainteté qu'a pu lui en inspirer M. de Voisenon, prêtre de son métier, croyant par intérêt, mais libertin par habitude. Enfin il a fait de son mieux pour mettre l'âme de sa maîtresse en état de paraître là-haut.

Il y a dans Paris un gentilhomme nommé M. de Brumoy qui a la manie des processions; les deux Fêtes-Dieu lui coûtent annuellement des sommes énormes, et les calculateurs estiment qu'il ne lui reste pas en biens fonds, en or, en rentes, pour plus de cinq à six ans de piété. Chaque année quelque portion de sa fortune est métamorphosée en ornements d'église : tantôt un bois, coupe et terrain, est échangé contre des surplis, des chapes, des chasubles; tantôt la valeur d'une prairie est consacrée à l'achat d'une lampe de vermeil ou d'un ostensoir. L'an dernier M. de Brumoy donna les diamants de feu sa femme pour orner les doigts, les oreilles, le cou de la Vierge de sa paroisse; dernièrement il envoya à M. le curé jusqu'aux chemises de la défunte pour faire des robes à la mère du Christ; ce qui n'eut pas lieu sans prélèvement de la part de certaine nièce du bon pasteur, laquelle, sous le rapport de la virginité, n'avait pas, dit-on, des droits incontestables à ce partage. Mais c'est aux processions du village de Brumoy que notre maniaque dépense le plus d'argent. Le seigneur du lieu, la chape au dos, dirigeait lui-même l'ordre de la marche à la dernière Fête-Dieu. Deux cents prêtres, venus de quatre lieues à la ronde, avaient été loués par ce gentilhomme à raison de six francs par tête; deux cents autres personnes avaient été revêtues des ornements que M. de Brumoy tient en magasin dans son château. Deux mille cinq cents pots de fleurs étaient rangés sur la route que le cortège devait parcourir; six reposoirs magnifiques y étaient dressés. Au milieu de ces dispositions, et sur un sol jonché de roses, de coquelicots, de bluets, les spectateurs virent se déployer une double file ecclésiastique, moitié chantante, moitié beuglante, qui ne couvrait pas moins d'un quart de lieue de terrain. Après la cérémonie, officiants, chapiers, comparses, invités de la capitale, se rabattirent sur le château, où huit cents personnes dînèrent aux dépens du seigneur. Du reste l'intendant de M. de Brumoy dut porter en ligne de compte le dégât causé sur les terres environnantes par les roues de cinq cents carrosses venus de Paris, par la multitude courant à travers champs, par les repas champêtres consommés sur les gazons, enfin par les blés qu'avaient couchés dans leurs jeux folâtres certains couples occupés de tout autre chose que de la solennité du jour.

Tandis qu'on célébrait à Brumoy de saintes cérémonies, une horrible saturnale avait lieu à Marseille chez le comte de Sade, si connu par les folles horreurs auxquelles il s'est livré en 1768 avec une malheureuse fille, et surtout par le chef-d'œuvre de cynisme portant pour titre *Justine*. M. de Sade donnait un bal auquel il avait invité beaucoup de monde; un splendide souper fut servi à minuit : or le comte avait fait mêler avec profusion au dessert des pastilles de chocolat à la vanille, qui furent trouvées délicieuses, et dont tout le monde mangea. Tout à coup les convives, hommes et femmes, se sentent brûlés d'une ardeur impudique; les cavaliers attaquent ouvertement les dames, qui non-seulement se rendent, mais courent pour la plupart au-devant de leur défaite.

Les cantharides, dont l'essence circule dans les veines de ces infortunés, ne leur permettent ni pudeur ni réserve dans ces voluptés impérieuses : les excès sont portés jusqu'à la plus funeste extrémité; le plaisir devient meurtrier... le sang coule sur le parquet, et les femmes les plus sages dans tout autre moment ne font que sourire à cet horrible effet de leur rage utérine. Prévoyant l'éclat que cette scène, comparable aux orgies de Néron, aurait quand le délire cesserait, M. de Sade s'est sauvé avant le retour du soleil avec sa belle-sœur, toute sanglante encore de ses embrassements brutaux. Plusieurs dames titrées sont mortes des suites de cette nuit de dégoûtantes horreurs; d'autres en sont gravement incommodées, et plusieurs hommes ont succombé à leur épuisement. Toute la France, à l'instant où j'écris, est remplie de la renommée de cet événement sans exemple peut-être dans les annales modernes. Un mandat de prise de corps est lancé contre le comte de Sade; s'il était pris en ce moment, nul doute qu'il n'expiât sur l'échafaud son affreux et étrange attentat.

Après des détails aussi repoussants on repose avec quelque plaisir sa vue sur des objets qui ne sont que malins. C'est ainsi qu'on se passe de main en main, mais dans le plus grand secret, un distique

qu'on a trouvé une de ces nuits sur le piédestal de la statue de Louis XV :

<blockquote>
Grotesque monument, infâme piédestal,
Les vertus sont à pied, le vice est à cheval.
</blockquote>

A propos de statue il faut noter que la foule se presse dans l'atelier de Pigalle pour voir le modèle en plâtre de l'effigie de Voltaire, c'est pourtant un pauvre spectacle. Le statuaire a eu la malheureuse idée de représenter le grand écrivain à peu près nu : il est assis et ne présente en vérité qu'un déplorable squelette. La tête, couronnée de lauriers, est trouvée fort ressemblante par les personnes qui ont vu depuis peu le philosophe de Ferney. L'homme illustre, en portant au loin son regard d'aigle, semble envisager avec un mépris mêlé de malice toutes les folies de l'humanité : un âcre sourire erre sur ses lèvres. Voltaire tient de la main gauche un rouleau de papier qui en tombant couvre les tristes débris de sa virilité et soustrait au moins cette partie de son corps à la pitié du spectateur. De la main droite, l'auteur universel tient un poinçon. A ses pieds le poignard de Melpomène, le masque de Thalie, des livres, une lyre, une sphère, rappellent les divers genres auxquels Voltaire se livra avec plus ou moins de succès. On ne sait encore où sera placée cette statue exécutée en marbre; mais on serait tenté de croire que l'artiste la destine à une école d'anatomie. Je le répète, elle n'offre que l'aspect hideux d'un cadavre décharné, et jamais la postérité en voyant cette momie de marbre ne se fera l'idée de la puissance de génie qui caractérise le modèle.

Depuis huit jours, m'a-t-on dit, il règne une rumeur moitié gaie, moitié critique à l'OEil-de-bœuf à propos des permis de chasse dans les forêts royales délivrés par mademoiselle Guimard, danseuse de l'Opéra. Cette circonstance paraît en effet fort drôle, même quand on en connaît le motif. Mademoiselle Guimard, maîtresse du prince de Soubise, capitaine des chasses, ne se borne pas à dire : Nous donnons des permis de chasse, comme la servante du curé disait : Nous chantons des messes; son amant lui a délégué le pouvoir d'en accorder, et elle use de ce privilège. Aussi voit-on dans les bois de Saint-Germain, de Versailles ou de Marly des amours et des zéphyrs, la carnassière au dos, les guêtres aux jambes, le fusil sur l'épaule, tuant les faisans de Sa Majesté pour les nymphes du magasin. Les gentilshommes de la cour, jaloux de ces faveurs accordées à des gens qu'ils appellent des *baladins*, en murmurent hautement. Tout en se moquant de leurs rivaux chantants, concertants ou dansants, ils jurent que si cela dure ils roueront de coups Cupidon, Borée, Castor et Pollux et toute cette clique usurpatrice des plaisirs réservés ordinairement à la noblesse.

Mademoiselle Duthé, cette première institutrice de M. de Chartres dans la science du plaisir, ne signe pas de permissions de chasse dans les forêts royales, mais elle chasse elle-même sur les terres de beaucoup de maris. Rien de plus ordinaire cependant que les charmes de cette courtisane : c'est une blonde fade à la figure moutonnière, sans vivacité, sans esprit et dont toutes les habitudes semblent dire : « Voulez-vous du plaisir, j'en vends! » et rien de plus. Mais cette fille à la vogue, cela répond à tout. En dernier lieu mademoiselle Duthé recevait les soins et les louis du marquis de Genlis; mais s'étant aperçue que la source des derniers commençait à s'épuiser elle a prié son amant de discontinuer ses assiduités et l'a remplacé sans perdre de temps par lord d'Aigremont. Cet Anglais a conclu au prix de mille louis pour la première nuit et mille écus par mois.

De grands événements se passent dans le nord de l'Europe : j'esquisserai rapidement les principaux. Adolphe-Frédéric, roi de Suède, mourut subitement le 12 février de la présente année pendant que son fils Gustave de Holstein-Eutin voyageait en France. Ce prince se rendit en toute hâte à Stockholm bien décidé à mettre à exécution un projet de révolution dont il avait entretenu Louis XV et son conseil. Depuis longtemps, disait-il, une aristocratie puissante représentée par le sénat tenait également asservis le prince et le peuple. L'ouverture d'un nouveau règne parut favorable au jeune monarque pour le renversement de ce pouvoir accusé par lui d'oppression. Le comte de Vergennes, ambassadeur en Suède, reçut en secret du cabinet de Versailles l'ordre de favoriser, autant qu'il serait en lui, le mouvement médité : on le prévint même que la France enverrait au besoin des secours actifs pour conduire l'entreprise à une heureuse fin. Mais il ne fut pas nécessaire de faire intervenir la force dans cette révolution : la monarchie ressaisit ses droits, ou, pour mieux dire, sa puissance sans qu'une seule goutte de sang fût versée. L'autorité du sénat, anéantie du consentement des états assemblés, retourna au souverain, qui en délégua une partie à de nouveaux sénateurs, créatures dévouées à la couronne. Gustave appelait cette révolution l'affranchissement du peuple, les politiques désintéressés la qualifièrent avec plus de raison de tyrannie nouvelle.

Quelle que soit l'arrière-pensée du nouveau roi de Suède, au moins les Suédois resteront une nation unie, homogène, et les malheureux Polonais ont perdu cette *nationalité* dont ils étaient si dignes par leur courage et leur patriotisme. Les descendants des valeureux Sarmates n'auront bientôt plus de patrie.

La guerre entre la Russie et la Turquie durait depuis l'année 1768.

Cette dernière puissance n'avait, disait-elle, pris les armes que pour rétablir la tranquillité dans la Pologne, livrée aux dissensions intestines que la cour de Pétersbourg excitait par la suzeraineté qu'elle exerçait ostensiblement sur l'État polonais. Tout à coup on apprend au milieu de cette année qu'un armistice vient d'être conclu sous les murs de Giurgewo entre le feld-maréchal Romanzov et Seid-Abd-al-Kerim-Effendi, grand notaire du divan. Il paraissait naturel de penser après cet événement que la Pologne allait enfin recouvrer la paix intérieure par le concours unanime des parties belligérantes qui posaient les armes. Vain espoir ! A peine les hostilités avaient-elles cessé, qu'on vit entrer sur les terres de cette monarchie élective des troupes prussiennes et autrichiennes : les premières s'étendirent dans les palatinats de Ploezko, d'Inovlocz, de Brzeseic, de Posnanie, de Kalish, etc. ; les secondes occupèrent les duchés de Zator, d'Osviccim, une partie des palatinats de Cracovie, de Sandomir, etc.

Ici je dois reprendre les événements de plus haut pour les éclaircir. L'impératrice Catherine, sentant qu'une nation aussi brave que les Polonais serait pour elle une excellente avant-garde contre les Turcs, ses éternels ennemis, s'était attachée à se faire un allié du roi de Pologne. Or le meilleur moyen d'obtenir ce résultat important, c'était de choisir elle-même ce monarque. Elle envoya donc le comte Poniatowski, son amant, régner à Varsovie. D'après le même plan il fallait donner une assiette solide au gouvernement de ce prince en l'aidant à calmer dans ses Etats les dissidences religieuses qui ne cessaient d'y entretenir un ferment de guerre civile. Tel fut le motif, d'autres disent le prétexte, de la protection, dégénérée en véritable suzeraineté, que la czarine accorda au souverain des rives de la Vistule. Quelle que fût la pensée secrète de la cour de Pétersbourg, il est vrai de dire qu'on s'occupait d'établir en Pologne une constitution propre à réprimer, à prévenir même l'effervescence des partis et d'arrêter ainsi le torrent déjà débordé de l'anarchie. Mais soit erreur, soit soupçon fondé, Frédéric II vint traverser l'exécution de cette réforme politique. Prenant pour le témoignage irrécusable d'une arrière-pensée de conquête la protection de Catherine, il proposa secrètement au cabinet de Vienne d'envoyer simultanément leurs troupes en Pologne précédées de manifestes où seraient établis les droits des deux cours sur diverses provinces maintenant réunies à la Pologne. Ce mouvement s'exécuta, comme on l'a vu plus haut. Catherine, encore engagée dans une guerre avec la Turquie et craignant de s'attirer de nouveaux ennemis, ne contesta point les prétentions de Vienne et de Berlin. Ne pouvant s'opposer au démembrement de la Pologne, elle songea à se saisir d'une portion de ce royaume. Les troupes russes occupèrent le district de Trombuval et les palatinats de Podolie, de Baclavie et de Volhynie. L'infortuné Poniatowski fut abandonné : voilà ce que deviennent les alliances entre têtes couronnées, même quand l'amour les a cimentées !

Ces événements surprirent toute l'Europe, moins toutefois en ce qui concernait les cours de Vienne et de Berlin, dont on connaissait l'avidité, qu'en ce qui touchait cette Sémiramis du Nord, qui faisait inscrire son nom parmi ceux des philosophes généreux et bienfaisants. Catherine essaya d'excuser sa conduite en l'expliquant. « Ce n'était » point, disait-elle, dans le but d'agrandir ses Etats qu'elle agissait » ainsi, mais afin de surveiller les deux autres puissances envahis-» santes et de mettre au besoin des limites à l'extension de leurs pro-» jets d'agrandissement. » Cette justification parut peu convaincante : la czarine n'échappa point au soupçon d'avoir concerté avec l'Autriche et la Prusse la dislocation de l'infortunée Pologne. Mais qui pourra exprimer le mépris qu'inspira dans cette circonstance la lâche insouciance du cabinet de Versailles ! Toujours dominé par cette puérile vanité qui le rendit si souvent la risée du monde, Louis XV n'avait pas envoyé un ambassadeur à Varsovie « parce que celui de » la Russie ayant plus de crédit que le roi de Pologne lui-même, le » ministre de France n'aurait joué qu'un *rôle incompatible avec sa* » *dignité.* » Misérable langage ! Eh ! n'était-ce pas précisément parce que le ministre russe dépassait la mission d'une diplomatie ordinaire qu'il eût été de *la dignité* de l'envoyé français de le faire rentrer dans la sphère de ses attributions légales ? Au moment de la première occupation, Louis XV, frappé cependant du jour fâcheux que cette affaire répandait sur lui, s'écria devant le duc d'Aiguillon : « Ah ! si » Choiseul avait été ici cela ne serait pas arrivé. »

Tandis que trois puissances dépossédaient, par le fait, le roi de Pologne, en attendant la ratification par traité, on négociait à Fockiani, sur les limites de la Moldavie et de la Valachie, pour la paix définitive entre la Porte et la Russie. Tel était du moins le but avoué des conférences ; mais ce qui prouve que le sort de la Pologne y était aussi discuté, c'est qu'indépendamment du comte Orlow, plénipotentiaire russe, et d'Osman-Effendi, plénipotentaire ottoman, M. de Thugul assistait à ce congrès au nom de l'Autriche, et que M. Zegelin y représentait la Prusse. Quoi qu'il en soit, la Russie et la Porte n'ayant pu s'entendre sur l'indépendance de la Crimée, les conférences furent rompues et la guerre se ralluma entre l'empire moscovite et celui du croissant. Alors les troupes russes, autrichiennes et prussiennes étaient en pleine et entière possession des provinces que les trois souverains s'étaient respectivement attribuées. De son côté, Louis XV était entré en jouissance de la portion qui lui reve-

nait dans ce partage : les épigrammes, les sarcasmes et les chansons...

Cependant un des sujets de Sa Majesté lui proposait dernièrement de mettre à ses mains des foudres terribles : un Dauphinois nommé Dupré, qui, dit-on, passe sa vie à faire des expériences de physique, a retrouvé le secret du feu *grégeois*. Celui que ce savant a inventé est si rapide, si dévorant, qu'on ne peut ni l'éviter ni l'éteindre; l'eau lui donne une nouvelle activité. Plusieurs essais de cette découverte, faits sur le canal de Versailles et dans les cours de l'arsenal de Paris, ont causé de la frayeur aux militaires les plus intrépides. Or voici un trait de Louis XV sur lequel les opinions de la cour ont été partagées : quand Sa Majesté fut bien sûre qu'un seul homme possédait le secret de cette composition infernale, elle fit une pension à M. Dupré et le fit engager par serment à ne le communiquer à personne. Ainsi le roi de France comprime dans sa main un élément invincible qui pourrait en quelques instants détruire une ville ou une flotte. Ce prince obéit à cet élan de magnanimité au moment où sa faible marine va peut-être lutter encore contre les fiers suzerains de la mer, qu'il pourrait anéantir par un déluge de feu... Louis XV a craint d'ajouter aux maux de l'humanité : le motif est beau....; laissons les moralistes et les politiques décider entre eux s'il est sage.

Le cabinet de Saint-James, commençant à craindre que l'insurrection américaine ne conduise enfin cette colonie à un affranchissement complet, accorda l'an dernier aux Etats le droit d'asseoir eux-mêmes les taxes à percevoir par le gouvernement britannique. Mais cette concession arrivait trop tard ; elle ne put rappeler la confiance dans les cœurs américains. Déjà la métropole avait violé plusieurs de ses promesses solennelles ; on se persuada que celle-ci aurait le même sort. Les préposés anglais commis à la levée des impôts continuèrent d'être insultés. Le gouverneur se plaignit de ces violences ; mais on lui répondit qu'on ne reconnaissait point en Amérique de commissaires du roi d'Angleterre. Forcé de renoncer au produit des taxes sur les colonies américaines, le gouvernement anglais en chercha le dédommagement dans une redevance exorbitante, assise sur les objets d'utilité ou de luxe apportés des îles Britanniques sur le continent américain. Le thé, le papier, les cartes à jouer, les couleurs, le plomb, la verroterie furent portés à des prix excessifs par l'effet de ces droits. Les colons se révoltèrent contre cette fiscalité vexatoire. L'assemblée des francs-tenanciers arrêta que des cargaisons considérables de ces marchandises ne seraient point débarquées et que les navires les portant retourneraient en Angleterre. Le gouverneur, sommé de tenir la main à l'exécution de cet arrêté, refusa de s'y soumettre. Soudain le peuple s'attroupe, couvre la rade de Boston d'une multitude de chaloupes, saute à bord des bâtiments et jette les cargaisons à la mer.

Bientôt Charle's-Town, Philadelphie, New-York, adoptent les résolutions des Bostoniens : tout article taxé venant de la Grande-Bretagne est repoussé des ports américains.

L'Angleterre devient alors menaçante ; elle fait des préparatifs de guerre qui ne font que hâter les progrès de la révolution. Un officier des douanes, nommé John Malcolm, veut récriminer un jour contre l'action populaire des habitants de Boston : on s'en saisit ; trois jours entiers il est exposé aux huées de la multitude ; on le traîne ensuite sur une charrette dans tous les quartiers de la ville après lui avoir goudronné toutes les parties du corps, et l'avoir ensuite roulé dans de la plume. La vindicte publique ne s'en tient pas à cette facétie ; le malheureux douanier est attaché par les bras à un gibet, fouetté de verges, et forcé de remercier le peuple de ce qu'il lui fait grâce de la vie. Pendant que ces excès se commettaient à Boston, les habitants des campagnes, irrités contre le gouverneur Hutchinson, promenaient son effigie dans un tombereau, et finissaient par la brûler au pied d'une potence. C'en est fait de la domination anglaise en Amérique ; les peuples ont jeté loin d'eux le fourreau de l'épée qu'ils ont tirée contre la métropole.

Ce n'est qu'à la fin de la présente année que le sort de M. le duc de Choiseul a été réglé, car on s'était contenté d'abord de l'exiler. En faisant remettre au roi sa démission par M. du Châtelet, qui lui avait de grandes obligations, ce ministre remit à la générosité de Sa Majesté la fixation des indemnités qu'elle croirait lui être dues.

M. du Châtelet agit activement et chaudement en faveur de Choiseul ; mais, comme les grâces sollicitées dépendaient en grande partie de M. d'Aiguillon, on conçoit que les affaires de son ennemi ne devaient pas aller vite. Las de tapisser infructueusement la galerie du château ou les antichambres du ministère, M. du Châtelet s'adressa à madame du Barry. « Revenez ce soir, lui dit cette favorite, le roi et » le ministre seront ici ; *je veux* que Sa Majesté en finisse. »

L'ami de M. de Choiseul n'eut garde de manquer au rendez-vous. Dès que madame du Barry l'aperçut, elle prit M. d'Aiguillon à part, et M. du Châtelet jugea par le feu de la pantomime que cette dame rompait rudement une lance contre la cuirasse d'inimitié de l'ancien gouverneur de la Bretagne. Enfin la solliciteuse quitta le ministre en disant assez haut pour être entendue de tout le salon : *Il faut bien que cela soit comme cela.* Elle s'approcha ensuite du roi, qui avait le coude appuyé sur le marbre de la cheminée, et lui ayant dit quelques mots à l'oreille, elle appela M. d'Aiguillon. Une conversation assez courte eut lieu à voix basse; puis Louis XV, quittant ses deux interlocuteurs, dit tout haut: *Soixante mille livres de pension et cent mille écus d'argent comptant.* M. d'Aiguillon marchant alors droit à M. du Châtelet, lui répéta avec une espèce de sourire: « Le roi » m'a chargé de vous dire, monsieur, qu'il accordait à M. de Choi- » seul soixante mille francs de pension sur la charge de colonel géné- » ral des Suisses, et cent mille écus d'argent comptant. »

On voit que madame du Barry a voulu avoir une page dans les fastes de la générosité: heureusement le genre d'injure que les fem- mes ne pardonnent jamais ne revint pas en ce moment à la pensée de la favorite; si elle se fût rappelé le mépris fait jadis de ses char- mes par M. de Choiseul, il n'avait peut-être ni pension ni argent comptant. La charge de colonel général des Suisses et Grisons est donnée à M. le comte d'Artois, qui n'est pas encore âgé de seize ans.

Je n'ai à mentionner que pour mémoire une malheureuse imita- tion de *Roméo et Juliette*, tragédie palpitante d'intérêt du grand Shakspeare, mise sur la scène française par M. Ducis. Ce toiseur dramatique, en refondant cet admirable sujet, a laissé au fond du creuset tout ce que le tragique anglais avait imaginé d'intentions tragiques et de tableaux délicieux. M. Ducis devrait se tenir pour dit qu'il n'est pas propre à transporter sur notre théâtre les chefs- d'œuvre de l'Angleterre. *Pierre le Cruel*, tragédie de M. de Belloy, n'a pas obtenu plus de succès que *Roméo et Juliette*; elle en méritait cependant davantage. Le caractère du Néron castillan est bien tracé; la pièce offre d'ailleurs, comme tous les ouvrages de l'auteur, de beaux vers et de beaux sentiments. Les Rouennais ont vengé l'auteur de l'indifférence des Parisiens. *Pierre le Cruel* a été goûté dans la patrie du grand Corneille: c'est un dédommagement digne d'être cité.

On a coutume de dire qu'il n'y a plus rien de neuf au théâtre; ce n'est pas toutefois une généralité sans exception, car j'ai vu le 30 no- vembre au Théâtre-Français une scène qui ne s'y était pas encore vue et qui ne se reproduira probablement jamais. On allait commen- cer la grande pièce: déjà la tête à perruque qui dirige l'orchestre criard de la Comédie-Française avait frappé trois coups d'archet sur le coin de son pupitre, lorsqu'un jeune homme placé à l'orchestre monte sur la banquette, se tourne vers le parterre et lui demande un moment d'audience. La nouveauté du spectacle excite la bonne humeur du public. « Accordé! s'écrie-t-on de toutes parts, parlez! » « — Messieurs, reprend l'orateur, je me nomme Billard, je suis » fils d'un secrétaire du roi, receveur des tailles, et ne me sentant » pas de goût pour être financier, je me suis fait poète; ce qui, comme » vous le savez, est tout à fait différent. Or vous saurez, messieurs, » qu'habitant la province, je suis venu à Paris tout exprès pour y » présenter aux comédiens une pièce de ma façon, intitulée *le* » *Suborneur*. Eh bien! cette pièce approuvée par une foule de con- » naisseurs, même indépendamment des courtisans de la table de » mon père, a été rejetée outrageusement par le sénat comique. C'est » une indignité, un déni de justice révoltant, et je veux vous en » faire juges, car le parterre est le seul tribunal compétent en pareille » matière. Permettez donc, messieurs, que je vous lise mon *Subor-* » *neur*; si vous trouvez l'ouvrage digne de vos suffrages, je saurai » bien, parbleu! forcer l'aréopage dramatique à le recevoir. »

Sur ce, M. Billard se mettait en devoir de dérouler son manuscrit, lorsqu'un sergent, qui ne trouvait pas sans doute le comité légale- ment convoqué, mit la main sur le collet de notre auteur et le con- duisit au corps de garde. Cette arrestation faite, *le Comte d'Essex* fut écouté tranquillement; mais quand M. Molé entra en scène pour commencer la petite pièce, il s'éleva du parterre un cri unanime pour redemander l'auteur du *Suborneur* et la lecture de sa pièce, au lieu de la représentation commencée. Le tumulte ne faisant qu'augmenter, et l'acteur confus ayant été forcé de se retirer, on fit entrer trente grenadiers dans le parterre pour y rétablir l'ordre. Plusieurs personnes furent arrêtées. Pendant ce temps M. Billard était toujours au corps de garde, où il voulait à toute force lire sa comédie aux soldats. Traité jusqu'à plus ample informé comme un maniaque, on l'a fait conduire à Charenton, et le calme s'est rétabli à la Comédie-Française.

La première vogue de l'an de grâce 1773 est le succès d'une ac- trice nommée mademoiselle Raucourt, élève de Brizard. La débu- tante est jeune, jolie et superbe femme, ce qui déjà prévient favo- rablement le public, et ses dispositions dramatiques font beaucoup d'honneur à son maître. Mademoiselle Raucourt a fait son premier début dans le rôle de Monine de *Mithridate*, où elle a enlevé tous les suffrages. Depuis lors une affluence prodigieuse se porte au Théâ- tre-Français chaque fois que la débutante joue; la curiosité qu'elle inspire est telle que plusieurs personnes ont été blessées aux portes de la comédie. Les billets de parterre se vendent jusqu'à douze francs.

Deux choses occupent le public à l'apparition d'une actrice: son jeu au théâtre et sa conduite dans le monde. Or les observateurs de la morale du tripot tiennent un bulletin suivi des mœurs de la jolie prêtresse de Melpomène: on sait déjà qu'un amateur a offert cent mille livres de ses prémices. L'offre était bien séduisante pour une vertu aux appointements de dix-huit cents francs, cependant l'élève

de Brizard a refusé. Il est vrai que son père lui a déclaré, dit-on, qu'il lui brûlerait la cervelle s'il apprenait qu'elle eût failli. Mais il faut qu'il l'apprenne, et l'on sait qu'en pareil cas

> La beauté ne sait pas prendre en main des trompettes,
> Et publier partout les faveurs qu'elle a faites.

On dit que la virginité de mademoiselle Raucourt reçoit journel- lement de terribles assauts; chaque jour de nouveaux offrants en- chérissent les uns sur les autres de subsides pour obtenir une capi- tulation de sagesse. Beaucoup de gens, qui ne savent pas que la fortune des actrices n'est construite que de faiblesses, conseillent à la débutante de tenir bon: parmi ces conseilleurs on s'étonne un peu de compter madame du Barry, que leurs amours sans scrupule portè- rent si haut sur leurs ailes. Peut-être doit-on voir un intérêt dans ces exhortations de la favorite: mademoiselle Raucourt a joué plu- sieurs fois à la cour, où elle a été vivement goûtée par le roi et par madame la Dauphine, et la comtesse s'arrange moins volontiers que madame de Pompadour du partage des bontés royales. Quant à Marie- Antoinette, les compliments, les caresses même qu'elle prodigue à la débutante ont donné lieu à une remarque que je note ici sans l'interpréter.

La princesse reçoit depuis quelques mois dans son intimité la plus secrète la jeune marquise de Langeac: des bruits étranges se répan- dent sur cette liaison, où la distance du rang paraît complétement oublié. Faut-il admettre tout ce que la chronique maligne répète mystérieusement à cet égard? Je ne le crois pas; mais le chagrin, les larmes, les vapeurs de madame de Langeac, à l'aspect du goût de la Dauphine pour mademoiselle Raucourt, sont des circonstances trop avérées pour qu'on puisse les nier.

La fibre vertueuse de l'actrice à la mode paraît vouloir se relâcher: elle accepte de petits soupers, avec d'autres femmes, il est vrai, mais quelles femmes! Durant ces parties du soir, le propos est bien leste, les vins sont bien capiteux, les liqueurs bien enivrantes, et dans nos petites maisons la table est si près du lit! Dans cette situation, où l'on ne peut déjà plus calculer au juste le danger que court la pudeur de notre bijou théâtral, on lui a fait offrir douze mille livres de pen- sion pour rester sage, à dire d'experts; ou, si elle préférait le plai- sir à cette prime annuelle de sagesse, vingt-quatre mille francs aussi de pension pour prix de la préférence dans l'adoption d'un amant. On ne sait pas encore quel parti prendra mademoiselle Raucourt; mais si, comme on le dit hautement à l'Œil-de-bœuf, l'offrant est M. le duc de Bourbon, il y a probabilité que les principes de la nymphe de théâtre ne tiendront pas contre une passion princière.

En attendant, un rimeur de la vieille école a voulu exprimer dans un sonnet la difficulté qu'on éprouve à la comédie pour trouver place dans la foule admiratrice des charmes et des talents de mademoi- selle Raucourt. Je copie la pièce:

> A vous claquer quand tout Paris s'empresse,
> Moi seul encor n'y suis point parvenu:
> Déjà trois fois, étouffé par la presse,
> J'ai vu la grille, et n'ai rien obtenu.
> J'entends vanter vos talents, votre grâce;
> De votre jeu l'on m'a peint la chaleur,
> Et, comme un autre, obtenant une place,
> J'eusse employé ma main de bien bon cœur
>   A vous claquer.
> Je sais qu'on peut, en triplant l'honoraire,
> Humaniser les traitants du parterre,
> Mais payer triple enfin m'a retenu.
> Eussiez-vous cru, jeune et faite pour plaire,
> Qu'on regrettât d'employer un écu
>   Pour vous claquer!

Piron, ce vétéran de nos poètes érotiques, eût applaudi, de sa vieille main longtemps pécheresse, ces vers dignes de lui. Mais, hélas! Piron est mort vers le milieu de janvier, et les souhaits de *bonne année* qu'il avait reçus se réaliseront dans un autre monde, si bonheur il y a. Quoi qu'il en soit, ce poète est mort comme il a vécu, c'est-à-dire impénitent et gai jusqu'à la folie. Le clergé a pourtant voulu ressaisir cette âme sur le penchant de l'abîme; im- possible! Rieuse, insensible à la remontrance, elle a glissé dans l'éternité sans confession et sans repentir. La veille du décès de notre vieux caustique, le curé de Saint-Roch l'exhortait encore, affectant de l'appeler *mon cher frère*. « Un frère, interrompit le moribond, je » n'en eus jamais qu'un, c'était une f..... bête; est-ce à ce titre que » vous voulez le remplacer? »

Piron, âgé de quatre-vingts ans, n'écrivait plus depuis longtemps; mais il formait quelquefois encore des gens de lettres, en les pré- munissant contre ce qu'il appelait le genre chatoyant. La guerre que cet écrivain faisait à la poésie où le vide de la pensée est rempli par des mots sonores lui avait attiré la haine irréconciliable de Voltaire; mais ce grand homme ne jouait pas à l'épigramme avec son rival, il eût été battu. L'auteur de *la Métromanie* ayant été appelé par le scrutin des immortels à l'un de leurs quarante fauteuils, un évêque, M. de Mirepoix, s'opposa à l'admission du rimeur qui fit l'*Ode à*

Priape. Il obtint alors une pension de cent pistoles, et se vengea du corps illustre par cette épigramme en forme d'épitaphe :

> Ci-gît Piron, qui ne fut rien,
> Pas même académicien.

L'Académie ne lui pardonna jamais cette malice : invitée à son enterrement, elle n'y envoya pas un seul de ses membres. Mais, si Piron peut rire encore dans le séjour qu'il habite, il a ri de cette rancune exercée contre son cadavre, et les deux vers resteront.

On devait représenter, au commencement du présent mois de février, une comédie de M. Caron de Beaumarchais, intitulée *le Barbier de Séville;* cette représentation est retardée par une aventure qui occupe en ce moment toute la capitale. L'auteur d'*Eugénie* est, ou du moins était fort lié avec M. le duc de Chaulnes, qui ne se faisait aucun scrupule de l'admettre chez mademoiselle Mesnard, sa maîtresse. Mais il est un bien qu'on ne partage point, même entre amis : le duc crut s'apercevoir que la belle recevait trop souvent et beaucoup trop intimement Beaumarchais. A l'amitié succéda soudain la plus violente jalousie; M. de Chaulnes voulait, sans le moindre retard, tuer son rival, pour être plus sûr qu'il ne le supplanterait pas. L'écrivain spirituel jura qu'il se défendrait bien. Un cartel, parti de l'hôtel du gentilhomme, parvint au roturier enrichi et décrassé. Mais le comte de la Tour du Pin, choisi pour juge du combat, n'ayant pu se rendre sur-le-champ à l'invitation, la fureur de M. de Chaulnes ne put souffrir ce retardement; il courut chez M. de Beaumarchais avec le projet de l'assommer dans sa propre maison. L'assailli, qui ne s'attendait nullement à cette attaque, fit néanmoins bonne contenance : il s'escrima de son mieux à coups de pied, à coups de poing. Malgré cette défense plébéienne, Caron allait être saisi à bout de bras par son adversaire, l'un des hommes les plus grands, les plus gros et les plus vigoureux de la cour. Changeant alors de tactique, l'assiégé se mit à jeter à la tête de l'assiégeant les livres de sa bibliothèque, près de laquelle il s'était retranché derrière des fauteuils. Beaumarchais avait deux mille volumes sous la main : les projectiles n'étaient pas près de lui manquer; il est vrai qu'il envoyait dans le camp de son ennemi des munitions que ce dernier lui renvoyait à l'instant. On ne sait réellement à qui la victoire fût demeurée, si un renfort de domestiques n'eût secouru l'assiégé. Le commissaire et le guet arrivèrent; on verbalisa. Il a fallu donner une garde de sûreté à M. de Beaumarchais, pour le garantir des fureurs du nouveau Roland, dont on cherche à calmer le transport martial, tandis que les répétitions du *Barbier de Séville* continuent.

Une anecdote sur le vieux maréchal de Richelieu fait diversion à celle que je viens de raconter dans tous les salons où l'on s'en égaye. On sait que le duc de Fronsac n'a pas tout le respect possible pour son père, et l'on peut aisément deviner pourquoi. Or il lui était arrivé, en arrière pourtant, de l'appeler c... pourri. C'était une allusion un peu crue à l'impureté du sang de M. le maréchal, laquelle l'oblige à se barder de rouelles de veau pour adoucir l'âcreté des dartres dont il a la peau couverte.

« Est-il vrai, monsieur, demanda l'un de ces matins le vieux duc au jeune, que vous ayez osé me qualifier de c... pourri?

— Ah! mon père, pouvez-vous croire qu'une aussi insolente vérité me soit échappée?

— La réponse est risible, et je vous la passe... Enfin le rapport est-il fondé?

— Je vous jure, monsieur le maréchal, qu'on m'a calomnié. J'ai seulement dit, étant un peu gris...

— Eh bien, vous avez dit...

— Qu'avec votre topique de veau vous ressembliez...

— A quoi, monsieur?

— A un bouquin relié en veau, mon père.

— En tout cas, mon fils, votre mère a donné dans votre personne une bien mauvaise édition de ce bouquin-là. »

Et la querelle en resta à ce bon mot, auquel Fronsac ne trouva pas de réponse. Il n'est pas encore académicien, lui, quoiqu'il ignore aussi complétement que son père les belles-lettres et l'orthographe.

Les intrigues du jour se pressent sous ma plume; je ne sais par où commencer, et, dans l'embarras de donner la priorité, je vais procéder par ordre de date.

Madame du Barry donna, le 1er mars, une fête charmante dans son joli pavillon de l'avenue de Versailles; il y a eu un spectacle composé des plus jolies pièces des trois théâtres : plus de cent comédiens, chanteurs et danseurs, y ont concouru. On parle beaucoup d'un gros œuf qui s'est trouvé au milieu du salon : la comtesse ayant été appelée pour l'ouvrir, à peine s'en est-elle approchée qu'on en a vu sortir Cupidon tout armé; ce qui a fait dire aux complaisants à gages mêlés dans la foule « qu'un seul des regards de la dame du lieu » suffisait pour faire éclore l'Amour... » Aux premiers pas que ce petit dieu a faits au sortir de sa coquille, il a laissé tomber son bandeau : allégorie soudain expliquée de la passion éclairée que Louis XV éprouve pour la favorite.

Ce jour-là du moins la passion du roi avait vu clair en effet, car il ne s'était point rendu à la fête de sa maîtresse et s'était épargné ainsi un ridicule. Il n'y avait au pavillon de madame du Barry que *quinze* seigneurs de la cour et *quatorze* femmes titrées; les faiseurs de bons mots ont arrangé cela ainsi : « La comtesse avait une *quinte* » de valets et un *quatorze* de dames; mais, ayant *écarté son roi*, elle » a été *capot*. » Le capot c'est le dépit que madame du Barry a ressenti lorsqu'elle a su que Sa Majesté ne paraîtrait pas à sa soirée.

Le 1er mars, des dames illustres courtisaient une beauté partie, il y a peu d'années, d'une maison de prostitution; et le 3, des princesses traînaient leur illustration dans la fange du scandale au bal de l'Opéra. Le chevalier de Coigny, qui en ce moment est le gentilhomme le plus convoité par les beautés titrées, a eu simultanément la princesse d'Henin et une dame de Martinville, femme d'un fermier général. Bientôt ce galant a courtisé madame la duchesse de Bourbon et lui a sacrifié ses deux précédentes conquêtes. Ainsi délaissée, madame d'Henin, masquée jusqu'aux dents, rencontre au bal du lundi gras madame de Bourbon, aussi masquée, mais qu'elle avait parfaitement reconnue. Feignant de prendre cette princesse du sang pour la financière, la belle abandonnée s'en approche.

« J'ai un compliment à vous faire, madame de Martinville, lui dit-elle avec ironie, M. de Coigny ne pouvait pas mieux faire que de quitter une d'Henin pour un aussi joli minois que le vôtre.

— Vous vous trompez, beau masque, répond madame de Bourbon émue, je ne suis point madame de Martinville.

— A d'autres! la modestie est belle, mais une conquête comme celle de M. de Coigny mérite bien qu'on en soit fière.

— Je vous le répète, vos présomptions se méprennent complétement; et d'ailleurs, permettez-moi de vous le dire, vous hasardez des confidences trop dangereuses.

— Bah! tout peut se dire en carnaval... Je disais donc que M. de Coigny, en vous offrant ses hommages, chère dame de Martinville, a fait preuve d'excellent goût; jugez de ma surprise quand on m'a dit qu'il vous négligeait pour madame la duchesse de Bourbon. Sans doute c'est une dame fort recommandable par la naissance, par les qualités du cœur et de l'esprit, mais...

— De grâce, cessez cette conversation...

— Non, non, c'est être trop modeste, je veux vous dire que madame de Bourbon est pleine de défauts dans sa personne... »

Et la jalouse d'Henin est entrée ici dans un détail humiliant et très-exagéré, selon l'usage d'une rivalité envenimée; ce à quoi la duchesse a répondu par des demi-mots embarrassés, par de nouvelles dénégations, par des soupirs. Enfin la maligne princesse, s'éloignant tout à coup de sa rivale, lui a jeté du sein de la foule ces dernières paroles :

« Vous avez beau vous contrefaire, beau masque, entre *catins* nous » nous connaissons toutes. » A ces mots, elle s'est perdue dans la cohue masquée.

On voit que les beautés les plus nobles auraient à faire d'importantes confessions pour arriver en état de grâce dans l'autre monde si la comète qui nous approxime en ce moment devait, comme on le fait craindre aux âmes timorées, heurter d'un coup de queue funeste notre petit globe terraqué. On rapporte qu'à Evreux la terreur d'une fin prochaine a produit beaucoup de réconciliations entre plaideurs normands, plus encore de raccommodements conjugaux, et des actes innombrables de contrition. Mais d'un autre côté la peur a été si forte dans cette ville, que plusieurs femmes enceintes ont avorté. Or, comme il est du devoir de la religion de conserver les moyens reproductifs de l'humanité jusqu'à ce qu'il soit tout à fait décidé que le Père éternel en veut finir avec nous, le curé d'Evreux est monté en chaire et a déclaré que l'espèce humaine avait obtenu un sursis jusqu'en 1790.

Le gouvernement, frappé des effets déplorables produits par l'attente de la comète dont l'approche était annoncée par M. de Lalande, a prescrit à l'Académie des sciences la rédaction d'un mémoire qui démentît les présomptions de cet astronome. Le corps savant a répondu « que le travail de M. de Lalande n'étant qu'hypothétique, » quoique fondé sur des possibilités, on ne pouvait désavouer des » principes reconnus en astronomie; qu'on pouvait tout au plus éta- » blir des possibilités contraires, mais sans détruire *les autres* : ce » qui produirait un plus mauvais effet, en confirmant ce que M. de » Lalande a avancé. »

L'Académie des sciences s'occupe depuis quelque temps d'un objet plus utile. Vers la fin du ministère de M. de Choiseul un novateur dont j'ignore le nom avait adapté une machine à feu à des chariots d'artillerie, qui, au moyen de ce moteur, roulaient avec une incroyable rapidité. Quelques expériences en furent faites à l'arsenal; mais les officiers de l'artillerie et du génie restèrent d'accord que ce procédé de locomotion était dangereux. Cette année, on s'est imaginé de poser une machine de cette espèce sur un bateau qui à l'aide de roues latérales remonte un fleuve avec vélocité sans le secours des chevaux. Telle est la découverte, ou plutôt l'*importation*, qu'examine en ce moment l'Académie : je dis importation, car on sait que depuis l'année 1717 les Américains naviguent sur leurs grandes rivières par la puissance de l'eau vaporisée et comprimée.

C'en est fait, la brave nation polonaise, déchirée par un démembrement d'une audace inouïe, est descendue du premier rang des puissances au dernier. Une diète convoquée forcément par le malheureux roi, sous l'influence armée des spoliateurs, a dû ratifier, au mois d'avril, dans un traité solennel, le partage ou plutôt le vol de territoire dont j'ai parlé ; et cela sous peine de voir dévaster le faible royaume laissé au monarque polonais. Bien plus, les souverains envahisseurs, en dictant un projet de constitution à ce lambeau de la vieille Pologne, ont ménagé un germe permanent de division entre le pouvoir législatif et l'autorité exécutive ; politique atroce, qui rend la force publique sans cohérence, et conséquemment sans danger pour les dominateurs étrangers.

Par ce démembrement, que la France envisage avec une méprisable indifférence, la Russie conquiert cependant trois mille quatre cents lieues carrées ; l'Autriche s'agrandit de deux mille sept cents lieues, et la Prusse s'attribue environ mille lieues dans la partie la plus riche du pays. Ainsi, et la postérité le croira difficilement, on arrache à la Pologne, sans guerre, sans la moindre provocation de sa part, sans même qu'on puisse alléguer un motif raisonnable, plus de sept mille lieues carrées. Et cet attentat, dont on ne trouve pas un exemple dans les annales du monde, n'excite en Europe que de vaines clameurs... Détournons les yeux de cette horrible profanation.

A titre de compensation, on vient de recevoir la nouvelle que, par un bref en date du 21 juillet de la présente année 1773, le sage Clément XIV a supprimé l'ordre des jésuites, qui n'était encore qu'interdit dans les États de la chrétienté. Mais l'impératrice Catherine, qui veut faire parler d'elle à tout prix, offre un asile à ces dangereux sectaires. Si elle croit échapper à leurs coups secrets, que ne suspendit jamais la reconnaissance, elle se trompe : de plus puissants qu'elle y ont succombé.

Maintenant Catherine II, qui recueille dans son vaste empire les ennemis secrets de la philosophie, peut-elle être considérée comme philosophe ? Je n'oserais dire que non, quand je vois un de nos modernes Platons, M. de Voltaire, rendre sa sagesse souple comme un gant pour flatter madame du Barry. C'est une correspondance fort curieuse que les lettres écrites par le patriarche de Ferney à cette maîtresse de Louis XV. On m'en a montré hier deux qui vont être un trophée pour les filles publiques ; je parierais que plus d'une en fera encadrer la copie. Dans l'une de ces galantes missives, Voltaire compare la favorite à la nymphe *Égérie*, comme si elle eût suggéré à son *Numa* les plus belles inspirations pour la formation de ses lois, pour le gouvernement de l'État, et sans doute aussi pour l'heureuse création du *parlement Maupeou*... Le pourquoi de cette plate adulation, c'est que le panégyriste voudrait faire jouer son opéra de *Pandore* à l'époque, assez prochaine, dit-on, du mariage de M. le comte d'Artois. Passons à la seconde lettre, et copions-en la première moitié :

« Madame,

» M. de la Borde m'a dit que vous lui aviez ordonné de m'embrasser des deux côtés de votre part.

» Quoi ! deux baisers sur la fin de ma vie !
» Quel passe-port vous daignez m'envoyer !
» Deux, c'en est trop, adorable Égérie,
» Je serais mort de plaisir au premier.

» Il m'a montré votre portrait ; ne vous fâchez pas, madame, si j'ai pris la liberté de lui rendre les deux baisers.

» Vous ne pouvez empêcher cet hommage,
» Faible tribut de quiconque a des yeux :
» C'est aux mortels d'adorer votre image ;
» L'original était fait pour les dieux ! »

Le 16 novembre, M. le comte d'Artois a épousé, dans la chapelle de Versailles, la princesse Marie-Thérèse de Savoie. Son Altesse royale a de fort jolis traits, pris en général, mais elle est extrêmement petite. Plus jeune un peu que le prince son époux, elle semble d'une grande timidité, et l'on s'accorde à louer sa décence et sa douceur.

Ce sont des détails bien usés que ceux des fêtes auxquelles donne lieu le mariage des princes, et je passerais tout à fait sous silence celles des noces de M. d'Artois si quelques circonstances singulières ne s'y rattachaient pas.

La beauté du banquet royal donné à cette occasion surpassait vraiment tout ce que jusqu'à ce jour on a vu dans ce genre. On a particulièrement admiré un surtout imaginé par M. Arnoux, machiniste de la cour. Le milieu offrait une rivière, qui a coulé pendant tout le repas, couverte de bateaux sur lesquels on remarquait de petits automates rendus mobiles par des ressorts ingénieux. Sur les bords du fleuve se balançaient des arbres ombrageant de fort jolis paysages. La seule famille royale et les princes du sang étaient à table ; mais tout ce que la cour comprend d'illustre et d'opulent ceignait les augustes convives d'une double haie de courtisans étincelante de pierreries. En face de Sa Majesté, madame du Barry, placée parmi les spectateurs, était radieuse comme le soleil : elle seule avait dans sa

parure pour cinq millions de diamants. Le roi semblait la contempler avec délices, et, ramenant sans cesse sur elle un regard langoureux, lui faisait des mines remarquables. On voyait que le monarque s'efforçait de démentir par une bienveillance publique les bruits de défaveur qui ont couru sur cette dame.

Quatre jours après le banquet royal, et tandis qu'on faisait dans la grande galerie les apprêts d'un bal masqué, il s'est passé chez madame du Barry un événement aussi lugubre qu'inattendu. La favorite avait fait accepter au roi un souper délicat ; Sa Majesté dit au marquis de Chauvelin, l'un de ses favoris intimes, que la comtesse l'invitait à ce repas du soir. Ce seigneur, en acceptant avec reconnaissance, pria Sa Majesté de permettre qu'il ne mangeât point, se sentant un peu incommodé. En effet, M. de Chauvelin ne mangea que deux pommes cuites au souper ; après lequel il fit la partie de whist de Sa Majesté. Cette partie terminée, il se leva, et alla s'appuyer sur le dos du fauteuil de madame de Mirepoix, qui jouait à une autre table. M. de Chauvelin riait encore de quelques saillies aimables que la maréchale venait de lui adresser, lorsque Louis XV, qui crut remarquer de l'altération sur les traits du marquis, lui demanda s'il ne se trouvait pas plus incommodé.... Chauvelin ne put répondre : le roi parlait encore que ce gentilhomme tombait de toute sa hauteur sur le parquet... On courut à lui ; il était mort.

Une nuée de médecins s'abattit soudain dans l'appartement ; mais en vain tous les secours de l'art furent prodigués à un cadavre, et MM. de la Faculté ne servirent en ce moment qu'à frapper dans les mains des belles évanouies et à leur faire respirer des sels.

Ce M. de Chauvelin est le même qui fut envoyé en Corse pour soumettre les insulaires de cette île ; on sait que sa campagne ne fut pas brillante, et lui-même avouait qu'il n'était nullement général. Mais le marquis avait de l'esprit et possédait les belles traditions de la cour de Louis XIV : il est mort à son poste de courtisan.

Au bal masqué, la cohue était telle, que madame du Barry, pressée par la foule, où, dit-on, s'était mêlé bon nombre de filous, allait être renversée, foulée aux pieds et sans doute volée, lorsqu'un masque en domino noir s'élance, la saisit, l'enlève et la transporte saine et sauve auprès du roi. Sa Majesté lui demande qui il est, ce qu'il veut ; le libérateur répond qu'il n'est rien et ne veut rien. La favorite insiste pour connaître l'homme généreux à qui elle doit la vie ; Louis XV joint ses instances à celles de sa maîtresse.

L'inconnu détache alors son masque et montre un beau jeune homme brun, âgé de dix-neuf à vingt ans. La comtesse ne dit pas en ce moment quel genre de récompense elle eût volontiers accordé à ce joli garçon, mais un œil exercé eût pu le deviner. Il se nomme Quinquet, et son état, plus que modeste, est celui de premier clerc d'un procureur de Paris. Depuis lors, madame du Barry presse vivement Sa Majesté de faire la fortune du sieur Quinquet ; il a déjà, dit-on, une pension de six mille livres sur la cassette, et l'on assure que ce n'est là que le prélude des grâces qu'il doit obtenir. Six mille francs de rente viagère pour avoir empêché qu'on ne marchât sur les pieds d'une fille ! Il est vrai que l'on donne bien deux mille livres de pension à un colonel après trente ans de service... C'est une belle chose que la cour !

Nous avons vu cette année une singularité au Théâtre-Français, et je crois que c'est la première de ce genre qui ait été offerte sur notre scène : une tragédie de M. Dorat, *Régulus*, et une comédie du même auteur, *la Feinte par amour*, ont été jouées pour la première fois le même jour. Il y a beaucoup d'esprit dans le dernier de ces ouvrages, et c'est fort bien ; mais on aurait voulu que l'auteur en mît un peu moins dans le premier : il faut que chaque chose soit à sa place. L'oreille et le goût repoussent ces petits vers de toilette débités par des sénateurs romains, mais surtout par ce Régulus qui nous apparaît dans les siècles comme l'une des plus grandes figures historiques. Les deux nouveautés de M. Dorat ont réussi, la comédie seule méritait de réussir ; et quant à la tragédie, peut-être en sera-t-on réduit à regretter le *Régulus* de Pradon. C'est une triste extrémité.

<h2 style="text-align:center">CHAPITRE XXXVII.</h2>

1774.

JUSQU'AU 10 MAI INCLUSIVEMENT.

L'épée sanglante. — Le *fretin* de la magistrature. — Le suisse de M. de Monteynard. — Les bals de la Dauphine. — Le Dauphin danseur maladroit. — L'Élysée du bailli de Fleury. — Apparition de *Dumouriez*. — Guerre musicale. *Gluck et Piccini*. — *Iphigénie en Aulide*, opéra de Gluck. — Réforme dans les mœurs de l'Opéra. — Gentille filouterie de quelques grands seigneurs. — Les poufs au sentiment. — Maladie de Louis XV. — Sa mort. — Désertion des courtisans. — Convoi en poste. — Résumé du règne de Louis XV.

Les éphémérides de la cour se sont ouvertes cette année par un événement tragique, avec une circonstance digne de la barbarie des vieux temps. M. le Prêtre de la Martière avait acquis la cruelle conviction que sa femme, jolie et encore jeune Provençale, préférait aux chastes douceurs de l'hymen les transports plus fougueux de l'amour, et que M. de Gamaches était l'heureux mortel qu'elle favorisait. Il paraît que l'époux trahi se montra quelque temps assez modéré pour se borner à faire des remontrances à sa galante moitié ; mais faites donc entendre la voix de la raison quand gronde l'orage des passions ! Enfin, las de perdre son temps en représentations inutiles, M. de la Martière provoque Gamaches et le tue. Rentré chez lui, le vainqueur tire froidement son épée teinte de sang, et la montrant à sa femme, lui dit d'une voix sombre : « Vous l'avez voulu, madame, » reconnaissez ce sang ! » A ces mots l'épouse adultère tombe évanouie. Depuis lors, elle est tour à tour frappée de visions sanglantes, d'accès de repentir et de transports religieux : on l'entend demander alternativement son amant, son mari et son confesseur. M. de la Martière s'était soustrait, dans le premier moment, aux recherches de la famille du défunt ; mais le roi ayant ordonné qu'on répandit la nouvelle que M. de Gamaches est mort d'un coup de sang, son

Madame de Moutesson.

meurtrier a pu reparaître hier. Il se consume en petits soins auprès de sa femme ; néanmoins elle demande avec instance un cloître, et l'on croit que les Carmélites, refuge ordinaire des amours sans espoir, recevront cette beauté plus affligée, dit-on, de la perte de ses plaisirs que de celle de son bonheur.

Les parlements de la création de notre chancelier occupent encore l'attention publique quoiqu'ils datent déjà d'une année. On parlait dernièrement de ces compagnies devant M. de Maupeou, que des flatteurs serviles félicitaient d'avoir si promptement réussi à refondre la magistrature. « J'avoue, dit-il, que je n'aurais pas cru en être » quitte aussi vite, et trouver autant de sujets qui s'enrôlassent sous » mes nouvelles bannières. — Moi je m'y attendais bien, monsieur » le chancelier, dit un jeune seigneur en pirouettant sur le talon, » quand on veut empoissonner un étang on ne manque jamais de » *fretin*. »

Une autre nouvelle du jour, c'est que M. de Monteynard, ministre de la guerre, a cessé de faire partie du conseil. M. le duc de la Vrillière fut chargé, lundi dernier, d'aller lui redemander son portefeuille, que Sa Majesté a confié, par intérim, à M. le duc d'Aiguillon. On ignore la cause de cette disgrâce ; mais elle était prévue par M. de Monteynard, et même par ses domestiques ; car le suisse, en voyant entrer le duc de la Vrillière, se hasarda à lui dire : « Mon» seigneur, je crains bien que vous ne nous apportiez une mauvaise » nouvelle. — Tu as raison, mon ami, répondit le messager, par ré» ciprocité d'indiscrétion. » N'aurait-on pas découvert quelque peccadille financière dans la gestion du ministre disgracié ? L'abbé Terray a demandé au roi la permission de présider six mois aux fonds de la guerre... Cela rappelle, en tout cas, le pélican de la fable, qui, pour gouverner plus régulièrement les grenouilles, commençait par les avaler.

Les bals se multiplient à la cour depuis que nous avons trois jeunes princesses. La Dauphine surtout est folle de la danse, qui sied bien à sa taille souple et déliée. M. le Dauphin n'est pas aussi heureusement taillé pour cet exercice gracieux. Il s'y livre cependant, afin de plaire à sa femme, mais laborieusement, et après avoir répété les contredanses à huis clos. Ce genre de répétition a donné lieu, l'un de ces matins, à une scène assez peu royale entre l'héritier présomptif de la couronne et le comte d'Artois. Le danseur inhabile, ayant fait défendre expressément sa porte, sans aucune exception, s'exerçait de son mieux, au son de la *pochette*, et en suant à grosses gouttes. Tout à coup un sifflet fort aigu se fait entendre ; Son Altesse dansante lève les yeux et reconnaît son plus jeune frère, qui le sifflait d'une tribune. M. de Berri, indigné, a menacé du poing le critique irrévérencieux. Bien plus, ayant rencontré M. d'Artois, quelques heures après dans la galerie, Son Altesse Royale, à l'extrême de son droit d'aînesse, allait atteindre à bout de pied son frère, lorsqu'un gentilhomme de la chambre en s'interposant entre les dissidents sauva le siffleur de l'empreinte humiliante d'un coup de pied au derrière. On parvint aisément à réconcilier les deux princes ; mais la bonté naturelle du cœur de M. le Dauphin, proclamée par tous ceux qui approchent de sa personne, ne rassure pas complétement la nation sur le caractère entier et violent dont il suit trop souvent l'impulsion. On pourrait se consoler d'être gouverné par un monarque qui n'aurait une vocation bien décidée que pour la serrurerie ; mais il serait affligeant que le prince du peuple le plus civilisé de la terre eût décidément l'humeur d'un compagnon forgeron.

Revenant à nos soirées dansantes, je me hâte de citer les deux bals donnés coup sur coup par M. le bailli de Fleury, ambassadeur de Malte. Tout était extraordinaire à la première de ces fêtes : par une bizarrerie tout à fait originale, le Maltais avait fait de son hôtel et de ses jardins l'enfer du paganisme. Pour arriver au séjour des bienheureux, les convives durent passer le Styx, figuré par un canal de bois où l'on avait versé près de mille voies d'eau, et qu'un Caron

Piron.

emprunté aux figurants de l'Opéra faisait traverser d'un air fort gracieux. On entrevoyait seulement un Phlégéthon où l'on brûla plus d'une tonne d'esprit-de-vin et sur les bords duquel se trémoussaient des diables de très-bonne composition. Après avoir traversé ces lieux redoutables au retentissement de bruits souterrains non moins terribles, on apercevait enfin les Champs-Elysées dans une partie du jardin délicieusement éclairée ; l'attentif ordonnateur y avait ménagé quelques sombres ombrages pour les *âmes* méditatives. Mais, comme M. de Fleury savait bien qu'il n'avait pas affaire à des ombres, des collations exquises et permanentes étaient servies dans toutes les parties de cet heureux séjour. La société était on ne peut mieux choisie : point de filles, point de femmes entretenues, pas même mesdemoiselles Guimard et Duthé... Cependant la médisance, peut-être la calomnie, a répandu le bruit que les *ombrages sombres* n'ont pas été fréquentés uniquement par les promeneurs réfléchis. Quoi qu'il en soit, la fête a paru si charmante à madame la Dauphine, qu'elle en a demandé une seconde représentation, ce à quoi M. le bailli de Fleury s'est hâté d'obtempérer; mais il a poussé un gros soupir quand il a fallu tirer quarante mille livres de son coffre-fort pour acquitter les dépenses de cette double féerie.

On parle beaucoup à la cour d'un jeune officier qui porte en lui, dit-on, le germe de la haute pensée militaire, qui montre un esprit subtil, une imagination ardente, et que sa valeur pendant la dernière guerre a fait distinguer à tel point, que la croix de Saint-Louis lui a été donnée quoiqu'il eût moins de vingt et un ans. Cet officier, nommé *Dumourier*, avait été envoyé en Pologne par le duc de Choiseul pour y observer de près les intrigues russes et mettre le cabinet de Versailles à même de les arrêter si elles allaient trop loin : car tel était le projet de ce ministre distingué, lorsque sa disgrâce attira sur ce côté une humiliation de plus à la France. Au commencement du ministère indécis et faible de M. d'Aiguillon, Dumourier, dont le duc craignait le caractère ardent, fut rappelé et remplacé par M. de Viomesnil homme sans vues et mou. Plus tard, M. de Monteynard l'envoya à Hambourg sans mission déterminée et peut-être pour se débarrasser d'un homme si remuant. C'est là que Dumourier fut arrêté l'année dernière par ordre de la cour tandis qu'on arrêtait en même temps à Paris un M. Favier, ancien commis des affaires étrangères, et un M. de Ségur, capitaine de cavalerie. Il y avait, assure-t-on, entre ces messieurs un foyer d'intrigues auquel le comte de Broglie ne paraissait pas étranger, et qui aurait tendu à allumer une guerre dans le Nord, malgré les humbles efforts de M. le duc d'Aiguillon. Les trois agents de ce comité martial sont à la Bastille; on instruit sur leur conduite. Déjà l'on a intercepté leur correspondance, où les ministres ne sont point ménagés, et dans laquelle M. de Boines est habituellement qualifié de *tête de bois*. Néanmoins la sévérité du pouvoir ne paraît pas devoir être extrême, car on parle de l'élargissement prochain des accusés, et M. d'Aiguillon a même dit qu'il se proposait d'employer M. Dumourier. C'est d'une grande âme ou d'une âme bien craintive.

a pris l'initiative sur son rival par un grand opéra, tandis que Piccini vit encore sur sa réputation d'Italie.

M. Gluck a senti qu'organisés bien différemment que les Italiens, les Français ont besoin pour être intéressés de sujets qui parviennent en même temps à l'oreille et au cœur. Ce compositeur profond n'a pas pensé, d'ailleurs, que notre langue fût, comme on l'a dit jusqu'à satiété, incompatible avec la musique la plus riche de modulations. Un homme d'esprit et de goût, qui avait bien compris la pensée de Gluck, a cru trouver dans l'*Iphigénie* de Racine une action appropriée à ses vues; en conséquence cet écrivain s'est mis en devoir de mutiler ce beau sujet, mais sans trop de disgrâce, sans blesser trop profondément la muse tragique. Dans ce travail l'épisode d'*Eriphile* a disparu : la fable en est devenue plus rapide, et le dénoûment a été produit avec bonheur sous la forme d'un tableau. Ces divers changements ont permis au compositeur des mouvements tour à tour passionnés, orageux même, et des morceaux remplis de grâce et de suavité. Le succès a été brillant, sans toutefois être unanime : la cabale du Barry jouait son rôle. Madame la Dauphine, qui connaissait cette opposition, s'est démenée dans sa loge comme un petit lutin pour faire triompher son protégé de la malveillance du parti rival; elle a été bien secondée par le Dauphin, le comte et la comtesse de Provence, le comte et la comtesse d'Artois, les duchesses de Chartres et de Bourbon, la princesse de Lamballe, les autres princes, les ministres et une partie de la cour. Marie-Antoinette, à moitié sortie de sa loge, donnait le signal des applaudissements, et tout ce qui n'eût pas battu des mains eût encouru sa disgrâce.

Le succès du chevalier Gluck, quoique très-éclatant, fait moins de sensation à Paris que la réforme intempestive survenue dans les habitudes de l'Opéra. Jusqu'ici les amateurs du magasin entrèrent librement dans les loges ou dans le foyer des actrices avant et pendant les représentations; c'était un spectacle enchanteur pour nos égrillards de voir habiller ces beautés faciles, et de jouir des échappées de vue délicieuses que ménageaient leurs distractions étudiées. De plus, les galants propres à l'impromptu pouvaient conduire à fin plus d'une aventure dans ce marché ouvert d'appas à vendre ou à louer. Une ordonnance royale du 5 avril défend à l'avenir l'entrée des loges ou foyer à toute personne étrangère au service, et ce pour la conservation *de la décence et des bonnes mœurs du lieu.* Ces dames seront donc obligées de réserver pour des tête-à-tête chez elles le spectacle de leurs charmes secrets, ce qui excite à l'Opéra une rumeur unanime contre le ministère.

Mais ce qui provoque l'indignation du public avec plus de raison, c'est le renvoi de mademoiselle Allard, que les directeurs ont réformée au beau milieu de son succès dansant. Ils ont prétendu qu'elle était devenue trop épaisse; qu'ayant d'ailleurs l'habitude de faire deux enfants dans l'espace de dix-huit mois, elle se trouvait presque toujours hors d'état de remplir ses obligations. Ce dernier motif a produit une vraie révolution au magasin : toutes les actrices se trouvent ainsi atteintes dans leur plus chère prérogative; elles réclament hautement contre une mesure qui tendrait à leur interdire une liberté qui intéresse leurs plaisirs et leur fortune. On parle d'un placet où ces dames demanderont explicitement la conservation du libre arbitre de la maternité.

Privés de la collection de beautés qu'ils trouvaient chaque soir à l'Opéra, les oiseaux voyageurs de la galanterie se sont rabattus sur les maisons où l'on vend du bonheur à tout venant. Mais tous ne se montrent pas généreux dans le prix qu'ils y mettent : voici même un trait

Louis XVI.

Les rivalités politiques, les rivalités religieuses, voire même celles qu'excite la beauté, sont en ce moment loin des têtes parisiennes. Tout ce qui porte une fibre musicale se range dans les deux camps harmoniques où *Gluck* d'une part et *Piccini* de l'autre ont planté leurs bannières. Le chevalier Gluck est un compositeur allemand sorti de l'école de Naples, foyer d'où s'élancèrent les Pergolèse, les Orlandini, pour inonder jadis le monde d'une délicieuse harmonie. L'Orphée germain débuta à Rome, il y a dix-huit ans, par deux opéras qui enlevèrent tous les suffrages difficiles de cette contrée, dont les autres pays adoptent avec respect les jugements. Devenu célèbre à la cour de Vienne, Gluck y obtint dans ces derniers temps la protection de Marie-Antoinette, et c'est elle qui vient de l'appeler en France. Madame la Dauphine se plaçant ainsi à la tête d'une secte musicale, on fit entendre à madame du Barry, qui ne connaissait pas une note, mais qui dans toute occasion voulait élever autel contre autel avec Son Altesse royale, on lui fit entendre, dis-je, qu'elle ne pouvait se dispenser d'avoir aussi son compositeur. En conséquence, un ambassadeur parti du boudoir de la favorite franchit les Alpes avec la mission d'amener à tout prix d'Italie M. *Piccini* musicien non moins illustre que M. *Gluck*. Les deux rivaux seront bientôt en présence aux bords de la Seine; ils accordent leur lyre pour provoquer un jugement... de Midas peut-être.

Mais Gluck a fait plus que des accords de prélude en France : il de lésine érotique qui fait beaucoup de bruit dans le monde. Les rapports secrets de la police nomment onze princes ou seigneurs de haute volée, qui l'une de ces nuits se rendirent chez la Brissaut et lui prescrivirent de leur donner à souper. Cette femme se piqua de faire joliment les choses : le repas fut délicat; les vins exquis n'y furent point épargnés, et onze filles charmantes les versèrent en *Hébés* fort exercées. Les chants, le vocabulaire des voluptés, les complaisances de la beauté firent de cette soirée une bacchanale complète, et la dame Brissaut riait sous cape du produit qu'elle en allait tirer. Vers trois heures du matin, les bougies finissant, les flacons étant vides et les paupières s'appesantissant, on se lève de table, on cherche les chapeaux et les épées jetés çà et là dans la chambre; puis, l'un des seigneurs s'approchant de l'hôtesse, lui glisse neuf louis dans la main. « Pas mal pour un, » se dit-elle en attendant que les autres suivissent cet exemple; mais ils n'en firent rien. Leur troupe bruyante s'écoula sans qu'aucun d'eux mît la main au gousset... La Brissaut, immobile, la main tendue, l'air hébété, ressemblait à l'une des femmes de *la Belle au bois dormant* après le coup de baguette fatal; une de ses pensionnaires dut la tirer de cet état de stupeur. « Par exemple ! » dit-elle enfin; mais ce fut tout : l'étonnement, la cupidité trompée avaient paralysé sa langue. On assure que cette malheureuse en sera pour quarante louis de son argent; une autre fois, sans doute, elle s'en rapportera moins aux garanties de la haute naissance. Cette aventure partage avec les *poufs au sentiment* tous les honneurs de la poésie épigrammatique du jour.

Il faut convenir que les *poufs au sentiment* méritent cette célébrité maligne plutôt que la vogue qu'ils obtiennent. C'est une coiffure présentant la plus singulière, la plus étrange combinaison de tout ce qui plaît à la dame qui s'en affuble, mais surtout de ce qui touche son cœur. Je vais donner la description du *pouf* que madame la duchesse de Chartres avait dernièrement à l'Opéra; cette esquisse rendra sensible une définition qu'il serait difficile de faire comprendre autrement. On voyait sur la tête de Son Altesse Sérénissime une femme assise dans un fauteuil et tenant un nourrisson : ce qui désignait M. le duc de Valois et sa nourrice. A droite, un perroquet, oiseau chéri de la princesse, becquetait une cerise; à gauche se tenait un petit nègre, image en miniature de celui que madame de Chartres affectionne. Du reste, l'édifice se composait de touffes de cheveux appartenant à M. le duc de Chartres, à M. le duc de Penthièvre, à M. le duc d'Orléans, disposées avec coquetterie entre des bandes de gaze mêlées de pierreries et de fleurs. Le tout formait une coiffure tellement haute, tellement volumineuse, qu'elle remplissait, à peu d'espace près, le devant de la loge. Toutes nos dames raffolent des *poufs au sentiment;* chacune s'ingénie pour agencer dans le sien les objets qu'elle aime. Mais à cet égard plus d'une beauté titrée éprouve un grand embarras : le goût a limité à trois ou quatre les figures qui doivent entrer dans un *pouf*, et cette proportion est loin de représenter le nombre des favoris d'une femme un peu répandue. Il y a des dames amies de la belle nature qui portent sur leurs têtes de jolis paysages, des sites boisés; d'autres préfèrent des chasses au vol ou au tir : on voit se balancer dans leur chevelure des sangliers, des daims, des cerfs, des maris poursuivant le tout. En un mot, c'est un délire que cette mode.

Au milieu de ces folies, la cour vient d'apprendre que le roi, hier à son retour du petit Trianon, a été saisi d'une forte fièvre : je donnerai des bulletins de la maladie de Sa Majesté, si elle continue.

29 *avril.* L'indisposition de Louis XV paraît prendre un caractère assez grave : les médecins croient y apercevoir des germes de la petite vérole, maladie que le roi eut cependant au mois d'octobre de l'année 1728. Mais la Faculté pense presque généralement qu'on peut en être atteint deux et jusqu'à trois fois. On explique diversement la nouvelle invasion qui menace Sa Majesté; je mentionnerai d'abord la version officielle. Le monarque, pendant une de ses chasses, disent les propagateurs de cette version, s'étant approché d'un convoi funéraire, demanda qui l'on allait enterrer. On lui répondit que c'était une jeune fille morte de la petite vérole. Frappé involontairement par cette réponse, il rentre au château, mélancolique, soucieux et déjà souffrant; le lendemain la fièvre se déclare. Voilà ce qu'on raconte tout haut; mais voici ce qu'on se dit à l'oreille avec beaucoup plus de raison, car c'est la vérité. Louis XV a été vivement affecté de la mort subite du marquis de Chauvelin et de celle non moins rapide du maréchal d'Armantières. Ces deux événements, arrivés à peu de distance l'un de l'autre, laissaient dans l'esprit de Sa Majesté une impression profonde de tristesse, peut-être de terreur. Madame du Barry redoublait d'efforts pour dissiper ce nuage moral, lorsqu'on lui rapporta qu'en traversant un village des environs de Versailles le roi avait paru voir avec quelque plaisir la fille d'un menuisier, jeune personne de treize ou quatorze ans remplie de grâces et de gentillesse. La comtesse ordonne d'enlever cette enfant; on l'amène à Trianon, on la décrasse, on la parfume, et Louis XV la trouve dans son lit. La conquête eût été difficile pour un conquérant entré dans sa soixante-cinquième année, si des confortatifs violents ne l'eussent aidé dans cette victoire plus laborieuse que satisfaisante. Or la fille du menuisier couvait en ce moment le germe de la petite vérole. Sa Majesté le puisa pour la seconde fois aux sources d'un plaisir imparfait.

1er *mai.* La petite vérole du roi est tout à fait déclarée; et quand elle le serait moins on ne pourrait douter de son invasion, car la fille du menuisier est atteinte de cette maladie avec des symptômes graves de malignité. Les médecins ne dissimulent point leur inquiétude sur la situation de Sa Majesté. Le virus variolique est ici compliqué des ressentiments d'un mal d'origine galante trop superficiellement, trop royalement traité à d'autres époques. Les savants distingués qui veillaient à la conservation de la santé du roi n'ignoraient pas l'existence de ce reliquat; mais ils n'osaient l'attaquer à fond, se rangeant volontiers à l'avis du vieux Richelieu, de Bertin et de Lebel, qui était que « le don de la maladie du roi à de jeunes personnes robustes, vives » et bien portantes paraissait le seul spécifique convenable pour atti- » rer au dehors les humeurs morbifiques de Sa Majesté et pour ra- » jeunir sa personne... » On frémit à cette horrible dépravation de la pensée des courtisans.

Cependant la plus grande agitation règne à la cour : le parti d'Aiguillon et du Barry est surtout alarmé. Ses inquiétudes sont partagées par la multitude d'intrigants, de fripons, d'espions titrés ou non, qui, satellites serviles, gravitent autour de ces deux puissances dont la chute est assurée si le roi meurt. Les *aiguillonistes* et les *barrins* se rappellent parfaitement les scènes de Metz, la pusillanimité dévote du roi, le renvoi de madame de Châteauroux. Tout cela peut se renouveler... Et puis la mort de Louis XV mettrait sur le trône un jeune prince, une jeune princesse aigris, outragés même par les courtisans de la favorite.... Alors quelle cruelle et inévitable réciprocité !

2 *mai.* Le malade est un peu mieux, dit le bulletin du jour; mais on assure que madame du Barry lui a donné deux médecins affidés, MM. Lorry et Bordeu, qu'elle a chargés de taire au roi le danger de sa situation afin d'éloigner les prêtres et de prévenir un congé humiliant. Le moyen était prudent : il eût peut-être réussi si l'on eût éloigné la Martinière, médecin ordinaire de Sa Majesté. On n'y songea point; et ce docteur, mécontent de la confiance accordée à deux nouveaux venus, découvrit à l'illustre malade la nature de son mal, qu'on lui avait laissé ignorer. « Sire, dit-il, les boutons qui vous » couvrent le visage sont trois jours à se former, trois jours à suppu- » rer, trois jours à sécher. » Cette indication mit le roi sur la voie : il sentit qu'à son âge la petite vérole ne pouvait manquer d'avoir un certain caractère de gravité; sa conscience se réveilla. « Ma mie, » dit-il à madame du Barry, qui venait comme de coutume pour l'égayer de ses propos libres jusqu'au cynisme, « j'ai pour la seconde » fois la petite vérole : elle est dangereuse à cause de mon âge et de » mes autres maladies. Je ne dois pas oublier que je suis le *roi très-* » *chrétien et le fils aîné de l'Église;* et quand le temps approche peut- » être de nous quitter je ne veux pas renouveler le scandale de Metz. » Avertissez le duc d'Aiguillon de ce que je vous dis afin qu'il s'ar- » range avec vous, si ma maladie empire, pour nous séparer sans » éclat. »

4 *au soir.* La comtesse a pris congé hier matin de Louis XV au moment de se rendre à Rucil chez M. d'Aiguillon. « Revenez, lui dit » Sa Majesté, si vous apprenez que je sois mieux, et soyez bien sûre » que j'aurai toujours pour vous l'amitié la plus tendre. » A ces mots le monarque, libertin jusque sous l'aile sombre de la mort, prit d'une main celle de madame du Barry et de l'autre lui saisit le sein avec un mouvement de transport dont l'éclair brillait dans ses yeux. « Oh! » s'écria Sa Majesté avec un soupir, que j'ai regret de perdre ces » touchantes beautés ! »

Ces adieux passionnés étant terminés, madame d'Aiguillon prit la favorite dans son carrosse, où se trouvaient aussi mademoiselle du Barry, nièce de la comtesse, et madame de Sure : on partit pour Rucil... Mais à peine la maîtresse du roi était-elle sortie de son appartement, qu'il la redemanda... « Elle est partie, » lui répondit-on. Il soupira et se tut.

8 *au matin.* Quoique la maladie de Louis XV empirât sensiblement les journées des 5, 6 et 7 se sont passées sans qu'il ait été question de sacrements. On assure qu'hier le duc de Fronsac a menacé le curé de Versailles de le jeter par la fenêtre s'il osait aborder ce sujet en présence de Sa Majesté. Mais cette nuit le moribond ayant demandé impérieusement l'abbé Mandoux son confesseur, cet ecclésiastique est entré à trois heures du matin dans la chambre du roi. La confession de Sa Majesté a duré dix-sept minutes : l'absolution l'a suivie immédiatement. Les ducs de Richelieu, de la Vrillière et d'Aiguillon voulaient qu'on retardât le viatique; mais le brusque, le véridique la Martinière, qui tenait à consommer dès ce moment l'expulsion de madame du Barry, a pris la parole en ces termes : « Sire, » j'ai vu Votre Majesté dans des circonstances bien intéressantes, » mais jamais je ne l'ai admirée comme aujourd'hui; si elle me croit » elle achèvera ce qu'elle a si bien commencé. » M. le cardinal de la Roche-Aymon, grand aumônier de France, a conféré alors quelques minutes avec le malade; ensuite de quoi ce prince de l'Église a prononcé en présence du viatique les paroles suivantes : « Quoique le » roi ne doive compte qu'à Dieu de sa conduite, il déclare qu'il se » repent d'avoir causé du scandale à ses sujets et qu'il ne désire de » vivre encore que pour le soutien de la religion et le bonheur de ses » peuples. » A la fin de cette déclaration convenue avec l'archevêque

de Paris, le duc de Richelieu, d'une voix assez haute pour être entendue, a gratifié, dit-on, l'orateur de l'épithète de j… f…… C'est au son de ce mot de corps de garde que le roi a reçu les derniers secours de la religion.

9 au soir. On dit en ce moment que le roi ne passera pas la nuit : on se parle à l'oreille de pourpre, de gangrène, et l'infection de la chambre royale est insupportable… Les courtisans commencent à désirer ardemment que *cela finisse*, et les valets aussi. Vers quatre heures de l'après-dînée le duc de Liancourt voyant un garçon de garde-robe répandre des larmes lui a dit : « Eh bien ! vous pleurez votre maître ? — Oh ! pour cela non, a répondu le domestique, si je pleure c'est sur mon pauvre camarade, qui n'a jamais eu la petite vérole, qui va la gagner et en mourra. »

10 mai au soir. Le roi est mort aujourd'hui à deux heures de l'après-midi. Ce matin on avait répandu la nouvelle que Sa Majesté éprouvait du mieux, il n'en était rien ; seulement le moribond ressentait l'influence d'une forte dose des boissons vivifiantes avec lesquelles depuis quelques jours les médecins prolongent en quelque sorte artificiellement sa vie.

Durant les trois derniers jours peu de personnes sont restées constamment auprès du mourant. Délaissé de ses courtisans, de ses amis, il ne l'a point été par ses deux filles Mesdames Louise et Adélaïde. Elles n'ont pas quitté un instant son lit de mort, lui rendant les services les plus dégoûtants, les plus pénibles, au risque d'être atteintes de l'invasion, à laquelle, dit-on, elles ne peuvent avoir échappé. Rang, délicatesse, danger, tout a été oublié par ces pieuses princesses : elles ont tout sacrifié à la sollicitude filiale. Leurs Altesses Royales virent tomber en lambeaux le corps de leur père dévoré par de hideuses pustules. Lui-même était le témoin de la dissolution rapide de ces formes jadis si belles : il sentait se fondre en pourriture ces marques de virilité, première cause de sa fin déplorable… La mort s'offrait à ses yeux comme la messagère terrible qui devait lui ouvrir une éternité de tourments : il ne parlait que d'abîmes de feu qui allaient l'engloutir pour le punir d'une vie licencieuse. Quelquefois cependant il implorait encore son salut de la miséricorde divine : dans ces moments d'espoir il frappait sa poitrine, demandait un crucifix, jetait lui-même de l'eau bénite sur son lit pour en expulser les démons. Il ordonnait qu'on envoyât de l'argent à Saint-Sulpice, à Notre-Dame, aux Capucins afin qu'on dît des messes. Ce malheureux prince recommandait à chaque instant qu'on ouvrît en sa faveur la châsse de sainte Geneviève. Ainsi que Louis XV avait vécu dans des alternatives perpétuelles de libertinage et de dévotion, ainsi la mort le surprit dans des alternatives de terreur et d'espérance.

Il me parvient à toute heure des renseignements sur la maladie du roi : en voici de nouveaux. L'archevêque de Paris se présenta au château dès le 1er mai pour solliciter la confession de Sa Majesté et le désaveu public de toutes les erreurs de sa vie, y compris, bien entendu, l'expulsion des bons jésuites. Mais le maréchal de Richelieu veillait à la sûreté de son parti : il vint à la rencontre du prélat et le conjura de ne pas faire mourir le monarque par des sévérités religieuses, qui, lui dit-il, ont fait périr tant de malades. « Mais, monseigneur, ajouta le vieux roué, si vous êtes si curieux d'entendre des péchés jolis et mignons, mettez-vous là, je me confesserai, moi, et je vous en apprendrai de tels, que vous n'en avez jamais entendu de pareils. Que si vous voulez absolument confesser le roi et renouveler les scènes de M. l'évêque de Soissons à Metz, si vous tenez à congédier madame du Barry avec éclat, réfléchissez sur les suites et sur vos propres intérêts. Vous opérez le triomphe du duc de Choiseul, votre cruel ennemi, dont madame du Barry a tant contribué à vous délivrer, et vous persécutez votre amie… Oui, monsieur, poursuivit Richelieu après un soubresaut que ce mot d'amie avait causé à M. de Beaumont, elle est si bien votre amie qu'elle m'a dit hier : Que M. l'archevêque nous laisse, il aura sa calotte de cardinal ; c'est moi qui m'en charge et en réponds. » Soit ambition, soit crainte d'échouer devant les difficultés qu'éprouverait la confession, M. de Paris résolut de n'en point parler ce jour-là.

Dès que le roi a été mort, chacun s'est enfui de Versailles : il n'y est resté que le duc d'Ayen, capitaine des Écossais, dont le droit est de garder la dépouille des rois jusqu'au départ pour Saint-Denis ; M. le duc d'Aumont, premier gentilhomme de la chambre ; le grand aumônier, et M. de Dreux-Brézé, grand maître des cérémonies. Lorsqu'il fallut s'occuper de l'ensevelissement de Louis XV, plusieurs domestiques ayant été suffoqués par l'infection du cadavre, on ne trouva que parmi les vidangeurs de Versailles deux hommes pour le déposer dans la bière de plomb. Il y fut mis sans baume, sans aromates, et l'on dut se hâter de l'envelopper de son, puis de mettre le tout dans une double caisse de bois. Malgré ces précautions le corps exhalait une odeur tellement pestilentielle, que les prêtres qui le gardèrent dans la chapelle ardente ont avoué depuis que dans cette circonstance ils avaient eu besoin de toutes les forces de la religion pour ne pas fuir ce résidu infect.

Le feu roi fut conduit le 12 à Saint-Denis, où le convoi se rendit pour ainsi dire en poste. Le cercueil était dans une grande voiture de chasse ; un second carrosse menait le duc d'Ayen et le duc d'Aumont, un troisième était occupé par le grand aumônier et le curé de Versailles. Une vingtaine de pages, que suivaient une cinquantaine de palefreniers à cheval, portant des flambeaux, tel était tout le cortége. Personne n'eut le temps de prendre le deuil, et les carrosses n'avaient pas été drapés. Le convoi, parti de Versailles vers huit heures du soir, arriva à Saint-Denis à onze à travers une double haie de curieux, qui, sous le manteau des nuits, donnaient carrière à la plus maligne critique sur la vie comme sur la mort du monarque. Le corps de Sa Majesté fut descendu dans le caveau de sa race après un court office ; l'entrée de ce souterrain fut aussitôt scellée et calfeutrée, tant on eut hâte de séparer les vivants de ce fumier humain, reste unique de la grandeur souveraine de Louis XV.

Maintenant, comment résumer le long règne de ce prince, règne aussi calamiteux que celui de son prédécesseur, et complètement vide de la gloire qui du moins embellit la carrière tyrannique de Louis XIV ? Et pourtant le dix-huitième siècle fut aussi illustre que le dix-septième : si ce dernier resplendit du flambeau des sciences, des lettres, des arts, le premier produisit cette philosophie qu'on vit affermir, épurer tout ce que l'autre avait fait éclore. La recherche du vrai en tout genre, devenue une passion pour tous les hommes instruits, tel est le caractère principal de la période qui s'écoule ; tel est l'avantage qui la rend supérieure, aux yeux des moralistes, à la brillante époque qu'elle suivit. Mais, il faut le dire, Louis XV ne s'associa jamais un seul instant aux progrès de l'esprit humain ; ce qui le prouve, c'est que rien de majestueux, rien de vraiment honorable n'a surgi de son gouvernement. Ce prince ne possédait donc pas la moindre lueur d'un talent qu'on veut au moins trouver dans un roi : celui de choisir les hommes. On ne peut refuser à Louis XV un cœur honnête, une certaine générosité de vues, et peut-être assez d'esprit naturel pour gouverner s'il eût voulu vaincre sa paresse, son insouciance orientale. Mais tout ce qui, dans le commerce de la vie, ne s'offrait pas à lui sous l'aspect du plaisir, le trouvait indifférent et distrait. Aussi tous les actes de sa puissance ont-ils eu la forme ou la direction que leur ont imprimées les opinions de ses ministres ou plutôt de ses favorites ; ce qui a communiqué à son règne toute la légèreté de ses amours.

Ce ne sera pourtant ni à la mémoire des secrétaires d'État ni à celle des femmes galantes que la postérité demandera compte de cinquante et une années d'erreur, d'exactions, de honte ; c'est la mémoire de Louis XV qui en restera tachée. L'histoire accusatrice encore, quand même elle serait, comme toujours, frauduleusement indulgente, ne consacrera à ce prince que des pages noires de reproches sans avoir à lui offrir la compensation d'un éloge mérité, c'est-à-dire se rapportant à une action empreinte de quelque grandeur. A l'appui de cette assertion sévère, mais vraie, énumérons les fastes du règne qui se termine. Le trafic des places se fait publiquement et masque levé. Les lettres de cachet vendues par les courtisanes ou prodiguées pour leur vengeance, portent la désolation dans tous les ordres de l'État et presque dans toutes les familles. La fatale bulle *Unigenitus*, obtenue de Rome à force d'intrigues, devient une source de malheurs, de troubles et de persécutions, pendant plus de trente ans. Des lits de justice, solennités augustes des autres temps, où le prince renouvelait le pacte sacré qui le lie au peuple, ne sont ici que le redoutable appareil du pouvoir arbitraire, et l'occasion des enregistrements *imposés* aux parlements. Des édits destructeurs de toutes règles, de toutes lois, de toute liberté légale, tendent à réunir le despotisme de droit à celui de fait, et arrachent au peuple esclave même le mérite d'une aveugle soumission. Et ce fantôme représentatif que nous conservions encore, cette magistrature qui nous parlait du moins de nos vieux priviléges, que dès longtemps elle ne pouvait plus défendre, Louis XV l'exile quatre fois ; la supprime d'abord à Paris, ensuite dans toute la France ; dispose de ses charges, l'avilit, et ravit enfin la liberté à cent soixante-douze de ses membres. Tout ce qui restait de droits à la nation est violé, déchiré, anéanti par ce grand attentat, tandis que dix mille familles sont ruinées et cent mille obérées par ses suites.

Dans le système financier, tous les engagements que vénèrent les hommes sont foulés aux pieds ; deux banqueroutes répondent aux plaintes d'un public spolié ; après des milliers d'infractions à l'honneur le contrôle général s'aide d'expédients honteux, de ruses dignes des chevaliers d'industrie ; les fonds, jusqu'alors respectés par les plus hardis déprédateurs, sont entamés, réduits, enlevés ; les moyens les plus violents épuisent toutes les ressources sans rien réparer, parce que les dilapidations d'aujourd'hui engloutissent le produit des rapines d'hier. Le péculat augmente en raison de l'instabilité des places. La nomenclature des taxes s'enrichit chaque jour sous la plume des exacteurs, et le roi déchaîne sur ses sujets plus d'impôts que tous ses prédécesseurs ensemble. De là découlent deux affreuses disettes produites par les manœuvres atroces des publicains, elles achèvent de désoler notre malheureux pays ; et *Louis le Bien-Aimé*, accapareur, au milieu de son peuple que la faim décime, fait le monopole des grains pour grossir son pécule particulier.

Ainsi s'accumulèrent les sombres nuages qui planent sur la monarchie ; ainsi se forma d'intérêts compromis, d'orgueils froissés, d'inimitiés corrosives, de vengeances envenimées, le volcan qui gronde sous le trône des enfants de saint Louis : une étincelle ferait éclater la nue orageuse qui le briserait ; un coup de pied du géant qu'on nomme le peuple ouvrirait un abîme qui l'engloutirait... Tel est l'héritage légué à Louis XVI.

RÈGNE DE LOUIS XVI.

CHAPITRE PREMIER.
FIN DE 1774-1775.

Une mémorialiste débutante. — Infection du palais de Versailles, reste de la grandeur de Louis XV. — Portefeuilles mystérieux du feu roi. — Le saint sacrement mis en prison. — *Mesdames* filles de Louis XV sont atteintes de la petite vérole. — Maurepas est mis à la tête des affaires par Louis XVI. — Projets de ce ministre. — Exil de madame du Barry. — Début champêtre du roi. — Le petit Trianon donné à la reine. — Le tigre et l'ours à table. — Testament de Louis XV. — Le distique du pont Neuf. — Facultés de Louis XVI pour régner. — Vergennes et de Muy au ministère. — Saint-Barthélemy de ministres. — Turgot et Sartine ministres. — Résistance de Maupeou. — Passion honteuse des dames. — *La Nouvelle Aurore*, satire contre la reine. — Vers de *Monsieur* (Louis XVIII). — Révolution musicale. — *Orphée*, *Castor et Pollux*, de Gluck. — Mort de Clément XIV. — Le pape et l'arlequin. — Rappel des anciens parlements. — La poule au pot. — Rivalité de la reine et des princesses — Cercles intimes de Marie-Antoinette. — Grossesse de la comtesse d'Artois. — Bals de la cour. — Anecdote de la cour de Danemark. — Le billet doux trouvé chez la reine. — La cour de Henri IV. — L'archiduc Maximilien à Paris. — *Le Barbier de Séville*, comédie de Beaumarchais. — Buffon et l'archiduc. — Les sept péchés capitaux. — Mademoiselle Duthé huée à Longchamps. — Sacre du roi à Reims. — Préparatifs onéreux. — Un boudoir dans une église. — Tentative vaine de la reine en faveur de Choiseul. — Le duc d'Aiguillon amant assidu de madame du Barry. — La duchesse tient le flambeau. — La nuit mystérieuse de Reims. — Malesherbes ministre. — La Chalotais réhabilité. — Le portrait de la reine. — Naissance du duc d'Angoulême. — La maison de la reine. — Le palais d'un abbé. — Le comte de Saint-Germain ministre de la guerre. — Bon mot du comte d'Artois. — *Pygmalion* de J.-J. Rousseau. — Louis XVI esquive la circoncision. — Nouveaux bals de la reine. — Guerre aux vieilles femmes. — Sentiments indiscrètement exprimés de la reine pour M. de Lauzun. — Faits à l'appui. — Lady Barrymore. — *La Belle Arsène, la Fausse Magie*, opéras. — Origine de la couleur *puce*. — L'insurrection d'Amérique marche à grands pas. — Washington général en chef. — Événements militaires.

MANUSCRIT DE MADAME DE B*** VIVANTE EN 1831.

En vérité ma mère a trop de confiance dans ma perspicacité de dix-sept ans ; elle accorde trop d'expérience à mes trois années de mariage : je crains bien qu'elle ne se trompe en croyant apercevoir le fruit déjà formé du jugement sous les fleurs de mon printemps. Moi, m'ériger en historien, en critique de notre époque si agitée ; interroger avec le tact convenable ce présent *si gros de l'avenir !* Mon mari assure que, pour son compte, il ferait plutôt manœuvrer trois régiments de cavalerie dans un demi-arpent de terrain, qu'il n'assortirait sur un cahier le quart de nos prétentions, de nos caprices, de nos travers, à l'exclusion même des choses utiles, qui pourtant n'y tiendraient guère de place. Voilà la tâche que ma mère m'a léguée en se retirant à quarante-quatre ans au fond de la Touraine, où mon père vit exilé. Sa mémoire chancelait, disait-elle, sous la simple énumération des folies contemporaines ; la mienne y suffira-t-elle ? Reste-t-il encore dans mes veines assez du sang de Racine pour animer sous ma plume les esquisses qu'elle va tracer ? D'autres en jugeront : je me mets à mon pupitre, après avoir invoqué l'esprit familier qui inspira mes trois devancières [1].

Le palais était tellement infecté, et par le cadavre du feu roi et par la multitude de parfums à l'aide desquels on a combattu la putridité royale pendant dix jours, que, malgré l'urgence d'une servilité débutante auprès du nouveau monarque, les courtisans se sont abstenus une semaine de paraître au château ; seulement les grands et la noblesse se sont fait écrire, selon l'usage, chez le roi. Cependant M. le duc de la Vrillière s'est rendu dès le 11 auprès de la reine, qui a eu la petite vérole, afin de prendre les ordres de Sa Majesté. Cette princesse a répondu qu'elle n'en avait point à donner de son chef, mais qu'au nom du roi elle faisait savoir qu'au milieu de la commune dou-

leur la famille royale devant rester assemblée, la cour allait se rendre à Choisy. En effet les princes et princesses sont partis dans la soirée pour cette résidence. Louis XVI, la reine, leurs frères, leurs belles-sœurs et les enfants habitent le grand château ; Mesdames tantes, qui craignent d'avoir contracté la petite vérole, se sont enfermées dans le petit.

On sait aujourd'hui que Louis XV mourant n'a pas vu le Dauphin : craignant pour ce prince l'invasion délétère il avait fait défendre qu'il entrât dans ses appartements ; la même défense avait été intimée aussi aux autres enfants du vieux roi... « Dites-leur, s'était » écrié d'une voix étouffée le monarque moribond, que j'ai bien du » regret de ne pouvoir les embrasser avant de mourir ; mais la pru- » dence me le défend. »

Dans ce même moment un portefeuille a été remis à M. de Soubise par Louis XV, qui en avait confié la clef à madame Adélaïde. Un second portefeuille, remis au sieur de la Borde, premier valet de chambre, devait être porté par lui à la comtesse du Barry ; il renferme, dit-on, des pièces et des instructions relatives aux enfants naturels de Sa Majesté, dont le nombre est, comme on sait, fort considérable.

Les choses les plus graves ont quelquefois leur côté plaisant ; il faut même ajouter que les choses sacrées n'en sont pas exemptes.

Le prince de Conti, quoique frappé de disgrâce, assistait aux prières des quarante heures, quand un courrier vint lui annoncer la mort de Louis XV. Soudain, et sans doute dans l'excès de sa douleur, Son Altesse ordonne que le saint sacrement soit renfermé au fond du tabernacle, comme s'il eût voulu le punir de n'avoir pas exaucé les vœux formés pour le rétablissement du roi. C'est un trait d'un genre neuf que cette sorte d'incarcération du bon Dieu pour crime de lèse-majesté. Que le caractère de l'homme est fécond en ridicules !

Le jour où les princes et princesses du sang rendaient les premiers hommages à Louis XVI, roi de France et de Navarre, Mesdames Sophie, Adélaïde et Victoire de France, filles de Louis XV, ont été attaquées simultanément de la petite vérole, dont elles avaient pris le germe en soignant leur père. A l'instant le roi, *Monsieur* et le comte d'Artois, qui n'ont pas eu cette maladie, se sont fait inoculer.

Cependant Louis XVI a fait, le 15 mai, son premier pas sur le sol volcanique de la monarchie, en appelant M. le comte de Maurepas à la direction des affaires après un exil de trente-cinq ans. Voici la lettre que Sa Majesté a fait parvenir à ce seigneur : « Mon cher » comte, dans la juste douleur qui m'accable, et que partage tout le » royaume, j'ai de grands devoirs à remplir. Je suis roi, et ce nom » renferme toutes mes obligations. Mais je n'ai que vingt ans, et je » n'ai pas toutes les connaissances qui me sont nécessaires. De plus » je ne puis voir aucun ministre, tous ayant vu le roi dans sa der- » nière maladie. La certitude que j'ai de votre probité et de votre » connaissance profonde des affaires m'engage à vous prier de m'ai- » der de vos conseils. Venez donc le plus tôt qu'il vous sera possible, » et vous me ferez grand plaisir. »

Un courtisan qu'on appelle à la faveur ne se fait pas attendre : Maurepas arriva au bout de vingt-quatre heures à Choisy, avec un plan de réforme capitale tout disposé. Il ne dissimula point au jeune roi que les circonstances étaient délicates, dangereuses ; que le trône était miné sourdement par l'ancienne magistrature, irritée avec trop de raison, et que la première mesure à prendre était le rappel des parlements. Ce que le comte ne dit pas, ce que sa vieille légèreté ne pouvait peut-être prévoir, c'est que cette restauration des cours longtemps humiliées ne suffirait point pour calmer leur profond ressentiment, et qu'elle leur donnerait le pouvoir de l'exercer... Tel est cependant l'effet infaillible de leur rappel : je le vois clairement, moi politique de dix-sept ans ; ma jeune cervelle le conçoit et l'explique sous la guirlande de roses qui l'entoure. Le retour des parlements amènera sans nul doute le renversement du ministère actuel : les deux événements seront peut-être simultanés.

En attendant, une lettre de cachet a été expédiée, le 10 mai, à madame du Barry. Cette missive n'est nullement acerbe : « Des rai- » sons d'État, y dit Sa majesté, m'obligent à vous ordonner de vous » rendre dans un couvent ; mais je n'oublierai point, madame, que » vous étiez honorée de la protection de mon aïeul, et je vous an- » nonce qu'au premier conseil il sera pourvu à vous donner une pen- » sion convenable, si votre situation la rend nécessaire. » Cette générosité de Louis XVI est d'autant plus louable qu'il n'ignore point les propos que l'ex-favorite se permettait sur son compte lorsqu'il était Dauphin. Marie-Antoinette, libre de suivre son ressentiment, se fût montrée moins indulgente : elle ne pardonnera jamais à cette dame les plaisanteries qu'elle n'a cessé de débiter sur ses charmes... C'est un genre d'injure que les femmes ordinaires n'oublient pas aisément, qu'est-ce donc quand elles règnent !

On répétait ce matin un mot très-drôle de mademoiselle Arnould à propos de l'exil de cette maîtresse en titre après la mort de Louis XV. « Nous voilà orphelins de père et de mère, » a dit l'aimable actrice avec un pathétique risible. Cette saillie est revenue à la reine, qui en a passablement ri nonobstant son deuil.

Le début de Louis XVI est tout à fait champêtre : le roi se plaît à faire journellement de longues promenades à pied dans la campagne. Si cela continue, les premières faveurs que ses courtisans trouveront

---

[1] La comtesse de B***, dont la tâche commença avec le règne de Louis XVI, vit encore, chargée d'ans, mais forte de santé et de philosophie. C'est elle qui s'est faite l'éditeur des *Chroniques de l'OEil-de-bœuf*... Elle a vu passer devant elle, comme des songes plus ou moins agités, plus ou moins rapides, plus ou moins brillants, la république, le consulat, l'empire, la restauration, et cette dernière révolution qui vint jeter un fleuve de promesses vaines entre les déceptions de 1830 et les déceptions de 1834... Ce n'est pas elle qui après cinquante-sept années de comparaison nous montrera l'âge d'or dans une perspective rapprochée.

auprès de sa personne seront des cloches ou des écorchures aux pieds... Voilà, certes, un règne qui promet, si les affaires de la monarchie marchent autant et aussi vite que le monarque. Dans sa promenade du 18 mai, Sa Majesté a, dit-on, déployé des connaissances étendues en fortifications, en travaux du génie ; elle s'est entretenue de guerre. On craint que des projets belliqueux ne fermentent dans la tête de ce jeune prince ; mais franchement il n'y a rien de martial sur sa physionomie, et l'on sait que les traits sont le reflet de l'âme. Après cette conversation sur les cunettes, les bastions, les cavaliers, les lignes de circonvallation, le roi a rejoint la reine dans le parc. Marie-Antoinette et les autres princesses, assises sur le gazon, mangeaient du lait et des fraises : le Vauban couronné en a réclamé sa part, et ses lèvres guerrières ont été soudain environnées d'une bordure de crème.

La reine n'étant encore que Dauphine avait exprimé le désir d'avoir une maison de plaisance, *où elle pût faire ce qu'elle voudrait*. Sa Majesté sera satisfaite : son illustre époux le lui annonça dernièrement. « Madame, lui dit-il, je suis en état de satisfaire à présent » votre goût. Je vous prie d'accepter pour votre usage particulier le » grand et le petit Trianon. Ces beaux lieux ont toujours été le séjour » des favorites des rois, conséquemment ce doit être le vôtre. »

Ce compliment n'était pas mal tourné pour un monarque adonné à la serrurerie ; aussi la reine y a-t-elle été fort sensible. Elle a répondu en riant qu'elle acceptait le petit Trianon, à condition qu'il n'y viendrait que lorsqu'il y serait invité. Etait-ce bien là une plaisanterie ?... Quoi qu'il en soit, le premier usage que Marie-Antoinette ait fait de ce joli séjour a été d'y recevoir le roi et la famille royale dans un dîner charmant. Mais pourquoi donc avoir changé l'ancien nom de ce château en celui de *petit Vienne* ? Ce soin rappelle trop que la princesse autrichienne a conservé les affections de son pays.

Pendant que cette fête d'installation avait lieu au petit Trianon, il se passait à la petite maison que madame la duchesse de Bourbon possède à Vanvres une scène comique qui vaut la peine d'être rapportée. La princesse avait invité la duchesse de Chartres et la princesse de Lamballe à venir *caqueter* avec elle dans ce charmant réduit. Mais madame de Bourbon avait déclaré au duc de Chartres, son frère, que c'était une partie de femmes, et qu'elle ne voulait point d'hommes ; le prince a eu beau insister, sa sœur a été sans pitié : il a fallu subir le refus. Piqué au vif, M. de Chartres arrange avec MM. de Fitz-James et de Thiers la plus singulière vengeance. Son Altesse se couvre d'une peau de tigre, prescrit à son ami de s'affubler du pelage d'un ours, et M. de Thiers est chargé du rôle de cornac. Ainsi déguisés, nos trois étourdis se rendent à Vanvres. Le tigre et l'ours descendent de voiture à quelque distance du château et ne tardent pas à s'y rendre, comme pour donner aux princesses le spectacle d'une danse d'animaux. Les dames, après s'être informées si les danseurs quadrupèdes étaient bien muselés, se sont amusées de leurs gentillesses féroces. Ils ont paru d'abord apprivoisés, mais peu à peu leur méchanceté naturelle a repris toute sa force ; ils ont brisé leur chaîne de carton et sont montés au château. Qu'on juge de la frayeur des princesses ! C'était l'heure du dîner : les domestiques, qui avaient le mot, sont venus annoncer aux Altesses effrayées que le tigre et l'ours ayant pénétré dans la salle à manger s'étaient mis sans façon à table, et qu'ils dévoraient tout le repas. « Non, non, a » sur-le-champ ajouté un officier de la maison de Son Altesse Sérénis- » sime, le tigre m'envoie prier les princesses de venir, et leur dire » qu'elles seront les bien reçues. » A ces mots la duchesse de Bourbon, se doutant de quelque chose, s'est approchée d'une porte vitrée et a reconnu M. de Chartres, dont la tête de tigre reposait à côté de son assiette... Les dames sont allées, comme on le pense bien, s'asseoir près des bêtes féroces, qui se sont montrées fort galantes pendant le reste de la soirée.

Les scellés ont été levés à Versailles le 8 juin ; le roi s'y était rendu pour assister à cette formalité. On n'a trouvé dans les chambres que dix-sept mille louis en or (408,000 livres) ; mais on a compté pour vingt-deux millions de divers effets en papier.

Un testament daté de 1766 contient des dispositions pieuses ; entre autres la recommandation de procéder aux funérailles du testateur avec simplicité. Par ce même acte, Sa Majesté donnait ses entrailles au chapitre de Notre-Dame : la putréfaction de cette partie de son corps se fût opposée à l'accomplissement de cette volonté quand elle eût été connue à temps.

Louis XV lègue deux cent mille livres de rente à chacune de ses filles : le lot de la première qui mourra sera partagé entre les deux autres. Le feu roi donne à ses enfants nationaux et étrangers tous les bijoux à son usage : la répartition s'en fera aussi également que possible. Un legs de cinq cent mille livres, une fois payé, est fait à chacun des enfants naturels du feu roi ; ce n'est pas une mince disposition, si, comme on le prétend, cette progéniture immédiate s'élève à soixante personnes.

On ne dit pas que, dans le testament dont il s'agit, Louis XV ait donné aucune marque de souvenir aux différents seigneurs qui étaient dans son intimité : c'est avoir apprécié leur attachement de cour à sa véritable valeur.

On a trouvé, l'un de ces matins, le mot *resurrexit* écrit en gros caractère sur le piédestal de la statue de Henri IV, le surlendemain le distique suivant était tracé au-dessous :

Resurrexit, j'approuve fort ce mot ;
Mais pour y croire il faut la poule au pot.

Louis XVI a été fort touché du rapprochement : examinons les moyens que ce jeune prince apporte sur le trône pour l'accomplissement du vœu. Orphelin depuis longtemps, sans oncles, sans proches parents qui pussent lui donner d'utiles avis ; abandonné aux conseils d'un entourage domestique de médiocrités comme Pezay, d'Oigny, d'Angevilliers, Thierry, ce prince ne connaît les hommes que par des livres. Il aime à s'instruire, il cherche la lumière et veut si naïvement connaître la situation de son peuple, qu'il a fait placer au dehors du château de Choisy une boîte pour recevoir les placets, les mémoires, les remontrances. Cette mesure d'un prince honnête homme effaroucha les ministres, gens par état intéressés à ce qu'un bandeau couvre la vue des souverains ; ils firent remplir la boîte de libelles qui affligèrent le roi et qui le dégoûtèrent bientôt d'une communication directe avec la nation. D'ailleurs Sa Majesté sentit qu'elle ne lui procurerait jamais que des détails qu'il lui serait impossible d'approfondir. « Allons, se dit le monarque en soupirant, il faut » donc s'en rapporter à des ministres, à des conseillers, et tâcher » de bien les choisir. » La suite fera voir si Louis XVI a fait preuve de discernement dans le changement de son conseil, terminé vers la fin d'août.

Dès le mois de juin, le duc d'Aiguillon, ministre des affaires étrangères et de la guerre, avait remis au roi ses deux portefeuilles. Le comte de Vergennes, ambassadeur de France à la cour de Suède, fut mis en possession du premier ; le second fut donné au comte de Muy. Peu de temps après, M. de Boines sentant qu'il allait devenir hétérogène dans la nouvelle combinaison ministérielle donna sa démission du département de la marine, que le roi confia à l'économiste Turgot, intendant de Limoges. L'abbé Terray et le chancelier Maupeou n'étaient pas hommes à lâcher prise si vite, on ne pouvait s'en débarrasser qu'en les chassant ; on les a chassés le 24 août, jour de la Saint-Barthélemy : ce qui a fait appeler ce renvoi une Saint-Barthélemy de ministres. A cette dernière époque, M. Turgot est passé au contrôle général et M. de Sartine, conseiller d'Etat, l'a remplacé à la marine.

Ces grands changements n'ont surpris personne ; on sentait à merveille que le duc d'Aiguillon, créature de madame du Barry, et conséquemment détesté de Marie-Antoinette, ne pourrait rester à la tête des affaires, quand il n'en eût pas été repoussé par M. de Maurepas, qui en ambitionnait la direction exclusive. Mais la reine, trop peu satisfaite par cette demi-disgrâce d'un homme qu'elle haïssait comme ennemi de M. de Choiseul et de la politique autrichienne, et comme ami de la favorite, obtint sans peine du roi qu'il fût exilé dans sa terre d'Aiguillon en Gascogne. Quant à l'abbé Terray, ses longues exactions, l'animadversion du peuple et la profonde immoralité de cet ecclésiastique suffisaient bien pour justifier son remplacement... La nation l'accueillit avec des transports de joie. Le renvoi de Maupeou eut un caractère plus grave : ce n'était pas un homme ordinaire que celui qui avait osé renverser les parlements, rempart encore redoutable des droits populaires. Une vieille nullité comme le duc de la Vrillière, notifiant la disgrâce à un chancelier ainsi trempé, ne pouvait qu'en être reçu avec mépris, et il le fut. Quand le premier gentilhomme de la chambre eut prononcé la formule d'usage avec les protestations de regret accoutumées, Maupeou répondit sans s'émouvoir : « Monsieur, voici les sceaux ; quant à ma » dignité de chancelier de France, je la garde : M. de Maurepas » devrait savoir qu'elle ne peut m'être ôtée que par un procès, sui- » vant les lois constitutives de l'Etat... J'attends donc des juges. » A ces mots, le fier magistrat congédia la Vrillière avec le cérémonial d'un chancelier dans toute la plénitude de son pouvoir, et qui ne se lève pas, même quand il parle à un ministre venant de la part du roi.

Ainsi s'est terminée la Saint-Barthélemy des ministres : « Ce n'est » pas le massacre des innocents, » disait le comte d'Aranda, à qui l'on en parlait. Le mot est heureux.

Plus heureux que la passion qui depuis quelque temps s'est emparée de nos dames de théâtre. La variété des âges, celle des conditions ne suffisent plus à leur humeur changeante : il leur faut celle des sexes. Mademoiselle Arnould entretenait le mois dernier la demoiselle Virginie, mais celle-ci, non moins inconstante que son amant femelle, la quitta un beau jour pour mademoiselle Baucoux du Théâtre-Français, qui, de son côté, venait d'abandonner le marquis de Bièvre. Le sieur Ventes plaisantait Virginie dans une partie de débauche sur son infidélité à la déesse du magasin. Fatiguée de ce persiflage, elle donna un soufflet au mauvais plaisant. « Voilà qui me paraît un peu » leste, dit-il en se frottant la joue ; je ne souffrirais pas ce traitement » si vous étiez seulement la maîtresse d'un homme, mais comment » me commettre avec la *catin* d'une femme ! » Je ne sais à laquelle des deux dames de la cour dont on parle le plus en ce moment, il faudrait donner cette qualification ; mais l'une d'elles, dont le nom ne devrait être prononcé qu'avec respect, a reçu à diverses reprises de sévères représentations du jeune roi sur un égarement de sens inexplicable pour la plupart des femmes. Les reproches du monarque ont été, dit-on, reçus avec hauteur, ce qui a valu à la délinquante une défense expresse de voir la marquise de Langeac... Il n'est que trop facile de deviner le nom que je tais; puisse le public se montrer aussi réservé que moi !

Une pièce de vers intitulée *la Nouvelle Aurore*, et qui fait allusion aux promenades nocturnes de la reine au fond du parc de Versailles, a été trouvée hier dans le secrétaire de Louis XVI. A s'en rapporter aux chuchoteries de l'OEil-de-bœuf, il y aurait sous jeu un *nouveau Tithon* qu'il ne s'agirait nullement de rajeunir, si, comme le prétendent les discoureurs mystérieux, ce Tithon était le beau duc de Coigny. Quoi qu'il en soit, l'abbé Mercier a été arrêté ce matin comme auteur du libelle rimé; on l'a conduit à la Bastille. Maintenant les aventures dénoncées à la jalousie du roi ont-elles quelque réalité? Je suis bien tentée de croire que non, mais il faut convenir que Marie-Antoinette, par une extrême légèreté de discours, par une inconséquence plus grande encore de démarches, donne singulièrement prise aux propos d'une société maligne qui bâtit aisément un édifice de calomnies quand on lui offre la plus petite base de justes médisances.

Ceux qui admettront sans restriction le contenu de la pièce de vers porteront loin l'interprétation de ce quatrain attribué à *Monsieur*, et qui fut remis un soir à la reine écrit sur un éventail :

> Au milieu des chaleurs extrêmes
> Heureux d'amuser vos loisirs,
> J'aurai soin près de vous d'amener les zéphyrs...
> Les amours y viendront d'eux-mêmes.

J.-J. Rousseau nous a promis dans plusieurs de ses ouvrages une révolution politique, et nous a dit ailleurs que nous n'en aurions jamais une musicale. Je suis convaincue qu'il a raison sur le premier point; mais il s'est trompé complétement sur le second, car la subversion harmonique se prépare. Le philosophe génevois prétend que toute bonne musique est à jamais impossible avec la langue française, selon lui complétement antimusicale. « J'aime mieux en croire *le De-* » *vin du village* que votre lettre spirituelle à l'Académie royale, di- » sait dernièrement le chevalier Gluck au grand sceptique. Vous » aviez d'avance réfuté par votre œuvre les assertions sévères de » votre épître. Oui, monsieur, ajoutait le compositeur avec la cha- » leur d'élocution qui lui est familière, j'ai la persuasion intime que » si vous vouliez vous consacrer à mon art vous réaliseriez parmi » nous les effets prodigieux que l'antiquité attribue à la musique. » Ce que Rousseau aurait pu faire, Gluck l'entreprend. *Orphée* et *Iphigénie* sont déjà une belle réalisation des éléments sympathiques que ce musicien, malgré l'opinion générale, veut bien apercevoir entre notre dialecte, semé de terminaisons sourdes, de consonnances nasales, et la langue divine d'Apollon. Cependant, comme il faut que la critique s'exerce en France à tout prix, elle s'est cramponnée aux décorations d'*Orphée,* ne pouvant s'attacher à la musique. Les Champs-Elysées ont surtout provoqué la censure des spectateurs malicieux : ils sont loin, prétendent-ils, de valoir ceux de *Castor et Pollux*, d'où ces mauvais plaisants concluent qu'*Orphée* n'est qu'un *demi-Castor*.

La Comédie-Italienne n'a pas joué hier, et je donnerais un siècle aux plus fins OEdipes de l'époque pour deviner la cause de ce *relâche...* C'est la mort du pape. Cette conduite, de la part des excommuniés ordinaires du roi, demande une explication ; la voici. Laurent Ganganelli, qui porta la tiare sous le nom de Clément XIV, était d'une naissance obscure ; mais la nature avait allumé en lui l'étincelle d'un génie puissant. Les études lui offrirent peu de difficultés; il vint de bonne heure dans le monde. Ce n'était pas le théâtre de sa grandeur future; cependant Ganganelli ne laissa pas de se livrer aux distractions mondaines avec un nommé Bertinazi, son condisciple, son ami. L'intimité des deux Italiens devint étroite : rien n'unit mieux les hommes que la confraternité du plaisir, si ce n'est pourtant celle du malheur. Il y a quelque chose d'inexplicable dans le jeu bizarre de la destinée ; rarement elle vous permet d'obéir à vos affections : Laurent avait l'humeur gaie, le caractère indépendant; il devint moine : Bertinazi était triste, enclin à la mélancolie; sa fatalité en fit un arlequin... C'est Carlin de la Comédie-Italienne. Nos amis de collège, entraînés ainsi aux deux extrémités de la chaîne sociale, n'en correspondirent pas moins ensemble toute leur vie : Carlin, du coin de sa coulisse, se plaignait à Laurent des intrigues du tripot ; Laurent, du fond de sa cellule, confiait à Carlin les noirceurs du cloître. Mais il sut bientôt s'élever au-dessus des rivalités vulgaires qui l'environnaient : Ganganelli, catholique supérieur aux superstitions, chrétien sans préjugés, philosophe enfin, sous la robe du fanatisme, dominait de toute la hauteur de son âme, éblouissait de tout l'éclat de ses lumières cette foule d'intelligences obtuses qui n'a dans la tête que des arguties ou des subtilités théologiques. Ganganelli devint pape, sans même s'être donné la peine de sortir de son couvent : il ne quitta le capuchon des franciscains que pour ceindre la triple couronne ; sa première demeure en religion avait été cette chambre sombre et nue, la seconde fut le Vatican. Les deux amis avaient fait leur chemin. En même temps que Laurent saisissait le sceptre de l'Eglise, Carlin était

proclamé le premier arlequin du monde connu. Chacun, sur son théâtre, devenait chef d'emploi; chacun aussi se fit réformateur; Carlin expulsa de la scène les lazzis orduriers, la farce ignoble; Clément XIV défendit les miracles et détruisit l'ordre des jésuites.

Mais si dans la troupe de Bertinazi la réforme pouvait s'accomplir sans danger, il n'en était pas de même dans celle de Ganganelli : son ami le conjura plus d'une fois de prendre en défiance les membres de la compagnie qu'il venait de dissoudre; le pontife n'écouta point assez cet avis sensé, et le 22 septembre, c'est-à-dire une année après avoir dispersé les enfants de Loyola, le pape philosophe mourut d'une prétendue maladie dartreuse qui n'offrait aucun caractère mortel. Carlin éprouve là une grande perte : Clément XIV avait pris en affection le fils du célèbre comédien, engagé dans les ordres; il venait de lui donner un excellent bénéfice... Et l'on conviendra qu'amitié de collége à part, ce n'est pas trop d'un *relâche,* à la comédie, pour un vicaire de Jésus-Christ qui servit si bien la descendance d'un arlequin.

J'ai dit ailleurs que M. de Maurepas élevé à la direction des affaires par Louis XVI, y était arrivé avec le projet de rappeler les anciens parlements après avoir brisé la magistrature bâtarde de Maupeou. Ce double coup d'Etat vient d'être mis à exécution... Le cheval des Grecs est entré dans les murs de Troie.

Le 12 novembre, le roi ayant tenu un lit de justice à Paris, Sa Majesté y déclara, en présence des princes, des pairs et des grands officiers de la couronne, que son intention était de rétablir les anciens membres de la magistrature dans leurs fonctions, de supprimer les nouveaux offices, et de casser les conseils supérieurs des provinces. Pendant cette séance, *Monsieur*, assisté du maréchal de Clermont-Tonnerre, de M. d'Aguesseau, doyen du grand conseil, et de M. de la Galaisière, conseiller d'Etat, rétablissait ce même conseil ; tandis que M. le comte d'Artois, accompagné du maréchal de Biron et de MM. de Marville et de Bastard, conseillers d'Etat, réintégrait la cour des aides dans ses attributions. Toutes les cours du royaume vont être successivement rétablies.

La première séance du parlement de Paris, remonté sur ses bancs, a été remarquable par trois discours : celui du premier président d'Ormesson roulait sur l'*amour du devoir*, M. Seguier, premier avocat général, avait pris pour texte du sien la *gloire*; l'avocat Target, dans sa réponse à ces deux harangues, s'est tenu dans un terme mitoyen de généralités. Le discours de M. Seguier a eu beaucoup de retentissement au dehors, à cause de l'affectation que l'orateur avait mise à revenir souvent, par des assertions plus ou moins critiques, sur la conduite du chancelier Maupeou. On a surtout remarqué ce passage :

« Le chef de notre magistrature ressemble à un rocher, qui, frappé » des rayons du soleil, en impose de loin par l'éclat, par l'immensité » de sa masse, par le prestige qu'elle occasionne aux yeux, mais qui, » dès que l'astre se retire, n'offre plus qu'un spectacle hideux. »

On pourrait déjà conclure des discours d'installation que *messieurs*, en reprenant leurs places sur les fleurs de lis, ont l'animosité et les projets de vengeance dans le cœur. Je vais en citer un témoignage d'autant plus frappant qu'il s'adressait à l'homme d'Etat à qui les parlements doivent leur rappel. Le comte de Maurepas, la veille de la réintégration, avait été recueillir à l'Opéra les applaudissements du public ; le jour de cette solennité, il se présenta à la grand'-chambre, sans doute pour continuer ses jouissances. Il n'en fut point ainsi : à peine M. d'Aguesseau l'aperçut-il, qu'il lui déclara qu'il n'avait pas le droit d'entrer dans l'assemblée du parlement; l'avis, mis en délibération, passa à l'unanimité : cette insulte fut la récompense du comte. Que faire? crier à l'ingratitude? les rieurs n'eussent pas été du côté de Maurepas; il préféra se faire rieur lui-même. « Soyez tranquilles, répondit-il à l'indécente sortie de *messieurs*, je » ne suis pas ici pour siéger, mais pour *lanterner*. » Le ministre monta effectivement dans une tribune, appelée *lanterne*, destinée aux étrangers.

Cependant le parlement ne s'en tint pas là : dès le 2 décembre, les chambres assemblées se soulevèrent contre les actes du gouvernement, contre divers édits, et se livrèrent à l'examen des décisions du dernier lit de justice, pour en extraire les articles sujets à représentations. Bien plus, le président de Gourgues demanda la convocation des princes et des pairs, qui fut arrêtée unanimement. Ainsi le parlement, à peine installé, travaillait à s'unir aux grands de l'Etat contre l'autorité du roi, qui le rappelait de l'exil... Les Grecs sortaient des flancs du cheval perfide.

Tandis que Louis XVI fléchit devant les remontrances multipliées d'une magistrature vindicative, qui triomphe par une opposition malveillante, le grand conseil, déshérité de ses attributions parlementaires, est accablé des huées de la populace, et méprisé de la cour. Le roi accueille fort mal les remontrances de ce corps, lorsqu'il lui arrive de représenter à Sa Majesté qu'il ne peut supporter les humiliations auxquelles il est en butte. « Messieurs, a répondu brusque- » ment Louis XVI aux députés envoyés dernièrement à Versailles » par le grand conseil, j'ai lieu d'être surpris qu'après vous avoir » notifié ma volonté, si bien manifestée dans mon lit de justice, vos » pas n'aient été que pour vous y opposer. Je veux être obéi ; et ce ne

» sera que lorsque vous exécuterez ponctuellement l'édit qui vous » concerne que je pourrai examiner vos demandes. Méritez ma *pro-* » *tection* par votre obéissance. » Ce ton impérieux eût mieux convenu avec le parlement, de nouveau indocile et chicaneur, qu'avec un corps qui subissait le sort des vaincus, et ne réclamait humblement que pour être au moins dispensé des étrivières. *Messieurs* purent, dans cette conduite de Louis XVI, voir clairement toute sa faiblesse, et tout ce que pourrait leur audace. Quant au grand conseil, docile de son naturel, il déclara que, mettant sa confiance dans la bonté du roi, il se conformerait à ses ordres, et allait procéder au règlement de ses semestres.

Si les créatures de Maupeou sont traitées de la sorte, on doit bien penser que ce chancelier n'est ménagé ni par la cour, ni par le peuple, ni par les poëtes ; une pluie d'épigrammes tombe chaque jour sur lui : je copie l'une des moins mauvaises :

> Louis voulait être Titus,
> Mais Maupeou voulait le contraire;
> Car il comptait pour jours perdus
> Tous ceux qu'il passait sans mal faire :
> Mais le coquin n'en perdait guère.

Puisque je suis en train de citer des vers je ne dois pas omettre le quatrain suivant, inspiré par une confiance un peu hâtive dans le règne de Louis XVI :

> Enfin la poule au pot sera donc bientôt mise,
> On doit du moins le présumer ;
> Car depuis deux cents ans qu'on nous l'avait promise
> On n'a cessé de la plumer.

La discorde entre les corps de l'État, qui pourra bien faire que l'on plume encore longtemps la poule du pauvre, répand aussi son fiel sur la famille royale elle-même. Mesdames tantes, sous le règne précédent, faisaient les honneurs de la cour ; elles ne voient pas sans un vif dépit que Marie-Antoinette les ait privées de cette prérogative, et les relègue à Bellevue ou à Meudon comme de vieilles dames réformées. Les princesses belles-sœurs de la reine croient, de leur côté, avoir des griefs contre elle. Cette jeune souveraine, montée par Marie-Thérèse contre la maison de Savoie, traite Leurs Altesses avec hauteur, quelquefois avec dédain, et veut ainsi leur faire sentir sa double supériorité d'archiduchesse d'Autriche et de reine de France. Elles répliquent souvent sur un ton moins élevé, prétendant mettre au même niveau la cour de Turin et celle de Vienne. De là des propos envenimés de part et d'autre : la jeune reine, belle, aimable, hardie, légère au delà de toute expression, prête bien plus à la critique que ses cinq adversaires ; aussi en est-elle accablée par leurs soins malveillants. Une des princesses avance un fait, une seconde le confirme, une troisième fournit des preuves, et par malheur celles de la légèreté de Marie-Antoinette sont nombreuses.

Ces contradictions, ces animosités domestiques, le refus de respect qu'elles entraînent blessent profondément la jeune reine, et, secondant les dispositions autrichiennes qu'elle apporta de Vienne, la rendent tout à fait étrangère à la France. On s'aperçoit déjà de cet éloignement par les airs moqueurs que prend habituellement Sa Majesté, par le persiflage perpétuel dont elle accable tout ce qui n'est pas étourdi, libre, galant parmi les femmes, tout ce qui n'est pas jeune et beau parmi les hommes. Aussi la partie grave de la cour forme-t-elle un noyau d'opposition qui n'épargne point la souveraine, et qui l'oblige à se former une société intime. On peut deviner quelle en est la composition, étant choisie par une princesse volage, inconséquente, uniquement occupée de parure et de plaisir. Chaque jour des bruits affligeants sur les mœurs, sur les habitudes de la reine retentissent à l'oreille sévère de Louis XVI ; son humeur brusque s'en irrite quelquefois, et de dures réprimandes sont adressées par ce prince à son épouse, qui s'en montre peu soucieuse.

Le deuil de Louis XV a fini le 14 décembre ; ce jour-là même la grossesse de madame la comtesse d'Artois ayant été confirmée, les bals de la cour ont commencé le 19 sur le petit théâtre : il y en aura un chaque semaine. L'uniforme des dames est un domino de taffetas blanc garni de gaze. Les hommes doivent avoir un habit de velours bleu, une culotte et une veste blanches : cette dernière est brodée en bleu. Il n'y avait au premier bal que de jeunes femmes ; la reine a voulu que, pour animer davantage la scène, il y eût au second des demoiselles. Six jeunes personnes charmantes y ont donc été admises : Marie-Antoinette leur a fait beaucoup de caresses, et sous ce rapport la scène a été en effet plus animée qu'à la précédente réunion.

Tandis qu'on dansait à Versailles une catastrophe terrible arrivée en Danemark retentissait dans toute l'Europe et faisait tomber du trône Mathilde d'Angleterre, sœur de Georges III. Le roi avait donné quelques témoignages de faiblesse mentale ; ses médecins jugèrent les distractions d'un voyage nécessaires à sa guérison. Il partit, et fut plusieurs années éloigné de ses États, dont il avait laissé l'administration à Mathilde, son épouse. Cette préférence ne lui avait pas été donnée sur Julie, seconde femme du feu roi, sans exciter le dépit jaloux de cette dernière. Jeune, belle encore, galante jusqu'au cy-

nisme, cette princesse ne négligea rien pendant l'absence de Christian pour se former un parti puissant : elle y réussit. Le roi trouva à son retour la cour et la nation divisées. La reine, en changeant la forme de l'État, mais surtout en favorisant le pouvoir despotique de Struenzée, son favori, avait provoqué le mécontentement des grands ; il fut aisé à Julie de s'appuyer de cette animadversion, et, forte de cet appui, elle accusa hautement de haute trahison et Mathilde et Struenzée. Christian, valétudinaire, faible d'esprit, persuadé peut-être par tant de plaintes, signe l'ordre de conduire sa femme dans un château fort, et de juger Struenzée et le comte de Brandt, second ministre. Les chefs d'accusation contre la souveraine et les deux hommes d'État étaient « des desseins contre la personne du roi, une » mauvaise éducation donnée au prince royal, le projet de forcer le » roi à renoncer au gouvernement de l'État, un commerce criminel » entre Mathilde et Struenzée, enfin le pouvoir immense de ce mi- » nistre. »

Le procès des accusés commença ; un magistrat nommé Schack, gagné par la reine douairière, fut chargé d'en diriger l'instruction. Voulant intimider l'illustre accusée afin de lui arracher plus sûrement des aveux, il commence par lui déclarer que Struenzée a fait des révélations outrageantes pour l'honneur de cette princesse.

« C'est impossible ! dit Mathilde avec dignité.

— Vous comptez trop, madame, sur la discrétion de cet homme.

— Vous vous trompez, je n'ai pas besoin de sa discrétion... il n'a rien à dire.

— Vous niez les faits révélés par lui ?

— Je nie ceux que vous rapportez.

— Struenzée est donc le calomniateur de sa souveraine, et comme tel les lois danoises le punissent de mort.

— Qu'entends-je !

— Voici sa condamnation, dit Schack en ouvrant un livre qu'il avait sous la main.

— Et si je déclare **comme lui,** reprit Mathilde avec effroi, peut-il espérer sa grâce ?

— Oui, madame, si votre aveu est authentique.

— Je le signerai ! s'écria Mathilde d'une voix déchirante.

— Signez donc ! dit le perfide juge en tendant la plume à son infortunée souveraine.

— Ah ! qu'il vive ! » murmura-t-elle.

Et elle tomba évanouie avant d'avoir terminé la dernière lettre de son nom.

« Il mourra ! » s'écria Schack d'un accent féroce.

Puis il finit de sa main faussaire la signature qui envoyait Struenzée à l'échafaud et l'inexpérimentée princesse dans une prison.

Le lendemain les deux ministres eurent la main coupée ; on fit tomber ensuite leurs têtes. Le divorce de Mathilde fut prononcé. Tout porte à croire que cette princesse avait été imprudente, légère, faible peut-être ; mais de telles fautes, ordinairement impunies sur le trône, ne la perdirent que parce qu'elle avait excité la jalousie d'une femme, et d'une femme qui eût voulu réunir tout le pouvoir, toute la beauté, tout le plaisir. Julie ne triompha pas toutefois complètement : Georges III réclama impérieusement sa sœur ; elle fut transférée en Allemagne, où malheureusement elle ne put échapper à sa funeste célébrité.

Les bals de la reine ont été égayés pour les uns, attristés pour les autres, par une aventure qui fait beaucoup jaser la cour et la ville. Dans la soirée du 20 janvier, deux seigneurs ont trouvé à terre un billet qui renfermait la déclaration la plus tendre, la plus brûlante, faite par une dame à un monsieur. L'amante passionnée finissait par dire que ses sentiments étaient si vrais, qu'elle n'hésitait point à les signer de son sang : la signature, que les deux gentilshommes eurent la discrétion de taire, était en effet tracée avec le pourpre qui court dans les veines de la beauté. Malgré le silence gardé sur le nom, toutes les dames du bal étaient furieuses à tel point, qu'il eût été impossible, même à un physionomiste exercé, de reconnaître celle d'entre les belles irritées qui avait à se plaindre de la publication inopportune. Du moins a-t-on pu conclure que si une seule avait commis le joli péché, presque toutes étaient capables de le commettre. La reine elle-même a pris parti dans cette affaire : elle a beaucoup blâmé les lecteurs indiscrets, et l'un d'eux, M. d'Houblot, a été rayé de la liste des seigneurs admis aux bals de Sa Majesté.

On pourra juger par l'anecdote suivante de la dose de raison qui préside aux cercles de notre jeune souveraine. Il avait été décidé qu'au bal du 25 janvier tous les cavaliers paraîtraient avec les costumes de *la Partie de chasse de Henri IV,* et que les dames adopteraient l'habit de Marie de Médicis. La mascarade a été magnifique : M. de Provence, le comte d'Artois, les princesses leurs épouses et une foule de seigneurs étaient habillés de la manière la plus galante : on s'est cru toute une nuit à la cour du Béarnais. Marie-Antoinette, sous le costume de la tendre Gabrielle, attirait tous les regards. On cite mille choses charmantes qui lui ont été dites par Monsieur ; on rapporte aussi ce propos inachevé du jeune frère de Sa Majesté :

« Oui, disait-il à la reine, Provence a la parole aimable de Henri IV ; mais moi...

— Taisez-vous, d'Artois, interrompit la reine, vous extravaguez! »
Et d'Artois n'osa pas reprendre sa phrase.

Jusque-là rien ne dépassait les limites des amusements ordinaires; mais croira-t-on qu'à la suite du bal il fut question de reprendre sérieusement ces habits du seizième siècle, qui allaient si bien à la noblesse du dix-huitième? Ce projet fou vint aux oreilles du roi : « Madame, dit-il à Marie-Antoinette, je ne souffrirai pas qu'une pa-
» reille farce soit jouée à ma cour. Cette mascarade est bonne pour
» le carnaval; mais j'espère bien que le premier jour du carême cha-
» cun reprendra les habits de son temps. Je vais en attendant faire
» rassurer le commerce, alarmé par le bruit de votre folle métamor-
» phose. Si quelqu'un de vous persistait, je l'enverrais, non pas à la
» Bastille, mais aux Petites-Maisons. »

En même temps qu'on apprenait à Versailles la nouvelle de l'exaltation du cardinal Braschi, élu pape sous le nom de Pie VI, l'archiduc Maximilien, frère de la reine, arrivait *incognito* au château de la

Vous l'avez voulu, madame, reconnaissez ce sang!

Meute, où Sa Majesté a été le recevoir et souper avec lui. Marie-Antoinette, qui tient à ce que les princes de sa maison paraissent en France avec une grâce plus que germanique, envoya dès le mois dernier à Bruxelles un maître de danse pour mettre son frère au courant des quadrilles à la mode, lui apprendre les pas du bon ton et lui donner la facilité de briller à Versailles avec autant de légèreté qu'un Français.

Son Altesse Impériale assista le 20 février à la première représentation longtemps retardée du *Barbier de Séville*, comédie de M. de Beaumarchais. Cette pièce, pétillante de verve et remplie de situations aussi neuves que comiques, a pourtant éprouvé une demi-chute à son apparition. Le premier acte seul a été applaudi. L'ouvrage était en cinq actes; l'auteur l'a fait jouer le surlendemain en quatre actes seulement, et le succès a répondu à son attente. *Le Barbier de Séville*, comme les rasoirs du frater intrigant que Beaumarchais y a peint, gagnera beaucoup par l'usage. Préville se montre acteur consommé dans le rôle difficile de *Figaro*.

L'archiduc Maximilien (comte de Bourgow) fait peu de sensation à la cour; sa figure est commune, il ne montre aucun esprit, paraît sans goût, et l'on peut affirmer que les leçons qu'il a reçues d'un maître de danse français ont été en pure perte. L'illustre Allemand a été reçu avec une froideur qu'ont augmentée des difficultés d'étiquette : les princes du sang n'ont pas cru devoir faire la première visite à Son Altesse Impériale, ce qui a causé à la reine le plus grand déplaisir.

Cependant les fêtes n'ont pas manqué au prince; dans un pays où l'on recherche toutes les occasions de s'amuser, ces divertissements ne prouvent rien en faveur de ceux qui en sont l'objet. L'archiduc a visité toutes les curiosités de Paris, tous les établissements publics : partout on lui a fait des compliments, quelquefois de jolis présents,

qui n'ont pas toujours été reçus ou refusés avec une grâce exquise; témoin l'anecdote suivante :

Le royal étranger fut reçu au Jardin du Roi par M. le comte de Buffon, qui, en sa qualité d'intendant du lieu, voulut en faire les honneurs à Son Altesse. Arrivé dans la bibliothèque, le grand naturaliste prend un exemplaire de ses œuvres magnifiquement relié, et le présente au frère de la reine. Celui-ci l'ouvre, le parcourt, s'arrête particulièrement *aux images*, puis remet l'ouvrage à Buffon en lui disant : *Je ne veux pas vous en priver*. Voilà, certes, une inspiration bien malheureuse, et l'on se félicite de n'avoir pas une *profondeur* allemande pour en méditer de pareilles. C'est, du reste, le bouquet des galanteries tudesques du fils de Marie-Thérèse : il est parti hier matin.

Le roi veut que les sept maréchaux qu'il se proposait de nommer depuis son avénement au trône assistent au sacre avec leur bâton : il le leur a remis le 25 mars. Cette promotion a été accueillie dans le public par une singulière plaisanterie. Des malins qui se battent sans cesse les flancs pour trouver de nouvelles malices ont comparé leurs seigneuries aux sept péchés capitaux : je cite leur nomenclature critique, sans toutefois garantir que la qualification de chacun soit précisément conforme à son caractère. On a donc fait du duc d'Harcourt, la paresse ; du duc de Noailles, l'avarice ; du comte de Nicolaï, la gourmandise ; du duc de Fitz-James, l'envie ; du comte de Noailles, l'orgueil ; du comte de Muy, la colère; du duc de Duras, la luxure. Il faut convenir qu'il y a du vrai dans tout cela; mais l'auteur de la méchanceté se fût trouvé complétement en défaut si, parmi les vices de ces princes du champ de bataille, il eût eu à désigner la *témérité* comme péché capital.

Les grandeurs de nos courtisanes ont toujours leur côté grotesque, soit dans les propos de la malignité, soit dans les ridicules que ces princesses pour rire se donnent elles-mêmes. Les plaisants de l'OEil-de-bœuf s'égayent en ce moment sur le compte de mademoiselle Duthé, à qui l'on attribuait la semaine dernière une *passade* avec M. le comte d'Artois. « Ce prince, disent ces messieurs, ayant eu
» une indigestion de biscuit de *Savoie*, venait prendre *du thé* à Paris.»
Quoi qu'il en soit, cette beauté, se croyant sans doute élevée au premier rang par un caprice semi-royal, se montra, le second jour de Longchamps, dans un carrosse à six chevaux, et parée comme une princesse naturelle. Mais le public, loin de vouloir prendre la chose au sérieux, l'a prise au contraire sur le ton le plus facétieux : mademoiselle Duthé, huée, sifflée, entourée par une foule moqueuse, n'a pu faire entrer sa voiture en file; elle s'est vue forcée de rétrograder honteusement ; son brillant équipage a dû rentrer sous la remise, et sa parure princière dans la garde-robe. C'est de bonne guerre : il est assez d'autres occasions où le vice est fêté à l'égal de la vertu et de la probité ; chez les grands, cela va même tout seul ; mais le peuple, ne vous y fiez pas, son *bon sens grossier* fait promptement justice des faux dieux.

J'arrive de Reims, où j'avais suivi mon mari, dont le régiment était de piquet dans cette ville pendant les cérémonies du sacre. Que dire de cette solennité, déjà décrite tant de fois? rien, si ce n'est que les six grands vassaux de l'ancienne monarchie étaient représentés par *Monsieur*, le comte d'Artois, le duc d'Orléans, le duc de Chartres, le prince de Condé et le duc de Bourbon. Mais ce qui présente un scandale toujours nouveau, c'est la dépense occasionnée par ce cérémonial, dont l'utilité ne fut jamais bien démontrée. Cette fois, la couronne seule est évaluée à dix-huit millions : la somme n'est pas précisément dépensée ; mais comme les diamants qui la représentent en grande partie sont une valeur morte, il semble que l'on prouverait mieux la grandeur de l'Etat en faisant servir utilement leur prix.

Les critiques des gens économes, dont la mauvaise humeur me paraît assez juste en ces temps de calamités, se sont surtout attachées à la construction d'un appartement complet élevé pour la reine dans l'intérieur de l'église. Malgré la sainteté du lieu, on y avait réuni toutes les aisances d'une vie luxueuse et sensuelle : toilette, glaces redoublées, lit de repos, tout était là, jusqu'à des lieux à l'anglaise. Sa Majesté avait envie de se livrer commodément à la piété sans renoncer, même dans le temple du Roi des rois, aux attributs de la vanité, car on trouvait avant cet appartement un petit œil-de-bœuf pour les courtisans, et une salle des gardes.

A Soissons, une porte de la ville a été abattue pour donner passage au carrosse du roi, haut de dix-huit pieds, et qui, par le sacrifice d'une *entrée* assez peu nécessaire au bonheur des Soissonnais, aurait pu passer tout simplement à côté de la ville. Ce n'est là qu'une dépense inutile; mais j'ai à citer une mesure inhumaine, prise à cause d'une réjouissance. Les autorités se sont hâtées de faire réparer partout la route que Sa Majesté devait parcourir pour se rendre à Reims, et d'ordonner la reconstruction de divers petits ponts qu'elle avait à traverser. Tout cela s'exécutait par l'odieuse prestation qu'on nomme *corvée* : impôt de sueur levé au détriment des pauvres familles, qui, pendant ce travail improductif de leurs chefs, sont privées du pain qu'ils gagnent ordinairement. J'ai vu de malheureux paysans occupés sur les routes royales : dès qu'ils apercevaient un voyageur, ils s'agenouillaient, levaient les bras au ciel, et les ramenant vers leur bouche, ils semblaient indiquer qu'ils jeûnaient en travaillant pour le roi... Et je frémissais en songeant que ces infortunés étaient détournés de leur labeur, afin qu'une ornière ou un déplacement de pavé ne causât pas une légère secousse à Leurs Majestés... Tel est le partage des biens de la terre, depuis que les hommes l'ont confié à des chefs.

Les politiques, surtout ceux qui se donnent le titre, aujourd'hui très à la mode, de *patriotes*, ont été indignés qu'on ait retranché des cérémonies du sacre le passage du rituel où le consécrateur en se tournant vers le public semble lui demander son consentement pour l'élection du monarque. On sait très-bien que ce n'est là qu'un vain simulacre, une formule dérisoire; mais pourquoi l'avoir supprimée? Cette soustraction fut-elle dictée par une arrière-pensée d'absolutisme? je ne sais, mais c'est de retranchements en retranchements qu'on amènera le peuple à ressaisir beaucoup plus qu'on ne lui aura ôté.

Je vous prie d'accepter, pour votre usage particulier, le grand et le petit Trianon.

La seule circonstance authentique qui me reste à citer sur le sacre de Louis XVI, c'est que la reine avait profité de cette grande solennité pour faire une tentative auprès du roi en faveur de M. le duc de Choiseul. D'après l'avis de Marie-Antoinette, il se mêla au cortége de la cour, à son départ de Versailles, et eut une première audience à Compiègne, où le monarque se montra peu bienveillant pour l'ex-ministre. Une seconde entrevue à Reims ne fut pas plus heureuse. Dans un troisième entretien chez la reine, M. de Choiseul s'est flatté un moment de ressaisir son fauteuil au conseil; mais on sait aujourd'hui que cette espérance était une illusion. Louis XVI, peu capable de discerner la vérité dans les discours des ennemis du duc, s'est de nouveau persuadé qu'il était l'auteur de la mort du Dauphin son père. « Qu'on ne me parle plus de cet homme, a dit brusquement Sa » Majesté à la reine; ce serait mal le servir, et l'on m'obligerait à » l'exiler au loin. » Les partisans de Choiseul ont perdu tout espoir.

Ceux de M. le duc d'Aiguillon n'ont pas lieu de se flatter davantage. Ce seigneur est toujours relégué dans son duché : avant de s'y rendre, il a installé madame du Barry à sa terre de Saint-Vrain, qu'elle a la permission d'habiter. Quoiqu'il soit reconnu jusqu'à l'évidence la plus démonstrative que M. d'Aiguillon est amoureux fou de l'ex-favorite, l'excellente duchesse a passé l'été au château de sa rivale, en attendant que le duc ait fait réparer le sien. Les travaux achevés, le médecin de la bonne dame a été chargé de l'avertir qu'elle avait besoin de prendre les eaux, et elle s'est rendue à Bourbon-l'Archambaud. Pendant ce voyage sanitaire, madame du Barry en a fait un plus aimable à la terre d'Aiguillon, que l'ex-ministre ne saurait quitter... Là les deux amants ont oublié dans le sein des voluptés la disgrâce d'une cour vindicative.

Le voyage de Reims, auquel je reviens, a été pour Marie-Antoinette un sujet de reproches très-vifs, dit-on, de la part du roi.

Je puis assurer, d'après le témoignage de mes yeux, que la conduite de la reine durant son séjour dans cette ville méritait d'être reprise, indépendamment même des circonstances mystérieuses qu'on m'a rapportées et que je ne puis appuyer toutefois que par une série trop peu concluante de probabilités. Je ne fais donc que répéter ici une version malheureusement très-répandue. Marie-Antoinette, dit la chronique ou médisante ou calomnieuse, avait trouvé charmante la promenade dite de la *porte Neuve*; elle y fit louer une maison de plaisance, et le 9 juin Sa Majesté offrit à souper au roi dans ce lieu enchanteur. Louis XVI, fatigué des cérémonies de la journée et bâillant à la plus délicieuse soirée, se retira dès que le repas fut fini, en recommandant à son épouse de ne pas tarder à l'imiter.

A peine le roi était-il parti avec toutes les têtes graves, que la reine déclara qu'elle donnait congé à l'étiquette pour le reste de la nuit. Les vins étrangers, les liqueurs exquises avaient coulé abondamment au souper; des torrents de feu couraient dans les veines d'une jeunesse peu retenue qui environnait maintenant la souveraine. La raison étourdie ne disputait presque plus aux désirs leur empire sur les tempéraments, animés encore par les excès de la table... On se répandit dans les jardins illuminés; mais au signal d'un ordonnateur les lumières disparurent, et les convives qui devaient cesser dès lors d'être acteurs de la fête furent cernés par des gardes, repoussés, expulsés... Je dois répéter que j'écris les répercussions d'un écho. Après avoir erré au hasard quelques minutes dans la sombre épaisseur des bosquets, la reine se sent étreindre par un être inconnu, un sylphe peut-être... Elle glisse sur le gazon. . .

Marie-Antoinette a, dit-on, juré à celles des dames de son intimité qu'elle a rendues confidentes de cette aventure qu'au moment de son récit elle ignorait encore quel téméraire osa, dans les jardins de la porte Neuve, porter une main hardie sur les charmes de sa souveraine et leur arracher un tribut de plaisir.... « Mais prince, seigneur

Marie-Antoinette.

» ou simple gentilhomme, a ajouté Marie-Antoinette toujours selon » la version mystérieuse, c'était Hercule sous les formes d'Adonis. » Phrase qui prouve en passant que par cette nuit sombre le tact suppléait de tout point à la vue... Des courtisans que l'on croit bien informés assurent que le duc de Coigny, qui voit ses soupirs audacieux traités avec clémence par la reine, pourrait seul avoir autant risqué de déplaire à Sa Majesté.

Cependant Louis XVI, informé le 10 juin non pas des mystères, mais des danses, des folies prolongées de la nuit précédente, fit à la reine une longue mercuriale qu'elle trouva fort ennuyeuse; et bien que sa vertu ne fût pas suspectée par ce prince sermonneur, il interdit à Marie-Antoinette les promenades à la porte Neuve.

Le roi vient de donner un témoignage de discernement et de droiture : il a appelé M. de Malesherbes au département de Paris, en remplacement du vieux duc de la Vrillière, homme partial et passionné. Malesherbes est un de ces hommes que rien ne saurait détourner du chemin de l'honneur, ni séductions, ni dangers. Magistrat incorruptible, il ne peut manquer d'être ministre juste, et son début offre déjà une solide garantie. Ce gentilhomme à l'âme romaine n'a accepté son portefeuille qu'à la condition expresse qu'il n'en sortira jamais une lettre de cachet sans que préalablement les motifs de sa demande aient été exposés, agités, discutés et jugés valables en plein conseil. Le roi s'est associé à cette bonne pensée en l'adoptant. Malesherbes a en outre obtenu que personne dans son département, pas même le lieutenant de police, n'aura le droit de délivrer de ces lettres ; sauf, en cas d'urgence, à faire arrêter l'accusé sur un ordre signé de la main de ce lieutenant, et à charge par lui de faire interroger le prévenu dans le délai de vingt-quatre heures. C'est ainsi qu'on doit ménager le premier de tous les biens, la liberté.

A peine M. de Malesherbes a-t-il été entré au conseil qu'il a fait entendre sa vertueuse voix en faveur de M. de la Chalotais, procureur général, dont la disgrâce survivait à la faveur du parti jésuitique, une seconde fois abattu. Les efforts du ministre n'ont point été infructueux : on assure que le roi accorde à ce magistrat cent mille livres en argent comptant, huit mille livres de pension, réversible sur les siens, et que Sa Majesté érige l'une de ses terres en marquisat.

Pour faire diversion à ces nouvelles un peu graves, on s'entretient sous le manteau d'une petite déconvenue que vient d'éprouver la reine. Elle avait envoyé à l'impératrice sa mère son portrait en miniature, où Sa Majesté était peinte avec sa haute coiffure garnie de plumes longues d'une demi-aune. Marie-Thérèse a renvoyé le médaillon à Marie-Antoinette avec ce billet : « Je vous renvoie, ma » fille, la miniature que vous m'aviez fait tenir. A coup sûr vous » vous êtes trompée dans cette expédition ; je n'y ai point trouvé le » portrait d'une reine de France, mais celui d'une actrice. Je vous » fais remettre ce bijou, et j'attends le véritable. » La reine a souri avec dédain à cette observation, qu'elle a prise pour l'effet d'une mauvaise humeur résultant de la maladie ; et le lendemain les courtisans ont remarqué que Sa Majesté avait des plumes plus hautes. Aussi toutes les dames de la cour s'empressent-elles d'adopter cet ornement : le commerce en était autrefois peu important chez nous, mais il est devenu dans ces derniers temps fort considérable. La ville de Lyon, entrepôt ordinaire de plumasserie, en est maintenant épuisée.

Il y avait à Paris une véritable disette de plumes au moment des couches de madame la comtesse d'Artois, disette qui certainement a plus inquiété nos dames nobles que celle des grains survenue il y a quelques mois. Quoique moins emplumées qu'elles n'eussent voulu, ces beautés titrées ont pourtant assisté aux fêtes du baptême de M. le duc d'Angoulême, né le 6 août, et que le roi a nommé.

Depuis longtemps Louis XVI hésitait à rétablir la charge de surintendante de la maison de la reine, malgré les pressantes sollicitations de Marie-Antoinette, qui promettait cette charge à madame la princesse de Lamballe, qu'elle aime beaucoup. M. Turgot soutenait le refus du roi par des motifs d'économie ; mais enfin Sa Majesté s'est laissé persuader, et la surintendance a été donnée à la princesse. Madame de Mouchy, mécontente de cette nomination, que suivait la perte d'une partie des prérogatives de sa charge de dame d'honneur, s'en est démise aussitôt. La reine, qui à cause de son rigorisme avait surnommé cette dame *madame l'Étiquette*, n'est point fâchée de sa démission. Marie-Antoinette a remplacé aussi sa dame d'atour, la duchesse de Cossé, également démissionnaire, par la princesse de Chimay, et madame de Mailly a été nommée première dame pour accompagner.

La merveille du jour est l'hôtel de l'abbé Terray : rien n'égale la magnificence des appartements que cet ex-ministre a fait décorer, et que j'ai voulu visiter pendant son absence sur la renommée de leur luxe vraiment oriental. Quoiqu'un pareil faste soit une insulte faite à la France, que ce contrôleur général a ruinée, on n'en va pas moins admirer le fruit de ses rapines et même le féliciter de leur bon goût... Voilà bien les Français ! La luxure a surtout présidé aux ameublements de ce prêtre, qui depuis longtemps a jeté sa calotte par-dessus les moulins. On trouve chez lui tout ce qu'on peut réunir pour exciter les sens pécheurs ; il a fait peindre, par exemple, au chevet de son lit une femme entièrement nue. « C'est le costume modèle, » dit-il à ceux de ses amis qui l'interrogent sur ce *dégazement* complet. Ceci signifie sans doute que toute dame honorée des bonnes grâces de ce pacha tonsuré doit se décider à prendre cet habit négatif pour complaire à monseigneur. Le clergé est en bon chemin d'émancipation. Revenons aux choses sérieuses.

Le comte de Saint-Germain, nommé à la place de secrétaire d'État au département de la guerre après la mort du maréchal de Muy, a été présenté au roi le 27 octobre. Ce lieutenant général a paru à Fontainebleau sans ordres ; circonstance qui m'oblige à jeter un coup d'œil rapide sur sa vie, pour rappeler à quelle occasion il a renvoyé le cordon rouge à Louis XV. Saint-Germain est un gentilhomme d'Alsace ; il fut jésuite dans sa première jeunesse, mais il quitta ensuite la soutane pour saisir une épaulette de lieutenant. Simple capitaine de milice après plusieurs années de service, ce militaire

trouva que sa fortune marchait trop lentement en France : il servit successivement l'électeur palatin, la maison d'Autriche, le Danemark, et ne reprit l'uniforme français qu'aux vives sollicitations du maréchal de Saxe, qui faisait cas de ses talents. Lieutenant général dans l'armée que commandait le maréchal de Broglie, Saint-Germain se brouilla avec ce capitaine distingué pendant la dernière campagne de Westphalie : ce fut alors qu'il renvoya sa plaque de Saint-Louis pour retourner en Danemark ; mais après la mort d'Adolphe II il cessa d'être employé dans ce royaume. Louis XVI, plus juste envers ce général que son prédécesseur, lui avait accordé à titre de gratification une somme de cent mille écus, que lui enleva presque aussitôt la banqueroute d'un banquier de Hambourg, chez lequel il l'avait imprudemment placée en entier. Les officiers du régiment d'Alsace, compatriotes du comte de Saint-Germain, allaient se cotiser pour lui faire un sort, lorsque Louis XVI, honteux de la misère d'un homme qui avait eu dans ses armées le grade de lieutenant général, lui accorda une pension de dix mille livres, qu'il vint manger dans une retraite champêtre aux environs de Strasbourg.

Le comte de Saint-Germain était en bonnet de laine, en grosse redingote, en sabots, à bêcher son jardin, quand, nouveau Cincinnatus, il vit entrer un député de la cour qui lui apportait la clef du portefeuille de la guerre. Il lut la dépêche appuyé sur le manche de sa bêche. « Oh ! oh ! dit-il après l'avoir parcourue, est-ce qu'on songe » encore à moi ?... Allons, monsieur, je vous suis. »

La nomination d'un homme si simple et réputé si droit ne satisfait nullement les gens à intrigues, à savoir-faire. On pourra difficilement usurper avec lui les honneurs et les places, il sera plus difficile encore d'en trafiquer. D'un autre côté, Saint-Germain est un vieux garçon : n'ayant ni femme, ni enfants, ni famille, ne tenant à rien, il n'aura point d'entrailles pour les lignées à pourvoir par droit de naissance ; la faveur sera sans action sur son naturel cuirassé, dit-on, à la prussienne. Mais s'il doit déplaire à la gent intrigante, le nouveau ministre a des recommandations de bon lieu : les membres du conseil, interrogés sur son compte par le roi, ont rendu le meilleur témoignage sur son caractère et sa conduite ; témoignage conforme à celui du maréchal de Muy, qui, se voyant mourir, avait indiqué M. de Saint-Germain à Sa Majesté pour lui succéder au département de la guerre. On répétait hier à l'OEil-de-bœuf un bon mot de M. le comte d'Artois à propos de ces informations. « On ne » veut pas que le successeur de M. de Muy ait la pierre, a dit Son Altesse Royale, car on le sonde bien. » Le plus jeune frère de Louis XVI est ordinairement assez cru dans ses saillies ; celle-ci du moins est spirituelle.

On a joué le 1er novembre une pièce ou plutôt une scène de Jean-Jacques Rousseau intitulée *Pygmalion*, ouvrage rempli de chaleur et de poésie. Il y avait eu un précédent qui mérite d'être cité. Les comédiens se transportèrent à l'ermitage du philosophe de Genève pour lui demander la permission de représenter sa production. Il était nuit quand ils arrivèrent ; Jean-Jacques refusa de leur ouvrir sa porte : ils revinrent le lendemain. Le grand écrivain répondit à la harangue ampoulée de l'orateur qu'il n'acquiesçait point à la demande, mais qu'il ne s'y opposait pas ; que seulement il prévenait messieurs de la Comédie que *Pygmalion*, imprimé en fraude, fourmillait de fautes qu'on ne pourrait imputer à l'auteur. Rousseau termina sa réponse en déclarant qu'il ne voulait percevoir aucun droit sur la pièce.

M. Larive joue le rôle du statuaire grec avec intelligence ; mademoiselle Raucourt représente Galathée : c'est une fort belle statue. Au moment où les dieux exaucent le vœu de Pygmalion en communiquant le feu de la vie à son amante de marbre un spectateur du parterre a dit tout haut : Ce n'était pas la peine, elle a bien assez de chaleur comme cela ! Allusion maligne au tempérament de mademoiselle Raucourt, qui n'est de marbre ni pour les hommes ni pour les femmes.

Il paraît bien constaté que cette flamme vivifiante qui surabonde chez l'actrice du Théâtre-Français n'est pas même suffisante chez le roi de France et de Navarre : cinq ans se sont écoulés depuis le mariage de Sa Majesté, et la couche royale reste inféconde. On fait courir le bruit que le roi ayant consulté la Faculté à cet égard, a été averti par ce corps savant qu'il y aurait nécessité de couper ce qu'en termes de l'art on appelle le *filet* ; opération légère à laquelle le monarque s'était, dit-on, résigné, mais qui n'a pas été faite. On ajoute que Louis XVI ayant pris jour avec un opérateur après plusieurs remises successives, entra, bien décidé en apparence, dans la chambre où la petite section projetée devait avoir lieu... Mais à l'aspect de l'appareil formidable des instruments tranchants alignés sur une table pour cette minutie opératoire Sa Majesté changea d'avis, demanda ses chevaux, sa meute, et partit pour la chasse. Ce même jour Louis XVI a forcé trois sangliers ; ce qui annonce dans ce prince une constitution robuste, mais qui ne prouve rien du tout en faveur de sa descendance directe.

En attendant qu'il plaise au ciel de répandre ses faveurs prolifiques sur ce couple couronné, la reine danse et danse même beaucoup. Les bals de Versailles viennent de commencer : ils se donnent cette année chez madame la surintendante, afin que l'étiquette ait plus d'élasticité. La reine indiquera par une liste secrète les personnes qu'elle voudra bien admettre à ses soupers. En tout cas, il y aura peu de dames âgées à ces réunions : Sa Majesté ayant déclaré hautement « qu'elle ne concevait pas comment passé trente ans une » femme osait paraître à la cour. »

Ce propos est bien celui d'une princesse dont la vingtième année est à peine accomplie; mais Sa Majesté ne se doute pas combien les dix ans qui vont suivre seront rapides : elle leur prête pourtant toutes les ailes des plaisirs, et, se dit-on plus bas, celles des amours. Quant à cette dernière assertion, il faudrait, pour lui ôter le caractère d'une calomnie, citer des faits avérés : voici du moins quelque chose qui en approche.

Le duc de Lauzun, l'un des plus beaux cavaliers de la cour, avait été envoyé en Pologne pour une négociation avec l'impératrice de Russie, touchant ce malheureux pays. Catherine joua quelque temps le charmant négociateur, comme on s'amuse d'un joli papillon; puis, sans être entrée le moins du monde dans le sujet, elle finit par lui dire que pour le moment il ne fallait plus y songer. Sémiramis II terminait sa lettre en offrant très-sérieusement au duc d'entrer à son service, lui promettant pour début le premier grade dans ses armées. Lauzun avait de l'ambition : il regarda le portrait de Catherine, trouva qu'elle était belle encore, et jugea que son épée de feld-maréchal ne serait pas payée trop cher. Il ne voulait pas toutefois prendre un parti sans l'assentiment de sa cour et surtout de sa famille : le duc revint à Versailles. Lauzun trouva la reine liée intimement avec la princesse de Guémenée. Cette dame avait parlé de lui à Sa Majesté; Marie-Antoinette témoigna le désir de le connaître autrement, dit-elle, que dans une présentation cérémonieuse. La princesse manda le duc : Sa Majesté le traita à la première entrevue avec distinction, à la seconde elle le reçut avec empressement, et dès lors Sa Majesté se répandit en égards presque caressants avec le vieux maréchal de Biron, père de Lauzun. « Bientôt, a dit depuis ce seigneur, je devins » une espèce de favori. »

Cependant la mission diplomatique de ce mortel fortuné, que le boudoir de Versailles paraissait disputer à celui de Pétersbourg, étant finie, il dut songer à quitter la cour pour se remettre à la tête de la légion royale qu'il commandait, et que l'on parlait de faire marcher contre les paysans révoltés par suite de la disette. C'était à l'époque du sacre : la reine fit des efforts infinis pour retenir M. de Lauzun et pour le décider à la suivre à Reims; le duc allégua ses devoirs de colonel, son honneur compromis s'il y manquait... Sa Majesté consentit à recevoir ses adieux à Auteuil, chez madame de Guémenée. Mais le soir la reine s'étant encore ravisée fit prier Lauzun, qui devait partir dans la nuit, de retarder son départ de quelques heures, et de venir lui parler le lendemain matin à Auteuil.

« Je ne veux pas que vous partiez encore, dit-elle au duc à ce » rendez-vous; la révolte pour les grains oblige à faire approcher » des troupes, nous ferons venir votre corps. » Le duc remercia la souveraine; il lui exprima pourtant la crainte qu'un déplacement ne fût désavantageux à sa légion. « Vous êtes un imbécile, » reprit Marie-Antoinette en riant; mais il y avait dans ce mot plus de dépit qu'elle n'en faisait paraître. Dans la soirée, au cercle de la reine, Sa Majesté étant encore revenue sur le même sujet, et Lauzun émettant toujours des scrupules, elle appela le baron de Viomesnil, chargé du mouvement des troupes. « Baron, lui dit-elle, faites donc marcher la légion royale, et faites-la venir assez près pour que cet im» bécile ne nous quitte pas. » Le baron répondit en dissimulant mal sa surprise qu'il exécuterait l'ordre de Sa Majesté.

Cet entretien avait été à peu près public; le lendemain dans la galerie il n'était question que de la faveur du duc. Dans la journée il monta à cheval pour chasser dans le bois de Boulogne avec la reine, ainsi que cela arrivait à peu près tous les jours depuis un mois. Au coucher le retentissement des bonnes grâces de Marie-Antoinette pour Lauzun arriva jusqu'à la chambre du roi... Peut-être ce seigneur fut-il heureux de partir dans la nuit même.

Vers la fin de l'année le duc, de retour à Versailles, y reçut de nouvelles, de pressantes sollicitations de l'impératrice Catherine : dans une entrevue secrète qu'il eut avec la reine il ne lui dissimula point qu'après certains avis qui lui étaient parvenus il pouvait être arrêté d'un moment à l'autre par suite de quelques tracasseries sur sa mission; il ajouta qu'on lui offrait à Pétersbourg le sort le plus élevé qu'un sujet pût jamais prétendre. « L'impératrice Catherine » est bien heureuse, répéta plusieurs fois Sa Majesté, et je suis bien » malheureuse. » Puis elle ajouta avec un soupir : « Monsieur de Lauzun, vous allez être perdu pour nous! je l'ai prévu depuis longtemps.

— Madame, répondit le duc, tant que je conserverai l'estime dont Votre Majesté m'honore rien ne m'effrayera, et je ne craindrai rien. Je ne m'éloignerai pas de la France comme un criminel, je ne quitterai point le service du roi sans sa permission, et il ne me condamnera pas sans m'entendre. Qu'on m'attaque, mes papiers sont en sûreté, et ma correspondance avec le ministre me justifiera.

— On ne vous attaquera point, monsieur de Lauzun, reprit la reine d'un ton animé, personne ne l'osera : on sait que c'est s'attaquer à moi-même, et je suis bien aise qu'on le sache. Restez près de nous; ne le refusez pas. Il est un moyen de vous attacher particulièrement à moi : M. de Tessé n'est pas éloigné de quitter sa place, et je pourrais arranger des choses qui lui seraient agréables. Ne voulez-vous pas bien être mon premier écuyer?

— Pénétré de tant de bontés, j'en sens tout le prix sans pouvoir en profiter : ce choix semblerait justifier les insolents propos qui ont été tenus déjà; et que Votre Majesté ne s'offense pas si je la refuse.

— Vous me traitez bien durement, monsieur de Lauzun. Ma chère madame de Guémenée, joignez-vous donc à moi pour obtenir de votre ami qu'il ne nous abandonne pas. »

Telle est la base sur laquelle s'appuient les propos peu réservés qu'on tient assez ouvertement contre la reine, et qu'elle continue d'autoriser par les imprudences les plus ostensibles. Sa Majesté ne cache ni les préférences qu'elle accorde en toutes choses à M. de Lauzun, ni le crédit que le duc a sur elle. Aussi dit-on tout haut à la cour que ce seigneur est ou sera bientôt l'amant de Sa Majesté.

Et voyez cependant quelle est la bizarrerie du caractère de l'homme; j'ai la certitude que Lauzun est peu sensible aux sentiments très-clairement exprimés de la reine, toute belle, toute souveraine qu'elle est, et cela précisément parce qu'elle se montre trop expansive. On connaît trop bien le duc pour croire toutefois qu'il ait poussé la réserve jusqu'à se défendre en Joseph, s'il a été attaqué par une autre Putiphar... Mais ce roué saturé de bonheur classerait dans ce cas les bonnes grâces royales au nombre des faveurs à mettre en réforme. Ce qui peut encore entretenir son indifférence, c'est l'amour qu'il éprouve pour une jeune et jolie Anglaise, nommée lady Barrymore, qui, par parenthèse, se livre à un tout jeune conseiller au parlement en même temps qu'au brillant duc. Ayant appris il y a huit jours cette duplicité de sentiment, Lauzun courut chez son infidèle et l'accabla de reproches qu'elle écouta avec un sang-froid tout britannique. « Je » conviens de tout cela, répondit la dame, et en vérité je vous l'au» rais déjà dit si je n'avais pas craint votre chaleur et votre vivacité. » Mon intention n'a jamais été de vous tromper... Si vous me quittiez » pour cette bagatelle, vous auriez tort : vous me plaisez, vous me » convenez, je vous aime beaucoup; mais ma liberté m'est plus chère » que vous, je ne vous la sacrifierai pas. Je me soucie peu du petit » conseiller, j'y renoncerais sans peine, mais je ne sais pas qu'on » m'impose de sacrifices. Je vous le déclare, je le garderai sans en » faire grand cas; il s'en faut bien que j'aie pour lui les sentiments » que vous m'avez inspirés. Tenez, ajouta l'Anglaise en montrant un » portefeuille qui était sur la table, voilà toutes ses lettres, prenez» les, faites-en tout ce que vous voudrez... Mais ne nous brouillons » pas pour si peu de chose. Lauzun, les hommages de mon robin m'a» musent, flattent peut-être mon amour-propre, que voulez-vous! » c'est un enfantillage, c'est un joujou que je ne veux pas qu'on » m'ôte. Cela n'empêchera pas que vous ne trouviez toujours en moi » le plus tendre abandon, l'intérêt le plus vrai... Je ne veux pas être » votre esclave, mais je serais désolée de ne plus être votre maî» tresse. »

En parlant ainsi, lady Barrymore arrangeait sur un canapé où elle était négligemment couchée un désordre étudié, un soulèvement de déshabillé agaçant... Les amants scellèrent une nouvelle union aux conditions voulues par la dame. On conviendra que les beautés de la Tamise ne le cèdent point aux nôtres en fait de galanterie, et que leur franchise cynique l'emporte de beaucoup sur celle des Françaises.

Toutes ces aventures se passaient pendant la vogue de la Belle Arsène, opéra-féerie de M. Favart, dont le sieur Monsigny a fait la musique. C'est une leçon en vers agréables donnée à la coquetterie, et dont quelques jolis morceaux d'ensemble ont déterminé la vogue. Celle de la Fausse Magie est plus généralement méritée : Marmontel, en réduisant cette pièce à deux actes, en a fait une assez bonne comédie, et la musique étincelante de verve qu'y a jointe M. Grétry rendra le succès de cet ouvrage aussi durable qu'il a été complet au début.

Aux premières représentations de ces pièces, comme à celles de Pygmalion, la cour et la ville se sont parées de deux couleurs nouvelles. La reine ayant, il y a quelques mois, choisi une robe de taffetas tirant sur le brun, le roi lui dit en riant : C'est couleur de puce. A l'instant toutes les dames titrées voulurent avoir des taffetas puce; bientôt les hommes s'en mêlèrent... Les drapiers, les fabricants de soierie n'y purent suffire. Comme en France, et surtout s'il s'agit de modes, les folies vont toujours crescendo, on ne tarda pas à distinguer deux nuances dans la couleur nouvelle : la vieille puce et la jeune. Puis vinrent les subdivisions : on eut des robes et des habits tête de puce, dos de puce, ventre de puce, cuisse de puce... Mais tout à coup ces diverses teintes furent abandonnées. Un nouveau caprice détrôna celui dont on avait été chercher la nuance sous le dernier vêtement du beau sexe : des marchands ayant présenté à Marie-Antoinette des échantillons de robes, Sa Majesté en choisit une d'un blond cendré. Monsieur, qui se trouvait là, dit : « Ma foi, ceci est » couleur des cheveux de la reine. » Et dès le lendemain tous les ateliers étaient en action pour fabriquer des velours, des ratines, des draps, des satins, des taffetas cheveux de la reine. Quelques-unes de ces étoffes ont été payées dans le premier moment jusqu'à quatre-vingt-six livres l'aune... Les règnes changent : la solidité de jugement peut succéder sur le trône au désordre, à la légèreté; mais les courtisans et, peut-être, dans une proportion trop générale, les Français sont toujours lég-rs, petits et vains.

Terminons la chronique de 1775 en parlant de choses plus graves. Les colonies anglaises de l'Amérique marchent à grands pas vers une indépendance absolue. Un congrès général s'est réuni au printemps à Philadelphie : il a nommé le général Washington commandant supérieur des forces continentales; la même assemblée a procédé ensuite à l'élection des officiers généraux qui doivent servir sous ses ordres. Des préparatifs de guerre formidables ont été ordonnés. Déjà vingt-cinq mille hommes bien armés, pourvus d'artillerie, sont entrés en campagne et ont même battu à Lewington un corps de deux mille Anglais : ce fut le premier engagement sérieux avec les troupes de l'Angleterre. L'ordre est donné en Pensylvanie pour la levée de vingt mille hommes; un corps de quatre mille soldats choisis dans cette milice sera formé pour veiller à la sûreté du congrès.

Cependant Boston était occupé par des forces anglaises supérieures; cette ville subissait toutes les rigueurs que la vengeance inspire à un ennemi qui a ressaisi l'avantage : les Américains résolurent d'en faire le siége. Ils s'emparèrent bientôt de plusieurs forts environnants, malgré les sorties d'une garnison imposante; tout portait à croire que cette capitale, poussée avec vigueur, tomberait au pouvoir des révolutionnaires. Mais ils craignirent d'occasionner sa destruction en réduisant à la dernière extrémité les Anglais qui l'occupaient; les opérations du siége furent ralenties. Un fort détachement des milices de Connecticut, en s'emparant du fort Carillon, ouvrit pendant le blocus de Boston des communications entre la province de Massachuset's-Bay et le Canada, et Washington mit cet événement à profit pour tenter une diversion. Cette tentative n'eut pas tout le succès qu'on pouvait en attendre ; mais elle servit du moins à prouver aux troupes de la métropole qu'elles avaient dans les Américains des ennemis intrépides, et qui exécuteraient les entreprises les plus difficiles pour conquérir leur liberté.

<h2 style="text-align:center">CHAPITRE II.</h2>

1776-1777-1778.

L'année 1776 commence comme a fini celle qui l'a précédée, par des bruits scandaleux. Un poëte inconnu a donné pour étrennes à la reine des couplets on ne peut plus satiriques sur les habitudes de cette princesse et sur les intrigues dans lesquelles on la suppose engagée. Il est bien entendu que ces rimes critiques n'ont point été envoyées à Sa Majesté, mais des milliers d'exemplaires en sont répandus dans le public : on les possède, on les chante dans toutes les classes de la société. L'auteur anonyme traite d'abord de la virilité douteuse du jeune monarque et révèle avec une crudité obscène de dénominations les causes secrètes qui s'opposent à ce que nous ayons, à moins d'assistance, une progéniture royale, et félicite la reine d'avoir pris déjà des mesures supplétives. Entrant à cet égard dans quelques détails, le chansonnier nomme en toutes lettres MM. de Lauzun, de Coigny, de Besenval. Enfin la méchanceté du rimeur audacieux va jusqu'à dénoncer au public une prétendue lettre de Marie-Thérèse à sa fille, où elle lui reproche de n'avoir pas encore pourvu par des moyens *politiques* à la propagation de la branche aînée des Bourbons de Versailles.

On m'a apporté ce matin une seconde chanson dirigée, comme la première, contre Marie-Antoinette. On lui reproche cette fois la compagnie peu relevée dont elle s'entoure dans ses bals : par exemple MM. de Caraman, de Galiffet, de la Vaupaillière ; mesdames de Neukerque, de Cassini, de Guibert, d'Huméry, etc. Le chansonnier insiste surtout sur les libertés que Sa Majesté permet à tout cet entourage et sur la légèreté trop aimable à laquelle cette princesse se livre. Il y a dans les couplets que je cite des médisances et des calomnies : il faut, pour être sincère, avouer que les médisances dominent.

J'ai à rapporter maintenant une anecdote plus généralement vraie. Tout ce qu'il y a de distingué dans la plus noble classe des mauvais sujets de la cour était convenu de faire un pique-nique avec les fameuses courtisanes de Paris. Parmi les hommes on nommait M. le comte d'Artois, M. le duc de Chartres, le duc de Fitz-James, le duc de Lauzun, enfin tout le premier numéro de la débauche. Parmi les femmes devaient figurer les demoiselles Guimard, Duthé, d'Ervieux, Thévenin. Les fonds de la soirée avaient été perçus d'avance au moyen d'une souscription de cinq louis par chaque convive mâle, et le nombre des souscripteurs permettait d'établir le programme avec une sorte de somptuosité. Spectacle, jeu, banquet nocturne et suite illimitée de galanterie, tout devait concourir à rendre la fête délicieuse. Le temple de ces mystères était désigné : mademoiselle d'Ervieux, surintendante de la fête, en faisait disposer les préparatifs chez un traiteur du boulevard, qui devait ouvrir ses jardins et une salle contiguë aux acteurs de la bacchanale projetée. Mais au moment où, la bouche mouillée d'une voluptueuse sérosité, débauchés et nymphes complaisantes n'avaient plus qu'une heure à entendre sonner avant la réunion, un ordre du roi a tout arrêté, même les broches, qui tournaient devant un feu d'enfer chez le Comus du boulevard. On ne doute pas que le zèle évangélique de M. l'archevêque n'ait été le principal moteur de ce trouble-fête; aussi mademoiselle d'Ervieux a-t-elle répondu à cet acte de l'apôtre parisien par un trait de charité en faisant envoyer tout le festin au curé de Saint-Roch pour être distribué aux pauvres. Les convives nobles, trompés dans leur douce attente, en ont été pour leurs cent vingt livres et le surnom de chevaliers de *Saint-Louis*, dont leur cotisation a donné l'idée au grand *calembourdier* du temps, M. le marquis de Bièvre. Cette anecdote a servi du moins à faire rire la cour et la ville pendant quarante-huit heures : l'argent de ces messieurs n'a pas été en pure perte.

La critique littéraire ne fait la fortune de ceux qui l'exercent que lorsqu'elle est complaisante : telle ne fut point celle de Fréron. Cet Aristarque s'était attiré l'animadversion de toutes nos célébrités chatouilleuses par l'indépendance de ses examens et la franchise de ses satires. Mais si Fréron se montrait incorruptible, il n'était pas exempt de partialité : ses jugements sur Voltaire et sur tout le parti encyclopédique étaient faux, passionnés, remplis d'une amère injustice. Cette bile acrimonieuse a été la cause de sa mort. Il avait appris que M. de Malesherbes, ministre favorable aux philosophes, se disposait à supprimer l'*Année littéraire*, dont Fréron vivait depuis l'année 1746, et vivait mal, car il était criblé de dettes. A cette nouvelle terrible, le journaliste, déjà cruellement préoccupé des assignations redoublées, des saisies, des menaces de par corps qu'il recevait journellement, tomba malade, et sa maladie s'aggrava bientôt par un travail forcé et par les inquiétudes poignantes sous l'empire desquelles il devait s'y livrer.

Cependant madame Fréron sollicitait chaudement à Versailles : aidée de protecteurs puissants elle obtint au prix de quelques promesses d'amendement que l'*Année littéraire* subsisterait. Elle accourut à Paris pour annoncer à son mari l'heureux résultat de ses démarches ; mais il était mort.

Qui sera l'héritier de la férule tombée des mains de Fréron? A coup sûr un critique qui ne le vaudra pas. On parle de l'avocat Linguet : il y a plus de chances pour M. Clément, dialecticien excellent dans la discussion, mais écrivain disert, ennuyeux et dépourvu de grâce. Quel que soit le successeur du rédacteur de l'*Année littéraire*, il ne fera point oublier son goût sûr et exquis, ses saillies pleines de gaieté et de finesse, son érudition non moins profonde que celle de l'abbé Desfontaines, son prédécesseur. Personne peut-être n'aura le talent de Fréron à traiter avec une légèreté gracieuse les sujets les plus arides ; personne ne saura comme lui présenter toujours les défauts d'un livre de la manière la plus piquante. Et même la partialité que j'ai reprochée plus haut à ce littérateur ne fut point spontanée : peut-être eût-il été toujours juste si les écrivains qu'il critiquait eussent été moins irritables. Mais on répondit à ses censures motivées par des injures aussi grossières que gratuites : il répliqua alors par des sarcasmes outrés et des jugements iniques. On croit que dans tous les cas le privilége de l'*Année littéraire* restera à M. Fréron fils, écrivain de vingt ans, déjà connu par de jolis contes insérés dans l'*Almanach des Muses*, mais qui n'offrirait pas encore des garanties suffisantes pour la rédaction.

Le commencement de la belle saison a ramené les *courses de chevaux*, folie qui depuis quelques années a pris beaucoup d'empire sur nos goûts, comme tout ce qui vient des îles Britanniques. Le comte d'Artois et le duc de Chartres voulaient qu'on fût *patriote* au moins dans ce genre d'amusement et qu'on ne fît courir que des chevaux français; mais la fureur anglicane l'emporte : nos seigneurs font passer à grands frais le détroit à des coursiers pour nous jeter aux yeux la poussière de la plaine des Sablons. Il n'y a même rien de national à ces joutes : on assiste en costume *anglais* à des jeux imités de l'*Angleterre*, dans lesquels des chevaux *anglais* disputent de vitesse, montés par des jockeys venus de Londres pour faire perdre un pari d'une énormité *anglaise* à des gentilshommes qui se ruinent à cela tout aussi complétement que des milords *anglais*... C'est enchanteur.

La reine assistait dernièrement à une course dont mille louis devaient être la prime : les parieurs étaient M. le duc de Chartres et M. de Lauzun. Sa Majesté, un moment avant le combat, exprimait une vive sollicitude à l'adversaire du prince du sang. « J'ai tant de » peur, lui disait-elle, que si vous perdez je crois que je pleurerai. » Lauzun gagna, et Marie-Antoinette en parut transportée de joie. Le vainqueur eut toutes les peines du monde à réprimer les marques de satisfaction presque délirante que la jeune souveraine faisait éclater. « Je veux aussi avoir des chevaux de course, disait-elle au duc, qui » l'accompagnait pour retourner à Saint-Cloud, et quoi qu'en dise le » roi je monterai à l'anglaise, car j'en meurs d'envie. »

Ce désir était si prononcé chez la reine, que peu de jours après, chassant au bois de Boulogne avec le seigneur que tout le monde appelait son favori, même en présence de Louis XVI, elle afficha d'une manière imprudente l'*anglomanie* qui la tourmentait. Lauzun la voyant en conversation réglée avec un piqueur anglais qui le suivait, cette inconvenance l'affecta : il prit la liberté de faire remarquer à la reine qu'on l'observait.

« Je demandais à ce garçon, répondit Sa Majesté, si l'*anglais* qu'il monte est sage, s'il se prêterait au caprice d'une femme.

— Madame ! s'écria le duc, Votre Majesté voudrait-elle...

— Changer un instant de cheval avec votre piqueur.

— Impossible..... Votre Majesté ne songe donc pas au cortége qui l'environne...

— Eh ! qu'importe ! quel mal y a-t-il à cela ? D'ailleurs je le veux.

— Moi, madame, dit Lauzun tout bas en s'approchant de la reine, je ne le veux pas.

— En ce cas, reprit Marie-Antoinette d'un ton piqué, puisque vous êtes assez peu galant pour me refuser cette permission, je la prends. »

Puis Sa Majesté appela le piqueur d'un ton impérieux, lui demanda son cheval en souveraine, le monta lestement, et partit au galop.... En ce moment le duc de Coigny, qui avait, dit-on, plus de raisons que personne pour trouver étrange la folie de Marie-Antoinette, dit assez haut et à diverses reprises : *Quelle légèreté ! quelle inconvenance !* Les zéphyrs du bois de Boulogne durent porter ces exclamations jusqu'à l'oreille de Sa Majesté.

Mais voici venir une nouvelle favorite de la reine qui sans doute excitera le genre de censure auquel Sa Majesté a été exposée lors de son intimité avec la marquise de Langeac. Madame la comtesse Jules de Polignac semble réunir sur elle toutes les bonnes grâces de Marie-Antoinette; M. de Lauzun lui-même a vu baisser sa faveur; MM. de Vaudreuil et de Dillon, qui dans les bals avaient obtenu d'aimables sourires, ne paraissent plus occuper Sa Majesté : elle n'a d'égards, de petits soins, de préférences que pour sa nouvelle amie. Il est vrai que cette jeune femme a reçu de la nature le plus charmant visage, avec une taille, une gorge, des bras, sinon aussi parfaits que les traits de sa figure, du moins aussi séduisants, aussi désirables. Le caractère de la comtesse est d'une douceur ineffable, d'une sérénité que rien ne paraît devoir troubler, pas même les choses les plus propres à exciter la contrariété ou l'impatience. Exempte de la moindre disposition à se prévenir défavorablement ou favorablement, madame de Polignac se tient à une égale distance de l'indifférence et de l'enthousiasme. Son maintien, ses actions, sa conversation, et jusqu'au son de sa voix, tout est doux en elle. Je conçois qu'un si joli naturel ait conquis les affections de la reine; nous verrons ce qu'il deviendra à la cour et si quelque serpent ne se glissera pas sous tant de fleurs.

Pendant que la faveur de boudoir d'une femme occupe la cour, la retraite de deux ministres intègres, bijoux rares dans les monarchies, désole le peuple qui seul avait goûté leur administration. Malesherbes, l'honnête et sage Malesherbes, le *vir bonus*, s'est démis le 12 mai du ministère; bientôt il a été imité par M. Turgot, homme austère et probe, dont le système, d'une régularité mathématique, était parmi nous la rêverie de Platon. Je n'ai pas pensé un instant que ni l'un ni l'autre pussent rester au timon des affaires avec de tels principes : leur vertu faisait tache parmi nos corruptions. J'ai fait connaître ailleurs Malesherbes, mais je dois dire ici quelques mots sur le contrôleur général sortant. Turgot est d'un extérieur simple et agréable, mais il devient austère, dur, intraitable quand l'on contrarie ses vues d'économie politique. Timide dans le maintien et dans le propos au milieu du monde, il se montre courageux, hardi, impétueux

au conseil ou dans le cabinet pour le développement de ses conceptions et de ses plans. Turgot, en se livrant avec zèle à l'étude des lois, des sciences, de l'administration, a trop négligé celle du cœur humain : tel est son grand défaut, et il suffit pour rendre cette grande capacité incapable de gouverner les hommes. Sa profonde sagacité juge sainement de ce qu'il faudrait faire pour réformer l'Etat; mais trop passionné d'une amélioration absolue, il ne saurait voir avec sang-froid les difficultés insurmontables qui s'opposent à une entière régénération, avec tout le cortége d'abus, d'injustices, de perfidies que la société actuelle traîne à sa suite et qu'elle s'incorpore journellement comme éléments constitutifs.

Ce fut sans égard à ces obstacles, tissus de tant d'intérêts, que Turgot voulut essayer de refondre nos mœurs administratives : dans l'espace de quelques mois, il fit plus de changements dans ce système qu'il n'en avait été tenté pendant les cinquante-neuf années du règne de Louis XV; mais cette révolution produisit l'effet qu'elle devait produire : courtisans, financiers, hommes livrés au trafic irrégulier, enfin tout ce qui s'enrichissait de désordres et de dilapidations cria contre le contrôleur général. Il ne lui resta que la voix du peuple, pour lequel il travaillait, mais auquel on ne demande que de l'argent et point d'avis. Les parlements s'unirent un moment avec la cour pour s'élever contre les édits de Turgot; les traitants poussèrent à son renversement afin de voir renaître les affaires lucratives avec le gouvernement; les princes, les grands aidèrent de tout leur pouvoir à sa chute, qui devait mettre fin aux réformes de leurs dépenses et ramener les faveurs pécuniaires dans le tonneau des Danaïdes, où ils se plaisent à jeter l'or des Français. Ebranlé par tant d'efforts, Turgot tomba. « Je quitte les affaires, écrivit-il à Louis XVI quand sa » retraite fut décidée; mais *n'oubliez pas, sire, que la destinée de* » *Charles Ier est celle des monarques gouvernés par les courtisans.* » Le roi remit la lettre du contrôleur général sous une enveloppe cachetée du petit sceau royal avec cette suscription de sa main : « *Lettre de* » *M. Turgot...* » Il eût mieux valu la laisser continuellement ouverte devant lui et la lire chaque matin à son réveil.

Le roi en renvoyant ce contrôleur général honnête homme crut devoir déclarer « que, dans sa sagesse, il avait jugé nécessaire de » donner une attention sérieuse aux représentations de ses cours sur » les inconvénients dont les édits (ceux de Turgot) étaient suscepti- » bles. » Sa Majesté fit entrevoir ensuite que M. de Clugny, appelé au contrôle général, rétablirait tout ce que son prédécesseur avait renversé. Ainsi le faible monarque découvrit à l'Europe la versatilité, l'absence de plan qui régnaient dans son gouvernement : il lui apprit que le gouvernail de l'Etat, remis par un prince débile à la main légère du vieux Maurepas, appartiendra à l'homme de génie qui aura le courage de s'en emparer, ou à la puissance étrangère qui aura l'adresse d'y établir une créature.

Le comte de Maurepas, quoique auteur en grande partie de la disgrâce de Turgot, eut la perfidie de lui faire par écrit son compliment de condoléance au moment où l'ex-ministre quitta la cour. Celui-ci, sentant tout ce qu'il y avait d'ironique dans cette démarche, y répondit avec une dignité mordante, laissant entrevoir une censure indirecte de la conduite du vieux conseiller de la couronne. Je me suis procuré la lettre et la réponse; je les veux consigner ici comme documents historiques sur le caractère des deux hommes d'Etat.

« Je m'empresse, monsieur, de vous témoigner la part que madame » de Maurepas et moi avons prise à l'événement qui vous est arrivé.
» J'ai l'honneur d'être, » etc.

« Je ne doute pas, monsieur, de la part que madame de Maurepas » et vous avez prise à l'événement qui vient de m'arriver; mais quand » on a servi son maître avec fidélité, qu'on a fait profession de ne » lui taire aucune vérité utile, et qu'on n'a à se reprocher ni fai- » blesse, ni fausseté, ni dissimulation, on se retire sans honte, sans » crainte et sans remords.
» J'ai l'honneur d'être avec les sentiments que je vous dois, » etc.

M. Amelot, conseiller d'Etat, est nommé secrétaire d'Etat au département de la maison du roi, en remplacement de M. de Malesherbes. Je connais peu ce M. Amelot : on verra comment cette figure se dessinera dans le cadre du pouvoir; on la copiera, si le portrait en mérite la peine.

La mort du prince de Conti, arrivée le 6 août, a produit une vive sensation. Ce membre de la famille de Bourbon était peut-être le seul qui possédât l'affection des Français; c'était en effet le seul qui l'eût méritée par ses sentiments généreux, populaires, et essentiellement opposés à l'arbitraire. M. de Conti a fini sa vie en vrai philosophe : miné par une maladie de langueur, Son Altesse évaluait froidement le temps qui lui restait à vivre; il avait fait faire depuis longtemps le cercueil de plomb où il repose maintenant; il s'était plu à l'essayer à diverses reprises, et plaisantait chaque fois avec ses amis sur les proportions étroites de cette dernière demeure. La gaieté naturelle du prince n'était nullement altérée par les vives souffrances qu'il éprouvait : elles n'arrêtaient ni ses dépenses un peu outrées, ni son abandon antireligieux. Un jour, faisant allusion au double effet de sa philosophie et de sa prodigalité, il dit à un de ses gentilshommes en voyant passer ensemble son aumônier et son trésorier : « Voilà les deux hommes les plus inutiles de ma maison. »

Son Altesse a reçu très-poliment M. l'archevêque de Paris, qui s'est présenté à ses derniers moments afin de le faire rentrer, s'il était possible, dans le giron de l'Église. Mais, après avoir félicité M. de Beaumont sur sa bonne volonté apostolique, le prince a prié Sa Grandeur de ne pas passer outre, parce qu'il avait mûrement examiné la matière, et savait à quoi s'en tenir. Le convertisseur mitré a voulu revenir deux fois à la charge; mais le suisse de l'hôtel du Temple avait sa consigne, le prélat n'a pas eu la peine de quitter son carrosse... Les gens du métier reprochent à l'archevêque de n'être pas au moins entré dans la cour, afin de s'épargner la honte d'un refus devant une populace immense ameutée par la curiosité. Malgré cette déconvenue épiscopale, le clergé, voulant sauver autant qu'il pouvait le spectacle de l'impénitence finale du prince qui lui échappait, a apporté les saintes huiles dans le Temple; mais on s'accorde à dire qu'elles sont entrées par une porte et sont sorties par l'autre, pour la forme : ou que si le corps de Son Altesse en a été oint, ce n'a pu être qu'après sa mort. C'est le premier exemple d'un prince de la maison régnante qui ait quitté la vie sans avoir reçu les secours spirituels.

M. de Conti, favorisé par madame de Châteauroux, eut un moment l'espoir d'être élu roi de Pologne; peut-être dût-on le féliciter de n'avoir pas réussi, en se rappelant le genre de protection que la France accorda aux candidats qu'elle voulut élever ou soutenir sur le trône de ce pays. Détesté de madame de Pompadour, qui n'avait pu dompter sa noble fierté, ce prince vécut dans une longue disgrâce tant que cette favorite exista, malgré des services éclatants. Depuis, Louis XV, comme pour lui faire oublier son ingratitude, le nomma chef de sa correspondance secrète; dont toutefois le comte de Broglie conserva les détails. M. de Conti se mit à la tête de toutes les oppositions parlementaires contre les empiétements de la cour : il était cousin du monarque, mais il récusait la parenté d'une monarchie spoliatrice qui ne voyait dans la royauté qu'une *jouissance*. Son Altesse entretenait des légistes, des gens de lettres, pour lui donner des notes sur les droits de la nation et contre la puissance militaire du trône : les mémoires de ces écrivains provoquaient l'enthousiasme patriotique de ce prince citoyen. Complétement disgracié sur la fin du règne de Louis XV, il ne s'en montra que plus décidé à suivre le parti des parlements : l'île Adam, où Son Altesse vivait, était le centre des conjurations contre le pouvoir absolu; et Conti, quoique vieux et souffrant, retrouvait encore toute l'énergie du jeune âge quand il s'agissait de mettre obstacle aux actes impopulaires de la couronne.

Il est par le monde un marquis de Mirabeau, économiste d'une grande force, prêchant à tout propos la vertu, l'honneur, l'humanité, la bienfaisance, l'auteur de *l'Ami des hommes* en un mot. Or il paraît que ce gentilhomme n'est pas toujours *l'ami des femmes*, si l'on en doit juger par la demande en séparation dont la sienne fait en ce moment retentir les tribunaux. Cette dame reproche entre autres choses au marquis économiste de lui avoir fait part deux fois d'une maladie honteuse qu'elle ne pouvait en conscience prendre pour un *produit net*; de lui avoir successivement présenté trois *intrus* avec lesquels il l'a forcée de vivre; qu'enfin depuis plusieurs années il la tient au fond du Limousin par la puissance d'une lettre de cachet et vivant d'une sorte de portion congrue, quoique sa philosophie à lui s'alimente paisiblement d'un revenu de cinquante mille livres qu'elle lui apporta en dot. A l'appui du mémoire de la marquise paraît un autre mémoire à consulter pour M. le comte de Mirabeau, interdit, *contre messire Riquetti, marquis de Mirabeau, son père, curateur à son interdiction*. Cette affaire occupe beaucoup les amateurs de scandale; ils se promettent de grandes jouissances pendant le procès et tremblent qu'il ne soit jugé à huis clos.

A peine M. de Clugny, ancien intendant de Bordeaux, tenait-il les clefs du trésor royal que la mort l'a enlevé le 18 octobre avant qu'on ait pu se former la moindre idée de sa gestion. Il est remplacé par M. Taboureau de Réaux, titulaire du contrôle général, mais qui paraît devoir laisser le maniement des affaires à M. Necker, ancien gérant de la compagnie des Indes, adjoint au département des finances avec le titre de *directeur du trésor royal*. Or M. Necker, citoyen de Genève, professe la religion protestante, ce qui a porté le clergé à faire des démarches auprès de M. de Maurepas contre l'admission de ce *huguenot* aux fonctions publiques. « Messieurs, a répondu le vieux » ministre, vos réclamations sont incontestablement très-orthodoxes, » et si le clergé veut se charger de payer les dettes de l'État, Sa » Majesté lui sacrifiera volontiers son financier protestant. Réfléchis- » sez-y. » Le résultat des réflexions n'est pas encore connu; on se distribue en attendant ces vers :

De ton choix, ô Necker, le dévot alarmé
Crie en vain Quel scandale énorme !
Pour régir son trésor, quoi ! Louis a nommé
Un enfant de Genève, un maudit *réformé !*
C'est qu'il s'entend à la *réforme.*

Les rigueurs de l'hiver de 1775 à 1776 n'ont point ralenti les hos-

tilités en Amérique : Washington, doué d'une âme républicaine et d'un corps robuste, a passé cette saison rigoureuse dans son camp près de Boston, et son armée sous ses tentes couvertes d'un givre glacé n'a pas senti refroidir le noble sentiment de la liberté qui lui met les armes à la main. Au printemps la famine et le désespoir régnaient dans cette malheureuse capitale, le général anglais William Howe, qui commandait la garnison, ayant vainement tenté plusieurs sorties pour la ravitailler. Un moment ce chef s'arrêta à la coupable résolution de mettre le feu à la place en l'évacuant; mais, par un calcul plus sage de sa propre sûreté, il renonça à ce projet, craignant d'exposer son arrière-garde à la vengeance sans doute terrible de l'ennemi. Howe se décida à remettre paisiblement Boston au général américain au prix d'une retraite également paisible laissée aux troupes de Sa Majesté Britannique. Les Anglais se retirèrent vers Halifax.

La province de Géorgie étant venue, dans le même temps, s'associer à l'union américaine, Washington fit publier *l'acte d'indépendance de l'Amérique,* et sur-le-champ le congrès fit partir des envoyés diplomatiques pour les cours de Versailles et de Madrid.

Le cabinet de Saint-James apprit, par la direction donnée à ces agents, quelles espérances d'alliance nourrissait le nouvel État américain; il régla sa politique en conséquence. Des négociateurs anglais envoyés en Allemagne, obtinrent, moyennant une allocation de subsides, dix-sept mille hommes de troupes auxiliaires des ducs de Brunswick et de Hanau; et ces soldats furent embarqués aussitôt avec un corps hanovrien et quelques régiments anglais. Le tout forma un renfort d'environ quarante mille hommes, qui débarqua sur la plage du Massachusets. Ces forces, jointes à celles de lord Howe, dépassent de beaucoup celles des révoltés; et les Anglais, maîtres de la mer, interceptant les communications entre les colonies, la situation de Washington est devenue assez difficile. Une levée qui vient de s'effectuer a bien mis debout environ quatre cent mille hommes de milices; mais cette masse, qui brûle de combattre pour son affranchissement, est mal armée et tout à fait inhabile au métier comme aux fatigues de la guerre. La cause de l'indépendance offre donc encore bien des chances funestes; mais ses chefs sont confiants dans leurs soldats, et ceux-ci dans leurs chefs : le succès pourra être lent, il paraît infaillible.

La marine anglaise est ce que les Américains redoutent le plus. Leurs vaisseaux du premier rang n'ont que cent trente pieds de quille, ils ne peuvent porter que quarante canons; encore n'en ont-ils que sept de cette grandeur. Quelle triste flotte à opposer aux mille voiles anglaises qui blanchissent l'Océan américain !

Les dernières nouvelles qu'on a reçues d'Amérique annoncent plusieurs avantages remportés par les Anglais : on devait s'y attendre. Outre que l'armée des insurgés est formée de milices peu aguerries, ce sont des citoyens, des pères de famille, des cultivateurs qui la composent. Si la voix de la patrie les appelle à la défense commune, la voix du sang ou celle de l'intérêt personnel ne les réclame pas moins impérieusement aux époques des semailles, de la moisson et des autres récoltes... Les rangs durent donc s'éclaircir plusieurs fois dans l'année, le général anglais sut profiter habilement de ces congés pour attaquer ses ennemis; et après quelques combats où la fortune se montra variable il se rendit maître de New-York, dont il fit sa principale place d'armes.

On a dernièrement appris avec surprise, dans les salons, que madame du Barry vient à son joli pavillon de Luciennes et même à Paris. Il paraît certain que M. le comte d'Artois a voulu se rendre compte par lui-même des séductions puissantes que la comtesse exerçait sur le grand-papa. C'est, dit-on, M. de Sainte-Foix, ami de l'ex-favorite au temps de ses complaisances banales, qui a négocié un arrangement entre elle et Son Altesse Royale. La première entrevue a eu lieu à Luciennes. M. d'Artois est si satisfait de sa bonne fortune, madame du Barry conserve à ce qu'il paraît un talent si précieux dans le tête-à-tête, que pour témoigner à M. de Sainte-Foix sa reconnaissance de la lui avoir procurée, Son Altesse a nommé cet autre Dubois surintendant de ses finances. On croit que ses fonctions seront souvent honoraires.

Que la nature est bizarre dans le partage de ses dons ! Voilà un fils de France chez lequel surabonde ce qui manque essentiellement dans ses aînés : je dis *ses*, car l'union de *Monsieur* n'a pas été plus féconde jusqu'à ce jour que celle du roi son frère, mais c'est de ce dernier qu'il s'agit. Un abbé en soutane, ma foi ! se présente hier à Louis XVI dans la galerie, au moment où ce prince sortait de la chapelle; il met un genou en terre, et supplie Sa Majesté de prendre un placet sur la forme de son chapeau. Le monarque, rentré dans son appartement, lit le papier et reconnaît que loin de solliciter le pétitionnaire offre au souverain une assistance pour se créer, mais par lui-même, une progéniture. Louis relit tout haut à ses courtisans le singulier écrit de l'abbé, et tout le monde s'en égaye. Il paraît que le secret de cet ecclésiastique si expérimenté sur un point de doctrine interdit aux gens d'église ne consiste point à faire prendre des drogues propres à exciter la faculté retardataire, mais seulement dans l'adoption de certaines postures fort exactement indiquées. Le conseilleur garantit l'excellence de ses procédés comme moyen de suppléer au défaut physique qui nécessite une opération incisive devant laquelle recule obstinément Sa Majesté.

On croira sans peine que lu devant cinquante personnes le placet a eu du retentissement : toute la cour, y compris les dames, en a beaucoup ri, et la reine plus fort que personne.

S'il est des postures commodes, il en est aussi, même en amour, qui peuvent sembler fort incommodes : je tiens précisément la preuve de cette assertion dans une lettre que je reçois à l'instant de Lausanne. L'aimable romancière madame de Montolieu se trouve dans cette ville helvétique en même temps que le célèbre historien anglais Gibbon. Les Muses sont sœurs, il est naturel que les beaux esprits se recherchent ; mais, quoiqu'il puisse y avoir affinité spirituelle entre deux auteurs, il ne s'ensuit pas nécessairement un autre genre d'attraction. Madame de Montolieu, loin de son pupitre, a de la grâce, de la vivacité, quelque peu de légèreté même ; M. Gibbon, levé de son bureau, est empesé, lent et gros comme une tonne. On conçoit que, hors ses qualités historiques, la jeune romancière n'ait rien trouvé en lui de séduisant, et qu'elle ait pensé que la tendresse dont le Tacite anglais l'entretenait pourrait bien n'être qu'un triste roman. Peut-être, en femme polie, s'était-elle abstenue de le lui dire ; aussi poussait-il auprès d'elle des soupirs persistants, quoique peu décisifs. Emporté un jour par l'excès de sa flamme, le volumineux amant tombe aux pieds de la belle indifférente.

» Mon cher historien, dit madame de Montolieu en riant du singulier aspect de la masse soupirante, ce chapitre-ci n'est pas admissible.

— Quoi ! s'écria l'Anglais transporté, vous serez insensible à mes tourments ?...

— Relisez la vie de Plutarque et celle de Salluste, monsieur Gibbon, vous n'y trouverez rien de pareil.

— C'est que vous ne viviez pas de leur temps, femme adorable !

— Pas mal pour un madrigal ; mais songez que vous êtes un homme grave, et relevez-vous.

— Et vous ne me laissez pas le moindre espoir ? reprit Gibbon d'un air consterné.

— Vous m'en remercierez quand vous serez retourné parmi les Romains... Allons, quittez cette humble posture.

— Hélas ! madame, je le voudrais bien, puisque c'est par là seulement que je puis vous plaire ; mais...

— Eh bien ! monsieur Gibbon ?

— Mais, madame, je crois vraiment que *ma chute* est définitive comme celle de l'*empire romain* que j'ai retracée.

— Cela ne me surprend pas, dit madame de Montolieu en réprimant une forte envie de rire ; les puissances colossales, une fois tombées, se relèvent difficilement.

— Je dois convenir que le mot est heureux ; mais ma posture...

— On va venir à votre secours... » A ces mots, la dame sonne un domestique, et lui dit froidement : « Relevez M. Gibbon. » Je veux envoyer cette anecdote au *Mercure*.

Les nouvelles, au commencement de cette année 1777, sont une véritable macédoine ; rien ne fixe l'attention ; vagabonde, elle voltige du *mont-de-piété*, qu'on vient de fonder, au docteur *Franklin*, récemment arrivé de l'Amérique ; de ce républicain à la vie scandaleuse de mademoiselle Raucourt et de cette dernière à l'*abbé de l'Epée*, ecclésiastique charitable et intelligent, qui, depuis nombre d'années, s'est adonné à l'instruction difficile des sourds-muets. Il faut pourtant que je procède par ordre pour dire quelques mots de tout cela.

Le mont-de-piété est un établissement formé à l'instar de ceux d'Italie, dans le but de secourir la classe indigente, et où, sur le gage des bijoux, effets ou marchandises, on prête en argent les deux tiers de la valeur des articles déposés, que l'administration soumet sur l'heure à une estimation d'experts. Les prêts sont portés aux quatre cinquièmes de cette valeur pour les matières d'or et d'argent. L'emprunteur paye un intérêt modéré ; mais si, au terme d'une année, il n'a pas retiré l'objet engagé, l'administration en fait effectuer la vente : sauf à tenir compte au propriétaire de ce qui excède la somme qui lui a été prêtée.

Le docteur Franklin a, dit-on, une mission du congrès américain auprès de la France ; ce serait, dans ce cas, une sorte de plénipotentiaire, dont les pouvoirs auraient beaucoup plus d'étendue que ceux de l'envoyé. Quoi qu'il en soit, ce républicain est un homme profondément versé dans les sciences physiques ; il est recherché, couru, fêté. Sa physionomie est noble et régulière ; il a l'œil vif ; ses cheveux sont rares, aussi porte-t-il constamment un bonnet de peau. Franklin ne parle qu'avec réserve des événements de son pays ; mais quand on l'a mis une fois sur la voie, il vante d'un accent chaleureux le caractère de ses compatriotes, leur cause, leur climat : « Jaloux de » la beauté de notre ciel, dit-il quelquefois en soupirant, l'Eternel » y envoya la guerre. » Quelques esprits forts ont adroitement sondé cet étranger sur sa religion, et, tout bien examiné, ils sont restés d'accord qu'il professait la leur : c'est-à-dire qu'il n'en avait point du tout.

Il ne manque rien à la célébrité de mademoiselle Raucourt : succès dramatiques, amours scandaleux avec des hommes, passion plus scandaleuse pour les femmes, luxe, prodigalités, créanciers, tout s'était réuni pour composer sa renommée, tout, hormis une prise de corps ; ce complément est arrivé. Cette actrice à la mode fut arrêtée, le mercredi saint, en montant dans un carrosse qu'elle doit, et que des chevaux qu'elle n'a pas payés devaient conduire à Longchamps. Ils ont dû prendre une direction différente, et ont mené mademoiselle Raucourt au fort l'Evêque. Heureusement elle n'y a pas couché, car le lendemain elle eût été écrouée pour cent mille écus. Une main bienfaisante, une main inconnue, l'a tirée de ce mauvais pas : on croit que c'est celle de la reine, qui, plus d'une fois déjà, a payé les dettes de cette beauté prodigue.

Mademoiselle Raucourt n'eût pas éprouvé cette désagréable mésaventure si elle n'eût pas été obligée de quitter le Théâtre-Français, où les comédiens jouissent de l'inviolabilité du manteau d'arlequin royal ; mais ces messieurs et ces dames, très-scrupuleux, comme chacun sait, sur le chapitre des bienséances, n'ont pu souffrir dans leur pudique assemblée un être doublement vicieux, qui, à l'exemple de César, est la femme de tous les maris et le mari de toutes les femmes. La moderne Sapho avait donc été expulsée de la Comédie. Sentant toute l'importance de sa rentrée, elle ameute chaque soir ses partisans à la porte du théâtre, où des voix salariées la redemandent avec de bruyantes clameurs.

L'abbé de l'Epée, auquel j'arrive par une transition un peu brusque, puisque je passe en quelque sorte de la comédie à l'autel, l'abbé de l'Epée mérite les plus grands éloges pour sa méthode d'enseignement. Rien d'ingénieux, en effet, comme l'art qu'il met à faire suppléer la vue de ses élèves sourds-muets aux deux sens qui leur manquent. A l'aide de ses procédés, qui prêtent une oreille et un langage aux yeux, il apprend à ces infortunés tout ce qu'on fait entrer dans l'éducation ordinaire... L'abbé de l'Epée sera inscrit parmi les bienfaiteurs de l'humanité.

Apparemment l'empereur d'Autriche ne trouve pas que ses affaires s'arrangent à Versailles aussi vite que sa mère le lui avait promis : la politique française n'est pas aussi docile peut-être que les Majestés Impériales s'en étaient flattées ; l'une d'elles s'est mise en route pour accélérer les négociations secrètes, ou plutôt les subsides ordinaires que les inclinations allemandes de Choiseul faisaient espérer pour prix d'une alliance permanente. L'empereur Joseph II, frère de Marie-Antoinette, est à Paris. Nul doute que, sous l'apparence d'une curiosité voyageuse, ce prince ne vienne interroger de près les dispositions de notre cabinet et l'influence qu'y exerce sa sœur, dont la légèreté offre peu de garanties politiques. Joseph et Marie-Thérèse jugent avec raison le moment favorable : l'assentiment de la France à l'insurrection des Américains est évidente, déjà beaucoup d'officiers, à la tête desquels on compte le jeune marquis de la Fayette, ont pris parti pour cette nation ; lui et ses camarades, donnant la main des deux extrémités de l'Europe à d'autres volontaires polonais guidés par Kosciuszko, s'élancèrent, dès l'année dernière, vers la plage américaine pour y servir la liberté. Dans ces circonstances, la maison d'Autriche croit opportun de faire sentir au cabinet de Louis XV que le roi d'Angleterre est électeur de Hanovre ; qu'à ce titre il peut susciter en Allemagne une nouvelle guerre de sept ans, où la France verrait à coup sûr ses finances compromises et peut-être plusieurs de ses provinces entamées ; que, sans de nouvelles stipulations entre la cour de Vienne et celle de Versailles, la première n'aurait aucun motif suffisant pour repousser l'alliance du cabinet de Saint-James ; qu'enfin un nouveau traité devient indispensable.

Tel est, selon toutes les apparences, le motif secret du voyage de Joseph II en France, où il se présente avec le nom de comte de *Falkenstein*. Sous cet incognito usé, sous ce masque qui ne le couvre point, le monarque étranger reçoit très-volontiers, et, je dois le dire, avec beaucoup d'affabilité, les hommages dont on l'accable. Il est presque superflu de dire qu'on l'a promené dans les établissements publics, qu'il a visité nos monuments, admiré les curiosités de notre capitale, et entendu beaucoup de harangues ennuyeuses. Les mœurs françaises ont été surtout l'objet des observations assidues du comte de Falkenstein, qui vise, dit-on, à cette philosophie d'apparat que Frédéric II a mise à la mode parmi les souverains. Dans son investigation morale, l'illustre voyageur a voulu entretenir la comtesse du Barry ; en conséquence il s'est rendu au pavillon de Luciennes un jour qu'elle y était. Il a passé deux heures avec l'ex-favorite sur son ottomane, et s'est ensuite promené dans ses jardins le bras de cette dame passé sous le sien. Comme elle hésitait encore du pavillon, à accepter cet insigne honneur, Joseph lui a dit en véritable galant des bords de la Seine : « Ne faites point difficulté, madame, » la beauté est toujours reine. »

Après avoir visité cette souveraine des amours dans son palais, le prince a voulu voir la guinguette appelée le *Grand Salon*, où, prêtresse subalterne des voluptés, elle dansait encore la veille du jour qui la vit passer dans la couche d'un roi de France. M. de Falkenstein, enveloppé de son *incognito*, est resté près d'une heure dans ce centre des plaisirs populaires poussés jusqu'au dernier degré du cynisme. Assise à une table couverte d'une nappe vineuse devant un *cruchon* de vin à douze sous, Sa Majesté a vu ce tableau à la Te-niers, offrant dans son cadre des ouvriers, des soldats mangeant, buvant, dansant, jurant à outrance; des filles assises sur le genou de leurs amants d'un jour, d'un instant, et s'enivrant avec eux de vin et de désirs exprimés lascivement par un fichu écarté, par une jupe laissant la jarretière découverte, par des égarements de main peu mystérieux... Il fallait toute la stoïcité d'un philosophe pour se défendre de la répugnance qu'inspire l'aspect d'un salon renfermant près de deux mille personnes animées de tous les transports de la grosse joie, du libertinage et de l'ivrognerie... La vue seule de ce qui se dévore de viande et se boit de vin au Grand Salon est dégoûtante au delà de toute idée : l'empereur a dit qu'il ne perdrait jamais le souvenir de ce spectacle frappant.

Sa Majesté Impériale n'a pas manqué d'aller voir et admirer l'*abbé de l'Épée*, dont le nom est dans toutes les bouches. Le prince, enchanté de l'espèce· de magie qui préside à l'instruction des sourds-

Le comte de Saint-Germain était en bonnet de laine, en grosse redingote, en sabots, à bêcher son jardin...

muets, a prodigué des éloges à leur ingénieux instituteur, et l'a supplié de lui indiquer un sujet qui puisse fonder à Vienne un établissement semblable au sien. C'est alors seulement que Joseph a su qu'une si admirable institution n'avait reçu aucun encouragement ni de la cour ni du ministère, et qu'elle était presque ignorée à Versailles. L'empereur en a parlé à la reine, qui a promis de visiter quelque jour les sourds-muets *en allant à l'Opéra*. En attendant ce coup d'œil du caprice d'une reine, non-seulement l'abbé de l'Épée mange tout son revenu à soutenir son école, mais il est encore persécuté comme janséniste par l'archevêque de Paris, qui l'a privé du droit de confesser ses propres élèves. L'illustre Allemand s'est élevé avec énergie contre cette indignité, et a déclaré que dans ses États un prêtre *aussi impie* n'échapperait pas à une punition exemplaire.

Enfin, après un assez long séjour à Paris, le comte de Falkenstein, qui avait habité un hôtel garni fort simple rue de Tournon, est reparti pour l'Allemagne. Le solitaire de Ferney se flattait que *son confrère* en philosophie, détourné de sa route par une curiosité impérieuse, lui ferait une visite, pour laquelle ce vieillard vaniteux avait fait d'immenses préparatifs. Mais, soit que Joseph ait été prévenu contre Voltaire par les grands, soit que sa philosophie couronnée ait dédaigné de se trouver côte à côte avec celle du fils d'un greffier au Châtelet, Sa Majesté a pris directement le chemin de Vienne, et le *seigneur de Ferney* en a été pour ses apprêts. Cette circonstance a blessé profondément son orgueil.

Je ne sais pas au juste quelles espérances, quelles promesses Joseph II emporte; mais un changement dans le conseil de Versailles a suivi de près son départ. M. Taboureau de Réaux, contrôleur général, abandonne par une démission spontanée tout le travail des finances à M. Necker, et le ferme, l'expérimenté comte de Saint-

Germain quitte le portefeuille de la guerre, dont il remet la clef au prince de Montbarrey son adjoint. Il existe entre ces deux nominations un contraste inexplicable : tandis qu'au contrôle général on investit un homme à vues réformatrices, on éloigne de la guerre un ministre qui en professe de semblables et dont la sagesse a été appréciée par tous les juges impartiaux. L'abolition de l'armée, inutile et ruineuse, connue sous le nom de maison militaire du roi, était réclamée par la plus impérieuse économie; Saint-Germain a donc rendu un grand service à la nation en l'effectuant, et les ennemis qu'il s'est faits par cette réforme peuvent être considérés comme ceux de tout ordre légal. N'est-ce pas assez de quatre compagnies de gardes du corps de cent hommes chacune et vingt-cinq surnuméraires? Qui osera soutenir qu'un monarque soit mieux défendu par dix mille soldats que par cinq cents? Souverains de la terre, votre véritable force, votre défense légitime, c'est la pureté de vos vues, la droiture de vos actions! Si vous êtes perfides et oppresseurs, quelle garde, quelle armée vous garantira de la fureur d'un peuple!!! Les tyrans n'ont jamais assez de prétoriens; les rois populaires n'en ont pas besoin. Mais la noblesse, cette sangsue avide qui dévore sous mille formes la substance des États, s'engraissait des faveurs et de l'oisiveté des grenadiers à cheval, des gendarmes, des chevau-légers, des mousquetaires, des trente compagnies de carabiniers, troupe aussi chèrement que vainement dorée, réunions de séducteurs enrégimentés qui n'étaient occupés, dans leurs garnisons respectives, qu'à déshonorer les demoiselles ou à corrompre les épouses. Le roi, à qui on reconnut quelquefois des intentions d'une sévère équité, s'est prêté à la suppression de sa maison militaire; mais, bientôt, circonvenu par les grands que cette mesure atteignait dans leur orgueil et leur intérêt, il s'en est repenti, et M. de Saint-Germain a perdu beaucoup de son crédit dans l'esprit de Sa Majesté.

Une course de chevaux.

Ce ministre s'est vu contrarié, arrêté même dans plusieurs autres réformes urgentes : par exemple, il méditait l'abolition des grandes charges de la cavalerie, et surtout de leur état-major, suppression que réclamait toute la partie éclairée du militaire. Louis XVI, préparé à la résistance par l'intrigue, dit à Saint-Germain « que dans un grand » État comme le sien il fallait de grandes grâces pour attacher au » service du trône les grands seigneurs de la monarchie; qu'en lais- » sant subsister les charges on pouvait en prévenir les inconvénients. » — Impossible, sire, répondit vivement le comte, l'abus est dans » l'existence même de ces dignités. — Quoi que vous disiez, répliqua » le monarque avec sa brusquerie caractéristique, j'entends qu'il ne » m'en soit plus parlé, et je vous ordonne de supprimer le mémoire » que vous aviez fait préparer à cet égard. »

Le ministre réformateur ne fut pas plus heureux dans la tentative qu'il fit pour établir une répartition plus équitable des grades supérieurs entre la noblesse de cour, qui obtenait tout, et la noblesse de province, qui n'avait rien... Le roi tourna le dos au ministre quand il voulut aborder ce sujet. Le comte de Saint-Germain, frappé des dilapidations et des abus sans nombre qui régnent à l'hôtel royal des Invalides, monument de vanité royale plutôt que de piété souveraine, se disposait à établir un système de secours pour les vieux soldats, qui, moins onéreux, leur eût procuré un soulagement plus sûr. Son projet consistait à fonder des établissements d'invalides dans les trente-six principaux gouvernements, sous la surveillance de MM. les commandants supérieurs. Le nombre des vérans entretenus aux frais de l'État pouvait être doublé sans augmentation de dépense; ces militaires, réunis dans leurs provinces respectives, eussent vécu dans leur famille ou près d'elle, et le ciel de la patrie eût embelli le soir d'une vie consacrée à la défense de l'État. Ce plan fut repoussé comme plusieurs autres, parce que Sa Majesté crut nécessaire *à sa grandeur* d'entretenir un gouverneur des Invalides et une administration dévoratrice qui s'engraisse de tout ce dont elle amaigrit nos vieux serviteurs.

De plus en plus indisposé contre le zélé réformateur, grâce aux intrigants de tout étage qui craignaient la réforme, Louis XVI avait fini par ne plus recevoir les avis et le travail de ce ministre qu'avec une insupportable brutalité; il remit son portefeuille. Ainsi la France perd l'auteur de l'ordonnance de 1776, travail qui renferme la meilleure constitution militaire que nous ayons eue depuis le commencement de la monarchie. C'est ainsi que les souverains récompensent.

Le prince de Montbarrey, homme ambitieux, ministre courtisan, a pris le contrepied de son prédécesseur, préférant ainsi la jouissance paisible de sa charge aux glorieux assauts qui eussent compromis son crédit; et la justice s'exerce... quand elle ne gêne pas les intrigants.

Il y a dans le bois de Boulogne un petit château qui appartenait à feu mademoiselle de Charolais, et dont elle avait fait un sanctuaire des plaisirs au temps où s'étant déguisée en capucin Voltaire improvisait pour elle ce quatrain :

Frère Ange de Charolois,
Dis-moi par quelle aventure
Le cordon de saint François
Sert à Vénus de ceinture?

Alors Vénus se fit admirer plus d'une fois dans ce joli

Le roi est ivre de joie, il prend à chaque instant le nouveau-né dans ses bras.

réduit, dépouillée de sa ceinture, de sa robe, et même d'un peu plus encore. Aujourd'hui, pour que ce lieu, nommé Bagatelle, ne dérogeât pas à son ancienne consécration, le comte d'Artois l'a réuni à ses domaines et a fait reconstruire le château presque à la manière des fées. Le prince avait parié cent mille livres avec la reine que tous les travaux seraient terminés en moins de soixante et dix jours; ils l'ont été en soixante-trois, et cependant aucune résidence royale n'offre autant d'élégance, d'agrément et de commodité. Mais comme le plaisir doit être à Bagatelle la principale divinité, c'est à lui qu'on a le plus sacrifié dans les ornements intérieurs : on parle d'un petit appartement où la beauté ne peut entrer que résignée au culte de ce dieu, et le bruit court depuis quelques jours que la reine a voulu le visiter. Nous verrons si ce bruit est appuyé de quelque témoignage digne de foi; s'il en est autrement, je le démentirai.

Ce qui ne laisse aucun doute, c'est la protection accordée par Marie-Antoinette à mademoiselle Raucourt. La faveur dont elle environne cette actrice, tout expulsée qu'elle est de la Comédie-Française, est l'entretien de la cour et de la ville. Tandis que, réfugiée chez le prince de Ligne, elle oubliait dans les bras des amours les poursuites de ses créanciers, la demoiselle Sanek, son amie ou plutôt sa maîtresse, entrait en termes d'accommodement avec eux. On assure aujourd'hui que la reine les a satisfaits à la suite d'une transaction par laquelle ils ont réduit leurs prétentions à deux cent mille

livres... Au moment de cette conclusion, le vertueux abbé de l'Epée n'a pas encore reçu un écu de la cour pour l'entretien de son admirable institution des sourds-muets. Cette générosité de notre souveraine était proclamée hier à l'OEil-de-bœuf avec de singuliers commentaires; on y joignait la narration de l'amusement que Sa Majesté s'est procuré dimanche au bal de l'Opéra. Elle y était allée dans le plus grand mystère et masquée jusqu'aux dents. Tout à coup l'aimable princesse s'est trouvée confondue avec une foule de filles qui lui ont fait entendre des propos d'une étrange nature; ce qui a tant amusé Sa Majesté, qu'elle n'a quitté le bal qu'au petit jour : on trouve que c'est pousser un peu loin le plaisir de l'incognito.

J'ai vu ce matin plusieurs lettres de l'Amérique, entre autres une du marquis de la Fayette au maréchal de Mouchy son oncle. Cet officier a été accueilli avec enthousiasme parmi les nouveaux républicains, dont il partage les nobles sentiments. « Ici, marque ce gentil-» homme, on n'a que deux » maîtresses qu'on aime avec » idolâtrie, la gloire et la li-» berté. »

Les Anglais, maîtres de New-York au commencement de la campagne, menaçaient d'envahir la Pensylvanie, lorsque Washington par des manœuvres habiles chassa Howe de cette province et s'y établit lui-même. Le général anglais s'embarqua alors pour remonter la Delaware et se porter sur Philadelphie. Les Américains, campés sur la rive gauche de la Creek, reçurent l'ordre d'attaquer leur ennemi pour arrêter sa marche. Ce n'était pas l'avis de Washington, qui craignait l'avantage de la discipline européenne sur ses troupes ardentes, mais peu exercées aux combinaisons de la tactique. Néanmoins le républicain obéit, fut vaincu et fit sa retraite en bon ordre. MM. de la Fayette, de Fleury, du Plessis et quelques autres Français se distinguèrent dans cette bataille, livrée le 11 septembre, et dont la perte de Philadelphie fut le résultat. Le congrès, forcé de quitter précipitamment cette ville, se retira à York-Town avec toutes les archives du gouvernement. Dans ce même temps, le général anglais Burgoyne, commandant au Canada, tentait de pénétrer dans les colonies insurgées et de se joindre à lord Howe après avoir tra-

versé le continent américain. Si cette tentative se fût accompli, toute communication entre les colonies du nord et celles du sud était coupée, et peut-être l'Amérique retombait-elle sous le joug. Mais l'entreprise était, dit-on, impraticable; aussi échoua-t-elle. Burgoyne, après avoir perdu la moitié de son armée par les combats, par l'intempérie des saisons et par la désertion, fut obligé de mettre bas les armes à Saratoga, devant les Américains du général Gates. Réduit à six mille hommes, le corps anglais abandonna son camp, où il laissa son artillerie, ses bagages et ses armes en faisceaux... Il fut conduit prisonnier à Boston. Au moment où cet échec humiliait l'Angleterre, la Fayette, à la tête d'un corps de milices, cueillait le premier laurier éclatant que la cause américaine ait moissonné. Ayant rencontré lord Cornwallis dans la province de Jersey, le jeune volontaire l'attaque impétueusement, quoique les Anglais et les Hessois que le lord commandait fussent supérieurs en nombre aux républicains. Les troupes royales se débandent, se dispersent; la Fayette reste maître d'un convoi considérable que son ennemi conduisait à Philadelphie. C'est le dernier engagement qui nous soit connu : selon toutes les apparences, il aura fermé la campagne à l'avantage de la république naissante.

Deux nouveautés dramatiques ont occupé la critique littéraire cette année et fait faire quelques bonnes recettes aux comédiens. *L'Amant bourru*, de l'acteur Monvel, est une comédie de caractère bien conque ; et *Gabrielle de Vergy*, de M. de Belloy, est une tragédie à l'anglaise qui n'a pas réuni tous les suffrages sur sa trame, plus noire qu'intéressante.

Le Barbier de Séville forme son public : on va voir cette pièce avec plaisir ; l'année prochaine on y courra. Le genre Beaumarchais a cela de commun avec le vin de bonne qualité, il gagne à vieillir.

Jusqu'ici les princes frères du roi ont passé comme des ombres dans ces esquisses : mettons-nous à notre chevalet pour jeter sur le papier quelques-uns de leurs traits. *Monsieur* a la physionomie ouverte, les traits assez réguliers, l'œil beau ; mais quelque chose d'indécis, disons plus, de faux, rend son regard peu bienveillant. M. de Provence est d'une grosseur extraordinaire à son âge ; l'embonpoint dénature toutes ses formes, et sa marche est tellement laborieuse qu'il a besoin d'être soutenu à vingt-trois ans. Ce prince a mis, ce me semble, à profit ses études : outre qu'il possède bien les auteurs anciens et modernes, personne n'est plus versé dans la science héraldique, personne ne connaît mieux les exigences de l'étiquette. Son Altesse a de l'esprit, de l'imagination, du style. Elle envoie, comme dit Figaro, des énigmes aux journaux ; il paraît des madrigaux de sa façon, M. Lemierre aidant. On dit même que ce royal écrivain fournit plus d'une fois au *Journal de Paris* des notices historiques et des articles critiques sur les mœurs de la cour. Le comte de Provence vit fort retiré ; se retranchant dans les habitudes d'un héritier présomptif de la couronne, depuis que la stérilité du lit royal semble lui prescrire cette circonspection. *Monsieur* affiche une certaine prétention à la sagacité politique, à la diplomatie transcendante ; il n'est pourtant pas tellement expert sur ces matières qu'on ne voie percer en lui une soif ardente du pouvoir et de l'influence gouvernementale. Louis XVI, quoique simple, quoique étroitement positif, a deviné ces dispositions morales de son frère puîné : il s'ouvre peu devant lui sur les affaires de l'État.

C'est un tout autre caractère que celui du comte d'Artois : dominé par un tempérament fougueux, adonné aux plaisirs, livré aux inclinations vicieuses, ce prince est, dans toute l'acception du mot, un mauvais sujet. Dès l'âge le plus tendre on racontait de lui des anecdotes scandaleuses dont se serait enorgueilli le duc de Chartres, maître passé en fait de libertinage. Depuis lors Son Altesse Royale s'est piquée d'atteindre et même de surpasser son cousin. Le plus jeune frère de Louis XVI est d'une humeur vive, enjouée, satirique, osée, qui masque assez heureusement un défaut absolu d'instruction et quelque chose de plus que l'absence de l'esprit. Du reste, ce prince jure à tout propos comme un soldat aux gardes ; il sille, comme un palefrenier, et se montre pour la moindre contrariété insolent comme un laquais. Ce n'est donc pas par les belles manières et la galanterie décente que M. d'Artois rappelle l'élégant Louis XIV ; mais Son Altesse a peu de rivaux à la cour quant aux perfections physiques. N'était un pincement de lèvres qui dégénère trop souvent en grimace, le comte aurait la plus jolie figure du monde. Il est grand, sa taille est élancée, sa cuisse bien faite, sa jambe moulée, sa tournure élégante : Son Altesse Royale imite l'attitude et la démarche de Molé. Bien choisi : on n'a pas quand on veut un prince du sang qui vaille un bon acteur ; et heureusement pour le frère du roi, le respect m'interdit une comparaison entre son moral et celui du comédien. Enfin je ne puis passer sous silence une qualité physico-morale de M. d'Artois sur laquelle il n'y aura qu'un avis, c'est son aptitude prolifique. La comtesse accoucha, le 24 janvier de la présente année, de son troisième enfant, qui a reçu le nom de duc de Berri. Après trois ans de ménage cela promet.

Je ne quitterai pas la famille royale sans dire un mot des préventions héréditaires de Louis XVI contre les d'Orléans : c'est une suite de l'ombrage que cette maison a toujours causé aux princes de la branche aînée par le seul fait de son droit à la couronne. Ma mère l'a dit ailleurs, de ce que les d'Orléans pouvaient en cas d'extinction de la descendance de Louis XIV être appelés au trône, cette descendance a conclu qu'ils n'épargnaient rien, pas même le crime, pour s'en aplanir les chemins. Le Dauphin, fils de Louis XV, éleva ses enfants dans cette opinion aussi injurieuse que vaine : elle domine aujourd'hui toutes les pensées de Louis XVI et le rend injuste envers ses cousins jusqu'au point de provoquer leur vengeance s'ils étaient jamais vindicatifs.

Sous l'empire de ces préventions le roi voit avec peine l'intime liaison de son jeune frère avec le duc de Chartres, et quelquefois il gourmande brutalement la reine de l'admettre dans ses fêtes particulières. De là les calomnies atroces des courtisans opposés à la cour du Palais-Royal : de même qu'ils répandirent le bruit que l'héritier du nom d'Orléans avait perdu le prince de Lamballe afin d'empoisonner la source de sa race et d'enrichir mademoiselle de Penthièvre, qu'il recherchait ; de même ils accusent Son Altesse Sérénissime de vouloir entraîner d'Artois et Marie-Antoinette dans la débauche pour préparer une impuissance favorable à sa famille. Je ne sais pas comment ces discoureurs téméraires l'entendent ; mais la progéniture du comte d'Artois est déjà fort rassurante, et s'ils poussent l'audace jusqu'à compter sur lui pour créer celle du roi son frère ils sont deux fois malveillants.

Une affluence prodigieuse s'était portée la semaine dernière à Versailles pour assister à la présentation du chevalier d'Eon ayant repris son sexe véritable et portant des habits de femme. Il est difficile de rien imaginer de plus grotesque que cette dame capitaine de dragons. Bien que ce jour-là elle eût fait faire sa barbe de fort près, son visage contrastait de la manière la plus drôle avec le bonnet dont les dentelles venaient se jouer sur cette physionomie brune, grossière, un peu féroce. Sous une large croix de Saint-Louis attachée sur le costume féminin de mademoiselle d'Eon une habile couturière avait essayé de simuler une gorge d'honnête dimension ; mais l'amazone s'était refusée à resserrer sa taille dans un corset, et les appas menteurs qu'on s'était efforcée d'attacher à la robe erraient fugitifs et vagabonds depuis la racine du cou jusqu'au bas de la poitrine. Avec cela une tournure, une démarche, un pas de tambour-major déguisé en femme ! Le chevalier ou plutôt la chevalière, à son passage dans la galerie, regardait les assistants d'un œil qui n'était pas du tout celui d'une petite-maîtresse. Nul doute que si elle eût aperçu le moindre sourire ironique sur quelque figure de gentilhomme, cette dame, en dépit de sa robe, n'eût sauté sur la première épée qui se fût trouvée là et qu'elle n'eût contraint le rieur de dégainer au milieu des appartements.

On dit que cette héroïne a été forcée de reprendre ses habits par suite des sollicitations de madame la comtesse de Guerchy, dont elle insulta jadis le mari à Londres et qui veut, en féminisant l'adversaire du comte mort depuis longtemps, éviter un duel vengeur à son fils. Au prix de sa condescendance mademoiselle d'Eon reçoit de la cour une pension de douze mille livres ; mais on l'a prévenue qu'elle la perdrait infailliblement du jour où elle passerait une seule de ses jambes dans une culotte. Cette fille célèbre a juré de ne plus être homme, quoi qu'il lui en coûte. Elle va se retirer dans quelque coin de la province pour cacher son insigne gaucherie et faire des armes en jupon court avec tous les amateurs de la contrée.

Avant son départ, la chevalière a été égayée, comme tout Paris, de l'aventure que voici : Madame de Fourqueux n'avait jamais vu mademoiselle d'Eon sous aucun sexe ; un ami de la maison promit de la lui amener le lendemain à souper. Sans doute cet ami savait qu'une plaisanterie, même un peu forte, pouvait être tentée avec cette dame sans la fâcher. Il court, en sortant de son hôtel, chez un peintre nommé Musson, plus habile à singer les gens qu'il connaît qu'à jeter leur portrait sur la toile ou l'ivoire. Telle fut la demoiselle d'Eon qui parut au souper de madame de Fourqueux. Bon nombre de curieuses avaient été invitées, parmi lesquelles il se trouvait plusieurs beautés audacieuses qui avaient projeté entre elles de vérifier absolument le sexe de l'être amphibie dont le monde parlait tant, et de résoudre ce singulier problème. Or, l'ami de la maison savait d'avance que ces belles naturalistes seraient au souper, et c'était là le plus plaisant de l'aventure. A un signal convenu, la fausse d'Eon passe dans certain cabinet comme pour satisfaire un léger besoin. Les conspiratrices, certaines d'être en force, entrent soudain dans le même lieu sous un semblable prétexte, et, se jetant sur la chevalière, se mettent en devoir de procéder à la vérification. Elle feint de se défendre comme un beau diable, tout en suppliant ces dames d'épargner sa pudeur. Enfin ses forces s'épuisent, les mains curieuses pénètrent au sanctuaire le plus reculé de toute chasteté, et saisissent... Des cris aigus partis du cabinet annoncent le dénoûment de cette farce. Madame de Fourqueux accourt ; elle voit mademoiselle d'Eon les larmes aux yeux et qui supplie les beautés investigatrices de respecter le secret politique qu'elles viennent de découvrir. La maîtresse de la maison s'informe du motif de cette scène ; l'ami facétieux le lui dit à l'oreille ; elle en rit aux éclats, et le lendemain tout Paris fait ses délices d'une anecdote sur laquelle tout le monde a juré de se taire.

L'homme universel, l'aigle du siècle, Voltaire est de retour à Paris après une absence de vingt-huit ans. Le grand poète arriva le 12 février vers quatre heures du soir, descendit de voiture rue de Beaune chez M. le marquis de Villette, et une heure après il se rendit, à son pied, chez le comte d'Argental, quai d'Orsay. Son costume bizarre lui attira bientôt une suite nombreuse de curieux : il était enveloppé d'une vaste pelisse ; il avait sur la tête une perruque de laine, et par-dessus un bonnet rouge fourré. Le lendemain, Voltaire, en robe de chambre, en bonnet de nuit, a reçu la cour et la ville. Pendant cette longue audience, qui chatouillait délicieusement son orgueil, il n'a cessé de répéter qu'il allait se mettre au lit, mais en définitive il ne s'y est point mis : les honneurs fatiguent rarement la vanité. Le cérémonial de cette sorte de présentation est curieux, le voici. On était introduit dans une suite d'appartements superbes, galerie d'un autre Versailles, dont la marquise de Villette et madame Denis, nièce du prince des auteurs, faisaient les honneurs. Au signal d'une manière d'huissier, les visiteurs étaient introduits un par un dans le cabinet où Voltaire se tenait : MM. de Villette et d'Argental remplissaient les fonctions de maîtres des cérémonies introducteurs, et prononçaient devant l'homme illustre les noms qu'il ignorait ou qu'il avait oubliés. Il recevait debout le compliment de chacun, y répondait par un mot honnête, puis, tournant le dos au complimenteur, entrait dans un arrière-cabinet où il dictait les corrections de sa tragédie d'*Irène*. On dit au surplus que le désir extrême que Voltaire a de voir représenter cette œuvre de sa vieille muse est la principale cause de son retour; aussi a-t-il témoigné le plus grand chagrin en apprenant à Ferney la mort de Lekain, qui devait jouer le principal rôle de cette pièce.

Voltaire a reçu pendant huit jours des visites ou plutôt des hommages : l'Académie française, contre ses us et coutumes, lui a député une commission de ses membres chargée de le haranguer. La Comédie-Française, plus fière, n'a envoyé au grand écrivain que deux de ses sociétaires, le sieur Bellecourt et madame Vestris. L'acteur a fait au doyen de la littérature dramatique une harangue fort touchante à laquelle il a répondu : « Ma santé est bien délabrée; je ne » puis plus vivre désormais que pour vous et par vous. Madame, » a-t-il ajouté en se tournant vers l'actrice, j'ai travaillé pour vous » cette nuit comme un jeune homme de vingt ans. » Après le départ de la députation comique, quelqu'un ayant rappelé à Voltaire le pathétique de l'orateur, il a répondu en riant : « Oui, nous avons fort » bien joué la comédie l'un et l'autre. » On voit que l'hypocrisie peut se ménager des accommodements avec la philosophie comme avec le ciel.

Une particularité qu'on n'avait pas encore remarquée et qui a frappé plusieurs personnes depuis le retour de Voltaire, c'est qu'il n'a point de barbe et qu'il ne se fait jamais raser. On voit presque toujours sur sa cheminée trois ou quatre petites pinces épilatoires : ce sont ses barbiers ordinaires, il s'en sert en causant ou en dictant pour arracher les petits poils qui viennent à paraître sur son visage. Sans doute notre poëte illustre est peu soucieux de justifier ce vers :

Du côté de la barbe est la toute-puissance;

et je suppose qu'il ne pense pas que la virilité d'Apollon doive se reconnaître au menton.

Le docteur Tronchin a cru voir au pouls du grand homme que ses réceptions l'avaient beaucoup fatigué, et lui a déclaré qu'il ne répondait pas de sa vie pour huit jours s'il ne changeait de régime à cet égard. En conséquence, Voltaire a mis son amour-propre à la diète par intérêt pour sa santé; il ne reçoit plus qu'un petit nombre de personnes. Mais il soupire de temps en temps sur la perte de certains honneurs auxquels il tenait : par exemple, M. le comte d'Artois l'avait fait prévenir qu'il serait très-flatté de le *rencontrer* à la comédie, et qu'il le priait instamment de lui faire savoir quand il irait. D'un autre côté, la reine a fait dire au philosophe qu'elle serait charmée de le voir, aussitôt que possible, assister à la représentation de ses pièces sur le théâtre de la cour. Marie-Antoinette, en se refusant la satisfaction de recevoir en audience publique l'auteur de *la Henriade*, obéit, dit-on, à Marie-Thérèse, qui, nonobstant sa vie aussi longuement que complétement galante, est devenue fort dévote, et regarde Voltaire comme un des plus grands ennemis de la religion. C'est par respect pour cette opinion que Joseph II s'est dispensé de passer à Ferney, quoiqu'il eût promis de s'y rendre. Que l'empereur et sa sœur se conduisent ainsi dans le sentiment de la piété filiale, cela se conçoit; mais que Louis XVI refuse, par ce motif ou par tout autre, de recevoir à sa cour le premier écrivain du siècle, le chantre immortel de son aïeul, cela ne peut s'expliquer que par une indifférence déplorable mêlée d'ingratitude.

Le docteur Franklin a visité Voltaire il y a deux jours, et lui a présenté son petit-fils en lui demandant, avec une adulation puérile, sa bénédiction pour cet enfant. Jouant alors son rôle en comédien consommé, le poëte s'est levé, a imposé les mains sur la tête de l'adolescent et a prononcé avec emphase : *Dieu, liberté, tolérance*; divinités auxquelles cet acteur ne croit plus dès que la toile de son théâtre est tombée. Dans la soirée de ce même jour, Voltaire a reçu le maréchal de Richelieu, avec lequel il s'est entretenu de la prochaine représentation d'*Irène*. Ces deux vieillards sont du même âge; mais le duc, malgré sa parure soignée, ses décorations, ses rides relevées et maintenues sous sa perruque, a l'air plus cassé que Voltaire en bonnet de nuit.

Franklin, qui partage avec l'homme de Ferney toute l'attention de la capitale, Franklin commence à se montrer accessible à nos usages; il ne refuse pas même de fréquenter quelques sociétés galantes : sa philosophie s'apprivoise. Cela tient sans doute à la bonne intelligence qui règne entre lui et notre gouvernement et à la satisfaction que lui procurent d'heureuses nouvelles reçues de son pays. Le docteur assistait lundi dernier à un bal chez madame de Flaissac: il n'a pas été effarouché à l'aspect d'une foule de jeunes femmes sans collerette, qui toutes ont voulu embrasser le vieux républicain; on l'a vu se prêter de fort bonne grâce à cette accolade prolongée. Il est vrai qu'il n'y a rien là qui déroge aux vertus républicaines : les Spartiates rendaient à la beauté des hommages publics bien autrement démonstratifs. Mais les critiques trouvent à redire que Franklin ait laissé adopter les *talons rouges* à ses petits-fils; cette mode frivole étant, selon les Aristarques, indigne des descendants d'un membre du congrès américain.

Franklin, Voltaire, sa cour de la rue de Beaune, les répétitions d'*Irène*, tout est oublié depuis que la renommée embouche toutes ses trompettes pour répandre l'anecdote que je me hâte de consigner.

Madame la duchesse de Bourbon eut pour dame de compagnie madame de Can***; elle était jolie, et M. le duc de Bourbon la trouva complaisante. La duchesse eût en fort mauvaise grâce à se montrer jalouse, elle ne le fut point; mais, pour le décorum, elle renvoya la maîtresse de son mari, que l'on plaça auprès de Madame Elisabeth, sœur du roi. M. le comte d'Artois, grand dénicheur de beautés, ne tarda pas de s'occuper de celle-ci, et son amour ne fut pas moins heureux que celui de son parent. Mais cette seconde intrigue produisit sur l'esprit de madame de Bourbon une vive impression que n'avait pas faite l'infidélité conjugale du duc. On devinerait, quand ne le dirais pas, que cette princesse a eu, si elle ne les a encore, des vues sur le cœur du jeune frère de Sa Majesté. Voilà au surplus des faits probants. C'était le mardi gras, M. le comte d'Artois avait mené au bal de l'Opéra madame de Can*** : il lui donnait le bras; tous deux étaient masqués. Mais il n'est point de déguisement que ne devine la jalousie : madame de Bourbon, qui a reconnu les amants, s'attache à leurs pas comme une ombre; elle les presse, les harcèle au point que la pauvre dame de compagnie croit devoir quitter le bras du prince; lui-même cherche à se perdre dans la foule. Peu de temps après, le comte d'Artois, se croyant enfin débarrassé de la poursuite du masque obstiné, s'était assis à l'écart. La duchesse le voit, s'approche, et s'assoit à côté de lui. Poussant alors l'audace au delà de toutes les bornes de la bienséance, la jalouse princesse saisit la barbe du masque de M. d'Artois pour le soulever; le cordon casse, et le frère du roi se trouve à visage découvert au bal-cohué du mardi gras. Furieux, il saisit à son tour le masque de la duchesse, qu'il a fort bien reconnue, le lui écrase sur le visage, et s'éloigne sans proférer un mot.

Le mouvement était peu royal; le sang partit du nez de Son Altesse Sérénissime. La foule, légère et folâtre, ne s'aperçut pas même de cet événement : la duchesse, sanglante et humiliée, se retira sans avoir vu, pour cette fois, le scandale se joindre à sa honte. Le lendemain, elle parla de cette aventure au duc de Chartres, son frère; mais il ne fit qu'en rire, ne la sépara pas des mille et une facéties du bal de l'Opéra, et même jour il chassa le sanglier avec M. le comte d'Artois. Le roi, le duc d'Orléans, le prince de Condé et le duc de Bourbon ayant, de leur côté, feint d'ignorer l'anecdote du bal, il est probable qu'elle n'eût pas eu le moindre retentissement si l'imprudente duchesse ne lui en avait pas elle-même donné.

Le jeudi au soir il y avait chez elle beaucoup de monde à souper, ce fut là que tout se découvrit; voici comment : « M. le comte d'Ar- » tois, dit madame de Bourbon, est le plus insolent des hommes, et » mardi, au bal de l'Opéra, j'ai pensé appeler la garde pour le faire » arrêter. » Puis elle raconta ce qui s'était passé la surveille. Quarante-huit heures après, tout Paris savait l'aventure; chacun la racontait à sa manière, mais toutes les dames s'accordaient à se déchaîner contre le prince. Enfin les propos allèrent bientôt si loin que M. d'Antichamp crut devoir en instruire le prince de Condé, qui, au lieu de laver en famille ce linge sale, en fit une affaire d'Etat par l'entremise du vieux Maurepas. Tous les princes et princesses intéressés furent convoqués dans le cabinet du roi; là Sa Majesté, en tyran absolu plutôt qu'en chef de famille, déclara à ses parents qu'il entendait que le passé demeurât dans l'oubli. Le duc de Bourbon voulut prendre la parole, sans doute pour représenter au monarque qu'il n'était plus au pouvoir de personne d'étouffer une affaire aussi publique, et qui ne pouvait désormais s'arranger que par une réparation éclatante. Mais le prince n'avait encore dit que « Mais, sire, » quand Louis XVI, d'une voix forte, lui imposa silence en disant : « Ne vous » ai-je pas fait entendre que c'était me déplaire que d'ajouter un seul » mot! » Tout le monde sortit de cette audience fort mécontent, et cela devait être.

Dès ce moment le duc de Bourbon déclara que, n'ayant pas obtenu de réparation, il prétendait avoir raison de l'insulte faite à son nom. Le roi ne voulant pas revenir sur ce qu'il avait dit, la reine crut devoir se mêler de cette affaire, dont le bruit allait toujours croissant; elle fit venir M. de Besenval pour en causer. « Mon cher baron, lui » dit-elle par forme de conclusion, entendez-vous avec le chevalier » de Crussol, capitaine des gardes du comte d'Artois; avec le comte » Jules de Polignac et avec M. de Vaudreuil, pour voir ce qu'il y a » de mieux à faire dans cette circonstance. » Le soir même ces quatre messieurs se réunirent chez la comtesse Jules, qui, ayant à s'occuper d'une affaire plus sérieuse, sa toilette, les repoussa dans une garde-robe, où ils délibérèrent debout, presque à tâtons, et serrés comme des soldats à la parade. On demeura d'accord, dans ce conciliabule, que les choses ne pouvaient s'arranger autrement que l'épée à la main. « D'autant mieux, ajouta M. de Crussol, que le combat n'ira pas » loin. Quand les deux princes auront ferraillé deux minutes, je leur » montrerai l'ordre d'en demeurer là, signé de la main du roi, et que » voici. — Comment, chevalier! s'écria M. de Besenval, c'est donc » une comédie qu'on veut faire jouer à M. le comte d'Artois? Je vous » déclare que je n'y donne point mon approbation. »

Je copie maintenant les circonstances du combat telles que M. de Crussol les a écrites. « Ce matin, j'ai fait mettre en secret sous un » coussin de la voiture la meilleure épée de M. le comte d'Artois. » Nous nous sommes rendus tête à tête au bois de Boulogne; le prince

» a été fort aimable pendant la route, il n'a cessé de faire des plai-
» santeries. Quand nous sommes arrivés à la porte des Princes, où
» nous devions monter à cheval, j'ai aperçu M. le duc de Bourbon
» à pied, avec assez de monde autour de lui; dès que M. le comte
» d'Artois l'a vu, il a sauté à terre, et allant droit à lui, il lui a dit
» en souriant : — Monsieur, le public prétend que nous nous cher-
» chons. — Je suis ici, monsieur, pour recevoir vos ordres, a répondu
» M. de Bourbon en ôtant son chapeau. — Pour exécuter les vôtres, a
» répliqué Son Altesse Royale, il faut que vous me permettiez d'aller à
» ma voiture. Et étant retourné à son carrosse le prince y a pris son
» épée, ensuite il a rejoint M. le duc de Bourbon. Ils sont entrés
» sous le bois, où ils ont fait une vingtaine de pas. M. le comte d'Ar-
» tois a mis l'épée à la main, M. le duc de Bourbon aussi. Ils allaient
» commencer, quand M. le duc de Bourbon, adressant la parole à
» M. le comte d'Artois, lui a dit : — Vous ne prenez pas garde, mon-
» sieur, que le soleil vous donne dans les yeux. — Vous avez raison,
» a répondu Son Altesse Royale; il n'y a point encore de feuilles aux
» arbres; cela est insupportable; nous n'aurons d'ombre qu'au mur,
» et il n'y a pas mal loin d'ici; mais n'importe, allons. Sur cela, cha-
» cun a pris son épée nue sous son bras, et les deux princes ont
» marché l'un à côté de l'autre en causant ensemble. Arrivés au mur,
» M. de Vibraye, capitaine des gardes de M. le duc de Bourbon, leur
» a représenté qu'ils avaient gardé leurs éperons, et qu'ils pourraient
» les gêner; j'ai ôté ceux de M. le comte d'Artois, M. de Vibraye a
» détaché ceux de M. de Bourbon. Les éperons ôtés, M. le duc de
» Bourbon a demandé permission à M. le comte d'Artois d'ôter son
» habit, sous prétexte qu'il le gênait; Son Altesse Royale a jeté le
» sien. Alors, l'un et l'autre ayant la poitrine découverte, ils ont
» commencé à se battre. Tout à coup j'ai vu le rouge monter au visage
» de M. le comte d'Artois, ce qui m'a fait juger que l'impatience le
» gagnait. En effet il a redoublé et pressé assez M. le duc de Bourbon
» pour lui faire rompre la mesure, dans cet instant il a chancelé, et
» j'ai perdu de vue la pointe de l'épée de son adversaire, qui appa-
» remment a passé sous le bras de Son Altesse Sérénissime. — Un
» moment, messeigneurs! ai-je dit alors en m'avançant : si vous n'ap-
» prouvez pas la représentation que j'ai à vous faire, vous serez les
» maîtres de continuer; mais, à mon avis, en voilà quatre fois plus
» qu'il n'en faut pour le fond de la querelle, et je m'en rapporte à
» M. de Vibraye, dont l'opinion doit avoir du poids en pareille ma-
» tière. — Je pense absolument comme M. de Crussol, a répondu ce
» gentilhomme, et qu'en voilà assez pour satisfaire la délicatesse la
» plus scrupuleuse. — Ce n'est pas à moi à avoir un avis, a dit M. le
» comte d'Artois : c'est à M. le duc de Bourbon à dire ce qu'il veut;
» je suis ici à ses ordres. — Monsieur, a répliqué M. le duc de
» Bourbon en adressant la parole à M. le comte d'Artois et en bais-
» sant la pointe de son épée, je suis pénétré de reconnaissance de vos
» bontés, et je n'oublierai jamais l'honneur que vous m'avez fait.
» M. le comte d'Artois, ayant ouvert les bras, a couru embrasser
» M. le duc de Bourbon, et tout a été dit. »

Le lendemain du combat, M. de Besenval demanda au chevalier
de Crussol comment, muni de l'ordre du roi, et avec l'intention
qu'il lui avait exprimée chez madame de Polignac, il avait laissé
battre les deux princes. A cette demande le témoin ne fit qu'une réponse ambiguë, dont l'interrogateur put conclure que la production
de l'ordre avait été de toute inutilité. L'opinion générale est, en effet,
que la rencontre peut, en toute sûreté de conscience, être prise pour
une comédie, et le duel pour un vrai combat de théâtre.

A la suite de cette comédie chevaleresque il y eut des visites, des
excuses; puis, pour dénouer dignement la pièce, M. le comte d'Artois fut exilé huit jours à Choisy et M. le duc de Bourbon huit jours
à Chantilly, à cause de leur désobéissance aux ordres du roi. Bientôt il ne restera plus dans le public que le souvenir de l'infidélité
faite par le jeune frère du roi à madame de Bourbon, infidélité
qu'elle a pris soin de publier elle-même à la plus grande gloire de
son mari.

Laissant retomber le rideau de l'oubli sur cette scène royale, je
retrouve Voltaire, sa cour et sa tragédie d'*Irène*. Cette pièce et la
gloire qu'il s'en promet ne combleront pas tous les vœux de ce
poëte : il est vivement affligé de ne pouvoir se présenter à Versailles.

« Vous êtes bien bon, mon maître, de vous chagriner de cela, lui
» disait dernièrement d'Alembert, qui, certes, est plus réellement
» philosophe que ce gentilhomme de la chambre sans faveur. Savez-
» vous ce qui vous serait arrivé? Je vais vous l'apprendre. Le roi,
» avec son affabilité ordinaire, vous aurait ri au nez et parlé de votre
» chasse de Ferney; la reine vous aurait entretenu de votre théâtre;
» *Monsieur* vous aurait demandé compte de vos revenus; *Madame*
» vous aurait cité quelques-uns de vos vers; la comtesse d'Artois ne
» vous aurait rien dit, et le comte son mari vous aurait parlé de la
» Pucelle. Vous en savez maintenant tout autant que vous en auriez
» su; et je vous épargne les fatigues de la route, plus l'humilité de
» la présentation. »

Le clergé commençait à s'intriguer fortement du retour de Voltaire à Paris, la place de Notre-Dame était à toute heure couverte
d'une masse noire se rendant à l'archevêché pour aviser aux moyens
d'éloigner de nouveau cet Antechrist, ses amis s'en inquiétaient et

songeaient à le remmener au pied des Alpes, dans une litière que
madame de Saint-Julien faisait préparer, lorsqu'un crachement de
sang est survenu au grand poëte. Les médecins ont attribué cet accident aux efforts qu'il a faits pendant les répétitions de sa tragédie,
qu'il a plus d'une fois récitée en entier pour donner le ton aux acteurs. Quoi qu'il en soit, on a blâmé les saignées abondantes faites à
un malade si âgé. Malgré son indisposition, et quoiqu'il reste constamment au lit, Voltaire fait bonne contenance; il assure que cela
ne sera rien. Cependant le clergé, qui voit ce philosophe alité, ne veut
plus l'expulser de la capitale, mais le convertir. Les assemblées chez
l'archevêque sont plus nombreuses que jamais : on y agite tous les
moyens que peut imaginer la subtilité théologique pour ressaisir aux
portes de l'enfer l'âme du coryphée de la philosophie, et l'on songe
à pénétrer chez Voltaire de vive force, afin d'en obtenir au moins
quelque acte extérieur de religion. Mais l'expédition n'est pas facile :
l'auteur du *Dictionnaire philosophique* est entouré d'une double haie
d'esprits forts, intéressés à ce que leur chef ne fasse rien d'indigne
de lui.

Voltaire se trouve beaucoup mieux, il s'est mis hier à table, il a
soupé avec des œufs brouillés... Mais les gardiens de sa fermeté philosophique ont été pris en défaut : le bruit général de la ville est ce
matin que l'auteur de *la Pucelle* a été confessé. On ajoute qu'il a fait
parvenir à M. de Beaumont une profession de foi très-édifiante, et
les gens de sa maison assurent que c'est pour la neuvième fois de sa
vie qu'on le voit pénitent en pareille circonstance. La désolation est
dans le camp des philosophes : d'Alembert, Condorcet, Diderot, ont
gourmandé fortement, dit-on, le Socrate confessé. Il leur a répondu
par son refrain ordinaire : « Je ne veux pas que mon corps soit jeté
» à la voirie. » Du reste, comme le poëte est convalescent, il ne
parle plus que de sa tragédie.

Elle a été jouée enfin, cette *Irène* si impatiemment attendue, et
malheureusement elle n'a pas répondu à l'attente du public ni aux
espérances de l'auteur. Les deux premiers actes offrent seuls de ces
beautés qui rappellent le Voltaire de 1750; les trois derniers en sont
entièrement dépourvus. On est cependant venu annoncer au célèbre
tragique un succès prodigieux, un succès d'enthousiasme; il n'en
était rien. Une espèce de rechute l'a rendu presque insensible à
cette nouvelle et aux adulations dont elle était brodée. Il a toutefois
tressailli quand on lui a rapporté que la reine, un crayon à la main
pendant toute la représentation, semblait copier les beaux vers qui
la frappaient, et particulièrement ceux de piété édifiante que l'ouvrage renferme. « On voit bien qu'il s'est confessé, » a dit très-haut
un spectateur du parterre à propos de ces passages.

A la seconde représentation d'*Irène* le public a demandé des nouvelles de l'auteur; on lui a fait entendre des paroles consolatrices et
vraies, car le surlendemain Voltaire était debout. Le voilà décidément ressuscité; il reçoit, il a fait acheter des chevaux, et parle de
se promener. Le tragique sent à présent tout ce qu'a d'exquis l'encens qu'on lui prodigue pour son *Irène*, qui, lui dit-on, restera au
théâtre et fera époque. Il brûle de voir ce chef-d'œuvre de sa vieillesse; il croit volontiers tout le bien qu'on lui en dit, et voudrait entendre la voix du public confirmer ce jugement flatteur.

Il m'arrive ce matin une anecdote qu'il faut que j'intercale entre
mes notes sur la cour de Voltaire, pour varier un peu. Le jeudi
gras la reine se trouvant dans une loge et sans masque au bal de
l'Opéra a été singulièrement intriguée par un homme déguisé en poissarde avec une coiffure déchirée. Dès que Sa Majesté a paru ce masque est venu au bas de sa loge, et l'a entreprise avec une étrange
familiarité. Il l'appelait sans façon *Antoinette*, la gourmandait verte-
ment de ne pas être couchée auprès de son mari, qui *ronflait*, disait-
il, en ce moment; enfin il lui recommandait d'être plus rangée à
l'avenir. Sa Majesté trouvait tant de gaieté et d'intérêt dans cette
singulière conversation qu'elle se baissait pour mieux l'entendre, de
manière à faire presque toucher sa gorge au hardi discoureur. Après
une heure de ce genre de divertissement la reine a quitté sa loge en
assurant à la prétendue poissarde que ses saillies l'avaient beaucoup
amusée, et elle lui a donné rendez-vous pour le bal suivant.

Le second entretien a été encore plus long que le premier; cette
fois la poissarde, avant de quitter Sa Majesté, lui a demandé la permission de baiser sa main, ce qu'elle a daigné accorder sans la
moindre difficulté. On a su depuis que l'heureux masque était le sieur
Dugazon, acteur de la Comédie-Française.

Le vieux de la Montagne, comme l'appellent les antiphilosophes,
est encore retombé, et cette fois son moral paraît singulièrement affaibli. Cet homme, naguère l'objet de tant d'hommages, ce réflecteur
de tant de gloire, ce peuple adoré comme le dieu du génie, n'offre
maintenant qu'un spectacle affligeant et digne de compassion. Son
physique a toutes les infirmités, son esprit toutes les faiblesses. Ses
yeux seuls offrent quelques étincelles du reste de feu qui circule
dans ce corps usé. Dernièrement on lui a dit que sa situation exigeait
la surveillance d'une garde de nuit. « Donnez-m'en donc, a-t-il
» répondu, mais donnez-la-moi jeune, pour ragaillardir mon ennui. »
Et son regard a brillé d'une lueur plus vive; lueur de l'âme, qui n'a
plus assez de chaleur pour réchauffer le corps.

J'ai recueilli quelques détails sur la pénitence du philosophe, lequel, bon jour, bonne œuvre, s'est confessé le lundi gras. Le clergé était convenu d'envoyer d'abord rue de Beaune une sorte de sentinelle perdue, un bon ecclésiastique simple et candide, pour *dégrossir* la conscience du grand pécheur : c'est l'abbé Gauthier qui a été chargé de cette mission par le curé de Saint-Sulpice. Voltaire l'a fort bien accueilli, et s'est laissé interroger, chapitrer, admonester comme un enfant. Profitant de la voie ouverte, le curé a suivi de près son vicaire ; le succès de cette seconde tentative apostolique n'a pas été moins complet, et le pasteur victorieux s'est hâté d'aller rendre compte de son triomphe à l'archevêque. On attendait d'un moment à l'autre l'administration ; cependant le mardi gras et le mercredi des Cendres se sont passés sans que ces messieurs aient reparu. Occupons-nous un moment de choses plus générales.

Silas Deane et le docteur Franklin étaient à Paris en qualité de délégués du congrès américain ; mais la cour de Louis XVI ne leur reconnaissait aucun caractère officiel. Pour preuve de non-intervention du cabinet de Versailles dans les affaires des colonies anglaises, il venait de prescrire aux corsaires américains de ne pas rester au delà de vingt-quatre heures dans les ports français. Il y a plus, la cour de France apportait des entraves fort étroites au commerce de nos négociants avec ceux de la nouvelle république. Et cela dans le temps même où l'Angleterre, toujours provocatrice, attaquait nos vaisseaux sans le moindre prétexte, soit dans l'Inde, soit sur nos propres côtes, pour peu qu'ils résistassent au droit de douane et de visite que ces tyrans des mers se sont attribué. Telle était la réserve de notre cour et l'audace de celle de Saint-James, lorsqu'on apprit que cette dernière instruite de la défaite du général Burgoyne, et désespérant de reconquérir ses colonies, projetait de se réconcilier avec elles par des franchises, à condition que les deux peuples réuniraient leurs forces contre les États gouvernés par les princes de la maison de Bourbon.

Il n'y avait plus de ménagements à garder, plus d'hésitation à prolonger ; il fallait opter entre deux ennemis puissants et un seul : Louis XVI reconnut publiquement la république américaine. Les envoyés du congrès eurent leur audience ; un traité d'amitié et de commerce fut conclu avec cet État naissant. Le roi fit notifier ce traité à la cour de Londres, ayant soin de lui assurer toutefois que les parties contractantes avaient eu l'intention de ne stipuler aucun avantage exclusif ; et que les États-Unis conservaient la liberté de traiter avec toutes les nations sur le même pied d'égalité et de réciprocité. Le cabinet anglais n'en regarda pas moins cette union comme une déclaration de guerre de la part de la France ; lord Starmond, ambassadeur de Georges III, reçut l'ordre de quitter la cour de Versailles.

Voilà la vie de Voltaire qui brille encore d'une lueur renaissante, semblable à celle que jette par intervalles un flambeau qui va s'éteindre pour jamais. Il s'est fait habiller le 28 mars pour la première fois depuis son arrivée. Il avait un habit écarlate doublé d'hermine, une grande perruque à la Louis XIV et sans poudre. Sa mince figure se perdait à tel point dans cet in-folio de cheveux, qu'on ne découvrait presque que ses yeux, brillants comme des escarboucles. La tête du poète était surmontée d'un bonnet carré rouge, qui posait à peine sur l'édifice de sa coiffure postiche. Cette parure, renouvelée chaque jour depuis une semaine, fait croire au public que Voltaire, objet de sa curiosité, ira le soir à la Comédie, et comme on donne *Irène* la foule s'y porte dans l'espoir d'y rencontrer l'auteur. Le charlatanisme, convenu avec les comédiens, a prolongé les représentations de la pièce, que, sans cet expédient, on aurait abandonné dès le troisième jour.

Enfin ce jour attendu avec impatience par tant de curieux a lui : le 1er avril Voltaire s'est rendu à l'Académie française, puis à la Comédie. Il était dans un carrosse couleur d'azur, parsemé d'étoiles d'or : peinture bizarre qui a fait dire à un plaisant que cet équipage était le char de l'Empyrée. Le corps des immortels tenait ce jour-là son assemblée particulière ; vingt-deux membres siégeaient, parmi lesquels on comptait seulement deux ecclésiastiques : l'abbé de Boismont, qui depuis longtemps s'est mis au-dessus des censures de l'Église, et l'abbé Millot, espèce de cuistre indifférent aux grâces de la cour comme à celles de son archevêque. L'Académie tout entière s'est rendue au-devant de Voltaire, honneur insigne qui ne fut rendu, dit-on, qu'au seul cardinal de Richelieu. Le grand poète a été conduit au fauteuil du directeur, que cet officier et toute la compagnie, par acclamation, l'ont prié d'accepter... Alors, sans tirer au sort, selon l'usage accoutumé, l'illustre vieillard a été proclamé directeur pour le trimestre d'avril.

Après d'autres parties de cérémonial, qui toutes tendaient à honorer Voltaire ; après les harangues dont toute solennité académique doit être abondamment semée, le triomphateur s'est mis en route pour se rendre au théâtre. Les rues, les places qu'il traversa't étaient couvertes d'une foule immense. *Le voilà ! le voilà !* s'écriait-on dès qu'il paraissait, et des *Vive Voltaire !* redoublés s'élevaient de cette tourbe enivrée. Accueilli par un monde plus élégant dans les vestibules, dans les escaliers, dans les corridors, le héros, que dis-je ! le dieu du jour était entouré, pressé, enlevé. Les femmes surtout se jetaient sur son passage pour le contempler : celles-ci s'empressaient

de toucher ses vêtements, celles-là arrachaient des poils de sa fourrure. Le poète prit place dans la loge des gentilshommes de la chambre, entre madame de Villette et madame Denis. A peine y fut-il que mille voix crièrent : *La couronne ! la couronne !* et l'acteur Brizard vint la lui poser sur la tête. « Ah ! *Dieu !* dit Voltaire en pleurant, *vous voulez donc me faire mourir ?* » Il avait enlevé de son front le laurier recourbé, et le remettait à *belle et bonne* (madame de Villette), lorsque le prince de Beauvau, saisissant de nouveau cette couronne, la remit sur la tête du Sophocle français. *Irène* fut jouée avec plus de succès que de coutume ; mais les applaudissements ne répondirent pas au surplus de l'ovation.

Entre les deux pièces, le buste de Voltaire, transporté du foyer au théâtre, fut couronné, salué, enlacé de guirlandes au bruit des tambours, des trompettes, des timbales. Bientôt madame Vestris, un papier à la main, s'avança sur l'avant-scène et lut une pièce de vers du marquis de Saint-Marc, bien peu digne du nouvel Apollon que l'on célébrait. Je la copie :

> Aux yeux de Paris enchanté
> Reçois en ce jour notre hommage,
> Que confirmera d'âge en âge
> La sévère postérité.
> Non, tu n'as pas besoin d'atteindre au noir rivage
> Pour jouir des honneurs de l'immortalité :
> Voltaire, reçois la couronne
> Que l'on vient de te présenter ;
> Il est beau de la mériter
> Quand c'est la France qui la donne.

Si l'on jugeait par cette poésie de confiseur du mérite de notre littérature rimée, il serait difficile de joindre à l'éloge de Voltaire les félicitations dues au professeur qui a formé de bons élèves.

Tout cet appareil adulateur, ce triomphe, cette espèce de culte devaient, ce me semble, suffire à l'orgueil d'un philosophe ; mais non, il manquait à Voltaire des louanges royales : il crut devoir, malade et faible, les aller chercher, et la grandeur les lui offrit à la dérobée. M. le comte d'Artois, qui assistait *incognito* à l'apothéose d'Apollon, le manda dans sa loge pour joindre son encens à celui du public : le dieu de l'épopée moderne reçut cet hommage entre deux filles, et certainement ce n'étaient pas des Muses.

Après la comédie de Nanine, qui terminait le spectacle, nouveaux transports, nouveau brouhaha. Quand Voltaire regagna sa voiture étoilée, de jeunes poètes se jetaient sur les chevaux, les baisaient, ornaient leur tête de lauriers. Bientôt ils parlèrent de les dételer et de traîner de leurs mains poétiques le grand homme à son hôtel. Mais l'eau de l'Hippocrène ne donne de puissance qu'à l'imagination ; les muscles des enthousiastes se refusèrent à l'exécution de leur projet. Voltaire fut simplement ramené chez lui par ses chevaux.

Quelle félicité, dans cette vie inégale et capricieuse, n'est pas mêlée d'amertume ! A peine descendu de son char de triomphe, Voltaire éprouva une vive humiliation. J'ai dit ailleurs que la reine avait témoigné le plus grand désir de voir ce Nestor de la littérature, elle était venue dans ce dessein à Paris le jour de l'apothéose ; mais, n'ayant osé se rendre directement à la Comédie à cause de l'éloignement malheureux que Louis XVI montre pour Voltaire, elle s'était d'abord rendue à l'Opéra, d'où Sa Majesté devait passer incognito au Théâtre-Français. Ce projet ne put s'accomplir ; un billet qu'on lui remit dans sa loge renfermait la défense expresse de voir le grand écrivain. Le surlendemain Marie-Antoinette ordonna qu'*Irène* fût jouée à la cour ; cette princesse avait fait comprendre au roi qu'il se donnait non-seulement un ridicule, mais un vernis odieux en se déclarant l'ennemi de la personne et des ouvrages que le monde entier a pour ainsi dire déifiés. Le bon sens du monarque saisait cette juste remarque : il promit d'assister à la représentation. Mais au moment où Sa Majesté, arrivant de la chasse, se débottait pour aller au spectacle, des courtisans, certains de flatter les opinions défavorables du roi sur l'auteur de la tragédie nouvelle, s'appliquèrent à dénigrer l'ouvrage, à préjuger l'ennui qu'il causerait à Sa Majesté... Elle se prit à bâiller d'avance, et déclara qu'elle allait se coucher. La reine ne fut pas témoin de cette piquante déconvenue : la reine lui avait promis, comme on sait, de le faire appeler à Versailles lorsqu'on y représenterait sa pièce ; Louis XVI s'y opposa formellement. Cette aveugle haine vouée par ce prince au plus illustre écrivain des temps modernes, au chantre de Henri IV, à l'homme dont le nom devait arriver le premier à bâiller les lèvres quand il vantait devant des étrangers la littérature de son royaume ; cette haine, au moins dans sa démonstration, ne peut se concevoir de la part d'un souverain auquel on s'accorde à reconnaître du jugement.

Irène était le chant du cygne : Voltaire est mort le 30 mai ; le dix-huitième siècle est veuf de sa plus grande célébrité... La philosophie avait ressaisi ses avantages pendant les derniers instants du vieillard, sinon sur ses terreurs, au moins sur son apparente résolution. On n'a pas vu le clergé reparaître au lit de mort de Voltaire ; il s'est éteint dans l'impénitence finale ; il n'a point été administré. Les églises sont fermées à sa dépouille mortelle ; le gazon de la terre sainte ne s'ouvrira point au cadavre vide de son âme lumineuse. Je saurai bientôt ce qu'on a fait de ce grand débris humain.

Ce n'est pas sans peine que j'ai pu retrouver la trace des ossements de Voltaire : les amis du défunt l'avaient soustrait à la fureur des ministres de la *miséricorde divine*, qui, non contents de vouer ce philosophe aux flammes de l'enfer, auraient voulu peut-être faire un auto-da-fé du résidu matériel de sa grandeur. On n'a point envoyé les précieuses reliques à Ferney, quoique le seigneur du lieu y ait fait préparer de son vivant un tombeau digne de lui ; on craignait quelque chicane de l'évêque d'Annecy, avec lequel Voltaire eut certains démêlés dont le levain doit fermenter dans un cœur catholique romain. La famille du poëte est convenue que le corps serait porté provisoirement à l'abbaye de Scellières en Champagne, dont l'abbé Mignot, neveu de Voltaire, est le titulaire. Un domestique sûr a été chargé de la direction secrète du convoi voyageur ; mais il a fallu agir de ruse pour faire recevoir aux moines un cadavre frappé de réprobation. Quelque temps avant d'arriver au couvent, les conducteurs du corps l'ont tiré de sa bière ; il a été affublé d'une perruque, d'une robe de chambre, puis on l'a replacé ainsi et déjà infect dans le carrosse de voyage. Pendant ces dispositions, l'abbé Mignot, arrivé à l'abbaye, annonçait aux religieux que son oncle, presque mourant, avait désiré, par une fantaisie de malade, d'être conduit dans leurs murs pieux ; mais que, selon toute apparence, il n'y arriverait pas vivant. Peu d'heures après, la voiture mortuaire entra dans la cour : les prétendues craintes de Mignot étaient réalisées... Sur sa recommandation, on se hâta de procéder à l'inhumation. Il était temps, car le lendemain arriva la défense expresse de l'évêque de Troyes d'enterrer l'*impie*. Les moines, craignant de déplaire à l'abbé, n'osèrent cependant arracher aux vers du cimetière la pâture illustre qu'ils leur avaient donnée.

Rien ne manque à la gloire de Voltaire : soixante ans d'éloges, de critique, de jalousie, de persécutions ; l'amitié, la flatterie même des souverains ; des avis demandés de tous les points du monde civilisé ; des voyages au milieu des Alpes neigeuses, dont ce grand homme était l'unique objet ; un triomphe académique, une apothéose populaire : qu'eût-on fait de plus pour une divinité descendue sur la terre?... La postérité confirmera-t-elle tous ces hommages ? Pas sans restriction : elle distinguera le génie du poëte du caractère de l'homme, et reconnaîtra que l'homme a taché le poëte de petitesses, d'égoïsme, d'ingratitude. Nous en avons déjà pour preuve le testament de Voltaire.

Cet écrit a surpris tout le monde : on espérait que, dans un acte si solennel, l'illustre écrivain chercherait à laisser des dispositions qui feraient honneur à son esprit et à son cœur. Loin de là ! le testament signale l'être dur, sans reconnaissance, sans entrailles, dont les dernières volontés ne furent inspirées que par le caprice et la bizarrerie. Cependant elles ont été dictées il y a plus de deux ans, c'est-à-dire à une époque où Voltaire conservait toute la plénitude de son jugement.

Le testateur laisse à M. Vagnières, son secrétaire, son bras droit, l'homme qu'il appelait son ami, son *fidus Achates*, huit cents livres une fois payées ; rien à sa femme et à ses enfants. Il lègue au plus fidèle de ses domestiques, nommé Lavigne, celui qui le servait depuis trente-trois ans, une année de ses gages. La dame Barbaras, sa gouvernante de confiance, recevra huit cents livres ; les pauvres de Ferney en auront trois cents. Voilà tous les legs particuliers. Maintenant la fortune du philosophe, passablement ronde pour celle d'un sage, est ainsi partagée : l'abbé Mignot, cent mille livres ; un second neveu, cent mille livres ; M. d'Ornoy, cent mille livres ; madame Denis, légataire universelle, quatre-vingt mille livres de rente, et quarante mille livres argent comptant.

La mort se plairait-elle quelquefois à réunir ce que la vie séparait de toute la puissance de ses antipathies ? Voltaire et Jean-Jacques Rousseau éprouvaient l'un pour l'autre une invincible aversion : le premier, parce que l'auteur d'*Émile* était trop simple, trop ami des mœurs primitives, trop philosophe, en un mot, et surtout trop habile écrivain ; le second, parce que l'auteur du *Dictionnaire philosophique* n'était qu'un adroit charlatan jouant à la sagesse comme un escamoteur du pont Neuf joue aux muscades... Eh bien ! la destinée, en les frappant presque simultanément, semble avoir rappelé au monde que ces deux grands génies avaient été appelés à la même mission, qu'ils ont négligée par l'influence de deux orgueils différents : la vanité pompeuse du côté de Voltaire, la vanité en guenilles du côté de Rousseau. Le trépas jette aujourd'hui sur eux le même manteau, cette terre qui pèse d'un poids égal sur toutes les vanités mondaines. Le philosophe de Ferney mourut le 30 mai, le philosophe de Genève fut atteint mortellement le 2 juillet : ainsi tombent, à trente-deux jours de distance, ces deux astres qui en répandant une vive lumière sur les générations contemporaines les ont souvent égarées.

Jean-Jacques Rousseau, qui désirait depuis longtemps s'éloigner de Paris, avait cédé ce printemps aux instances de l'amitié en acceptant d'habiter une jolie petite maison appartenant au marquis de Girardin et située près de son château d'Ermenonville. Le philosophe revenait de la promenade à neuf heures du matin, lorsqu'il a été frappé d'une apoplexie qui ne lui a plus laissé que deux heures et demie d'existence. Rousseau est mort avec toute sa connaissance, auprès d'une croisée ouverte par son ordre : afin, disait-il, qu'il pût « voir une dernière fois ce beau ciel, cette belle nature qu'il allait » quitter. »

Ici, point de tentatives du sacerdoce ; point d'intrigues philosophiques pour les repousser : Rousseau mourut en croyant de l'Église réformée. M. de Girardin lui fit rendre les honneurs funèbres après avoir fait embaumer son corps, qu'on enferma dans un cercueil de plomb. Jean-Jacques Rousseau n'avait que soixante-six ans.

Au midi du château d'Ermenonville est une pièce d'eau, appelée le Petit Lac, au milieu de laquelle se dessine agréablement à l'œil l'île dite *des Peupliers*. Là repose, sous un dôme de verdure, le premier prosateur français ; sa tombe est un sarcophage d'environ six pieds d'élévation, et qu'ornent divers sujets allégoriques sculptés avec talent. Le promeneur solitaire, le penseur qui cherche à rêver d'aimables chimères, croit entendre murmurer doucement l'âme du philosophe dans le bruissement léger de la feuillée ; une sorte de parfum philosophique semble se mêler aux émanations des fleurs qui croissent en ces lieux, et quand au déclin de l'automne les feuilles tombent desséchées sur le marbre funéraire on dirait que la nature se plaît à faire à son favori ce dernier hommage de sa dépouille annuelle.

On se rappelle l'abbé officieux et expérimenté qui indiqua au roi dans un mémoire dont on a ri peut-être à tort les procédés ou plutôt les *postures* à l'aide desquelles on peut féconder infailliblement le sein de la beauté. Sa Majesté a su mettre à profit ces avis ; ou bien l'éternelle Providence qui veille sur les familles royales comme sur celles des bergers a permis que Louis XVI devînt père. La reine a singulièrement annoncé cette grande nouvelle à son auguste époux. « Sire, lui a-t-elle dit un matin en entrant dans son cabinet, je viens » vous demander justice d'un de vos sujets qui m'a violemment in- » sultée. — Que dites-vous, madame ! s'est écrié le monarque, » quelqu'un aurait osé... — Oui, sire, a continué Marie-Antoinette, » il s'en est trouvé un assez audacieux, le dirai-je ! pour me donner » des coups de pied dans le ventre... » Louis XVI a compris le sens de cette figure tant soit peu populaire, elle a provoqué son gros rire non moins plébéien, et Leurs Majestés se sont donné mutuellement une douce accolade, premier gage de leur satisfaction paternelle et maternelle.

S'il fallait en croire une version trop généralement répandue, ce singulier avis de maternité n'aurait pas eu précisément cette direction. Ce ne sera jamais sur des assertions sans témoignages que je me ferai l'écho de tels bruits ; mais, s'il s'en présente, je leur accorderai du moins la confiance due aux probabilités : on repousse les calomnies, on doit à la vérité d'utiles médisances ; je les écrirai.

La grossesse de la reine ne lui permettant plus des plaisirs trop actifs, Sa Majesté se livre avec transport au jeu qu'elle a toujours aimé. Un pharaon est régulièrement établi chez cette princesse sous la direction de M. de Chalabre, fils d'un joueur renommé. Ce banquier de la partie de Sa Majesté s'est adjoint dernièrement un M. Poinçot, chevalier de Saint-Louis maltraité par la fortune des cartes et que sa nouvelle charge pourra aider à se *refaire*. Cependant certaines filouteries qui se commettent au tapis royal portent quelque préjudice aux intérêts de ces messieurs : l'un de ces soirs, à Marly, un rouleau de louis faux fut glissé sur la table, et en attira plusieurs véritables dans la poche du joueur qui l'avait produit. Mais la fraude a été découverte ; l'escroc est un mousquetaire en réforme nommé Duluques, on l'a envoyé à la Bastille expier ce savoir-faire un peu trop ingénieux. Il serait à désirer que la police intérieure, après avoir fait justice de ce fripon, s'étendît à bon nombre de duchesses *assises*, qui volent des pontes assez confiants pour leur passer de l'argent à jouer ; ces dames illustres ne se montrent pas plus scrupuleuses envers les banquiers quand elles peuvent leur enlever quelques louis. Mais ces filouteries demeurent impunies, vu la qualité des délinquantes ; et personne n'étant aussi impudent qu'une femme de cour, le manége continue sous le manteau de l'impunité. *Madame* disait au jeu de samedi aux banquiers : « Messieurs, » on vous friponne bien. — Nous ne nous en apercevons pas, ma- » dame, » répondirent-ils galamment. Toutefois, comme ils s'en aperçoivent fort bien, ils ont obtenu de la reine que, pour arrêter un peu les mains *distraites*, la table serait garnie d'un ruban dans tout son pourtour, et qu'on ne regarderait comme engagé que l'argent mis sur les cartes au delà du ruban. Mais cette précaution, qui garantit jusqu'à un certain point les intérêts de la banque, n'obviera point aux escroqueries que les duchesses se permettent au détriment des joueurs confiants.

La reine a choisi pour son accoucheur un M. Vermont, frère de l'abbé qui fit l'éducation française de Sa Majesté à la cour de Vienne. Peut-être est-ce un habile opérateur, mais à coup sûr ce n'est point un homme policé. On rit chaque jour aux cercles de Sa Majesté des étranges balourdises et des grossièretés de cet Esculape. L'un de ces matins, Marie-Antoinette se plaignit à lui d'être plus grosse qu'on ne doit l'être dans son état : *C'est que vous êtes ventrue*, a-t-il répondu. Une autre fois Sa Majesté faisait remarquer au docteur que sa gorge lui paraissait très-volumineuse : *Votre Majesté*, répliqua Vermont, *est naturellement tetonnière.*

Notre jolie souveraine n'est plus ni *ventrue* ni *tetonnière*, elle est accouchée le 20 décembre d'une princesse qu'on a nommée Marie-Thérèse-Charlotte. Les cérémonies des baptêmes sont aussi usées pour la narration que celles des mariages; je dirai seulement qu'à l'occasion de l'heureux accouchement de Sa Majesté les comédiens français ont donné un spectacle gratis pour l'*ouverture du ventre de la reine*, locution vieillie et digne du vocabulaire de l'accoucheur Vermont. Les charbonniers et les poissardes étant arrivés tard à la comédie se sont plaints avec amertume qu'on eût usurpé sur eux les loges du roi et de la reine, qui leur reviennent par un droit immémorial acquis à ces deux premières corporations de la populace. Ils ont d'autant plus insisté sur cette prérogative, que la garde les empêchait de pénétrer dans la salle en leur disant qu'il n'y avait plus de place. Le semainier appelé par les réclamants a convoqué à l'extraordinaire le conseil des comédiens; et après mûre délibération il a été décidé qu'on allait mettre une banquette de chaque côté du théâtre et que les deux honorables corps y prendraient place, selon l'antique usage supprimé par Lauraguais. Cette disposition faite et la toile levée, un charbonnier a à haute voix un bulletin favorable de la santé de la reine, que venait de lui remettre un courrier au visage noirci qui avait été dépêché pédestrement à Versailles pour connaître la situation de Sa Majesté. Les transports de joie que cette lecture a excités ont donné lieu à des sauts d'abord déréglés, mais qui bientôt ont pris le caractère d'une danse auvergnate, à la grande satisfaction du parterre, enchanté de voir la tragédie de *Zaïre* commencer ainsi par un ballet de poissardes et de charbonniers.

Terminons la chronique de 1778 par une mention politique. Le comte d'Estaing, parti de Toulon le 13 avril avec une escadre de douze vaisseaux de ligne et quatre frégates qui montaient huit cents hommes d'infanterie, a touché la côte américaine le 8 juillet. Cette flotte portait aussi M. Silas Deane, député à la cour de France, et M. Alexandre Gérard, ministre plénipotentiaire du roi au congrès. Une députation de l'assemblée républicaine vint prendre ce diplomate aux portes de Philadelphie et l'accompagna jusqu'à l'hôtel qu'on lui avait préparé, au milieu des signes les plus expansifs de la satisfaction des habitants.

CHAPITRE III.
1779-1780-1781.

Il est arrivé au baptême de *Madame première* un incident que je dois mentionner; il caractérise à merveille l'esprit de rectitude que M. de Provence apporte dans tout ce qui concerne le cérémonial. Ce prince tenant le royal enfant au nom du roi d'Espagne, le grand aumônier lui a demandé quels noms il voulait lui donner. «Mais, monsieur le cardinal, a répondu l'illustre parrain, ce n'est pas ainsi que la cérémonie commence; la première chose est de savoir quels sont les père et mère : c'est ce que prescrit le rituel.» Le prélat a répliqué que cette demande préalable était effectivement indiquée dans les cas ordinaires, mais qu'elle paraissait ici dépourvue de toute opportunité, en ce que personne n'ignorait que *Madame* était née de la reine et du roi. Non contente de cette explication, Son Altesse Royale, se tournant vers le curé de Notre-Dame, qui assistait au baptême, lui a demandé si sa remarque ne semblait pas fondée. Le pasteur métropolitain a répondu qu'elle était juste en général; mais que, dans la circonstance, il ne se serait pas conduit autrement que le cardinal. Les courtisans malins ont dit le lendemain, à l'Œil-de-bœuf, que, relativement à l'information, éludée par le grand aumônier, sur le nom des père et mère, *Monsieur* n'avait peut-être eu qu'à moitié tort.

Voici un autre trait caractéristique : à l'occasion des couches de la reine, la cour des aides, rétablie par M. le comte d'Artois, était venue complimenter le roi, qui la reçut appuyé sur le balcon de sa chambre. «Sont-ce là vos chaises ?» dit Sa Majesté aux magistrats en leur montrant les chaises à porteurs qu'il voyait dans la cour de marbre. Sur la réponse affirmative d'un président, Sa Majesté s'est mise à ricaner; puis elle a repris : «Vous ne savez donc pas marcher, vous autres ! » Telle a été toute la réplique du monarque à la harangue de sa cour des aides, « et elle s'est retirée, ont dit le lendemain les journaux, fort satisfaite des bontés gracieuses de cet excellent prince. »

Pour amuser la royale accouchée, le jour de l'an, le comte d'Artois et le duc de Chartres avaient fait une liste à sept colonnes, dans laquelle ces folles Altesses s'étaient évertuées à classer, par ordre décroissant de beauté, les femmes de la cour. On lisait en tête des colonnes : *Belles, Jolies, Passables, Laides, Affreuses, Infâmes, Abominables.* Une seule privilégiée était inscrite dans la première case; deux figuraient dans la seconde, et ces messieurs avaient fort généreusement pressé leurs justiciables dans les cases *Infâmes* et *Abominables.*

Parmi les dames de la septième et dernière classe se trouvait la marquise de Fleury, femme d'esprit, qui n'a fait que rire en apparence de son partage critique. Mais le dépit d'une femme finit toujours par se faire jour, et rarement il manque l'occasion de placer son mot. La marquise se trouvant dernièrement à un souper du Palais-Royal, M. le duc de Chartres, l'un des auteurs de la classification, eut l'inopportune idée de venir faire sa cour à la marquise *abominable.* Fixée soudain dans son projet de vengeance, elle commença par complimenter le prince sur son heureux retour d'une campagne maritime qu'il vient de faire pour se rendre propre à la charge de grand amiral, que Son Altesse Sérénissime sollicite en survivance de M. le duc de Penthièvre, son beau-père. Or le bruit a couru que le vaisseau que montait le duc de Chartres s'est montré certain jour rebelle à certain *signal* d'attaque, et cela par une influence princière trop prudente. Madame de Fleury, après avoir fait de spirituelles allusions à tout cela, a brusquement entamé le sujet des catégories de dames, et s'est prise en riant à faire des reproches à Son Altesse. « Heureusement, monseigneur, a-t-elle ajouté, on peut appeler de votre jugement : on sait que vous ne vous connaissez pas mieux en *signalements* qu'en *signaux*... » Il n'y avait point de réplique à cela, et le prince ne tenta pas même d'en chercher une.

Cette année le carnaval a ses jours malheureux pour l'héritier du nom d'Orléans; on aurait peine à citer toutes les saillies malignes qu'il essuie dans ce temps de licence masquée. Au dernier bal de l'Opéra, M. de Chartres faisait une sorte de revue des femmes avec M. de Genlis; ce dernier lui en ayant fait remarquer une dont la figure l'avait frappé, le prince la regarda sous le nez, et s'écria : « C'est une beauté passée. — Monseigneur, répliqua vivement la dame, c'est comme votre renommée. »

Toute la capitale s'entretient d'une entrevue, l'on ne sait pourquoi secrète, qui eut lieu dimanche à Paris entre la reine et la comtesse Jules de Polignac. Sa Majesté, ayant gagné la rougeole de cette favorite, avait été assez longtemps sans la voir; mais elle écrivit jeudi à la souveraine, de Clayes, où elle avait passé sa convalescence, qu'elle aurait l'honneur d'aller lui faire sa cour à Marly le lundi suivant. La reine lui a répondu : «Sans doute la plus empressée de nous embrasser, c'est moi, puisque j'irai dès dimanche dîner avec vous à Paris.» En effet, au jour dit, Sa Majesté est arrivée à une heure chez la comtesse Jules, et y est restée jusqu'à cinq heures. Madame la princesse de Chimay, dame d'honneur de Marie-Antoinette, et qui l'avait accompagnée à l'hôtel de Polignac, n'a point assisté à l'entrevue; elle s'est retirée après avoir reçu des ordres pour le départ. Pendant ce temps, le comte traitait à une table particulière les courtisans de la suite; la reine et sa favorite ont donc dîné dans un tête-à-tête rigoureux qui s'est prolongé quatre heures. On forme mille conjectures sur cet entretien, et l'on s'évertue en vain à deviner quelle affaire Sa Majesté pouvait avoir à déposer si secrètement dans le sein de l'amitié.

Il paraît depuis quelque temps dans le monde un mulâtre, nommé M. de Saint-Georges, dont les talents extraordinaires font beaucoup de bruit. C'est un homme grand, admirablement fait, et dont les traits, malgré leur teinte brune, ont de la noblesse, un certain charme, beaucoup d'expression surtout. On assure que les dames apprécient ce demi-nègre, moins parce qu'il excelle à monter à cheval, à tirer des armes, à jouer du violon et à patiner, que parce qu'il est doué, dit-on, d'une vertu herculéenne que notre sexe passe pour rechercher dans ces temps d'incontinence. M. de Saint-Georges, en qualité de virtuose, a été admis à faire de la musique avec la reine; il en fait cependant davantage avec madame de Montesson, M. le duc d'Orléans l'ayant attaché à sa maison en qualité d'officier des chasses.

Il y a peu de jours, le mulâtre à la mode, revenant avec un de ses amis d'une partie fine, fut attaqué par six hommes armés de bâtons.

Les deux gentilshommes firent de leur mieux avec leurs épées; mais ils eussent infailliblement été assommés si le guet ne fût venu à leur secours. M. le duc d'Orléans a fait auprès de M. Lenoir les plus pressantes démarches pour que les assassins subissent une rigoureuse peine; mais bientôt Son Altesse Royale a reçu de haut lieu l'invitation de ne pas se mêler de cette affaire, et les prisonniers ont été relâchés. Tout porte à croire qu'il y avait sous jeu quelque vengeance conjugale confiée à des assommeurs, vu l'extrême danger qu'il y aurait à se mesurer avec M. de Saint-Georges.

On se rappellera peut-être, car ces particularités frappent on ne sait trop pourquoi, que *Monsieur* se vanta très-haut, le lendemain de ses noces, d'avoir mérité une réputation pareille à celle que mon sexe accorde à M. de Saint-Georges. Depuis lors, l'opinion publique s'est inscrite en faux contre cette jactance, jusqu'au point de dire hautement que, dans les derniers temps encore, *Madame* se trouvait à peu près dans l'état de pureté où nous l'envoya l'honnête monarque

Washington.

savoyard. On attribuait ce défaut de culture d'un terrain en apparence très-propre au rapport, à une cause plus foncièrement fâcheuse que celle qui retarda longtemps la postérité du roi; cause à laquelle les *postures* de l'abbé ne pouvaient sans doute remédier. Tout à coup la nature a paru se révéler chez Son Altesse Royale, du moins à en juger par sa conversation intime : ses courtisans assurent que les propos de ce prince sont très-vifs, très-amoureux, très-ardents. *Madame* affirme que ses dames que c'est une éloquence toute de phrases; et ce qui le prouverait un peu, c'est qu'on a démenti la grossesse de cette princesse, dont les flatteurs de son époux s'étaient plu à répandre le bruit.

Mais j'abandonne ces fables pour rapporter une anecdote encore plus royale, et qui a produit une vive sensation à la cour. Depuis quelques mois la reine s'est éprise des spectacles de la grosse Montansier, directrice de Versailles; spectacles tout à fait différents de ceux qu'elle donne au public de cette ville, et composés des pièces les plus gaillardes de Ferrand et de Collé. Sa Majesté s'amuse beaucoup avec sa société intime de ces ingénuités galantes, que M. le comte d'Artois, son beau-frère, suit assidûment, et dont la représentation se prolonge fort avant dans la nuit. La reine revenait, une de ces nuits, de ce divertissement, dans une voiture légère que le frère du roi conduisait lui-même. A la grille du château, la sentinelle déclara à l'illustre cocher qu'il ne pouvait rentrer.

« Comment, j... f..... ! s'écria Son Altesse Royale, ne me reconnais-tu pas?

— Pardon, mon prince; mais la consigne ne vous a point excepté.

— Et moi? dit la reine en se montrant.

— Pas davantage, répondit le garde du corps, et je suis désespéré d'avoir à l'apprendre à Votre Majesté.

— Qu'on fasse venir l'officier de service, reprit Marie-Antoinette d'une voix animée,

— C'est la consigne, dit cet officier en se courbant jusqu'à terre.

— Appelez le capitaine des gardes, s'écria cette fois la reine avec colère.

— C'est la consigne, dit ce haut dignitaire en s'excusant de son mieux, et je le tiens du roi lui-même, absolue, sans exception. »

Les prières, les menaces de la reine, les jurements énergiques dont M. le comte d'Artois assaisonna ces instances, rien ne put faire transgresser une mesure militaire dont l'oubli devait être puni sévèrement par le roi. Sa Majesté fut obligée de regagner, avec son compagnon de disgrâce, le théâtre de la Montansier, d'où, par une galerie attenante au château, elle pénétra dans son appartement. Pour comble d'infortune, Marie-Antoinette, que personne n'attendait, parce qu'elle s'était relevée pour faire son excursion nocturne, ne put se coucher de nouveau qu'à l'aide d'une lumière obtenue avec peine dans la salle des gardes.

Peut-être la reine eût-elle dû accepter en silence la leçon que Louis XVI avait voulu lui donner; mais elle écouta son orgueil humilié plutôt que la prudence dont elle devait prendre conseil. Marie-Antoinette se présenta au lever du roi. « MONSIEUR, lui dit-elle avec » toute la fierté qui formait le fond de son caractère, dois-je être » prisonnière dans mon propre palais, et me trouver exposée au dés- » agrément de ne pouvoir y rentrer à ma volonté? »

Le monarque sourit dédaigneusement à ce propos peu réfléchi, et répondit du ton d'un bourgeois absolu : « Madame, je suis le maître » chez moi, et quand je suis couché, je prétends que tout le monde » le soit chez moi. » A ces mots, Louis XVI tourna le dos à la reine, et sortit sans lui laisser le temps de répondre.

Me voici arrivée à une époque où je ne pourrais plus, sans infidélité, taire les discours qui retentissent d'un bout à l'autre de la France sur l'intimité de la reine avec M. d'Artois, son beau-frère. Cette liaison étroite, considérée sous le rapport purement moral, est un fait constant, et c'est une réserve d'une haute prudence, à voir les airs légers qui en sont les témoignages, que de n'y attacher aucune suspicion d'un commerce matériel. Dans cette sphère de circonspection, j'écrirai du moins que la reine ne néglige aucune occasion d'éloigner le comte de la comtesse, qu'elle nomme sa *pie-grièche* épouse. On peut donc dire avec une entière vérité qu'il est des instants où l'on croirait que Sa Majesté fait des avances à M. d'Artois... C'est une coquetterie jalouse; je m'efforce de ne rien voir au delà.

Un courrier arrivé ce matin de Naples en apporte la nouvelle effrayante d'une éruption du Vésuve comme on n'en trouve point d'exemple dans les annales depuis les désastres de Pompéia, que Pline le jeune a retracés si terribles. Cette nouvelle convulsion du volcan eut lieu dans la nuit du 8 août. Dès le 3 de ce mois, le cratère vomissait par intervalles des flammes et de noirs tourbillons de fumée; des torrents de lave coulaient en ruisseaux de feu le long des flancs de la montagne et se perdaient en s'éteignant dans les vallons. Habitués à ce spectacle, les Napolitains ne s'en effrayaient point. Dans la matinée du 8, la matière bitumineuse cessa même de couler; le cratère parut suspendre le jet de ses projectiles de pierre, et le bruit souterrain qui accompagne ces éruptions parut se calmer. Tout à coup, au milieu de la nuit, on vit s'élancer dans les airs une immense colonne de matière fluide, de fumée, de pierres rougies, formant une gerbe dont on put évaluer la hauteur à dix-huit mille pieds. L'horrible développement de ce phénomène convrait en apparence toute la ville de Naples. En ce moment le Vésuve, laissant échapper la lave de toutes parts, sembla revêtu d'une vaste robe de feu : géant lumineux et ardent qui du pied touchait aux enfers, et dont la chevelure de flammes se perdait dans le firmament. Des coups de foudre partaient en tous sens de la colonne de feu; des quartiers de rocher de dix pieds de circonférence, élevés par la force du volcan, tombaient dans la plaine de Somma; elle en était jonchée. Les broussailles, les bois s'enflammaient, et l'incendie, qui gagnait de proche en proche, augmentait la terreur des habitants de Naples, de Portici, de Résina, de Torré-Legreco, d'Ell-Anonziata, errants demi-nus sur les chemins, chargés de tout ce qu'ils pouvaient emporter. Au bout de vingt minutes, l'éruption cessa subitement, l'horizon s'éteignit, le ciel redevint sombre. Le lendemain on apprit que la ville d'Ottojano avait été réduite en cendres : un instant avait suffi pour engloutir une population presque entière, surprise au sein de son repos ou de ses doux ébats.

Les convulsions de la nature sont, pour les âmes superstitieuses, le signe des conflagrations sociales; mais cette année la guerre entre les princes de la maison de Bourbon et l'Angleterre avait prévenu l'éruption du volcan napolitain : les manifestes respectifs étaient lancés dès le mois de juin. Malgré cette rupture ouverte, on a remarqué dans ces actes une sorte de réserve : celui de la France fut publié sous le titre d'*Exposé des motifs de la conduite du roi relativement à l'Angleterre;* la cour de Londres intitula le sien *Mémoire justificatif:* l'Espagne, notre alliée, adopta une formule analogue.

Tout le monde joue maintenant à la cour, jusqu'à Louis XVI, qui jamais n'avait risqué au jeu au delà d'un louis d'or. Pendant le dernier voyage de Marly, Sa Majesté a fait, relativement à sa réserve ordinaire, des pertes assez considérables, et a pris goût au lansquenet. Par une sorte d'écart du caractère de ce prince si indifférent, si froid pour le beau sexe, on l'a vu lorgner pendant le so per une jeune personne qui se trouvait parmi les spectateurs : sa lorgnette est restée longtemps braquée sur elle, et Sa Majesté lui a envoyé demander son nom. Le vieux maréchal de Richelieu porte-t-il avec lui le talisman de la débauche? Il était ce jour-là à Marly; le roi, malgré son éloignement pour ce seigneur, a même ri de bon cœur des saillies mordantes et des sarcasmes qu'il n'a cessé de débiter.

Revenons au jeu de la cour : je noterai ici, pour renseignement, que, voulant régler ses pertes avec M. de Chalabre, M. le comte d'Artois lui a fait compter cent mille écus argent comptant, et lui a remis en outre un contrat de quinze mille livres de rente.

Le buste de Voltaire, transporté du foyer au théâtre, fut couronné.

Tandis que ces dilapidations royales se commettent, le monde philosophique s'indigne contre la demoiselle Levasseur, qui de servante de J.-J. Rousseau était devenue sa femme. Cette misérable est rentrée dans son premier état, en épousant un laquais de M. de Girardin, nommé Nicolas Montretout. Le seigneur d'Ermenonville, furieux de la bassesse de cette femme, l'a chassée de la maison dont il lui avait laissé la jouissance après la mort de son mari. En général les philosophes ne songent qu'avec honte que le grand Rousseau avait placé ses affections dans une telle créature, qui a dû souvent humilier sa vie et rendre son intérieur bien triste. Ces idées confirment presque le bruit, assez général, que cet homme illustre, dans la conscience de sa déplorable condition, a pu accélérer sa mort par le poison.

Nous sommes au temps des choses extraordinaires : en voici une d'un autre genre. M. le prince de Condé, mécontent de M. d'Agon, l'un de ses officiers, qui avait mal parlé d'une femme de sa cour, exigeait de ce gentilhomme qu'il lui donnât sa démission et s'éloignât de son palais. M. d'Agon s'est trouvé offensé de ce renvoi, et en a demandé satisfaction à Son Altesse. Le prince y ayant consenti, ils se sont battus samedi dernier, en chemise, de grand matin, et devant des témoins. M. de Condé a été légèrement blessé au bras. Après s'être fait pauser, il est parti sur-le-champ pour Versailles, afin de solliciter la grâce de M. d'Agon, qu'il a obtenue avec beaucoup de peine. Quelques personnes blâment le prince; je ne suis pas de ce nombre. Un membre de la famille royale peut être *raffiné d'honneur* comme un autre gentilhomme; mais un simple officier qui provoque son général est un orgueilleux à punir, ou bien un fou à placer sous le jet d'une douche.

Il ne risque pas de recevoir un coup d'épée des jolies adversaires auxquelles il s'attaque, ce chevalier de Saint-Louis qui frappe clandestinement le derrière de toutes les femmes qu'il rencontre, et qu'on a, par ce motif, surnommé le chevalier *Tape-cul*. Vous toutes, mesdames, qui craignez l'atteinte de sa main hardie, vous reconnaîtrez aisément ce singulier agresseur à sa rouge trogne, à ses cheveux

blancs, à sa croix attachée à un habit blanc couvert de taches. L'une de ses mains est armée d'une canne qu'il agite; l'autre se cache traîtreusement derrière son dos, mais n'en est pas moins leste à s'apposer sur les fesses ambulantes. Dès que les dames qui connaissent *Tape-cul* l'aperçoivent, elles le fuient à toutes jambes, ainsi que la timide colombe s'envole à l'approche du terrible vautour. Les femmes tapées ne manquent pas de se plaindre, d'adresser des injures au chevalier; souvent il reçoit des coups de poing de la beauté insultée; quelquefois la canne du chevalier qui l'accompagne s'abat rudement sur les larges épaules de cet insolent vieillard. Il accepte les injures, les coups de poing, la bastonnade avec une résignation exemplaire, et s'éloigne paisiblement sans détourner la tête.

Les enthousiastes de nouvelles choses, et l'on trouve beaucoup de ces fanatiques quand les découvertes ne sont pas utiles, s'éprennent depuis quelques mois du *magnétisme animal*, procédé merveilleux, selon son auteur, apporté en France par un docteur allemand nommé *Mesmer*. Il débite sa marchandise de paroles avec une grande habileté : je dis sa marchandise de paroles, car il n'y a guère que cela dans le secret du novateur. « Le magnétisme animal est, dit-il, une » faculté de communication d'un *principe analogue* entre les corps » qui en sont susceptibles. » Et vous concevez que cette explication ne vous est pas donnée par le magnétiseur d'une manière aussi précise : il la développe avec toutes les ressources d'une synthèse diserte et diffuse, semée de mots techniques grecs et latins. L'adepte une fois endoctriné ou étourdi, conditions absolument identiques pour les charlatans, Mesmer promène son doigt sur toutes les parties de son corps, afin de connaître le siége du mal, et lorsqu'il approche de la partie affectée, le sujet y reçoit une commotion semblable à celle que produit l'électricité. Il y a beaucoup de gens à Paris qui aiment les commotions : les dames surtout en raffolent quand les secousses ne sont pas trop fortes. La foule des malades de mon sexe afflue chez

Le magnétiseur Mesmer.

l'homme au *principe analogue*, particulièrement depuis qu'ayant senti que son doigt magnétiseur ne pouvait suffire, il s'est avisé de mettre les malades eux-mêmes *en rapport*. Maintenant le magnétisme fait fureur : toutes les beautés vieillissantes courent chez l'Hippocrate ingénieux pour être mises *en rapport*; ce qui ne leur arrive pas souvent dans le monde, à moins qu'elles n'aient le bonheur de rencontrer quelque mousquetaire réformé.

Ce n'est pas par l'influence du magnétisme que le maréchal de Richelieu, parvenu à sa quatre-vingt-quatrième année, vient de se décider à reprendre une troisième femme : le vieux roué assure à tous ceux qui veulent l'entendre que le *principe analogue* est loin encore de lui manquer. Voilà l'origine un peu romanesque, quoique vraie, de sa liaison avec madame veuve de Rooth, qui reçoit sa main. Le duc se rendait à Versailles il y a quelques années; son carrosse casse au sommet de la montagne de Sèvres; il va se trouver à pied, lorsqu'une dame, qui ne connaît point le maréchal, vient à passer en voiture. Voyant un cordon bleu dans l'embarras, elle lui offre place à côté d'elle; il accepte, et de là un hymen qui donne à madame de Rooth deux cent mille livres de rente au moment où le nécessaire allait lui manquer.

Richelieu, avant de recevoir dans son hôtel une femme honnête, a voulu en expulser les roués, les entremetteurs, les catins qu'il y entretenait à grands frais : madame de Rousse, directrice de cette troupe impure, n'a pas été exceptée, malgré ses protestations d'attachement, ses prières, ses larmes..... « Vieux manège perdu, lui a dit » le maréchal; sans rémission, adieu!» Cette prêtresse émérite des amours s'est retirée aux Capucines : elle y occupe l'appartement que madame de Pompadour avait fait préparer pour elle, mais qu'elle n'habita jamais. Après ce nettoiement des écuries d'Augias, le prétendu de quatre-vingt-quatre ans alla trouver M. de Fronsac : « Monsieur, lui dit-il, je suis plus honnête que vous : votre mariage » s'est fait sans que vous m'en ayez prévenu; je viens vous informer » du mien. Je vous préviens aussi que je compte bien avoir un en-» fant, et qu'il sera meilleur sujet que vous. » La réminiscence matrimoniale d'un seigneur qui dans les fastes galants date du règne de Louis XIV, n'est pas aussi folle qu'elle le paraît au premier coup d'œil : je tiens de bonne source que durant sa dernière maladie on a eu peu de soin de lui, et qu'indigné de ce manque d'égards et d'humanité, il a pris le parti de le prévenir désormais en faisant la fortune d'une garde-malade.

Le mariage a eu lieu dans la chapelle de l'hôtel de Richelieu. L'archevêque de Paris, qui s'intéressait vivement à la conclusion, dans l'espoir que le vieux libertin ferait une fin honnête, avait promis de bénir lui-même ce lien conjugal, mais sa santé ne le lui a pas permis. Après un splendide banquet, il y a eu bal au fameux *pavillon de Hanovre* [1], illumination, feu d'artifice dans les jardins. Mais là s'est terminée la fête pour les nouveaux époux. Si la mariée, encore dans l'âge des passions impérieuses, reçut l'étincelle électrique au milieu des danses voluptueuses de la soirée, le feu qu'elle avait allumé dans son sein dut s'éteindre avec le bouquet de fusées qui ferma les réjouissances de la noce. L'octogénaire Richelieu, malgré sa jactance, malgré la menace qu'il avait faite à son fils, conduisit sa femme dans un appartement séparé du sien, et lui offrit l'hommage... de ce couplet d'une chanson composée par lui-même pour cette occasion :

> A minuit cachez-moi vos charmes,
> Je craindrais d'outrager l'amour ;
> Depuis que j'ai perdu ses armes,
> Mon bonheur fuit avec le jour.

Madame de Richelieu trouva le couplet joli; elle en fit son compliment à l'académicien, qui sans doute reporta cet éloge à son secrétaire... et le veuvage de la mariée continua.

La maréchale est une femme décente; son mariage ne pouvait remplir qu'un instant les entretiens de la cour. La petite anecdote qui suit l'amusera, sinon plus longtemps, du moins plus vivement. On la raconta hier à la reine, et Sa Majesté a tant pleuré d'hilarité que ce matin son oculiste a dû lui apporter un collyre.

Un particulier nommé *Franquelin* arriva le mois dernier de la province, muni de tous les papiers de sa famille pour examiner avec le fameux *Franklin* si par hasard il ne serait pas son parent. Le républicain, après une réception fort polie, a prié son presque homonyme de conférer avec son secrétaire sur l'objet en question. L'homme de cabinet ouvre les titres du provincial, les parcourt, et voit que, dans toute sa parenté ascendante, le nom s'était écrit différemment que celui du savant Américain. « Monsieur, dit-il, je n'ai pas besoin d'en » lire davantage; je vois partout *Franquelin* et non *Franklin* : de » votre Q faites un K, et vos papiers vous serviront..... » Il me semble que je puis m'épargner l'explication entre parenthèses; on me la reprocherait dans un temps où M. de Bièvre a fait faire d'immenses progrès au calembour.

La reine, le comte d'Artois et madame de Polignac occupent en ce moment toutes les trompettes de la renommée : ce trio d'intimité singulière intrigue la France des Pyrénées au Rhin. Le roi, sans attacher assez d'importance à cette liaison, peut-être pour s'épargner des représentations inutiles, en parle cependant quelquefois à la reine; mais, habituée à dominer ce prince faible et ami de la paix, elle le renvoie, non pas à ses moutons, mais à ses serrures.

Il faut bien que je le dise, et l'à-propos sera mon excuse, Louis XVI, plus affligé qu'il ne le paraît des légèretés extrêmes de Marie-Antoinette, et sentant tout ce qu'il y aurait de scandaleux dans une jalousie retentissante, ne demande pas exclusivement des consolations à ses limes, à son enclume; il devient de plus en plus constant que ce jeune prince cherche l'étourdissement de ses chagrins au fond de quelques flacons de laffitte et de chambertin. Rarement la nature épargne ses écarts à l'humanité, et je me hâte d'ajouter que

---

[1] Pavillon bâti au fond des jardins de l'hôtel, et donnant sur le boulevard, au coin de la rue Louis le Grand.

celui-ci n'est jamais poussé par Sa Majesté jusqu'à l'ivresse... Revenons au trio.

Depuis les couches de madame Jules de Polignac, arrivées le 15 mai de cette année 1780, la tendre amitié de la reine pour la comtesse, l'empressement rempli de galanterie que M. d'Artois lui montre ont redoublé : les entrevues de ce groupe affectionné sont plus fréquentes que jamais. Du reste, tant que la favorite n'a point été relevée, la reine s'est rendue auprès d'elle chaque jour; et pour que les voyages de Sa Majesté fussent plus commodes, plus assidus, la cour est venue s'établir au château de la Meute. Sa Majesté veut, dit-on, que le nouveau-né, nommé Jules, comme son père, soit fait duc au berceau. On parle de faire acheter à Louis XVI, au nom de cet embryon chéri, le duché de la Meilleraye, que vend la duchesse de Mazarin. Malgré cette tendresse presque sans exemple d'une femme pour une autre, toute la famille Polignac se hâte de s'échauffer à ce rayon ardent de faveur : on sait que la princesse de Lamballe ne fut pas moins chère à la reine, et pourtant son crédit s'est évanoui... L'extrême amour, surtout chez les grands, touche souvent à l'extrême indifférence.

Pendant que la cour était à la Meute, les promeneurs de la capitale ont été voir la charmante féerie de *Bagatelle*. J'ai demandé à mon mari de m'y conduire un jour qu'il était de service au château : « Volontiers, madame, m'a répondu le colonel, et notre ménage » sera charmant aussi longtemps que vous visiterez *Bagatelle* avec » moi. » On ne voit point le château en y arrivant : un petit bois, une sorte de fourré, en cache la façade, qui regarde l'entrée principale. De ce côté, l'enceinte n'est fermée que par une simple claie; derrière se dessine un site agreste, formé d'arbres poussant à l'aventure entre des rochers. Parvenu enfin au petit palais par une allée sinueuse, on lit sur le fronton d'un élégant péristyle : *Parva sed apta*. Des statues placées dans un entre-colonnement circulaire caractérisent plus précisément l'usage de cet édifice enchanteur : ce sont le Silence, le Mystère, la Folie, l'Amour, la Volupté; plus loin un Hercule, avec tous les attributs de puissance que peut offrir un dieu nu, fait soupçonner à l'intelligence exercée le genre de prétention que professe le maître du lieu. Le rez-de-chaussée consiste en un petit vestibule, une salle à manger, un salon, un boudoir et un billard, ce qui suffit pour satisfaire toutes les passions qui ne sont que des vices. Dans le boudoir on voit des peintures voluptueuses de Lagrenée, Greuze et Fragonard; plus un lit de repos, et des glaces placées en face, de manière à répéter les scènes qui se passent sur ce trône des amours. Tel est à peu près tout l'ameublement, avec des rideaux blancs transparents roses qui ménagent dans ce petit sanctuaire un demi-jour ami des pudeurs vaincues.

Un escalier en bois d'acajou, d'une grande hardiesse, mais fort étroit, conduit à quelques chambres à coucher. Celle du prince est fort remarquable : elle a dans toutes ses parties la forme d'une tente; les pilastres figurent des faisceaux d'armes surmontés d'un casque; les jambages du chambranle de la cheminée sont deux canons appuyés sur leur culasse; les chenets présentent des amas heureusement disposés de bombes, de grenades, de boulets; les girandoles affectent la forme d'une trompette. M. le comte d'Artois, qui n'est pas encore un dieu Mars, n'a jamais habité cette chambre aux attributs guerriers : Son Altesse Royale se contente d'alterner entre le boudoir, la salle à manger et le billard. Du premier étage, la vue se promène sur un horizon enchanteur : des massifs d'arbustes jetés çà et là sur un tapis de verdure conduisent l'œil jusqu'à la rivière, qui de ce côté ferme l'enceinte d'un ruban argenté. A droite, le pont de Neuilly semble construit pour compléter cette jolie perspective.

Tout aimable qu'est ce séjour, M. le comte d'Artois le néglige depuis un mois. Indépendamment des promenades que ce prince fait au petit Trianon avec la reine et madame de Polignac, quelquefois avec Sa Majesté seule, il s'y rend mystérieusement le matin, suivi d'un valet de pompe, et l'on remarque qu'à son retour de cette course matinale Son Altesse a l'air très-fatigué. Le secret de ces excursions a été divulgué avant-hier par un des courtisans qui les connaissent. Paris saura bientôt que M. d'Artois, jaloux de briller dans tous les exercices qui développent les grâces et l'agilité du corps, ambitionnait la gloire de danser sur la corde. En conséquence, il a pris les leçons de Placide et d'un sauteur appelé le *Petit-Diable*. Le frère du roi a fait des progrès si rapides dans la voltige que ses professeurs n'ont pas tardé à lui annoncer qu'il pouvait en toute assurance se montrer *sans balancier* aux yeux de la première cour de l'Europe : ce qui pour un descendant de saint Louis est d'un immense avantage. Toutefois Son Altesse n'a pas voulu d'abord voltiger devant un public aussi nombreux : elle s'est contentée des applaudissements que lui ont prodigués la reine, madame de Polignac, un nommé Bazin, intendant du petit Trianon, et la demoiselle Dorvat, confidente intime de Marie-Antoinette pendant son séjour à sa maison de plaisance. Ce petit comité de spectateurs a été enchanté des élévations, des entrechats, des grands et petits écarts du prince. Les dames trouvaient surtout qu'il avait la meilleure façon du monde en pantalon de tricot blanc, en gilet à paillettes, en ceinture rouge frangée d'or. On ne dit pas encore quand cet illustre sauteur se propose de débuter devant le roi; mais, puisque le comte est parvenu à se tenir en équilibre sur un théâtre aussi étroit, il est probable que jamais il ne fera de chutes dans les chemins ordinaires de la vie...

Néanmoins M. d'Artois a bien fait de ne pas appeler Louis XVI à son début sur la corde, et je vais le prouver. La reine, enthousiaste de l'art dramatique et encouragée par l'exemple de son beau-frère, a voulu essayer de jouer la comédie au petit Trianon avec ce prince et quelques autres intimes, entre autres mesdames Jules et Diane de Polignac, MM. de Dillon, de Vaudreuil, de Besenval, etc. Le répertoire se compose de plusieurs petites pièces du Théâtre-Français; le public est restreint aux gens de l'intérieur, à quelques courtisans choisis et à MM. les gardes du corps de service. Quoique le roi n'ait acheté aucun droit à la porte de ce théâtre illustre, il a cru cependant, à l'une des représentations, qu'il en avait un incontestable, soit en qualité de souverain, soit à titre d'époux, et Sa Majesté a outrageusement sifflé son auguste épouse dans la marquise de Clainville de *la Gageure imprévue*. Louis XVI étant sorti de la salle en bâillant après cet acte de sévérité, la reine a cru devoir, dans sa modestie, haranguer ainsi les spectateurs : « Messieurs, j'ai fait ce que » j'ai pu pour vous amuser ; j'aurais voulu mieux jouer, afin de vous » donner plus de plaisir. Une autre fois je redoublerai d'efforts. » Quand l'illustre actrice eut cessé de parler, les gardes du corps se regardèrent entre eux comme pour se demander s'ils devaient *claquer* la reine ; heureusement ils lurent la négative sur leurs visages respectifs, et la bienséance de ces militaires donna cette leçon de silence à la comédienne couronnée. Le spectacle de Trianon continuera en dépit du sifflet de Louis XVI, que Marie-Antoinette a traité de *barbare* en présence de ses courtisans. Sa Majesté s'est plus amusée des injures de la reine que de son jeu sur le théâtre.

Il se passe des choses un peu moins comiques dans la maison de *Monsieur*. La comtesse de Balby, dame pour accompagner auprès de Madame, est une jeune et jolie femme qui n'aime pas prodigieusement son mari, colonel à la suite du régiment de Bourbon. Or, selon le bruit de l'OEil-de-bœuf, madame de Balby aurait été trouvée en communauté de lit avec un courtisan, et le survenant importun aurait été l'époux trompé, qui, jaloux d'origine génoise, se serait mis en devoir de tuer et le galant, et la coupable, et son propre enfant âgé de dix-huit mois. Arrêté au moment de commettre ce triple assassinat, dit toujours la chronique maligne, ce furieux fut garrotté, saigné, baigné comme fou par ordre de M. de Provence. Enfin, après huit jours de cabanon, on voulut bien reconnaître que s'il lui restait trop peu de raison pour devenir un mari *philosophe*, il en avait assez pour voyager à l'étranger : on l'a fait expatrier par décision supérieure.

Depuis lors, madame de Caumont, mère de madame de Balby, sentant la nécessité d'effacer la tache imprimée à la réputation de sa fille, a pensé que le moyen le plus sûr était de la faire élever en dignité, attendu que plus on se trouve au-dessus de la multitude, moins elle peut voir les souillures dont on est couvert. En conséquence, l'ambitieuse maman a tant intrigué, que la duchesse de l'Esparre, dame d'atour de *Madame*, s'est vue forcée de donner sa démission, et que cette charge a été accordée à madame de Balby. On veut aujourd'hui qu'elle ait sur l'esprit de madame de Provence le même ascendant que la comtesse Jules de Polignac a sur l'esprit de la reine. S'il en est ainsi, cette beauté exerce un double empire dans la maison, car je sais de science certaine que *Monsieur* se laisse volontiers influencer par elle.

Bagatelle, Trianon et la danse de corde ne remplissent pas tous les loisirs de M. le comte d'Artois, et l'on s'en étonne peu : rien n'est plus vide de choses utiles qu'une vie de prince. Or Son Altesse Royale s'est sentie éprise l'un de ces soirs d'une belle flamme pour mademoiselle Contat, charmante actrice de la Comédie-Française. Des propositions ont été faites aussitôt à cette beauté : elle a répondu qu'elle se trouverait très-honorée de la recherche du prince, s'il daignait en sa faveur abjurer cet amour de papillon qui voltigeait de belle en belle ; mais que si la passion de Son Altesse ne devait avoir que la durée d'un caprice, elle le suppliait de porter ses vues ailleurs. Monseigneur a trouvé la réponse plaisante ; il s'est rendu en personne chez l'actrice, qui lui a répété mot pour mot la même chose.

« Voilà qui est bien cruel ! s'est écrié le comte en voulant prendre des à-compte sur le traité en négociation.

— Non, non, monseigneur, a repris mademoiselle Contat en repoussant le frère du roi comme un sous-fermier avant le contrat.

— Mais qu'exigez-vous donc, belle panthère ?

— Que vous me promettiez de vivre avec moi.

— Eh ! ma chère enfant, je ne sais pas vivre !

— Permettez donc, prince, que je me contente de ceux qui le savent. »

Le lendemain Son Altesse revint chez la comédienne, et lui jura d'être à jamais fidèle. On conclut, et, malgré la religion du serment, d'Artois n'est pas revenu le second jour de sa flamme éternelle. Au commencement du troisième, un écuyer à la livrée verte galonnée en or apporta à mademoiselle Contat une bourse de cent cinquante louis. L'actrice la remit au messager avec un billet contenant ce peu de mots : « Je remercie l'amour de Son Altesse Royale de sa charité ; » j'ai des amants qui, grâce à Dieu, me mettent dans le cas de me » passer d'un vil cadeau. »

Cette année, la France ayant réuni son armée de douze mille hommes sous les ordres du général Rochambeau, l'embarqua pendant les mois de mai et d'octobre sur deux escadres commandées par le chevalier de Ternay et M. de Latouche-Tréville. Le comte de Rochambeau était débarqué dès le mois de juin à Rhode-Island. Forcé de se tenir sur la défensive jusqu'à l'arrivée du reste de l'expédition, il fit fortifier ce point, sur lequel il se vit menacé au mois de juillet par l'escadre de l'amiral Arbuthnot et par le général Clinton. Mais ce mouvement des Anglais laissait sans défense la ville de New-York, dont ils étaient maîtres ; Washington, profitant de cet abandon, marcha rapidement vers cette place. Peut-être allait-elle tomber en son pouvoir, lorsque les troupes anglaises, forcées par cette diversion de renoncer à leur entreprise, revinrent rapidement sur leurs pas, tandis que la flotte d'Arbuthnot se retirait dans la baie de Gordine. Redevenu maître de ses mouvements, Rochambeau termina les fortifications de Rhode-Island, et fit ouvrir des routes dans toutes les directions où son armée pourrait tenter une descente sur le continent américain lorsqu'elle serait complète. M. de la Fayette, qui commandait l'avant-garde de Washington, vint se concerter avec le général français ; le plan de la campagne fut assis.

Elle offrit une inconstance d'échecs et d'avantages qui ne changea rien à la situation des deux armées : battus à Cambden par lord Cornwallis, les Américains battirent à leur tour les Anglais à King-Mountain ; mais lorsque les troupes françaises seront entrées en ligne, nul doute que des événements plus décisifs ne se passent en Amérique. On attend avec impatience des nouvelles de cette république naissante, surtout depuis le départ du complément de l'armée de Rochambeau, que lui conduit à travers les flottes anglaises l'habile et prudent de la Touche-Tréville.

Les révolutions ministérielles sont si fréquentes chez nous, qu'en vérité c'est un soin presque minutieux que de les signaler : disons pourtant que M. de Sartine vient de remettre le portefeuille de la marine au marquis de Castries, qui depuis longues années aspire au ministère, et que le prince de Montbarrey a cédé celui de la guerre au marquis de Ségur, dont le fils fait en ce moment ses premières armes sous les drapeaux de Washington.

Ces changements politiques occupent peu la cour folâtre du petit Trianon ; mais il faut qu'elle dépose un moment les guirlandes de roses qui l'enlacent : l'impératrice Marie-Thérèse, mère de la reine, est morte le 29 novembre, à l'âge de soixante-quatre ans. Cette femme mérita le titre de grand *roi*, que lui décerna la louange ingénieuse des états de Hongrie ; mais sa pourpre fut empreinte de quelques taches hideuses, et la France particulièrement peut refuser à la mémoire de cette souveraine le plus léger tribut de regret.

Le deuil de l'impératrice Marie-Thérèse, pendant les premiers mois de cette année, effarouche la troupe des plaisirs, on se ruine gravement au pharaon de Versailles ou de Marly ; et si l'on se prive d'amusements frivoles, la filouterie du jeu ne se ralentit pas. L'intrigue poursuit aussi la guerre sans trêve qu'elle fait en cour au bon droit et à la justice ; elle est parvenue à lasser l'active intégrité de M. Necker, directeur général des finances. En butte aux persécutions d'une coterie dilapidatrice, haï de la reine, dont il contrariait les vues secrètes concertées avec Joseph II, ce financier loyal était abreuvé d'une coupe inépuisable de fiel : désespérant de la tarir, il l'a brisée en signant sa démission, et les clefs du trésor public sont remises au conseiller d'État Joly de Fleuri.

Le premier fils de madame de Polignac, devenue duchesse, a été si bien traité à son arrivée dans le monde, que sa mère s'est hâtée de faire un autre enfant, afin d'entretenir la source des faveurs qui s'épanche sur sa famille. Cette dame vient d'accoucher d'un second fils dans la maison de M. le Rez de Chaumont, à Passy. A cette occasion, comme pour les précédentes couches de madame de Polignac, la cour s'est établie à la Meute, afin que la reine se trouvât plus près de sa favorite : trente-deux dames et vingt-six seigneurs font partie du voyage, non compris une certaine classe de gentilshommes désignés sous le nom de *poissons*, qui peut leur convenir à merveille, mais qui ne me paraît pas appartenir à une étiquette bien relevée. Ces messieurs peuvent à toute heure venir rendre leurs hommages à la souveraine. Sa Majesté, dont la sympathie pour la duchesse va jusqu'à s'inspirer de ses exemples et de ses sensations, Sa Majesté est elle-même fort avancée dans sa deuxième grossesse ; on croit que le terme n'en est pas éloigné, et la cour ne tardera pas de retourner à Versailles.

La reine a donné le jour à un prince dans la nuit du 25 au 26 octobre. Le roi est ivre de joie, il prend à chaque instant le nouveau-né dans ses bras, il répète cent fois par heure *Monsieur le Dauphin* : ce bon prince jouit enfin des délices de la paternité ; il faut voir les sourires des courtisans... Hier Sa Majesté, ayant reçu les diverses cours, ne s'est pas exprimée avec l'éloquence désirable dans ses réponses aux harangues, qui se bornaient généralement à cette formule : « Je suis très-content du compliment de ma cour..... Vous » ne pouvez voir la reine, parce qu'elle est au lit ; vous irez chez mon » fils, et vous l'appellerez monseigneur. »

Les critiques, qui se sont récriés malignement sur ce ton peu royal, ont cru remarquer que l'enthousiasme de *Monsieur* à la première inspection de l'enfant était loin d'égaler celui de son auguste frère Son Altesse Royale, se disent-ils tout bas, a même laissé échapper un mouvement d'humeur et de chagrin. Mais, surmontant bientôt cette faiblesse, au moins en apparence, le prince s'est livré ensuite à toute la joie que devait lui inspirer la naissance d'un héritier du trône... Et la malice, qui ne veut rien perdre de ses droits, s'est hâtée d'ajouter que M. de Provence avait paru alors trop expansif pour que sa gaieté fût naturelle.

La salle de l'Opéra prit feu au mois de juin dernier par la négligence d'un garçon de théâtre qui avait trop approché une lumière d'un pan de décoration. C'était la seconde fois que la salle du Palais-Royal brûlait en peu d'années ; M. le duc d'Orléans ne se montra pas cette fois disposé à relever cet édifice. Cependant la reine n'aime point à éprouver d'interruption dans ses plaisirs, et l'Opéra est du nombre de ceux que Sa Majesté goûte avec le plus de transport. Elle fit venir Lenoir, architecte, peu de jours après l'incendie, pour lui ordonner de rebâtir *par enchantement* (ce fut son expression) un temple du goût, des grâces, des arts et de la volupté : toutes divinités dont notre aimable souveraine s'est déclarée la fervente prêtresse, sans trop dissimuler même la préférence qu'elle accorde à la dernière.

« Si la baguette d'Armide existait, a répondu le galant artiste, elle serait sans doute aux mains de la beauté, et Votre Majesté n'aurait besoin de personne pour rebâtir l'Opéra.

— A quel ordre appartient ce gentil ornement ? demanda la reine en souriant avec bonté.

— Votre Majesté me pardonnera ce hors-d'œuvre ; le dieu des arts doit un hommage à tous les genres de grâce.

— Parlons de l'Opéra. Combien me demandez-vous pour le bâtir ?

— Ma souveraine parle-t-elle de la dépense ?

— Eh non ! n'est-ce pas l'affaire de M. le contrôleur général ? c'est du temps qu'il s'agit.

— Madame, je puis répondre qu'en trente jours...

— Je vous en accorde quarante, et je vous tiendrai pour un habile enchanteur si vous me remettez la clef de ma loge le quarante-unième.

— Je m'y engage sur l'honneur.

— Et moi je promets le cordon de Saint-Michel en échange de ma clef... »

M. Lenoir sortit enchanté de cette audience. Comme on mit à profusion sous sa main argent, matériaux, ouvriers ; comme on sacrifia avec le plus violent arbitraire au caprice de la reine tous les intérêts qui eussent pu en retarder l'accomplissement, l'architecte a tenu parole.

Malgré cette précipitation, le nouvel Opéra, construit sur le boulevard Saint-Martin, offre le déploiement de toutes les ressources de l'art : il est commode, agréable dans sa décoration, propre à la propagation des sons, pourvu de toutes les précautions nécessaires contre le feu ; enfin son extrême solidité a été justifiée par un spectacle *gratis*. L'inauguration a eu lieu le 30 novembre par la reprise d'*Adèle*, composition lyrique fort médiocre qui a laissé à l'architecte tous les honneurs de la soirée. La reine, qui n'est point encore relevée de couches, n'a pu assister à cette représentation ; mais elle avait dans la matinée effectué avec sa grâce accoutumée l'échange de la clef et du cordon noir, auquel Sa Majesté venait de faire attacher, indépendamment de la croix, le brevet d'une pension de six mille livres.

En parlant de spectacle il est opportun de rapporter une aimable espièglerie de M. le comte d'Artois, qui divertit beaucoup les salons. Son Altesse Royale est infidèle en amour, mais elle ne s'éloigne pas sans retour des beautés qu'elle honore de ses caprices. Le prince est revenu au commencement de cette année à mademoiselle Contat, qu'il lui a paru piquant d'enlever à un Maupeou d'épée qu'elle ruinait. L'actrice, qui avait à peu de chose près terminé cette tâche, ne fut pas fâchée de renouer avec l'Altesse inconstante, afin de travailler près d'elle sur le même pied. Mais si les beautés de théâtre ont leur savoir-faire, la grandeur libertine a aussi sa malice. Un jour que mademoiselle Contat se proposait de tirer une vingtaine de mille livres du prince, elle fit fabriquer sur un papier timbré une prétendue assignation à payer cette somme, et à *comparoir pour s'y voir* condamner. La comédienne laisse *par mégarde* l'exploit sur la cheminée ; M. d'Artois l'aperçoit et veut le lire. Contat fait semblant de l'en empêcher ; il insiste ; elle cède à regret à la curiosité de l'illustre amant. « Vous aviez tort, lui dit froidement Son Altesse après avoir » lu ; je me charge de la dette, et j'emporte ce papier pour mé- » moire. » Le lendemain monseigneur envoya à la rusée un arrêt de *surséance* d'un an, qui sans doute avait autant de réalité que l'assignation..... Furieuse d'être démasquée et jouée sous jambe, la jolie pensionnaire du tripot a voulu retourner au délaissé Maupeou ; mais il lui a répondu qu'il était trop tard. Ce dernier trait manque d'adresse ; il eût mieux valu avouer qu'on était vaincue, et rire la première de l'avoir été. En se piquant tout de bon après une manœuvre honteuse, mademoiselle Contat indispose sérieusement Son Altesse,

qui refuse maintenant de reconnaître un enfant dont la belle vient d'accoucher, et que le prince voulait bien accepter comme lot lui revenant malgré les chances multipliées de la loterie galante que tient la jolie maman.

Un vieux débris de la cour de Louis XIV, le comte de Maurepas, vient de rejoindre les courtisans du grand roi après avoir musé longtemps sur la terre sans gloire, mais non pas sans intrigue. Par je ne sais quel art de se faire valoir, par un frétillement empressé, par une grande importance à vide, ce ministre parvint sous trois règnes successifs à se faire la réputation d'un homme d'Etat. Louis XVI fut sous le charme jusqu'au point de croire ce petit-fils du chancelier de Pontchartrain le moteur indispensable de son gouvernement ; il lui en confia la direction, et sa présence embarrassa la machine d'un rouage inutile. La mort de Maurepas ne produira certainement aucun dommage dans les affaires publiques : on pourrait comparer cet événement à l'action cessante d'un moulin qui faisait beaucoup de bruit et broyait fort peu de grain. Il faut ajouter cependant que ce ministre ne fut précisément ni méchant ni malintentionné ; ce distique est donc d'une extrême sévérité :

> O France, applaudis-toi, triomphe de ton sort,
> Un Dauphin vient de naître et Maurepas est mort !

Si l'on pouvait se féliciter de la mort de quelqu'un, ce serait de celle du fanatique Christophe de Beaumont, qui tombe enfin du siége de Paris après avoir gouverné l'Eglise pendant trente-cinq ans avec une intolérance, une tyrannie qui rendaient le joug du ciel cent fois plus dur que la plus despotique domination terrestre... Malgré les inspirations de la charité chrétienne, qu'ils entendent mieux que ce prêtre, les jansénistes ont répondu par un sourire à son dernier soupir.

Les armées réunies de la France et de la république américaine ont remporté une grande victoire sur les Anglais, en forçant lord Cornwallis à signer une capitulation dans York-Town le 19 octobre dernier. Six mille cinq cent quatre-vingts hommes ont posé les armes sur les glacis de la ville, et sont prisonniers de guerre. On a trouvé sur les remparts cent soixante canons, plusieurs mortiers, une quantité prodigieuse de bombes, de boulets, et dans le port quarante bâtiments de transport montés par huit cents matelots. Ce beau succès donne une consistance désormais inébranlable à l'indépendance américaine ; tandis que le gouvernement britannique, fatigué d'une guerre ruineuse soutenue contre une nation levée tout entière, aspire au rétablissement de la paix, qu'il achèterait par de grands sacrifices.

CHAPITRE IV.
1782-1783.

On m'a montré hier à la Comédie-Italienne madame de Genlis, femme bel esprit, que M. le duc de Chartres a eu la bizarre idée de nommer *gouverneur* de ses enfants mâles. Cette innovation a déterminé la démission de M. le chevalier de Bonnard, sous-gouverneur, dont l'orgueil masculin n'a pu se façonner au joug d'une suprématie féminine. On prétend que M. de la Harpe serait moins scrupuleux, et qu'il accepterait volontiers la charge dédaignée par le fier gentilhomme. Déjà le public malin, regardant la chose comme conclue, dit que, madame de Genlis étant *gouverneur* des enfants d'Orléans, il est tout simple que l'académicien soit *sous-gouvernante*.

Lorsque le duc de Chartres, selon l'usage admis dans la famille royale, a soumis au roi la désignation qu'il avait faite pour l'éducation des princes de sa maison, Sa Majesté, après avoir levé les épaules en l'écoutant, a réfléchi un moment, puis elle a dit : « J'ai un Dauphin, *Madame* pourrait être grosse, M. le comte d'Artois a deux princes, vous pouvez faire ce que vous voudrez. » Et le monarque a tourné le dos à son parent. En conséquence de ce choix, les princesses ayant eu la rougeole, madame de Chartres s'est enfermée avec elles, et la comtesse de Genlis est restée avec les princes.

Madame de Genlis, dont la famille est passablement inconnue, quoiqu'elle la dise fort illustre, ne saurait passer pour une jolie femme; mais sa figure mignarde a de la finesse, et révèle un esprit subtil et prétentieux. La taille de *madame le gouverneur* ne manque pas d'élégance; ses manières ont un abandon qui, sans calomnie, se remarque aussi dans ses mœurs. Le fond du caractère de cette dame me paraît être la causticité, dont l'expression fait grimacer légèrement ses lèvres, et étrécit, si je puis m'exprimer ainsi, le sourire qui s'y promène continuellement comme un factionnaire ayant sa consigne. La comtesse vise à la réputation de virtuose; ce qui fait dire aux critiques par métier qu'à l'exemple d'Amphion, elle voit les hommes se ranger autour de sa harpe. On ne dit pas toutefois que, pour compléter l'exactitude de la figure, les pierres s'élèvent d'elles-mêmes sur les murs voisins, aux accords de l'instrument Genlis. La comtesse s'efforce de se faire pédante pour se donner un air sévère; mais, dans l'intimité qui lui plaît, on a, dit-on, fort bon marché de cette austérité d'apparat, et, depuis que ce dessous de carte est un peu généralement connu, on ne parle guère sans rire des dehors graves de cette comédienne rusée.

Madame de Genlis a composé plusieurs romans, et malheureusement un grand nombre de comédies : son style a de la grâce, de la correction; mais sa pensée est sans élan, sans originalité, et ne s'élève jamais. Ses caractères de femme ont quelque vérité, lorsqu'elle ne les empreint pas de son pédantisme; ceux d'homme naissent de sa plume fades, sans noblesse, sans chaleur, à moins qu'ils ne soient amoureux... l'expérience est là. Dans cette critique qui fait la base de toute littérature utile, madame de Genlis ne loue guère qu'elle; aussi toutes les perfections qu'elle enlève aux autres sont-elles ajoutées à son éloge : il faut se plaire beaucoup à lire les nomenclatures pour la suivre jusqu'au bout dans l'énumération à chaque instant reproduite qu'elle fait de ses belles qualités. S'agit-il de relever les défauts d'autrui, cet écrivain acquiert toute la puissance de l'envie : sa phrase devient alors piquante, amère, chaleureuse même; son imagination se féconde, ses remarques out de la précision, de la vivacité; enfin, si madame de Genlis était plus juste, elle tiendrait incontestablement un rang distingué parmi les critiques de l'époque.

Mais je ne lui conseille pas de juger les pièces de théâtre : tout ce qui tient à l'art dramatique n'est pas de son ressort. Je l'entendais de ma loge, à la Comédie-Italienne, causer d'un petit opéra appelé *la Mélomanie*, qui, depuis cinq à six mois, attire la foule. J'aurais peine à me rappeler toutes les hérésies que la comtesse a débitées sur la musique, début de M. Champein, et sur les paroles, dont un M. Grenier est l'auteur. Prévention à part, cette satire spirituelle et comique de la manie musicale des amateurs étincelle de verve et d'excellente harmonie; *la Mélomanie* amuse, réjouit, fait rire aux dépens d'un ridicule : voilà plus d'éléments qu'il n'en faut pour qu'elle reste au théâtre.

J'avais ri à la représentation de *la Mélomanie*, j'ai pleuré d'attendrissement le lendemain à celle d'*Iphigénie en Aulide* dans la nouvelle salle de l'Opéra; mais la fille d'Agamemnon n'était pour rien dans ce mouvement de sensibilité. M. de la Fayette, revenu momentanément d'Amérique, se cachait au fond d'une loge, quand le public a découvert ce jeune guerrier et a saisi le moment du chœur : *Achille est couronné des mains de la Victoire*, pour applaudir avec transport le compagnon d'armes de Washington. Une actrice, mademoiselle Torlay, encouragée par ces acclamations, a dirigé de son propre mouvement une couronne vers la loge de la Fayette, et le parterre a de nouveau battu des mains. Ce triomphe improvisé a vivement déplu aux talons rouges qui assistaient à la représentation : ces messieurs sont furieux de ce que le défenseur de la liberté américaine vient d'être promu, à vingt-quatre ans, au grade de maréchal de camp sans avoir passé par celui de brigadier. Ils prétendent que M. de la Fayette n'a rien fait d'extraordinaire, que chacun d'eux en aurait fait autant s'ils en avaient eu l'occasion. Que ne la cherchaient-ils? Du reste, M. de la Fayette n'est maréchal de camp que par lettre close du roi et sans aucune fonction : Sa Majesté ayant fait connaître à ce gentilhomme qu'il ne prendrait rang dans les cadres que du jour où il serait appelé au service de France.

M. de la Fayette montre à ses amis un tableau représentant l'intérieur de sa famille, et qu'il doit, à la demande de son ami Washington, remporter en Amérique. La marquise est peinte dans son appartement, entourée de ses trois enfants. Elle tient à la main un uniforme américain, dont le petit *Georges* paraît vouloir se servir pour marcher sur les traces de son père. Il a déjà passé un de ses petits bras dans une manche et s'efforce de passer l'autre. Le père, présent à cette scène attendrissante, témoigne par un geste expressif la satisfaction qu'il en éprouve. Cette composition sage, ingénieuse, pleine de mouvement, fait beaucoup d'honneur à un jeune artiste

dont elle est le coup d'essai, comme une participation majeure à l'affranchissement de l'Amérique est le coup d'essai du principal personnage de ce tableau.

Madame Sophie, fille de Louis XV, est morte à peu près subitement et dans un âge peu avancé, le 1er mars. Elle a été enterrée à Saint-Denis sans aucun cérémonial, conformément au désir qu'elle en avait exprimé. Les spectacles, qui avaient fait relâche le jour de sa mort, ont joué dès le lendemain. Cependant la reine et ses dames s'abstiennent à cause de leur deuil des plaisirs du théâtre, elles s'en dédommagent par des lectures piquantes. Un meuble indispensable de toilette, c'est depuis quelques semaines le roman intitulé *les Liaisons dangereuses*, attribué à M. de Laclos, officier d'artillerie[1]. Cet ouvrage écrit en traits de feu est une école ouverte de scandale, un recueil fécond, où les femmes perdues peuvent encore prendre des leçons de libertinage et de perfidie; tandis que celles arrêtées par la pudeur sur le bord de l'abîme apprendront, à l'aide de ces feuillets corrupteurs, à s'y laisser glisser doucement. Ce livre, véritable œuvre du démon, se fait lire avec plaisir, avec intérêt : c'est le serpent caché sous les fleurs. Il y a, dit-on, des portraits ressemblants dans les *Liaisons dangereuses* : je n'en ai point reconnu; mais je plains les modèles s'ils sont peints avec des couleurs aussi mordantes que celles de l'*Epître à Margot*, espèce de pamphlet composé par le même auteur en 1773, et dirigé contre la comtesse du Barry.

Les anecdotes secrètes de la ville récréent aussi le deuil de la cour de Marie-Antoinette : celle que je vais transcrire lui a été racontée dans l'étroite intimité du petit Trianon. Vendredi dernier, jour terrible pour les fatalistes, on a trouvé l'abbé Pezana, éditeur d'une nouvelle traduction de Métastase, baigné dans son sang. Cet ecclésiastique, dans la plus étrange direction de désespoir, s'était traité lui-même comme Fulbert fit jadis traiter Abeilard. Des survenants arrivés à temps ont arrêté l'hémorragie; on espère que Pezana ne mourra point des suites de cette mutilation. Le patient revenu d'un long évanouissement a raconté volontiers la cause du suicide qu'il avait tenté. Il paraît que la veuve Hérissant, chargée de l'impression du Métastase, se proposait de retenir le prix des exemplaires vendus jusqu'à concurrence du remboursement des fortes avances qu'elle avait faites pour l'éditeur et que cette détermination était la cause de son attentat. « C'est cette Hérissant qui veut tout, dit l'abbé à ceux qui l'avaient secouru, il n'y a qu'à lui porter cela, ajouta-t-il en montrant l'objet sacrifié, c'est ce que j'ai de plus cher... » Il est douteux qu'on ait obéi à cette injonction : l'article n'était plus commercial. A présent que le pauvre ecclésiastique est sauvé, on peut rire de cette aventure.

Mais la reine ne rit point d'une nouvelle chanson critique sur la cour, qui se répand à profusion, et dans laquelle Sa Majesté est fort maltraitée. Ces couplets, profondément malicieux, paraissent faits à l'occasion de la naissance du Dauphin. Après avoir plaisanté Dieu lui-même des grâces réitérées qu'il a faites à Louis XVI en se ravisant, l'auteur anonyme fait M. de Coigny le premier ministre immédiat de ces grâces par réminiscence, et M. le comte d'Artois le second; en accordant toutefois l'adjonction de ce ministère à MM. de Dillon, de Lauzun, de Besenval, etc. Passant ensuite aux autres personnages de la cour, le diffamateur n'épargne absolument que *Madame* et sa sœur la comtesse d'Artois. Du reste, hommes et femmes sont déchirés par la plume corrosive : les ducs d'Orléans et de Chartres, MM. Amelot, de Castries, de Miroménil, de Monteynard, de Puységur; la princesse de Lamballe, la duchesse de Bourbon, mesdames Jules et Diane de Polignac, de Fleury, d'Ossun, de Luxembourg, de Fougières, de Genlis, d'Henin, jouent les principaux rôles dans cette diatribe chantante, selon le vice ou le ridicule de chacun ou de chacune. Tout cela est rimé avec esprit, et décèle une grande habitude d'écrire... Les suppôts de la police sont debout pour découvrir le poëte; en attendant les personnes dénommées se désolent, car on croit aisément au mal, surtout en l'absence du bien.

Heureusement les nouvelles politiques sont venues faire un peu diversion aux couplets scandaleux. Les cours de Versailles et de Madrid ont résolu de réunir tous leurs efforts pour tenter cette année des opérations décisives contre l'Angleterre. Déjà le général Murray a rendu aux Espagnols le fameux fort Saint-Philippe de Minorque, jadis conquis par le maréchal de Richelieu; M. de Crillon, vainqueur sur ce point, à la tête des troupes françaises et castillanes, prend le chemin de Gibraltar, où ce général espère cueillir un laurier mieux défendu, mais aussi plus glorieux. Pendant ces dispositions une escadre française, aux ordres de M. de Kersaint, s'empare des établissements hollandais conquis autrefois par les forces britanniques sur les rivières de Demerari, d'Ossequileo et de Berbiche; tandis que vingt mille hommes de troupes françaises et espagnoles com-

---

[1] M. de Laclos composa les *Liaisons dangereuses* à l'île d'Aix, près Rochefort, où cet officier commandait l'artillerie en qualité de simple capitaine. Les scènes orageuses qu'on remarque dans son livre ont pu lui être inspirées par la nature terrible qu'il avait sous les yeux en le composant : il se plaçait, pour écrire, sous une voûte que le choc de la mer a creusée dans un rocher, et d'où sa vue pouvait contempler les convulsions de la tempête. M. de Laclos est mort général d'artillerie à Tarente, le 5 octobre 1805, à l'âge de soixante-quatre ans.

mandés par M. de Bouillé et don Galvès se disposent à attaquer la Jamaïque, sous la protection de cinquante vaisseaux de ligne et avec l'assistance d'un corps nombreux de nègres descendus des montagnes Bleues. Enfin le marquis de Bussi, favorisé par l'escadre du bailli de Suffren, doit se combiner dans l'Inde avec le sultan Hyder-Ali pour expulser les Anglais de cette péninsule. Ces grands préparatifs joints aux embarras que la république américaine cause au cabinet de Saint-James, rendent sa situation fort critique ; nul doute qu'il ne saisisse la première occasion qui se présentera de conclure la paix : nous verrons si nos gouvernants sauront profiter des chances favorables qu'ils réunissent évidemment. C'est le cas de sortir enfin de la vieille ornière où Louis XV, par une faiblesse décorée du nom de générosité, a traîné servilement sa politique à la suite de celle des souverains qu'il avait soutenus de ses troupes et de ses trésors. Ce que n'aurait pu faire un monarque aussi peu versé dans les affaires que Louis XVI, avec un conseil d'une extrême médiocrité, l'affranchissement de l'Amérique l'a fait ; il ne s'agit plus que de recueillir, dans un traité sans doute prochain, ce que le hasard a conquis pour nous : je suis curieuse de savoir si nos capacités diplomatiques suffiront à cette tâche facile.

On a fait dans les premiers jours d'avril l'ouverture de la nouvelle salle de la Comédie-Française, près du Luxembourg. Tout l'extérieur de l'édifice me semble noble et beau ; c'est un monument de plus. Mais on ne se montre pas aussi content de l'intérieur : le public se plaint de l'incommodité des loges, dans la construction desquelles on a visé aux fortes recettes plutôt qu'à l'aisance des spectateurs. Les dames font à l'architecte un reproche bien autrement grave : elles prétendent que l'éclat du blanc, qui domine dans la décoration de la salle, éclipse celui de leur teint ; elles menacent les comédiens de déserter le spectacle, si le décorateur ne restitue pas au satin de leur visage et de leur gorge l'avantage que l'art doit abandonner à la nature, ou, si l'on veut, l'avantage que la peinture sans vie ne peut disputer à la peinture animée. La mauvaise humeur qui régnait parmi les spectateurs gênés et parmi les spectatrices éclipsées s'est fait ressentir dans le jugement porté sur la pièce de circonstance intitulée l'*Inauguration du Théâtre-Français* : ce petit acte de M. Imbert a été traité avec une rigueur extrême ; les sifflets étaient si nombreux, si bruyants, malgré la présence de la reine et de Madame Elisabeth, que le semainier a fait baisser le rideau avant la fin de l'ouvrage. L'auteur parle d'en appeler

Du parterre en tumulte au parterre attentif.

Il réussira peut-être si les hommes sont mieux assis, et si les femmes paraissent plus jolies.

Deux curiosités qui se montrent ensemble se nuisent mutuellement : le comte et la comtesse du Nord, héritiers présomptifs de la couronne de Russie, sont en concurrence de vogue avec les *Confessions de J.-J. Rousseau*, le couple impérial et le livre posthume ont paru presque en même temps à Paris. Parlons d'abord de nos hôtes illustres ; nous ne tenons pas encore le temps où la philosophie l'emportera sur les grandeurs qui brillent. Le grand-duc peut à coup sûr se flatter d'être un des hommes les plus laids du vaste empire de sa mère : jamais dame nature, en formant un nez d'homme, ne fut aussi parcimonieuse ; et puis allez soutenir après cela que tous les biens abondent chez les princes ! Par excès de compensation, la grande-duchesse est un colosse : cinq pieds quatre pouces, une gorge à servir de place d'armes pour une parade, des bras aux proportions de certaines cuisses, et de la graisse par quintaux ; voilà cette princesse. Ces deux étrangers ont de l'affabilité, de l'esprit, des connaissances variées ; ils sont recherchés partout, et méritent de l'être. C'est tout ce que j'en veux dire : les réceptions à la cour, les fêtes, les promenades dans Paris, enfin tout le détail des galanteries que nous faisons aux illustres voyageurs, je n'en parlerai point ; ce serait une dixième édition avec trop peu de changements.

Les *Confessions* de J.-J. Rousseau sont l'aveu, dépouillé d'artifice, des peccadilles du philosophe dans sa jeunesse : on y trouve l'étincelle de la flamme avec laquelle *Héloïse* est tracée. Madame d'Epinay joue, sous la désignation de *ma tante*, un rôle qui fait présumer entre le Génevois et elle un autre genre de liaison que cette parenté d'emprunt. Les *Confessions* sont écrites avec une grâce, un abandon mêlés d'élégance ; c'est encore un modèle de style.

M. le comte d'Artois est parti depuis un mois pour le siége de Gibraltar, commencé de longue main, mais dont on ne s'est occupé sérieusement que cette année. Le frère du roi, qui entretient une correspondance suivie avec la reine, lui a marqué que son costume leste et sa suite dégagée d'étiquette ont fortement scandalisé la cour de Madrid, qui en est encore au cérémonial inflexible de Louis XIV. Nous avons déjà de charmantes plaisanteries de l'illustre voyageur sur les jolies jambes des dames espagnoles, sur leur petit pied, qui, selon ce prince, n'est point menteur, et sur quelques autres détails à l'occasion desquels on lui a répondu, dit-on, qu'il était trop bien informé. Nous attendons maintenant les bulletins des exploits de Son Altesse Royale, qui, revenue de la guerre, pourra sans doute, en toute

sécurité de conscience, habiter sa *chambre à coucher maritale* du château de Bagatelle.

Mais il serait possible, disent les politiques, que le retour de la paix ne laissât pas à M. le comte d'Artois le temps de devenir un héros. M. de la Fayette, qui, d'après ses engagements avec le congrès américain, devrait être reparti pour le Nouveau-Monde, est encore à Paris. Il confère journellement avec Franklin ; et quand on lui parle du retard apporté à son départ, il répond qu'il en a donné au général Washington des raisons dont il sera content. Le jeune général ne s'entretient qu'avec enthousiasme de la cause américaine : il y fait rapporter toutes ses affections. Une de ses filles a reçu le nom de *Virginie*; il a donné à son fils celui de Georges, parce que Washington le porte, et M. de la Fayette a inspiré un tel respect à cet enfant pour tout ce qui appartient aux Etats-Unis, qu'il voit avec une vénération religieuse les voyageurs américains.

Il y eut dernièrement une petite discussion assez vive entre le roi et la reine à l'occasion d'un *brevet de dame* que Louis XVI refusait obstinément à une demoiselle de seize ans. Une explication est nécessaire à cet égard. Sur la fin du règne de Louis XV, les imaginations libertines, en grand crédit auprès de ce vieux monarque, cherchaient toutes les tournures possibles pour favoriser la licence des mœurs, qui plaisait à Sa Majesté. Sous l'influence de ces idées, quelqu'un proposa, comme un moyen excellent de recruter les phalanges du plaisir, d'établir des brevets de dame en faveur des demoiselles qui voudraient être présentées. Le roi trouva l'innovation charmante, et bientôt elle porta ses fruits. Les jeunes personnes, jouissant à la cour de tous les priviléges et honneurs jusqu'alors réservés aux femmes mariées, s'affranchirent assez promptement de la simplicité, de la modestie et de la retenue attachées à l'état virginal; plusieurs se livrèrent impunément à des intrigues scandaleuses ; quelques-unes même, vu leur titre de dame, accouchèrent sans beaucoup de mystère. Les brevets dont il s'agit se sont prodigieusement multipliés sous Louis XVI, ou plutôt sous Marie-Antoinette, et les grossesses des dames sans mari attitré se sont accrues à proportion. Ce désordre a fait enfin ouvrir les yeux à un monarque ami des mœurs : il ne signe plus qu'avec une extrême difficulté ces patentes de libertinage, et c'est à l'occasion d'une demande de cette nature, faite sans succès, qu'il s'est élevé un petit nuage dans le ménage royal.

Il n'est bruit dans la capitale que d'un jeune Bordelais nommé Garat, neveu du Garat homme de lettres. Ce garçon est doué d'une voix réellement enchanteresse, malheureusement il ne connaît pas une note de musique ; mais le goût lui tient lieu d'art, et rien n'est plus agréable que son chant. Indépendamment de ce talent, Garat a celui de contrefaire toutes les voix des acteurs et actrices, tous les instruments d'un orchestre ; en sorte que, sa mémoire aidant, il exécute un opéra tout entier. Les premiers compositeurs de l'époque, MM. Gluck, Piccini, Sacchini, Philidor, Grétry, ne peuvent se taire sur ce phénomène. La rareté de cette faculté harmonique ouvre toutes les portes au virtuose naturel, les grandes dames, les actrices, les filles se l'arrachent ; et comme sa figure est agréable, ces beautés de divers étages sont bien aises de savoir si c'est un prodige en tout genre. Madame Dugazon, actrice fort tendre de la Comédie-Italienne, captive pour le moment notre Bordelais ; elle prétend qu'elle lui aura bientôt appris la musique. En attendant, le pauvre garçon *maigrit* à vue d'œil, tant son ardente maîtresse lui fait compter de *soupirs* et lui fait mépriser les *pauses*. La reine, qui est informée de ce système d'éducation, a voulu entendre Garat avant qu'il ait perdu cette fraîcheur de timbre, cette pureté de sons que son institutrice ne tardera pas de sacrifier à sa méthode. L'aimable chanteur fut conduit hier à Trianon dans une voiture de la cour ; Sa Majesté lui a fait beaucoup de compliments, et souvent on lui a entendu répéter dans la soirée : C'est dommage, c'est vraiment dommage [1] !

Autrefois il n'y avait que les commerçants qui faisaient banqueroute ; aujourd'hui les princes s'en mêlent, et l'initiative était bien due à la maison de Rohan. Depuis longtemps on parlait à Paris de la culbute financière du prince de Guéménée, grand chambellan, dont la femme est gouvernante des enfants de France. Mais ce seigneur faisant, comme on dit, de la terre le fossé, en contractant de nouveaux emprunts pour couvrir les anciens ou en payer les arrérages, on avait fini par traiter de calomnie le bruit de sa faillite. Cependant les prêteurs lui ayant manqué tout à coup cette année, il a fallu qu'il montrât sa situation à nu, et le fond du sac est un déficit de vingt-cinq à trente millions. Tandis que ce magnifique banqueroutier fait en Italie un voyage d'agrément, on profite de son absence pour annoncer cette désagréable nouvelle à ses créanciers. Ils sont au nombre d'environ trois mille, qu'on pourrait embrigader par quartier et par rue. C'est une désolation dans Paris ; cette phalange malheureuse se composant en général d'artisans, de perruquiers, de domestiques qui avaient placé leur petit pécule chez M. de Guéménée pour en avoir un plus gros intérêt. On croit cependant que, la cour aidant, le

<hr>

[1] Les prévisions qu'on avait alors sur la perte de la voix du chanteur Garat ne se sont pas réalisées ; il conservait encore sous l'empire un organe très-frais, et chantait alors avec un goût exquis.

prince ne fera perdre que les deux tiers de ce qu'il doit. Quelqu'un parlant l'autre jour de cet événement chez la vieille maréchale de Luxembourg, dit : « Il n'y a qu'un roi ou un Rohan qui puisse faire » une banqueroute pareille. — Espérons, répondit la maréchale, que » ce sera le dernier acte de souveraineté de cette maison. »

M. le duc de Chartres voyage aussi en Italie, mais non pas pour la cause qui vient d'y conduire le prince de Guéménée. Malgré l'absence de Son Altesse Sérénissime, les plaisanteries du public sur l'élévation des galeries du Palais-Royal ne discontinuent pas, et l'on assure gravement aujourd'hui que le prince est allé se faire recevoir de l'*Académie des Arcades de Rome*.

Quelque chose de moins plaisant, c'est la défaite que M. de Grasse vient d'éprouver dans les mers de l'Amérique. Cet amiral prétend se disculper des fautes qu'on lui impute par un mémoire qui vient de paraître. D'après les faits exposés, des officiers généraux de la marine décident en effet que cet amiral n'a rien à se reprocher ; mais ni la cour ni le public ne sont convaincus.

Il paraît un autre mémoire de M. d'Arçon, inventeur des *batteries flottantes*, sur les causes auxquelles on doit attribuer le mauvais succès du siége de Gibraltar, qui n'a été qu'un feu de paille. M. le comte d'Artois, voyant les opérations retomber dans leur stagnation primitive, a quitté les troupes assiégeantes.

« Savez-vous, madame, disait-il à la reine depuis son retour, quelle » batterie a fait le plus de mal pendant le bombardement de Gibraltar ? » — Non, monsieur. — Eh bien ! c'est ma batterie de cuisine. Ces bons » officiers espagnols, peu habitués à la bonne chère, s'en donnaient » à cœur joie à ma table, et se rendaient malades. En sorte qu'à dé- » faut de blessures dans cette campagne, ils pourront au moins » compter des indigestions sur leurs états de service. »

Tout le monde a rencontré dans les rues de Paris un petit homme à face cuivrée, et qui cependant porte l'habit noir à brandebourgs, le chapeau sous le bras, l'épée au côté, les talons rouges. Quand il arrive de se trouver dans la foule auprès de ce personnage, on est loin de penser que l'on coudoie un souverain, une Majesté tout aussi légitime que celle assise sur le trône de Versailles : telle est pourtant la vérité. Il faut expliquer ce phénomène de vicissitudes. L'individu que je viens de dépeindre se nomme *Balthazar-Pascal-Celse*, naguère héritier présomptif des royaumes de *Timor* et de *Solor*, dans les Moluques, et maintenant roi de ces contrées, quoique logé provisoirement rue Croix-des-Petits-Champs, au troisième au-dessus de l'entre-sol.

Le père de cette puissance tombée avait accueilli dans ses Etats des moines dominicains ; ils y prêchèrent le christianisme : c'était leur mission évangélique. Bientôt ils s'emparèrent de l'esprit du roi, afin de régner en son nom ; et cette circonstance me fait déjà soupçonner que les révérends pères étaient jésuites. On pourrait encore tirer cette déduction du nom d'*Ignace*, que portait un religieux choisi par le monarque indien pour faire l'éducation de son fils. Quoi qu'il en soit, le rusé porte-froc, sous prétexte de faire administrer à son illustre élève le sacrement de l'eucharistie avec une solennité digne de lui, obtint du roi de passer avec le prince à Macao, résidence d'un évêque. Le père consent, donne à l'héritier de sa couronne une suite nombreuse d'esclaves, des habits magnifiques et beaucoup de richesses. Le perfide dominicain conduit bien d'abord Balthazar-Pascal-Celse à Macao, mais il le mène ensuite à Canton ; et là, sous l'apparence d'un voyage d'agrément, il fait embarquer l'Altesse Timorienne sur un vaisseau français, après lui avoir fait prendre des habits fort simples. Cette disposition étonna Balthazar, tout jeune qu'il était ; mais Ignace eut bon marché de son inexpérience. « Prince, » lui dit-il, le voyage que nous allons entreprendre ne peut manquer » de vous être agréable, mais les Français sont des monstres qui ne » parcourent les mers que pour détruire les rois et se nourrir de leur » chair : il est bon de se tenir en garde contre leur férocité en » cachant votre rang à ces barbares. »

Le jeune homme aurait pu demander à son gouverneur par quelle raison il lui donnait de tels compagnons de voyage, mais l'idée ne lui en vint point ; on partit. Après une heureuse traversée, le bâtiment arrive en rade de Lorient. Le moine débarque seul, muni des richesses du prince, et le laisse sur le navire, où l'affreuse vérité ne tarde pas à lui être connue. Un médecin nommé Chevalier apprit à ces matelots l'histoire de l'infortuné prince, qui la leur avait enfin racontée au risque d'être dévoré tout vif.

Le docteur conduisit l'Altesse Indienne à Paris, convaincu qu'elle y recevrait l'assistance de la cour ; attendu que tous les souverains de la terre sont frères, comme chacun sait, et qu'ils se doivent un mutuel secours., Il est possible que le sieur Chevalier ait eu raison de penser ainsi ; mais il y a bientôt quatorze ans que le prince de Timor, devenu roi par la mort de son père, sollicite du gouvernement les moyens de retourner dans sa patrie : la première requête présentée au roi à cet effet date de l'année 1768... Les secours fraternels des souverains sont un peu lents. Ce n'est pourtant pas faute d'avoir multiplié les placets que Balthazar-Pascal-Celse se trouve si peu avancé ; on ne le rencontre jamais sans voir un rouleau de papier à moitié sorti de sa poche : c'est ordinairement une supplique nouvelle qu'il court ensevelir dans le Léthé des bureaux.

Il est vrai que les puissances de la cour reprochent peut-être avec raison au roi de Timor quelques habitudes qui dérogent un peu trop à la grandeur souveraine : par exemple, à les entendre, Sa Majesté ne se ferait pas scrupule de trinquer avec un garçon de bureau en le régalant d'un *canon* sur le coin du comptoir. Mais Pierre le Grand se fit charpentier, et son empire était plus important que toutes les Moluques ensemble.

On assure pourtant que Balthazar-Pascal-Celse vient d'obtenir du roi une pension de dix mille livres qui le mettra à même de payer régulièrement son boulanger en attendant qu'on lui donne une armée pour reconquérir ses Etats usurpés.

Pendant que le roi de Timor satisfait quelques créanciers, les comédiens français parlent de plaider contre le curé de Saint-Sulpice ; mais je doute que ce procès fasse jamais autant de bruit que l'objet qui le cause. Depuis que le pasteur susdit voyait deux tours élégantes s'élever au-dessus de son église, il était jaloux d'y placer une sonnerie digne d'une si belle demeure ; en conséquence il a fait baptiser des cloches énormes dont l'étrenne a été donnée au quartier la veille des Rois de la présente année 1783. Le branle débutant de ces géants de bronze a produit une commotion si violente, que les maisons du voisinage en ont tremblé jusque dans leurs fondements et que les acteurs de la Comédie-Française étant en scène se sont vus obligés de rester court. Le lendemain, le surlendemain, même vacarme : cette haute musique amusait le curé, et les saints à chômer ne manquent jamais dans une légende restée dans la proportion de moitié au moins à la porte du calendrier. Les comédiens, ne pouvant s'arranger d'un tel accompagnement, ont présenté requête au conseil « pour qu'il plaise à nosseigneurs défendre aux marguilliers de Saint- » Sulpice de sonner les grosses cloches durant les heures du spectacle. »

On croit qu'il n'y aura point d'arrêt, mais seulement une invitation verbale au curé de s'arranger de façon à ne pas troubler les comédiens, qui n'apportent aucun obstacle à ses offices du soir. Il faut que les professions obtiennent une protection égale, sous la chasuble comme sous l'habit de Scapin. Voilà donc une décision qui va mettre un terme aux plaisanteries que nos élégants, plus rieurs que dévots, se permettaient sur la perspective d'un procès entre Saint-Sulpice et la Comédie. Mais il y a plus que compensation dans la matière plaisante que M. de la Reynière, fils d'un ancien fermier général, fournit à l'hilarité des salons.

Ce M. de la Reynière, unique héritier de son père, sera puissamment riche à sa mort, mais il est aussi disgracié de la nature qu'il paraît devoir être favorisé de la fortune. Cette mère bizarre ne lui a donné pour mains que des moignons ; le surplus de sa personne, sans être contrefait, n'est pas très-heureusement conformé. Désespérant de réussir dans un monde où l'on s'éprend surtout des dehors, la Reynière s'en tient habituellement éloigné : il est un peu sauvage ; ce dont il profite, dit-on, pour se donner la réputation de philosophe. Au surplus, ce jeune homme, qui remplit avec distinction la noble profession d'avocat, a de l'esprit, de l'instruction, l'amour des lettres. Au palais sa renommée est bonne : défenseur du pauvre, il plaide sans honoraires. C'est enfin un homme éclairé, bienveillant et généreux ; mais il a ses moments de bizarrerie : on va en juger.

Dans les derniers jours de janvier, M. de la Reynière invita plusieurs magistrats, avocats et gens de lettres à une fête fixée au 1er février ; les billets d'invitation étaient ainsi conçus : « Vous êtes prié » d'assister aux convoi et enterrement d'un *gueuleton* qui sera donné » le samedi premier février par messire Balthasard Grimod de la » Reynière, écuyer, avocat au parlement, correspondant pour la par- » tie dramatique du journal de Neufchâtel, en sa maison des Champs- » Elysées. L'on se rassemblera à neuf heures du soir et le souper » aura lieu à dix.

» Le cochon et l'huile ne manqueront point au repas. »

Ce singulier billet, modelé sur ceux d'enterrement, offrait pour attributs allégoriques, au lieu d'une tête de mort et de tibias en sautoir, une gueule béante sous laquelle un couteau et une fourchette se croisaient.

Au jour dit les invités trouvèrent d'abord à la porte des appartements un Suisse qui demandait si le convive allait chez M. de la Reynière l'*oppresseur du peuple* ou chez M. de la Reynière le *défenseur du peuple*, demande qui prouvait que dans le bagage de vertus de l'amphitryon ou ne devait pas compter au premier rang le respect filial. Mais on est tellement d'accord sur la réputation de MM. les fermiers généraux, que personne ne manquait de répondre : « Je vais » chez le défenseur du peuple. » L'Helvétien faisait alors une première corne au billet et l'on passait dans une espèce de corps de garde où se trouvaient des soldats armés et vêtus en hérauts d'armes et qui introduisaient dans une pièce que gardait un *tuileur*, une sorte de *frère terrible*, le casque en tête, la visière baissée, la dague au côté. Il faisait une seconde corne au billet, puis vous ouvrait la porte d'une salle où se présentait un homme en robe, en bonnet carré, qui interrogeait le *néophyte* sur ses intentions, son nom, sa demeure, ses qualités, et dressait procès-verbal du tout. Enfin on voyait s'ouvrir la salle d'assemblée, dans laquelle deux enfants de chœur venaient tout d'abord, munis d'encensoir, parfumer le nez du dernier convive introduit.

Les convives étant réunis au nombre de vingt-deux, on est passé dans une pièce noire, mais où s'est levé rapidement un rideau de théâtre qui a laissé voir la salle du festin éclairée par trois cents bougies. Au milieu de la table s'élevait, pour surtout, un grand catafalque, dont le lugubre aspect n'a nullement empêché la compagnie de faire honneur à un souper de neuf services. Un de ces services était entièrement composé de cochon. « Comment avez-vous trouvé cette *cochonnaille?* » a demandé M. de la Reynière; tous les convives ont répondu Excellente. « Eh bien! a repris l'avocat, elle » est de la façon d'un charcutier proche parent de mon père. » À un autre service, où tout était accommodé à l'huile, l'amphitryon a demandé si l'on était content du goût de cette liqueur; sur une réponse également affirmative, il a ajouté : « Vous en trouverez de pareille » chez un épicier qui est cousin issu de germain de mon père; je » vous donnerai son adresse, ainsi que celle de l'homme à la cochon-» naille : il faut être utile à sa famille. »

— Non, non, monseigneur, a repris mademoiselle Contat en repoussant le frère du roi.

M. de la Reynière a donné cette étrange solennité comme un service funèbre en l'honneur de mademoiselle Quinault, actrice célèbre qui vient de mourir; heureusement pour la réputation de cet avocat nous sommes en carnaval, et les farces funéraires ne sont pas hors du programme de la folie : témoin l'enterrement du mardi gras. Cependant on s'accorde à dire que quelques grains d'ellébore conviendraient bien à M. de la Reynière fils [1].

La France, l'Espagne et l'Amérique, auxquelles venait de se réunir la Hollande, étaient en mesure au commencement de cette année de faire une guerre redoutable à l'Angleterre, malgré les échecs de l'année dernière en Amérique et devant Gibraltar. La Grande-Bretagne possède sans doute un grand nombre de vaisseaux, mais la pénurie de matelots neutralise une partie de cette marine de bois; et les forces navales réunies de la France et de l'Espagne sont en ce moment supérieures à celles des Anglais de quarante-six vaisseaux de haut bord. Dans les premiers jours de janvier, un secours de trois mille hommes était en route pour se rendre dans l'Inde; un autre renfort de sept mille cinq cents hommes voguait vers le continent américain, où l'armée anglaise allait être incontestablement écrasée; enfin le comte d'Estaing, le vainqueur de la Grenade, venait d'être déclaré généralissime des forces maritimes de la France et de l'Espagne.

Dans cette situation, le cabinet de Saint-James, qui sait toujours faire la guerre ou traiter à propos, s'est hâté de signer des prélimi-

naires de paix avec Versailles et Madrid, le 20 janvier, après en avoir signé de préalables avec les États-Unis d'Amérique reconnus comme État à jamais séparé de l'Angleterre. Des vaisseaux légers sont expédiés dans l'Inde pour y arrêter les hostilités. Je reparlerai du traité quand il sera définitif : la rédaction en sera dirigée par M. de Vergennes, diplomate assez éclairé, que le roi vient de placer à la tête du conseil. Ce nouveau ministre paraît avoir déterminé la démission de M. Joly de Fleury; il a été remplacé au contrôle par M. d'Ormesson. On rapporte que ce dernier ayant objecté modestement au roi sa jeunesse, Sa Majesté lui a répondu en riant : « Mais » c'est me faire indirectement un mauvais compliment, car je suis » plus jeune que vous... » Comparaison n'est pas raison : on a vu des États fort sagement conduits sous le règne de souverains âgés de quinze ans; mais le simple bon sens suffit pour *parer* une monarchie, et ne suffit pas pour la gouverner.

On ouvrit hier la nouvelle salle de la Comédie-Italienne, près de la rue de Richelieu et du boulevard. Grand a été le débat entre l'architecte et les comédiens, relativement à la façade de ce spectacle : le premier voulait, avec raison, qu'elle regardât la promenade, dont elle eût fait l'ornement; les derniers, par un sentiment d'orgueil fort tenace, ont déclaré qu'ils ne voulaient avoir rien de commun avec ces *histrions* dont les théâtres ouvrent sur le boulevard. L'entêtement de ces messieurs, qui paraissent avoir oublié qu'une partie de leur troupe vient du préau de la foire, a triomphé de la résistance de l'artiste et du propriétaire : la nouvelle comédie a son péristyle du côté des rues, sur une place grande comme la cour d'un hôtel. Cette disposition a donné lieu à ce quatrain malicieux :

Qu'aperçois-je! quel est ce nouveau monument?
J'approche et lis, inscrit en très-gros caractère :
Théâtre-Italien... Italien vraiment :
Aux passants indignes il montre le derrière.

Madame de Genlis.

Ce défaut choquant n'est pas le seul qu'on remarque dans le nouvel édifice : la salle, d'une forme allongée, est disgracieuse à l'œil; on la trouve d'ailleurs peu commode et mesquinement décorée. Le rideau de la scène mérite seul peut-être des éloges : c'est un tableau allégorique composé avec beaucoup de talent et représentant à l'entrée d'un temple antique toute la troupe en costumes de caractère. Aux deux côtés sont attachés les médaillons des principaux auteurs et compositeurs qui ont travaillé ou travaillent encore pour le Théâtre-Italien. Sur une bande qui traverse les airs soutenue par des amours on lit la devise que donna jadis le chanoine Santeuil à l'arlequin Dominique : *Castigat ridendo mores.*

J'ai parlé de madame d'Épinay à l'occasion des Confessions de Jean-Jacques Rousseau, qui lui avaient donné une sorte de célébrité. Cette dame est morte au commencement d'avril. Elle ne fut jamais jolie; on peut même dire qu'elle était fort complétement le con-

<hr>

[1] Malgré cette originalité bizarre, M. Grimod de la Reynière a pris rang plus tard parmi les hommes de lettres distingués. Sa critique dramatique avait de la justesse, du trait; mais il excellait surtout dans la *littérature culinaire* : sa phrase épicurienne était tracée avec la verve de l'estomac, qui en vaut bien une autre... On n'a point oublié le spirituel *Journal des Gourmands.*

traire, et l'on assure que c'était pour cette raison que l'auteur d'*Emile*, original en tout, avait pris de l'amour pour elle. Quoi qu'il en soit, madame d'Epinay logeait le philosophe dans son château, où il occupait un pavillon bâti au fond du jardin. Ce petit corps de logis était pour Rousseau tout seul, et la maîtresse de la maison l'appelait *l'antre de mon ours.* Toutefois l'ours s'apprivoisait de temps en temps : son hôtesse retrouvait alors le peintre brûlant d'*Héloïse*... Mais un jour les amants se brouillèrent ; l'homme bizarre s'éloigna de la maison de sa bienfaitrice, et affecta de lui renvoyer quelques meubles qu'elle lui avait prêtés. Par une affectation plus antiphilosophique encore, Rousseau avait placé derrière la charrette le portrait de la dame le visage tourné du côté des passants... Ce trait est vil.

Madame d'Epinay, trahie par les amours, se réfugia dans le sein du bel esprit : elle a été couronnée tout récemment à l'Académie française pour un ouvrage intitulé *Conversations d'Emile;* composition qui peut être fort académique, mais que le public a trouvée très-ennuyeuse.

Depuis cinq à six mois la reine s'occupe de l'éducation de *Madame première*, âgée de quatre ans et demi. Tous les matins à dix heures une sous-gouvernante amène cette jeune princesse dans la chambre de sa mère, où elle reçoit des leçons de ses maîtres jusqu'à midi. Sa Majesté, très-sévère avec Son Altesse Royale, ne lui passe aucun caprice : on en cite cette preuve récente. Un matin de ce printemps *Madame*, peu désireuse de lire, prétendit qu'elle avait mal à la tête, et qu'il fallait renvoyer le précepteur. « Eh » bien, ma fille, répondit » la reine, on va vous met- » tre au lit, et vous ne dî- » nerez pas. » Quelques heures après l'appétit de la princesse était impérieux : elle demanda à manger, on lui allégua son mal de tête et la défense de Sa Majesté. Bientôt le besoin devint insupportable; il fallut capituler. Son Altesse avoua sa petite supercherie ; la reine pardonna, mais elle exigea qu'avant tout Son Altesse Royale prît sa leçon.

L'honorable Franklin est le premier savant qui ait osé, au moins parmi nous, provoquer la foudre céleste, et la forcer à tomber sur un point déterminé. Les *paratonnerres*, qu'il importa en France, résolvent cette grande question de physique. Ce sont des pointes conductrices du fluide électrique placées sur les édifices, et qui, après avoir attiré ce fluide, le conduisent par un fil métallique dans un puits creusé au pied du bâtiment. Mais il en est de cette découverte comme de l'inoculation : les esprits étroits ne concevaient pas que pour se soustraire aux effets de la petite vérole on se la donnât ; ils ne conçoivent pas davantage que dans le but d'échapper aux atteintes de la foudre on l'attire sur sa maison. Un procès qui a fait du bruit a été déterminé dernièrement par la pose d'un *paratonnerre*. Un M. Vezery de Boisvalé, propriétaire à Saint-Omer, adopte cette ingénieuse machine ; un voisin s'en alarme, et le supplie pour la sûreté du quartier de renoncer à cette dangereuse innovation. Vezery veut faire comprendre à l'opposant l'erreur dans laquelle il est tombé ; perte absolue d'éloquence et de démonstrations physiques : le voisin se retire furieux, et court faire minuter une assignation. Des échevins flamands ne sont pas des savants : ceux de Saint-Omer ordonnent l'enlèvement du paratonnerre. Vezery obéit, mais il en appelle au conseil supérieur d'Arras.

Ce procès, qui intéresse tout à la fois la science et le droit public, a été jugé le 26 juin dans un sens honorable pour cette cour. Le jugement des échevins demeure infirmé, et le sieur de Boisvalé est autorisé à replacer son paratonnerre.

La question a été discutée d'une manière lumineuse par un jeune avocat nommé *Roberspierre* [1], qui, durant trois audiences solennelles, a plaidé avec une éloquence, une sagacité et un déploiement de connaissances techniques au-dessus de tout éloge. Ce jeune légiste ira loin si les circonstances le tirent de sa province.

M. de la Harpe n'a pas aussi complétement gagné sa cause devant le public à la première représentation de *Philoctète*. Cette tragédie à trois acteurs n'est qu'une *héroïde* versifiée avec éclat, mais qui manque de chaleur et d'action, et l'on ne s'intéresse point au théâtre à de stériles déclamations.

Je n'ai voulu parler d'une grande découverte qui depuis deux mois est le sujet de tous les entretiens qu'après des expériences propres à confirmer son entier succès; il me semble incontestable aujourd'hui.

La terre fut pendant une longue suite de siècles le seul élément docile à l'intelligence de l'homme; les ondes n'offraient à ses yeux que des gouffres toujours prêts à s'ouvrir pour lui servir de tombe, et le ciel ne lui semblait accessible qu'à la prière. Les Phéniciens ouvrirent à l'intelligence humaine une route sur les mers profondes. Aux Français appartiendra la gloire de s'être les premiers élevés dans les plaines de l'air. M. de Montgolfier, savant versé dans les sciences physiques, frappé un jour de la puissance d'ascension que la fumée exerçait sur un corps d'un poids relatif assez important, réfléchit à la légèreté de ce gaz, et en vint insensiblement à penser que si l'on parvenait à le comprimer, sa force, comme moteur ascendant, deviendrait beaucoup plus intense. La forme sphérique du récipient parut la plus convenable à M. de Montgolfier pour tenter une expérience : il construisit donc un globe creux au moyen de cerceaux légers, qu'il recouvrit de taffetas ; ménageant à la partie inférieure une petite soupape destinée à introduire la fumée. Cette machine étant disposée, l'auteur la suspendit; et brûlant au-dessous des matières très-combustibles, il la vit se gonfler peu à peu. Bientôt son globe, plus léger que le volume d'air qu'il occupait, cessa de peser sur la corde qui le tenait suspendu; la question était déjà résolue pour le physicien attentif.

Sire, dit avec calme le cardinal sans répondre à Marie-Antoinette, je vous proteste de mon innocence.

Il acheva d'emplir le ballon; puis, fermant l'ouverture par laquelle le corps gazeux y était entré, il coupa le lien suspensif, et la machine s'éleva soudain à une assez grande hauteur. Cette curieuse expérience ayant été faite à Annonay en Vivarais, les états de cette province en ont dressé un procès-verbal, qu'ils ont envoyé à l'Académie des sciences au commencement du mois d'août.

Cependant M. de Montgolfier, qui sait que l'envie s'attache à toute innovation, était venu lui-même à Paris pour soutenir sa découverte en présence du corps illustre. A son arrivée, *MM. Charles* et *Robert*, constructeurs d'un ballon auquel ils avaient donné le nom de *machine aérostatique*, se disposaient à l'enlever publiquement en présence d'une affluence prodigieuse : les princes, les ministres, les grands seigneurs, les savants, les artistes, le peuple et les femmes de toutes les classes remplissaient le jardin des Tuileries, où l'ascension devait avoir lieu. Le gouverneur de l'Ecole militaire y avait fait conduire ses élèves dans tout l'appareil d'une grande cérémonie.

M. de Montgolfier se flattait sincèrement d'avoir mérité une place particulière dans l'enceinte où MM. Charles et Robert gonflaient leur aérostat; il se présenta pour la réclamer. Qui pourra croire que cet

[1] Il est presque inutile de dire que ce *Roberspierre* est le même qui depuis acquit une si terrible célébrité.

inventeur éprouva un refus, motivé sur la crainte insolente d'une malveillance jalouse ! Le savant indigné se retira ; et la machine s'étant enlevée à la grande satisfaction du public, il fut témoin d'une gloire dont il avait fait à peu près tous les frais.

Peu de temps après, M. de Montgolfier, aidé de son frère, fit une nouvelle expérience dans la première cour du château de Versailles avec un choix de matières combustibles, qui, selon ses présomptions, devaient produire un gaz plus léger que celui employé précédemment. Ces messieurs avaient fait ramasser tous les vieux cuirs, toutes les savates qu'on avait pu trouver ; ils les ont jetés dans un feu de paille mouillée ; on assure même que ces savants y ont ajouté des charognes ; enfin le tout produisait en brûlant une odeur si infecte, que le roi et la reine, qui avaient voulu voir de près les préparatifs, n'ont pu y résister et se sont éloignés en toute hâte. Cette fois on attacha au-dessous de la *montgolfière* un panier d'osier dans lequel on mit un mouton, un canard et un coq. L'appareil s'éleva avec moins de vitesse que la machine de MM. Charles et Robert, mais à une plus grande hauteur, qu'on estima à plus de deux cents toises. Il déclina ensuite sensiblement, et finit par tomber dans le bois de *Vaucresson*, distant d'une demi-lieue du point de départ. Le coq, ayant été séparé du globe dans la chute, s'était brisé la tête en tombant ; le canard ne paraissait pas avoir souffert, et le mouton mangeait aussi paisiblement que s'il se fût trouvé dans son étable.

Voici venir maintenant un voyageur aérien appartenant à l'humanité. Celui-là est le premier être raisonnable qui ait senti battre son cœur dans les régions de l'air. Cet homme audacieux est M. Pilatre de Rozier. Il monta, le 21 octobre, à quatre heures du soir, dans la *montgolfière* perfectionnée, et partit de la maison de M. Réveillon, faubourg Saint-Antoine. Il s'était muni d'une provision de paille, d'eau, d'éponges et d'autres ustensiles nécessaires pour alimenter son feu, qui était suspendu à côté de lui sur un grillage de fer. La machine s'est élevée à trois cents pieds environ ; arrivée à cette élévation, elle a plané noblement l'espace d'un quart d'heure. Elle s'est abaissée ensuite à la hauteur des arbres du boulevard, et a fini par s'y accrocher. Dans cette situation, on a jeté à M. Pilatre de Rozier force paille pour entretenir le gaz ; mais, désespérant de le voir repartir, on lui a tendu des échelles, à l'aide desquelles il est descendu. La machine, allégée de son poids, s'est dégagée d'elle-même, et a repris son essor.

Au moment où j'écris, on n'entend parler que de ballons ; les journaux sont remplis d'articles sur cette découverte ; elle inspire les poëtes de tous les étages ; on ne chante plus que cela : c'est une fureur, c'est un délire que le goût des machines aérostatiques. J'y reviendrai peut-être, mais je les abandonne pour l'instant.

Une réparation qu'attendaient tous les honnêtes gens vient d'être proclamée par le parlement de Paris : la mémoire de l'infortuné comte de Lally est réhabilitée. L'arrêt du 23 août est pour *messieurs* un grand acte d'expiation ; puisse-t-il leur profiter ! Le comte de Tolendal, fils de cette victime de la prévention et de la haine, a plaidé lui-même la cause de sa famille, ne pouvant plus, hélas ! défendre la vie de son père. Son plaidoyer écrit restera comme un modèle de l'éloquence la plus noble, la plus ardente, la plus persuasive : le cœur d'un fils pouvait seul produire un tel chef-d'œuvre.

Je viens de rapporter un triomphe de la justice sur l'iniquité, j'en vais signaler un de la philosophie sur le fanatisme. M. d'Alembert mourut le 29 octobre, à sept heures du matin ; il était âgé de soixante-six ans. Ce secrétaire perpétuel de l'Académie française conserva sa *tête* jusqu'au dernier moment. La veille de sa mort, les personnes qui se trouvaient auprès de lui gardant un profond silence, il s'en plaignait : « Eh bien, puisque vous ne voulez pas parler, leur dit-il, lisez-moi quelque chose du *Mercure*. » Et il devina la charade et le logogriphe. Cette circonstance a, par parenthèse, donné lieu à un élan de fatuité du sieur Panckoucke, qui s'est prévalu hautement de ce que son journal est le dernier ouvrage qui ait fixé l'attention du philosophe. D'Alembert n'a voulu entendre parler d'aucune des assistances de l'Eglise, il est mort dans une impénitence complète ; aussi le clergé se proposait-il de faire jeter son cadavre à la voirie. Mais les *ministres de la miséricorde divine* ont été privés de cette douce satisfaction : un ordre du roi, venu subitement de Fontainebleau, a prescrit à M. de Juigné, archevêque de Paris, de faire enterrer le secrétaire perpétuel de l'Académie française... Les prêtres ont dit forcément les prières accoutumées : on peut affirmer qu'*in petto* ils ont recommandé l'encyclopédiste au diable.

D'Alembert était des Académies des sciences de Paris, de Berlin, de Pétersbourg, de la Société royale de Londres, de l'Institut de Bologne, de l'Académie royale des belles-lettres de Suède, des Sociétés royales des sciences de Turin et de Norvége. Mais, de tous ces titres honorifiques, celui qui le flattait le plus, était sa qualité de secrétaire perpétuel de l'Académie française : sur la fin de sa vie, il n'a point voulu l'abdiquer, malgré les infirmités qui lui en rendaient l'exercice aussi difficile que fatigant.

L'origine de la grande réputation de ce philosophe, et le point de départ de sa fortune littéraire, fut la dédicace qu'il fit à Frédéric II de son *Mémoire sur la cause générale des vents* ; ce n'est pourtant pas son meilleur ouvrage. Les sciences physiques et mathématiques lui doivent entre autres compositions d'un mérite supérieur un *Traité de l'équilibre et du mouvement des fluides*, un *Traité de dynamique*, des *Recherches sur la précession des équinoxes*, l'*Essai d'une théorie nouvelle sur la résistance des fluides*, et des *Recherches sur divers points importants du système du monde*. Dans les lettres, les *Mélanges de littérature, d'histoire et de philosophie* sont un ouvrage fort remarquable ; mais le plus beau titre de gloire de d'Alembert comme écrivain, c'est l'introduction de l'*Encyclopédie* : lui seul peut-être pouvait écrire ce morceau, pour la composition duquel il fallait être tout à la fois savant, littérateur, artiste ; et cet homme célèbre était tout cela. D'Alembert a fait M. de Condorcet son légataire universel : c'est un digne héritier, un philosophe sans charlatanisme, qui, à l'exemple de feu son ami, professe les vertus antiques pour ce qu'elles valent et non pour ce qu'elles paraissent.

Il faut convenir que Louis XVI fait une grande consommation de ministres ; tant mieux si ces fréquentes vicissitudes du conseil doivent enfin y amener des hommes sages et les y amener en majorité. Car tant que les ambitieux, les intrigants, les âmes vénales domineront autour du monarque, la franche loyauté ne pourra s'y tenir : témoin Malesherbes, Turgot, Necker. Le jeune d'Ormesson est un nouvel exemple de cette incompatibilité ; son âge avait fait espérer aux sangsues avides qu'il tournerait avec légèreté les clefs du trésor, la reine attendait de lui des subsides secrets pour le *petit Vienne* peut-être pour le grand, et le comte d'Artois fondait un peu l'espoir de combler son énorme déficit sur la complaisance du contrôleur général. Cette attente a été trompée ; d'Ormesson est demeuré intègre. Il tombe avec honneur, et est remplacé par M. de Calonne, homme brillant, beau parleur, avide de magnificence. Ce nouveau ministre, créature de Marie-Antoinette, était peu celle du roi ; mais Sa Majesté, qui s'oppose d'abord avec nerf, avec dureté, ne sait point persister dans ses refus quand c'est la reine qui insiste : Calonne a été nommé.

M. Amelot quitte, par un singulier motif, le portefeuille de la maison du roi. Ce ministère est celui des grâces, et partout où elles s'accordent on voit affluer les belles, parce qu'elles savent qu'en les demandant elles traiteront toujours de puissance à puissance. Or il arrive souvent que pour obtenir la beauté donne plus qu'elle n'avait promis : M. Amelot recueillit les fruits amers de cette prodigalité. Par surcroît de malheur, son aventure est publique ; le pauvre gentilhomme n'ose pas se montrer à la cour ; il ne reçoit point chez lui, même sa famille ; ses amis doivent s'écrire à sa porte. Tout le monde n'est pas dans le secret de cette retraite forcée : un visiteur demanda dernièrement au Suisse si l'Excellence malade avait la petite vérole, qui en effet règne depuis trois mois à Paris. « La petite vérole ! répondit avec naïveté l'Helvétien, est-ce que vous prenez mon maître pour un enfant ? » Dans cette situation, la famille de M. Amelot, craignant avec raison qu'on ne lui demande sa démission, l'a fait engager à la donner. Il a déféré à ce sage conseil. M. le baron de Breteuil, ministre d'Etat, est appelé à diriger les affaires de la maison du roi.

Cette dernière nomination fait peu de bruit ; mais il n'en est pas de même de celle du contrôleur général. Calonne, sujet remuant et qui vise depuis longtemps au ministère, autorise diverses inquiétudes : les uns craignent qu'il n'apporte aux affaires des vues tranchantes, des projets à la Turgot ; les autres appréhendent de sa part une facilité extrême, un pacte avec les dilapidateurs : j'avoue qu'il est à présumer que ces dernières craintes sont fondées. Le caractère de cet homme d'Etat s'est révélé tout entier dans l'espèce d'entrée triomphale qu'il a faite à la cour des comptes lorsqu'il s'y est rendu pour prêter son serment : il était accompagné d'une foule de conseillers d'Etat, maîtres des requêtes, intendants des finances, fermiers généraux, régisseurs, etc. On a remarqué ce passage singulier dans la harangue que M. de Nicolaï, premier président, a adressée au ministre :

« Vous avez désiré de grandes places ; depuis longtemps vous vous » prépariez à les remplir. Vous avez perfectionné, embelli les heu-» reux dons de la nature ; votre esprit, vous l'avez cultivé, étendu » par l'étude et par l'observation. Dans les sociétés du grand monde » comme dans les provinces que vous avez administrées on ne s'en-» tretenait que de votre aménité, de votre prédilection, de votre » adresse à manier les esprits et les affaires ; *vous laissiez aussi échap-» per des étincelles de génie.* » Voilà de grands éloges ; mais on veut qu'ils soient dictés par une grande exigence et qu'ils soient donnés comme l'avis d'une extrême sévérité.

C'est au moment d'un changement important dans le conseil qu'a été publiée la paix, dont le traité définitif fut signé au mois de novembre. La formule de ce genre de publication mérite d'être connue. Le chevalier de la Haye, roi d'armes, et six hérauts d'armes, habillés comme lui en valet de carreau, marchaient à cheval dans Paris précédés de la musique des écuries du roi et du maître des cérémonies. Le cortège a d'abord été prendre, de la part du roi, M. le prévôt des marchands, le corps de ville et la magistrature du Châtelet, dont le chef a remis au roi d'armes l'ordonnance de la paix, telle qu'on devait la publier. Toutes ces corporations réunies se sont rendues successivement dans quatorze places publiques, où la lecture avait lieu avec les formalités suivantes. Le chevalier de la Haye, après avoir commandé trois chamades des cloches d'armes de Sa Majesté, prononçait par trois fois : *De par le roi*, et disait : « Premier héraut d'armes de France, au titre de Bourgogne, faites les » fonctions de votre charge. » Le fonctionnaire commandé prenait alors l'ordonnance des mains de son chef et la publiait d'une voix retentissante. La lecture finie, le roi d'armes faisait sonner trois fanfares et prononçait par trois fois : *Vive le roi !* Vers le milieu de cette course solennelle, le roi d'armes et ses hérauts, obéissant à un usage aussi ancien que bizarre, sont entrés au couvent des Feuillants, où les religieux avaient préparé une collation pour ces officiers. Le reste du cortége, qui, d'après l'étiquette, ne doit pas être admis au repas, a dû attendre à la porte le retour des conviés. La cérémonie s'est terminée par un grand souper à la ville, et là tout le monde a pu manger.

Pendant la promenade officielle que je viens de retracer, on annonçait aussi la paix sur le théâtre de l'Opéra; et l'on disposait ainsi le public à écouter favorablement *Didon*, tragédie lyrique de M. Marmontel. La musique est de *Piccini*, rival dès longtemps promis au célèbre Gluck. Cet Italien descend aujourd'hui dans la lice de la manière la plus glorieuse, la plus redoutable à l'auteur d'*Orphée* et d'*Iphigénie*... Les *gluckistes* et les *piccinistes* vont désormais combattre à armes égales. Le poëme de Didon est un arrangement dramatique du délicieux épisode de l'Énéide. Virgile composait il y a deux mille ans une bonne partie de l'opéra de Marmontel, et le poëte de la cour d'Auguste ne viendra pas demander *part d'auteur* à celui de la cour de Louis XVI. Revenons à la paix de 1783.

Les traités de Westphalie, de Nimègue, de Ryswyk, de Paris, d'Utrecht, de Baden, de la triple alliance, de la quadruple alliance, de Londres, de Vienne, de Paris en 1763, servent de base aux dernières stipulations; conséquemment elles renferment encore des clauses honteuses pour la France. Et cependant de grands avantages obtenus pendant la guerre, l'alliance des États-Unis d'Amérique, l'amitié de l'Espagne et l'attitude imposante de nos forces de terre et de mer nous permettaient de parler haut dans les congrès. Qu'est-ce, vue de près, que la garantie et l'inutile colonie du Sénégal? Qu'est-ce que les restitutions insignifiantes qui nous sont faites en Amérique, et la pêche qu'on nous a mesurée dans les parages de Terre-Neuve, par pieds, pouces et lignes? Qu'est-ce que la restitution des Indes orientales quand l'Angleterre reste puissante dans cette partie du monde, quand elle ne se fait aucun scrupule d'y attaquer nos troupes et de rançonner nos comptoirs en pleine paix? Les avantages que la Grande-Bretagne s'est ménagés sont bien autrement réels; elle nous garantit en général ce qu'elle n'a pu nous enlever, et nous lui rendons ce que nous avions conquis : la Grenade, les Grenadines, Saint-Vincent, la Dominique, Saint-Christophe, Montferrat, Névis, etc. Non, non, ce n'est point traiter convenablement que de tendre la main au colosse anglais dans l'Inde pour le relever de la poussière où Suffren, Bussy et Tippou-Sahib l'avaient déjà renversé ; ce n'est pas tenir compte à l'Espagne du secours puissant de sa marine que d'avoir laissé Gibraltar, un coin de la Castille, à ces insulaires, qui dans leur détresse eussent rendu ce fort si on eût su le leur redemander : cette tache imprimée au front des enfants de Henri IV devait disparaître en même temps que la souillure enfin effacée de Dunkerque soumis à des commissaires anglais.

Tout bien considéré, nous avons concouru avec gloire à l'indépendance de l'Amérique; mais ce laurier sera stérile, et le fait qui ressortira avec le plus d'éclat de cette participation c'est que Louis XVI a reconnu le dogme de la souveraineté du peuple. Que Sa Majesté y prenne garde, la philosophie et les parlements ont pris note de cette reconnaissance.

CHAPITRE V.

1784-1785-1786.

La cour est fortement intriguée par une aventure qui déflore, mais peut-être à tort, la réputation de madame la comtesse d'Artois. Jusqu'ici cette princesse ne vit pas planer sur son honneur l'ombre d'un soupçon, et la voilà tout à coup signalée à la critique comme ayant singulièrement favorisé un capitaine de cuirassiers, gentilhomme ordinaire de son mari. La vérité est que ce militaire, que l'on dit très-beau cavalier, vient d'être arrêté avec un grand mystère et beaucoup de rigueur. Le portrait de Son Altesse Royale a été trouvé sur lui; il a déclaré le tenir d'une femme de chambre, mais ce bijou a paru trop richement orné pour avoir appartenu à une fille de service.

Je reçois à chaque instant des détails sur cette aventure, qui tient toute la ville en émoi; les divers rapports se contredisent, mais je vais tâcher de tracer un récit homogène et suivi en choisissant les assertions les plus dignes de foi. M. Desgranges (c'est le nom de l'officier arrêté) est fils du maître de poste de Barbezieux; ayant conduit lui-même M. le comte d'Artois lors de son voyage d'Espagne, ce beau garçon fut remarqué par Son Altesse Royale, qui se l'attacha en le faisant entrer dans ses gardes. Peu de temps après, M. Desgranges fit briller beaucoup d'or, montra des bijoux de prix, eut un train et se livra à de grandes dépenses dans une apparition qu'il fit à Angoulême. Malgré tout cet étalage, la fière noblesse provinciale faisait difficulté de recevoir ce garde d'Artois à raison de sa basse extraction : « Vous avez tort, disaient, à l'occasion de ce scrupule, quelques-uns de ses camarades qui se trouvaient dans le pays, les » grandes dames de la cour ne sont pas si dédaigneuses que vous. » Madame la comtesse d'Artois protégeait M. Desgranges; on dit qu'il s'en est prévalu pour donner à cette protection une cause secrète contraire à la renommée de sagesse de Son Altesse Royale. Quoi qu'il en soit, M. le comte d'Artois venait de le faire capitaine de cavalerie et son gentilhomme ordinaire peu de temps avant son arrestation.

Les plus malins assurent que Desgranges, surpris par le prince dans un moment où il avait la princesse sur ses genoux, a été arrêté immédiatement; des critiques moins positifs disent que ce jeune homme, invité à l'Opéra de passer chez M. Lenoir, a été livré à un exempt dans la chambre même de ce lieutenant de police d'après un ordre apporté par M. le baron de Breteuil. On varie sur le lieu de la détention du beau coupable : les uns le mettent simplement à la Bastille, d'autres l'envoient à Pierre-Encise, aux îles Sainte-Marguerite; d'autres enfin le logent dans les cabanons de Bicêtre. En attendant que la vérité soit connue, le bruit du faux pas de madame la comtesse d'Artois devient général. Des artistes, ingénieux à saisir la circonstance, ont peint des doubles fonds de tabatière représentant Son Altesse Royale sur les genoux de M. Desgranges dans un désordre qui accuse le nu illustre bien au-dessus du genou. Monseigneur entre en ce moment, et la situation est vraiment théâtrale.

Au surplus, la critique ne s'exerce pas sur madame la comtesse d'Artois seule, ainsi qu'on en pourra juger par un pamphlet intitulé : *Bibliothèque des dames de la cour, avec de nouvelles observations.* Je copie textuellement.

Traité de l'Amitié, à l'usage des souverains, par la *reine de France.*

Traité sur le Plaisir, dédié à la reine.

L'Art de bien vivre avec son mari, et de le rendre toujours amant, par *Madame.*

Les Charmes de la Vérité, dédiés à *Madame*, par mesdames de *Lesparre*, de *Laval* et *d'Escars.*

Traité du danger d'aimer trop son mari, dédié à madame la comtesse *d'Artois.*

La Bonté personnifiée, dédiée à madame la duchesse de *Chartres.*

Des Inconséquences de l'humeur, traité dédié à madame la duchesse de *Bourbon.* — On sait que cette humeur est cause de la séparation de S. A. d'avec son mari et son beau-père.

Le Catafalque vivant, dédié à madame la princesse de *Conti.* — Tout le monde sait que son mari n'a jamais voulu coucher avec elle.

La Matière préférable à l'esprit, dédiée à la princesse de *Lamballe*, par le marquis de *Clermont*, revue par *la Vaupalière.*

J'ai donné dans la bosse, volume dédié à la comtesse *Diane de Polignac*, par le marquis d'*Autichamp.* — Le bruit court que ce seigneur bossu a fait un enfant à cette dame.

Une jolie mine mène à tout, dédié à *la* duchesse de *Polignac*, par le marquis de *Vaudreuil.*

L'argent au-dessus de tout, conte dédié à la baronne de *Talleyrand.*

Traité sur les corps opaques, dédié à la marquise de *Montmorin*.

Le Libertinage, traité dédié à la marquise de *Fougières*, par le public.

L'Amie des hommes, dédiée à la vicomtesse de *Laval*, par MM. de *Fitz-James*, de *Jaucourt* et de *Luxembourg*.

La Belle et la Bête, conte dédié à la comtesse de *Crenay*, par M. de *Megrigny*.

Traité sur le Mouvement, dédié à la comtesse d'*Harville*.

Histoire des Treize-Cantons, par madame de *Suze*.

Notre mère la sainte Eglise, dédiée à madame de la *Roche-Aymond*, par l'évêque de *Tarbes*.

La Liberté des goûts, par le prince *Georges de Hesse* et le marquis de *Montesquiou*.

Les Minuties, brochure, par la princesse de *Chimay*. — Elle est dame d'honneur de la reine.

L'Abandon des charmes, par la comtesse d'*Ossun*.

L'Enfant du Plaisir, dédié à madame la comtesse de *Balby*.

De la nécessité de se faire la barbe, dédié à la duchesse de *Lorges*.

Traité sur la Minauderie, par la duchesse de *Laval*.

Des Vertus de l'eau bénite, dédié à la *maréchale de Luxembourg*. — On dit que cette mondaine surannée, devenue dévote, mêle, pour certain usage, de l'eau bénite à de l'eau de lavande, afin d'éviter les tentations.

De l'utilité des portes de derrière, dédié à la comtesse de *Blot*, par le maréchal de *Castries*. — Cette dame, fort prude dans le monde, a été surprise avec ce seigneur.

La Passade, dédiée à la même, par M. le comte d'*Artois*.

L'Amour fraternel, dédié à la duchesse de *Grammont*, par le duc de *Choiseul*.

La Cavale débridée, dédiée à madame de *Modène*.

On peut voir, par les mentions favorables contenues sur ce catalogue malin, dans quelle proportion l'opinion publique aperçoit les vertus parmi nos dames de la cour... Je n'ai rien changé à ce document : c'est le *vox populi* qui a parlé.

La reine soutient à qui veut l'entendre que M. de Calonne doit être un excellent ministre, parce que c'est un courtisan fort aimable. Ce contrôleur général est de tous les cercles intimes de Sa Majesté; il a même ses entrées au petit Trianon pendant les heures réservées : la consigne est donnée en conséquence à l'intendant Bazin et à la demoiselle *Dorvat*, confidente du *demi-jour*. Calonne est au mieux avec les *Polignac*, les *Vaudreuil*, les *Dillon*, qui le tutoient; M. le comte d'Artois l'honore même du *mon cher*. Ce charmant joujou ministériel amuse beaucoup la reine; quand il ne paraît pas à son cercle, il laisse un vide : on le lui dit le lendemain, en exprimant la crainte qu'il n'ait été incommodé... Pauvres finances, en quelles mains êtes-vous tombées!

Les petites sommes de cinquante, soixante, quatre-vingts et même cent mille livres, coulent des mains libérales du contrôleur général à l'aspect du moindre petit poulet de la reine. Mais l'appétit vient en mangeant, et l'autre jour Marie-Antoinette, en préludant sur sa harpe, glissa négligemment la demande de neuf cent mille livres pour nettoyer quelques dettes criardes. Ce morceau était de trop difficile digestion : Calonne, tout en répondant à Sa Majesté qu'il était à ses ordres, représenta que ce déplacement, opéré d'un seul coup, contrarierait fort ses autres arrangements. « Eh bien! à la » bonne heure, reprit Sa Majesté, je veux bien attendre, mais à con- » dition que vous viendrez tout à l'heure avec moi chez le roi lui » attester combien je suis raisonnable. » A l'instant même Calonne suivit la souveraine: Louis XVI fut enchanté de la modération de son illustre compagne, et en même temps de la fermeté respectueuse du ministre.

C'est se donner un ridicule que d'avouer qu'on n'a pas vu l'établissement de M. Mesmer, inventeur du magnétisme animal; j'ai donc voulu le voir, car en France le ridicule est une maladie presque mortelle. Au milieu d'une grande salle est placée une caisse circulaire en bois de chêne, élevée d'environ un pied et demi : c'est le *baquet*. Le dessus de ce coffre est percé d'une multitude de trous, d'où partent autant de branches de fer coudées et mobiles. Chacun des malades, rangés en cercle autour de la caisse, se saisit de sa branche, laquelle, au moyen du coude, peut être appliquée sur la partie affectée. Une corde passée autour du corps des magnétisés les unit les uns aux autres; une chaîne plus naturelle est en outre formée avec les mains, c'est-à-dire en appliquant le pouce entre le pouce et l'index de son voisin. Au moyen d'une légère pression de ces chaînons vivants, l'impression reçue à gauche se rend à droite et circule ainsi à la ronde.

Un *forte-piano*, touché par un artiste habile, exécute des morceaux dont les mouvements sont variés, pour répondre à la variété de mouvements des âmes; quelquefois on y mêle les accents de la voix.

Indépendamment de cet appareil général, il est dans l'établissement des magnétiseurs particuliers, malades ou médecins, selon les sympathies. Ils ont à la main une baguette de fer d'un pied de long, destinée à servir de conducteur au fluide magnétique, qui opère des effets divers : les uns toussent, d'autres crachent, d'autres sentent une légère douleur ou une simple chaleur locale; d'autres enfin éprouvent ces sensations dans tout le système. Plusieurs parmi ces derniers sont agités, tourmentés de convulsions dont la durée et la force sont vraiment extraordinaires. Ces crises se terminent ordinairement par un assoupissement. Les malades qu'on suppose devoir ressentir ces violentes secousses se livrent au magnétisme dans une salle matelassée, dite *salle des crises*.

Il faut voir l'effet des sympathies : c'est là le côté curieux du système; mais on va voir que ce n'est pas le côté moral. Pendant la durée plus ou moins forte de l'influence magnétique, les malades que la nature destine au *rapport* se cherchent, se précipitent l'un vers l'autre, se parlent avec affection, et brûlent de s'unir dans une communauté de sensations et de crises. S'il y a diversité de sexe, qu'on juge jusqu'à quel point la sympathie peut aller. Mesmer ne s'en inquiète nullement : sa mission est de guérir, il y dérogerait en arrêtant les affinités curatives. Cependant tous les magnétisés sont dociles à la voix du magnétiseur : quelle que soit leur agitation, leur stupeur, un mot, un regard, un signe de lui, les fait obéir soudain. En vérité, l'on ne peut s'empêcher de reconnaître dans ce pouvoir étrange je ne sais quel principe qui maîtrise la nature : c'est un phénomène inexplicable. On trouve pourtant des individus insensibles au magnétisme, mais on croit qu'ils sont rares.

Il est un genre de magnétisme qui parmi nous excite beaucoup de sympathies : c'est le charme de la scène quand le spectacle nous plaît. Il n'y a pas eu à cet égard accord de sensations à la première représentation de *la Caravane du Caire* sur le théâtre de l'Opéra : le poëme de M. Rochon de Chabannes a paru au plus grand nombre des spectateurs dépourvu d'intérêt, et la musique de M. Grétry ne remplit pas une aussi grande scène, n'occupe pas un aussi riche orchestre. C'est toujours l'harmonie heureuse, naturelle, touchante de l'auteur de *Sylvain;* mais tout cela paraît petit, maigre, chétif dans une salle qui contient à peine les accords de Gluck et de Piccini.

Les amateurs du lieu se sont retrouvés dans leur sphère quand, deux mois plus tard, ils ont entendu le large, le magnifique opéra des *Danaïdes* avec un enthousiasme dont la présence de la reine n'a point arrêté l'élan. Cette belle composition de l'école de Gluck et qu'on lui avait même attribuée est de M. Salieri son élève et maître de musique de l'empereur. Les paroles des *Danaïdes* sont imitées d'une pièce allemande de Tschondy par le bailli de Rollet : on n'y trouve, comme dans tous les poëmes lyriques de l'Allemagne, qu'un canevas musical; mais l'auteur aurait pu le faire moins vulgaire, moins ennuyeux.

Au moment où l'ouverture allait commencer, le public a reconnu au balcon M. le bailli de Suffren, qui paraissait pour la première fois en public depuis son retour de l'Inde. Soudain le parterre a fait retentir la salle de *vivat* et d'applaudissements. L'orchestre, excité par cet enthousiasme, a salué le héros d'une fanfare avec timbales et trompettes... La soirée a été belle pour le brave amiral.

Jamais Turenne , Condé ou le maréchal de Saxe ne furent mieux accueillis à la cour que ne l'a été M. de Suffren. Non-seulement les grâces, les honneurs, les titres ont plu sur lui, mais tous les membres de la famille royale l'ont accablé de caresses. *Monsieur*, qui, dit-on, révéla le premier au roi le mérite de ce marin, l'a serré dans ses bras pendant quelques instants. La reine a conduit elle-même ce général au Dauphin, et le présentant à ce jeune prince lui a dit : « Mon fils, apprenez de bonne heure à entendre, à prononcer » vous-même le nom des héros défenseurs de la patrie. » Madame d'Artois, quoique malade des suites d'un chagrin violent, ne recevant personne, a voulu cependant voir M. de Suffren. Le duc d'Angoulême était à son travail quand l'amiral l'a visité. Son Altesse Royale s'est levée , et s'avançant vers l'homme célèbre lui a dit : « Je lisais dans ce moment même l'*Histoire des hommes illustres*; » je quitte mon livre avec plaisir, puisque j'en vois un... » La gazette, qui a rapporté ce mot spirituel, s'est crue obligée d'affirmer qu'il était bien du jeune prince; est-ce un compliment ?

Après ces diverses visites le roi entretint pendant une heure M. de Suffren de ses opérations de l'Inde , aussi présentes à Sa Majesté, a dit depuis ce marin , que si elle y eût assisté.

Le 4 avril l'amiral dîna chez le maréchal de Castries , ministre de la marine, avec une foule d'officiers, parmi lesquels on comptait M. d'Estaing. Quelqu'un appelant toujours celui-ci *général*, il désigna Suffren, et répondit : « Monsieur, voilà le seul général qu'il y » ait ici. »

Le héros de l'Inde réunit aux honneurs dont il est comblé les présents de la fortune : sa commanderie de Malte lui rapporte cinquante-quatre mille livres de rente, et bientôt il lui en reviendra une seconde qui lui vaudra autant. Les émoluments de sa place de vice-amiral s'élèvent à vingt-quatre mille livres, auxquelles il faut joindre trois mille livres pour le cordon du Saint-Esprit, et six mille livres d'anciennes pensions. La part acquise à M. de Suffren sur les prises sera d'environ cent mille livres; enfin les présents qu'il a reçus d'Hyder-Aly, joints à ce qu'il lui a laissé par testament, forment un objet de plus de trois cent mille livres. Riche et puissant, c'est une fois plus de droits qu'il n'en faut pour être courtisé , flagorné , ruiné, pour peu qu'on s'y prête.

Le bailli de Suffren a encore été l'objet d'une ovation au Théâtre-Français le jour de la première représentation du *Mariage de Figaro*. Mais j'en ai dit assez sur les honneurs rendus à ce général ; c'est de la pièce nouvelle que je dois m'occuper. Cet astre étincelant d'esprit, cette mauvaise comédie, ce charmant *imbroglio*, cette élucubration dramatique beaucoup trop longue, ce joli roman théâtral que l'on trouve trop court, cette combinaison de scènes profondément immorales, ce tableau vivant dont un cœur vicieux peut faire son profit, cette *Folle Journée* en un mot, corrigera plus de travers que cent ans de sages exhortations. Il faudrait écrire un volume pour expliquer le succès prodigieux du *Mariage de Figaro*, que tout le monde condamne ; pour contenir tout le blâme et tous les éloges que cette composition mérite. Certainement ceux qui ne verront ni ne liront la pièce de Beaumarchais concevront difficilement qu'il ait pu combiner heureusement quatre heures d'allées et venues d'un grand seigneur au milieu de ses valets, qui le dupent, le jouent, le bafouent et aident sa femme à le tromper. Tel est pourtant le fond du sujet ; la corruption, l'adultère et presque l'inceste, en voilà les moyens. L'auteur a jeté ces éléments dans le moule de son imagination originale, il les a liés avec les fils de sa malice ingénieuse ; puis, semant à pleines mains sur le tout les allusions amères, les portraits-ressemblants, les épigrammes envoyées à domicile, il s'en est rapporté pour le succès à un public rieur, malin, mécontent de l'insolence des grands. Son attente ne sera point trompée. « *Le Mariage de Figaro*, disait l'autre jour mademoiselle Arnould, est une très-mauvaise comédie que l'on va jouer cent fois de suite, et que nos enfants iront voir dans cent ans. »

Monsieur et le comte d'Artois assistaient à l'apparition de la monstruosité enchanteresse : le premier de ces princes n'a pas ri du tout de la liberté grande qu'a prise l'auteur de draper les hautes puissances ; le second a trouvé qu'Almaviva lui ressemblait quelquefois : on assure même que Son Altesse Royale a cru voir une personnalité dans l'amour passablement favorisé du beau page pour *sa belle marraine*.

Comment ne reviendrais-je pas aux *ballons*, dont la cour et la ville s'occupent plus que jamais ! Le roi de Suède, qui se trouve dans nos murs sous le nom de *comte de Haga*, ayant désiré voir avant son départ une ascension aérostatique, MM. Pilatre de Rozier et de Proust se sont empressés de lui offrir ce spectacle à Versailles dans la cour des Ministres. La *montgolfière* qu'ils ont enlevée avait quatre-vingt-dix pieds de haut et deux cent trente pieds de circonférence : on l'avait baptisée galamment sous le nom de *Marie-Antoinette*. Les deux savants, placés dans une nacelle d'osier attachée à la machine, sont partis avec elle en agitant de petits drapeaux aux armes de France et de Suède... Longtemps on a vu flotter ces pavillons du vaisseau aérien, mais enfin on les a perdus de vue. Les hardis voyageurs étaient partis de Versailles à cinq heures moins un quart ; ils sont descendus près de Chantilly à cinq heures et demie : ils avaient donc parcouru en trois quarts d'heure un espace de dix lieues. Le ballon est tombé sur un arbre, qu'il a incendié ; il s'est brûlé ensuite lui-même. Mais les aéronautes ont reçu à temps l'assistance de cavaliers munis d'échelles, qui suivaient la direction de la machine par ordre de M. le prince de Condé.

M. le duc de Chartres, qui n'a pas été très-heureux dans son excursion maritime, a voulu essayer d'un autre élément, et compter parmi les premiers navigateurs sur l'océan éthéré. Il faut bien le dire, cette tentative ne lui a pas offert de chances plus favorables que la précédente. Son Altesse Sérénissime avait fait construire un ballon à Saint-Cloud, sous la direction de M. *Charles* : ce savant devait être son compagnon de voyage, mais il a cédé cet honneur à M. Robert. M. Charles paraissait avoir considéré l'invention des aérostats sous le point de vue de l'utilité, et, dans une ascension qu'il a faite précédemment, il s'était flatté de pouvoir diriger sa machine. Ayant, comme on s'y attendait, échoué dans cette tentative, faute d'un point d'appui pour gouverner, et surtout à cause de l'instabilité des vents à une certaine élévation, ce physicien a déclaré qu'il ne voulait pas *recommencer un jeu d'enfant*. Le globe sérénissime avait été empli, selon la méthode de M. Charles, avec du *gaz hydrogène*, ce qui a augmenté considérablement la dépense des préparatifs : on la porte à quarante mille livres. Il est vrai que M. de Chartres a risqué quelquefois davantage d'un coup de carte, et que le jeu, plus que les expériences physiques, a contribué à l'espèce de gêne que ce prince éprouve. Mais les plaisants assurent que, par son ascension, l'héritier du nom d'Orléans s'est mis au-dessus de ses affaires. Parlons du voyage.

La foule était immense à Saint-Cloud ; les voitures, les curieux à cheval et à pied s'y étaient rendus toute la nuit ; d'autres, qui avaient pris les devants, campaient depuis vingt-quatre heures sur le lieu de l'expérience. Au moment du départ de l'aérostat, les derniers rangs de spectateurs ayant supplié les premiers de leur permettre de voir en se baissant, ceux-ci se sont mis à genoux et ont paru comme en adoration devant la machine de Son Altesse Sérénissime. Enfin elle s'est enlevée aux acclamations générales, et bientôt elle a disparu dans un nuage. Mais, peu de temps après, on l'a vue redescendre plus vite encore qu'elle n'était montée ; le navire aérien allait s'enfoncer ignominieusement dans la vase d'un étang, lorsque M. Robert

est parvenu à jeter une petite corde, à l'aide de laquelle on a tiré les voyageurs hors de la direction de ce bourbier. Cette chute n'était pas naturelle : M. le duc de Chartres, a-t-on dit d'après son rapport, inhabile à supporter l'action un peu vive du froid, de la neige et des frimas, a demandé avec instance de redescendre vers des régions moins inhospitalières. L'aéronaute n'ayant pu faire jouer la soupape aussi vite que le prince l'eût désiré, afin de laisser échapper l'air inflammable, Son Altesse Sérénissime a pris le parti de crever le globe pour hâter sa descente. Il fallait que le duc de Chartres eût bien froid, et je ne sais vraiment s'il ne tremblait pas un peu par une autre influence que celle de la bise. Les voyageurs s'étaient munis, malgré l'avis de M. Charles, d'un gouvernail, de rames, de voiles ; rien n'a pu servir, faute d'une provision suffisante de résolution.

Madame de Genlis, *gouverneur* des enfants de M. le duc de Chartres, ne *s'élève* pas aussi haut que Son Altesse Sérénissime ; mais cela ne l'empêche pas de faire des chutes dans plus d'un genre : témoin son ouvrage intitulé *les Veillées du Château*, ou *Cours de morale à l'usage des enfant*. Il y a des éclairs de talents dans ce livre ; mais il dégoûte bientôt le lecteur par un déchaînement continuel contre la philosophie et contre les gens de lettres de l'époque. Ce *Cours de morale* n'est donc, à vrai dire, qu'un cours d'envie, et je ne crois pas que ce soit de pareilles œuvres que doive se composer la bibliothèque classique des jeunes princes confiés aux soins de l'auteur.

Les *Veillées du Château* forment trois volumes, qui se vendent dix-huit livres. On trouve que c'est bien cher, et l'on s'exprime quelquefois avec peu de mesure à cet égard à en juger par ce quatrain :

> Comme tout renchérit ! disait un amateur :
> Les œuvres de Genlis à six francs le volume !
> Dans le temps que son poil valait mieux que sa plume,
> Pour douze francs j'avais l'auteur !

Il y a trop de noirceur dans ces vers ; mais c'est à coup sûr une réciprocité, et madame de Genlis s'y est exposée.

Quoique les philosophes soient fort mal traités dans le dernier ouvrage de cette dame, la mordante épigramme que je viens de copier n'est pas de l'écrivain devenu leur chef après la mort de d'Alembert. Diderot languissait depuis longtemps, accablé par une maladie chronique qui le conduisit enfin au tombeau le 31 juillet, à l'âge de soixante-dix ans. Diderot a-t-il composé avec l'Eglise à ses derniers instants, ou le clergé, craignant, comme à la mort de d'Alembert, un ordre du roi, a-t-il enterré volontiers l'encyclopédiste, de peur de s'y voir forcé ? C'est ce qu'on n'a pu éclaircir. Toujours est-il que M. le curé de Saint-Roch a rendu tous les honneurs de la sépulture catholique, apostolique et romaine, à un écrivain qui passa toute sa vie pour athée.

Diderot naquit dans l'arrière-boutique d'un coutelier de Langres. Il fut d'abord apprenti jésuite ; mais, ayant jeté le froc aux orties et laissé repousser les cheveux de sa tonsure, il vint à Paris et se fit homme de lettres. Son père l'abandonna dans cette carrière ingrate aux yeux d'un artisan ; le jeune homme en vécut à l'aide d'un génie tour à tour sérieux et badin, solide et frivole, qui lui permit d'écrire dans plusieurs genres. De cette diversité de talents naquirent les *Bijoux indiscrets*, roman érotique, et l'*Eloge de Richardson ;* le *Compère Mathieu*, livre d'une malice pleine de gaieté, et la *Vie de Sénèque*, composition d'une imposante gravité. Le *Fils naturel* et le *Père de famille*, au théâtre, ainsi que la *Religieuse*, roman philosophique, prouvent que Diderot ne manquait pas de pathétique. On attribue encore à cet écrivain le *Système de la nature* [1], qui fit grand bruit à son apparition, et qui justifierait pleinement la réputation d'athéisme du philosophe de Langres. Mais son plus beau titre de gloire est sa collaboration importante dans le grand *Dictionnaire encyclopédique*, vendu à plus de trente mille exemplaires. Cet ouvrage surtout met en lumière l'immense variété des connaissances de Diderot et montre dans ses articles une union peu commune de l'imagination et du jugement, qui a rendu cet homme célèbre également propre à la philosophie, aux sciences et aux lettres.

On conçoit difficilement que Diderot, l'une des plus vastes intelligences du siècle, n'ait été d'aucun corps littéraire ou savant dans sa patrie : il en est cela de commun avec Molière et J.-J. Rousseau. Ce ne sont pas les académies qui manquèrent à ces écrivains illustres, mais eux qui manquèrent aux académies. Diderot, mieux apprécié par les étrangers que par ses compatriotes, fut des sociétés académiques de Pétersbourg, de Berlin, de Stockholm ; l'impératrice Catherine II l'avait nommé, comme on sait, son bibliothécaire *ad honores*.

L'activité de M. le duc de Chartres ne se dément point : il bâtit en même temps au Palais-Royal et à la *Folie de Chartres*, nouvel Elysée que Son Altesse Sérénissime élève aux portes de Paris, à quelque distance de Monceau. Les édifices ne s'érigent qu'à grands frais : M. le duc de Chartres a reçu de l'abbé Bourdeau, directeur

---

[1] On a aussi attribué ce livre au marquis d'Argens et à l'abbé de Mirabeau ; on n'est guère plus fixé sur la paternité du *Compère Mathieu* : je regarde pourtant comme assuré qu'il est de Diderot.

de ses finances, l'avis assez triste que les fonds baissent sensiblement dans les coffres de l'illustre entrepreneur. Mais en même temps Bourdeau, économiste ingénieux, a proposé au prince l'adoption d'une spéculation qui peut offrir quelque ressource, et que Son Altesse s'est empressée d'adopter. Sur le terrain situé entre le bâtiment principal du Palais-Royal et les galeries de pierre encore inachevées on a construit deux galeries en bois d'un assez vilain aspect, où s'est établie une sorte de foire perpétuelle. L'affluence se porte vers ce point ; les commerçants forains vendent beaucoup, payent bien, et ce revenu provisoire contribue au payement des maçons qui bâtissent les colonnades définitives. Dans la partie du Palais-Royal déjà bâtie il vient de s'établir un café où l'on court à cause du mécanisme, qui, à l'exemple de la fameuse table de Choisy, apporte sur chaque guéridon ce que le consommateur a demandé sans l'assistance d'aucun agent visible. Le *café mécanique* est un joujou qui amusera quinze jours le caprice parisien.

Il paraît que la *Folie de Chartres* n'est pas destinée à usurper son nom : tous les organes du scandale publient les nouvelles bacchanales dont cette maison de plaisance est le théâtre. Là, dit-on, sont conduites de nuit et les yeux bandés les prostituées le plus déhontées plutôt que les plus séduisantes. Si la chronique n'exagère point, elles y ont été menées quelquefois jusqu'au nombre de cent cinquante à la fois. Arrivées dans ce temple de la débauche, un singulier maître des cérémonies leur fait déposer jusqu'au dernier vêtement, et les introduit nues comme la main dans une salle à manger, où, sous les yeux du maître et de ses amis, elles consomment un repas splendide. Lorsque les aliments de haut goût, les vins généreux, les liqueurs spiritueuses ont excité au plus haut point ces nouvelles bacchantes, le prince ordonne qu'elles soient livrées à ses laquais... Souvent ses dignes compagnons et lui de spectateurs qu'ils étaient deviennent acteurs et se mêlent aux sales voluptés de la valetaille et des prostituées. M. de Voyer, ami de M. le duc de Chartres, lui reprochait dernièrement ces orgies dans un pamphlet en s'accusant de s'y être mêlé lui-même. « Un jour, dit-il, je me trouvais à une de ces par- » ties infâmes, nous étions tous entièrement nus comme notre chef » et nous n'en fîmes pas moins d'honneur au repas. Lorsqu'il fut » terminé le prince donna le signal pour que chacun prît ses plaisirs » à sa guise. Tabourets, fauteuils, bergères, sophas, ottomanes, tout » fut occupé... Et monseigneur se promenait en long et en large, gé- » missant ironiquement sur les faiblesses de la pauvre humanité. »

C'est par l'admission à ces fêtes que M. le duc de Chartres témoigne son amitié la plus intime. Il y invite indistinctement les hommes ou les femmes les plus expérimentées de nos courtisanes : la Michelot, la Duthé, la d'Hervieux, par exemple, se trouvent novices, étrangères même aux pratiques de ces réunions.

Mais la nature a des limites que l'imagination déréglée voudrait dépasser : c'est dans ce but sans doute que le duc de Chartres appela dernièrement le génie des arts à son secours. Il fit placer dans un appartement du Palais-Royal, sanctuaire secret de ses jouissances, des figures nues, et qui, par l'action d'un mécanisme invisible, simulaient aux yeux du prince et de ses favoris ou favorites les postures ou les jeux dont leur cynisme voulait s'inspirer.

M. de Chartres ne se livre pas toujours secrètement à ces caprices d'imagination lascive : un jour à Versailles il offrit de parier qu'il retournerait tout nu à cheval et au galop au Palais-Royal. Les libertins amis du prince ne voulurent point l'exposer aux hasards d'une si longue route entreprise dans un costume sous lequel il lui eût été si difficile de faire reconnaître et respecter sa grandeur ; mais ils gagèrent qu'il ne ferait même pas en cet état le trajet des écuries d'Orléans au Palais-Royal... Son Altesse Sérénissime gagna le pari.

On vient d'apprendre à Paris la mort d'un personnage qui a fait longtemps l'admiration de cette capitale par des prestiges inexplicables, par une opulence dont personne ne connaissait la source et par une adresse à parler des temps les plus reculés, qui pouvait faire croire aux gens superstitieux que cet être singulier était l'homme des siècles. Après une existence inconnue de neuf ou dix ans le comte de Saint-Germain, que l'on reconnaît à ces traits, parut en Allemagne vers l'année 1759 : il se fixa dans les Etats du margrave d'Anspach sous le nom hongrois de *Zaraski*. Bientôt on apprit à la cour de ce prince que l'étranger cachait son nom véritable, et sa manière d'être ne tarda pas de faire soupçonner qu'il était le comte de Saint-Germain. Son Altesse en ayant touché quelque chose à son hôte, celui-ci nia absolument l'identité. Le margrave intrigué prit alors la résolution de tirer cette affaire au clair et de ne s'en rapporter qu'à lui-même. Les investigations furent longues ; mais enfin le prince en vint à son honneur, s'étant procuré à Paris un portrait du comte de Saint-Germain au temps où il avait paru à la cour de Louis XV : portrait conservé par le marquis du Châtelet et qui se trouva ressembler parfaitement au prétendu seigneur hongrois. Il est aussi vrai qu'inimaginable qu'à cette dernière époque, c'est-à-dire en 1776, le comte de Saint-Germain avait la figure aussi fraîche que dans le portrait dont il s'agit, donné en 1750 à madame d'Urfé, aïeule de M. du Châtelet. Si l'on veut bien se rappeler à cette occasion qu'en 1750 madame de Vegy revit cet homme singulier à Versailles

aussi jeune qu'elle l'avait vu en 1700 à Venise, on reconnaîtra à son indicible surprise que soixante-seize années avaient passé sur sa figure sans y imprimer la moindre altération... Voilà qui bouleverse la raison la plus robuste.

A la suite d'un voyage en Italie et en Danemark entrepris après son départ de la cour d'Anspach, Saint-Germain parut à celle du prince de Hesse-Cassel muni de lettres du monarque danois, son beau-frère. Il fut parfaitement accueilli par l'électeur, qui lui donna un appartement dans son palais. Le personnage mystérieux arriva en 1782 dans la Hesse sans équipage, sans suite, à pied. Cependant il étala bientôt une immense quantité de diamants et reprit le train fastueux qu'il avait eu à Paris. Des voyageurs français qui le virent aux cercles de l'électeur le reconnurent tel qu'il s'était montré trente-deux ans plus tôt à l'Œil-de-bœuf ; mais, bien qu'il y mît de la bonne volonté, il ne put reconnaître de même ces gentilshommes, alors jeunes et superbes, maintenant décrépits et courbés.

Pendant les deux dernières années de sa vie, le comte de Saint-Germain paraissait consumé par une tristesse insurmontable ; insensiblement la consomption se déclara, sans toutefois altérer le physique du malade : la mort arriva avant que la maladie eût imprimé ses traces sur lui. Saint-Germain montra, dit-on, en mourant d'horribles terreurs ; ses derniers instants furent tourmentés par un trouble affreux, que trahissaient des exclamations dans une langue inconnue... Il expira, après de longues angoisses, au milieu de ses enthousiastes, étonnés de lui voir subir la loi commune.

La vogue du *Mariage de Figaro* ne se dément point ; mais, à la fin de cette année 1784, un opéra-comique, intitulé *Richard Cœur de lion*, enlève journellement un bon nombre de spectateurs à la comédie de Beaumarchais. M. Sedaine a mis en scène ce roi d'Angleterre, qui, revenant de terre sainte, fut retenu prisonnier plusieurs années par un duc d'Autriche dans le but d'en tirer une grosse rançon, suivant le noble usage de ce temps. M. Grétry a su orner ce sujet d'une musique tour à tour pathétique, large et gaie. Les morceaux d'ensemble de *Richard* sont surtout admirés. L'acteur Clerval est très-beau dans le rôle de Blondel.

Une troisième grossesse de la reine a été déclarée pendant le présent mois de février de l'année 1785. Il est à remarquer que Sa Majesté prend beaucoup de corps et que cette circonstance l'inquiète. Le sieur Vermont la rassure vainement sur un accroissement d'embonpoint qui ne peut être un signe de maladie ; la souveraine songe à prendre les précautions d'une âme chrétienne, déjà même elle s'est confessée deux fois et a fait ses dévotions. La cour est fort alarmée de ce changement : on craint que l'intrigue ne se complique de piété, que le règne des prêtres n'arrive.

La reine envoya chercher mademoiselle Bertin, sa marchande de modes, au commencement du mois : « Je vais avoir bientôt trente » ans, lui dit-elle ; personne vraisemblablement ne m'en avertirait, » mais je ne l'oublierai point. Mon projet est de réformer dans ma » parure ce qui ne peut aller qu'à une très-jeune femme ; en consé- » quence je ne porterai plus ni plumes ni fleurs. »

Peu de jours après il parut une manière d'ordonnance de toilette, en vertu de laquelle les formes jusqu'alors adoptées pour les robes étaient changées : plus de pierrots, plus de chemises ni de redingotes, ni de lévites, ni de robes à la Turgot, ni de circassiennes ; on va reprendre les robes graves, comme au temps du grand roi. Voilà donc mademoiselle Guimard de l'Opéra privée de la plus belle partie de ses attributions, car on sait que la reine ne dédaignait pas de consulter cette danseuse sur les ajustements et sur d'autres objets de goût : comme spectacles, bals, mascarades ; aussi cette belle impure fut-elle surprise plus d'une fois disant à ses adorateurs : « Non, pas » aujourd'hui, *je travaille avec la reine.* »

Mais comment concilier cette réforme dans les habitudes mondaines de Marie-Antoinette avec le bruit de la faveur d'un certain sylphe ; connu au petit Trianon sous le nom de *Zéphire*, mais qu'on appelle dans le monde M. *de Fersenne*, colonel du régiment Royal-Suédois ! Ce militaire, l'un des cavaliers les plus parfaits qu'on ait vus à la cour depuis longtemps, paraissait soupirer en secret pour la reine, lorsqu'il fut admis à son cercle. Sans doute Sa Majesté lut son amour dans ses regards, et, si l'on doit ajouter foi aux discours secrètement répandus, le colonel fut encouragé. Je continue de rapporter cette aventure telle que les bulletins de l'Œil-de-bœuf me l'ont transmise. M. de Fersenne ne pouvait hasarder un aveu : entre un sujet et sa souveraine, il faut que les lois de la galanterie soient renversées ; elles le furent : Marie-Antoinette prit l'initiative par ce billet, que le nommé *d'Esclaux* fut chargé de remettre au soupirant timide :

FLORE A ZÉPHIRE.

« Depuis longtemps, mon cher Zéphire, je vous vois parcourir les » parterres de mon empire et regarder avec attention toutes les » fleurs qui sont sous ma domination. Votre douce haleine se serait- » elle reposée sur quelqu'une ? Flore en mourrait de désespoir. Songez » que je suis leur *reine* et que j'exercerais une vengeance rigoureuse » sur celle qui m'aurait ravi le trésor où j'aspire. J'irai ce soir à neuf

» heures promener mon inquiétude au petit Trianon; si Zéphire est
» sensible aux tendres empressements de Flore, il viendra calmer
» le chagrin dont elle est dévorée. Le gouverneur l'introduira. »

D'Esclaux rapporta la réponse que voici :

ZÉPHIRE A FLORE.

« Ce n'est qu'avec indifférence que Zéphire voit toutes les fleurs de
» votre empire : lorsqu'il les regarde avec attention, c'est que parmi
» elles il cherche à distinguer *leur reine*; mais, quand il la voit, le
» respect lui ferme la bouche, et ses yeux sont les interprètes muets
» de son amour. La reconnaissance et l'amour conduiront ce soir à
» neuf heures *Zéphire* au petit Trianon, trop heureux si sa vue et ses
» empressements peuvent bannir l'inquiétude de Flore et la con-
» vaincre de la sincérité de son ardeur. »

La chronique mystérieuse ajoute que Fersenne fut introduit par
Bazin... et que depuis lors *Zéphire*, malgré sa légèreté, continue de
voltiger sur les traces de *Flore*. On assure même qu'il a beaucoup
perdu de sa fraîcheur, et que, dégoûtée de ses baisers flétris, Flore
songe à rendre aux ailes de ce ce dieu toute leur liberté.

J'ai dit ailleurs que Louis XVI s'occupait volontiers de géographie,
qu'il copiait même avec quelque talent des cartes marines et autres :
Sa Majesté sait donc à merveille qu'une partie de notre petit globe
est encore inconnue. Depuis longtemps le roi médite l'entreprise d'un
voyage de découvertes, il en a parlé cette année à M. le maréchal
de Castries et l'a chargé de lui présenter un officier propre à l'exécution de ce projet. Après de mûres recherches, le ministre de la
marine a fixé son choix sur M. de la Peyrouse, capitaine de vaisseau,
homme instruit, intelligent, expérimenté, et qui possède la prudence
nécessaire dans cette expédition difficile autant que périlleuse. Cet
officier a été présenté au mois de mai à Louis XVI, qui l'a entretenu
deux heures de la mission qu'il se proposait de lui confier. « Je suis
» satisfait, lui a dit ensuite Sa Majesté, de la manière dont vous avez
» saisi mes idées. Vous partirez incessamment, voici la carte que j'ai
» tracée moi-même de la route que vous aurez à parcourir. Si je
» me suis trompé en quelque chose, vous me rectifierez. Voici encore
» des instructions que j'avais préparées, mais je vois que vous n'en
» aurez pas besoin. Naturalisez chez les peuples inconnus que vous
» visiterez les arts utiles de l'Europe, laissez-leur des instructions
» sur la nature de j productions de première nécessité, portez-leur
» nos instruments aratoires; mais surtout faites bénir le nom français,
» et que votre voyage soit utile à la science comme à l'humanité. »

La Peyrouse est parti, il emmène des astronomes, des géographes,
des naturalistes ; les deux fils de M. de la Borde, banquier de la
cour, se sont joints volontairement à M. de la Peyrouse [1].

Les grandes découvertes entraînent souvent de grandes catastrophes : M. Pilatre de Rozier, jaloux de vaincre le scepticisme ironique
que les Anglais affichent pour le mérite des aérostats, voulait diriger
une de ces machines jusqu'au pied de la tour de Londres. En conséquence, il s'était rendu à Boulogne avec le sieur Romain son ami;
tous deux avaient construit un appareil composé de deux ballons :
l'un devait être gonflé à la manière de Montgolfier, c'est-à-dire avec
de la fumée de paille; l'autre devait être rempli de gaz inflammable,
d'après le système de Charles. Mais, pour se diriger à coup sûr vers
l'Angleterre, vers Londres, il fallait trouver un temps favorable ; les
aéronautes l'attendirent six mois. Enfin, le mercredi 15 juin, MM. Pilatre de Rozier et Romain crurent reconnaître l'aire de vent qui leur
convenait, ils hâtèrent leurs préparatifs et s'élevèrent dans les airs
à sept heures et demie du matin. Bientôt on vit voltiger au-dessus
de la machine une colonne de flamme, et peu d'instants après l'appareil et les deux voyageurs tombèrent avec une effrayante rapidité.
Les infortunés furent moulus dans leur chute. M. de Rozier ne donnait plus signe de vie quand on arriva près de lui, et son compagnon
expira peu d'instants après.

Les deux cadavres furent trouvés à une lieue environ de Boulogne
au lieu dit la Garenne de Wimille. Le ballon avait été brûlé, sans
qu'il en restât le moindre vestige, par la combustion du gaz qu'il renfermait : telle était la cause du désastre. Quant à la montgolfière,
elle n'était ni brûlée ni déchirée. On pense généralement que Pilatre
de Rozier périt et causa la mort de son compagnon pour avoir voulu
combiner deux procédés incompatibles ; on a cependant composé cette
épitaphe en son honneur :

Ci-gît un jeune téméraire
Qui, dans son généreux transport,
De l'Olympe étonné franchissant la barrière,
Y trouva, le premier, et la gloire et la mort.

Le jour de l'Ascension de cette année 1785, toute la cour remplissant la galerie, on vit entrer M. le prince Louis de Rohan, cardinal,
grand aumônier de France; il était revêtu de son rochet et de son
camail, et allait remplir les devoirs de sa charge en suivant le roi à

[1] Disons par anticipation qu'un de ces voyageurs a péri dans cette expédition;
l'autre, *Alexandre de la Borde*, a été un des flambeaux de notre législature et un
savant distingué.

la chapelle, lorsque Sa Majesté le fit demander dans son cabinet intérieur. La reine s'y trouvait.

« Monsieur le cardinal, dit Louis XVI d'un ton brusque et sec,
qu'est-ce donc qu'un collier de diamants que vous devez avoir procuré à la reine ?

— Ah! sire, s'écria le grand aumônier, je vois trop tard que j'ai été
trompé!

— Mais, dit la reine, quand on vous a remis pour être montrées
aux joailliers de prétendues conditions d'un marché écrit de ma main,
si vous avez cru si légèrement à une telle imprudence de ma part,
vous n'auriez pas dû vous méprendre à mon écriture, que sûrement
vous connaissez.

— Sire, dit avec calme le cardinal sans répondre à Marie-Antoinette, je vous proteste de mon innocence.

— Monsieur, reprit le roi, il est très-simple que vous soyez un
peu troublé de votre explication; remettez-vous. Pour vous en donner le moyen, et que la présence de la reine ni la mienne ne nuisent
pas à la liberté d'esprit qui vous est nécessaire, passez dans la pièce
à côté, vous y serez seul, vous y trouverez du papier, une plume, de
l'encre; écrivez votre déposition, que vous me remettrez ensuite....
Prenez tout le temps qu'il vous faudra. »

Le prince de Rohan resta un demi-quart d'heure dans le cabinet,
et remit au roi un papier ouvert lorsqu'il en sortit.

« Je vous préviens que vous allez être arrêté, continua Louis XVI.

— Ah! sire, s'écria le cardinal, j'obéirai toujours aux ordres de
Votre Majesté, mais qu'elle daigne m'épargner la douleur d'être ap-
préhendé au corps dans mes habits pontificaux aux yeux de toute
la cour.

— Il faut que cela soit! » répondit brusquement Sa Majesté; puis
elle tourna le dos au suppliant.

Je tiens ces détails de la princesse d'Henin, dame d'honneur, à qui
la reine les a rapportés; mais il est à remarquer que Sa Majesté n'a
rien dit du contenu de la déclaration écrite dans le cabinet.

En sortant de la chambre du roi, le grand aumônier de France fut
arrêté devant tous les courtisans par M. de Villeroi, capitaine des
gardes du corps, et conduit à la Bastille. Il en sortit deux jours après,
sous la conduite de M. le baron de Breteuil, pour assister à un inventaire de ses papiers; mais on n'y trouva rien. Dans le court intervalle où M. de Rohan était resté à Versailles sous la garde de M. de
Jouffroy, lieutenant du duc de Villeroi, il avait emprunté le crayon
de cet officier même, et, sous prétexte de prescrire certains arrangements domestiques, Son Éminence avait tracé quelques mots allemands sur une carte qu'un heiduque à cheval avait portée rapidement à Paris. La levée des scellés n'a donc découvert que ce billet,
portant l'ordre à l'abbé *Georgel*, vicaire de la grande aumônerie, de
brûler les papiers du carton G; ce que cet ecclésiastique avoua avoir
fait. M. de Breteuil lui en adressa de vifs reproches, auxquels il répondit froidement : « Monsieur, j'ai fait mon devoir comme vous le
» faites en ce moment envers le roi. »

Cependant on débattait avec chaleur dans le conseil le mode de
jugement qui serait employé pour un prince de l'Église; car Son Éminence avait déclaré qu'elle ne voulait point recourir à la clémence
du roi, ainsi qu'on lui en avait fait insinuer l'invitation : ajoutant
qu'elle reconnaissait toute l'étendue des bontés de Sa Majesté, mais
qu'elles ne lui étaient nullement nécessaires.

Le clergé approuva la noble détermination du cardinal, mais il
réclama en même temps par une remontrance le droit de juger un
de ses chefs; la cour de Rome intervint pour qu'il comparût devant
une commission de cardinaux; mais on ne s'arrêta point à ces oppositions; et, sur la demande même du prince de Rohan, des lettres
patentes d'attribution, arrêtées dans un grand conseil tenu à Saint-
Cloud, chargèrent le parlement d'instruire le procès du cardinal.

Sur la dénonciation de l'accusé, ou par une autre raison, un exempt
partit bientôt pour Bar-sur-Aube avec l'ordre d'y arrêter une madame *de la Motte*, qui fut honorée des bontés de la reine, et que le
cardinal admit plus intimement encore dans ses bonnes grâces. Cette
dame ne parut nullement effrayée à la vue de l'officier chargé de la
conduire à Paris. Le sieur de la Motte, son mari, montrant la même
assurance, offrit d'accompagner son épouse; ce que l'exempt refusa.
Mais mieux conseillé depuis par la réflexion, cet homme est passé en
Angleterre.

L'histoire de madame de la Motte est singulière : *Valois* de son
nom, elle descend de la maison qui cessa de régner en France avec
Henri III. Cependant cet illustre débris d'une branche royale demandait l'aumône, il y a peu d'années, ainsi que sa sœur cadette;
un frère qu'elles avaient s'était fait matelot pour échapper à cette
vie ignominieuse. La petite de Valois était fort jolie ; elle intéressa
madame de Boulainvilliers, intendante de Paris, qui la vit par hasard.

Le nom de cette infortunée excita surtout l'attention de sa protectrice ; les titres qu'elle conservait dans sa misère furent examinés et
trouvés fort en règle. Madame de Boulainvilliers avait déjà parlé des
Valois en cour lorsque le libertinage effréné de la noble fille obligea
l'intendante à la chasser de chez elle. Galante à la manière de madame du Barry avant son favoritisme, elle rencontra dans le monde
M. de la Motte, qui bientôt unit ses intrigues à sa prostitution en

l'épousant. Grâce à son adresse ce couple si bien assorti parvint enfin à faire retentir le nom de Valois aux oreilles du roi et de la reine ; ils voulurent voir madame de la Motte. Cette jeune femme plut à Marie-Antoinette, et Sa Majesté se l'attacha en qualité de femme de chambre. Louis XVI fit alors expédier un brevet d'enseigne au Valois qui servait sur mer : on l'appelle aujourd'hui le baron de Saint-Remy de Valois ; il est, au moment où j'écris, lieutenant de vaisseau. J'ignore ce qu'est devenue sa jeune sœur.

La faveur de madame de la Motte auprès de la souveraine s'accrut rapidement ; elle était admise au *demi-jour* du petit Trianon. On assure qu'elle ménagea une réconciliation entre la reine et le cardinal de Rohan, tenu longtemps dans la disgrâce de Sa Majesté à cause des rapports désavantageux qu'il avait faits sur elle pendant et depuis son ambassade à Vienne. Quoi qu'il en soit de cette réconciliation, le bruit courut, quelques mois avant l'arrestation du grand aumônier, que madame de la Motte s'était présentée chez un bijoutier nommé Regnier avec une boîte ornée de diamants, et sur laquelle se trouvait le portrait de la reine, décolletée bien au-dessous de la gorge.

D'Alembert.

Elle proposa à cet artiste de placer autrement la miniature sur la tabatière et de l'enchâsser de manière qu'elle put paraître ou se cacher à volonté au moyen d'un secret ingénieux. A qui ce bijou était-il destiné, je ne puis le dire ; mais alors les discoureurs malins ne doutèrent pas qu'il dût être offert au prince de Rohan, de la part de Marie-Antoinette, en signe d'oubli *complet* du passé.

Tandis qu'on emprisonnait madame de la Motte, le cardinal jouissait à la Bastille de la liberté peu ordinaire de recevoir beaucoup de monde ; il traitait souvent sa famille et surtout ses avocats, MM. Turgot, Tronchet et de Bonnières.

J'ai beaucoup parlé du procès dont la France retentit, et je n'en ai point encore expliqué l'objet ; il l'est clairement dans les lettres patentes qui investissent le parlement de sa connaissance. En voici la teneur : « Louis, etc., ayant été informé que les nommés *Bohmer* » et *Bassanges* auraient vendu au cardinal de Rohan un collier de » diamants ; que ledit cardinal, à l'insu de la reine, notre très-chère » épouse et compagne, leur aurait dit être autorisé par elle à en faire » l'acquisition, moyennant le prix d'un million six cent mille livres, » payable en différents temps ; qu'il leur aurait fait voir à cet effet de » prétendues propositions exhibées comme étant approuvées et signées » par la reine ; que ledit collier ayant été livré par lesdits Bohmer » et Bassanges audit cardinal, et le payement convenu n'ayant point » été effectué, ils auraient eu recours à la reine : nous n'avons pu » voir sans une juste indignation que l'on ait emprunté un nom au- » guste et qui nous est cher à tant de titres, et violé avec une témé- » rité aussi inouïe le respect de la majesté royale. Nous avons pensé » qu'il était de notre justice de mander devant nous ledit cardinal ; » et, sur la déclaration qu'il nous a faite qu'il avait été trompé par

» une femme nommée *la Motte de Valois*, nous avons jugé qu'il était » indispensable de nous assurer de la personne dudit cardinal, de celle » de ladite la Motte de Valois, et de prendre les mesures que notre » sagesse nous a suggérées pour découvrir tous ceux qui auraient pu » être auteurs ou complices d'un attentat de cette nature. Et nous » avons jugé à propos de vous en attribuer la connaissance, pour être » par vous jugé le procès, la grand'chambre assemblée. »

En faisant signifier copie de cet acte au prince de Rohan, le roi lui demandait sa démission de grand aumônier. « Sire, répondit le » prisonnier, vous n'aurez cette démission qu'avec ma tête. Ma charge » n'est point une charge domestique ; elle est une des dignités de » l'Etat : une condamnation seule peut me l'enlever. »

Tous les jours l'affaire se compliquait : peu de temps après l'arrestation de madame de la Motte, on s'assura du baron *de Planta*; et le lendemain le comte et la comtesse *de Cagliostro* furent conduits à la Bastille. Un nom vient de tomber pour la première fois de ma plume, je dois quelques détails sur le couple qui le porte. *Cagliostro* naquit à Palerme en Sicile, d'une famille obscure et juive. Ses passions étaient ardentes : la pauvreté lui parut d'un poids insupportable ; et comme il avait de l'adresse, de la subtilité, il se fit comte, afin de s'enrichir à l'aide d'une fausse illustration et d'un charlatanisme habile. Arrivé à Venise, Cagliostro se lia avec une Génoise qui du rang de marquise était descendue, de degré en degré, jusqu'au vil métier de prostituée. Il découvrit sous ses haillons des amorces encore capables de l'aider à faire des dupes : taille svelte, œil hardi, gorge rebondie, haleine pure, voilà pour le physique ; propos libertin, adresse spéculatrice, étourderie calculée, cœur avide de sensations, voilà pour le moral. La Génoise parut une excellente acquisition à Cagliostro ; elle avait été marquise réelle, il la fit comtesse pour rire, et, sur la foi d'un mariage de comédie, ils coururent le monde ensemble.

Les deux intrigants rencontrèrent, dit-on, le comte de Saint-Germain dans le Holstein ; il reconnut en eux l'étincelle de la haute intrigue, et initia, ajoute-t-on, M. et madame Cagliostro aux mystères de son grand art. Les nouveaux adeptes vinrent bientôt à Paris recueillir l'enthousiasme qu'y avait excité jadis leur maître ; ils se mêlèrent, comme lui, de médecine, de chimie, voire même de magie. Tout cela, vu au prisme du public, parut merveilleux au suprême degré ; la réputation du Sicilien devint colossale. Comment en profita-t-il ? c'est ce qu'on ignore, car il ne demandait d'argent à personne. Puisant ses richesses à la source inconnue où Saint-Germain puisait les siennes, il vivait honorablement, payait avec la plus grande exactitude et faisait beaucoup de charités. Bien plus, Cagliostro offrait de faire couler le Pactole chez les personnes qui voulaient bien croire à son pouvoir : c'est ainsi que le cardinal de Rohan, toujours abîmé de dettes, s'était jeté dans les bras de ce charlatan, qui, pour toute récompense, voulait agréger Son Eminence aux sectes des *illuminés* et des *théosophes*, dont il était, disait-il, le grand pontife. Le cardinal se serait fait quaker pour avoir de l'or ; il promit au comte tout ce qu'il voulut s'il se hâtait de lui composer une pierre philosophale propre à payer tout ce qu'il devait, y compris sans doute le collier de Bassanges et Bohmer. Que cette intimité du prince de Rohan et du Sicilien ait été un peu outrée par les faiseurs de nouvelles, je le crois ; toujours est-il qu'elle a paru assez vraie à M. de Crône, lieutenant de police, pour ordonner l'arrestation de Cagliostro.

On se doute bien que, faute de nouveaux détails sur l'affaire du collier, les plaisants s'amusent à tirer des bons mots de cette mine scandaleuse : ils disent que le cardinal *n'est pas franc du collier;* que sa catastrophe est le *dernier coup de collier* de la maison de Rohan, etc., etc.

Maintenant, qui pourra discerner la vérité à travers les mille contradictions qui se croisent sur cette affaire? La réconciliation du cardinal et de la reine est-elle avérée? l'achat du collier en est-il la suite? ce bijou fut-il en effet dans les mains de la souveraine? n'ordonna-t-elle qu'il fût rendu aux joailliers qu'à défaut de payement du premier des engagements souscrits par le prince de Rohan? au lieu d'être rendus à Bohmer et Bassanges, les diamants furent-ils, comme on affecte de le publier, vendus à l'étranger par madame de la Motte et son mari? Ce sont là autant de questions non résolues et qui ne le seront peut-être jamais entièrement. De deux choses l'une, ou le cardinal est un fripon, ou c'est une dupe. Dans l'un ou l'autre cas, on peut être bien assuré que la reine paraîtra pure comme une blanche colombe.

Je dois relater ici, comme simple renseignement, que le collier avait été offert à la reine avant cette intrigue ; qu'elle eût bien voulu l'acheter, mais que le roi s'était refusé à cette acquisition.

L'attention publique commence à s'endormir sur cette sale affaire, d'autres nouvelles l'occupent à la fin de cette année 1785. On parle surtout du mariage de mademoiselle Necker avec l'ambassadeur de Suède, M. le baron de Staël-Holstein. La jeune personne est fort spirituelle : on cite d'elle une foule de bons mots piquants, de réponses heureuses qui annoncent une grande vivacité d'imagination. Quelqu'un lui avait dernièrement dit qu'on trouvait le ton de sa famille un peu grave, un peu réfléchi : « Vous avez raison, répondit-

» elle, mon père songe au passé, ma mère au présent, moi à l'a-
» venir [1]. »

M. le duc d'Orléans ne verra point finir le procès du collier; Son
Altesse Sérénissime est morte à Sainte-Assise le 15 novembre, non
pas avec le soupçou mais avec la certitude que M. Barthès, son médecin, avait avancé le terme de sa vie par une de ces méprises remplies de bonne intention auxquelles la médecine est sujette. Erreur
n'est pas crime; le prince a pardonné au docteur. L'abus de la bonne
chère est bien aussi pour quelque chose dans la maladie de M. le duc
d'Orléans : il était gros mangeur, comme presque tous les Bourbons.
On lui a vu faire de véritables tours de force en ce genre : un jour
il expédia vingt-sept ailes de perdrix à son repas , sans préjudice de
quelques hors-d'œuvre, entremets et pièces de dessert.

Ascension de M. le duc de Chartres.

Le premier prince du sang passait presque toute l'année à la campagne, loin d'un monde qu'il n'avait jamais aimé, parce qu'il n'en
partageait point les travers. Son Altesse Sérénissime ne fut pas
exempte de faiblesses dans l'âge où les passions sont rarement domi-
nées par la raison; mais ses vices ne furent jamais offensifs : on lui
fit beaucoup de mal, elle n'en fit à personne. Revenu de bonne
heure des illusions orageuses de la vie, ce prince offrit sa main à une
compagne aimable, qui comprenait bien son âme douce et calme.
Unis par la sympathie des goûts, comme par celle de l'humeur, Philippe et madame de Montesson cultivèrent les beaux-arts et les en-
couragèrent : leur cour se composa de littérateurs, d'artistes, dont
M. d'Orléans fut le Mécène, et qui se montrèrent d'autant plus re-
connaissants de sa protection, qu'ils la devaient au talent, et non à
de basses flatteries. J'ai compté sur mes doigts tous les princes de la
maison de Bourbon, je n'en ai trouvé aucun qui pût être autre chose
que prince : le duc d'Orléans seul, depuis la mort de M. de Conti,
eût fait un bon citoyen.

Le public ne décernera pas le même titre au contrôleur général
Calonne; j'aurais peine à rapporter toutes les épigrammes qu'on a
faites sur ce ministre à l'occasion d'un léger accident qui lui est arrivé l'une de ces nuits. Pendant qu'il dormait profondément, le ciel
de son lit, détaché subitement, l'a pris sous sa masse, par bonheur

voûtée, comme sous un trébuchet. Le réveil de Son Excellence a été
fort brusque; il a pu cependant saisir le cordon de sa sonnette; on
est venu le tirer de son piége; il en a été quitte pour la peur et deux
copieuses saignées. Le lendemain, il fallait entendre les plaisanteries
des salons sur l'aventure du ciel de lit : *le ciel était juste , c'était un
coup du ciel, un ciel vengeur, un lit de justice.* Et ces calembours font
diversion aux jeux de mots, aux petits vers qu'on débite journellement sur le mur de clôture de Paris , dont l'érection vient de commencer. Le quatrain suivant est ce qu'il y a de moins mauvais sur
ce sujet :

> Pour augmenter son numéraire
> Et raccourcir notre horizon,
> La ferme a jugé nécessaire
> De mettre Paris en prison.

Je lisais hier matin cette boutade rimée à un ami de mon mari.
« En vérité, dit-il avec une gravité comique, il y a des gens qui
» s'amusent de tout dans ce pays; il n'est pourtant pas temps de
» rire, car

> » Le mur murant Paris rend Paris murmurant. »

Par suite de l'instruction du procès de M. de Rohan, d'autres disent d'après une combinaison conçue à Versailles, une demoiselle
d'Oliva fut décrétée de prise de corps le 10 janvier, comme impliquée,
à sa grande surprise, dans l'affaire du collier. Je rapporte textuellement les détails que l'on a découverts ou imaginés sur cette femme.
Son véritable nom est *le Guay*; née à Paris en 1761 d'une famille
honnête mais peu fortunée, elle devint orpheline à l'âge de seize ou
dix-sept ans. Elle avait hérité de ses parents une somme assez considérable; mais ce capital, administré par des mains infidèles, ne
tarda pas d'être compromis, et vers la fin de 1783 il se réduisit à
quatre mille livres. Telle était l'unique ressource de la demoiselle

Je lisais dans ce moment même l'Histoire des hommes illustres, je quitte
mon livre, puisque j'en vois un.

le Guay ; comment suppléait-elle à son insuffisance? On peut l'in-
férer des courses qu'elle faisait journellement au Palais-Royal, soit
seule, soit accompagnée d'un petit enfant qu'une voisine *lui prêtait*.
Ce fut dans ces promenades que cette beauté errante fit la connaissance du comte de la Motte, qui, apparemment frappé de la circonstance que je vais rapporter, conduisit la demoiselle le Guay chez la
comtesse sa femme, comme une personne utile à l'exécution de certain projet. Cette circonstance, c'était une ressemblance étonnante
de l'aventurière avec la reine : les traits du visage, la taille, la tournure, tout offrait une telle conformité, qu'à moins d'une grande habitude de voir Sa Majesté, on ne pouvait que prendre le change.

Après quelques visites, quelques présents même, madame de la
Motte annonce à mademoiselle le Guay que le hasard, ou plutôt sa
bonne étoile, fait qu'elle peut se rendre agréable à la reine; que, pour

---

[1] Madame de Staël a tenu plus qu'elle ne promettait alors : *Corinne* et *Del-
phine* ont ouvert une route nouvelle à l'école romancière. La nature se révèle
dans les pages heureuses de cet écrivain, avec ses formes les plus vraies, les
plus vives, les plus pittoresques, et le sentiment a coulé sous sa plume en traits
de feu. Mais que madame de Staël peigne des sites, des monuments, des portraits, ou qu'elle fasse parler ses personnages, sa verve, en s'exaltant, ne cesse
jamais d'être naturelle. L'auteur de *Corinne* a marqué la limite où doit s'arrêter
l'imagination pour éviter de tomber dans les monstruosités absurdes. Aussi
recherchera-t-on ses ouvrages dans tous les temps; et les livres de nos provoca-
teurs de hoquets seront aussitôt oubliés que lus. Ainsi les efforts convulsifs provoqués par l'émétique s'oublient dès que son action violente a cessé.

ce service, elle recevra quinze mille livres d'abord, et que sa fortune sera dès lors assurée. La pauvre fille, étourdie, émerveillée, répond qu'elle est la très-humble servante de Sa Majesté. Au jour convenu, on la conduit à Versailles sur les dix heures du soir, on l'habille magnifiquement, on lui confie une petite lettre et une rose qu'elle doit remettre, lui dit-on, à un très-grand seigneur qui se présentera à elle dans un bosquet du parc quand minuit sonnera au château. Elle n'aura à prononcer que ce peu de mots : *Vous savez ce que cela veut dire*, en donnant au personnage important et la fleur et l'écrit. Là se bornera sa mission; mais la reine elle-même, cachée dans l'épaisseur d'une charmille voisine, surveillera l'exécution des ordres qu'elle a donnés.

Tout s'exécute ainsi qu'on l'a prévu. La demoiselle le Guay est postée par madame de la Motte dans un bosquet pendant une nuit obscure. Le grand seigneur arrive, s'incline devant la prétendue souveraine, reçoit la rose, entend le mot d'ordre, mais la petite lettre est oubliée. Bientôt la comtesse, témoin caché de l'entrevue, accourt et dit tout bas, mais avec précipitation : *Vite, vite, venez.* L'inconnu, qui était le cardinal de Rohan, s'éloigne avec madame de la Motte, tandis que son mari, qui paraît tout à coup, emmène mademoiselle le Guay. La comtesse rejoignit deux heures après l'aventurière dans un hôtel garni, elle l'assura que la reine était fort contente d'elle, malgré la lettre oubliée, qui par bonheur, lui dit-elle, n'était que d'une utilité secondaire, et qu'on brûla à la flamme d'une bougie.

Cette aventure se passait au mois d'août 1784. Depuis, mademoiselle le Guay, qualifiée *baronne d'Oliva* par ses protecteurs, continua de les voir à Paris et à leur campagne d'Essonne. Elle mangeait souvent chez eux, et en reçut en divers payements un à-compte de quatre mille quatre cent soixante-huit livres sur les quinze mille francs promis... Plus tard, on lui déclara qu'elle ne recevrait pas davantage, et elle cessa de fréquenter les la Motte.

Cependant mademoiselle d'Oliva se croyant lancée dans les vastes régions de la fortune, avait quitté la mansarde qu'elle occupait *rue du Jour*, pour se loger élégamment rue Neuve-Saint-Augustin : un beau mobilier fourni à crédit lui donnait l'apparence d'une femme entretenue du grand ton, et elle en eut quelquefois les aubaines. Mais les échéances de ses engagements arrivèrent avant les ressources qui devaient l'aider à les acquitter, les créanciers devinrent pressants, incommodes, menaçants; il fallut se soustraire à leurs recherches.

Telle était la situation de mademoiselle d'Oliva quand l'affaire du collier fit explosion. Elle était loin de se douter qu'elle eût pris part à cette scandaleuse intrigue, et si elle quitta alors Paris ce fut tout bonnement pour échapper à la vindicte de ses créanciers. Mademoiselle d'Oliva prit le 30 septembre 1785 la route de Bruxelles, où elle vivait paisiblement, lorsque le 16 ou le 17 octobre, au milieu de la nuit, elle fut arrêtée et conduite en prison. Cette fille apprend alors avec étonnement qu'elle se trouve impliquée dans le procès du cardinal de Rohan, dont elle avait à peine entendu parler jusqu'à ce moment. On la transfère à Paris, elle est enfermée à la Bastille, interrogée, entendue ensuite comme témoin judiciaire, et enfin décrétée de prise de corps sur sa déposition, qui eût dû confirmer son innocence.

Voilà sans la moindre altération ce que l'on répand officiellement, mais non pas ce que le public croit. Il n'y a d'admis généralement que la ressemblance de mademoiselle d'Oliva avec la reine; le surplus est regardé par le plus grand nombre des raisonneurs, comme une fable imaginée pour voiler certains détails qui ne peuvent être produits au grand jour. Nous verrons pendant le procès et à sa suite de quel côté se prononcera le caractère de la vérité. Pour mon compte, je ne veux que réunir les éléments de conviction; l'opinion jugera, et son arrêt, quel qu'il soit, sera plus infaillible que celui du parlement.

Une affaire plus grave que celle du collier occupe la France et excite la sollicitude des parlements : c'est la refonte des louis d'or qui vient d'être effectuée par les ordres du contrôleur général. Des remontrances fort vives ont été adressées au roi par les cours suprêmes : celle de Paris surtout a peint avec chaleur les funestes résultats de cette opération financière. Des maux sans nombre peuvent effectivement en découler pour le commerce, forcé de répandre chez l'étranger des pièces altérées dans la refonte, et données cependant pour la même valeur nominale. Rien de plus immoral d'ailleurs que le bénéfice de dix-huit ou vingt millions fait ainsi par le roi sur ses sujets; impôt détourné, dont une forte partie est restée dans les mains qui ont tenu le creuset. Les représentations des parlements sont donc justes, mais elles sont tardives. Il est difficile de savoir gré à ces corps des avis qu'ils donnent au monarque sur une mesure consommée, et dont tous les inconvénients sont déjà réalisés. On ne voit dans leur démarche que le projet stérile de critiquer le contrôleur général et de lui attirer des reproches de la part du roi et de la nation.

On s'aperçoit bien que M. de Calonne a mis la main à la pâte dans la grande manipulation d'or qui vient de s'opérer, et madame le Brun, sa maîtresse, en a reçu quelques rognures. Ce ministre donna pour étrennes à cette belle artiste plusieurs poignées de pis-

taches en papillotes, la prévenant qu'il fallait ménager les enveloppes. Il lui remit dans le même temps une bonbonnière pour mettre ces pistaches : elle était d'or et richement ornée de diamants. En ouvrant la boîte, madame le Brun la trouva remplie de louis neufs, et les papillotes étaient autant de billets de la caisse d'escompte. Le tout est évalué à cinquante mille livres. Madame le Brun peint en ce moment une Danaé : les mauvais plaisants assurent qu'elle la fait devant son miroir.

Du reste, les rognures de la pâte ont été telles, dit-on ouvertement, que la reine a pu *nettoyer* ses dettes criardes, redorer un peu les coffres autrichiens, et fournir au comte d'Artois le moyen d'acquitter pour quatre cent mille livres environ de nouvelles dettes de jeu.

Enfin le fameux procès du collier est terminé : le parlement a rendu son jugement, celui du public l'a suivi de près, et les deux juridictions sont loin d'être d'accord. M. de Fleury, procureur général, fortement influencé par le baron de Breteuil, ennemi du prince de Rohan, avait lancé des conclusions foudroyantes contre ce seigneur. Elles furent reçues avec indignation par la cour elle-même : M. de Barillon, conseiller, s'écria que « ce n'étaient point les con- » clusions d'un procureur général, mais bien celles d'un ministre qu'il » n'était pas difficile de reconnaître. » M. Séguier, avocat général, parla dans le même sens, avec de vives personnalités adressées à M. de Fleury. Je ne sais jusqu'à quel point messieurs avaient le droit de se révolter contre cette partialité du parquet, quand il était de notoriété publique qu'ils avaient reçu les dépositions de Bohmer et Bassanges, de diverses personnes appelées en témoignage, et beaucoup d'autres pièces du procès telles qu'il avait plu à la cour de Versailles de les faire libeller. Après de longs débats, le parlement a prononcé un arrêt portant que :

Le cardinal est purement et simplement déchargé de toute accusation.

Madame de la Motte est condamnée à faire amende honorable la corde au cou, à être fouettée en place publique, marquée sur les deux épaules, et mise à l'hôpital pour le reste de ses jours.

Le sieur de la Motte, contumax, est condamné aux mêmes peines que sa femme.

Le sieur Planta de Villette est banni à perpétuité.

Le comte de Cagliostro est déchargé de toute accusation.

Et mademoiselle d'Oliva est mise hors de cour.

Les Mémoires de madame de la Motte contre le cardinal et le comte de Cagliostro sont supprimés.

Ce jugement a été accueilli par la joie universelle d'un nombreux auditoire : tout le monde connaît l'immoralité du cardinal de Rohan; mais, dans cette affaire, toutes les préventions lui étaient favorables, soit par la puissance de la vérité, soit par la conscience des fraudes qui avaient été employées pour détourner sur lui une partie de l'orage, au mépris de l'équité. Quant à madame de la Motte, quelle qu'ait été la destination primitive du collier il est bien évident qu'elle et son mari en ont fait vendre en définitive les brillants à leur profit. Ces fripons n'inspirent donc aucun intérêt, et n'en méritent point, en effet, sous quelque influence qu'ils aient agi.

Le baron de Breteuil se promettait du moins une petite satisfaction en venant demander au cardinal la démission de sa charge de grand aumônier deux heures après que le prince eut quitté la Bastille; mais le ministre fut encore trompé en cela : M. de Rohan l'avait déjà prévenu, et Breteuil ne put que lui annoncer que le roi l'exilait à la Chaise-Dieu. Le public cria à la tyrannie, et pour cet exil et pour le retrait de la grande aumônerie; le *vox populi* avait tort sur ce dernier point : on ne peut disconvenir que Louis XVI, de quelque manière qu'il entendît l'affaire du collier, devait être fort mécontent du cardinal.

Cependant madame de la Motte était toujours à la Conciergerie, ignorant l'arrêt terrible prononcé contre elle, et ne pouvant communiquer avec personne, pas même avec ses conseils. Un sombre désespoir la consumait : durant une violente attaque de nerfs, elle avait voulu se briser la tête avec son pot de nuit. Depuis lors, elle était gardée à vue, le jour par un guichetier, et le soir deux femmes couchaient dans sa chambre. Telle était la situation de cette condamnée, lorsque, le mardi 20 ou 21 juin, on la prévint que le lendemain matin elle sortirait et qu'elle eût à se tenir habillée pour six heures. « Comment, demanda-t-elle, dois-je être vêtue? — *Simplement*, » lui répondit-on.

En effet, à l'heure indiquée, on vint prendre madame de la Motte. A peine était-elle sortie de la prison que des gardes l'entourèrent et l'entraînèrent au pied de l'escalier du palais, où son arrêt fut lu devant elle. A l'énoncé des peines horribles qui l'attendent, elle devient furieuse, se jette à terre, réduit ses habits en lambeaux, et déclare qu'elle se fera plutôt mettre en pièces que de subir un semblable traitement. Six bourreaux se sont emparés de cette infortunée; elle se défend, se débat, se glisse longtemps hors de leurs bras robustes. Enfin le principal exécuteur la saisit, et, soulevant ses débris de vêtements, imprime les stigmates de la justice sur ses cuisses souillées de boue et déjà meurtries par de brusques étreintes. Pendant cette fustigation, un second bourreau, malgré les soubresauts convulsifs de la condamnée, parvient à la marquer sur une épaule; mais le fer brûlant ne fait qu'effleurer l'autre avec ce bruit léger que produit un corps gras en fondant. A travers les hurlements que madame de la Motte poussait pendant l'exécution, on entendit distinctement ces mots : « C'est ma faute si j'éprouve cette ignominie, je n'avais qu'à » dire un mot et j'étais pendue... » Puis elle ajouta avec des sanglots de rage : « Voilà donc le respect que l'on porte aux Valois ! »

Jetée sanglante, échevelée, à peu près nue dans un fiacre qui doit la conduire à l'hôpital, madame de la Motte réussit à ouvrir une portière et va se faire broyer sous les roues, lorsque ses gardiens la ressaisissent. Arrivée à la Salpêtrière, elle se précipite sur son lit le visage en bas; bientôt on s'aperçoit qu'elle s'est enfoncé profondément dans la gorge un pli de la couverture... Une seconde plus tard, elle allait étouffer.

La flétrissure d'une descendante des rois de France, les angoisses d'une femme, voilà jusqu'à ce moment tout le payement qu'ont obtenu les joailliers Bœhmer et Bassanges, je n'ai pas entendu dire qu'on s'occupât de leur tenir compte autrement du prix de leur collier de seize cent mille livres; et non-seulement le nom de la reine est mêlé dans cette honteuse affaire, mais personne à coup sûr ne pourrait affirmer que ce bijou n'ait pas été acheté pour elle... En vérité, les rognures de certaine refonte de louis n'auraient pas été mal employées, même quand elles l'eussent été gratuitement, si on les eût fait servir à étouffer ce scandale sous le poids du million et demi.

Dans le procès dont je termine le récit, la friponnerie s'est produite sous son aspect le plus hideux; et les formes sont à considérer, même en fait de vol. Or personne ne procédait avec plus de politesse que le fameux *Poulailler*, qui vient d'être obscurément pendu malgré la gentillesse de ses manières. Ce voleur, dont la célébrité date de trois ans, exerçait particulièrement dans les fermes, ce qui lui avait fait donner le sobriquet de *Poulailler*. Dans ses visites nocturnes, ce brigand, ami de la justice distributive, ne dépouillait ses contribuables forcés que de leur superflu; jamais, dit-on, il ne lui arriva d'attenter au nécessaire, et souvent il le complétait de ce qu'il avait enlevé ailleurs. Mais les grands prévôts de la maréchaussée, peu sensibles aux bons offices d'un tel niveleur de fortunes, le faisaient poursuivre avec persévérance; il fut pris, il y a six mois, avec son secrétaire et son valet de chambre. *Poulailler*, qui sortait d'une fête donnée par un intendant de province, avait un habit de cour magnifique sous le manteau dont il s'enveloppait.

Le procès de cette notabilité des grands chemins a duré près de cinq mois, aucune preuve convaincante ne s'élevant contre lui. Pendant cette longue instruction *Poulailler* était devenu un objet de spéculation pour les geôliers, qui prenaient dix sous par personne pour le montrer aux amateurs dans sa prison du Châtelet. Enfin il a été condamné à la potence; mais le public admirateur n'a pas été satisfait de sa fin. Ce beau caractère s'est démenti au moment suprême. Poulailler est mort en homme vulgaire et sa renommée lui survivra peu.

Cherbourg, par sa position, semblait depuis longtemps attendre un établissement maritime capable de protéger les côtes de la Normandie, et de les mettre à l'abri des insultes qu'elles ont reçues plus d'une fois de l'Angleterre, faute d'avoir pu offrir un abri sûr aux escadres d'une certaine importance. Louis XVI s'est enfin occupé, avec quelque persévérance, de cette utile fondation. Il s'agissait d'établir une rade factice qui pût faire dans ces parages ce que la nature n'y a point fait : c'est-à-dire, arrêter par des obstacles artificiels les efforts d'une mer irritée, et défendre les vaisseaux à l'ancre sous le canon de Cherbourg. On a imaginé à cet effet de faire enfoncer, la pointe en bas, dans les sables, des *cônes* composés de fortes pièces de charpente, et propres à être remplis ensuite avec de la maçonnerie. D'un enchaînement de cônes ainsi disposés, se formera l'enceinte de la rade projetée; c'est contre leur masse indestructible que viendront se briser les flots. Ce travail, bien autrement ingénieux que la fameuse digue de La Rochelle, dont le cardinal de Richelieu s'attribua faussement l'invention, sera bientôt assez avancé pour remplir le but qu'on s'est proposé, et déjà des vaisseaux de guerre sont abrités derrière les *cônes* au grand dépit de nos voisins d'outre-mer.

Le roi a voulu voir cette année les travaux de Cherbourg; il s'est rendu dans ce port à la fin de juin, avec plusieurs courtisans et ses ministres de la marine et de la guerre.

Le roi arriva à Cherbourg vers onze heures du soir, ce qui ne l'empêcha pas de s'embarquer le lendemain, à quatre heures du matin, pour voir placer un cône préparé à l'occasion du voyage de Sa Majesté. Après l'opération, dont le monarque avait suivi tous les détails, il se rendit au milieu de l'escadre d'évolution, commandée par le comte Albert de Riom. Cet amiral fit pavoiser à l'instant; sa flotte salua ensuite le roi de ses bordées de tribord et de bâbord. Sa Majesté monta sur le vaisseau *le Patriote*, où elle se fit rendre compte de tous les détails du service; après quoi un magnifique déjeuner lui fut offert sur la dunette, au bruit d'une musique harmonieuse. Au dessert, toute l'artillerie de la rade couvrit la santé du roi portée par l'amiral.

Louis XVI revint à terre enchanté de son excursion maritime, seule, dit-on, qu'un roi de France ait faite depuis Louis XIII. Au milieu de la population qui couvrait la plage au moment du débarquement de Sa Majesté, elle aperçut M. de la Fayette donnant l'exemple des acclamations. Le roi prit le général par la main, et l'emmena ainsi jusqu'au quartier royal établi dans une abbaye. Au retour Sa Majesté reçut dans son carrosse l'ami de Washington, les maréchaux de Ségur et de Castries, et M. le duc de Liancourt [1], grand maître de la garde-robe.

Une brillante étoile vient de tomber dans le nord de l'Europe : Frédéric le Grand repose sous les marbres de Potsdam. Tout est dit sur la réputation militaire de ce monarque : elle est grande comme le monde, et cette épitaphe lui convient : *Hic cinis, ubique fama* (Sa cendre est ici, sa renommée est partout). Mais la gloire de ce héros ne parviendra pas sans mélange à la postérité : il fut trop indépendant de cette bonne foi qui devrait se retrouver dans le cœur des rois, si elle avait disparu du sein des sociétés. Les qualités littéraires de Frédéric ont été proclamées sublimes : ouvrez les livres de cet écrivain couronné, vous aurez souvent pitié de l'auteur et de ses panégyristes. Tout ce qu'on a coutume d'appeler ses œuvres philosophiques est d'une médiocrité déplorable; les vers surtout sont de la véritable poésie de confiseur. Mais les compositions historiques de ce prince ne sont pas dépourvues d'intérêt : ses *Mémoires pour servir à l'histoire de la maison de Brandebourg* et son *Histoire de la guerre de sept ans*, à part quelques infidélités, méritent d'être consultés; ils resteront. Frédéric le Grand meurt à l'âge de soixante-quatorze ans; Frédéric-Guillaume lui succède au trône.

Une réputation moins brillante, mais plus pure, que celle de Frédéric, a mérité un buste en marbre au marquis de la Fayette dans un âge où les hommes vulgaires ne songent guère qu'à se faire peindre en miniature pour leurs maîtresses. Ce buste a été exécuté double par M. Houdon, sur la commande des Etats de Virginie : l'une des copies leur a été envoyée; l'autre vient d'être inaugurée, avec un cérémonial touchant, dans une des salles de l'hôtel de ville. Cet honneur peu ordinaire a de nouveau excité la jalousie de nos talons rouges, qui veulent absolument que la Fayette ne soit devenu un héros que par occasion.

On parle beaucoup en ce moment d'un trait dans lequel se réfléchit tout entier le caractère de Louis XVI : la reine ayant suivi la dernière chasse au cerf que le roi fit à Fontainebleau se plaignait à Sa Majesté qu'elle n'avait pas bien vu l'animal, parce qu'un paysan, qui traversait la forêt avec son âne, l'avait obligée de se détourner. « Le » misérable! s'écria le monarque, il faut le punir pour avoir si peu » respecté les plaisirs de sa souveraine; qu'on l'arrête, et qu'on le » jette en prison. » A l'instant, les piqueurs courent après ce malheureux, le saisissent, le frappent, et l'attachent à un arbre, en attendant qu'on puisse le livrer à la maréchaussée. Cependant le roi passe au moment où l'on se livrait à ces excès sur l'innocent campagnard, et demande ce que cela signifie. Un gentilhomme lui répond que l'on exécute les ordres de Sa Majesté. « Ah! l'horreur! dit le monarque » avec explosion, fallait-il obéir à mon premier mouvement de colère! » qu'on détache ce pauvre homme et qu'on lui donne dix louis. » Voilà bien Louis XVI : brusque jusqu'à la férocité dans les premiers élans d'humeur, mais foncièrement bon, humain, bienveillant... Par malheur, Sa Majesté veut mesurer seule les témoignages de sollicitude qu'elle dispense à ses sujets.

J'apprends toutefois, à l'instant, une nouvelle qui prouve que le roi songe à se relâcher de ses idées absolues : hier, 30 décembre, en sortant d'un grand conseil, Sa Majesté a déclaré qu'elle venait de prendre la résolution d'assembler les notables du royaume. Cette détermination est sage : c'est dans ces assemblées que se retrempent les monarchies, et l'on doit convenir que la nôtre est bien détrempée. Sous Charlemagne, on dut à de telles réunions les lois fondamentales du royaume; plus tard, elles ont fait place aux états généraux, et postérieurement encore on a revu des assemblées de notables. La dernière s'est tenue en 1626 : Richelieu voulait connaître alors l'esprit de la France; il le connut ainsi, et sut tisser ensuite le vaste réseau dans lequel il enlaça tous les ordres de l'Etat. Le congrès national qui se prépare, et dont Calonne a, dit-on, sollicité la convocation, se réunira sous d'autres auspices : il est à craindre que ce ne soit une mesure *in extremis*, et que nos gouvernants n'appellent les notabilités de la France que pour leur demander un fil d'or propre à les tirer du labyrinthe dans lequel ils se sont témérairement enfoncés.

L'ouverture de l'assemblée paraît être fixée au 21 ou 22 février

---

[1] Mort en 1827. M. le duc de Liancourt fut une des premières et des plus nobles illustrations de notre révolution, qu'il traversa sans mériter un reproche. Protecteur ardent de l'industrie, cet homme de bien consacra une partie de sa fortune à féconder les essais, à propager les découvertes utiles. Il s'inscrivit au nombre des membres de cette courageuse opposition lorsqu'une faction servile commença à favoriser la monarchie qui tendait à ramener le règne du *bon plaisir*. Les séides de l'absolutisme s'en vengèrent sur la dépouille mortelle de ce bienfaiteur de l'humanité : on n'a point oublié la scène scandaleuse qui se passa à l'Assomption lors de la cérémonie funèbre de M. de Liancourt.

1787 ; cent quarante personnes environ y siégeront. On choisira les notables parmi les plus éclairés, mais surtout les plus qualifiés de la noblesse, du clergé, de la magistrature et de la bourgeoisie des principales villes ; les présidents et procureurs généraux des cours souveraines seront aussi convoqués.

On ne se doute encore guère, dans le public, de l'importance d'une assemblée de notables, et sa proximité ne fait qu'une légère diversion aux importantes superfluités qui remplissent la vie de nos courtisans. Cette année, trois succès remarquables, obtenus au Théâtre-Français et à la Comédie-Italienne, ont fourni un aliment agréable aux plaisirs de la capitale : je dois dire quelques mots de ces nouveautés. *L'Inconstant*, comédie en cinq actes et en vers, est le début dramatique d'un jeune poëte nommé *Collin d'Harleville*, qui ne se révéla jusqu'ici que par des pièces fugitives insérées dans les recueils périodiques. Cette pièce fut jouée en 1784 sur le théâtre de la cour, à Fontainebleau ; elle produisit alors peu d'effet. L'ouvrage a été beaucoup amélioré depuis ; les comédiens, un peu influencés, il est vrai, par les protections que l'auteur a su trouver auprès de la reine, ont reçu cette composition, et ils auront à s'en féliciter. *L'Inconstant* a été accueilli par le public parisien avec de vifs témoignages de plaisir : c'est en effet une comédie de bon goût, spirituelle et versifiée d'une manière aussi originale que séduisante M. Collin d'Harleville prendra rang parmi nos poëtes dramatiques. L'auteur, demandé à grands cris, a montré, avec une répugnance facile à concevoir, la plus laide figure du monde. Heureusement il ne s'agissait pas de son visage, mais de sa pièce ; on l'a couvert d'applaudissements. On disait tout bas : « Ce vilain homme-là a fait une bien jolie comédie [1]. »

Euphrosine et Coradin, opéra de M. Hoffmann [2], musique de Bruni, n'obtient pas moins de vogue que *l'Inconstant*. Le *poëme* est peut-être le premier parmi les ouvrages représentés à la Comédie-Italienne qui soit digne de ce nom. L'auteur a saisi le véritable type qui convient à l'opéra-comique considéré comme œuvre littéraire : il y a dans sa pièce des caractères vrais, des situations heureuses, un dénoûment naturel et pourtant plein d'effet. La musique renferme de beaux morceaux.

Nina ou la Folle par amour est un petit acte fort joli de MM. Marsollier et Dalayrac ; mais le brillant succès qu'il obtient est dû en grande partie au jeu de madame Dugazon. Le délire de cette actrice est rempli de séduction et d'entraînement. Que de spectateurs entrés raisonnables dans la salle en sortent fous des charmes de la charmante insensée ! Heureusement elle n'est point cruelle dans son égarement, et ses charmes, comme la lance d'Achille, guérissent promptement les blessures qu'ils ont faites.

Les hommes nous plaisantaient sans pitié il y a quelques années sur les *poufs au sentiment ;* nous avons beau jeu aujourd'hui a prendre notre revanche avec les *boutons et les gilets à sujets*, dont la mode est dégénérée en extravagance. Dans des boutons larges comme des écus de six livres on voit des portraits de fantaisie, des animaux, des sites champêtres, des objets d'histoire naturelle. D'autres offrent des camées, des statues antiques, les bustes des douze Césars. J'en ai vu qui représentaient les *Métamorphoses* d'Ovide, et l'on assure qu'un cynique déhonté promène impudemment sur ses boutons les trente figures de l'Arétin. Une galanterie moins crue fait porter à nos jeunes gens romanesques le chiffre de leurs maîtresses en filigrane d'or : il en est même qui, au moyen d'une lettre placée sur chaque bouton, portent le nom entier de la dame de leurs pensées écrit sur la poitrine. Enfin les élégants du jour sont autant de musées ambulants qui provoquent la curiosité des étrangers, surpris que la mode puisse dominer jusqu'à ce point la raison. Les gilets à sujets présentent un spectacle plus grotesque encore : tous les ventres sont couverts des *Fables de la Fontaine*, des scènes du *Mariage de Figaro*, de *Richard Cœur de lion*, de *la Folle par amour*. Sur des protubérances abdominales rebondies on admire des vendanges, des régiments de cavarie défilant à la parade, des chasses avec tout leur attirail, et mille autres épisodes de la vie, selon le goût favori de l'amateur. M. de la Reynière, qui serait bien fâché de le céder à personne en fait de bizarrerie, vient de commander à Lyon tout le répertoire de la Comédie-Française en devants de gilets : cette collection fera époque ; il y aura, dit-on, une pièce pour chaque jour de l'année, et nos auteurs dramatiques vivants s'intriguent beaucoup, à ce qu'on assure, afin de figurer les premiers sur le ventre de cet original.

---

[1] Collin d'Harleville était fils d'un procureur de Chartres, il exerça quelque quelque temps la profession d'avocat dans cette ville ; mais il avait la passion des vers et de la comédie, il jeta pour s'y livrer la robe de palais aux orties. Les brillantes espérances que ce poëte faisait concevoir en 1786 se sont réalisées : *l'Optimiste*, les *Châteaux en Espagne*, le *Vieux Célibataire*, qui suivirent *l'Inconstant*, ont pris rang parmi les meilleures pièces de notre répertoire. Collin d'Harleville avait décliné dans *le Vieillard et les Jeunes Gens* et dans *la Querelle des deux frères*, ouvrages qui ne furent joués qu'après sa mort. Cet écrivain mourut en 1806, âgé de cinquante-un an. Il était membre de l'Institut.

[2] M. Hoffmann, a qui l'on peut reprocher au théâtre un peu de manière et de recherche, s'est placé au rang de nos premiers écrivains dans la littérature critique. Il mourut en 1828.

CHAPITRE VI.
1787.

Les nuages qui se forment à l'horizon politique n'arrêtent ni l'essor de la folie, comme on l'a vu à la fin de ma chronique de 1786, ni les aventures galantes, ainsi qu'on va le voir par l'anecdote qu'on m'a racontée ce matin. Depuis quelque temps madame de Courville est pour M. de Montbarrey le pâté d'anguilles de la Fontaine. Ce seigneur voulant varier un peu dernièrement des offres à madame Desmahis, courtisane agaçante et jolie. Le prince n'est point un Antinoüs ; ses propositions furent rejetées. Il éleva son tarif ; refus nouveau. Enfin le pont d'or qu'il montra en perspective à la dame l'ébranla légèrement : elle lui demanda le temps de la réflexion.

Il s'agissait effectivement d'une difficulté à vaincre : madame Desmahis était la *maîtresse* de mademoiselle Raucourt ; il fallait qu'elle se concertât avec cet amant femelle pour avoir la permission de spéculer dans les domaines ordinaires de l'amour. En attendant, et pour se rendre les réflexions de la belle plus favorables, M. de Montbarrey fit pleuvoir chez elle les bijoux, l'or, l'argent. Le tout fut reçu ; mais pas un mot de la beauté indécise. Soit impatience, soit soupçon, le magnifique amant voulut connaître son sort. Un soir qu'il revenait de souper en ville, il fait arrêter son carrosse à la porte de madame Desmahis et monte chez elle : une femme de chambre dit au prince que sa maîtresse n'est pas visible, qu'un mal de tête affreux la tourmente et qu'elle essaye de reposer. Mais il y a dans tout cela un air d'embarras qui perce : l'ex-ministre, persuadé qu'on le trompe, force la consigne, arrive au lit de la dame et en tire les rideaux en homme qui a payé déjà le droit de ne pas se gêner. Que devient-il à l'aspect d'une tête coiffée d'un bonnet de nuit d'homme à côté de la charmante figure de la courtisane ! Montbarrey entre en fureur, peut-être va-t-il promener sa canne sur une double paire d'épaules, lorsque l'individu à la coiffure masculine saute du lit... Le gentilhomme irrité reconnaît mademoiselle Raucourt. « Mon prince, s'écrie-t-elle, » voyez à qui vous avez affaire : je ne suis que le juge de *la Femme » juge et partie* ou le dragon du *Jaloux* de Rochon. Comme tel, je ne » suis pas mal sous les armes : il ne tient qu'à vous de m'y voir ; car » madame est mon amante, et je n'abandonne pas ainsi ma con-» quête. » A ces mots le galant désenchanté, détournant les yeux des charmes hérétiques que lui abandonne l'amazone, apostrophe avec dédain madame Desmahis. « Je vois bien, lui dit-il, qu'il faut renon-» cer à votre conversion : adieu. Je suis accoutumé d'être dupe, » mais je ne m'attendais pas à l'être de cette manière. Continuez de » vous livrer à votre folle ivresse. » Et sans faire le moindre bruit le prince a quitté la chambre de la perfide avec ce calme stoïque, cette noble dignité dont il fit preuve naguère en déposant la pompe ministérielle.

La faveur de la duchesse Jules de Polignac paraît avoir éprouvé une grande atteinte, dont il est difficile de connaître au juste le motif ; car on ne peut le trouver dans l'avis tardif donné à la reine par cette gouvernante des enfants de France d'une incommodité survenue à M. le duc de Normandie. Néanmoins, comme cet accident pouvait être pris pour prétexte, Sa Majesté en a fait de vifs reproches à la duchesse, qui s'est excusée sur ce qu'elle avait voulu ménager la sensibilité maternelle de sa souveraine. Mais madame Jules n'a nullement pris le change : elle s'est convaincue, peut-être à des signes inconnus du public, qu'elle avait perdu les bonnes grâces de la reine et a demandé sa démission. Elle n'a pas été acceptée ; pourtant Marie-Antoinette n'a fait aucun retour sur sa conduite sévère envers madame de Polignac. Cette dame a supporté plusieurs fois, il est vrai, des intervalles de froideur de la part de son illustre amie pendant la faveur passagère de la Montansier, de la comtesse d'Ossun, de la demoiselle d'Orvat et même de madame de la Motte, qui ont apparu tour à tour dans les affections de Sa Majesté ; mais elle traitait toujours avec douceur, avec égard la duchesse. Jamais cette princesse n'avait cessé depuis quatre ans d'aller dîner et souper chez sa favorite ; ne se mettant que pour la forme à la table du roi, sans même déployer sa serviette. On ne saurait concevoir comment après une telle intimité l'attachement de la reine s'est démenti jusqu'au point de parler avec dédain, avec dureté à la gouvernante des enfants de France. Peut-être le temps répandra-t-il quelque lumière sur cet étrange refroidissement d'une tendresse plus étrange encore.

Cependant les notables, arrivés à Versailles dès le 4 février, ont été présentés le 6 au roi, savoir : les premiers présidents et procureurs généraux des parlements et cours souveraines par le garde des sceaux, les élus des états généraux par divers ministres, les maires des villes par le baron de Breteuil. Peu de jours après tous les nobles ont reçu leurs lettres définitives ; l'assemblée s'est ouverte le 22 du même mois de février. Le roi avait composé lui-même le discours qu'il devait prononcer dans cette occasion, et Sa Majesté s'était absolument refusée à le montrer à *Monsieur* malgré la prière de ce dernier. « Non, vous ne la verrez pas, avait dit Louis XVI, vous » voudriez me corriger, mettre dans mon discours des fleurs de rhé- » torique ; il en deviendrait plus brillant, mais ce n'est pas ce que » je désire. Je ne veux parler que d'après moi seul à la nation et » qu'elle sache au vrai ma façon de penser et de sentir pour elle. »

Le 22 Louis XVI, après avoir entendu la messe dans sa chapelle, s'est rendu à l'hôtel des Menus, où les notables étaient assemblés. Sa Majesté avait dans son carrosse *Monsieur*, M. le comte d'Artois, le nouveau duc d'Orléans, le prince de Condé et le duc de Bourbon. Le prince de Conti et le duc de Penthièvre s'étaient rendus directement à l'assemblée, ainsi que les ministres. Parmi ces derniers on remarquait M. le comte de Montmorin, nouveau secrétaire d'État des affaires étrangères par la retraite de M. de Vergennes. Le roi, après avoir pris place sur le trône et s'être couvert, a dit : « Messieurs, je » vous ai choisis et assemblés comme le faisaient les chefs de ma » branche, dont vous aimez la mémoire et que je me plais à imiter. » Mes projets sont grands et importants : il s'agit à la fois de soula- » ger le peuple, d'augmenter le produit de mes finances et de dimi- » nuer les entraves du commerce. Je me suis fixé sur ces objets, » parce que j'en ai reconnu la nécessité ; mais j'écouterai les *obser-* » *vations* que vous me ferez, et je les pèserai exactement. J'espère » que vous concourrez tous au même but, qui est le bien de l'État. »

Le garde des sceaux ayant pris la parole après Sa Majesté a exposé sommairement ce que le roi a fait depuis son avènement au trône pour la magistrature, le commerce et l'agriculture. Puis il a ajouté que douze années d'expérience lui avaient appris ce qui lui restait à faire pour les finances ; point délicat que M. le contrôleur général était chargé d'exposer avec détail à l'assemblée.

En effet, M. de Calonne, lisant un volumineux cahier, a dit : « Sa » Majesté a pris la peine de faire elle-même un travail très-considé- » rable sur les finances, d'où il résulte, après les encouragements » donnés au commerce, à l'industrie, à l'agriculture, que la recette » est en déficit, par rapport à la dépense, de quatre-vingts millions » chaque année. Ce déficit a crû d'année en année depuis l'avène- » ment du roi au trône par des circonstances impérieuses et forcées. » Comment sortir d'un état si désastreux ? Les emprunts ne présen- » tent qu'une ressource momentanée, qui, loin de remédier au mal, » ne fait que l'aggraver. L'augmentation des impôts tels qu'ils exis- » tent est absolument impraticable. L'économie elle-même n'offre que » des ressources insuffisantes et ne peut être considérée que comme » un moyen accessoire. C'est donc dans la réforme des abus que le » roi a aperçu des ressources vraiment grandes et dignes de lui. Il » était réservé à un jeune monarque de méditer et d'exécuter une si » noble entreprise. Sa Majesté a cru devoir établir d'abord une rela- » tion intime entre toutes les classes de ses sujets. Elle se propose » dans cette vue d'étendre à toutes les provinces de son royaume l'é- » tablissement des administrations provinciales et de leur donner une » nouvelle forme. Chaque communauté, chaque paroisse aura son re- » présentant ; ces représentants formeront une assemblée de *district* » et les députés de chaque district composeront l'assemblée provin- » ciale, qui fera parvenir la vérité au roi.

» Les *vingtièmes* seront annulés et à leur place il sera établi un » *impôt territorial* qui sera payé par toutes les classes indistincte- » ment. Le clergé, la noblesse seront soumis au droit ; et pour pro- » curer au clergé une sorte de compensation le roi lui donnera les » autorisations nécessaires et lui indiquera un plan pour le rembour- » sement de ses dettes. La *capitation* des nobles sera supprimée ainsi » que la taille arbitraire, qui sera convertie en impôt réel. Il y aura » exportation libre des grains à l'étranger, allégement de la gabelle, » aliénation de la partie utile des domaines et suppression ou modé- » ration de plusieurs droits à la charge du commerce. »

Ces bases de délibération posées, M. le garde des sceaux a annoncé que l'assemblée des notables se diviserait en sept bureaux pour l'examen des objets sur lesquels le roi se proposait de *consulter* cette assemblée et que chacun des bureaux serait présidé par un prince du sang.

Les débats ont été longs dans l'assemblée des notables sur les divers sujets posés par Sa Majesté. D'abord les députés ont demandé avec force de connaître la situation des finances et l'étendue des besoins avant de *consentir* à l'impôt et surtout d'en fixer la quotité et la durée. Le bureau de *Monsieur* ne voudrait pas que la noblesse et la magistrature fussent exemptes de la capitation qu'on offre de leur remettre, mais que ce sacrifice de leur part tournât au profit de la partie la plus indigente des sujets. Les grands seigneurs s'opposent en général à l'impôt territorial en nature, parce qu'ils sont dans l'usage de *s'abonner* et échappent ainsi à une répartition égale. Enfin les archevêques d'Aix et de Narbonne, prêtres bien plus que Français, se sont élevés avec chaleur contre l'assujettissement du clergé à l'impôt ; mais la majorité de l'assemblée est contraire à l'opinion intéressée de ces prélats.

Le roi, qui demandait des *avis*, ne s'attendait nullement à des *discussions* fondamentales : l'honnête monarque veut le bien, mais il prétend le mesurer lui-même ; et s'il appelle à Paris des députés *de son choix*, c'est pour faire approuver et non pas contredire ses vues. Les Bourbons n'ont jamais entendu différemment leurs droits : des parlements, des notables, voire même des états généraux tant qu'on voudra, pourvu que ces corps *conseillent* le souverain dans le sens de ses projets. Louis XVI comptait que tout irait ainsi, et qu'on lui saurait gré de ses vues populaires. Sa Majesté est donc fatiguée des débats que messieurs les notables se sont permis, et se montre de fort mauvaise humeur des airs d'opposition qu'ils se donnent. Du reste, les *bureaux* ennuient la plupart des princes : l'un de ces jours M. de Conti a même quitté sans façon sa présidence pour aller à la chasse. Le roi lui en ayant fait des reproches, Son Altesse a répondu qu'elle avait la tête fatiguée ; et que la dissipation lui était recommandée par ses médecins, qui se connaissaient mieux à sa santé qu'il ne se connaissait, lui, à celle des affaires publiques.

Les plaisants, prompts à s'emparer de tout pour en faire le jouet de leur frivole imagination, se sont amusés à qualifier les comités d'après le caractère ou les discours des princes qui les président. Ils appellent celui de *Monsieur*, le *comité des sages* ; celui du comte d'Artois, le *comité des francs* ; celui du duc d'Orléans, le *comité des ladres* ; celui du prince de Condé, le *comité des faux* ; celui du duc de Bourbon, le *comité des ingénus*, celui du prince de Conti, le *comité des nuls* ; celui du duc de Penthièvre, le *comité des plats*.

On pense bien que notre jeune noblesse de cour ne voit pas avec un grand plaisir MM. les notables, fort peu disposés en général à favoriser les privilèges qu'elle affectionne. Les élégants de l'OEil-de-bœuf se vengent autant qu'ils peuvent en moqueries de ces *délibérants*, assez peu révérencieux pour oser invoquer l'*égalité* des droits nationaux. Hier la femme d'un maire, qui a profité du voyage de son mari à Paris pour visiter cette capitale, a été le plastron d'une facétie que je rapporte. L'honnête provinciale, apparemment revêtue de sa robe de noces confectionnée sous le ministère du cardinal de Fleury, se promenait dans la galerie, dont cette vénérable parure balayait noblement le parquet. A l'aspect de ce gothique accoutrement, un groupe d'étourdis s'attache aux pas de la vieille dame, et se répand en persiflages, en rires sardoniques. L'un de ces fous, le jeune prince de Léon, plus extravagant encore que les autres, se met à genoux derrière la dame si grotesquement parée, et semble se tenir en adoration devant sa robe.

« Que désire monsieur ? demande brusquement la femme du maire.

— Madame, j'admire votre robe.

— Monsieur est trop poli, assurément.

— C'est que je suis passionné pour les antiques.

— Vraiment, monsieur, vous avez ce goût-là ?

— Je vous en donne ma parole d'honneur.

— En ce cas, je puis, quand vous voudrez, vous montrer quelque chose de plus antique que ma robe : c'est mon derrière, il est son aîné de vingt ans. »

Je n'ai pas besoin d'ajouter que le groupe des rieurs s'est tourné du côté de la spirituelle épouse du notable, et que les moqueries ont été pour le prince de Léon.

Les habiles se sont bien doutés que le projet de réforme, annoncé aux notables comme l'ouvrage de Sa Majesté, était tout naturellement de M. de Calonne. S'il eût été accueilli sans conteste, il est bien entendu que le monarque en eût eu tous les honneurs, sauf les petites indiscrétions du contrôleur général ; mais le nouveau plan ayant rencontré des opposants, le roi n'en doit pas supporter le blâme, et tout le tort retombe sur le véritable faiseur. Tel est incontestablement le motif de la retraite inattendue de M. de Calonne, qui vient d'être remplacé par M. de Fourqueux, tandis que M. de Miroménil, soupçonné d'avoir mis la main à la pâte réformatrice, remettait les sceaux à M. de Lamoignon.

C'est M. de Montmorin que le roi avait chargé d'annoncer à M. de

Miroménil son brusque renvoi, et dans ce moment il pleurait la perte de madame de Bérule, sa fille. Le messager de malheur débuta par un compliment de condoléance, entrée assez naturelle dans la circonstance. Après avoir remercié Montmorin, M. de Miroménil, passant aux affaires du cabinet, dit, en sous-entendant la disgrâce de Calonne, dont il était informé : « Eh bien ! monsieur le comte, voilà du » nouveau. — Oui, monsieur le garde des sceaux, répondit le ministre, » mais ce n'est pas tout; il y en a encore qui vous concerne, et que » j'ai une vraie peine à vous annoncer. — Il fallait, mon cher comte, » me faire deux compliments de condoléance à la fois, repartit Miro-» ménil après avoir écouté le message, j'aurais su ce que cela eût » voulu dire... Et il remit les sceaux à l'envoyé, sans lui donner la peine de s'expliquer davantage.

Pauvre M. de Fourqueux ! Je ne sais pas en vérité s'il a eu le temps de porter son bonnet de nuit au ministère. A peine avait-il pris l'air du contrôle des finances, qu'une lettre de remercîment, bien polie, lui a fait savoir que le vent de la faveur avait cessé de souffler sur lui : ce n'était qu'un zéphyr passager. Ce ministre est remplacé par M. de Loménie de Brienne, archevêque de Toulouse, créature de la reine. La voix publique appelait M. Necker au gouvernail d'un vaisseau violemment battu par la tempête; mais Marie-Antoinette n'a pas oublié que cet homme d'Etat professe une économie inflexible. Louis XVI ne montre pas moins d'éloignement pour cette notable capacité financière; Sa Majesté prétend qu'*il faudrait céder le trône à ce Génevois*, et elle tient à n'en pas même abandonner la plus légère prérogative. La nomination de M. de Brienne n'a donc souffert aucune difficulté, dès que la reine a eu dit qu'elle la désirait.

L'arrivée de M. de Lamoignon aux affaires a eu l'heureux avantage d'y faire rappeler M. de Malesherbes, cousin de ce garde des sceaux. Cet homme d'Etat incorruptible sera, dit-on, mis en avant par le nouveau ministère pour les propositions un peu tranchantes. Malesherbes, aussi éloquent qu'érudit, accompagnera en pareille occurrence les projets de réforme d'une citation grecque ou romaine, et comme Louis XVI aime cela, sans être précisément ni Grec ni Romain, il avalera ces pilules dorées à sa guise.

On ne sait pas encore au juste à quoi servira dans le conseil M. le duc de Nivernais, qui vient d'y entrer. Ce seigneur, frêle et exigu, était bon à dormir pompeusement dans les ambassades, après des négociations amoureuses trop actives; mais, au temps où nous sommes, il faut veiller dans le cabinet de Versailles. L'Académie française s'est fait cadeau de M. de Nivernais, parce qu'un duc est toujours bon à prendre dans un corps quelconque; et celui-ci ne laisse pas d'entretenir son immortalité avec de petites fables assez élégantes. Les apologues auraient cours en politique comme ailleurs si la morale y était admise, mais il n'en est rien; et l'on ne sait réellement ce que l'on fera de notre académicien au tapis de Versailles, à moins qu'on n'en rédige les décisions en style de madrigal.

M. de Calonne est traité avec une grande sévérité : il s'était flatté de pouvoir rester à Versailles, ou du moins à Berny, maison de plaisance qu'il possède aux environs de Paris; mais ex-ministre a été exilé dans une de ses terres en Lorraine, avec défense de voir personne et d'écrire à qui que ce soit. On dit sous le manteau que cette conduite du roi, loin d'être une preuve de sévérité, tend à soustraire M. de Calonne aux accusations prêtes à fondre sur lui.

M. Necker est aussi exilé à vingt lieues de Paris, et voici le motif auquel on attribue cette mesure. Il paraît que M. de Calonne, encore contrôleur général, a insinué dans un discours à l'assemblée des notables que le compte rendu à Sa Majesté en 1781, loin d'offrir un *boni* comme M. Necker l'établissait, présentait dès cette époque un énorme déficit. L'homme d'Etat inculpé, averti de cette insinuation, s'est hâté de faire imprimer un mémoire justificatif, avant d'avoir pris l'agrément du roi; et ce prince le punit aujourd'hui pour s'être montré innocent sans la permission de Sa Majesté.

On m'a remis des passages d'un discours rempli de patriotisme que M. de la Fayette a prononcé dans le bureau de M. le comte d'Artois. « Il faut attaquer le monstre de l'agiotage, a dit le compagnon de » Washington, au lieu de le nourrir, comme il est à craindre qu'on » ne le fasse, en allouant plusieurs millions aux agioteurs. Je propose » de supplier Sa Majesté d'ordonner un examen sérieux, *par personnes* » *non suspectes*, de tous les *bons* du roi pour les domaines, ainsi que » des titres des dons, ventes, échanges ou achats qui sont ou doivent » être à la chambre des comptes; de manière que Sa Majesté puisse » connaître la valeur des dons qu'elle fait, revenir sur les marchés » onéreux qui n'ont pas été liquidés, et rompre ceux dans lesquels, » depuis son avénement à la couronne, elle a été lésée d'outre moitié. »

M. de la Fayette, appuyant sa proposition d'exemples frappants, cite le marché de Lorient avec la terre de Châtel, ne valant ensemble que cent quatre-vingt mille livres de rente pour lesquels on a eu la principauté de Dombes estimée quarante mille livres de rente, huit cent mille livres payées à M. de Laubépine, et la somme énorme de douze millions payable en vingt-cinq ans. M. de la Fayette ajoute que le roi Louis XVI paraît avoir acquis pour sept cent mille livres de rente de terres ou de forêts, et qu'il a donné à cette occasion, soit comptant, soit à terme, plus de quarante-cinq millions.

« Un grand désordre, poursuit l'orateur patriote, suppose une

» grande déprédation : pourquoi les ministres des finances proposent » ils à Sa Majesté des achats ou des échanges, qui, n'étant aucunement » à sa convenance, ne favorisent que des particuliers ? Les millions » qu'on dissipe, s'écrie M. de la Fayette en terminant, sont levés » par l'impôt, et l'impôt ne peut être justifié que par le besoin de » l'Etat. Tant de millions abandonnés à la déprédation et à la rapine » sont le fruit des sueurs, des larmes et peut-être du sang des peu-» ples. Le calcul des malheureux qu'on a faits pour réunir ces som-» mes, si légèrement prodiguées, est calcul bien affligeant pour la » justice et la bonté que tous les notables et moi savons être les » sentiments du roi. »

Voilà le langage qu'il convient de faire entendre dans une assemblée nationale : noble et utile franchise dont M. de la Fayette s'est inspiré à l'école d'un peuple vierge de notre corruption sociale, comme les épaisses savanes voisines du pays qu'il habite sont vierges de l'empreinte d'un pied humain.

Hier le front de Sa Majesté, habituellement obscurci par les soucis que lui causent les discussions des bureaux, s'est déridé quelcis quelques instants. Le baron de Breteuil sollicitait pour une dame de la cour, connue pour avoir été l'une des maîtresses de M. de Calonne, la permission d'aller le voir dans son exil de Lorraine; le roi, dans sa mauvaise humeur, a répondu : « Qu'elle aille se faire......! — » Sire, a répondu le ministre, c'est pour cela même. » Et Louis XVI de rire et d'accorder la permission demandée.

La clôture de l'assemblée des notables a eu lieu hier 25. Le discours de l'archevêque de Toulouse, le plus remarquable de tous ceux prononcés à cette occasion, traitait longuement des économies *promises* par leurs Majestés : ce ministre a dit que déjà la reine, à l'exemple de son auguste époux, prescrivait journellement aux ordonnateurs de sa maison de lui présenter toutes les réformes possibles, que les frères du roi étaient dans les mêmes dispositions, et que ces économies seraient portées à quarante millions avant la fin de l'année. Passant ensuite au chapitre des assemblées provinciales qui vont s'organiser immédiatement, M. de Brienne a déclaré que la présidence en sera dévolue aux deux premiers ordres de l'Etat, mais par honneur seulement, et sans prérogatives utiles; présidence qui d'ailleurs sera purement élective : sauf le droit d'exclusion pour Sa Majesté, en cas que les sujets ne lui conviennent pas; ce qui veut dire, en d'autres termes, que les assemblées nommeront leurs présidents avec une entière liberté pourvu que les choix plaisent à Sa Majesté. L'intendant n'aura pas voix délibérative pendant les discussions; mais, en qualité de commissaire du roi, il fera ses observations. Les assemblées provinciales s'occuperont essentiellement de la répartition et de la perception de l'impôt ainsi que des travaux publics de la province.

On a remarqué aussi dans le discours de M. le premier président Nicolaï cette phrase significative : « Nous devons féliciter la reine » de se montrer *aujourd'hui* telle que doit être l'auguste épouse du » roi et la mère du Dauphin. »

Ainsi s'est terminée cette assemblée des notables dont on a fait tant de bruit : on y a beaucoup proposé, beaucoup promis, et rien décidé. En sorte qu'un esprit solide pourrait dire, après la séance de clôture, comme le mathématicien en sortant de la représentation de *Zaïre* : « Voilà qui est beau, mais qu'est-ce que cela prouve ? »

On a reçu, dès le mois de mai, des nouvelles de M. de la Peyrouse; elles étaient fort affligeantes. Les frégates *la Boussole* et *l'Astrolabe*, commandées par ce navigateur, ont mis sous voiles le 1er août 1785; le 25 du même mois, elles avaient relâché à Ténériffe; le 9 novembre, à Sainte-Catherine du Brésil; le 11 mars 1786, à la Conception du Chili. Elles naviguaient, au mois de juillet suivant, par le vingt-septième degré de latitude, sur les côtes de l'Amérique septentrionale, dont le chef de l'expédition voulait lever la carte et faire reconnaître les atterrages. Deux canots expédiés de la *Boussole* et une troisième embarcation détachée de l'*Astrolabe* furent à terre, et cet effet dirigés vers la plage. M. d'Escures de Saint-Louis, et le plus âgé des officiers, commandait cette expédition. M. de la Peyrouse lui avait donné des instructions écrites fort étendues, dans lesquelles la prudence était recommandée. Les trois canots marchaient assez serrés; celui qui se trouvait le plus près du chevalier d'Escures était commandé par M. de Boutin, le troisième avait pour chef M. de la Borde avec lui son frère M. de la Borde de Boutevilliers. Tout à coup le canot commandant est entraîné par un courant, et disparaît englouti par les flots qui se brisent non loin de là contre des rochers. M. de Boutin, grâce à l'excellente assiette de son embarcation, grâce surtout à une manœuvre habile, évite le gouffre où d'Escures et les siens se sont abîmés. Moins heureux, M. de la Borde et ses compagnons périssent en voulant secourir le premier canot submergé. Cette catastrophe enlève à M. de la Peyrouse vingt et un hommes, dont le plus âgé n'avait pas trente-quatre ans, et parmi lesquels on compte MM. d'Escures, de Pierrevert, de Moncarn, de Flassan, et l'un des frères de la Borde, tous ceux derniers distingués de la marine royale.

Après cette catastrophe, M. de la Peyrouse, au désespoir, a pourtant continué son voyage vers la côte occidentale de l'Amérique jusqu'au 6° degré de latitude. Les dernières nouvelles reçues de l'expédition portent la date de Monterey, au nord de la Californie; elles vont jusqu'au 17 septembre 1786. Le paquet renfermait des observations de M. Paule d'Agelet, membre de l'Académie des sciences, sur des longitudes jusqu'alors inconnues, sur les marées dans la mer du Sud et sur la longueur du pendule à secondes. Ce travail a pour but de connaître la figure de la terre par l'appréciation des changements de pesanteur qu'il peut y avoir dans les deux hémisphères et sous différents méridiens.

Les voyageurs doivent être arrivés vers la fin de janvier dans la mer des Indes; ils pourraient donc être de retour en France au printemps de l'année 1788, après avoir fait plus de vingt-cinq mille lieues.

L'ordre des événements remarquables place sous ma main *Tarare*, opéra de M. Beaumarchais. Les bruits de ville, et, comme dit Figaro, les dispositions du café, étaient excellents avant la représentation; mais l'événement n'a pas justifié ces brillantes espérances. Le sujet de *Tarare* est oriental, et comme l'esprit de l'auteur est tout français les saillies dont l'ouvrage abonde y forment une suite de hors-d'œuvre aussi bizarres que déplacés. La pièce offre d'ailleurs une intrigue diffuse, laborieuse, se dénouant avec convulsion. En un mot, le tout est médiocre pour ne pas dire plus. Ce thème compliqué a fourni peu de situations musicales à M. Salieri, auteur des *Danaïdes*; aussi l'œuvre de ce compositeur ne présente-t-il que de rares beautés à travers une surabondance fastidieuse de morceaux.

Monsieur et le comte d'Artois assistaient à la première représentation de *Tarare*. La reine devait s'y montrer aussi, quoiqu'on lui eût représenté qu'il était peu convenable qu'elle autorisât par sa présence une composition immorale, graveleuse même. Un incident inattendu, qui paraît causer beaucoup d'inquiétude à Sa Majesté, lui a fait oublier l'opéra nouveau.

La comtesse de la Motte s'est évadée le 9 ou le 10 juin de la Salpêtrière, où elle était encore enfermée. On varie dans les détails de cet événement : les uns prétendent que le gouvernement a fermé les yeux sur la fuite de cette dame; les autres vont jusqu'à assurer qu'il l'a favorisée. Ceux-ci prétendent qu'une sœur grise s'est prêtée à l'évasion, ceux-là soutiennent que madame de la Motte l'a effectuée sans aucun secours. Tous les rapports s'accordent à dire que la prisonnière échappée a pris son essor vers l'Angleterre. Or voici un fait digne de beaucoup d'attention, et qui confirme le passage de madame de la Motte dans les îles Britanniques. M. Ethis de Corny, procureur du roi de la ville, est arrivé à Londres, le 20 ou 21 juin, avec une mission secrète, qui consiste, dit-on, à retirer des mains de la comtesse fugitive un manuscrit où l'honneur de la reine se trouve gravement compromis.

Peu de jours après le départ de M. Ethis on vit la reine arriver de Versailles avant neuf heures du matin, et se rendre, en brûlant le pavé, chez la princesse de Lamballe. Vers la fin de la matinée, celle-ci monta en voiture avec une grande précipitation; on apprit qu'elle partait pour Londres. La couleur donnée à ce voyage est que madame la surintendante est chargée de négocier auprès de M. de Calonne, afin que, dans un mémoire justificatif, cet ex-ministre ne divulgue pas des articles faits pour rester sous le voile du mystère : comme dépenses secrètes du petit Trianon, dettes de jeu, secours envoyés à l'empereur. Le prétexte est d'autant plus heureux, que cette précaution serait à prendre si déjà elle n'a été prise. Mais, par malheur pour la vraisemblance, M. de Calonne est en Hollande, et la princesse se dirige sur Londres. Il est donc évident que son voyage se rapporte à l'évasion de madame de la Motte... Annexe aux obscurités du procès de M. de Rohan.

Toutefois la reine ne se laisse pas dominer par l'inquiétude, car, bien que Sa Majesté ait signé une réforme sévère de ses dépenses et de sa maison, elle approuva hier le projet d'une fête à Fontainebleau, qui à elle seule coûtera de cinq à six cent mille livres. On rapporte que la reine a dit en riant à cette occasion à l'ordonnateur : « Mais il faut auparavant savoir si M. le contrôleur général nous en donnera la permission. »

Marie-Antoinette n'est pas la seule personne qui se mette au-dessus des souvenirs peu honorables que laisse dans le public le procès hideux du collier, revenu sur l'eau par suite des négociations entamées à Londres auprès de madame de la Motte. Le cardinal de Rohan, qui se trouve en ce moment à l'abbaye de *Marmoutier*, aux portes de Tours, charme les ennuis de l'exil dans les bras d'une jeune Anglaise logée avec lui, et que Son Eminence courtise ouvertement, au grand scandale et peut-être à la grande jalousie des moines.

L'illustre exilé a reçu dernièrement un notaire de Londres nommé Dubourg, Français naturalisé Anglais, et qui, dit-on, a fait le voyage de Tours pour conspirer avec le prince Louis contre M. de Breteuil. Les deux conjurés ont conféré secrètement plusieurs jours de suite, et l'on a entendu dire à Dubourg en quittant le cardinal : « Soyez tranquille, nous allons chauffer le baron. » Heureusement M. de Breteuil n'a pas affaire à un catholique apostolique romain, et l'on assure d'ailleurs que ce ministre ne craint pas la brûlure.

Mais il y a quelque chose de plus curieux dans les causes du voyage de ce Dubourg en France : on pourra se faire l'idée de l'adresse de notre cabinet en apprenant que M. de Castries, ministre de la marine, a fait venir un Anglais, et qui mieux est, un notaire pour réformer les abus qui existent dans nos ports de Toulon, de Rochefort et de Brest. Dubourg a prétendu que, du fond de son étude, ayant eu le moyen de reconnaître différentes friponneries commises dans ces ports, il avait cru de son devoir d'en prévenir le cabinet de Versailles. De là mission donnée au garde-note avec une confiance remplie d'ingénuité. La circonstance la plus drôle de cette aventure, c'est que Dubourg est l'ami de *M. Pitt;* qu'il a dans son étude un des neveux de ce ministre anglais, et que jamais il ne se trouva une aussi belle occasion de faire espionner ce qui se passe dans nos ports. Ce n'est pas la première fois que nous fournissons à nos voisins des éléments d'hilarité.

Tandis que Dubourg conspirait à Marmoutier avec le cardinal de Rohan, le parent de Son Eminence, M. le maréchal prince de Soubise, mourait subitement à Paris. Le 3 juillet, un magnifique convoi partit de la petite maison de ce seigneur, rue de l'Arcade, et traversa Paris à l'entrée de la nuit pour se rendre à la Merci, sépulture choisie par le défunt. Ce corbillard chargé de trophées, cette longue file de voitures drapées sur lesquelles se détachait le magnifique écusson de la maison de Rohan, enfin les mille flambeaux qui semaient de feux un ciel déjà sombre, tout cela avait mis en mouvement le peuple de la capitale, si avide de spectacles quels qu'ils soient. On remarquait à la cérémonie le prince de Condé, gendre de M. de Soubise; le duc de Bourbon, son petit-fils, et le duc d'Enghien, son arrière-petit-fils... On assure avoir vu rire le prince de Condé; indécence qui du reste ne contraste pas étrangement avec la fin d'un maréchal de France, d'un prince, qui, livré dans sa vieillesse au libertinage le plus crapuleux, meurt au bout de la ville dans un vide-bouteille.

Le roi, sans s'arrêter aux discussions de l'assemblée des notables, a commencé l'exécution de son nouveau plan de finances en rendant à la fin de juillet, deux édits d'une haute importance : l'un qui grève d'un droit onéreux le timbre des actes, l'autre portant établissement de l'impôt territorial. Ces édits ont été vivement repoussés par le parlement, dont l'opinion à peu près unanime a été que nul impôt ne pouvait être établi en France sans le concours des états généraux. En conséquence, messieurs ont arrêté en séance du 24 juillet que des remontrances seraient portées à Sa Majesté par une députation de la cour. Mais, avant la présentation, les gens du roi ont fait savoir aux chambres assemblées que le monarque ne voulait point admettre de députation; mais qu'il recevrait comme à l'ordinaire les *représentations* du parlement par l'organe de son premier président et de deux présidents à mortier. Ces trois magistrats, admis en effet devant Louis XVI, se sont peu félicités du résultat de leur démarche. Le roi, assis devant sa cheminée, les a écoutés d'un air courroucé, et leur a dit : « Je vous ferai savoir mes volontés. » Sa Majesté, se levant ensuite, a tourné le dos aux trois présidents, est passée dans une autre chambre, et en a refermé la porte avec humeur. On assure que ce prince a dit depuis : « Je saurai sans ces robins faire le bien » de mes peuples. »

Cependant le samedi 4 août M. le garde des sceaux écrivit au premier président qu'il eût à rassembler sa compagnie le lendemain dimanche, à cinq heures du soir, pour entendre les ordres du roi. A l'heure indiquée, le maître des cérémonies est venu notifier au parlement une lettre de cachet, lui ordonnant de se rendre à Versailles le lendemain 6, à onze heures du matin. M. le premier président, après avoir fait toutes les réserves convenables sur le lieu et la forme de la convocation comme sur ce qui pourrait se passer dans la séance indiquée, a déclaré à l'officier de la couronne que le parlement obtempérait aux ordres du roi.

A leur arrivée au château, *messieurs* y ont trouvé un déjeuner de buvette, composé de pain, de beurre et de vin rouge et blanc. Par respect pour la majesté royale, quelques-uns des magistrats ont fait honneur à ce repas de rancune; après quoi le parlement, entré dans la salle du lit de justice, y a trouvé pour spectatrices les femmes de chambre et les filles de garde-robe de la reine et des princesses. Il était difficile, à cette seconde circonstance dérisoire, de ne pas reconnaître le projet de se moquer de la magistrature suprême. Mais le discours du roi était sérieux : « Il n'appartient point à mon parle-» ment de douter de mon pouvoir, a dit Sa Majesté, non plus que » de celui que *je lui ai confié*. C'est toujours avec peine que je me » décide à faire usage de la plénitude de mon autorité et à m'écarter » des formes ordinaires; mais mon parlement m'y contraint aujourd-» 'hui, et le salut de l'Etat, qui est la première loi, m'en fait un » devoir. » Après ce préambule despotique, le garde des sceaux a prononcé un discours d'une audace et d'une dureté analogues; puis il a fait lecture des édits du timbre et de l'impôt territorial, dont l'enregistrement était demandé.

En réponse à ce discours, MM. d'Aligre et Séguier se sont élevés contre la forme d'établissement des deux impôts; cependant ils ont conclu à la sanction en se retranchant avec adresse dans les réserves de la veille. La séance étant terminée, le roi a dit en se levant :

« Vous venez d'entendre mes volontés, je compte que vous vous y » conformerez. »

Le lit de justice ayant fini à deux heures, *messieurs* ont retrouvé dans les appartements un nouveau couvert avec du pain, du beurre, du vin et de l'eau. L'ironie était aussi par trop inconvenante : ces magistrats, passant devant la table sans s'y arrêter, se sont dispersés pour dîner dans les auberges de Versailles, et sont retournés ensuite à Paris séparément.

Le lendemain 7, le parlement s'est assemblé à onze heures et la séance s'est prolongée jusqu'à dix heures du soir. Dans cette réunion, où M. d'Eprémesnil s'est particulièrement déchaîné contre les actes de la couronne, le parlement a déclaré provisoirement nul, illégal et comme ne pouvant produire d'effet tout ce qui s'était passé au lit de justice notamment l'enregistrement des édits; remettant, au sur-

M. de Calonne.

plus, à délibérer sur le fond au lundi 13. A la sortie du palais, le peuple a demandé à grands cris M. d'Eprémesnil; mais il s'est dérobé à cet empressement tumultueux en s'évadant par des issues détournées.

On cite le passage suivant de l'arrêté rendu dans la séance du 7 août : « *Ledit* seigneur roi n'ignore pas que le principe constitu-» tionnel de la monarchie française est que les impositions soient » consenties par ceux qui doivent les supporter; qu'il n'est pas dans » le cœur d'un roi bienfaisant d'altérer ce principe : il tient aux lois » primitives de l'Etat, à celles qui assurent l'autorité, et à celles qui » garantissent l'obéissance. » Si les parlements se maintiennent sur ce terrain légal, il sera difficile à la couronne de passer outre; si elle passe, il y aura oppression : et l'oppression est un état violent que la force *réelle* supporte peu volontiers.

Il est donc impossible de ne pas voir les nuages qui s'amassent à l'horizon, à moins d'être dominé par un étrange aveuglement. Eh bien! cet aveuglement paraît être celui de la cour. Tandis que le parlement de Paris, dont tous ceux du royaume seront les échos, invoque l'appel de ces états généraux qui peuvent remettre tout en question, même l'existence des dynasties, la reine donne des bals au petit Trianon : le premier eut lieu la veille du lit de justice, et ces fêtes continueront jusqu'à nouvel ordre trois fois par semaine. Cette gaieté affectée est d'autant moins opportune que des exemplaires d'un mémoire justificatif de Calonne circulent déjà dans Paris et que Marie-Antoinette y est fortement compromise. L'ex-contrôleur général ne veut pas du moins qu'on l'accuse d'avoir mangé un milliard à lui tout seul : les acquisitions inutiles de la reine y sont portées, dit-on, en ligne de compte, ainsi que les complaisances monnayées que Sa Majesté a fait réaliser dans les coffres de Vienne. Ces bruits sont, il faut en convenir, d'étranges accompagnements ajoutés à l'orchestre des bals de Trianon.

Pendant qu'on dansait dans cette maison de plaisance. une plainte était portée contre M. de Calonne au parlement de Paris sur la dénonciation de M. Duport de Prélaville de la troisième chambre des enquêtes. Dans la première partie de cette dénonciation, ce magistrat s'est élevé à des considérations politiques sur le pouvoir, en général excessif, qu'ont les ministres en France; abus né de la dégénération de la constitution et dont les conséquences funestes sont presque inévitables. D'où l'orateur a conclu qu'une réforme est devenue indispensable dans notre système de gouvernement. Passant ensuite aux faits imputés à l'ex-contrôleur général, M. Duport a fait un tableau monstrueux des déprédations de ce ministre; tableau que le rapporteur a su appuyer de calculs aussi démonstratifs que précis.

La cour suprême a accueilli ainsi cette plainte : « La cour donne » acte au procureur général du roi de sa plainte des déprédations » des finances, soit par des charges et acquisitions onéreuses à l'Etat, » soit par l'extension des emprunts au delà des sommes portées dans » les édits et déclarations enregistrés en la cour, soit par des man-» œuvres dans la refonte des monnaies, soit par des fonds du trésor » fournis clandestinement pour soutenir un agiotage funeste à l'Etat, » soit par des abus d'autorité et autres de tout genre commis par le » sieur de Calonne dans l'administration des finances. »

Le parlement, qui s'était prorogé au 13 août relativement au fond de la question des édits, s'est en effet réuni ce jour-là, et la séance a duré de onze heures du matin à sept heures du soir. M. d'Eprémesnil, dans un discours aussi éloquent que fondé en principes, a prouvé que les actes sur le timbre et l'impôt territorial ne pouvaient être légalisés que par les députés de la nation, et que la magistrature, en les enregistrant, deviendrait complice de leur illégalité. M. de Nivernais a voulu vainement opposer sa prose ministérielle à d'aussi puissantes considérations et faire redouter une guerre prochaine menaçant la France. M. d'Eprémesnil, dans une réplique lumineuse, a prouvé qu'avec des économies, qui ne se sont encore offertes qu'en paroles, le gouvernement peut attendre qu'on ait avisé à un mode

A l'instant les piqueurs courent après ce malheureux, le saisissent, le frappent, et l'attachent à un arbre.

régulier d'imposition, et que quant à la guerre, les puissances étant hors d'état de la faire, on doit la considérer comme une des fictions que M. de Nivernais sait produire ingénieusement dans ses fables.

L'éloquent orateur a entraîné une majorité de quatre-vingts contre quarante opinants. En conséquence, le parlement a rendu un arrêt tendant à maintenir l'improbation des édits et qui se termine par ces mots . « La cour, persistant dans ses arrêtés, a déclaré la distribu-» tion clandestine desdits édits et déclarations nulle et illégale, comme » étant faite par suite d'une transcription également déclarée nulle » et illégale; déclare lesdits édits et déclarations incapables de priver » la nation d'aucun de ses droits et d'autoriser une perception con-» traire à tous les principes, maximes et usages du royaume. Le pré-» sent arrêté sera envoyé dans tous les bailliages et sénéchaussées » du ressort. pour y être lu, publié et enregistré. »

Le peuple, qui obstruait toutes les avenues du palais, a témoigné sa satisfaction à *messieurs* par trois salves d'applaudissements, quand ils se sont montrés au sommet du perron, et à peine ont-ils pu se faire jour à travers la foule pour rejoindre leurs carrosses.

Ce n'est pas seulement aux portes du palais que les Parisiens se réunissent tumultueusement, c'est dans toutes les places et carrefours ; on approuve hautement la conduite du parlement ; on demande la convocation des états généraux ; il est aisé de voir que la nation se réveille décidément sur ses droits. L'animosité contre la reine, excitée par la connaissance des déprédations auxquelles son nom est associé, devient de plus en plus violente. La haine que le peuple porte à cette souveraine est si forte, que le lieutenant général de police a cru devoir lui faire donner indirectement le conseil de ne pas paraître à Paris. M. le baron de Breteuil, intermédiaire de cet avis, n'ayant pas osé le transmettre à la reine, en a fait part au roi. Sa Majesté s'est transportée sur-le-champ chez son auguste compagne et lui a dit : « Madame, je » vous défends d'aller dans » la capitale jusqu'à nouvel » ordre. »

On rapporte qu'à cette occasion Marie-Antoinette eut avant-hier une conversation fort animée avec *Madame*, qui, à l'exemple de son mari, se montre assez disposée à reconnaître les droits populaires. « Je » vous exhorte, madame, » disait-elle, à faire plus de » cas de vos sujets ; le *Vive* » *la reine !* est un bien plus » précieux que vous ne » pensez. Je crois que vous » ferez sagement de travail-» ler à le mériter ; autre-» ment vous ne serez que » la reine de France, vous » ne serez pas celle des » Français. »

Le résultat de la fameuse séance parlementaire du 13 août ne s'est pas fait attendre ; dans la nuit du 14 au 15 tous les membres du parlement ont reçu une lettre de cachet conçue en ces termes : « Monsieur, je vous » fais cette lettre pour vous » ordonner de sortir de ma » bonne ville de Paris et de » vous rendre en celle de » Troyes, dans le délai de » quatre jours, pour y at-» tendre mes ordres ; vous » défendant de sortir de vo-» tre maison avant votre dé-» part, à peine de désobéis-» sance. Sur ce, je prie Dieu » qu'il vous ait en sa sainte » garde. — *Louis ;* par le » roi, le *baron de Breteuil.* »

Ces lettres ont été remises par un officier des gardes accompagné d'un sergent ; celui-ci restait à la porte de la chambre du magistrat, tandis que son chef y pénétrait pour remettre l'intimation royale.

Un exil n'était pas un enregistrement ; il fallait pourtant que le roi obtînt quelque chose qui ressemblât à cette formalité. L'archevêque de Toulouse, qui, comme on le dit vulgairement, tenait la queue de la poêle, ne savait où donner de la tête malgré son adresse reconnue ; Louis XVI lui avait dit : « Eh bien ! *calottin*, ils refu-» sent d'enregistrer ; voyez à vous en tirer. » Mais l'issue ne se présentait pas de bonne grâce. Cependant le 15 août au soir on se décida dans le conseil à faire une démarche auprès de la chambre des comptes et auprès de la cour des aides pour leur intimer l'ordre de rayer de leurs registres l'arrêt rendu par le parlement dans la séance du 13, et de reconnaître comme légaux les édits enregistrés au lit de justice. *Monsieur* et le comte d'Artois devaient dans cette circonstance porter les ordres du roi ; Sa Majesté les manda à cet effet dans son cabinet. Le dernier, toujours inconséquent, toujours incapable de mesurer la portée d'une mesure arbitraire, se contenta, dit-on, de répondre : « J'y consens, sire, j'irai débiter des paroles » à la cour des aides, puisqu'il faut sans cesse batailler avec ces » robins ; mais à votre place je m'en tirerais bientôt avec six francs » de corde. » *Monsieur* ne se montra pas aussi disposé à se rendre à

la chambre des comptes : une discussion fort vive, qui dégénéra en querelle éclatante, s'éleva même à cette occasion entre le roi et M. de Provence. Sa Majesté demanda brusquement à ce prince s'il voulait renouveler les événements malheureux du règne de Charles VI, de la Ligue, des barricades. Son Altesse Royale n'avait pas encore eu le temps de repousser cette imputation injurieuse, lorsque Sa Majesté parut vouloir l'appuyer d'un geste qui obligea *Monsieur* à se retirer.

Néanmoins les deux princes s'acheminèrent le lendemain vers Paris, afin de remplir, avec des opinions bien différentes, la mission que Louis XVI venait de leur confier. Les nouvelles voyagent sur l'aile de la renommée : on savait déjà aux portes du palais ce qui s'était passé la veille dans le cabinet du roi. Le public accouru en foule sur le passage de *Monsieur* voulut lui tenir compte de sa répugnance : il fut accueilli par des acclamations, des cris de *Vive M. de Provence ! Vive le prince patriote !* La réception faite à M. le comte d'Artois fut loin de ressembler à ces témoignages d'estime : soit que les *six francs de corde* eussent percé dans le public, soit qu'il conservât un amer ressentiment des *aimables générosités* de Son Altesse Royale, un peu trop onéreuses à la France, le jeune frère du roi vit son entrée à la cour des comptes accompagnée d'une bruyante cacophonie de huées et de sifflets. Ce charivari, rendu alarmant par une agitation très-prononcée de la foule, causa une telle inquiétude à l'officier commandant la garde du prince, qu'il cria *Aux armes !* d'une voix retentissante. A ce cri martial toute la populace qui se pressait sur le grand escalier s'en est précipitée avec une effrayante rapidité ; et comme les degrés d'en bas ne se dégageaient pas assez vite au gré des fuyards qui occupaient le haut du perron, on les a vus s'ouvrir une route singulière sur les têtes des retardataires : un moment ces masses vivantes ont ressemblé aux flots de la mer roulant les uns sur les autres poussés par la tempête.

Cependant M. le comte d'Artois, fort peu rassuré sur les suites de cette espèce d'émeute, remplit sa mission à la cour des aides avec beaucoup moins d'assurance qu'il n'en avait promis : son discours fut bref et chevrotant ; il sortit sans être bien fixé sur ce qu'il avait obtenu. Le retour de Son Altesse Royale auprès de Sa Majesté fut à peu près calme ; mais l'âme du prince ne l'était point, et l'on dit qu'il se fit mettre au lit en arrivant à Versailles.

Plus heureux, *Monsieur*, après avoir exécuté les ordres de Louis XVI, se dirigea tranquillement vers le Luxembourg, où il devait dîner. Ses chevaux fendirent, sans le moindre tumulte, une foule immense, qui le bénissait. « Prenez bien garde de blesser personne, » disait-il à son cocher ; et ce prince eut constamment la tête à la portière, saluant de la main le peuple et le remerciant du bon accueil qu'il en recevait.

Au demeurant, les cours n'ont rien promis de positif aux deux illustres députés : elles ont répondu qu'elles en délibéreraient ; et les clameurs populaires qui se faisaient en ce moment entendre au dehors n'étaient pas propres à appuyer le coup d'État que le roi avait voulu tenter.

Le parlement, exilé de la veille, jour de l'Assomption, n'est peut-être pas étranger aux réunions tumultueuses du palais, dans lesquelles la basoche, les écrivains de la salle des Pas Perdus et d'autres suppôts de la magistrature ont joué un rôle fort actif. On sait maintenant que plusieurs magistrats se sont insurgés contre la défense de quitter leurs maisons avant leur départ ; M. de Saint-Vincent a même dit avec fierté à l'officier des gardes porteur de la lettre de cachet

La reine suit le roi de près, portant le jeune Dauphin dans ses bras.

» Monsieur apparemment a oublié que c'est aujourd'hui une fête so-
» lennelle, et que j'ai a servir un plus grand maître que le roi. Je
» vous déclare que j'irai à l'église. » Trois jeunes conseillers, véhémentement soupçonnés de philosophie, imitant avec affectation cet
exemple, sont allés à Saint-Paul entendre la grand'messe, les vêpres,
le sermon, le salut, et n'ont quitté Paris qu'après avoir rempli cette
surabondance de devoirs inaccoutumés. En un mot, si la cour s'est
moquée du parlement, le jour du lit de justice, avec son repas des
apôtres, *messieurs* lui ont rendu la pareille avant d'obéir à la lettre
de cachet.

Ainsi qu'on devait s'y attendre, tous les parlements du royaume,
animés du même esprit que celui de Paris, ont fait parvenir à Versailles des arrêtés plus ou moins rigoureux et contre les édits et
contre l'exil des hauts magistrats de la capitale. Celui de Besançon
fait une longue et violente énumération des excès de pouvoir, des
exactions ministérielles, des dilapidations financières. Cette compagnie termine en disant : « Il est un terme où les liens unissant les
» sujets au souverain et le souverain aux sujets commencent à se re-
» lâcher ; la France y est parvenue. » Toutes les remontrances des
parlements offrent une conclusion commune, la demande de convocation des états généraux ; et tous préviennent Sa Majesté que, dans
l'état actuel des choses, aucun impôt nouvellement établi ne sera
perçu dans leur ressort.

Au milieu de cette conflagration, le roi, aussi embarrassé qu'inquiet, s'est décidé à faire M. l'archevêque de Toulouse premier ministre. Ce prélat a, dit-on, assuré à Sa Majesté que, si elle lui donnait carte blanche et lui laissait la permission de mettre les ciseaux
dans l'étoffe ministérielle, il se faisait fort de rétablir l'ordre dans
l'Etat. Louis XVI ayant consenti à tout, et s'étant même prononcé
sur son intention de ne *plus se mêler de rien*, le réformateur est entré
en jouissance du gouvernement que Sa Majesté lui abandonnait.
Usant d'abord des *ciseaux*, Sa Grandeur a élagué M. le maréchal de
Ségur, ministre de la guerre, puis M. de Castries, ministre de la
marine, pour remettre le premier de ces départements au comte de
Brienne, commandant supérieur en Guyenne, et le second à M. de
la Luzerne. Ces deux ministres n'étant, a vrai dire, que les substituts
de M. l'archevêque de Toulouse, qui a confié au même titre le contrôle général à M. Lambert, voilà ce prince de l'Eglise sur la même
ligne que les cardinaux de Richelieu, de Mazarin et de Fleury. Sa
Grandeur, en vertu de sa suprématie, s'est mise à fouiller profondément dans les affaires de la guerre et de la marine, sans être ni contrariée ni contredite, et l'on assure que déjà le principal ministre a
promis au roi une économie de trente-deux millions sur la guerre
seule. De plus, on veut que M. de Brienne ait assuré à Sa Majesté
qu'en se passant de l'impôt du timbre, on pourrait négocier avec quelque bonheur le retour du parlement, que Sa Grandeur regarde comme
indispensable.

Le rappel de *messieurs* a suivi de près la proposition que l'archevêque de Toulouse en avait faite au roi : une déclaration du 70 septembre, enregistrée à Troyes le 24, rétablit à Paris le siège du parlement, dont les membres arrivent journellement dans la capitale.
Cette affaire ne se termine point à la satisfaction générale : nos
magistrats ont lâché pied sur plusieurs points, notamment sur la mise
en accusation de M. de Calonne. Aussi le conseiller d'Eprémesnil a-t-il
dit ouvertement à ses collègues « que le parlement était parti de
» Paris couvert de gloire, et qu'il y rentrait couvert de boue. »

Dans les affaires qui intéressent le peuple, il faut se hâter de lui
rendre justice, ou bien il ne tarde pas de le faire à sa manière, et ce
n'est pas avec douceur qu'il procède. C'est ainsi que cette juridiction,
véritablement souveraine, a rendu et exécuté sur l'heure un de ses
jugements dans la soirée du 1er octobre. Le palais de la cour impro-
visée était la place Dauphine ; une ordonnance préalable, prononcée
à haute voix, avait prescrit aux habitants des maisons environnantes
d'illuminer leurs croisées, et les défaillants avaient été assignés à coups
de pierres à se conformer au règlement. L'illumination étant complète,
on apporta des fagots, puis un mannequin représentant M. de Calonne, le nom de ce ministre était écrit sur le dos et sur le ventre
de cette effigie. Après une instruction, des plaidoiries, un réquisi-
toire, etc., l'arrêt suivant fut prononcé :

« Le sieur de Calonne a été condamné par le tribunal de la nation
» a être brûlé, et ses cendres jetées au vent :

» 1º Pour avoir mis le désordre dans les finances, ayant usé du
» trésor royal comme du sien propre.

» 2º Pour avoir dissipé les fonds du susdit trésor, soit en laissant
» voler ses subalternes, soit en prodiguant à ses amis des pensions et
» gratifications, et surprenant la religion du roi pour les leur faire
» accorder, soit enfin en faisant passer les fonds de la France à l'étran-
» ger ; laissant la reine dans la persuasion qu'elle pourrait sans nuire
» à son fils, sans perdre l'amour de la nation, envoyer à son frère
» plus de cent millions en trois ans.

» 3º Pour avoir été le principal moteur de l'agiotage, comme il est
» prouvé par la justification du sieur de *Vemeranges*.

» 4º Pour avoir vendu toutes les places, comme il est prouvé par
» la réclamation du comte de *Sénef*.

» 5º Pour avoir suborné les femmes de ceux qui sollicitaient des
» places, et en avoir fait le prix du déshonneur.

» 6º Pour avoir voulu mettre de la mésintelligence dans les ordres
» de l'Etat, convoqués par le roi, en répandant des libelles qui dénon-
» çaient au peuple la noblesse et le clergé, ainsi qu'on le voit dans
» une *Lettre d'un Anglais à Paris* qui se distribuait à toutes les portes
» et se trouvait sur la cheminée du contrôleur général les jours d'au-
» dience.

» 7º Pour avoir fait un traité de commerce avec l'Angleterre, de
» qui il a reçu, de moitié avec M. de Vergennes, trois millions quatre
» cent mille livres.

» 8º Pour avoir fait perdre au roi l'amour et la confiance des Fran-
» çais ; le mettant dans le cas, par ses dispositions, d'écraser d'im-
» pôts la nation, ou de la réduire par la voix des parlements à récla-
» mer des économies qui altèrent la splendeur du trône et à combattre
» l'autorité royale, qui s'anéantit lorsqu'elle passe les bornes de son
» pouvoir.

» Ledit sieur de Calonne, convaincu de tous ces crimes, les a
» avoués par sa fuite. Il a été dénoncé au parlement et condamné
» par la nation ; laquelle condamnation a été exécutée dans la place
» Dauphine, le 1er octobre 1787, à dix heures du soir, en présence de
» quatre mille citoyens, des régiments des gardes françaises et suisses
» et de la garde de Paris. »

Ces troupes, rangées effectivement en bataille sur les quais et sur
le pont Neuf, virent l'arme au pied l'effigie de Calonne dévorée par
les flammes ; la lueur de cet auto-da-fé populaire vint se réfléchir
sur deux mille baïonnettes rendues immobiles par l'ordre d'une autorité inquiète et plus disposée à transiger qu'à sévir.

J'ignore si le parlement, rappelé à toute sa dignité par l'exemple
de la *populace*, donna suite à la plainte portée contre M. de Calonne,
mais il pourra dans tous les cas s'épargner le soin d'un nouvel arrêt ;
celui de la place Dauphine peut être transporté tel qu'il est sur les
registres de la grand' chambre, et je ne conseillerais pas à *messieurs*
de courir les hasards d'une comparaison.

Enhardie par le succès de sa première séance, la cour nouvelle se
disposait à en tenir une seconde, le lendemain, où l'on devait procéder avec quelques variantes : après avoir jeté par la fenêtre madame
de Polignac et madame Lebrun, maîtresse de l'ex-contrôleur général, le tribunal se proposait de brûler M. le baron de Breteuil et la
reine elle-même ; le tout avec formule de jugement bien et dûment
motivée. Mais M. de Crosne, lieutenant général de police, instruit
par ses espions des projets du parlement de la place Dauphine, a
donné cette fois ordre aux troupes de s'opposer à cette seconde facétie
judiciaire, et la *cour* ne s'est point réunie.

A peine le parlement est-il de retour, et le voilà déjà en opposition formelle avec la couronne. Forcé de renoncer à l'impôt du timbre et à l'impôt territorial, M. de Brienne se flattait qu'à la faveur
d'un édit de rappel des protestants *messieurs* enregistreraient celui
qu'il avait préparé pour autoriser un emprunt. Dans cette attente le
roi et ses ministres se rendent intempestivement au parlement le 13
novembre, après en avoir fait convoquer la réunion au milieu de la
nuit : c'était un vrai coup fourré. Sa Majesté débute par dire « qu'elle
» vient consulter les pairs et son parlement, donnant à chacun la
» liberté de parler. » Alors M. de Lamoignon prononce un fort beau
discours sur l'édit de l'emprunt projeté ; puis sur celui qui rappelle
les protestants, rappel que le parlement désirait et avait souvent demandé. M. de Brienne, principal ministre, s'exprime dans le même
sens, laissant entrevoir dans le lointain la convocation des états généraux, si unanimement sollicitée.

La réplique étant ouverte, l'auguste présence de Sa Majesté n'en
a point tempéré la chaleur : les orateurs du parlement se sont donné
carrière et ont parlé en véritables tribuns sur l'édit de l'emprunt.
M. d'Eprémesnil, Caïus Gracchus de la magistrature, a soutenu que
cet édit ne pouvait être adopté, à moins d'une convocation préalable
des états généraux : « J'en appelle, a dit ce conseiller dans un beau
» mouvement oratoire, j'en appelle au cœur du roi, qui me repré-
» sente en ce moment un bon père au sein de sa famille. » MM. de
Saint-Vincent, Robert, Fréteau et l'abbé Sabatier se sont fait entendre après M. d'Eprémesnil ; le dernier interpellant le roi directement lui a dit : « Sire, quelle hypothèque avons-nous à donner à
» l'emprunt, si ce n'est notre énorme déficit ? »

Les débats paraissaient devoir se prolonger, quoiqu'ils eussent déjà
duré cinq heures, lorsque Sa Majesté se levant avec vivacité ordonna
l'enregistrement immédiat de l'édit. Alors M. le duc d'Orléans a dit :
« Si le roi tient séance au parlement, les voix doivent être recueil-
» lies et comptées ; si c'est un lit de justice, il nous impose silence. »
Le roi ayant persisté, le prince a repris : « Sire, permettez que je
» dépose à vos pieds ma protestation contre l'illégalité de vos ordres. »
Louis XVI, nonobstant cette protestation, répond que *c'est légal*,
fait lire l'édit sur les protestants, puis se retire brusquement. Après
le départ de Sa Majesté, le parlement ayant ouvert une délibération
sur les faits précédents a rendu cet arrêt : « La cour, considérant
» l'illégalité de ce qui vient de se passer à la séance du roi, dans la-
» quelle les voix n'ont pas été réduites et comptées en la manière
» prescrite par les ordonnances, de sorte que la délibération n'a pas

» été complète, déclare qu'elle n'entend prendre aucune part à la
» transcription ordonnée être faite sur les registres de l'édit portant
» établissement d'emprunts graduels et successifs pour les années
» 1788, 1789, 1790, 1791, 1792, et sur le surplus a continué la
» délibération au premier jour. »

Le lendemain de cette séance, M. le duc d'Orléans fut exilé à Villers-Cotterets, M. Fréteau à Doullens, et l'abbé Sabatier au Mont-Saint-Michel; il faut observer que l'exil des deux derniers est une prison. Cette circonstance fait reconquérir à M. le duc d'Orléans un peu de popularité : la nation lui sait gré d'une opposition aussi juste que courageuse. A sa sortie du palais ce prince a été accueilli par les acclamations de la foule, qui l'a enlevé et reporté en triomphe jusqu'à son carrosse. Ainsi Son Altesse Sérénissime se voit dédommagée dans un seul instant de tous les sarcasmes qui depuis quelques années ne cessaient de pleuvoir sur elle. En apprenant ce retour de la faveur des Parisiens vers un prince de la maison d'Orléans, la cour de Versailles est devenue sérieuse, le comte d'Artois a de plus proféré quelques dizaines de ces gros jurons que Son Altesse Royale se permet quelquefois dans l'abandon de sa grandeur. Pendant que tout ceci se passait à Versailles, le prince exilé acquérait de nouveaux droits à l'admiration publique ; espérons qu'il y prendra goût. Son Altesse voulant traverser à cheval une petite rivière près de la Ferté-Milon, son cheval s'est embourbé et noyé. Le prince, excellent nageur, n'a couru aucun danger ; cependant un jockey qui le suivait a voulu le secourir, bien que le duc lui fît signe de ne pas avancer. Le jeune domestique, n'écoutant que son zèle, avançait toujours ; il a disparu. Soudain Son Altesse Sérénissime s'est précipitée à l'eau, et saisissant cet enfant par la tête est parvenue à le sauver. « Une » autre fois, mon garçon, a dit le prince, tu ne te feras pas couper » les cheveux si court : tu as vu la peine que j'ai eue à les prendre » et à les tenir. »

Le parlement s'était hâté d'envoyer une députation au roi pour demander le rappel de M. le duc d'Orléans et celui des deux membres exilés en même temps que lui ; mais cette démarche a été sans succès. Sa Majesté a répondu au premier président, qui avait porté la parole : « J'ai écouté avec attention les représentations de mon » parlement, je n'ai rien de plus à lui dire que ce que vous avez déjà » entendu. *Mon parlement ne doit pas solliciter de ma justice ce qu'il* » *ne doit attendre que de ma bonté.* »

A coup sûr Louis XIV était un despote bien absolu, mais je ne crois pas qu'on puisse citer de lui une réponse qui égale celle-là.

Et l'on va voir à quel esprit répondent ces prétentions orientales. A diverses époques, les Français qui ont pris le nom de patriotes essayèrent d'établir des *clubs* à l'instar de ceux qu'on voit depuis longtemps en Angleterre : comités particuliers, où des hommes plus ou moins ardents, plus ou moins philosophes, plus ou moins las d'une tyrannie illimitée s'occupent de la chose publique comme de la leur propre. Ces allures politiques de la part de ces gouvernants amateurs déplurent toujours à nos ministres du bon plaisir, qui firent quatre ou cinq fois déjà fermer les *clubs* de Paris ; particulièrement ceux du Palais-Royal, réputés, et pour cause d'un voisinage sérénissime, plus dangereux que tous les autres. Je copie un écrit intitulé : *Remontrances très-humbles des clubs du Palais-Royal à M. le baron de Breteuil sur la dernière fermeture.*

« Une petite lettre de M. de Crosne, qui nous assure que vous » assurez que l'intention du roi est qu'on ne lise plus la gazette au-» tour d'une table ronde, suffit donc pour renverser la table et » disperser les lecteurs. Cette petite lettre, monsieur le baron, est » une grande sottise, car elle nous avertit que dans les salons comme » dans les chaumières les barons et les paysans ne sont plus rien, et » qu'il n'y a de libre en France que le roi et son conseil. Comment » n'avez-vous pas senti que cette petite lettre était une démonstra-» tion de la nécessité d'une constitution qui nous soit affranchisse du » despotisme oriental? Si vous serviez bien le roi et la nation, ainsi » que vos confrères, qu'auriez-vous à craindre de la réunion de quel-» ques honnêtes gens qui aimeraient mieux s'entretenir de vos talents » et de vos vertus que de vos déplorables opérations ? Mais si vous » prétendez toujours nous gouverner avec des phrases de l'Alcoran, » ce n'est pas assez d'interdire les *clubs*, il faut sans différer mettre » à la Bastille tous les Français qui savent lire, brûler les livres, les » imprimeries, et procéder entre vous à un nouveau partage des » terres. Vous en serez les propriétaires, et nous les laboureurs. » Heureusement, monsieur le baron, la petite lettre de M. de Crosne » nous éclaire encore plus que tous les arrêtés des parlements. En » nous laissant un simulacre de liberté, on aurait retardé les effets » qui nous en procureront la réalité ; vous les rendrez persévérants » et nécessaires.

» Les déprédations et l'imprudence de M. de Calonne ont arraché » à la nation un premier cri d'indignation ; devenez décidément op-» presseurs aujourd'hui, et nous serons libres demain. »

Comme l'édit en faveur des protestants n'était qu'une amorce pour appeler des champions en faveur de l'édit sur l'emprunt, on n'en parle plus aujourd'hui que cet emprunt est repoussé. Madame Louise de France, fille de Louis XV, est morte le 25 décembre avec la satisfaction de voir le premier de ces actes retardé indéfiniment. Son Altesse Royale était un des adversaires les plus actifs du parti calviniste : dans les premiers temps elle excitait vivement ses sœurs, les évêques, tout le parti dévot à faire corps pour empêcher un retour aussi funeste à la religion, entendue à la manière de Christophe de Beaumont. Dieu n'a pas tenu compte à Madame Louise d'un zèle apostolique si fervent : elle est morte encore jeune et subitement aux Carmélites de Saint-Denis, où Son Altesse avait fait profession depuis plusieurs années. Cette princesse a été suivie de près dans la tombe par Sophie-Hélène-Béatrix de France, fille de la reine, qui était née, à travers les plaidoiries de l'affaire du collier, le 9 juillet 1786.

Des édits, des refus d'enregistrement, des exils, le deuil de deux princesses... Me voilà bien loin du théâtre ; mais l'intérêt, et surtout dans un écrit, vit quelquefois de transitions. Parlons donc de nouveautés dramatiques. *Les Etourdis* ou *le Mort supposé*, tel est le titre d'une comédie en trois actes et en vers de M. Andrieux. Il y a de l'esprit, de l'originalité et de la gaieté dans cet ouvrage ; la versification en est heureuse, mais le fond du sujet manque de vraisemblance. En résumé, cette pièce annonce un beau talent[1]. Ce succès continue le filon d'or que la Comédie-Italienne a trouvé dans d'*Azémia* ou *les Sauvages*. On courra longtemps entendre la charmante musique que M. Dalayrac a faite pour cette production assez médiocre de M. de la Chabeaussière : par bonheur on chante beaucoup dans cette pièce, car il s'y trouve une multitude de choses qui ne vaudraient pas la peine d'être dites.

On a vu cette année au Théâtre-Français un début fort remarquable, ce qui ne laisse pas d'être rare aujourd'hui. M. le duc de Duras, premier gentilhomme de la chambre, à la sollicitation des comédiens, mais surtout pour être agréable à madame Vestris, sa maîtresse, fit fonder en 1786 une *école de déclamation*, où MM. Molé, Dugazon et Fleury furent nommés professeurs. Le débutant dont j'ai à parler est le premier élève connu de cette institution. Il se nomme *Talma*. Sa figure est noble, belle et expressive ; sa taille ne manque ni d'élégance ni de proportions. Son organe est sonore, flexible, propre à exprimer la passion ; sa prononciation est pure et nette. Ce jeune acteur a obtenu du succès dans la tragédie et dans la comédie. Mais ses dispositions semblent le destiner plus particulièrement au genre tragique, et dans ce genre son talent offre des germes d'originalité. *M. Talma* s'applique moins à faire sentir l'harmonie des vers qu'à exprimer convenablement la pensée. Ses gestes sont naturels, son manière, sa physionomie réfléchit bien les mouvements de l'âme. On a remarqué surtout que ce tragédien n'imite personne, et qu'il joue d'après son sentiment, ses inspirations, ses moyens. M. Talma devra se corriger de quelques éclats de voix déplacés, de certaines inflexions forcées ; mais jamais on ne trouva autant d'espérances dans un talent aussi nouveau.

CHAPITRE VII.
1788-1789.

Deux conseillers au parlement, MM. d'Eprémesnil et de Monsalbert, ont vivement excité le ressentiment de la cour pendant les troubles occasionnés par la présentation de l'édit sur l'emprunt : ils ont été arrêtés. Cet acte de rigueur a porté au plus haut point l'exaltation populaire ; M. de Lamoignon a failli surtout en ressentir les effets. Ce seigneur venait de céder les sceaux à M. de Barentin, pre-

---

[1] Il s'est réalisé. M. Andrieux est devenu l'un des flambeaux de la scène française et de la littérature en général, qu'il a guidées longtemps dans les routes du goût et de la raison. Ce vétéran de l'Académie française joignait le plus beau caractère politique au talent littéraire le plus estimable.

mier président de la cour des aides, et cette retraite ouvrait un vaste champ à la joie tumultueuse de la populace réunie à la place Dauphine, théâtre ordinaire de ce qu'elle appelait sa justice. Elle brûla l'effigie de l'ex-garde des sceaux au bruit des pétards, dont l'explosion continuelle simulait un feu soutenu de mousqueterie. On arrêtait les carrosses, les cavaliers, les gens de pied sur le pont Neuf; les hommes étaient obligés de fléchir le genou devant la statue du roi béarnais; les dames, dispensées de la génuflexion, devaient comme les hommes crier *Vive Henri IV! au diable Lamoignon!* Bientôt une contribution numéraire dut être ajoutée à cette prestation d'hommages et de malédictions : il fallait donner de l'argent pour acheter des fusées, ce qui ne se faisait pas sans quelque distraction au profit des marchands de vin. L'auto-da-fé ministériel terminé, on procéda à l'enterrement de M. de Lamoignon : deux longues files d'hommes et de femmes en guenilles partirent de la place Dauphine, portant des flambeaux et servant de cortége à un cercueil vide recouvert d'un drap mortuaire,

Necker ministre.

qu'on aspergeait de temps en temps d'eau bourbeuse avec un vieux balai. Comme dans la version de cette foule ameutée l'ex-garde des sceaux était mort, il n'avait plus besoin d'hôtel; on s'acheminait donc vers le sien avec le projet d'y mettre le feu. Heureusement la marche fut longue, souvent interrompue par des stations qui ne se faisaient point à la porte des chapelles, et les gens de M. de Lamoignon eurent le temps d'appeler un détachement d'invalides pour défendre la maison. Lorsque les mutins parurent, l'officier commandant, après leur avoir parlé avec véhémence, fit ouvrir les portes, et cent hommes prêts à faire feu obligèrent ces incendiaires à la retraite. Mais ils refluèrent vers l'hôtel de M. de Brienne, ministre de la guerre, dans le dessein d'y commettre les excès que la troupe venait d'arrêter chez l'ex-garde des sceaux. Prévenu à temps, le comte vole aux Invalides; plusieurs détachements le suivent au pas de course rue Saint-Dominique : il marche à leur tête sur les malveillants qui s'approchent, tandis qu'un piquet de gardes françaises, s'avançant vers l'autre bout de la rue, achève de fermer le passage à ces masses révoltées. Toutefois, loin de s'arrêter, elles se ruent en poussant des cris féroces sur les soldats, qui se servent alors de leurs baïonnettes... Il resta des morts sur le pavé, et beaucoup de blessés ensanglantèrent la voie publique en se retirant.

Une scène plus meurtrière encore se passait en même temps rue Meslay devant la maison de M. Dubois, commandant du guet de Paris, troupe essentiellement ennemie du bas peuple, dont elle réprime durement les écarts. Trois ou quatre mille personnes étaient parties du pont Neuf avec le projet d'exterminer tout ce qui se trouverait sur son chemin de ces pauvres vétérans, appelés vulgairement *tristes-a-pattes*, et d'aller ensuite incendier le domicile de leur chef. Mais Dubois, bien servi par la police, eut le temps de se mettre en défense; il avait ordonné à ses divers détachements de se replier sur la rue Meslay, et de se cacher à droite et à gauche dans les maisons.

Pendant ce mouvement, il faisait remplir sa cour de guet à cheval. Quand la rue fut bien engorgée, cet officier fit déboucher son infanterie sur les flancs de la foule, qu'elle attaqua à coups de baïonnette, tandis que la cavalerie chargeait et sabrait en tête. La rue fut couverte de tués et de blessés. Le peuple prit la fuite; mais on venait de lui donner le baptême de sang : les *révoltés* crièrent en fuyant qu'ils avaient une première réserve de cinq cent mille Parisiens, et derrière une seconde de vingt-cinq millions de Français.

Telle était la situation des esprits et des choses quand Louis XVI, trouvant toutes les voies du gouvernement obstruées et sentant son trône crouler sous lui, se décida à convoquer enfin ces *états généraux* si ardemment désirés par les parlements et la nation. Mais les bases de cette convocation étaient difficiles à poser; une seconde réunion des notables parut nécessaire pour les asseoir. Cette fois leur assemblée se forma avec toute la promptitude que les circonstances prescrivaient. Les premières questions qui se présentèrent à la discussion furent celles-ci : « Dans les états généraux, les ordres seront-ils as» semblés en un seul conseil national ou en trois? Votera-t-on par » ordre ou par tête? Le tiers état sera-t-il ou non doublé? » Cette dernière question entraînait nécessairement une mûre appréciation de la partie du peuple appelée *tiers état*, examinée dans les changements que les progrès de la civilisation lui ont imprimés depuis deux siècles. De là des considérations approfondies sur les conditions sociales, afin de déterminer si dans le sanctuaire des lois il est convenable d'admettre le privilége, et si ce n'est pas plutôt l'*homme* que le *gentilhomme* qui doit représenter ses concitoyens. La négative n'ayant pu être soutenue que par quelques dogmatistes subtils, les notables décidèrent et le roi ordonna que le tiers état aurait une double représentation. Dans les débats qui précédèrent cette grande solution, l'assemblée offrit le spectacle touchant de plusieurs personnages titrés abjurant le régime du privilége, et se rangeant sous celui des lois, qui est le règne de tous. Parmi ces nobles se faisant membres ordinaires du peuple on distingua trois la Rochefoucauld, dignes descendants d'un philosophe dont les *Maximes* ont du moins, en dépit du jugement partial de Voltaire, *inspiré cette bonne action* à ses petits-enfants. On vit aussi se ranger sous la bannière nationale M. de Talleyrand, dont les ancêtres exercèrent jadis les droits régaliens de la souveraineté dans le Périgord; le marquis de Montesquiou, dont la généalogie remonte jusqu'au trône de Clovis; enfin on compta sous cette bannière *Monsieur* lui-même, ce fils de tant de rois... Mais quant à ce dernier déserteur des régions du privilége, on doit suspendre son jugement et examiner mûrement les motifs qui peuvent le faire agir. Il serait superflu d'ajouter que la Fayette et les jeunes gentilshommes qui coururent comme lui servir la liberté naissante en Amérique se firent inscrire de prime abord au nombre des promoteurs de l'égalité sociale.

Ainsi se trouve réhabilitée dans toutes les belles âmes cette immense majorité de la nation sur laquelle les nobles abaissèrent quatorze siècles un regard dédaigneux, tout en recevant d'elle le reflet des arts, des sciences, du génie. On s'indigne à la seule idée d'une aberration morale déversant le mépris sur ce *tiers état* qui étendit l'empire de la raison, du savoir et du goût; qui enrichit la langue en la purgeant de ses incorrections; qui féconda la terre, ouvrit les manufactures, lia les transactions commerciales, creusa enfin toutes les sources des richesses, et qui, dans les combats, fournit encore des bras à la noblesse pour conquérir le seul genre de gloire auquel sa déplorable ignorance pût prétendre. Il appartenait à notre ère philosophique de rétablir l'influence du *tiers état* dont toutes nos illustrations sont les titres indélébiles. Non, jamais les défenseurs du privilége dérisoire de la naissance ne ressaisiront sur les hommes qu'ils croient flétrir du titre de *roturiers* la considération que leur assurent de longs travaux : ils étaient roturiers ceux qui découvrirent les lois du monde physique et de l'esprit humain; la navigation, le commerce, s'étendirent par des roturiers; un roturier recula les bornes de l'univers connu; Corneille, Racine, Molière, la Fontaine, Voltaire étaient roturiers : en recherchant la noblesse, plusieurs de ces géants d'intelligence ont perdu de leur grandeur; l'opinion les plaçait presque à la hauteur de la Divinité.

Dans la sphère de vues élevées où la monarchie était tardivement emportée, le parlement de Paris, attaquant à la fois trois abus colosses, demanda l'abolition des lettres de cachet, la responsabilité des ministres et la liberté de la presse : ce fut le signal d'un renouvellement entier du conseil; on y vit entrer presque en même temps MM. de Villedeuil, ministre de la maison du roi; de Puységur, ministre de la guerre; le maréchal de Beauvau, ministre d'État, et enfin ce Necker, l'homme utile, qui pour la troisième fois, marquait par sa gestion l'état désespéré des finances.

Que font cependant la reine et le comte d'Artois dans ce mouvement convulsif du corps social, dans cette tendance vers une régénération qui déjà a mis au jour tant de dilapidations et même d'exactions commises par cette souveraine et ce prince? L'Altesse jure énergiquement contre les parlements, les *clubs*, les philosophes, les *patriotes;* Sa Majesté passe de tristes journées à Trianon, glanant quelques plaisirs, quelques voluptés à bon marché; maudissant plus que jamais une nation qui lui impose des économies; et consolant de son mieux, par sa correspondance, ce bon Joseph II, qui se voit tout à coup veuf de ses ressources d'origine française.

Marie-Antoinette est surtout vivement inquiétée par l'existence de certaines lettres restées entre les mains de madame de la Motte. Le voyage de madame de Lamballe n'ayant pas obtenu tout le succès que Sa Majesté en attendait, madame la duchesse de Polignac a été envoyée à son tour à Londres afin de négocier la restitution de cette correspondance. Mais elle s'est vainement répandue en sollicitations auprès d'une femme dont le cœur n'est pas moins corrodé que ses blanches épaules, et que le fouet du bourreau n'a pas disposée à se rendre agréable à la reine de France.

La persuasion et tout ce qu'une femme vouée, dit-on, au culte de Sapho peut y joindre de caresses, n'ont pu déterminer, à ce qu'il paraît, madame de la Motte à rendre les lettres; mais on assure que la duchesse a su s'en emparer par des moyens violents, et qui l'ont obligée de quitter précipitamment l'Angleterre pour échapper à une punition sévère.

M. le duc d'Orléans a eu le plaisir de voir à son retour à Paris le cirque élevé au milieu du Palais-Royal presque achevé. C'est une construction fort originale, dont l'architecte, M. Louis, est loin de réunir tous les suffrages. L'intérieur est destiné à des exercices d'équitation auxquels le prince appellera les sieurs *Asthey* père et fils, habiles écuyers anglais, qui ont importé chez nous une sorte de voltige à cheval que nous ne connaissions pas encore, nous qui pourtant nous montrons si habiles voltigeurs en tous genres. Les fêtes équestres n'auront lieu que dans la belle saison; l'hiver, l'enceinte du cirque sera couverte en une serre chaude où l'on placera les arbustes qui pendant l'été orneront la terrasse formant le pourtour supérieur du monument. Ce bâtiment a treize pieds environ au-dessous du sol; il s'élève au-dessus de dix pieds : en tout vingt-trois pieds. Autour de l'édifice, dont la forme est celle d'un ovale allongé, règne une galerie tournante et couverte où l'architecte a su agencer avec goût, entre des colonnes élégantes, les bustes des grands hommes de la nation. Des boutiques, espèce de parure commerciale que M. le duc d'Orléans affectionne, mêlent leur bigarrure disgracieuse aux ornements de la colonnade. La plate-forme offre le spectacle pittoresque d'une source jaillissante et d'une salle de verdure environnée de vases, imitation en miniature des jardins de Sémiramis. L'ensemble du cirque présente un coup d'œil gracieux, malgré quelques détails de mauvais goût; mais le tout a le défaut plus grave d'obstruer un jardin, déjà petit, qu'il était agréable de trouver au milieu d'un quartier populeux, et dans lequel on pouvait du moins respirer quelques globules d'air pur [1].

Au milieu des grandes circonstances de l'époque, les amours, et surtout les amours ingénus, ont peu de faveur : c'est donc sans beaucoup de succès que la Comédie-Italienne a lancé, il y a quelque temps, *Sargines* ou *l'Élève de l'amour*, opéra de MM. Monvel et Dalayrac. Cependant cette classe de gens indifférente aux intérêts généraux, cette nation à part pour qui le *moi* est l'unique affaire, et qui ne croit à l'incendie qu'au moment où elle se sent brûler, les machines à jouissances en un mot, ont suivi la pièce nouvelle et en disent du bien. Il y a de l'entente de la scène, de la fraîcheur, de la sensibilité dans le poëme; on trouve de fort belles inspirations dans la musique. C'est apparemment à la même classe de spectateurs que M. Collin d'Harleville a dédié son *Optimiste*, qu'on a donné aussi en 1788 au Théâtre-Français; il faut vraiment avoir le caractère bien fait pour être *content de tout* au temps où nous vivons. Mais l'auteur a du moins gagné son pari avec le public qui assistait à la première représentation de sa pièce : l'ouvrage a réussi avec éclat. Fréron lui-même se déclarerait *optimiste* en lisant cette jolie comédie, destinée à rester au répertoire comme un beau diamant dans un écrin de famille.

Tandis qu'on délibérait à Versailles sur un nouveau contrat politique que la cour n'accueille qu'avec perfidie et dont elle mine sourdement les bases encore vacillantes, l'hiver, un hiver comparable aux frimas du Nord, déchaînait en France toutes ses rigueurs; on eût dit que le ciel, en même temps que les puissances de la terre, excitait par un surcroît de calamités les passions réveillées d'un peuple malheureux et opprimé. A Paris, le thermomètre est descendu à dix-sept degrés au dessous de zéro dans le courant de janvier; les vins les plus spiritueux gelaient près de la cheminée; la Seine était prise jusqu'au sable : les plus pesantes charrettes creusaient sans danger des ornières profondes sur cette route de cristal.... Que de misère, grand Dieu ! pendant une saison terrible qui suspendait presque tous les travaux ! Le froid et la faim décimaient à la fois une population oisive dans ses foyers glacés; la mort s'offrait partout à ces malheureux avec de cuisantes angoisses. Mais quel pied matinal s'imprime chaque jour sur la neige que chaque nuit renouvelle? A quelle mai-

son illustre appartient la rouge livrée qui dès l'aube parcourt la ville pour distribuer des secours à l'infortune souffrante ? Ce sont les messagers de la famille d'Orléans, dont les coffres sont devenus la caisse du pauvre... Le bienfait prend toutes les formes sous les mains de la vertueuse fille du vieux duc de Penthièvre : ici c'est du bois qu'elle envoie, là ce sont des vêtements chauds qu'elle fait distribuer; plus loin le bouillon de ses cuisines parvient au sommet de l'escalier sombre et tortueux, ailleurs les vins généreux de ses caves réchauffent les estomacs atrophiés par le jeûne ; et partout l'argent supplée à ce que la bienfaisance ne peut offrir en nature. Au Palais-Royal, les jeunes princes, la jeune princesse ont leurs agents de charité : ces illustres enfants veulent participer aux bonnes œuvres secrètes de leur mère, aux générosités moins discrètes de leur père.

Disons la vérité, M. le duc d'Orléans est naturellement charitable; mais, en ce moment, les passions effervescentes de son cœur multiplient les dons qu'il répand. Ce n'est pas seulement pour célébrer le bienfaiteur de l'humanité que les gazettes recommencent tous les matins son éloge, c'est pour exciter l'animadversion d'un public reconnaissant contre la cour qui prononça l'exil de Son Altesse. Le ressentiment, juste au fond, d'un grand que Louis XVI punit brutalement d'un avis courageux émis avec respect, s'arme aujourd'hui de toutes les ressources d'une grande fortune afin d'élever le crédit de la maison d'Orléans au niveau du trône de Versailles. Les princes humiliés seraient-ils donc plus impassibles que les dieux, qui font de la vengeance leur plaisir de prédilection ! Au point d'exaltation politique où nous sommes parvenus, au moment où la France songe à liquider un passé oppresseur, M. le duc d'Orléans devra-t-il oublier que sa famille peut demander compte aux fils aînés de Henri IV de deux cents ans de haine et d'injures?

Les Français n'ont pas besoin d'exemple pour être généreux ; mais la bienfaisance, comme tout ce qui excite la vanité des hommes, a son émulation. Les grandes maisons de France ont ouvert à l'envi leurs trésors à la population nécessiteuse, et la noblesse, par sentiment ou par imitation, s'est associée à ces charités.

Tandis que la nature s'enveloppait d'une robe épaisse de frimas, les machines à jouissances dont j'ai parlé plus haut jouaient avec ses rigueurs : d'élégants traîneaux, affectant la forme d'une sirène, ou celle d'un cygne, ou celle d'un dauphin, promenaient sur la neige glacée les jeunes dames de la cour, ou les courtisanes de haut parage, enveloppées de fourrures et coiffées de bonnets moscovites ; on voyait, assis sur le devant du traîneau, de nobles phaétons vêtus à la polonaise, qui faisaient galoper sur le sol glissant un coursier ferré à glace, richement harnaché, et dont les sonnettes retentissaient au loin.

M. le duc d'Orléans avait semé pendant l'hiver; il récolta avec abondance au printemps. Les premiers beaux jours de l'année 1789 ramenèrent dans le jardin du Palais-Royal les groupes politiques, qu'on vit s'y former dès l'année dernière ; ils reparaissaient plus animés contre la cour, plus empressés de louer le *prince populaire*. Camille Desmoulins, jeune Versaillais d'un patriotisme ardent, se faisait distinguer parmi les tribuns amateurs, qui, montés sur des chaises, péroraient au milieu de la foule. Les agents de la police, quelquefois même le guet, dissipaient ces réunions de discoureurs ou d'auditeurs ; mais, semblables aux globules de mercure qu'on divise, ils se rapprochaient sur un point quand on les avait séparés sur un autre.

Telle était la situation de Paris, lorsque, le 3 mai, une procession solennelle eut lieu à Versailles pour l'ouverture des états généraux. Toute la famille royale y assistait : le roi et les princes étaient revêtus de ces habits de théâtre que l'étiquette leur a conservés pour les grandes cérémonies ; la reine et ses belles-sœurs traînaient dans la poussière les longues queues de leurs robes de cour et livraient aux zéphyrs de hautes touffes de plumes, rivales des panaches qui se balancent sur la tête des chevaux de carrosse dans les jours de gala. Le plus morne silence accueillit le roi lorsqu'il parut à la cérémonie : mais un violent murmure s'éleva de la foule à l'apparition de Marie-Antoinette et du comte d'Artois. La reine faillit s'évanouir. Ce fut bien pis lorsqu'à la vue de M. le duc d'Orléans et des sourires affectueux dont il saluait le peuple, des acclamations presque universelles se firent entendre en faveur de Son Altesse Sérénissime. Si, dans ce moment, mesdames de Polignac et de Lamballe n'eussent pas soutenu la souveraine, elle se fût laissée tomber sur la voie publique.... J'eus grand'pitié de cette princesse en la voyant d'une fenêtre où j'étais placée trembler sur ses jambes affaiblies.

Le surlendemain 5, les états généraux, après une interruption de cent soixante-quinze ans, s'ouvrirent dans une salle fastueusement décorée. La noblesse comptait dans cette assemblée deux cent quatre-vingt-cinq députés; les membres du clergé s'y trouvaient au nombre de trois cent huit, celui des représentants du *tiers état* s'élevait à six cent vingt et un. Total des trois ordres, douze cent quatorze.

Il était naturel de penser que des hommes venant revendiquer sans doute des droits égaux pour tous les Français, apportant des votes d'un même poids dans le grand conseil de la nation, devaient y paraître revêtus des mêmes insignes. Il n'en était rien. Les prélats,

20*

---

[1] Le cirque du Palais-Royal a changé souvent de destination. J'y ai vu successivement MM. *Asthey*, un *lycée*, une salle de spectacle, une salle de vente, des assemblées électorales. Enfin, un incendie a détruit cet édifice; et tout porte à croire que le feu y a été mis par malveillance : plusieurs marchands ont perdu la plus grande partie de ce qu'ils possédaient dans cet incendie accidentel ou malveillant.

décorés de toute la splendeur pontificale, se montraient couverts d'or, de joyaux, de dentelles. Les députés de la noblesse, habillés en Almaviva du *Mariage de Figaro*, portaient un manteau de soie brodé en or, une cravate de point d'Angleterre, la coiffure empanachée de ce bon roi Henri, dont nos seigneurs modernes ne savent imiter que le chapeau. Tandis que ces deux ordres richement accoutrés brillaient à droite et à gauche du trône, le *tiers état* gisait, refoulé vers le fond de la salle, en habit noir uni, en manteau de laine, en cravate d'épaisse mousseline, en chapeau à la Basile ; je crois qu'on a modelé le costume des députés du tiers sur celui du bailli d'*Annette et Lubin*. La distinction avait été portée au point de ménager une entrée particulière, détournée, bâtarde, aux représentants de la roture, tandis que les deux autres ordres de l'Etat entraient, au large et solennellement, par la porte principale..... Voilà sur quels principes d'égalité MM. les maîtres des cérémonies de la cour entendent asseoir les opérations des états généraux.

Dans le discours d'ouverture que prononça le roi et qu'il avait appris par cœur, on s'était appliqué à ne rien dire. de peur de trop prouver ; mais Necker, qui à cette séance parla après le verbeux Barentin, sembla prendre à tâche de s'ériger en directeur des opérations de l'assemblée comme en interprète des intentions du roi. Il traça dans son discours une route légale pour la représentation nationale, indiqua celle qu'aurait à suivre la monarchie, et montra les voies dans lesquelles la nation elle-même devrait se tenir ; se faisant ainsi le précepteur du prince, de la législature et des gouvernés. Dans ce vaste déploiement de prétentions, les hommes éclairés de l'assemblée trouvèrent les éléments d'un jugement sensé qui n'avait point été porté jusqu'alors sur M. Necker. Ils reconnurent ce ministre pour un méthodiste positif, un raisonneur mathématicien, faisant entrer les hommes dans ses combinaisons politiques comme les chiffres entrent dans ses calculs, pour une valeur matérielle. Necker conçoit l'administration en négociant intègre ; mais il est étranger aux appréciations morales du gouvernement, qui sont d'une si haute importance chez les peuples civilisés. De là un défaut de mesure habituel dans l'énonciation de ses vues et de ses opinions : sa dialectique est absolue, inflexible comme sa probité, et voilà précisément la cause de ses disgrâces réitérées. Necker est parmi nous un Spartiate des temps héroïques au milieu des Athéniens du siècle de Périclès.

Cependant, dès la seconde séance, l'assemblée se trouve divisée, non pas seulement d'opinions, mais aussi de personnes : les députés du tiers attendent vainement ceux de la noblesse et du clergé dans le local où l'ouverture a eu lieu la veille, afin de procéder à l'importante formalité de la vérification des pouvoirs conférés par les électeurs de la nation. Les deux ordres absents délibèrent séparément sur le même objet, chacun dans une salle particulière. Le conseil royal, qui a statué sur l'installation des états généraux, paraît avoir laissé indécis le point réglementaire capital, en négligeant de déterminer le mode de délibération ; ou peut-être cette négligence est-elle le résultat d'un calcul tendant à rendre tout accord impossible. Quoi qu'il en soit, la noblesse d'une part et le clergé de l'autre décident que les pouvoirs seront vérifiés par ordre ; tandis que le tiers arrête, à une immense majorité, que la vérification s'opérera en commun. Or cette dernière partie de la représentation siége dans l'enceinte consacrée par la séance royale, et cette circonstance, jointe au nombre des votants, lui donne déjà l'apparence d'un corps prépondérant. Elle ne tardera pas d'en avoir la réalité. Le 7 mai au matin, le clergé envoie des commissaires aux députés du tiers à l'effet de conférer sur la question des pouvoirs ; la noblesse prend cette mesure le 12. M. le comte d'Artois, présumant dès lors que les états généraux vont former un conseil unique et ne voulant point compromettre sa grandeur parmi ce qu'il appelle la *canaille nationale*, écrit à l'assemblée de la noblesse que « les ordres du roi lui interdisent d'y siéger. Mais » je donne à *la chambre*, ajoute Son Altesse Royale, la ferme et cer- » taine assurance que le sang de mon aïeul Henri IV a été transmis » à mon cœur dans toute sa pureté, et que tant qu'il m'en restera une » goutte dans les veines je saurai prouver à l'univers entier que je » suis digne d'être né gentilhomme français. » Il est difficile de définir précisément le but de ce pathos ; mais on ne peut se dispenser de remarquer que toutes les générations de Bourbons qui se sont succédé depuis Henri IV nous ont parlé de suivre l'exemple de son courage, de sa véritable noblesse, de sa bonté, et qu'il faut encore remonter jusqu'à lui pour trouver dans la famille une seule de ces vertus avec toute sa pureté.

Les alarmes de M. le comte d'Artois étaient prématurées : la fusion des ordres souffre encore de longues difficultés. La noblesse et le clergé continuent de communiquer avec le tiers état par commissaires, et le premier de ces ordres suspend l'exécution du projet que manifeste le second de se réunir aux communes. Cette scission convient beaucoup à la cour, qui ne néglige rien pour la perpétuer ; espérant ainsi rendre plus facile la dissolution des états généraux, qu'elle médite déjà. Les Polignac, ces agents toujours actifs de l'intrigue et des abus, fomentent chaque jour de nouvelles cabales, afin d'enrôler les députés nobles sous la bannière des courtisans. Les femmes, les femmes galantes surtout, offrent à toutes mains l'amorce de leurs charmes et jettent des faveurs, comme autant de pommes de

discorde, entre les deux premiers ordres et le tiers. Pendant que ces menées, dont la reine se fait remettre le bulletin journalier, s'ourdissent trop ouvertement pour que le roi puisse les ignorer, Sa Majesté invite les trois sections de l'assemblée à se concilier ; mais à chaque instant de nouvelles difficultés surgissent de la discussion entre les commissaires, d'après les instructions de leurs chambres respectives. Parmi les nobles qui se sont déclarés les plus opposés à la fusion on remarque M. Cazalès, gentilhomme de la veille, et, le croira-t-on ! ce même d'Eprémesnil, ce tribun parlementaire qui naguère s'est opposé avec tant de chaleur au despotisme ministériel. Il faut bien se garder toutefois de considérer cette conduite comme une inconséquence ; d'Eprémesnil est avant tout membre du parlement ; or cette compagnie voit à la disposition des esprits que les états généraux tendent à devenir un corps permanent, qui ne tarderait pas d'anéantir la prérogative parlementaire. Dans cette situation, *messieurs* se montrent aussi rapprochés maintenant des vues de la cour qu'ils en paraissaient éloignés avant la convocation.

Enfin, après une multitude de conférences qui n'ont amené aucun rapprochement, le tiers état, las des refus hautains de la noblesse, certain d'ailleurs d'attirer à lui la majorité du clergé, assuré même d'opérer une défection en sa faveur dans l'orgueilleuse aristocratie ; le tiers état, dis-je, procède, tant en leur absence qu'en leur présence, à la vérification des pouvoirs de tous les députés et manifeste le projet de constituer une assemblée souveraine, un corps législatif. Une discussion s'engage sur la dénomination à choisir : après de longs débats Legrand fait adopter le titre d'*Assemblée nationale* dans la séance du 16 juin. Voici la formule remarquable de l'arrêté : « Après » la vérification des pouvoirs, reconnaissant que l'assemblée est déjà » composée des représentants envoyés directement par les quatre- » vingt-seize centièmes au moins de la nation ; qu'une telle masse de » députation ne peut rester inactive par l'absence des députés de » quelques bailliages ; de plus, qu'il n'appartient qu'aux représentants » vérifiés de concourir à former le vœu national, et que tous les re- » présentants vérifiés doivent être dans cette assemblée ; et attendu » qu'il ne peut exister entre elle et le trône aucun veto, aucun pou- » voir négatif, les *députés des communes* se déclarent la seule réunion » légitime, et se constituent immédiatement en activité sous le nom » d'Assemblée nationale. »

Ainsi se trouve consacrée, à dater du 16 juin, la souveraineté de la nation ; de ce jour le trône s'abaisse jusqu'au niveau d'un bureau de premier commis ; de ce jour le pouvoir parlementaire s'évanouit ; de ce jour enfin la noblesse devient peuple.

Pour premier acte de souveraineté l'assemblée arrête : « Les con- » tributions telles qu'elles se perçoivent actuellement dans le royaume » n'ayant point été consenties par la nation, sont *toutes* illégales, et » par conséquent nulles dans leur création, extension ou prorogation. » Elles sont autorisées provisoirement, au nom de la nation ; mais jus- » qu'au jour seulement de la première séparation de cette assemblée, » de quelque cause qu'elle puisse provenir. »

Et cette grande, cette audacieuse détermination, qui met le sceptre aux mains du tiers état, elle découle des démarches aussi orgueilleuses qu'inconsidérées de la noblesse, secondées par une minorité mitrée du clergé et soutenues par les menées insidieuses d'une cour de mauvaise foi. Que l'Europe sache donc que si la révolution qui s'opère traîne à sa suite des excès condamnables, si l'anarchie peut en naître dominatrice et sanglante, tous les maux qu'elle produira devront être attribués à une monarchie sans droiture et à une aristocratie usurpatrice.

Informé des grandes mesures prises à Versailles, Louis XVI, qui s'est retiré à Marly pour pleurer son fils aîné mort à Meudon, Louis XVI appelle à son secours les grands, le haut clergé, et ce parlement qui depuis six semaines lui promet tant de dévouement... Ces divers conseillers lui proposent de dissoudre les états généraux ; *messieurs* jurent à Sa Majesté qu'ils enregistreront sans examen tous ses édits. Enfin, les Polignac aidant, on s'arrête au projet de suspendre d'abord l'assemblée, sous le risible prétexte de dispositions intérieures à faire à la salle. Le 20 juin, au moment où Bailly, président provisoire, va ouvrir la séance, M. de Dreux-Brézé, grand maître des cérémonies, vient annoncer ses travaux de tapissier, et prescrit de faire évacuer le local. Dès ce moment les députés qui se présentent aux portes sont repoussés par les soldats... A la nouvelle de cette violation le tiers état se porte avec vélocité vers un *jeu de paume*, où il s'installe à la hâte ; la salle ordinaire reste déserte... Là cette majorité de l'assemblée nationale *jure* de ne pas se séparer avant d'avoir donné une constitution à la France[1]. On voit, dans cette enceinte obscure, saillir des masses représentatives les grandes figures de Mirabeau, dont la voix retentira dans les siècles ; de Bailly, député loyal, ferme et éclairé ; de Barnave, jeune avocat rempli de chaleur et d'éloquence patriotique ; de Tronchet, jurisconsulte consciencieux et profond ; de Sieyès, qui le premier consacra dans une brochure lumineuse les droits du *tiers état* ; de Grégoire, prêtre philosophe, conciliateur zélé de la religion et de la morale ; de Volney, savant laborieux, qui de-

---

[1] Tout le monde connaît le tableau de David, représentant le serment du jeu de paume : c'est un des chefs-d'œuvre de ce grand peintre.

manda à l'histoire de tous les temps le secret de la gloire et du bonheur des peuples ; de Boissy d'Anglas, protestant vertueux, que la mort vue de près ne détournera pas de la route des devoirs civiques.

Le serment du jeu de paume fit trembler la cour; mais un mouvement de troupes considérable s'opérait : elle se rassura. Une séance royale fut annoncée pour le 23 juin; le roi s'y rendit dans tout l'appareil d'un lit de justice; une garde nombreuse entoura la salle, où les douze cents députés se réunirent, comme à la séance du 5 mai. Louis XVI et ses ministres Barentin et Breteuil firent entendre à cette assemblée les intimations d'une monarchie absolue, et présentèrent, à titre de concessions de la couronne, les articles suivants. Aucun impôt n'est levé ni prorogé sans le consentement des représentants de la nation. Les impositions ne sont établies ou prorogées que pour l'intervalle qui devra s'écouler jusqu'à la tenue suivante des états généraux. Aucun emprunt n'aura lieu sans leur consentement; toutefois, en cas de guerre, le roi pourra emprunter jusqu'à la concurrence de cent millions. Le tableau des finances sera rendu public chaque année; les applications des sommes seront déterminées. Sont abolis les priviléges pécuniaires du clergé et de la noblesse, de la taille et du franc fief. Il y aura respect pour les propriétés de tous genres et pour les prérogatives utiles et honorifiques des terres et des personnes. Des règles fixes seront établies pour l'anoblissement. Abolition des lettres de cachet. Liberté de la presse. Etablissement d'états provinciaux, dans la proportion de deux dixièmes de clergé, trois dixièmes de noblesse, cinq dixièmes de tiers état. Election libre des membres par les ordres respectifs, suivant une mesure donnée de propriété pour l'électeur et pour l'éligible. Ces états connaîtront des finances et de tous les objets dont il sera nécessaire de leur confier la direction. L'attention des états généraux est appelée sur les codes civil et criminel, la liberté individuelle, les domaines, la liberté du commerce, le reculement des douanes aux frontières, les corvées, les droits de mainmorte, les milices, la légalité des contributions, l'établissement des états provinciaux.

Certes, de telles améliorations proposées à l'ouverture de la session auraient pénétré les états généraux de reconnaissance et d'admiration; mais c'est maintenant l'*assemblée nationale* qui écoute Sa Majesté, et par malheur elle vient de dire que les ordres doivent délibérer séparément. Elle a de plus ORDONNÉ *aux députés de se séparer tout de suite*, et de se réunir le lendemain dans des salles séparées. Les représentants de la nation ne voient plus dans cette conduite que déception et duplicité : le roi sait que si les ordres délibèrent séparément, la couronne subjuguera toujours à son gré la noblesse et le clergé à l'aide des prérogatives ou des priviléges; et que, par ce moyen, il sera facile de réduire ou de supprimer les concessions promises avec tant de solennité.

Le roi s'étant retiré, la noblesse et le clergé, à l'exception de quelques-uns de ses membres, s'éloignèrent de la salle; mais les communes s'y maintinrent. Surpris de cette *désobéissance*, M. de Dreux-Brézé, revêtu de la livrée de grand maître des cérémonies, veut rappeler à l'assemblée que le roi *a ordonné* sa séparation immédiate; cette réponse de Mirabeau parviendra aux siècles les plus reculés : « Oui, monsieur, nous avons entendu les intentions qu'on a suggé-» rées au roi; mais vous qui ne sauriez être son organe auprès de » l'assemblée nationale, vous qui n'avez ici ni place, ni voix, ni droit » de parler, vous n'êtes pas fait pour nous rappeler son discours. » Cependant, pour éviter toute équivoque et tout délai, je vous dé-» clare que si l'on vous a chargé de nous faire sortir, vous devez » demander des ordres pour employer la force. Allez dire à votre » maître que nous sommes ici par la puissance du peuple, et qu'on » ne nous en arrachera que par la force des baïonnettes. »

Telle fut la harangue véhémente d'un comte qui s'est fait récemment *roturier* pour avoir de nobles droits à défendre : elle foudroya le valet illustre, elle électrisa l'assemblée; la cause du trône fut perdue, et Louis XVI le sentit. Quand M. de Brézé, revenu de sa stupeur, courut rendre compte à Sa Majesté de la réponse de Mirabeau, elle dit : « Puisque messieurs du tiers refusent de quitter la » salle, il n'y a qu'à les y laisser. » C'était bien la peine de faire répéter tant de fois par les ministres, pendant la séance du 23 : *le roi veut, le roi entend...*

Dès le 22 juin, cent quarante-huit membres de l'ordre du clergé se sont réunis aux communes; les 24, 25, 26 juin, d'autres ecclésiastiques et un grand nombre de nobles abjurent les distinctions qui retardent l'accomplissement de leur mandat : la cause nationale s'est recrutée de la Rochefoucauld, Mathieu de Montmorency, Lally-Tolendal, Talleyrand-Périgord, d'Aguesseau..... Le duc d'Orléans est parmi les déserteurs de la caste héraldique. Le 27, la minorité dissidente, honteuse de sa faiblesse, se glisse presque incognito dans l'assemblée, et complète ainsi la fusion des trois ordres.

L'organisation définitive de l'assemblée nationale a été accueillie dans toute la France avec des transports de joie inexprimables, mais la cour en éprouve une profonde tristesse, quoique *jésuitiquement* elle ait paru pousser les dissidents à cette réunion, tandis que sourdement elle travaillait à préparer la dissolution de la représentation nationale. Quelques compagnies des gardes françaises avaient pris part d'une manière un peu bruyante, un peu licencieuse peut-être,

à la joie publique excitée par la réunion définitive du 27 juin; les chefs reçurent l'ordre de ce les consigner dans leurs quartiers. Mais ces militaires si disciplinés, éludant pour la première fois la consigne, s'élancèrent hors des casernes, malgré les efforts que firent leurs officiers et leurs sergents pour les retenir... A l'instant, les cabarets de la Courtille, des Porcherons, de Vaugirard sont remplis de gardes françaises, faisant danser, enivrant, caressant cette nuée de blanchisseuses, de repasseuses, de poissardes, connues pour former avec cette troupe sédentaire des unions plus ou moins fidèles, plus ou moins transitoires. Il fallut bien rentrer le soir de cette délicieuse journée; alors la vindicte gradée eut son tour : la prison de l'Abbaye fut remplie de délinquants; mais ils n'y restèrent pas. Le peuple, ameuté par des amantes éplorées, dans tous les marchés, dans les rues populeuses des faubourgs Saint-Antoine et Saint-Marceau, se rendit en foule à la prison, désarma la garde et emmena les prisonniers. Ils furent portés en triomphe par leurs libérateurs, qui, pour rendre cette ovation plus touchante, avaient accouplé les amants et leurs maîtresses sur des pavois de verdure.

Cependant la cour n'a point renoncé à séparer les ordres délibérants, un rassemblement considérable de troupes se complète à Paris et à Versailles. Le maréchal de Broglie doit commander ces forces réunies contre les *malintentionnés*. Traitant cette affaire comme une guerre réglée, ce vieux officier a fait du château de Versailles un quartier général et du jardin un camp. Un régiment tout entier occupe l'Orangerie; les dalles de la cour de marbre sont brisées sous le poids d'une menaçante artillerie. Des ordonnances, des aides de camp se croisent en tous sens : leurs chevaux, tout sellés, hennissent au bas du grand escalier et remplissent les vestibules royaux de crottin. Des bureaux sont établis dans les appartements : les plumes courent sur le papier pour expédier des ordres aux officiers généraux employés. Des cartes des environs de Paris se déroulent devant le maréchal : il assoit un plan de campagne et prépare un ordre de bataille.

Ces dispositions martiales étaient d'une grande maladresse : en inquiétant l'assemblée nationale, elles devaient infailliblement la porter à faire un appel aux masses populaires, déjà si bien disposées en sa faveur, et qui, si elles s'ébranlaient, dissiperaient d'un souffle tout l'appareil guerrier de M. de Broglie.

La jactance de cet honnête gentilhomme et ses dispositions militaires ne tardèrent pas de porter leur fruit : le 11 juillet, toute la population de Paris menace de courir à l'assemblée nationale si la troupe fait le moindre mouvement vers le lieu des séances... Alors la division naît dans le conseil : Breteuil et Barentin veulent qu'on déploie l'appareil de la force pour contenir ceux qu'ils nomment des *factieux*, soudoyés, disent-ils, par Sieyès, par Mirabeau, et surtout par le duc d'Orléans. Les autres ministres, particulièrement Necker, assurent que le roi n'a rien à craindre s'il ne cesse pas de donner des gages de la sincérité de ses vues populaires. Louis XVI repousse ce sage avis; il exile à bas bruit le ministre des finances, que, vingt jours plus tôt, il a pressé, supplié, conjuré de garder le portefeuille. MM. de Montmorin, de la Luzerne, de Saint-Priest, donnent leur démission. Le conseil nouveau se compose de MM. de la Vauguyon, de Breteuil, de Broglie, de Barentin, Foulon, de la Galezière et la Porte. Tous ces conseillers de la couronne sont bien déterminés à faire tirer, s'il le faut, sur le peuple; ils ne reculeront pas devant la guerre civile : le baron de Breteuil a dit : « Au surplus, s'il faut brûler » Paris, on le brûlera, et l'on décimera ses habitants. Aux grands » maux les grands remèdes. »

Quoique l'exil de Necker ait été mystérieux, le peuple de Paris le sait : il fait fermer les théâtres dans la soirée du 11 juillet, signe infaillible de désolation pour les Parisiens... L'exaltation contre la cour est au comble, elle se prononce par des courses nocturnes, des menaces, des cris sinistres, qu'excite encore l'arrivée de trois régiments suisses qui vont camper au champ de Mars avec huit cents hommes de cavalerie.

Si M. le duc d'Orléans peut être soupçonné de fomenter le trouble parmi les classes populaires, on ne saurait du moins l'accuser d'y procéder de vive voix; car ce prince est en ce moment à Saint-Leu, où des amateurs jouent une pantomime. Cependant la nouvelle de l'agitation de la capitale arrive au château vers minuit, le spectacle vient de finir. Un peintre nommé Giroux, qui a joué dans la soirée le rôle du cyclope Polyphème, curieux de savoir plus particulièrement ce qui se passe à Paris, se jette dans un cabriolet et se dirige à toute bride vers cette ville, où il arrive aux premiers rayons du jour. Aux abords de la barrière, l'étrange costume que Giroux n'a pas pris le temps de quitter, l'œil peint qu'il a au milieu du front provoquent l'étonnement et presque la frayeur. On le conduit au corps de garde. Le chef du poste, dont les instructions sont sévères en ce temps d'émeute où tout le monde rêve conspiration, fait subir un long interrogatoire au cyclope amateur, qu'il persiste à prendre pour un espion. L'artiste a beau soutenir que son troisième œil est en détrempe, que ce n'est point celui d'un argus de police, qu'enfin il n'a rien à se reprocher, sinon de ne s'être pas déshabillé après avoir fini son rôle, on le retient trois grandes heures exposé aux brocards des laitières, des jardiniers et des marchands de volaille qui entrent à Paris.

Le dimanche 12 juillet dans la matinée les Parisiens, pour qui tout est spectacle, les Parisiens, donnant le bras à leurs femmes, à leurs filles, se rendent en foule au champ de Mars pour admirer la belle tenue des troupes qui le lendemain peut-être recevront l'ordre de tirer sur eux. Cette population curieuse est reçue affectueusement, les dames dansent même avec les Suisses de Salis-Samade et les hussards de Berchigny au son des musiques guerrières. L'honnête citadin accueille ces galanteries militaires avec un sourire un peu forcé, mais nos jolies Parisiennes jurent que leurs danseurs sont de très-aimables cavaliers.

Dans l'après-midi la scène change : les habitants des faubourgs Saint-Antoine et Saint-Marceau, qui ne dansent pas, sont levés en masse et courent de caserne en caserne fraterniser avec les gardes françaises, leurs amis déclarés, qui presque partout les suivent avec leurs armes. Le baron de Besenval, commis au commandement de la force armée réunie à Paris, fait occuper la place Louis XV et les Champs-Élysées par les Suisses : quatre pièces de canon sont braquées près du pont Louis XVI, commencé l'année précédente. Le prince de Lambesc, parent de la reine, pénètre en même temps dans les Tuileries à la tête du régiment de Royal-Allemand, auquel il ordonne de sabrer tout ce qui encombrera le passage. Lui-même, lâche assaillant des paisibles et inoffensifs promeneurs, ouvre le crâne d'un vieillard et renverse une femme sous les pieds de son cheval. La foule naguère si calme crie : Au meurtre ! à la vengeance ! tout devient armes dans sa main irritée ; des chaises brisées, des pierres, les fragments des statues arrachées de leurs piédestaux. Lambesc, inquiet sur les suites de cette défense du désespoir, forme sa troupe en bataille et fait une retraite aussi honteuse que son agression a été atroce. Ailleurs les troupes étrangères se fusillent avec les gardes françaises, qui ont pris parti pour le peuple, tandis qu'on brûle les barrières et qu'on disperse à coups de pierres les commis... Le tocsin sonne de toutes parts, les citoyens s'arment, des patrouilles volontaires se forment pour la sûreté commune, pour se défendre au besoin contre les ennemis et peut-être contre les amis ; les armuriers tendent eux-mêmes aux bourgeois des fusils de chasse, d'élégantes épées à coquilles d'acier. Un corps municipal est élu en toute hâte à l'hôtel de ville, une garde parisienne est créée ; avant la fin du jour vingt mille citoyens se sont inscrits pour en faire partie. L'assemblée de l'hôtel de ville ayant ainsi pourvu à la formation d'une garde civique nomme un comité permanent de sûreté qui rend l'arrêté suivant ; c'est le premier acte de l'autorité populaire : « Dans la nécessité de rétablir sans délai la milice parisienne, il a été arrêté : le » fond de cette milice sera de quarante mille hommes formant seize » légions. L'état-major général sera composé d'un commandant général, du commandant en second, d'un major général et des états-» majors de chacune des seize légions. Tous les officiers seront nommés par le comité permanent. Les couleurs de la ville ayant été » choisies par l'assemblée générale des électeurs, chacun portera la » cocarde bleue et rouge. » Un message expédié au roi le soir même du 12 demande la confirmation de la milice bourgeoise, la responsabilité des ministres et surtout l'éloignement des troupes. Les envoyés reviennent avec des réponses négatives à toutes ces requêtes.

Quant à l'évacuation de Paris par les troupes étrangères en armes, elle s'effectue nonobstant les ordres du roi. Le baron de Besenval, informé que le 13 au matin deux ou trois cent mille hommes peuvent l'environner, opère sa retraite à minuit après avoir ordonné au marquis de Launay, gouverneur de la Bastille, de défendre cette prison d'État... Paris reste livré à lui-même.

Le 13, nouveaux troubles, nouvelles inquiétudes : le tocsin continue de sonner. Cependant les troupes sont immobiles au champ de Mars, à Sèvres, à Saint-Cloud, et M. de Besenval reste sans ordres aux Invalides. Deux prétendus députés de la ville se présentent ce jour-là au gouverneur de cet hôtel pour demander au nom de la sûreté générale trente-deux mille fusils que renferment les souterrains. Cet officier, nommé M. de Sombreuil, répond qu'il ne peut se dessaisir de ce dépôt, dont il est responsable. Les envoyés ou soi-disant tels se retirent mécontents. Sombreuil, effrayé dès la veille de l'usage qu'on pourrait faire de ces armes, a voulu les rendre inoffensives en les dégarnissant de leurs batteries. Mais les vieux braves qui résident aux Invalides sentent battre un cœur patriote sous l'habit de la vétérance ; vingt d'entre eux qui ont été employés à ce travail n'ont désarmé que vingt fusils en six heures. M. de Sombreuil assure au baron de Besenval « qu'un esprit séditieux règne dans la maison, » que depuis dix jours les soldats ont leurs poches pleines d'argent, » qu'un cul-de-jatte dont personne ne se défiait a été surpris introduisant dans l'hôtel des paquets de chansons injurieuses à la cour, » qu'en un mot il ne faut pas compter sur les Invalides, et que si les » canonniers reçoivent l'ordre de charger leurs pièces ils les tourneront contre l'appartement du gouverneur. » M. de Besenval, qui écrit dans la nuit au maréchal de Broglie, lui fait part de ces circonstances. Il ne reçoit point de réponse.

La journée du 13 a été plus orageuse encore que celle du 12 : les boutiques, les magasins, les ateliers ont été fermés ; une foule bizarrement armée et grossie des prisonniers de la Force et du Châtelet délivrés par elle a livré au pillage la maison des moines commerçants de Saint-Lazare. Des courriers de la cour sur lesquels on a saisi des dépêches menaçantes, un bateau chargé de poudre qu'on a découvert, des amas d'armes trouvés dans quelques hôtels du faubourg Saint-Germain, tout semble s'être réuni pour exalter une populace déjà excitée par des chefs, des guides et de l'argent... Le désordre n'a pu être comprimé malgré les soins du comité permanent, malgré la milice parisienne, qui déjà s'élève à quarante-huit mille hommes armés de piques fabriquées en trente-six heures.

Le 14 juillet à cinq heures du matin un homme entre aux Invalides dans la chambre de M. de Besenval : il a les yeux enflammés, la parole rapide, courte mais éloquente, le maintien noble et audacieux. « Monsieur le baron, dit-il, il faut que vous soyez averti pour » prévenir une résistance inutile. Aujourd'hui, j'en ai la certitude, » le reste des barrières de Paris sera brûlé, la Bastille sera attaquée » et prise. Je n'y puis rien ni vous non plus : n'essayez pas de l'empêcher, vous sacrifieriez des hommes sans éteindre un flambeau. » À ces mots l'inconnu s'éloigne après un brusque salut.

De neuf heures à midi trente à quarante mille hommes, qui se sont précipités dans l'hôtel des Invalides par toutes les portes, s'emparent des trente-deux mille fusils qui s'y trouvent, puis des vingt pièces de canon dont le revers du fossé est armé. Loin de s'opposer à cette invasion, les soldats de l'hôtel la favorisent ; et M. de Sombreuil se voit près d'être pendu à la grille par ses propres subordonnés. Pendant cette expédition des canons et des détachements de gardes françaises placés sur l'autre rive de la Seine tiennent en respect le camp du champ de Mars.

Malgré l'enlèvement d'armes des Invalides une grande partie du peuple en est encore dépourvue, lorsque le bruit se répand que les souterrains de la Bastille renferment plusieurs milliers de fusils... On y court... J'aurai toute ma vie présente à la vue l'armée singulière qui parle d'aller à l'assaut de cette forteresse, capable de se défendre, malgré la faiblesse de sa garnison, contre une troupe nombreuse et disciplinée. Cette agglomération bizarre d'assaillants se compose d'hommes de tout âge, de femmes et d'enfants. Plusieurs sont revêtus des costumes guerriers de l'Amérique sauvage, de l'Afrique, de l'Asie enlevés au garde-meuble, avec des flèches canadiennes, des cimeterres turcs, des poignards arabes. D'autres ont en tête le casque de Bayard, ou se sont affublés de l'armure de Gaston, ou brandissent l'épée du Guesclin. Une jeune poissarde dont les yeux brillent du feu de l'ivresse et de la luxure appelle en chancelant ses compagnes sous le fanon fleurdelisé de la pucelle d'Orléans. Quinze ou vingt forgerons traînent à la suite d'un détachement de gardes françaises deux canons de forme bizarre envoyés à Louis XIV par le roi de Siam et une coulevrine d'argent massif donnée jadis à Louis XV par je ne sais quel souverain étranger.

Parmi les masses qui se portent vers la Bastille il est des soldats mieux armés, mieux équipés : les fusils des Invalides sont aux mains d'hommes capables de les porter ; et dans les églises où se réunissent provisoirement les assemblées des districts ces citoyens ont passé la nuit à fondre des balles, à fabriquer des cartouches, à aiguiser des piques.

Cette prison d'État que le peuple court attaquer ne renferme que quatre-vingts invalides et trente Suisses : le maréchal de Broglie avait promis d'envoyer à la Bastille un détachement de cinq cents hommes, des vivres, des munitions ; mais cette promesse ne s'est point accomplie. Le marquis de Launay, gouverneur, ne s'est guère inquiété d'y suppléer ; et si le siège devait durer vingt-quatre heures, cette forteresse, dont la garnison s'approvisionne que le jour à la halle, serait infailliblement affamée. Du reste, de Launay a mis à profit tous les moyens de défense qui sont à son pouvoir : quinze pièces de canon sont en batterie au sommet des tours, où le salpêtre ne s'est pas enflammé depuis la fameuse canonnade de mademoiselle de Montpensier ; douze fusils de rempart ont été mis dans les embrasures, et vomiront à chaque coup une livre et demie de balles ; de plus, des pavés, de vieux ferrements, de la mitraille, se trouvent amoncelés sur la plate-forme pour écraser les assaillants. Enfin, le gouverneur ayant oublié de se munir d'un drapeau blanc, quatre mouchoirs de poche cousus ensemble flottent orgueilleusement sur la Bastille.

Un détachement de trente hommes envoyé avec un parlementaire au gouverneur a suivi dans le château un courrier de M. le prévôt des marchands apportant une lettre au marquis de Launay, que le peuple fait sommer de rendre la forteresse. Mais à peine les envoyés sont-ils parvenus dans l'intérieur, qu'on y entend une fusillade. Les assiégeants, indignés de cette trahison, attaquent alors la Bastille avec impétuosité. Quelques centaines d'hommes qui se sont portés sur les derrières du fort en font approcher plusieurs charrettes de paille, on y met le feu : le corps de garde avancé, l'habitation du gouverneur et les cuisines sont incendiés, tandis qu'une vive fusillade mêlée de coups de canon s'engage du côté du boulevard et dans l'avant-cour, où sont logées trois compagnies de gardes françaises. Un boulet heureux vient de couper une des chaînes qui tiennent le pont-levis, lorsqu'on aperçoit un papier qui tombe d'un créneau.....

C'est une capitulation demandée : on l'accepte, les ponts se baissent, le peuple inonde les cours et bientôt il viole et la parole donnée par l'officier bourgeois *Élie*, et les droits sacrés de la guerre. Le gouverneur et le major, entraînés vers la Grève, sont indignement massacrés. Leurs têtes, élevées sur des piques, sont offertes en spectacle au peuple... elles couvrent d'un sang encore brûlant les bourreaux qui les portent... Voilà de ces excès que traînent à leur suite les révolutions les plus légitimes : malheur aux gouvernants qui forcent les nations d'y recourir !

Le soir même M. de Flesselles, prévôt des marchands, convaincu d'intelligence avec la cour, est chassé du comité de l'hôtel de ville. A peine parvenu sur le perron extérieur, il est atteint d'un coup de pistolet, tourne deux fois sur lui-même, tombe... Sa tête se contracte encore par les convulsions de la mort et déjà placée sur une pique elle complète l'horrible *trio* qu'une populace irritée promène par la ville en poussant des cris féroces.

Mirabeau.

Telle est la conséquence du plan mêlé de despotisme, de perfidie et de faiblesse, qu'on a conseillé à Louis XVI. Ce résultant sanglant était infaillible dù moment que ce prince, en donnant d'une main des institutions arrachées à la mauvaise foi de son gouvernement, saisissait un glaive de l'autre main pour reprendre ce qu'il avait donné. Le 14 juillet au soir les ministres dorment encore sur le bord du volcan entr'ouvert sous les pas de la monarchie, et qui déjà vient d'engloutir plusieurs de ses agents. De prétendus hommes d'Etat, mauvais juges des événements dont ils ont été les promoteurs inhabiles, osent voir dans la violence de la commotion qu'ils ont provoquée un gage de son peu de durée. A minuit la cour ignore ou feint d'ignorer les massacres de Paris... Une foule élégante circule dans les appartements, mille feux jaillissent des croisées du château, la musique se fait entendre, on danse à Versailles... On danse ! et depuis deux jours le sang ruisselle dans Paris, et des torches sinistres éclairent les têtes livides de Flesselles, de Launay, de Losme-Solbray, élevées sur des piques, comme pour montrer de plus loin à quel degré d'atrocité la vindicte du peuple peut se porter, et combien il importe de la prévenir. Mais non, les conseillers stupides de la couronne enivrent des parfums de la galerie, des regards de la beauté facile, des fumées de l'ambroisie d'Aï une foule de jeunes officiers qui demain peut-être seront abandonnés de leurs soldats; car ces soldats sont peuple aussi. C'est là l'espoir de gouvernants ineptes autant que perfides ! Enfin, lorsqu'ils ne peuvent plus douter de la catastrophe, lorsque le baron de Besenval, refoulé sur Versailles, leur apprend que des forêts de mousquets s'élèvent au-dessus des masses populaires, qu'elles sont maintenant hérissées de deux cent mille baïonnettes ou piques, et que le soldat lui-même comprime les élans du patriotisme qui fait bondir son cœur, ces hommes sans portée, sans résolution n'osent apprendre au roi ce qui se passe...

C'est vainement que le duc de la Rochefoucauld-Liancourt les en convie... « Eh bien ! s'écrie-t-il avec la noble chaleur du juste indigné, » j'informerai moi-même le roi, j'aurai la force de lui faire envisager » le malheur que j'eus plus d'une fois le courage de lui faire pres- » sentir. » A ces mots le duc pénètre dans la chambre de Louis XVI. Sa Majesté dort paisiblement... La Rochefoucauld le réveille, il lui apprend la prise de la Bastille et les excès qui l'ont suivie. Le monarque demande au digne descendant d'une famille d'hommes de bien ce qu'il doit faire dans cette extrémité. « Sire, répond sans hésiter le » duc, calmer l'agitation des esprits en dissipant leur défiance, éloi- » gner les troupes, et rendre au peuple l'homme dont l'éloignement » fut la cause immédiate de tout ceci. Rappelez Necker, sire, j'ose » vous en conjurer au nom de la nation que vous aimez, au nom de » votre propre repos. Marchez maintenant avec une révolution mal- » heureusement commencée, et qui ne fût point descendue dans la » rue si vos ministres vous eussent aidé à la guider dans l'assemblée » nationale... Sire, il était à votre pouvoir d'en être le maître, quand » un conseil mal inspiré ou malveillant s'est efforcé de vous en faire » l'ennemi... Arrêtez-vous dans cette fausse route, et paraissez dès » demain à l'assemblée nationale, seul avec votre droiture, avec » votre pureté naturelle d'intentions. » Louis XVI a réfléchi, il a soupiré, il s'est tu ; mais ce prince a senti la justesse de ce conseil, Sa Majesté s'y conformera.

Cependant rien n'est changé au château le 15 au matin : les régiments de Royal-Allemand et de Royal-Etranger, les hussards, tous les gardes du corps sont en armes autour du palais, dans le parc, dans les cours. Ce matin, comme la veille, les musiques militaires doivent jouer sur la terrasse de l'Orangerie; la reine, *Mesdames* tantes du roi et la comtesse d'Artois essayent déjà devant leur toilette les sourires qu'elles vont accorder aux officiers; dans les mansardes les dames d'atour, les beautés à la suite de la cabale Polignac

Allez dire à votre maître que nous sommes ici par la puissance du peuple...

parent avec coquetterie ces charmes, plus ou moins flétris par l'abandon, qu'elles se proposent de prodiguer aux jeunes vainqueurs de la journée qui se prépare. En un mot on n'a point encore révoqué l'ordre donné dès le 13 d'attaquer brusquement la capitale, et d'enlever en même temps l'assemblée si elle n'obtempère pas aux intimations royales du 23 juin. La cour n'a point fait arrêter les courriers qui emportent quarante mille exemplaires d'une déclaration du roi annonçant la dissolution de l'assemblée, même soumise.

Ce corps représentatif est de retour à neuf heures dans le lieu de ses séances, qu'il n'a quitté qu'aux premiers rayons du jour. « Mon- » sieur le président, s'écrie Mirabeau à l'ouverture de la séance, » dites au roi que les hordes étrangères dont nous sommes investis » ont reçu hier la visite des princes et des princesses, des favoris et » des favorites, et leurs caresses, et leurs exhortations, et leurs pré- » sents ; dites-lui que ces satellites étrangers, gorgés de vin et d'or,

» ont prédit dans leurs chants impies l'asservissement de la France, » et que leurs vœux brutaux invoquaient la destruction de l'as- » semblée nationale ; dites-lui que dans son palais même les courti- » sans ont mêlé leurs danses aux sons de cette musique barbare, et » que telle fut l'avant-scène de la Saint-Barthélemy ; dites-lui que ce » Henri dont l'univers bénit la mémoire, celui de ses aïeux qu'il af- » fectait de vouloir prendre pour modèle, faisait passer des vivres » dans Paris révolté, qu'il assiégeait en personne, et que ses féroces » conseillers à lui font rebrousser les farines que le commerce ap- » porte dans Paris affamé et fidèle... » Ces paroles éloquentes font encore vibrer les vitres de la salle quand on annonce le roi... Il est accompagné du comte d'Artois ; mais nulle suite, nul appareil, nul éclat ne pare cette fois la majesté souveraine. Louis XVI vient, sans gardes, sans ministres, rétracter sa despotique déclaration du 23 juin. « Je me fie à vous, dit-il en terminant un discours prononcé d'une » voix incertaine ; aidez-moi dans cette circonstance à assurer le salut » de l'État : je l'attends de l'*assemblée nationale*. Le zèle des *repré-* » *sentants* de mon peuple, réunis pour le salut commun, m'en est un » sûr garant ; et, comptant sur l'amour et la fidélité de mes sujets, » j'ai donné ordre aux troupes de s'éloigner de Paris et de Versailles. « Je vous autorise et vous invite même à faire connaître mes dispo- » sitions à la capitale. »

Ce discours, où le roi faisait une abnégation aussi prompte que complète, non-seulement de sa grandeur mais encore de son pou- voir, fut reçu avec un silence respectueux : les acclamations de l'as- semblée eussent marqué son propre triomphe ; elle les réprima. Abandonné à lui-même, Louis XVI vient de prouver qu'il veut le bien ; mais avec quel abandon, quelle incurie n'a-t-il pas laissé voir tout ce qui lui manque de caractère pour l'entreprendre ! Il con- jure les députés de l'aider à rétablir l'ordre ; donc il est dans l'im- puissance de le ramener sans leur secours. Bien plus, en les invitant à faire connaître ses dispositions à la capitale, il pose imprudem- ment la main de l'assemblée sur l'autorité exécutive, qui n'appar- tient qu'à lui.

Toutefois la représentation nationale, ne tenant compte au roi que d'un retour qu'elle doit croire sincère, se lève tout entière quand il sort, et l'accompagne jusqu'à la porte de ses appartements. Si Louis XVI s'est montré humble dans la capitulation de son pou- voir, l'assemblée ne se montre pas moins modeste dans la victoire de ses droits.

Sa Majesté, avant de quitter la séance, a déposé sur le bureau du président une lettre de sa main, par laquelle Necker est rappelé : M. Dufresne-Saint-Léon part à l'instant pour la porter à ce ministre.

Cependant, au moment où le comte d'Artois va sortir de la salle avec le roi, le duc de Liancourt s'approche de Son Altesse Royale : « Prenez garde, monseigneur, lui dit-il, votre tête est proscrite ; j'ai » lu sur les murs l'affiche de proscription. » *Monsieur* et la reine, qui arrivent pleins de trouble et d'effroi, confirment l'avis du duc... On veille à la sûreté du prince, et lui-même paraît dès ce moment s'en occuper à l'exclusion de tout autre soin... Son Altesse Royale dit adieu aux plaisirs, aux amours, dont la troupe effrayée s'envole à tire-d'aile. Les appartements du prince, ses maisons de plaisance sont tristes et silencieux ; sa jolie folie de Bagatelle est veuve de l'enchan- teur qui deux ou trois fois par semaine y faisait éclore des mer- veilles avec un talisman d'or. La reine elle-même, sombre et sou- cieuse, se retire souvent au petit Trianon ; mais la cohorte de femmes légères et de roués aimables qui la suivait dans ce temple mystérieux ne l'y accompagne plus : à peine y reçoit-elle quelques rares visites des Esthérazy, des Dillon, des Coigny, des Biron [1], et de ce cher beau-frère qu'il faut bien consoler... La reine de France ne conserve du plaisir que le strict nécessaire.

Tandis que Versailles accueille avec des transports de joie la ré- conciliation du roi et de l'assemblée, celle-ci désigne quatre-vingts de ses membres pour aller porter à Paris les paroles paternelles du monarque : on remarque dans cette imposante députation Mathieu de Montmorency, Liancourt, Talleyrand-Périgord, Mirabeau, Lally- Tolendal ; élite brillante que complète dignement la Fayette, l'aîné des apôtres de la liberté.

Les promesses du roi sont reçues avec enthousiasme par un peuple bon et confiant. Quarante-huit mille citoyens-soldats armés, qui au besoin feraient rentrer la cour dans le cercle de ses engagements, en célèbrent aujourd'hui l'émission par un spectacle noble et touchant. Cette milice, revêtue en partie d'un uniforme nouveau que le comité permanent lui avait donné, occupe tous les postes de Paris ; elle est appelée à garantir ses concitoyens des surprises de tout ennemi avéré ou perfide. Pour donner à l'action municipale un moteur in- variable, Bailly, qui vient de déposer la présidence de l'assemblée, est investi des fonctions de maire ; la Fayette a été en même temps nommé général en chef de la force armée bourgeoise, qui reçoit le titre de *garde nationale* : ainsi le digne général qui nous apporta l'heureux germe de la liberté devint parmi nous le gardien fidèle de son berceau.

Pendant que ces organisations s'accomplissaient, le peuple, vain-

[1] Nom que porte maintenant le duc de Lauzun.

queur de la Bastille, démolissait gaiement ce sombre monument du despotisme et de la féodalité. Ce carré de mars noircis, cette masse flanquée de quatre grosses tours, sur lesquelles on voyait se prome- ner jour et nuit des soldats, des geôliers de tant de libertés injuste- ment violées ; ce funeste présent de Charles V pèse sur le sol que nos lois nouvelles vont affranchir... Il doit disparaître. On n'a trouvé à la Bastille que sept prisonniers à peine connus ; mais le peuple venge, en la renversant, les opprimés de seize générations. Aussi avec quel enthousiasme les travailleurs de tout âge, de tout sexe, de toute condition, mettent le marteau dans ce vieux édifice ! On voit des femmes, des enfants travailler sur les parties les plus élevées du bâtiment ; ils bravent jusqu'à la mort pour détruire l'antre affreux de l'esclavage.

Le retour de M. Necker aux finances y a ramené ses trois collè- gues, MM. de la Luzerne, de Saint-Priest et de Montmorin ; leurs adversaires, la Vauguyon, Broglie et Breteuil, se retirent ; le minis- tère de la guerre est donné à M. de la Tour du Pin-Paulin ; les sceaux tombent pour la première fois aux mains d'un archevêque, M. Cham- pion de Cicé. Un ministère de la feuille des bénéfices est créé un peu tard, sans doute, pour récompenser M. Lefranc de Pompignan de sa présidence, aussi noble que généreuse, pendant l'amende honorable de la couronne.

À son retour à Paris, M. Necker a donné une preuve de l'esprit trop présomptueux et trop peu éclairé dont j'ai parlé ailleurs. Ce ministre a fait une véritable entrée triomphale, d'autant plus ridi- cule aux yeux des gens sensés qu'une gloire tissue de chiffres n'est jamais revêtue d'un grand éclat, et qu'un Pompée financier ne doit viser qu'à un triomphe de bordereau. Cependant, l'orgueilleux Gé- nevois, dans une voiture très-ouverte, ayant à ses côtés sa femme et sa fille, savourait avec délices les cris de *Vive Necker* ! qui retentis- saient à ses oreilles. Il saluait le peuple en souriant, lui faisait de la main des signes protecteurs, et criait de temps en temps Vive la na- tion ! Madame Necker et madame de Staël, comédiennes grotesques dans cette circonstance, se prosternaient devant le ministre, baisaient avec respect ses genoux, ses mains, ses habits. Cette scène n'était pas seulement ridicule, elle était inconvenante et opposée à l'humble conduite à laquelle le roi vient de descendre... Le char triomphal arrive, au milieu d'une foule immense, devant l'hôtel de ville... Des bouquetières ont semé de fleurs les marches du perron, sur lesquelles vont passer les pieds du grand homme... Hélas ! ces œillets, ce jasmin cacheront du moins les taches de sang qu'ont laissées sur ces mêmes degrés l'infortuné Flesselles et les malheureux officiers de la Bastille.

Les princes et surtout le comte d'Artois passaient de frayeur en frayeur au récit des événements qui se succédaient à Paris. Des agents secrets se mêlaient à la foule pendant la journée et couraient à Ver- sailles le soir reporter aux Altesses alarmées les propos dont elles avaient été l'objet. Les réunions du Palais-Royal étaient particuliè- rement devenues inquiétantes pour les partisans déclarés des an- ciennes allures de la cour : là naquit et s'envenima cette dénomi- nation d'*aristocrates* donnée aux courtisans amis du vieux régime, dénomination à laquelle ils opposent celle d'*enragés* attribuée aux par- tisans de l'Assemblée nationale.

Enfin les princes reconnaissant qu'il leur serait difficile de ressaisir dans de telles circonstances la considération qu'ils avaient perdue déjà avant la révolution, se peignant comme autant de brigands les hommes qui refusent de s'agenouiller devant un cordon bleu, rêvant d'ailleurs une alliance facile avec les souverains étrangers pour ren- dre au trône terni de Louis XVI tout l'éclat qu'il a perdu, les princes, dis-je, partent de Versailles le 16 juillet, emmenant à leur suite les Polignac et ceux des courtisans qui se sont attiré l'animad- version du peuple. Les membres de la famille royale qui s'éloignent de la France sont le comte d'Artois, ses deux fils (le duc d'Angou- lême, le duc de Berri), le prince de Condé, le duc de Bourbon, le duc d'Enghien, fils de ce dernier, et le prince de Conti. Coblentz est le rendez-vous qu'indiquent ces *émigrants* à la noblesse française digne de ce nom, c'est-à-dire persévérant dans sa vieille, sa fas- tueuse nullité, et professant une haine profonde pour la *canaille nationale*. Sur la route que dans sa fuite précipitée M. le comte d'Artois parcourt à franc étrier, Son Altesse Royale appuie de té- moignages irrécusables le mépris qu'elle voue à ce *tiers état* aujour- d'hui si puissant : des coups de fouet sont distribués par sa main illustre à tout ce qui se trouve sur son passage, et ce prince fugitif n'épargne pas à ses valets, nobles et autres, la recommandation de *rouer de coups cette crapule* si elle embarrasse les pieds de leurs chevaux.

Monsieur ne fait point partie de l'émigration ; il reste auprès de son frère, que, dit-il avec beaucoup d'emphase, il ne veut point abandonner. Mais ce prince adroit, dissimulé, quelques-uns ajoutent faux à l'excès, ne veut-il pas plutôt jouir de l'espèce de popularité qu'il s'est faite ? On m'a déjà glissé plus d'une fois à l'oreille qu'il était capable d'en abuser aux dépens du roi.

Les véritables amis du roi, la Rochefoucauld-Liancourt entre au- tres, ne cessaient depuis le 15 de conseiller à Sa Majesté de se mon- trer aux Parisiens, afin de prouver à cette population qu'il répondait à la confiance qu'elle lui avait rendue. Mais Marie-Antoinette, qui juge de l'esprit des Français par la haine qu'elle leur inspire, Marie-Antoinette entretenait les soupçons de son auguste époux, et l'engageait à quitter la France avec les troupes étrangères renvoyées, plutôt que de rester au milieu de la nation. Cette princesse avait raison, si, conservant son empire sur l'esprit de ce prince, elle doit le ramener au système perfide qu'il a promis d'abjurer. Cependant, après un comité secret tenu au château, Louis XVI se décide à se rendre à Paris le 17. Dans la nuit précédente, il brûle des papiers, entend la messe de bonne heure, communie, fait des adieux qu'on pourrait croire éternels à la reine, à *Monsieur*, à ce qui reste auprès de lui de sa famille, et part pour la capitale. Il a dans son carrosse le prince de Beauvau, les ducs de Villeroi et de Villequier et le comte d'Estaing. Sa Majesté est reçue au pont de Sèvres par M. Bailly, maire de Paris, et par M. de la Fayette, commandant supérieur de la garde nationale, au milieu d'une double haie de cent mille hommes qui se prolonge jusqu'à Paris.

On crie Vive le roi! on le crie même plus que Louis XVI ne s'y est attendu; mais le Vive la nation! domine dans les acclamations. En arrivant à l'hôtel de ville le roi met à son chapeau la cocarde bleue et rouge, que lui présente Bailly: il rapporte à Versailles ce signe d'une révolution qu'il a reconnue en adoptant ses couleurs.

Mais ce ne sont pas les couleurs définitives, il est encore réservé à la Fayette de les présenter à l'assemblée dans la séance du 26 juillet. Le noble compagnon de Washington, joignant la couleur des lis, symbole de la royauté française, au rouge et au bleu choisis déjà par la ville de Paris, propose d'adopter cette trinité éclatante pour la cocarde nationale. Les représentants de la France votent par acclamation ce choix, et arrêtent en outre que les drapeaux de l'armée, les pavillons de la marine, les écharpes civiques seront également tricolores: c'est le mot dès lors consacré. Notre vieille monarchie, tombée sous le canon qui brisa les portes de la Bastille, fait place à une autre monarchie née de la révolution; elle doit avoir ses couleurs comme ses lois nouvelles... D'ailleurs le panache blanc de Henri IV ne resta pas toujours depuis ce grand prince dans le chemin de l'honneur, et le drapeau *sans tache*, souillé du sang de tant de Français sacrifiés à des ambitions royales ou à des préjugés religieux, conserve à peine assez de sa couleur virginale pour former la tierce partie de l'étendard nouveau.

Si jamais je crus une ouverture franche, une profession de foi sincère, ce fut celle faite par Louis XVI à l'assemblée nationale, le 15 juillet, et quoique les faits aient démenti depuis cette démarche, qui parut alors naïve jusqu'à la candeur, je ne puis croire que le roi ait pu revenir sciemment à l'esprit des déclarations antipopulaires du 23 juin. Cependant la cour est parvenue aujourd'hui beaucoup plus loin: après avoir reconnu la révolution par crainte, c'est maintenant la contre-révolution qu'elle organise par affection; et, disons-le nettement, la folie seule peut ourdir une semblable trame au point où nous sommes arrivés. En effet, tous les droits, titres, prérogatives et priviléges abolis par acclamation dans la séance du 5 août; l'assemblée nationale déclarée permanente le 9 septembre; la déclaration des droits de l'homme proclamée le premier octobre, et vingt autres dispositions législatives de cette importance, forment une barrière insurmontable qui nous sépare à jamais du passé. Et c'est en se jouant qu'une cour insensée veut franchir un tel rempart, c'est par des fêtes qu'elle prélude au renversement projeté des institutions nationales! Des bals, des concerts, des banquets se sont succédé au château vers la fin de septembre; des agaceries charmantes ont été prodiguées par des dames qui jouaient leur rôle aux officiers des régiments étrangers réunis à Versailles. Mais rien n'a égalé la splendeur du repas donné, le 1er octobre, par les gardes du corps dans la salle de spectacle du palais.

Autour d'une table immense, cinq cents militaires servis en mets exquis, buvant les vins les plus spiritueux, se livrent sous le toit royal à des transports de gaieté que ne tempère nullement la majesté du lieu. Tout à coup les loges sont garnies d'une foule de dames, qui ne paraissent point s'effrayer des propos plus qu'immodestes des convives. Ce n'est pas tout; le roi, en habit de soie brodé de fleurs, le chapeau sous le bras, et décoré de ses ordres, paraît dans la salle du banquet. La reine le suit de près, portant le jeune Dauphin dans ses bras, comme jadis son illustre mère portait un empereur futur, lorsqu'elle venait demander l'appui des états hongrois. A la vue des augustes personnages les têtes échauffées fermentent, s'exaltent: les santés du roi, de la reine, des princes, sont portées successivement avec explosion... Pour l'assemblée nationale, pour la nation, force saillies indécentes, force sorties injurieuses, que les dames des loges couvrent d'applaudissements, et qui font sourire Leurs Majestés. Enfin beaucoup de jeunes officiers enlevant la cocarde tricolore de leurs chapeaux la font voltiger avec ironie à travers la table, tandis que les belles spectatrices détachant des nœuds de rubans blancs de leurs parures, les laissent tomber en nuages galants sur les convives, qui en ornent leurs boutonnières en chantant *O Richard! ô mon roi! l'univers t'abandonne!* C'est à ce point que le roi et la reine se retirent... Mais les dames des loges restent; un grand nombre d'officiers

se rendent auprès d'elles, des conversations particulières s'engagent, des parties aimables se lient, et tout cela se passe presque sous les yeux de Leurs Majestés... A quoi ne se résigneraient-elles pas pour avoir une contre-révolution?

Le surlendemain des scènes plus libres encore ont lieu dans la galerie, à l'issue d'un banquet à l'hôtel des gardes du corps. Des dames et des bouquetières attachées au service de la reine distribuent aux jeunes militaires des cocardes blanches, payées comptant par des baisers qui doivent retentir aux oreilles de Marie-Antoinette et des princesses... D'autres beautés distributrices de rubans blancs dansent dans la cour de marbre avec les officiers qui n'ont pu trouver place dans les appartements, quelques-uns des danseurs foulent aux pieds les couleurs nationales... Le roi et la reine sont au balcon.

L'assemblée nationale, si forte déjà des attributions qu'elle tient de son mandat, de celles que le roi lui a solennellement abandonnées, et de l'assentiment colossal de la nation, l'assemblée nationale voit avec mépris ces scènes indécentes. Mais le bruit en est parvenu à Paris; on y sait aussi le motif, assez hautement répété, de tant de séductions exercées sur les gardes du corps et les officiers des régiments étrangers. On parle du départ de la famille royale pour Metz, sous la protection de ces prétoriens enivrés de plaisirs. Les voitures du roi sont déjà chargées, dit-on aujourd'hui 4 octobre, et tout porte à croire, ajoutent les harangueurs du Palais-Royal, que Louis XVI s'évadera de Versailles la nuit prochaine. Excité par ces diverses nouvelles, le peuple, celui des faubourgs particulièrement, privé par ses propres excès des secours que lui procure son travail, le peuple, dont l'oisiveté est déjà un danger, se porte tumultueusement à l'hôtel de ville; il demande à grands cris du pain et la mort des *aristocrates*, comme si les massacres étaient aussi son aliment. Des agitateurs mêlés dans les masses leur parlent d'accaparements, de spéculations criminelles, d'une famine inévitable. L'exaltation est portée au comble: les tribuns officieux en profitent habilement pour parler des trahisons de la cour, de ses projets de fuite, du séjour de Louis XVI à Metz, motivé sur des négociations avec l'étranger. Il n'est pas impossible que parmi les nouvellistes il ne se trouve quelques agents de ce qu'on appelle le parti d'Orléans, d'après des présomptions qui ne sont pas sans probabilité.

Quoi qu'il en soit, l'assemblée de la place publique décide par un vote orageux qu'il faut se rendre à Versailles pour en ramener le roi et sa famille, et qu'il faut partir à l'instant même. Les décisions de la multitude sont sans appel: des masses épaisses d'hommes et de femmes, les uns armés, d'autres sans armes, s'allongent sur les quais, gagnent le cours la Reine, les Bons-Hommes, Sèvres; bientôt la tête de cette colonne hideuse et menaçante verra les vertes avenues de Versailles. Personne n'a le bras assez fort, la volonté assez impérieuse pour arrêter cette invasion; mais la Fayette songe à prévenir ses excès: il se met en marche avec la garde nationale, qui laisse promptement derrière elle une partie de la foule, soumise au talisman des cabarets de la route. Quel aspect que celui de cette tourbe expéditionnaire! Des hommes en chemise, les bras nus, le visage noirci par la forge, portent l'épée au fourreau de chagrin, à la coquille d'acier étincelant, d'autres sont armés du riche damas de l'Orient avec des habits en guenilles; d'autres, affublés d'un uniforme, ont pour coiffure un bonnet de laine, pour arme un barreau de croisée. Des poissardes parées de chaînes d'or, de longues boucles d'oreilles, du riche bonnet de dentelle, ont croisé sur leurs gorges rebondies des sabres et des gibernes de gardes françaises, quoiqu'elles n'aient à la main qu'une pique. Plus loin, des nymphes du domaine public, ivres comme des bacchantes, la chevelure ceinte de branches recourbées, voyagent montées sur un canon, les jambes découvertes, le verre à la main, la vue trouble, le cri de Vive la nation! à la bouche. Tout cela boit, chante, jure, menace, vocifère, rit, plaisante, embrasse: c'est la confusion vue sous toutes ses faces.

L'assemblée, prévenue du mouvement populaire qui s'opère, envoie une députation au roi, pour le blâmer peut-être d'avoir toléré les orgies des jours précédents, pour reprocher plus ouvertement à la reine d'en avoir félicité les acteurs par ces mots: *J'ai été charmée de la soirée du jeudi.* Mais les représentants de la nation veulent aussi rassurer Sa Majesté sur les suites de ces trahisons ouvertes, et lui annoncer que la Fayette est en marche pour s'opposer à tout excès d'une populace effrénée. Cette députation ne parviendra point jusqu'à Sa Majesté: une escouade de gardes du corps à cheval traverse le cortége, renverse les députés dans la boue et les disperse. Mais cette insolence militaire n'est pas imitée par la troupe: le régiment des gardes suisses demeure immobile; les Cent-Suisses laissent voir peu de dévouement; les soldats du régiment de Flandre se déclarent contre la cour. Ces divers corps se laissent diriger paisiblement sur Rueil et Courbevoie, tandis que la plus grande partie des gardes du corps est forcée de fuir vers Rambouillet. Cent de ces soldats-officiers, qui se sont montrés plus calmes que leurs camarades, restent auprès du roi. Ils ont reçu, dit-on, l'ordre exprès de ne point tirer, de ne maltraiter personne, et de ne pas même se défendre... Il faut ajouter qu'ils ne seront pas dans la nécessité de le faire, si l'attaque ne vient point de leur fait.

Mais à travers mille contradictions perce cette vérité démontrée:

quand les masses parisiennes sont rendues à la grille, M. de Guiche, déjà coupable de la violation commise le matin sur des députés, fait sabrer un groupe de femmes et jette ainsi la loi martiale dans la foule populaire. Un peu plus tard, le garde du corps Savonnière, sommé par un garde national de prendre la cocarde aux trois couleurs, abat d'un coup de sabre la main qui la lui présente... Un coup de fusil part des rangs nationaux et fracasse l'épaule de l'officier : c'est une réciprocité, et ce seul garde est blessé à la grille.

Arrivé à Versailles vers dix heures du soir, la Fayette, après avoir disposé des postes à l'extérieur du château, veut en placer dans l'intérieur; les chefs des gardes du corps se refusent obstinément même à partager le service avec la milice citoyenne. Le général court se plaindre au roi de cette singulière réserve, en lui renouvelant avec l'élan de la franchise les assurances d'un inviolable dévouement.

Louis Dauphin de France.

Mais ce citoyen est devenu trop grand pour ne pas porter ombrage à une cour si petite; il est l'objet de sa haine, de son injuste défiance : Louis XVI partage ces sentiments. Il répond à la Fayette d'une manière embarrassée, évasive, et ne révoque point la consigne de MM. les gardes du corps. Le commandant en chef se retire, convaincu que le roi ne veut point de gardes nationaux dans ses appartements. Quelque chose qui arrive, il n'aura rien à se reprocher; il n'a omis aucune partie de son devoir... La plus insigne mauvaise foi pourra seule l'accuser.

Une nuit sombre plane sur Versailles : elle est calme et silencieuse; le tumulte de la foule s'est éteint dans l'ivresse ou dans la fatigue; hommes et femmes sont étendus pêle-mêle sous les avenues; campement bizarre, bivouac de sales voluptés sur lequel veille l'active garde nationale... Mais, on ne saurait le dissimuler, il se trouve des agents stipendiés dans cette multitude... Agents de qui? Les uns disent du parti *enragé*, d'autres nomment le duc d'Orléans, d'autres articulent le nom de *Monsieur!*... Or, quel que soit leur mandat, ces conjurés ne dorment pas. Une heure environ avant le jour, quelques centaines de ces conspirateurs sont introduits par des voies détournées dans le château sous la direction de certains guides portant comme eux les livrées de la misère... Ils courent d'abord à l'appartement de la reine. Deux gardes du corps, MM. Varicourt et Deshattes, meurent héroïquement pour en fermer l'issue... D'autres, par une défense courageuse, laissent à la souveraine le temps de quitter sa chambre, sans vêtements et pressant le parquet de son pied nu. Les brigands arrivent enfin jusqu'au lit de Sa Majesté, dont leurs mains audacieuses interrogent la douce chaleur. Un fort détachement de la garde nationale parisienne accourt en forçant l'injurieuse et imprudente consigne des gardes du corps; les émissaires du crime sont repoussés avant d'avoir pu parvenir jusqu'au roi : je dis les émissaires du crime, car plusieurs ont avoué qu'ils avaient mission d'égorger Louis XVI et la reine.

Tels furent les précédents et les événements de cette nuit du 5 au 6 octobre, que les partis déguiseront au gré de leurs opinions : j'ai tracé le thème de la vérité. Le matin du 6 seulement, la voix orageuse des masses se fait entendre aux portes du château : elles appellent à grands cris le roi au balcon; il y paraît et laisse tomber de ses lèvres tremblantes la promesse d'aller ce jour même fixer sa résidence à Paris. Tout aussitôt la foule fait retentir l'air d'acclamations, et commence à se retirer. Le seul reproche fondé qu'on puisse adresser à cette multitude, c'est d'avoir reçu dans son sein les assassins de Deshattes et Varicourt, et d'avoir laissé élever au-dessus de ses cohortes tumultueuses les têtes de ces deux martyrs de la fidélité. Ajoutons ici, pour les hommes qui rapprochent les faits et réfléchissent, que pendant cette nuit de sang où presque tout le château a été parcouru et dévasté par des brigands, pas un seul ne s'est approché de l'appartement de *Monsieur;* son paisible sommeil n'a pas été troublé... À huit heures du matin, ce prince, frisé, poudré, paré avec recherche, un doux vermillon sur le teint, arrive dans la chambre du roi... On prendrait Son Altesse Royale pour un frais bernardin quittant sa riante cellule après une de ces nuits sybaritiques réservées aux serviteurs de Dieu.

Vers le milieu de la journée du 6, le roi et toute sa famille se mettent en route pour se rendre à Paris sous l'escorte de la garde nationale. Mais une partie de la population expéditionnaire a voulu former à sa manière une garde d'honneur à Leurs Majestés. Elle entoure le carrosse royal et conduit les chevaux; deux pages en guenilles sont montés sur les marchepieds. La fille hautaine de Marie-Thérèse, dont l'haleine se mêle avec le souffle enivré de l'un de ces singuliers officiers, s'écrie dans un mouvement de dédain : *Faites donc retirer ce sans-culotte*[1] ! Ce mot, presque littéralement juste, appliqué au vêtement de l'homme du marchepied restera pour désigner les patriotes purs.

Louis XVI, en traversant la capitale, en arrivant à l'hôtel de ville, est accueilli par des acclamations unanimes : cet accueil dément le bruit répandu par les agitateurs de la prétendue animadversion du peuple pour ce souverain; il justifie en même temps l'innocence de l'universalité des citoyens dans les événements de la nuit du 5 au 6 octobre.

Prise de la Bastille.

Dans la soirée, le roi, la reine, leurs enfants et la comtesse d'Artois se sont établis au château des Tuileries, qui ne fut pas habité depuis la minorité de Louis XV. La reine régnante avait cependant un appartement dans le pavillon de Flore : lors de ses excursions à l'Opéra, Sa Majesté, en arrivant de Versailles, se rendait quelquefois aux Tuileries pour rajuster sa toilette. Pendant la saison des bals, c'était là que cette princesse venait se masquer en présence de ses

____

[1] On a attribué le mot *sans-culotte* à l'abbé Mauri, qui, proscrivant aux censeurs d'imposer silence à des femmes qui jasaient trop haut dans les tribunes de l'Assemblée nationale, aurait dit : Faites donc taire ces sans-culottes. Mais deux témoins auriculaires m'ont affirmé avoir entendu le mot de la bouche de la reine.

favorites et des seigneurs appelés les *polissons*. On a fait beaucoup de bruit de certaines indiscrétions du cardinal de Rohan sur des particularités très-secrètes des charmes de la belle Autrichienne, peut-être Sa Grandeur devait-elle cette connaissance aux communications de l'un des heureux courtisans admis au pavillon de Flore ; car je sais de science certaine que Marie-Antoinette, au milieu des intimes, procédait à ses déguisements avec un grand abandon. Quelquefois il est arrivé à Sa Majesté de coucher dans son appartement du pavillon ; alors une de ses femmes occupait, dit-on, son lit de Versailles, et les murs des Tuileries, comme tous les murs du monde, sont des témoins discrets.

Monsieur et *Madame* habitent le palais du Luxembourg, précédemment occupé en partie par madame la comtesse de Balby, maîtresse assurément peu chanceuse de ce prince, si elle a la conscience d'être fidèle. On ne dit pas si cette annexe de ménage sera admise par *Madame*.

Ici je sens s'échapper sous ma main la tâche héréditaire qui s'est perpétuée dans ma famille depuis l'année 1659. Pendant cent trente ans, les mêmes passions, les mêmes vices, les mêmes ridicules, à quelques variations près, se sont offerts à la cour, dans les salons, dans les boudoirs, dans les petites maisons, partout où s'agitait une société faillible, qu'il était agréable de peindre, parce qu'elle riait elle-même de sa caricature, pourvu qu'elle fût gaie. Après avoir ri on se corrigeait quelquefois, ne fût-ce que pour avoir un peu plus tard son portrait moins grotesque. Mais soudain tout a changé autour de moi : action, théâtre, personnages... Je ne sais plus à qui j'ai affaire. D'ailleurs le brun domine dans les tableaux vivants qui m'environnent, et le rose tient trop de place sur ma palette pour que j'essaye de retracer de si lugubres sujets. Et puis, comment atteindre d'un trait moqueur ceux que menace la hache ou le sabre ! Comment faire poser devant mon léger chevalet des têtes que demain peut-être on promènera par la ville au bout d'une pique !... Non, je ne vois plus de travers là où des juges terribles songent à chercher des victimes. Je m'étais embarquée sur un lac tranquille pour dessiner des sites pittoresques, des physionomies riantes, le long de ses bords animés, mais rarement orageux. Une tempête s'est élevée, j'aborde : je vais chercher un port pour me soustraire à la foudre, et dérober à ma vue les malheureux qui en seront frappés.

Adieu donc Versailles, adieu petits appartements, adieu surtout antichambre maintenant déserte de l'*Œil-de-bœuf*, où mes ascendantes et moi recueillîmes tant de nuances pour le tableau que je termine. Les mille croisées du château vont se dessiner en noir sur les murs que le temps a revêtus de sa robe grise ; les lustres de cristal n'ont plus de feux ; les parfums exquis sont dissipés dans la salle des banquets ; l'écho se tait au salon des concerts ; on n'entend plus bruire doucement les robes soyeuses sur le parquet de la galerie ; le boudoir des favorites est muet de soupirs voluptueux. Il n'y a plus de cour de France, plus d'indignités capricieuses ; le scandale a jeté loin de lui sa tunique rose... Dieu nous garde des graves folies !!!

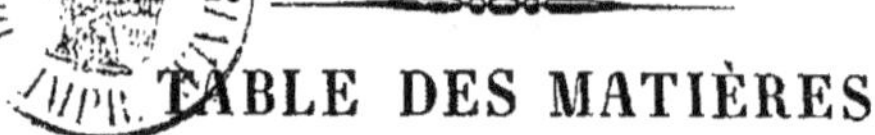

TABLE DES MATIÈRES.

SECONDE PARTIE.

RÈGNE DE LOUIS XV.
RÉGENCE.